Band 55

Leopold Winkler

Die Regulierung von Bestandsbauten in angespannten Wohnungsmärkten

Eine ökonomisch fundierte Analyse zivil- und öffentlich-rechtlicher Regulierungsinstrumente

Nomos

Onlineversion
Nomos eLibrary

Die Deutsche Nationalbibliothek verzeichnet diese Publikation in der Deutschen Nationalbibliografie; detaillierte bibliografische Daten sind im Internet über http://dnb.d-nb.de abrufbar.

Zugl.: Regensburg, Univ., Diss., 2022

ISBN 978-3-7560-0336-5 (Print)

ISBN 978-3-7489-3637-4 (ePDF)

1. Auflage 2023

Meiner Familie

Vorwort

Die vorliegende Monographie wurde im Sommersemester 2022 von der Fakultät für Rechtswissenschaft an der Universität Regensburg als Dissertation angenommen. Gesetzgebung, Literatur und Rechtsprechung wurden bis Mitte Februar 2022 berücksichtigt.

Diese Arbeit ist während meiner Zeit als Wissenschaftlicher Mitarbeiter am Lehrstuhl meines Doktorvaters Professor Dr. Jürgen Kühling, LL.M., an der Universität Regensburg entstanden. An erster Stelle möchte ich mich bei ihm ganz herzlich bedanken. Er hat die Dissertation umfassend und kontinuierlich betreut und mir dabei wertvolle Ratschläge gegeben. Zudem konnte ich bei den unterschiedlichen und interessanten Tätigkeiten am Lehrstuhl und am IRE|BS Institut für Immobilienwirtschaft jederzeit auf seine Unterstützung und den hierfür notwendigen Freiraum zählen. Die Zusammenarbeit mit ihm und dem ganzen Lehrstuhlteam hat mir große Freude bereitet. An diese sehr schönen Jahre werde ich mich immer gern zurück erinnern.

Herrn Professor Dr. Gerrit Manssen danke ich für die rasche Erstellung des Zweitgutachtens. Neben meinem Doktorvater danke ich Professor Dr. Justus Haucap, Professor Dr. Georg Krämer und Professor Dr. Gerd Waschbusch für die Aufnahme in die Schriftenreihe „Wettbewerb und Regulierung von Märkten und Unternehmen".

Dr. Stefan Drechsler gebührt großer Dank für die umfassende und äußerst gewissenhafte Korrekturlektüre, sein stets offenes Ohr und die vielen gewinnbringenden Diskussionen. Ihm, aber auch den Kolleginnen und Kollegen zu Beginn meiner Lehrstuhlzeit – Silvia Kadzioch, Dr. Anna Kellner, Dr. Stefan Bulowski und Dr. Florian Sackmann – bin ich sehr dankbar für die rasche und herzliche Aufnahme in das Lehrstuhlteam.

Ganz besonders danken möchte ich den Doktorandinnen und Doktoranden an unserem und an den anderen Lehrstühlen im interdisziplinären Institut der IRE|BS, die von Arbeitskolleginnen und Arbeitskollegen zu Freunden geworden sind, in manchen Momenten für eisenbahnrechtliche Ablenkung gesorgt haben und die die Promotionszeit zu einer unvergesslichen gemacht haben. Hierbei sind besonders Dr. Marina Kölbl und Dr. Jonas Willwersch zu nennen.

Der größte Dank gilt aber meiner gesamten Familie, der ich sehr viel verdanke und die mich jederzeit auf meinem Weg gefördert und unterstützt hat. Ihr ist dieses Buch gewidmet.

Regensburg/Kulmbach, im September 2022 *Leopold Winkler*

Inhaltsübersicht

Inhaltsverzeichnis

Abkürzungsverzeichnis

Soweit im Folgenden keine Information zu Abkürzungen gemacht werden, beruhen diese auf *Kirchner*, Abkürzungsverzeichnis der Rechtssprache, 10. Aufl., Berlin 2021, sowie *Byrd/Lehmann*, Zitierfibel für Juristen, 2. Aufl., München 2016.

AcP	Archiv für civilistische Praxis
BayVBl.	Bayerische Verwaltungsblätter
BayVGH	Bayerischer Verwaltungsgerichtshof
BBauG	Bundesbaugesetz
BBSR	Bundesinstitut für Bau-, Stadt- und Raumforschung
BeckOGK	beck-online.Grosskommentar
BeckOK	Beck'scher Online-Kommentar
Bln	Berlin
Bln-Bbg	Berlin-Brandenburg
II. BV	Zweite Berechnungsverordnung
DCF	Discounted-Cashflow-Methode
DIW	Deutsches Institut für Wirtschaftsforschung
DS	Der Sachverständige
DVWoR	Bayerische Durchführungsverordnung Wohnungsrecht
DWW	Deutsche Wohnungswirtschaft
EL	Ergänzungslieferung
EnEV	Energieeinsparverordnung
GdW	Bundesverband deutscher Wohnungs- und Immobilienunternehmen
GE	Das Grundeigentum
GEG	Gebäudeenergiegesetz
gif	Gesellschaft für Immobilienwirtschaftliche Forschung
HessVGH	Hessischer Verwaltungsgerichtshof
Hmb	Hamburg
HmbOVG	Hamburgisches Oberverwaltungsgericht
ImmoWertV	Immobilienwertermittlungsverordnung
IMR	Immobilien- und Mietrecht
IW	Institut der deutschen Wirtschaft
jurisPR-MietR	juris PraxisReport Mietrecht
(K)	Kammerbeschluss des Bundesverfassungsgerichts
LKV	Landes- und Kommunalverwaltung
MietRB	Der Miet-Rechtsberater
MiSchuV	Bayerische Mieterschutzverordnung
ModEnG	Modernisierungs- und Energieeinsparungsgesetz

NdsOVG	Niedersächsisches Oberverwaltungsgericht
notar	Monatsschrift für die gesamte notarielle Praxis
NotBZ	Zeitschrift für die notarielle Beratungs- und Beurkundungspraxis
NWVBl.	Nordrhein-Westfälische Verwaltungsblätter
OVG	Oberverwaltungsgericht
OVG Bln	Oberverwaltungsgericht Berlin
OVG Bln-Bbg	Oberverwaltungsgericht Berlin-Brandenburg
OVG MV	Oberverwaltungsgericht Mecklenburg-Vorpommern
OVG NRW	Oberverwaltungsgericht für das Land Nordrhein-Westfalen
RnotZ	Rheinische Notar-Zeitschrift
SchlHOVG	Schleswig-Holsteinisches Oberverwaltungsgericht
SGb	Die Sozialgerichtsbarkeit
UPR	Umwelt und Planungsrecht
VBlBW	Verwaltungsblätter für Baden-Württemberg
VGH	Verwaltungsgerichtshof
VGH BW	Verwaltungsgerichtshof Baden-Württemberg
VR	Verwaltungsrundschau
WISTSA	Wirtschaft und Statistik
WiVerw	Wirtschaft und Verwaltung
WoFG	Wohnraumförderungsgesetz
ZeS	Satzung der Landeshauptstadt München über das Verbot der Zweckentfremdung von Wohnraum
ZfPW	Zeitschrift für die gesamte Privatrechtswissenschaft
ZIA	Zentraler Immobilien Ausschuss
ZIÖ	Zeitschrift für Immobilienökonomie
ZwEWG	Bayerisches Zweckentfremdungsgesetz
ZwVbG	Berliner Zweckentfremdungsverbot-Gesetz

Einführung

A. *Kehrtwende auf dem Wohnungsmarkt*

In vielen großen Städten hat sich der Wohnungsmarkt in den vorangegangenen Jahren stark verändert. In den Jahren 2000 bis 2009 standen demographische Themen wie beispielsweise der Rückgang und die Überalterung der Bevölkerung im Fokus der Diskussion, die auch mit einer vielerorts erheblich rückläufigen Wohnungsnachfrage einhergingen.[1] Im darauffolgenden Jahrzehnt kehrte sich diese Lage in ihr Gegenteil um. Vielerorts steigt die Nachfrage stark und übertrifft das Wohnungsangebot, sodass die Wohnungsmieten deutlich zulegen. Diese Marktentwicklung führt beispielsweise dazu, dass Wohnungsbesichtigungen mittlerweile „Massenveranstaltungen" gleichen, einige Menschen überhaupt keine Wohnung in den betroffenen Städten mehr finden können oder ihre konkreten Standortpräferenzen stark anpassen müssen. In diesem Zusammenhang werden zunehmend auch die Fragen der Bezahlbarkeit von Wohnraum und der Verhinderung der Verdrängung der dortigen Wohnbevölkerung aus ihrer Stadt – Stichwort Gentrifizierung – aufgeworfen.

Auf diese Marktentwicklungen hat der Gesetzgeber reagiert, vor allem mit der sogenannten Mietpreisbremse[2] gem. §§ 556d bis 556g BGB auf Bundesebene sowie durch von Land zu Land leicht divergierenden Zweckentfremdungsgesetze (beispielsweise in Bayern[3]). Diese Regulierungsinstrumente wurden um weitere Maßnahmen ergänzt, wie zum Beispiel die Einführung einer Genehmigungspflicht für die Begründung von Wohnungseigentum in angespannten Wohnungsmärkten gem. § 250 BauGB[4].

---

1 *Voigtländer/Deschermeier u. a.*, in: Mitschang, Erhaltung und Sicherung von Wohnraum, S. 9 (11).

2 Eingeführt durch das Gesetz zur Dämpfung des Mietanstiegs auf angespannten Wohnungsmärkten und zur Stärkung des Bestellerprinzips bei der Wohnungsvermittlung (Mietrechtsnovellierungsgesetz – MietNovG) vom 21.04.2015, BGBl. I, S. 610.

3 Gesetz über das Verbot der Zweckentfremdung von Wohnraum (Zweckentfremdungsgesetz – ZwEWG) vom 10.12.2007, GVBl. S. 864, zuletzt geändert durch Gesetz vom 19.06.2017, GVBl. S. 182.

4 Eingeführt durch das Gesetz zur Mobilisierung von Bauland (Baulandmobilisierungsgesetz) vom 14.06.2021, BGBl. I, S. 1802 (1806 f.).

Aber auch weitere Verschärfungen des bereits bestehenden Rechtsrahmens, beispielsweise im Mietrecht durch die 15-prozentige Kappungsgrenze für Mieterhöhungen in angespannten Wohnungsmärkten nach § 558 Abs. 3 S. 2 BGB[5], sollen den Problemen auf angespannten Wohnungsmärkten begegnen.

B. Gang der Untersuchung

Das gesetzgeberische Handeln verdeutlicht bereits, dass angespannte Wohnungsmärkte nicht innerhalb eines Rechtsgebiets, sondern vielmehr rechtsgebietsübergreifend an den Schnittstellen des Öffentlichen Rechts und des Zivilrechts reguliert werden. Der Begriff der Regulierung soll im Folgenden nicht rechtstechnisch verwendet werden[6], sondern ihm liegt ein ökonomisches Verständnis zu Grunde. Er meint die gesamte Gesetzgebung und die auf ihrer Grundlage erlassenen Satzungen oder Verordnungen mit einer Lenkungswirkung, mit anderen Worten eine staatliche Intervention in Marktprozesse.[7]

Die Regulierungsinstrumente des Öffentlichen Rechts und des Zivilrechts, exemplarisch an dem in Bayern geltenden Regulierungsrahmen aufgezeigt, und ihr Ineinandergreifen auf angespannten Wohnungsmärkten sind zu untersuchen. Denn es ist durchaus fraglich, ob einerseits der Rechtsrahmen für Bestandsbauten im Kontext angespannter Wohnungsmärkte zielführend ist, um die Wohnungsmarktlage zu verbessern, andererseits dieser Rahmen auch die Grundrechte der Anbieterseite wahrt. Das Forschungsvorhaben geht somit über eine Rechtmäßigkeitsprüfung hinaus, indem „ökonomisch informiert" unter Berücksichtigung der Ergebnisse der Ökonomie auch eine Bewertung der Zweckmäßigkeit der unterschiedlichen Regulierungsinstrumente angestrengt wird.

In einem ersten Schritt sind die ökonomischen Grundlagen des Wohnungsmarkts näher zu beleuchten. Einerseits prägen sie den weiteren Fortgang der Untersuchung, andererseits bereichern sie die rechtliche Analyse um einen weiteren Blickwinkel, sodass ökonomische Erkenntnisse

---

5 Gesetz über die energetische Modernisierung von vermietetem Wohnraum und über die vereinfachte Durchsetzung von Räumungstiteln (Mietrechtsänderungsgesetz – MietRÄndG) vom 11.03.2013, BGBl. I, S. 434 (436).

6 Zu den Begriffsverständnissen der Regulierung siehe umfassend *Kühling*, Sektorspezifische Regulierung in den Netzwirtschaften, S. 11–20.

7 Siehe *Kühling*, Sektorspezifische Regulierung in den Netzwirtschaften, S. 13–16 m. w. N.

in der rechtlichen Argumentation berücksichtigt werden können. Dabei sind vor allem die ökonomischen Besonderheiten der Wohnung und des Wohnungsmarkts zu untersuchen. Hierbei ist zu klären, welche Aspekte einen angespannten Wohnungsmarkt ökonomisch auszeichnen. Auf diese Weise kann überhaupt erst der Untersuchungsgegenstand des Forschungsvorhabens herausgearbeitet werden (Kapitel 1, A.). Im Anschluss daran ist die Anbieterseite am Wohnungsmarkt näher zu beleuchten. Konkret ist den Fragen nachzugehen, wie die Anbieter systematisiert werden können, welche Charakteristika sie insbesondere hinsichtlich ihres Agierens am Markt aufweisen und mit welchen Zielsetzungen, Methoden und Bestandteilen sie ihre Investitionsentscheidung treffen (Kapitel 1, B.). Erkenntnisse hierzu sind deswegen besonders wertvoll, da einerseits das Investitionsverhalten am Markt besser nachvollzogen werden kann, andererseits die Anbieter zugleich die Adressaten der Regulierung und Grundrechtsträger sind. Zudem ermöglicht die Investitionsberechnung, die entscheidenden Bestandteile eines Investments zu identifizieren, an die die Regulierung möglicherweise ansetzen könnte. Damit können die Auswirkungen der unterschiedlichen Regulierungsinstrumente auf das Investment quantifiziert und konkretere Aussagen zu Verlustmöglichkeiten getroffen werden. Zum Abschluss des ersten Kapitels ist ein vertiefter Blick auf die Marktprozesse zu werfen und dabei den Fragen nachzugehen, welche Tendenzen und Muster aus den Marktentwicklungen identifiziert werden können, ob es Zeiten eines ausgeglichenen Marktes auf Wohnungsmärkten gibt und ob angespannte Marktphasen eine Seltenheit oder eher die Regel auf diesen Märkten darstellen (Kapitel 1, C.). So können die Marktprozesse generell und in der aktuellen Wohnungsmarktsituation besser nachvollzogen werden.

Im zweiten Kapitel sind zunächst die wohnungspolitischen Ziele und die Instrumente zu deren Verwirklichung zu erörtern (Kapitel 2, A.). Daneben ist die Entwicklung der Nachfrage zum Angebot samt seinen Auswirkungen auf die Miet- und Immobilienpreise sowie die Mietkostenbelastung des letzten Jahrzehnts zu untersuchen (Kapitel 2, B. I.). Die ökonomischen Erkenntnisse sowohl zu den wohnungspolitischen Zielen als auch zur aktuellen Wohnungsmarktsituation sind wichtig, um die Ziele für eine Verbesserung der aktuellen Wohnungsmarktlage im Kontext des Untersuchungsgegenstands herausarbeiten zu können (Kapitel 2, B. II.). Diese Ziele und die relevanten wohnungspolitischen Instrumente prägen die rechtliche Analyse des dritten Kapitels ganz entscheidend. Die Instrumente grenzen den Rechtsrahmen für die Untersuchung ein. So kann in diesem Rechtsrahmen überprüft werden, ob dort die herausgearbeiteten

Ziele erreicht werden können. Die ökonomischen Erkenntnisse führen damit zu einer entscheidenden Schwerpunktsetzung auf dem relativ unübersichtlichen Gefilde angespannter Wohnungsmärkte. Daneben bieten die herausgearbeiteten Ziele die Grundlage dafür, die Untersuchungsfragen für die Kapitel 3 und 4 zu entwickeln (Kapitel 2, B. III.), die im weiteren Fortgang einer Antwort zugeführt werden können und weiteren Erkenntnisgewinn bieten.

In die folgenden Kapitel 3 und 4 sind die ökonomischen Erkenntnisse der ersten beiden Kapitel und gezielt zu den jeweiligen Regulierungsinstrumenten entwickelte, weitere ökonomische Forschungsergebnisse in die rechtliche Analyse miteinzustellen. Im dritten Kapitel ist im Rahmen einer Analyse des einfachen Gesetzesrechts zu klären, ob sich die Ziele im Untersuchungsgegenstand anhand des gesetzlichen Rahmens verwirklichen lassen (Kapitel 3, B. bis D.). So können beispielsweise Normen zu rechtlichen Hindernissen für die Zielerreichung werden oder sich sogar kontraproduktiv auf den Markt und seine Akteure auswirken. Des Weiteren ist zu erwarten, dass die ökonomischen Erkenntnisse, insbesondere zu den zahlreichen Besonderheiten und zu den Marktprozessen, bei den rechtlichen Anforderungen zur Qualifikation eines Marktes als angespannt fruchtbar gemacht und somit bedeutende Erkenntnisse gewonnen werden können. Bevor aber die Zielverwirklichung im Rechtsrahmen und das Ineinandergreifen der unterschiedlichen Regulierungsinstrumente analysiert werden kann, bedarf es einer Konkretisierung der teilweise rechtsgebietsübergreifend verwendeten Begriffe der Wohnung, des Wohnraums und des Wohnens sowie deren Vergleichs. Denn ergeben sich große Unterschiede zwischen ihnen, so verringert sich die Schnittmenge an Wohnungen, die vom gesamten Regulierungsspektrum erfasst werden (Kapitel 3, A.).

Auch wenn der Gesetzgeber mit seiner Regulierung eine verbesserte Marktsituation anstrebt, so sind die Grundrechtspositionen der Anbieter als Adressaten der Regulierung zu wahren. Eine Verbesserung der Marktsituation durch Regulierung darf insoweit nicht zu solch Lasten der Anbieter von Wohnungen führen, die sich als unverhältnismäßig und daher verfassungswidrige Eingriffe in deren Grundrechte darstellen. Folglich bedarf es neben einer Analyse des einfachen Gesetzesrechts und der dort festzustellenden Zielerreichungsqualität zwingend der Überprüfung, ob der Rechtsrahmen in verfassungsgemäßer Weise die Grundrechte der Anbieter von Wohnungen wahrt. Der Mietpreisbremse kommt im Kontext angespannter Wohnungsmärkte die größte Bedeutung zu, denn sie reguliert entscheidend die Mieteinnahmen der Anbieter. Zudem ist fraglich, ob sie dauerhafte Verlustgeschäfte auf der Anbieterseite begründen kann. Ihre

Vereinbarkeit mit den Grundrechten des Grundgesetzes ist daher vertieft zu untersuchen (Kapitel 4, A.). Dabei ist zu erwarten, dass die ökonomischen Erkenntnisse bei der Weite des gesetzgeberischen Gestaltungsspielraums, der Eignung, der Erforderlichkeit und der Angemessenheit fruchtbar gemacht werden können. Zudem sind durch die Analyse des einfachen Gesetzesrechts in Kapitel 3 die Grundlagen für die Eingriffsintensität der Mietpreisbremse gelegt, die nun gezielt vertieft und um ökonomische Erkenntnisse ergänzt werden können.

Bei der verfassungsrechtlichen Untersuchung ist aber noch ein Schritt weiterzugehen. Auf angespannten Wohnungsmärkten sind die Wohnungsanbieter gleich von mehreren Regulierungsinstrumente betroffen. Daraus resultiert auch eine höhere Eingriffsintensität, die bereits in Kapitel 3 untersucht werden soll und nun insoweit fruchtbar gemacht werden kann. Demnach ist zu klären, ob das Zusammenspiel der unterschiedlichen Regulierungsinstrumente des Öffentlichen Rechts und des Zivilrechts auf angespannten Wohnungsmärkten einen additiven Grundrechtseingriff darstellt und ob dieser gerechtfertigt ist (Kapitel 4, B.). Die Zusammenfassung der wesentlichen Erkenntnisse des Forschungsvorhabens, weiterführende Gedanken zum Potential eines intra- und interdisziplinären Forschungsansatzes sowie eine Einordnung des Forschungsvorhabens in den Gesamtkontext angespannter Wohnungsmärkte runden die Arbeit ab.

Kapitel 1: Der Wohnungsmarkt im Lichte der Ökonomie: Besonderheiten, Anbieterverhalten und Marktgleichgewicht

A. Das ökonomische Verständnis des Wohnungsmarkts und der Betrachtungsgegenstand der Arbeit

In einem ersten Schritt ist zu klären, was im Lichte der Ökonomie unter einem Wohnungsmarkt, konkreter einer Wohnung und einem Markt, zu verstehen ist (I.-III.). Dies bildet die Basis für die Fruchtbarmachung der ökonomischen Erkenntnisse für die rechtlichen Ausführungen in den späteren Kapiteln. In einem zweiten Schritt sollen die wesentlichen ökonomischen Besonderheiten der Wohnung und des Wohnungsmarkts herausgearbeitet werden (IV.). Im Zuge dessen soll auch dargelegt werden, welche dieser Besonderheiten sich einzeln oder in Korrelation mit weiteren Wohnungseigenschaften in den Besonderheiten des Wohnungsmarktes manifestieren. Zugleich ist das Verständnis aller Besonderheiten essentiell für die spätere einfachgesetzliche Analyse und die verfassungsrechtliche Prüfung, insbesondere im Hinblick auf die Verhältnismäßigkeit, um vom Gesetzgeber vorgegebene Ziele und in der Rechtswissenschaft ins Spiel gebrachte Regulierungsalternativen im Sinne ihrer Eignung, Erforderlichkeit und Angemessenheit beurteilen zu können. Zugleich stellen sie die Grundlage für die ökonomischen Ausführungen an sich, speziell zu der späteren Gleichgewichtsfrage auf dem Wohnungsmarkt sowie der Erläuterung der Marktentwicklungen dar.[8] Daneben haben diese auch Auswirkungen auf die wohnungspolitischen Ziele und Instrumente.[9] Denn die Zielerreichung durch ein Instrument ist nur möglich, wenn das im Rahmen der Besonderheiten eines Markts und des dort zu handelnden Guts überhaupt möglich ist. In einem dritten und letzten Schritt lassen sich drei Schwerpunkte herausbilden und so der konkrete Betrachtungsgegenstand für das weitere Vorgehen definieren (V.).

---

8 Siehe hierzu die Ausführungen in Kapitel 1, C.

9 Siehe Kapitel 2, A.

I. Die Wohnung: Begriffsverständnis, Charakterisierung und Abgrenzung in der Ökonomie

Zunächst soll untersucht werden, was in der Ökonomie unter einer Wohnung verstanden wird (1.). Die Herausarbeitung des ökonomischen Wohnungsbegriffs ist – neben der konkreten Objektzuordnung hinsichtlich der ökonomischen Ausführungen in den Kapiteln 1 und 2 – auch dafür von Bedeutung, ob und wie die ökonomischen Erkenntnisse[10] auf die Rechtsausführungen der Kapitel 3 und 4 übertragen werden können. Somit lässt sich auch der ökonomische mit den in der Rechtswissenschaft verwendeten Begriffen auf der Basis der konkret zu untersuchenden Regulierungsinstrumente vergleichen.[11]

Im Anschluss daran soll der Frage nachgegangen werden, wie die Ökonomie das Gut Wohnung charakterisiert: als ein Wirtschafts- und/oder Sozialgut (2.)? Sodann lassen sich die „Wohnung", das Grundstück und die Immobilienarten miteinander vergleichen (3.). Neben der räumlichen Verortung der Wohnung soll zugleich die Wohnung von der Wohnimmobilie abgegrenzt werden.

1. Der Begriff der Wohnung in der Ökonomie

In der Ökonomie wird der Begriff der Wohnung ganz unterschiedlich verstanden. Zum Teil wird er vorausgesetzt, ohne ihn zu konkretisieren oder zu definieren.[12] Zum Teil wird er definiert; aber dabei ergibt sich kein einheitliches Bild.[13] Demnach gibt es keine einheitliche Definition der Wohnung in der Ökonomie, dafür aber zumindest ein überwiegendes Begriffsverständnis.

Grob können zwei Definitionsgruppen unterschieden werden. Die erste vereint (wiederum untereinander divergierende) genauere Definitionsversuche für den Begriff der Wohnung (a.). Gemein ist diesen, dass sie

---

10 Erkenntnisse sowohl aus den Ausführungen der Kapiteln 1 und 2 als auch aus der ökonomischen Literatur speziell zu den dann später zu untersuchenden Regulierungsinstrumenten.

11 Hierzu und zum Vorstehenden siehe Kapitel 3, A. I. 2. und A. II. 5.

12 Ebenso *Heuer*, Lehrbuch der Wohnungswirtschaft, S. 28.

13 Ebenso und zu deren Ursachen *Heuer*, Lehrbuch der Wohnungswirtschaft, S. 28; *Bentzien*, Erschwinglichkeit von Wohneigentum in Deutschland, S. 16; *Kühne-Büning*, in: Kühne-Büning u. a., Grundlagen der Wohnungs- und Immobilienwirtschaft, S. 4 (5).

besonders die konkrete kulturelle Ausformung des Wohnens in der Gesellschaft reflektieren und in ihre Konkretisierungen einfließen lassen.[14] Unterteilt werden können diese Definitionsversuche wiederum in solche, die hierbei einen Schwerpunkt auf bautechnische oder technisch-statistische, funktionale oder investitionsprozessuale Merkmale setzen.[15] Dagegen setzt die zweite Gruppe der Begriffskonkretisierung den Fokus verstärkt auf den grundsätzlichen Charakter einer Wohnung (b.).[16] Demnach fällt ihre Wohnungsdefinition auch allgemeiner als bei der ersten Gruppe aus.

a) Der Versuch einer konkreten Wohnungsdefinition

Wie soeben bereits dargelegt, können die konkreteren Definitionsversuche weiter unterteilt werden. Bautechnische Definitionsversuche zur Planung oder Erfassung von Wohnungen zeichnen sich dadurch aus, dass sie sich an gesetzlich genormten, bautechnischen Konkretisierungen orientieren.[17] Für den (bautechnisch orientierten) Wohnungsbegriff wird (unmittelbar oder mittelbar) größtenteils auf die Definition der DIN 283[18], zum Teil auf die der „Allgemeinen Verwaltungsvorschrift für die Ausstellung von Bescheinigungen gemäß § 7 Abs. 4 Nr. 2 und § 32 Abs. 2 Nr. 2 des Wohnungseigentumsgesetzes“[19] Bezug genommen.[20] Unterschiede ergeben sich

---

14 *Heuer*, Lehrbuch der Wohnungswirtschaft, S. 29; allgemeiner nach Lebensgebieten differenzierend *Oettle*, in: Engelhardt/Thiemeyer, Gesellschaft, Wirtschaft, Wohnungswirtschaft, S. 235 (239 ff.).

15 *Heuer*, Lehrbuch der Wohnungswirtschaft, S. 28.

16 *Heuer*, Lehrbuch der Wohnungswirtschaft, S. 29 f.

17 *Dopfer*, Der westdeutsche Wohnungsmarkt, S. 7; siehe auch *Kühne-Büning*, in: Kühne-Büning u. a., Grundlagen der Wohnungs- und Immobilienwirtschaft, S. 4 (5 f.); kritisch zur DIN 283 und dem technischen Verständnis *Heuer*, Lehrbuch der Wohnungswirtschaft, S. 30, denn damit werden zur optimalen Bedürfnisbefriedung die funktionale Gliederung der Wohnung und der Ausstattung ihrer Umwelt außer Acht gelassen.

18 *Bayerisches Staatsministerium des Inneren*, Einführung des Normblattes DIN 283 Blatt 1 und 2 über Wohnungen (Begriffe, Berechnungen der Wohnflächen und Nutzflächen) i. d. F. v. März 1951, Entschl. des BStMdI. v. 17.07.1951, Nr. IV B 4 – 9202 a 126, Ministerialamtsblatt der bayerischen inneren Verwaltung (MABl.) 1951, 361 (362, Punkt 1.1).

19 Punkt 4 Abs. 1 der Allgemeinen Verwaltungsvorschrift für die Ausstellung von Bescheinigungen gemäß § 7 Abs. 4 Nr. 2 und § 32 Abs. 2 Nr. 2 des Wohnungseigentumsgesetzes vom 19.03.1974, BAnz. Nr. 58 vom 23.03.1974.

20 Vgl. *Arens*, in: Schulte u. a., Immobilienökonomie I, S. 83 (86) mit Bezug auf das WEG; vgl. auch *Kühne-Büning*, in: Kühne-Büning u. a., Grundlagen der

hierbei aber nicht. Beide Definitionen sind relativ wortgleich und inhaltlich identisch. Nach Letzterer ist unter einer Wohnung „die Summe der Räume [zu verstehen], welche die Führung eines Haushalts ermöglichen; dazu gehören stets eine Küche oder ein Raum mit Kochgelegenheit sowie Wasserversorgung, Ausguß [sic] und WC".[21] Neben diesen Kriterien zur Ermöglichung einer selbstständigen Haushaltsführung werden zusätzlich noch die Abgeschlossenheit gegenüber den übrigen Wohnungen und ein eigener Zugang verlangt.[22] Unschädlich ist bei beiden Begriffsverständnissen, ob einzelne Räume davon zu anderen Zwecken, zum Beispiel beruflich oder gewerblich, genutzt werden, entscheidend ist der Schwerpunkt der Nutzung.[23] Unerheblich ist es auch, ob die Wohnung durch den Eigentümer oder fremdgenutzt wird, zum Beispiel durch einen Mieter.[24] Demnach ist das inhaltliche Verständnis der bautechnischen Definitionsversuche einheitlich.

Relativ ähnlich hierzu fallen die Begriffserläuterungen in technisch-statistischer Hinsicht aus. Bei den Wohnraumdefinitionen beispielsweise des

---

Wohnungs- und Immobilienwirtschaft, S. 4 (5 f.), mit einem Begriffsverständnis orientiert an DIN 283; *Heuer*, Lehrbuch der Wohnungswirtschaft, S. 28 f., Orientierung an DIN 283; *Feigl*, Zielgruppenbestimmung von Mietern, S. 38, in Orientierung an DIN 283; *Bentzien*, Erschwinglichkeit von Wohneigentum in Deutschland, S. 15, mit Orientierung an DIN 283; vgl. hierzu ebenso *Dopfer*, Der westdeutsche Wohnungsmarkt, S. 7; offen bei *Cromm/Koch*, Mietspiegel in Deutschland, 8 f.

21 Punkt 4 Abs. 1 der Allgemeinen Verwaltungsvorschrift für die Ausstellung von Bescheinigungen gemäß § 7 Abs. 4 Nr. 2 und § 32 Abs. 2 Nr. 2 des Wohnungseigentumsgesetzes vom 19.03.1974, BAnz. Nr. 58 vom 23.03.1974; teilweise deckt sich die Begriffserläuterung der Verwaltungsvorschrift mit der steuerrechtlichen Wohnungsdefinition des § 181 Abs. 9 S. 1 und S. 3 BewG (die sich wiederum an der ständigen Rechtsprechung des BFH orientiert, die so auch in die Steuerrichtlinie R 175 Abs. 2 ErbStR 2003 Einzug gefunden hat, vgl. BT-Drs. 16/7918, S. 46), jedoch werden hier noch höhere Anforderungen an eine Wohnung gestellt, wie zum Beispiel das Vorhandensein eines Bads oder einer Dusche.

22 *Cromm/Koch*, Mietspiegel in Deutschland, S. 9; *Arens*, in: Schulte u. a., Immobilienökonomie I, S. 83 (86); zur Abgeschlossenheit *Kühne-Büning*, in: Kühne-Büning u. a., Grundlagen der Wohnungs- und Immobilienwirtschaft, S. 4 (5 f.); siehe auch *Schmidt*, Wohnung, 2022; vgl. auch die fast wortgleiche Wohnungsdefinition des § 8 Abs. 1 S. 2 RBEG, die sich wiederum mit der Wohnungsdefinition des § 181 Abs. 9 S. 2 BewG deckt, wobei auch hier höhere Anforderungen durch die baulichen Trennung gestellt werden.

23 Punkt 4 Abs. 1 der Allgemeinen Verwaltungsvorschrift für die Ausstellung von Bescheinigungen gemäß § 7 Abs. 4 Nr. 2 und § 32 Abs. 2 Nr. 2 des Wohnungseigentumsgesetzes vom 19.03.1974, BAnz. Nr. 58 vom 23.03.1974.

24 *Arens*, in: Schulte u. a., Immobilienökonomie I, S. 83 (86).

Statistischen Bundesamts wird inhaltlich die große Nähe zur (bautechnischen) DIN 283 deutlich.[25] Relativ ähnlich ist ihr die ökonomische Wohnungsdefinition nach *Hans Paul Bahrdt*, die – im Vergleich zur DIN 283 – konkreter in puncto Haushaltsführung und allgemeiner in puncto Ausstattungsmerkmale ausfällt. Wohnung ist hiernach die Summe miteinander verbundener Räume, die gemäß gesellschaftlichen Vorstellungen die ungestörte geordnete Haushaltsführung ermöglicht. Demnach muss Platz zum Kochen, zum Schlafen und für einen längeren Aufenthalt tagsüber in wachem Zustand samt gewisser sanitärer Einrichtungen vorhanden sein. Zudem – identisch mit dem bautechnischen Verständnis – muss die Wohnung von anderen Wohnungen abgetrennt sein und einen eigenen Zugang haben.[26]

Schon etwas anders ist der Wohnungsbegriff bei Konkretisierungsversuchen mit einem Schwerpunkt auf funktionalen Elementen. Hiernach ist die Wohnung „ein langfristiges, bodengebundenes Gebrauchsgut, dessen Zweck es ist, den Menschen im Rahmen der gegebenen siedlungsmäßigen Zuordnung eine nachhaltige Befriedigung des Wohnungsbedürfnisses zu gewährleisten".[27] Der Inhalt dieser Funktion wird aber nicht konkretisiert, da die Frage nach der Art der Bedürfnisbefriedigung unbeantwortet bleibt.[28]

Noch unkonkreter bleiben investitionsprozessuale Definitionsversuche. Im Blickpunkt steht hier die Kapitalverwertung durch die Wohnungsnutzung für ihren Anbieter und nicht den Nutzer der Wohnung; Wohnung wird hiernach „ökonomisch bestimmbar als zinstragendes Kapital in Warenform" definiert.[29]

---

25 Siehe *Statistisches Bundesamt*, Bestand an Wohnungen, 2019, S. 3; so auch schon früher *Statistisches Bundesamt*, Bestand an Wohnungen, 2010, S. 5; siehe zur deutlichen Parallele der Statistik zur DIN 283 auch *Kühne-Büning*, in: Kühne-Büning u. a., Grundlagen der Wohnungs- und Immobilienwirtschaft, S. 4 (5 f.); *Dopfer*, Der westdeutsche Wohnungsmarkt, S. 7.

26 Umfassend hierzu und zum Vorstehenden *Bahrdt*, Humaner Städtebau, S. 33; *Heuer*, Lehrbuch der Wohnungswirtschaft, S. 29.

27 *Lütge*, Wohnungswirtschaft, S. 38; *Bentzien*, Erschwinglichkeit von Wohneigentum in Deutschland, S. 15; *Heuer*, in: Beckerath u. a., Handwörterbuch der Sozialwissenschaften, Bd. 12, S. 810 (810); *Heuer*, Lehrbuch der Wohnungswirtschaft, S. 29.

28 *Heuer*, Lehrbuch der Wohnungswirtschaft, S. 29.

29 *Heuer*, Lehrbuch der Wohnungswirtschaft, S. 29; *Kühne-Büning*, in: Kühne-Büning u. a., Grundlagen der Wohnungs- und Immobilienwirtschaft, S. 4 (6).

b) Der präferierte Weg: Eine allgemeinere Wohnungsdefinition

An diesen Unterteilungen und ihren konkreteren Definitionsversuchen wird kritisiert, dass sie zu sehr bereits die kulturellen Entwicklungen der Wohnung aufgreifen.[30] Der bautechnische und technisch-statistische Definitionsversuch zählt konkrete bauliche Ausstattungsmerkmale auf, der funktionale hebt die Bodenbindung hervor und der investitionsprozessuale fokussiert sich auf die ökonomischen Bedingungen des Mietwohnungsmarkts durch die Aspekte der Kapitalbindung und -herauslösung. Vielmehr sollte dagegen der allgemeine Charakter der Wohnung Berücksichtigung finden, also deren stoffliche Einheit sowie ihre funktionale Ausrichtung auf die Befriedigung menschlicher Grundbedürfnisse.[31] Demnach wird in der Ökonomie die Wohnung überwiegend allgemeiner definiert als ein „physischer Rahmen zur Befriedigung des menschlichen Grundbedürfnisses nach räumlicher Geborgenheit. Sie besteht aus einer Anzahl funktional differenzierter Räume, die zu einer Einheit zusammengefasst sind und gemeinsam der Aufgabe dienen, physische, psychische und soziale Bedürfnisse ihrer Bewohner zu befriedigen".[32] So finden die gesellschaftliche, bautechnische und wirtschaftliche Dimension der Wohnung ausreichend Berücksichtigung.[33]

2. Die Wohnung – ein reines Wirtschaftsgut?

Ähnlich wie in der Rechtswissenschaft[34] wird auch innerhalb der Ökonomie die grundlegende Frage des Wirtschafts- und Sozialgutcharakters

30 *Heuer*, Lehrbuch der Wohnungswirtschaft, S. 29.

31 Hierzu und zum Vorstehenden *Heuer*, Lehrbuch der Wohnungswirtschaft, S. 29 f.

32 *Heuer/Nordalm*, in: Jenkis, Kompendium der Wohnungswirtschaft, S. 23 (23); *Heuer*, Lehrbuch der Wohnungswirtschaft, S. 30; *Bentzien*, Erschwinglichkeit von Wohneigentum in Deutschland, S. 16; *Rottke/Voigtländer*, Immobilienwirtschaftslehre – Ökonomie, 2012, S. 43; *Kühne-Büning*, in: Kühne-Büning u. a., Grundlagen der Wohnungs- und Immobilienwirtschaft, S. 4 (6); ähnlich *Spiegel*, in: Jenkis, Kompendium der Wohnungswirtschaft, S. 42 (42). In die gleiche Richtung geht auch die Wohnungsdefinition von *Hämmerlein*, Einführung in die Wohnungswirtschaft, S. 20 f., die zugleich versucht, personalen, sozialen und ökonomischen Kriterien zu entsprechend, aber im Vergleich hierzu konkreter bei den baulichen Anforderungen wird.

33 *Bentzien*, Erschwinglichkeit von Wohneigentum in Deutschland, S. 16.

34 Siehe zu dem beiderseitigen Charakter der Wohnung dort: *Sternel*, NZM 2018, 473 (473) m. w. N.; *Kähler*, NZM 2020, 95 (95); *Pelzl*, NZM 1998, 985 (986); *Der-*

der Wohnung aufgeworfen.[35] Keineswegs wird in der Ökonomie die Wohnung als ausschließliches Wirtschaftsgut qualifiziert. Vielmehr ist auch hier der doppelte Charakter der Wohnung anerkannt, auch wenn die beiden Positionen auf den ersten Blick deutlich voneinander entfernt zu liegen scheinen.

In einer zunächst ausschließlich ökonomischen Betrachtungsweise wird das Wirtschaftsgut Wohnung als technische Einheit am Markt – wie auch andere Güter auf anderen Märkten – angeboten und nachgefragt, sodass sich der Mietpreis fernab jeglicher Preisregulierung bildet.[36] Der Gesetzgeber hat sich demzufolge auf einen allgemeinen Rechtsrahmen zu beschränken (wie zum Beispiel § 138 und § 566 BGB); es besteht weder ein Anlass zu einem sozial begründeten Mieterschutz, noch zu einer öffentlichen Subventionierung.[37] Betrachtet man hingegen die Wohnung als Sozialgut – auch weil Wohnen ein nicht substituierbares Grundbedürfnis darstellt[38] –, wird zur Korrektur als sozial unbefriedigend empfundener Ergebnisse regulierend in den Wohnungsmarkt eingegriffen. Damit wird zugleich die ausschließliche Qualifikation der Wohnung als Wirtschaftsgut zurückgedrängt.[39]

---

leder, in: Merle, Entwicklungstendenzen im Wohnungseigentumsrecht und im Mietrecht, S. 353 (369); siehe beispielsweise auch zum anspruchsvollen Ausgleich im Rahmen der Sozialbindung des Eigentums *Depenheuer/Froese*, in: v. Mangoldt u. a., Art. 14 Rn. 222.

35 *Jenkis*, in: ders., Kompendium der Wohnungswirtschaft, S. 65 (87); *Kofner*, Wohnungsmarkt und Wohnungswirtschaft, S. 7. Zur historischen Entwicklung der Wohnung vom Wirtschaftsgut zum Wirtschafts- und Sozialgut *Jenkis*, in: ders., Kompendium der Wohnungswirtschaft, S. 65 (72 f.); *Gondring*, Immobilienwirtschaft, S. 9 f.

36 *Jenkis*, in: ders., Kompendium der Wohnungswirtschaft, S. 65 (87); ähnlich *Leonhardt*, Wohnungspolitik in der Sozialen Marktwirtschaft, S. 30 f.

37 *Jenkis*, in: ders., Kompendium der Wohnungswirtschaft, S. 65 (87).

38 Dies stellt eine ökonomische Besonderheit der Wohnung dar, siehe Kapitel 1, A. IV. 1. e.

39 Hierzu und zum Vorstehenden *Jenkis*, in: ders., Kompendium der Wohnungswirtschaft, S. 65 (87); *Kühne-Büning/Steveling*, in: Kühne-Büning u. a., Grundlagen der Wohnungs- und Immobilienwirtschaft, S. 262 (263); zur Begründung des Sozialgutscharakters sowie den geforderten, gesonderten sozialen Rahmenbedingungen *Kofner*, Wohnungsmarkt und Wohnungswirtschaft, S. 7 f. und 108; allgemeiner *Wölling*, Zur Frage von Ziel- und Situationsadäquanz wohnungspolitischer Instrumente der öffentlichen Hand in der Bundesrepublik Deutschland, S. 20.

Diese beiden sich eigentlich ausschließenden[40] Betrachtungsweisen können im Rahmen der sozialen Wohnungsmarktwirtschaft in der Weise kombiniert werden, dass zwischen der „technischen" Einheit Wohnung und dem konkreten Konsumvorgang der Wohnung durch den Mieter unterschieden wird.[41] Aus der Betrachtungsweise der Wohnung als Wirtschaftsgut resultiert dann in einem ersten Schritt eine zwingende Kostendeckung der Investition[42], sei es durch den Endnutzer als Mieter und/oder durch den Staat (auf der Angebotsseite zum Beispiel durch Objektförderung, Aufwandszuschüsse oder -darlehen oder steuerliche Vergünstigungen[43]); andernfalls wird in technischer Hinsicht eine angebotsreduzierende Spirale in Gang gesetzt, indem Anreize im Neubau sowie in der Erhaltung des Bestands ausbleiben.[44] In einem zweiten Schritt kann der konkrete Nutzungsvorgang der Wohnung teilweise oder vollständig als Sozialgut charakterisiert werden.[45] Hiernach wird die Wohnungsnutzung durch bestimmte Bevölkerungs- und Einkommensgruppen dadurch gefördert, dass diesen eine Wohnungsmiete unter den üblichen Marktkosten ermöglicht wird und um dabei die soeben erwähnte angebotsreduzierende Spirale nicht in Gang zu setzen, wird die Differenz zur Marktmiete staatlich subventioniert (auf Nachfragerseite zum Beispiel in Form der direkten Subjektförderung durch Wohngeld).[46] Somit kann die Wohnung nicht ausschließlich wirtschaftlich qualifiziert werden. Vielmehr wird das Gut

---

40 So auch *Eekhoff*, Wohnungspolitik, S. 38.

41 *Jenkis*, in: ders., Kompendium der Wohnungswirtschaft, S. 213 (250), wonach diese Differenzierung sowohl auf den Neubau als auch den Bestand bezogen werden kann; *Jenkis*, in: ders., Kompendium der Wohnungswirtschaft, S. 65 (87 f.); ähnlich *Gondring*, Immobilienwirtschaft, S. 10.

42 Siehe zur Kostendeckung auf Basis der Investitionsrechnung und zum Investorenverhalten Kapitel 1, B. II.

43 *Jenkis*, in: ders., Kompendium der Wohnungswirtschaft, S. 65 (88).

44 *Jenkis*, in: ders., Kompendium der Wohnungswirtschaft, S. 65 (87 f.); *Jenkis*, in: ders., Kompendium der Wohnungswirtschaft, S. 213 (250); vgl. *Leonhardt*, Wohnungspolitik in der Sozialen Marktwirtschaft, S. 98.

45 *Jenkis*, in: ders., Kompendium der Wohnungswirtschaft, S. 213 (250); *Jenkis*, in: ders., Kompendium der Wohnungswirtschaft, S. 65 (88); *Kühne-Büning/Steveling*, in: Kühne-Büning u. a., Grundlagen der Wohnungs- und Immobilienwirtschaft, S. 262 (263); vgl. zu dem Ausgleich zwischen Mieter und Vermieter *Leonhardt*, Wohnungspolitik in der Sozialen Marktwirtschaft, S. 97 f., sowie *Fichtel*, Wohnungspolitik in der sozialen Marktwirtschaft, S. 218–220.

46 *Jenkis*, in: ders., Kompendium der Wohnungswirtschaft, S. 65 (88); *Jenkis*, in: ders., Kompendium der Wohnungswirtschaft, S. 213 (250); ähnlich *Leonhardt*, Wohnungspolitik in der Sozialen Marktwirtschaft, S. 31.

Wohnung auch in der Ökonomie als ein Wirtschafts- *und* Sozialgut charakterisiert.

3. Einordnung der Wohnung: Die Wohnung in einer Immobilie auf einem Grundstück

Im Folgenden soll kurz das räumliche Umfeld der Wohnung untersucht werden, denn die Wohnung steht nicht allein. Sie ist vielmehr Bestandteil einer Immobilie, die wiederum auf einem Grundstück steht. Das BGB verwendet aber nicht den Begriff der Immobilie, sondern den des Gebäudes. Jedoch zielt das Immobiliarsachenrecht des BGB nicht auf die Eigentumszuordnung von Gebäuden, sondern von Grundstücken gemäß den §§ 873 ff., 925 ff. BGB ab. Zu den Grundstücken im rechtlichen Sinne gehören gemäß den §§ 93 f. BGB auch ihre wesentlichen Bestandteile wie etwa nach § 94 Abs. 1 S. 1 BGB das fest mit dem Grund und Boden verbundene Gebäude. Darunter werden Bauwerke jeglicher Art verstanden; ein Bauwerk ist eine „unbewegliche, durch Verwendung von Arbeit und Material in Verbindung mit dem Erdboden hergestellt Sache".[47] Die Immobilie stellt demnach ein Gebäude im Sinne des § 94 Abs. 1 S. 1 BGB dar.[48] Das Eigentum an ihr als wesentlichem Bestandteil und an den Wohnungen darin kann nur mit dem Grundstück gemeinsam übertragen werden.

Geht man nun also von der Wohnung aus und begibt sich auf eine höhere Systematisierungsebene oder – anders formuliert – vom Inneren ins Äußere, kann generell die Immobilie[49] als das Gebäude aus (nur) einer Wohnung bestehen. Es können aber auch mehrere Wohnungen oder auch andere Räume in einer Immobilie vorzufinden sein. Nach dem Anteil der Wohnung an der Immobilie bestimmt sich deren Einordnung in das System der unterschiedlichen Immobilienarten. Wohnungen sind demnach nicht nur in einer Wohnimmobilie vorzufinden. Diese ist folglich nicht das einzige Zugriffsobjekt der Nachfrage auf dem Wohnungsmarkt. Demnach sind nun in einem ersten Schritt die gängigen Immobilienarten aufzuzeigen. In einem zweiten Schritt soll das mögliche Vorhandensein

---

47 *Mössner*, in: Gsell u. a., BeckOGK, § 94 BGB Rn. 12 (Stand: März 2021).

48 *Mössner*, in: Gsell u. a., BeckOGK, § 94 BGB Rn. 12.2 (Stand: März 2021).

49 Zu den in den Wissenschaften größtenteils divergierenden Immobilienbegriffen ausführlich *Bone-Winkel/Focke/Schulte*, in: Schulte u. a., Immobilienökonomie I, S. 3 (5 ff.).

einer Wohnung im Gesamtgefüge der unterschiedlichen Immobilienarten erörtert werden.

Bei der Systematisierung geht es darum, Ähnlichkeiten herauszuarbeiten, um Cluster von Immobilien mit ausreichenden Ähnlichkeiten bilden zu können.[50] In diese kann die Wohnung eingeordnet werden. Inzwischen ist eine Systematisierung nach der Funktion der Immobilie anerkannt.[51] Die Immobilienarten können in Wohn-, Gewerbe-, Industrie- und Sonderimmobilien unterteilt werden.[52] Nach dem ökonomischen Begriffsverständnis wird unter einer Wohnimmobilie die Bereitstellung von Räumen zur Befriedigung von Wohnbedürfnissen verstanden.[53] In ihr sind größtenteils bis überwiegend Wohnungen vorzufinden. Der Begriff der Wohnimmobilie lässt sich ganz grundsätzlich weiter in Ein- oder Zweifamilienhäuser, Mehrfamilienhäuser oder Wohnanlagen und Eigentumswohnungen unterteilen.[54] Diese unterscheiden sich hauptsächlich durch die Anzahl der Wohneinheiten. Daneben können einzelne oder mehrere Wohnungen grundsätzlich auch – unabhängig vom Bauplanungsrecht – in den übrigen drei funktionalen Immobilienarten vorzufinden sein. Sind diese dort mit einem im Verhältnis zur übrigen Nutzung nicht mehr irrelevanten Flächenanteil vertreten, spricht man von einer Mischnutzung oder einer gemischt genutzten Immobilie (zum Beispiel bei einer jeweils hälftigen

---

50 *Arens*, in: Schulte u. a., Immobilienökonomie I, S. 83 (84); *Walzel*, in: Schulte, Immobilienökonomie, S. 117 (119).

51 *Arens*, in: Schulte u. a., Immobilienökonomie I, S. 83 (84); *Walzel*, in: Schulte, Immobilienökonomie, S. 117 (119 f); *Gondring*, Immobilienwirtschaft, S. 14; eine andere Unterscheidungsmöglichkeit bei Immobilien geht von den Immobiliennutzern aus, siehe hierzu *Arens*, in: Schulte u. a., Immobilienökonomie I, S. 83 (84); *Walzel*, in: Schulte, Immobilienökonomie, S. 117 (119); *Gondring*, Immobilienwirtschaft, S. 14.

52 *Arens*, in: Schulte u. a., Immobilienökonomie I, S. 83 (84 f.); *Rottke*, in: Rottke/Voigtländer, Immobilienwirtschaftslehre – Ökonomie, S. 83 (86 f.); vgl. für eine ähnliche Einteilung *Gondring*, Immobilienwirtschaft, S. 14, der aber die Industrieimmobilien als Gewerbeimmobilien einordnet. In typologischer Hinsicht kann hier auch von unterschiedlichen Immobilienteilmärkten gesprochen werden, siehe hierzu beispielsweise *Gondring*, Immobilienwirtschaft, S. 30; *Rottke*, in: Rottke/Voigtländer, Immobilienwirtschaftslehre – Ökonomie, S. 83 (86).

53 *Arens*, in: Schulte u. a., Immobilienökonomie I, S. 83 (84); *Walzel*, in: Schulte, Immobilienökonomie, S. 117 (120); *Feigl*, Zielgruppenbestimmung von Mietern, S. 38 f., auch zu anderen Begriffsverständnissen.

54 *Arens*, in: Schulte u. a., Immobilienökonomie I, S. 83 (86); *Gondring*, Immobilienwirtschaft, S. 14 f.; *Walzel*, in: Schulte, Immobilienökonomie, S. 117 (120); *Feigl*, Zielgruppenbestimmung von Mietern, S. 38 m. w. N.

Flächenteilung von Büros oder Läden und Wohnungen).[55] Andernfalls (zum Beispiel bei zwei kleinen Wohnungen in einem sehr großen Bürogebäude), bleibt es bei der Qualifikation als Gewerbe-, Industrie- oder Sonderimmobilie wegen der im Verhältnis zur Hauptnutzung nicht relevanten Wohnnutzung.[56] Statistisch gesehen ist die ganz überwiegende Anzahl von Wohnungen in Wohngebäuden vorzufinden. Die Wohnungen in Nichtwohngebäuden machen nur etwa drei bis vier Prozent aller Wohnungen aus.[57]

4. Zwischenfazit

Zusammenfassend kann festgehalten werden, dass es keine einheitliche Definition der Wohnung in der Ökonomie gibt. Vielmehr existieren einige sich teils deutlich voneinander unterscheidende Definitionen. Überwiegend wird in der Ökonomie unter der Wohnung ein physischer Raum zur Befriedigung des menschlichen Grundbedürfnisses nach räumlicher Geborgenheit verstanden; sie besteht aus einer Anzahl funktional differenzierter Räume, die zu einer Einheit zusammengefasst sind und gemeinsam der Aufgabe dienen, physische, psychische und soziale Bedürfnisse ihrer Bewohner zu befriedigen.

Des Weiteren wurde herausgearbeitet, dass die Wohnung in der Ökonomie keineswegs als reines Wirtschaftsgut angesehen wird. Vielmehr wird sie auch hier als ein Wirtschafts- und Sozialgut qualifiziert. Daneben wurde das räumliche Umfeld der Wohnung abgesteckt. Sie befindet sich in einer Immobilie auf einem Grundstück. Die Immobilie stellt dabei in rechtlicher Hinsicht ein Gebäude im Sinne des § 94 Abs. 1 S. 1 BGB auf dem Grundstück dar. Die konkrete Immobilie kann in der Ökonomie entsprechend ihrer jeweiligen Funktion unterschiedlichen Immobilienarten zugeordnet werden. Eine davon ist die Wohnimmobilie. Deren Verständnis darf nicht mit dem der Wohnung gleichgesetzt werden. Sie sind voneinander abzugrenzen, denn in einer Immobilie können sich eine oder mehrere Wohnungen und auch anderweitig genutzte Räume befinden. Be-

---

55 *Arens*, in: Schulte u. a., Immobilienökonomie I, S. 83 (85); zum Beispiel zu finden in § 181 Abs. 1 Nr. 5 i. V. m. Abs. 7 BewG.

56 *Arens*, in: Schulte u. a., Immobilienökonomie I, S. 83 (85).

57 Vgl. *Statistisches Bundesamt*, Bestand an Wohnungen, 2019, S. 7, wonach sich 2018 1.406.685 der 42.235.402 Wohnungen (3,33 Prozent) in Nichtwohngebäuden befanden.

steht die Immobilie überwiegend aus Wohnungen, so handelt es sich um eine Wohnimmobilie. Ist die Nutzung zu weitgehend gleichen Anteilen gemischt, so spricht man von einem Mischgebäude, das aber Wohnungen enthält. Auch in den übrigen Immobilienarten können Wohnungen vorhanden sein. Hier reicht es aus, wenn die Immobilien überwiegend der definierten Funktion dienen. Dies impliziert aber auch, dass ein kleiner Teil anderweitig, beispielsweise als Wohnung, genutzt werden kann.

II. Der Markt

Nachdem nun der ökonomische Begriff der Wohnung, auch in Abgrenzung zur Wohnimmobilie, geklärt ist, ist zu erörtern, was in der Ökonomie unter einem Markt zu verstehen ist, um sich dann dem Begriff des Wohnungsmarkts nähern zu können. Ganz generell ist unter einem Markt ein ökonomischer, nicht unbedingt örtlich bestimmter Platz des Tausches zu verstehen, auf dem sich infolgedessen zwischen Anbieter und Nachfrager der Preis bildet.[58] Für die Preisbildung ist im generellen Sinne die jeweilige Marktstruktur von besonderer Relevanz.[59] Für deren konkretere Analyse ist einerseits die quantitative Besetzung der Angebots- und Nachfrageseite entscheidend. Es ist also zu unterscheiden, ob sich Angebots- und Nachfrageüberhänge ergeben. Andererseits ist die Beschaffenheit des einzelnen Marktes maßgeblich. Sie kann beispielsweise zu einer verzögerten Preisreaktion oder aufgrund eines Intransparenzungleichgewichts zwischen den Marktbeteiligten (in der Regel zu Gunsten des Wohnungsanbieters) zu Preisen führen, die sich nicht mit dem aktuellen Verhältnis von Angebot und Nachfrage decken.[60]

---

58 *Ott*, in: Albers, Handwörterbuch der Wirtschaftswissenschaft, Bd. 5, S. 104 (105) m. w. N.; *Cromm/Koch*, Mietspiegel in Deutschland, S. 7; *Jenkis*, in: ders., Kompendium der Wohnungswirtschaft, S. 65 (85); siehe auch *Mecke/Piekenbrock/Sauerland*, Markt, 2022; *Gondring*, Immobilienwirtschaft, S. 21; ähnlich *Kühne-Büning*, in: Kühne-Büning u. a., Grundlagen der Wohnungs- und Immobilienwirtschaft, S. 18 (18); *Heuer*, Lehrbuch der Wohnungswirtschaft, S. 50; *Hämmerlein*, Einführung in die Wohnungswirtschaft, S. 31.

59 *Ott*, in: Albers, Handwörterbuch der Wirtschaftswissenschaft, Bd. 5, S. 104 (105). Zur Mietpreisbildung auf dem Wohnungsmarkt siehe zum Beispiel *Hampe*, Die freie Mietpreisbildung, S. 95–142; *Heuer*, in: Beckerath u. a., Handwörterbuch der Sozialwissenschaften, Bd. 12, S. 810 (813 f.).

60 *Ott*, in: Albers, Handwörterbuch der Wirtschaftswissenschaft, Bd. 5, S. 104 (105) – auch zu dem Vorgehenden –, wonach die Märkte hinsichtlich ihrer qualitativen Beschaffenheit in vollkommene und unvollkommene Märkte unterteilt werden

III. Der angespannte Wohnungsmarkt

Wie beim Begriff der Wohnung gibt es auch keine einheitliche Definition des Wohnungsmarkts.[61] Ganz grundsätzlich und in starker Anlehnung an den soeben dargelegten Marktbegriff kann unter einem Wohnungsmarkt ebenfalls ein Handelsplatz verstanden werden, auf dem die „Gesamtheit aller in der Gegenwart existierenden und genutzten sowie in der Zukunft nutzbaren Wohnungen ausgetauscht wird".[62] Soweit ersichtlich gibt es außerhalb der Rechtswissenschaft (vgl. § 556d Abs. 2 S. 2 und S. 3 BGB sowie § 201a S. 3 und S. 4 BGB) keine anerkannte Definition eines „angespannten" Wohnungsmarkts.[63] Vielmehr stellt er einen Oberbegriff dar, der schon bei Vorliegen eines oder im Zusammenspiel mit mehreren Marktindikatoren bejaht werden kann.[64]

---

können und Letzteres die Regel sei. Siehe zu dieser Unterteilung auch *Jenkis*, in: ders., Kompendium der Wohnungswirtschaft, S. 65 (85–87).

61 Siehe *Grosskopf/König*, in: Gondring, Handbuch Immobilienwirtschaft, S. 75 (77); *Heuer*, in: Beckerath u. a., Handwörterbuch der Sozialwissenschaften, Bd. 12, S. 810 (810); *Heumann*, Standort 43 (2019), 278 (280); allgemeiner hierzu *Kühne-Büning*, in: Kühne-Büning u. a., Grundlagen der Wohnungs- und Immobilienwirtschaft, S. 4 (4).

62 *Grosskopf/König*, in: Gondring, Handbuch Immobilienwirtschaft, S. 75 (77); *Bison*, Die Regulierung des Mietwohnungsmarktes in der Bundesrepublik Deutschland, S. 108; vgl. *Schmoll*, in: ders., Basiswissen Immobilienwirtschaft, S. 3 (8); *Heuer/Nordalm*, in: Jenkis, Kompendium der Wohnungswirtschaft, S. 23 (23); *Kühne-Büning*, in: Kühne-Büning u. a., Grundlagen der Wohnungs- und Immobilienwirtschaft, S. 4 (4); *Gondring*, Immobilienwirtschaft, S. 21; vgl. auch *Jenkis*, in: ders., Kompendium der Wohnungswirtschaft, S. 65 (85); *Heuer*, Lehrbuch der Wohnungswirtschaft, S. 50 f.; ähnlich hierzu *Heuer*, in: Beckerath u. a., Handwörterbuch der Sozialwissenschaften, Bd. 12, S. 810 (810 f.). Kritisch zu einem konkreteren Begriffsverständnis des Wohnungsmarkts *Wölling*, Zur Frage von Ziel- und Situationsadäquanz wohnungspolitischer Instrumente der öffentlichen Hand in der Bundesrepublik Deutschland, S. 1–3, wonach der Begriff des Wohnungsmarkts nur einen Oberbegriff für das Sammelsurium seiner verschiedenen Teilmärkte darstellen könne (zu der Vielzahl seiner Teilmärkte siehe Kapitel 1, A. IV. 2. c.).

63 So auch *Heumann*, Standort 43 (2019), 278 (280).

64 Siehe hierzu auch die Ausführungen zur Projektentwicklungsphase zum Marktindikator des unterschrittenen „normalen" Leerstandniveaus in Kapitel 1, C. II. 2. c.

IV. Ökonomische Besonderheiten auf dem Wohnungsmarkt

Es gibt viele Besonderheiten des Wohnungsmarkts. Deren Relevanz für die vorliegende Untersuchung wurde bereits zu anfangs dargelegt. Sie ergeben sich zum einen aus der Wohnung und dem zu handelnden Gut der Wohnungsnutzungsleistung an sich, zum anderen generell aus dem Zusammenspiel von Anbietern und Nachfragern auf dem Markt. Letztgenanntes resultiert überwiegend aus den ökonomischen Besonderheiten der Wohnung.[65] Demnach müssen in einem ersten Schritt die ökonomischen Besonderheiten der Wohnung an sich herausgearbeitet werden (1.). Anschließend stehen die sich größtenteils hieraus ergebenden Spezifika des Wohnungsmarkts im Mittelpunkt, die damit das Marktgeschehen prägen (2.). Ausgeklammert wurde hierbei aber das Merkmal der Siedlungsbildung.[66] Teilweise werden die starken Schwankungen im Zeitablauf und der Filterprozess auch als ökonomische Wohnungsmarktbesonderheiten angesehen.[67] Beides dürfte aber vielmehr als Ausgleichprozess der Märkte hin zu einem Gleichgewicht auf der Basis der Wohnungsmarktbesonderheiten zu qualifizieren sein.[68]

65 Ebenso *Dopfer*, Der westdeutsche Wohnungsmarkt, S. 12 f.

66 Siehe hierzu *Kühne-Büning*, in: Kühne-Büning u. a., Grundlagen der Wohnungs- und Immobilienwirtschaft, S. 7 (10); *Heuer/Nordalm*, in: Jenkis, Kompendium der Wohnungswirtschaft, S. 23 (25).

67 So etwa *Dopfer*, Der westdeutsche Wohnungsmarkt, S. 17 f. und 22 f. (Filtering meint den Wechsel der Haushalte zwischen den einzelnen Qualitätsstufen der Wohnung sowie der Wechsel der Wohnungen selbst); siehe zu den Zyklen Kapitel 1, C. II.; siehe zu dem Filtering-Prozess (und damit der Ausgleich unter den sachlichen Teilmärkten samt einer Entwicklung hin zu einem Gleichgewichtsmodell) *Kühne-Büning*, in: Kühne-Büning u. a., Grundlagen der Wohnungs- und Immobilienwirtschaft, S. 177 (177–184); *Expertenkommission Wohnungspolitik*, Wohnungspolitik auf dem Prüfstand, S. 24–30; *Eekhoff*, Wohnungs- und Bodenmarkt, S. 18–48; *Sotelo*, Ökonomische Grundlagen der Wohnungspolitik, S. 44–49, und zur Kritik S. 52–57; *Schmoll*, in: ders., Basiswissen Immobilienwirtschaft, S. 1243 (1311–1317).

68 Siehe beispielsweise zu den Filterprozessen *Schmoll*, in: ders., Basiswissen Immobilienwirtschaft, S. 1243 (1311 f.); *Expertenkommission Wohnungspolitik*, Wohnungspolitik auf dem Prüfstand, S. 2 f.; *Eekhoff*, Wohnungs- und Bodenmarkt, S. 18 f.; *Kühne-Büning*, in: Kühne-Büning u. a., Grundlagen der Wohnungs- und Immobilienwirtschaft, S. 177 (177 f.). Zu den Schwankungen und damit den Wohnungsmarktzyklen siehe Kapitel 2, A. II.

1. Ökonomische Spezifika der Wohnung

Die ökonomischen Besonderheiten der Wohnung verdeutlichen deren Unterschiede zu den sonstigen gängigen Wirtschaftsgütern. Dazu gehören vor allem ihre Langlebigkeit, lange Produktionsdauer, Standortbindung oder Immobilität, ihr unteilbarer Konsum, das Wohnen als Grundbedürfnis und dessen fehlende Substitutionsmöglichkeit im engeren Sinne, die Heterogenität, die unterschiedlichen Rechtsformen der Nutzungsangebote, die langfristige Investitionsentscheidung mit hohen Anfangsinvestitionen und anschließenden periodischen geringen Kapitalrückflüssen sowie die Veränderlichkeit der Nutzungsleistung und deren Wert.

a) Langlebigkeit

Die Wohnung wird wegen ihrer regulären Nutzungsdauer von 60 bis 100 Jahren, die durch Instandhaltung sowie Modernisierung – zur Erhaltung der Nutzungsdauer oder zur Anpassung an veränderte Nachfragebedürfnisse[69] – weiter verlängert werden kann, als langlebiges Wirtschaftsgut qualifiziert. Es wird folglich mehreren Generationen nacheinander zur Verfügung gestellt und kann mehrmals als Kauf- oder Mietobjekt angeboten werden.[70] Zu- und Abgänge im Gesamtbestand fallen daher relativ gering aus, der zudem nur zögerlich an Nachfrageveränderungen angepasst wird. Es handelt sich bei dem Wohnungsmarkt hauptsächlich um einen Bestandswohnungsmarkt und stellt eine seiner Besonderheiten[71] dar.[72]

---

69 Siehe zur Anpassung Kapitel 1, A. IV. 1. f.

70 Hierzu und zum Vorstehenden *Dopfer*, Der westdeutsche Wohnungsmarkt, S. 13; *Kühne-Büning*, in: Kühne-Büning u. a., Grundlagen der Wohnungs- und Immobilienwirtschaft, S. 7 (7); *Smith/Rosen/Fallis*, Journal of Economic Literature 1988, 29 (34 und 45); *Grosskopf/König*, in: Gondring, Handbuch Immobilienwirtschaft, S. 75 (77); *Eekhoff*, Wohnungspolitik, S. 5; *Schmoll*, in: ders., Basiswissen Immobilienwirtschaft, S. 1243 (1289); *Kofner*, Wohnungsmarkt und Wohnungswirtschaft, S. 23; *Feigl*, Zielgruppenbestimmung von Mietern, S. 41; *Hämmerlein*, Einführung in die Wohnungswirtschaft, S. 21; ähnlich *Lee*, in: Schulte u. a., Immobilienökonomie IV, S. 288 (289); *Hagemeier*, Der Einsatz staatlicher Instrumente in der Wohnungs- und Bodenpolitik des 20. Jahrhunderts, S. 12; zur Immobilie *Bone-Winkel/Focke/Schulte*, in: Schulte u. a., Immobilienökonomie I, S. 3 (19 f.); *Just/Voigtländer u. a.*, Wirtschaftsfaktor Immobilien 2017, S. 2.

71 Siehe Kapitel 1, A. IV. 2. b.

72 Hierzu und zum Vorstehenden *Kühne-Büning*, in: Kühne-Büning u. a., Grundlagen der Wohnungs- und Immobilienwirtschaft, S. 7 (7); *Smith/Rosen/Fallis*, Jour-

Diese Langlebigkeit vermehrt zugleich auch die Angebotsheterogenität, beispielweise in Form der angebotenen Neubau- oder Altbauwohnungen am Markt.[73]

Die Langlebigkeit des Wirtschaftsguts verkompliziert Aussagen über Investitionsentscheidungen über den gesamten Zeitraum, erschwert diese und macht sie risikoreich[74]; denn es ist wirtschaftlich nicht sinnvoll, eine nicht mehr kostendeckende Wohnung aus dem Markt herauszunehmen.[75] Die Instandhaltung und Modernisierung der Wohnung resultieren einerseits aus ihrer Abnutzung, andererseits aus ihrer Anpassung an veränderte Wohnungsansprüche und erfordern auch in Zukunft ständige Reinvestitionen.[76] Diese Langlebigkeit der Wohnung samt der damit verbundenen Risiken und zukünftigen Reinvestitionen verlängert zugleich die Reaktionszeiten auf Marktveränderungen.[77]

b) Lange Produktionsdauer

Das Wirtschaftsgut Wohnung zeichnet sich durch eine lange Produktionsdauer aus.[78] Beispielsweise wegen der Planung, der längeren behördlichen Genehmigungsprozesse, der Witterungsabhängigkeit des Bauens, der begrenzten Produktionskapazitäten der Bauwirtschaft und der personalintensiven Errichtung an sich fällt der Zeitraum zwischen der getroffenen Investitionsentscheidung und der Objektfertigstellung deutlich höher als bei anderen Wirtschaftsgütern aus und beträgt durchschnittlich um die

---

nal of Economic Literature 1988, 29 (34); *Lee*, in: Schulte u. a., Immobilienökonomie IV, S. 288 (289); *Eekhoff*, Wohnungspolitik, S. 5; *Feigl*, Zielgruppenbestimmung von Mietern, S. 41.

73 *Lee*, in: Schulte u. a., Immobilienökonomie IV, S. 288 (289).

74 Siehe zum Risiko und der Einpreisung in die Investitionsrechnung und -entscheidung Kapitel 1, B. II. 2. und 3. c.

75 *Kühne-Büning*, in: Kühne-Büning u. a., Grundlagen der Wohnungs- und Immobilienwirtschaft, S. 7 (8); ähnlich *Hampe*, Die freie Mietpreisbildung, S. 7.

76 *Kühne-Büning*, in: Kühne-Büning u. a., Grundlagen der Wohnungs- und Immobilienwirtschaft, S. 7 (8); *Feigl*, Zielgruppenbestimmung von Mietern, S. 41.

77 Ebenso *Kühne-Büning*, in: Kühne-Büning u. a., Grundlagen der Wohnungs- und Immobilienwirtschaft, S. 7 (13). Die langen Reaktionszeiten stellen zugleich eine Besonderheit des Wohnungsmarkts dar, siehe Kapitel 1, A. IV. 2. a.

78 *Kühne-Büning*, in: Kühne-Büning u. a., Grundlagen der Wohnungs- und Immobilienwirtschaft, S. 7 (8); *Dopfer*, Der westdeutsche Wohnungsmarkt, S. 14; *Bison*, Die Regulierung des Mietwohnungsmarktes in der Bundesrepublik Deutschland, S. 106; *Hampe*, Die freie Mietpreisbildung, S. 7.

zwei Jahre.[79] Dadurch ergibt sich innerhalb einer kürzeren Periode ein preisunelastisches Wohnungsangebot, das nur äußerst begrenzt auf Nachfrage- und Preisentwicklungen reagieren kann.[80] Zudem verlängert dies die ohnehin schon längeren Reaktionszeiten[81].

c) Standortbindung

Die Wohnung als Gebäudebestandteil ist in aller Regel an einem konkreten, festen Standort erbaut und daher immobil sowie bodengebunden.[82] Daraus ergeben sich aber zugleich gebäudeexterne Eigenschaften der Wohnung wie beispielsweise deren infrastrukturelle Anbindung generell, die Entfernung zum Arbeitsplatz oder das Wohnumfeld samt seinem Sozialprestige, die die Heterogenität als weitere Besonderheit der Wohnung[83] und damit die Vergleichbarkeit der Wohnungen untereinander weiter

---

79 *Kühne-Büning*, in: Kühne-Büning u. a., Grundlagen der Wohnungs- und Immobilienwirtschaft, S. 7 (8); *Dopfer*, Der westdeutsche Wohnungsmarkt, S. 14; *Hampe*, Die freie Mietpreisbildung, S. 7; *Feigl*, Zielgruppenbestimmung von Mietern, S. 43 (bei komplexeren und größeren Projekten sogar bis zu sechs Jahre); *Henger/Voigtländer*, Ist der Wohnungsbau auf dem richtigen Weg?, 2019, S. 14, für 2018 von der Baugenehmigung bis zur Endabnahme im Durchschnitt 20 Monate, beim Geschosswohnungsbau durchschnittlich 25 Monate; vgl. *Bone-Winkel/Focke/Schulte*, in: Schulte u. a., Immobilienökonomie I, S. 3 (18 f.), bei komplexeren und größeren Projekten bis zu fünf Jahre.

80 *Dopfer*, Der westdeutsche Wohnungsmarkt, S. 14; *Lee*, in: Schulte u. a., Immobilienökonomie IV, S. 288 (289); *Leonhardt*, Wohnungspolitik in der Sozialen Marktwirtschaft, S. 42.

81 Zugleich eine Besonderheit des Wohnungsmarkts, siehe Kapitel 1, A. IV. 2. a.

82 *Kühne-Büning*, in: Kühne-Büning u. a., Grundlagen der Wohnungs- und Immobilienwirtschaft, S. 7 (9 f.); *Dopfer*, Der westdeutsche Wohnungsmarkt, S. 13 f.; *Heuer/Nordalm*, in: Jenkis, Kompendium der Wohnungswirtschaft, S. 23 (35); *Grosskopf/König*, in: Gondring, Handbuch Immobilienwirtschaft, S. 75 (77); *Eekhoff*, Wohnungs- und Bodenmarkt, S. 11; *Hagemeier*, Der Einsatz staatlicher Instrumente in der Wohnungs- und Bodenpolitik des 20. Jahrhunderts, S. 12; *Bison*, Die Regulierung des Mietwohnungsmarktes in der Bundesrepublik Deutschland, S. 106; *Schmoll*, in: ders., Basiswissen Immobilienwirtschaft, S. 1243 (1289); *Feigl*, Zielgruppenbestimmung von Mietern, S. 42; *Hämmerlein*, Einführung in die Wohnungswirtschaft, S. 21; ähnlich *Smith/Rosen/Fallis*, Journal of Economic Literature 1988, 29 (38); zur Immobilie *Bone-Winkel/Focke/Schulte*, in: Schulte u. a., Immobilienökonomie I, S. 3 (16); *Just/Voigtländer u. a.*, Wirtschaftsfaktor Immobilien 2017, S. 2.

83 Zu dieser Wohnungsbesonderheit siehe Kapitel 1, A. IV. 1. f.

verstärkt.[84] Aufgrund der Immobilität lässt sich der Wohnungsmarkt in räumliche Teilmärkte einteilen und aus der mit der Bodenbindung einhergehenden Abhängigkeit von geeignetem Wohnungsbauland folgt die Abhängigkeit des Wohnungs- vom Bodenmarkt.[85] Demnach resultieren hieraus zwei weitere Besonderheiten des Wohnungsmarkts.[86] Verteilungs- und Preisprozessprobleme auf dem Bodenmarkt beeinflussen daher die geplante Wohnungsbautätigkeit sowie die Kosten für deren Erstellung und deren spätere Nutzung durch die Wohnungsnachfrager.[87]

d) Unteilbarer Konsum einer Wohnung

Im Falle der Veränderung der Haushaltsgröße oder des Einkommens kann grundsätzlich kein Raum abgegeben oder zusätzlich angemietet werden. Demnach ist die Wohnungsnutzungsleistung unteilbar.[88] Durch Untervermietung kann zwar Raum abgegeben werden, aber dies hebt die Abgeschlossenheit des bisherigen Haushalts auf,[89] indem eine weitere Person die Wohnung mitbenutzt. Der Wohnraum nachfragende Haushalt kann auf Preisentwicklungen oder eine Veränderung des Einkommens damit

---

84 Vgl. zum Beispiel: *Smith/Rosen/Fallis*, Journal of Economic Literature 1988, 29 (38), die auch die Nähe der Standortbindung zur Heterogenität deutlich machen; *Kühne-Büning*, in: Kühne-Büning u. a., Grundlagen der Wohnungs- und Immobilienwirtschaft, S. 7 (11); *Lee*, in: Schulte u. a., Immobilienökonomie IV, S. 288 (289); *Just*, in: Schulte u. a., Immobilienökonomie IV, S. 472 (472).

85 Vgl. *Kühne-Büning*, in: Kühne-Büning u. a., Grundlagen der Wohnungs- und Immobilienwirtschaft, S. 7 (9 f.); *Dopfer*, Der westdeutsche Wohnungsmarkt, S. 13 f.; ebenso *Schmoll*, in: ders., Basiswissen Immobilienwirtschaft, S. 1243 (1289); zum Teilmarktbezug, *Eekhoff*, Wohnungs- und Bodenmarkt, S. 11; *Hampe*, Die freie Mietpreisbildung, S. 9; *Feigl*, Zielgruppenbestimmung von Mietern, S. 42 f.

86 Zu diesen zwei Wohnungsmarktbesonderheiten siehe Kapitel 1, A. IV. 2. c. bb. (1) und A. IV. 2. e.

87 *Kühne-Büning*, in: Kühne-Büning u. a., Grundlagen der Wohnungs- und Immobilienwirtschaft, S. 7 (10).

88 Hierzu und zum Vorstehenden *Kühne-Büning*, in: Kühne-Büning u. a., Grundlagen der Wohnungs- und Immobilienwirtschaft, S. 7 (10); *Grosskopf/König*, in: Gondring, Handbuch Immobilienwirtschaft, S. 75 (77); *Hagemeier*, Der Einsatz staatlicher Instrumente in der Wohnungs- und Bodenpolitik des 20. Jahrhunderts, S. 7; *Bison*, Die Regulierung des Mietwohnungsmarktes in der Bundesrepublik Deutschland, S. 107; *Schmoll*, in: ders., Basiswissen Immobilienwirtschaft, S. 1243 (1290); *Feigl*, Zielgruppenbestimmung von Mietern, S. 41.

89 Vgl. *Dopfer*, Der westdeutsche Wohnungsmarkt, S. 15; *Schmoll*, in: ders., Basiswissen Immobilienwirtschaft, S. 1243 (1290).

nur durch einen Umzug in eine seinen jetzigen Bedürfnissen entsprechende Wohnung reagieren.[90] Hierdurch entstehen für ihn Transaktionskosten (zum Beispiel Such-, Kontakt- und Umzugskosten).[91] Im Falle der veränderten Haushaltsgröße kann er auch eine Über- oder Unterbelegung in Kauf nehmen.[92]

e) Wohnen als Grundbedürfnis und seine fehlende Substitutionsmöglichkeit im engeren Sinne

Wie bereits erläutert[93], wird das Gut Wohnung in der Ökonomie als Wirtschafts- und Sozialgut angesehen. Der Sozialcharakter wird vor allem bei der Nachfrage nach Wohnungsnutzungen deutlich. Das Wohnen selbst stellt ein Grundbedürfnis dar und die Wohnung ist verfassungsrechtlich geschützt (vgl. Art. 13 GG).[94] Hinsichtlich der Substituierbarkeit ist zwischen der im engeren Sinne, die auf das Wohnen an sich sowie seine Ersetzbarkeit abzielt, und derjenigen im weiteren Sinne zu unterscheiden, die die austauschbare Ausgestaltung (Größe, Qualität etc.) der Wohnung

---

90 *Kühne-Büning*, in: Kühne-Büning u. a., Grundlagen der Wohnungs- und Immobilienwirtschaft, S. 7 (10 f. und 17); *Grosskopf/König*, in: Gondring, Handbuch Immobilienwirtschaft, S. 75 (77); *Hagemeier*, Der Einsatz staatlicher Instrumente in der Wohnungs- und Bodenpolitik des 20. Jahrhunderts, S. 7; *Schmoll*, in: ders., Basiswissen Immobilienwirtschaft, S. 1243 (1290); *Feigl*, Zielgruppenbestimmung von Mietern, S. 41; ähnlich *Dopfer*, Der westdeutsche Wohnungsmarkt, S. 15; zu den Ursachen für einen Wohnungswechsel *Kofner*, Wohnungsmarkt und Wohnungswirtschaft, S. 36.

91 *Kühne-Büning*, in: Kühne-Büning u. a., Grundlagen der Wohnungs- und Immobilienwirtschaft, S. 7 (17); *Eekhoff*, Wohnungs- und Bodenmarkt, S. 17, auch mit weiteren Kostenbeispielen für den Nachfragehaushalt; *Smith/Rosen/Fallis*, Journal of Economic Literature 1988, 29 (47 f.), auch zur Grenze für den Nachfrager, ab deren Erreichen sich ein Umzug im Vergleich zu seinen Transaktionskosten rechnet; *Schmoll*, in: ders., Basiswissen Immobilienwirtschaft, S. 1243 (1290); *Feigl*, Zielgruppenbestimmung von Mietern, S. 44.

92 *Kühne-Büning*, in: Kühne-Büning u. a., Grundlagen der Wohnungs- und Immobilienwirtschaft, S. 7 (11).

93 Siehe Kapitel 1, A. I. 2.

94 *Dopfer*, Der westdeutsche Wohnungsmarkt, S. 15; *Kofner*, Wohnungsmarkt und Wohnungswirtschaft, S. 32; *Bone-Winkel/Focke/Schulte*, in: Schulte u. a., Immobilienökonomie I, S. 3 (20); *Nolte/Voß/Michels*, Nachfrage- und Angebotswirkungen des Wohngeldes, S. 5; *Blumenroth*, Deutsche Wohnungspolitik seit der Reichsgründung, S. 23; zu den Faktoren für eine Schlüsselfunktion der Wohnung für die Lebensvorsorge vertiefend *Hämmerlein*, Einführung in die Wohnungswirtschaft, S. 20 f.

meint.[95] Letzteres ist zum Kriterium der Heterogenität zu zählen. Das hier erörterte Grundbedürfnis Wohnen an sich (also die Substituierbarkeit im engeren Sinne) ist ein starrer Haushaltsbedarf und nicht austauschbar, da weder Ersatzgüter vorhanden sind noch eine dauerhafte Aussetzung dieses Grundbedürfnisses möglich ist.[96] Erschwert wird die Befriedigung dieses nicht ersetzbaren Grundbedürfnisses dadurch, dass die Wohnungskosten bei den meisten Haushalten den größten Ausgabenposten darstellen[97].

f) Heterogenität

Die Wohnung weist eine Vielzahl qualitativer Unterschiede auf; sie ist daher hochkomplex.[98] Nach ihren Eigenschaften gleicht keine Wohnung der anderen. Gebäudeinterne (technische) Eigenschaften sind beispielsweise der Gebäudetyp samt Grundriss, die Lage im Gebäude sowie die Größe, die Ausstattung, der Bauzustand und die Raumanzahl der Wohnung.[99] Ge-

---

95 Vgl. *Dopfer*, Der westdeutsche Wohnungsmarkt, S. 15; ähnlich *Kühne-Büning*, in: Kühne-Büning u. a., Grundlagen der Wohnungs- und Immobilienwirtschaft, S. 7 (15), die so nach Grundbedarf (gegebenenfalls auch normativen Bedarf) mit der ausschließlich zum Leben notwendigen Versorgung mit Wohnraum und nach dem darüber hinausgehenden, subjektiven Bedarf differenziert.

96 *Kühne-Büning*, in: Kühne-Büning u. a., Grundlagen der Wohnungs- und Immobilienwirtschaft, S. 7 (15); *Dopfer*, Der westdeutsche Wohnungsmarkt, S. 15; *Hagemeier*, Der Einsatz staatlicher Instrumente in der Wohnungs- und Bodenpolitik des 20. Jahrhunderts, S. 7; *Kofner*, Wohnungsmarkt und Wohnungswirtschaft, S. 32; *Hämmerlein*, Einführung in die Wohnungswirtschaft, S. 21; *Nolte/Voß/Michels*, Nachfrage- und Angebotswirkungen des Wohngeldes, S. 5; *Lowinski*, Grundlagen, Zielsetzungen und Methoden der Wohnungspolitik in der Sozialen Marktwirtschaft, S. 110; ähnlich zur Immobilie *Bone-Winkel/Focke/Schulte*, in: Schulte u. a., Immobilienökonomie I, S. 3 (20).

97 *Dopfer*, Der westdeutsche Wohnungsmarkt, S. 15.

98 *Dopfer*, Der westdeutsche Wohnungsmarkt, S. 14; *Kühne-Büning*, in: Kühne-Büning u. a., Grundlagen der Wohnungs- und Immobilienwirtschaft, S. 7 (11); *Eekhoff*, Wohnungs- und Bodenmarkt, S. 13; *Smith/Rosen/Fallis*, Journal of Economic Literature 1988, 29 (37); *Bison*, Die Regulierung des Mietwohnungsmarktes in der Bundesrepublik Deutschland, S. 106; *Hampe*, Die freie Mietpreisbildung, S. 8 f.; *Schmoll*, in: ders., Basiswissen Immobilienwirtschaft, S. 1243 (1289); *Kofner*, Wohnungsmarkt und Wohnungswirtschaft, S. 21; *Feigl*, Zielgruppenbestimmung von Mietern, S. 42; zur Immobilie *Bone-Winkel/Focke/Schulte*, in: Schulte u. a., Immobilienökonomie I, S. 3 (17 f.).

99 *Kühne-Büning*, in: Kühne-Büning u. a., Grundlagen der Wohnungs- und Immobilienwirtschaft, S. 7 (11); *Dopfer*, Der westdeutsche Wohnungsmarkt, S. 14; *Grosskopf/König*, in: Gondring, Handbuch Immobilienwirtschaft, S. 75 (76); *Bison*,

bäudeexterne Eigenschaften sind beispielsweise die Lage im Wohnumfeld, die infrastrukturelle Anbindung und die Entfernung zum Arbeitsplatz.[100] Diese Externalitäten resultieren aber maßgeblich schon aus der Standortbindung[101] der Wohnung selbst. Aufgrund der Vielzahl interner wie externer Eigenschaften können Wohnungen demnach zwar nicht als gleichartig qualifiziert werden, aber in der Summe ihrer Eigenschaften dennoch am Markt miteinander konkurrieren (sogenannte Substituierbarkeit im weiteren Sinne) und sind daher zu den heterogenen Wirtschaftsgütern am Markt zu zählen.[102]

Aus dieser Heterogenität auf der Basis einer Vielzahl gebäudeinterner Eigenschaften ergeben sich – neben den räumlichen Teilmärkten – eine weitere Unterteilungsmöglichkeit und zugleich zwei Besonderheiten des Wohnungsmarkts: Die Zuordnung zu den sachlichen Teilmärkten mit dem qualitativ(-technischen) Differenzierungskriterium geht einher mit einer deutlich erschwerten Markttransparenz.[103]

Die Regulierung des Mietwohnungsmarktes in der Bundesrepublik Deutschland, S. 106; ausführlicher zu den sachlichen, gebäudeinternen Eigenschaften *Just*, in: Schulte u. a., Immobilienökonomie IV, S. 472 (472–474); *Sotelo*, Ökonomische Grundlagen der Wohnungspolitik, S. 41–44.

100 *Kühne-Büning*, in: Kühne-Büning u. a., Grundlagen der Wohnungs- und Immobilienwirtschaft, S. 7 (11); vgl. *Lee*, in: Schulte u. a., Immobilienökonomie IV, S. 288 (289); *Bison*, Die Regulierung des Mietwohnungsmarktes in der Bundesrepublik Deutschland, S. 106; ausführlicher zu den sachlichen, gebäudeexternen Eigenschaften *Just*, in: Schulte u. a., Immobilienökonomie IV, S. 472 (472–474).

101 Zu dieser Wohnungsbesonderheit siehe Kapitel 1, A. IV. 1. c.

102 *Kühne-Büning*, in: Kühne-Büning u. a., Grundlagen der Wohnungs- und Immobilienwirtschaft, S. 7 (11); *Smith/Rosen/Fallis*, Journal of Economic Literature 1988, 29 (33 und 37); *Dopfer*, Der westdeutsche Wohnungsmarkt, S. 14, wonach die Wohnung weit entfernt von der Einordnung als homogenes Gut bezeichnet sei; *Lee*, in: Schulte u. a., Immobilienökonomie IV, S. 288 (289); *Just*, in: Schulte u. a., Immobilienökonomie IV, S. 472 (472–474); *Grosskopf/König*, in: Gondring, Handbuch Immobilienwirtschaft, S. 75 (76); *Hagemeier*, Der Einsatz staatlicher Instrumente in der Wohnungs- und Bodenpolitik des 20. Jahrhunderts, S. 16; *Hampe*, Die freie Mietpreisbildung, S. 8 f.; *Schmoll*, in: ders., Basiswissen Immobilienwirtschaft, S. 1243 (1289); *Kofner*, Wohnungsmarkt und Wohnungswirtschaft, S. 23; *Feigl*, Zielgruppenbestimmung von Mietern, S. 42.

103 *Kühne-Büning*, in: Kühne-Büning u. a., Grundlagen der Wohnungs- und Immobilienwirtschaft, S. 7 (11); *Hagemeier*, Der Einsatz staatlicher Instrumente in der Wohnungs- und Bodenpolitik des 20. Jahrhunderts, S. 16; *Smith/Rosen/Fallis*, Journal of Economic Literature 1988, 29 (37); *Hampe*, Die freie Mietpreisbildung, S. 9; ähnlich *Eekhoff*, Wohnungs- und Bodenmarkt, S. 13; *Kofner*, Wohnungsmarkt und Wohnungswirtschaft, S. 21–23; *Feigl*, Zielgruppenbestimmung

g) Rechtsformen der Nutzungsangebote

Des Weiteren kann das Angebot an Wohnungen und dessen Nachfrage divergieren. Beispielsweise kann der Kauf einer dann selbst genutzten Immobilie oder nur die Nutzungsmöglichkeit an sich, also das Wohnen zur Miete, angeboten oder nachgefragt werden. Folglich kann der Wohnungsmarkt in den Markt für Mietwohnungen, auf dem die Nutzungsleistung durch Einräumung des unmittelbaren Besitzes gegen Zahlung einer monatlichen Miete exklusive des Eigentumsrechteübergangs überlassen wird, oder den für Eigentumswohnungen unterteilt werden, auf dem neben den Besitz- auch die Eigentumsrechte an der Wohnung gehandelt werden. Abhängig ist die Markteinordnung der konkreten Immobilie hiernach von der subjektiven Vorstellung des Anbieters.[104] Folglich können am Wohnungsmarkt – als dessen weitere Besonderheit – weitere Teilmärkte nach den am Markt gehandelten Rechten unterschieden werden, nämlich die sachlichen Teilmärkte des Miet- und Eigentumswohnungsmarkts[105]. Dem Mietwohnungsmarkt ist hierzulande die größere Bedeutung zuzumessen, da deutlich mehr als die Hälfte der Haushalte zur Miete wohnt.[106]

h) Langfristige Investitionsentscheidung mit hohen Anfangsinvestitionen und periodisch geringen Kapitalrückflüssen[107]

Der Bau oder Erwerb von Wohnungen samt deren Modernisierung benötigt und bindet viel Kapital des Investors und im Verhältnis dazu fallen die Kapitalrückflüsse gering aus; seine Investition amortisiert sich daher

---

von Mietern, S. 42 f.; zu diesen zwei Wohnungsmarktbesonderheiten siehe Kapitel 1, A. IV. 2. c. bb. (2) (b) und A. IV. 2. d.

104 Hierzu und zum Vorstehenden *Kühne-Büning*, in: Kühne-Büning u. a., Grundlagen der Wohnungs- und Immobilienwirtschaft, S. 7 (12); andere Teilmärkte (zum Beispiel der Immobilienleasingmarkt) nach dem Differenzierungskriterium des Ob und Wie der gehandelten Rechte bleiben mangels Relevanz hier außer Betracht.

105 *Kühne-Büning*, in: Kühne-Büning u. a., Grundlagen der Wohnungs- und Immobilienwirtschaft, S. 7 (12); *Dopfer*, Der westdeutsche Wohnungsmarkt, S. 16; zu dieser Wohnungsmarktbesonderheit siehe Kapitel 1, A. IV. 2. c. bb. (2) (a).

106 *Dopfer*, Der westdeutsche Wohnungsmarkt, S. 15; siehe hierzu auch Kapitel 1, A. V. 1.

107 Vgl. hierzu vertiefend Kapitel 1, B. II., dort vor allem unter 1. und 3.

erst in einer weiten Zukunft.[108] In der Regel muss für die Finanzierung ein erheblicher Fremdkapitalanteil aufgewandt werden, so dass die Fremdkapitalkosten samt dem Zinsänderungsrisiko bei der Investitionsentscheidung zu berücksichtigen sind.[109] Dies führt – als eine weitere Besonderheit des Markts – zu einer engen Verbindung zwischen dem Wohnungs- und dem Kapitalmarkt.[110] Daneben ist aber auch für den Investor seine gegenwärtige Liquiditätsstruktur, also neben den Reserven auch die Kapitalrückflüsse, von großer Bedeutung.[111] Dies alles macht das hohe Liquiditätsrisiko deutlich, dem sich der Investor aussetzen muss.[112] Wohnungswirtschaftliche Investitionen verlangen daher eine dauerhafte und verlässliche, angemessene Rentabilität des eingesetzten Fremd- und Eigenkapitals.[113] Dies gilt genauso für die kurz- oder mittelfristige Option des (geplanten) Weiterverkaufs, womit aber das Problem der langandauernden Kapitalbindung auf den Käufer und neuen Eigentümer übergeht.[114] Das hohe Investitionsrisiko und die lange Amortisationszeit verzögern Markt-

---

108 *Dopfer*, Der westdeutsche Wohnungsmarkt, S. 16; *Kühne-Büning*, in: Kühne-Büning u. a., Grundlagen der Wohnungs- und Immobilienwirtschaft, S. 7 (13); *Grosskopf/König*, in: Gondring, Handbuch Immobilienwirtschaft, S. 75 (77); *Eekhoff*, Wohnungspolitik, S. 6; *Schmoll*, in: ders., Basiswissen Immobilienwirtschaft, S. 1243 (1289); *Leonhardt*, Wohnungspolitik in der Sozialen Marktwirtschaft, S. 41; *Heuer/Nordalm*, in: Jenkis, Kompendium der Wohnungswirtschaft, S. 23 (36 f.); ähnlich zur Immobilie *Bone-Winkel/Focke/Schulte*, in: Schulte u. a., Immobilienökonomie I, S. 3 (19); *Just/Voigtländer u. a.*, Wirtschaftsfaktor Immobilien 2017, S. 2.

109 *Dopfer*, Der westdeutsche Wohnungsmarkt, S. 16; *Heuer/Nordalm*, in: Jenkis, Kompendium der Wohnungswirtschaft, S. 23 (36 f.).

110 *Kühne-Büning*, in: Kühne-Büning u. a., Grundlagen der Wohnungs- und Immobilienwirtschaft, S. 7 (13); *Heuer/Nordalm*, in: Jenkis, Kompendium der Wohnungswirtschaft, S. 23 (36 f.); zu dieser Wohnungsmarktbesonderheit siehe Kapitel 1, A. IV. 2. e.

111 *Kühne-Büning*, in: Kühne-Büning u. a., Grundlagen der Wohnungs- und Immobilienwirtschaft, S. 99 (106); ähnlich *Grosskopf/König*, in: Gondring, Handbuch Immobilienwirtschaft, S. 75 (84).

112 *Dopfer*, Der westdeutsche Wohnungsmarkt, S. 16; *Kühne-Büning*, in: Kühne-Büning u. a., Grundlagen der Wohnungs- und Immobilienwirtschaft, S. 7 (13); ähnlich *Grosskopf/König*, in: Gondring, Handbuch Immobilienwirtschaft, S. 75 (77).

113 *Kühne-Büning*, in: Kühne-Büning u. a., Grundlagen der Wohnungs- und Immobilienwirtschaft, S. 7 (13).

114 *Kühne-Büning*, in: Kühne-Büning u. a., Grundlagen der Wohnungs- und Immobilienwirtschaft, S. 7 (13); *Eekhoff*, Wohnungspolitik, S. 6.

reaktionen und stellen eine weitere Besonderheit des Wohnungsmarkts in Form seiner langen Reaktionszeiten dar[115].

i) Veränderlichkeit der Nutzungsleistungen und deren Werts

Über die Zeit können auch Veränderungen an der Wohnung erforderlich sein, da sich der davon ausgehende Nutzungsstrom oder die Wohngewohnheiten und Wohnansprüche der nachfragenden Haushalte und damit auch die Marktbewertung der Nutzungsleistung verändern.[116] Die Anpassung ist nicht unmittelbar, sondern meist nur über Veränderungsarbeiten möglich; dies bedingt aber eine höhere Reinvestition – auch unter Einbeziehung der damit später am Markt realisierbaren, in der Regel höheren Mieten.[117] Bewohnerwechsel nicht nur wegen geänderter Wohnvorstellungen verursachen daneben weitere Kosten, sogenannte Transaktionskosten (zum Beispiel für die Mietersuche oder Leerstandzeiten).[118] Der Eigentümer wird versuchen, die Kosten hierfür auf die Miete umzulegen.

2. Ökonomische Spezifika des Wohnungsmarkts

Wie bereits angerissen, manifestieren sich einige der Wohnungsbesonderheiten in ökonomischen Spezifika des Wohnungsmarkts. Dazu gehören die lange Reaktionszeit, die Bestandsmarktdominanz, die Segmentierung des Wohnungsmarkts in unterschiedliche Teilmärkte, die Intransparenz

---

115 *Grosskopf/König*, in: Gondring, Handbuch Immobilienwirtschaft, S. 75 (77); zu dieser Wohnungsmarktbesonderheit siehe Kapitel 1, A. IV. 2. a.

116 *Kühne-Büning*, in: Kühne-Büning u. a., Grundlagen der Wohnungs- und Immobilienwirtschaft, S. 7 (11, 14 und 16 f.); *Dopfer*, Der westdeutsche Wohnungsmarkt, S. 16; *Bison*, Die Regulierung des Mietwohnungsmarktes in der Bundesrepublik Deutschland, 107.

117 *Kühne-Büning*, in: Kühne-Büning u. a., Grundlagen der Wohnungs- und Immobilienwirtschaft, S. 7 (11, 14 und 17); ähnlich *Dopfer*, Der westdeutsche Wohnungsmarkt, S. 16.

118 *Kühne-Büning*, in: Kühne-Büning u. a., Grundlagen der Wohnungs- und Immobilienwirtschaft, S. 7 (14); *Schmoll*, in: ders., Basiswissen Immobilienwirtschaft, S. 1243 (1290 f.); *Feigl*, Zielgruppenbestimmung von Mietern, S. 44; ausführlicher zu den Transaktionskosten bei der Immobilie *Bone-Winkel/Focke/Schulte*, in: Schulte u. a., Immobilienökonomie I, S. 3 (19).

des Wohnungsmarkts sowie dessen Abhängigkeit vom Bodenmarkt und weiteren, vorgelagerten Märkten.[119]

a) Lange Reaktionszeiten („time-lags“)

Der Wohnungsmarkt zeichnet sich durch lange Reaktionszeiten auf Veränderungen (sogenannte „time-lags“), beispielsweise auf eine veränderte Wohnungsmarktnachfrage, aus.[120] Diese langen Reaktionszeiten resultieren vor allem einerseits aus den begrenzten Produktionskapazitäten der Bauwirtschaft[121] einschließlich des Zeitbedarfs für Planung und Bau, der langen Produktionsdauer, andererseits aus der verspäteten Wahrnehmung der Marktveränderungen durch die Anbieter und Nachfrager von Wohnungen sowie aus der daran anschließenden Erwartungsbildung über die weitergehenden Marktentwicklungen unter Einblendung aktueller, wie zukünftiger Gesetzgebung.[122] Mit Blick auf die Gesetzgebung ist festzu-

---

119 Hieraus resultiert auch die Qualifikation des Wohnungsmarkts als ein unvollkommener Markt, siehe hierzu *Jenkis*, in: ders., Kompendium der Wohnungswirtschaft, S. 65 (85–87); *Ott*, in: Albers, Handwörterbuch der Wirtschaftswissenschaft, Bd. 5, S. 104 (105), wonach inzwischen die Qualifikation irgendeines Marktes in der Praxis zur Utopie geworden sei.

120 *Kühne-Büning*, in: Kühne-Büning u. a., Grundlagen der Wohnungs- und Immobilienwirtschaft, S. 7 (13); *Expertenkommission Wohnungspolitik*, Wohnungspolitik auf dem Prüfstand, S. 1; *Dopfer*, Der westdeutsche Wohnungsmarkt, S. 19; *Heuer/Nordalm*, in: Jenkis, Kompendium der Wohnungswirtschaft, S. 23 (27); *Eekhoff*, Wohnungs- und Bodenmarkt, S. 4 f., und zu den staatlichen Programmen und deren sehr langer Vorlaufzeit, S. 7 f.; *Eekhoff*, Wohnungspolitik, S. 6 f.; *Hampe*, Die freie Mietpreisbildung, S. 7 f.; *Lowinski*, Grundlagen, Zielsetzungen und Methoden der Wohnungspolitik in der Sozialen Marktwirtschaft, S. 125; *Schmoll*, in: ders., Basiswissen Immobilienwirtschaft, S. 1243 (1292); *Kofner*, Wohnungsmarkt und Wohnungswirtschaft, S. 24; zum Immobilienmarkt *Bone-Winkel/Focke/Schulte*, in: Schulte u. a., Immobilienökonomie I, S. 3 (22); *Just/Voigtländer u. a.*, Wirtschaftsfaktor Immobilien 2017, S. 5.

121 Siehe hierzu *Eekhoff*, Wohnungs- und Bodenmarkt, S. 5, wonach schon eine Nachfragesteigerung von zwei bis drei Prozent von der Bauwirtschaft nur während eines Zeitraums von mehreren Jahren abgearbeitet werden kann; ebenso zu den begrenzten Kapazitäten der Bauwirtschaft *Eekhoff*, Wohnungspolitik, S. 6.

122 *Dopfer*, Der westdeutsche Wohnungsmarkt, S. 19 und 21; *Kühne-Büning*, in: Kühne-Büning u. a., Grundlagen der Wohnungs- und Immobilienwirtschaft, S. 7 (8); *Leonhardt*, Wohnungspolitik in der Sozialen Marktwirtschaft, S. 42; *Heuer/Nordalm*, in: Jenkis, Kompendium der Wohnungswirtschaft, S. 23 (27); *Eekhoff*, Wohnungs- und Bodenmarkt, S. 4–11; *Expertenkommission Wohnungspo-*

stellen, dass der Gesetzgeber in Zeiten unbefriedigender Ergebnisse auf der Basis eines angenommenen Marktversagens auf dem Wohnungsmarkt häufig interveniert und reguliert, ohne frühere Regulierungsmaßnahmen kritisch zu überprüfen.[123] Anbieter von Wohnraum reagieren auf (geplante) Änderungen der rechtlichen Rahmenbedingungen sehr empfindlich.[124] Ein weiterer verzögernder Faktor stellt die ökonomische Wohnungsmarktbesonderheit der geringen Markttransparenz[125] dar, die Alternativen in Zeiten eines Angebotsüberhangs einschränkt.[126] Im Folgenden werden in einem ersten Schritt die Bezüge zu den bereits erwähnten, drei Besonderheiten der Wohnung hergestellt und hinsichtlich ihrer Auswirkung am Markt vertieft (aa.). In einem zweiten Schritt werden die Verzögerungen in ihrem zeitlichen Ablauf von Marktveränderung bis zur Baufertigstellung unter Einbindung der drei Wohnungsbesonderheiten dargestellt (bb.).

aa) Marktverzögerungen durch die Langlebigkeit, die Langfristigkeit der Investitionsentscheidung und die lange Produktionsdauer

Die Erwartung der Wohnungsanbieter über die künftige Marktentwicklung wird maßgeblich von den Wohnungsbesonderheiten der Langlebigkeit und der Langfristigkeit der Investitionsentscheidung unter geringen Kapitalrückflüssen beeinflusst.[127] Damit geht ein langer Betrachtungszeitraum für die Entscheidung einher, am Wohnungsmarkt zu investieren. In die Betrachtung müssen auch Zeiten mit möglichen Angebotsüberhängen einbezogen werden. Bei einem Nachfrage- und Preisrückgang kann die Wohnung nicht sofort vom Markt genommen werden (auch ein Verkauf

---

litik, Wohnungspolitik auf dem Prüfstand, S. 1 f. und 4; zur Ursächlichkeit des langwierigen Entwicklungsprozesses *Feigl*, Zielgruppenbestimmung von Mietern, S. 43; zur Immobilie *Bone-Winkel/Focke/Schulte*, in: Schulte u. a., Immobilienökonomie I, S. 3 (18).

123 *Expertenkommission Wohnungspolitik*, Wohnungspolitik auf dem Prüfstand, S. 8 f.

124 *Eekhoff*, Wohnungspolitik, S. 6.

125 Siehe hierzu Kapitel 1, A. IV. 2. d.

126 *Leonhardt*, Wohnungspolitik in der Sozialen Marktwirtschaft, S. 37; *Heuer/Nordalm*, in: Jenkis, Kompendium der Wohnungswirtschaft, S. 23 (27).

127 Ähnlich *Kühne-Büning*, in: Kühne-Büning u. a., Grundlagen der Wohnungs- und Immobilienwirtschaft, S. 7 (13); *Heuer/Nordalm*, in: Jenkis, Kompendium der Wohnungswirtschaft, S. 23 (27); ebenso *Expertenkommission Wohnungspolitik*, Wohnungspolitik auf dem Prüfstand, S. 1; *Grosskopf/König*, in: Gondring, Handbuch Immobilienwirtschaft, S. 75 (77).

– in der Regel mit einhergehenden Abschlägen beim Verkaufspreis – verlagert das Problem nur auf den neuen Eigentümer) und das Risiko eines Wohnungsleerstands bei weiterem Anfall verbrauchsunabhängiger Wohnungskosten muss einkalkuliert werden.[128] In dieser Situation liegt zugleich die Anpassungslast vollständig auf der Angebotsseite: Es gibt nur sehr geringe Abgänge im Wohnungsangebot im Laufe der Zeit und die Anpassung verzögert sich im Falle eines zu großen Angebots deutlicher als im Falle eines Nachfrageüberhangs.[129] Die gewerbliche Umwidmung (etwa als Büronutzung) oder die Umwandlung der Miet- in eine Eigentumswohnung ist grundsätzlich eine Ausweichmöglichkeit. Letzteres verlagert aber das Problem nur auf einen anderen Teilmarkt und hilft in der Regel bei einem Nachfragerückgang nicht wirklich weiter, da die am Markt angebotene Wohnungsnutzung gleichbleibt.[130] Umwidmungen oder Umwandlungen können dann aber durch (neue) gesetzliche Regulierungen erschwert sein oder unterbunden werden. Genauso sind wegen der Langlebigkeit aber auch die übrigen aktuellen wie denkbaren mietrechtlichen Regulierungsinstrumente (zum Beispiel fixe Kündigungsfristen, begrenzte oder vollständig gedeckelte Mietpreiserhöhungsmöglichkeiten im Bestandsmietverhältnis, Mietpreisbegrenzungen oder -reduzierungen) für den potentiellen Anbieter von Relevanz.[131]

Daneben verzögert auch die Besonderheit der Wohnung in Form der langen Produktionsdauer die Reaktion hin zu einem Marktgleichgewicht. Stellt sich ein Angebotsüberhang ein, so wird sich kurz- bis mittelfristig das Angebot durch noch im Bau befindliche Wohnungen weiter vergrö-

---

128 *Kühne-Büning*, in: Kühne-Büning u. a., Grundlagen der Wohnungs- und Immobilienwirtschaft, S. 7 (13); *Eekhoff*, Wohnungs- und Bodenmarkt, S. 4; *Eekhoff*, Wohnungspolitik, S. 6; *Expertenkommission Wohnungspolitik*, Wohnungspolitik auf dem Prüfstand, S. 1; ähnlich *Heuer/Nordalm*, in: Jenkis, Kompendium der Wohnungswirtschaft, S. 23 (27); *Schmoll*, in: ders., Basiswissen Immobilienwirtschaft, S. 1243 (1290); zum verzögerten Marktaustritt und seinen Problemen *Hampe*, Die freie Mietpreisbildung, S. 7.

129 *Eekhoff*, Wohnungs- und Bodenmarkt, S. 6, wonach die Anpassung des Angebots – wegen dessen Langlebigkeit – nur über Jahrzehnte erfolgen kann; ähnlich zum Immobilienmarkt *Bone-Winkel/Focke/Schulte*, in: Schulte u. a., Immobilienökonomie I, S. 3 (22).

130 Hierzu und zum Vorstehenden *Kühne-Büning*, in: Kühne-Büning u. a., Grundlagen der Wohnungs- und Immobilienwirtschaft, S. 7 (13).

131 Ebenso *Kühne-Büning*, in: Kühne-Büning u. a., Grundlagen der Wohnungs- und Immobilienwirtschaft, S. 7 (14); zum starken Kündigungsschutz, den Vermieterrisiken und der dadurch bedingten Mieterselektion sowie zur mietvertraglichen Übervorteilung des Mieters *Expertenkommission Wohnungspolitik*, Wohnungspolitik auf dem Prüfstand, S. 5 f.

ßern – eine hinausgezögerte Fertigstellung eröffnet technische Gefahren (beispielsweise durch Nässe und Frost für einen unvollendeten Rohbau) und ist ökonomisch unmöglich[132]. In Zeiten eines Nachfrageüberhangs führt die lange Produktionsdauer zu einer verspäteten Angebotsausweitung.[133]

bb) Lange Reaktionszeiten: Die Marktverzögerungen im zeitlichen Ablauf

Die Verzögerungsfaktoren der Langlebigkeit, der langfristigen Investitionsentscheidung mit hohem Kapitalaufwand und die lange Produktionsdauer wurden bereits genannt. Daneben gibt es Weitere. Im Folgenden werden die drei Stufen der Verzögerung in ihrem zeitlichen Verlauf dargestellt. Dabei werden zugleich die drei, eben genannten Besonderheiten der Wohnung einbezogen. Das verzögerte Reagieren auf Marktveränderungen wird am Beispiel eines zunehmenden Nachfrageüberhangs dargestellt.

Verzögerungen („time-lags") ergeben sich hierbei anfangs zwischen Marktveränderung[134] und deren Wahrnehmung durch die Beteiligten; man spricht bei dieser ersten Verzögerung von einem „Informationslag".[135] Daran schließt sich die nächste Verzögerungsstufe an. Nach der Wahrnehmung durch die Beteiligten (einschließlich der Beurteilung der Relevanz für die eigenen Wirtschaftspläne), müssen Investitionspläne geändert werden (bei schon eintretenden Miet-[136] und danach langsam einsetzenden Bestandspreisveränderungen), danach Bauanträge gestellt und verbeschieden werden sowie mit dem sich möglicherweise weiter verzö-

132 So zur Immobilie *Bone-Winkel/Focke/Schulte*, in: Schulte u. a., Immobilienökonomie I, S. 3 (18).

133 *Heuer/Nordalm*, in: Jenkis, Kompendium der Wohnungswirtschaft, S. 23 (27 f.); *Eekhoff*, Wohnungs- und Bodenmarkt, S. 5 f.

134 Nach *Mehring*, Wohnungsmarkt und Wohnungspolitik, S. 14, kann dies beispielsweise eine wohnungspolitische staatliche Maßnahme oder veränderte Preis- oder Mengensignale vom Boden- oder Kapitalmarkt sein.

135 *Mehring*, Wohnungsmarkt und Wohnungspolitik, S. 14–16; *Palinkas*, Die Wohnungsbauinvestitionen in der BRD, S. 9–10; *Kühne-Büning*, in: Kühne-Büning u. a., Grundlagen der Wohnungs- und Immobilienwirtschaft, S. 7 (9); *Dopfer*, Der westdeutsche Wohnungsmarkt, S. 20.

136 Verzögert u. a. durch gesetzliche Regelungen, siehe *Dopfer*, Der westdeutsche Wohnungsmarkt, S. 20.

gernden[137] Bauen begonnen werden; sie stellen eine zweite Verzögerung dar, das „Entscheidungslag“.[138] Nach dem Baubeginn wird die dritte Phase der Verzögerung, das „Ausführungslag“, eingeleitet und endet mit der Fertigstellung des Vorhabens.[139] Die Besonderheiten der Langlebigkeit und der langfristigen Investitionsentscheidung unter hohem Kapitalaufwand wirken sich hierbei im Entscheidungslag aus. Die lange Produktionsdauer ist beim Ausführungslag zu verorten. Überschlagen führt das in seiner Gänze in aller Regel – ausgehend von einer Bauzeit von circa einem bis eineinhalb Jahren – insgesamt zu einer verzögerten Reaktion der Baufertigstellung auf die Marktveränderung von drei bis vier Jahren.[140]

Angebotsüberhänge können dagegen, wie bereits angesprochen, nur über Jahrzehnte angepasst werden.[141] Dies gilt vor allem für regionale

---

137 Nach *Mehring*, Wohnungsmarkt und Wohnungspolitik, S. 14, beispielsweise verzögert wegen der bereits ausgelasteten Bauwirtschaft oder wegen Finanzierungsengpässe.

138 *Mehring*, Wohnungsmarkt und Wohnungspolitik, S. 14–16; *Palinkas*, Die Wohnungsbauinvestitionen in der BRD, S. 9–10; *Kühne-Büning*, in: Kühne-Büning u. a., Grundlagen der Wohnungs- und Immobilienwirtschaft, S. 7 (9); ähnlich *Dopfer*, Der westdeutsche Wohnungsmarkt, S. 20, der das Entscheidungslag unterteilt in die Stabilisierung der Einkommenserwartung und die der Preiserwartung.

139 *Mehring*, Wohnungsmarkt und Wohnungspolitik, S. 14–16; *Palinkas*, Die Wohnungsbauinvestitionen in der BRD, S. 9–10; *Kühne-Büning*, in: Kühne-Büning u. a., Grundlagen der Wohnungs- und Immobilienwirtschaft, S. 7 (9); *Dopfer*, Der westdeutsche Wohnungsmarkt, S. 20; vgl. zu allen drei Stufen auch *Bison*, Die Regulierung des Mietwohnungsmarktes in der Bundesrepublik Deutschland, S. 162, die das verzögerte Marktverhalten (kurz-, mittel- und langfristig) bei Preisveränderungen aufgrund von Angebots- oder Nachfrageüberhängen darstellt.

140 *Dopfer*, Der westdeutsche Wohnungsmarkt, S. 21; *Kofner*, Wohnungsmarkt und Wohnungswirtschaft, S. 24; ähnlich *Eekhoff*, Wohnungs- und Bodenmarkt, S. 5 f. (vier bis sechs Jahre, wenn eine kräftige Angebotsausweitung angestrebt wird); eine ähnliche Bauzeit annehmend *Mehring*, Wohnungsmarkt und Wohnungspolitik, S. 16 (zwischen Änderung des Wirtschaftsplans und der Baufertigstellung vergehen durchschnittlich zwei Jahre); dagegen eine höhere Bauzeit annehmend *Kühne-Büning*, in: Kühne-Büning u. a., Grundlagen der Wohnungs- und Immobilienwirtschaft, S. 7 (8), m. w. N.; nach *Schmoll*, in: ders., Basiswissen Immobilienwirtschaft, S. 1243 (1292), liegen zwischen Investitionsentscheidung und Baufertigstellung zwei bis drei Jahre und ein noch deutlich längerer Zeitraum, wenn Bauland noch erschlossen werden muss; ähnlich *Feigl*, Zielgruppenbestimmung von Mietern, S. 43 (zwischen Projektidee samt Grundstücksakquise und Baufertigstellung bis zu zwei Jahre, bei komplexen oder größeren Projekten bis zu sechs Jahre).

141 *Eekhoff*, Wohnungs- und Bodenmarkt, S. 5 f.

Wohnungsteilmärkte[142], die sich durch negative wirtschaftliche Entwicklungen auszeichnen. Für grundsätzlich interessante Teilmärkte mit wirtschaftlichem Potential ist dies aber in einer gewissen Weise zu relativieren. Dort wird sich der Zeitraum auf den nächsten Immobilienzyklus und dort auf die Phase der Nachfragezunahme – vor allem die dritte Phase der Projektentwicklungstätigkeit – verkürzen.[143] Anbieter müssen demnach ein paar „Hungerjahre" durchstehen. Damit liegt auch auf der Hand, warum diese Anbieter die Verluste in diesem Zwischenzeitraum versuchen werden, in Zeiten angespannter Wohnungsmärkte mindestens zu kompensieren. Gut möglich ist es auch, dass sie sich im zusätzlichen Bewusstsein eines in der Zukunft stattfindenden Nachrückgangs ein „Polster" aufbauen werden.[144] Mietsteigerungen sind in jedem Fall die Folge, nur ihre Höhe wird je nach Anbieter divergieren.

Diese Verzögerungen stellen zugleich die wesentliche Ursache für die wiederkehrenden deutlichen Nachfrage- oder Angebotsüberhänge dar.[145] Selbst bei einem deutlichen Nachfrageüberhang und starken Preissteigerungen ist ein relativ kurzfristiger Marktausgleich durch Angebotserweiterung auf dem Wohnungsmarkt nicht möglich.[146]

b) Wohnungsbestandsmarkt

Aufgrund der Wohnungsbesonderheit in Form der Langlebigkeit ist der Wohnungsmarkt ganz überwiegend ein Wohnungsbestandsmarkt,[147] da

---

142 Zu der Teilmarktsegmentierung siehe Kapitel 1, A. IV. 2. c.

143 Siehe hierzu vertiefend Kapitel 1, C. II. 2.

144 Siehe zu den Risikoaufschlägen auf die Rendite und damit auch auf die Miete Kapitel 1, B. II. 3. c.

145 *Leonhardt*, Wohnungspolitik in der Sozialen Marktwirtschaft, S. 42.

146 *Heuer/Nordalm*, in: Jenkis, Kompendium der Wohnungswirtschaft, S. 23 (27); *Grosskopf/König*, in: Gondring, Handbuch Immobilienwirtschaft, S. 75 (77); *Smith/Rosen/Fallis*, Journal of Economic Literature 1988, 29 (34) m. w. N.; ähnlich *Hagemeier*, Der Einsatz staatlicher Instrumente in der Wohnungs- und Bodenpolitik des 20. Jahrhunderts, S. 7; *Kofner*, Wohnungsmarkt und Wohnungswirtschaft, S. 24; ähnlich zum Immobilienmarkt *Bone-Winkel/Focke/Schulte*, in: Schulte u. a., Immobilienökonomie I, S. 3 (22).

147 *Dopfer*, Der westdeutsche Wohnungsmarkt, S. 21, wonach daneben auch der hohe Anteil an Wohnungsbeständen zugleich einen dominierenden Gebrauchtmacht für Immobilien darstellt; *Schmoll*, in: ders., Basiswissen Immobilienwirtschaft, S. 1243 (1289); *Kühne-Büning*, in: Kühne-Büning u. a., Grundlagen der Wohnungs- und Immobilienwirtschaft, S. 7 (7); *Eekhoff*, Wohnungs- und Bo-

der Anteil neuerrichteter und auf den Markt kommender Wohnungen, also das Neubausegment, jährlich nur noch weniger als ein Prozent des Marktes ausmacht[148]. Bestandswohnungsmärkte sind daher deutlich relevanter.[149] Diese Besonderheit und die damit verbundenen geringe Angebotsflexibilität, die durch die lange Produktionszeit weiter verstärkt wird, wirken sich auf den Wohnungsmarkt durch dessen Tendenz zu Ungleichgewichten und überschießenden Reaktionen aus.[150]

c) Unterteilung des Wohnungsmarktes in Teilmärkte

Der Wohnungsmarkt kann in verschiedene Teilmärkte aufgeteilt werden. Diese stehen nur bedingt oder nur teilweise miteinander im Zusammenhang.[151] Im Folgenden sollen die häufigsten anzutreffenden Differenzie-

---

denmarkt, S. 3; *Eekhoff*, Wohnungspolitik, S. 5; *Expertenkommission Wohnungspolitik*, Wohnungspolitik auf dem Prüfstand, S. 1 f.; *Schmoll*, in: ders., Basiswissen Immobilienwirtschaft, S. 1243 (1289); *Kofner*, Wohnungsmarkt und Wohnungswirtschaft, S. 20 f.; ähnlich *Lee*, in: Schulte u. a., Immobilienökonomie IV, S. 288 (289); *Leonhardt*, Wohnungspolitik in der Sozialen Marktwirtschaft, S. 37.

148 Neubauquote (Neugebaute Wohnungen in Relation zum bisherigen Wohnungsbestand): 0,58 Prozent (2016), 0,59 Prozent (2017) und 0,61 Prozent (2018), vgl. zu den jährlich fertiggestellten Wohnungen *Statistisches Bundesamt*, Baufertigstellungen von Wohn- und Nichtwohngebäuden u. a. nach Bauherren, 2019, S. 42 und 66; für den jährlichen Wohnungsgesamtbestand *Statistisches Bundesamt*, Bestand an Wohnungen, 2019, S. 6; siehe auch *BBSR*, Wohnungs- und Immobilienmärkte in Deutschland 2016, S. 30: 2015 ca. 248.000 und 2014 ca. 245.000 neue Wohnungen fertiggestellt; *Eekhoff*, Wohnungs- und Bodenmarkt, S. 3 (etwa 1 Prozent); *Expertenkommission Wohnungspolitik*, Wohnungspolitik auf dem Prüfstand, S. 2 (1,5 Prozent); *Leonhardt*, Wohnungspolitik in der Sozialen Marktwirtschaft, S. 37 (1–2 Prozent); *Dopfer*, Der westdeutsche Wohnungsmarkt, S. 21 (1–2 Prozent).

149 *Kühne-Büning*, in: Kühne-Büning u. a., Grundlagen der Wohnungs- und Immobilienwirtschaft, S. 7 (7).

150 *Dopfer*, Der westdeutsche Wohnungsmarkt, S. 21; ähnlich *Kühne-Büning*, in: Kühne-Büning u. a., Grundlagen der Wohnungs- und Immobilienwirtschaft, S. 7 (7).

151 *Heuer*, Lehrbuch der Wohnungswirtschaft, S. 51; *Heuer/Nordalm*, in: Jenkis, Kompendium der Wohnungswirtschaft, S. 23 (26); *Cromm/Koch*, Mietspiegel in Deutschland, S. 12; ähnlich *Kühne-Büning*, in: Kühne-Büning u. a., Grundlagen der Wohnungs- und Immobilienwirtschaft, S. 177 (177); *Schmoll*, in: ders., Basiswissen Immobilienwirtschaft, S. 1243 (1289); *Lowinski*, Grundlagen, Zielsetzungen und Methoden der Wohnungspolitik in der Sozialen Marktwirtschaft, S. 124; ähnlich *Dopfer*, Der westdeutsche Wohnungsmarkt, S. 22; zum (gestörten) Verbund der Teilmärkte siehe *Expertenkommission Wohnungspolitik*,

rungen und Unterteilungen des Wohnungsmarktes durch die ökonomische Literatur aufgezeigt werden. Die Segmentierung in unterschiedliche Teilmärkte erlaubt es einerseits, die vorliegende Untersuchung auf gewisse Teilmärkte zu begrenzen, und ermöglicht andererseits Aussagen über die räumliche wie sachliche Reichweite bestimmter Märkte, die als angespannt zu qualifizieren sind. Beispielsweise kann gemäß § 556d Abs. 1 BGB ein bestimmtes abgegrenztes Gebiet als angespannter Wohnungsmarkt qualifiziert werden, was auch kleinere räumliche Abgrenzungen als das ganze Stadtgebiet ermöglicht, etwa begrenzt auf Stadtteile, Quartiere oder auf gewisse Teilmärkte[152].

aa) Teilmärkte: Wohnnutzungs-, Wohnungsbestands- und Wohnungsbaumarkt

Ausgehend von der obigen Wohnungsmarktdefinition, können drei Teilmärkte des Wohnungsmarkts unterschieden werden. Diese stellen auch zugleich die relevanten Teilmärkte für das Vier-Quadranten-Gleichgewichtsmodell dar, die mit dem Mietwohnungsmarkt in einem direkten Zusammenhang stehen und auf ein Marktgleichgewicht ausgerichtet sind.[153] Demnach können der Wohnnutzungs- bzw. Mietmarkt, der Wohnungsbestand(-investment-)markt und der Neubau(-investment-)markt unterschieden werden.[154] Auf dem Mietmarkt wird das Konsumgut der Wohnungs-

---

Wohnungspolitik auf dem Prüfstand, S. 2 f. und 24–30; ähnlich auch zum Immobilienmarkt *Just/Voigtländer u. a.*, Wirtschaftsfaktor Immobilien 2017, S. 5 f.; siehe zum Verhältnis der Teilmärkte Kapitel 1, C. I.

152 *Börstinghaus*, in: Schmidt-Futterer, § 556d BGB Rn. 32.

153 Siehe Kapitel 1, C. I.

154 *Grosskopf/König*, in: Gondring, Handbuch Immobilienwirtschaft, S. 75 (77 f.) m. w. N.; *Schmoll*, in: ders., Basiswissen Immobilienwirtschaft, S. 1243 (1294); *Dopfer*, Der westdeutsche Wohnungsmarkt, S. 25 f., der den Wohnnutzungsmarkt zugleich als Mietmarkt bezeichnet, da auch der Eigentümer fiktiv an sich selbst vermietet; *Palinkas*, Die Wohnungsbauinvestitionen in der BRD, S. 6; ähnlich *Kühne-Büning*, in: Kühne-Büning u. a., Grundlagen der Wohnungs- und Immobilienwirtschaft, S. 4 (4 und 7); *Smith/Rosen/Fallis*, Journal of Economic Literature 1988, 29 (30 und 35); *Kühne-Büning*, in: Kühne-Büning u. a., Grundlagen der Wohnungs- und Immobilienwirtschaft, S. 4 (4), wo der Wohnungsbestandsmarkt als Immobilienmarkt bezeichnet wird; nur die Oberbegriffe (Wohnungsnutzungs- und Wohnimmobilienmarkt) nennt *Kofner*, Wohnungsmarkt und Wohnungswirtschaft, S. 19–21. Ähnlich für die Immobilie *Gondring*, Immobilienwirtschaft, S. 30.

nutzungen gehandelt, die aus den vorhandenen Wohnungen als periodenbezogener Output resultieren.[155] Es können daher nur so viele Wohnungsnutzungen auf diesem Markt angeboten werden, wie der aktuelle Bestand an Wohnungen zur Verfügung stellen kann.[156] Damit wird der enge Zusammenhang zwischen diesem Teilmarkt und dem Wohnungsbestands- bzw. Wohnimmobilienmarkt deutlich, auf dem eine Bestandsgröße, nämlich das Investitionsgut Wohnung oder Wohnimmobilie ausgetauscht wird.[157] Das Abgrenzungsmerkmal beider Märkte ist demnach das zu handelnde Gut – nur die Wohnungsnutzung oder das Eigentum an der Wohnung oder Wohnimmobilie selbst.

Zudem hat die jeweilige Situation auf dem Wohnnutzungs- und dem Wohnungsbestandsmarkt mit möglichen Angebots- oder Nachfrageüberschüssen direkte Auswirkungen auf den dritten Teilmarkt des Wohnungsmarkts, den Wohnungsbaumarkt.[158] Dieser umfasst die Wohnungsproduktion, also den Neubau und alle übrigen Bauleistungen im Bestand zur Erweiterung des Nutzwerts, der Kapazität oder der Nutzungsdauer, wie beispielsweise der Dachgeschossausbau, der Anbau oder die Aufstockung.[159]

---

155 *Grosskopf/König*, in: Gondring, Handbuch Immobilienwirtschaft, S. 75 (78); *Schmoll*, in: ders., Basiswissen Immobilienwirtschaft, S. 1243 (1294); *Dopfer*, Der westdeutsche Wohnungsmarkt, S. 25; *Bison*, Die Regulierung des Mietwohnungsmarktes in der Bundesrepublik Deutschland, S. 109; *Palinkas*, Die Wohnungsbauinvestitionen in der BRD, S. 6; allgemeiner hierzu und vertiefend zur Leistungsabgabe der Wohnung in Form der Wohnnutzungen als wohnungswirtschaftliche Stromgröße *Kühne-Büning*, in: Kühne-Büning u. a., Grundlagen der Wohnungs- und Immobilienwirtschaft, S. 4 (6 f.).

156 *Grosskopf/König*, in: Gondring, Handbuch Immobilienwirtschaft, S. 75 (78); *Kühne-Büning*, in: Kühne-Büning u. a., Grundlagen der Wohnungs- und Immobilienwirtschaft, S. 7 (7).

157 *Mehring*, Wohnungsmarkt und Wohnungspolitik, S. 8 ff.; *Grosskopf/König*, in: Gondring, Handbuch Immobilienwirtschaft, S. 75 (78); *Bison*, Die Regulierung des Mietwohnungsmarktes in der Bundesrepublik Deutschland, S. 109; *Kühne-Büning*, in: Kühne-Büning u. a., Grundlagen der Wohnungs- und Immobilienwirtschaft, S. 4 (4); *Dopfer*, Der westdeutsche Wohnungsmarkt, S. 25.

158 *Grosskopf/König*, in: Gondring, Handbuch Immobilienwirtschaft, S. 75 (78); *Schmoll*, in: ders., Basiswissen Immobilienwirtschaft, S. 1243 (1294); *Palinkas*, Die Wohnungsbauinvestitionen in der BRD, S. 6; der Wohnungsbaumarkt lässt sich auch noch weiter unterteilen, siehe *Mehring*, Wohnungsmarkt und Wohnungspolitik, S. 16.

159 *Grosskopf/König*, in: Gondring, Handbuch Immobilienwirtschaft, S. 75 (78); *Schmoll*, in: ders., Basiswissen Immobilienwirtschaft, S. 1243 (1294); *Mehring*, Wohnungsmarkt und Wohnungspolitik, S. 16 f.; ähnlich *Bison*, Die Regulierung des Mietwohnungsmarktes in der Bundesrepublik Deutschland, S. 109; allgemeiner *Kühne-Büning*, in: Kühne-Büning u. a., Grundlagen der Wohnungs- und

Das Verhältnis der Teilmärkte zueinander soll hier nur knapp skizziert werden; vertiefende Ausführungen erfolgen im Rahmen des Vier-Quadranten-Modells.[160]

bb) Daneben: Räumliche und sachliche Teilmarktsegmentierung

Neben der Unterscheidung der Bereiche Nutzung, Bestand und Bau wird der Wohnungsmarkt in andere, vornehmlich in räumliche oder regionale und sachliche Teilmärkte aufgeteilt.[161]

(1) Räumliche Teilmärkte

Räumliche Teilmärkte ergeben sich schon alleine durch das Wohnungsmerkmal der Standortbindung von Wohnungen.[162] Für den Nachfrager

---

Immobilienwirtschaft, S. 4 (4); engeres Verständnis bei *Dopfer*, Der westdeutsche Wohnungsmarkt, S. 26, der den Wohnungsbaumarkt auf den Neubau von Wohnungen begrenzt.

160 Siehe hierzu Kapitel 1, C. I.

161 *Heuer*, Lehrbuch der Wohnungswirtschaft, S. 51 f.; *Heuer/Nordalm*, in: Jenkis, Kompendium der Wohnungswirtschaft, S. 23 (26); *Smith/Rosen/Fallis*, Journal of Economic Literature 1988, 29 (30); *Kofner*, Wohnungsmarkt und Wohnungswirtschaft, S. 22 f.; *Bison*, Die Regulierung des Mietwohnungsmarktes in der Bundesrepublik Deutschland, S. 112; *Hämmerlein*, Einführung in die Wohnungswirtschaft, S. 32; *Dopfer*, Der westdeutsche Wohnungsmarkt, S. 22; *Feigl*, Zielgruppenbestimmung von Mietern, S. 42 f.; *Lowinski*, Grundlagen, Zielsetzungen und Methoden der Wohnungspolitik in der Sozialen Marktwirtschaft, S. 124 f.; ähnlich *Oettle*, in: Engelhardt/Thiemeyer, Gesellschaft, Wirtschaft, Wohnungswirtschaft, S. 235 (253); weitere Unterteilung des sachlichen Teilmarkts bei *Kühne-Büning*, in: Kühne-Büning u. a., Grundlagen der Wohnungs- und Immobilienwirtschaft, S. 69 (71 f.); *Schmoll*, in: ders., Basiswissen Immobilienwirtschaft, S. 1243 (1289). Ebenso für den Immobilienmarkt: *Bone-Winkel/Focke/Schulte*, in: Schulte u. a., Immobilienökonomie I, S. 3 (20 f.); *Gondring*, Immobilienwirtschaft, S. 30 f.; *Rottke*, in: Rottke/Voigtländer, Immobilienwirtschaftslehre – Ökonomie, S. 83 (86); *Just/Voigtländer u. a.*, Wirtschaftsfaktor Immobilien 2017, S. 4.

162 *Heuer*, Lehrbuch der Wohnungswirtschaft, S. 51; *Kofner*, Wohnungsmarkt und Wohnungswirtschaft, S. 22; *Dopfer*, Der westdeutsche Wohnungsmarkt, S. 22; *Bison*, Die Regulierung des Mietwohnungsmarktes in der Bundesrepublik Deutschland, S. 112; *Kühne-Büning*, in: Kühne-Büning u. a., Grundlagen der Wohnungs- und Immobilienwirtschaft, S. 69 (71); *Feigl*, Zielgruppenbestimmung von Mietern, S. 42 f.; *Hampe*, Die freie Mietpreisbildung, S. 9; *Schmoll*,

einer Wohnungsnutzungsleistung ist neben den speziellen Wohnungsmerkmalen auch die Lage von großer Bedeutung.[163] Die Größe des regionalen Teilmarkts wird für den individuellen Wohnungsnachfrager wiederum die Erreichbarkeit und den damit verbundenen Zeitaufwand begrenzt.[164] Konkret ergeben sich die Marktgrenzen vor allem aus den zur Verfügung stehenden Verkehrsmitteln und -wegen, wie beispielsweise zur Arbeitsstelle und zu Infrastruktureinrichtungen, sowie aus deren Leistungsfähigkeit, aus der Versorgungsstruktur sowie aus den Verhaltenspräferenzen der Nachfrager in der Region.[165] Demnach ergibt sich am Wohnungsmarkt ein Nebeneinander räumlicher Teilmärkte, die sich entweder durch einen Angebots- oder einen Nachfrageüberhang mit jeweils ganz unterschiedlichen Preisentwicklungen für im Übrigen vergleichbare Wohnungen auszeichnen.[166] Diese räumlichen Teilmärkte haben keine starren

---

in: ders., Basiswissen Immobilienwirtschaft, S. 1243 (1289); *Kofner*, Wohnungsmarkt und Wohnungswirtschaft, S. 22; *Feigl*, Zielgruppenbestimmung von Mietern, S. 43; dies gilt auch bei der Immobilie, siehe dazu *Gondring*, Immobilienwirtschaft, S. 31; *Sailer*, in: Murfeld, Spezielle Betriebswirtschaftslehre der Immobilienwirtschaft, S. 3 (123); *Just/Voigtländer u. a.*, Wirtschaftsfaktor Immobilien 2017, S. 4.

163 *Bison*, Die Regulierung des Mietwohnungsmarktes in der Bundesrepublik Deutschland, S. 112; *Oettle*, in: Engelhardt/Thiemeyer, Gesellschaft, Wirtschaft, Wohnungswirtschaft, S. 235 (253); *Kühne-Büning*, in: Kühne-Büning u. a., Grundlagen der Wohnungs- und Immobilienwirtschaft, S. 69 (72); dies gilt auch bei der Immobilie, siehe dazu *Gondring*, Immobilienwirtschaft, S. 31.

164 *Heuer/Nordalm*, in: Jenkis, Kompendium der Wohnungswirtschaft, S. 23 (26); *Heuer*, Lehrbuch der Wohnungswirtschaft, S. 51; *Bison*, Die Regulierung des Mietwohnungsmarktes in der Bundesrepublik Deutschland, S. 112; *Lowinski*, Grundlagen, Zielsetzungen und Methoden der Wohnungspolitik in der Sozialen Marktwirtschaft, S. 124; *Hämmerlein*, Einführung in die Wohnungswirtschaft, S. 32; *Kühne-Büning*, in: Kühne-Büning u. a., Grundlagen der Wohnungs- und Immobilienwirtschaft, S. 69 (72); so auch bei der Immobilie, siehe *Sailer*, in: Murfeld, Spezielle Betriebswirtschaftslehre der Immobilienwirtschaft, S. 3 (123).

165 *Kofner*, Wohnungsmarkt und Wohnungswirtschaft, S. 22 f.; *Heuer*, Lehrbuch der Wohnungswirtschaft, S. 51; *Bison*, Die Regulierung des Mietwohnungsmarktes in der Bundesrepublik Deutschland, S. 112; *Kühne-Büning*, in: Kühne-Büning u. a., Grundlagen der Wohnungs- und Immobilienwirtschaft, S. 69 (72); *Gondring*, Immobilienwirtschaft, S. 31.

166 *Kofner*, Wohnungsmarkt und Wohnungswirtschaft, S. 23; *Heuer*, Lehrbuch der Wohnungswirtschaft, S. 51.

Grenzen, sondern können sich auch je nach dem individuellen Nutzerverhalten ergeben.[167]

(2) Sachliche Teilmärkte

Daneben kann der Wohnungsmarkt auch in sachliche Teilmärkte unterteilt werden. Die Vielzahl an Unterscheidungsmöglichkeiten resultiert aus zwei der ökonomischen Besonderheiten der Wohnung, nämlich den unterschiedlichen Rechtsformen der Nutzungsangebote und der Heterogenität: Die Rechtsformen der Nutzungsangebote ermöglichen die Segmentierung in den Miet- und den Eigentumsmarkt für Wohnungen[168], die Heterogenität die Differenzierung anhand qualitativ-technischer Kriterien mit weiteren unterscheidbaren Teilmärkten[169].

(a) Abgrenzungsmöglichkeiten zum Mietwohnungsmarkt: Die Märkte für (selbstgenutztes) Wohneigentum

Denkbar ist beispielsweise eine Unterteilung zwischen dem Mietwohnungsmarkt und den Markt für (selbstgenutztes) Wohneigentum. Unter „Wohneigentum" ist hier nicht der engere Rechtsbegriff des Wohnungseigentums gemäß § 1 Abs. 2 WEG gemeint, also das konkrete Sondereigentum an einer Wohnung. Vielmehr wird er hier weiter verstanden, so dass zum Wohneigentum sowohl das Sondereigentum als auch das (reguläre) Eigentum an einem Haus mit nur einer Wohnung oder das Eigentum an einem Haus mit mehreren Wohnungen (ohne die Begründung von Sondereigentum) zu zählen ist. Hierbei kann nun danach unterschieden werden, ob und welche Rechte an der Wohnung am Markt angeboten werden können: In Betracht kommen die Selbstnutzung ohne Übertragung von Rechten, die Fremdnutzung durch Vermietung und Übertra-

---

167 *Heuer*, Lehrbuch der Wohnungswirtschaft, S. 51 f.; *Kofner*, Wohnungsmarkt und Wohnungswirtschaft, S. 23; *Bison*, Die Regulierung des Mietwohnungsmarktes in der Bundesrepublik Deutschland, S. 112; *Kühne-Büning*, in: Kühne-Büning u. a., Grundlagen der Wohnungs- und Immobilienwirtschaft, S. 69 (73).

168 *Dopfer*, Der westdeutsche Wohnungsmarkt, S. 22.

169 *Heuer/Nordalm*, in: Jenkis, Kompendium der Wohnungswirtschaft, S. 23 (26); *Bison*, Die Regulierung des Mietwohnungsmarktes in der Bundesrepublik Deutschland, S. 111; *Feigl*, Zielgruppenbestimmung von Mietern, S. 42 f.; *Dopfer*, Der westdeutsche Wohnungsmarkt, S. 22.

gung der Besitzrechte und der Verkauf verbunden mit der Übertragung des Eigentumsrechts. Die folgende, Differenzierung lässt sich zudem in die bereits erläuterten, drei Teilmärkte (Nutzungs-, Bestands- und Wohnungsbaumarkt) einordnen.

Zum einen kann nach den Besitzrechten[170] für die Nutzung des Konsumguts Wohnung und deren Angebot am Markt differenziert werden, also danach ob die Wohnung selbst oder fremd genutzt wird.[171] Daraus ergibt sich die Teilmarktsegmentierung „Markt für selbstgenutztes Wohneigentum"[172] und „Mietwohnungsmarkt". Auf Basis des Differenzierungskriteriums der Übertragung oder des Verbleibs der Besitzrechte lassen sich die bereits genannten drei Teilmärkte (Wohnungsnutzungs- oder Mietmarkt sowie Bestands- und Wohnungsbaumarkt) weiter unterteilen. Im Rahmen des Wohnungsnutzungsteilmarkts erfolgt die Unterscheidung an der aktuellen Nutzung der Wohnung.[173] In den übrigen Teilmärkten des Wohnungsbestands und des Wohnungsneubaus kommt es auf die aktuelle beziehungsweise geplante Verwendungsmöglichkeit hinsichtlich

---

170 Die Fremdnutzung kann vertraglich ganz unterschiedlich mit der Folge divergierender Teilmärkte ausgestaltet sein, siehe hierzu *Dopfer*, Der westdeutsche Wohnungsmarkt, S. 15 f.; *Bison*, Die Regulierung des Mietwohnungsmarktes in der Bundesrepublik Deutschland, S. 111; *Grosskopf/König*, in: Gondring, Handbuch Immobilienwirtschaft, S. 75 (78).

171 *Grosskopf/König*, in: Gondring, Handbuch Immobilienwirtschaft, S. 75 (78); *Bison*, Die Regulierung des Mietwohnungsmarktes in der Bundesrepublik Deutschland, S. 111 und S. 20 (zum Umfang und zu Arten von property rights); *Dopfer*, Der westdeutsche Wohnungsmarkt, S. 22; *Smith/Rosen/Fallis*, Journal of Economic Literature 1988, 29 (35); so wohl auch *Eekhoff*, Wohnungs- und Bodenmarkt, S. 13 (Unterteilung Eigentümer- oder Mietmarkt); *Hämmerlein*, Einführung in die Wohnungswirtschaft, S. 32 (Unterteilung Mietwohnungs- oder Eigenheimmarkt); zur Unterscheidung von Selbst- oder Fremdnutzung bei der Immobilie, siehe *Gondring*, Immobilienwirtschaft, S. 30.

172 *Bison*, Die Regulierung des Mietwohnungsmarktes in der Bundesrepublik Deutschland, S. 111; *Grosskopf/König*, in: Gondring, Handbuch Immobilienwirtschaft, S. 75 (78).

173 Ebenso *Grosskopf/König*, in: Gondring, Handbuch Immobilienwirtschaft, S. 75 (78), die den Wohnungsnutzungsmarkt weiter in den Markt für selbstgenutztes Wohneigentum und den Mietwohnungsmarkt unterteilen. Wenn es um den Produktionswert am Markt, also die am Nutzungsmarkt gehandelten Mengen, geht, wird für dessen Erfassung bei selbstgenutztem Eigentum eine Vermietung an sich selbst fingiert, siehe dazu *Mehring*, Wohnungsmarkt und Wohnungspolitik, S. 9; *Dopfer*, Der westdeutsche Wohnungsmarkt, S. 25.

der Wohnung an, die auch durch die Ausgestaltung der Wohnung selbst intendiert wird.[174]

Zum anderen können anstelle der Besitzrechte auch die Eigentumsrechte an der Wohnung am Markt angeboten werden.[175] Daraus ergibt sich die Teilmarktsegmentierung „Markt für Wohneigentum“[176] und „Mietwohnungsmarkt“. Am Mietwohnungsmarkt wird dabei vor allem die Wohnnutzung für eine bestimmte oder unbestimmte Zeit, am Eigentumsmarkt das Eigentum an der Wohnung angeboten und nachgefragt.[177] Diese Differenzierung führt – im Gegensatz zur ersten Differenzierungsmöglichkeit – zu keiner weiteren Unterteilung der bereits genannten Teilmarktsegmentierung (Nutzungs-, Bestands- und Baumarkt), sondern deckt sich mit ihr. Die am Mietwohnungsmarkt gehandelte Wohnungsnutzung gehört folglich zum Wohnnutzungsmarkt und das gehandelte Eigentum an der Wohnung zum Wohnungsbestandsmarkt.

---

174 Ebenso *Bison*, Die Regulierung des Mietwohnungsmarktes in der Bundesrepublik Deutschland, S. 111.

175 *Kühne-Büning*, in: Kühne-Büning u. a., Grundlagen der Wohnungs- und Immobilienwirtschaft, S. 69 (71); *Kühne-Büning*, in: Kühne-Büning u. a., Grundlagen der Wohnungs- und Immobilienwirtschaft, S. 7 (12); *Smith/Rosen/Fallis*, Journal of Economic Literature 1988, 29 (30 und 35); *Heuer/Nordalm*, in: Jenkis, Kompendium der Wohnungswirtschaft, S. 23 (26); *Heuer*, Lehrbuch der Wohnungswirtschaft, S. 52; ähnlich *Heuer*, in: Beckerath u. a., Handwörterbuch der Sozialwissenschaften, Bd. 12, S. 810 (810 f.); umfassender zur Differenzierungsmöglichkeit des Immobilienmarkts auf Basis der Vertragskriterien *Sailer*, in: Murfeld, Spezielle Betriebswirtschaftslehre der Immobilienwirtschaft, S. 3 (122 f.); *Gondring*, Immobilienwirtschaft, (30 f.).

176 Die Begriffe zum „Markt für Wohneigentum“ divergieren im Rahmen dieser sachlichen Differenzierung: „Wohneigentumsmarkt“ bei *Kühne-Büning*, in: Kühne-Büning u. a., Grundlagen der Wohnungs- und Immobilienwirtschaft, S. 69 (71); „Wohnimmobilienmarkt“ bei *Kühne-Büning*, in: Kühne-Büning u. a., Grundlagen der Wohnungs- und Immobilienwirtschaft, S. 7 (12); „Markt für Eigentumsmaßnahmen (Häuser und Wohnungen)“ bei *Heuer/Nordalm*, in: Jenkis, Kompendium der Wohnungswirtschaft, S. 23 (26) und *Heuer*, Lehrbuch der Wohnungswirtschaft, S. 52; „Eigentumswohnungsteilmarkt“ bei *Hämmerlein*, Einführung in die Wohnungswirtschaft, S. 32.

177 *Kühne-Büning*, in: Kühne-Büning u. a., Grundlagen der Wohnungs- und Immobilienwirtschaft, S. 69 (71); *Kühne-Büning*, in: Kühne-Büning u. a., Grundlagen der Wohnungs- und Immobilienwirtschaft, S. 7 (12); *Smith/Rosen/Fallis*, Journal of Economic Literature 1988, 29 (30); *Heuer/Nordalm*, in: Jenkis, Kompendium der Wohnungswirtschaft, S. 23 (26); *Heuer*, Lehrbuch der Wohnungswirtschaft, S. 52; nur zum Mietwohnungsmarkt *Cromm/Koch*, Mietspiegel in Deutschland, S. 10.

(b) Unterscheidungsmöglichkeit nach qualitativ-technischen Kriterien

Daneben kann auch nach den angebotenen Gebäude- und Wohnungstypen und damit nach qualitativ-technischen Kriterien im Hinblick auf Größe und Qualität der Wohnung, ihrer Lage im Gebäude und das Gebäudealter differenziert werden.[178] Hierdurch bilden sich weitere Teilmärkte, beispielsweise qualitativ hochwertige bis qualitativ geringwertige Wohnungsteilmärkte.[179] Diese qualitativ-technischen Kriterien erschweren – zusammen mit den daneben bestehenden, anderen sachlichen Teilmärkten – auf dem jeweiligen räumlichen Teilmarkt die Vergleichbarkeit der angebotenen Wohnungsnutzungen deutlich.[180]

d) Die Intransparenz des Wohnungsmarktes

Der Wohnungsmarkt zeichnet sich – wie eben ausführlich dargestellt – durch ein breites Spektrum an Teilmärkten aus. Die Standortbindung der Wohnung selbst bedingt räumliche Teilmärkte, die Rechtsform der Nutzungsangebote hat sachliche Teilmärkte – differenziert nach dem gehandelten Eigentums- oder Besitzrecht – zur Folge und aus der Heterogenität resultiert die weitere Segmentierung nach sachlichen, qualitativ-technischen Wohnungsmärkten. Diese vielen Differenzierungen des Wohnungsmarktes machen ihn extrem unübersichtlich und intransparent.[181] Dies

---

178 *Heuer/Nordalm*, in: Jenkis, Kompendium der Wohnungswirtschaft, S. 23 (26); *Heuer*, Lehrbuch der Wohnungswirtschaft, S. 52; *Kühne-Büning*, in: Kühne-Büning u. a., Grundlagen der Wohnungs- und Immobilienwirtschaft, S. 69 (71); *Bison*, Die Regulierung des Mietwohnungsmarktes in der Bundesrepublik Deutschland, S. 112; *Feigl*, Zielgruppenbestimmung von Mietern, S. 43; *Hampe*, Die freie Mietpreisbildung, S. 9; *Lowinski*, Grundlagen, Zielsetzungen und Methoden der Wohnungspolitik in der Sozialen Marktwirtschaft, S. 125; ähnlich *Expertenkommission Wohnungspolitik*, Wohnungspolitik auf dem Prüfstand, S. 24; dies gilt auch bei der Immobilie, siehe dazu *Gondring*, Immobilienwirtschaft, S. 30.

179 *Bison*, Die Regulierung des Mietwohnungsmarktes in der Bundesrepublik Deutschland, S. 112; ähnlich *Expertenkommission Wohnungspolitik*, Wohnungspolitik auf dem Prüfstand, S. 24 f.

180 *Kühne-Büning*, in: Kühne-Büning u. a., Grundlagen der Wohnungs- und Immobilienwirtschaft, S. 69 (71); *Heuer*, Lehrbuch der Wohnungswirtschaft, S. 51; *Feigl*, Zielgruppenbestimmung von Mietern, S. 42 f.

181 *Kühne-Büning*, in: Kühne-Büning u. a., Grundlagen der Wohnungs- und Immobilienwirtschaft, S. 7 (14 und 16); *Eekhoff*, Wohnungs- und Bodenmarkt, S. 13; *Lowinski*, Grundlagen, Zielsetzungen und Methoden der Wohnungspo-

erschwert den Austausch zwischen den einzelnen Teilmärkten und damit zugleich den Ausgleich auf dem gesamten Wohnungsmarkt.[182] Sowohl die Anbieter als auch die Nachfrager von Wohnungen weisen folglich deutliche Informationsdefizite am Wohnungsmarkt auf, was auch damit zu tun hat, dass Informationen nur schwer und mit großem Aufwand zu erlangen sind.[183] Die langfristige Kapitalbindung und die langen zeitlichen Vertragsbindungen – wobei im Kontext der mietrechtlichen Kündigungsgründe vor allem der Mieter die Vertragsbeendigung in der Hand hat – verleihen diesen Defiziten zusätzlich an Gewicht.[184] Ein staatliches Eingreifen ist aber generell dazu ungeeignet, die Transparenzdefizite dieser unvollkommen informierten Marktbeteiligten und die damit für sie verbundenen Risiken vollständig aufzulösen, denn nur der konkrete Marktteilnehmer kann im Einzelfall das Verhältnis von Nutzen und Kosten einer weiteren Informationsbeschaffung sowie die Eignung der Maßnahmen zur Risikobegrenzung effizient einschätzen und demnach agieren.[185] Eine teilweise Verbesserung der Intransparenz durch den Staat, beispiels-

---

litik in der Sozialen Marktwirtschaft, S. 125; *Dopfer*, Der westdeutsche Wohnungsmarkt, S. 23, auch mit der These, dass als weiteres Indiz für die Marktintransparenz die Vielzahl von Dienstleistern (Makler, Sachverständige, Verwalter etc.) angeführt werden können, die dann ökonomisch effizient seien, wenn die Transaktionskosten für die Informationsbeschaffung oder Suche höher ausfielen als deren Entlohnung für ihre Dienste; *Hagemeier*, Der Einsatz staatlicher Instrumente in der Wohnungs- und Bodenpolitik des 20. Jahrhunderts, S. 16; *Kofner*, Wohnungsmarkt und Wohnungswirtschaft, S. 23; *Feigl*, Zielgruppenbestimmung von Mietern, S. 42 f.; ähnlich *Smith/Rosen/Fallis*, Journal of Economic Literature 1988, 29 (37); *Schmoll*, in: ders., Basiswissen Immobilienwirtschaft, S. 1243 (1292); ähnlich zum Immobilienmarkt *Bone-Winkel/Focke/Schulte*, in: Schulte u. a., Immobilienökonomie I, S. 3 (21).

182 *Heuer/Nordalm*, in: Jenkis, Kompendium der Wohnungswirtschaft, S. 23 (26); so auch zum Immobilienmarkt *Just/Voigtländer u. a.*, Wirtschaftsfaktor Immobilien 2017, S. 5.

183 *Heuer/Nordalm*, in: Jenkis, Kompendium der Wohnungswirtschaft, S. 23 (26); *Kühne-Büning*, in: Kühne-Büning u. a., Grundlagen der Wohnungs- und Immobilienwirtschaft, S. 7 (14 und 16); ähnlich *Hampe*, Die freie Mietpreisbildung, S. 8.

184 *Dopfer*, Der westdeutsche Wohnungsmarkt, S. 23; ebenso zu den langen Vertragsbeziehungen *Hampe*, Die freie Mietpreisbildung, S. 8; *Leonhardt*, Wohnungspolitik in der Sozialen Marktwirtschaft, S. 37, wonach zugleich immer nur ein kleiner Teil des Wohnungsbestands am Markt angeboten wird.

185 *Eekhoff*, Wohnungs- und Bodenmarkt, S. 14, der – mangels Effizienz – zudem auch eine Senkung der Informationsbeschaffungskosten im Wege eines staatlichen Bereitstellens von Marktinformationen kritisch sieht.

weise durch das Erstellen von Mietspiegeln, ist aber gleichwohl möglich und durchaus zielführend.[186]

Für die Anbieter gilt, dass die Wohnungsangebotserstellung samt dessen Vermarktung deutlich stärker durch mit Unsicherheit behaftete Entscheidungssituationen geprägt ist, weil der Wohnungsmarkt intransparenter als andere Märkte ist: Dies betrifft beispielsweise die Marktsituation an sich, das Agieren der übrigen Anbieter, die quantitativen wie qualitativen Entwicklungen auf der Wohnungsnachfrageseite und die Entwicklungen auf den unterschiedlichen Teilmärkten.[187] Risikoaufschläge im Rahmen von Investitionsberechnung sind die logische Konsequenz.[188] Ähnlich intransparent ist die Situation auch auf der Nachfragerseite.[189] Beispielsweise wird bei der Entscheidung des Nachfragers für die konkrete Wohnung zwar sein Grundbedürfnis nach Wohnraum befriedigt. Jedoch kann die Intransparenz des Wohnungsmarktes dazu führen, dass er beispielsweise einen Wohnungskompromiss eingeht, dabei aber – bei gegebener Markttransparenz und Kenntnis – eine bessere oder sogar für ihn optimale Bedürfnisbefriedigung (beispielsweise anhand der Lage, Qualität oder des Preises der Wohnung) verfehlt.[190] Einen Fortschritt und damit einen Schritt in Richtung mehr Transparenz liefern die Online-Portale für Immobilien

---

186 Zu den Mietspiegeln ohne Wertung *Kühne-Büning*, in: Kühne-Büning u. a., Grundlagen der Wohnungs- und Immobilienwirtschaft, S. 7 (16); *Kofner*, Wohnungsmarkt und Wohnungswirtschaft, S. 23.

187 *Heuer/Nordalm*, in: Jenkis, Kompendium der Wohnungswirtschaft, S. 23 (26 f.); *Kühne-Büning*, in: Kühne-Büning u. a., Grundlagen der Wohnungs- und Immobilienwirtschaft, S. 7 (13 f.), auch mit einem Hinweis auf die unsicherheitsverschärfende lange Amortisationsdauer der Wohnungsinvestitionsentscheidung; ähnlich *Eekhoff*, Wohnungs- und Bodenmarkt, S. 14; *Dopfer*, Der westdeutsche Wohnungsmarkt, S. 23 (hohe Transaktions- und Suchkosten aufgrund eines Mieterwechsels, während nutzungsunabhängige Kosten auch bei einem Wohnungsleerstand anfielen und daher die Situation verschärfen würden).

188 Siehe hierzu auch Kapitel 1, B. II. 3. c.

189 Nach *Eekhoff*, Wohnungs- und Bodenmarkt, S. 14, ist auch insofern die Vorhersage künftiger Marktentwicklungen schwierig; nach *Kühne-Büning*, in: Kühne-Büning u. a., Grundlagen der Wohnungs- und Immobilienwirtschaft, S. 7 (16), verbessern nachfrageorientierte Internetportale die Transparenz für den Nachfrager; zu deren Marktunsicherheitsfaktoren siehe *Kühne-Büning*, in: Kühne-Büning u. a., Grundlagen der Wohnungs- und Immobilienwirtschaft, S. 7 (17).

190 *Heuer/Nordalm*, in: Jenkis, Kompendium der Wohnungswirtschaft, S. 23 (27); *Eekhoff*, Wohnungs- und Bodenmarkt, S. 14; ähnlich *Kühne-Büning*, in: Kühne-Büning u. a., Grundlagen der Wohnungs- und Immobilienwirtschaft, S. 7 (16).

(zum Beispiel ImmoScout24, Immowelt oder die Immobilienportale der Regionalzeitungen).

Daneben wirkt sich die Intransparenz aber auch auf den Preisbildungsprozess aus. Möglicherweise weicht nämlich das konkrete Ergebnis der Preisbildung am örtlichen Markt wegen der uninformierten Marktvorstellungen der dortigen Beteiligten vom tatsächlichen Marktergebnis ab oder es werden – im Vergleich der Märkte zueinander – für qualitativ gleichwertige Güter unterschiedliche Preise bezahlt.[191] Daneben können sich hieraus auch monopolistische Preisspielräume ergeben oder kann der besser informierte Teil bei der Preissetzung seine Marktmacht ausspielen.[192] Aus alledem resultieren daher höhere oder niedrigere Mietpreise als bei einem transparenten Markt.

e) Abhängigkeit des Wohnungsmarkts vom Bodenmarkt und weiteren vorgelagerten Märkten

Aus der Wohnungsbesonderheit der Bodenbindung resultieren die Abhängigkeit des Wohnungs- vom vorgelagerten Bodenmarkt sowie deren enger Verbund.[193] Der Boden im Allgemeinen und bauplanungsrechtlich geeignetes Bauland im Besonderen sind zwingende Voraussetzungen eines Wohnungsneubaus oder der Erweiterung von Bestandsbauten.[194] Die Gemeinde legt nicht nur fest, ob gebaut werden darf, sondern auch wie,

191 *Heuer/Nordalm*, in: Jenkis, Kompendium der Wohnungswirtschaft, S. 23 (27).

192 *Leonhardt*, Wohnungspolitik in der Sozialen Marktwirtschaft, S. 37; *Dopfer*, Der westdeutsche Wohnungsmarkt, S. 23.

193 *Kühne-Büning*, in: Kühne-Büning u. a., Grundlagen der Wohnungs- und Immobilienwirtschaft, S. 7 (10 und 14); *Eekhoff*, Wohnungs- und Bodenmarkt, S. 17; *Leonhardt*, Wohnungspolitik in der Sozialen Marktwirtschaft, S. 40; *Dopfer*, Der westdeutsche Wohnungsmarkt, S. 10 und 13 f.; *Expertenkommission Wohnungspolitik*, Wohnungspolitik auf dem Prüfstand, S. 5; siehe auch Kapitel 1, A. IV. 1. c.; ähnlich *Mehring*, Wohnungsmarkt und Wohnungspolitik, S. 21 f.

194 *Kühne-Büning*, in: Kühne-Büning u. a., Grundlagen der Wohnungs- und Immobilienwirtschaft, S. 7 (10 und 14); *Eekhoff*, Wohnungs- und Bodenmarkt, S. 17; *Eekhoff*, Wohnungspolitik, S. 7 und 10 f.; *Leonhardt*, Wohnungspolitik in der Sozialen Marktwirtschaft, S. 43; *Hagemeier*, Der Einsatz staatlicher Instrumente in der Wohnungs- und Bodenpolitik des 20. Jahrhunderts, S. 13, auch zu den Folgen; *Dopfer*, Der westdeutsche Wohnungsmarkt, S. 10; ähnlich zur Bodenabhängigkeit *Smith/Rosen/Fallis*, Journal of Economic Literature 1988, 29 (49); vertiefend zum Bodenmarkt *Kofner*, Wohnungsmarkt und Wohnungswirtschaft, S. 39–49.

beispielsweise die zulässige Art und das Maß der baulichen Nutzung in einem Bebauungsplan (vgl. § 9 Abs. 1 Nr. 1 BauGB in Verbindung mit den §§ 2 ff. und §§ 16 ff. BauNVO). Das Bauplanungsrecht hängt maßgeblich von der Planungswilligkeit der Gemeinde vor Ort ab[195] (vgl. § 2 Abs. 1 S. 1 BauGB). Einen individuellen Anspruch auf die Erteilung einer Baugenehmigung gibt es zwar (etwa aus Art. 68 Abs. 1 S. 1 Hs. 1 BayBO, § 58 Abs. 1 S. 1 LBO BW, § 74 Abs. 1 BauO NRW 2018 oder § 71 Abs. 1 S. 1 BauO Bln), aber eben keinen Anspruch auf Erlass oder Änderung eines Bebauungsplans (vgl. § 1 Abs. 3 S. 2 BauGB). Die gemeindliche Bauleitplanung schafft daher – im Bestand wie im Neubau, dort durch die Ausweisung von Wohnbauland – wichtige Rahmenbedingungen für Wohnungsbauprojekte, beeinflusst sie maßgeblich und zeigt die enge Beziehung zwischen der Bauleitplanung und den Wohnungsbauprojekten.[196]

Neben der Abhängigkeit vom Bodenmarkt stehen für den Bau, den Kauf und die Modernisierung von Wohnungen auch zwei weitere, vorgelagerte Märkte in einer engen Beziehung zum Wohnungsmarkt. Zum einen besteht eine enge Verbindung zum Kapitalmarkt.[197] Wie bereits beschrieben, zeichnet sich die langfristige und kapitalintensive Investitionsentscheidung des Öfteren durch einen relativ hohen Fremdkapitalanteil aus. Dadurch fallen Fremdkapitalkosten an und es besteht ein Zinsänderungsrisiko. Zudem zeigen sich nahezu parallele, aber zeitlich versetzte Marktzyklen zwischen dem physischen Wohnungsmarkt und dem Kapitalmarkt.[198] Zum anderen müssen für den Bau oder die Modernisierung Dienstleistungen der Bauwirtschaft in Anspruch genommen werden, das eine enge Beziehung zwischen dem Wohnungs- und dem Wohnungsneubaumarkt zur

---

195 Ebenso *Eekhoff*, Wohnungs- und Bodenmarkt, S. 17 und zur Bedeutung kommunaler Aktivitäten S. 64 f.; ähnlich *Expertenkommission Wohnungspolitik*, Wohnungspolitik auf dem Prüfstand, S. 5; ähnlich zur Immobilie an sich *Bone-Winkel/Focke/Schulte*, in: Schulte u. a., Immobilienökonomie I, S. 3 (16).

196 *Kühne-Büning*, in: Kühne-Büning u. a., Grundlagen der Wohnungs- und Immobilienwirtschaft, S. 7 (14); ähnlich *Leonhardt*, Wohnungspolitik in der Sozialen Marktwirtschaft, S. 43; *Eekhoff*, Wohnungspolitik, S. 7 f.

197 *Kühne-Büning*, in: Kühne-Büning u. a., Grundlagen der Wohnungs- und Immobilienwirtschaft, S. 7 (13); *Heuer/Nordalm*, in: Jenkis, Kompendium der Wohnungswirtschaft, S. 23 (36 f.); *Kofner*, Wohnungsmarkt und Wohnungswirtschaft, S. 24; *Dopfer*, Der westdeutsche Wohnungsmarkt, S. 10 f.; *Mehring*, Wohnungsmarkt und Wohnungspolitik, S. 21 f.; ähnlich *Expertenkommission Wohnungspolitik*, Wohnungspolitik auf dem Prüfstand, S. 3; *Feigl*, Zielgruppenbestimmung von Mietern, S. 44.

198 Vgl. hierzu *Mueller*, Real Estate Finance 1995, 47 (50–52).

Folge hat.[199] Das Verhältnis der drei Märkte zueinander ist auch ein essentieller Bestandteil für die Erklärung eines langfristigen Marktgleichgewichts im Sinne des Vier-Quadranten-Modell.[200]

3. Zwischenfazit

a) Die Besonderheiten der Wohnung

In einem ersten Schritt wurden die ökonomischen Besonderheiten der Wohnung dargelegt. Die Wohnung stellt ein langlebiges Wirtschaftsgut am Markt dar. Dies führt zu geringen Zu- und Abgängen im Gesamtbestand, einer zögerlichen Anpassung an Nachfrageveränderungen und einem bestandslastigen Wohnungsangebot. Daraus resultieren zwei Besonderheiten des Wohnungsmarkts: aus der zögerlichen Anpassung die langen Reaktionszeiten, aus der Bestandslastigkeit die Bestandsdominanz auf dem Markt. Eine weitere Besonderheit stellt die lange Produktionsdauer dar, die zu einem kurzfristig preisunelastischen Wohnungsangebot im Rahmen der deutlichen Nachfragesteigerung nach Wohnungen führt. Auch dies trägt zu den langen Reaktionszeiten als ökonomischer Wohnungsmarktbesonderheit bei. Als dritte Besonderheit der Wohnung ist diese an einem konkreten, festen Standort erbaut und daher immobil sowie bodengebunden. Die Standortbindung hat drei Folgen: Einerseits beeinflusst das Umfeld die Wohnung und vergrößert die Heterogenität als eine weitere Besonderheit der Wohnung, andererseits führt sie zur Bildung räumlicher Teilmärkte und zur Abhängigkeit vom vorgelagerten Bodenmarkt, die wiederum zwei weitere Besonderheiten des Wohnungsmarkts zur Folge haben.

Die vierte Besonderheit der Wohnung ist deren unteilbarer Konsum. Veränderungen der Haushaltsgröße oder des Einkommens können in der Regel nur durch einen Umzug aufgefangen werden. Hierdurch entstehen für die Nachfragehaushalte Transaktionskosten. Folglich werden sie erst ab einer gewissen Intensität den kostenverursachenden Umzug wagen. Der

---

199 *Heuer/Nordalm*, in: Jenkis, Kompendium der Wohnungswirtschaft, S. 23 (36), auch weitergehend zu diesem Markt; *Kofner*, Wohnungsmarkt und Wohnungswirtschaft, S. 24 und vertiefend zum Baumarkt S. 49–52; *Dopfer*, Der westdeutsche Wohnungsmarkt, S. 11. Siehe auch die Ausführungen bei den langen Reaktionszeiten und dem dort erwähnten Verzögerungsfaktor durch die begrenzten Kapazitäten der Bauwirtschaft in Kapitel 1, A. IV. 2. a. bb.

200 Siehe hierzu Kapitel 1, Punkt C. I.

Charakter des Wohnens als Grundbedürfnis stellt eine weitere Besonderheit dar. Das Wohnen an sich, zugleich der in der Regel größte Ausgabenposten eines Haushalts, ist nicht substituierbar. Die sechste Besonderheit stellt die bereits angesprochene Heterogenität dar. Ganz konkret gleicht in aller Regel keine Wohnung einer anderen – weder in ihren gebäudeinternen, noch in ihren gebäudeexternen Eigenschaften. In der Summe ihrer Eigenschaften können sie dennoch miteinander konkurrieren. Aus der Heterogenität resultieren zwei Wohnungsmarktbesonderheiten: die Bildung sachlicher Teilmärkte und die durch die Heterogenität deutlich erschwerte Markttransparenz. Die Rechtsform der Nutzungsangebote, beispielsweise Kaufen oder Mieten, stellt ebenfalls eine Wohnungsbesonderheit dar. Daraus resultieren weitere, sachliche Teilmärkte, differenziert nach dem am Markt gehandelten Recht.

Die vorletzte der untersuchten Besonderheiten einer Wohnung stellt die mit ihr verbundene langfristige Investitionsentscheidung dar, die sich durch eine hohe Anfangsinvestition und danach regelmäßige, aber im Verhältnis dazu geringe Kapitalrückflüsse auszeichnet. Die Investition amortisiert sich daher erst in ferner Zukunft. Mit der Kapitalintensität der Investitionsentscheidung geht in aller Regel die Aufnahme erheblicher Fremdkapitalmittel einher. Die Verbindung zum Kapitalmarkt als einem weiteren vorgelagerten Markt und damit eine weitere Besonderheit des Wohnungsmarkts liegen auf der Hand. Dagegen stellt die dauerhafte und verlässliche angemessene Rendite des eingesetzten Kapitals, die für die Investoren erforderlich ist, eine Hemmschwelle für eine schnelle Investitionsentscheidung dar. Dies bewirkt eine weitere Verzögerung der Investitionsentscheidung. Demnach trägt auch dies zur Wohnungsmarktbesonderheit der langen Reaktionszeiten bei. Als letzte Besonderheit der Wohnung ist die Veränderlichkeit der Nutzungsleistungen und ihres Werts zu nennen. Wohnungen nutzen sich ab. Wohngewohnheiten und Wohnansprüche der Nachfrager können sich über die Zeit hinweg verändern. Veränderungsarbeiten und damit weitere Investitionen in die Wohnung sind demnach unabdingbar. Auch für die Anbieterseite können Transaktionskosten, beispielsweise für die Mietersuche und Zeiten des Leerstands, anfallen.

b) Die Besonderheiten des Wohnungsmarkts

In einem zweiten Schritt wurde der Frage nach den ökonomischen Spezifika des Wohnungsmarkts intensiv nachgegangen. Wie bereits erwähnt, ergeben sich diese zum Großteil schon aus dem Gut „Wohnung“. An erster Stelle wurden die für den Wohnungsmarkt typischen langen Reaktionszeiten (die sogenannten „time-lags“) herausgearbeitet. Zunächst haben drei Besonderheiten der Wohnung jeweils verzögernde Auswirkungen: die Langlebigkeit, die langfristige Investitionsentscheidung unter hohem Kapitalaufwand sowie die lange Produktionsdauer. Diese Verzögerungen konkretisieren sich in verschiedener Weise und lassen sich in drei Stufen unterteilen, nämlich das Informations-, das Entscheidungs- und das Ausführungslag. In ihnen können zugleich die drei Wohnungsbesonderheiten verortet werden. Hierdurch wird auch deutlich, dass – bedingt durch die Verzögerungen – im Falle einer deutlichen Nachfragezunahme drei bis vier Jahre bis zur Fertigstellung von Neubauten vergehen. Im Falle deutlicher Nachfragerückgänge muss im Rahmen der Marktbereinigungsdauer differenziert werden. Ganz generell gilt hierbei, dass Angebotsüberhänge vor allem wegen der Langlebigkeit von Wohnungen nur über Jahrzehnte angepasst werden. Auf Wohnungsmärkten mit wirtschaftlichem Potential muss so lange aber nicht abgewartet werden. Im nächsten Immobilienzyklus und damit innerhalb einiger Jahre wird die Nachfrage wieder zunehmen. Der Angebotsüberhang reduziert sich demnach in dieser Phase.[201] Die Klassifizierung des Wohnungsmarkts als Wohnungsbestandsmarkt stellt eine weitere Marktbesonderheit dar. Diese ergibt sich aus der Langlebigkeit als Besonderheit der Wohnung an sich und der jährlichen Neubaurate von weniger als einem Prozent.

Daran schließen sich als nächste Besonderheit die unterschiedlichen Segmentierungsmöglichkeiten des Wohnungsmarkts in Teilmärkte an. Diese Teilmärkte wirken sich nur teilweise wechselseitig aufeinander aus. Die Unterteilung erlaubt es daher, die vorliegende Untersuchung auf gewisse Teilmärkte einzugrenzen. Zudem gestattet es Aussagen über die Reichweite angespannter Wohnungsmärkte durch eine Unterteilung in räumliche und sachliche Teilmärkte. Beispielsweise können durch die Mietpreisbremse nach § 556d Abs. 1 BGB auch gewisse Gebiete und damit konkrete Teilmärkte überspannt werden.

In einem ersten Schritt kann der Wohnungsmarkt auf der Basis der oben dargelegten Wohnungsmarktdefinition in den Wohnnutzungs-, den Wohnungsbestands- und den Wohnungsbaumarkt unterteilt werden, die zugleich die relevanten Teilmärkte des später zu erörternden Vier-Qua-

---

201 Vertiefend zu diesem Verlauf von Immobilienzyklen und dem Phasenmodell Kapitel 1, C. II., vor allem C. II. 2. c.

dranten-Gleichgewichtsmodells sind.[202] In einem zweiten Schritt wurde die Aufteilung des Wohnungsmarkts nach räumlichen oder sachlichen Kriterien ausführlich herausgearbeitet. Die räumlichen Teilmärkte resultieren aus der Standortbindung des Guts Wohnung. Deren Lage und Anbindung sind von großer Bedeutung. Folglich wird die Größe des regionalen Teilmarkts durch die Erreichbarkeit der Wohnung und die damit verbundene, dafür aufzuwendende Zeit begrenzt. Damit liegt auch ein Nebeneinander räumlicher Teilmärkte auf der Hand, die je nach dem individuellen Nutzerverhalten zum Teil ineinander übergehen. Daneben kann der Wohnungsmarkt nach sachlichen Kriterien unterteilt werden. Auf der Basis des am Markt zu handelnden Rechts an der Wohnung kann der Mietwohnungsmarkt von den Märkten für (selbstgenutztes) Wohneigentum abgegrenzt werden. Genauso ergeben sich Teilmärkte nach qualitativ-technischen Kriterien, wie beispielsweise nach Größe, Qualität, Lage im Gebäude und Gebäudealter.

Eine weitere Besonderheit des Wohnungsmarkts ist seine Intransparenz. Die Vielzahl der Teilmärkte – räumlich wie sachlich – macht den Markt extrem unübersichtlich und intransparent. Sie beeinträchtigt daher auch den Gesamtausgleich hin zu einem Marktgleichgewicht. Deutliche Informationsdefizite der Marktakteure sind die Regel. Es wurde deutlich, dass die Entscheidungssituation der Wohnungsanbieter deutlich durch die Unsicherheiten geprägt ist, aber auch, dass zur vollständigen Lösung des Transparenzdefizits und der damit verbundenen Risiken das staatliche Eingreifen ungeeignet ist, wenngleich partielle staatliche Handlungen wie beispielsweise das Erstellen von Mietspiegeln zielführend sein können. Der konkrete Marktteilnehmer kann in seinem individuellen Fall deutlich effizienter das Verhältnis von Nutzen und Kosten einer weiteren Informationsbeschaffung abschätzen. Daneben zeigt sich auch, dass sich die Intransparenz auf den Preisbildungsprozess am Markt auswirkt. Infolgedessen werden für qualitativ annähernd gleichwertige Güter unterschiedliche Preise bezahlt. Im Zuge dessen wurde auch deutlich, dass der besser informierte Teil bei den Preisverhandlungen seine Marktmacht ausspielen kann. Aus alldem resultieren daher höhere oder auch niedrigere Mietpreise als bei einem transparenten Markt.

Als letzte Besonderheit ergibt sich die Abhängigkeit des Wohnungsmarkts von vorgelagerten Märkten. Aufgrund der Wohnungsbesonderheit der Bodengebundenheit hängt der Wohnungsmarkt vom Bodenmarkt ab. Die gemeindliche Bauleitplanung setzt hierbei die maßgeblichen Rahmen-

202 Siehe hierzu Kapitel 1, C. I.

bedingungen für den Bestandsausbau wie für den Neubau. Des Weiteren sind Wohnungs- und Kapitalmarkt eng verbunden. Die Wohnungsbesonderheit in Form der langen und kapitalintensiven Investitionsentscheidung macht dies deutlich. Folglich stellt das Fremdkapital bei den Investitionen einen nicht unerheblichen Anteil dar. Zugleich muss das Zinsänderungsrisiko in die Entscheidung eingepreist werden.[203] Zuletzt hat auch der Markt für Bauleistungen einen gewichtigen Einfluss auf den Wohnungsmarkt, sei es im Neubaubereich oder im Erhalt und der Erweiterung der Bestandsgebäude.

V. Der Untersuchungsgegenstand: Die Angebotsseite des Mietwohnungsmarkts im Bestandsbausegment

Die hier zu untersuchenden Regulierungsinstrumente sollen aufgrund der bisherigen Erkenntnisse in dreierlei Weise eingegrenzt werden. Dies erfolgt durch den Fokus auf den Mietwohnungsmarkt in angespannten Wohnungsmärkten (1.) und dessen Angebotsseite (2.) im Bereich des Bestandssegments (3.).

1. Der Mietwohnungsmarkt auf angespannten Wohnungsmärkten

Aufgrund des im internationalen Vergleich relativ geringen Anteils der Selbstnutzer in Deutschland sind für den überwiegenden Bevölkerungsanteil die Entwicklungen am Mietwohnungsmarkt von besonderer Relevanz.[204] Daher soll dieser Markt in Regionen mit angespannten Märkten[205], die einen Nachfrageüberhang aufweisen, den Schwerpunkt der

203 Siehe hierzu konkret bei den Investitionsberechnungsmethoden Kapitel 1, B. II. 1 und 3. c.

204 42,1 Prozent der Haushalte wohnten 2018 im Wohneigentum (2013: 43,0 Prozent und 2008: 43,2 Prozent) und 57,9 Prozent zur Miete, siehe *Statistisches Bundesamt*, Wirtschaftsrechnungen, 2018, S. 14 f.; ebenso *GdW*, Wohnungswirtschaftliche Daten und Trends 2019/2020, S. 19; *Haus & Grund Deutschland*, Zahlen und Fakten, S. 1; *BBSR*, Wohnungsmarktprognose 2030, 2015, S. 4; *BBSR*, Wohnungs- und Immobilienmärkte in Deutschland 2016, S. 68; *Gans*, in: Rottke/Voigtländer, Immobilienwirtschaftslehre – Ökonomie, S. 115 (126) m. w. N., der auch darauf hinweist, dass die geringe Eigentumsquote in Deutschland auf unterschiedliche Gründe, zum Beispiel Standortflexibilität oder Kosten für die eigene Immobilie, zurückzuführen sei.

205 Siehe zu dem Begriff eines angespannten Wohnungsmarkts Kapitel 1, A. III.

folgenden Untersuchungen darstellen. Der Fokus soll hier auf dem freifinanzierten und damit nicht preisgebundenen Mietwohnungsmarkt liegen. Zusätzlich sollen auch Regulierungsinstrumente, die Restriktionen für ein Verlassen des Mietwohnungsmarkts aufstellen (sogenannte „Exit-Optionen"), einbezogen werden. Zu nennen sind hier beispielsweise die erschwerte Umwandlung in Wohneigentum und die Möglichkeit der Ausübung des gemeindlichen Vorkaufsrechts gemäß § 24 Abs. 1 S. 1 Nr. 4 BauGB in den sogenannten Milieuschutzgebieten nach § 172 Abs. 1 S. 1 Nr. 2 BauGB.

2. Die Angebotsseite des Mietwohnungsmarkts

Des Weiteren ist in Form einer Schwerpunktbetrachtung die ökonomische Unterscheidung des Marktes in eine Angebots- und eine Nachfrageseite sinnvoll. Der Zuzug in bestimmte Regionen hat sich in den letzten Jahren deutlich erhöht und damit einhergehend die Wohnungsnachfrage.[206] Dieser Entwicklung steht bisher kein entsprechend ausgeweitetes Angebot gegenüber.[207] Maßnahmen auf der Nachfrageseite können vor allem in Anreize für den Umzug in nicht angespannte Wohnungsmärkte einerseits[208] (beispielsweise durch die Stärkung des ländlichen Raums oder den ÖPNV-Ausbau) und die Verhinderung des Zuzugs in die angespannten Wohnungsmärkte andererseits unterteilt werden. Um den Zuzug in angespannte Wohnungsmärkte zu erschweren – so die These für das „Schwarmverhalten" von *Harald Simons* und *Lucas Wieden*[209] – könnte man beispielsweise – Stichwort „Bevölkerung und Beschäftigung: Wer folgt wem?" – an Verbotsgesetze hinsichtlich des Arbeitnehmerumzugs in die Stadt denken, die schon im Lichte von Art. 11 GG verfassungsrechtlich extrem bedenklich erscheinen[210], und zum anderen an die Regulierung der beruflichen

---

206 *BBSR*, Wohnungs- und Immobilienmärkte in Deutschland 2016, S. 55 f.; umfassend hierzu Kapitel 2, B. I. 1. a. und b.

207 Umfassend hierzu Kapitel 2, B. I. 1. C.

208 So auch *Simons/Wieden*, Schwarmstädte in Deutschland, 2015, S. 70.

209 *Simons/Wieden*, Schwarmstädte in Deutschland, 2015, S. 67.

210 Vgl. am Beispiel von Versuchen, die Wohnsitzverlegung in bestimmte Metropolen zu verhindern BVerfG, Urt. v. 17.03.2004 – 1 BvR 1266/00 = BVerfGE 110, 177 (192), sowie *Jarass*, in: Jarass/Pieroth, Art. 11 Rn. 13, wonach eine Regelungsmöglichkeit nur für Personen eröffnet ist, die ihren Lebensmindestbedarf nicht aus eigener Kraft sicherstellen können, zum Beispiel bei der Beschaffung von Wohnraum.

Niederlassungsfreiheit für Unternehmen und freie Berufe in angespannten Wohnungsmärkten, die sich als Berufsausübungsregelungen bei Art. 12 GG schon etwas leichter mit „ausreichenden Gründen des Gemeinwohls" rechtfertigen lassen[211]. Auch unter unionsrechtlichen Gesichtspunkten erscheinen Regulierungen des Arbeitnehmerumzugs sowie der beruflichen Niederlassungsfreiheit – je nach der konkreten Ausgestaltung – vor allem im Hinblick auf Art. 21 AEUV sowie Art. 49 in Verbindung mit Art. 54 AEUV bedenklich.[212]

Dagegen sind auf der Angebotsseite diejenigen Potentiale und Maßnahmen zu verorten, deren Zweckrichtung primär an das Mietwohnungsangebot anknüpft und die vor allem auf dessen Erhalt und Erweiterung abzielen. Häufig machen staatliche Stellen die aktuellen Probleme des Wohnungsmarktes auf dieser Seite aus. Die Angebotsseite war folglich in den letzten Jahren – zum Schutz der Nachfrager – der Adressat einer Vielzahl gesetzgeberischer Initiativen, man denke etwa an das Zweckentfremdungsrecht und seine Verschärfungen, die sogenannte „Mietpreisbremse" und ihre sogar mehrfachen Verschärfungen, die Debatte um die Vergesellschaftung von Wohnungseigentum, die „Mietendeckelung" oder Umwandlungsverbote von Wohnungen in Eigentumswohnungen.[213] Auf der Angebotsseite und ihrem Potential zur Entlastung des Wohnungsmarkts, die in den Kontext der bisherigen Gesetzgebung eingebettet werden, soll der Fokus der folgenden Untersuchung liegen.

3. Das Bestandssegment auf der Angebotsseite des Mietwohnungsmarkts

Schließlich können auf der Angebotsseite des Wohnungsmarkts das Neubau- und das Bestandsbausegment unterschieden werden. Das gilt auch für die diesbezüglichen Regulierungsinstrumente. Wie bereits herausgearbeitet, führen einige ökonomische Besonderheiten der Wohnung und des Wohnungsmarkts zu deutlich verspäteten Angebotsausweitungen. Bezieht

---

211 *Jarass*, in: Jarass/Pieroth, Art. 12 Rn. 45 m. w. N.

212 Vgl. beispielsweise *Kainer*, in: Pechstein u. a., Frankfurter Kommentar zu EUV, GRC und AEUV, Art. 49 AEUV Rn. 63 f.; *Forsthoff*, in: Grabitz u. a., Art. 49 AEUV Rn. 104–108 (66. EL/Feb. 2019); *Magiera*, in: Streinz, EUV/AEUV, Art. 21 AEUV Rn. 14 und 16; *Heselhaus*, in: Pechstein u. a., Frankfurter Kommentar zu EUV, GRC und AEUV, Art. 21 AEUV Rn. 16 f. und 35 f.

213 So auch *Simons/Wieden*, Schwarmstädte in Deutschland, 2015, S. 70, die zugleich den nahezu vollständigen, politischen Fokus auf die „Schwarmstädte" kritisieren.

man dies ein, so ist die Differenzierung zwischen Neu- und Bestandsbauten wegen ihrer unterschiedlichen Marktwirkungsdauer von erheblicher Bedeutung für die Problemlösung. Maßnahmen im Bestand haben beispielsweise den Vorteil, dass sie relativ schnell umgesetzt werden können und daher als kurzfristige Mittel zur Verbesserung angespannter Wohnungsmärkte zur Verfügung stehen. Hier setzen auch die bereits erwähnten Regulierungsinstrumente für eine kurzfristige „Überbrückung" sowie zur Entlastung des Mietwohnungsmarkts an. Auch im Bestand kann eine Angebotsausweitung an Wohnfläche erfolgen. Als Beispiele hierfür können innerhalb des Gebäudes die Umwandlung ehemals gewerblich genutzter Flächen oder der Dachgeschossausbau genannt werden.

Dagegen zeichnen sich Neubauvorhaben durch ihre zeitintensiven Planungs-, Genehmigungs- und Errichtungsprozesse aus. Im Zusammenspiel mit den hier besonders folgenreichen ökonomischen Besonderheiten der Wohnung und des Wohnungsmarkts folgt daraus, dass sie nicht als kurzfristig, sondern nur als mittel- bis langfristig wirkende Instrumente zur Bekämpfung der Wohnungsnot angesehen werden können. Daneben handelt es sich – zugleich eine weitere Besonderheit – bei dem Wohnungsmarkt ganz überwiegend um einen Bestandsmarkt, da im Verhältnis zu den Bestandsbauten jährlich relativ wenige neue Wohnungen dem Markt zugeführt werden. Darüber hinaus gilt die Bestandsbauregulierung, die hier detailliert untersucht werden soll, in der Regel im weiteren Zeitverlauf auch für die fertigen Neubauten. Hinzu kommt, dass dem Bestandsmarkt und damit dessen Mieten die tragende Rolle für ein preiswertes Wohnen beigemessen wird; die dortigen Mieten fallen im Vergleich zu den neugebauten Wohnungen in aller Regel deutlich geringer aus.[214]

Folglich liegt der Schwerpunkt dieser Untersuchung auf der Angebotsseite des Bestandssegments im Mietwohnungsmarkt. Punktuell ergeben sich aber auch Bezüge zum Neubaubereich, die beispielsweise bei dem ökonomischen Vier-Quadranten-Modell und der Frage eines Gleichgewichts deutlich werden wird.

VI. Zwischenergebnis

In diesem Kapitel konnten zum einen die Begriffe der Wohnung, des Markts und des Wohnungsmarkts definiert und konkretisiert werden.

214 *Pätzold*, in: Gans/Westerheide, Steuerungs- und Beobachtungsinstrumente zur städtischen Wohnungsmarkt- und Quartiersentwicklung, S. 17 (20).

Hinsichtlich des Wohnungsbegriffs wird zwar eine ganze Reihe divergierender Definitionen deutlich, jedoch wird ein allgemeines Verständnis von ihr überwiegend verwendet. Zudem wird die Wohnung am Markt nicht als reines Wirtschaftsgut angesehen, sondern vielmehr als ein Wirtschafts- *und* Sozialgut. Außerdem sind die Begriffe der Wohnung und des Wohngebäudes voneinander zu unterscheiden. Diese Definition des Markts, zugeschnitten auf die Wohnung, ergibt die Definition des Wohnungsmarkts. Unter einem Wohnungsmarkt ist daher ebenfalls ein Handelsplatz zu verstehen, auf dem dann ganz konkret die Gesamtheit aller in der Gegenwart existierenden und genutzten sowie in der Zukunft nutzbaren Wohnungen ausgetauscht wird. Für den Begriff eines angespannten Wohnungsmarkts gibt es außerhalb der Rechtswissenschaft keine anerkannte Definition. Vielmehr stellt er einen Oberbegriff dar, der durch das einzelne oder kumulative Zusammenwirken von Marktindikatoren bejaht wird. Des Weiteren weisen die Wohnung und der Wohnungsmarkt jeweils ökonomische Besonderheiten auf und unterscheiden sich folglich von anderen zu handelnden Gütern und Märkten. Diese Besonderheiten der Wohnung und des Wohnungsmarkts weisen mannigfaltige Bezüge untereinander auf. Im Rahmen der Untersuchung wurde deutlich, dass sich fast alle der Wohnungsbesonderheiten auf den Wohnungsmarkt auswirken. Demnach prägen sie ihn in einer besonderen Art und unterscheiden ihn von anderen Märkten.

Daneben wurde der Betrachtungsgegenstand der vorliegenden Untersuchung konkretisiert und geschärft, um die zutreffenden Schwerpunkte der Wohnungsproblematik auf angespannten Wohnungsmärkten setzen zu können. Im Fokus soll der Mietwohnungsmarkt in Regionen mit angespannten Wohnungsmärkten stehen. In die rechtlichen Überlegungen sollen aber auch die Restriktionen, die ein Verlassen des Mietwohnungsmarkts erschweren oder verhindern sollen, einbezogen werden. Der Betrachtungsgegenstand kann in die Seite der Nachfrager und die der Anbieter unterteilt werden. Hier soll der Blick auf Letztere und ihr Angebot gerichtet sein. Infolge einer dritten Unterteilung kann das Angebot zwischen dem Bestands- und dem Neubausegment unterschieden werden. Der Schwerpunkt der Untersuchung liegt – auch im Hinblick auf die hieran auszurichtenden wohnungspolitischen Ziele, die Forschungsfragen und die hierfür einschlägigen Regulierungsinstrumente (Kapitel 2) – auf dem Bestandssegment. Punktuelle Bezüge zum Neubaubereich sind aber unabdingbar und können demnach nicht völlig ausgespart bleiben. Die folgenden Untersuchungen zielen daher auf die Angebotsseite des Bestandssegments im Mietwohnungsmarkt angespannter Wohnungsmärkte ab.

B. Adressaten der Regulierung: Die Anbieterseite am Wohnungsmarkt

In einem ersten Schritt soll die Angebotsseite[215] näher betrachtet werden. Konkret soll zunächst herausgearbeitet werden, wie die Eigentümerstruktur auf dem deutschen Wohnungsmarkt systematisiert werden kann (I.). Daraus resultieren die teils gemeinsamen, teils aber unterschiedlichen Zielsetzungen und Charakteristika der Wohnungsanbieter, insbesondere im Hinblick auf das Renditeverhalten. Zugleich wird hierdurch auch deutlich, wer die Adressaten der Regulierung und in wessen Grundrechte eingegriffen wird.

Im Anschluss daran soll untersucht werden, welche wirtschaftlichen Vorüberlegungen und -berechnungen der potentielle Investor am Wohnungsmarkt anstrengt, um auf deren Basis sich für oder gegen die Investition zu entscheiden. Etwas konkreter soll daher näher betrachtet werden, auf welche Faktoren und Zahlen der Investor seine Entscheidung stützt. Folglich sind die entscheidenden Faktoren der Rendite- bzw. Investitionsrechnung herauszuarbeiten (II.). Im Zuge dessen soll auch beleuchtet werden, in welchem Verhältnis die übrigen Faktoren zu den Mieteinnahmen stehen. Zugleich sollen die Charakteristika der unterschiedliche Anbieter konkret im Investitionsverhalten und der Berechnung verortet werden.

Auf Basis der daraus resultierenden Erkenntnisse lassen sich zum einen in den Investitionsrechnungen die Anknüpfungspunkte der unterschiedlichen bereits bestehenden oder (für den Investor nicht vorhersehbaren) neu geschaffenen Regulierungsinstrumente identifizieren. Zum anderen können Aussagen über die nachträglichen Auswirkungen neugeschaffener (un-)befristeter Regulierungsinstrumente – einzeln oder in Kombination mit anderen – auf die bereits getätigte Investition und damit zuletzt über die Eingriffsintensität der jeweiligen Regulierungsmaßnahme getroffen oder bisherige Thesen des Gesetzgebers oder in der Rechtswissenschaft kritisch hinterfragt werden. Dies gilt sowohl in zeitlicher Hinsicht – das Verhältnis der Geltungsdauer des neu geschaffenen Gesetzes zum Investitions(betrachtungs)zeitraum – als auch dessen Auswirkung auf die Wirtschaftlichkeit der Investition an sich.

---

215 Zur Nachfrageseite siehe umfassend zum Beispiel *Kühne-Büning*, in: Kühne-Büning u. a., Grundlagen der Wohnungs- und Immobilienwirtschaft, S. 132 (132–176).

I. Systematisierung der Anbieterseite und deren Charakteristika

Im Folgenden soll herausgearbeitet werden, wie sich die Anbieterseite des Mietwohnungsmarktes zusammensetzt: Welche Akteure gibt es und wie können sie systematisiert werden? Was charakterisiert ihr Marktagieren, auch im Hinblick auf ihren Anteil am Mietwohnungsmarkt? Vor allem im Kontext angespannter Wohnungsmärkte wird pauschal von einem ausschließlich gewinnorientierten Handeln und damit einer rein erwerbswirtschaftlichen unternehmerischen Zwecksetzung der Anbieterseite ausgegangen; zugleich soll sich der Wohnungsmarkt fest in der Hand der Wohnungsunternehmen sein, deren Handeln durch ausschließliches Gewinnstreben geprägt sei.[216] Fraglich ist, ob dies alles der Realität am Markt entspricht, was tiefgehender untersucht werden soll.

Die Eigentümerstruktur des deutschen Wohnungsmarkts weist eine Vielzahl von Anbietern auf und wird damit als polypolistisch strukturiert bezeichnet.[217] Sie kann aber in drei Gruppen eingeteilt werden. Diese unterscheiden sich nicht nur durch die Größe ihres Marktanteils am Mietwohnungsmarkt, sondern auch hinsichtlich ihrer Charakteristika. Dies sind die privaten Eigentümer (1.), die Wohnungsunternehmen (2,) und die sonstigen Eigentümer (3.).

1. Private Eigentümer

Die erste Gruppe, zugleich diejenige mit dem größten Marktanteil am Mietwohnungsmarkt[218], sind die privaten Eigentümer.[219] Bis heute stellen

---

216 Vgl. zum Beispiel die Gründe für die Vergesellschaftungsdiskussion in Berlin *Initiative Deutsche Wohnen & Co enteignen*, Warum enteignen?, 2022;*Göckes*, Immobilienzeitung vom 17.01.2019, S. 1 und 4; *Oberhuber*, Miethaie gesucht, 2016, S. 1; vgl. auch zu dem aufzugebenden Zerrbild, der Vermieter sei der Gegner des Mieters *Eekhoff*, Wohnungspolitik, S. 58 f.

217 *Bison*, Die Regulierung des Mietwohnungsmarktes in der Bundesrepublik Deutschland, S. 140; *Grosskopf/König*, in: Gondring, Handbuch Immobilienwirtschaft, S. 75 (81).

218 Die Berechnungen hierzu divergieren ein wenig: 2011 lag der Marktanteil der privaten Eigentümer am Mietwohnungsmarkt etwa 59 bis 60 Prozent; 64 bis 66 Prozent ergeben sich, wenn zu den 13,88 Mio. vermieteten Wohnungen der privaten Eigentümer noch deren 1,29 Mio. leerstehende Wohnungen als künftige Mietwohnung eingerechnet werden, siehe hierzu *BBSR*, Wohnungs- und Immobilienmärkte in Deutschland 2016, S. 68 und 75; ebenso *Voigtländer/Sagner*, Accentro Wohnkostenreport 2020, S. 25; *Rebitzer*, in: Schäfer/Conzen,

sie auch stets die meisten Bauherren von Miet- und Wohneigentumswohnungen dar.[220]

Jedoch stehen die Anbieterstruktur im Allgemeinen und daher auch der Anteil der privaten Eigentümer in einem engen Zusammenhang mit der Gemeindegröße.[221] Der Anteil privater Vermieter am Mietwohnungsmarkt fällt von 80 Prozent in Kleinstädten mit bis zu 20.000 Einwohnern, über 64 Prozent in Mittelstädten mit bis zu 100.000 Einwohnern auf noch 50 Prozent in Großstädten ab 100.000 Einwohnern; im Gegenzug erhöhen sich dann die jeweiligen Anteile privater Wohnungsunternehmen, Wohnungseigentümergemeinschaften, kommunaler Wohnungsanbieter und

---

Praxishandbuch Immobilien-Investitionen, S. 1 (51); *Schürt*, in: Arnold u. a., Wohnimmobilien, S. 73 (79); *Haus & Grund Deutschland*, Zahlen und Fakten, S. 1; ähnlich *GdW*, Wohnungswirtschaftliche Daten und Trends 2019/2020, S. 19 f.; in 2018 belief sich ihr Anteil auf 58 Prozent nach *Statistisches Bundesamt*, Wohnen 2018, 2019; vgl. *Henger*, Wirtschaftsdienst 2019, 603 (604). Mit einem anderen Rechenansatz kommt *Kühne-Büning* für 2005 auf einen Marktanteil in Höhe von etwas mehr als 54 Prozent, siehe *Kühne-Büning*, in: Kühne-Büning u. a., Grundlagen der Wohnungs- und Immobilienwirtschaft, S. 99 (103); genauso *Kofner*, Wohnungsmarkt und Wohnungswirtschaft, S. 25.

219 *Kühne-Büning*, in: Kühne-Büning u. a., Grundlagen der Wohnungs- und Immobilienwirtschaft, S. 99 (103 und 110); *Grosskopf/König*, in: Gondring, Handbuch Immobilienwirtschaft, S. 75 (81); *Kofner*, Wohnungsmarkt und Wohnungswirtschaft, S. 27; *Voigtländer/Sagner*, Accentro Wohnkostenreport 2020, S. 24 f.; *Schürt*, in: Arnold u. a., Wohnimmobilien, S. 73 (79); *GdW*, Wohnungswirtschaftliche Daten und Trends 2019/2020, S. 19; vgl. *Rebitzer*, in: Schäfer/Conzen, Praxishandbuch Immobilien-Investitionen, S. 1 (51). In den 2010er Jahren hat sich ihr Anteil als Vermieter sogar erhöht, siehe *Voigtländer/Sagner*, Accentro Wohnkostenreport 2020, S. 26 f.; zu den privaten Kleinvermietern *Voigtländer/Seipelt*, Perspektiven für private Kleinvermieter, 2017, S. 8 f.

220 Vgl. *Kühne-Büning*, in: Kühne-Büning u. a., Grundlagen der Wohnungs- und Immobilienwirtschaft, S. 99 (110), wonach 60 Prozent der Baufertigstellungen an Wohnungen von 1980 bis 2005 durch private Eigentümer erfolgten. Danach reduzierte sich der Prozentsatz, beispielsweise auf 53 Prozent (2014), 50 Prozent (2016), 49 Prozent (2017) und 48 Prozent (2018), was aber weiterhin die meisten Wohnungsfertigstellungen bedeutet. Vor allem bauen private Eigentümer deutlich größere Wohnungen mit durchschnittlich je 128 bis 130 m^2 Wohnfläche (Tendenz geringfügig sinkend), wohingegen die übrigen Marktteilnehmer kleinere und dafür in einem Gebäude mehrere Wohnungen errichten, siehe insgesamt hierzu *Statistisches Bundesamt*, Baufertigstellungen von Wohn- und Nichtwohngebäuden u. a. nach Bauherren, 2019, S. 41 f. und 65 f.; *BBSR*, Wohnungs- und Immobilienmärkte in Deutschland 2016, S. 70 f.

221 *BBSR*, Wohnungs- und Immobilienmärkte in Deutschland 2016, S. 70; *Schürt*, in: Arnold u. a., Wohnimmobilien, S. 73 (80).

Genossenschaften.[222] Die Korrelation mit der Gemeindegröße fällt bei den privatwirtschaftlichen, ehemals freien Wohnungsunternehmen am stärksten von fünf Prozent in Kleinstädten, über neun Prozent in den Mittelstädten, auf über 17 Prozent in den Großstädten aus.[223]

An der privaten Eigentümerstruktur und ihrem Agieren am Markt durch Vermietung und Verkauf fällt zum einen auf, dass das Durchschnittsalter der Eigentümer bei fast 60 Jahren liegt und die größte Gruppe darunter mit 40 Prozent Ruheständler sind, aber auch Selbstständige und Beamte überproportional im Vergleich zur Gesamtbevölkerung vertreten sind.[224] Zum anderen beträgt die durchschnittliche Haltedauer der Wohnung in ihrem Eigentum knapp 18 Jahre, bei ungeteilten Wohnungen, die zu 40 Prozent geerbt oder geschenkt wurden, circa 20 Jahre und bei in Wohnungseigentum geteilten Objekten, die zu 90 Prozent gekauft wurden, knapp 15 Jahre. Dadurch wird auch eine starke Bestandsorientierung deutlich.[225] Parallel zu deren überwiegend kleinen Beständen, fallen – Stand 2011 – bei 74 Prozent die Mieteinnahmen unter bereits vorgenom-

---

222 *Voigtländer/Sagner*, Accentro Wohnkostenreport 2020, S. 25, auf Basis der Daten des Sozio-oekonomischen Panels (Zeitraum 1984–2018); siehe auch *BBSR*, Wohnungs- und Immobilienmärkte in Deutschland 2016, S. 70, mit anderen Marktanteilszahlen der privaten Eigentümer auf der Datenbasis des statistischen Bundesamts (Gebäude und Wohnungszählung auf dem Stand von 2011): 69 Prozent in sehr kleinen Gemeinden mit bis zu 5.000 Einwohnern, nur noch 33 Prozent in Großstädten mit mindestens 200.000 Einwohnern.

223 *Voigtländer/Sagner*, Accentro Wohnkostenreport 2020, S. 25, Zahlen und Berechnungen auf dem Stand bis einschließlich 2018; ähnlich auf dem Stand von 2011 *BBSR*, Wohnungs- und Immobilienmärkte in Deutschland 2016, S. 70, wonach zwei Prozent in sehr kleinen Gemeinden mit bis zu 5.000 Einwohnern auf 15 Prozent in Großstädten mit mindestens 200.000 Einwohnern, in Berlin sogar 21 Prozent.

224 *BBSR*, Wohnungs- und Immobilienmärkte in Deutschland 2016, S. 70, Zahlen und Berechnungen auf dem Stand von 2011; *BBSR*, Privateigentümer von Mietwohnungen in Mehrfamilienhäusern, 2015, S. 15; vertiefend hierzu *Voigtländer/Seipelt*, Perspektiven für private Kleinvermieter, 2017, S. 15–17. Allgemeiner zu den privaten Eigentümern, auch zu den Motiven und Abgrenzungsmerkmalen zu den beiden anderen Anbietergruppen *Rebitzer*, in: Schäfer/Conzen, Praxishandbuch Immobilien-Investitionen, S. 1 (51). Zu der Verteilung der privaten Vermieter mit ihren Mieteinnahmen unter den Einkommen aller privaten Haushalte, siehe *Voigtländer/Sagner*, Accentro Wohnkostenreport 2020, S. 29 f.; *Voigtländer/Seipelt*, Perspektiven für private Kleinvermieter, 2017, S. 14 f.

225 Hierzu und zum Vorstehenden *BBSR*, Wohnungs- und Immobilienmärkte in Deutschland 2016, S. 70, Zahlen und Berechnungen auf dem Stand von 2011; *BBSR*, Privateigentümer von Mietwohnungen in Mehrfamilienhäusern, 2015, S. 16.

menen Abzug der Zinsaufwendungen mit unter 1.000 Euro pro Monat eher niedrig aus und bei nur vier Prozent der Eigentümer betragen die Monatsmieteinnahmen mehr als 5.000 Euro. Nur vier Prozent der Wohnungen unterfallen dabei der Sozialbindung.[226] Auch Zahlen aus dem Jahr 2017 bestätigen annähernd diese relativ geringen Mieteinnahmen.[227] Überraschend ist, dass fast ein Drittel der privaten Vermieter mit ihren Mieteinkünften und sonstigen Einnahmen zu den weniger einkommensstarken Haushalten zu zählen sind.[228]

Des Weiteren vermieten private Eigentümer durchschnittlich bis marktunterdurchschnittlich[229] und leisten aufgrund ihrer großen Anzahl am Mietwohnungsmarkt einen Beitrag zu einem geringeren Anstieg der Mieten. Da auch ein nicht unerheblicher Teil der Wohnungen zur unentgeltlichen Nutzung übergeben wird, übernehmen die Privaten im Bereich der Wohnungsversorgung eine wichtige soziale Funktion und ersparen somit

---

226 Hierzu und zum Vorstehenden *BBSR*, Wohnungs- und Immobilienmärkte in Deutschland 2016, S. 76 f., Zahlen und Berechnungen auf dem Stand von 2011; *BBSR*, Privateigentümer von Mietwohnungen in Mehrfamilienhäusern, 2015, S. 15 f.; vgl. auch zu den geforderten Miethöhen der übrigen Wohnungsanbieter *Ulbrich*, in: Jenkis, Kompendium der Wohnungswirtschaft, S. 327 (352).

227 Für 78 Prozent der Vermieter Mieteinnahmen von 1.250 Euro pro Monat und nur etwas mehr als zehn Prozent der Vermieter Mieteinnahmen von mehr als 1.667 Euro pro Monat (jeweils unter Abzug von Modernisierungs- und Instandhaltungskosten und vor Steuern) und für ein Drittel dieser privaten Vermieter sind von diesen Einnahmen noch Zins- und Tilgungsleistungen abzuziehen, siehe *Voigtländer/Sagner*, Accentro Wohnkostenreport 2020, S. 27–29 (auch mit einer zusätzlichen Differenzierung nach der Stadtgröße); sehr ähnlich für 2015, siehe *Voigtländer/Seipelt*, Perspektiven für private Kleinvermieter, 2017, S. 11 f. (auch mit einem Vergleich für die Jahre 2005 und 2010), wonach sich durchschnittliche jährliche Mietnettoeinkünfte für die Privaten in Höhe von 8.889 Euro ergaben (vor Steuern); siehe auch *Kletečka*, AcP 220 (2020), 674 (688) m. w. N.

228 *Voigtländer/Sagner*, Accentro Wohnkostenreport 2020, S. 29 f.; ähnlich für 2015 *Voigtländer/Seipelt*, Perspektiven für private Kleinvermieter, 2017, S. 15 f.

229 *Haus & Grund Deutschland*, Vermieterbefragung, 2019, S. 4, wonach private Eigentümer im Durchschnitt pro Quadratmeter knapp 1,5 Prozent unter der ortsüblichen Vergleichsmiete (konkret 8,42 €/m² netto) vermieten; leicht über dem Durchschnitt für 2018 nach *Statistisches Bundesamt*, Wohnen 2018, 2019; anders wohl in den Großstädten mit mehr als 500.000 Einwohnern, wo sie – gleichauf mit den freien Wohnungsunternehmen – höherpreisig vermieten (8,70 €/m² netto – Stand 2017), siehe *Voigtländer/Sagner*, Mieten, Modernisierungen und Mieterstruktur, 2019, S. 13 f. (auch zu möglichen Ursachen hierfür); *Henger*, Wirtschaftsdienst 2019, 603 (604); seit 2015 geringere Mietsteigerungen bei privaten Kleinvermietern als bei Wohnungsunternehmen, siehe *Egner*, WISTA 2019, 86 (95 f.).

dem Staat erhebliche Aufwendungen.[230] Die durchschnittliche Mietdauer beträgt knapp zehn Jahre.[231] Analysiert man die mietvertragliche Struktur im Hinblick auf rechtlich überhaupt mögliche und tatsächliche Mieterhöhungen, so zeigt sich, dass nur zehn Prozent der Verträge indexiert sind und beispielsweise in den Jahren 2009 bis 2011 in nur etwas mehr als sieben Prozent der übrigen Mietverhältnisse die Miete bis zur ortsüblichen Vergleichsmiete nach § 558 BGB erhöht wurde.[232] Die privaten Eigentümer nehmen mit fast ausschließlichem Eigenkapitalanteil ganz überwiegend kleinteilige Bestandsarbeiten vor und ihre Investitionsbereitschaft zielt dann vor allem auf Instandsetzungs- und Instandhaltungsarbeiten ab.[233]

Die privaten Eigentümer selbst können weiter unterteilt werden. Sie können im Hinblick auf die Durchführung der Wohnungsverwaltung – selbst oder fremd, damit einhergehend eher amateurhaft oder professionell und im Neben- oder nur im Hauptberuf möglich – an zwei Punkten voneinander unterschieden werden: einerseits in Abhängigkeit von der

230 *Ulbrich*, in: Jenkis, Kompendium der Wohnungswirtschaft, S. 327 (351).

231 *Haus & Grund Deutschland*, Vermieterbefragung, 2019, S. 4; vgl. auch *Veser/Jaedicke*, WuM 1997, 197 (197 f.), die für die Privateigentümer die Wichtigkeit der Stabilität des Mietverhältnisses betonen.

232 *BBSR*, Wohnungs- und Immobilienmärkte in Deutschland 2016, S. 76 f., Zahlen und Berechnungen auf dem Stand von 2011, die modernisierungsbedingte Mieterhöhung gemäß § 559 BGB ausschließt; *BBSR*, Privateigentümer von Mietwohnungen in Mehrfamilienhäusern, 2015, S. 18; *Voigtländer/Seipelt*, Perspektiven für private Kleinvermieter, 2017, S. 26; siehe auch *Voigtländer*, DWW 2021, 44 (47); *Voigtländer*, Die Folgen eines Umwandlungsverbots für den Wohnungsmarkt in Deutschland, 2020, S. 16; siehe hierzu auch die Zahlen aus der Vergangenheit *Veser/Jaedicke*, WuM 1997, 197 (197 f.); allgemeiner, aber ebenso *Kofner*, Wohnungsmarkt und Wohnungswirtschaft, S. 27; *Eekhoff*, Wohnungspolitik, S. 42 f., auch mit vertiefenden Ausführungen zu den berechtigten Gründen eines Vermieters für eine Mieterhöhung; *Simons/Tielkes u. a.*, Mantelgutachten zu den mietrechtlichen Verordnungen in Nordrhein-Westfalen, 2020, S. 50, wonach Mietsteigerungen bisher beim Mieterwechsel nachgeholt wurden; siehe auch *Haus & Grund Deutschland*, Vermieterbefragung, 2019, S. 5.

233 *BBSR*, Wohnungs- und Immobilienmärkte in Deutschland 2016, S. 77; weiter vertiefend hierzu, auch zu den konkreten Instandhaltungs- und Modernisierungsarbeiten und dem hierfür aufgewendeten Kapital *BBSR*, Privateigentümer von Mietwohnungen in Mehrfamilienhäusern, 2015, S. 19 f.; siehe auch zu Art und Zeitpunkt von Modernisierungen *Haus & Grund Deutschland*, Vermieterbefragung, 2019, S. 6; siehe auch *Voigtländer*, Die Folgen eines Umwandlungsverbots für den Wohnungsmarkt in Deutschland, 2020, S. 16. Zu der Zins- und Tilgungslast im Verhältnis zu den Mieteinnahmen der Privaten für den Immobilienkauf, siehe *Voigtländer/Sagner*, Accentro Wohnkostenreport 2020, S. 28 f.

Größe des zu verwaltenden eigenen, gegebenenfalls auch fremden, Wohnungsbestands, andererseits durch die Motivation zur Investition und zum Anbieten der Wohnungsnutzung.[234] Demnach können Amateuranbieter (a), der nicht mehr selbst verwaltende, private Eigentümer (b) und der professionelle private Anbieter (c) unterschieden werden.

a) Der sogenannte Amateuranbieter

Die sogenannte Amateuranbieter, die die größte Untergruppe privater Eigentümer darstellen, besitzen jeweils ein oder nur wenige Mehrfamilienhäuser.[235] Typisch ist, dass sie neben ihrer Haupterwerbstätigkeit die Wohnungsverwaltung als Nebentätigkeit in Eigenregie durchführen und ihren Mietern keine Verwaltungskosten in Rechnung stellen. Sie geben sich daneben meist mit einer bescheideneren Eigenkapitalverzinsung zufrieden als andere Vermieter.[236] Zudem sind sie vorsichtiger und werden erst dann auf dem Wohnungsmarkt aktiv, wenn in die Miete eine Prämie für das Risiko staatlicher Mietbegrenzungen eingepreist werden kann.[237] Besonders charakteristisch für den Amateuranbieter ist seine Anlagemotivation, nämlich vorwiegend zur Selbstversorgung, inflationssicheren Altersvorsorge und/oder Vermögensanlage, sowie seine sensible Reaktion auf Regulierungen, insbesondere bei Veränderungen im Steuer- und Miet-

234 Vgl. *Kühne-Büning*, in: Kühne-Büning u. a., Grundlagen der Wohnungs- und Immobilienwirtschaft, S. 99 (110), mit einer ähnlichen Herausarbeitung zu deren Unterscheidung.

235 *Kühne-Büning*, in: Kühne-Büning u. a., Grundlagen der Wohnungs- und Immobilienwirtschaft, S. 99 (110); *Bison*, Die Regulierung des Mietwohnungsmarktes in der Bundesrepublik Deutschland, S. 141; *Grosskopf/König*, in: Gondring, Handbuch Immobilienwirtschaft, S. 75 (82); *Eekhoff*, Wohnungs- und Bodenmarkt, S. 16 (sogenannte „Küchentischvermieter"). Siehe auch für 2011 *BBSR*, Wohnungs- und Immobilienmärkte in Deutschland 2016, S. 76; *BBSR*, Privateigentümer von Mietwohnungen in Mehrfamilienhäusern, 2015, S. 15 und 17. Siehe auch konkret die Verteilung des Immobilienbesitzes in den Städten Köln und Düsseldorf (Stand 2013) *Voigtländer/Seipelt*, Perspektiven für private Kleinvermieter, 2017, S. 22.

236 Hierzu und zum Vorstehenden *Kühne-Büning*, in: Kühne-Büning u. a., Grundlagen der Wohnungs- und Immobilienwirtschaft, S. 99 (110); *Grosskopf/König*, in: Gondring, Handbuch Immobilienwirtschaft, S. 75 (82); *Eekhoff*, Wohnungs- und Bodenmarkt, S. 16; *Eekhoff*, Wohnungspolitik, S. 43; siehe auch *Veser/Jaedicke*, WuM 1997, 197 (197 f.).

237 *Kühne-Büning*, in: Kühne-Büning u. a., Grundlagen der Wohnungs- und Immobilienwirtschaft, S. 99 (111).

recht, und auf Kosten- und Zinssteigerungen. Hinzutreten seine typische Konfliktaversion und Rücksichtnahme mit dem Ziel eines unbelasteten und konfliktfreien Verhältnisses zum jeweiligen Mieter, auch wenn er dabei auf Ansprüche gegen den Mieter, zum Beispiel auf eine Mieterhöhung oder Betriebskostenumlage, verzichten muss.[238] Häufiger anzutreffen ist hier auch die Vereinbarung einer Nebenkostenpauschale gemäß § 556 Abs. 2 S. 1 Var. 1 BGB, was dem Mieter einerseits Planungssicherheit gibt, da keine Nachzahlungen möglich sind, andererseits aber auch Streitigkeiten der Parteien über die Abrechnung an sich vermieden werden können. Diese Vorteile werden den Mietern nicht grundlos gewährt. Altruismus allein dürfte den Amateuranbieter nicht antreiben.[239] Er zielt auf eine Vermeidung zusätzlichen Verwaltungsaufwands ab und nimmt sich in der Regel mehr Zeit bei der Auswahl seines Vertragspartners. Dabei ist auch zu berücksichtigen, dass diese Anbieter vielfach schlechter rechtlich informiert sind als die professionelleren Vermieter; eine zunehmende, stärkere Regulierung bereitet ihnen größere Schwierigkeiten bis hin zu erheblichen Vermögenverlusten.[240] Infolgedessen holen Amateuranbieter nicht intern oder durch externen Sachverstand Rechtsrat ein, sondern ziehen sich aus dem Wohnungsmarkt zurück oder delegieren ihre Aktivitäten an einen professionellen Verwalter.[241] Letzteres verursacht ihnen zusätzliche Kosten, die sie dann aber durch einen höhere Miete auszugleichen versuchen (so wie die übrigen privaten Anbietergruppen).

---

238 Zu den Charakteristika des Amateuranbieters umfassend und damit auch zum Vorstehenden *Kühne-Büning*, in: Kühne-Büning u. a., Grundlagen der Wohnungs- und Immobilienwirtschaft, S. 99 (110 f.), auch mit weiteren typischen Eigenschaften; *Bison*, Die Regulierung des Mietwohnungsmarktes in der Bundesrepublik Deutschland, S. 141; *Grosskopf/König*, in: Gondring, Handbuch Immobilienwirtschaft, S. 75 (82); *Voigtländer*, DWW 2021, 44 (46 f.); *Veser/Jaedicke*, WuM 1997, 197 (197 ff.); ähnlich *Eekhoff*, Wohnungs- und Bodenmarkt, S. 16; *Eekhoff*, Wohnungspolitik, S. 42; *Schuldt*, Mietpreisbremse, S. 68; vgl. hierzu auch *BBSR*, Wohnungs- und Immobilienmärkte in Deutschland 2016, S. 76 f.; weiter vertiefend zu den Motiven *BBSR*, Privateigentümer von Mietwohnungen in Mehrfamilienhäusern, 2015, S. 16 f.

239 *Kühne-Büning*, in: Kühne-Büning u. a., Grundlagen der Wohnungs- und Immobilienwirtschaft, S. 99 (110).

240 *Eekhoff*, Wohnungs- und Bodenmarkt, S. 16; *Eekhoff*, Wohnungspolitik, S. 43; *Expertenkommission Wohnungspolitik*, Wohnungspolitik auf dem Prüfstand, S. 79 und 121 f.; ähnlich *Veser/Jaedicke*, WuM 1997, 197 (197 f.); vgl. *Voigtländer/Seipelt*, Perspektiven für private Kleinvermieter, 2017, S. 26.

241 *Eekhoff*, Wohnungs- und Bodenmarkt, S. 16; *Eekhoff*, Wohnungspolitik, S. 43.

b) Der nicht selbst verwaltende, private Eigentümer

Daneben gibt es den nicht selbst verwaltenden, privaten Anbieter mit einem größeren Wohnungsbestand mit bis zu circa 100 Wohnungen.[242] Es ist charakteristisch für diesen Eigentümer, dass er seine Wohnungen vor allem zur Vermögensanlage sowie zur Alters- und Sachwertsicherung erworben hat.[243] Sein Marktagieren ist deutlich gewinnorientierter als bei den Amateuranbietern.[244] Die Verwaltung einschließlich Vermietung geben diese Eigentümer an Hausverwalter, Hausverwaltungsgesellschaften oder Makler ab, die sie auch meistens beratend bei Investitionen im Bestand oder Neubau hinzuziehen.[245] Beispielsweise informieren diese den Eigentümer über notwendige Renovierungs- und Modernisierungsarbeiten, holen Kostenvoranschläge ein und nehmen die Arbeiten ab. Das alles gleicht auch die fehlende Professionalität des privaten Anbieters aus.[246] Üblicherweise werden hier aber die Verwaltungskosten im Rahmen der Nebenkostenrechnung – soweit zulässig – auf die Mieter umgelegt. Die Nebenkosten können demnach höher als bei den Amateuranbietern ausfallen, werden aber nicht durch die Mietpreisbremse reguliert[247]. Durch die professionelleren Strukturen und die dadurch verursachten, teilweise nicht umlagefähigen Mehrkosten fällt in der Regel auch die Nettomiete höher als bei den Amateuranbietern aus. In den Mietverträgen sind deutlich öfter indexierte

---

242 *Kühne-Büning*, in: Kühne-Büning u. a., Grundlagen der Wohnungs- und Immobilienwirtschaft, S. 99 (111); *Kofner*, Wohnungsmarkt und Wohnungswirtschaft, S. 27; siehe auch *Rebitzer*, in: Schäfer/Conzen, Praxishandbuch Immobilien-Investitionen, S. 1 (51). Siehe auch für 2011 *BBSR*, Wohnungs- und Immobilienmärkte in Deutschland 2016, S. 76; *BBSR*, Privateigentümer von Mietwohnungen in Mehrfamilienhäusern, 2015, S. 15 und 17.

243 *Kühne-Büning*, in: Kühne-Büning u. a., Grundlagen der Wohnungs- und Immobilienwirtschaft, S. 99 (111).

244 Vgl. *Grosskopf/König*, in: Gondring, Handbuch Immobilienwirtschaft, S. 75 (82); *Bison*, Die Regulierung des Mietwohnungsmarktes in der Bundesrepublik Deutschland, S. 141.

245 *Kühne-Büning*, in: Kühne-Büning u. a., Grundlagen der Wohnungs- und Immobilienwirtschaft, S. 99 (111).

246 *Kühne-Büning*, in: Kühne-Büning u. a., Grundlagen der Wohnungs- und Immobilienwirtschaft, S. 99 (111); *Kofner*, Wohnungsmarkt und Wohnungswirtschaft, S. 27; sehr ähnlich *Grosskopf/König*, in: Gondring, Handbuch Immobilienwirtschaft, S. 75 (83), wonach der Private sich hierdurch einen Effizienzgewinn verspricht.

247 *Börstinghaus*, in: Schmidt-Futterer, § 556d BGB Rn. 67 und 76.

Mieten zu finden.[248] Wegen des Einsatzes von Experten verlangen diese Eigentümer im Vergleich zum selbstverwaltenden Amateuranbieter eine höhere Bruttomiete am Markt, um mindestens die gleiche oder eine höhere Rendite als Amateurvermieter am Markt zu erwirtschaften.

c) Der professionelle private Anbieter

Schließlich gibt es professionelle private Anbieter, die größere, eigene, aber gegebenenfalls zusätzlich fremde Wohnungsbestände selbst verwalten oder im Neubaubereich sogar vielfach als Bauträger agieren.[249] Charakteristisch für sie sind die Investitionen in Wohnungen unter Renditegesichtspunkten, wobei sie eher weniger an einer Renditemaximierung als vielmehr an einer Kombination aus Investitionssicherheit und Rendite interessiert sind, auch um steuerliche Vorteile auszunutzen.[250]

2. Wohnungsunternehmen

Die zweitgrößte[251] Gruppe der Anbieter auf dem Mietwohnungsmarkt bilden die Wohnungsunternehmen. Dies sind Unternehmen, die ausschließlich oder ganz überwiegend den Wohnungsbau samt Verwaltung oder

---

248 *BBSR*, Privateigentümer von Mietwohnungen in Mehrfamilienhäusern, 2015, S. 18.

249 *Kühne-Büning*, in: Kühne-Büning u. a., Grundlagen der Wohnungs- und Immobilienwirtschaft, S. 99 (111); *Kofner*, Wohnungsmarkt und Wohnungswirtschaft, S. 27; siehe auch *Rebitzer*, in: Schäfer/Conzen, Praxishandbuch Immobilien-Investitionen, S. 1 (51).

250 *Kühne-Büning*, in: Kühne-Büning u. a., Grundlagen der Wohnungs- und Immobilienwirtschaft, S. 99 (111); sehr ähnlich *Grosskopf/König*, in: Gondring, Handbuch Immobilienwirtschaft, S. 75 (82); *Bison*, Die Regulierung des Mietwohnungsmarktes in der Bundesrepublik Deutschland, S. 141.

251 2011 betrug deren Marktanteil an den Mietwohnungen etwas weniger als 33 Prozent, konkreter: privatwirtschaftliche Unternehmen 2011 mit zwölf und 2018 mit elf Prozent, kommunale Vermieter 2011 mit zehn und 2018 mit etwa sechs bis sieben Prozent, Genossenschaften 2011 mit neun und 2018 mit 18 Prozent, Bund/Länder und Organisationen ohne Erwerbszweck 2011 und 2018 jeweils etwa ein Prozent addiert, siehe hierzu für den Stand 2011 *BBSR*, Wohnungs- und Immobilienmärkte in Deutschland 2016, S. 68 und 75, sowie für den Stand 2018 (zusätzlich differenziert nach der Gemeindegröße) *Voigtländer/Sagner*, Accentro Wohnkostenreport 2020, S. 25; für 2018 sind es 38 Prozent nach *Statistisches Bundesamt*, Wohnen 2018, 2019.

wohnungswirtschaftliche Betreuung bezwecken.[252] Sie stellen seit langem stets die zweitgrößte Bauherrengruppe hinsichtlich der Baufertigstellungen von Miet- und Wohneigentumswohnungen nach den privaten Eigentümern dar.[253] Zu den Wohnungsunternehmen gehören – differenziert nach ihrer Organisationsform – vor allem die ehemals gemeinnützigen und die freien Wohnungsunternehmen.[254]

a) Die ehemals gemeinnützigen Wohnungsunternehmen

Zu den ehemals gemeinnützigen Wohnungsunternehmen zählen beispielsweise die Wohnungsgenossenschaften sowie kommunale, staatliche, industrieverbundene und kirchliche Wohnungsunternehmen.[255] Die kommunalen und kirchlichen Wohnungsunternehmen und die kleineren Genossenschaften sind mehrheitlich nicht erwerbswirtschaftlich orientiert, sondern agieren weiterhin als kostendeckende Unternehmen mit einem im Vergleich zu früher teilweise gelockerten, aber weiterhin gemeinnüt-

---

252 *Kühne-Büning*, in: Kühne-Büning u. a., Grundlagen der Wohnungs- und Immobilienwirtschaft, S. 99 (111); vertiefend hierzu *Kofner*, Wohnungsmarkt und Wohnungswirtschaft, S. 27.

253 Deren Anteil nahm in der Vergangenheit zu und betrug zum Beispiel 44 Prozent (2014 und 2016), 45 Prozent (2017) und 47 Prozent (2018); sie bauen im Verhältnis zu den privaten Anbietern deutlich kleinere Wohnungen mit durchschnittlich 82 bis 88 m^2 Wohnfläche je Wohnung (Tendenz stärker sinkend), siehe insgesamt hierzu *Statistisches Bundesamt*, Baufertigstellungen von Wohn- und Nichtwohngebäuden u. a. nach Bauherren, 2019, S. 41 f. und 65 f.; *BBSR*, Wohnungs- und Immobilienmärkte in Deutschland 2016, S. 70 f.

254 *Kühne-Büning*, in: Kühne-Büning u. a., Grundlagen der Wohnungs- und Immobilienwirtschaft, S. 99 (112 f.); die dritte Gruppe bilden die nicht organisierten Wohnungsunternehmen, zu denen es aber keine gesicherten Zahlen gibt (siehe aaO); weiterführend zu den unterschiedlichen Unternehmensformen *Kofner*, Wohnungsmarkt und Wohnungswirtschaft, S. 28–31.

255 *Galonska/Kühne-Büning*, in: Kühne-Büning u. a., Grundlagen der Wohnungs- und Immobilienwirtschaft, S. 112 (112); vertiefend zu den jeweiligen Unternehmensformen samt Tätigkeitsschwerpunkte und Charakteristika, siehe *Galonska/Kühne-Büning*, in: Kühne-Büning u. a., Grundlagen der Wohnungs- und Immobilienwirtschaft, S. 112 (119–127); vgl. *Rebitzer*, in: Schäfer/Conzen, Praxishandbuch Immobilien-Investitionen, S. 1 (51 f. und 54). Der Marktanteil der öffentlichen und kommunalen Wohnungsunternehmen beläuft sich auf 13 %, siehe *Henger*, Wirtschaftsdienst 2019, 603 (604); vertiefend zu den kommunalen Wohnungsbeständen siehe *BBSR*, Wohnungs- und Immobilienmärkte in Deutschland 2016, S. 72–74.

zigen Satzungszweck.[256] Neben den privaten Eigentümern kommt auch ihnen im Zuge angespannter Wohnungsmärkte eine wichtige Rolle als Anbieter bezahlbarer Wohnungen für einkommensschwache Haushalte zu.[257] Generell zielt ihre Bautätigkeit überwiegend auf die Ausweitung ihres eigenen Bestands ab und kaum auf die Errichtung von Wohnungen zum Verkauf.[258]

b) Die freien Wohnungsunternehmen

Für die zweite Gruppe der freien Wohnungsunternehmen sind die Verwaltung eigener und fremder Mietwohnungsbestände, mehr noch aber die Tätigkeit als Bauträger, die Wohnungen im eigenen Namen für eigene oder fremde Rechnung zu errichten, und die Tätigkeit als Schlüsselfertiganbieter oder Generalunternehmer oder -übernehmer im Ein- und Zweifamilienhaussegment auf den Kundengrundstücken charakteristisch.[259] Die Wohnungsverwertung spielt für ihre Bautätigkeit eine größere Rolle als die Vermietung.[260] Sie sind zudem rein erwerbswirtschaftlich orientiert.[261]

---

256 *Galonska/Kühne-Büning*, in: Kühne-Büning u. a., Grundlagen der Wohnungs- und Immobilienwirtschaft, S. 112 (119); *Bison*, Die Regulierung des Mietwohnungsmarktes in der Bundesrepublik Deutschland, S. 141 f.; *Grosskopf/König*, in: Gondring, Handbuch Immobilienwirtschaft, S. 75 (82); *Kofner*, Wohnungsmarkt und Wohnungswirtschaft, S. 31; *Pulletz*, in: Murfeld, Spezielle Betriebswirtschaftslehre der Immobilienwirtschaft, S. 171 (233); *Schürt*, in: Arnold u. a., Wohnimmobilien, S. 73 (80); siehe zu deren Ausschöpfung von Mieterhöhungsspielräumen *Veser/Jaedicke*, WuM 1997, 197 (197–200); vgl. zu den geforderten Miethöhen *Ulbrich*, in: Jenkis, Kompendium der Wohnungswirtschaft, S. 327 (352); für 2018 beispielsweise *Statistisches Bundesamt*, Wohnen 2018, 2019.

257 *Schürt*, in: Arnold u. a., Wohnimmobilien, S. 73 (80).

258 *Ulbrich*, in: Jenkis, Kompendium der Wohnungswirtschaft, S. 327 (339).

259 *Kivelip*, in: Kühne-Büning u. a., Grundlagen der Wohnungs- und Immobilienwirtschaft, S. 127 (130); *Ulbrich*, in: Jenkis, Kompendium der Wohnungswirtschaft, S. 327 (338 f.), wonach von 1972 bis 1987 eher der Fokus auf der Wohnungsproduktion lag (ihr Wohnungsbestand verringerte sich insgesamt trotz erheblichem Bauumfang) und die Angebotsverwaltung und -vermietung im Vergleich dazu eher eine nachrangige Rolle spielte.

260 *Ulbrich*, in: Jenkis, Kompendium der Wohnungswirtschaft, S. 327 (339 und 342).

261 *Bison*, Die Regulierung des Mietwohnungsmarktes in der Bundesrepublik Deutschland, S. 141; *Pulletz*, in: Murfeld, Spezielle Betriebswirtschaftslehre der Immobilienwirtschaft, S. 171 (233); siehe zu deren Ausschöpfung von Mieterhöhungsspielräumen *Veser/Jaedicke*, WuM 1997, 197 (197 ff.); vgl. zu den geforderten Miethöhen *Ulbrich*, in: Jenkis, Kompendium der Wohnungswirtschaft,

Hierdurch werden einige Parallelen zu den bereits beschriebenen, professionellen privaten Anbietern deutlich. Von diesen grenzt sie vor allem ihre unternehmerische Struktur ab. Im Rahmen der statistischen Zuordnung zu den privaten Eigentümern oder den Wohnungsunternehmen wird als das nach außen sichtbare Differenzierungskriterium an die konkret gewählte Gesellschaftsform angeknüpft. Kapitalgesellschaften, auch solche in privater Hand, werden daher den freien Wohnungsunternehmen, Gesellschaften bürgerlichen Rechts und Einzelunternehmer den privaten Eigentümern zugeordnet.[262]

3. Sonstige Eigentümer

Die dritte und deutlich kleinste Gruppe von Anbietern[263] sind die sonstigen Eigentümer. Hierzu gehören vor allem einerseits Erwerbsunternehmen, die nicht überwiegend auf den Wohnungsbau samt Verwaltung oder wohnungswirtschaftliche Betreuung abzielen und zu denen daher zum Beispiel Versicherer zu zählen sind oder die dies nur mittelbar zur Kapitalanlage für Dritte betreiben, so zum Beispiel Anlage- oder Immobilienfonds. Andererseits gehören hierzu öffentliche Bauherren, die nahezu ausschließlich ihre Bediensteten mit Bestands- oder Neubauten versorgen

---

S. 327 (352); in 2018 der Anbieter mit den höchsten Nettokaltmieten nach *Statistisches Bundesamt*, Wohnen 2018, 2019.

262 Vgl. *Kivelip*, in: Kühne-Büning u. a., Grundlagen der Wohnungs- und Immobilienwirtschaft, S. 127 (130); vgl. *Ulbrich*, in: Jenkis, Kompendium der Wohnungswirtschaft, S. 327 (342); siehe auch *Rebitzer*, in: Schäfer/Conzen, Praxishandbuch Immobilien-Investitionen, S. 1 (51 f.), wonach beispielsweise Family Offices nicht klar zugeordnet werden können.

263 2011 betrug deren Marktanteil an den Mietwohnungen etwas mehr als zwei Prozent, siehe hierzu *BBSR*, Wohnungs- und Immobilienmärkte in Deutschland 2016, S. 68 und 75; *Ulbrich*, in: Jenkis, Kompendium der Wohnungswirtschaft, S. 327 (342); für das Jahr 2018 siehe *Statistisches Bundesamt*, Wohnen 2018, 2019.

wollen.[264] Bis auf die öffentlichen Bauherren zielt ihr Agieren auf dem Wohnungsmarkt auf die Gewinnmaximierung ab.[265]

4. Zwischenfazit

Die Untersuchung liefert Aufschlüsse über die Anbieterstruktur sowie über deren Investitionsverhalten am Wohnungsmarkt. Die Anbieter können in drei Gruppen unterteilt werden: die privaten Eigentümer, die Wohnungsunternehmen und die sonstigen Eigentümer.

Die privaten Eigentümer besitzen den größten Marktanteil an Mietwohnungen. Privatwirtschaftliche Wohnungsunternehmen sind in größeren Städten stärker vertreten, bleiben aber auch dort nur der zweitgrößte Anbieter von Mietwohnungen. Bei etwa drei Viertel der privaten Eigentümer übersteigen die monatlichen Mieteinnahmen nicht die Grenze von 1.000 bis 1.250 Euro; nur bei vier Prozent von ihnen betragen sie mehr als 5.000 Euro pro Monat. Des Weiteren wird ein nicht unerheblicher Teil der Wohnungen anderen unentgeltlich zur Verfügung gestellt. Daneben vermieten private Eigentümer marktunterdurchschnittlich und tragen somit zu einem geringeren Anstieg der Mieten bei. Die durchschnittliche Vermietungsdauer beträgt knapp zehn Jahre. Ganz überwiegend verzichten sie auf Mieterhöhungen. Bestandsinvestitionen sind vor allem Instandsetzungs- und Instandhaltungsarbeiten und demnach nicht die erheblich mieterhöhenden Modernisierungsarbeiten. Die privaten Eigentümer können weiter in die sogenannten Amateuranbieter, die nicht selbst verwaltenden privaten Eigentümer und die professionellen privaten Anbieter unterteilt werden, die sich durch die zu verwaltende oder zu vermietende Größe des Wohnungsbestands und ihre Motive voneinander am Markt unterscheiden lassen.

264 Siehe zu diesen beiden Untergruppen *Kühne-Büning*, in: Kühne-Büning u. a., Grundlagen der Wohnungs- und Immobilienwirtschaft, S. 99 (131); *Bison*, Die Regulierung des Mietwohnungsmarktes in der Bundesrepublik Deutschland, S. 142; *Kofner*, Wohnungsmarkt und Wohnungswirtschaft, S. 27 f.; *Ulbrich*, in: Jenkis, Kompendium der Wohnungswirtschaft, S. 327 (342); weiterführend zu den jeweiligen Gruppierungen *Rebitzer*, in: Schäfer/Conzen, Praxishandbuch Immobilien-Investitionen, S. 1 (51–55).

265 *Bison*, Die Regulierung des Mietwohnungsmarktes in der Bundesrepublik Deutschland, S. 142; vgl. zu den geforderten Miethöhen *Ulbrich*, in: Jenkis, Kompendium der Wohnungswirtschaft, S. 327 (352).

Amateuranbieter, zugleich die größte Untergruppe, führen die Wohnungsverwaltung als Nebentätigkeit in Eigenregie durch. Verwaltungskosten fallen demnach nicht an. Sie geben sich mit einer geringeren Eigenkapitalverzinsung zufrieden und vermieten daher günstiger. Vor allem die Selbstversorgung, eine inflationssichere Altersvorsorge und die Vermögensanlage motivieren sie zum Investieren in den Wohnungsmarkt. Zudem zielen sie auf ein unbelastetes und konfliktfreies Verhältnis zu ihren Mietern ab und verzichten daher oftmals auf die Durchsetzung der ihr zustehenden Rechte wie etwa etwaige Mieterhöhungen oder Betriebskostenumlagen. Hinter diesem Verhalten steht die Vermeidung von Rechtsstreitigkeiten sowie zusätzlichen Verwaltungs- und Kostenaufwands. Des Weiteren sind sie im Vergleich zu den professionelleren Vermietern vielfach schlechter rechtlich informiert. Zunehmende und stärker eingreifende Regulierungsmaßnahmen bereiten ihnen daher besondere Schwierigkeiten bis hin zu Vermögensverlusten. Dies hat entweder ihren Rückzug aus dem Wohnungsmarkt oder die Aufgabendelegation an einen professionellen Verwalter unter Einpreisung in die Miete zur Folge.

Der nicht selbst verwaltende private Eigentümer mit einem deutlich größeren Wohnungsbestand wird vor allem durch die Vermögensanlage sowie die Alters- und Sachwertsicherung zum Investieren motiviert. Er agiert im Verhältnis zu den Amateuranbietern deutlich gewinnorientierter. Indexierte Mieten sind hier häufiger vorzufinden. Zugleich muss er aber auch aufgrund seiner kostenverursachenden Verwaltungsinfrastruktur durch den Rückgriff auf Verwalter und Makler zum Ausgleich fehlender Professionalität eine höhere Bruttomiete am Markt verlangen. Die professionellen privaten Anbieter als dritte Untergruppe verwalten eigene und fremde Bestände. Zudem agieren sie vielfach als Bauträger. Ihr Marktagieren ist nicht durch eine Renditemaximierung, sondern vielmehr durch eine Kombination aus Investitionssicherheit und Rendite geprägt.

Neben den privaten Eigentümern stellen die Wohnungsunternehmen die zweitgrößte Anbietergruppe am Markt dar. Ihre unternehmerische Zwecksetzung zielt ausschließlich oder ganz überwiegend auf den Wohnungsbau samt dessen Verwaltung ab. Sie lassen sich in die ehemals gemeinnützigen und die freien Wohnungsunternehmen unterteilen. Zu einem Teil agieren sie nicht erwerbswirtschaftlich, sondern nur kostendeckend. Die „freien“ Wohnungsunternehmen verwalten eigene, aber auch fremde Mietwohnungsbestände und sind häufig als Bauträger tätig. Der Wohnungsverkauf spielt für ihre Bautätigkeit eine größere Rolle als die Vermietung. Sie sind rein erwerbswirtschaftlich orientiert. Dies gilt auch für die letzte und kleinste Obergruppe der sonstigen Eigentümer. Hierzu zählen Unternehmen, die in Abgrenzung zu ihrem unternehmerischen Zweck den Wohnungsbau samt Verwaltung nebenher betreiben, beispielsweise Versicherer. Zu dieser Gruppe gehören auch die Unternehmen, die dies alles nur mittelbar zur Kapitalanlage für Dritte betreiben sowie öffentliche Bauherren, die hier im Interesse ihrer Bediensteten tätig werden.

Die pauschale These, der Wohnungsmarkt befinde sich überwiegend in den Händen von Wohnungsunternehmen kann somit nicht bejaht werden. Sie sind in Verbindung mit den ehemals gemeinnützigen Wohnungsunternehmen vielmehr nur die zweitgrößte Gruppe am Markt. Die größte Anbietergruppe sind die privaten Eigentümer. Deren Anteil verringert sich allerdings bei zunehmender Gemeindegröße. In den Großstädten ab 100.000 Einwohnern reduziert sich ihr Marktanteil auf 50 Prozent, jedoch sind sie aber auch dort der größte Anbieter von Mietwohnungen.

Die zweite These, dass am Markt bei allen Akteuren ein ausschließliches gewinnorientiertes Handeln charakteristisch sei, muss teilweise bis überwiegend verneint werden. Ein ausschließlich auf Gewinnmaximierung abzielendes Handeln findet sich nur bei den freien Wohnungsunternehmen sowie den sonstigen Eigentümern mit Ausnahme der öffentlichen Bauherren. Die professionellen privaten Anbieter agieren schon nicht mehr ausschließlich gewinnmaximiert am Markt, sondern auch unter dem Gesichtspunkt der Investitionssicherheit. Beide Motive können unterschiedlich gewichtet sein. Den professionellen privaten Anbietern sind die nicht selbst verwaltenden privaten Eigentümer hinsichtlich ihres Investierens in den Wohnungsmarkt nahezu gleichzusetzen. Sie gewichten neben der Gewinnorientierung aber auch übrige Motive stärker. Die sogenannten Amateuranbieter, die gemeinnützigen Wohnungsunternehmen und die öffentlichen Bauherren geben sich demgegenüber mit einer deutlich geringeren Marktrendite zufrieden oder agieren nur kostendeckend.

II. Elemente des Anbieterverhaltens: Rendite und Risiko im Rahmen der Investitionsentscheidung auf dem Mietwohnungsmarkt

Wie soeben darlegt, hat auf der gesamten Anbieterseite das Motiv, dass sich die Investition auch rechnet, konkret also die Rendite, eine teils gewichtige oder sogar ausschließliche Bedeutung für das Agieren der Anbieter am Wohnungsmarkt. Renditeerwartungen und Realkapitalbildung sind gewichtige Investitionsdeterminanten.[266] Damit ist zugleich gesagt, dass mindestens ein kostendeckendes Agieren bei allen Beteiligten als die ungeschriebene Bedingung ihres Marktverhaltens vorausgesetzt wird.[267] Die verschiedenen Eigentümer gewichten vor allem ihre Investitionsmotive unterschiedlich. Die angestrebte Höhe einer Rendite – kostendeckend oder mehr – ist dann auch zu erwirtschaften. Die unterschiedliche Gewichtung bestätigte sich durch die vorherigen Ausführungen zu den Anbietergruppen. Die große Anbietergruppe der sogenannten Amateuranbieter gibt sich bereits mit einer sehr bescheidenen Eigenkapitalverzinsung zufrieden. Die zwei übrigen privaten Anbietergruppen agieren dagegen schon gewinnorientierter und deren Marktverhalten nähert sich dem der freien Wohnungsunternehmen und des Großteils der sonstigen Eigentümer an, die ausschließlich erwerbsorientiert agieren.[268] Dagegen operiert ein gewichtiger Anteil der ehemals gemeinnützigen Wohnungsunternehmen nur kostendeckend am Markt.

Im Folgenden soll die generelle Zielsetzung des Investors im Vorfeld der Investition am Mietwohnungsmarkt herausgearbeitet werden. Dabei ist von besonderem Interesse, unter welchen Bedingungen er bereit ist, (anfängliche) Verluste zu akzeptieren. Wie sich die Miete bildet, welche Aspekte der jeweilige private wie gewerbliche Investor in seine Entscheidung einpreist und welchen Zeitraum er hierfür rechnerisch betrachtet bzw. er in welchem Zeitraum er eine Amortisation seiner Investitionsentscheidung erwartet oder rechnerisch unterstellt, soll anhand der in der Ökonomie vorzufindenden Investitionsberechnungsmethoden herausgearbeitet werden. Zugleich soll untersucht werden, inwiefern die Investoren auch Risikofaktoren in ihre Investitionsentscheidung und damit in ihre Miete einpreisen (können). Diese Risikoanalyse samt deren Auswirkungen auf den konkreten Mietpreis soll daher zugleich mitaufgezeigt werden. In all dem sollen auch die Erkenntnisse hinsichtlich der Systematisierung und Charakterisierung der Anbieterseite einbezogen werden.

In einem ersten Schritt erfolgen generelle Ausführungen zum Investorenverhalten, insbesondere zur Zielsetzung seines Investments sowie zur

---

266 *Kühne-Büning*, in: Kühne-Büning u. a., Grundlagen der Wohnungs- und Immobilienwirtschaft, S. 99 (108).

267 Vgl. auch *Eekhoff*, Wohnungs- und Bodenmarkt, S. 112; *Gondring*, Immobilienwirtschaft, S. 26; *Hämmerlein*, Einführung in die Wohnungswirtschaft, S. 74; so auch als ein wohnungspolitisches Ziel der Wohnungsbestandspolitik *Heuer*, in: Beckerath u. a., Handwörterbuch der Sozialwissenschaften, Bd. 12, S. 810 (819).

268 *Bison*, Die Regulierung des Mietwohnungsmarktes in der Bundesrepublik Deutschland, S. 141.

Verlustakzeptanz (1.). In einem zweiten Schritt werden die Investitionsberechnungsmethoden sowie der rechnerisch sinnvolle Betrachtungszeitraum für die Berechnung dargestellt (2.). Im Anschluss daran erfolgen tiefgehende Ausführungen zu den in den geläufigen Berechnungsmethoden vorkommenden und entscheidenden Bestandteilen (3.). Hierbei soll auch das Anbieterverhalten mitberücksichtigt und weiter vertieft werden, um deren Handeln am Markt nachvollziehen zu können.

1. Zielsetzung des Investments und Verlustakzeptanz des Investors

Die laufenden Mieteinnahmen, die zukünftigen Mietpreisentwicklung und der zukünftige Verkaufspreis stellen die Positionen auf der Einnahmeseite des Investors dar. Diese können basierend auf seiner konkreten – auch zeitlichen – Anlagestrategie unterschiedlich gewichtet werden: Denkbar sind ein verstärkter Fokus auf die zukünftige, längerfristig angelegte Ertragserzielung durch hohe Mieterträge oder auf einen zukünftigen hohen Wiederverkaufswert, der mindestens den Kosten der Investition (der Kaufpreis und die Kaufpreisnebenkosten) samt den bis zum Verkaufszeitpunkt anfallenden Bewirtschaftungskosten abzüglich der erzielten Mieterträge entsprechen muss.[269] Generell ist für den Investor wichtig, wann er

269 *Kühne-Büning*, in: Kühne-Büning u. a., Grundlagen der Wohnungs- und Immobilienwirtschaft, S. 99 (105); *Rebitzer*, in: Schäfer/Conzen, Praxishandbuch Immobilien-Investitionen, S. 1 (6 f.), wonach Mieteinnahmen, Anschaffungs- oder Herstellungskosten sowie der erzielbare Verkaufspreis von hoher Bedeutung für die Rendite sind; vgl. *Brauer*, in: ders., Grundlagen der Immobilienwirtschaft, S. 393 (396 f.), der sie als „Enderwerber“ und „Zwischenerwerber“ bezeichnet; vgl. auch *Bach/Bartholmai*, Aktuelle steuerliche Rahmenbedingungen für den privaten Mietwohnungsbau – Wirkungen und Alternativen, S. 119, wonach zunehmend für Mietobjekte das Rechtsinstitut der Eigentumswohnung gewählt und damit der Verkaufspreis in die Renditekalkulation eingepreist wird; siehe hierzu auch *Buch*, in: Schäfer/Conzen, Praxishandbuch Immobilien-Investitionen, S. 363 (351), auch zu unterschiedlichen Portfoliostrategien von Wohnungsunternehmen und sonstigen Eigentümern. Je kürzer der Investitionszeitraum ausfallen soll, desto gewichtiger wird der zukünftige Verkaufspreis in der Investitionsberechnung, siehe Kapitel 1, B. II. 3. d.

im Rahmen der Nutzungsdauer den Amortisationszeitpunkt überschreitet und Gewinne realisieren kann.[270] Dies kann durchaus länger dauern.[271]

Je nach Investorenentscheidung kann die Zwecksetzung darin liegen, dass auch jährlich entstehende Verluste vermieden werden oder, mit anderen Worten, regelmäßig jährliche Überschüsse erzielt werden müssen. Die Zins- und Tilgungsleistungen samt den laufenden Aufwendungen können die Mieteinnahmen anfangs übersteigen und in den ersten Jahren zu Verlusten führen. Durchaus können diese Verluste von Seiten des Investors akzeptiert werden, solange sich im Zuge der geplanten Mietsteigerungen oder von mittel- bis langfristigen Wertsteigerungsraten (Verkaufs)-Überschüsse erzielen lassen, die die Anfangsverluste mindestens ausgleichen können.[272] Diese auf Steigerung der Mieterträge basierende Investitionsentscheidung treffen vor allem die Investoren, die auf eine langfristige Investition im Mietwohnungsmarkt abzielen.[273]

Nicht nur im Falle anfänglich akzeptierter Verluste ist für den Investor aber auch seine jeweils gegenwärtige Liquiditätsstruktur von erheblicher Bedeutung.[274] Denn auch wenn seine Strategie darauf abzielt, kurzfristige Anfangsverluste mit zukünftigen Gewinnen mindestens ausgleichen zu können, so müssen die regelmäßig, auch in der Anfangsphase aufkommenden und die Mieteinnahmen übersteigenden Tilgungs- und Zinsleistungen samt den Bewirtschaftungskosten durch eine gegenwärtig Liquidität,

---

270 *Gondring*, Immobilienwirtschaft, S. 663; vgl. zum gezwungenen Herausschieben dieses Amortisationszeitpunkts *Kühne-Büning*, in: Kühne-Büning u. a., Grundlagen der Wohnungs- und Immobilienwirtschaft, S. 99 (106); vgl. zum Amortisationszeitpunkt auch *Kofner*, Wohnungsmarkt und Wohnungswirtschaft, S. 61.

271 Vgl. *Bach/Bartholmai*, Aktuelle steuerliche Rahmenbedingungen für den privaten Mietwohnungsbau – Wirkungen und Alternativen, S. 119 f., wonach es v.a. bei neuen Investitionen – bei einem Ausblenden der steuerlichen Vorteile – durchaus 15 bis 20 Jahre dauern kann, bis die Marktmiete die Kostenmiete überhaupt erst einholen kann.

272 *Kühne-Büning*, in: Kühne-Büning u. a., Grundlagen der Wohnungs- und Immobilienwirtschaft, S. 99 (105); *Eekhoff*, Wohnungs- und Bodenmarkt, S. 110 f.; ähnlich *Kofner*, Wohnungsmarkt und Wohnungswirtschaft, S. 62; vgl. *Brauer*, in: ders., Grundlagen der Immobilienwirtschaft, S. 393 (397–399), mit einer Übersicht über die zahlungswirksamen Einnahme- und Ausgabegrößen; vgl. auch *Bach/Bartholmai*, Aktuelle steuerliche Rahmenbedingungen für den privaten Mietwohnungsbau – Wirkungen und Alternativen, S. 119.

273 Vgl. *Kühne-Büning*, in: Kühne-Büning u. a., Grundlagen der Wohnungs- und Immobilienwirtschaft, S. 99 (105).

274 *Kühne-Büning*, in: Kühne-Büning u. a., Grundlagen der Wohnungs- und Immobilienwirtschaft, S. 99 (106); ähnlich *Grosskopf/König*, in: Gondring, Handbuch Immobilienwirtschaft, S. 75 (84).

etwa Ersparnisse oder anderweitige kurzfristige Zahlungsströme, ausgeglichen werden können.[275] Zudem können sich Kostenstrukturen ändern, beispielsweise durch einen veränderten Fremdkapitalzins oder durch das nachträgliche Geben von Sicherheiten gegenüber den Banken. Von entscheidender Bedeutung ist bei alldem das Folgende: Die Bedeutung seiner Liquidität bei anfänglich einkalkulierter Jahresverluste verschärft sich im Falle einer unvorhersehbaren (kurzfristig verstärkten) regulierten Marktsituation und wird zu einer entscheidenden Restriktion/Gefahr für den Investor; die Differenz zwischen seinen noch zu niedrigen Mieteinnahmen und den im Vergleich dazu kalkulierten, höher ausfallenden Ausgabenpositionen nimmt dadurch weiter zu und er muss den Zeitpunkt für seine Kostendeckung oder das Erreichen der Gewinnzone weiter hinausschieben.[276] Selbst wenn er dies durch eine ausreichend vorhandene Liquidität abfedern kann, so bleibt das Marktrisiko. Je weiter das Erreichen der Gewinnzone in der Zukunft liegt, desto höher ist das Risiko des Investments.[277]

2. Investitionsrechnung und deren Betrachtungszeitraum

Eine Investitionsentscheidung im Bereich der Wohnimmobilien muss gut überlegt und geplant sein, da sie sich grundsätzlich durch eine langfristige und hohe Kapitalbindung auszeichnet, in hohem Maße irreversibel ist und auch deswegen besonders dem Zinsänderungsrisiko ausgesetzt ist.[278] Der anfängliche Eigenkapitaleinsatz ist im Verhältnis zu den jährlichen Rückflüssen sehr hoch und dementsprechend lange dauert es, bis der Amortisationszeitpunkt hinsichtlich des eingesetzten Eigenkapitals erreicht wird.[279]

---

275 *Kühne-Büning*, in: Kühne-Büning u. a., Grundlagen der Wohnungs- und Immobilienwirtschaft, S. 99 (106); vgl. *Eekhoff*, Wohnungs- und Bodenmarkt, S. 110.

276 *Kühne-Büning*, in: Kühne-Büning u. a., Grundlagen der Wohnungs- und Immobilienwirtschaft, S. 99 (106).

277 Hierzu sogleich vertiefend in Kapitel 1, B. II. 2. und 3. c.

278 *Gondring*, Immobilienwirtschaft, S. 641; *Schulte/Sotelo u. a.*, in: Schulte u. a., Immobilienökonomie I, S. 579 (582 f.); *Schnapp*, in: Kühne-Büning u. a., Grundlagen der Wohnungs- und Immobilienwirtschaft, S. 618 (618 f.); *Grosskopf/König*, in: Gondring, Handbuch Immobilienwirtschaft, S. 75 (83 f.); *Kofner*, Wohnungsmarkt und Wohnungswirtschaft, S. 61, und zu Bedeutung und Steuerung des Zinsänderungsrisiko, S. 104–107; *Bison*, Die Regulierung des Mietwohnungsmarktes in der Bundesrepublik Deutschland, S. 144.

279 *Kofner*, Wohnungsmarkt und Wohnungswirtschaft, S. 61; siehe auch Kapitel 1, A. IV. 1. h.

Der Investor benötigt folglich eine sichere und realistische Einschätzung für seine Investitionsentscheidung. Das Kernstück seiner Entscheidung stellt die Investitionsrechnung dar, der in der Praxis eine große Bedeutung beigemessen wird.[280] Hierbei kann die Investitionsrechnung – unterschieden vor allem nach der betrachteten Zeitperiode – statisch oder dynamisch sein, um Aussagen sowohl über die absolute Vorteilhaftigkeit, also darüber, ob die geplante Investition generell wirtschaftlich sinnvoll ist, als auch über die relative Vorteilhaftigkeit der Immobilieninvestition im Vergleich zu alternativen Investitionen treffen zu können.[281] Bei beiden Verfahrensarten spielen insbesondere die laufenden Mieteinnahmen – sie werden mit den Ausgaben verrechnet und ergeben die Überschüsse –, die Investitionsausgaben im Rahmen des Kaufs und der Verkaufspreise der Wohnung(en) eine gewichtige Rolle in der jeweiligen, konkreten Investitionsrechnung.[282]

Zu den statischen Verfahren gehören vor allem die Gewinnrechnung, bei der die Investitionsalternative mit dem höchsten Gewinn bevorzugt wird, und die in der Praxis gängige Rentabilitätsvergleichsrechnung, bei der die Investitionsalternative mit der höchsten Verzinsung des eingesetzten Eigenkapitals bevorzugt wird. Eine weitere statische Berechnungsmethode stellt die mehrperiodige Amortisationsberechnung dar, bei der die zukünftigen Einnahmen Rückflüsse darstellen, die zur Tilgung des zum Kauf eingesetzten Kapitals verwendet werden und sodann die Investitionsentscheidung mit der kürzesten und damit risikoärmsten Amortisationszeit präferiert wird.[283] Statische Verfahren werden häufig verwendet, aber

---

280 *Gondring*, Immobilienwirtschaft, S. 641; *Schnapp*, in: Kühne-Büning u. a., Grundlagen der Wohnungs- und Immobilienwirtschaft, S. 618 (618); *Brauer*, in: ders., Grundlagen der Immobilienwirtschaft, S. 393 (393 f.).

281 *Gondring*, Immobilienwirtschaft, S. 641 und 647; *Schulte/Sotelo u. a.*, in: Schulte u. a., Immobilienökonomie I, S. 579 (582); *Pulletz*, in: Murfeld, Spezielle Betriebswirtschaftslehre der Immobilienwirtschaft, S. 171 (234 f.); *Schäfer/Conzen*, in: dies., Praxishandbuch Immobilien-Investitionen, S. 637 (638); zur relativen Vorteilhaftigkeit samt den Beweggründen zum Markteintritt (Ex-ante-Investitionsentscheidung) und -austritt (Ex-post-Investitionsentscheidung) *Grosskopf/König*, in: Gondring, Handbuch Immobilienwirtschaft, S. 75 (83); vgl. zu den Unterschieden der beiden Methoden *Pulletz*, in: Murfeld, Spezielle Betriebswirtschaftslehre der Immobilienwirtschaft, S. 589 (649).

282 Vertiefend hierzu in Kapitel 1, B. II. 3.

283 Hierzu und zum Vorstehenden *Gondring*, Immobilienwirtschaft, S. 644–646, auch vertiefendend zur jeweils konkreten Berechnung; *Pulletz*, in: Murfeld, Spezielle Betriebswirtschaftslehre der Immobilienwirtschaft, S. 171 (235 f.); *Pulletz*, in: Murfeld, Spezielle Betriebswirtschaftslehre der Immobilienwirtschaft, S. 589 (636 f.); *Schnapp*, in: Kühne-Büning u. a., Grundlagen der Wohnungs- und

aufgrund ihrer Vereinfachung und Fehleranfälligkeit werden sie in der Praxis nur als Hilfsmethoden bezeichnet und durch die dynamischen Verfahren ergänzt oder von diesen sogar verdrängt.[284]

Die dynamischen oder finanzmathematischen Verfahren bieten für den Investor den Vorteil, dass sie neben dem gegenwärtigen Investitionszeitpunkt auch Aussagen über den ganzen Investitionszeitraum unter Berücksichtigung zukünftiger Ein- und Auszahlungen diskontiert[285] auf einen Vergleichszeitpunkt (zum Beispiel auf die Gegenwart) treffen können.[286] Die klassischen Verfahren hierzu sind neben der Annuitätenmethode die interne Zinsfuß- und die besonders gängige Kapitalwertmethode.[287] Bei der internen Zinsfußmethode entspricht der damit berechnete Zinssatz der Effektivverzinsung des eingesetzten Kapitals, also der mit der konkreten Investition erzielbaren Rendite.[288] Bei der Kapitalwertmethode zeigt der damit berechnete Kapitalwert (wenn größer/gleich Null, dann ist diese Investitionsentscheidung vorteilhaft) die geplante Vermehrung/Verminderung des investierten Kapitals zum Investitionslaufzeitbeginn unter Einbeziehung des vom Investor vorausgesetzten Diskontierungszinssatzes. Der Diskontierungszinssatz entspricht grundsätzlich seiner individuellen Renditeforderung für die Investition am Markt.[289]

Immobilienwirtschaft, S. 618 (619); *Schäfer/Conzen*, in: dies., Praxishandbuch Immobilien-Investitionen, S. 637 (639).

284 *Gondring*, Immobilienwirtschaft, S. 646 f. und 663; *Schnapp*, in: Kühne-Büning u. a., Grundlagen der Wohnungs- und Immobilienwirtschaft, S. 618 (619 f.); *Brauer*, in: ders., Grundlagen der Immobilienwirtschaft, S. 393 (393 f.); *Pulletz*, in: Murfeld, Spezielle Betriebswirtschaftslehre der Immobilienwirtschaft, S. 589 (637); ähnlich *Schäfer/Conzen*, in: dies., Praxishandbuch Immobilien-Investitionen, S. 637 (638).

285 Dies kann je nach Betrachtungszeitpunkt als ein Auf- oder Abzinsen verstanden werden, vgl. *Gondring*, Immobilienwirtschaft, S. 648, 649 f. und 659 f.

286 *Gondring*, Immobilienwirtschaft, S. 641 f. und 647 f.; *Pulletz*, in: Murfeld, Spezielle Betriebswirtschaftslehre der Immobilienwirtschaft, S. 171 (235 f.).

287 *Gondring*, Immobilienwirtschaft, S. 648 und 653, mit Vertiefungen zu den einzelnen Verfahren samt Berechnung auf S. 653–658; *Schnapp*, in: Kühne-Büning u. a., Grundlagen der Wohnungs- und Immobilienwirtschaft, S. 618 (621) m. w. N.; *Schäfer/Conzen*, in: dies., Praxishandbuch Immobilien-Investitionen, S. 637 (639); vgl. auch *Rebitzer*, in: Schäfer/Conzen, Praxishandbuch Immobilien-Investitionen, S. 1 (7 f.).

288 *Schnapp*, in: Kühne-Büning u. a., Grundlagen der Wohnungs- und Immobilienwirtschaft, S. 618 (621); *Gondring*, Immobilienwirtschaft, S. 655 f.; *Pulletz*, in: Murfeld, Spezielle Betriebswirtschaftslehre der Immobilienwirtschaft, S. 171 (238).

289 Hierzu und zum Vorstehenden *Gondring*, Immobilienwirtschaft, S. 654; *Schnapp*, in: Kühne-Büning u. a., Grundlagen der Wohnungs- und Immobilien-

Daneben gewinnt für die Investitionsentscheidung – aber auch für die Immobilienbewertung an sich als Grenzwertberechnung, die Aussagen über den angemessenen Preis für eine Investition nach Betrachtung des diskontierten Cashflows zu treffen vermag – die sich an die dynamische Investitionsrechnung anlehnende und der Kapitalwertmethode entsprechende Discounted-Cashflow-Methode (DCF) immer größerer Bedeutung.[290] Grenzwertberechnung meint, dass die DCF-Berechnung unter Berücksichtigung aller zukünftiger Zu- und Abflüsse diskontiert auf den Investitionszeitpunkt als Ergebnis den maximal, zu zahlenden Anschaffungswert der Investition liefert, um letztlich den Vorstellungen des Investors, beispielsweise der Renditeerwartung, gerade noch entsprechen zu können. Liegt der Kaufpreis darüber, ist das Projekt nicht vereinbar mit den Investorenvorstellungen. Je weiter der tatsächlich gezahlte Kaufpreis aber darunter liegt, desto sicherer ist seine Investitionsvorstellung wegen des damit entstehenden Puffers.[291]

Bei den dynamischen Verfahren wird unter Berücksichtigung von Zinseffekten angenommen, dass je früher das Kapital der Investitionsentscheidung zurückfließt, desto vorteilhafter dies für den Investor ist. Er wird diese Variante bevorzugen, denn je weiter in die Zukunft geblickt werden soll, desto mehr steigt das Risiko, ob und wann diese geplanten Kapitalströme eintreten werden.[292] Wegen dieser Ungewissheit, des zuneh-

---

wirtschaft, S. 618 (621); *Pulletz*, in: Murfeld, Spezielle Betriebswirtschaftslehre der Immobilienwirtschaft, S. 171 (237).

290 *Gondring*, Immobilienwirtschaft, S. 658, vertiefend zu dem Verfahren S. 658–661 und zur Vorteilhaftigkeit gegenüber dem standardisierten Ertragswertverfahren im Rahmen der Immobilienbewertung S. 969; nach *Gondring*, Immobilienwirtschaft, S. 714, stellt dies die Methode mit der bestmöglichen Differenzierung der einzelnen Zahlungsströme dar; *Geltner/Miller u. a.*, Commercial Real Estate, S. 204, die deren große Akzeptanz in Forschung und Praxis hervorheben sowie diese auch als die wichtigste Quantifizierungsmethode bei der Analyse von Immobilieninvestitionen auf Mikroebene bezeichnen; *Leopoldsberger/Thomas/Naubereit*, in: Schulte u. a., Immobilienökonomie I, S. 425 (470 f.); *Schulte/Sotelo u. a.*, in: Schulte u. a., Immobilienökonomie I, S. 579 (597); *Oertel*, Quantitatives Risikomanagement in der Immobilienwirtschaft, S. 8; *Rottke/Krautz*, in: Arnold u. a., Wohnimmobilien, S. 775 (801), die es als das international gängige Berechnungsverfahren für Immobilieninvestitionen qualifizieren; vgl. auch *Rebitzer*, in: Schäfer/Conzen, Praxishandbuch Immobilien-Investitionen, S. 1 (6).

291 Umfassend zur Erläuterung der Grenzwertberechnung und damit auch zum Vorstehenden *Gondring*, Immobilienwirtschaft, S. 658 und 660 f.

292 Hierzu und zum Vorstehenden *Gondring*, Immobilienwirtschaft, S. 647 f.; *Schulte/Sotelo u. a.*, in: Schulte u. a., Immobilienökonomie I, S. 579 (582); *Schnapp*,

menden Risikos in der Zukunft sowie des rechnerischen Umstands, dass sich mit jeder weiteren Abzinsung pro Periode der barwertige Einfluss der Zahlung verringert[293], kann auch nur ein zeitlich begrenzter Investitionszeitraum für den Investor berechnet und damit geplant werden. Demnach nimmt die Prognosewahrscheinlichkeit bei einem langen Planungszeitraum mit wachsender zeitlicher Entfernung ab.[294] Die geplante Nutzung des Investitionsobjekts stellt also ein Entscheidungsproblem in zeitlicher Hinsicht für den Investor dar.[295] Bei der Discounted-Cashflow-Methode wird der zukünftige Cashflow grundsätzlich über einen Zeitraum von fünf bis 15 Jahren berechnet und für die Folgejahre als konstant unterstellt.[296] Generell sollte der Betrachtungszeitraum aufgrund der rechnerischen Schwierigkeiten aber nicht über mehr als 20 Jahre gehen (so auch die durchschnittliche Haltedauer in der Praxis[297]). Vielmehr ist am Ende des Betrachtungszeitraums, spätestens nach den 20 Jahren, der Immobilienverkauf zu unterstellen, um auf dieser Basis die (Anfangs-)Rendite des Investors und deren Vereinbarkeit mit seinen Zielen rechnerisch abgleichen zu können.[298]

3. Entscheidende Bestandteile der Investitionsrechnung

Wie bereits dargelegt, sind bei beiden Verfahrensarten der Berechnung vor allem die laufenden Mieteinnahmen, die Investitionsausgaben und

---

in: Kühne-Büning u. a., Grundlagen der Wohnungs- und Immobilienwirtschaft, S. 618 (620); das Außerachtlassen der Zahlungszeitpunkte samt der genannten Annahme wird als einer der Hauptkritikpunkte der statischen Verfahren angeführt, da dies zu Verzerrungen im Rahmen der Beurteilung der Vorteilhaftigkeit der Investitionsalternativen führt, siehe *Gondring*, Immobilienwirtschaft, S. 647.

293 So auch *Rottke/Krautz*, in: Arnold u. a., Wohnimmobilien, S. 775 (820); siehe auch das Berechnungsbeispiel und der sich über die Jahre verringernde Diskontierungsfaktor zum Beispiel bei *Gondring*, Immobilienwirtschaft, S. 660 f.

294 *Schulte/Sotelo u. a.*, in: Schulte u. a., Immobilienökonomie I, S. 579 (589); *Rottke/Krautz*, in: Arnold u. a., Wohnimmobilien, S. 775 (820).

295 *Schnapp*, in: Kühne-Büning u. a., Grundlagen der Wohnungs- und Immobilienwirtschaft, S. 618 (624).

296 *Gondring*, Immobilienwirtschaft, S. 660; *Greiner*, in: Arnold u. a., Wohnimmobilien, S. 747 (759 und 768).

297 Siehe Kapitel 1, B. I. 1.

298 *Schulte/Sotelo u. a.*, in: Schulte u. a., Immobilienökonomie I, S. 579 (589); *Eekhoff*, Wohnungs- und Bodenmarkt, S. 111 f.; *Gondring*, Immobilienwirtschaft, S. 660.

der Verkaufspreis der Wohnung(en) entscheidend; bei den dynamischen Verfahren kommt noch der Diskontierungszinssatz als wichtige Einflussgrößen der Investitionsrechnung hinzu.[299] Die laufenden Mieteinnahmen werden dabei dann mit den laufenden Kosten verrechnet und es ergeben sich Überschüsse oder Defizite. Im Rahmen der Systematisierung wurde beispielsweise dargestellt, dass der nicht mehr selbst verwaltende, private Eigentümer auf externe Dienstleister wie Verwalter oder Makler zurückgreift und diese Ausgabenpositionen im Vergleich zum sogenannten Amateuranbieter in die Mieten oder Verkaufspreise einpreisen muss.[300] Die Kostenpositionen variieren unter den Anbietern. Sie können jede dieser Positionen individuell grundsätzlich beeinflussen. Sie bleiben im Folgenden daher außer Betracht.

Die soeben erwähnten, vier gewichtigen Einflussgrößen sind Bestandteile der oben bereits erwähnten Investitionsberechnungsmöglichkeiten. Die folgenden Erörterungen sollen daher der Frage nachgehen, welche Überlegungen der Investor in diese vier konkreten Rechnungsposten einbezieht und wie er sie gewichtet, welche Rolle also zum Beispiel Mietsteigerungen, höhere Mieten nach einer Modernisierung oder das Marktrisiko spielen. Damit sollen die Auswirkungen bestehender oder neuer Regulierungsmaßnahmen – auch in ihrem Zusammenspiel – auf seine Investitionsentscheidung festgestellt werden. Auf diese Weise lassen sich auch Aussagen über die Eingriffsintensität dieser Maßnahmen treffen.

a) Investitionsausgaben zum Immobilienerwerb

Die Investitionskosten umfassen neben dem Kaufpreis auch alle Nebenkosten, wie zum Beispiel Notar- oder Grundbuchkosten.[301] Die dynamischen Verfahren zur Investitionsrechnung, vor allem die Kapitalwert- oder die DCF-Methoden, treffen abgezinst auf den gegenwärtigen Investitionszeitpunkt Aussagen darüber, wie hoch diese Investitionskosten zum Erwerb

---

299 Vgl. *Schnapp*, in: Kühne-Büning u. a., Grundlagen der Wohnungs- und Immobilienwirtschaft, S. 618 (623–626); *Schulte/Sotelo u. a.*, in: Schulte u. a., Immobilienökonomie I, S. 579 (584–590); allgemeiner hierzu vgl. *Kühne-Büning*, in: Jenkis, Kompendium der Wohnungswirtschaft, S. 252 (265); *Grosskopf/König*, in: Gondring, Handbuch Immobilienwirtschaft, S. 75 (83–85).

300 Dazu Kapitel 1, B. I. 1. b.

301 *Schnapp*, in: Kühne-Büning u. a., Grundlagen der Wohnungs- und Immobilienwirtschaft, S. 618 (623); vgl. vertiefend hierzu *Schulte/Sotelo u. a.*, in: Schulte u. a., Immobilienökonomie I, S. 579 (584 f.).

sein dürfen, damit (gerade noch) die Renditeerwartungen des Investors erfüllt werden können. Mit dem Abzinsen wird deutlich, dass zukünftigen Zahlungsströmen ein geringerer Wert zugemessen wird. Die künftigen Mietzahlungen können beispielsweise auch ganz ausbleiben. Wie bereits erwähnt, kann auf- oder abgezinst werden. Da die Investitionsentscheidung in der Gegenwart getroffen und der maximal zu zahlende Jetzt-Kaufpreis berechnet werden soll, müssen demnach alle zukünftigen Zahlungsströme auf die Gegenwart abgezinst werden. Je weiter der Jetzt-Kaufpreis unter dem mittels der DCF-Methode berechneten Grenzkaufpreis der Wohnung(en) liegt, desto attraktiver wird das Investment für den Kaufinteressenten.

b) Mieteinnahmen

Die Mietenentwicklung selbst hat ein sehr starkes Gewicht bei der Entscheidung, ob in den Wohnungsmarkt investiert werden soll.[302] Relevant ist hier die Nettokaltmiete. Hierbei kann die Ausgangsmiete noch relativ einfach in die Rechnung eingestellt werden, wohingegen künftige Mietenentwicklungen mit zunehmenden Abstand immer schwieriger vorherzusagen sind.[303] Mietpreissteigerungen werden hierbei zum Teil erwartet und werden im Wege der Schätzung in die Berechnung eingestellt.[304] Erst hierdurch können vor allem die Anfangsverluste, zu denen, wie bereits beschrieben, die die Mieteinahmen übersteigenden Zins- und Tilgungsleistungen sowie die laufenden Aufwendungen gehören, über die Zeit verringert und später kompensiert werden, um überhaupt eine akzeptable Rendite zu erwirtschaften.[305] Die Mietpreisregulierung auf dem Woh-

302 *Kühne-Büning*, in: Kühne-Büning u. a., Grundlagen der Wohnungs- und Immobilienwirtschaft, S. 99 (108).

303 *Schnapp*, in: Kühne-Büning u. a., Grundlagen der Wohnungs- und Immobilienwirtschaft, S. 618 (624); ähnlich *Schulte/Sotelo u. a.*, in: Schulte u. a., Immobilienökonomie I, S. 579 (587).

304 *Schnapp*, in: Kühne-Büning u. a., Grundlagen der Wohnungs- und Immobilienwirtschaft, S. 618 (624); *Schulte/Sotelo u. a.*, in: Schulte u. a., Immobilienökonomie I, S. 579 (587); *Eekhoff*, Wohnungs- und Bodenmarkt, S. 110; siehe hierzu auch Kapitel 1, B. II. 2. sowie – zum konkreten Marktverhalten der einzelnen Anbietergruppen – Kapitel 1, B. I. 1. und 2.; zur Einpreisung künftiger Mieteinnahmen siehe *Greiner*, in: Arnold u. a., Wohnimmobilien, S. 747 (768–770).

305 *Kofner*, Wohnungsmarkt und Wohnungswirtschaft, S. 62; *Eekhoff*, Wohnungs- und Bodenmarkt, S. 111; siehe hierzu auch Kapitel 1, B. II. 2.

nungsmarkt schränkt die eigentlich freie Mietpreisbildung ein.[306] Sie verlangsamen die Anpassung der Mietpreise. Im Falle eingeplanter Anfangsverluste können sie – soweit vorher nicht eingeplant oder einplanbar – die Verlustphase verlängern. Zugleich wird das Erreichen des Amortisationszeitpunkts noch weiter in die Zukunft verschoben. Wie bereits erwähnt, erhöht sich durch Letzteres das Marktrisiko.[307] Gewisse Investoren werden demnach von einer Investition in bestimmte Objekte mit Mietwohnungen Abstand nehmen. Des Weiteren finden mögliche zukünftige Investitionen im Bestand durch Modernisierungsarbeiten genauso Berücksichtigung in der Investitionsrechnung, indem die künftigen Modernisierungskosten samt den dadurch bezweckten Mietsteigerungen einbezogen werden.[308]

c) Individueller Diskontierungszinssatz für das Investment

Daneben berechnet der Investor seinen Diskontierungszinssatz[309], den er in die Investitionsrechnung einstellt. Dieser kann sich unter anderem an einem subjektiven Mindestverzinsungsanspruch, am langfristigen Kapitalmarktzins (auf der Basis einer Staatsanleihe mit zehnjähriger Laufzeit) oder einer durchschnittlichen Marktrendite orientieren.[310] Er zielt mit sei-

---

306 Vgl. *Schulte/Sotelo u. a.*, in: Schulte u. a., Immobilienökonomie I, S. 579 (586); kritisch zur Mietpreisregulierung *Eekhoff*, Wohnungs- und Bodenmarkt, S. 114; siehe umfassend zu der Kritik auch die Ausführungen in Kapitel 2, A. I. 2.

307 Siehe Kapitel 1, B. II. 2.

308 *Schnapp*, in: Kühne-Büning u. a., Grundlagen der Wohnungs- und Immobilienwirtschaft, S. 618 (624).

309 Auch Kalkulations- oder Vergleichszinssatz genannt, siehe *Schnapp*, in: Kühne-Büning u. a., Grundlagen der Wohnungs- und Immobilienwirtschaft, S. 618 (625).

310 *Schnapp*, in: Kühne-Büning u. a., Grundlagen der Wohnungs- und Immobilienwirtschaft, S. 618 (625); *Leopoldsberger/Thomas/Naubereit*, in: Schulte u. a., Immobilienökonomie I, S. 425 (471); *Schäfers/Ecke u. a.*, in: Schulte u. a., Immobilienökonomie I, S. 837 (863); *Just*, in: Rottke/Voigtländer, Immobilienwirtschaftslehre – Ökonomie, S. 903 (913); ähnlich *Kofner*, Wohnungsmarkt und Wohnungswirtschaft, S. 62; *Grosskopf/König*, in: Gondring, Handbuch Immobilienwirtschaft, S. 75 (85); vertiefend zu den drei Arten der Bestimmung des Diskontierungszinssatzes *Greiner*, in: Arnold u. a., Wohnimmobilien, S. 747 (780–782). Hinsichtlich der Marktrendite kann nach *Eekhoff*, Wohnungs- und Bodenmarkt, S. 112, und *Bach/Bartholmai*, Aktuelle steuerliche Rahmenbedingungen für den privaten Mietwohnungsbau – Wirkungen und Alternativen, S. 120, der Investor bei einer Rendite von ca. 3,5 bis 4,5 Prozent die Investition angehen.

nem Kapitaleinsatz auf eine für ihn angemessene Verzinsung ab.[311] Für die Höhe des Diskontierungszinssatzes spielt die Motivationen für das Agieren des Investors am Markt eine Rolle. Wie bereits dargelegt, ergeben sich je nach Zugehörigkeit des Investors zu den Anbietergruppen unterschiedliche Zielsetzungen für sein Marktverhalten.[312] Demnach gibt es Eigentümergruppen, die eine Gewinnmaximierung anstreben oder ausschließlich renditeorientiert auf dem Markt agieren. Deren Diskontierungszinssatz fällt im Vergleich zu den sogenannten Amateuranbietern höher aus, da bei den Amateuranbietern die Rendite nicht deren einzige Investitionsmotivation darstellt und sich damit diese größte Anbietergruppe gewöhnlich mit einer geringeren Renditeerwartung zufriedengibt.[313]

Der Investor preist in diesen Diskontierungszins aber auch das Marktrisiko[314] ein, dass sich daraus ergibt, dass die Vergütung des Eigen- und/oder Fremdkapitalgebers risikoabhängig ist.[315] Zwei Risikoarten einer Anlage können hierbei unterschieden werden: das unsystematische (zugleich das unternehmensspezifische, steuerbare) und das systematische Risiko.[316]

---

311 *Kofner*, Wohnungsmarkt und Wohnungswirtschaft, S. 59; *Greiner*, in: Arnold u. a., Wohnimmobilien, S. 747 (759); siehe beispielsweise auch für eine Rendite in gängiger Höhe *Expertenkommission Wohnungspolitik*, Wohnungspolitik auf dem Prüfstand, S. 11–17, mit einer Mindestmietberechnung für einen Investor mit sicheren Erwartungen samt einem Vergleich mit der Kostenmiete.

312 *Kühne-Büning*, in: Kühne-Büning u. a., Grundlagen der Wohnungs- und Immobilienwirtschaft, S. 99 (104); *Pulletz*, in: Murfeld, Spezielle Betriebswirtschaftslehre der Immobilienwirtschaft, S. 171 (233).

313 Siehe Kapitel 1, B. I. 1. a.

314 Zu dem Begriff des Risikos siehe *Oertel*, Quantitatives Risikomanagement in der Immobilienwirtschaft, S. 4–7; *Junius*, in: Rottke/Voigtländer, Immobilienwirtschaftslehre – Ökonomie, S. 643 (646).

315 *Schnapp*, in: Kühne-Büning u. a., Grundlagen der Wohnungs- und Immobilienwirtschaft, S. 618 (624); *Gondring*, Immobilienwirtschaft, S. 659 f., 663 f. und 695 f., sowie anhand von konkreten Verfahren S. 699 f.; *Kühne-Büning*, in: Kühne-Büning u. a., Grundlagen der Wohnungs- und Immobilienwirtschaft, S. 99 (106); vgl. *Oertel*, Quantitatives Risikomanagement in der Immobilienwirtschaft, S. 163 f. und 166; *Bison*, Die Regulierung des Mietwohnungsmarktes in der Bundesrepublik Deutschland, S. 154; *Expertenkommission Wohnungspolitik*, Wohnungspolitik auf dem Prüfstand, S. 18–23, mit einem Überblick über die wichtigsten Gründen, warum eine volkswirtschaftlich auskömmlich erscheinende Mindestrendite deswegen nicht ausreichen kann; vertiefend zur Risikoanalyse, -berechnung und dem damit verbundenen Portfoliomanagement *Gondring*, Immobilienwirtschaft, S. 663–714; *Oertel*, Quantitatives Risikomanagement in der Immobilienwirtschaft, S. 135–210.

316 *Gondring*, Immobilienwirtschaft, S. 667 und 688; *Oertel*, Quantitatives Risikomanagement in der Immobilienwirtschaft, S. 5 f.; *Junius*, in: Rottke/Voigtlän-

Zu dem systematischen Risiko gehört das schon angesprochene, wegen der hohen und langen Kapitalbindung bei einer Immobilieninvestition bedeutende Zinsänderungsrisiko für das eingesetzte Fremdkapital.[317] Ein weiteres, gewichtiges systematisches Risiko sind politische Ereignisse wie die Gesetzgebung, beispielsweise im Miet- und im Baurecht.[318] Die damit einhergehende und zunehmende Regulierung des Wohnungsmarktes stellt ein Risiko dar, das der Investor im Rahmen seiner Renditevorstellung in seine Investitionsrechnung einpreist.[319] Aus diesen staatlichen Rahmenbedingungen, deren Abänderung und marktwidrigen Eingriffen des Staats resultiert dabei eine deutlich größere Unsicherheit als aus den Veränderungen der Marktentwicklungen.[320] Bei einem höheren Unsicherheitsgrad, etwa über die zukünftige Mietpreisentwicklung im Mietpreisregulierungsrahmen, muss der Investor demnach auch dieses Risiko einpreisen und folglich eine höhere Mindestrendite fordern,[321] die sich unmittelbar auf seine vertragliche Mietpreis- und Verkaufspreisgestaltung auswirkt. Dagegen könnten prinzipiell durch eine verlässliche, streng regelorientierte Wirtschafts- und Wohnungspolitik, die das Marktgeschehen sich selbst überlässt und ihre Eingriffe auf individuelle soziale Probleme beschränkt,

---

der, Immobilienwirtschaftslehre – Ökonomie, S. 643 (650); *Rebitzer*, in: Schäfer/Conzen, Praxishandbuch Immobilien-Investitionen, S. 1 (8 f.).

317 *Kofner*, Wohnungsmarkt und Wohnungswirtschaft, S. 61, und zum Zinsänderungsrisiko (Bedeutung und Steuerung), S. 104–107; *Gondring*, Immobilienwirtschaft, S. 667; *Grosskopf/König*, in: Gondring, Handbuch Immobilienwirtschaft, S. 75 (85), die die hohe Kapitalmarktabhängigkeit und die teils hohen Zinszahlungen deutlich machen; vgl. auch *Expertenkommission Wohnungspolitik*, Wohnungspolitik auf dem Prüfstand, S. 3, wonach bei Zinszunahme Zinskosten einen gewichtigen Kostenfaktor darstellen können; *Lee*, in: Schulte u. a., Immobilienökonomie IV, S. 288 (289 f.).

318 *Gondring*, Immobilienwirtschaft, S. 667 und 688 f.; *Oertel*, in: Arnold u. a., Wohnimmobilien, S. 883 (888); *Oertel*, Quantitatives Risikomanagement in der Immobilienwirtschaft, S. 152–154, wonach das systematische Risiko nicht beeinflussbar ist und beispielsweise auch nicht durch die Anlagediversifikation beseitigt werden kann; ebenso *Expertenkommission Wohnungspolitik*, Wohnungspolitik auf dem Prüfstand, S. 19; vgl. *Kofner*, Wohnungsmarkt und Wohnungswirtschaft, S. 62; *Eekhoff*, Wohnungs- und Bodenmarkt, S. 10 f.

319 So auch *Oertel*, in: Arnold u. a., Wohnimmobilien, S. 883 (888).

320 *Eekhoff*, Wohnungs- und Bodenmarkt, S. 112 f.

321 *Kofner*, Wohnungsmarkt und Wohnungswirtschaft, S. 62; *Eichhorn*, in: Jenkis, Kompendium der Wohnungswirtschaft, S. 159 (162); ebenso für die stark regulierten Mieterhöhungsmöglichkeiten *Expertenkommission Wohnungspolitik*, Wohnungspolitik auf dem Prüfstand, S. 19 f., 24 und 74; *Eekhoff*, Wohnungs- und Bodenmarkt, S. 10 f.; *Eekhoff*, Wohnungspolitik, S. 39; *Gondring*, Immobilienwirtschaft, S. 27.

auch in kritischen Situationen Risikoaufschläge für nicht kalkulierbare staatliche Eingriffe vermieden werden. Es bliebe nur bei den übrigen Risikoaufschlägen und die Mieten könnten im Ergebnis niedrig gehalten werden.[322]

Im Zuge dessen ist auch hervorzuheben, dass sowohl die Alt- als auch die Neuinvestoren am Wohnungsmarkt dieses Regulierungsrisiko einpreisen müssen. In den letzten Jahrzehnten wurde deutlich, dass der Gesetzgeber berechtigte Kapitalverwertungsinteressen von Altinvestoren bei seinen Regulierungsentscheidungen nur verschwindend gering gewichtet.[323] Dies berücksichtigen auch die Neuinvestoren in ihrer noch anstehenden Investitionsentscheidung, denn sie antizipieren, dass sie in der Zukunft als Altinvestoren ebenso behandelt werden und preisen eine renditefeindliche Regulierung ein.[324] Beispielsweise sind Neubauten von der Geltung der Mietpreisbremse ausdrücklich ausgeschlossen, vgl. § 556f S. 1 BGB. Zugleich preist der neubauende Investor diese Regulierungsinstrumente schon jetzt mit ein, da er sich sicher ist, dass sein Neubau in der Zukunft auch unter deren Geltungsbereich fallen wird.

Die zunehmende mietrechtliche Regulierung erschwert damit auch das Wohnungsmanagement. Dies hat zur Folge, dass viele Kleininvestoren, insbesondere die oben erwähnten sogenannten Amateuranbieter, nicht mehr selbst in den Mietwohnungsbau investieren möchten und deshalb, allerdings nicht ausschließlich, für sie auch andere Vermögensanlagen, beispielsweise indirekte Immobilienanlagen oder ganz andere Anlagemöglichkeiten, an Attraktivität gewonnen haben.[325]

---

322 Hierzu und zum Vorstehenden *Eekhoff*, Wohnungs- und Bodenmarkt, S. 10 f.; *Eekhoff*, Wohnungspolitik, S. 39 f.; *Expertenkommission Wohnungspolitik*, Wohnungspolitik auf dem Prüfstand, S. 74; im Vier-Quadranten-Modell (dazu Kapitel 1, C. I.) zeigen sich die Auswirkungen eines niedrigeren Zinssatzes auf die Marktmiete im neuen Gleichgewicht, da hierbei die Kapitalisierungszinssatzgerade flacher ausfallen würde und sich dadurch niedrigere Mietpreise ergeben können, vgl. hierzu zum Beispiel auch die Ausführungen von *Rottke*, in: Rottke/Voigtländer, Immobilienwirtschaftslehre – Ökonomie, S. 249 (262–264).

323 *Expertenkommission Wohnungspolitik*, Wohnungspolitik auf dem Prüfstand, S. 8 f. und 20.

324 *Expertenkommission Wohnungspolitik*, Wohnungspolitik auf dem Prüfstand, S. 20 und 120; *Eekhoff*, Wohnungspolitik, S. 41 f.; grundlegend zur zunehmenden Verschärfung in der Vergangenheit bei jeder neu auftretenden Anspannungsphase auf dem Wohnungsmarkt *Expertenkommission Wohnungspolitik*, Wohnungspolitik auf dem Prüfstand, S. 74.

325 *Expertenkommission Wohnungspolitik*, Wohnungspolitik auf dem Prüfstand, S. 22.

d) Wiederverkaufswert am Ende des Investments

Schließlich ist auch der Wiederverkaufswert ein weiterer wichtiger Bestandteil der Investitionsrechnung. Der Planungshorizont, abgeschlossen durch den (hypothetischen) Verkauf,[326] orientiert sich grundsätzlich an den individuellen Vorstellungen des Investors.[327] Grenzen sind dem nicht gesetzt, aber ein kürzerer Planungshorizont bietet dem Inverstor gewisse Vorteile. So kann er die durch einen langen Zeitraum bedingten Probleme und Ungewissheiten umgehen (zum Beispiel die Prognoseungenauigkeiten sowie die pro Periode abgezinsten und sich damit verringernden Werte der Zahlungen[328]). Dabei gilt aber auch, je kürzer der gewählte Investitionszeitraum in der DCF-Methode ausfällt, desto gewichtiger wird der zukünftige Verkaufspreis in der Investition(srechnung).[329]

Für die Bestimmung des in der fernen Zukunft zu erzielenden Verkaufspreises als dem letzten Punkt in der Investitionsrechnung der DCF-Methode ist die Direct-Cap-Methode als das beste und am weitesten verbreitete Verfahren anzuwenden. Hierfür wird die im Jahr nach Ende des Betrachtungszeitraums erwartete Jahresmiete abzüglich der Bewirtschaftungskosten durch den Kapitalisierungszins dividiert. Dieser Kapitalisierungszins findet sich auch im zweiten Quadranten des Vier-Quadranten-Modells wieder[330]. Es ergibt sich der in der Zukunft erwartete Wert der Immobilie am Ende des Betrachtungszeitraums der Investitionsrechnung. Je höher der Kapitalisierungszins ausfällt, desto niedriger ist demnach der berechnete Restwert bzw. Verkaufspreis. Dieser Preis ist als der letzte Einnahmeposten ebenfalls – wie die vorherigen Cashflows auch – auf die Gegenwart abzuzinsen.[331]

Zu berücksichtigen ist, dass die Immobilien mit ihrem zunehmenden Alter risikoreicher werden, ihr Mietsteigerungspotential abnimmt oder

---

326 Siehe Kapitel 1, B. II. 2.

327 *Schulte/Sotelo u. a.*, in: Schulte u. a., Immobilienökonomie I, S. 579 (589).

328 Dazu Kapitel 1, B. II. 2.

329 Siehe zu den Zielsetzungen der Investition Kapitel 1, B. II. 1.

330 Siehe Kapitel 1, C. I. 1. b.; der Kapitalisierungszins ist aber nicht mit dem Diskontierungszins gleichzusetzen.

331 Hierzu und zum Vorstehenden in diesem Absatz *Geltner/Miller u. a.*, Commercial Real Estate, S. 240; siehe auch *Gondring*, Immobilienwirtschaft, S. 659 f., sowie *Greiner*, in: Arnold u. a., Wohnimmobilien, S. 747 (772); vgl. auch *Rottke/Krautz*, in: Arnold u. a., Wohnimmobilien, S. 775 (822 f.). Dagegen kann sich der Eigentümer im Zeitpunkt eines nun anstehenden Verkaufs erneut auf die DCF-Methode stützen, um damit seinen tatsächlich zu erzielenden Verkaufspreis berechnen zu können.

sie anfälliger für weitere Kapitalinvestitionen werden (beispielsweise Instandhaltungs- und Modernisierungsarbeiten). Folglich fallen die Kapitalisierungszinssätze älterer Gebäude tendenziell höher und daraus resultierend ihr Wert geringer aus als die von vergleichbaren neueren Gebäuden. Die Höhe des Kapitalisierungszinssatz wird jedoch auch von der jeweiligen Marktsituation beeinflusst. Demnach können gewisse Marktentwicklungen beispielsweise die altersbedingte Wertverringerung abfedern oder sogar überkompensieren.[332]

4. Zwischenfazit

Bei der näheren Untersuchung des Investorenverhaltens wird deutlich, dass Investoren unterschiedliche Investmentstrategien am Mietwohnungsmarkt verfolgen können, dabei die verschiedenen Einnahmepositionen unterschiedlich stark gewichten und divergierende Zeithorizonte im Blick haben können. Mit dem Investment soll in aller Regel ein Gewinn erwirtschaftet werden. Dies inkludiert die Mindestvoraussetzung der Kostendeckung. Entscheidend ist es dabei auch, wann der Investor den Amortisationszeitpunkt erreicht, er also den Kaufpreis und alle laufenden Kosten wieder erwirtschaftet hat. Aufgrund des hohen Kapitalaufwands für eine Investition in den Mietwohnungsmarkt kann dies durchaus länger dauern.

Je nach der Investorenentscheidung sollen anfängliche Verluste vermieden werden, können aber auch akzeptiert sein. Letzteres gilt freilich nur unter der Bedingung, dass diese Anfangsverluste in der Zukunft kompensiert werden müssen. Hierfür ist die gegenwärtige Liquiditätsstruktur des Investors von erheblicher Relevanz, damit die Anfangsverluste ausgeglichen werden können. Unvorhersehbare (kurzfristig verstärkte) regulierte Marktsituationen hinsichtlich der Miet- oder Verkaufspreise können hier zu großen Problemen beim Investor führen. Einerseits können sie den Anbieter in eine Schieflage bringen, da er mit seiner gegenwärtigen Liquiditätsstruktur Kostenpositionen nicht mehr bezahlen kann. Andererseits verschiebt sich in jedem Fall der Amortisationszeitpunkt weiter in die Zukunft. Das Marktrisiko nimmt zu, das aber geringer in die ursprüngliche Investitionsrechnung eingepreist war. Die Berechnungsgrundlage kippt. Die Investitionsentscheidung würde heute somit möglicherweise anders

---

332 Hierzu und zum Vorstehenden in diesem Absatz *Geltner/Miller u. a.*, Commercial Real Estate, S. 240 f.; siehe auch *Greiner*, in: Arnold u. a., Wohnimmobilien, S. 747 (772 f.).

ausfallen. Daneben können – unabhängig von akzeptierten oder erwirtschafteten Anfangsverlusten – zusätzliche Kosten, etwa für unvorhergesehene Instandhaltung oder -setzung, entstehen, die mit der gegenwärtigen Liquiditätsstruktur bewältigt werden müssen.

Den maßgeblichen Investitionsberechnungsmethoden wird in der Praxis eine große Bedeutung zugesprochen, da Investitionen in den Mietwohnungsmarkt sich durch eine langfristige und hohe Kapitalbindung auszeichnen. Statische Berechnungsverfahren gelten eher als Hilfsmethoden und werden durch dynamische Verfahren ergänzt oder sogar verdrängt. Die dynamischen Verfahren beziehen auch die Zukunft und damit einige Jahre des Investitionszeitraums in ihre Berechnung ein. Gängig sind die Kapitalwertmethode und die Discounted-Cashflow-Methode. Den Verfahren ist gemein, dass sie frühere Zahlungen als vorteilhafter und wertiger ansehen. Denn je weiter der Investor in die Zukunft schauen und diese vorhersagen muss, desto weiter steigt sein Marktrisiko, zu welchem Zeitpunkt und ob überhaupt diese geplanten Kapitalströme eintreten werden. Grundsätzlich erfolgen Berechnungen über einen Betrachtungszeitraum von fünf bis 15 Jahren. In den Folgejahren werden die Erträge als konstant unterstellt. Der Betrachtungszeitraum sollte zehn bis 15, maximal 20 Jahre aber nicht übersteigen, da dann die rechnerische Aussagekraft deutlich abnimmt. Dies deckt sich auch mit dem Verhalten in der Praxis sowie der durchschnittlichen Haltedauer der privaten Eigentümer.[333] Nach diesem Zeitraum mit einem (hypothetischen) Verkauf muss demnach das Rendite- und damit Gewinnziel erreicht sein.

Die gewichtigsten Faktoren in den Investitionsberechnungsmethoden sind die laufenden Mieteinnahmen, die Investitionsausgaben, der Verkaufspreis und der Diskontierungszinssatz. Der (hypothetische) Verkauf stellt das Ende des Betrachtungszeitraums dar.

Die Investitionsausgaben umfassen den Kaufpreis und alle Nebenkosten. Die Mieteinnahmen sind ein gewichtiger Faktor für die Investitionsentscheidung. Auf der Basis der in der Praxis gängigen dynamischen Berechnungsmethoden ist es schwierig, die zukünftige Mietenentwicklung vorherzusagen. Mietpreissteigerungen am Markt haben eine große Bedeutung, insbesondere wenn Anfangsverluste wegen noch zu niedriger Mieten in die Investitionsentscheidung einkalkuliert wurden. Dabei wurde auch deutlich, dass die Mietpreisregulierung am Wohnungsmarkt die freie Mietpreisbildung einschränkt. Die mögliche Folge ist die risikoerhöhende Streckung des Zeitraums bis zur Amortisation des Investments. Eine andere

333 Dazu Kapitel 1, B. I. 1.

Investorenstrategie kann die Durchführung von Modernisierungsarbeiten mit anschließenden deutlichen und die Modernisierungskosten mehr als kompensierenden Mietsteigerungen sein.

Die Höhe des erwarteten Diskontierungszinssatzes für das Investment kann von Anbieter zu Anbieter divergieren. Die sogenannten Amateuranbieter geben sich dabei mit einer deutlich niedrigeren Verzinsung des aufgewendeten Eigen- und Fremdkapitals zufrieden. In den Zins muss aber zusätzlich das Marktrisiko eingepreist werden. Gewichtige Faktoren sind das Zinsänderungsrisiko für das eingesetzte Fremdkapital und die sich ändernde Gesetzgebung. Daraus folgen Risikoaufschläge und damit höhere Mieten im Vergleich zu einer verlässlichen, streng regelorientierten Gesetzgebung. Bei den Kleininvestoren, insbesondere bei der Gruppe der sogenannten Amateuranbieter führt dies dazu, dass sie nicht mehr selbst in den Mietwohnungsbau investieren, sondern vielmehr indirekte Immobilienanlagen bevorzugen. Daneben konnte auch herausgearbeitet werden, dass sowohl Alt- als auch Neuinvestoren am Wohnungsmarkt dieses Regulierungsrisiko einpreisen.

Zuletzt ist noch der Wiederverkaufswert am Ende des Betrachtungszeitraums zu prognostizieren. Aus rechnerischen Gründen ist in den dynamischen Verfahren, speziell in der DCF-Methode, der hypothetische Verkauf zu unterstellen. Ein kürzerer Betrachtungszeitraum bietet gewisse Vorteile. Zugleich ist zu beachten, dass je kürzer der Betrachtungszeitraum ausfällt, desto gewichtiger der zukünftige Verkaufspreis in der Investitionsrechnung und -entscheidung wird. Für die Bestimmung des am Ende des Betrachtungszeitraums liegenden Verkaufspreises wird in der Praxis auf die Direct-Cap-Methode zurückgegriffen. Auch für diese Wertberechnung spielt die Miete und ihr Wachstum eine bedeutende Rolle. Mit dem zunehmenden Alter der Immobilie erhöht sich in aller Regel der Kapitalisierungszinssatz und die Immobilie verliert so an Wert. Die Höhe des Kapitalisierungszinssatzes wird aber auch von der jeweiligen Marktsituation beeinflusst, die demnach die altersbedingte Wertverringerung abfedern oder sogar überkompensieren kann.

III. Zwischenergebnis

Die Anbieterseite kann in drei Gruppen unterteilt werden: Zum einen sind dies die privaten Eigentümer, die zwar nach der Gemeindegröße einen divergieren, aber immer den größten Marktanteil an Mietwohnungen besitzen. Sie vermieten marktunterdurchschnittlich, sehen zum überwiegenden Teil von Mieterhöhungen sowie Modernisierungsarbeiten ab und beschränken sich auf Instandhaltungsarbeiten. Zum anderen sind es die Wohnungsunternehmen, die die zweitgrößte Anbietergruppe von Mietwohnungen darstellen. Innerhalb dieser können die ehemals gemeinnützigen und die freien Wohnungsunternehmen mit jeweils eigenen Charakteristika unterteilt werden. Nur Letztere agieren erwerbswirtschaftlich am Wohnungsmarkt. Die dritte und kleinste Anbietergruppe sind die sonstigen Eigentümer, die überwiegend erwerbswirtschaftlich am Markt tätig sind. Vergleicht man nun das Agieren aller Marktteilnehmer, so ist festzuhalten, dass der größere Teil der Anbieter nicht ausschließlich gewinnorientiert am Markt agiert. Teilweise handeln einige Anbieter kostendeckend.

Bei der Untersuchung des Verhaltens im Rahmen einer Investitionsentscheidung wurde deutlich, dass generell die Investoren, aber auch speziell die eben genannten Anbietergruppen unterschiedliche Investmentstrategien am Mietwohnungsmarkt verfolgen können. Sie gewichten dabei die verschiedenen Einnahmepositionen unterschiedlich stark. Zugleich haben sie unterschiedliche Zeithorizonte für ihr Investment und damit für ihre Gewinnerzielung im Blick. In beiden Konstellationen ist für den Anbieter entscheidend, wann er den Amortisationszeitpunkt erreicht. Dies kann durchaus länger dauern. Für das Tätigen dieser Investitionsentscheidung sind in der Praxis vor allem die dynamischen Investitionsberechnungsmethoden von Bedeutung. Der für die Methoden gewählte Zeitraum sollte für die Erfüllung der Renditeziele zehn bis 15, maximal 20 Jahre nicht übersteigen. Danach nimmt die rechnerische Aussagekraft deutlich ab. Die Länge dieses Zeitraums deckt sich zugleich mit der durchschnittlichen Haltedauer in der Praxis.

Die gewichtigsten Faktoren der Investitionsberechnungsmethoden sind die laufenden Mieteinnahmen, die Investitionsausgaben, der Verkaufspreis und der Diskontierungszinssatz. Zukünftige Mieten und zum Teil erwartete Mietpreissteigerungen können in die Berechnungen eingestellt werden. Der Diskontierungszinssatz kann – selbst bei dem unterstellten gleichen Objekt – von Anbieter zu Anbieter aus unterschiedlichen Gründen divergieren. Beispielsweise werden die privaten Eigentümer sich überwiegend mit einem im Vergleich zu den freien Wohnungsunternehmen oder einem Teil der sonstigen Eigentümer niedrigeren Zinssatz zufriedengeben. In den Diskontierungszinssatz wird zusätzlich auch das Marktrisiko eingepreist. Gewichtige Faktoren hierfür sind beispielsweise das Zinsänderungsrisiko für das eingesetzte Fremdkapital sowie die sich ändernde Gesetzgebung. Der Verkaufspreis ist je nach der Zielrichtung der Anbietergruppen, der konkret gewählten Investmentstrategie und der Entwicklung der Miet- und Immobilienpreise[334] von unterschiedlicher Relevanz. Mit dem Alter verliert die Immobilie grundsätzlich an Wert. Dieser Wertverlust kann aber von Marktentwicklungen abgefedert oder sogar überkompensiert werden.

C. Marktprozesse: (Un-)Gleichgewichte und Zyklen

Eine der entscheidenden Fragen ist, ob es am Wohnungsmarkt eine Tendenz hin zu einem Gleichgewicht zwischen Angebot und Nachfrage gibt. Dieser Frage soll im Folgenden nachgegangen werden. Falls sie bejaht werden kann, soll zugleich untersucht werden, wie sich dieses Gleichgewicht einstellt. Einerseits spielt dies eine Rolle, um der Frage nachgehen zu können, wodurch sich ein angespannter Wohnungsmarkt auszeichnet und ob sich vor sowie nach Erreichen des Gleichgewichtszustands auch ähnliche Marktentwicklungen, also sogenannte Marktzyklen, feststellen lassen. Diese Frage ist andererseits für die spätere Erörterung der wohnungspolitischen Ziele und der hierfür zur Verfügung stehenden Instrumente wichtig[335], die sich hieran orientieren und dadurch in ihrer Ausgestaltung beeinflusst werden.

Im Zuge dessen soll auch beleuchtet werden, wie sich auf der Basis des typischen Marktverlaufs Gleichgewichtszustände, soweit sie sich überhaupt ergeben, und Marktschwankungen in zeitlicher Hinsicht zueinander verhalten. Damit geht aber auch die Frage einher, inwiefern sich Marktentwicklungen in ihrem Ablauf wiederholen und sich hieraus mögliche Grenzen der Wohnungspolitik ergeben[336] oder wo sich diese Entwicklungen über die Zeit hinweg unterscheiden. Zugleich soll auch das Zusammenspiel der bereits beschriebenen Teilmärkte näher beleuchtet werden. Dadurch können für die späteren Ausführungen in den Kapiteln 2 bis 4 auch die Auswirkungen rechtlicher Instrumente – einzeln oder in ihrem Zusammenspiel – nicht nur auf den Mietmarkt, sondern auch auf das Marktgeschehen in Gänze und ihren Beitrag für ein Marktgleichgewicht eingeordnet werden. Damit geht auch einher, welche der Indikatoren in der Marktentwicklung eine gewichtige Rolle einnehmen.

---

334 Zu deren aktueller Entwicklung siehe Kapitel 2, B. I. 2. a. und c.
335 Siehe Kapitel 2, A.
336 Siehe Kapitel 2, A. I.

Um diese Fragen zu beantworten, wird in einem ersten Schritt das grundlegende Vier-Quadranten-Modell vorgestellt (I.). Im Zuge dessen werden auch die Auswirkungen der für einen angespannten Wohnungsmarkt typischen deutlichen Zunahme der Nachfrage nach Wohnungen auf den Wohnungsmarkt untersucht. In einem zweiten Schritt generiert das Vier-Phasen-Modell zu den Immobilienzyklen weitere ergänzende und vertiefende Erkenntnisse (II.).

I. Marktgleichgewicht: Vier-Quadranten-Modell

Antworten auf die aufgeworfene Frage, ob der Wohnungsmarkt hin zu einem Gleichgewicht tendiert, liefern die relativ zeitgleich entwickelten und sehr ähnlichen statisch-komparativen Modelle der Ökonomen *Denise DiPasquale/William C. Wheaton*[337] sowie *Hans H. Nachtkamp/Hans-Werner Sinn*[338].[339] Sie gelten als die grundlegenden Gleichgewichtsmodelle,[340] wobei das Modell von *Denise DiPasquale/William C. Wheaton* als das

337 *DiPasquale/Wheaton*, Journal of the American Real Estate and Urban Economics Association 1992, 181 (185–197); *DiPasquale/Wheaton*, Urban Economics and Real Estate Markets, S. 6–18; demnach sind sie als statisch-komperativ zu bezeichnen, siehe *Schmoll*, in: ders., Basiswissen Immobilienwirtschaft, S. 1243 (1297).

338 *Nachtkamp*, in: Kühne-Büning u. a., Grundlagen der Wohnungs- und Immobilienwirtschaft, S. 27; ausführliche Beschreibung und Auseinandersetzung damit bei *Schmoll*, in: ders., Basiswissen Immobilienwirtschaft, S. 1243 (1297–1301).

339 *Schmoll*, in: ders., Basiswissen Immobilienwirtschaft, S. 1243 (1297); *Lee*, in: Schulte u. a., Immobilienökonomie IV, S. 288 (297); *Cieleback*, in: Schulte u. a., Immobilienökonomie IV, S. 136 (136); *Dopfer*, Der westdeutsche Wohnungsmarkt, S. 28, der die Ähnlichkeit beider Modelle bejaht. Vgl. deutlich früher schon zur Mietpreisbildung *Hampe*, Die freie Mietpreisbildung, S. 95–141, sowie *Lütge*, Wohnungswirtschaft, S. 377–390.

340 Ähnlich *Schmoll*, in: ders., Basiswissen Immobilienwirtschaft, S. 1243 (1297); *Nachtkamp*, in: Kühne-Büning u. a., Grundlagen der Wohnungs- und Immobilienwirtschaft, S. 27 (61 f.). Zu den Defiziten des Modells siehe beispielsweise *Dopfer*, Der westdeutsche Wohnungsmarkt, S. 30 f.; *Schmoll*, in: ders., Basiswissen Immobilienwirtschaft, S. 1243 (1301 f.). Ein anderer kleinteiliger, aber auch kritisch gesehener Ansatz ist die Filtering-Theorie (und damit der Ausgleich unter den sachlichen Teilmärkten samt einer Entwicklung hin zu einem Gleichgewichtsmodell), siehe hierzu vertiefend *Kühne-Büning*, in: Kühne-Büning u. a., Grundlagen der Wohnungs- und Immobilienwirtschaft, S. 177 (177–184); *Expertenkommission Wohnungspolitik*, Wohnungspolitik auf dem Prüfstand, S. 24–30; *Eekhoff*, Wohnungs- und Bodenmarkt, S. 18–48; *Sotelo*, Ökonomische Grundla-

(auch international) Bekanntere gilt[341]. Auf der Basis der Annahme eines konstanten Umfelds wird in diesen Modellen dargestellt, dass und wie sich nach einer exogenen Veränderung langfristig ein neuer, veränderter Gleichgewichtszustand auf den dortigen Teilmärkten einstellt.[342] Folglich wird damit auch das Zusammenspiel der Teilmärkte deutlich gemacht. Da es sich um statisch-komparative Modelle handelt, blenden sie die zeitliche Dimension der Anpassungsprozesse aus.[343]

Zunächst wird das Vier-Quadranten-Modell vorgestellt (1.). Im Anschluss daran werden am Beispiel der exogenen Veränderung in Form einer deutlichen Nachfragezunahme die Marktreaktionen über alle Quadranten hin zu einem neuen, veränderten Gleichgewichtszustand herausgearbeitet (2.).

1. Vier-Quadranten-Modell und Gleichgewichtszustand

Das Gleichgewichtsmodell verbindet in einem zweidimensionalen Koordinatensystem verschiedene Teilmärkte und zeigt so auf, wie sich Veränderungen in einem auf die übrigen Teilmärkte auswirken. Die relevanten Teilmärkte hierfür wurden bereits im Rahmen der ökonomischen Wohnungsmarktbesonderheiten aufgezeigt.[344]

---

gen der Wohnungspolitik, S. 44–49, und zur Kritik S. 52–57; *Schmoll*, in: ders., Basiswissen Immobilienwirtschaft, S. 1243 (1311–1317).

341 Vgl. beispielsweise *Geltner/Miller u. a.*, Commercial Real Estate, S. 29; *Lee*, in: Schulte u. a., Immobilienökonomie IV, S. 288 (297); *Cieleback*, in: Schulte u. a., Immobilienökonomie IV, S. 136 (136); *Rottke*, in: Rottke/Voigtländer, Immobilienwirtschaftslehre – Ökonomie, S. 249 (259); *Dopfer*, Der westdeutsche Wohnungsmarkt, S. 25; *Wernecke*, Büroimmobilienzyklen, S. 74; *Holzmann*, Konjunkturprognose auf Immobilienmärkten, S. 71 m. w. N.

342 *DiPasquale/Wheaton*, Urban Economics and Real Estate Markets, S. 10, sowie *DiPasquale/Wheaton*, Journal of the American Real Estate and Urban Economics Association 1992, 181 (190), die auch darauf hinweisen, dass sich das Modell nicht ganz so gut zur Beschreibung kurzfristiger Marktdynamiken oder der nur sehr kurzfristigen Ungleichgewichte eigne; *Geltner/Miller u. a.*, Commercial Real Estate, S. 29 und 31; *Lee*, in: Schulte u. a., Immobilienökonomie IV, S. 288 (299); *Cieleback*, in: Schulte u. a., Immobilienökonomie IV, S. 136 (136).

343 *Dopfer*, Der westdeutsche Wohnungsmarkt, S. 31; *Schmoll*, in: ders., Basiswissen Immobilienwirtschaft, S. 1243 (1297 und 1300–1302); ähnlich *Cieleback*, in: Schulte u. a., Immobilienökonomie IV, S. 136 (136). Zum zeitlichen Verlauf siehe Kapitel 1, C. II.

344 Siehe Kapitel 1, IV. 2. c. aa.

Der Markt kann in drei Teilmärkte segmentiert werden: Der Wohnnutzungs- oder Mietmarkt[345] (zugleich als erster Quadrant bezeichnet und nordöstlich im Koordinatensystem verortet), der Wohnungsbestands(-investment-)markt[346] (zweiter Quadrant, nordwestlich angeordnet) sowie der Neubau(-investment-)markt[347] (dritter Quadrant, südwestlich verortet). Der vierte Quadrant zeigt die nun erfolgte Wohnungsbestandsanpassung

345 *DiPasquale/Wheaton*, Urban Economics and Real Estate Markets, S. 7 f., sowie *DiPasquale/Wheaton*, Journal of the American Real Estate and Urban Economics Association 1992, 181 (187 f.), dort als „Property Market: Rent Determination" bezeichnet; ebenso *Dopfer*, Der westdeutsche Wohnungsmarkt, S. 25 und 28; *Geltner/Miller u. a.*, Commercial Real Estate, S. 29 f.; „Nutzer- oder Mietmarkt" nach *Cieleback*, in: Schulte u. a., Immobilienökonomie IV, S. 136 (136, 141); „Gütermarkt Mietpreisbestimmung oder Wohnimmobiliennutzungsmarkt" nach *Lee*, in: Schulte u. a., Immobilienökonomie IV, S. 288 (298); „Flächen-/Mietmarkt Mietwertfeststellung" nach *Rottke*, in: Rottke/Voigtländer, Immobilienwirtschaftslehre – Ökonomie, S. 249 (260). „Mietmarkt" im Nachtkamp/Sinn-Modell, siehe dazu *Nachtkamp*, in: Kühne-Büning u. a., Grundlagen der Wohnungs- und Immobilienwirtschaft, S. 27 (41 f.).

346 *DiPasquale/Wheaton*, Urban Economics and Real Estate Markets, S. 8 f., sowie *DiPasquale/Wheaton*, Journal of the American Real Estate and Urban Economics Association 1992, 181 (187 f.), dort als „Asset Market: Valuation" bezeichnet; *Geltner/Miller u. a.*, Commercial Real Estate, S. 30 f.; ebenso *Dopfer*, Der westdeutsche Wohnungsmarkt, S. 25 und 29; „Investmentmarkt oder Kapitalmarkt für (zukünftige) Mietererträge" nach *Cieleback*, in: Schulte u. a., Immobilienökonomie IV, S. 136 (138 und 141); „Finanzmarkt Bewertung oder Immobilieninvestitionsmarkt" nach *Lee*, in: Schulte u. a., Immobilienökonomie IV, S. 288 (298); „Investmentmarkt Bewertung" nach *Rottke*, in: Rottke/Voigtländer, Immobilienwirtschaftslehre – Ökonomie, S. 249 (260 f.). „Wohnimmobilienmarkt" im Nachtkamp/Sinn-Modell, siehe dazu *Nachtkamp*, in: Kühne-Büning u. a., Grundlagen der Wohnungs- und Immobilienwirtschaft, S. 27 (36–38 und 42).

347 *DiPasquale/Wheaton*, Urban Economics and Real Estate Markets, S. 8 f., sowie *DiPasquale/Wheaton*, Journal of the American Real Estate and Urban Economics Association 1992, 181 (188 f.), dort als „Asset Market: Construction" bezeichnet; *Dopfer*, Der westdeutsche Wohnungsmarkt, S. 26 und 29; *Geltner/Miller u. a.*, Commercial Real Estate, S. 30 f.; ebenso oder auch als „Markt für Projektentwickler" bezeichnet nach *Cieleback*, in: Schulte u. a., Immobilienökonomie IV, S. 136 (139 und 141); „Finanzmarkt Wohnbau oder Wohnbauindustriemarkt" nach *Lee*, in: Schulte u. a., Immobilienökonomie IV, S. 288 (298 f.); „Investmentmarkt Projektentwicklung oder Bautätigkeit" nach *Rottke*, in: Rottke/Voigtländer, Immobilienwirtschaftslehre – Ökonomie, S. 249 (260 f.). „Baumarkt" im Nachtkamp/Sinn-Modell, siehe dazu *Nachtkamp*, in: Kühne-Büning u. a., Grundlagen der Wohnungs- und Immobilienwirtschaft, S. 27 (38 f. und 42).

(südöstlich angeordnet).[348] Die rechte Seite mit dem ersten und vierten Quadranten wird dem Markt für Güter, Raum, Flächen oder Wohnungsnutzung, die linke Seite mit dem zweiten und dritten Quadranten dem Finanz- oder Investmentmarkt zugeordnet.[349] Die konkreten Begriffe der ökonomischen Forschungsliteratur divergieren sowohl bei der eben genannten Gruppierung als auch bei der Benennung der vier Quadranten im Wortlaut; inhaltlich ergeben sich aber keine Unterschiede.[350] Auch für selbstnutzende Eigentümer gelten die vier Quadranten, es ergeben sich nur keine getrennten Vermögens- und Immobilienmärkte.[351]

---

348 *DiPasquale/Wheaton*, Urban Economics and Real Estate Markets, S. 8–10, sowie *DiPasquale/Wheaton*, Journal of the American Real Estate and Urban Economics Association 1992, 181 (188 f.), dort als „Property Market: Stock Adjustment" bezeichnet; ebenso *Dopfer*, Der westdeutsche Wohnungsmarkt, S. 30; *Cieleback*, in: Schulte u. a., Immobilienökonomie IV, S. 136 (140 f.); *Geltner/Miller u. a.*, Commercial Real Estate, S. 30 f.; „Gütermarkt Bestandsanpassung" nach *Lee*, in: Schulte u. a., Immobilienökonomie IV, S. 288 (298 f.); „Flächen-/Mietmarkt Bestandsanpassung" nach *Rottke*, in: Rottke/Voigtländer, Immobilienwirtschaftslehre – Ökonomie, S. 249 (260 f.). „Bestandsveränderung" im Nachtkamp/Sinn-Modell, siehe dazu *Nachtkamp*, in: Kühne-Büning u. a., Grundlagen der Wohnungs- und Immobilienwirtschaft, S. 27 (38 f. und 42).

349 *DiPasquale/Wheaton*, Urban Economics and Real Estate Markets, S. 6 f., sowie *DiPasquale/Wheaton*, Journal of the American Real Estate and Urban Economics Association 1992, 181 (185–187), dort als „Property and Asset Market" bezeichnet; ebenso *Dopfer*, Der westdeutsche Wohnungsmarkt, S. 26; *Lee*, in: Schulte u. a., Immobilienökonomie IV, S. 288 (297 f.); *Rottke*, in: Rottke/Voigtländer, Immobilienwirtschaftslehre – Ökonomie, S. 249 (259 f.); sehr ähnlich *Geltner/Miller u. a.*, Commercial Real Estate, S. 29 f., aber mit einer Dreiteilung (Quadrant 1 und 4 als „Space Market", Quadrant 2 als „Asset Market" und Quadrant 3 als „Development Industry").

350 Vgl. *DiPasquale/Wheaton*, Urban Economics and Real Estate Markets, S. 6–10; *DiPasquale/Wheaton*, Journal of the American Real Estate and Urban Economics Association 1992, 181 (185–189); *Geltner/Miller u. a.*, Commercial Real Estate, S. 29–31; *Dopfer*, Der westdeutsche Wohnungsmarkt, S. 24–30; *Cieleback*, in: Schulte u. a., Immobilienökonomie IV, S. 136 (136–141); *Lee*, in: Schulte u. a., Immobilienökonomie IV, S. 288 (297–299); *Rottke*, in: Rottke/Voigtländer, Immobilienwirtschaftslehre – Ökonomie, S. 249 (259–261).

351 Siehe auch vertiefend hierzu *DiPasquale/Wheaton*, Urban Economics and Real Estate Markets, S. 10, sowie *DiPasquale/Wheaton*, Journal of the American Real Estate and Urban Economics Association 1992, 181 (189 f.).

Abbildung 1: Eigene Darstellung in Anlehnung an das Vier-Quadranten-Modell zum Marktgleichgewicht von DiPasquale/Wheaton[352]

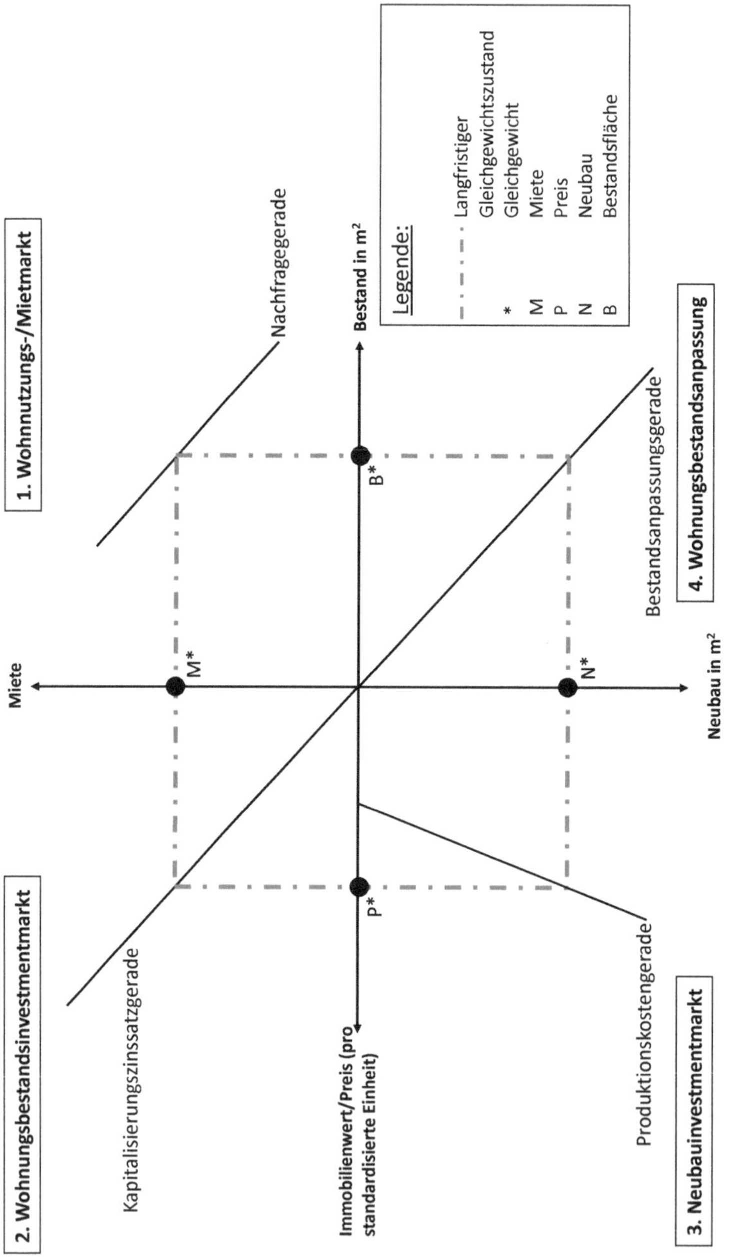

a) Quadrant 1 - nordöstlich: Der Wohnnutzungs- oder Mietmarkt

Der erste Quadrant setzt sich aus den Achsen „Bestand in m²" und „Miete" zusammen.[353] Er beinhaltet zugleich die Nachfragegerade oder -kurve, die typischerweise gemäß der Haushaltstheorie verläuft; nach dieser führt ein höherer Preis zu einer geringeren Nachfrage und umgekehrt.[354] Verlauf und Verortung der Nachfragegerade werden von den Faktoren Einkommen, Anzahl der Haushalte und Miete bestimmt.[355]

Die Miete gibt dabei die Steigung der Gerade vor und drückt damit die Preiselastizität der Nachfrage im Falle von Mietveränderungen aus.[356] Wie bereits im Zusammenhang mit den ökonomischen Besonderheiten erwähnt, können bei einer stark zunehmenden Nachfrage auf dem Markt aufgrund der langen Reaktionszeiten[357], insbesondere der langen Produktionsdauer[358], kurzfristig nicht mehr Wohnungen zur Verfügung gestellt werden. Die höhere Mietzahlungsbereitschaft kann hiernach in dieser Phase nicht vom Markt durch eine Angebotsausweitung befriedigt werden.

---

352 *DiPasquale/Wheaton*, Urban Economics and Real Estate Markets, S. 8; *DiPasquale/Wheaton*, Journal of the American Real Estate and Urban Economics Association 1992, 181 (188); *Geltner/Miller u. a.*, Commercial Real Estate, S. 30; ähnlich *Rottke*, in: Rottke/Voigtländer, Immobilienwirtschaftslehre – Ökonomie, S. 249 (260).

353 *DiPasquale/Wheaton*, Urban Economics and Real Estate Markets, S. 7, sowie *DiPasquale/Wheaton*, Journal of the American Real Estate and Urban Economics Association 1992, 181 (187); *Geltner/Miller u. a.*, Commercial Real Estate, S. 29; *Cieleback*, in: Schulte u. a., Immobilienökonomie IV, S. 136 (136 f. und 141); *Lee*, in: Schulte u. a., Immobilienökonomie IV, S. 288 (298); *Rottke*, in: Rottke/Voigtländer, Immobilienwirtschaftslehre – Ökonomie, S. 249 (259 f.).

354 *Cieleback*, in: Schulte u. a., Immobilienökonomie IV, S. 136 (137); *Geltner/Miller u. a.*, Commercial Real Estate, S. 29 f.; *Dopfer*, Der westdeutsche Wohnungsmarkt, S. 28.

355 *Cieleback*, in: Schulte u. a., Immobilienökonomie IV, S. 136 (136 f.); *Dopfer*, Der westdeutsche Wohnungsmarkt, S. 28. Allgemeiner, wonach Miete und Wirtschaft die Nachfragegerade entscheidend bestimmen, *DiPasquale/Wheaton*, Urban Economics and Real Estate Markets, S. 7 f., sowie *DiPasquale/Wheaton*, Journal of the American Real Estate and Urban Economics Association 1992, 181 (187); *Rottke*, in: Rottke/Voigtländer, Immobilienwirtschaftslehre – Ökonomie, S. 249 (260); *Lee*, in: Schulte u. a., Immobilienökonomie IV, S. 288 (298).

356 *DiPasquale/Wheaton*, Urban Economics and Real Estate Markets, S. 7; *Cieleback*, in: Schulte u. a., Immobilienökonomie IV, S. 136 (137); *Dopfer*, Der westdeutsche Wohnungsmarkt, S. 28; vgl. *Rottke*, in: Rottke/Voigtländer, Immobilienwirtschaftslehre – Ökonomie, S. 249 (260).

357 Dazu Kapitel 1, A. IV. 2. a.

358 Siehe Kapitel 1, A. IV. 1. b.

Die Nachfragegerade verläuft in dieser Konstellation vertikal und das Angebot ist demnach vollkommen preisunelastisch.[359]

Daneben bestimmen die Faktoren Einkommen und Haushaltszahl die genaue Verortung der Nachfragegerade, konkreter, deren Wanderbewegungen weg von der Ursprungsgeraden. Ändert sich schon alleine der Faktor Einkommen oder der der Haushaltszahl, so verschiebt sich die Nachfragegerade nach links oder rechts.[360] Nimmt beispielsweise das Haushaltseinkommen aufgrund einer positiven Wirtschaftsentwicklung zu, so wandert die Nachfragegerade parallel nach rechts.[361]

Ein Marktgleichgewicht ist in diesem Modell bereits dann zu attestieren, wenn sich die Nachfrage nach Mietflächen in Gänze mit dem Wohnungsangebot des derzeitigen Mietflächengesamtbestands deckt.[362] Hieraus ergibt sich der Gleichgewichtsmietpreis als Schnittpunkt auf der Nachfragegeraden. Aufgrund der langen Reaktionszeit und der Preisunelastizität des Angebots bestimmt alleine die (veränderte) Nachfrage im genannten kurzfristigen Betrachtungszeitraum den Marktmietpreis; denn das Angebot ist in dieser Phase starr.[363]

b) Quadrant 2 - nordwestlich: Der Wohnungsbestands(-investment-)markt

Der zweite Quadrant setzt sich aus den Achsen „Miete“ sowie „Preis (pro standardisierte Einheit)“ oder „Immobilienwert“ zusammen. Die Miete aus dem ersten Quadranten wirkt sich damit auf den Wohnungsbestands-

---

359 *DiPasquale/Wheaton*, Urban Economics and Real Estate Markets, S. 7; *Cieleback*, in: Schulte u. a., Immobilienökonomie IV, S. 136 (138); *Rottke*, in: Rottke/Voigtländer, Immobilienwirtschaftslehre – Ökonomie, S. 249 (260); *Hampe*, in: Seraphim, Deutsche Siedlungs- und Wohnungspolitik, S. 95 (105).

360 Hierzu und zum Vorstehenden *DiPasquale/Wheaton*, Urban Economics and Real Estate Markets, S. 7; *Cieleback*, in: Schulte u. a., Immobilienökonomie IV, S. 136 (137); *Dopfer*, Der westdeutsche Wohnungsmarkt, S. 29; *Rottke*, in: Rottke/Voigtländer, Immobilienwirtschaftslehre – Ökonomie, S. 249 (260–262).

361 Dazu sogleich näher Kapitel 1, C. I. 2.

362 *DiPasquale/Wheaton*, Urban Economics and Real Estate Markets, S. 8; *Geltner/Miller u. a.*, Commercial Real Estate, S. 30; *Rottke*, in: Rottke/Voigtländer, Immobilienwirtschaftslehre – Ökonomie, S. 249 (260); *Cieleback*, in: Schulte u. a., Immobilienökonomie IV, S. 136 (138), wonach es zugleich keine leerstehenden Flächen gibt; *Lee*, in: Schulte u. a., Immobilienökonomie IV, S. 288 (298).

363 *Dopfer*, Der westdeutsche Wohnungsmarkt, S. 28; vgl. *Rottke*, in: Rottke/Voigtländer, Immobilienwirtschaftslehre – Ökonomie, S. 249 (260 f.).

investmentmarkt und seine Nachfrage aus.[364] Unter der Annahme eines Gleichgewichts und damit gleichbleibender Mieten aus Quadrant 1 werden auf dem Markt des zweiten Quadranten zukünftige Mieterträge kapitalisiert.[365] Dies geschieht mittels des Kapitalisierungszinssatzes[366], der durch die Kapitalisierungszinssatzgerade[367] für Wohnungsbestandsinvestments im Modell abgebildet wird.[368] Durch diese Gerade und damit ihren Zinssatz erfolgt die Umrechnung der erzielten Mieten in den Immobilienwert.[369]

Die Steigung der Geraden, konkret deren Ansteigen oder Sinken, wird dabei von den Zins- und Risikofaktoren beeinflusst, zum Beispiel durch den (langfristigen) Kapitalmarktzins als Renditezins zum Vergleich mit alternativen Anlagemöglichkeiten, durch die Mietsteigerungserwartungen und durch das Anlagerisiko.[370] Verringert sich beispielsweise der risikolose

---

364 Hierzu und zum Vorstehenden *DiPasquale/Wheaton*, Urban Economics and Real Estate Markets, S. 8 f., sowie *DiPasquale/Wheaton*, Journal of the American Real Estate and Urban Economics Association 1992, 181 (187); *Geltner/Miller u. a.*, Commercial Real Estate, S. 30; *Cieleback*, in: Schulte u. a., Immobilienökonomie IV, S. 136 (138); *Rottke*, in: Rottke/Voigtländer, Immobilienwirtschaftslehre – Ökonomie, S. 249 (260 f.); *Lee*, in: Schulte u. a., Immobilienökonomie IV, S. 288 (298 f.); *Dopfer*, Der westdeutsche Wohnungsmarkt, S. 29.

365 *Cieleback*, in: Schulte u. a., Immobilienökonomie IV, S. 136 (138 f.).

366 Der Kapitalisierungszinssatz ist nicht zu verwechseln mit dem Diskontierungszinssatz (siehe Kapitel 1, B. II. 3. c.) des konkreten Investors; siehe zum Kapitalisierungszinssatz für die Bestimmung des zukünftigen Verkaufspreises in der DCF-Methode Kapitel 1, B. II. 3. d.

367 Als Kapitalisierungszinssatzgerade bezeichnet von *DiPasquale/Wheaton*, Urban Economics and Real Estate Markets, S. 9; *DiPasquale/Wheaton*, Journal of the American Real Estate and Urban Economics Association 1992, 181 (187); *Geltner/Miller u. a.*, Commercial Real Estate, S. 30. Als „Gerade für den Vervielfältiger“ (Vervielfältiger ist der Kehrwehrt des Kapitalisierungszinssatzes – er wird mit den jährlichen Mieteinnahmen multipliziert, im Falle des Kapitalisierungszinssatzes werden die Mieten durch den Kapitalisierungszins divergiert) bezeichnet von *Cieleback*, in: Schulte u. a., Immobilienökonomie IV, S. 136 (138); *Rottke*, in: Rottke/Voigtländer, Immobilienwirtschaftslehre – Ökonomie, S. 249 (261).

368 *DiPasquale/Wheaton*, Urban Economics and Real Estate Markets, S. 9, sowie *DiPasquale/Wheaton*, Journal of the American Real Estate and Urban Economics Association 1992, 181 (187); *Geltner/Miller u. a.*, Commercial Real Estate, S. 30; *Rottke*, in: Rottke/Voigtländer, Immobilienwirtschaftslehre – Ökonomie, S. 249 (261); *Lee*, in: Schulte u. a., Immobilienökonomie IV, S. 288 (298).

369 *Dopfer*, Der westdeutsche Wohnungsmarkt, S. 29.

370 Auch weiterführend hierzu *DiPasquale/Wheaton*, Urban Economics and Real Estate Markets, S. 9, sowie *DiPasquale/Wheaton*, Journal of the American Real Estate and Urban Economics Association 1992, 181 (187); *Cieleback*, in: Schulte

Zins, so sinkt auch der Kapitalisierungszinssatz, dagegen steigen kurzfristig der Gegenwartswert der zukünftigen Mieteinahmen und damit der Immobilienwert.[371] Daneben bewegt sich der Markt durch den veränderten Verlauf der Kapitalisierungszinssatzgeraden wieder hin zu einem längerfristigen, aber veränderten Gleichgewicht.[372]

c) Quadrant 3 - südwestlich: Der Neubau(-investment-)markt

Der dritte Quadrant wird vom „Preis (pro standardisierte Einheit)" bzw. „Immobilienwert" sowie dem „Neubau in m²" bestimmt.[373] Sie bilden zugleich seine Achsen. Der Immobilienwert aus dem Wohnungsbestandsinvestmentmarkt ist daher wiederum maßgeblich für den Neubauinvestmentmarkt.[374]

Daneben wird der Neubauinvestmentmarkt auch durch die Produktionskosten für den Neubau beeinflusst, die mittels einer Gerade in dem

---

u. a., Immobilienökonomie IV, S. 136 (138 f.); *Dopfer*, Der westdeutsche Wohnungsmarkt, S. 29; *Rottke*, in: Rottke/Voigtländer, Immobilienwirtschaftslehre – Ökonomie, S. 249 (262 f.); ähnlich *Geltner/Miller u. a.*, Commercial Real Estate, S. 30; siehe zu dem Ganzen ausführlich Kapitel 1, B. II. 2. und 3. c.; zum individuellen Diskontierungszinssatz Kapitel 1, B. II., insbesondere B. II. 3. c.

371 *Cieleback*, in: Schulte u. a., Immobilienökonomie IV, S. 136 (138 f.); *Dopfer*, Der westdeutsche Wohnungsmarkt, S. 29; *Rottke*, in: Rottke/Voigtländer, Immobilienwirtschaftslehre – Ökonomie, S. 249 (263 f.).

372 Siehe zu den Folgen des Ansteigens und Absinkens der Gerade für das neue Marktgleichgewicht ausführlich *DiPasquale/Wheaton*, Urban Economics and Real Estate Markets, S. 13–15, sowie *DiPasquale/Wheaton*, Journal of the American Real Estate and Urban Economics Association 1992, 181 (191–194); *Cieleback*, in: Schulte u. a., Immobilienökonomie IV, S. 136 (142 f.); *Rottke*, in: Rottke/Voigtländer, Immobilienwirtschaftslehre – Ökonomie, S. 249 (262–264); vgl. auch *Nachtkamp*, in: Kühne-Büning u. a., Grundlagen der Wohnungs- und Immobilienwirtschaft, S. 27 (57 f.).

373 *DiPasquale/Wheaton*, Urban Economics and Real Estate Markets, S. 8 f., sowie *DiPasquale/Wheaton*, Journal of the American Real Estate and Urban Economics Association 1992, 181 (188 f.); *Geltner/Miller u. a.*, Commercial Real Estate, S. 31; *Cieleback*, in: Schulte u. a., Immobilienökonomie IV, S. 136 (139–141); *Lee*, in: Schulte u. a., Immobilienökonomie IV, S. 288 (298); *Rottke*, in: Rottke/Voigtländer, Immobilienwirtschaftslehre – Ökonomie, S. 249 (259–261).

374 *DiPasquale/Wheaton*, Urban Economics and Real Estate Markets, S. 9, sowie *DiPasquale/Wheaton*, Journal of the American Real Estate and Urban Economics Association 1992, 181 (188 f.); *Geltner/Miller u. a.*, Commercial Real Estate, S. 31; *Cieleback*, in: Schulte u. a., Immobilienökonomie IV, S. 136 (139).

dritten Quadranten dargestellt werden.[375] Liegt demnach der Immobilienwert über den Produktionskosten, erzielt die Bauwirtschaft oder der Projektentwickler einen Gewinn aus der Differenz beider Werte.[376] Folglich wäre es in dieser Konstellation wirtschaftlich sinnvoll, neu zu bauen. Im Gleichgewicht entspricht der Immobilienwert den Herstellungskosten.[377]

Die Produktionskostengerade verläuft aber deswegen nicht vertikal, da angenommen wird, dass die Herstellungskosten wegen der begrenzten Landressourcen und Produktionskapazitäten mit zunehmenden Neubauniveau steigen und irgendwann auch gewisse Kapazitätsgrenzen erreicht sind, sodass trotz einer Immobilienwertzunahme (zunächst) kein weiterer Neubau erfolgen kann.[378] Zugleich macht dieser dritte Quadrant die Höhe der Neubauproduktionskosten bei einem bestimmten Immobilienwert für die Bestandsbauten deutlich.[379] Daneben, damit es aber überhaupt zu Neubauten kommen kann, muss für diese Neubauten ein gewisser Mindestwert überschritten werden, denn nur hierdurch kann eine Mindestrentabilität gewährleistet werden; daher beginnt in der Modellabbildung die soeben beschriebene Produktionskostengerade nicht im Ursprung des Koordinatensystems.[380] Außerdem kann sich die Produktionskostengerade aufgrund exogener Veränderungen verschieben sowie an-

---

375 *DiPasquale/Wheaton*, Urban Economics and Real Estate Markets, S. 9, sowie *DiPasquale/Wheaton*, Journal of the American Real Estate and Urban Economics Association 1992, 181 (188); *Geltner/Miller u. a.*, Commercial Real Estate, S. 31; *Cieleback*, in: Schulte u. a., Immobilienökonomie IV, S. 136 (139); *Dopfer*, Der westdeutsche Wohnungsmarkt, S. 29; *Rottke*, in: Rottke/Voigtländer, Immobilienwirtschaftslehre – Ökonomie, S. 249 (261); ähnlich *Lee*, in: Schulte u. a., Immobilienökonomie IV, S. 288 (299).

376 *Cieleback*, in: Schulte u. a., Immobilienökonomie IV, S. 136 (139).

377 *Cieleback*, in: Schulte u. a., Immobilienökonomie IV, S. 136 (139).

378 *DiPasquale/Wheaton*, Urban Economics and Real Estate Markets, S. 9, sowie *DiPasquale/Wheaton*, Journal of the American Real Estate and Urban Economics Association 1992, 181 (188 f.); *Geltner/Miller u. a.*, Commercial Real Estate, S. 31; *Cieleback*, in: Schulte u. a., Immobilienökonomie IV, S. 136 (139); *Dopfer*, Der westdeutsche Wohnungsmarkt, S. 29; *Rottke*, in: Rottke/Voigtländer, Immobilienwirtschaftslehre – Ökonomie, S. 249 (261).

379 *Dopfer*, Der westdeutsche Wohnungsmarkt, S. 29; ähnlich *Geltner/Miller u. a.*, Commercial Real Estate, S. 31.

380 *DiPasquale/Wheaton*, Urban Economics and Real Estate Markets, S. 9, sowie *DiPasquale/Wheaton*, Journal of the American Real Estate and Urban Economics Association 1992, 181 (189 f.); *Geltner/Miller u. a.*, Commercial Real Estate, S. 31; *Cieleback*, in: Schulte u. a., Immobilienökonomie IV, S. 136 (139); *Lee*, in: Schulte u. a., Immobilienökonomie IV, S. 288 (299).

steigen oder absenken.[381] Steigen beispielsweise diese Produktionskosten durch höhere kurzfristige Zinsen und eine generelle Knappheit an Baufinanzierung, so nehmen die Kosten zu; die Gerade verschiebt sich nach links.[382]

d) Quadrant 4 - südöstlich: Die Wohnungsbestandsanpassung

Der Quadrant 4 verbindet die Achsen „Neubau in m²" und den „Bestand in m²" und schließt damit den Kreislauf hin zum Wohnungsnutzungs- oder Mietmarkt.[383] Hierdurch werden zugleich die Auswirkungen der jährlichen Neubautätigkeit auf den langfristigen Wohnungsbestand deutlich.[384]

Die eingezeichnete Bestandsanpassungsgerade in diesem vierten Quadranten zeigt alternative Wohnungsbestandsgleichgewichte, die jeweils der Neubautätigkeit abzüglich des Flächenabgangs – etwa durch Umwidmung, Abriss oder Zerstörung – gemessen an der Abschreibungs- und Abrissrate entsprechen.[385] Die Bestandsanpassungsgerade führt dabei aber

381 *DiPasquale/Wheaton*, Urban Economics and Real Estate Markets, S. 9 und 15–18, sowie *DiPasquale/Wheaton*, Journal of the American Real Estate and Urban Economics Association 1992, 181 (188 f. und 194–196); *Rottke*, in: Rottke/Voigtländer, Immobilienwirtschaftslehre - Ökonomie, S. 249 (261 und 264 f.).

382 *Rottke*, in: Rottke/Voigtländer, Immobilienwirtschaftslehre – Ökonomie, S. 249 (261 und 264 f.), auch mit weiteren Ausführungen zu den Ursachen eines Absenkens der Gerade.

383 *DiPasquale/Wheaton*, Urban Economics and Real Estate Markets, S. 8 f., sowie *DiPasquale/Wheaton*, Journal of the American Real Estate and Urban Economics Association 1992, 181 (188 f.); *Geltner/Miller u. a.*, Commercial Real Estate, S. 31; *Cieleback*, in: Schulte u. a., Immobilienökonomie IV, S. 136 (140 f.); *Rottke*, in: Rottke/Voigtländer, Immobilienwirtschaftslehre – Ökonomie, S. 249 (259–261).

384 *DiPasquale/Wheaton*, Urban Economics and Real Estate Markets, S. 9, sowie *DiPasquale/Wheaton*, Journal of the American Real Estate and Urban Economics Association 1992, 181 (189); *Geltner/Miller u. a.*, Commercial Real Estate, S. 31; *Rottke*, in: Rottke/Voigtländer, Immobilienwirtschaftslehre – Ökonomie, S. 249 (261); *Dopfer*, Der westdeutsche Wohnungsmarkt, S. 30; *Lee*, in: Schulte u. a., Immobilienökonomie IV, S. 288 (299).

385 *DiPasquale/Wheaton*, Urban Economics and Real Estate Markets, S. 9, sowie *DiPasquale/Wheaton*, Journal of the American Real Estate and Urban Economics Association 1992, 181 (189); *Geltner/Miller u. a.*, Commercial Real Estate, S. 31; *Cieleback*, in: Schulte u. a., Immobilienökonomie IV, S. 136 (140); *Rottke*, in: Rottke/Voigtländer, Immobilienwirtschaftslehre – Ökonomie, S. 249 (261); *Dopfer*, Der westdeutsche Wohnungsmarkt, S. 30, wonach – mit anderen Wor-

nicht die Kapitalisierungszinssatzgerade fort.[386] Beispielsweise ergibt sich im Falle der Zunahme der Neubautätigkeit ein anderer Schnittpunkt auf der Bestandsanpassungsgeraden, der dann wiederum zeigt, wieviel Wohnungsbestandsfläche letztlich daraus resultieren würde, wenn die veränderte Neubautätigkeit unendlich so fortgesetzt würde.[387] Daneben kann sich die Stellung der Geraden auch verändern, also in ihrem konstanten Verlauf leicht ansteigen oder absinken, was maßgeblich aus einer veränderten Abgangsrate resultiert: Beispielsweise führt eine höhere Abgangsrate zu einer Drehung im Uhrzeigersinn.[388] Zugleich verdeutlicht der nach außen abfallende Verlauf der Gerade, dass, je größer der Gesamtbestand ist, desto größer die jährliche Neubaurate sein muss, um diesen Bestand langfristig zu erhalten.[389] Der Gleichgewichtszustand ist dann erreicht, wenn sich auf der x-Achse der Anfangsbestand der Fläche aus Quadrant 1 mit dem Endbestand aus Quadrant 4 deckt. Wenn dies nicht der Fall ist, gleichen sich im zeitlichen Verlauf die endogenen Variablen (also die Werte auf den x- und y-Achsen) so lange miteinander ab, bis der neue, veränderte Gleichgewichtszustand erreicht ist.[390]

2. Exogene Veränderung: Das neue Marktgleichgewicht am Beispiel der Zunahme der Wohnungsnachfrage

Generell führen exogene Veränderungen – wie bereits erwähnt – zu Verschiebungen bzw. Drehungen vor allem auf den in den Quadranten 1 bis 3 eingezeichneten Geraden und verändern somit das bisherige Gleichgewicht.[391] Längerfristig stellt sich dann ein neues, aber verändertes Markt-

---

ten – im Gleichgewichtszustand der Neubau und der Wohnungsbestand über die Abschreibungsrate in einem festen Verhältnis zueinander stehen; *Lee*, in: Schulte u. a., Immobilienökonomie IV, S. 288 (299).

386 *Geltner/Miller u. a.*, Commercial Real Estate, S. 31.

387 *DiPasquale/Wheaton*, Urban Economics and Real Estate Markets, S. 10, sowie *DiPasquale/Wheaton*, Journal of the American Real Estate and Urban Economics Association 1992, 181 (189); *Rottke*, in: Rottke/Voigtländer, Immobilienwirtschaftslehre – Ökonomie, S. 249 (261); ähnlich *Geltner/Miller u. a.*, Commercial Real Estate, S. 31.

388 *Dopfer*, Der westdeutsche Wohnungsmarkt, S. 30.

389 *Geltner/Miller u. a.*, Commercial Real Estate, S. 31.

390 Hierzu und zum Vorstehenden *Lee*, in: Schulte u. a., Immobilienökonomie IV, S. 288 (299).

391 Beispiele bei *DiPasquale/Wheaton*, Urban Economics and Real Estate Markets, S. 11–18, sowie *DiPasquale/Wheaton*, Journal of the American Real Estate and

gleichgewicht ein. Beispielsweise kann mit dem Vier-Quadranten-Modell erklärt werden, wie sich eine Zunahme der Wohnungsnachfrage auf den bisherigen Gleichgewichtszustand auswirkt. Deren Auswirkungen soll im Folgenden dargestellt werden. Zusätzlich sei noch erwähnt, dass Nachfrageveränderungen oder generelle exogene Veränderungen dabei unterschiedliche Gründe haben können, beispielsweise Veränderungen der Zinsen, lokale Regulierungen, Wirtschaftswachstum und damit verbunden eine höhere Mietzahlungsbereitschaft.[392]

Urban Economics Association 1992, 181 (190–196); *Geltner/Miller u. a.*, Commercial Real Estate, S. 32–37; *Rottke*, in: Rottke/Voigtländer, Immobilienwirtschaftslehre – Ökonomie, S. 249 (261–265); *Cieleback*, in: Schulte u. a., Immobilienökonomie IV, S. 136 (142–145); vgl. auch *Nachtkamp*, in: Kühne-Büning u. a., Grundlagen der Wohnungs- und Immobilienwirtschaft, S. 27 (42–44); *Schmoll*, in: ders., Basiswissen Immobilienwirtschaft, S. 1243 (1299 f.).

392 Vgl. hierzu: *DiPasquale/Wheaton*, Journal of the American Real Estate and Urban Economics Association 1992, 181 (190 f.), sowie *DiPasquale/Wheaton*, Urban Economics and Real Estate Markets, S. 11; *Geltner/Miller u. a.*, Commercial Real Estate, S. 32; *Cieleback*, in: Schulte u. a., Immobilienökonomie IV, S. 136 (142–144); *Rottke*, in: Rottke/Voigtländer, Immobilienwirtschaftslehre – Ökonomie, S. 249 (261–265). Beispielsweise kann das Phänomen, dass das Wirtschaftswachstum die Gleichgewichtsvariablen erhöht, anhand des US-Büromarkts nachvollzogen werden, siehe *DiPasquale/Wheaton*, Urban Economics and Real Estate Markets, S. 13, sowie *DiPasquale/Wheaton*, Journal of the American Real Estate and Urban Economics Association 1992, 181 (192 f.).

Abbildung 2: Eigene Darstellung in Anlehnung an die Nachfragezunahme im Vier-Quadranten-Modell von DiPasquale/Wheaton mit einem neuen, veränderten Marktgleichgewicht[393]

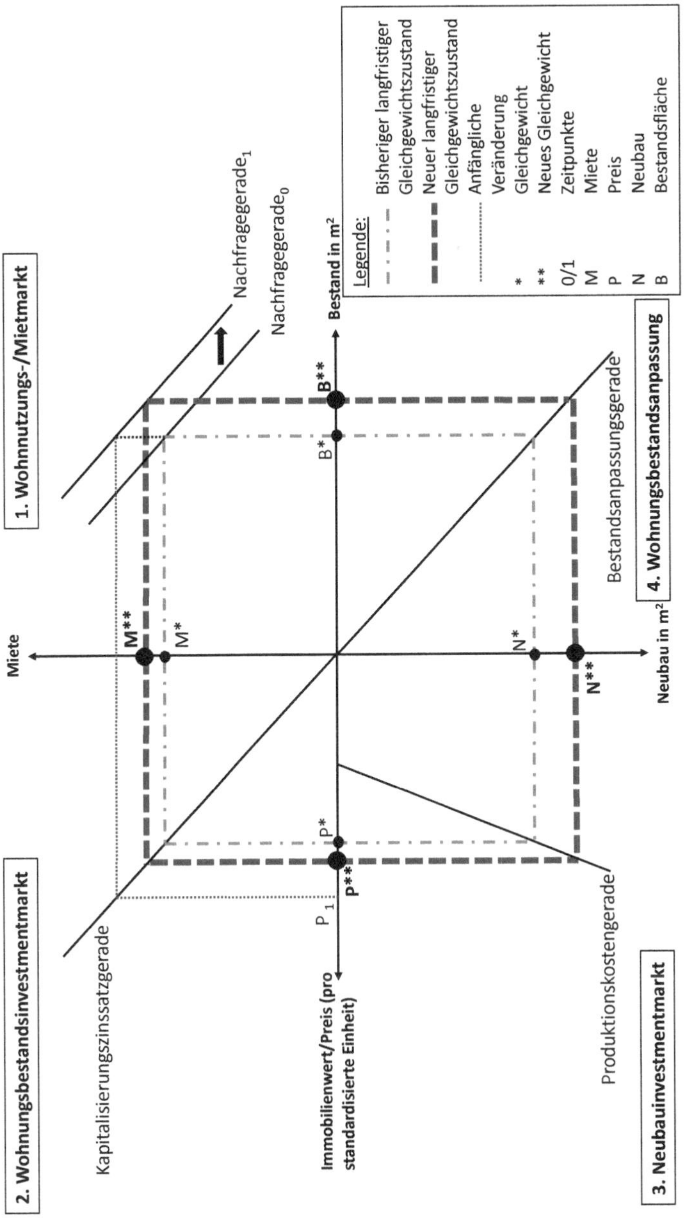

a) Die deutliche Nachfragezunahme und ihre Auswirkungen auf den Wohnungsnutzungs- oder Mietmarkt

Bei einer Nachfragezunahme verschiebt sich in Quadrant 1 die ursprüngliche Nachfragegerade nach Wohnraumfläche in die nordöstliche Richtung.[394] Demnach müsste in diesem Quadranten bei dem gegenwärtigen Gleichgewichtsmietpreis die horizontale Mietpreisgerade weiter nach rechts verlängert werden, um die veränderte Nachfragegerade zu schneiden sowie die höhere Flächennachfrage darstellen und decken zu können.[395] Da aber so viel Fläche am Wohnungsmarkt aktuell (noch) nicht vorhanden ist,[396] verlängert sich dagegen kurzfristig die vertikale (Gesamt-)Bestandslinie so weit nach oben, bis diese die neue Nachfragegerade schneidet; damit entspricht die Nachfrage dem derzeitigen Angebot. Es kommt daher für eine gewisse Zeit zu deutlichen Mietpreissteigerungen.[397] Der nun erstmal entstandene Schnittpunkt der neuen Nachfragegerade und der Miete wird aber nicht den späteren Gleichgewichtsschnittpunkt darstellen (dazu sogleich näher).[398]

---

393 *DiPasquale/Wheaton*, Urban Economics and Real Estate Markets, S. 12; *DiPasquale/Wheaton*, Journal of the American Real Estate and Urban Economics Association 1992, 181 (191); *Geltner/Miller u. a.*, Commercial Real Estate, S. 33; ähnlich *Rottke*, in: Rottke/Voigtländer, Immobilienwirtschaftslehre – Ökonomie, S. 249 (262).

394 *DiPasquale/Wheaton*, Urban Economics and Real Estate Markets, S. 11, sowie *DiPasquale/Wheaton*, Journal of the American Real Estate and Urban Economics Association 1992, 181 (191); *Geltner/Miller u. a.*, Commercial Real Estate, S. 32; *Cieleback*, in: Schulte u. a., Immobilienökonomie IV, S. 136 (144); *Rottke*, in: Rottke/Voigtländer, Immobilienwirtschaftslehre – Ökonomie, S. 249 (261).

395 *Geltner/Miller u. a.*, Commercial Real Estate, S. 32; *Cieleback*, in: Schulte u. a., Immobilienökonomie IV, S. 136 (144); *Rottke*, in: Rottke/Voigtländer, Immobilienwirtschaftslehre – Ökonomie, S. 249 (261); ähnlich *DiPasquale/Wheaton*, Urban Economics and Real Estate Markets, S. 11.

396 Siehe vertiefend zu den langen Reaktionszeiten Kapitel 1, A. IV. 2. a., vor allem dort bb.

397 Hierzu und zum Vorstehenden *DiPasquale/Wheaton*, Urban Economics and Real Estate Markets, S. 11, sowie *DiPasquale/Wheaton*, Journal of the American Real Estate and Urban Economics Association 1992, 181 (191); *Rottke*, in: Rottke/Voigtländer, Immobilienwirtschaftslehre – Ökonomie, S. 249 (260 f.); *Geltner/Miller u. a.*, Commercial Real Estate, S. 32 f., wonach das Ausmaß der Mieterhöhung dabei auch davon abhängt, inwiefern die Marktbeteiligten diese Nachfrageentwicklung antizipieren.

398 *Geltner/Miller u. a.*, Commercial Real Estate, S. 32 f.

b) Die daraus resultierenden Veränderungen hin zu einem neuen, veränderten Marktgleichgewicht

Die höhere Miete aus Quadrant 1 führt in Quadrant 2 – ebenfalls für eine gewisse Zeit[399] – durch einen veränderten Schnittpunkt auf der Kapitalisierungszinsgeraden zu einem höheren Immobilienwert. Hierdurch verstärken sich dann in Quadrant 3 aufgrund der hohen Neubaunachfrage und des gestiegenen Immobilienwerts die Neubauaktivitäten und vergrößert sich letztlich in Quadrant 4 der Wohnungsimmobilienbestand.[400]

Allerdings werden langfristig die Faktoren „Neubau in m^2" und „Bestand in m^2" in den Quadranten 3 und 4 nicht auf der dem erhöhten Immobilienwert aus Quadrant 2 entsprechenden Marktausprägung verharren, da – wenn man diese Entwicklung wieder bis zum Quadranten 1 fortführt – im Wohnnutzungs- oder Mietmarkt der Schnittpunkt des nun eigentlich deutlich vergrößerten Wohnungsangebots mit der Nachfragegeraden nicht dem neuen langfristigen Gleichgewichtszustand entspricht.[401] Vielmehr zeigt sich nun in dem Markt ein deutlich vergrößerter Wohnungsbestand, mehr und mehr Wohnungsleerstände sind die Folge; für das ausgeweitete Angebot sind die Wohnungsnachfrager aber nun nicht mehr bereit, den anfänglich stark erhöhten Mietpreis zu zahlen.[402] Zum vierten Quadranten wurde bereits darauf hingewiesen,[403] dass die zugenommene Neubauaktivität aus Quadrant 3 eine Bestandsanpassung in Quadrant 4 in extremer Höhe nur dann zur Folge hätte, wenn man die zugenommene jährliche Neubauaktivität in dieser Weise unendlich fortsetzen würde. Hierzu kommt es aber in aller Regel nicht, da die Wohnungsnachfrager die Bestandserweiterung schon früher wahrnehmen. Der Mietpreis und damit der Immobilienwert verringern sich daher schon vorher. Dies beeinflusst wiederum die Neubauaktivität in Quadrant 3.

---

399 Vgl. *Geltner/Miller u. a.*, Commercial Real Estate, S. 32.

400 Zu dem ganzen Absatz *DiPasquale/Wheaton*, Urban Economics and Real Estate Markets, S. 11, sowie *DiPasquale/Wheaton*, Journal of the American Real Estate and Urban Economics Association 1992, 181 (191); *Cieleback*, in: Schulte u. a., Immobilienökonomie IV, S. 136 (144); *Rottke*, in: Rottke/Voigtländer, Immobilienwirtschaftslehre – Ökonomie, S. 249 (262); *Geltner/Miller u. a.*, Commercial Real Estate, S. 33.

401 *Cieleback*, in: Schulte u. a., Immobilienökonomie IV, S. 136 (144 f.); vgl. auch *Schmoll*, in: ders., Basiswissen Immobilienwirtschaft, S. 1243 (1300).

402 Vgl. *Cieleback*, in: Schulte u. a., Immobilienökonomie IV, S. 136 (144); *Schmoll*, in: ders., Basiswissen Immobilienwirtschaft, S. 1243 (1300).

403 Siehe Kapitel 1, C. I. 1. d.

Vielmehr beginnt sich in Quadrant 1 die Nachfragegerade zwischen den beiden Schnittpunkten „einzupendeln“. Damit gerät eine „Mietspirale nach unten“ in Gang, die sich auf die übrigen drei Quadranten auswirkt. Der Mietpreis bildet sich entlang der neuen Nachfragegeraden zurück und es ergibt sich langfristig ein neuer Gleichgewichtsschnittpunkt auf ihr; dieser Gleichgewichtszustand zeichnet sich durch eine nun erhöhte Bestandsfläche und zugleich durch eine erhöhte Miete aus und befindet sich folglich nordöstlich des ursprünglichen Gleichgewichtsschnittpunkts.[404] Die trotz mehr Flächen nun gestiegenen Mieten im Gleichgewicht resultieren aus real steigenden Erschließungskosten, beeinflusst durch mit der Zeit zunehmende Grundstücks- und Standortwerte.[405] Dieser neue Gleichgewichtsschnittpunkt liegt nun zwischen den beiden (bisher möglichen) Schnittpunkten auf der neuen Nachfragegerade, nämlich dem aufgrund der anfänglich stark erhöhten Miete und demjenigen, der sich bei einer unendlich fortgesetzten Neubauaktivität auf der Basis der stark erhöhten Miet- und Immobilienpreise ergeben würde. Zu beachten ist hierbei, dass die Schwere des Rückgangs vom anfänglichen Mietanstieg bis zum neuen Gleichgewichtsmietpreis – neben der Antizipation dieser rückläufigen Mietenentwicklung durch die Marktbeteiligten – das Ausmaß des sich daraus ergebenden Boom- oder Rezessionszyklus bestimmt.[406] Zudem fällt im neuen Gleichgewichtszustand als Resultat der Preiselastizität der Nachfrage auf, dass zwar mehr Flächen als im alten Gleichgewichtszustand genutzt werden, aber nicht in solchem Umfang, wie wenn die Mieten auf dem Mietniveau des alten Gleichgewichtszustands geblieben wären. Mit anderen Worten wird aufgrund des höheren Preises nun weniger nachgefragt; aus der Preiselastizität resultiert, wie oben bereits erwähnt, auch die Steigung der Nachfragegeraden in Quadrant 1.[407]

Die sich im Ergebnis einstellende, konkrete Ausprägung des neuen Gleichgewichts in den übrigen drei Quadranten wird maßgeblich von der Steigung und den Veränderungen der verschiedenen Geraden beeinflusst. Die Faktoren (Immobilienwert, Neubau und Bestand) haben sich danach

---

404 *Geltner/Miller u. a.*, Commercial Real Estate, S. 33; *Cieleback*, in: Schulte u. a., Immobilienökonomie IV, S. 136 (144 f.); *Rottke*, in: Rottke/Voigtländer, Immobilienwirtschaftslehre – Ökonomie, S. 249 (262); vgl. auch *Schmoll*, in: ders., Basiswissen Immobilienwirtschaft, S. 1243 (1300).

405 *Geltner/Miller u. a.*, Commercial Real Estate, S. 33.

406 *Geltner/Miller u. a.*, Commercial Real Estate, S. 33.

407 Hierzu und zum Vorstehenden *Geltner/Miller u. a.*, Commercial Real Estate, S. 33.

jedenfalls nicht verringert; in aller Regel haben aber nicht alle verhältnismäßig gleich stark zugelegt.[408]

3. Zwischenfazit

Das grundlegende Vier-Quadranten-Gleichgewichtsmodell bejaht die oben aufgeworfene Frage, ob der Markt hin zu einem Gleichgewicht tendiert. Es geht sogar darüber hinaus: Es wird sowohl die Existenz eines generellen Marktgleichgewichts, als auch das Wiedereinstellen eines neuen, veränderten Gleichgewichtszustands nach einer exogenen Veränderung attestiert. Die ökonomischen Wohnungs- und Marktbesonderheiten als endogene Faktoren verhindern dabei einen sofortigen neuen Gleichgewichtszustand; demnach spricht das Vier-Quadranten-Modell auch von einem Gleichgewicht in langfristiger Hinsicht.[409]

Wie bereits erwähnt[410], treffen solche Modelle bestimmte Grundannahmen. Das Vier-Quadranten-Modell blendet die zeitliche Dimension der Anpassungsprozesse aus. Hinzu kommt die Annahme eines konstanten Umfelds mit einer exogenen Veränderung. Die Auswirkungen dieser Veränderung wurden dann im Modell „durchgespielt“, um einerseits das Zusammenspiel der einzelnen Teilmärkte, andererseits das Einstellen eines neuen, aber veränderten Gleichgewichtszustands zu verdeutlichen. Beispielsweise wurde am Modell dargelegt, welche Auswirkungen die Nachfragezunahme inklusive der damit verbundenen, deutlichen Mietsteigerungen auf den Investment- und Neubaumarkt hat. Hierdurch wurde auch deutlich, dass die Marktentwicklungen auf einen neuen Gleichgewichtszustand in langfristiger Hinsicht abzielen. Zugleich konnten auch der neue Gleichgewichtzustand und die Entwicklung dorthin herausgearbeitet werden. Damit kann auch die anfänglich aufgeworfene Frage zum Zusammenspiel der beschriebenen Teilmärkte beantwortet werden. Die drei Teilmärkte stehen in einem unmittelbaren Zusammenhang. Verände-

---

408 Hierzu und zum Vorstehenden *DiPasquale/Wheaton*, Urban Economics and Real Estate Markets, S. 12, sowie *DiPasquale/Wheaton*, Journal of the American Real Estate and Urban Economics Association 1992, 181 (191), auch mit einem Beispiel zu den anderen Geraden; *Geltner/Miller u. a.*, Commercial Real Estate, S. 33; *Rottke*, in: Rottke/Voigtländer, Immobilienwirtschaftslehre – Ökonomie, S. 249 (262); *Cieleback*, in: Schulte u. a., Immobilienökonomie IV, S. 136 (145).

409 *Rottke*, in: Rottke/Voigtländer, Immobilienwirtschaftslehre – Ökonomie, S. 249 (267).

410 Siehe Kapitel 1, C. I.

rungen in einem Markt haben Auswirkungen auf die übrigen Quadranten. Folglich hat auch dies der Gesetzgeber in seine Überlegungen einzustellen, vor allem wenn er eine verstärkte Regulierung zum Schutz der zur Miete wohnenden Haushalte plant. Zudem wurde auch deutlich, dass die Indikatoren, Miete, Immobilienwert, Neubau in Quadratmetern sowie Bestand in Quadratmetern, die zugleich die x- und y-Achsen im Vier-Quadranten-Modell bestimmen, voneinander wechselseitig abhängen und eine wichtige Signalwirkung für die Marktbeteiligten haben.

Außerdem konnten auch die möglichen Anknüpfungspunkte für exogene Veränderungen herausgearbeitet werden. Dies sind vor allem die drei Geraden in den Quadranten 1 bis 3. Die Verortung und die Steigung der Nachfragegeraden aus Quadrant 1 wird maßgeblich von den Faktoren Einkommen, Haushaltszahl und Miete beeinflusst. Ein Heben oder Senken der Kapitalisierungszinssatzgeraden aus Quadrant 2 resultiert aus den Zins- und Risikofaktoren am Markt. Hierbei wurde deutlich, dass der langfristige Kapitalmarktzins als Renditeziel eine tragende Rolle spielt. Die Gerade in Quadrant 3 wird von den Produktionskosten im Baubereich bestimmt. Verändern sich diese Kosten, so kann sich die Produktionskostengerade heben, senken oder sich in eine andere Richtung bewegen. Die jeweiligen für die drei Geraden maßgeblichen Faktoren können durch das Marktgeschehen oder durch Maßnahmen des Gesetzgebers beeinflusst werden. Hierauf ist in der späteren Untersuchung der Regulierungsinstrumente auf angespannten Wohnungsmärkten ein besonderer Blick zu werfen.

Des Weiteren wurden exemplarisch die für die Anspannung des Wohnungsmarkts typische Nachfragezunahme und die aus ihr resultierenden Marktfolgen untersucht. Eine deutliche Nachfragezunahme führt zu stark steigenden Mietpreisen und damit zu höheren Immobilienwerten (Quadrant 2). Folglich steigt die Nachfrage nach Neubauaktivitäten (Quadrant 3). Daraus resultiert, freilich zeitlich versetzt, die verstärkte Planung von Neubauaktivitäten. Deutlich später vergrößert sich dann der Immobilienbestand (Quadrant 4).

II. Zyklen und Anspannung des Wohnungsmarkts

Das Vier-Quadranten-Modell zeigt anschaulich die Zusammenhänge zwischen den Teilmärkten und das durchgehende Marktverhalten in Richtung eines Gleichgewichtszustands. Die vom Modell vorausgesetzten Annahmen – wie bei jedem ökonomischen Modell – führen von der Realität ein Stück weit weg. Die Praxis zeichnet sich dagegen beispielsweise durch mehrere zeitgleich wirkende exogene Veränderungen im Zusammenspiel mit den endogenen Faktoren der Wohnungs- und Marktbesonderheiten aus, die Immobilienzyklen entstehen und sich weiterentwickeln lassen.[411] Die endogenen Variablen (zugleich die x- und y-Achsen im Vier-Quadranten-Modell) verfügen in der Realität wegen der zahlreichen Besonderheiten gar nicht über die erforderliche Zeit für das Einstellen des neuen Gleichgewichts.[412] Die Variablen ändern sich schon viel früher erneut. Folglich setzt damit eine veränderte, neue Bewegung hin zu einem anderen langfristigen Gleichgewichtszustand ein. Gleichwohl ergeben sich trotz dieser Marktdynamik kurze Momente des Marktgleichgewichts.[413]

Vor und nach einem (erneuten) Gleichgewichtszustands zeichnet sich der Wohnungsmarkt vor allem durch seine erheblichen Marktschwankungen aus; Marktzyklen können identifiziert werden.[414] Sie resultieren maßgeblich aus den Besonderheiten der Wohnung und des Wohnungsmarkts, insbesondere aus den langen Reaktionszeiten, der Marktintransparenz, der Langlebigkeit in Verbindung mit der langen Produktionszeit sowie der Langfristigkeit der kostenintensiven Investitionsentscheidung.[415] Folglich dauert es lange, bis Neubauten den Bestand ausweiten, um eine gestiegene

---

411 *Rottke*, in: Rottke/Voigtländer, Immobilienwirtschaftslehre – Ökonomie, S. 249 (267).

412 Vgl. *Lee*, in: Schulte u. a., Immobilienökonomie IV, S. 288 (299); *Hampe*, in: Seraphim, Deutsche Siedlungs- und Wohnungspolitik, S. 95 (104).

413 Gleichgewichtszustände bejahen beispielsweise: *Just*, in: Schulte u. a., Immobilienökonomie IV, S. 472 (492), auch zur Kritik daran, wonach eher von einer Bewegung hin zu einem Gleichgewicht oder von einem gleichgewichtsähnlichen Zustand zu sprechen sei; *Hampe*, Die freie Mietpreisbildung, S. 141 f.; *Hampe*, in: Seraphim, Deutsche Siedlungs- und Wohnungspolitik, S. 95 (106); *Cromm/Koch*, Mietspiegel in Deutschland, S. 14; *Hofacker*, Preisvorschriften für sogenannten preisfreien Wohnraum, S. 106; *Rottke*, in: Rottke/Voigtländer, Immobilienwirtschaftslehre – Ökonomie, S. 249 (256); *Brauers*, in: Arnold u. a., Wohnimmobilien, S. 161 (168 f.); *Fichtel*, Wohnungspolitik in der sozialen Marktwirtschaft, S. 55; *Mueller*, Real Estate Finance 1995, 47 (47 f.); *Mueller*, Journal of Real Estate Research 1999, 131 (135); *Pyhrr/Roulac/Born*, Journal of Real Estate Research 1999, 7 (16, 20, 27 und 44) m. w. N.; vgl. *Eekhoff*, Wohnungspolitik, S. 1.

414 *Eekhoff*, Wohnungspolitik, S. 2 und 7; *Dopfer*, Der westdeutsche Wohnungsmarkt, S. 17 f.; vgl. – auch zur Historie und Bedeutung der Zyklen – *Rottke*, in: Schulte u. a., Immobilienökonomie IV, S. 172 (172 f.); *Holzmann*, Konjunkturprognose auf Immobilienmärkten, S. 82 f.

415 *Eekhoff*, Wohnungspolitik, S. 7; vertiefend zu diesen und weiteren Ursachen von Immobilienzyklen *Rottke*, in: Rottke/Voigtländer, Immobilienwirtschaftslehre – Ökonomie, S. 249 (268–275); *Rottke*, in: Schulte u. a., Immobilienökonomie IV, S. 172 (177 f.); *Brauers*, in: Arnold u. a., Wohnimmobilien, S. 161 (168 f.);

Nachfrage bedienen zu können. Auch im umgekehrten Fall eines deutlichen Nachfragerückgangs verstreicht viel Zeit, bis sich der Bestand durch eine stark verringerte Neubauaktivität und damit einen höheren, vor allem abnutzungsbedingten Bestandsabgang verkleinern kann. Angebots- oder Nachfrageüberhänge sind jeweils die Folge davon.

In einem ersten Schritt soll das Phasenmodell der Immobilienzyklen im Allgemeinen dargelegt werden (1.). Daran schließt sich die konkrete Erörterung der einzelnen vier Phasen des physischen Immobilienzyklus[416] an (2.).

1. Das Phasenmodell der Immobilienzyklen

In dem zweidimensionalen Koordinatensystem des Phasenmodells der Immobilienzyklen stellt die x-Achse den zeitlichen Verlauf, die y-Achse in diesem Fall[417] die Auslastungsrate oder spiegelbildlich (1 minus Auslastung) die Leerstandsrate der Immobilien dar. Die Durchschnittsgerade, an der sich gewissermaßen die Zykluskurve „entlangschlängelt", wird in dem gewählten Beispiel als langfristige durchschnittliche Auslastung oder langfristiger durchschnittlicher Leerstand bezeichnet.[418] Welchen Faktor

---

zu den sehr ähnlichen Ursachen der Zyklenbildung am Büroimmobilienmarkt *Wernecke*, Büroimmobilienzyklen, S. 80–123.

416 Zu den parallelen, aber auch separaten und zeitlich versetzten Finanzmarktzyklen von Immobilien und ihren möglichen Auswirkungen auf den physischen Immobilienmarktzyklus siehe vor allem *Mueller*, Real Estate Finance 1995, 47 (50–52); *Mueller*, Journal of Real Estate Research 1999, 131 (138); *Holzmann*, Konjunkturprognose auf Immobilienmärkten, S. 90–97.

417 *Gondring* bezeichnet die y-Achse allgemeiner als „Schwankungen" (*Gondring*, Immobilienwirtschaft, S. 39). Die y-Achse kann je nach Datenverfügbarkeit unterschiedliche Variablen wiedergeben, beispielsweise die Flächennachfrage, die Absorptionsraten, die Baufertigstellungszahlen, Mieten oder Leerstandsraten, siehe *Rottke*, in: Schulte u. a., Immobilienökonomie IV, S. 172 (177); *Rottke*, in: Rottke/Voigtländer, Immobilienwirtschaftslehre – Ökonomie, S. 249 (255); zu diesen Unterschieden in der Forschungsliteratur *Wernecke*, Büroimmobilienzyklen, S. 42.

418 Hierzu und zum Vorstehenden *Mueller*, Real Estate Finance 1995, 47 (47–50); *Mueller*, Journal of Real Estate Research 1999, 131 (134–138), der auch darauf hinweist, dass diese Durchschnittsgerade für jeden Immobilientyp und jeden Markt unterschiedlich ist; *Pyhrr/Roulac/Born*, Journal of Real Estate Research 1999, 7 (30–32); *Wernecke*, Büroimmobilienzyklen, S. 42; *Holzmann*, Konjunkturprognose auf Immobilienmärkten, S. 85. Zur normalen Leerstandsquote siehe Kapitel 1, C. II. 2. c.

die y-Achse wiedergibt, hat Auswirkungen auf den konkreten Verlauf des Zyklus, aber nicht auf die folgende Beschreibung der vier Phasen.[419] In jeder Phase prägen sich die jeweiligen Indikatoren unterschiedlich aus.

Der Verlauf der Immobilienzyklen lässt sich in vier Phasen einteilen, die sich jeweils durch veränderte Angebots- und Nachfragemerkmale auszeichnen: Marktbereinigung, Marktstabilisierung, Projektentwicklung und Überbauung.[420] Im zeitlichen Verlauf ergeben sich zwischen den Phasen immer wieder Momente des Marktgleichgewichts, die aber aufgrund der typischen Übertreibungstendenzen am Markt immer nur von kürzerer Dauer sind.[421]

Die Phasen finden auf den bereits dargelegten, sachlichen und räumlichen Teilmärkten statt.[422] Sie wiederholen sich stetig,[423] jedoch nicht inhaltsgleich mit einer jeweils gleichen Ausprägung. Vielmehr zeichnet sich jeder Zyklus durch einen anderen Spitzen-Tal-Wert, also einen individuel-

---

419 Vgl. hierzu die Übersicht der unterschiedlichen Entwicklung der Indikatoren in den vier Phasen bei *Rottke*, in: Rottke/Voigtländer, Immobilienwirtschaftslehre – Ökonomie, S. 249 (256) m. w. N.; desgleichen *Wernecke*, Büroimmobilienzyklen, S. 45 m. w. N.

420 *Gondring*, Immobilienwirtschaft, S. 38 f.; *Rottke*, in: Rottke/Voigtländer, Immobilienwirtschaftslehre – Ökonomie, S. 249 (256–258); vertiefend hierzu *Wernecke*, Büroimmobilienzyklen, S. 42–45, zu deren Herleitung und Untersuchung divergierender Begriffsarten samt ihrer Ursache S. 41 f.; *Mueller*, Real Estate Finance 1995, 47 (47–50); *Mueller*, Journal of Real Estate Research 1999, 131 (134–138); *Pyhrr/Roulac/Born*, Journal of Real Estate Research 1999, 7 (30–32).

421 *Rottke*, in: Rottke/Voigtländer, Immobilienwirtschaftslehre – Ökonomie, S. 249 (256); siehe zum Gleichgewicht in den Zyklen auch *Mueller*, Real Estate Finance 1995, 47 (48); *Mueller*, Journal of Real Estate Research 1999, 131 (135); *Pyhrr/Roulac/Born*, Journal of Real Estate Research 1999, 7 (16, 20, 27 und 44) m. w. N.

422 *Rottke*, in: Rottke/Voigtländer, Immobilienwirtschaftslehre – Ökonomie, S. 249 (259); siehe zu den Teilmärkten Kapitel 1, A. IV. 2. c.

423 *Rottke*, in: Rottke/Voigtländer, Immobilienwirtschaftslehre – Ökonomie, S. 249 (256); *Gondring*, Immobilienwirtschaft, S. 38; vgl. auch *Eekhoff*, Wohnungspolitik, S. 1. Zur Darstellung und dem Vergleich der Immobilienzyklen in der Vergangenheit siehe beispielsweise *Bracke*, Journal of Housing Economics 22 (2013), 213 (216–219), Vergleich 1970–2010; *Mueller*, Journal of Real Estate Portfolio Management 2002, 115 (117–122), Vergleich 1960–2000, 2000 und seine Folgejahre vorhergesagt; *Wheaton* 1999, 209 (210–212), Vergleich 1968–1998.

len Ausschlag zur oberen und unteren Wellenspitze, sowie verschiedene Vor- und Nachläufe gegenüber der Konjunkturentwicklung aus.[424]

Abbildung 3: Eigene Darstellung in Anlehnung an das Phasenmodell der Immobilienzyklen der physischen Marktzyklen von Mueller[425]

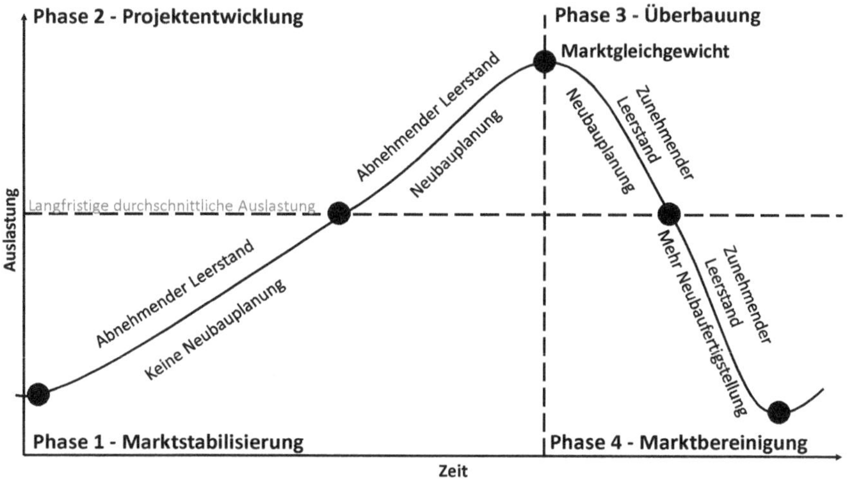

2. Die vier Phasen des physischen Immobilienzyklus

a) Marktbereinigungsphase

Die Phase der Marktbereinigung (im Anschluss an die der Überbauung[426]) zeichnet sich durch einen schon bestehenden und weiter, aber im Ver-

---

424 *Rottke*, in: Rottke/Voigtländer, Immobilienwirtschaftslehre – Ökonomie, S. 249 (256); *Gondring*, Immobilienwirtschaft, S. 38; *Mueller*, Journal of Real Estate Research 1999, 131 (135). Als durchschnittliche Zyklenlänge von Wohnungsmärkten zeichnen sich sechs bis sieben Jahre ab, siehe *Rünstler/Vlekke*, Journal of Applied Econometrics 33 (2018), 212 (219); *Suarez/Ceron*, Hot and Cold Housing Markets: International Evidence, 2006, S. 26 f.; ähnlich *Eekhoff*, Wohnungspolitik, S. 1; vertiefend hierzu beispielsweise *Bracke*, Journal of Housing Economics 22 (2013), 213 (213).

425 *Mueller*, Real Estate Finance 1995, 47 (48); *Mueller*, Journal of Real Estate Research 1999, 131 (134); *Mueller*, Real Estate Cycles, 2017, S. 8.

426 Siehe zur Phase der Überbauung Kapitel 1, C. II. 2. d.

gleich zu Phase der Überbauung nicht mehr so stark wachsenden Angebotsüberhang an Wohnungen aus.[427] In der Regel führt die hinzukommende Konjunkturverschlechterung zusätzlich zu einem Nachfragerückgang und verstärkt damit den Überhang an Wohnungen. Folglich nehmen Leerstände zu, Neubauplanungen werden verschoben, das Mietwachstum bei den Neuvermietungen hört auf und ist danach zunächst deutlich rückläufig; zumindest wollen die Wohnungsanbieter ihre Fixkosten decken und damit erwirtschaften.[428] Zusammenfassend sinken in dieser Phase die Auslastungszahlen. Folglich bewegt sich die Zyklenkurve von der Durchschnittsgeraden abwärts in Richtung ihres Tiefpunkts.

b) Marktstabilisierungsphase

Zu Beginn der darauffolgenden Phase der Marktstabilisierung erreichen einerseits die Leerstandsraten ihren Höhepunkt – in der Abbildung der soeben erwähnte Tiefpunkt der Zykluskurve wegen der niedrigen Auslastung –, andererseits hat die übermäßige Bautätigkeit der vorherigen Phase aufgehört.[429] Mittlerweile ist ein niedriges Mietenniveau erreicht, die Marktkonsolidierung ist abgeschlossen und die Konjunktur in Gänze befindet sich auf dem Weg der Besserung.[430] Die Flächennachfrage nimmt langsam wieder zu; zugleich sinkt der Leerstand, die Mieten beginnen von ihrem geringen Niveau aus zu steigen.[431] Aufgrund der ökonomischen

---

427 *Mueller*, Real Estate Finance 1995, 47 (48 f.); *Mueller*, Journal of Real Estate Research 1999, 131 (136 f.); *Rottke*, in: Rottke/Voigtländer, Immobilienwirtschaftslehre – Ökonomie, S. 249 (256 f.); *Gondring*, Immobilienwirtschaft, S. 38; vgl. *Wernecke*, Büroimmobilienzyklen, S. 43.

428 Hierzu und zum Vorstehenden *Rottke*, in: Rottke/Voigtländer, Immobilienwirtschaftslehre – Ökonomie, S. 249 (256 f.), auch mit Beispielen zur Vertragsgestaltung; *Mueller*, Real Estate Finance 1995, 47 (48 und 50); *Mueller*, Journal of Real Estate Research 1999, 131 (135–138); *Gondring*, Immobilienwirtschaft, S. 38; *Wernecke*, Büroimmobilienzyklen, S. 43 f.

429 *Mueller*, Real Estate Finance 1995, 47 (48 und 50), oder umgekehrt zur Leerstandsrate formuliert: die Auslastungsrate ist auf ihrem niedrigsten Stand; *Mueller*, Journal of Real Estate Research 1999, 131 (136 und 138).

430 *Rottke*, in: Rottke/Voigtländer, Immobilienwirtschaftslehre – Ökonomie, S. 249 (257); ähnlich *Mueller*, Journal of Real Estate Research 1999, 131 (135); vgl. *Wernecke*, Büroimmobilienzyklen, S. 44.

431 *Rottke*, in: Rottke/Voigtländer, Immobilienwirtschaftslehre – Ökonomie, S. 249 (257); *Mueller*, Real Estate Finance 1995, 47 (48); *Mueller*, Journal of Real Estate Research 1999, 131 (135–137); *Gondring*, Immobilienwirtschaft, S. 38; vgl. *Wernecke*, Büroimmobilienzyklen, S. 44.

Wohnungsmarktbesonderheit der langen Reaktionszeiten („time-lags“[432]) kommen zunächst keine oder nur sehr wenige Neubauflächen auf den Markt.[433] Der Markt erreicht gegen Ende dieser Phase das Maß der langfristigen Durchschnittsbelegung und die Zykluskurve schneidet sich mit der Durchschnittsbelegungsgeraden; ein zusätzlicher gewisser Flächenüberschuss steht für zukünftige Nachfrager und dabei geplante Umsatzerwartungen oder sogar -steigerungen zur Verfügung.[434] Zusammenfassend nehmen in dieser Phase die Auslastungszahlen zu. Demnach steigt auch die Zykluskurve an, die sich von ihrem Tiefpunkt wieder in Richtung der Durchschnittsgeraden bewegt.

c) Projektentwicklungsphase – die Entwicklung hin zu einem angespannten Wohnungsmarkt

Die dritte Phase der Projektentwicklung zeichnet sich – unter anderem beeinflusst durch eine sich bessernde Konjunktur – durch eine stark zunehmende Flächennachfrage aus, wodurch die Leerstandsrate sinkt. Folglich und verstärkt durch die „time-lags“ für den Neubaubereich steigen die Mieten deutlich und es werden immer noch sehr wenige Neubauten fertiggestellt.[435] Diese Marktauswirkung ist typisch für den Wohnungsmarkt aufgrund seiner langen Reaktionszeiten.[436] Die Mietsteigerungen an sich resultieren daraus, dass die Leerstandsraten nun unter das „normale“ Niveau fallen und die Angebotsknappheit deutlich zu Tage tritt.[437] Dies unterstreicht die wichtige Signalwirkung des Mietpreises für die Marktteil-

---

432 Siehe Kapitel 1, A. IV. 2. a.

433 *Rottke*, in: Rottke/Voigtländer, Immobilienwirtschaftslehre – Ökonomie, S. 249 (257); *Mueller*, Real Estate Finance 1995, 47 (48); vgl. *Wernecke*, Büroimmobilienzyklen, S. 44.

434 *Mueller*, Journal of Real Estate Research 1999, 131 (135 f.); *Mueller*, Real Estate Finance 1995, 47 (48), wo *Mueller* noch die langfristige Durchschnittsbelegung als Gleichgewichtsniveau bezeichnet, dies aber vier Jahr später korrigiert.

435 Hierzu und zum Vorstehenden *Rottke*, in: Rottke/Voigtländer, Immobilienwirtschaftslehre – Ökonomie, S. 249 (257); *Gondring*, Immobilienwirtschaft, S. 38; *Mueller*, Real Estate Finance 1995, 47 (48 f.); *Mueller*, Journal of Real Estate Research 1999, 131 (135–137), wonach die Mietsteigerungen auch als Mietspitzen bezeichnet werden können; vgl. *Wernecke*, Büroimmobilienzyklen, S. 42.

436 Siehe Kapitel 1, A. IV. 2. a., dort vor allem bb.

437 *Mueller*, Real Estate Finance 1995, 47 (49); *Mueller*, Journal of Real Estate Research 1999, 131 (136 f.); *Gondring*, Immobilienwirtschaft, S. 38; vgl. *Wernecke*, Büroimmobilienzyklen, S. 42.

nehmer und ihr Agieren am Markt.[438] Das „normale" Leerstandsniveau divergiert dabei von Markt zu Markt.[439] Eine gewisse Leerstandsquote ist wichtig, um beispielsweise Modernisierungen und Umzüge am Markt zu ermöglichen. Auf dem Wohnungsmarkt beträgt die „normale" Leerstandsquote überwiegend 2,5 bis fünf, teilweise aber auch fünf bis sieben Prozent. Liegt sie in der aktuellen Marktphase darunter, so kann bereits von einem angespannten Wohnungsmarkt gesprochen werden.[440]

Ein gewisses Mietniveau ermöglicht es den Investoren, eine rentable Einkommensrendite zu erwirtschaften, was dann die Planung von Neubauvorhaben verstärkt.[441] Aufgrund der sehr guten Renditeaussichten steigen nun mehr und mehr Investoren, zum Teil aufgrund der „time-lags" und der Intransparenz auch zu spät, in den Markt ein.[442] Sie stützen ihre Neubauentscheidung dabei auf die bereits dargelegten Investitionsberechnungsmethoden.[443] Ab welchem Mietniveau die Investition rentabel ist, hängt maßgeblich[444] vom individuellen Diskontierungszinssatz[445] für das Investment ab. Denn je höher der geforderte Diskontierungszins ausfällt, desto später überschreitet die mögliche Neubauinvestition die Grenze der Rentabilität. Im Vergleich mit den vielen vergangenen Immobilienzyklen wird überdies deutlich, dass sich die Projektentwicklungsphase bereits durch einen langsamen Aufschwung auszeichnet.[446] Nehmen daher bei-

438 Siehe zur wichtigen Signalwirkung der Mietpreise Kapitel 1, C. I. 3. sowie Kapitel 2, A. I.

439 *Mueller*, Real Estate Finance 1995, 47 (48 und 52), der auch hervorhebt, dass im Gleichgewichtszeitpunkt das Angebot größer als die Nachfrage sein muss.

440 Hierzu und zum Vorstehenden *Rink/Wolff*, Raumforschung und Raumordnung 73 (2015), 311 (316–318) m. w. N.; *Henger/Voigtländer*, Ist der Wohnungsbau auf dem richtigen Weg?, 2019, S. 6–8, wonach eine natürliche Leerstandsquote bei 2,5 Prozent liegt.

441 *Mueller*, Real Estate Finance 1995, 47 (49); *Mueller*, Journal of Real Estate Research 1999, 131 (136 f.); *Gondring*, Immobilienwirtschaft, S. 38; vgl. *Wernecke*, Büroimmobilienzyklen, S. 42.

442 *Rottke*, in: Rottke/Voigtländer, Immobilienwirtschaftslehre – Ökonomie, S. 249 (257); *Mueller*, Real Estate Finance 1995, 47 (49); vgl. ähnlich *Wernecke*, Büroimmobilienzyklen, S. 42 f.

443 Siehe hierzu Kapitel 1, B. II. 2.

444 Der Kaufpreis von bebautem oder unbebautem Land wird zwar auch steigen, aber durch die rasante Mietpreisentwicklung samt höherem Verkaufspreis in der Zukunft ausgeglichen.

445 Dazu Kapitel 1, B. II. 3. c.

446 *Mueller*, Real Estate Finance 1995, 47 (49); *Mueller*, Journal of Real Estate Research 1999, 131 (137); vgl. ähnlich *Bracke*, Journal of Housing Economics 22 (2013), 213 (227); siehe auch *Eekhoff*, Wohnungspolitik, S. 1, der darauf

spielsweise die Anbieter einen Trend zu einer verstärkten Regulierung wahr, verlängert dies ceteris paribus diese Phase weiter. Denn je gewichtiger der Investor das Regulierungsrisiko in seine Investitionsberechnung einpreisen muss, desto höher muss sein Diskontierungszinssatz sein.[447] Folglich wird die Investition auch erst später wirtschaftlich sinnvoll. Zusammenfassend würde dies also die Neubauinvestition weiter verzögern.[448]

Das Ende der Phase wird durch den Höhepunkt des Zyklus (zugleich in der Abbildung das Optimum der Zykluskurve) abgebildet, der dann erreicht ist, wenn die Wachstumsrate des Angebots die der Nachfrage einholt und schon übersteigt.[449] Zusammenfassend nehmen in dieser Phase die Auslastungszahlen weiter zu. Folglich steigt die Zyklenkurve, die zu Phasenbeginn die Durchschnittsgerade überschritten und sich gegen Ende dieser dritten Phase ihrem Höhepunkt angenähert hat.

d) Überbauungsphase

Die Phase der Überbauung zeichnet sich durch eine sinkende Flächennachfrage und einen abnehmenden Flächenverbrauch aus. Die Leerstandsraten steigen wieder in Richtung der langfristigen Durchschnittsbelegung; die Zykluskurve schneidet daher die Durchschnittsbelegungsgerade. Zugleich kommen die im Boom in Auftrag gegebenen Neubauvorhaben aufgrund der „time-lags" nun erst Stück für Stück auf den Markt. Die Miete wächst zu Beginn der Phase weiterhin stark; später stagniert sie oder ist sogar schon rückläufig. Der Übergang zur Marktbereinigung und damit der erneute Beginn des nächsten Immobilienzyklus ist eingeleitet.[450] Zusammengefasst verringern sich die Auslastungszahlen wieder. Die Zy-

---

hinweist, dass durchaus drei bis vier Jahre ins Land gehen können, bis die Wohnungsknappheit überwunden ist.

447 So auch *Expertenkommission Wohnungspolitik*, Wohnungspolitik auf dem Prüfstand, S. 74.

448 Ebenso *Expertenkommission Wohnungspolitik*, Wohnungspolitik auf dem Prüfstand, S. 74.

449 *Mueller*, Real Estate Finance 1995, 47 (49); *Mueller*, Journal of Real Estate Research 1999, 131 (135 und 137), wonach viele Teilnehmer diesen Wendepunkt gar nicht erkennen.

450 Zu dem ganzen Absatz *Mueller*, Real Estate Finance 1995, 47 (49); *Mueller*, Journal of Real Estate Research 1999, 131 (135 und 137); *Rottke*, in: Rottke/Voigtländer, Immobilienwirtschaftslehre – Ökonomie, S. 249 (258); *Gondring*, Immobilienwirtschaft, S. 38 f.; vgl. ähnlich *Wernecke*, Büroimmobilienzyklen, S. 43.

kluskurve leitet von ihrem Höhepunkt aus den „Sinkflug" in Richtung der Durchschnittsbelegungsgeraden ein.

3. Zwischenfazit

Das Vier-Quadranten-Modell ist aufgrund seiner modelltypischen Annahmen ein Stück weit von der Realität entfernt. Das langfristige Gleichgewicht wird beispielsweise durch die tatsächlich auftretenden, sich vor Erreichen des langfristigen Gleichgewichts wieder ändernden mehreren Variablen beeinträchtigt. Trotz dieser Marktdynamik gibt es auch im Rahmen des Phasenmodells der Immobilienzyklen kurze Gleichgewichtszustände. Vor und nach ihnen zeichnet sich der Markt durch teils erhebliche Schwankungen aus, die als wiederkehrende Immobilienzyklen qualifiziert werden können, sodass sich Angebots- und Nachfrageüberhänge wiederholen.

Die Immobilienzyklen auf den jeweiligen Teilmärkten vollziehen sich in vier, durchgehenden Phasen. Unterschiede von Zyklus zu Zyklus ergeben sich dabei nur durch andere Spitzen-Tal-Werte und verschiedene Vor- und Nachläufe gegenüber der Konjunkturentwicklung. Besonderes Augenmerk verdient die Projektentwicklungsphase, die sich – mangels einer Definition angespannter Wohnungsmärkte außerhalb der Rechtswissenschaft – mit dem Verlauf der Phase eines angespannten Wohnungsmarkts deckt. Ihre typischen Auswirkungen sind eine starke Zunahme der Flächennachfrage und ein deutliches Unterschreiten einer am Markt normalen Leerstandsrate. Letzteres reicht dabei für einen angespannten Wohnungsmarkt schon aus. Hinzu kommen stark steigende Mieten und geringe Neubaufertigstellungen. Diese auf der Basis des Phasenmodells der Immobilienzyklen festgestellten Auswirkungen auf den Markt decken sich mit den Erkenntnissen des Vier-Quadranten-Modells im Beispiel der deutlichen Nachfragezunahme nach Fläche am Markt.[451] Daneben ist für diese Phase die langsame Aufschwungbewegung charakteristisch. Damit wird zugleich deutlich, dass die angespannte Projektentwicklungsphase deutlich länger andauert als die übrigen drei Phasen.

Zudem konnte die wichtige Signalwirkung des Mietpreises für die Anbieter und die Nachfrager herausgearbeitet werden. Nur hierdurch werden die geringen Leerstandsraten für die Marktteilnehmer sichtbar. Hieran orientiert sich ihr Agieren am Markt. Für die Anbieterseite heißt das, dass sie

451 Siehe Kapitel 1, C. I. 2. und 3.

auf der Basis der gängigen Investitionsberechnungsmethoden ab einem gewissen Mietniveau eine rentable Einkommensrendite erwirtschaften können. Folglich planen sie verstärkt Neubauvorhaben. Im Zusammenhang mit den Berechnungsmethoden ist auch der entscheidende Berechnungsfaktor des Diskontierungszinssatzes hervorzuheben. Je höher er ist, desto später – ceteris paribus – wird die Investition bei steigenden Mietpreisen erst wirtschaftlich. Auf die am Markt zu fordernde Zinssatzhöhe wirken sich die dabei einzupreisenden Risikofaktoren erheblich aus. Beispielsweise kann sich eine am Markt vernommene, zunehmende Regulierungsbereitschaft – ceteris paribus – in einem höheren Diskontierungszinssatz niederschlagen. Auch das kann die Planung von Neubauvorhaben weiter verzögern. Das Ende der angespannten Projektentwicklungsphase ist erst mit dem Höhepunkt des Zyklus erreicht. Dann überholt das Wohnungsangebot die Nachfrage nach ihnen.

III. Zwischenergebnis

Das Vier-Quadranten-Modell attestiert ein Marktgleichgewicht sowie das Wiedereinstellen eines neuen, aber veränderten längerfristigen Gleichgewichtszustands nach einer exogenen Veränderung. Das Phasenmodell der Immobilienzyklen bestätigt die Tendenz des Marktes zu einem Marktgleichgewicht. Hinzu kommt, dass sich während der vier Phasen eines Immobilienzyklus auch Gleichgewichtszustände ergeben. Aufgrund der zahlreichen Besonderheiten der Wohnung und des Wohnungsmarktes sind diese aber nur von kurzer Dauer. Auch die zugleich aufgeworfene Frage des Verhältnisses von Gleichgewichtszuständen und Marktschwankungen in zeitlicher Hinsicht kann damit beantwortet werden. Im zeitlichen Verlauf befindet sich der Markt überwiegend außerhalb dieser Gleichgewichtszustände und damit im Ungleichgewicht.

Wie sich das Gleichgewicht einstellt, kann durch das grundlegende Vier-Quadranten-Modell nachvollzogen werden. Anhand des Beispiels einer deutlichen Nachfragezunahme nach Wohnraum als exogene Änderung kann dies weiter verdeutlicht werden. Genauso zeigt das Phasenmodell der Immobilienzyklen die sich wiederholenden, nur in ihrer Ausprägung divergierenden Phasen der Immobilienzyklen. Damit kann auch die anfangs aufgeworfene Frage der Gemeinsamkeiten und Unterschiede von Marktentwicklungen folgendermaßen beantwortet werden: Immobilienzyklen wiederholen sich durchgehend und dabei immer entsprechend dem

Phasenmodell der Immobilienzyklen. Unterschiede ergeben sich nur in der konkreten Ausformung des jeweiligen Zyklus.

Das Phasenmodell der Immobilienzyklen verdeutlicht auch, welche der vier Phasen eines Immobilienzyklus sich mit der des angespannten Wohnungsmarkts deckt. Dies ist die Phase der Projektentwicklung. Sie zeichnet sich durch eine starke Zunahme der Flächennachfrage, ein deutliches Unterschreiten einer am Markt normalen Leerstandsrate, stark steigende Mieten und geringe Neubaufertigstellungen aus. Diese Marktauswirkungen decken sich mit den Erkenntnissen des Vier-Quadranten-Modells bei einer deutlichen Nachfragezunahme. Daneben zeichnet sich die Phase eines angespannten Wohnungsmarkts durch eine langsame Aufschwungbewegung aus. Sie fällt daher deutlich länger aus als die übrigen drei Phasen. Demnach kann die These, wonach sich der Immobilienmarkt im zeitlichen Verlauf überwiegend im Ungleichgewicht befindet, noch konkretisiert werden. Die Phase der Projektentwicklung und damit des angespannten Wohnungsmarkts zeichnet sich einerseits an sich schon durch eine lange Zeitdauer des Ungleichgewichts aus, andererseits beansprucht diese Phase für sich den deutlich größten Zeitanteil der Zeiten außerhalb des Gleichgewichts.

Schließlich wird die wichtige Signalwirkung des Mietpreises zur Steuerung des Marktgeschehens in Richtung eines Gleichgewichtszustands in beiden Modellen deutlich. Im Rahmen des Vier-Quadranten-Modells hängen die Indikatoren auf den x- und y-Achsen – Bestand in m^2, Miete, Immobilienwert und Neubau in m^2. Ändert sich ein Indikator oder wird einer reguliert, so wirkt sich dies auf die übrigen Indikatoren und damit auch auf das Marktgeschehen in Richtung eines (dadurch verzögerten) Marktgleichgewichts aus. Das Zusammenspiel der Teilmärkte wurde deutlich. Zugleich konnten auch die Anknüpfungspunkte für exogene Veränderungen im Zusammenspiel der Märkte herausgearbeitet werden. Diese Veränderungen beeinflussen die drei in den jeweiligen Quadranten vorhandenen Geraden, konkret deren jeweilige Verortung und Steigung. Damit haben sie eine direkte Auswirkung auf die Bewegung hin zu einem Gleichgewicht. Diese Bewegung kann aber durch die Regulierungsinstrumente auf angespannten Wohnungsmärkten deutlich verzögert oder sogar verhindert werden, da bestimmte Signale für die übrigen Teilmärkte damit künstlich verändert werden. Dies bestätigen die Erkenntnisse des Phasenmodells der Immobilienzyklen. Die Leerstandsraten, die sich in allen vier Phasen des Zyklus ändern, werden den Marktbeteiligten maßgeblich durch den Mietpreis signalisiert. Folglich beeinflusst und steuert der Mietpreis die Marktentwicklungen. Wird dieses Signal unterdrückt, verändert oder gestört, so werden auch in der Folge Bewegungen hin zu einem Marktgleichgewicht verzögert.

Kapitel 2: Ziele und Instrumente für eine Verbesserung der Wohnungsmarktsituation

A. *Wohnungspolitische Ziele und die Instrumente zu ihrer Verwirklichung*

In einem ersten Schritt sind die wohnungspolitischen Grundsätze und Ziele sowie das, was wohnungspolitisch vermieden werden sollte, herauszuarbeiten (I.). Sie stellen die Grundlage dafür dar, um in der aktuellen Wohnungsmarktlage die Ziele für eine Verbesserung der Wohnungsmarktsituation[452] zu identifizieren. Im Rahmen der wohnungspolitischen Ziele ist vor allem den Fragen nachzugehen, ob und unter welchen Voraussetzungen gesetzgeberische Eingriffe in den Wohnungsmarkt per se wohnungspolitisch geboten sind. Speziell soll zum einen ein wohnungspolitischer Blick auf den zunehmenden Trend zu Mietpreisregulierungen samt ihren Vor- und Nachteilen geworfen werden. Denn bereits im Vier-Quadranten-Modell sowie im Phasenmodell der Immobilienzyklen wurde deutlich, wie wichtig die Steuerungs- und Informationsfunktion der Preise für die Marktakteure ist und dass die Preise eines der wichtigsten Instrumente hin zu einem neuen Gleichgewicht sind.[453] Zum anderen soll geklärt werden, inwiefern die Wohnungspolitik das durchaus ambitionierte Ziel verfolgen sollte, Marktzyklen langfristig zu verhindern, oder ob sie diese nicht vielmehr zu akzeptieren hat.

In einem zweiten Schritt sind die Instrumente herauszuarbeiten, die der Wohnungspolitik zur Verfügung stehen (II.). Hierbei ist einerseits zu klären, wie der bunte Strauß wohnungspolitischer Instrumente voneinander abgegrenzt werden kann, und andererseits zu untersuchen, welche Instrumente generell für die Untersuchung[454] von besonderer Relevanz sind. Dies bildet zugleich die Grundlage für den in den Kapiteln 3 und 4 zu untersuchenden Rechtsrahmen.

---

452 Siehe hierzu Kapitel 2, B. II.

453 Siehe Kapitel 1, C. I. 3., C. II. 2. c. sowie C. II. 3.

454 Siehe zum Untersuchungsgegenstand Kapitel 1, A. IV.

I. Wohnungspolitische Ziele

Betrachtet man die grundlegenden Anforderungen an eine Wohnungspolitik im Lichte ihrer Ziele, stellt sich zunächst die Frage, ob die wohnungspolitische Forschungsliteratur gesetzgeberische Eingriffe in den Markt als möglich und ökonomisch sinnvoll ansieht und, wenn ja, welche Anforderungen daran zu stellen sind (1.). Im Anschluss daran können die Ziele einer Wohnungspolitik selbst untersucht werden (2.).

1. Der Grundsatz eines verlässlichen, dauerhaften Rechtsrahmens und seine Anforderungen an Markteingriffe

Mit der Wohnungspolitik[455] ist, soweit es möglich ist, ein verlässlicher und dauerhafter Rechtsrahmen für den Wohnungsmarkt zu gewährleisten.[456] Dies ist schon deswegen essentiell, da ganz überwiegend nicht-staatliche Anbieter Wohnungen schaffen und anbieten. Dies soll auch weiterhin so sein.[457] Der Staat kann am Wohnungsmarkt nur punktuell unterstützend und als Anbieter von Wohnungen tätig sein. Direkte Eingriffe des Staates

---

455 Der Begriff der Wohnungs- oder Wohnungswirtschaftspolitik wird in der Ökonomie nicht einheitlich verstanden, siehe *Jenkis*, in: ders., Kompendium der Wohnungswirtschaft, S. 213 (217); siehe beispielsweise die Begriffsverständnisse bei *Degner*, in: Albers, Handwörterbuch der Wirtschaftswissenschaften, Bd. 9, S. 502 (502); ähnlich bei *Heuer*, in: Beckerath u. a., Handwörterbuch der Sozialwissenschaften, Bd. 12, S. 810 (810); *Jenkis*, in: ders., Kompendium der Wohnungswirtschaft, S. 65 (67 f.); *Wölling*, Zur Frage von Ziel- und Situationsadäquanz wohnungspolitischer Instrumente der öffentlichen Hand in der Bundesrepublik Deutschland, S. 4 f.; vertiefend zu den unterschiedlichen Begriffsverständnissen *Fichtel*, Wohnungspolitik in der sozialen Marktwirtschaft, S. 4 m. w. N.

456 *Grosskopf/König*, in: Gondring, Handbuch Immobilienwirtschaft, S. 165 (166); *Eekhoff*, Wohnungspolitik, S. 3–5, 8 f. und 55; *Kühne-Büning*, in: Kühne-Büning u. a., Grundlagen der Wohnungs- und Immobilienwirtschaft, S. 234 (259); *Cromm/Koch*, Mietspiegel in Deutschland, S. 17 f.; *Expertenkommission Wohnungspolitik*, Wohnungspolitik auf dem Prüfstand, S. 53 f.; *Meyer*, Archiv für Kommunalwissenschaften 1986, 200 (214); speziell zum Mietrecht *Jaedicke*, in: Jenkis, Kompendium der Wohnungswirtschaft, S. 184 (194) m. w. N.

457 *Grosskopf/König*, in: Gondring, Handbuch Immobilienwirtschaft, S. 165 (166); *Hämmerlein*, Einführung in die Wohnungswirtschaft, S. 49; siehe hierzu auch Kapitel 1, B. I.

in das Marktgeschehen konterkarieren ganz grundsätzlich zunächst das Ziel eines verlässlichen und dauerhaften Rechtsrahmens.[458]

Gleichwohl werden Veränderungen oder Markteingriffe – insbesondere zu sozialen Zwecken[459] – wohnungspolitisch als geboten erachtet; sie müssen aber so wenig eingriffsintensiv wie möglich sein.[460] Zugleich ist dann auf marktkonforme Mittel zurückzugreifen, die die Funktionsfähigkeit des Wohnungsmarkts, den Wettbewerb und die Grundlagen für dezentrale Entscheidungen der Marktbeteiligten zumindest nicht beeinträchtigen, sie im besten Fall sogar verbessern.[461] Zusätzlich müssen einerseits die wohnungspolitischen Eingriffsmaßnahmen untereinander abgestimmt werden, um auch weiterhin einen homogenen Ordnungsrahmen zu gewährleisten. Andererseits muss der Gesetzgeber die (zukünftigen) Neben- und Rückwirkungen einzelner Maßnahmen insbesondere auf den Wohnungsbestand beachten.[462]

---

458 *Hamm*, in: Jenkis, Kompendium der Wohnungswirtschaft, S. 144 (148 und 153); ähnlich *Meyer*, Archiv für Kommunalwissenschaften 1986, 200 (214).

459 *Fichtel*, Wohnungspolitik in der sozialen Marktwirtschaft, S. 60; *Cromm/Koch*, Mietspiegel in Deutschland, S. 18; *Kühne-Büning/Steveling*, in: Kühne-Büning u. a., Grundlagen der Wohnungs- und Immobilienwirtschaft, S. 262 (262).

460 *Hamm*, in: Jenkis, Kompendium der Wohnungswirtschaft, S. 144 (150 und 154); ähnlich *Blumenroth*, Deutsche Wohnungspolitik seit der Reichsgründung, S. 122; *Wölling*, Zur Frage von Ziel- und Situationsadäquanz wohnungspolitischer Instrumente der öffentlichen Hand in der Bundesrepublik Deutschland, S. 21–23; vgl. auch *Fichtel*, Wohnungspolitik in der sozialen Marktwirtschaft, S. 59 f.; zu den Gründen für staatliche Eingriffe *Jenkis*, in: ders., Kompendium der Wohnungswirtschaft, S. 65 (70).

461 *Heuer*, in: Beckerath u. a., Handwörterbuch der Sozialwissenschaften, Bd. 12, S. 810 (815); *Leonhardt*, Wohnungspolitik in der Sozialen Marktwirtschaft, S. 89–91 und 98; *Eekhoff*, Wohnungspolitik, S. 4 f.; *Hamm*, in: Jenkis, Kompendium der Wohnungswirtschaft, S. 144 (149 und 153); *Fichtel*, Wohnungspolitik in der sozialen Marktwirtschaft, S. 59 f. und 220; *Kühne-Büning*, in: Kühne-Büning u. a., Grundlagen der Wohnungs- und Immobilienwirtschaft, S. 234 (259); *Lowinski*, Grundlagen, Zielsetzungen und Methoden der Wohnungspolitik in der Sozialen Marktwirtschaft, S. 12 f., 124–126 und 143; *Hämmerlein*, Einführung in die Wohnungswirtschaft, S. 46; ähnlich *Cromm/Koch*, Mietspiegel in Deutschland, S. 18; *Wölling*, Zur Frage von Ziel- und Situationsadäquanz wohnungspolitischer Instrumente der öffentlichen Hand in der Bundesrepublik Deutschland, S. 45; vertiefend *Blumenroth*, Deutsche Wohnungspolitik seit der Reichsgründung, S. 121 f. und 126–138; vgl. auch *Grosskopf/König*, in: Gondring, Handbuch Immobilienwirtschaft, S. 165 (166 f.); *Jenkis*, in: ders., Kompendium der Wohnungswirtschaft, S. 65 (67 f.); *Expertenkommission Wohnungspolitik*, Wohnungspolitik auf dem Prüfstand, S. 53.

462 Hierzu und zum Vorstehenden *Hamm*, in: Jenkis, Kompendium der Wohnungswirtschaft, S. 144 (155).

2. Die Ziele für den Wohnungsbestand – gehört auch eine Mietpreispolitik dazu?

Die Wohnungs(bestands)politik zielt mit ihren Eingriffen auf die „ökonomisch richtige Erhaltung, Bewirtschaftung, Instandsetzung und Verteilung des vorhandenen Wohnungsbestandes“ ab.[463] Im Zuge dessen spielen aber auch Erweiterungsmaßnahmen im Bestand, wie beispielsweise der Dachausbau und die Umnutzung im bestehenden Gebäude, eine Rolle.[464] Die Wohnungs(bestands)politik in einer sozialen Marktwirtschaft hat dabei vor allem die Eigenwirtschaftlichkeit der Wohnungsanbieter zu gewährleisten. Folglich muss der gesetzliche Rahmen mindestens eine kostendeckende Bewirtschaftung des Mietobjekts ermöglichen.[465]

Die bereits beschriebenen Marktzyklen zu verhindern, darf aber nach einhelliger Auffassung der Forschungsliteratur nicht zu den Zielen einer Wohnungspolitik gehören.[466] Ein Ankämpfen gegen die Zyklen würde die Wohnungspolitik überfordern, denn sie können wegen der zahlrei-

---

463 *Heuer*, in: Beckerath u. a., Handwörterbuch der Sozialwissenschaften, Bd. 12, S. 810 (819); *Jenkis*, in: ders., Kompendium der Wohnungswirtschaft, S. 213 (217); *Fichtel*, Wohnungspolitik in der sozialen Marktwirtschaft, S. 6; *Mayer*, Theorie und Politik des Wohnungsmarktes, S. 170; *Maennig*, in: Schulte u. a., Immobilienökonomie IV, S. 532 (532 f.); *Degner*, in: Albers, Handwörterbuch der Wirtschaftswissenschaften, Bd. 9, S. 516 (524 f.); *Jaedicke*, in: Jenkis, Kompendium der Wohnungswirtschaft, S. 184 (189 und 203 f.); ähnlich *Meyer*, Archiv für Kommunalwissenschaften 1986, 200 (204 f.); *Wölling*, Zur Frage von Ziel- und Situationsadäquanz wohnungspolitischer Instrumente der öffentlichen Hand in der Bundesrepublik Deutschland, S. 4 f.; vgl. hierzu auch *Hämmerlein*, Einführung in die Wohnungswirtschaft, S. 48; *Grosskopf/König*, in: Gondring, Handbuch Immobilienwirtschaft, S. 165 (168); *Füllenkemper*, Wirkungsanalyse der Wohnungspolitik in der Bundesrepublik Deutschland, S. 26 und 34 f.; *Eekhoff*, Wohnungspolitik, S. 4; *Lowinski*, Grundlagen, Zielsetzungen und Methoden der Wohnungspolitik in der Sozialen Marktwirtschaft, S. 110 und 115; *Blumenroth*, Deutsche Wohnungspolitik seit der Reichsgründung, S. 25; *Löwenstein*, Wohnungspolitik, S. 3–13.

464 *Maennig*, in: Schulte u. a., Immobilienökonomie IV, S. 532 (532); *Jenkis*, in: ders., Kompendium der Wohnungswirtschaft, S. 213 (217); *Fichtel*, Wohnungspolitik in der sozialen Marktwirtschaft, S. 6; *Mayer*, Theorie und Politik des Wohnungsmarktes, S. 170; ähnlich *Heuer*, in: Beckerath u. a., Handwörterbuch der Sozialwissenschaften, Bd. 12, S. 810 (816).

465 Hierzu und zum Vorstehenden *Heuer*, in: Beckerath u. a., Handwörterbuch der Sozialwissenschaften, Bd. 12, S. 810 (819).

466 *Eekhoff*, Wohnungspolitik, S. 2; vgl. auch *Pätzold*, in: Gans/Westerheide, Steuerungs- und Beobachtungsinstrumente zur städtischen Wohnungsmarkt- und Quartiersentwicklung, S. 17 (22).

chen Besonderheiten des Wohnungsmarktes und der Wohnung überhaupt nicht verhindert werden.[467] Die Marktzyklen[468] resultieren insbesondere aus den langen Reaktionszeiten, der Marktintransparenz, der Langlebigkeit in Verbindung mit der langen Produktionszeit sowie der Langfristigkeit der kostenintensiven Investitionsentscheidung.[469] Zudem tendiert der Wohnungsmarkt bereits von sich aus in Richtung eines Gleichgewichts und zielt – nach einer exogenen Veränderung – auf einen neuen, veränderten Gleichgewichtszustand[470] ab. Aber auch hier verhindern die zahlreichen Wohnungs- und Marktbesonderheiten ein sofortiges Gleichgewicht. Mit der Akzeptanz der Marktzyklen geht aber nicht einher, dass auch jeglichem sozialen Schutz und Eingriffen auf dem Wohnungsmarkt eine Absage erteilt wird. Vielmehr hat sich die Wohnungspolitik in den Phasen eines angespannten Wohnungsmarktes ganz besonders auf den Ausgleich der durch die Zyklen hervorgerufenen Folgen für die sozial Schwachen zu konzentrieren.[471] Zusammengefasst ergibt sich die wohnungspolitische Empfehlung, die Marktzyklen zu akzeptieren, aber nicht deren Auswirkungen auf die sozial Schwachen am Wohnungsmarkt.

Die Wohnungspolitik hat auch deswegen den rechtlichen Schutz der Mieter, speziell den Kündigungsschutz und ganz generell die Mietpreise mit ihrer Belastung der Haushalte, im Blick zu haben.[472] Dass die sozialen Aspekte auch innerhalb der ökonomischen Forschungsliteratur durchaus Gewicht haben, zeigt die bereits ausführlich dargelegt Qualifikation der Wohnung als Wirtschafts- *und* Sozialgut.[473] Hinsichtlich der Mietpreise wird ein Schutz vor wucherischen Preisüberhöhungen oder sogar die Gewährleistung sozial vertretbarer Wohnkosten insbesondere in Relation

467 *Eekhoff*, Wohnungspolitik, S. 2 und 7.

468 Siehe Kapitel 1, C. II.

469 Siehe zu diesen Besonderheiten Kapitel 1, A. IV. 1. a., b. und h. sowie A. IV. 2. a. und d.

470 Siehe zum Gleichgewicht Kapitel 1, C. I., insbesondere dort unter 3.

471 *Eekhoff*, Wohnungspolitik, S. 2 und 7 f.; siehe zu den Marktzyklen Kapitel 1, C. II.

472 So *Heuer*, in: Beckerath u. a., Handwörterbuch der Sozialwissenschaften, Bd. 12, S. 810 (819); *Hämmerlein*, Einführung in die Wohnungswirtschaft, S. 48; *Jenkis*, in: ders., Kompendium der Wohnungswirtschaft, S. 213 (217); *Eichhorn*, in: Jenkis, Kompendium der Wohnungswirtschaft, S. 159 (162), wonach nur eine (problematische) Bestandsmietpreisregulierung einen wirksamen Kündigungsschutz gewährleisten kann; ebenso *Füllenkemper*, Wirkungsanalyse der Wohnungspolitik in der Bundesrepublik Deutschland, S. 93; ähnlich *Meyer*, Archiv für Kommunalwissenschaften 1986, 200 (207).

473 Siehe Kapitel 1, A. I. 2.

zum Einkommen gefordert.[474] Wie dies wohnungspolitisch erreicht werden soll – also etwa durch eine Objektförderung, durch eine Subjektförderung, durch Steuerbegünstigungen, durch eine Mietpreisregulierung oder eine Kombination verschiedener Ansätze –, wird ganz unterschiedlich bewertet.[475] Den stärksten Widerspruch erfährt dabei die Mietpreisregulierung. Diese gilt es näher zu untersuchen. Daher sollen im Folgenden die (Gegen-)Positionen der ökonomischen Forschungsliteratur hierzu mit ihren wesentlichen Argumenten zu Wort kommen. Vor allem die Vertreter eines marktwirtschaftlichen Ansatzes lehnen die Mietpreisregulierung mehrheitlich ab (a.). Vertreter eines sozialen Mietrechts streben dagegen eine innerhalb der Mietpreisregulierung differenzierte Betrachtungsweise an (b.), die aber wiederum starke Kritik erfährt (c.).

a) Ablehnung jeglicher Mietpreispolitik

Eine Mietpreispolitik[476] per se wird überwiegend, vor allem von Vertretern eines marktwirtschaftlichen Ansatzes, äußerst kritisch gesehen und als ein zu verfolgendes wohnungspolitisches Ziel abgelehnt.[477] Die von ihnen an-

---

474 *Heuer*, in: Beckerath u. a., Handwörterbuch der Sozialwissenschaften, Bd. 12, S. 810 (819); *Hämmerlein*, Einführung in die Wohnungswirtschaft, S. 48; *Jenkis*, in: ders., Kompendium der Wohnungswirtschaft, S. 213 (217); ähnlich *Eekhoff*, Wohnungspolitik, S. 4, wonach die Miete der Zahlungsbereitschaft der Mieter entsprechen soll; *Meyer*, Archiv für Kommunalwissenschaften 1986, 200 (205).

475 Vgl. beispielsweise *Hämmerlein*, Einführung in die Wohnungswirtschaft, S. 48 f.; *Heuer*, in: Beckerath u. a., Handwörterbuch der Sozialwissenschaften, Bd. 12, S. 810 (819); *Hamm*, in: Jenkis, Kompendium der Wohnungswirtschaft, S. 144 (153 f.); *Jenkis*, in: ders., Kompendium der Wohnungswirtschaft, S. 65 (86 und 90 f.); *Eekhoff*, Wohnungspolitik, S. 9 ff. und 168 ff.

476 Zu dem Begriff vertiefend *Cromm/Koch*, Mietspiegel in Deutschland, S. 23–25; zu den Hauptmotiven für mietpreispolitische Maßnahmen *Cromm/Koch*, Mietspiegel in Deutschland, S. 28; ausführlich zu den Arten, Instrumenten, Gründen und Wirkungen der Preisregulierung *Woll*, in: Albers, Handwörterbuch der Wirtschaftswissenschaft, Bd. 6, S. 202 (202 ff.); *Meinhold*, in: Beckerath u. a., Handwörterbuch der Sozialwissenschaften, Bd. 8, S. 499 (499 ff.).

477 Zum internationalen Meinungsstand *Jenkins*, Econ Journal Watch 2009, 73 (73 ff. und 105 f.), wonach Mietpreisregulierungen durchgehend und ganz überwiegend missbilligt werden; *Sturtevant*, The Impacts of Rent Control, 2018, S. 8 ff. Zum deutschen und europäischen Meinungsstand *Lowinski*, Grundlagen, Zielsetzungen und Methoden der Wohnungspolitik in der Sozialen Marktwirtschaft, S. 13; *Eekhoff*, Wohnungspolitik, S. 3–5 und 38–51; so wohl auch *Weber/Lee*, International Journal of Housing Markets and Analysis 13 (2020), 635

geführten Kritikpunkte können nach generellen Argumenten gegen eine Mietpreispolitik (aa.), der Einbahnstraße einer sich über die Zeit immer weiter verschärfenden Mietpreisregulierung (bb.) und der durch die Mietpreisregulierung verursachten Zunahme flankierender Gesetze unterschieden werden (cc.).

aa) Generelle Kritikpunkte

Die wohnungspolitische Forschungsliteratur sieht Mietpreisregulierungen aus mehreren Gründen kritisch.

Die Erstellung, Instandsetzung, Modernisierung und Nutzung einschließlich der regionalen Verteilung der Wohnungen könne einzig und allein über die unterschiedliche Preisgestaltung und -entwicklung auf der Basis von Angebot und Nachfrage frei von staatlichen Eingriffen effektiv gesteuert werden.[478] Die Mietpreisentwicklung in den unterschiedlichen Teilmärkten habe zudem – wie bereits im Vier-Quadranten-Modell sowie im Phasenmodell der Immobilienzyklen verdeutlicht[479] – eine für den Mieter wichtige Steuerungs- und Informationsfunktion darüber, wie knapp dort der Wohnraum sei.[480] Staatliche Eingriffe in das Mietensystem

---

(654 f.); *Hamm*, in: Jenkis, Kompendium der Wohnungswirtschaft, S. 144 (148 und 153); *Eichhorn*, in: Jenkis, Kompendium der Wohnungswirtschaft, S. 159 (162 f., 164 und 167); *Jenkis*, in: ders., Kompendium der Wohnungswirtschaft, S. 818 (818–823) m. w. N.; *Wölling*, Zur Frage von Ziel- und Situationsadäquanz wohnungspolitischer Instrumente der öffentlichen Hand in der Bundesrepublik Deutschland, S. 305–310; *Cuerpo/Kalantaryan/Pontuch*, Rental market regulation in the European Union, 2014, S. 17; *Meyer*, Archiv für Kommunalwissenschaften 1986, 200 (213 und 214 f.); *Hofacker*, Preisvorschriften für sogenannten preisfreien Wohnraum, S. 116; vgl. *Mises*, Kritik des Interventionismus, S. 11; *Meinhold*, in: Beckerath u. a., Handwörterbuch der Sozialwissenschaften, Bd. 8, S. 499 (503); *Schneider/Deichmann*, Der Weg zur sozialen Wohnungsmarktwirtschaft, S. 14; *Woll*, in: Albers, Handwörterbuch der Wirtschaftswissenschaft, Bd. 6, S. 202 (206). Vgl. auch den Meinungsüberblick zur Preisregulierung an sich bei *Woll*, in: Albers, Handwörterbuch der Wirtschaftswissenschaft, Bd. 6, S. 202 (206). Dagegen differenzierend und eine Bestandmietenregulierung bejahend siehe die Nachweise in Kapitel 2, A. I. 2. b.

478 *Eekhoff*, Wohnungspolitik, S. 3, 7 und 38–41; dazu tendierend *Lowinski*, Grundlagen, Zielsetzungen und Methoden der Wohnungspolitik in der Sozialen Marktwirtschaft, S. 143.

479 Siehe Kapitel 1, C. I. und II.

480 *Eekhoff*, Wohnungspolitik, S. 40; ähnlich *Henger*, Wirtschaftsdienst 2019, 603 (606); *Wissenschaftlicher Beirat beim Bundesministerium für Wirtschaft und Energie*,

und die Mietenentwicklung würden diese Funktionen sowohl für den Nachfrager nach Wohnungen als auch für deren Anbieter zerstören.[481] Sie stellten eine marktkonträre Intervention dar und störten den Marktmechanismus.[482] Anstelle von Mietpreisregulierungen setzen die Vertreter dieser Auffassung vielmehr auf Subventionen, insbesondere auf Subjektförderungen.[483]

Des Weiteren würden von der Mietpreisregulierung auf der Nachfrageseite – entgegen der gesetzgeberischen Zielsetzung – eben nicht die sozial schwächeren, sondern die wohlhabenderen Haushalte profitieren, denn sie könnten sich auf der Basis der niedrigen Preise eine größere Wohnung oder sogar eine Zweitwohnung leichter leisten; letztlich schaden die Mietpreisregulierung den sozial Schwächeren sogar.[484] Folglich werde in einem

---

Soziale Wohnungspolitik, 2018, S. 6; vgl. *Jaedicke*, in: Jenkis, Kompendium der Wohnungswirtschaft, S. 184 (192); siehe auch Kapitel 1, C. I. 3., C. II. 2. c. sowie C. II. 3.

481 *Eekhoff*, Wohnungspolitik, S. 4 und 46–51; *Wissenschaftlicher Beirat beim Bundesministerium für Wirtschaft und Energie*, Soziale Wohnungspolitik, 2018, S. 7; *Grosskopf/König*, in: Gondring, Handbuch Immobilienwirtschaft, S. 165 (173); *Maennig*, in: Schulte u. a., Immobilienökonomie IV, S. 532 (544); *Wölling*, Zur Frage von Ziel- und Situationsadäquanz wohnungspolitischer Instrumente der öffentlichen Hand in der Bundesrepublik Deutschland, S. 306 f.; ähnlich *Hofacker*, Preisvorschriften für sogenannten preisfreien Wohnraum, S. 117; *Henger*, Wirtschaftsdienst 2019, 603 (606).

482 Siehe *Jenkis*, in: ders., Kompendium der Wohnungswirtschaft, S. 65 (86); ähnlich *Weber/Lee*, International Journal of Housing Markets and Analysis 13 (2020), 635 (654).

483 Siehe beispielsweise *Weber/Lee*, International Journal of Housing Markets and Analysis 13 (2020), 635 (654 f.); *Diamond/McQuade/Qian*, American Economic Review 109 (2019), 3365 (3393); *Eekhoff*, Wohnungspolitik, S. 223; *Wissenschaftlicher Beirat beim Bundesministerium für Wirtschaft und Energie*, Soziale Wohnungspolitik, 2018, S. 19; ähnlich *Sturtevant*, The Impacts of Rent Control, 2018, S. 8–10; *Heuer*, in: Beckerath u. a., Handwörterbuch der Sozialwissenschaften, Bd. 12, S. 810 (819).

484 *Eekhoff*, Wohnungspolitik, S. 40 f., 49 f. und 57; *Grosskopf/König*, in: Gondring, Handbuch Immobilienwirtschaft, S. 165 (173 und 182); *Eichhorn*, in: Jenkis, Kompendium der Wohnungswirtschaft, S. 159 (166); *Wölling*, Zur Frage von Ziel- und Situationsadäquanz wohnungspolitischer Instrumente der öffentlichen Hand in der Bundesrepublik Deutschland, S. 308 f.; *Hofacker*, Preisvorschriften für sogenannten preisfreien Wohnraum, S. 116 f.; *Kholodilin/Ulbricht*, DIW Wochenbericht 2014, 319 (322); *Sturtevant*, The Impacts of Rent Control, 2018, S. 8–10; *Kletečka*, AcP 220 (2020), 674 (686 f.) m. w. N.; vgl. *Sturtevant*, The Impacts of Rent Control, 2018, S. 8 f.; *Wissenschaftlicher Beirat beim Bundesministerium für Wirtschaft und Energie*, Soziale Wohnungspolitik, 2018, S. 8; *Jaedicke*, in: Jenkis, Kompendium der Wohnungswirtschaft, S. 184 (192 und 205).

Markt mit regulierten Mietpreisen verschwenderischer mit dem zur Verfügung stehenden Wohnraum umgegangen.[485] Die Mietpreisregulierung sei für die sozial Schwachen auch deswegen nachteilig, weil Vermieter die Haushalte mit einem höheren Einkommen wegen des damit geringeren Mietausfallrisikos bei der Mieterauswahl präferierten.[486] Des Weiteren erhöhten Mietpreisregulierungen die Nachfrage; daneben könne ein reduziertes Wohnungsangebot als Folge nicht ausgeschlossen werden.[487] Beides verschärfe die Situation auf dem angespannten Wohnungsmarkt noch weiter. Hinzukomme, dass die Mietpreisregulierung durchaus zu einer verstärkten Gentrifizierung beitragen könne. Denn die Miet- würden in Eigentumswohnungen umgewandelt, adressierten nun die finanzstärkeren Nutzergruppen und verringerten dadurch auch das Angebot an Mietwohnungen; andererseits werde der konkrete Mietwohnungsmarkt für potenti-

---

485 *Eekhoff*, Wohnungspolitik, S. 40 und 48 f.; *Eichhorn*, in: Jenkis, Kompendium der Wohnungswirtschaft, S. 159 (163 und 166 f.).

486 *Kletečka*, AcP 220 (2020), 674 (685–688); *Hofacker*, Preisvorschriften für sogenannten preisfreien Wohnraum, S. 116 f.; *Henger*, Wirtschaftsdienst 2019, 603 (606); ähnlich *Expertenkommission Wohnungspolitik*, Wohnungspolitik auf dem Prüfstand, S. 119; vgl. *Sturtevant*, The Impacts of Rent Control, 2018, S. 9.

487 *Eekhoff*, Wohnungspolitik, S. 4 f., 45 und 46–51; ähnlich *Maennig*, in: Schulte u. a., Immobilienökonomie IV, S. 532 (554); *Eichhorn*, in: Jenkis, Kompendium der Wohnungswirtschaft, S. 159 (165); *Hofacker*, Preisvorschriften für sogenannten preisfreien Wohnraum, S. 117; *Expertenkommission Wohnungspolitik*, Wohnungspolitik auf dem Prüfstand, S. 74, 111 f. und 119 f.; *Jaedicke*, in: Jenkis, Kompendium der Wohnungswirtschaft, S. 184 (194) m. w. N.; *Wölling*, Zur Frage von Ziel- und Situationsadäquanz wohnungspolitischer Instrumente der öffentlichen Hand in der Bundesrepublik Deutschland, S. 307; *Wissenschaftlicher Beirat beim Bundesministerium für Wirtschaft und Energie*, Soziale Wohnungspolitik, 2018, S. 6–8; *Voigtländer/Seipelt*, Perspektiven für private Kleinvermieter, 2017, S. 25; *Kletečka*, AcP 220 (2020), 674 (685 f.); *Kholodilin/Ulbricht*, DIW Wochenbericht 2014, 319 (322); *Diamond/McQuade/Qian*, American Economic Review 109 (2019), 3365 (3393); so auch das überwiegende internationale Meinungsbild, siehe dazu *Jenkins*, Econ Journal Watch 2009, 73 (75) m. w. N.; ähnlich *Cuerpo/Kalantaryan/Pontuch*, Rental market regulation in the European Union, 2014, S. 10 f. m. w. N.; *Ibel*, in: Arnold u. a., Wohnimmobilien, S. 119 (129); allgemeiner *Jenkis*, in: ders., Kompendium der Wohnungswirtschaft, S. 818 (818 f.); vgl. *Meyer*, Archiv für Kommunalwissenschaften 1986, 200 (210 und 213); *Blankenagel/Schröder/Spoerr*, NZM 2015, 1 (11). A. A. zur Angebotsverringerung *Mense/Michelsen/Kholodilin*, Rent Control, Market Segmentation, and Misallocation, 2019, S. 36; *Jenkis*, in: ders., Kompendium der Wohnungswirtschaft, S. 818 (842–852), der – empirisch arbeitend – kein aus dem sozialen Mietrecht resultierendes Investitionshindernis bestätigen kann; kritisch hierzu *Schuldt*, Mietpreisbremse, S. 66 f. Differenzierend – Angebotsverringerung nur durch Umnutzungen – *Sturtevant*, The Impacts of Rent Control, 2018, S. 12–15.

ell zuziehende Mieter durch die leichter bezahlbaren Mieten attraktiver.[488] Anders formuliert erwiesen sich neuere Regulierungen wie beispielsweise die Mietpreisbremse als kontraproduktiv, denn sie entwerteten zu einem gewissen Teil die Vorteile anderer Regionen mit ihren bis dato noch niedrigeren Mietkosten.[489]

Außerdem sei auf Märkten mit regulierten Mieten zu beobachten, dass Vermieter vom Mieter vermehrt sonstige Dienste oder – zusätzlich zur Kaltmiete – weitere Kosten im Zusammenhang mit der Wohnungsnutzung verlangten (zum Beispiel Gartenarbeiten, eine Ablöse der Möbel des Vormieters oder einen Möblierungszuschlag).[490] In den sieben größten deutschen Städten ist bereits ein deutlicher Trend zur Vermietung (teil)möblierter Wohnungen und damit Aufschläge für die mitvermieteten Möbel festzustellen.[491] Zu einem gewissen Teil ist dies aber auch auf eine veränderte Nachfrage zurückzuführen. Aufgrund der gewachsenen Flexibilität der mietenden Haushalte und der zunehmenden Wohnortwechsel werden dementsprechend bereits eingerichtete Wohnungen von gewissen Mietern stärker nachgefragt.

Zuletzt wird noch darauf hingewiesen, dass gesetzgeberische Eingriffe in die Mietpreisbildung oft auch mit ihrer nur befristeten Geltungsdauer gerechtfertigt würden. Allerdings würden alle bisher aufgezeigten negativen Effekte für die Nachfrager ebenfalls für befristete Mietpreisregulierungen gelten, da auch diese auf Zeit den Mangel an Wohnraum durch die künstlich günstigeren Mieten weiter verschärften.[492] Zudem würden sehr oft befristete Mietpreisregulierungen entweder verlängert oder letzt-

---

488 Hierzu und zum Vorstehenden *Diamond/McQuade/Qian*, American Economic Review 109 (2019), 3365 (3390–3393); *Ibel*, in: Arnold u. a., Wohnimmobilien, S. 119 (129); ähnlich *Sturtevant*, The Impacts of Rent Control, 2018, S. 8–10.

489 *Simons/Wieden*, Schwarmstädte in Deutschland, 2015, S. 68; ähnlich *Blankenagel/Schröder/Spoerr*, NZM 2015, 1 (11); *Kletečka*, AcP 220 (2020), 674 (685); *Eekhoff*, Wohnungspolitik, S. 48 f.; *Henger*, Wirtschaftsdienst 2019, 603 (606); *Wissenschaftlicher Beirat beim Bundesministerium für Wirtschaft und Energie*, Soziale Wohnungspolitik, 2018, S. 8; *Ibel*, in: Arnold u. a., Wohnimmobilien, S. 119 (129).

490 *Eekhoff*, Wohnungspolitik, S. 50 f.; *Kholodilin/Ulbricht*, DIW Wochenbericht 2014, 319 (323); siehe auch *Fabricius*, So tricksen Vermieter bei der Miethöhe, 2019, S. 1.

491 Siehe beispielsweise *Empirica*, Möblierte Wohnungen in den Top 7-Städten, 2016, S. 1 = WuM 2016, 601; für Bayern insgesamt *Institut Wohnen und Umwelt*, Gutachten zur Identifizierung von Gebieten mit angespannten Wohnungsmärkten in Bayern, 2019, S. 73; weiterführend zu den möblierten Wohnungen (Mietpreis, Größe, Lage etc.) *Leutner*, GE 2016, 1131 (1131 f.).

492 *Eekhoff*, Wohnungspolitik, S. 41 f.

lich sogar dauerhaft eingeführt.[493] Als aktuelles Beispiel hierfür werden die verlängerten und verschärften Regelungen der sogenannten Mietpreisbremse gemäß §§ 556d ff. BGB ins Feld geführt.[494] Auch die zunächst befristeten Regelungen zur Vergleichsmiete des sogenannten Ersten Wohnraumkündigungsschutzgesetzes[495] (dort in § 3 geregelt) wurden durch das Zweite Wohnraumkündigungsschutzgesetz[496] letztlich zu Dauerrecht.[497] Hinzukomme, dass auch zeitlich befristete Regelungen zu erheblichen Verunsicherungen am Markt und dort speziell bei den Vermietern mit ihren langfristig angelegten Investitionsentscheidungen beitrügen.[498]

bb) Einbahnstraße einer sich weiter verschärfenden Mietpreisregulierung

Neben diesen generellen Kritikpunkten führt die wohnungspolitische Forschungsliteratur an, dass mietenpolitische Maßnahmen über die Zeit nicht zurückgenommen, sondern immer weiter verschärft würden.[499] Dies habe gleich mehrere Gründe.

493 *Eekhoff*, Wohnungspolitik, S. 43 f.; *Expertenkommission Wohnungspolitik*, Wohnungspolitik auf dem Prüfstand, S. 112; *Hofacker*, Preisvorschriften für sogenannten preisfreien Wohnraum, S. 118; ähnlich *Wölling*, Zur Frage von Ziel- und Situationsadäquanz wohnungspolitischer Instrumente der öffentlichen Hand in der Bundesrepublik Deutschland, S. 309.

494 Gesetz zur Verlängerung und Verbesserung der Regelungen über die zulässige Miethöhe bei Mietbeginn vom 19.03.2020, BGBl. I, S. 540.

495 Gesetz über den Kündigungsschutz für Mietverhältnisse über Wohnraum vom 25.11.1971, BGBl. I, S. 1839 (1839 f.).

496 Zweites Gesetz über den Kündigungsschutz für Mietverhältnisse über Wohnraum (Zweites Wohnraumkündigungsschutzgesetz – 2. WKSchG) vom 18.12.1974, BGBl. I, S. 3603 (3604–3606).

497 Vertiefend *Schuldt*, Mietpreisbremse, S. 41–43 m. w. N.

498 *Hofacker*, Preisvorschriften für sogenannten preisfreien Wohnraum, S. 118; siehe zur Langfristigkeit Kapitel 1, A. IV. 1. h. sowie zum einzupreisenden Regulierungsrisiko B. II. 3. c.

499 *Eekhoff*, Wohnungspolitik, S. 44 f.; *Eichhorn*, in: Jenkis, Kompendium der Wohnungswirtschaft, S. 159 (165); *Kletečka*, AcP 220 (2020), 674 (691); *Michelsen/Mense*, Evaluierung der Mietpreisbremse, 2018, S. 46; ähnlich *Expertenkommission Wohnungspolitik*, Wohnungspolitik auf dem Prüfstand, S. 112; *Wölling*, Zur Frage von Ziel- und Situationsadäquanz wohnungspolitischer Instrumente der öffentlichen Hand in der Bundesrepublik Deutschland, S. 307; vgl. *Jaedicke*, in: Jenkis, Kompendium der Wohnungswirtschaft, S. 184 (193); vgl. auch zur Preispolitik generell *Meinhold*, in: Beckerath u. a., Handwörterbuch der Sozialwissenschaften, Bd. 8, S. 499 (503); *Woll*, in: Albers, Handwörterbuch der Wirtschaftswissenschaft, Bd. 6, S. 202 (206).

Mieteneingriffe benötigten selbst keine Haushaltsmittel, seien damit leicht politisch umsetzbar und würden als ein schneller Lösungsansatz für einen angespannten Wohnungsmarkt wahrgenommen.[500] Erst mittelfristig wirkten sich deren negative (finanzielle) Effekte aus, da – wie bereits dargelegt – der Wohnungsmarkt ein Bestandsmarkt mit langen Reaktionszeiten ist und demnach die Angebotsverringerungen erst deutlich verzögert zu Tage treten werden.[501] Dies kaschiere, die Argumentation weiter, die Zuordnung der späteren Marktentwicklung zu der früheren politischen Mietpreisentscheidung. Habe sich dann aber die Wohnungsmarktsituation weiter verschlechtert, erhöhe dies den politischen Druck, dann auch weiter in den Mietmarkt einzugreifen, freilich die These scheinbar bestätigend, dass der Markt es alleine doch nicht richten könne.[502]

---

500 *Eekhoff*, Wohnungspolitik, S. 42 und 46; *Maennig*, in: Schulte u. a., Immobilienökonomie IV, S. 532 (555 f.); *Eichhorn*, in: Jenkis, Kompendium der Wohnungswirtschaft, S. 159 (166); *Hofacker*, Preisvorschriften für sogenannten preisfreien Wohnraum, S. 116; ähnlich *Wölling*, Zur Frage von Ziel- und Situationsadäquanz wohnungspolitischer Instrumente der öffentlichen Hand in der Bundesrepublik Deutschland, S. 308; *Kletečka*, AcP 220 (2020), 674 (691); vgl. *Woll*, in: Albers, Handwörterbuch der Wirtschaftswissenschaft, Bd. 6, S. 202 (206); *Jaedicke*, in: Jenkis, Kompendium der Wohnungswirtschaft, S. 184 (192); *Meyer*, Archiv für Kommunalwissenschaften 1986, 200 (213); *Henger*, Wirtschaftsdienst 2019, 603 (606); siehe aber auch *Kholodilin/Ulbricht*, DIW Wochenbericht 2014, 319 (323), die die hohen bürokratischen Kosten zur Durchsetzung der Mietpreisregulierung betonen.

501 *Eekhoff*, Wohnungspolitik, S. 42, 46 f. und 50; *Eichhorn*, in: Jenkis, Kompendium der Wohnungswirtschaft, S. 159 (166); *Wölling*, Zur Frage von Ziel- und Situationsadäquanz wohnungspolitischer Instrumente der öffentlichen Hand in der Bundesrepublik Deutschland, S. 307; ähnlich *Kletečka*, AcP 220 (2020), 674 (691); *Henger*, Wirtschaftsdienst 2019, 603 (606); *Ibel*, in: Arnold u. a., Wohnimmobilien, S. 119 (129); vgl. *Woll*, in: Albers, Handwörterbuch der Wirtschaftswissenschaft, Bd. 6, S. 202 (206); zu den Besonderheiten des Wohnungsmarkts siehe Kapitel 1, IV. 2. a. und b.

502 *Eekhoff*, Wohnungspolitik, S. 4, 44 f. und 65, der vielmehr ein Politikversagen attestiert; vgl. *Meinhold*, in: Beckerath u. a., Handwörterbuch der Sozialwissenschaften, Bd. 8, S. 499 (503); *Maennig*, in: Schulte u. a., Immobilienökonomie IV, S. 532 (557), der hervorhebt, dass wohnungspolitisches Versagen zugleich die vermeintliche Notwendigkeit für eine Ausweitung der Wohnungspolitik begründet; ähnlich *Expertenkommission Wohnungspolitik*, Wohnungspolitik auf dem Prüfstand, S. 73 und 75 f.; vgl. *Woll*, in: Albers, Handwörterbuch der Wirtschaftswissenschaft, Bd. 6, S. 202 (206 f.); *Meyer*, Archiv für Kommunalwissenschaften 1986, 200 (200); *Henger*, Wirtschaftsdienst 2019, 603 (606); zu den Rechtfertigungen für staatliche Eingriffe in den Wohnungsmarkt vgl. beispielsweise *Dopfer*, Der westdeutsche Wohnungsmarkt, S. 85–89.

Zudem könne nicht festgestellt werden, wie stark sich die Mieten im Falle der Deregulierung einzelner bisheriger Mieteneingriffe entwickeln würden.[503] Jedenfalls kurzfristig dürften die Marktteilnehmer im Falle einer Deregulierung die vorher künstlich durch die Mietpreisregulierung limitierten Preissteigerungen nachholen.[504] Schon einzelne Mietpreisregulierungen würden aus Angst vor den Folgen (noch stärker) unregulierter Mieten nicht gelockert werden; der eingeschlagene Weg der Mietpreispolitik sei daher in aller Regel eine Einbahnstraße.[505] Die Einführung dieses Instruments sei demnach deutlich leichter als seine spätere Aufhebung.[506] Die politischen Hürden für eine Deregulierung erscheinen vielen Ökonomen daher unüberwindbar.

cc) Die Ursächlichkeit von Mietpreisregulierungen für weitere Gesetze

Als weiteren Kritikpunkt führt die wohnungspolitische Forschungsliteratur an, dass es nicht bei der ausschließlichen und sich verschärfenden Regulierung der Mietpreise bleibe. Bevor einer Mietpreispolitik eine Absage erteilt werde[507], würden vielmehr zusätzlich zur Mietpreisregulierung weitere Gesetze erlassen, um ihre Nachteile zu kaschieren oder abzufedern.

---

503 *Eekhoff*, Wohnungspolitik, S. 44; ähnlich *Eichhorn*, in: Jenkis, Kompendium der Wohnungswirtschaft, S. 159 (164).

504 *Eichhorn*, in: Jenkis, Kompendium der Wohnungswirtschaft, S. 159 (164 f.); *Wölling*, Zur Frage von Ziel- und Situationsadäquanz wohnungspolitischer Instrumente der öffentlichen Hand in der Bundesrepublik Deutschland, S. 307; ähnlich *Hofacker*, Preisvorschriften für sogenannten preisfreien Wohnraum, S. 118 f.; *Kletečka*, AcP 220 (2020), 674 (691 f.); *Jaedicke*, in: Jenkis, Kompendium der Wohnungswirtschaft, S. 184 (194) m. w. N.; a. A. – jedenfalls keine Preiserhöhungen direkt nach deren Aufhebung – *Weber/Lee*, International Journal of Housing Markets and Analysis 13 (2020), 635 (654).

505 So auch *Kletečka*, AcP 220 (2020), 674 (691); ähnlich *Hofacker*, Preisvorschriften für sogenannten preisfreien Wohnraum, S. 118; vgl. *Eekhoff*, Wohnungspolitik, S. 44 f., der die sich nur in eine Richtung entwickelnde Mietpreispolitik als „ratchet-effect" bezeichnet; *Meinhold*, in: Beckerath u. a., Handwörterbuch der Sozialwissenschaften, Bd. 8, S. 499 (503); *Wölling*, Zur Frage von Ziel- und Situationsadäquanz wohnungspolitischer Instrumente der öffentlichen Hand in der Bundesrepublik Deutschland, S. 307; *Maennig*, in: Schulte u. a., Immobilienökonomie IV, S. 532 (544); ähnlich *Eichhorn*, in: Jenkis, Kompendium der Wohnungswirtschaft, S. 159 (164).

506 *Eichhorn*, in: Jenkis, Kompendium der Wohnungswirtschaft, S. 159 (164); *Hofacker*, Preisvorschriften für sogenannten preisfreien Wohnraum, S. 118.

507 Zu den Gründen hierfür siehe Kapitel 2, A. I. 2. a. bb.

Wie bereits erwähnt, können Mietpreisregulierungen beispielsweise das Wohnungsangebot verringern – sei es durch zurückgehende Neubauaktivitäten, durch eine qualitative Verschlechterung der bestehenden Wohnungen oder durch das Anbieten der bestehenden Wohnung (ehemals auf dem Mietwohnungsmarkt) nun auf anderen Teilmärkten.[508] Demnach müssten auch diese Konstellationen gesetzlich abgesichert werden.

Dem sich verringernden Angebot müsse eine Förderung der Wohnungsneubauproduktion entgegentreten; mit anderen Worten verstärkt also eine Mietpreisregulierung mittel- bis langfristig die (Objekt-)Förderung des Wohnungsbaus.[509] Eine andere denkbare Lösungsvariante wäre es – wie beispielweise nach § 556f S. 1 BGB –, die neugebauten Wohnungen von der Mietpreisregulierung auszunehmen. Aber auch diese Ausnahme signalisiere, so der Befund der ökonomischen Forschung, den potentiellen Bauherren von Neubauvorhaben, dass der Mietpreis ein Adressat gesetzgeberischer Eingriffe sein könne, und schädige damit das Vertrauen in einen langfristig stabilen Rechtsrahmen weiter.[510] Hinzukomme, dass die Investoren auch die für sie (noch) nicht geltende Mietpreisregulierung sehr wohl in ihrer gegenwärtigen Investitionsentscheidung berücksichtigen und sich folglich im Neubaubereich möglicherweise zurückhalten würden.[511]

Die Mietpreisregulierung wirke sich aber auch auf das Bestandssegment aus. Zum einen sei es nicht mit einer Objektförderung im Neubau getan. Denn auch die Eigentümer bereits bestehender Wohnungen werden – wegen fehlender oder wenigstens verringerter Rentabilität ihres Objekts durch die regulierten Mietpreise – Instandsetzungs- und Modernisierungsarbeiten verschieben oder auch gar nicht erst vornehmen; dann würden auch Objektförderungen im Bestand erforderlich und gegebenenfalls sogar mit einer Pflicht zur Durchführung dieser Arbeiten verbunden.[512]

---

508 Zur (nicht ganz unstrittigen) Folge eines verringerten Wohnungsangebots siehe Kapitel 2, A. I. 2. a. aa.; zur Vielzahl an Teilmärkten Kapitel 1, A. IV. 2. c.

509 *Eichhorn*, in: Jenkis, Kompendium der Wohnungswirtschaft, S. 159 (163 und 165); ähnlich *Wölling*, Zur Frage von Ziel- und Situationsadäquanz wohnungspolitischer Instrumente der öffentlichen Hand in der Bundesrepublik Deutschland, S. 306 f.; *Blankenagel/Schröder/Spoerr*, NZM 2015, 1 (11); siehe auch *Jenkis*, in: ders., Kompendium der Wohnungswirtschaft, S. 818 (818 f.); ähnlich *Sturtevant*, The Impacts of Rent Control, 2018, S. 12–14.

510 Vgl. *Hofacker*, Preisvorschriften für sogenannten preisfreien Wohnraum, S. 118.

511 Siehe hierzu auch Kapitel 1, A. IV. 1. h. sowie B. II. 3. c.

512 *Wölling*, Zur Frage von Ziel- und Situationsadäquanz wohnungspolitischer Instrumente der öffentlichen Hand in der Bundesrepublik Deutschland, S. 306; *Sturtevant*, The Impacts of Rent Control, 2018, S. 12 f.; *Kletečka*, AcP 220

Zum anderen würden Vermieter im Bestandssegment versuchen, der Mietpreisregulierung im Wohnungsmarkt durch eine Umnutzung der Räume zu entgehen, beispielsweise durch eine gewerbliche Nutzung oder die Begründung und anschließende Veräußerung von Wohnungseigentum. Die gewerbliche Umnutzung erfordere daher bei einer Mietpreisregulierung zugleich den Erlass von Zweckentfremdungsverboten.[513] Die Begründung von Wohnungseigentum könne teilweise[514] durch sogenannte Milieuschutzsatzungen verhindert werden (vgl. § 172 Abs. 1 S. 1 Nr. 2, S. 4, Abs. 4 S. 3 Nr. 6 sowie S. 4 und 5 BauGB).

Diese Ergänzung der Mietpreisregulierungsvorschriften deckt sich größtenteils mit der Gesetzgebungsgeschichte in Deutschland. 1971 wurden die Vergleichsmietenregulierung erstmals und das Zweckentfremdungsrecht erneut (auch wenn erstmals seit Ende des Zweiten Weltkriegs) eingeführt.[515] Der bauplanungsrechtliche Milieuschutz wurde etwas später, im

---

(2020), 674 (685); *Eekhoff*, Wohnungspolitik, S. 46; *Simons/Tielkes u. a.*, Mantelgutachten zu den mietrechtlichen Verordnungen in Nordrhein-Westfalen, 2020, S. 51 f. (m. w. N.) zur dann abnehmenden Zahl dieser Arbeiten *Blankenagel/Schröder/Spoerr*, NZM 2015, 1 (11 f.); vgl. auch *Wissenschaftlicher Beirat beim Bundesministerium für Wirtschaft und Energie*, Soziale Wohnungspolitik, 2018, S. 8; *Ibel*, in: Arnold u. a., Wohnimmobilien, S. 119 (129).

513 Hierzu und zum Vorstehenden *Wölling*, Zur Frage von Ziel- und Situationsadäquanz wohnungspolitischer Instrumente der öffentlichen Hand in der Bundesrepublik Deutschland, S. 306; *Eekhoff*, Wohnungspolitik, S. 46; *Eichhorn*, in: Jenkis, Kompendium der Wohnungswirtschaft, S. 159 (162 f.); *Sturtevant*, The Impacts of Rent Control, 2018, S. 14 f.; empirisch nachgewiesen für San Francisco durch *Diamond/McQuade/Qian*, American Economic Review 109 (2019), 3365 (3385, 3389 und 3393); *Simons/Tielkes u. a.*, Mantelgutachten zu den mietrechtlichen Verordnungen in Nordrhein-Westfalen, 2020, S. 52 f. (auch m. w. N.); siehe auch *Kletečka*, AcP 220 (2020), 674 (685); *Jenkins*, Econ Journal Watch 2009, 73 (85 f. und 95 f.) m. w. N. (auch zum internationalen Meinungstand), wonach der empirische Nachweis hierfür schwach, dafür aber eine starke Umwandlung in Eigentumswohnungen deutlich aussagekräftiger ist; vgl. auch *Wissenschaftlicher Beirat beim Bundesministerium für Wirtschaft und Energie*, Soziale Wohnungspolitik, 2018, S. 8.

514 Weitere Restriktionen hierfür nach § 250 BauGB, siehe Kapitel 3, B. IV. 2. a. cc.

515 Die (befristete) Vergleichsmietenregulierung (die Vorgängerregelung des heutigen § 558 BGB) wurde durch das Gesetz über den Kündigungsschutz für Mietverhältnisse über Wohnraum vom 25.11.1971, BGBl. I, S. 1839 (1839 f.), eingeführt und Dauerrecht durch das Zweite Gesetz über den Kündigungsschutz für Mietverhältnisse über Wohnraum (Zweites Wohnraumkündigungsschutzgesetz – 2. WKSchG) vom 18.12.1974, BGBl. I, S. 3603 (3604–3606); das Zweckentfremdungsrecht gab es schon vor dem Zweiten Weltkrieg, auch noch eine gewisse Zeit danach und der Bundesgesetzgeber schuf es letztmals als Ermächtigungsgrundlage in Form des Art. 6 § 1 S. 1 des Gesetzes zur Verbesserung des

Jahr 1976, durch § 39h BBauG (die Vorgängerregelung des § 172 BauGB) etabliert.[516] Die Ermächtigungsgrundlage für die Landesregierungen zur Genehmigungspflicht der Umwandlung in Wohnungs- oder Teileigentum kam erst deutlich später im Jahr 1997 hinzu.[517] Neben mehreren Verschärfungen der Bestandsmietpreisregulierungen[518] wurde im Jahr 2015 im preisbindungsfreien Mietwohnungsmarkt eine Neuvertragsmietenregulierung durch die sogenannte Mietpreisbremse eingeführt.[519] Ein Nebeneinander der Mietpreisregulierungsvorschriften, des Zweckentfremdungsrechts und des Milieuschutzes prägt demnach das deutsche Rechtssystem.

b) Eine Bestandsmietenregulierung als Konsequenz einer differenzierenden Betrachtungsweise

Dagegen werden aber auch innerhalb der wohnungspolitischen Forschungsliteratur soziale Eingriffe in den Mietwohnungsmarkt, insbesondere Mietpreisregulierungen in bestimmten Bereichen, als erforderlich, teils sogar als zwingend angesehen.[520] Die Befürworter eines sozialen Mietrechts gewichten im Grunde die marktwirtschaftlichen Argumente deut-

---

Mietrechts und zur Begrenzung des Mietanstiegs sowie zur Regelung von Ingenieur- und Architektenleistungen (MietRVerbG) vom 04.11.1971, siehe BGBl. I, S. 1745 (1746 f.), sowie *Heinemann*, NVwZ 2019, 1070 (1070).

516 Gesetz zur Änderung des Bundesbaugesetzes vom 18.08.1976, BGBl. I, S. 2221 (2235 f.).

517 Gesetz zur Änderung des Baugesetzbuchs und zur Neuregelung des Rechts der Raumordnung (Bau- und Raumordnungsgesetz 1998 – BauROG) vom 18.08.1997, BGBl. I, S. 2081 (2099).

518 Siehe beispielsweise *Fleindl*, in: Gsell u. a., BeckOGK, § 558 BGB Rn. 2 f. m. w. N. (Stand: Okt. 2021).

519 Gesetz zur Dämpfung des Mietanstiegs auf angespannten Wohnungsmärkten und zur Stärkung des Bestellerprinzips bei der Wohnungsvermittlung (Mietrechtsnovellierungsgesetz – MietNovG) vom 21.04.2015, BGBl. I, S. 610 (610 f.).

520 Siehe zum Beispiel *Leonhardt*, Wohnungspolitik in der Sozialen Marktwirtschaft, S. 91 und 107–112, sowie zu den Kritikern der Vergleichsmietenregulierung *dies.*, S. 106–108 m. w. N.; *Fichtel*, Wohnungspolitik in der sozialen Marktwirtschaft, S. 218 f. und 228 f.; *Expertenkommission Wohnungspolitik*, Wohnungspolitik auf dem Prüfstand, S. 76 und 163 f.; *Jaedicke*, in: Jenkis, Kompendium der Wohnungswirtschaft, S. 184 (194 und 205 f.); so wohl auch *Hämmerlein*, Einführung in die Wohnungswirtschaft, S. 48 f.; *Füllenkemper*, Wirkungsanalyse der Wohnungspolitik in der Bundesrepublik Deutschland, S. 93 m. w. N. und S. 242; siehe zu dieser Ansicht und den Anhängern des sozialen Mietrechts auch *Jenkis*, in: ders., Kompendium der Wohnungswirtschaft, S. 65 (86).

lich geringer und die Schutzbedürftigkeit der Mieter deutlich höher als diejenigen Autoren[521], die eine Mietpreisregulierung in Gänze ablehnen. Aber auch sie betrachten als Grenze für einen Mieterschutz den Erhalt der Funktionsfähigkeit des Marktes.[522] Unter anderem bewerten sie eine Mietpreisregulierung als unabdingbar, da durch die Marktunvollkommenheit sozialwidrige Zustände am Markt entstünden und sozialrechtliche Eingriffe daher geboten seien.[523] Im Hinblick auf die Mietpreisregulierungen unterscheiden die Befürworter eines sozialen Mietrechts danach, ob die Mieterhöhungsvorschriften die Mietpreise beim Vertragsabschluss, die sogenannten Neuvertragsmieten, oder die Mieten im bestehenden Mietverhältnis, die sogenannten Bestandsmieten, regulieren. Die Vertreter einer differenzierenden Betrachtungsweise führen dafür die folgenden Argumente an.

Sie halten die Regulierung der Bestandsmieten zum Schutz der Bestandsmieter für zwingend, denn nur so könne überhaupt ein umfassender und effektiver Kündigungsschutz der Mieter gewährleistet werden.[524] Der beste Kündigungsschutz helfe einem Mieter nichts, wenn der Vermieter „durch die Hintertür" deutlicher und unregulierter Mietpreissteigerungen den Mieter zur Kündigung und damit zum Auszug zwinge.[525] Außerdem benachteilige die Regulierung der Bestandsmieten die Vermieter nicht unangemessen, denn sie könnten immer noch eine adäquate Rendite erwirtschaften.[526] Eines ihre Hauptargumente für eine angemessene Rendite

---

521 Siehe Kapitel 2, A. I. 2. a.

522 Hierzu und zum Vorstehenden etwa *Fichtel*, Wohnungspolitik in der sozialen Marktwirtschaft, S. 218–222 m. w. N.

523 Siehe *Jenkis*, in: ders., Kompendium der Wohnungswirtschaft, S. 65 (86).

524 *Leonhardt*, Wohnungspolitik in der Sozialen Marktwirtschaft, S. 91 und 105–112; *Fichtel*, Wohnungspolitik in der sozialen Marktwirtschaft, S. 218 f.; *Expertenkommission Wohnungspolitik*, Wohnungspolitik auf dem Prüfstand, S. 76 und 163 f.; *Jaedicke*, in: Jenkis, Kompendium der Wohnungswirtschaft, S. 184 (194 und 206); *Füllenkemper*, Wirkungsanalyse der Wohnungspolitik in der Bundesrepublik Deutschland, S. 93 m. w. N. und S. 242; *Hofacker*, Preisvorschriften für sogenannten preisfreien Wohnraum, S. 127; vgl. auch *Wissenschaftlicher Beirat beim Bundesministerium für Wirtschaft und Energie*, Soziale Wohnungspolitik, 2018, S. 6; *Eichhorn*, in: Jenkis, Kompendium der Wohnungswirtschaft, S. 159 (162).

525 So auch *Eichhorn*, in: Jenkis, Kompendium der Wohnungswirtschaft, S. 159 (162); *Eekhoff*, Wohnungspolitik, S. 45; *Hofacker*, Preisvorschriften für sogenannten preisfreien Wohnraum, S. 127.

526 *Leonhardt*, Wohnungspolitik in der Sozialen Marktwirtschaft, S. 107 und 111; *Fichtel*, Wohnungspolitik in der sozialen Marktwirtschaft, S. 228 f.; ähnlich *Ex-*

liegt vor allem in den vor 2015 unregulierten Neuvertragsmieten.[527] Der Vermieter sei demzufolge frei, ob und zu welchem Mietpreis er einen Vertrag mit dem künftigen Mieter abschließe.[528] Durch ihr Heraushalten aus jeglicher Preisregulierung könnten die Neuvertragsmieten zumindest ihre Steuerungs- und Informationsfunktion erfüllen und würden den Marktakteuren signalisieren, wie knapp die Wohnungen am Markt seien.[529] Eine Regulierung der Neuvertragsmieten lehnen die Vertreter eines sozialen Mietrechts daher ab.[530] Aber auch sie betonen die erhebliche Bedeutung eines stabilen und verlässlichen Rechtsrahmens.[531] Folglich lehnen auch sie eine dauerhafte Nachschärfung der Bestandsmietenregulierung ab.[532]

c) Kritik an einer Bestandsmietenregulierung

Vertreter eines marktwirtschaftlichen Ansatzes wiederum lehnen diese differenzierende Betrachtungsweise der Mietpreisregulierung mit den folgenden Argumenten ab.[533] Die Eingriffe in den Bestandsmietwohnungsmarkt

---

pertenkommission Wohnungspolitik, Wohnungspolitik auf dem Prüfstand, S. 164; kritisch hierzu *Schuldt*, Mietpreisbremse, S. 67 f.

527 *Leonhardt*, Wohnungspolitik in der Sozialen Marktwirtschaft, S. 107 und 110; *Jaedicke*, in: Jenkis, Kompendium der Wohnungswirtschaft, S. 184 (206); ähnlich *Expertenkommission Wohnungspolitik*, Wohnungspolitik auf dem Prüfstand, S. 164.

528 *Leonhardt*, Wohnungspolitik in der Sozialen Marktwirtschaft, S. 107.

529 *Jaedicke*, in: Jenkis, Kompendium der Wohnungswirtschaft, S. 184 (206); siehe auch *Henger*, Wirtschaftsdienst 2019, 603 (606).

530 Vgl. *Leonhardt*, Wohnungspolitik in der Sozialen Marktwirtschaft, S. 107 und 110; *Jaedicke*, in: Jenkis, Kompendium der Wohnungswirtschaft, S. 184 (206); *Expertenkommission Wohnungspolitik*, Wohnungspolitik auf dem Prüfstand, S. 164.

531 *Jaedicke*, in: Jenkis, Kompendium der Wohnungswirtschaft, S. 184 (194 und 206 f.); so auch *Expertenkommission Wohnungspolitik*, Wohnungspolitik auf dem Prüfstand, S. 119 f.; ähnlich *Sturtevant*, The Impacts of Rent Control, 2018, S. 14 f.

532 Siehe hierzu auch Kapitel 2, A. I. 2. a. bb.

533 *Eichhorn*, in: Jenkis, Kompendium der Wohnungswirtschaft, S. 159 (162–167), der diese Mietpreisregulierung insbesondere im Kontext des bestehenden Kündigungsschutzes ablehnt; *Eekhoff*, Wohnungspolitik, S. 46–51; *Hofacker*, Preisvorschriften für sogenannten preisfreien Wohnraum, S. 115–119; *Cuerpo/Kalantaryan/Pontuch*, Rental market regulation in the European Union, 2014, S. 17; *Meyer*, Archiv für Kommunalwissenschaften 1986, 200 (214 f.); ähnlich *Wissenschaftlicher Beirat beim Bundesministerium für Wirtschaft und Energie*, Soziale Wohnungspolitik, 2018, S. 6; siehe auch *Leonhardt*, Wohnungspolitik in der

wirkten sich sehr wohl direkt auf den Neubaubereich aus, denn auch eine zunächst noch zu bauende Wohnung werde nach ihrer Fertigstellung zu einer Bestandswohnung und die Investoren würden die sie zukünftig treffende Regulierung in ihre Neubauinvestitionsentscheidung bereits einbeziehen.[534]

Des Weiteren spalte die Bestandsmietenregulierung den Markt in den der regulierten Bestandsmieten und in den der unregulierten Neuvertragsmieten auf, in denen sich die jeweiligen Mietpreise unterscheiden würden.[535] Dadurch stiegen im Neuvertragsmietensegment die Mietpreise deutlicher als im Falle unregulierter Bestandsmieten; sie fielen zehn bis 25 Prozent höher aus.[536] Außerdem erhöhe die Divergenz der Mieten die Mobilitätsschwellen für einen Auszug des Mieters – der sogenannte Lock-in-Effekt[537] – und verhindere zugleich eine effektive Nutzung des Wohnungsbestands.[538] Denn bei einem Umzug würden die Mieter einen

---

Sozialen Marktwirtschaft, S. 106–108 m. w. N.; *Jenkis*, in: ders., Kompendium der Wohnungswirtschaft, S. 818 (818–823) m. w. N.

534 *Eekhoff*, Wohnungspolitik, S. 46; ähnlich *Eichhorn*, in: Jenkis, Kompendium der Wohnungswirtschaft, S. 159 (162–164); vgl. auch *Hofacker*, Preisvorschriften für sogenannten preisfreien Wohnraum, S. 117 f. und (zur unterschiedlichen Betroffenheit der Mieter) S. 121 f.; *Sagner/Stockhausen/Voigtländer*, Wohnen, 2020, S. 14; siehe zur Berücksichtigung künftiger Regulierung in der Investitionsentscheidung Kapitel 1, B. II. 3. c.

535 *Eichhorn*, in: Jenkis, Kompendium der Wohnungswirtschaft, S. 159 (163 f.); *Wissenschaftlicher Beirat beim Bundesministerium für Wirtschaft und Energie*, Soziale Wohnungspolitik, 2018, S. 6; *Cuerpo/Kalantaryan/Pontuch*, Rental market regulation in the European Union, 2014, S. 10 f. m. w. N.; siehe zu den unterschiedlichen Mietpreisen Kapitel 2, B. I. 2. a. und b.

536 *Eichhorn*, in: Jenkis, Kompendium der Wohnungswirtschaft, S. 159 (162–164); *Eekhoff*, Wohnungspolitik, S. 46 f.; *Weber/Lee*, International Journal of Housing Markets and Analysis 13 (2020), 635 (654); *Sturtevant*, The Impacts of Rent Control, 2018, S. 15–17; *Mense/Michelsen/Kholodilin*, Rent Control, Market Segmentation, and Misallocation, 2019, S. 36; *Cuerpo/Kalantaryan/Pontuch*, Rental market regulation in the European Union, 2014, S. 10 f. m. w. N.; so auch das überwiegende internationale Meinungsbild, dazu *Jenkins*, Econ Journal Watch 2009, 73 (87 f. und 98 f.) m. w. N.; ähnlich *Expertenkommission Wohnungspolitik*, Wohnungspolitik auf dem Prüfstand, S. 119. Generell zur Diskrepanz der beiden Mieten im unreguliertem Zustand je nach Wohnungsmarktlage *Sagner/Stockhausen/Voigtländer*, Wohnen, 2020, S. 11.

537 Beschrieben bei *Sagner/Stockhausen/Voigtländer*, Wohnen, 2020, S. 11.

538 *Eichhorn*, in: Jenkis, Kompendium der Wohnungswirtschaft, S. 159 (162–164); *Eekhoff*, Wohnungspolitik, S. 46–51; *Sturtevant*, The Impacts of Rent Control, 2018, S. 10–12 und 15–17; *Wissenschaftlicher Beirat beim Bundesministerium für Wirtschaft und Energie*, Soziale Wohnungspolitik, 2018, S. 7; *Kholodilin/Ulbricht*, DIW Wochenbericht 2014, 319 (322); so auch das überwiegende internationa-

deutlichen Mietaufschlag bezahlen und verblieben daher auch weiterhin in ihrer zu großen oder zu kleinen Wohnung. Hinzukomme, dass die Charakteristika des Wohnungsmarkts weiter verstärkt würden; dies gelte vor allem für die ohnehin langen Reaktionszeiten und die Teilmarktzersplitterung.[539]

Die Vertreter eines marktwirtschaftlichen Ansatzes fordern daher vielmehr die Aufhebung der Bestandsmietenregulierung. Wie bereits erwähnt, sind allerdings mit einer Deregulierung von Mietpreisvorschriften Folgeprobleme verbunden[540]. Diese Vorschriften müssten daher stufenweise dereguliert werden, beispielsweise über Stichtags- und Fristenkonzepte, um nach und nach alle Bestandsmietverträge in den deregulierten Zustand überführen zu können.[541]

d) Zwischenfazit

Im Ergebnis ist daher festzuhalten, dass schwere Bedenken gegen eine Mietpreispolitik, insbesondere wegen ihrer Folgen, angemeldet werden. Überwiegend wird in der ökonomischen Forschungsliteratur eine Mietenpolitik generell abgelehnt. Die Vertreter eines marktwirtschaftlichen Ansatzes kritisieren, dass unter anderem von ihr vor allem die wohlhabenderen Haushalte profitieren, für die sozial Schwachen sei die Mietpreisregulierung sogar schädlich und trage zu einer verstärkten Gentrifizierung bei. Zudem sei der Weg einer Mietpreisregulierung eine Einbahnstraße, auf der eine Deregulierung nahezu auszuschließen sei und die Mietpreisregulierungsvorschriften vielmehr immer weiter verschärft würden. Hinzukomme, dass daneben der Erlass weiterer Gesetze erforderlich würde, um die Nachteile der Mietpreisregulierung zu kaschieren oder abzufedern.

---

le Meinungsbild *Jenkins*, Econ Journal Watch 2009, 73 (77–79 und 91–93) m. w. N.; ähnlich *Mense/Michelsen/Kholodilin*, Rent Control, Market Segmentation, and Misallocation, 2019, S. 36 (geringere Umzugsneigung nur bei Haushalten mit hohem Einkommen); *Diamond/McQuade/Qian*, American Economic Review 109 (2019), 3365 (3393); *Cuerpo/Kalantaryan/Pontuch*, Rental market regulation in the European Union, 2014, S. 10 f. m. w. N.

539 *Eichhorn*, in: Jenkis, Kompendium der Wohnungswirtschaft, S. 159 (164); zu den langen Reaktionszeiten und der Vielzahl der Teilmärkte Kapitel 1, A. IV. 2. b. und c.

540 Siehe Kapitel 2, A. I. 2. a.

541 *Eichhorn*, in: Jenkis, Kompendium der Wohnungswirtschaft, S. 159 (164).

Dagegen lehnen Vertreter einer differenzierenden Betrachtungsweise zwar eine Neuvertrags-, nicht aber eine Bestandsmietenregulierung mit dem Ziel eines effektiven Kündigungsschutzes ab. Doch auch diese differenzierende Betrachtungsweise wird innerhalb der Wirtschaftswissenschaften überwiegend abgelehnt. Zum einen sei eine Neubauwohnung nach ihrer Fertigstellung eine Bestandswohnung und unterfalle dann auch dieser Regulierung. Die Investoren berücksichtigten aber bereits bei ihrer Neubauinvestitionsentscheidung die sie in Zukunft betreffende Regulierung. Zum anderen spalte die Bestandsmietenregulierung den Mietwohnungsmarkt weiter in den der regulierten Bestands- und den der unregulierten Neuvertragsmieten mit zusätzlichen Mietaufschlägen auf.

Damit kann auch die eingangs aufgeworfene Frage, ob eine Mietpreispolitik und damit gesetzliche Mietpreisregulierungen als ein sinnvolles Ziel zu bewerten sind, einer Antwort zugeführt werden. Nicht ausschließlich, aber überwiegend rät die wohnungspolitische Forschungsliteratur von einer Mietpreisregulierung bereits per se ab. Selbst eine von den Vertretern eines sozialen Mietrechts ausdrücklich befürwortete Bestandsmietenregulierung erfährt starke Kritik.

II. Wohnungspolitische Instrumente

Zur Erreichung der soeben genannten wohnungspolitischen Ziele steht dem Staat ein Strauß unterschiedlicher Instrumente zur Verfügung.[542] Diese können entweder den ordnungs- oder den leistungspolitischen Instrumenten zugeordnet werden. Im Folgenden ist daher zu klären, wie diese voneinander abzugrenzen sind und welche davon für die Untersuchung relevant sind.[543]

---

542 *Kühne-Büning*, in: Kühne-Büning u. a., Grundlagen der Wohnungs- und Immobilienwirtschaft, S. 234 (260), mit deren Auflistung; siehe auch *Dopfer*, Der westdeutsche Wohnungsmarkt, S. 89 f.

543 Zum Untersuchungsgegenstand siehe Kapitel 1, A. V.

1. Ordnungspolitische Instrumente

Eine besondere Relevanz für den Untersuchungsgegenstand[544] weisen die ordnungspolitischen Instrumente auf, denn sie adressieren in erster Linie den Wohnungsbestand[545].

Karl Oettle klassifiziert die Ordnungspolitik als eine Systempolitik. Sie bestimmt die Grundregeln und einzusetzenden Instrumente für die wirtschaftlichen und gesellschaftlichen Abläufe. Mit anderen Worten entscheidet sie „als Regulierungspolitik (...) darüber, wie die Grundsätze im Einzelfall ausgelegt und welche Instrumente in welcher Dosierung und für welche Zeit bei konkreten Situationen benützt werden sollen".[546] Die ordnungspolitischen Instrumente zielen mittels unterschiedlich intensiver Ge- und Verbote auf die Schaffung und Ausgestaltung der Rahmenbedingungen für dezentrale Entscheidungen der Marktakteure ab.[547] Diese Instrumente zeigen folglich den unterschiedlichen Teilnehmern auf dem Wohnungsmarkt die Grenzen ihrer Betätigungsfreiheit im Rahmen des Rechts auf.[548] Der Gesetzgeber reguliert den Markt durch entsprechenden Normerlass. Die Instrumente dürfen aber, genauso wie die Ziele, nicht die Funktionsfähigkeit des Wohnungsmarktes gefährden und können durchaus auch sozialpolitische Zielsetzungen haben.[549]

Die wichtigsten ordnungspolitischen Instrumente sind – neben den allgemeinen steuerrechtlichen Rahmenbedingungen – vor allem das ge-

---

544 Dazu Kapitel 1, A. V.

545 *Jenkis*, in: ders., Kompendium der Wohnungswirtschaft, S. 65 (90); vgl. *Maennig*, in: Schulte u. a., Immobilienökonomie IV, S. 532 (534 f.).

546 Hierzu und zum Vorstehenden *Oettle*, in: Grochla/Wittmann, Handwörterbuch der Betriebswirtschaft, Sp. 2792 (2794); *Kühne-Büning*, in: Kühne-Büning u. a., Grundlagen der Wohnungs- und Immobilienwirtschaft, S. 234 (260); zur Ordnungspolitik auch *Hamm*, in: Jenkis, Kompendium der Wohnungswirtschaft, S. 144 (145).

547 *Kühne-Büning*, in: Kühne-Büning u. a., Grundlagen der Wohnungs- und Immobilienwirtschaft, S. 234 (260 f.); *Füllenkemper*, Wirkungsanalyse der Wohnungspolitik in der Bundesrepublik Deutschland, S. 42 und 91; *Wölling*, Zur Frage von Ziel- und Situationsadäquanz wohnungspolitischer Instrumente der öffentlichen Hand in der Bundesrepublik Deutschland, S. 48.

548 *Jaedicke*, in: Jenkis, Kompendium der Wohnungswirtschaft, S. 184 (189); *Maennig*, in: Schulte u. a., Immobilienökonomie IV, S. 532 (534); ähnlich *Geltner/Miller u. a.*, Commercial Real Estate, S. 91.

549 *Fichtel*, Wohnungspolitik in der sozialen Marktwirtschaft, S. 59 f. m. w. N. und S. 214; *Leonhardt*, Wohnungspolitik in der Sozialen Marktwirtschaft, S. 95; ähnlich *Füllenkemper*, Wirkungsanalyse der Wohnungspolitik in der Bundesrepublik Deutschland, S. 92.

samte Baurecht, das Mietrecht, insbesondere mit seinen Regelungen zum Kündigungsschutz und zur Mietpreisregulierung[550], sowie das Zweckentfremdungsrecht.[551] Neben der nach dem Zweckentfremdungsrecht genehmigungspflichtigen Änderung der Wohnnutzung in eine beispielsweise gewerbliche Nutzung ist in diesen Kontext auch die Umwandlung einer Miet- in eine Eigentumswohnung, konkret die Begründung von Wohnungs- oder Teileigentum, einzubeziehen.[552] Aufgrund einer Milieuschutzsatzung kann diese Art der Umwandlung genehmigungspflichtig sein. Die bereits erwähnte[553] Begrenzung dieser Untersuchung auf die Regelungen des Bau-, Miet- und Zweckentfremdungsrechts deckt sich daher mit den Aussagen der wohnungspolitischen Forschungsliteratur, dass diese zugleich die wichtigsten ordnungspolitischen Instrumente des Gesetzgebers darstellen.

2. Leistungspolitische Instrumente

Demgegenüber liegt der Fokus der leistungspolitischen Instrumente[554] ganz überwiegend außerhalb des hiesigen Betrachtungsgegenstands. Die-

550 Siehe dazu Kapitel 2, A. I. 2. (einschließlich der in der Ökonomie geäußerten Kritikpunkte).

551 *Kühne-Büning*, in: Kühne-Büning u. a., Grundlagen der Wohnungs- und Immobilienwirtschaft, S. 234 (261 f.); *Blumenroth*, Deutsche Wohnungspolitik seit der Reichsgründung, S. 119; ebenso und vertiefend *Maennig*, in: Schulte u. a., Immobilienökonomie IV, S. 532 (534, 543–545 und zum Zweckentfremdungsrecht S. 554); *Eichhorn*, in: Jenkis, Kompendium der Wohnungswirtschaft, S. 159 (159 und 160–169); *Fichtel*, Wohnungspolitik in der sozialen Marktwirtschaft, S. 215–230; ähnlich *Lowinski*, Grundlagen, Zielsetzungen und Methoden der Wohnungspolitik in der Sozialen Marktwirtschaft, S. 142 und 144–146; *Hamm*, in: Jenkis, Kompendium der Wohnungswirtschaft, S. 144 (146 und 148 f.); *Füllenkemper*, Wirkungsanalyse der Wohnungspolitik in der Bundesrepublik Deutschland, S. 92; *Eekhoff*, Wohnungspolitik, S. 9 und 35 f.; *Dopfer*, Der westdeutsche Wohnungsmarkt, S. 98 f.; *Wölling*, Zur Frage von Ziel- und Situationsadäquanz wohnungspolitischer Instrumente der öffentlichen Hand in der Bundesrepublik Deutschland, S. 62, 64–66 und 306.

552 *Kühne-Büning*, in: Kühne-Büning u. a., Grundlagen der Wohnungs- und Immobilienwirtschaft, S. 234 (262); siehe hierzu auch *Jenkis*, in: ders., Kompendium der Wohnungswirtschaft, S. 65 (90 f.).

553 Siehe hierzu die Einleitung.

554 Zum Begriff der Leistungspolitik *Oettle*, in: Grochla/Wittmann, Handwörterbuch der Betriebswirtschaft, Sp. 2792 (2794); mit einem etwas anderen Verständnis *Wölling*, Zur Frage von Ziel- und Situationsadäquanz wohnungspoliti-

se Instrumente zeichnen sich nämlich durch ihren Subventionscharakter aus.[555]

Objektsubventionen, steuerliche Vergünstigungen, öffentliche Bürgschaften und die Wohneigentumsförderung sind zwar der Angebotsseite zuzuordnen, sie zielen aber überwiegend auf den Neubaubereich sowie den Erwerb von Eigentum an bestehenden Wohnungen ab und sollen Anreize zur Schaffung von oder zum Eigentumserwerb an Wohnungen setzen.[556] Damit werden zugleich – alternativ zum hier relevanten Miet- und Bestandswohnungsmarkt[557] – andere Märkte adressiert, nämlich beispielsweise der Wohnungsbaumarkt und der Markt für Wohneigentum[558]. Zudem gehen mit den Objektsubventionen in der Regel auch bestimmte Mietpreisbindungen einher.[559] Gewisse Objektsubventionen werden aber auch für den Wohnungsbestand relevant, beispielsweise zur Förderung von Modernisierungs-, Instandsetzungs- oder Energieeinsparvorhaben.[560] Auch mit ihnen gehen gewisse Bindungen einher. Dieses Wohnungsangebot liegt folglich außerhalb des freifinanzierten Mietwohnungsmarkts und damit außerhalb des Untersuchungsgegenstands des preisfreien und freifinanzierten Mietwohnungsmarkts[561]. Neben diesen Wohnungs(bau)förderarten gibt es noch die Subjektsubventionen. Diese adressieren, beispiels-

---

scher Instrumente der öffentlichen Hand in der Bundesrepublik Deutschland, S. 49–51.

555 *Kühne-Büning*, in: Kühne-Büning u. a., Grundlagen der Wohnungs- und Immobilienwirtschaft, S. 234 (260 und 267); *Fichtel*, Wohnungspolitik in der sozialen Marktwirtschaft, S. 215; *Füllenkemper*, Wirkungsanalyse der Wohnungspolitik in der Bundesrepublik Deutschland, S. 43; vgl. *Maennig*, in: Schulte u. a., Immobilienökonomie IV, S. 532 (535).

556 *Kühne-Büning*, in: Kühne-Büning u. a., Grundlagen der Wohnungs- und Immobilienwirtschaft, S. 234 (267–270); *Mayer*, Theorie und Politik des Wohnungsmarktes, S. 173; ähnlich *Dopfer*, Der westdeutsche Wohnungsmarkt, S. 90 f. und 94 f.

557 Siehe Kapitel 1, A. V. 1. und 3.

558 Siehe zu den beiden Märkten Kapitel 1, A. IV. 2. c. aa sowie A. IV. 2. c. bb. (2) (a).

559 Hierzu *Kühne-Büning/Steveling*, in: Kühne-Büning u. a., Grundlagen der Wohnungs- und Immobilienwirtschaft, S. 262 (265 f.); *Kühne-Büning*, in: Kühne-Büning u. a., Grundlagen der Wohnungs- und Immobilienwirtschaft, S. 234 (271 f.).

560 *Kühne-Büning*, in: Kühne-Büning u. a., Grundlagen der Wohnungs- und Immobilienwirtschaft, S. 234 (267 und 270); *Maennig*, in: Schulte u. a., Immobilienökonomie IV, S. 532 (535 und 537–539); *Jaedicke*, in: Jenkis, Kompendium der Wohnungswirtschaft, S. 184 (203 f.).

561 Siehe Kapitel 1, A. V. 1.

weise in Form des Wohngelds, die Wohnungsnachfrager[562] und liegen damit ebenfalls außerhalb des Untersuchungsgegenstands[563]. Für die weitere Untersuchung sind daher nur die ordnungspolitischen Instrumente von Relevanz.

III. Zwischenergebnis

Die Wohnungspolitik hat grundsätzlich einen verlässlichen und dauerhaften Rechtsrahmen zu gewährleisten. Gesetzliche Eingriffe sind nicht per se ausgeschlossen. Sie müssen aber so wenig eingriffsintensiv wie möglich sein. Zugleich sind die wohnungspolitisch eingreifenden Maßnahmen untereinander abzustimmen. Die Entstehung (zukünftiger) Neben- und Rückwirkungen einzelner Maßnahmen muss der Gesetzgeber im Blick haben. Die Wohnungspolitik zielt vor allem auf die ökonomisch richtige Erhaltung und Bewirtschaftung des Wohnungsbestands ab und nutzt auch das Erweiterungspotential im Bestand. Zugleich haben sie und damit der gesetzliche Rahmen die Eigenwirtschaftlichkeit der Wohnungsanbieter, speziell mindestens deren kostendeckende Bewirtschaftung des Mietobjekts, zu gewährleisten. Aufgrund der zahlreichen Besonderheiten der Wohnung und des Wohnungsmarkts kann das Entstehen der Marktzyklen[564] nicht verhindert werden und sollte daher auch nicht zum Ziel einer Wohnungspolitik gemacht werden. Damit ist aber keine Absage an jeglichen sozialen Schutz und an sämtliche Eingriffe auf dem Wohnungsmarkt verbunden. Vielmehr hat sich die Wohnungspolitik, ganz besonders in der Phase eines angespannten Wohnungsmarkts, auf den Ausgleich seiner negativen Folgen für die sozial Schwachen zu konzentrieren. Demnach hat sie auf den rechtlichen Schutz der Mieter zu achten, insbesondere auf den Kündigungsschutz und die Belastung der Haushalte durch die Mietpreise. Umstritten ist jedoch, wie weit dieser Schutz zu gehen hat. Insbesondere über eine Mietpreispolitik und damit verbundene Mietpreisregulierungen besteht kein Konsens in der wohnungspolitischen Forschungsliteratur.

---

562 Vgl. *Kühne-Büning*, in: Kühne-Büning u. a., Grundlagen der Wohnungs- und Immobilienwirtschaft, S. 234 (270 und 273); *Mayer*, Theorie und Politik des Wohnungsmarktes, S. 173; *Kofner*, Wohnungsmarkt und Wohnungswirtschaft, S. 109.

563 Siehe Kapitel 1, A. V. 2.

564 Siehe zum Phasenmodell der Immobilienzyklen Kapitel 1, C. II.

Zur Erreichung der wohnungspolitischen Ziele steht eine Vielzahl wohnungspolitischer Instrumente zur Verfügung. Die für das Forschungsvorhaben relevanten, ordnungspolitischen Instrumente zeichnen sich vor allem dadurch aus, dass sie als Ge- und Verbote den gesetzlichen Rahmen für dezentrale Entscheidungen der Marktakteure schaffen und ausgestalten. Die wichtigsten ordnungspolitischen Instrumente sind dabei das gesamte Baurecht, das Mietrecht mit seinen Mietpreisregulierungsvorschriften sowie das Zweckentfremdungsrecht.

B. Ziele zur Verbesserung der aktuellen Wohnungsmarktsituation und Untersuchungsfragen

Zunächst ist die Wohnungsmarktsituation in den letzten Jahren, vor allem seit etwa 2010, darzulegen (I.). Im Kern geht es um die Entwicklung des Verhältnisses von Angebot und Nachfrage mit dessen Auswirkungen auf die Preise. Auf Grundlage dessen können die aktuellen Ziele für eine Verbesserung dieser Situation (II.) sowie die Untersuchungsfragen für die Folgekapitel herausgearbeitet werden (III.).

I. Die aktuelle Wohnungsmarktsituation

Die vergangenen Jahre waren geprägt von zahlreichen regionalen Wohnungsmärkten mit einer hohen oder sehr hohen Nachfrage sowie einem – im Vergleich dazu – zu niedrigen Angebot. Diese Wohnungsmarktsituation wird dann als angespannt bezeichnet (vgl. § 556d Abs. 2 S. 3 BGB). Die Entwicklung der Nachfrage, des Angebots, der Preise und der Mietkostenbelastung gilt es genauer zu untersuchen. In einem ersten Schritt sind daher das Verhältnis der Nachfrage zum Wohnungsangebot und deren jeweilige Entwicklung in den letzten Jahren zu erörtern (1.). Auf dieser Basis können die Auswirkungen des (Miss-)Verhältnisses von Angebot und Nachfrage auf die Preise im Betrachtungszeitraum näher untersuchen werden (2.).

Wie bereits dargelegt, zeichnet sich auch der Wohnungsmarkt durch sich wiederholende Zyklen mitsamt seinen vier Phasen aus.[565] Demnach ist schließlich auch die Wohnungsmarktlage der letzten Jahre in den Immobilienzyklus einzuordnen (3.).

---

565 Siehe Kapitel 1, C. II.

1. Das Verhältnis der Nachfrage zum Wohnungsangebot

Zunächst ist zu klären, wie sich die Nachfrage in den letzten Jahren entwickelt hat, wo sie zu verorten ist und welche Ursachen sie hat (a.). Auf der Basis der veränderten Nachfrage konnte die ökonomische Forschungsliteratur den Bedarf nach Wohnungen und auch konkret nach ihrer Art (Einzimmerwohnung, Zweizimmerwohnung usw.) – sowohl für die Vergangenheit als auch für die Zukunft – ermitteln (b.). Dieser Bedarf ist mit der gleichzeitigen Entwicklung der Baugenehmigungs- und Baufertigstellungszahlen abzugleichen (c.). Die Frage, ob überhaupt oder wann der Bedarf gedeckt sein wird, ist dort zu beantworten. In diesem Kontext ist auch zu klären, ob hinsichtlich der Wohnungsart auf Basis der Wohnungsraumanzahl nicht am Bedarf vorbeigebaut wird – ob also nicht schlicht die falschen Wohnungen gebaut werden – und wie das Potential der Wohnraumschaffung im Bestand im Verhältnis zu der im Neubau ausfällt. Daneben soll geklärt werden, ob sich die oft ins Feld geführte These einer zunehmenden Bodenspekulation bewahrheitet.

a) Die Entwicklung der Nachfrage

In vielen städtischen Wohnungsmärkten ist eine deutliche Zunahme der Nachfrage festzustellen. Hierbei spielen das Bevölkerungswachstum und seine regionale Verortung (aa.), die Entwicklung der Haushaltsstrukturen (bb.) und der Wohnflächenverbrauch (cc.) eine entscheidende Rolle.

aa) Bevölkerungswachstum

Nach einer bis 2010 rückläufigen Bevölkerungsentwicklung steigen seit 2011 die Bevölkerungszahlen in Deutschland wieder.[566] Im gesamtdeutschen Durchschnitt wuchs die Bevölkerung 2017 und 2018 um 0,3 Prozent und 2019 um 0,2 Prozent, allerdings nur in den sogenannten alten

566 *Statistisches Bundesamt*, Bevölkerung nach Gebietsstand (ab 1950), 2020; *BBSR*, Wohnungs- und Immobilienmärkte in Deutschland 2016, S. 54; *GdW*, Wohnungswirtschaftliche Daten und Trends 2019/2020, S. 30 f.

Bundesländern.[567] Bis 2025 ist mit einem weiteren Bevölkerungsanstieg, ab 2025 bis 2030 aber wieder mit einem Bevölkerungsrückgang zu rechnen.[568]

Ein entscheidender Faktor dafür war und ist die erhöhte Zuwanderung, die die Geburtendefizite überkompensiert.[569] Ursächlich hierfür ist der langanhaltende wirtschaftliche Boom in Deutschland, der sich vor allem in den Metropolregionen der sieben A-Städte Berlin, Hamburg, Düsseldorf, Köln, Frankfurt am Main, Stuttgart und München[570] und deren Umland auswirkt, und sie daher stark wachsen ließ.[571] Addiert man die gesamtdeutschen Zuwanderungsgewinne im Zeitraum von 2011 bis 2019, so ergibt sich ein Zuwachs von etwa 4,4 Millionen Einwohnern.[572] Für die Jahre 2021 bis 2025 wird ein weiterer, aber reduzierter jährlicher

---

567 *Statistisches Bundesamt*, Bevölkerung nach Gebietsstand (ab 1950), 2020; zu den Zuwächsen in den Jahren 2016 bis 2019 auch *Simons/Schmandt*, in: ZIA, Frühjahresgutachten Immobilienwirtschaft 2020, S. 159 (161).

568 *Henger/Voigtländer*, IW-Wohnungsbedarfsmodell, 2021, S. 8 f.; *Braun*, Wohnungsmarktprognose 2021/22, 2020, S. 1; *Henger/Voigtländer*, Ist der Wohnungsbau auf dem richtigen Weg?, 2019, S. 4; *BBSR*, Wohnungsmarktprognose 2030, 2015, S. 6 f.; siehe auch *Statistisches Bundesamt*, Ergebnisse der 14. koordinierten Bevölkerungsvorausberechnung, 2020; allgemeiner *GdW*, Wohnungswirtschaftliche Daten und Trends 2019/2020, S. 30; *Simons/Wieden*, Schwarmstädte in Deutschland, 2015, S. 35.

569 *GdW*, Wohnungswirtschaftliche Daten und Trends 2019/2020, S. 30; *Henger*, Wirtschaftsdienst 2019, 603 (604); *BBSR*, Wohnungs- und Immobilienmärkte in Deutschland 2016, S. 54; *Voigtländer/Deschermeier u. a.*, in: Mitschang, Erhaltung und Sicherung von Wohnraum, S. 9 (12); *Simons/Schmandt*, in: ZIA, Frühjahresgutachten Immobilienwirtschaft 2020, S. 159 (161); *Wissenschaftlicher Beirat beim Bundesministerium für Wirtschaft und Energie*, Soziale Wohnungspolitik, 2018, S. 4; *Simons/Wieden*, Schwarmstädte in Deutschland, 2015, S. 35; *Buch*, in: Schäfer/Conzen, Praxishandbuch Immobilien-Investitionen, S. 363 (366).

570 Diese als A-Städte bezeichnend *Bulwiengesa*, RIWIS Online, 2022, S. 1.

571 *Henger/Voigtländer*, IW-Wohnungsbedarfsmodell, 2021, S. 9; *Henger*, Wirtschaftsdienst 2019, 603 (603 f.); *Voigtländer/Deschermeier u. a.*, in: Mitschang, Erhaltung und Sicherung von Wohnraum, S. 9 (11); *BBSR*, Wohnungs- und Immobilienmärkte in Deutschland 2016, S. 55 und 57; *Simons/Schmandt*, in: ZIA, Frühjahresgutachten Immobilienwirtschaft 2020, S. 159 (169 f.); *Henger/Oberst*, Immer mehr Menschen verlassen die Großstädte wegen Wohnungsknappheit, 2019, S. 1.

572 Siehe *Statistisches Bundesamt*, Wanderungen zwischen Deutschland und dem Ausland, 2020, wo durch die starken Flüchtlingsbewegungen das Jahr 2015 mit einem Zuwachs von 1.139.402 Einwohnern deutlich heraussticht; siehe auch *GdW*, Wohnungswirtschaftliche Daten und Trends 2019/2020, S. 31. Zu einzelnen Jahren konkreter auch *BBSR*, Wohnungs- und Immobilienmärkte in Deutschland 2016, S. 54; *Henger/Voigtländer*, Ist der Wohnungsbau auf dem

Zuwanderungsgewinn von etwa 248.000 Menschen prognostiziert.[573] Nur ein kleiner Teil der Zuziehenden aus dem Ausland sind Asylsuchende; überwiegend kommen die Zuziehenden aus der EU und insbesondere aus Ausbildungs- und Arbeitsmarktgründen nach Deutschland.[574]

Zugleich sind aber die inländischen Binnenwanderungsgewinne aller kreisfreien Großstädte seit einigen Jahren rückläufig; seit 2014 übersteigen die Weg- sogar die Zuzüge.[575] Beispielsweise begründet die Zuwanderung aus dem Ausland bei den Metropolregionen um die A-Städte in den Jahren 2016 bis 2018 maßgeblich, zum Großteil sogar allein den positiven Zuwanderungssaldo; der inländische Binnenwanderungssaldo ist dort überwiegend negativ.[576] Die aus der Großstadt Abwandernden bleiben aber überwiegend in der jeweiligen Region. Meist ist das Ziel der inländischen Binnenwanderung nur das unmittelbare Umland der kreisfreien Großstädte und die Suburbanisierung gewinnt wieder größere Bedeutung.[577] Dies

---

richtigen Weg?, 2019, S. 4; allgemeiner hierzu *Buch*, in: Schäfer/Conzen, Praxishandbuch Immobilien-Investitionen, S. 363 (366).

573 *Henger/Voigtländer*, Ist der Wohnungsbau auf dem richtigen Weg?, 2019, S. 4.

574 *Henger*, Wirtschaftsdienst 2019, 603 (604); *BBSR*, Wohnungs- und Immobilienmärkte in Deutschland 2016, S. 54 f.; *Voigtländer/Deschermeier u. a.*, in: Mitschang, Erhaltung und Sicherung von Wohnraum, S. 9 (12); *Buch*, in: Schäfer/Conzen, Praxishandbuch Immobilien-Investitionen, S. 363 (366); *Simons/Schmandt*, in: ZIA, Frühjahresgutachten Immobilienwirtschaft 2020, S. 159 (161 f.); siehe hierzu auch *Statistisches Bundesamt*, Wanderungen von nichtdeutschen Staatsangehörigen zwischen Deutschland und dem Ausland, 2020 (mit der Unterscheidung „Zuzüge insgesamt" und „Zuzüge von Asylsuchenden"); vertiefend hierzu *GdW*, Wohnungswirtschaftliche Daten und Trends 2019/2020, S. 31–34; vertiefend zu der Zusammensetzung der Flüchtlinge *GdW*, Wohnungswirtschaftliche Daten und Trends 2018/2019, S. 39 f.

575 *GdW*, Wohnungswirtschaftliche Daten und Trends 2019/2020, S. 37 f.; *Empirica*, Immobilienpreisindex 4/2020, 2021, S. 1; *Bertelsmann Stiftung*, Trend Reurbanisierung?, 2018, S. 10; *Simons/Wieden*, Schwarmstädte in Deutschland, 2015, S. 37; *Lauerbach*, in: BBSR, Das neue Wachstum der Städte, S. 15 (17–19); *Simons/Schmandt*, in: ZIA, Frühjahresgutachten Immobilienwirtschaft 2020, S. 159 (171); *Henger/Oberst*, Immer mehr Menschen verlassen die Großstädte wegen Wohnungsknappheit, 2019, S. 2; vgl. auch *Voigtländer/Deschermeier u. a.*, in: Mitschang, Erhaltung und Sicherung von Wohnraum, S. 9 (13 f.).

576 Siehe *Statistisches Bundesamt*, Bevölkerung und Erwerbstätigkeit, 2020, S. 32 f.; *Statistisches Bundesamt*, Bevölkerung und Erwerbstätigkeit, 2019, S. 45 f.; *Statistisches Bundesamt*, Bevölkerung und Erwerbstätigkeit, 2018, S. 45 f.; so auch *Simons/Schmandt*, in: ZIA, Frühjahresgutachten Immobilienwirtschaft 2020, S. 159 (171 f.).

577 *GdW*, Wohnungswirtschaftliche Daten und Trends 2019/2020, S. 37 f.; *Braun*, Wohnungsmarktprognose 2021/22, 2020, S. 4; *Empirica*, Immobilienpreisindex 4/2020, 2021, S. 1; *Henger/Oberst*, Immer mehr Menschen verlassen die Groß-

führt zu einem Bevölkerungsanstieg in den Umlandgemeinden. In der Regel wandern Familienhaushalte (mit einem Alter von 35 bis 50 sowie unter 18 Jahren) ab, deren negativer Saldo sich im Zeitraum 2008 bis 2017 deutlich erhöhte.[578] Neben einer im Verhältnis zur Großstadt günstigeren Miete spielen der leichtere Zugang zu größeren Wohnflächen, der Wegzug ins Grüne und die leichtere Verwirklichung eines Einfamilienhauses oder einer Doppelhaushälfte eine Rolle für den Umzug in die Umlandgemeinden.[579]

Dagegen befindet sich unter den Zuziehenden der inländischen Binnenwanderung in die Großstädte – deren Anteil kleiner ist als der der Wegziehenden und damit zu einem negativen Saldo führt – eine große Anzahl von Menschen im Alter von 18 bis 35 Jahren, insbesondere Berufsanfänger in der Altersklasse von 25 bis 35 Jahren.[580] Es verstärkt sich somit auch die

---

städte wegen Wohnungsknappheit, 2019, S. 2; vertiefend zu den „Überschwappeffekten" von der Großstadt in ihr Umland *Bertelsmann Stiftung*, Trend Reurbanisierung?, 2018, S. 14–16; *Simons/Wieden*, Schwarmstädte in Deutschland, 2015, S. 37, 65 f. (am Beispiel Hamburgs) und – vertiefend zur Abhängigkeit der Suburbanisierung von den jeweiligen Altersgruppen und zur weiter bestehenden Suburbanisierungsneigung – S. 3; *Braun/Schlatterer*, CBRE-empirica-Leerstandsindex 2009–2019, 2020, S. 1; ähnlich *Simons/Schmandt*, in: ZIA, Frühjahresgutachten Immobilienwirtschaft 2020, S. 159 (171); vgl. auch *Lauerbach*, in: BBSR, Das neue Wachstum der Städte, S. 15 (17).

578 *GdW*, Wohnungswirtschaftliche Daten und Trends 2019/2020, S. 38; *Voigtländer/Deschermeier u. a.*, in: Mitschang, Erhaltung und Sicherung von Wohnraum, S. 9 (15–17); *Simons/Wieden*, Schwarmstädte in Deutschland, 2015, S. 28 f.; *Lauerbach*, in: BBSR, Das neue Wachstum der Städte, S. 15 (19); *Henger/Oberst*, Immer mehr Menschen verlassen die Großstädte wegen Wohnungsknappheit, 2019, S. 3.

579 So auch *Henger/Oberst*, Immer mehr Menschen verlassen die Großstädte wegen Wohnungsknappheit, 2019, S. 2 f. m. w. N.

580 Vertiefend hierzu *Simons/Wieden*, Schwarmstädte in Deutschland, 2015, S. 26–29 und zu den Ursachen hierfür S. 35–51, die das zugleich als „Schwarmverhalten" klassifizieren; *BBSR*, Künftige Wohnungsleerstände in Deutschland, 2020, S. 14 und 17; *Voigtländer/Deschermeier u. a.*, in: Mitschang, Erhaltung und Sicherung von Wohnraum, S. 9 (14–16); *Lauerbach*, in: BBSR, Das neue Wachstum der Städte, S. 15 (18); so auch allgemeiner *BBSR*, Wohnungs- und Immobilienmärkte in Deutschland 2016, S. 55 f.; *GdW*, Wohnungswirtschaftliche Daten und Trends 2019/2020, S. 39; *Henger/Oberst*, Immer mehr Menschen verlassen die Großstädte wegen Wohnungsknappheit, 2019, S. 1 und 3; allgemeiner *Wissenschaftlicher Beirat beim Bundesministerium für Wirtschaft und Energie*, Soziale Wohnungspolitik, 2018, S. 4; siehe auch *Statistisches Bundesamt*, Bevölkerung und Erwerbstätigkeit, 2020, S. 56.

inländische Bildungs- und Arbeitsmigration.[581] Die starke Zuwanderung dieser Gruppe in die Städte wird zu einem gewissen Teil als mitursächlich für die Entwicklung der dortigen Mietpreise angesehen.[582] In diesem Zusammenhang erweisen sich aber neuere Regulierungen wie beispielsweise die Mietpreisbremse als kontraproduktiv, denn der Vorteil anderer Regionen mit niedrigeren Mietkosten wird damit teilweise entwertet und die Großstädte erscheinen in Verbindung mit den gebremsten Mieten attraktiver.[583] Zusätzlich zeichnet sich – blendet man die Außenzuwanderung aus – ab, dass sich die inländische Binnenwanderung seit den Jahren 2012/2013 verstärkt auch auf die Mittelstädte und größeren Kleinstädte im ländlichen Raum fokussiert.[584]

Während die Groß-, Mittel- und größeren Kleinstädte vom Zuzug aus dem In- und Ausland profitieren, kommt es zu einer schleichenden Entleerung des dünn besiedelten, strukturschwachen ländlichen Raums. Dies ist zum Teil auf die verschlechterte Infrastruktur dort wie beispielsweise die mangelhafte Breitband- und Ärzteversorgung sowie die schlechte Anbindung an den ÖPNV zurückzuführen.[585] Von dort ziehen die jüngeren

---

581 *Voigtländer/Deschermeier u. a.*, in: Mitschang, Erhaltung und Sicherung von Wohnraum, S. 9 (15); *GdW*, Wohnungswirtschaftliche Daten und Trends 2019/2020, S. 39 und 34 f. (Letzteres speziell zur steigenden Zahl der Studierenden); *Lauerbach*, in: BBSR, Das neue Wachstum der Städte, S. 15 (18); ähnlich *Wissenschaftlicher Beirat beim Bundesministerium für Wirtschaft und Energie*, Soziale Wohnungspolitik, 2018, S. 4.

582 So *Simons/Wieden*, Schwarmstädte in Deutschland, 2015, S. 64–67; siehe auch *Egner/Grabietz*, Urban Research & Practice 11 (2018), 460 (460, 463, 471 und 473).

583 *Simons/Wieden*, Schwarmstädte in Deutschland, 2015, S. 68 – dies war zugleich einer der Kritikpunkte gegen eine Mietpreisregulierung per se, siehe Kapitel 2, A. I. 2. a. aa.; ähnlich *Blankenagel/Schröder/Spoerr*, NZM 2015, 1 (11); *Kletečka*, AcP 220 (2020), 674 (685).

584 *Bertelsmann Stiftung*, Trend Reurbanisierung?, 2018, S. 10, 12 und 20; *GdW*, Wohnungswirtschaftliche Daten und Trends 2019/2020, S. 39; *Lauerbach*, in: BBSR, Das neue Wachstum der Städte, S. 15 (18 f.); siehe auch *BBSR*, Wohnungs- und Immobilienmärkte in Deutschland 2016, S. 55; siehe auch *Simons/Wieden*, Schwarmstädte in Deutschland, 2015, S. 56, die den Zuzug in kreisfreie Städte deren jeweiligem Umland zuordnen.

585 Hierzu und zum Vorstehenden *Bertelsmann Stiftung*, Trend Reurbanisierung?, 2018, S. 17–20; *GdW*, Wohnungswirtschaftliche Daten und Trends 2019/2020, S. 39–43; *BBSR*, Wohnungs- und Immobilienmärkte in Deutschland 2016, S. 55 und 57; *Voigtländer/Deschermeier u. a.*, in: Mitschang, Erhaltung und Sicherung von Wohnraum, S. 9 (11); *GdW*, Wohnungswirtschaftliche Daten und Trends 2019/2020, S. 36 f.; *Simons/Wieden*, Schwarmstädte in Deutschland, 2015, S. 56.

Haushalte vermehrt weg; zugleich bleiben diese Regionen für die aus den Großstädten abwanderungswilligen Familienhaushalte zu unattraktiv.

bb) Haushaltsstrukturen

Zur steigenden Bevölkerungszahl kommt ein Trend zu kleineren Haushalten hinzu.[586] Aufgrund der Zuwanderung und der Zunahme von Einpersonenhaushalten werden bis zum Jahr 2025 auch steigende Haushaltszahlen und danach erst ein Rückgang erwartet.[587] Insbesondere in den Großstädten macht der Anteil der Einpersonenhaushalte etwa 50 Prozent aller Haushalte aus.[588] In den Großstädten mit mehr als 100.000 Einwohnern sind dabei die durchschnittlichen Haushaltsgrößen am geringsten, jedoch ist seit einigen Jahren keine weitere Verkleinerung festzustellen; der bundesweite weitere Rückgang ist vor allem auf die Entwicklung in den kleineren Städten und Gemeinden zurückzuführen.[589] Mit dem Trend zu kleineren Haushalten geht in der Regel eine erhöhte Nachfrage einher.[590]

---

586 *Henger/Voigtländer*, Ist der Wohnungsbau auf dem richtigen Weg?, 2019, S. 5; *BBSR*, Wohnungsmarktprognose 2030, 2015, S. 6 f.; *BBSR*, Wohnungs- und Immobilienmärkte in Deutschland 2016, S. 60 f.; *Weber*, Raumforschung und Raumordnung 78 (2020), 267 (271, 280 und 285); *Simons/Schmandt*, in: ZIA, Frühjahresgutachten Immobilienwirtschaft 2020, S. 159 (163); *Buch*, in: Schäfer/Conzen, Praxishandbuch Immobilien-Investitionen, S. 363 (365 f.); *Deschermeier/Henger*, Die Bedeutung des zukünftigen Kohorteneffekts auf den Wohnflächenkonsum, 2015, S. 27 f.; dies bestätigen auch die Zahlen des Statistischen Bundesamts (siehe *Statistisches Bundesamt*, Privathaushalte nach Haushaltsgröße im Zeitvergleich, 2020), wonach von 2012 bis 2019 (außer im Jahr 2016) der der Zuwachs der Einpersonenhaushalte durchgehend positiv war.

587 *BBSR*, Wohnungsmarktprognose 2030, 2015, S. 6 f.; siehe auch *BBSR*, Wohnungs- und Immobilienmärkte in Deutschland 2016, S. 58 f.

588 *BBSR*, Wohnungs- und Immobilienmärkte in Deutschland 2016, S. 61 (Stand Mai 2014); ebenso *Statistisches Bundesamt*, Mikrozensus – Haushalte und Familien, 2019 (auch mit einer detaillierter Tabellendarstellung nach unterschiedlichen Stadt- und Regionaltypen – Stand 2017); für Gesamtdeutschland beträgt ihr Anteil 42,3 Prozent (für 2019), siehe *Statistisches Bundesamt*, Haushalte und Haushaltsmitglieder für Deutschland, das frühere Bundesgebiet und die Neuen Länder einschließlich Berlin, 2020; *Buch*, in: Schäfer/Conzen, Praxishandbuch Immobilien-Investitionen, S. 363 (365 f.).

589 *Simons/Schmandt*, in: ZIA, Frühjahresgutachten Immobilienwirtschaft 2020, S. 159 (163 f.).

590 *BBSR*, Wohnungs- und Immobilienmärkte in Deutschland 2016, S. 60; *Deschermeier/Henger*, Die Bedeutung des zukünftigen Kohorteneffekts auf den Wohnflächenkonsum, 2015, S. 23 f.; ähnlich *Simons/Schmandt*, in: ZIA, Frühjahresgut-

Denn ein Haushalt kann aus einer oder mehreren Personen bestehen, aber jedem Haushalt wird eine Wohnung zugeordnet. Beispielsweise nahm in den Jahren 2006 bis 2010 – trotz eines Bevölkerungsrückgangs – die Zahl der wohnungsnachfragenden Haushalte zu.[591] Eine gewichtige Ursache hierfür ist die bereits beschriebene verstärkte Bildungs- und Arbeitsmigration, da diese Zuziehenden überwiegend Singlehaushalte bilden.[592]

cc) Der Wohnflächenverbrauch der Haushalte

Betrachtet man den Wohnungskonsum, so ist über einen längeren Zeitraum im gesamtdeutschen Durchschnitt ein Anstieg der durchschnittlichen Wohnfläche pro Kopf festzustellen.[593] Lag sie im Jahr 2011 noch bei 43 m^2, so waren es 2013 bereits 46,2 m^2 und 2017 46,9 m^2 pro Person.[594] Man geht davon aus, dass sich der durchschnittliche Wohnflächenverbrauch pro Kopf bis 2030 noch weiter erhöhen wird.[595]

Auffällig ist dagegen die Entwicklung des Wohnflächenverbrauchs der Haushalte in den kreisfreien Großstädten ab 100.000 Einwohnern und damit den Hotspots mit einer angespannten Wohnungsmarktsituation.[596] Die Wohnfläche pro Kopf verringerte sich – entgegen dem gesamtdeut-

---

achten Immobilienwirtschaft 2020, S. 159 (163); *Buch*, in: Schäfer/Conzen, Praxishandbuch Immobilien-Investitionen, S. 363 (365 f.).

591 *BBSR*, Wohnungs- und Immobilienmärkte in Deutschland 2016, S. 60.

592 Siehe Kapitel 2, B. I. 1. a. aa. und bb.

593 *BBSR*, Wohnungs- und Immobilienmärkte in Deutschland 2016, S. 63; *Henger/Voigtländer*, IW-Wohnungsbedarfsmodell, 2021, S. 11; *Henger/Voigtländer*, Ist der Wohnungsbau auf dem richtigen Weg?, 2019, S. 5; *Deschermeier/Henger*, Die Bedeutung des zukünftigen Kohorteneffekts auf den Wohnflächenkonsum, 2015, S. 27 f.; *Kohl/Sagner/Voigtländer*, Mangelware Wohnraum, 2019, S. 21; ebenso und vertiefend *Weber*, Raumforschung und Raumordnung 78 (2020), 267 (274 ff.) (im Untersuchungszeitraum 1978 bis 2013).

594 *BBSR*, Wohnungs- und Immobilienmärkte in Deutschland 2016, S. 62; *Deschermeier/Henger*, Die Bedeutung des zukünftigen Kohorteneffekts auf den Wohnflächenkonsum, 2015, S. 26; *Henger/Voigtländer*, Ist der Wohnungsbau auf dem richtigen Weg?, 2019, S. 5; *Wissenschaftlicher Beirat beim Bundesministerium für Wirtschaft und Energie*, Soziale Wohnungspolitik, 2018, S. 4; siehe auch *Sagner/Stockhausen/Voigtländer*, Wohnen, 2020, S. 30.

595 *BBSR*, Wohnungsmarktprognose 2030, 2015, S. 10; *Henger/Voigtländer*, IW-Wohnungsbedarfsmodell, 2021, S. 11; *Henger/Voigtländer*, Ist der Wohnungsbau auf dem richtigen Weg?, 2019, S. 6.

596 Siehe *BBSR*, Wohnungs- und Immobilienmärkte in Deutschland 2016, S. 63; *Henger/Voigtländer*, Ist der Wohnungsbau auf dem richtigen Weg?, 2019, S. 8 f.;

schen Trend – beispielsweise von 45,7 m^2 im Jahr 2010 auf 43,5 m^2 im Jahr 2017 und damit um 4,8 Prozent.[597] Ursächlich für einen konstanten oder sogar fallenden Wohnflächenkonsum sind unter anderem der nachfragesteigernde Bevölkerungsanstieg[598] in Verbindung mit einer zu geringen Bautätigkeit; beides bedingt wiederum steigende Immobilienpreise und Wohnungsmieten.[599] Die steigenden Mieten und Preise würden – bei gleichmäßig zunehmendem Konsumverhalten wie im Bundesdurchschnitt – die Wohnkostenbelastung der Haushalte deutlich erhöhen. Damit sie nicht zu hoch wird, passen die Haushalte ihren Wohnflächenverbrauch vielmehr an und geben sich mit einer kleineren Wohnung zufrieden.[600] Zudem leben in den Großstädten aufgrund der dortigen Immobilienpreise fast drei Viertel der Haushalte zur Miete; dies gilt selbst für größere Haushalte ab drei Personen.[601]

Ergänzt werden diese Ursachen durch den Umstand, dass die Bestandsmieten in der Regel niedriger als die Neuvertragsmieten ausfallen[602] und deswegen umzugswillige, wachsende Haushalte von einem Wohnungswechsel absehen oder ihn vorerst aufschieben werden.[603] Auch sie geben sich im Vergleich zu ihren Präferenzen und zu Haushalten außerhalb der Großstädte mit einem deutlich geringeren Wohnungskonsum pro Kopf zufrieden.[604] Hinzukommt, dass jüngere Menschen verstärkt in den Großstädten vorzufinden sind und sich eher mit einer geringeren Wohn-

---

ebenso *Sagner/Stockhausen/Voigtländer*, Wohnen, 2020, S. 30; *Kohl/Sagner/Voigtländer*, Mangelware Wohnraum, 2019, S. 21.

597 *Henger/Voigtländer*, Ist der Wohnungsbau auf dem richtigen Weg?, 2019, S. 9; *Henger/Voigtländer*, IW-Wohnungsbedarfsmodell, 2021, S. 11.

598 Siehe hierzu Kapitel 2, B. I. 1. a. aa.

599 *Deschermeier/Henger*, Die Bedeutung des zukünftigen Kohorteneffekts auf den Wohnflächenkonsum, 2015, S. 27–29; *Henger/Voigtländer*, Ist der Wohnungsbau auf dem richtigen Weg?, 2019, S. 8–10; *Henger*, Wirtschaftsdienst 2019, 603 (605); siehe zu diesen Preissteigerungen Kapitel 2, B. I. 2. a.–c.

600 Hierzu und zum Vorstehenden *Henger/Voigtländer*, Ist der Wohnungsbau auf dem richtigen Weg?, 2019, S. 9; vgl. auch *BBSR*, Wohnungs- und Immobilienmärkte in Deutschland 2016, S. 63; *Henger*, Wirtschaftsdienst 2019, 603 (605).

601 *BBSR*, Wohnungs- und Immobilienmärkte in Deutschland 2016, S. 62.

602 Siehe hierzu Kapitel 2, B. I. 2. a.

603 *Henger/Voigtländer*, Ist der Wohnungsbau auf dem richtigen Weg?, 2019, S. 9; zur Diskrepanz zwischen Bestands- und Neuvertragsmieten *Henger*, Wirtschaftsdienst 2019, 603 (604).

604 So auch *Sagner/Stockhausen/Voigtländer*, Wohnen, 2020, S. 30 f.

fläche zufrieden geben (müssen).[605] Die Diskrepanz zwischen Bestands- und Neuvertragsmieten führt zugleich zu dem sogenannten Lock-in-Effekt und damit zu niedrigen Umzugsquoten;[606] Haushalte, die sich verkleinern wollen, bleiben in ihren größeren Wohnungen, denn ein Wechsel in eine kleinere Wohnung würde nicht zu einer verhältnismäßig geringeren, sondern zu einer höheren Miete führen.[607] Langfristig werden aber auch in den Großstädten eine Trendumkehr und eine Zunahme des Wohnflächenkonsums erwartet.[608]

b) Nachgefragte Wohnungen nach Anzahl und Art

Das Bevölkerungswachstum, die Zunahme von Einpersonenhaushalten und der veränderte durchschnittliche Wohnflächenverbrauch innerhalb und außerhalb der Großstädte beeinflussen die Nachfrage nach Wohnungen. Ganz besonders wirkt sich dabei aber der Zuwanderungssaldo aus.[609] Er verändert bereits im Vier-Quadranten-Modell maßgeblich die Nachfragegerade des ersten Quadranten.[610]

Für die Jahre 2015 bis 2020 wird ein jährlicher Neubaubedarf von 300.000 bis 400.000 Wohnungen prognostiziert.[611] Etwas weniger als die

---

605 *BBSR*, Wohnungs- und Immobilienmärkte in Deutschland 2016, S. 56; so für die seit 2010 weniger Fläche nachfragenden Neuvertragsmieter *Sagner/Stockhausen/Voigtländer*, Wohnen, 2020, S. 30 f.

606 Siehe Kapitel 2, A. I. 2. c.

607 *Henger*, Wirtschaftsdienst 2019, 603 (605); *Henger/Voigtländer*, Ist der Wohnungsbau auf dem richtigen Weg?, 2019, S. 9 f.; *GdW*, Wohnungswirtschaftliche Daten und Trends 2019/2020, S. 45; siehe auch *Kohl/Sagner/Voigtländer*, Mangelware Wohnraum, 2019, S. 33.

608 Siehe auch weiterführend *Henger/Voigtländer*, Ist der Wohnungsbau auf dem richtigen Weg?, 2019, S. 8 f.

609 *Buch*, in: Schäfer/Conzen, Praxishandbuch Immobilien-Investitionen, S. 363 (364 und 366); vgl. auch *GdW*, Wohnungswirtschaftliche Daten und Trends 2019/2020, S. 27.

610 Siehe hierzu Kapitel 1, C. I. 1. a. sowie C. I. 2. a.

611 *Tichelmann/Blome u. a.*, Wohnraumpotentiale in urbanen Lagen, 2019, S. 10 und 17 (jährlicher Bedarf von rund 400.000 Wohnungen); *Henger/Voigtländer*, Ist der Wohnungsbau auf dem richtigen Weg?, 2019, S. 15 f., m. w. N. (jährlicher Bedarf von 341.700 Wohnungen – einige Jahre davor noch mit 385.200 Wohnungen pro Jahr, siehe *Voigtländer/Deschermeier u. a.*, in: Mitschang, Erhaltung und Sicherung von Wohnraum, S. 9 (23); *BBSR*, Wohnungs- und Immobilienmärkte in Deutschland 2016, S. 35 und 39 (350.000 bis 400.000 Wohnungen jährlich aufgrund der starken Außenzuwanderung – kurz zuvor

Hälfte der Wohnungen wird in Großstädten mit mehr als 100.000 Einwohnern benötigt.[612] Im Zeitraum von 2021 bis 2025 sollen jährlich nur noch etwa 250.000 bis 308.000 zusätzliche Wohnungen benötigt werden.[613] Auch für den Zeitraum von 2026 bis 2030 wird mit einem weiteren, aber reduzierten Bedarf an Wohnungen gerechnet.[614]

Der Neubaubedarf der A-Städte wird im Zeitraum von 2015 bis 2020 – je nach Berechnung – auf etwa 47.100 bis zu 62.800 neue Wohnungen pro Jahr geschätzt.[615] Da der letztgenannte Wert auf der Basis aktuellerer Zahlen prognostiziert wurde, dürfte er zuverlässiger sein und wird daher im

---

noch mit einem Bedarf von 272.000 Wohnungen pro Jahr, siehe *BBSR*, Wohnungsmarktprognose 2030, 2015, S. 13 f.); *GdW*, Wohnungswirtschaftliche Daten und Trends 2019/2020, S. 27 (orientiert an aktuelleren Zuzugssalden, beispielsweise für 2019 in Höhe von 327.060 Personen); *Braun*, Wohnungsmarktprognose 2021/22, 2020, S. 2 (307.000 bis 314.000 neue Wohnungen für die Jahre 2019 und 2020); *Simons/Schmandt*, in: ZIA, Frühjahresgutachten Immobilienwirtschaft 2020, S. 159 (166) (370.000 bis 390.000 Wohnungen jeweils für die Jahre 2015 bis 2018 sowie 271.000 bis 314.000 Wohnungen für die Jahre 2019 bis 2022); *Buch*, in: Schäfer/Conzen, Praxishandbuch Immobilien-Investitionen, S. 363 (366) (jährlicher Bedarf von etwa 290.000 bis 400.000 Wohnungen).

612 *Voigtländer/Deschermeier u. a.*, in: Mitschang, Erhaltung und Sicherung von Wohnraum, S. 9 (23 f.); hierzu auch *BBSR*, Wohnungsmarktprognose 2030, 2015, S. 14 und 16 f.; *Henger/Voigtländer*, Ist der Wohnungsbau auf dem richtigen Weg?, 2019, S. 16 f.; allgemeiner *GdW*, Wohnungswirtschaftliche Daten und Trends 2019/2020, S. 26.

613 *Henger/Voigtländer*, IW-Wohnungsbedarfsmodell, 2021, S. 24 (jährlich 308.000 neue Wohnungen); *Henger/Voigtländer*, Ist der Wohnungsbau auf dem richtigen Weg?, 2019, S. 15 m. w. N. (jährlich 260.200 neue Wohnungen); ähnlich *Braun*, Wohnungsmarktprognose 2021/22, 2020, S. 2; *GdW*, Wohnungswirtschaftliche Daten und Trends 2019/2020, S. 27, wonach sich auf der Basis des prognostizierten Zuwanderungssaldos in Höhe von 248.000 ein Bedarf von etwas weniger als 300.000 neuen Wohnungen ergibt; dagegen nur 229.000 neue Wohnungen nach *BBSR*, Wohnungsmarktprognose 2030, 2015, S. 14, sowie *BBSR*, Wohnungs- und Immobilienmärkte in Deutschland 2016, S. 35.

614 *Henger/Voigtländer*, IW-Wohnungsbedarfsmodell, 2021, S. 24 (jährlich 283.800 neue Wohnungen); *Henger/Voigtländer*, Ist der Wohnungsbau auf dem richtigen Weg?, 2019, S. 15 m. w. N. (jährlich 245.500 neue Wohnungen); *Braun*, Wohnungsmarktprognose 2021/22, 2020, S. 2 (jährlich etwa 200.000 neue Wohnungen); dagegen nur 180.000 neue Wohnungen nach *BBSR*, Wohnungsmarktprognose 2030, 2015, S. 14, sowie *BBSR*, Wohnungs- und Immobilienmärkte in Deutschland 2016, S. 35.

615 *BBSR*, Wohnungsmarktprognose 2030, 2015, S. 17 (47.100 Wohnungen); *Henger/Voigtländer*, IW-Wohnungsbedarfsmodell, 2021, S. 19, sowie *Henger/Voigtländer*, Ist der Wohnungsbau auf dem richtigen Weg?, 2019, S. 16 f. (62.800 Wohnungen); Anfang 2017 lag deren Prognose noch bei 88.000 Wohnungen, siehe

Folgenden zugrunde gelegt. Für den Zeitraum von 2021 bis 2025 wird ein Bedarf von 58.100 und für 2026 bis 2030 von 50.400 neuen Wohnungen pro Jahr prognostiziert.[616]

Differenziert man den Wohnungsbedarf nach der Raumanzahl der zu bauenden Wohnungen, so entfällt in den A-Städten von 2011 bis 2020 fast die Hälfte des jährlichen Baubedarfsanteils auf mittelgroße Wohnungen mit drei bis vier Räumen, etwa ein Viertel auf kleine Wohnungen mit einem Raum oder zwei Räumen und mehr als ein Fünftel auf Wohnungen mit fünf und mehr Räumen. Eine fast identische Aufteilung ergibt sich unter den B-Städten, zu denen die nach den A-Städten bedeutendsten 14 Großstädte zu zählen sind.[617] Etwas anders sieht es für die übrigen Gebiete in Deutschland aus. Ähnlich ist zwar auch dort der Bedarf bei den mittelgroßen Wohnungen mit drei bis vier Räumen; der Bedarf an Wohnungen mit fünf oder mehr Räumen höher und der Bedarf an kleinen Wohnungen mit einem Raum oder zwei Räumen ist geringer.[618] Auf der Basis der bisherigen Erkenntnisse – dem Wegzug von Familienhaushalten in das Umland sowie dem Zuzug von jüngeren und kleineren Haushalten in die Großstädte – überrascht dies aber kaum.[619]

c) Die Entwicklung der Bautätigkeit generell und konkret im Verhältnis zur Nachfrageentwicklung

Zunächst ist auf die gesamtdeutsche Entwicklung der Bautätigkeit einzugehen und sie ins Verhältnis zur Nachfrageentwicklung zu setzen (aa.). Im Vergleich dazu ergibt sich ein differenzierteres Bild bei einem Blick auf die unterschiedlichen Regionen in Deutschland: zum einen die sieben

---

Voigtländer/Deschermeier u. a., in: Mitschang, Erhaltung und Sicherung von Wohnraum, S. 9 (23 f.).

616 *Henger/Voigtländer*, IW-Wohnungsbedarfsmodell, 2021, S. 24 und 26 f.; *Henger/Voigtländer*, Ist der Wohnungsbau auf dem richtigen Weg?, 2019, S. 16 f. mit noch etwas niedrigeren Werten.

617 Hierzu und zum Vorstehenden *Voigtländer/Deschermeier u. a.*, in: Mitschang, Erhaltung und Sicherung von Wohnraum, S. 9 (25 und 27 f.); B-Städte sind gemäß der Definition von *Bulwiengesa* Bochum, Bonn, Bremen, Dortmund, Dresden, Duisburg, Essen, Karlsruhe, Leipzig, Mannheim, Münster, Nürnberg, Wiesbaden und die gesamte Region Hannover, siehe *Bulwiengesa*, RIWIS Online, 2022, S. 1.

618 *Voigtländer/Deschermeier u. a.*, in: Mitschang, Erhaltung und Sicherung von Wohnraum, S. 9 (26 f.).

619 Siehe Kapitel 2, B. I. 1. a. aa. und bb.

A-Städte sowie die übrigen 71 kreisfreien Großstädte mit mehr als 100.000 Einwohnern (bb.), zum anderen die sonstigen Gebiete (cc.).

aa) Gesamtdeutsche Entwicklung

Seit 2010 ist ein deutlicher Anstieg der Baugenehmigungen und Baufertigstellungen in Deutschland zu verzeichnen. Wurden noch im Jahr 2010 für etwas weniger als 188.000 Wohnungen in bestehenden oder neugebauten Wohn- und Nichtwohngebäuden solche Baumaßnahmen genehmigt, so wurden im Jahr 2019 Genehmigungen für etwas mehr als 360.000 Wohnungen erteilt; die Zahlen haben sich also fast verdoppelt.[620] Hierbei ist zu beachten, dass die genehmigten Maßnahmen neben dem Gebäudeneubau auch Bestandsmaßnahmen (Umbau-, Ausbau-, Erweiterungs- oder Wiederherstellungsmaßnahmen[621]) umfassen. Generell und insbesondere in angespannten Wohnungsmärkten ist in diesem Segment über die letzten Jahre ein deutlicher Zuwachs zu verzeichnen gewesen.[622] Bei näherer Betrachtung haben sich die Genehmigungszahlen für Bestandsmaßnahmen mit etwas weniger als 20.000 Wohnungen im Jahr 2010 im Vergleich zum Jahr 2019 mit gut 42.000 Wohnungen mehr als verdoppelt.[623] Zugleich nahm über die Jahre der Anteil der genehmigten Bestandsmaßnahmen an den Gesamtbaugenehmigungen zu. So machten die genehmigten Maßnahmen im Bestand 2010 etwa gut zehn Prozent aller Baugenehmigungen aus; in den Folgejahren bis 2019 steigerte sich dieser Anteil und bewegte sich zwischen elf und 14 Prozent.[624]

620 *Statistisches Bundesamt*, Baugenehmigungen/Baufertigstellungen u. a. nach Gebäudeart, 2020, S. 3; *Simons/Schmandt*, in: ZIA, Frühjahresgutachten Immobilienwirtschaft 2020, S. 159 (164 f.); zu dem Zeitraum 2016 bis 2018 vertiefend *GdW*, Wohnungswirtschaftliche Daten und Trends 2019/2020, S. 24; bis 2015 *BBSR*, Wohnungs- und Immobilienmärkte in Deutschland 2016, S. 30 und 32; allgemeiner hierzu *Buch*, in: Schäfer/Conzen, Praxishandbuch Immobilien-Investitionen, S. 363 (368).

621 *Statistisches Bundesamt*, Bautätigkeit und Wohnungen, 2020, S. 4.

622 Vgl. *BBSR*, Wohnungs- und Immobilienmärkte in Deutschland 2016, S. 32 und 41 f.

623 *Statistisches Bundesamt*, Baugenehmigungen/Baufertigstellungen u. a. nach Gebäudeart, 2020, S. 3.

624 Vgl. *Statistisches Bundesamt*, Baugenehmigungen/Baufertigstellungen u. a. nach Gebäudeart, 2020, S. 3.

Eine ähnliche, aber nicht ganz so starke Entwicklung zeigt sich bei den Baufertigstellungszahlen in neugebauten oder bereits bestehenden[625] Wohn- und Nichtwohngebäuden. Ausgehend von den beiden Langzeittiefjahren 2009 und 2010 mit jeweils knapp 160.000 Wohnungsfertigstellungen stiegen sie bis 2019 kontinuierlich auf etwas mehr als 293.000 an.[626] Die Zahl der fertiggestellten Maßnahmen für Wohnungen im Bestand lag 2010 bei etwas weniger als 17.000, verdoppelte sich dann aber beispielsweise für die Jahre 2018 und 2019 annähernd auf etwa 32.000 Wohnungen pro Jahr.[627] Zugleich fällt bei den Fertigstellungszahlen im Bestand ein noch stärkeres Wachstum als im Neubau auf. Machten die fertiggestellten Bestandswohnungen in den ersten Jahren nach 2010 noch ungefähr zehn Prozent aller Wohnungsfertigstellungen aus, so nahm ihr Anteil ab 2015 auf zwischen elf und 13,5 Prozent zu.[628] Demnach erkennen die Wohnungsanbieter die Potentiale im Bestand und nutzen sie verstärkt.[629]

---

625 Bestandsmaßnahmen sind Umbau-, Ausbau-, Erweiterungs- oder Wiederherstellungsvorhaben, siehe *Statistisches Bundesamt*, Bautätigkeit und Wohnungen, 2020, S. 4.

626 *Statistisches Bundesamt*, Baugenehmigungen/Baufertigstellungen u. a. nach Gebäudeart, 2020, S. 12; *GdW*, Wohnungswirtschaftliche Daten und Trends 2019/2020, S. 22; *Simons/Schmandt*, in: ZIA, Frühjahresgutachten Immobilienwirtschaft 2020, S. 159 (164); siehe auch bis 2015 *BBSR*, Wohnungs- und Immobilienmärkte in Deutschland 2016, S. 30; allgemeiner hierzu *Buch*, in: Schäfer/Conzen, Praxishandbuch Immobilien-Investitionen, S. 363 (368).

627 *Statistisches Bundesamt*, Baugenehmigungen/Baufertigstellungen u. a. nach Gebäudeart, 2020, S. 12; siehe auch bis 2015 *BBSR*, Wohnungs- und Immobilienmärkte in Deutschland 2016, S. 32 und 41 f.

628 Vgl. *Statistisches Bundesamt*, Baugenehmigungen/Baufertigstellungen u. a. nach Gebäudeart, 2020, S. 12; so auch bis 2015 *BBSR*, Wohnungs- und Immobilienmärkte in Deutschland 2016, S. 32 und 41 f.; vgl. auch zur zunehmenden Bedeutung der Wohnraumschaffung durch Umwandlungen im Bestand am Beispiel der Städte Berlin, Frankfurt am Main und Düsseldorf *BBSR*, Umwandlung von Nichtwohngebäuden in Wohnimmobilien, 2017, S. 40, 42 und 69.

629 Beispielsweise zum Potential der Wohnraumaufstockung und Umnutzung *Tichelmann/Blome u. a.*, Wohnraumpotentiale in urbanen Lagen, 2019, S. 9 und 12–14; *Tichelmann/Groß/Günther*, Wohnraumpotentiale durch Aufstockungen, 2016, S. 1 f.; allgemeiner hierzu *Henger*, Wirtschaftsdienst 2019, 603 (607); *Schürt*, in: Arnold u. a., Wohnimmobilien, S. 73 (90); vgl. auch *BBSR*, Wohnungs- und Immobilienmärkte in Deutschland 2016, S. 32 und 41 f.; vgl. beispielsweise für die Städte Berlin, Frankfurt am Main und Düsseldorf *BBSR*, Umwandlung von Nichtwohngebäuden in Wohnimmobilien, 2017, S. 40, 42 und 69.

Nähern sich die Fertigstellungs- an die Bedarfszahlen an, indiziert dies einen Trend hin zu einem ausgeglichenen Wohnungsmarkt.[630] Gleicht man sie nun mit den bereits dargestellten Bedarfszahlen[631] ab, wird aber deutlich, dass für den Zeitraum von 2015 bis 2020 zwar die Zahl der erteilten Baugenehmigungen, jedoch nicht die der Baufertigstellungen den jährlichen Bedarf von mindestens 300.000 bis 400.000 Wohnungen erreicht hat – nicht einmal 2019 mit den bisher höchsten Fertigstellungszahlen von 293.000 Wohnungen.[632]

Es können allerdings nicht alle genehmigten Vorhaben in den Folgejahren auch tatsächlich fertiggestellt werden. Es wird vielmehr eine Diskrepanz zwischen den Baugenehmigungs- und den im Vergleich dazu niedrigeren Fertigstellungszahlen deutlich. Bis Ende 2019 erhöhte sich der Bauüberhang für genehmigte, aber noch nicht fertiggestellte Wohnungen insgesamt auf mehr als 740.000, wovon sich etwas mehr als 205.000 Wohnungen in Neubauten bereits im Stadium des überdachten Rohbaus befanden.[633] Dagegen erloschen – mit kaum einer Veränderung – im Durchschnitt im Zeitraum von 2010 bis 2019 pro Jahr die Baugenehmigungen für etwa 18.000 Wohnungen.[634] 2019 machte dies einen Anteil von 5,4 Prozent aller Baugenehmigungen aus.[635] Demnach kann der wachsende Bauüberhang nicht auf die eine vermeintlich steigende Bau- und Grundstücksspekulation zurückgeführt werden; eher zeigen die Zahlen, dass dieses Phänomen eher die Ausnahme sein wird.[636] Vielmehr resultiert

630 *Henger/Voigtländer*, Ist der Wohnungsbau auf dem richtigen Weg?, 2019, S. 22.

631 Siehe Kapitel 2, B. I. 1. b.

632 So auch *Henger/Voigtländer*, Ist der Wohnungsbau auf dem richtigen Weg?, 2019, S. 8; *GdW*, Wohnungswirtschaftliche Daten und Trends 2019/2020, S. 26 und 44; allgemeiner *Kühl*, Wirtschaftsdienst 2019, 612 (612 f.); siehe auch zur verfehlten Deckung des Bedarfs *Henger/Voigtländer*, IW-Wohnungsbedarfsmodell, 2021, S. 17 f.

633 *Statistisches Bundesamt*, Bautätigkeit und Wohnungen, 2020, S. 141 und 144; vgl. auch *Henger/Voigtländer*, Ist der Wohnungsbau auf dem richtigen Weg?, 2019, S. 12, die einen tatsächlich geringeren Bauüberhang vermuten, da wahrscheinlich nur ein Teil davon noch wirklich verfolgt werde; *Simons/Schmandt*, in: ZIA, Frühjahresgutachten Immobilienwirtschaft 2020, S. 159 (165); siehe auch *Henger/Voigtländer*, IW-Wohnungsbedarfsmodell, 2021, S. 21; generell zum zunehmenden Bauüberhang siehe auch *BBSR*, Wohnungs- und Immobilienmärkte in Deutschland 2016, S. 32 f.

634 *GdW*, Wohnungswirtschaftliche Daten und Trends 2019/2020, S. 24; für 2019 siehe *Statistisches Bundesamt*, Bautätigkeit und Wohnungen, 2020, S. 141.

635 Vgl. *Statistisches Bundesamt*, Bautätigkeit und Wohnungen, 2020, S. 22 und 141.

636 *GdW*, Wohnungswirtschaftliche Daten und Trends 2019/2020, S. 24; *Simons/Schmandt*, in: ZIA, Frühjahresgutachten Immobilienwirtschaft 2020, S. 159

die Diskrepanz zwischen den Genehmigungen und den Fertigstellungen zum einen aus der Wohnungsbesonderheit der generell langen und mittlerweile noch längeren Produktionsdauer[637], zum anderen aus vielfältigen Widerständen vor Ort.[638] Die hohe Auslastung der Bauwirtschaft und die nur noch bedingt mögliche Erweiterung begrenzen die Steigerung der Bautätigkeit; eine jährliche Fertigstellung von mehr als 300.000 bis 320.000 Wohnungen wird demnach als eher unwahrscheinlich bewertet.[639] Diese Kapazitätsgrenzen wurden bereits im Vier-Quadranten-Modell erwähnt, wonach trotz weiter steigender Immobilienpreise der Neubau nicht noch weiter verstärkt werden kann.[640]

bb) Die A-Städte und kreisfreien Großstädte

In den sieben A-Städten wachsen die jährlichen Bauleistungen besonders stark.[641] Wurden hier im Jahr 2011 bereits etwas mehr als 20.000 Wohnungen in bestehenden und neu gebauten Wohn- und Nichtwohngebäu-

---

(174 f.); allgemeiner *Henger/Voigtländer*, IW-Wohnungsbedarfsmodell, 2021, S. 22 f.; differenzierend *BBSR*, Wohnungs- und Immobilienmärkte in Deutschland 2016, S. 33.

637 Siehe Kapitel 1, A. IV. 1. b.

638 So auch *Henger/Voigtländer*, Ist der Wohnungsbau auf dem richtigen Weg?, 2019, S. 14 f., sowie *Henger/Voigtländer*, IW-Wohnungsbedarfsmodell, 2021, S. 21 f., jeweils auch mit Zahlen zur verlängerten Produktionsdauer; *Henger*, Wirtschaftsdienst 2019, 603 (607); siehe auch *GdW*, Wohnungswirtschaftliche Daten und Trends 2019/2020, S. 24; ähnlich *BBSR*, Wohnungs- und Immobilienmärkte in Deutschland 2016, S. 32 f.; *Simons/Schmandt*, in: ZIA, Frühjahresgutachten Immobilienwirtschaft 2020, S. 159 (176). Zu den Ursachen der langen Produktionsdauer und der Hindernisse vor Ort siehe *Simons/Schmandt*, in: ZIA, Frühjahresgutachten Immobilienwirtschaft 2020, S. 159 (176); *Henger/Voigtländer*, Ist der Wohnungsbau auf dem richtigen Weg?, 2019, S. 14 f.; *Henger*, Wirtschaftsdienst 2019, 603 (607); *Wandzik*, Wirtschaftsdienst 2019, 616 (618).

639 *Henger/Voigtländer*, Ist der Wohnungsbau auf dem richtigen Weg?, 2019, S. 22; *Simons/Schmandt*, in: ZIA, Frühjahresgutachten Immobilienwirtschaft 2020, S. 159 (166); allgemeiner *Henger/Voigtländer*, IW-Wohnungsbedarfsmodell, 2021, S. 30 f.

640 Siehe Kapitel 1, C. I. 1. b.

641 *Henger/Voigtländer*, Ist der Wohnungsbau auf dem richtigen Weg?, 2019, S. 16; *Kohl/Sagner/Voigtländer*, Mangelware Wohnraum, 2019, S. 27 f.

den fertiggestellt, so nahm diese Zahl bis 2018 auf über 48.000 zu.[642] Für das Jahr 2019 wird mit etwas mehr als 47.000 fertiggestellten Wohnungen[643] zwar ein kleiner Rückgang, aber auch weiterhin ein stark überdurchschnittliches Wachstum deutlich. Gegenüber 2011 haben sich bereits seit den Jahren 2017 bis 2019 die jährlich fertigstellten Wohnungen deutlich mehr als verdoppelt. Eine etwas geringere Zunahme ist bei den Baugenehmigungen zu verzeichnen, deren Zahl sich nicht ganz verdoppelt hat. Waren es 2011 noch etwas mehr als 31.000 genehmigte Maßnahmen an Wohnungen in bestehenden und neu gebauten Wohn- und Nichtwohngebäuden, so belief sich deren Zahl im Jahr 2019 auf knapp 60.000.[644]

Auf dieser Basis können zunächst die Fertigstellungs- und dann die Genehmigungs- mit den Bedarfszahlen abgeglichen werden. Der bis 2020 prognostizierte jährliche Bedarf an zusätzlichen Wohnungen für die A-Städte in Höhe von 62.800 zeigt, dass dieser – trotz der deutlichen Steigerungen – selbst im Hochjahr 2018 maximal zu 77 Prozent gedeckt wird.[645] In den übrigen Jahren ist die Bedarfsdeckung noch geringer.

---

642 *Henger/Voigtländer*, Ist der Wohnungsbau auf dem richtigen Weg?, 2019, S. 13 und 17; *Simons/Schmandt*, in: ZIA, Frühjahresgutachten Immobilienwirtschaft 2020, S. 159 (173).

643 Siehe addiert *Bayerisches Landesamt für Statistik*, Baufertigstellungen in Bayern 2019, 2020, S. 14 f.; *Amt für Statistik Berlin-Brandenburg*, Baufertigstellungen, 2020; *Statistisches Amt für Hamburg und Schleswig-Holstein*, Hochbautätigkeit und Wohnungsbestand in Hamburg 2019, 2020, S. 8; *Statistisches Landesamt NRW*, Baufertigstellungen und Bauabgänge in Nordrhein-Westfalen, 2020, S. 43, 51 und 73 f.; *Hessisches Statistisches Landesamt*, Baufertigstellungen in Hessen im Jahr 2019, 2020, S. 19, 21 und 23; *Statistisches Landesamt Baden-Württemberg*, Bautätigkeit in Baden-Württemberg 2019, 2020, S. 32, 34 und 38.

644 *Henger/Voigtländer*, Ist der Wohnungsbau auf dem richtigen Weg?, 2019, S. 13; *Simons/Schmandt*, in: ZIA, Frühjahresgutachten Immobilienwirtschaft 2020, S. 159 (173); hierzu bis 2015 auch *BBSR*, Wohnungs- und Immobilienmärkte in Deutschland 2016, S. 33. Für das Jahr 2019 siehe addiert *Bayerisches Landesamt für Statistik*, Baugenehmigungen in Bayern 2019, 2020, S. 14 f.; *Amt für Statistik Berlin-Brandenburg*, Baugenehmigungen, 2020; *Statistisches Amt für Hamburg und Schleswig-Holstein*, Hochbautätigkeit und Wohnungsbestand in Hamburg 2019, 2020, S. 8; *Statistisches Landesamt NRW*, Baugenehmigungen in Nordrhein-Westfalen, 2020, S. 43, 51 und 73 f.; *Hessisches Statistisches Landesamt*, Baugenehmigungen in Hessen im Jahr 2019, 2020, S. 21–24; *Statistisches Landesamt Baden-Württemberg*, Bautätigkeit in Baden-Württemberg 2019, 2020, S. 4, 6 und 10.

645 So auch *Henger/Voigtländer*, Ist der Wohnungsbau auf dem richtigen Weg?, 2019, S. 16–18; siehe auch *Henger/Voigtländer*, IW-Wohnungsbedarfsmodell, 2021, S. 19; allgemeiner hierzu *BBSR*, Wohnungs- und Immobilienmärkte in Deutschland 2016, S. 37–39; a. A. für die Jahre 2018 und 2019 *Simons/Schmandt*, in: ZIA, Frühjahresgutachten Immobilienwirtschaft 2020, S. 159 (177 f.), die

Hingegen hat die Zahl der für neue Wohnungen erteilten Baugenehmigungen den prognostizierten Bedarf erreicht. In den Jahren 2017 und 2018 übertreffen sie sogar den Bedarf. Für die kommenden Jahre muss dies aber nicht als ein negativer Trend qualifiziert werden, da – wie für Gesamtdeutschland bereits beschrieben[646] – es zu deutlichen Verzögerungen am Bau kommen kann und manche der genehmigten Bauten nie das Stadium der Fertigstellung erreichen werden.

Für den Zeitraum von 2020 bis 2030 würden – unter der Annahme, dass die derzeitigen, stark erhöhten Baufertigstellungszahlen in den A-Städten beibehalten werden können – diese Fertigstellungszahlen insgesamt nicht ausreichen, um den Bedarf der sieben A-Städte langfristig zu decken.[647] Für sie – insbesondere für Berlin, München, Stuttgart und Köln[648] – müssten daher auch weiterhin die Bauleistungen und damit verbunden die Zahl fertigzustellender Wohnungen deutlich erhöht werden, um den aktuellen Trend auf dem dortigen Wohnungsmarkt überhaupt abschwächen zu können.

Auch die übrigen Großstädte weisen seit Jahren ein durchgehendes Wachstum der Fertigstellungszahlen auf, das aber nicht ganz so stark wie in den A-Städten ausfällt.[649] Die Baufertigstellungszahlen von Wohnungen in neugebauten oder bestehenden Wohn- und Nichtwohngebäuden aus dem Jahr 2018 – mehr als 98.000 Wohnungen – würden anders als bei den A-Städten aber ausreichen, um die Nachfrage nach Wohnungen bis zum Jahr 2030 zu decken. Jedoch ginge mit der Beibehaltung dieser Fertigstellungszahlen eine Verlängerung der angespannten Wohnungsmarktsituation einher, da – wie bereits gezeigt[650] – der Bedarf bis 2025 höher

---

deutlich geringere Bedarfszahlen annehmen (41.415 für 2018 sowie 28.824 für 2019), insbesondere bei ihrer Prognose wohl einen Nachholbedarf nicht berücksichtigen und im Vergleich ihrer Prognose mit der tatsächlichen Entwicklung im Jahr 2019 ergab sich eine Diskrepanz von 3.000 Wohnungen.

646 Siehe Kapitel 2, B. I. 1. c. aa.

647 *Henger/Voigtländer*, Ist der Wohnungsbau auf dem richtigen Weg?, 2019, S. 16.

648 Zu den A-Städten *Henger/Voigtländer*, Ist der Wohnungsbau auf dem richtigen Weg?, 2019, S. 17 f. und 22, auch vertiefend zu den Bedarfsdeckungsquoten der jeweiligen A-Stadt; siehe auch *Löhr*, Nichts geht mehr: Die Städte sind voll, 2020.

649 *Henger/Voigtländer*, Ist der Wohnungsbau auf dem richtigen Weg?, 2019, S. 16 f. (auch mit einer Übersicht ihrer Bauleistungen in den Jahren 2016 bis 2018); siehe auch *Henger/Voigtländer*, IW-Wohnungsbedarfsmodell, 2021, S. 14–16.

650 Dazu Kapitel 2, B. I. 1. b.

ausfällt.[651] Demnach ist bis dahin eine weitere Steigerung der Baufertigungszahlen für eine Verbesserung der Wohnungsmarktsituation in den Großstädten erstrebenswert. Zugleich ist für die zukünftigen Projektentwicklungen der sich andeutende Rückgang der Nachfrage ab 2025 im Auge zu behalten.

Konkret bezogen auf die Anzahl der Räume wird im Vergleich des Wohnungsbedarfs mit den tatsächlichen Fertigstellungszahlen für die sieben A-Städte im Zeitraum von 2011 bis 2015 ein klares Defizit bei den Wohnungen mit zwei Räumen sowie bei den mittelgroßen Wohnungen mit drei bis vier Räumen deutlich. Bei den Großstädten und dort wiederum bei den bedeutendsten 14 Städten, den sogenannten B-Städten[652], ist das Defizit hier noch größer. Deutlich besser sieht es im Wohnungssegment mit einem Raum oder mit mehr als fünf Räumen aus; dies gilt für A-Städte, aber noch mehr für die B-Städte.[653] Von einem Vorbeibauen am Bedarf kann aber nicht gesprochen werden, da in allen Raumkategorien nicht bedarfsdeckend fertiggestellt wurde.

cc) Die sonstigen kreisfreien Städte und Landkreise

In den kreisfreien Städten mit weniger als 100.000 Einwohnern sowie den Landkreisen ist ein deutlich anderes Bild festzustellen: Der Bedarf wird dort im Durchschnitt zu 92 Prozent gedeckt und ab 2020 sollte die Bautätigkeit eher reduziert werden, damit es dort nicht zu einem Überangebot kommt.[654] Hier ist die Innenentwicklung der Städte besonders wichtig, also verstärkt auf Umbauten des Bestands zu setzen und Neubaumaßnahmen restriktiver zu handhaben.[655]

Jedoch ist die Situation sehr heterogen, denn je weiter die Städte und Landkreise von den Metropolen entfernt sind, desto mehr zeichnen sie sich durch einen Bevölkerungsrückgang und zunehmende Leerstände

---

651 Hierzu und zum Vorstehenden *Henger/Voigtländer*, Ist der Wohnungsbau auf dem richtigen Weg?, 2019, S. 16.

652 Siehe hierzu bereits die Ausführungen in Kapitel 2, B. I. 1. b.

653 Zu dem ganzen Absatz *Voigtländer/Deschermeier u. a.*, in: Mitschang, Erhaltung und Sicherung von Wohnraum, S. 9 (32).

654 *Henger/Voigtländer*, IW-Wohnungsbedarfsmodell, 2021, S. 17–19; *Henger/Voigtländer*, Ist der Wohnungsbau auf dem richtigen Weg?, 2019, S. 20.

655 *Henger/Voigtländer*, Ist der Wohnungsbau auf dem richtigen Weg?, 2019, S. 21 und 23.

aus.[656] Zudem wurde von 2016 bis 2018 in fast der Hälfte dieser Kreise bereits bedarfsdeckend oder sogar überkompensierend gebaut, insbesondere im Segment der Ein- und Zweifamilienhäuser in neu ausgewiesen Wohnbaugebieten.[657]

d) Zusammenfassende Darstellung (zum Teil Näherungswerte)

Abbildung 4: Zusammenfassende Darstellung des Verhältnisses von Angebot und Nachfrage im Zeitraum 2010 bis 2030

	Deutschland	**A-Städte** (soweit möglich)
1. Prognostizierte Bedarfsentwicklung	– 300.000–400.000 Wohnungen pro Jahr (2015–2020) – 250.000–308.000 Wohnungen pro Jahr (2021–2025) – 180.000–284.000 Wohnungen pro Jahr (2026–2030)	– 62.800 Wohnungen pro Jahr (2015–2020) – 58.100 Wohnungen pro Jahr (2021–2025) – 50.400 Wohnungen pro Jahr (2026–2030)
2. Entwicklung der Genehmigungen	– 188.000 Wohnungen (2010) – 360.000 Wohnungen (2019)	– 31.000 Wohnungen (2011) – 60.000 Wohnungen (2019)
… darauf entfallen auf den Bestand:	– 20.000 Wohnungen (2010) – 42.000 Wohnungen (2019)	
Anteil der Bestands- an den Gesamtmaßnahmen	– 10 % (2010) – 11–14 % (2011–2019)	
3. Fertigstellungszahlen	– 160.000 Wohnungen (2010) – 293.000 Wohnungen (2019)	– 20.000 Wohnungen (2011) – 47.000 Wohnungen (2019)
… darauf entfallen auf den Bestand:	– 17.000 Wohnungen (2010) – 32.000 Wohnungen (2019)	
Anteil der Bestands- an den Gesamtmaßnahmen	– 10 % (2010) – 11–13,5 % (2011–2019)	

656 *Henger/Voigtländer*, Ist der Wohnungsbau auf dem richtigen Weg?, 2019, S. 20.

657 *Henger/Voigtländer*, Ist der Wohnungsbau auf dem richtigen Weg?, 2019, S. 20 f., auch mit Hervorhebung des Potentials der dortigen Innenentwicklung und des Umbaus; differenzierend hierzu *Braun*, Wohnungsmarktprognose 2021/22, 2020, S. 5 f., insbesondere im zuspitzenden Vergleich des Einzugs in die Platte oder mit dem Bau des Eigenheims im Grünen.

4. Bedarfsdeckung durch Genehmigungszahlen	– Annähernd Bedarfsdeckung	– Annähernd Bedarfsdeckung (2017 und 2018 sogar über dem Bedarf)
5. Bedarfsdeckung durch Fertigstellungszahlen	– Zahlen liegen noch deutlich unter dem Bedarf	– Bedarfsdeckung maximal zu 77 % (im Höchstjahr 2018); auf diesem Niveau keine Bedarfsdeckung bis 2030
6. Kapazitätsgrenzen der Bauwirtschaft	Mehr als 300.000 bis 320.000 fertiggestellte Wohnungen pro Jahr erscheinen unrealistisch	

2. Die Auswirkungen der hohen Nachfrage und des zu geringen Wohnungsangebots auf die Preise und die Haushaltsbelastung

Je nachdem, wie stark die Bedarfs- und die Fertigstellungszahlen in den jeweiligen Städten divergieren, hat dies – neben der Bautätigkeit in den Umlandgemeinden, der Lohn- und der Zinsentwicklung[658] – unterschiedlich starke Auswirkungen auf die Immobilienpreis- und Mietenentwicklung.[659] Wie bereits dargelegt, nahm in den letzten Jahren die Nachfrage nach Wohnungen deutlich zu. Im Vier-Quadranten-Modell konnten ihre Auswirkungen auf die Märkte, insbesondere auf den Mietwohnungsmarkt, umfassend veranschaulicht werden.[660] Die Nachfragegerade im ersten Quadranten bewegt sich gen Nordosten, da in den letzten Jahren vor allem die Zahl der Haushalte stieg.[661] Um das bisherige Mietniveau trotz der deutlich gesteigerten Nachfrage halten zu können, bedarf es zusätzlicher Wohnflächen. Je nach der Größe des Angebots- und Leerstandspuffers kann dieser die Nachfrage zunächst zu einem gewissen Teil bedienen.[662] Ist dieser Puffer aufgebraucht oder liegt die Nachfrage nach Wohnungen

658 *Henger*, Wirtschaftsdienst 2019, 603 (604); *Wandzik*, Wirtschaftsdienst 2019, 616 (617); siehe zur relativ konstanten Kostenbelastung aufgrund der Lohnentwicklung trotz der gestiegenen Mieten Kapitel 2, B. I. 2. b. aa.

659 *Henger/Voigtländer*, Ist der Wohnungsbau auf dem richtigen Weg?, 2019, S. 22; siehe auch zu den Ursachen *Egner/Grabietz*, Urban Research & Practice 11 (2018), 460 (473 f.); *Rohland*, in: Gans/Westerheide, Wohnungspolitik angesichts angespannter städtischer Wohnungsmärkte, S. 31 (31).

660 Siehe hierzu Kapitel 1, C. I. 2. a.

661 Siehe zu den Faktoren für die Bewegungen der Nachfragegerade im Modell Kapitel 1, C. I. 1. a.; für die Zunahme der Nachfrage siehe Kapitel 2, B. 1.; für die Zunahme des Einkommens Kapitel 2, B. 5. b.

662 So auch *Braun/Schlatterer*, CBRE-empirica-Leerstandsindex 2009–2019, 2020, S. 2.

darüber, so müssen neue Wohnungen im Bestand oder im Neubau geschaffen werden. Entscheidende Bedeutung kommt hier wieder der Preisentwicklung zu.[663] Im Vier-Quadranten-Modell führt die gestiegene Nachfrage zu höheren Miet- und dann auch zu gestiegenen Immobilienpreisen und kurbelt damit auch – wenn auch langsam und verzögert[664] – die Neubauaktivitäten an.[665]

Im Folgenden gilt es diese Modellaussagen anhand der aktuellen Entwicklung zu überprüfen. Demnach müsste nicht nur im Modell, sondern auch tatsächlich eine deutliche Steigerung der Mietpreise festzustellen sein (a.). Zugleich ist dabei ein Blick auf die durchschnittliche Mietkostenbelastung der Haushalte zu werfen (b.). Sowohl bei der Mietpreis- als auch bei der Mietkostenbelastung ist zu klären, ob und wenn ja warum, sich Bestands- und Neumietverträge darin unterscheiden. Außerdem sind die Entwicklung der Immobilienpreise und ihre Ursachen näher zu betrachten (c.) und mit der Entwicklung der Mietpreise zu vergleichen.

a) Mietpreisentwicklung

Vor allem aufgrund der bereits erörterten hohen Nachfrage und der daraus resultierenden prognostizierten Bedarfszahlen steigen seit einigen Jahren die Mietpreise deutlich an.[666] Im gesamtdeutschen Durchschnitt stiegen die Mieten in laufenden Mietverhältnissen (also die Bestandsmieten) – die Modernisierungsumlagen ausgeklammert – zwischen 2010 und 2018 jährlich zwischen 1,1 und 1,6 Prozent.[667] Im Vergleich dazu bewegte sich

663 Zur Informations- und Steuerungsfunktion der Preise siehe Kapitel 1, C. I. und II. sowie Kapitel 2, A. I.

664 Siehe Kapitel 1, A. IV. 1. b. und h. sowie A. IV. 2. a.

665 Siehe hierzu Kapitel 1, C. I. 1. b. und c. sowie C. I. 2. b.

666 *Voigtländer/Deschermeier u. a.*, in: Mitschang, Erhaltung und Sicherung von Wohnraum, S. 9 (33): *GdW*, Wohnungswirtschaftliche Daten und Trends 2019/2020, S. 44; *Sagner/Stockhausen/Voigtländer*, Wohnen, 2020, S. 7; *BBSR*, Immobilienpreisentwicklungen, 2020, S. 20; *Kühl*, Wirtschaftsdienst 2019, 612 (613); *Sagner/Voigtländer*, Die Erschwinglichkeit von Wohnraum, 2018, S. 6 f.; *BBSR*, Wohnungs- und Immobilienmärkte in Deutschland 2016, S. 12 f.; vgl. auch *Simons/Wieden*, Schwarmstädte in Deutschland, 2015, S. 63 f.; zur erhöhten Nachfrage und den Bedarfszahlen Kapitel 2, B. I. 1.

667 *GdW*, Wohnungswirtschaftliche Daten und Trends 2019/2020, S. 45 m. w. N.; *Empirica*, Immobilienpreisindex 4/2020, 2021, S. 2 f.; ähnlich *Wissenschaftlicher Beirat beim Bundesministerium für Wirtschaft und Energie*, Soziale Wohnungspolitik, 2018, S. 4.

in dem Zeitraum der Verbraucherpreisindex zwischen 0,5 und 2,1 Prozent und lag damit meist über der Bestandsmietenentwicklung.[668]

Ganz anders sieht aber die Mietenentwicklung in den neu abgeschlossenen Vertragsverhältnissen aus – auch wenn Bestandsmietverhältnisse den größeren Anteil am Markt ausmachen. Der Anteil der Neuvertragsmietverhältnisse in den letzten Jahren lag deutschlandweit bei etwas mehr als 14 Prozent und in den Großstädten mit mehr als 500.000 Einwohnern bei etwa 15 bis 17 Prozent.[669] Im Bereich der Neuvertragsmieten ist in den letzten Jahren ein deutlich höherer Zuwachs festzustellen.[670] Folglich verstärkten sich die bereits bestehenden Mietpreisunterschiede zwischen den beiden Arten noch weiter. Im Durchschnitt der Jahre 2000 bis 2013 lagen die Bruttokaltmieten der Neuverträge (Grundmiete zuzüglich kalter Nebenkosten) um fünf Prozent und in den Jahren 2016 bis 2018 durchschnittlich sogar um 14 Prozent über den Bestandsmieten. In den Großstädten mit mehr als 500.000 Einwohnern fällt die Diskrepanz noch etwas größer aus.[671]

---

668 *GdW*, Wohnungswirtschaftliche Daten und Trends 2019/2020, S. 45 und (zu den durchschnittlichen Neu- und Wiedervertragsmieten) S. 48; *Henger*, Wirtschaftsdienst 2019, 603 (604); *Wissenschaftlicher Beirat beim Bundesministerium für Wirtschaft und Energie*, Soziale Wohnungspolitik, 2018, S. 4; siehe auch *Kholodilin/Ulbricht*, DIW Wochenbericht 2014, 319 (320).

669 Diese Anteile der Neumietverträge ergeben sich, wenn zu den Abschlüssen im jeweiligen Beobachtungsjahr auch die des Vorjahres zu zählen ist, siehe *Sagner/Stockhausen/Voigtländer*, Wohnen, 2020, S. 10 f. m. w. N. (nimmt man nur einzelne Beobachtungsjahr, so ergibt sich ein Anteil von knapp neun Prozent deutschlandweit).

670 *GdW*, Wohnungswirtschaftliche Daten und Trends 2019/2020, S. 45 und 46 f.; *Sagner/Stockhausen/Voigtländer*, Wohnen, 2020, S. 12 f.; *Wissenschaftlicher Beirat beim Bundesministerium für Wirtschaft und Energie*, Soziale Wohnungspolitik, 2018, S. 4; siehe auch *Henger*, Wirtschaftsdienst 2019, 603 (604); allgemeiner *Kühl*, Wirtschaftsdienst 2019, 612 (614); zur daraus resultierenden höheren Mietkostenbelastung siehe auch Kapitel 2, B. I. 2. b. aa.

671 Hierzu und zum Vorstehenden *Sagner/Stockhausen/Voigtländer*, Wohnen, 2020, S. 12 f.; ähnlich auf Basis der Nettokaltmiete (die Neuvertragsmieten ab dem Jahr 2015 liegen deutschlandweit 12 Prozent und in den sieben A-Städten gut 21 Prozent über den durchschnittlichen Nettokaltmieten) *Statistisches Bundesamt*, Wohnen 2018, 2019; zu den einzelnen Städten und der Divergenz zwischen den beiden Mietarten *Kohl/Sagner/Voigtländer*, Mangelware Wohnraum, 2019, S. 12; siehe auch *Wissenschaftlicher Beirat beim Bundesministerium für Wirtschaft und Energie*, Soziale Wohnungspolitik, 2018, S. 4 (mit einer 25 prozentigen Divergenz); zur gesamtdeutschen Neuvertragsmietenentwicklung im Jahr 2019 *BBSR*, Immobilienpreisentwicklungen, 2020, S. 20.

Konkret entwickelten sich die Nettoangebotsmieten inserierter Wohnungen – differenziert nach der Einwohnerzahl der Städte – von Anfang 2010 bis Anfang 2019 wie folgt: In den großen Großstädten mit mehr als 500.000 Einwohnern stieg die Nettokaltangebotsmiete von etwas weniger als 7,50 €/m² auf knapp 12 €/m². Kleinere und mittlere Großstädte sowie städtische Kreise legten von etwa 6 €/m² auf etwa 8 €/m² zu.[672] Speziell für die sieben A-Städte, die im Zentrum der Diskussionen um angespannte Wohnungsmärkte und die Mietenentwicklung stehen, ergeben sich im gleichen Zeitraum bei den Angebotsmieten Mietzuwächse zwischen 19 und 60 Prozent. Die beiden Spitzenreiter Berlin (plus 60 Prozent) und München (plus 53 Prozent) könnten in ihrer Mietenentwicklung aber nicht unterschiedlicher sein.[673] Wegen der geringen Anfangsmiete sind die Mieten in Berlin im Jahr 2019 die günstigsten aller sieben A-Städte und betragen durchschnittlich 9,60 €/m²; München dagegen ist seit jeher die Stadt mit den höchsten Mieten, die 2019 durchschnittlich 16,40 €/m² betrugen.[674] Aus den Mietenentwicklungen der Jahre 2018 und 2019 folgern

---

672 Hierzu und zum Vorstehenden *BBSR*, Anstieg der Angebotsmieten verlangsamt sich, 2020; bis 2018 *GdW*, Wohnungswirtschaftliche Daten und Trends 2019/2020, S. 47 (auch zu einzelnen Großstädten); für die 14 Großstädte *Wissenschaftlicher Beirat beim Bundesministerium für Wirtschaft und Energie*, Soziale Wohnungspolitik, 2018, S. 4; siehe hierzu auch das Mietpreisranking der zehn teuersten Städte im Neubau *Empirica*, Immobilienpreisindex 4/2020, 2021, S. 3; siehe auch (nur mit der Differenzierung zwischen kreisfreien Städten und Landkreisen) die Entwicklung der Neuvertragsmieten *Simons/Schmandt*, in: ZIA, Frühjahresgutachten Immobilienwirtschaft 2020, S. 159 (167); siehe auch zum deutschlandweiten Gesamtanstieg der Neuvertragsmieten im Zeitraum von 2008 bis 2018 *BBSR*, Immobilienpreisentwicklungen, 2020, S. 19 f.

673 Hierzu und zum Vorstehenden auch vertiefend *Simons/Schmandt*, in: ZIA, Frühjahresgutachten Immobilienwirtschaft 2020, S. 159 (178 f.), angegeben wurden dabei die nominalen Zuwächse, real berechnet – korrigiert um den Anstieg des allgemeinen Preisniveaus – sind es zwischen sechs und 42 Prozent; ähnlich *GdW*, Wohnungswirtschaftliche Daten und Trends 2019/2020, S. 44; *Sagner/Stockhausen/Voigtländer*, Wohnen, 2020, S. 8 f. (real berechnet); geringere nominale Zuwächse für Berlin und München (40 Prozent) – unter Herausrechnung von Preisanstiegen aufgrund qualitativer Verbesserungen – nach *Kohl/Sagner/Voigtländer*, Mangelware Wohnraum, 2019, S. 11 f.; vgl. auch *Wissenschaftlicher Beirat beim Bundesministerium für Wirtschaft und Energie*, Soziale Wohnungspolitik, 2018, S. 4.

674 *Simons/Schmandt*, in: ZIA, Frühjahresgutachten Immobilienwirtschaft 2020, S. 159 (178 f.); Zahlen aus dem Jahr 2020 bei *Simons/Schmandt*, in: ZIA, Immobilienwirtschaft in und nach der Corona-Krise, S. 52 (53); ähnlich *Wissenschaftlicher Beirat beim Bundesministerium für Wirtschaft und Energie*, Soziale Wohnungspolitik, 2018, S. 4; etwas höhere Werte (durchschnittliche Nettokaltmiete –

aber einige Ökonomen bereits eine Trendwende in Richtung stagnierender Mieten für die sieben A-Städte.[675]

Diese Unterschiede zwischen den Neuvertrags- und Bestandsmietverhältnissen werden vor allem mit der Bestandsmietenregulierung und den ausgebliebenen Mieterhöhungen in bestehenden Mietverhältnissen, insbesondere durch die privaten Eigentümer[676], erklärt.[677] Die Ursächlichkeit der Bestandsmietenregulierung für die zunehmende Diskrepanz zwischen den Bestands- und Neuvertragsmieten ist zugleich einer der Kritikpunkte gegen diese Art von Mietpreisregulierung.[678] Auch die verringerten Umzugsquoten aufgrund der Bestandsmietenregulierung und die Zunahme des Lock-in-Effekts bestätigen sich durch die relativ geringen Neuvertragsmieterzahlen.[679] Eine weitere, aber eher nachgelagerte Ursache für die Diskrepanz hinsichtlich der Miethöhe zwischen den beiden Mietarten ist die steigende Zahl der neu errichteten Wohnungen in den letzten Jahren. Die Errichtung von Neubauten verteuerte sich zum einen deutlich, zum anderen zeichnen diese sich oft durch Qualitätsverbesserungen und ein höheres Ausstattungsniveau aus; dies alles muss durch höhere Mieten kompensiert werden.[680] Aus alledem resultiert im Neubaubereich ein höherer Preisdruck. Jedoch verschlechtern die fertiggestellten Neubauten das Angebot auf dem Wohnungsmarkt nicht weiter, sondern erweitern es

---

Grundmiete ohne Nebenkosten) auf Basis der Angebotsmieten bei *Sagner/Stockhausen/Voigtländer*, Wohnen, 2020, S. 8 f. (2018 – München 18,30 €/m² und Berlin 11,00 €/m²).

675 Auch vertiefend *Simons/Schmandt*, in: ZIA, Frühjahresgutachten Immobilienwirtschaft 2020, S. 159 (179 f.); zur verringerten Mietpreissteigerung im Jahr 2019 *BBSR*, Immobilienpreisentwicklungen, 2020, S. 20; allgemeiner *Henger/Voigtländer*, Ist der Wohnungsbau auf dem richtigen Weg?, 2019, S. 15 f., wonach mit einer Entspannung des Wohnungsmarkts in absehbarer Zeit (in den nächsten fünf bis zehn Jahren) zu rechnen sei.

676 Siehe Kapitel 1, C. I. 1. b. und c. sowie C. I. 2. b.

677 *Sagner/Stockhausen/Voigtländer*, Wohnen, 2020, S. 14–17; *Wissenschaftlicher Beirat beim Bundesministerium für Wirtschaft und Energie*, Soziale Wohnungspolitik, 2018, S. 6.

678 Siehe Kapitel 2, A. I. 2. c.

679 *Henger*, Wirtschaftsdienst 2019, 603 (605); *Wissenschaftlicher Beirat beim Bundesministerium für Wirtschaft und Energie*, Soziale Wohnungspolitik, 2018, S. 7; zu den Neuvertragsmieterzahlen siehe *Sagner/Stockhausen/Voigtländer*, Wohnen, 2020, S. 10 f. m. w. N.

680 Hierzu und zum Vorstehenden *Sagner/Stockhausen/Voigtländer*, Wohnen, 2020, S. 15 f.; den kleinen Anteil des Neuvertragsmarkts hervorhebend *Henger*, Wirtschaftsdienst 2019, 603 (605) Siehe zu den gestiegenen Bau- und Grundstückskosten Kapitel 2, B. I. 2. c.

und verbessern damit die angespannte Situation auf dem Wohnungsmarkt insgesamt.[681]

b) Die Mietkostenbelastung der Haushalte

Zunächst ist die durchschnittliche Mietkostenbelastung generell, die Belastung von Bestands- und Neuvertragsmietern sowie die Zuordnung der Haushalte zu gewissen Einkommensgruppen zu erörtern (aa.). Daran anschließend sind in einem zweiten Schritt die Haushalte in fünf oder zehn gleiche Lohngruppen, differenziert nach ihrem Nettoäquivalenzeinkommen, zu unterteilen und deren Belastung über die Zeit hinweg zu vergleichen (bb.). Das Nettoäquivalenzeinkommen ergibt sich aus dem Nettoeinkommen des Haushalts im Verhältnis zur Anzahl und dem Alter der von diesem Einkommen lebenden Personen.[682] Zuletzt soll auch die Mietkostenbelastung unterteilt nach sozialen Gruppen und über die Zeit hinweg verglichen werden (cc.).

aa) Entwicklung der Mietkostenbelastung

Trotz der soeben erwähnten, teils deutlichen Mietsteigerungen hat sich die prozentuale Mietkostenbelastung der Haushalte – öffentliche Transferzahlungen wie beispielsweise das Wohngeld eingerechnet – unter anderem wegen gestiegener Haushaltseinkommen nicht oder nur geringfügig erhöht. Die durchschnittliche Mietkostenbelastung der Haushalte betrug zwischen 2003 und 2018 etwa 25 bis 26 Prozent.[683] In den Großstädten mit mehr als 500.000 Einwohnern lag sie im gleichen Zeitraum bei 25

---

681 *Sagner/Stockhausen/Voigtländer*, Wohnen, 2020, S. 16 f.

682 Siehe zu diesem Begriff *Statistisches Bundesamt*, Äquivalenzeinkommen, 2021, sowie *Bundeszentrale für politische Bildung*, Einkommensverteilung, 2018.

683 Hierzu und zum Vorstehenden *Sagner/Stockhausen/Voigtländer*, Wohnen, 2020, S. 23–25, zum Verhältnis der Kaltmiete inklusive kalter Nebenkosten wie beispielsweise Hausmeister, Müllabfuhr oder Grundsteuer zum monatlichen Haushaltseinkommen; *Kohl/Sagner/Voigtländer*, Mangelware Wohnraum, 2019, S. 7 f.; eine höhere Mietkostenbelastung (27,2 Prozent) im Jahre 2018 ohne die Berücksichtigung öffentlicher Transferzahlungen nach *Statistisches Bundesamt*, Wohnen 2018, 2019; siehe auch – differenziert nach den Orten auf der Basis eines vollzeitbeschäftigten Erwerbstätigen – *Sagner/Voigtländer*, Die Erschwinglichkeit von Wohnraum, 2018, S. 14–18; siehe auch *Henger*, Wirtschaftsdienst 2019, 603 (605); *Lembke*, Mieten wird erschwinglicher, 2020.

bis 27 Prozent.[684] Neben dem in den größeren Städten zugleich noch stärker gestiegenen Haushaltseinkommen passen sich die Haushalte dort aber auch durch einen stetig geringeren Wohnflächenkonsum an die höheren Mieten an.[685]

Wie bereits dargelegt, unterscheiden sich in den letzten Jahren die Bestands- und Neuvertragsmieten immer stärker[686] und damit auch die Mietkostenbelastung der Haushalte: Zwischen 2005 und 2009 waren in Deutschland die Mieter mit einem Neuvertrag noch um zwei Prozentpunkte stärker mit den Mietkosten belastet, im Durchschnitt der Jahre 2016 bis 2018 aber bereits um drei Prozentpunkte.[687] In den Großstädten mit mehr als 500.000 Einwohnern war die Divergenz der Mietkostenbelastung von Bestands- und Neuvertragsmietern im Zeitraum von 2010 bis 2018 wegen der höheren Durchschnittseinkommen ähnlich oder nur geringfügig größer.[688]

Differenziert man nach den Anteilen der Haushalte, die mehr als 30 oder sogar mehr als 40 Prozent ihres monatlichen Einkommens für die Miete ausgeben, so wird deutlich, dass in Deutschland diese Anteile seit dem Jahr 2004/2005 relativ konstant blieben. Im gesamtdeutschen Durchschnitt wenden 35 Prozent der Haushalte mehr als 30 Prozent sowie 15 Prozent der Haushalte mehr als 40 Prozent ihres Nettoeinkommens für die Kaltmiete inklusive kalter Nebenkosten auf. In den deutschen Großstädten mit mehr als 500.000 Einwohnern sind die beiden Gruppen – wegen der höheren Mietkostenbelastung – noch geringfügig größer.[689]

---

684 *Sagner/Stockhausen/Voigtländer*, Wohnen, 2020, S. 24; wiederum noch etwas höher für 2018 mit 29,5 Prozent nach *Statistisches Bundesamt*, Wohnen 2018, 2019; siehe auch *Henger*, Wirtschaftsdienst 2019, 603 (605); zum stärkeren Wachstum der Einkommen als das der Mieten ebenso *Beznoska/Henger u. a.*, Faktencheck Gerechtigkeit und Verteilung, 2016, S. 56 f.

685 *Henger*, Wirtschaftsdienst 2019, 603 (605); zum angepassten Wohnflächenkonsum siehe Kapitel 2, B. I. 1. a. cc.

686 Siehe Kapitel 2, B. I. 2. a.

687 Hierzu und zum Vorstehenden *Sagner/Stockhausen/Voigtländer*, Wohnen, 2020, S. 24 f. sowie S. 11 f. zur Definition der Neuvertragsmieter (Mieter, die erst im Befragungsjahr oder im Jahr zuvor in die Wohnung gezogen sind); *Kohl/Sagner/Voigtländer*, Mangelware Wohnraum, 2019, 13; ähnlich für das Jahr 2018 *Statistisches Bundesamt*, Wohnen 2018, 2019.

688 Siehe *Sagner/Stockhausen/Voigtländer*, Wohnen, 2020, S. 24; *Statistisches Bundesamt*, Wohnen 2018, 2019.

689 Hierzu und auch zum ganzen Absatz *Kohl/Sagner/Voigtländer*, Mangelware Wohnraum, 2019, S. 16 f.; siehe auch *Henger*, Wirtschaftsdienst 2019, 603 (605) m. w. N.; allgemeiner hierzu *Lembke*, Mieten wird erschwinglicher, 2020, S. 1.

bb) Mietkostenbelastung differenziert nach dem Nettoäquivalenzeinkommen

Es zeigen auch die Mietkostenbelastungsquoten auf der Basis des monatlichen Nettoäquivalenzeinkommens seit 2010 in Gesamtdeutschland keinen rapiden Anstieg, zum Teil sind sogar Rückgänge bei einzelnen Einkommensgruppen zu beobachten.[690] Beispielsweise reduzierte sich diese Belastungsquote von 2013 bis 2018 bei dem Zehntel der Haushalte mit dem niedrigsten Einkommen von 42 auf 39,1 Prozent sowie bei dem Zehntel der Haushalte mit dem höchsten Einkommen von 16,0 auf 15,7 Prozent. Geringfügige Zunahmen bei der Mietkostenbelastung sind dazwischen in nur einzelnen Einkommensgruppen vorzufinden.[691] Diese ganz überwiegend rückläufige Entwicklung der Mietbelastungsquoten wird maßgeblich durch die deutlichen realen Einkommenszuwächse seit 2013 beeinflusst.[692] Je geringer das Haushaltseinkommen ist, desto höher ist aber auch durchweg die Mietkostenbelastungsquote.[693] Für die Großstädte mit mehr als 500.000 Einwohnern ist die Mietkostenbelastung im Verhältnis zur gesamtdeutschen Entwicklung ein gutes Stück höher (beispielsweise 2017 für das Fünftel der Haushalte mit dem niedrigsten Einkommen – 42 Prozent – und das Fünftel mit dem höchsten Einkommen – 20 Prozent). Auffällig ist bei allen Einkommensgruppen, dass die Zahlen seit 2013 relativ konstant blieben und sich auch zuvor nur geringfügig verändert hatten.[694]

---

690 Weiterführend *Sagner/Stockhausen/Voigtländer*, Wohnen, 2020, S. 27 f.; *Kohl/Sagner/Voigtländer*, Mangelware Wohnraum, 2019, S. 9–11.

691 Hierzu und zum Vorstehenden *Sagner/Stockhausen/Voigtländer*, Wohnen, 2020, S. 28; siehe bis 2017 (zusätzlich mit einer Differenzierung nach Ost und West) *Kohl/Sagner/Voigtländer*, Mangelware Wohnraum, 2019, S. 10; bei Mietern, die älter als 65 Jahre sind, scheint sich ein Trend zu einer höheren Mietbelastung abzuzeichnen, siehe hierzu *Gordo/Grabka u. a.*, DIW Wochenbericht 2019, 468 (468 ff.).

692 Weiterführend *Sagner/Stockhausen/Voigtländer*, Wohnen, 2020, S. 28 f.; *Sagner/Voigtländer*, Die Erschwinglichkeit von Wohnraum, 2018, S. 7 f.; für die Großstädte *Kohl/Sagner/Voigtländer*, Mangelware Wohnraum, 2019, S. 13 f.

693 *Sagner/Stockhausen/Voigtländer*, Wohnen, 2020, S. 30 f. und 40 f.; *Wandzik*, Wirtschaftsdienst 2019, 616 (617); siehe auch zu den Haushalten mit niedrigen Einkommen und zu den Auswirkungen ihrer Mietbelastung *Kühl*, Wirtschaftsdienst 2019, 612 (613) m. w. N.

694 Hierzu und auch zu den vorherigen Sätzen *Kohl/Sagner/Voigtländer*, Mangelware Wohnraum, 2019, S. 14 f.

cc) Mietkostenbelastung differenziert nach sozialen Gruppen

Aufschlussreich ist auch die Mietenkostenbelastung unterteilt nach sozialen Gruppen. Seit 2010 fällt die Mietkostenbelastung für Haushalte mit einem arbeitslosen Haushaltsvorstand mit etwa 36 bis 37 Prozent am höchsten aus. Auf sie folgen Haushalte mit einem unregelmäßig oder nur geringfügig beschäftigten Haushaltsvorstand mit einer Belastung von etwa 30 bis 33 Prozent. Bei Alleinerziehenden oder Rentnern als Haushaltsvorstand sowie bei Einpersonenhaushalten liegt die Mietkostenbelastung bei etwa 28 Prozent. Bei den Vollzeiterwerbstätigen ist die Mietkostenbelastung mit etwas mehr als 20 Prozent am geringsten. Entscheidend ist aber, dass in allen Gruppen über die letzten Jahre hinweg die Wohnkostenbelastung nicht stetig zunahm, bei den voll erwerbstätigen Haushaltsvorständen die Tendenz sogar rückläufig war.[695]

c) Die Entwicklung der Wohnimmobilienpreise und ihre Ursachen

Ähnlich wie bei den Mieten ist auch ein deutlicher Anstieg der Wohnimmobilienpreise zu verzeichnen.[696] Stagnierten die gesamtdeutschen Immobilienpreise noch bis zum Jahr 2008, so stiegen sie bis 2018 zwischen 41 und 77 Prozent (je nach dem gewählten Index); im Durchschnitt sind es etwa 53 Prozent.[697]

Noch deutlicher ist der Zuwachs in den sieben A-Städten. In dem gleichen Zeitraum haben sich die dortigen Wohnimmobilienpreise in etwa

---

695 Hierzu und auch zum ganzen Absatz *Sagner/Stockhausen/Voigtländer*, Wohnen, 2020, S. 26 f.

696 *BBSR*, Immobilienpreisentwicklungen, 2020, S. 14; *Baldenius/Kohl/Schularick*, Die neue Wohnungsfrage, 2019, S. 8 f.; *Kühl*, Wirtschaftsdienst 2019, 612 (614); zu den Ursachen *Westermeier/Grabka*, DIW Wochenbericht 2017, 451 (451 f.), sowie *BBSR*, Wohnungs- und Immobilienmärkte in Deutschland 2016, S. 94; zur Erschwinglichkeit des Kaufs von Wohnfläche *Sagner/Voigtländer*, Die Erschwinglichkeit von Wohnraum, 2018, S. 18–21; allgemeiner *Schürt*, in: Arnold u. a., Wohnimmobilien, S. 73 (89).

697 *BBSR*, Immobilienpreisentwicklungen, 2020, S. 14 und 19 f. (nominal gerechnet); ein noch höherer Zuwachs nach *Empirica*, Immobilienpreisindex 4/2020, 2021, S. 4 (von 2010 bis 2020 eine Zunahme von 90 Prozent); ähnlich *Wissenschaftlicher Beirat beim Bundesministerium für Wirtschaft und Energie*, Soziale Wohnungspolitik, 2018, S. 4; *Baldenius/Kohl/Schularick*, Die neue Wohnungsfrage, 2019, S. 9; für Hamburg beispielsweise *Drieschner*, Koste es, was es wolle, 2021. Für das Jahr 2020 *Möbert*, Renditen im Wohnungsmarkt, 2020.

verdoppelt und fallen damit noch einmal fast 50 Prozent höher aus als im gesamtdeutschen Durchschnitt.[698] Im Jahr 2020 lagen die durchschnittlichen Kaufpreise von Eigentumswohnungen beispielsweise in München bei etwas mehr als 9.000 Euro/m^2, in Frankfurt am Main und Stuttgart bei etwas mehr als 7.000 Euro/m^2, in Düsseldorf und Hamburg bei etwas mehr und in Berlin etwas weniger als 6.000 Euro/m^2. Bei den Ein- und Zweifamilienhäusern fallen die durchschnittlichen Quadratmeterkaufpreise in diesen Städten noch etwas höher aus.[699] Im Vergleich mit anderen ausländischen Großstädten liegt der prozentuale Zuwachs der drei größten deutschen Städte Berlin, Hamburg und München bei den Wohnimmobilienpreisen sogar weit über dem Durchschnitt, was aber vor allem auf die im internationalen Vergleich (auch immer noch) günstigeren Immobilienpreise in Deutschland zurückzuführen ist.[700] Auch in anderen Städten ist ein deutlicher Zuwachs der Wohnimmobilienpreise festzustellen.[701]

Im Ergebnis steigen damit sowohl im deutschlandweiten Durchschnitt als auch in vielen Gemeinden, insbesondere in den A-Städten, die Immobilienpreiste stärker als die Mietpreise.[702] Dies ist – neben der starken Nachfrage nach Wohnraum, der hohen Auslastung der Bauwirtschaft, der guten Wirtschaftslage, die mit höheren Einkommen einhergeht, sowie der gestiegenen Attraktivität von Immobilien als Anlage- und Renditeobjekt[703] – zu einem nicht unerheblichen Teil auf die gestiegenen Bodenpreise zurückzuführen.[704] So legten die Bodenpreise im Zeitraum von 2008 bis 2018 um rund 65 bis 72 Prozent zu; in Städten mit mehr als 200.000 Einwohnern

698 *BBSR*, Immobilienpreisentwicklungen, 2020, S. 14 und 19 (nominal gerechnet); siehe auch für die kreisfreien Großstädte *Empirica*, Immobilienpreisindex 4/2020, 2021, S. 4 (von 2010 bis 2020 eine Zunahme von 110 Prozent); zu Berlin, Hamburg und München im internationalen Vergleich *Baldenius/Kohl/Schularick*, Die neue Wohnungsfrage, 2019, S. 10 f.

699 Hierzu und zum Vorstehenden *Empirica*, Immobilienpreisindex 4/2020, 2021, S. 4.

700 *Baldenius/Kohl/Schularick*, Die neue Wohnungsfrage, 2019, S. 10 f.

701 *BBSR*, Immobilienpreisentwicklungen, 2020, S. 14; *Empirica*, Immobilienpreisindex 4/2020, 2021, S. 4; siehe auch zu Nicht-A-Städten und zum ländlichen Raum *Baldenius/Kohl/Schularick*, Die neue Wohnungsfrage, 2019, S. 12–15; *Westermeier/Grabka*, DIW Wochenbericht 2017, 451 (453–458).

702 Siehe zur Mietpreisentwicklung Kapitel 2, B. I. 2. a.; so auch *Wissenschaftlicher Beirat beim Bundesministerium für Wirtschaft und Energie*, Soziale Wohnungspolitik, 2018, S. 4; ähnlich *Eekhoff*, Wohnungspolitik, S. 47.

703 *Henger*, Wirtschaftsdienst 2019, 603 (603 f.).

704 *BBSR*, Immobilienpreisentwicklungen, 2020, S. 18; *Henger*, Wirtschaftsdienst 2019, 603 (607) m. w. N.; *Wandzik*, Wirtschaftsdienst 2019, 616 (617); *Bühren*, Immobilien Zeitung vom 07.02.2019, 8 (8).

haben sie sich sogar annähernd verdreifacht.[705] Hinzukommen gestiegene Kosten für die Errichtung der Immobilie.[706]

d) Zusammenfassende Darstellung

Abbildung 5: Zusammenfassende Darstellung der Preisentwicklungen der letzten Jahre

1. Bestandsmietenentwicklung	– Plus 1,1–1,6 % pro Jahr (2010–2018)
2. Differenz zwischen den Bestands- und Neuvertragsmieten	– 5 % (im Durchschnitt der Jahre 2000–2013) – 14 % (im Durchschnitt der Jahre 2016–2018); noch etwas höher in Großstädten mit 500.000 Einwohnern plus
3. Neuvertragsmietenentwicklung (im Vergleich 2010 zu Anfang 2019)	– Große Großstadt mit mehr als 500.000 Einwohnern: 7,50 €/m² auf 12,- €/m² – Kleine und mittlere Großstadt: 6,- €/m² auf 8,- €/m² – A-Städte: Zuwächse zwischen 19 und 60 % (Berlin mit plus 60 % nun bei einer Miete von 9,60 €/m², München mit plus 53 % nun bei einer Miete von 16,40 €/m²)
4. Mietkostenbelastungsentwicklung der Haushalte (im Zeitraum 2003 bis 2018)	– Deutschland: Konstant (zwischen 25–26 %) – Große Großstadt mit mehr als 500.000 Einwohnern: Konstant (zwischen 25–27 %)
5. Mietkostenbelastung der Neuvertragsmieter im Vergleich zu den Bestandsverträgen	– 2005–2009: Im Durchschnitt plus zwei Prozentpunkte – 2016–2018: Im Durchschnitt plus drei Prozentpunkte; nur geringfügig höher in Großstädten mit mehr als 500.000 Einwohnern
6. Immobilienpreisentwicklung (im Vergleich 2008 zu 2018)	– Deutschland: Plus 41–77 % – A-Städte: Plus etwa 100 %
7. Bodenpreisentwicklung (im Vergleich 2008 zu 2018)	– Deutschland: Plus 65–72 % – Städte mit mehr als 200.000 Einwohnern: Plus 150 %

---

705 *BBSR*, Immobilienpreisentwicklungen, 2020, S. 18 f.

706 Siehe hierzu etwa *Henger*, Wirtschaftsdienst 2019, 603 (607) m. w. N.; *Walberg/Gniechwitz/Halstenberg*, Kostentreiber für den Wohnungsbau, 2015, S. 60–96; *Wissenschaftlicher Beirat beim Bundesministerium für Wirtschaft und Energie*, Soziale Wohnungspolitik, 2018, S. 16 f.; für Hamburg beispielsweise *Drieschner*, Koste es, was es wolle, 2021; siehe auch *Statistisches Bundesamt*, Baumaterialien im Jahr 2021 stark verteuert, 2022.

3. Einordnung in den Immobilienzyklus

Die aktuellen Entwicklungen, konkret die gute Konjunkturlage und die sehr hohe Flächennachfrage, die deutliche Steigerung der Kauf- und Mietpreise sowie die noch zu geringe, aber bereits deutlich gesteigerte Bautätigkeit decken sich mit der bereits beschriebenen langen Zyklenphase der Projektentwicklung.[707] Aufgrund der Wohnungsmarktbesonderheiten der langen Reaktionszeiten, der „time lags“ und der Intransparenz[708] nehmen – jeweils zeitlich verzögert und nach dem wiederum verspäteten Erkennen der Marktentwicklungen – zunächst die Planungen neuer Wohnungen, dann die Baugenehmigungszahlen und zuletzt auch die Fertigstellungszahlen zu. Wie dargestellt, waren kurz nach 2010 die Fertigstellungszahlen noch deutlich geringer und steigerten sich seitdem deutlich, verfehlen aber immer noch die Bedarfszahlen. Hierin bewahrheitet sich zudem die wichtige Signalwirkung der gestiegenen Preise, konkret deren Steuerungs- und Informationsfunktion[709], als Treiber für die Erweiterung des Wohnungsangebots. Die Auswirkungen von Preisveränderungen auf andere Teilmärkte und die damit verursachte Angebotserweiterung in Richtung eines neuen Marktgleichgewichts wurden bereits im Vier-Quadranten-Modell[710] deutlich.

Zugleich ist für die Projektentwicklungsphase eine sinkende und später sehr niedrige Leerstandsquote charakteristisch[711]. Auch dies ist mittlerweile der Fall. Der gesamtdeutsche Leerstand verringerte sich seit 2015 um 0,2 Prozentpunkte auf 2,8 Prozent. Im Ländervergleich sank die Leerstandsquote in Bayern im gleichen Zeitraum auch um 0,2 Prozentpunkte auf 1,3 Prozent, in Berlin sogar von 1,2 Prozent auf 0,8 Prozent.[712] Sechs der sieben A-Städte weisen 2018 Leerstandsquoten von weniger als einem Prozent auf.[713] Zahlen aus dem Dezember 2020 zeigen für

---

707 Siehe zur Zyklusphase Kapitel 1, C. II. 2. c.; zur Flächennachfrage und Konjunktur Kapitel 2, B. I. 1. a. aa. und bb.; zur Preissteigerung Kapitel 2, B. 2. a. und c.; zur Bautätigkeit Kapitel 2, B. I. 1. b. und c.

708 Siehe Kapitel 1, A. IV. 2. a. und d.

709 Siehe Kapitel 1, C. I. und II. sowie Kapitel 2, A. I.

710 Siehe Kapitel 1, C. I. 2.

711 Siehe Kapitel 1, C. II. 2. c.

712 Hierzu und zum Vorstehenden *Braun/Schlatterer*, CBRE-empirica-Leerstandsindex 2009–2019, 2020, S. 4; siehe auch *BBSR*, Künftige Wohnungsleerstände in Deutschland, 2020, S. 19–21.

713 *Simons/Schmandt*, in: ZIA, Frühjahresgutachten Immobilienwirtschaft 2020, S. 159 (176 f.).

das Jahr 2020 in München und Frankfurt am Main Leerstandsquoten von nur noch 0,2 Prozent.[714] Im Vergleich dazu bewegen sich „normale" Leerstandsquoten in ausgeglichenen Wohnungsmärkten zwischen 2,5 und fünf, teilweise sogar zwischen fünf und sieben Prozent.[715] Diese Zahlen werden aktuell in den A-Städten folglich deutlich unterschritten. Eine gewisse Leerstandsquote am Markt ermöglicht aber Umzüge und Modernisierungsarbeiten.[716] Bereits aus der Mietpreisregulierung und der auch davon beeinflussten Divergenz zwischen Bestands- und Neuvertragsmieten resultieren Lock-In-Effekte und damit zugleich eine ineffektivere Nutzung des Wohnungsbestands.[717] Eine äußerst geringe Leerstandsquote verstärkt diese negativen Folgen.

An diesen Zyklusabschnitt wird sich in der Zukunft die Phase der Überbauung anschließen. Diese zeichnet sich durch eine sinkende Flächennachfrage, steigende Leerstandsraten sowie anfangs weiterhin steigende, aber später dann rückläufige Mieten aus.[718] Aufgrund der noch über den Fertigstellungszahlen liegenden Nachfrage und sich weiter verringernden Leerstandsquoten muss ein Übergang in diese Phase aktuell für viele Mietwohnungsmärkte verneint werden. Der aktuelle Wohnungsmarkt befindet sich daher noch in der Zyklusphase der Projektentwicklung.

4. Zwischenfazit

Aktuelle Trends verändern die Wohnraumnachfrage. Neben der weiterwachsenden Zahl an Einpersonenhaushalten und dem zunehmenden Wohnflächenverbrauch (davon auszunehmen sind noch die Großstädte mit mehr als 100.000 Einwohnern) wirkt sich aber ganz besonders die starke Zuwanderung aus dem Ausland, ganz überwiegend aus dem europäischen Raum, auf die Wohnraumnachfrage aus. Sie führt zu einem Bevölkerungswachstum in Deutschland und vor allem zu einem Wachstum der sieben A-Städte. Sie gleichen damit unter anderem den zunehmenden Wegzug der inländischen Bevölkerung aus den Großstädten aus. Die in die Städte Ziehenden sind vor allem der Gruppe der 18- bis 35-Jährigen

714 *Braun/Schlatterer*, CBRE-empirica-Leerstandsindex 2009–2019, 2020, S. 1 f.
715 Siehe Kapitel 1, C. II. 2. c.
716 Siehe Kapitel 1, C. II. 2. c.
717 Siehe Kapitel 2, A. I. 2. c., B. I. 1. c. und B. I. 5. a.
718 Siehe zu dieser Phase Kapitel 1, C. II. 2. d.

zuzuordnen. Hier wirken sich die gesetzgeberischen Eingriffe in die Mietenbildung kontraproduktiv aus.

Dies alles führt seit Längerem und auch in Zukunft zu hohen Bedarfszahlen nach Wohnungen, die zwar annähernd durch die Zahl der genehmigten Wohnungen gedeckt werden, deren Fertigstellungszahlen jedoch den prognostizierten Bedarf deutlich verfehlen. Auch wenn der Bedarf (noch) nicht gedeckt wird, werden die jährlichen Kapazitätsgrenzen der Bauwirtschaft bald erreicht. Eigentümer erkennen und nutzen zudem verstärkt die Potentiale im Bestand zur Schaffung weiterer Wohnflächen. Deutschlandweit erreicht jedoch ein Teil der genehmigten Vorhaben – sowohl im Neubau als auch im Bestand – nicht das Stadium der Fertigstellung. Die These einer deutlich gesteigerten Bodenspekulation in Verbindung mit einer Baurechtszuführung und Abschöpfung dieser Wertsteigerungsgewinne konnte aber nicht bestätigt werden.

Einen hohen Bedarf an Wohnungen weisen die Großstädte mit mehr als 100.000 Einwohnern auf. Speziell in den sieben A-Städten verfehlen die Fertigstellungs- die Bedarfszahlen deutlich. Auch wenn dort die Nachfragezahlen nach 2020 leicht sinken, so reichen auch die derzeitigen Höchststände der Fertigstellungen nicht aus, um den Bedarf bis zum Jahre 2030 zu decken. Folglich werden ihre Wohnungsmärkte noch länger als angespannt zu qualifizieren sein. Etwas anders sieht die Situation schon in den übrigen Großstädten aus. Zwar reichen die derzeitigen Höchststände bei der Fertigstellung aus, um bis 2030 den Bedarf zu decken. Für eine schon frühere Verbesserung der Wohnungsmarktsituation sollte daher ein weiterer Anstieg der Fertigungszahlen in den nächsten Jahren angestrebt werden. Des Weiteren ergibt sich – differenziert nach der Raumanzahl – für die A- und B-Städte vor allem ein deutliches Defizit an Wohnungen mit zwei bis vier Räumen. Von einem Vorbeibauen am Bedarf kann aber nicht gesprochen werden, da in der Vergangenheit in allen Raumkategorien nicht bedarfsdeckend fertiggestellt wurde.

All diese Entwicklungen am Wohnungsmarkt wirkten sich stark auf die Miet- und Immobilienpreise aus und führten zu deutlichen Preissteigerungen. Die Modellaussagen des Vier-Quadranten-Modells[719] bestätigen sich daher. Das jährliche Wachstum der Bestandsmieten fällt eher moderat aus. Dagegen stiegen die Neuvertragsmieten deutlich an. Speziell in den sieben A-Städten ist eine starke Zunahme der Angebotsmieten festzustellen.

Die Gründe für das Auseinanderdriften der Bestands- und der Neuvertragsmieten sind vielfältig. Entscheidend dabei ist jedoch die Bestandsmie-

---

719 Siehe Kapitel 1, C. I. 2.

tenregulierung. Die wohnungspolitischen Kritikpunkte[720] bewahrheiten sich demnach in der aktuellen Marktentwicklung. Diese verringert die Umzugsquoten.[721] Ein Teil der Vermieter verzichtet dagegen auf Mieterhöhungen im laufenden Mietverhältnis und zielt auf eine Mietanpassung erst beim nächsten Mietvertragsabschluss ab. Dies resultiert aus der komplizierten Bestandsmietenregulierung, aber mehr noch aus sozialen Gründen und zur Konfliktvermeidung.[722] Einen nachrangigen Grund für die im Vergleich zu den Bestandsmieten höheren Neuvertragsmieten stellen die zunehmenden Fertigstellungszahlen vor allem im qualitativ hochwertigeren Neubaubereich dar. Zwar weisen Neubauten einen höheren Preisdruck auf, zugleich leisten sie aber einen bedeutenden Beitrag zur Verbesserung der angespannten Wohnungsmarktlage.

Trotz der Mietsteigerungen blieb die durchschnittliche Mietkostenbelastung der Haushalte deutschlandweit relativ konstant. Die Hauptursache hierfür sind vor allem die gestiegenen Haushaltseinkommen. Differenziert nach sozialen Gruppen oder Einkommensgruppen ergeben sich in einigen der Gruppen sogar abnehmende Belastungsquoten. In den Großstädten mit mehr als 500.000 Einwohnern lag die Mietkostenbelastung seit jeher etwas höher, aber auch im Zeitverlauf blieb dort die Belastung nahezu konstant. Neben den auch dort gestiegenen Haushaltseinkommen passen sich die Haushalte jedoch auch durch einen geringeren Wohnflächenkonsum an die Mietenentwicklung an. Die im Vergleich zu den Bestands- noch weiter gestiegenen Neuvertragsmieten führen zu einer geringfügig höheren Mietkostenbelastung.

Im Vergleich zu den Mietpreisen stiegen die Immobilienpreise sogar noch stärker an, speziell in den A-Städten. Dies ist vor allem auf die sehr stark gestiegenen Bodenpreise, insbesondere in den Städten mit mehr als 200.000 Einwohnern, und auch auf die gestiegenen Errichtungskosten zurückzuführen.

Auf der Basis dieser Entwicklungen konnte schließlich die aktuelle Wohnungsmarktsituation im Immobilienzyklus in die Phase der Projektentwicklung eingeordnet werden. In diesem Zusammenhang konnte auch eine deutliche Reduzierung der Leerstandsquoten herausgearbeitet werden. Dabei fiel auf, dass in einigen der A-Städte Leerstände kaum oder gar nicht mehr existieren, was Umzüge, Modernisierungen und das Verhindern von Lock-In-Effekten deutlich erschwert.

---

720 Siehe Kapitel 2, A. I. 2. a. aa.
721 Siehe hierzu auch Kapitel 2, A. I. 2. c. und B. I. 1. c.
722 Siehe hierzu bei den privaten Eigentümern Kapitel 1, B. I. 1. und B. I. 1. a.

II. Ziele für eine Verbesserung des Mietwohnungsmarkts im aktuellen Zyklus

Auf der Basis der wohnungspolitischen Ziele sowie unter Berücksichtigung der aktuellen Wohnungsmarktsituation und des Untersuchungsgegenstands ergeben sich auf den angespannten Mietwohnungsmärkten drei hervorstechende Ziele für eine Verbesserung der Marktlage.[723] Davon hängen zwei Ziele mit bereits bestehenden Wohnungen zusammen. Der Bestand ist in quantitativer, aber auch in qualitativer Hinsicht zu erhalten (1.). Daneben sind die Potentiale im Bestand zu nutzen, um zusätzlichen Wohnraum zu schaffen (2.). Diese Ziele müssen sich im gesetzlichen Rahmen des Bau-, Miet- und Zweckentfremdungsrechts,[724] exemplarisch an dem bayerischen Regulierungsrahmen,[725] verwirklichen lassen. Dies gilt es in Kapitel 3 näher zu untersuchen.

1. Erhalt des bestehenden Wohnungsangebots

Die Bedarfszahlen und die noch zu niedrigen Wohnungsfertigstellungen führen die Erforderlichkeit einer Ausweitung des Wohnungsbestands deutlich vor Augen. Um die Situation auf dem Mietwohnungsmarkt in einigen Regionen zu verbessern, muss sich demnach das Wohnungsangebot vergrößern (dazu für den Bestand unter 2.). Dabei darf sich aber auch das bereits bestehende Angebot auf dem Mietwohnungsmarkt nicht weiter verringern. Wie bereits herausgearbeitet, sind die Ziele und Eingriffe der Wohnungspolitik vor allem auf die Erhaltung und Instandsetzung des Wohnungsbestands gerichtet.[726] Durch das Unterlassen von Instandhaltungsarbeiten verringert sich das Wohnungsangebot, aber auch durch das Ausscheiden qualitativ ordnungsgemäßer und damit nutzbarer Wohnungen aus dem Mietwohnungsmarkt. Umnutzungen und Leerstände sind daher erst recht zu reglementieren, da sie das Angebot auf dem Mietwohnungsmarkt verringern. Denn es kann keinen Unterschied machen, ob aus subjektiven oder aus qualitativen objektiven Gründen eine Wohnung nicht mehr am Markt angeboten werden kann. Demnach forciert die

723 Siehe zu den Zielen Kapitel 2, A. I.; zur aktuellen Wohnungsmarktsituation Kapitel 2, B. I. 1.; zum Untersuchungsgegenstand Kapitel 1, A. V.

724 Siehe Kapitel 2, A. II. 1.

725 Siehe hierzu auch die Einführung, dort unter II.

726 Siehe Kapitel 2, A. I. 2.

Wohnungspolitik für eine ausreichende Versorgung mit Wohnraum neben dem qualitativen auch dessen quantitativen Erhalt.[727] Daraus resultiert das Bestreben, einen gesetzlichen Rahmen zu schaffen, der dies ermöglicht. Konkret für die angespannten Mietwohnungsmärkte bedeutet dies, dass sich der Mietwohnungsbestand weder aus Um- oder Nichtnutzungsmotiven (a.) noch aus qualitativen Gründen (b.) verringern darf.

a) Quantitativer Bestandserhalt

Die Abgänge bestehender Wohnungen aus dem Mietwohnungsmarkt erhöhen noch weiter die ohnehin große Diskrepanz[728] zwischen den Bedarfs- und den Fertigstellungszahlen. Sie verschärfen damit die Marktlage. Diese Abgänge müssen durch zusätzliche und zeitaufwendige[729] Fertigstellungen kompensiert werden. Hinzukommt, dass die zwar deutlich gestiegenen, aber immer noch zu niedrigen Fertigstellungszahlen langsam die Kapazitätsgrenze der Bauwirtschaft erreichen.[730] Auf dieser Basis sind daher Angebotsabgänge aus dem Bestand besonders schädlich für die aktuelle Marktsituation. Daneben führen die Bestandsabgänge auch zu einem späteren Erreichen einer ausgeglichenen Marktlage. Abgänge bestehender Wohnungen vom Mietwohnungsmarkt gilt es daher zu reglementieren.

Die unmittelbare quantitative Verringerung des Wohnungsangebots resultiert aus dem Änderungswillen des Eigentümers, seine Wohnung(en) entweder keiner oder einer anderen, meist gewerblichen Nutzung zuzuführen (beispielsweise durch Kurzzeitvermietungen). Diese Räume sollen daher nicht mehr auf dem Mietwohnungsmarkt angeboten werden. Erst recht ist eine „Flucht“ der Anbieter aus dem Mietwohnungsmarkt im Zusammenhang mit einer dort verstärkten Regulierung zu verhindern. Insbesondere ist dies im Falle von Mietpreisregulierungen erforderlich.[731]

Der Wohnungseigentümer bleibt durch die Reglementierung der Um- oder Nichtnutzung in aller Regel im Mietwohnungsmarkt. Er unterfällt

---

727 So auch *Degner*, in: Albers, Handwörterbuch der Wirtschaftswissenschaften, Bd. 9, S. 516 (525); explizit als ein Bestandteil der Sozialpolitik *Maennig*, in: Schulte u. a., Immobilienökonomie IV, S. 532 (533); *Mayer*, Theorie und Politik des Wohnungsmarktes, S. 170; siehe auch Kapitel 2, A. I. 2.

728 Siehe Kapitel 2, B. I. 1. c.

729 Siehe Kapitel 1, A. IV. 1. b., h. und A. IV. 2. a.

730 Siehe Kapitel 2, B. I. 1. c.; zu den Folgen, wenn diese Kapazitätsgrenze erreicht ist, auch Kapitel 1, C. I. 1. b.

731 Siehe Kapitel 2, A. I. 2.

daher auch weiterhin seiner Regulierung, die sich möglicherweise einzeln oder im Zusammenwirken mit anderen Regulierungen als verfassungsrechtlich bedenklich herausstellen könnte.[732] Zugleich muss auf dem Mietwohnungsmarkt aber auch weiterhin eine ökonomisch richtige, mindestens kostendeckende Bewirtschaftung des Wohnungsbestands möglich sein.[733] Demnach haben sich die für den Mietwohnungsmarkt relevanten Vorschriften genauso am Ziel der Verbesserung der Marktsituation zu orientieren. Wenn Vermieter auf dem Mietwohnungsmarkt bleiben müssen, obwohl sie dort nur Verluste erzielen, fördert das dieses erste Ziel kaum. Aus diesen Gründen spielen die an den Wohnungseigentümer in dem Mietmarkt weiter adressierten Vorschriften im Rahmen der Verfolgung dieses ersten Ziels eine besondere Rolle.

b) Qualitativer Bestandserhalt

Aus qualitativen Gründen verringert sich der Bestand dagegen dadurch, dass Wohnungen wegen ihres Bauzustands dem Mietwohnungsmarkt objektiv nicht mehr zur Verfügung gestellt werden können, obwohl der Eigentümer sie möglicherweise anbieten möchte. Folglich müssen Modernisierungs- und Instandhaltungsarbeiten rechtlich durchführbar sein und – auch auf der Basis des Rechts – eine ökonomisch sinnvolle, mindestens kostendeckende Bewirtschaftung ermöglichen.[734] Ein besonderer Fokus liegt daher auch hier auf den Mietpreisregulierungsvorschriften. Regelmäßige Instandhaltungs- und Modernisierungsarbeiten verhindern außerdem zu einem gewissen Teil den späteren vollständigen Abriss und Neubau, der wiederum einige Zeit beansprucht.[735] Während der Abriss- und Neubauarbeiten stehen dann aber die Bestandswohnungen dem Mietwohnungsmarkt nicht zur Verfügung. Zudem können bestehende Milieus erhalten und die Entstehung von Problemvierteln vermieden werden. Außerdem bleiben modernisierte und gegebenenfalls dadurch auch energieeffizientere Wohnungen weiterhin am Mietwohnungsmarkt attraktiv.

---

732 Siehe hierzu Kapitel 4.
733 Siehe Kapitel 2, A. I. 2.
734 Siehe Kapitel 2, A. I. 2.
735 Siehe Kapitel 1, A. IV. 1. b.

2. Ermöglichung neuer Wohnflächen im Bestand

Daneben hat der Regulierungsrahmen als ein drittes Ziel auch Erweiterungsmaßnahmen in bestehenden Gebäuden zu ermöglichen.[736] Hierzu zählen Umnutzungen vormals gewerblich genutzter Räume oder Dachausbauten. In aller Regel werden hierdurch keine oder nur geringfügige Veränderungen an der äußeren Gestalt vorgenommen, da die Wohnraumschaffung im Inneren auf bereits bestehenden Flächen vorgenommen wird. Auf dieser wird daher auch der Fokus der Untersuchung liegen.[737] Unter ökonomischen Gesichtspunkten wird ein Hauseigentümer dies aber nur tun, wenn sich das Anbieten dieser Räume auf dem Mietwohnungsmarkt unter Berücksichtigung der ihm entstandenen Kosten als attraktiv erweist. Wirtschaftliche Unattraktivität verringert aber nicht wie bei der Bestandserhaltung das Wohnungsangebot, sondern verhindert nur eine Erweiterung im Bestand. Folglich ist hier ein gesetzlicher Rahmen erforderlich, der einerseits diese Erweiterung des Mietwohnungsangebots zulässt und andererseits – auf Basis der Arbeiten aber auch der einzuhaltenden Vorschriften – unter ökonomischen Gesichtspunkten eine gewisse Rentabilität verspricht.[738] Demnach sind auch hier die Mietpreisregulierungsvorschriften von besonderer Relevanz. Zudem zeigen die Fertigstellungszahlen seit 2010, dass das wirtschaftliche Potential einer Schaffung neuer Wohnungen im Bestand, die in der Regel schneller als Neubauvorhaben verwirklicht werden können, am Markt mittlerweile erkannt und genutzt wird.[739] Seitdem ist sogar eine leichte Zunahme dieser Maßnahmen zu verzeichnen.[740] Insbesondere dort, wo Bauland teuer oder in bestimmten Lagen kaum noch vorhanden ist,[741] entfalten die Maßnahmen im Bestand dieses Potential und führen zu einem Wachstum der Städte in die Höhe. Dies ist auch in Zukunft in Städten mit angespannten Mietwohnungs-

---

736 Siehe Kapitel 2, A. I. 2.

737 Siehe Kapitel 3, D. Weitere Erweiterungsmaßnahmen, die zumindest an den Bestand anknüpfen, die äußerliche Gestalt aber umfangreich verändern, sind Anbauten oder Aufstockungen – diese sind in ihrer Erstellung aufwendiger und benötigen mehr Zeit bis zur Fertigstellung als die erwähnte Umnutzung oder der Dachausbau.

738 Siehe Kapitel 2, A. I. 1. und 2.

739 Vgl. beispielsweise die Umnutzung in Wohnungen in Berlin, Frankfurt am Main und Düsseldorf *BBSR*, Umwandlung von Nichtwohngebäuden in Wohnimmobilien, 2017, S. 40, 42 und 69; siehe hierzu auch Kapitel 2, B. I. 1. c., dort vor allem in aa.

740 Siehe Kapitel 2, B. I. 1. c. aa.

741 Siehe zu den gestiegenen Bodenpreisen Kapitel 2, B. I. 2. c.

märkten verstärkt zu nutzen. Den Städten wird dabei auch eine unterstützende Rolle für entsprechende Bestandsmaßnahmen, beispielsweise durch die Lockerung städtischer Satzungen, zugesprochen.[742] Zugleich nehmen diese Erweiterungsmaßnahmen im Bestand nicht weiteren Grund und Boden in Anspruch. Ein sparsamer Umgang mit diesem, die Nachverdichtung und weitere Potentiale zur Innenentwicklung decken sich auch mit den Motiven des Gesetzgebers, die beispielsweise in § 1a Abs. 2 S. 1 BauGB Eingang gefunden haben.

III. Untersuchungsfragen für die Folgekapitel aufgrund der aktuellen Marktsituation

Auf Basis der wohnungspolitischen Grundlagen[743] und der soeben entwickelten drei Ziele für eine Verbesserung der aktuellen Wohnungsmarktsituation[744] können nun zentrale Fragen herausgearbeitet werden, die in den folgenden Kapiteln zu beantworten sind. Im Kern ist anhand der aktuellen Ausgestaltung des Rechtsrahmens[745] zu überprüfen, inwieweit dieser zum einen die Verwirklichung der Ziele für eine Verbesserung der Wohnungsmarktsituation ermöglicht (1.), zum anderen auch den grundrechtlichen Schutz der Anbieter gewährleistet (2.).

1. Die Fragen im Kontext der Verwirklichung der Ziele für eine verbesserte Wohnungsmarktsituation

Zunächst ist zu klären, inwiefern der gesetzliche Rahmen im Bestandssegment die Situation in den Regionen mit angespannten Mietwohnungsmärkten[746] verbessern kann oder ob es Normen gibt, die rechtliche Hindernisse statuieren oder sich ökonomisch sogar kontraproduktiv auf den Markt und seine Akteure auswirken. Zieht man hierfür nun die herausgearbeiteten drei Ziele heran, so lassen sich konkretere Einzelfragen bilden, die den Fortgang dieser Untersuchung in Kapitel 3 maßgeblich prägen.

---

742 Hierzu und zum Vorstehenden *Voigtländer/Deschermeier u. a.*, in: Mitschang, Erhaltung und Sicherung von Wohnraum, S. 9 (34).
743 Siehe Kapitel 2, A. I.
744 Siehe Kapitel 2, B. I. und II.
745 Siehe hierzu Kapitel 2, A. II. sowie Kapitel 2, B. II.
746 Siehe zum Untersuchungsgegenstand Kapitel 1, A. V.

Wie bereits herausgearbeitet, ist das erste Ziel an den quantitativen Erhalt des Wohnungsbestands adressiert.[747] Wohnungen dürfen nicht ungenutzt bleiben oder auf anderen Teilmärkten außerhalb des Mietwohnungsmarkts angeboten werden. Das Wohnungsangebot auf dem Mietwohnungsmarkt soll sich nicht durch diese Art von Abgängen verringern. Um- und Nichtnutzungen sind daher zu regulieren. Es stellt sich die folgende Frage: Werden im bestehenden Rechtsrahmen etwaige Umnutzungs- und Nichtnutzungsabsichten von Wohnungen auf den angespannten Mietwohnungsmärkten sinnvoll reglementiert, um einer Verringerung des Mietwohnungsangebots entgegenzuwirken? Daraus, dass damit die Wohnungen und deren Anbieter auf dem Mietwohnungsmarkt zu bleiben haben, schließen sich im Ist-Zustand (ohne die Vornahme baulicher Arbeiten im Bestand) die Folgefragen an: Wie stellt sich der Rechtsrahmen für die Anbieter auf dem angespannten Mietwohnungsmarkt dar? Wie ist er zu bewerten?

In diese Ist-Situation des unveränderten Bestands auf dem angespannten Mietwohnungsmarkt sind sodann die übrigen zwei Ziele für eine verbesserte Marktsituation als die jeweilige Handlungsoption des Anbieters einzubeziehen. Unter Berücksichtigung des zweiten Ziels, der zu ermöglichenden Modernisierungs- und Instandhaltungsarbeiten zum Erhalt und der Verbesserung bereits bestehender Wohnungen,[748] und des dritten Ziels, der Schaffung neuer Wohnflächen im Bestand,[749] stellen sich daher die folgenden Fragen: Wie ist die rechtliche Umsetzung für die Modernisierungs- und Instandsetzungsarbeiten sowie die Schaffung neuer Wohnflächen im Kontext angespannter Wohnungsmärkte zu bewerten? Gewährleistet der Rechtsrahmen nach der Durchführung der Arbeiten auch eine ausreichende Bewirtschaftung der Mietwohnung?

2. Der verfassungsrechtliche Schutz der Anbieter

Die Antworten auf diese Fragen, insbesondere zu der Situation der Anbieter, die auf dem Wohnungsmarkt aktiv bleiben müssen, machen zugleich die Intensität der damit verbundenen Eingriffe in deren Grundrechte deutlich. Die Wohnungspolitik soll sowohl mögliche Neben- und Rückwirkungen, die von einzelnen gesetzgeberischen Maßnahmen ausgehen,

747 Siehe hierzu umfassend Kapitel 2, B. II. 1. a.
748 Siehe Kapitel 2, B. II. 1. b.
749 Siehe Kapitel 2, B. II. 2.

als auch die Abstimmung aller Markteingriffe untereinander im Blick haben.[750] Dies beansprucht auch unter verfassungsrechtlichen Gesichtspunkten und der Wahrung der Grundrechte der Anbieter Geltung.

Auch wenn der Gesetzgeber eine Verbesserung angespannter Wohnungsmärkte anstrebt, so darf dies für die Anbieter[751], die die Adressaten der Regulierung sind, nicht in verfassungswidriger Weise geschehen. Neben der Verwirklichung der drei herausgearbeiteten Ziele und damit der Verbesserung der Wohnungsmarktlage durch die Maßnahmen im Bestand[752] muss sich der Rechtsrahmen daher an den verfassungsrechtlichen Maßstäben messen lassen. In diesem Kontext stellen sich die folgenden Fragen, die in Kapitel 4 zu beantworten sind: Ergibt sich für die Wohnungsanbieter bereits bei der Mietpreisbremse ein nicht mehr zu rechtfertigender und damit verfassungswidriger Eingriff? Werden die Grundrechte der Anbieter bei einem additiven Grundrechtseingriff durch die Kombination dieser Instrumente noch gewahrt?

C. *Fazit*

Im Rahmen der Untersuchung der wohnungspolitischen Ziele konnte herausgearbeitet werden, welche Ziele der Gesetzgeber aufgrund der Erkenntnisse der ökonomischen Forschungsliteratur verfolgen und von welchen er eher behutsam oder keinen Gebrauch machen sollte. Auch wenn die Mietpreispolitik einer starken Kritik ausgesetzt ist, so bewertet doch ein Teil der wohnungspolitischen Forschungsliteratur Regulierungen der Bestandsmieten als ein mögliches wohnungspolitisches Ziel, jedoch lehnt auch dieser eine Neuvertragsmietenregulierung ab. Die für die Zielverwirklichung wohnungspolitisch gängigsten Instrumente – das Bau-, Miet- und Zweckentfremdungsrecht – stellen den in den Folgekapiteln zu untersuchenden Rechtsrahmen, exemplifiziert an der in Bayern geltenden Rechtslage, dar.

Die aktuelle Wohnungsmarktsituation zeichnet sich durch eine hohe Nachfrage, geringe Fertigstellungszahlen, gestiegene Mietpreise und im Vergleich hierzu noch stärker gestiegene Immobilienpreise aus. Besonders auffällig sind die Entwicklungen in den sieben A-Städten. Jedoch bleiben in diesen Städten wie auch deutschlandweit die Mietkostenbelastungen

750 Siehe Kapitel 2, A. I. 1.

751 Siehe zur Anbieterstruktur auf dem Mietwohnungsmarkt Kapitel 1, B. I.; zum Untersuchungsgegenstand Kapitel 1, A. V. 2.

752 Siehe Kapitel 2, B. III. 1.

nahezu konstant. Zugleich konnte die aktuelle Marktsituation als die Zyklusphase der Projektentwicklung klassifiziert werden und so in den Immobilienzyklus eingeordnet werden. Die aktuellen Marktentwicklungen bilden zudem auch die Grundlage dafür, um im Einklang mit dem Untersuchungsgegenstand die Ziele für eine Verbesserung der aktuellen Wohnungsmarktsituation herausarbeiten zu können. Demnach müssen Wohnungen in einem ersten Schritt quantitativ erhalten werden. Sie dürfen den Mietwohnungsmarkt nicht verlassen. Zugleich müssen leerstehende Wohnungen am Markt angeboten werden. In einem zweiten Schritt ist auch auf einen qualitativen Erhalt des Mietwohnungsbestands abzuzielen. Instandsetzungs- und Modernisierungsarbeiten verhindern, dass eine Wohnung unbewohnbar wird oder abgerissen werden muss. Das dritte Ziel adressiert die Schaffung weiterer Wohnflächen im Bestand. Die Untersuchung der aktuellen Wohnungsmarktsituation macht verdeutlicht, dass die Erweiterung des Wohnungsangebots im Bestand zunehmend zur Anwendung gelangt. Auf der Basis dieser Ziele für eine verbesserte Marktsituation konnten die detaillierten Untersuchungsfragen herausgearbeitet werden, die die weiteren Überlegungen leiten und strukturieren.

Kapitel 3: Potentiale und Risiken beim Wohnungsangebot im Rahmen von Bestandsbauten

A. Konkretisierungen der Begriffe der Wohnung, des Wohnraums und des Wohnens

Bevor das Ineinandergreifen der Regulierung, deren kumulatives Zusammenwirken und deren Zielverwirklichung auf dem Wohnungsmarkt untersucht werden können, ist zunächst zu klären, an welches Rechtsobjekt (Wohnung und Wohnraum) das Bau-, Zweckentfremdungs- und Mietrecht anknüpfen (I. und II.). Konkret ist bei den Begriffen Wohnung und Wohnraum der Frage nachzugehen, ob sich in den drei Rechtsgebieten eine Begriffskonkretisierung finden lässt und – soweit möglich – inwiefern es Unterschiede zwischen den einzelnen Begriffen gibt. Somit kann herausgearbeitet werden, ob Hindernisse für einen Vergleich der unterschiedlichen Regulierungsinstrumente und deren Ineinandergreifen bei der hier zu untersuchenden Mietwohnung bestehen. Weisen beispielsweise die Begriffe eine große Diskrepanz zueinander auf, so reduziert das die gemeinsame Schnittmenge der drei Regulierungsinstrumente und damit die Zahl der von ihnen gleichzeitig regulierten Rechtsobjekte. Außerdem zeigen die Begriffe der Wohnung und des Wohnraums eine Nähe zum Begriff des Wohnens, auf den anschließend einzugehen ist (III.). Soweit sich Unterschiede ergeben, gilt es herauszuarbeiten, wie sich diese bei den drei Regulierungsinstrumenten auswirken. Zugleich soll auch ein Blick auf das Verhältnis des Begriffs des Wohnens zu den Begriffen Wohnung und Wohnraum geworfen werden.

I. Der Wohnungsbegriff

Im Bau- und Mietrecht knüpft das Gesetz an den Begriff der Wohnung an, ohne ihn jeweils zu definieren. Daher haben die bau- und mietrechtliche Rechtsprechung und Literatur Begriffskonkretisierungen entwickelt (1. und 2.). Ein einheitliches Begriffsverständnis der Wohnung kann es dabei schon deswegen nicht geben, da die einzelnen Gesetze unterschiedliche Zielsetzungen verfolgen und diese Begriffskonkretisierungen der Rechtsprechung und Literatur prägen.[753] Das Zweckentfremdungsrecht knüpft dagegen nicht an den Begriff der Wohnung, sondern an den des Wohnraums an (siehe beispielsweise Art. 1 und Art. 2 ZwEWG). Demnach findet sich in der zweckentfremdungsrechtlichen Rechtsprechung und Literatur keine Erläuterung des Wohnungsbegriffs. Daher gilt es, den Wohnraumbegriff des Zweckentfremdungsrechts im Anschluss an den Wohnungsbegriff wiederum mit dem möglichen Wohnraumverständnis im Bau- und im Mietrecht abzugleichen.[754]

1. Das baurechtliche Verständnis der Wohnung

Der Wohnungsbegriff des Baurechts ist mit dem in der Ökonomie vorzufindenden, konkreteren und bautechnischen Begriffsverständnis deckungsgleich. Nach dem Großteil der baurechtlichen Kommentarliteratur ist eine Wohnung[755] die – größtenteils baulich abgeschlossene – Summe von Räumen, in denen eine Person oder mehrere zu einem Haushalt vereinigte Personen ihrer gemeinschaftlichen häuslichen Lebensführung nachgehen können.[756] Teilweise wird, vor allem in der baurechtlichen Rechtsprechung, auf die mittlerweile nicht mehr geltende DIN 283 direkt oder indirekt Bezug genommen.[757] Nach der DIN 283 versteht man unter

---

753 BVerwG, Beschl. v. 08.01.2001 – 4 B 62/00, Rn. 5 f. (juris); *Schwarzer/König*, Bayerische Bauordnung, Art. 46 Rn. 4 a. E.; *Molodovsky/Waldmann*, in: Molodovsky u. a., Art. 46 Rn. 25 (143. EL/Okt. 2021); ähnlich *Blank/Börstinghaus*, in: Schmidt-Futterer, § 573a BGB Rn. 20 f.

754 Siehe hierzu Kapitel 3, A. II.

755 Abzugrenzen ist die Wohnung, zum Beispiel im Baurecht, von Wohnheimen sowie Wohnraum oder dem Aufenthaltsraum, der dem Wohnen dient (hierzu Kapitel 3, A. II. 1. und 2.), vgl. hierzu *Nolte/Thum*, in: Busse u. a., Art. 46 Rn. 7 f. und Rn. 18 (98. EL/Okt. 2009).

756 *Nolte/Thum*, in: Busse u. a., Art. 46 Rn. 4 (98. EL/Okt. 2009); *Voigt*, in: Spannowsky/Manssen, BeckOK BayBO, Art. 46 Rn. 8 (Stand: Nov. 2021); *Wolf*, Bayerische Bauordnung, Art. 46 Rn. 1; *Schwarzer/König*, Bayerische Bauordnung, Art. 46 Rn. 4, wonach auch das bauordnungsrechtliche Begriffsverständnis enger ist als das verfassungsrechtliche; siehe auch die Begriffsumschreibung bei *Bauer*, in: Jäde u. a., Art. 46 Rn. 26 (59. EL/Mai 2014).

757 Direkter Verweis auf die DIN 283: BayVGH, Urt. v. 20.05.1981 – Nr. 19 XIV 78, BRS 38 Nr. 116, S. 268 (268) = BayVBl. 1981, 758, sowie VGH BW, Urt. v. 19.06.1968 – III 402/67, BRS 20 Nr. 98, S. 154 (155). Indirekter Verweis: VG Augsburg, Urt. v. 28.01.2004 – Au 4 K 02.503, Rn. 34 (juris); *Molodovsky/Waldmann*, in: Molodovsky u. a., Art. 46 Rn. 25 (143. EL/Okt. 2021), wonach diese Definition aus dem allgemeinen Sprachgebrauch herrührt, vielmehr aber hier-

einer Wohnung „die Summe der Räume, welche die Führung eines Haushalts ermöglichen (...)“.[758]

Des Weiteren wird darin konkretisiert, welche Ausstattung in einer Wohnung für eine häusliche Lebens- oder Haushaltsführung vorhanden sein muss. Die DIN 283 selbst verlangt „(...) stets eine Küche oder ein[en] Raum mit Kochgelegenheit. Zu einer Wohnung gehören außerdem Wasserversorgung, Ausguß [sic] und Abort“.[759] Dies deckt sich als Anforderungen an eine selbstständige Haushaltsführung inhaltlich nahezu mit der Kommentarliteratur und der Rechtsprechung unter Bezugnahme auf die DIN 283, mit den bauordnungsrechtlichen Anforderungen des Art. 46 Abs. 1 S. 1 und Abs. 3 BayBO sowie mit dem bautechnischen Wohnungsbegriff der Ökonomie. Dort wird ebenfalls eine Küche oder Kochgelegenheit, eine Wasserzapfstelle, ein Ausguss und eine Toilette verlangt, wird aber um das Vorhandensein eines Bads erweitert.[760] Weitere Mindestanforderungen an eine Wohnung ergeben sich dann aus den jeweiligen Bauordnungen, in Bayern beispielsweise aus Art. 46 BayBO. Diese zusätzlichen Anforderungen wirken sich aber nicht auf den Begriff des Wohnens aus, sondern nur auf dessen Rechtmäßigkeit.[761]

---

durch die Wortgleichheit zur DIN 283 deutlich wird; nach *Hämmerlein*, Einführung in die Wohnungswirtschaft, S. 27, gilt die Wohnungsdefinition nach der DIN 283 als die allgemeine Bestimmung des Wohnungsbegriffs. Zur Bezugnahme der Ökonomie auf die DIN 283 siehe Kapitel 1, A. I. 1. a.

758 *Bayerisches Staatsministerium des Innern*, Einführung des Normblattes DIN 283 Blatt 1 und 2 über Wohnungen (Begriffe, Berechnungen der Wohnflächen und Nutzflächen) i. d. F. v. März 1951, Entschl. des BStMdI. v. 17.07.1951, Nr. IV B 4 – 9202 a 126, Ministerialamtsblatt der bayerischen inneren Verwaltung (MABl.) 1951, 361 (362, Punkt 1.1).

759 *Bayerisches Staatsministerium des Innern*, Einführung des Normblattes DIN 283 Blatt 1 und 2 über Wohnungen (Begriffe, Berechnungen der Wohnflächen und Nutzflächen) i. d. F. v. März 1951, Entschl. des BStMdI. v. 17.07.1951, Nr. IV B 4 – 9202 a 126, Ministerialamtsblatt der bayerischen inneren Verwaltung (MABl.) 1951, 361 (362, Punkt 1.1).

760 Hierzu und zum Vorstehenden BayVGH, Urt. v. 20.05.1981 – Nr. 19 XIV 78, BRS 38 Nr. 116, S. 268 (269) = BayVBl. 1981, 758; VGH BW, Urt. v. 19.06.1968 – III 402/67, BRS 20 Nr. 98, S. 154 (155); *Nolte/Thum*, in: Busse u. a., Art. 46 Rn. 4 (98. EL/Okt. 2009); *Wolf*, Bayerische Bauordnung, Art. 46 Rn. 1; ähnlich *Molodovsky/Waldmann*, in: Molodovsky u. a., Art. 46 Rn. 28 (143. EL/Okt. 2021); siehe zum Wohnungsbegriff in der Ökonomie Kapitel 1, A. I. 1.

761 *Molodovsky/Waldmann*, in: Molodovsky u. a., Art. 46 Rn. 28 (143. EL/Okt. 2021).

2. Das mietrechtliche Verständnis und der Vergleich mit dem Baurecht

Das mietrechtliche Begriffsverständnis einer Wohnung ähnelt dem zwar sehr. Auch hier fehlt eine gesetzliche Definition. Da der Begriff im Rahmen des erleichterten Kündigungsrechts des Vermieters nach § 573a BGB in einem von ihm mitbewohnten Haus besonders relevant ist, resultieren die folgenden Begriffskonkretisierungen vor allem aus dieser Konstellation. Nach dem in Literatur und Rechtsprechung ganz überwiegenden, grundlegenden Konkretisierungsversuch[762] ist eine Wohnung ein selbstständiger, räumlich und wirtschaftlich abgegrenzter Bereich, der eine eigenständige Haushaltsführung ermöglicht.[763] Was unter einer eigenständigen Haushaltsführung zu verstehen ist, hängt im Rahmen einer weitergehenden Konkretisierung des Wohnungsbegriffs von der jeweiligen Verkehrsanschauung ab.[764] Heruntergebrochen bestimmt sich hiernach, welche (baulichen) Ausstattungen oder Ausstattungsmöglichkeiten in der heutigen Zeit für eine Haushaltsführung vorzufinden sein müssen. Dies ermöglicht eine gewisse Dynamik, also eine Anpassung an zeitliche Standards.

Die demnach ausschlaggebende Verkehrsanschauung im Hinblick auf die Eignung zur Haushaltsführung orientiert sich dann wiederum inhaltlich zum Teil an der DIN 283,[765] zum Teil kommt man – ohne einen

---

762 A. A. zum Beispiel *Geib/D'Ugo*, in: Gsell u. a., BeckOGK, § 573a BGB Rn. 17 f. m. w. N. (Stand: Jan. 2022).

763 BGH, Urt. v. 18.02.2015 – VIII ZR 127/14, NZM 2015, 452 (452, Rn. 15); BGH, Urt. v. 17.11.2010 – VIII ZR 90/10, NZM 2011, 71 (71, Rn. 8) m. w. N.; LG Aachen, Urt. v. 29.07.1993 – 6 S 106/93, Rn. 3 m. w. N. (juris) = WuM 1993, 616; LG Hamburg, Urt. v. 23.02.1993 – 316 S 139/91, Rn. 2 (juris) = WuM 1994, 215; *Blank/Börstinghaus*, in: Schmidt-Futterer, § 573a BGB Rn. 20 f.; *Rolfs*, in: Staudinger, § 573a Rn. 6 m. w. N.; *Riecke*, in: Prütting u. a., § 573a Rn. 3; *Sonnenschein*, NZM 2000, 1 (2) m. w. N.; *Gahn*, in: Schmid/Harz, § 573a BGB Rn. 6, die sogar eine Anlehnung an die DIN 283 attestiert; vgl. auch den Überblick bei *Geib/D'Ugo*, in: Gsell u. a., BeckOGK, § 573a BGB Rn. 16 (Stand: Jan. 2022).

764 BGH, Urt. v. 18.02.2015 – VIII ZR 127/14, NZM 2015, 452 (452, Rn. 15) m. w. N.; BGH, Urt. v. 17.11.2010 – VIII ZR 90/10, NZM 2011, 71 (71, Rn. 8) m. w. N.; LG Hamburg, Urt. v. 23.02.1993 – 316 S 139/91, Rn. 2 (juris) = WuM 1994, 215; *Blank/Börstinghaus*, in: Schmidt-Futterer, § 573a BGB Rn. 20–22; *Rolfs*, in: Staudinger, § 573a Rn. 6; *Sonnenschein*, NZM 2000, 1 (2).

765 So zum Beispiel *Sonnenschein*, NZM 2000, 1 (2); *Schubert*, WuM 1975, 1 (2); *Geib/D'Ugo*, in: Gsell u. a., BeckOGK, § 573a BGB Rn. 16 (Stand: Jan. 2022), wonach das auf Basis der DIN 283 die allgemeine Meinung sei; ebenso *Häublein*,

direkten Bezug auf die DIN 283 – (fast)[766] zum gleichen Ergebnis[767]. Beispielsweise stellt der BGH in einer neueren Entscheidung für die Eignung zur Haushaltsführung – ohne eine Bezugnahme auf die DIN 283 – hauptsächlich auf das Vorhandensein einer Küche oder Kochgelegenheit samt den erforderlichen Anschlüssen wie Wasser, Abwasser und Strom ab. Dabei betont das Gericht aber auch das Vorhandensein eines Bads mit WC in der Wohnung.[768]

Im Vergleich des mietrechtlichen und des baurechtlichen Begriffs der Wohnung ergeben sich nahezu keine Unterschiede. Dies liegt zum Großteil daran, dass beide Rechtsmaterien sich maßgeblich direkt oder indirekt an der DIN 283 orientieren. Dabei fällt auf, dass in beiden Rechtsmaterien in zwei Schritten vorgegangen wird. Auf der ersten Stufe ergeben sich hier absolut zu vernachlässigende, geringfügige Diskrepanzen, insbesondere beim Grad der Abgeschlossenheit. Auf der zweiten Konkretisierungsstufe

---

in: MüKo BGB, § 573a Rn. 11; siehe auch *Blank/Börstinghaus*, in: Schmidt-Futterer, § 573a BGB Rn. 20 f. m. w. N.

766 Bei einzelnen Ausstattungsmerkmalen ist dies umstritten: So war umstritten, ob es ausreicht, dass der Mieter in jedem Zimmer per Steckdose elektrische Kochplatten nutzen kann, oder – so auch die DIN 283 – zumindest eine Kochgelegenheit vorhanden sein muss (so nun zum Beispiel BGH, Urt. v. 18.02.2015 – VIII ZR 127/14, NZM 2015, 452 (452, Rn. 15)), oder, ob – nicht in der DIN 283 aufgeführt – zusätzlich ein Bad in einer Wohnung vorhanden sein muss (bejahend *Geib/D'Ugo*, in: Gsell u. a., BeckOGK, § 573a BGB Rn. 16 (Stand: Jan. 2022).

767 Vgl. zum Beispiel LG Kempten, Urt. v. 27.10.1993 – S 544/93, Rn. 9 (juris); LG Bochum, Urt. v. 07.01.1983 – 5 S 333/82, Rn. 2 (juris); LG Essen, Urt. v. 29.07.1976 – 10 S 324/76, Rn. 26 (juris); AG Miesbach, Urt. v. 09.01.2003 – 2 C 1026/02, Rn. 6–8 (juris); vgl. auch den Überblick zu den einzelnen Ausstattungskriterien einer Wohnung bei *Sonnenschein*, NZM 2000, 1 (2) m. w. N., sowie bei *Rolfs*, in: Staudinger, § 573a Rn. 6 m. w. N.; ähnlich *Riecke*, in: Prütting u. a., § 573a Rn. 3.

768 Hierzu und zum Vorstehenden BGH, Urt. v. 18.02.2015 – VIII ZR 127/14, Rn. 4 und 15 f. (juris) (auch m. w. N.). So auch bereits BGH, Urt. v. 17.11.2010 – VIII ZR 90/10, NZM 2011, 71 (71, Rn. 8 f.) m. w. N.; LG Aachen, Urt. v. 29.07.1993 – 6 S 106/93, Rn. 3 (juris) = WuM 1993, 616; LG Hamburg, Urt. v. 23.02.1993 – 316 S 139/91, Rn. 2 (juris) = WuM 1994, 215; *Rolfs*, in: Staudinger, § 573a Rn. 6 m. w. N.; *Geib/D'Ugo*, in: Gsell u. a., BeckOGK, § 573a BGB Rn. 16 (Stand: Jan. 2022); Rechtsprechungsbeispiele zur Wohnungseigenschaft bei *Blank/Börstinghaus*, in: Schmidt-Futterer, § 573a BGB Rn. 23 f. m. w. N. Eine vollständige Abgeschlossenheit der Wohnung ist im Mietrecht nicht erforderlich, so dass sich zur Haushaltsführung notwendige Räume auch auf dem Hausgang befinden können, siehe *Rolfs*, in: Staudinger, § 573a Rn. 6 m. w. N.; *Sonnenschein*, NZM 2000, 1 (2).

gibt es aber wegen der identischen baulichen Anforderungen an die Ausgestaltung und Ausstattung der Räume für die eigenständige Haushaltsführung keine Unterschiede.

II. Der Begriff des Wohnraums

Daneben knüpfen einige Rechtsgebiete – sei es neben oder alternativ zur Wohnung – an den Begriff des Wohnraums an. Das Baurecht erwähnt zwar den Wohnraum nicht, sondern knüpft vielmehr an den Begriff des dem Wohnen dienenden Aufenthaltsraums an (1.). Der Wohnraumbegriff ist aber im Miet- und Zweckentfremdungsrecht vorzufinden (2. und 3.). Aus den Ähnlichkeiten und Unterschieden dieser Begriffe lassen sich ihre Auswirkungen herausarbeiten (4.). Zugleich soll dabei erörtert werden, welcher Begriff die höchsten Anforderungen aufweist. Zuletzt sollen die drei Wohnraumbegriffe mit den beiden bereits herausgearbeiteten Wohnungsbegriffen abgeglichen werden (5.).

1. Wohnraum im baurechtlichen Sinne

Im Baurecht gibt es – mangels gesetzlicher Relevanz[769] – keine direkte Wohnraumbegriffserläuterung.[770] Vielmehr findet sich zum Beispiel in der bayerischen Bauordnung der Begriff der Aufenthaltsräume, die dem Wohnen dienen. Die Rechtsprechung und Literatur setzen den Begriff der „Aufenthaltsräume zum Wohnen" und der „Aufenthaltsräume, die dem Wohnen dienen" mit dem des Wohnraums gleich.[771]

Eine gesetzliche Definition der Aufenthaltsräume ist in Art. 2 Abs. 5 BayBO verortet. Demnach sind dies Räume, die zum nicht nur vorüber-

---

769 Zum Beispiel findet sich der Begriff des Wohnraums nur noch in Art. 47 Abs. 1 S. 3 BayBO, im Bauplanungsrecht in § 13a Abs. 2 Nr. 3, § 179 Abs. 2 S. 1 und § 182 Abs. 2 S. 1 BauGB; seit 2021 auch in Art. 37 Abs. 4 S. 5, Art. 46 Abs. 5 und Art. 68 Abs. 2 S. 1 BayBO.

770 Vgl. zum Beispiel *Nolte*, in: Busse u. a., Art. 45 Rn. 7 (98. EL/Okt. 2009).

771 BayVGH, Urt. v. 05.08.1997 – 20 B 94.2688, Rn. 36 (juris); BayVGH, Urt. v. 30.06.1978 – Nr. 278 II 75, BayVBl. 1979, 466 (467); vgl. auch BayVGH, Beschl. v. 11.05.2020 – 9 CS 20.378, Rn. 19 f. (juris); VG Hannover, Urt. v. 24.01.2019 – 4 A 6166/18, Rn. 39 f. (juris); VG Bayreuth, Urt. v. 07.08.2003 – B 2 K 02.1074, Rn. 24 f. (juris); so wohl auch *Voigt*, in: Spannowsky/Manssen, BeckOK BayBO, Art. 46 Rn. 17 f. (Stand: Nov. 2021).

gehenden Aufenthalt von Menschen bestimmt oder geeignet sind. Für Aufenthaltsräume zum Wohnen entwickelten dann Literatur und Rechtsprechung Begriffserläuterungen. Sie sollen hiernach einem Menschen Lebensraum im Interesse seiner freien Entfaltung gewährleisten. Konkreter sollen diese dem Wohnen dienende Räume „zeitlich unbegrenzt einem oder mehreren Menschen unter Ausschluss anderer zum Schlafen, Essen und zum sonstigen Aufenthalt in ihrer arbeitsfreien Zeit zur Verfügung stehen“.[772]

2. Der zweckentfremdungsrechtliche Wohnraum

Das bayerische Zweckentfremdungsrecht hat eine gemischt subjektiv-objektive Sicht auf den Begriff des Wohnraums.[773] Eine gesetzliche Definition des Wohnraums findet sich im bayerischen Gesetz über das Verbot der Zweckentfremdung von Wohnraum (ZwEWG) selbst nicht. Nach der Arbeitshilfe zum ZwEWG des Bayerischen Staatsministeriums für Wohnen, Bau und Verkehr, die in § 3 Abs. 1 und 2 ZeS[774] wortgleich übernommen wurde, werden unter Wohnraum alle Räume verstanden, die zu Wohnzwecken objektiv geeignet, konkret (alleine oder zusammen mit anderen Räumen) die Führung eines selbstständigen Haushalts ermöglichen, und subjektiv durch den Verfügungsberechtigten (ausdrücklich oder durch nach außen erkennbares schlüssiges Verhalten) dazu bestimmt sind.[775] Die objektive Eignung verlangt eine gewisse Mindestausstattung,

772 Hierzu und zum Vorstehenden BayVGH, Urt. v. 30.06.1978 – Nr. 278 II 75, BayVBl. 1979, 466 (467); *Nolte*, in: Busse u. a., Art. 45 Rn. 8 (98. EL/Okt. 2009).

773 Dies war auch bereits das Verständnis zur bundesrechtlichen Vorgängerregelung in Art. 6 § 1 Abs. 1 S. 1 des Gesetzes zur Verbesserung des Mietrechts und zur Begrenzung des Mietanstiegs sowie zur Regelung von Ingenieur- und Architektenleistungen (MRVerbG), siehe *Böhle*, Zweckentfremdung von Wohnraum, Rn. 22 m. w. N.

774 Satzung der Landeshauptstadt München über das Verbot von Zweckentfremdung von Wohnraum (ZeS) vom 01.09.2021 (MüABl. S. 495), abrufbar unter: https://stadt.muenchen.de/rathaus/stadtrecht/vorschrift/999.html (geprüft am 12.02.2022); so auch BayVGH, Beschl. v. 16.11.2015 – 12 CS 15.2257, Rn. 12 (juris).

775 *Bayerisches Staatsministerium des Inneren, für Bau und Verkehr*, Arbeitshilfe, 2013, S. 3; siehe auch *Bister*, in: MAH Mietrecht, § 34 Rn. 11; BayVGH, Beschl. v. 16.11.2015 – 12 CS 15.2257, Rn. 12 (juris); zur früheren Bundesgesetzeslage vgl. zum Beispiel OVG Bln-Bbg, Beschl. v. 06.04.2017 – OVG 5 B 14.16 = BeckRS 2017, 106491 Rn. 120 m. w. N.; vgl. auch die sehr ähnliche Wohnraumdefiniti-

die im Wesentlichen dem Erfordernis der heutigen Ausstattungen oder Ausstattungsmöglichkeiten für eine Haushaltsführung im Rahmen des Wohnungsbegriffs gleichen.[776] Neben dem bayerischen Wohnraumbegriff wurden in der Arbeitshilfe und in § 3 Abs. 3 ZeS Ausnahmetatbestände geschaffen, wonach bestimmte Wohnräume vom bayerischen Zweckentfremdungsrecht und dessen Genehmigungsvorbehalt nicht erfasst werden.[777]

3. Wohnraum im mietrechtlichen Sinne und der Vergleich mit dem Zweckentfremdungsrecht

Unter dem Oberbegriff eines Raumes wird in der mietrechtlichen Literatur ein von Decken und Wänden umschlossener Teil eines unbeweglichen, mit dem Erdboden fest verbundenen, zum Aufenthalt von Menschen bestimmten und geeigneten Bauwerks verstanden.[778] Wohnraum ist dann der Raum, der nach der vertraglichen Zweckbestimmung der Parteien zu Wohnzwecken oder zur Befriedigung der Wohnbedürfnisse überlassen wird.[779] Mit anderen Worten versteht man unter Wohnraum Räume, „die zum privaten Aufenthalt von Menschen in der Weise bestimmt sind, dass die Räume nach der Zweckbestimmung der Parteien dem Mieter ganz oder teilweise, vorübergehend oder auf Dauer als Lebensmittelpunkt

---

on des § 2 Wohngeldgesetz (WoGG), siehe hierzu und generell zu den subjektiven Anforderungen *Böhle*, Zweckentfremdung von Wohnraum, Rn. 22 und Rn. 39–42, jeweils m. w. N.

776 Vgl. BayVGH, Beschl. v. 16.11.2015 – 12 CS 15.2257, Rn. 12 (juris); VG München, Urt. v. 30.01.2019 – M 9 K 16.1378, Rn. 26 (juris); siehe auch zur Vorgängerregelung des Art. 6 § 1 Abs. 1 S. 1 MRVerbG *Böhle*, Zweckentfremdung von Wohnraum, Rn. 24–26; siehe zu den Anforderungen an die Ausstattung der Wohnung Kapitel 3, A. I.

777 *Bayerisches Staatsministerium des Inneren, für Bau und Verkehr*, Arbeitshilfe, 2013, S. 4; weiterführend zur Vorgängerregelung des Art. 6 § 1 Abs. 1 S. 1 MRVerbG *Böhle*, Zweckentfremdung von Wohnraum, Rn. 27–31. Als Beispiele können Wohnungen für Hausmeister oder Aufsichtspersonen auf Betriebsgeländen sowie nicht bezugsfertigen oder nicht mehr erhaltungswürdigen Wohnraum genannt werden.

778 *Artz*, in: Staudinger, § 549 Rn. 13; *Stangl*, in: Schmid/Harz, Vor § 549 BGB Rn. 12.

779 *Schmidt*, in: Gsell u. a., BeckOGK, § 549 BGB Rn. 8 und 9 (Stand: Okt. 2021); *Fervers*, in: Schmidt-Futterer, Vor § 535 BGB Rn. 15; *Stangl*, in: Schmid/Harz, Vor § 549 BGB Rn. 12 und 14; *Böhle*, Zweckentfremdung von Wohnraum, Rn. 20; *Hämmerlein*, Einführung in die Wohnungswirtschaft, S. 27.

dienen sollen".[780] Im Mietrecht ist der Wille beider Vertragsparteien maßgeblich, im bayerischen Zweckentfremdungsrecht reicht dagegen der alleinige Wille des Verfügungsberechtigten aus. Letztlich werden sich insoweit aber keine Unterschiede am Beispiel einer vermieteten Wohnung ergeben, da sich dort der Wille des zweckentfremdungsrechtlich relevanten Verfügungsberechtigten mit dem des Vermieters in der Regel decken wird. Umstritten ist, ob zusätzlich zu der soeben genannten subjektiven Zweckbestimmung auch eine objektive Eignung der Räume als Wohnung zu verlangen ist; mehrheitlich wird dies aber abgelehnt.[781] Das Zweckentfremdungsrecht verlangt dagegen die objektive Eignung zum Wohnen.

4. Gemeinsamkeiten und Unterschiede der unterschiedlichen Begriffsverständnisse von Wohnraum

Im Vergleich des zweckentfremdungsrechtlichen und des mietrechtlichen Wohnraumbegriffs fällt auf, dass Ersterer zusätzlich auch eine objektive Eignung zum Wohnen verlangt. In subjektiver Hinsicht bestehen letztlich keine Unterschiede. Im Vergleich der zweckentfremdungsrechtlichen Wohnraumdefinition mit der des Baurechts weist Erstere einen gemischt subjektiv-objektiven Ansatz mit zwei kumulativen Voraussetzungen auf. Das Baurecht setzt insoweit geringere Anforderungen. Es reicht entweder eine subjektive Bestimmung oder eine objektive Eignung für einen vorübergehenden Aufenthalt aus. Im Ergebnis ist festzustellen, dass der zweckentfremdungsrechtliche Begriff des Wohnraums den höchsten Anforderungsgrad aller drei Begriffe aufweist. Liegt zweckentfremdungsrechtlicher Wohnraum vor, so kann in aller Regel auch von Wohnraum im bau- und mietrechtlichen Sinne ausgegangen werden. Vor dem Hintergrund, dass im Zweckentfremdungsrecht der Begriff der Wohnung nicht verwendet wird, ist dessen höchster Anforderungsgrad nicht überraschend. Das

---

780 *Artz*, in: Staudinger, § 549 Rn. 15; *Emmerich*, in: Staudinger, § 578 Rn. 14; *Schmidt*, in: Gsell u. a., BeckOGK, § 549 BGB Rn. 9 (Stand: Okt. 2021); siehe auch *Fervers*, in: Schmidt-Futterer, Vor § 535 BGB Rn. 15.

781 Eine objektive Eignung der Wohnräume verlangt zum Beispiel *Emmerich*, in: Staudinger, Vor § 535 Rn. 28 f.; OLG Frankfurt, Urt. v. 04.04.2008 – 2 U 214/07, Rn. 13 (juris); dies lehnen aber ab: BGH, Urt. v. 20.10.1982 – VIII ZR 235/81, Rn. 23 f. (juris); BGH, Urt. v. 15.11.1978 – VIII ZR 14/78, Rn. 11 f. (juris); *Artz*, in: Staudinger, § 549 Rn. 15; *Fervers*, in: Schmidt-Futterer, Vor § 535 BGB Rn. 15; *Stangl*, in: Schmid/Harz, Vor § 549 BGB Rn. 14; *Böhle*, Zweckentfremdung von Wohnraum, Rn. 20.

objektive Element des zweckentfremdungsrechtlichen Wohnraumbegriffs, das maßgeblich zu dessen hohen Anforderungsgrad führt, ist bereits Bestandteil der Wohnungsbegriffe im Bau- und im Mietrecht.

5. Der Begriff der Wohnung und des Wohnraums im Vergleich

Im Vergleich von Wohnung und Wohnraum im Bau- und im Mietrecht fällt auf, dass die Wohnung jeweils die Summe von Räumen und einen abgegrenzten Bereich darstellt, der zugleich eine gewisse Mindestausstattung für die Haushaltsführung aufzuweisen hat. Diese verlangen der bau- und mietrechtliche Wohnraumbegriff aber nicht. Ein weiterer Unterschied ist, dass Wohnräume nicht zwingend in einer Wohnung liegen müssen; sie können auch außerhalb davon vorzufinden sein.[782] Der Begriff der Wohnung geht aufgrund seiner höheren Anforderung über den des bau- und mietrechtlichen Wohnraums hinaus.[783]

Da das Zweckentfremdungsrecht keinen Wohnungsbegriff kennt, zeigt sich beim Vergleich seines Wohnraumbegriffs mit den Wohnungsbegriffspaaren des Bau- und Mietrechts, dass der zweckentfremdungsrechtliche Wohnraumbegriff durch sein Erfordernis der objektiven Eignung zu Wohnzwecken den Wohnungsbegriffen des Bau- und Mietrechts näher steht als den Wohnraumbegriffen. Seine kumulative subjektive Voraussetzung ist dagegen den Wohnungsbegriffen des Bau- und Mietrechts fremd, die wiederum einen größtenteils abgeschlossenen oder selbstständig abgegrenzten Bereich fordern. Demnach sind beide Begriffe in diesen drei Teilrechtsgebieten nicht deckungsgleich.[784]

Im Vergleich der Wohnungs- und Wohnraumbegriffe aller drei Rechtsgebiete wird nun deutlich, dass sobald einzelne von ihnen vorliegen, zugleich auch die Anforderungen anderer Begriffe entweder ganz oder zumindest teilweise erfüllt sind. Begründen die Räumlichkeiten nämlich

---

782 Siehe für das Baurecht beispielsweise BayVGH, Urt. v. 30.06.1978 – Nr. 278 II 75, BayVBl. 1979, 466 (467); vgl. auch *Bauer*, in: Jäde u. a., Art. 46 Rn. 26 (59. EL/Mai 2014).

783 Ebenso für den mietrechtlichen Vergleich *Rolfs*, in: Staudinger, § 573a Rn. 6; *Riecke*, in: Prütting u. a., § 573a Rn. 3; *Blank/Börstinghaus*, in: dies., Miete, § 535 Rn. 18; ähnlich *Krenek*, in: Spielbauer/Schneider, § 573a Rn. 4.

784 Vgl. auch in allgemeiner Form *Schollmeier*, Die Gewährleistung von angemessenem und bezahlbarem Wohnraum als Verfassungsfrage, S. 489, wonach kein einheitlicher Wohnungs- und Wohnraumbegriff in der deutschen Rechtsordnung bestehe.

den bau- oder mietrechtlichen Wohnungsbegriff, dann liegt auch das objektive Element des zweckentfremdungsrechtlichen Wohnraumbegriffs vor. Dessen subjektives Element kann zudem bejaht werden, sobald sich die Räumlichkeiten auch unter den mietrechtlichen Wohnraumbegriff subsumieren lassen; bei dem baurechtlichen Wohnraumbegriff ist dagegen für diesen Rückschluss wegen seiner alternativen subjektiven oder objektiven Anforderung Zurückhaltung geboten. Gleichwohl kann aber davon ausgegangen werden, dass in der Praxis bei den Räumlichkeiten die nicht besonders hohen Anforderungen an das subjektive Element des zweckentfremdungsrechtlichen und der anderen beiden Wohnraumbegriffe in aller Regel gegeben sein werden. Im umgekehrten Fall, also bei Vorliegen von zweckentfremdungsrechtlichem Wohnraum, erfüllen die Räumlichkeiten in aller Regel sowohl den bau- als auch den mietrechtlichen Wohnraumbegriff. Dagegen ist der bau- und der mietrechtliche Wohnungsbegriff noch nicht vollständig erfüllt, denn die Räumlichkeiten müssen bei der Wohnung auch größtenteils abgeschlossen oder selbstständig abgegrenzt sein, wovon aber regelmäßig ausgegangen werden kann.

Alles in allem ist im Vergleich der Begriffe festzustellen, dass zwar Unterschiede zueinander bestehen, diese aber nicht relativ groß ausfallen. Zugleich ergeben sich auch keine Diskrepanzen zum Begriff der Wohnung aus der Ökonomie, der sehr allgemein definiert ist[785]. So kann davon ausgegangen werden, dass die hier zu untersuchende Mietwohnung[786] in den allermeisten Fällen sowohl die Wohnungs- als auch die Wohnraumbegriffe nach allen drei Rechtsgebieten und der Ökonomie erfüllt. Für das weitere Fortgehen ergeben sich daher insoweit keine Hindernisse für den Vergleich der unterschiedlichen Regulierungsinstrumente und deren Ineinandergreifens.

III. Der Begriff des Wohnens

Neben den Begriffen der Wohnung und des Wohnraums ist der auf den ersten Blick ähnliche Begriff des Wohnens vorzufinden; sein Verhältnis zu den anderen beiden Begriffen gilt es nun zu untersuchen. Zunächst ist das Wohnen im bau- und zweckentfremdungsrechtlichen Sinne zu erörtern (1.). Daran schließt sich die vergleichende Betrachtung des mietrechtlichen Begriffs des Wohnens an (2.). Schließlich soll untersucht werden, wie sich

785 Dazu Kapitel 1, A. I. 1. b.
786 Siehe Kapitel 1, A. V.

der Begriff des Wohnens auf die Begriffe der Wohnung und des Wohnraums auswirkt (3.).

1. Wohnen im Sinne des Bau- und Zweckentfremdungsrechts

Unter dem Begriff des Wohnens[787] selbst, zum Beispiel im Baurecht im Sinne des § 3 Abs. 1 BauNVO oder im Zweckentfremdungsrecht (dort letztlich nur im Ausgangspunkt),[788] wird in Abgrenzung von anderen Nutzungsformen ganz überwiegend „eine auf [gewisse] Dauer angelegte Häuslichkeit, Eigengestaltung der Haushaltsführung und des häuslichen Wirkungskreises sowie Freiwilligkeit des Aufenthalts" verstanden.[789] Hin-

787 Teilweise bei gleichem Begriffsverständnis auch „Wohnnutzung" genannt, vgl. zum Beispiel BVerwG, Beschl. v. 25.03.1996 – 4 B 302/95 = NVwZ 1996, 893 (894).

788 VG München, Urt. v. 29.07.2015 – M 9 K 15.1154, Rn. 24 (juris) sowie VG München, Urt. v. 29.07.2015, M 9 K 14.5596, Rn. 25 (juris), wonach sich der bau- und zweckentfremdungsrechtliche Begriff des Wohnens auch mit dem im Wohngeldrecht deckt; siehe auch *Zott*, Die Regulierung des Homesharing, S. 61 f.; vgl. *Molodovsky/Waldmann*, in: Molodovsky u. a., Art. 46 Rn. 25 (143. EL/Okt. 2021).

789 BVerwG, Urt. v. 18.10.2017 – 4 C 5/16 = BVerwGE 160, 104 (108, Rn. 17) = NVwZ 2018, 824 (825, Rn. 17); BVerwG, Urt. v. 18.10.2017 – 4 CN 6/17 = NVwZ 2018, 828 (829, Rn. 14); BVerwG, Beschl. v. 20.12.2016 – 4 B 49/16 = NVwZ 2017, 723 (723, Rn. 7); BVerwG, Beschl. v. 25.03.1996 – 4 B 302/95 = NVwZ 1996, 893 (894); OVG NRW, Urt. v. 19.11.2020 – 14 A 4304/19 = NJW 2021, 1255 (1256, Rn. 21–28) (auch zur Abgrenzung der Begriffe des Wohnens im WEG und im Verfassungsrecht); VGH BW, Beschl. v. 17.01.2017 – 8 S 1641/16 = NVwZ-RR 2017, 520 = BeckRS 2017, 103499 Rn. 17; OVG Bln-Bbg, Beschl. v. 30.05.2016 – OVG 10 S 34/15 = NVwZ-RR 2016, 650 (651, Rn. 4); BayVGH, Beschl. v. 26.11.2015 – 12 CS 15.2257, Rn. 10–13 (juris); BayVGH, Beschl. v. 04.09.2013 – 14 ZB 13.6 = BeckRS 2013, 55726 Rn. 12; BayVGH, Beschl. v. 27.01.2012 – 14 CS 11.2868, Rn. 11 (juris); *Voigt*, in: Spannowsky/Manssen, BeckOK BayBO, Art. 46 Rn. 8 (Stand: Nov. 2021); *Stock*, in: Ernst u. a., § 3 BauNVO Rn. 36 (124. EL/Feb. 2017); *Hornmann*, in: Spannowsky u. a., BeckOK BauNVO, § 3 Rn. 67–80 (Stand: Jan. 2022) auch weitergehend zu den einzelnen Tatbestandsmerkmalen des Wohnens; *Bauer*, in: Jäde u. a., Art. 46 Rn. 26 (59. EL/Mai 2014); *Molodovsky/Waldmann*, in: Molodovsky u. a., Art. 46 Rn. 25 (143. EL/Okt. 2021); *Busch/Demary u. a.*, Sharing Economy in Deutschland, S. 176; *Lang*, ZfIR 2019, 746 (753); *Ingold*, DÖV 2016, 595 (597 und 601) m. w. N.; *Schröder*, GewA 2015, 392; vgl. *Windoffer*, LKV 2016, 337 (340); weiterführend zum Begriff des Wohnens und kritisch zur Begriffsverwässerung in der Rechtspraxis *Krüper*, DÖV 2016, 793 (795 f.); zur dynamischen Entwicklung von Wohnen *Hentschel*, WuM 2000, 638.

sichtlich der Ausgestaltung und Ausstattung zur häuslichen Lebens- oder Haushaltsführung kann auf die Ausführungen zum baurechtlichen Wohnungsbegriff verwiesen werden.[790] Für das Kriterium der Dauerhaftigkeit gibt es aber selbst keine starren Grenzen. Es ist daher flexibel zu handhaben.[791] Wohnen ist folglich auch bei einem kurzen und absehbaren Aufenthalt möglich.[792] In der Regel ist jeder Aufenthalt unter einem Monat Dauer problematisch, zwischen einem und sechs Monaten kommt es auf eine genaue Einzelfallprüfung an, ab sechs Monaten soll dies, wenn sonst keine Zweifel vorliegen, unproblematisch sein.[793]

Jedoch gilt es auch gewisse Unterschiede zwischen dem Bau- und dem Zweckentfremdungsrecht zu beachten. Im Zweckentfremdungsrecht ergeben sich Konkretisierungen daraus, dass gewisse Umnutzungen eine Zweckentfremdung darstellen können. Ein engeres Verständnis eines zweckentfremdungsrechtlich genehmigungsfreien Wohnens resultiert aus der besonderen gesetzgeberischen Zweckrichtung, nicht auf die Erfüllung städtebaulicher Ziele zu setzen, sondern auf die Bestandserhaltung mit dem Ziel einer ausreichenden Versorgung mit Wohnraum; dadurch, dass die Verknappung von Wohnraum verhindert wird soll letztlich eine Wohnraumversorgung zu angemessenen Bedingungen ermöglicht werden.[794] Zu verorten ist dies entweder speziell an dem umfassenderen

790 Siehe Kapitel 3, A. I. 1.; vgl. hierzu *Hornmann*, in: Spannowsky u. a., BeckOK BauNVO, § 3 Rn. 72 (Stand: Jan. 2022).

791 BVerwG, Beschl. v. 25.03.1996 – 4 B 302/95 = NVwZ 1996, 893 (894); BayVGH, Beschl. v. 13.08.2020 – 15 CS 20.1512 = BeckRS 2020, 20551 Rn. 42; VGH BW, Beschl. v. 17.01.2017 – 8 S 1641/16 = BeckRS 2017, 103499 Rn. 18; BayVGH, Beschl. v. 16.11.2015 – 12 CS 15.2257, Rn. 13 (juris); *Stock*, in: Ernst u. a., § 3 BauNVO Rn. 39 (124. EL/Feb. 2017); ähnlich BayVGH, Beschl. v. 04.09.2013 – 14 ZB 13.6 = BeckRS 2013, 55726 Rn. 14; *Lippert/Kindler*, ZfBR 2016, 219 (222); *Ewer*, in: Gregorius/Niemeyer, Kompendium des Temporären Wohnens, S. 27 (28).

792 VGH BW, Beschl. v. 17.01.2017 – 8 S 1641/16 = BeckRS 2017, 103499 Rn. 17; BayVGH, Beschl. v. 16.11.2015 – 12 CS 15.2257, Rn. 13 (juris); *Stock*, in: Ernst u. a., § 3 BauNVO Rn. 39 (124. EL/Feb. 2017); *Lippert/Kindler*, ZfBR 2016, 219 (222).

793 VG München, Urt. v. 29.07.2015 – M 9 K 15.1154, Rn. 31 (juris); VG Berlin, Beschl. v. 23.01.2012 – 19 L 294.11 = LKV 2012, 93 (93 f.); *Busch/Demary u. a.*, Sharing Economy in Deutschland, S. 176 f.; vgl. VGH BW, Beschl. v. 17.01.2017 – 8 S 1641/16 = BeckRS 2017, 103499 Rn. 18; siehe auch *Weber*, NZM 2017, 739 (741).

794 Hierzu und zum Vorstehenden beispielsweise OVG NRW, Urt. v. 19.11.2020 – 14 A 4304/19 = NJW 2021, 1255 (1256, Rn. 31 f.); VGH BW, Beschl. v. 26.01.2017 – 5 S 1791/16 = BeckRS 2017, 101691 Rn. 20; BayVGH, Beschl. v.

Begriffe der Fremdenbeherbergung und damit des „Nicht-Wohnens“[795] (vgl. Art. 1 S. 2 Nr. 3 ZwEWG und § 4 Abs. 1 S. 2 Nr. 3 ZeS) oder in der Generalklausel im Rahmen der Zuführung zu anderen als Wohnzwecken[796] (vgl. Art. 1 S. 1 ZwEWG und § 4 Abs. 1 S. 1 ZeS). Insbesondere bei einem Boardinghouse als Grenzfall zwischen Wohnnutzung und Beherbergungsbetrieb ist demnach im Zweckentfremdungsrecht anders als im Baurecht vorzugehen.[797]

2. Das mietrechtliche Verständnis im Vergleich mit dem Wohnen im bau- und zweckentfremdungsrechtlichen Sinne

Im Mietrecht spielt der Begriff des Wohnens selbst kaum und dann allenfalls eine untergeordnete Rolle. Im Rahmen des soeben erörterten mietrechtlichen Begriffs des Wohnraums wird das Wohnen als die vertragliche Zwecksetzung der Parteien für die Räume konkretisiert. Ist das gegeben, so werden begrifflich aus Räumen Wohnräume im mietrechtlichen Sinne. Es finden sich aber nur allgemeine Umschreibungen des eigentlichen Wohnens im Mietrecht, beispielweise dazu, was zum Wohnen zu zählen

---

07.12.2015 – 12 ZB 15.2287, Rn. 3 f. und 11; siehe auch VG München, Urt. v. 12.02.2020 – M 9 K 19.2402 = BeckRS 2020, 6786 Rn. 47; VG München, Urt. v. 15.11.2017 – M 9 K 17.557 = BeckRS 2017, 134751 Rn. 33; *Bueb*, jurisPR-MietR 12/2020 Anm. 6 (unter C.); vgl. auch OVG Bln-Bbg, Beschl. v. 06.04.2017 – OVG 5 B 14.16 = BeckRS 2017, 106491 Rn. 127; siehe auch *Dillmann*, NWVBl. 2021, 269 (278). Die divergierende Zweckrichtung von Bau- und Zweckentfremdungsrecht betont auch *Zott*, Die Regulierung des Homesharing, S. 87.

795 Siehe BayVGH, Beschl. v. 07.12.2015 – 12 ZB 15.2287, Rn. 3 f. und 11; vgl. *Zott*, Die Regulierung des Homesharing, S. 61.

796 Siehe OVG NRW, Urt. v. 19.11.2020 – 14 A 4304/19 = NJW 2021, 1255 (1256, Rn. 33–35).

797 Siehe VG München, Urt. v. 12.02.2020 – M 9 K 19.2402 = BeckRS 2020, 6786 Rn. 47; VG München, Urt. v. 15.11.2017 – M 9 K 17.557 = BeckRS 2017, 134751 Rn. 33; *Bueb*, jurisPR-MietR 12/2020 Anm. 6 (unter C.). Ebenso eine divergierende Beurteilung hinsichtlich der Genehmigungsbedürftigkeit und Genehmigungsfähigkeit bejahend *Weigelt*, Die wachsende Stadt als Herausforderung für das Recht, S. 259 f.; *Zott*, Die Regulierung des Homesharing, S. 87; *Schröder*, GewA 2015, 392 (395); vgl. OVG Bln-Bbg, Beschl. v. 06.04.2017 – OVG 5 B 14.16 = BeckRS 2017, 106491 Rn. 127; siehe zur divergierenden Beurteilung und insbesondere zur baurechtlichen Abgrenzung bei den sonstigen Fällen der Kurzzeitvermietung wie Boardinghouse Kapitel 3, B. I. 2. und B. II. 2. c. bb. und cc.; zu deren zweckentfremdungsrechtlicher Beurteilung Kapitel 3, B. III. 1. a. und B. III. 2. a.

ist und das Wohnen prägt, nämlich die „Führung eines Haushalts, die Zubereitung von Speisen und die Einnahme der Mahlzeiten, das Waschen der Wäsche, die Körperpflege, die Pflege der Geselligkeit und das Schlafen, sowie die Ausübung beruflicher Tätigkeiten ohne Außenwirkung.“ Von Relevanz ist das Verständnis von Wohnen vor allem dafür, ob im Rahmen der subjektiven Überlassung zu Wohnzwecken der Mieter auch gewerblichen Tätigkeiten nachgehen darf oder ob dies zur Kündigung des Mietverhältnisses durch den Vermieter berechtigt.[798]

Vergleicht man dies mit dem bau- und zweckentfremdungsrechtlichen Begriffsverständnis, so ergeben sich keine größeren inhaltlichen Unterschiede. Mit dem Wohnen im mietrechtlichen Sinne werden nur die mit dem Wohnen einhergehenden Tätigkeiten im Alltag beschrieben unter Hinweis darauf, dass auch gewisse berufliche Tätigkeiten ohne Außenwirkung in den Räumen stattfinden können. Die höheren Anforderungen an ein „Wohnen“ statuiert der bau- und zweckentfremdungsrechtliche Begriff. Dies resultiert daraus, dass der in diesen Rechtsgebieten das Wohnen von anderen Nutzungsformen abgegrenzt werden muss. Wird daher im bau- und zweckentfremdungsrechtlichen Sinne gewohnt, dann auch im mietrechtlichen Sinne. Des Weiteren wird aber deutlich, dass sich wegen der besonderen Zielsetzung des Zweckentfremdungsrechts das baurechtliche und das zweckentfremdungsrechtliche Wohnen in den Verästelungen unterscheiden können.

3. Auswirkungen des Verständnisses des Wohnens auf die Wohnungs- und Wohnraumbegriffe

Die Wohnungs- und Wohnraumbegriffe weisen im Vergleich mit denen des Wohnens Parallelen auf. Die Wohnungsbegriffe und der zweckent-

798 Hierzu und zum Vorstehenden *Makowski*, in: Guhling/Günter, Gewerberaummiete, Vor § 535 BGB Rn. 62; *Bruns*, in: Schach u. a., BeckOK Mietrecht, § 549 BGB Rn. 3 (Stand: Nov. 2021); *Lang*, ZfIR 2019, 746 (752); ähnlich OLG Frankfurt, Urt. v. 04.04.2008 – 2 U 214/07, Rn. 13 (juris) = ZMR 2009, 198; *Weidenkaff*, in: Grüneberg, Einf v § 535 Rn. 89; allgemeiner BayObLG, Rechtsentsch. v. 19.01.1981 – Allg. Reg. 103/80 = NJW 1981, 1275 (1276); *Drettmann*, in: Bub/Treier, Handbuch der Geschäfts- und Wohnraummiete Rn. 132; siehe zur Ausübung einer beruflichen Tätigkeit im Rahmen des mietrechtlichen Wohnens BGH, Urt. v. 10.04.2013 – VIII ZR 213/12 = NJW 2013, 1806 (1806, Rn. 14), sowie BGH, Urt. v. 14.07.2009 – VIII ZR 165/08, NJW 2009, 3157 (3157 f., Rn. 11 und Rn. 13–15).

fremdungsrechtliche Wohnraumbegriff knüpfen an die häusliche Lebensführung oder die (eigenständige) Haushaltsführung an. Die Begriffe des Wohnens beinhalten dieses Erfordernis ebenfalls. Letztlich ergibt sich nichts anderes für die bau- und mietrechtlichen Wohnraumbegriffe, die direkt an das Wohnen anknüpfen. Die übrigen Charakteristika des bau- und zweckentfremdungsrechtlichen Wohnens finden – wie bereits erwähnt[799] – vor allem zur Abgrenzung zu anderen Nutzungsarten Eingang in das jeweilige Verständnis von Wohnen. Der mietrechtliche Begriff des Wohnens macht diese Zusätze im bau- und zweckentfremdungsrechtlichen Verständnis von Wohnen deutlich, wonach es beim mietrechtlichen Begriff auf eine gewisse Dauerhaftigkeit für das Wohnen an sich zunächst nicht ankommt.[800]

Speziell im Vergleich der beiden Wohnungsbegriffe (unter Einschluss des zweckentfremdungsrechtlichen Wohnraumverständnisses) mit dem des Wohnens fällt es zudem auf, dass jeweils dort die Haushalts- oder die häusliche Lebensführung ermöglicht werden soll. Dies bedingt eine Mindestausstattung, die durch das dem Wandel der Zeit unterliegende Wohnen – nach allen drei Rechtsgebieten – entscheidend geprägt wird. Mit anderen Worten hat das Wohnen daher maßgeblichen Einfluss auf den Wohnungsbegriff und den zweckentfremdungsrechtlichen Wohnraumbegriff,[801] denn es setzt durch sein Charakteristikum, freilich beeinflusst durch den Wandel der Zeit, die Anforderungen an Wohnung und Wohnraum.

IV. Zwischenergebnis

Das Zweckentfremdungsrecht kennt keinen Wohnungsbegriff. Im Vergleich der Wohnungsbegriffe des Bau- und Mietrechts zueinander ergeben sich hier keine relevanten inhaltlichen Divergenzen.

Wohnraumbegriffe sind hingegen in allen drei Rechtsgebieten vorzufinden. Während der zweckentfremdungsrechtliche Begriff eine objektive Komponente verlangt, stellt sie im Mietrecht nach der überwiegenden Meinung keine Voraussetzung eines Wohnraums dar. In subjektiver

---

799 Siehe Kapitel 3, A. III. 1.

800 Eine kurze Dauer kann sich aber innerhalb des Mietrechts auswirken, siehe beispielsweise § 549 Abs. 2 Nr. 1 BGB.

801 Vgl. *Molodovsky/Waldmann*, in: Molodovsky u. a., Art. 46 Rn. 25 (143. EL/Okt. 2021).

Hinsicht verlangt dagegen das Mietrecht durch die übereinstimmende Zwecksetzung beider Vertragsparteien mehr, wohingegen im Zweckentfremdungsrecht nur der Wille des Verfügungsberechtigten von Relevanz ist. Dies wirkt sich jedoch im Ergebnis nicht aus. Der baurechtliche Wohnraumbegriff verlangt hingegen entweder eine objektive Eignung oder die subjektive Bestimmung und weist damit geringere Anforderungen als der zweckentfremdungsrechtliche Wohnraumbegriff auf. Dessen Anforderungen sind damit die höchsten.

Im Vergleich der bau- und mietrechtlichen Wohnraum- und Wohnungsbegriffe hat die Wohnung höhere Anforderungen, da sie neben der Summe an Räumen und der gewissen Abgrenzung auch eine Mindestausstattung statuiert, die für die beiden Wohnraumbegriffe kein Kriterium ist. Zudem können Wohnräume auch außerhalb einer Wohnung liegen.

Zwischen dem zweckentfremdungsrechtlichen Wohnraumverständnis und den Wohnungsbegriffen treten durch die objektive Komponente des Ersteren und das für die Wohnung typischen Erfordernis einer Mindestausstattung aber gewisse Parallelen deutlich zu Tage. An die Wohnungsbegriffe ist der zweckentfremdungsrechtliche Wohnraumbegriff aber nicht angeglichen, da er zugleich eine subjektive Komponente verlangt, die den Wohnungsbegriffen nicht immanent ist. Gleichwohl lassen sich überwiegend teilweise oder vollständige Überschneidungen zwischen den Wohnraum- und Wohnungsbegriffen der drei Rechtsgebiete feststellen. Es bestehen daher keine relativ großen und insoweit überwindbare Unterschiede zueinander. Bei der hier zu untersuchenden Mietwohnung kann von einem Vorliegen der Wohnungs- und Wohnraumbegriffe nach allen drei Rechtsgebieten ausgegangen werden. Ein Großteil der Mietwohnungen wird daher grundsätzlich – freilich innerhalb ihres jeweiligen Anwendungsbereichs und ihren übrigen Anforderungen – von den unterschiedlichen Regulierungsmaßnahmen der drei Rechtsgebiete und deren Ineinandergreifens adressiert, sodass die Einschlägigkeit des jeweiligen Regulierungsinstruments und deren Ineinandergreifen im weiteren Fortgang untersucht werden kann.

Der bau- und zweckentfremdungsrechtliche Begriff des Wohnens weist durch die der Abgrenzung zu anderen Nutzungsformen geschuldeten, zusätzlichen Voraussetzungen höhere Anforderungen als der mietrechtliche Begriff des Wohnens auf. Der bau- und zweckentfremdungsrechtliche Begriff des Wohnens ist zwar im Ausgangspunkt identisch. In den Verästelungen können sich gleichwohl Unterschiede und damit eine unterschiedliche Qualifikation einer Nutzung als Wohnen oder Nicht-Wohnen ergeben. Dies ist der besonderen Zielsetzung des Zweckentfremdungsrechts geschuldet.

Zwischen der Wohnung, dem Wohnraum und dem Wohnen werden gewisse Parallelen deutlich. So ist die häusliche Lebensführung oder die (eigenständige) Haushaltsführung entweder nahezu deckungsgleich oder zumindest inhaltsgleich in allen Begriffen enthalten oder es wird direkt Bezug auf das Wohnen genommen. Des Weiteren hat das Wohnen maßgeblichen Einfluss auf den Wohnungsbegriff und den zweckentfremdungsrechtlichen Wohnraumbegriff. Wohnung und Wohnraum sollen die Haushaltsführung ermöglichen und verlangen eine Mindestausstattung, die wiederum durch das dem Wandel der Zeit unterliegende Verständnis des Wohnens entscheidend beeinflusst wird.

B. Verhinderung von Bestandsveränderungen von Wohnungen in quantitativer Hinsicht

Das bestehende Angebot an Mietwohnungen gilt es im Kontext angespannter Wohnungsmärkte in quantitativer Hinsicht zu erhalten.[802] Es kann sich dabei entweder aufgrund einer Nicht- oder einer Umnutzung der jeweiligen Wohnung verringern. Im Kontext der Untersuchung kann von einem bisherigen Vorliegen einer Wohnung oder eines Wohnraums sowie eines darin bis dato stattfindenden Wohnens ausgegangen und daher für die Nicht- und die Umnutzung unterstellt werden.[803] Des Weiteren wird für die weitere Untersuchung bei allen Umnutzungskonstellationen davon ausgegangen werden, dass die Räume freistehen und aktuell nicht einem Wohnungsmieter überlassen sind.

Ungenutzte Wohnungen werden am Mietwohnungsmarkt nicht angeboten und stehen leer. Soll eine Wohnung dagegen umgenutzt werden, so wird sie auf einem anderen Teilmarkt angeboten und damit außerhalb des Wohnungsmarkts. Hinsichtlich der Umnutzung gibt es eine Vielzahl von Möglichkeiten. Die relevanten Fälle gilt es herauszuarbeiten (I.). Im Anschluss daran ist zu untersuchen, wie der bestehende Rechtsrahmen diese Arten der Nicht- und Umnutzungsabsichten von Wohnungen auf angespannten Mietwohnungsmärkten reglementiert, um der damit verbundenen Verringerung des Mietwohnungsangebots entgegenzuwirken.[804]

---

802 Siehe Kapitel 2, B. II. 1. und B. II. 1. a.

803 Siehe zu diesen Begriffen umfassend Kapitel 3, A.

804 Siehe zu dieser Untersuchungsfrage bereits Kapitel 2, B. III. 1.

Zunächst ist die baurechtliche (II.), dann die zweckentfremdungsrechtliche Regulierung zu untersuchen (III.). Daran anschließend ist zu klären, welche Handlungsalternativen für den Eigentümer bestehen, wenn seine Wohnung auf dem Wohnungsmarkt bleiben muss, und welche Auswirkungen der bestehende Rechtsrahmen auf die jeweiligen Strategien der Eigentümer hat (IV.).

I. Fälle der Umnutzung einer Wohnung

Hinsichtlich der Umnutzungsvorhaben ergibt sich eine große Brandbreite an möglichen neuen Nutzungen. Diese können je nach Nähe zur bisherigen Wohnnutzung voneinander wie folgt unterschieden werden: Die Kurzzeitvermietung im engeren Sinne (1.), die sonstigen Fälle der Kurzzeitvermietung (2.) und die übernachtungsfremden Nutzungsarten (3.). Die erste und die zweite Gruppe weisen Berührungspunkte zum Wohnen auf und ermöglichen auch weiterhin das Übernachten in den Räumen, wenn auch im Vergleich zu den typischen Mietwohnungen mit kürzeren Aufenthaltsdauern. Beide Nutzungskonzepte bewegen sich als Hybride zwischen der Wohnungs- und der hoteltypischen Beherbergungsnutzung. Bei beiden Gruppen können im konkreten Einzelfall im Rahmen der Raumüberlassung auch Dienstleistungen in unterschiedlichem Umfang mitangeboten werden. Zudem können sie hinsichtlich der bezweckten Aufenthaltsdauer voneinander unterschieden werden.[805] Auf ihnen soll im Folgenden ein besonderer Fokus liegen, da sie für eine Umnutzung besonders attraktiv und daher auch praktisch besonders relevant sind: Diese Umnutzungskonstellationen sind relativ leicht zu verwirklichen, bedürfen in aller Regel keiner baulichen Veränderungen und damit auch keines oder nur absolut geringfügigen Einsatzes von Kapital. Die dritte Form der Umnutzungsvorhaben adressiert von der Wohnnutzung deutlich entferntere Nutzungsarten und bezweckt keine Übernachtung in den Räumen. Sie werden im Folgenden als übernachtungsfremde Nutzungsarten bezeichnet. Die Räume werden dabei in aller Regel zur Ausübung eines Gewerbes oder einer freiberuflichen Tätigkeit genutzt.

---

805 Siehe Kapitel 3, A. III. 1.; siehe auch *Hornmann*, in: Spannowsky u. a., BeckOK BauNVO, § 3 Rn. 78 (Stand: Jan. 2022); *Stock*, in: Ernst u. a., § 3 BauNVO Rn. 39 (124. EL/Feb. 2017).

1. Die Kurzzeitvermietung im engeren Sinne unter Abgrenzung von Modellen des sog. „Homesharings"

Als Kurzzeitvermietung im engeren Sinne wird im Folgenden eine bezweckte, gewöhnliche Aufenthaltsdauer in den Räumen von wenigen Tagen bis wenigen Wochen bezeichnet. Sie wird in der Praxis den Großteil der Umnutzungsfälle ausmachen. Derart genutzte Räume werden in Deutschland fast ausschließlich über die Vermittlungsplattformen *Airbnb* oder *Wimdu* angeboten.[806] Diese Kurzzeitvermietung zielt überwiegend auf touristische Besuche, zu einem kleinen Teil auch auf kurze berufliche Aufenthalte ab.

Innerhalb dieser Kategorie kann zwischen der ausschließlichen und der teilweisen Nutzung der Räume zur Kurzzeitvermietung unterschieden werden.[807] Einerseits kann die Wohnung ausschließlich in räumlicher und zeitlicher Hinsicht genutzt werden. Daneben gibt es keinen Nutzer, der die Räume bewohnt. Kurze Zeiträume mit Leerständen sind zwischen den einzelnen Kurzzeitvermietungen an wechselnde Alleinnutzer der Räume möglich.

Andererseits können die Räume – in zeitlicher oder in räumlicher Hinsicht – auch nur teilweise zur Kurzzeitvermietung genutzt werden und im Übrigen eine Wohnnutzung erfolgen. Dies stellt eine Art Mischnutzung dar und wird auch als „Homesharing" bezeichnet.[808] Differenziert in räumlicher wie zeitlicher Hinsicht stellt sich die Frage, ob die Räume zeitgleich von den dauerhaften und den kurzzeitigen Nutzern oder nur nacheinander und damit unter Ausschluss der jeweils anderen Nutzergruppe beansprucht werden.[809] Demnach lassen sich zwei Nutzungsmodelle unterschieden.

---

806 *Bundesministerium für Wirtschaft und Energie*, Sharing Economy im Wirtschaftsraum Deutschland, 2018, S. 26.

807 Ebenso *Zott*, Die Regulierung des Homesharing, S. 46 und 79 f., der aufgrund seiner zweckentfremdungsrechtlichen Untersuchung zusätzlich zwischen einer Haupt- und Nebenwohnung differenziert, jedoch für München dabei keinen Unterschied feststellt.

808 *Deiters-Schwedt/Baba*, Airbnb im Kontext zentraler quantitativer Einflussfaktoren auf regionale Wohnungsmärkte, 2019, S. 17, wonach auch die zeitweise Vermietung von Schlafgelegenheiten ohne die Möglichkeit zur ausschließlichen Nutzung eines Raums, beispielsweise in Form des sog. „Couch-Surfings", zum „Homesharing" zu zählen ist.

809 So auch *Zott*, Die Regulierung des Homesharing, S. 46.

Das eine Nutzungsmodell („Modell der zeitlich begrenzten und ausschließlichen jeweiligen Nutzung“) zielt auf die ausschließliche räumliche Nutzung durch den Wohnungsnutzer und den Kurzzeitmieter in jeweils unterschiedlichen, sich nicht überschneidenden Zeiträumen ab. Demnach nutzt nur der Wohnungsnutzer die Wohnung und während der Zeiten seiner Abwesenheit vermietet er die Wohnung an wechselnde Nutzer im Rahmen der Kurzzeitvermietung im engeren Sinne.

Das andere Nutzungsmodell („Modell der Parallelnutzung“) zielt auf die zeitgleiche Nutzung der ganzen Wohnung sowohl durch den Wohnungsnutzer als auch durch die wechselnden Kurzzeitmieter ab. Ihnen steht ein Teil der Räume aber zur ausschließlichen Nutzung zu. Der Wohnungsnutzer bietet damit einen Teil der Wohnung (einen Raum oder mehrere Räume) für eine Kurzzeitvermietung an, während er selbst Räume in der Wohnung bewohnt. Das „Modell der Parallelnutzung“ ist nicht mit dem Fall des (unter-)vermieteten Zimmers zu vergleichen, wie das beispielweise bei Wohngemeinschaften der Fall ist, da dort auch weiterhin die Räume ausschließlich zu Wohnzwecken, jedoch durch mehrere Personen genutzt werden. Die Arten der Mischnutzung oder des „Homesharings“ können hier aber ausgeblendet werden, da der Eigentümer die bisherige Mietwohnung vollständig auf einem anderen Markt anbieten möchte, sie weder in zeitlicher noch in räumlicher Sicht selbst nutzt, es auch keinen Wohnungsmieter und daneben auch keinen „Kurzzeitmieter“ gibt.[810]

2. Die sonstigen Fälle der Kurzzeitvermietung

Längere Nutzungen von mehreren Wochen oder Monaten – exemplarisch sind hierfür die sog. Boarding- oder Apartmenthäuser[811] – fallen in dieser

810 Siehe zum Fokus der Untersuchung Kapitel 2, B. II. 1. a. und B. III. 1.

811 Ebenso *Finger*, in: Brügelmann, § 13a BauNVO Rn. 19 (108. EL/Okt. 2018); *Stock*, in: Ernst u. a., § 4 BauNVO Rn. 113a (124. EL/Feb. 2017); *Luther*, NJW-Spezial 2017, 364 (365); ähnlich *Lippert/Kindler*, ZfBR 2016, 219 (219), die den längeren Aufenthalt im Vergleich zur Hotelnutzung hervorheben; *Hermanns/Hönig*, BauR 2001, 1523 (1524); siehe auch OVG Bln-Bbg, Beschl. v. 06.07.2006 – 2 S 2/06 = LKV 2007, 39, das die längere Verweildauer bei Boardinghäusern hervorhebt; ebenso VG Ansbach, Urt. v. 22.01.2014 – AN 9 K 13.01327, Rn. 51 (juris). Zum Begriff Boarding- oder Apartmenthaus siehe auch *Gregorius*, in: Gregorius/Niemeyer, Kompendium des Temporären Wohnens, S. 19 (24 f.).

Untersuchung nicht unter den Begriff der Kurzzeitvermietung im engeren Sinne. Im Vergleich hierzu weisen die sonstigen Fälle der Kurzzeitvermietung im Rahmen ihres gewöhnlichen Nutzungskonzepts eine höhere Aufenthaltsdauer aus beruflichen Gründen an dem Ort auf.[812] Beispielsweise lag die durchschnittliche Verweildauer in Boardinghäusern im Jahr 2016 bei 42 Nächten und 2017 bei 50 Nächten.[813] Sie bilden daher eine eigenständige Gruppe neben der Kurzzeitvermietung, nämlich die sonstigen Fälle der Kurzzeitvermietung. Diese Arten der Kurzzeitvermietungen stellen absolute Grenzfälle dar, vor allem steht in Frage, ob sie noch dem Begriff des Wohnens unterfallen.[814]

3. Die übernachtungsfremden Nutzungsarten

Als übernachtungsfremde Nutzungsarten sind alle übrigen Fallkonstellationen zu verstehen, durch die die umgenutzten Räume einer anderen Verwendung als der zur Übernachtung zugeführt werden. Übernachtungsfremde Nutzungsarten zielen also nicht darauf ab, Menschen zu beherbergen. Hier soll ein Mieter freiberufliche oder gewerbliche Tätigkeiten ausüben können. Beispielsweise gehören hierzu die künftige Nutzung als Praxis oder Kanzlei und damit vergleichbare Nutzungsmodelle. Die Verwirklichung dieser Fallkonstellationen im Rahmen der Umnutzung ist aufwendiger, da damit in aller Regel kostenintensive Veränderungen an der baulichen Substanz einhergehen. Sie stellen eher die Ausnahme im Kontext der hier untersuchten „Fluchtmöglichkeiten aus dem Mietwohnungsmarkt“ dar.[815] In der gebotenen Kürze ist freilich auch auf diese Umnutzungskonstellationen und ihre Verwirklichung im Rechtsrahmen einzugehen.

---

812 Ebenso VGH BW, Beschl. v. 17.01.2017 – 8 S 1641/16 = BeckRS 2017, 103499 Rn. 18; VG Ansbach, Urt. v. 22.01.2014 – AN 9 K 13.01327, Rn. 51 (juris); *Hermanns/Hönig*, BauR 2001, 1523 (1524).

813 *Krause*, in: Gregorius/Niemeyer, Kompendium des Temporären Wohnens, S. 231 (232 f.); zum Vorjahr *Gregorius*, in: Gregorius/Niemeyer, Kompendium des Temporären Wohnens, S. 107 (110 f. und 117 f.).

814 Zur hier denkbaren Konzeption samt Ausstattung der sonstigen Fälle der Kurzzeitvermietung siehe Kapitel 3, B. II. 2. c. bb. (1), (2) und (3).

815 Siehe hierzu Kapitel 2, B. II. 1. a. und B. III. 1.

II. Baurechtliche Verhinderungsmöglichkeiten

Die folgende rechtliche Untersuchung der Verhinderungsinstrumente ist nach der Nicht- (1.) und der Umnutzung (2.) zu differenzieren.

1. Fälle der Nichtnutzung der Wohnung

Der Wechsel von einer Nutzung zu einer Nichtnutzung ist baurechtlich nicht genehmigungsbedürftig. Eine Nichtnutzung hat nur für die Zukunft unterschiedliche Folgen, wenn die Nutzung später wieder aufgenommen werden soll. Hierbei gilt es zu differenzieren. Wird die Nutzung aufgegeben, so verliert die Wohnung ihren Bestandsschutz und im Zeitpunkt der Wiederaufnahme der Nutzung bedarf es für diese einer neuen Baugenehmigung gem. Art. 55 Abs. 1 BayBO.[816] Aus einer bloßen Unterbrechung der Nutzung – auch speziell im Fall eines mehrjährigen Leerstands der Wohnung – kann aber nicht eine Nutzungsaufgabe oder ein Verzicht auf die Baugenehmigung geschlossen werden; sie beeinträchtigt daher nicht die Wirksamkeit der bestehenden Baugenehmigung. Somit ist die spätere Wiederaufnahme der bisherigen Nutzung nicht genehmigungsbedürftig.[817]

2. Fälle der Umnutzung der Wohnung

Anders als bei der Nichtnutzung verhält es sich baurechtlich bei Umnutzungen. Zunächst ist zu untersuchen, welches Genehmigungsverfahren der BayBO (mit seinem jeweiligen Prüfumfang) bei den soeben herausgearbeiteten Umnutzungen überwiegend zur Anwendung gelangen wird (a.). Dabei gilt es auch, die häufigsten rechtlichen Probleme bei diesen Umnutzungsvorhaben im Kontext des Prüfumfangs des Genehmigungsverfahrens herauszuarbeiten. Sie sollen im Folgenden konkret für die Kurzzeitvermietung im engeren Sinne (b.), die sonstigen Fälle der Kurz-

816 *Decker*, in: Busse u. a., Art. 55 Rn. 29 (144. EL/Sept. 2021); *Robl*, in: Spannowsky/Manssen, BeckOK BayBO, Art. 55 Rn. 11 (Stand: Nov. 2021).

817 Hierzu und zum Vorstehenden BayVGH, Urt. v. 01.02.2007 – 2 B 05.2470 = BeckRS 2008, 34106 Rn. 21 f.; *Decker*, in: Busse u. a., Art. 55 Rn. 30 m. w. N. (144. EL/Sept. 2021); *Robl*, in: Spannowsky/Manssen, BeckOK BayBO, Art. 55 Rn. 12 (Stand: Nov. 2021).

zeitvermietung (c.) sowie die übernachtungsfremden Nutzungsarten (d.) untersucht werden.

a) Der Prüfumfang im Baugenehmigungsverfahren und die zu untersuchenden Schwerpunkt bei der Verwirklichung aller drei Umnutzungskonzepte

Zunächst ist die Frage der Genehmigungsbedürftigkeit der drei Umnutzungsvarianten näher zu beleuchten. Wie bereits deutlich wurde, verfügen viele Anbieter nur über einen kleineren Bestand an Wohnungen am Markt,[818] die sich dann wiederum zum Teil auf unterschiedliche Häuser verteilen. Demnach zielt ein großer Teil der drei Umnutzungsvorhaben[819] auf eine einzige oder eine überschaubare Zahl von Wohnungen innerhalb eines Gebäudes ab. Hier kann auch unter Berücksichtigung der Anbieterstruktur in aller Regel von der Durchführung eines vereinfachten Baugenehmigungsverfahrens gem. Art. 59 BayBO ausgegangen werden.[820] In Einzelfällen kann es aber auch unter den dortigen Anforderungen zu einem Genehmigungsfreistellungsverfahren nach Art. 58 BayBO kommen.

Im Rahmen der Genehmigungsfähigkeit der drei Umnutzungsvorhaben sollen zwei Schwerpunkte gesetzt werden. Über Art. 59 S. 1 Nr. 1 lit. a BayBO ist grundsätzlich die Vereinbarkeit mit den §§ 29 ff. BauGB von besonderer Relevanz für die Verwirklichung eines Vorhabens. Dabei soll ein erster Schwerpunkt auf die nun zu qualifizierende Nutzungsart nach der BauNVO gelegt werden, da daraus in der Praxis im Rahmen der Umnutzung, vor allem bei einer Nutzungsänderung, rechtliche Schwierigkeiten und Hindernisse für die Verwirklichung der künftigen Nutzungskonzepte resultieren können.[821]

Einen weiteren schwerpunktmäßig zu erörternden „Stolperstein" im Rahmen des vereinfachten Genehmigungsverfahrens stellt in Gebieten mit einer Erhaltungssatzung bei den drei Umnutzungsvarianten Art. 59 S. 1 Nr. 3 BayBO dar. Gem. § 173 Abs. 1 S. 2 BauGB entscheidet die Bau-

---

818 Siehe Kapitel 3, B. I.

819 Siehe Kapitel 1, B. I. 1.

820 Insbesondere liegt bei der Umnutzung hin zu beiden Kurzzeitvermietungskonstellationen kein Fall des Art. 2 Abs. 4 Nr. 8, Nr. 11 und Nr. 20 BayBO sowie zu den übernachtungsfremden Nutzungsarten kein Fall des Art. 2 Abs. 4 Nr. 4, Nr. 5 und Nr. 20 BayBO vor.

821 Zu möglichen bauordnungsrechtlichen Anforderungen *Lippert/Kindler*, ZfBR 2016, 219 (224).

genehmigungsbehörde auch über die in § 172 Abs. 3 bis Abs. 5 BauGB bezeichneten Belange. Die Baugenehmigung ersetzt die fachrechtliche Gestattung nach § 172 Abs. 3 bis Abs. 5 BauGB. Hier soll hier der Schwerpunkt auf Satzungen zur Erhaltung der Zusammensetzung der Wohnbevölkerung liegen, den sog. Milieuschutzsatzungen gem. § 172 Abs. 1 S. 1 Nr. 2 BauGB. Diese erfreuen sich in angespannten Wohnungsmärkten über die letzten Jahre hinweg zunehmender Beliebtheit; sie werden als ein Mittel im Kampf gegen unbezahlbare Mieten, gegen Verdrängung der einheimischen städtischen Bevölkerung und damit gegen die zunehmende Gentrifizierung gesehen.[822] Sie erfassen aber nicht das gesamte Stadtgebiet, sondern immer nur bestimmte Gebiete einer Stadt. Einige Städte haben allerdings so viele Milieuschutzsatzungen erlassen, dass nicht mehr nur noch einzelne Gebiete, sondern vielmehr bedeutende Teile der Stadt unter Milieuschutz stehen.[823] Die daneben naheliegende Einhaltung der zweckentfremdungsrechtlichen Vorschriften wird im Baugenehmigungsverfahren aber nicht geprüft (auch nicht über Art. 59 S. 1 Nr. 3 BayBO), da das zweckentfremdungsrechtliche Genehmigungsverfahren davon selbstständig ist.[824]

b) Die Kurzzeitvermietung im engeren Sinne

In einem ersten Schritt ist zu erörtern, ob die Umnutzung hin zur Kurzzeitvermietung bauordnungsrechtlich das Erfordernis einer Genehmigung

---

822 Siehe hierzu und zu den Zwecken der Satzung *Kühling/Winkler*, DVBl. 2019, 1376; siehe speziell zur zunehmenden Beliebtheit der Milieuschutzsatzung *Bünger*, „An den Haaren herbeigezogen“, 2021, wonach aus dem Flickenteppich der Milieuschutzsatzungen mittlerweile eine geschlossene Decke geworden ist; *Behnke/Dammann*, GE 2019, 431 (434); für eine Milieuschutzsatzung für die ganze Stadt München *Heintze*, Immobilien Zeitung vom 11.04.2019, 27 (27 f.); siehe zur Entwicklung der Erhaltungs- und Milieuschutzsatzungen der letzten Jahre in München *Stadt München*, Milieuschutz für Münchner Stadtviertel, 2021.

823 Siehe *Bünger*, „An den Haaren herbeigezogen“, 2021; *Heintze*, Immobilien Zeitung vom 11.04.2019, 27 (27 f.); *Seifert*, GE 2020, 1537 (1539), wonach damals in Berlin über 30 Prozent aller Mietwohnungen unter Milieuschutz standen; für Berlin (auch im Verhältnis zur Gesamtfläche des jeweiligen Bezirks) *Henger/Sagner/Voigtländer*, Milieuschutz in Berlin, 2019, S. 13–15.

824 *Bayerisches Staatsministerium des Inneren, für Bau und Verkehr*, Arbeitshilfe, 2013, S. 10; *Molodovsky*, in: Molodovsky u. a., Art. 55 Rn. 56 (140. EL/April 2021); *Zott*, Die Regulierung des Homesharing, S. 88.

für die darin liegende Nutzungsänderung auslöst, insbesondere die bisherige Variationsbreite überschreitet (aa.). Ist dies der Fall und stellt die neue Nutzung kein Wohnen mehr da, so schließt sich die Folgefrage an, welchem konkreten Nutzungstyp die Kurzzeitvermietung im engeren Sinne dann vor und nach Einführung des § 13a BauNVO zuzuordnen ist (bb.). Dann kann geklärt werden, in welchen Baugebietstypen der §§ 2 ff. BauNVO sich die Zuordnung der Kurzzeitvermietung im engeren Sinne zu dem jeweiligen Nutzungstyp im Rahmen der Umnutzung überhaupt auswirken kann und in welchen Gebietstypen das Umnutzungsvorhaben anhand der Nutzungskategorie grundsätzlich verwirklicht werden kann (cc.). Anschließend ist dann zu klären, wie sich eine das Vorhaben erfassende Milieuschutzsatzung auf die Verwirklichung der Kurzzeitvermietung im engeren Sinne auswirken kann (dd.).

aa) Genehmigungsbedürftigkeit der Kurzzeitvermietung im engeren Sinne

Eine Umnutzung kann nur mit einer bloßen Nutzungsänderung einhergehen, die gem. Art. 55 Abs. 1 Var. 3 BayBO aber grundsätzlich genehmigungsbedürftig ist. Bei einer Nutzungsänderung im Sinne des Art. 55 Abs. 1 BayBO wird die der bisherigen genehmigten oder rechtmäßig ausgeübten Nutzung innewohnenden Variationsbreite mit der neuen geplanten Nutzung verlassen und dieser neuen Nutzung ist aus dem Blickwinkel der maßgeblichen öffentlich-rechtlichen Vorschriften eine andere Qualität beizumessen.[825]

Eine reine Nutzungsänderung liegt in aller Regel im Falle der Umnutzung einer Mietwohnung zum Zwecke der ausschließlichen und dauerhaften Kurzzeitvermietung im engeren Sinne vor, da insoweit keine Umbauarbeiten zur Bejahung einer Änderung im Sinne des Art. 55 Abs. 1 Var. 2 BayBO zur Verwirklichung dieses neuen Nutzungskonzepts erforderlich sein werden. Typische Nutzungen in Form der Kurzzeitvermietung sind die Ferienwohnung sowie die auf Internetportalen angebotenen Wohnun-

---

825 BayVGH, Beschl. v. 17.08.2018 – 1 CS 18.930 = BeckRS 2018, 19990 Rn. 15; *Decker*, in: Busse u. a., Art. 55 Rn. 28 (144. EL/Sept. 2021); *Robl*, in: Spannowsky/Manssen, BeckOK BayBO, Art. 55 Rn. 9 (Stand: Nov. 2021); vgl. OVG Bln-Bbg, Beschl. v. 30.05.2016 – OVG 10 S 34/15 = NVwZ-RR 2016, 650 (650 f.); *Ludwigs*, NVwZ 2017, 1646 (1651); vgl. auch *Windoffer*, LKV 2016, 337 (339).

terkünfte.[826] Wie bereits erwähnt, setzt das Wohnen als Nutzungszweck eine auf eine gewisse Dauer angelegte Häuslichkeit voraus.[827] Bei einer Kurzzeitvermietung und der damit bezweckten Vermietungsdauer weniger Tage bis weniger Wochen ist dies zu verneinen.[828] Demnach werden die Räume bei der Kurzzeitvermietung nicht zu Wohnzwecken überlassen; dies überschreitet somit die Variationsbreite der genehmigten Räume als Wohnung und ist zugleich von anderer Qualität im Hinblick auf die maßgeblichen öffentlich-rechtlichen Vorschriften.[829] Demnach ist die Nutzungsänderung genehmigungsbedürftig.[830] Durch die neu aufgeworfenen Fragen hinsichtlich dieser materiellen Vorschriften scheidet auch eine Verfahrensfreiheit gem. Art. 57 Abs. 4 Nr. 1 BayBO aus.[831] Der Einbau einer Küche oder Kochgelegenheit bei vorhandenen Leitungen sowie die Ausstattung der Wohnung mit Möbeln stellen jeweils keine Änderung im Sinne des Art. 55 Abs. 1 BayBO dar, da damit keine nennenswerten Eingriffe in die Bausubstanz einhergehen. Es bleibt in dieser Konstellation ausschließlich bei der Nutzungsänderung.

---

826 Siehe zu beiden Formen *Finger*, in: Brügelmann, § 13a BauNVO Rn. 16 und 18 (108. EL/Okt. 2018).

827 Siehe Kapitel 3, A. III. 1.

828 Ebenso BayVGH, Beschl. v. 13.08.2020 – 15 CS 20.1512 = BeckRS 2020, 20551 Rn. 42; VGH BW, Beschl. v. 26.01.2017 – 5 S 1791/16 = BeckRS 2017, 101691 Rn. 19; OVG Bln-Bbg, Beschl. v. 30.05.2016 – OVG 10 S 34/15 = NVwZ-RR 2016, 650 (651) m. w. N.; OVG MV, Urt. v. 19.02.2014 – 3 L 212/12, Rn. 39 (juris); BayVGH, Beschl. v. 04.09.2013 – 14 ZB 13.6 = BeckRS 2013, 55726 Rn. 12 m. w. N.; OVG NRW, Beschl. v. 14.08.2007 – 10 A 1219/06 = NVwZ-RR 2008, 20 (21); *Zott*, Die Regulierung des Homesharing, S. 82; *Windoffer*, LKV 2016, 337 (340); *Ingold*, DÖV 2016, 595 (597 und 601); *Schröder*, GewA 2015, 392 (392 f.); siehe auch die Begründung zum Gesetzentwurf, BT-Drs. 18/10942, S. 34 f.; allgemeiner *Ludwigs*, NVwZ 2017, 1646 (1651). Wie bereits erwähnt ist die Dauerhaftigkeit bei Nutzungen von weniger als einem Monat äußerst problematisch, siehe Kapitel 3, A. III. 1.

829 So auch BayVGH, Beschl. v. 04.09.2013 – 14 ZB 13.6 = BeckRS 2013, 55726 Rn. 11; BayVGH, Beschl. v. 07.07.2005 – 25 CS 05.1192, Rn. 3 (juris); *Zott*, Die Regulierung des Homesharing, S. 82; vgl. OVG Bln-Bbg, Beschl. v. 30.05.2016 – OVG 10 S 34/15 = NVwZ-RR 2016, 650 (651); OVG MV, Urt. v. 19.02.2014 – 3 L 212/12, Rn. 39 (juris); *Spitzlei*, JA 2020, 333 (344); *Ludwigs*, NVwZ 2017, 1646 (1651); *Windoffer*, LKV 2016, 337 (340).

830 Ebenso BayVGH, Beschl. v. 07.07.2005 – 25 CS 05.1192, Rn. 3 (juris); *Ludwigs*, NVwZ 2017, 1646 (1651); *Ingold*, DÖV 2016, 595 (601); *Windoffer*, LKV 2016, 337 (340); *Schröder*, GewA 2015, 392 (394).

831 Ebenso *Schröder*, GewA 2015, 392 (394); generell gegen die Verfahrensfreiheit der Kurzzeitvermietung *Ingold*, DÖV 2016, 595 (601).

Es kommt dabei nicht darauf an, ob die Wohnung nun von (Medizin-)Touristen, Messegästen oder Geschäftsreisenden genutzt wird und ob neben der äußerst kurzen Aufenthaltsdauer auch noch ein umfangreiches Dienstleistungspaket angeboten wird.[832] Anders kann dies aber bei der Frage der Genehmigungsfähigkeit sein, konkret bei der bauplanungsrechtlichen Qualifikation der Räume als Ferienwohnung oder als Beherbergungsbetrieb im Rahmen der BauNVO.[833]

bb) Die Einordnung in die Nutzungstypen der BauNVO

Die Kurzzeitvermietung im engeren Sinne samt ihrem Nutzungskonzept weist durch seine sehr kurze Aufenthaltsdauer eine deutliche Nähe zur Ferienwohnung im Sinne des § 13a BauNVO auf. Zu dieser sind nach der Definition des § 13a S. 1 BauNVO Räume oder Gebäude zu zählen, die einem ständig wechselnden Kreis von Gästen gegen Entgelt vorübergehend zur Unterkunft zur Verfügung gestellt werden und die zur Begründung einer eigenen Häuslichkeit geeignet und bestimmt sind. Dieser Begriff ist weit zu interpretieren.[834] Bezüglich § 13a BauNVO gelten auch keine Besonderheiten in angespannten Wohnungsmärkten, obwohl dort Ferienwohnungen vermieden werden sollen, denn der Bund hat im Städtebaurecht allein bodenrechtliche und keine wohnungs- und sozialpolitischen Ziele zu verfolgen. Seit der Föderalismusreform können die Länder vor allem mit dem Erlass von Zweckentfremdungsverbotsgesetzen entsprechend auf die Ferienwohnproblematik in angespannten Wohnungsmärkten reagieren.[835] Folglich kann das Vorhaben im Bau- und Zweckentfremdungsrecht unterschiedlich zu beurteilen sein.

---

832 *Ludwigs*, NVwZ 2017, 1646 (1651) m. w. N.; ebenso zum Umfang des Dienstleistungspakets OVG NRW, Beschl. v. 14.08.2007 – 10 A 1219/06 = NVwZ-RR 2008, 20 (21); deutlich stärker kann sich das Dienstleistungspaket bei der Genehmigungsbedürftigkeit der sonstigen Fälle der Kurzzeitvermietung auswirken, siehe Kapitel 3, B. II. 2. c. cc.

833 Siehe hierzu sogleich Kapitel 3, B. II. 2. b. bb.

834 *Finger*, in: Brügelmann, § 13a BauNVO Rn. 18 (108. EL/Okt. 2018).

835 Hierzu und zum Vorstehenden *Blechschmidt*, in: Ernst u. a., § 13a BauNVO Rn. 19 (126. EL/Aug. 2017); eine andere gemeindliche Möglichkeit ist die Feinsteuerung gem. § 1 Abs. 5 und Abs. 9 BauNVO; siehe zu den Einschränkungen der Kurzzeitvermietung durch das Zweckentfremdungsrecht Kapitel 3, B. III. 1. b. und B. III. 2. a.

Neben der typischen Ferienwohnung sind hierzu auch diejenigen Wohnungen zu zählen, die als temporäre Unterkünfte, beispielsweise angeboten über *Airbnb*, über das Jahr betrachtet in einem gewichtigen Umfang vermietet werden und die bisherige Wohnnutzung nur noch eine geringe oder gar keine Rolle mehr spielt.[836] Beide Fallkonstellationen im Rahmen der Kurzzeitvermietung im engeren Sinne bedingen eine Möblierung sowie eine Küche oder Kochgelegenheit samt weiterer Haushaltsgegenstände. Dies ist relativ leicht durch das Umnutzungsvorhaben von der Wohnnutzung zur Kurzzeitvermietung im engeren Sinne zu verwirklichen, da in der bisherigen Wohnung bereits die Anschlüsse für die Gerätschaften vorhanden sind, eine Küche aus dem Vormietverhältnis besteht oder der Eigentümer sie einbauen lässt sowie die Wohnung, wenn sie vorher noch nicht teil- bis vollmöbliert vermietet wurde,[837] noch mit entsprechenden Möbelstücken ausgestattet werden kann.

Für den hier typischen Fall der Umnutzung einer Wohnung für Zwecke der Kurzzeitvermietung im engeren Sinne sind diese Räume nach dem weiten Begriffsverständnis des § 13a BauNVO entweder als (nicht störender) Gewerbebetrieb gem. § 13a S. 1 BauNVO oder als (kleiner) Betrieb eines Beherbergungsgewerbes gem. § 13a S. 2 BauNVO zu qualifizieren. Daran ändert sich auch nichts, wenn die Ferienwohnung zugleich ein Einfamilienhaus ist. In diesem Fall ist das Haus nicht als Ferienhaus im Sinne des § 10 Abs. 4 BauNVO, sondern weiterhin als eine Ferienwohnung nach § 13a BauNVO zu qualifizieren.[838]

Für die Unterscheidung nach § 13a S. 1 und S. 2 BauNVO kommt es darauf an, ob die Räume, die nun der Kurzzeitvermietung zugeführt werden sollen, in dem jeweiligen Haus eine gewichtige oder nur eine untergeordnete Rolle spielen. Besteht das Haus aus einer umzunutzenden Wohnung, so handelt es sich um den Fall des § 13a S. 1 BauNVO. So gilt dies für das bereits erwähnte Einfamilienhaus. Sind die Räume des Umnutzungsvorhabens von untergeordneter Bedeutung gegenüber der im Gebäude vorherrschenden Hauptnutzung (vor allem bei kleineren oder wenigen Ferienwohnungen), so führt dies zur Anwendung des § 13a S. 2 BauNVO.[839] Ein Beispiel hierfür ist die separate Einliegerwohnung, die als

---

836 *Finger*, in: Brügelmann, § 13a BauNVO Rn. 18 (108. EL/Okt. 2018).

837 Zu diesem Trend bereits Kapitel 2, A. I. 2. a. aa.

838 *Finger*, in: Brügelmann, § 13a BauNVO Rn. 16 und 23 (108. EL/Okt. 2018); *Blechschmidt*, in: Ernst u. a., § 13a BauNVO Rn. 22 (126. EL/Aug. 2017).

839 Ebenso *Hornmann*, in: Spannowsky u. a., BeckOK BauNVO, § 13a Rn. 47 (Stand: Jan. 2022).

Ferienwohnung vermietet werden soll, sich in einem Haus mit einer ausschließlichen Wohnnutzung befindet und demnach von untergeordneter Bedeutung im Vergleich zur Hauptnutzung ist.[840] Beide Konstellationen sind in der Praxis möglich.[841]

Des Weiteren zielt § 13a BauNVO vor allem auf die Kurzzeitvermietung der Ferienwohnung für Zwecke der Freizeit- und Urlaubsgestaltung ab.[842] Gleichwohl sind auch einzelne Vermietungen an solche Personen möglich, die aus geschäftlichen Gründen für eine kurze Zeit am Ort verweilen müssen und dafür eine Unterkunft benötigen, ohne dass die Wohnung im bauplanungsrechtlichen Sinne nicht mehr als Ferienwohnung gem. § 13a BauNVO qualifiziert werden könnte.[843] Im Sinne einer Schwerpunktbetrachtung ist dabei entscheidend, wer Hauptadressat der Kurzzeitvermietung der Wohnung sein soll.[844] Bei der Kurzzeitvermietung im engeren Sinne und der damit verbundenen sehr kurzen Aufenthaltsdauer wird der Schwerpunkt des Nutzungskonzepts auf der Vermietung zu Freizeit- und Urlaubsgestaltungszwecken liegen. Liegt ausnahmsweise der Schwerpunkt auf der Vermietung an Geschäftsreisende, so stellen die Räume keine Ferienwohnung mehr im Sinne des § 13a BauNVO dar. Kommt zur kurzen Aufenthaltsdauer in der Ferienwohnung auch noch ein im Mietpreis enthaltenes Dienstleistungspaket in einem nennenswerten Umfang hinzu, das durch das eigene Hauspersonal erbracht wird, so kann dies als ein bauplanungsrechtlicher Beherbergungsbetrieb qualifiziert werden.[845] Bei der typischen Kurzzeitvermietung im engeren Sinne kommen aufgrund

---

840 Siehe die Begründung zum Gesetzentwurf, BT-Drs. 18/10942, S. 57.

841 Zu den Auswirkungen der unterschiedlichen Einordnung nach § 13a S. 1 oder S. 2 BauNVO im Hinblick auf die Baugebiete der BauNVO siehe Kapitel 3, B. II. 2. b. cc.

842 Die Begründung zum Gesetzentwurf, BT-Drs. 18/10942, S. 57 („Anmietung regelmäßig für Zwecke der Freizeit- und Urlaubsgestaltung"); *Blechschmidt*, in: Ernst u. a., § 13a BauNVO Rn. 24 (126. EL/Aug. 2017); a. A. *Finger*, in: Brügelmann, § 13a BauNVO Rn. 19 (108. EL/Okt. 2018); *Pommer*, UPR 2017, 490 (492).

843 Vgl. die Begründung zum Gesetzentwurf, BT-Drs. 18/10942, S. 57; *Blechschmidt*, in: Ernst u. a., § 13a BauNVO Rn. 24 (126. EL/Aug. 2017).

844 Ebenso *Blechschmidt*, in: Ernst u. a., § 13a BauNVO Rn. 24 (126. EL/Aug. 2017).

845 Siehe OVG Bln-Bbg, Beschl. v. 06.07.2006 – 2 S 2/06 = LKV 2007, 39 (39 f.); *Blechschmidt*, in: Ernst u. a., § 13a BauNVO Rn. 24 und 27 (126. EL/Aug. 2017), wonach dies insbesondere bei „alten" Bebauungsplänen der Fall sein kann; *Stock*, in: Ernst u. a., § 4 BauNVO Rn. 113a (124. EL/Feb. 2017); zum fließenden Übergang bei einem Boardinghouse BayVGH, Beschl. v. 09.12.2016 – 15 CS 16.1417 = BeckRS 2016, 110061 Rn. 14; siehe zum Dienstleistungspaket und seiner Bedeutung Kapitel 3, B. II. 2. c. bb. (3).

der sehr kurzen Aufenthaltsdauer dabei vor allem ein Bettwäschewechsel und Reinigungsdienste in Frage.

Im Ergebnis bleibt damit festzuhalten, dass die Kurzzeitvermietung im engeren Sinne einen Fall des § 13a S. 1 BauNVO oder des § 13a S. 2 BauNVO darstellt. Kommt jeweils ein Dienstleistungspaket von einem gewichtigen Umfang hinzu, so ist auch eine Qualifikation der Kurzzeitvermietung im engeren Sinne als Beherbergungsbetrieb möglich. Die Auswirkungen dieser Einordnung im Zusammenspiel mit den Baugebieten der BauNVO gilt es sogleich näher zu beleuchten. Zunächst ist aber noch auf die vor Inkrafttreten des § 13a BauNVO bereits existierenden Bebauungspläne einzugehen.

Vor Einführung des § 13a BauNVO wurde die Kurzzeitvermietung im engeren Sinne unterschiedlich eingeordnet – je nach der konkreten Ausgestaltung war diese als Beherbergungsbetrieb, als sonstiger Gewerbebetrieb oder als keines von beidem und damit letztlich nur sondergebietspflichtig zu qualifizieren.[846] Mit der klarstellenden Absage des Verordnungsgebers an eine ausschließliche Sondergebietspflichtigkeit der Ferienwohnung durch § 13a BauNVO ist aber nach der einhelligen Meinung in der Rechtsprechung und Literatur gleichwohl keine Rückwirkung verbunden und damit auch keine nachträgliche, unmittelbare Wirkung für diejenigen Bebauungspläne, die vor dem Inkrafttreten des § 13a BauNVO am 13. Mai 2017 erlassen worden waren.[847] Die überwiegende Ansicht in der Literatur befürwortet allerdings für diese älteren Bebauungspläne § 13a BauNVO als

846 Siehe hierzu und dem daraus resultierenden Handlungsbedarf für den Gesetzgeber (jeweils m. w. N.) die Begründung zum Gesetzentwurf, BT-Drs. 18/10942, S. 35 und 56; *Hornmann*, in: Spannowsky u. a., BeckOK BauNVO, § 13a Rn. 2 f. und 9 (Stand: Jan. 2022); *Finger*, in: Brügelmann, § 13a BauNVO Rn. 1–8 (108. EL/Okt. 2018); *Stock*, in: Ernst u. a., § 4 BauNVO Rn. 114 (124. EL/Feb. 2017); *Reidt/v. Landwüst*, UPR 2015, 12 (12 ff.); siehe auch *Ludwigs*, NVwZ 2017, 1646 (1651); *Windoffer*, LKV 2016, 337 (340 f.). Siehe zu den Argumenten für eine ausschließliche Sondergebietsfähigkeit von Ferienwohnungen und den Gegenargumenten der herrschenden Meinung umfassend *Hornmann*, in: Spannowsky u. a., BeckOK BauNVO, § 13a Rn. 9–20 (Stand: Jan. 2022); *Blechschmidt*, in: Ernst u. a., § 13a BauNVO Rn. 1–9 (126. EL/Aug. 2017).

847 BVerwG, Urt. v. 18.10.2017 – 4 C 5/16, BVerwGE 160, 104 Rn. 11 f. = NVwZ 2018, 824; BVerwG, Urt. v. 18.10.2017 – 4 CN 6/17 = NVwZ 2018, 828 (828, Rn. 8 f.); *Hornmann*, in: Spannowsky u. a., BeckOK BauNVO, § 13a Rn. 4–6 (Stand: Jan. 2022); *Stock*, in: König u. a., § 13a Rn. 7; *Bischopink*, in: Bönker/Bischopink, § 13a Rn. 21; *Finger*, in: Brügelmann, § 13a BauNVO Rn. 47 und 51 (108. EL/Okt. 2018); *Blechschmidt*, in: Ernst u. a., § 13a BauNVO Rn. 11 und 14 (126. EL/Aug. 2017); *Hahn*, DÖV 2018, 396 (403 f.).

Auslegungshilfe.[848] § 13a BauNVO erlangt damit eine faktische Geltung, da die Norm bereits das abbildet, was auch vorher die überwiegende Meinung in Literatur und Rechtsprechung zur Qualifikation der Ferienwohnung vertreten hatte.[849] Demnach ergeben sich hier keine Unterschiede zur neueren Rechtslage nach Einführung des § 13a BauNVO und den „neueren Bebauungsplänen".[850]

cc) Die Zulässigkeit der Kurzzeitvermietung im engeren Sinne in den Baugebieten der BauNVO

Je nach der konkreten Ausgestaltung im Einzelfall kann das Nutzungskonzept der Kurzzeitvermietung im engeren Sinne entweder – bei entsprechendem Gewicht des Dienstleistungspakets – als Beherbergungsbetrieb oder als eine Ferienwohnung qualifiziert werden. Bei Letzterem muss zwischen der schwerpunktmäßigen Ferienwohnungsnutzung nach § 13a S. 1 BauNVO und der Nutzung als Ferienwohnung in einer untergeordneten Form im Gebäude gem. § 13a S. 2 BauNVO unterschieden werden. Die für angespannte Wohnungsmärkte nicht einschlägigen Dorfgebiete (§ 5 BauNVO), die dörflichen Wohngebiete (§ 5a BauNVO) sowie die für das Umnutzungsvorhaben irrelevanten Sondergebiete (§§ 10 f. BauNVO) können ausgeklammert werden.

In den Baugebietskategorien der §§ 4a, 6, 6a und 7 BauNVO ergeben sich keine Unterschiede dadurch, dass die Kurzzeitvermietung im engeren Sinne gem. § 13a BauNVO unterschiedlichen Nutzungsarten zugeordnet werden kann, denn neben dem Wohnen sind dort die Beherbergung und

848 *Hornmann*, in: Spannowsky u. a., BeckOK BauNVO, § 13a Rn. 7 f. (Stand: Jan. 2022); *Stock*, in: König u. a., § 13a Rn. 7, wonach § 13a BauNVO auch bei der Befreiungsentscheidung berücksichtigt werden kann; *Bischopink*, in: Bönker/Bischopink, § 13a Rn. 21; *Blechschmidt*, in: Ernst u. a., § 13a BauNVO Rn. 11 und 14 f. (126. EL/Aug. 2017); a. A. *Finger*, in: Brügelmann, § 13a BauNVO Rn. 48 und 51 (108. EL/Okt. 2018); *Hahn*, DÖV 2018, 396 (404).

849 *Blechschmidt*, in: Ernst u. a., § 13a BauNVO Rn. 11 und 14 f. (126. EL/Aug. 2017); *Hornmann*, in: Spannowsky u. a., BeckOK BauNVO, § 13a Rn. 7 f. (Stand: Jan. 2022); *Bischopink*, in: Bönker/Bischopink, § 13a Rn. 21.

850 Unproblematisch ist dies dagegen im faktischen Baugebiet gem. § 34 Abs. 2 BauGB wegen des dynamischen Verweises auf die jeweils aktuelle Fassung der BauNVO, siehe hierzu *Hornmann*, in: Spannowsky u. a., BeckOK BauNVO, § 13a Rn. 21 m. w. N. (Stand: Jan. 2022); *Stock*, in: König u. a., § 13a Rn. 8; *Finger*, in: Brügelmann, § 13a BauNVO Rn. 49 (108. EL/Okt. 2018); *Hahn*, DÖV 2018, 396 (405).

beide Fälle der Ferienwohnung allgemein zulässig. Im urbanen Gebiet können nach § 6a Abs. 4 Nr. 2 und Nr. 3 BauNVO noch spezielle Festsetzungen im Bebauungsplan getroffen werden, die – je nach Verortung der Wohnung im Gebäude – die Umnutzung zu einer Kurzzeitvermietung verhindern können. Da dies eine Festsetzung im Einzelfall durch die Gemeinde erfordert, entziehen sich diese Fälle einer generellen Betrachtung. Des Weiteren weisen die drei erwähnten Baugebiete noch weitere, individuelle Gebietscharakteristika auf, die durch das Umnutzungsvorhaben beeinflusst werden könnten. So dürfen beispielsweise bestimmte Nutzungsarten im Mischgebiet gem. § 6 Abs. 1 BauNVO nicht überwiegen. Dafür kommt es aber wiederum auf den konkreten Einzelfall an, der sich genauso einer generellen Betrachtung entzieht.

Die Umnutzung von der Wohnnutzung weg wirkt sich – den heterogenen Innenbereich im Sinne von § 34 Abs. 1 S. 1 BauGB einmal ausgeblendet – letztlich nur in Baugebieten der §§ 2, 3 und 4 BauNVO aus. Im allgemeinen Wohngebiet des § 4 BauNVO sind die Beherbergung sowie beide Arten der Ferienwohnungsnutzung nur ausnahmsweise zulässig (§ 4 Abs. 3 Nr. 1 und Nr. 2 BauNVO, für die Ferienwohnungsnutzung in Verbindung mit § 13a S. 1 und S. 2 BauNVO). Für die Kleinsiedlungsgebiete und reinen Wohngebiete der §§ 2 und 3 BauNVO rufen die unterschiedlichen Qualifikationsmöglichkeiten der Kurzzeitvermietung im engeren Sinne größere Unterschiede hervor. Im Kleinsiedlungsgebiet gem. § 2 BauNVO sind Beherbergungsbetriebe sowie Ferienwohnungen im Sinne des § 13a S. 2 BauNVO unzulässig. Nur die Ferienwohnungsnutzung im Sinne von § 13a S. 1 BauNVO ist dort gem. § 13a S. 1 in Verbindung mit § 2 Abs. 3 Nr. 4 BauNVO ausnahmsweise zulässig. In reinen Wohngebieten gem. § 3 BauNVO sind nur die Beherbergungsbetriebe sowie Ferienwohnungen im Sinne des § 13a S. 2 BauNVO ausnahmsweise zulässig, wenn sie sich durch einen kleinen Betrieb auszeichnen.[851] Die Ferienwohnungsnutzung gem. § 13a S. 1 BauNVO ist dort dagegen unzulässig.

---

851 Dies stellt nach VG Cottbus, Urt. v. 06.04.2018 – VG 3 K 1753/15 = BeckRS 2018, 5347 Rn. 35, auch den Hauptanknüpfungspunkt des § 13a S. 2 BauNVO dar. Zu den Anforderungen eines kleinen Betriebs vertiefend *Hornmann*, in: Spannowsky u. a., BeckOK BauNVO, § 3 Rn. 172 f. (Stand: Jan. 2022); *Stock*, in: Ernst u. a., § 3 BauNVO Rn. 76 f. (124. EL/Feb. 2017); *Ziegler*, in: Brügelmann, § 3 BauNVO Rn. 96–104 (87. EL/Aug. 2013).

dd) Die Wahrung des Milieuschutzes im Baugenehmigungsverfahren

Befindet sich das Umnutzungsvorhaben in einem Gebäude, das in den räumlichen Geltungsbereich einer Milieuschutzsatzung gem. § 172 Abs. 1 S. 1 Nr. 2 BauGB fällt, so stellt es regelmäßig eine milieuschutzrechtlich genehmigungsbedürftige Nutzungsänderung dar, da der Wechsel weg von der Wohnnutzung erfolgt.[852] Im Rahmen des Baugenehmigungsverfahrens entscheidet die Baugenehmigungsbehörde gem. Art. 59 S. 1 Nr. 3 BayBO in Verbindung mit § 173 Abs. 1 S. 2 BauGB auch über die in § 172 Abs. 3 bis Abs. 5 BauGB bezeichneten Belange. Demnach werden diese Bestandsteil des vereinfachten Baugenehmigungsverfahrens. Entscheidend für die Milieuschutzsatzung sind die Belange des § 172 Abs. 4 BauGB. Bei der Kurzzeitvermietung im engeren Sinne sind die Genehmigungstatbestände in § 172 Abs. 4 S. 3 bis S. 5 BauGB nicht einschlägig. Die von den persönlichen Verhältnissen unabhängige und daher objektbezogene wirtschaftliche Unzumutbarkeit gem. § 172 Abs. 4 S. 2 BauGB[853], die die Genehmigungsfähigkeit herstellen würde, wird eher die Ausnahme darstellen. Folglich ist zu klären, ob nach § 172 Abs. 4 S. 1 BauGB die Kurzzeitvermietung genehmigt werden kann (1) und ob eine mögliche Zwischennutzung der Kurzzeitvermietungsräume durch Wohnungssuchende im Milieuschutzgebiet die rechtliche Beurteilung der Genehmigungsfähigkeit beeinflussen kann (2).

(1) Genehmigungsfähigkeit nach § 172 Abs. 4 S. 1 BauGB?

Nach der Verneinung der Anspruchstatbestände ist demnach der Auffanggenehmigungstatbestand des § 172 Abs. 4 S. 1 BauGB von entscheidender Bedeutung für die Verwirklichung des Vorhabens im Milieuschutzgebiet.[854] Für die Versagung der Genehmigung ist dabei entscheidend, ob

---

852 Zur Konstellation ohne Wechsel der Nutzungsart, in der die Beantwortung der Frage komplexer ist, und zu den Anforderungen an eine Nutzungsänderung im Sinne des § 172 Abs. 1 S. 1 BauGB siehe Kapitel 3, B. II. 2. c. dd. (1).

853 Siehe hierzu beispielsweise *Stock*, in: Ernst u. a., § 173 BauGB Rn. 35–37 (122. EL/Aug. 2016); *Weigelt*, Die wachsende Stadt als Herausforderung für das Recht, S. 192–196.

854 Str. ist, ob hier der Gemeinde ein Ermessenspielraum zuzugestehen ist; die überwiegende Meinung befürwortet dies für atypische Fälle, siehe BVerwG, Urt. v. 18.06.1997 – 4 C 2/97 = BVerwGE 105, 67 (72 f.) = NVwZ 1998, 503 (504); BayVGH, Beschl. v. 14.04.2020 – 2 ZB 17.1411, Rn. 5 (juris); *Stock*, in:

das Vorhaben dazu geeignet ist, eine Verdrängungsgefahr für die vorhandenen Bewohner zu begründen[855] und ob dann diese Verdrängung aus den besonderen städtebaulichen Gründen zukünftig nachteilige Folgen hätte.[856] Da das konkrete Bauvorhaben, das eine einzelne oder mehrere Wohnungen innerhalb eines Gebäudes betreffen kann, von sich aus in aller Regel städtebaulich nicht das für eine veränderte Zusammensetzung der Wohnbevölkerung notwendige Gewicht aufweisen wird, kommt es hierbei entscheidend und in den meisten Fällen auf die Vorbildwirkung des Bauvorhabens an sich an.[857] Folglich wird eine Verdrängungsgefahr bereits dadurch begründet, dass das Bauvorhaben eine Entwicklung hin zu einer veränderten Zusammensetzung der Bewohnerstruktur in Gang setzt.[858] Mit der Milieuschutzsatzung sollen zukünftige negative Folgen für das Milieuschutzgebiet selbst, aber auch für andere Stadtquartiere verhindert werden.[859] Die Feststellung der Verdrängungs- und damit verbundenen Veränderungsgefahr erfordert eine Prognose, für die in der gemeindlichen Praxis auf Höchstbelastungswerte und damit auf Hilfsindikatoren

---

Ernst u. a., § 172 BauGB Rn. 131–133 m. w. N. (115. und 122. EL/Nov. 2014 und Aug. 2016).

855 Ein ähnliches Eignungserfordernis gilt bei den Vorhaben im Sinne des § 172 Abs. 1 S. 1 BauGB, beispielsweise der Nutzungsänderung, jedoch reicht dort die Eignung zur Berührung der Ziele der Erhaltungssatzung aus, um das Vorhaben unter den Genehmigungsvorbehalt des Milieuschutzes zu stellen, siehe Kapitel 3, B. II. 2. c. dd. (1).

856 BVerwG, Urt. v. 18.06.1997 – 4 C 2/97 = BVerwGE 105, 67 (70) = NVwZ 1998, 503; BayVGH, Urt. v. 08.05.2002 – 2 B 98.2215, Rn. 26 (juris); VG München, Urt. v. 28.11.2016 – M 8 K 15.3460, Rn. 41 (juris); VG München, Urt. v. 05.11.2007 – M 8 K 06.844, Rn. 41 (juris); *Mitschang*, in: ders., Erhaltung und Sicherung von Wohnraum, S. 51 (99 f.); *Stock*, in: Ernst u. a., § 172 BauGB Rn. 175 f. m. w. N. (115. EL/Nov. 2014); *Weigelt*, Die wachsende Stadt als Herausforderung für das Recht, S. 188 f.

857 BVerwG, Urt. v. 18.06.1997 – 4 C 2/97 = BVerwGE 105, 67 (71) = NVwZ 1998, 503; BayVGH, Urt. v. 08.05.2002 – 2 B 98.2215, Rn. 26 (juris); VG München, Urt. v. 28.11.2016 – M 8 K 15.3460, Rn. 41 f. (juris); *Mitschang*, in: Battis u. a., § 172 Rn. 88; *Stock*, in: Ernst u. a., § 172 BauGB Rn. 176 (115. EL/Nov. 2014); *Bank*, in: Brügelmann, § 172 BauGB Rn. 86 und 90 (80. und 92. EL/Okt. 2011 und 2014); *Riemann*, Baurechtliche Instrumente gegen Gentrifizierung, S. 36 f.

858 BVerwG, Urt. v. 18.06.1997 – 4 C 2/97 = BVerwGE 105, 67 (71) = NVwZ 1998, 503; BayVGH, Urt. v. 08.05.2002 – 2 B 98.2215, Rn. 26 (juris); VG München, Urt. v. 09.05.2016 – M 8 K 14.3084, Rn. 81 (juris); *Mitschang*, in: Battis u. a., § 172 Rn. 90 und 92.

859 *Mitschang*, in: Battis u. a., § 172 Rn. 94; *Mitschang*, in: ders., Erhaltung und Sicherung von Wohnraum, S. 51 (102).

zurückgegriffen wird; bei deren Überschreitung ist die Genehmigung zu versagen.[860]

Dementsprechend ist bei der Nutzungsänderung von Wohnungen zur künftigen Kurzzeitvermietung im engeren Sinne die Genehmigung nach § 172 Abs. 4 S. 1 BauGB regelmäßig zu versagen. Diese Umnutzungsvorhaben der Kurzzeitvermietung sind, vor allem im Hinblick auf ihre Vorbildwirkung, dazu geeignet, die dort angestammte Wohnbevölkerung zu verdrängen und die Bevölkerungsstruktur damit zu verändern; zudem haben sie in aller Regel aus den besonderen städtebaulichen Gründen nachteilige Folgen in der Zukunft für die jeweilige Gemeinde.[861] Das konkrete Umnutzungsvorhaben mit dem Ziel der Kurzzeitvermietung im engeren Sinne wird sich in der überwiegenden Zahl der Fälle vor Ort nicht mit den Zielen der Gemeinde im Milieuschutzgebiet decken. Die Kurzzeitvermietung führt dazu, dass die ursprünglichen Räume den dortigen Bewohnern nicht mehr angeboten werden. Sie adressieren nun andere Nutzer, schwerpunktmäßig Touristen oder in Einzelfällen auch Berufstätige[862] mit einer nur vorübergehenden Anwesenheit in der Stadt. Die ursprüngliche Wohnbevölkerung wird diese Räume nicht nutzen und auch nicht nachfragen. Bezieht man das Element der Vorbildwirkung ein, so würde die Zulassung der Kurzzeitvermietung eine Entwicklung hin zu einer veränderten Bewohnerstruktur in Gang setzen und ist daher geeignet, eine Verdrängungsgefahr für die vorhandene Wohnbevölkerung zu schaffen.

---

860 BVerwG, Urt. v. 18.06.1997 – 4 C 2/97 = BVerwGE 105, 67 (71) = NVwZ 1998, 503 (503 f.); *Mitschang*, in: Battis u. a., § 172 Rn. 94; *Stock*, in: Ernst u. a., § 172 BauGB Rn. 177 f. (115. EL/Nov. 2014); *Bank*, in: Brügelmann, § 172 BauGB Rn. 88 und 90 (80. und 92. EL/Okt. 2011 und 2014); *Weigelt*, Die wachsende Stadt als Herausforderung für das Recht, S. 189 f.; *Jankowski*, LKV 2003, 217 (219); *Becker/Huchler*, WuM 1999, 139 (141 f.); *Riemann*, Baurechtliche Instrumente gegen Gentrifizierung, S. 36 f.; zur Vorgängerregelung des § 39h Abs. 3 Nr. 3 BBauG NdsOVG, Urt. v. 25.04.1983 – 1 C 1/82 = NJW 1984, 2905 (2908).

861 So auch VG Schleswig, Beschl. v. 09.12.2019 – 8 B 45/19, Rn. 29 f. (juris), bestätigt durch SchlHOVG, Beschl. v. 25.06.2020 – 1 MB 31/19, Rn. 27 f. (juris); VG Schleswig, Urt. v. 19.08.2014 – 8 A 121/13, Rn. 28 f. (juris); *Mitschang*, in: Battis u. a., § 172 Rn. 88; *Möller*, in: Schrödter, § 172 Rn. 103; *Bank*, in: Brügelmann, § 172 BauGB Rn. 86 f. (92. EL/Okt. 2014); siehe auch NdsOVG, Urt. v. 25.04.1983 – 1 C 1/82 = NJW 1984, 2905 (2908 f.); allgemeiner *Riemann*, Baurechtliche Instrumente gegen Gentrifizierung, S. 35 f.; *Weigelt*, WuM 2019, 289 (296).

862 Umgekehrt liegt der Fokus auf Berufstätige bei den sonstigen Fällen der Kurzzeitvermietung, siehe Kapitel 3, B. II. 2. c. dd. (2).

(2) Gegenthese: Nutzung durch Wohnungssuchende im Milieuschutzgebiet

Dem könnte man jedoch entgegenhalten, dass auch künftige Bewohner des Milieuschutzgebiets diese Räume jedenfalls für eine gewisse Zeit nutzen könnten, bis in dem Gebiet eine Wohnung frei wird. Dies kann aber nicht überzeugen. Zum einen ist dies mit der schwerpunktmäßigen Zwecksetzung auf Basis des Nutzungskonzepts nicht vereinbar, denn die Räume werden hier vor allem zum Zwecke der Freizeit- und Urlaubsgestaltung mit einer sehr kurzen Dauer überlassen.[863] Demnach kann diese Konstellation nur die Ausnahme darstellen. Zum anderen führt bereits die Umnutzung – wie eben erwähnt – an sich, indem die ursprüngliche Wohnung nun zum Zwecke der Kurzzeitvermietung im engeren Sinne angeboten wird, dazu, dass sich das Wohnraumangebot weiter verknappt.[864] Daran ändert sich auch nichts, wenn die umzunutzende Wohnung aktuell leer steht, denn maßgeblich sind die dauerhaften Gegebenheiten[865] und von einem längeren Leerstand einer Wohnung in einem angespannten Wohnungsmarkt ist nicht auszugehen. Außerdem wird der Eigentümer mit dem umzunutzenden Wohnraum bisher keine Spitzenmieten am Markt erwirtschaftet haben, denn ansonsten würde er die ganz überwiegend von wirtschaftlichen Motiven getriebene Umnutzung einhergehend mit dem zeit- und kostenaufwendigen Genehmigungsverfahren nicht anstrengen. Vielmehr werden die umzunutzenden Wohnungen im preisgünstigeren Segment zu verorten sein. Folglich verringert sich nicht nur das Wohnungsangebot, sondern vielmehr geht bisher preisgünstiger Wohnraum verloren, die ansässige Wohnbevölkerung wird vertrieben und dies gefährdet die Zusammensetzung der Wohnbevölkerung.[866] Außerdem kann dieser Verlust in den angespannten Wohnungsmärkten auch nicht durch preisgünstigen Wohnraum in anderen Stadtteilen ausgeglichen werden; er verstärkt vielmehr die negativen städtebaulichen Folgen.[867]

---

863 Siehe Kapitel 3, B. II. 2. b. bb.

864 So auch *Bank*, in: Brügelmann, § 172 BauGB Rn. 87 (92. EL/Okt. 2014).

865 BVerwG, Urt. v. 18.06.1997 – 4 C 2/97 = BVerwGE 105, 67 (70 f.) = NVwZ 1998, 503; VG München, Urt. v. 28.11.2016 – M 8 K 15.3460, Rn. 41 (juris); *Mitschang*, in: ders., Erhaltung und Sicherung von Wohnraum, S. 51 (100 f.); *Stock*, in: Ernst u. a., § 172 BauGB Rn. 176 (115. EL/Nov. 2014); *Riemann*, Baurechtliche Instrumente gegen Gentrifizierung, S. 35.

866 Vgl. VG München, Urt. v. 28.11.2016 – M 8 K 15.3460, Rn. 42 (juris); *Mitschang*, in: Battis u. a., § 172 Rn. 88 und 90; *Möller*, in: Schrödter, § 172 Rn. 103.

867 *Möller*, in: Schrödter, § 172 Rn. 101 f.

Des Weiteren kann bei einer potentiellen übergangsweisen Nutzung für Wohnungssuchende der Kurzzeitvermietung im engeren Sinne auch keine Zielneutralität, geschweige denn eine positive Wirkung auf die Erhaltungsziele attestiert werden, wie das beispielsweise bei einer Umnutzung hin zu sozialen oder kulturellen Einrichtungen der Fall sein kann.[868] Bei der wohnähnlichen Kurzzeitvermietung wird eine höhere Miete als bei der Nutzung als Wohnung in Form einer (unmöblierten) Mietwohnung am Markt verlangt.[869] In den Fällen der Kurzzeitvermietung wird der Vermieter regelmäßig alle Einrichtungsgegenstände stellen. Demnach wird die Wohnung möbliert, in Verbindung mit einer Küche oder Kochgelegenheit und im Rahmen eines Nutzungsmodells für kurzzeitige Aufenthalte vermietet. Gegebenenfalls sind noch weitere Dienstleistungen im Mietpreis inbegriffen. Folglich kann ein Wohnungsnachfrager in aller Regel ebenso aus wirtschaftlichen Gründen auch nur kurzfristig oder übergangsweise in den Räumen bleiben. Diejenigen, die sich dies über eine längere Zeit leisten können, zählen zweifellos zu den einkommensstärkeren Bevölkerungskreisen. Deren Zuzug kann durch ihren erhöhten Motorisierungsgrad Um- und Neubaumaßnahmen der öffentlichen Verkehrsflächen bedingen, was ebenfalls nachteilig sein kann.[870] Die These, auch im Rahmen einer Kurzzeitvermietung bleibe Raum zum Übernachten für die dortige Wohnbevölkerung erhalten, der für eine vorübergehenden Zeitraum Wohnungssuchenden angeboten werden könne, kann daher auch hiernach nicht überzeugen.

ee) Zwischenfazit

Die Umnutzung der Wohnung zur Kurzzeitvermietung im engeren Sinne stellt schon wegen der äußerst kurzen Aufenthaltsdauer und der damit verbundenen künftigen anderen Nutzung als zum Wohnen eine baugenehmigungsbedürftige Nutzungsänderung dar. Die Ausstattung mit Möbeln und Küche ist aber keine Änderung im Sinne des Art. 55 Abs. 1 Var. 2 BayBO. In den überwiegenden Fällen ist dieses Konzept als eine Ferien-

868 Siehe zur möglichen Zielneutralität oder zur positiven Wirkung auf die Erhaltungsziele *Stock*, in: Ernst u. a., § 172 BauGB Rn. 179 (115. EL/Nov. 2014); *Weigelt*, Die wachsende Stadt als Herausforderung für das Recht, S. 192.

869 Vgl. *Möller*, in: Schrödter, § 172 Rn. 103.

870 BVerwG, Urt. v. 18.06.1997 – 4 C 2/97 = BVerwGE 105, 67 (69 f.) = NVwZ 1998, 503; *Möller*, in: Schrödter, § 172 Rn. 102; *Mitschang*, in: Battis u. a., § 172 Rn. 96.

wohnungsnutzung nach § 13a S. 1 und S. 2 BauNVO zu qualifizieren. Teilweise kann aber bei schwerpunktmäßig anderen Nutzungsadressaten oder einem Dienstleistungspaket die Kurzzeitvermietung im engeren Sinn auch einen Beherbergungsbetrieb darstellen. Für die vor Einführung des § 13a BauNVO bereits bestehenden Bebauungspläne ergeben sich keine hier relevanten Unterschiede, da für diese „älteren“ Bebauungspläne § 13a BauNVO zumindest als Auslegungshilfe herangezogen werden kann. In den Baugebieten der §§ 4a, 6, 6a und 7 BauNVO wirkt sich der Wechsel von einer Wohnungs- auf eine Ferienwohnungsnutzung in aller Regel nicht aus. Anders ist dies aber in den Baugebieten der §§ 2, 3 und 4 BauNVO, da dort die künftige Ferienwohnungsnutzung nur ausnahmsweise oder gar nicht verwirklicht werden kann. In allgemeinen Wohngebieten nach § 4 BauNVO sind beide Arten des § 13a BauNVO, in Kleinsiedlungsgebieten und reinen Wohngebieten nach § 2 und § 3 BauNVO einmal nur § 13a S. 1 und einmal nur S. 2 BauNVO, ausnahmsweise zulässig. Somit resultieren zwar in vielen, aber nicht in allen Fällen aus dem veränderten Nutzungstyp in den einzelnen Baugebieten der BauNVO keine Hindernisse für die Verwirklichung der Umnutzung.

Anders ist dies aber zu bewerten, wenn das Vorhaben im Geltungsbereich einer Milieuschutzsatzung liegt. Die im Rahmen des Baugenehmigungsverfahrens über Art. 59 S. 1 Nr. 3 BayBO in Verbindung mit § 173 Abs. 1 S. 2 BauGB zu prüfenden Belange des § 172 Abs. 4 BauGB führen in aller Regel zu einer Versagung der Baugenehmigung. Diejenigen Tatbestände, die einen Anspruch auf Erteilung der Genehmigung vermitteln, sind regelmäßig nicht einschlägig und der Auffangtatbestand des § 172 Abs. 4 S. 1 BauGB, der der Genehmigungsbehörde ein Ermessen einräumt, wird bei der Kurzzeitvermietung im engeren Sinne wegen deren Verdrängungs- und Veränderungswirkung auf die bisherige Wohnbevölkerung wegen ihrer negativen Vorbildwirkung und Unvereinbarkeit mit den gemeindlichen Milieuschutzzielen zur Versagung der Baugenehmigung führen.

c) Die sonstigen Fälle der Kurzzeitvermietung

Deutlich schwieriger sind bereits auf der Stufe der Genehmigungsbedürftigkeit die Umnutzungsvorhaben hin zu einem der sonstigen Fälle der Kurzzeitvermietung zu beurteilen. Sie zeichnen sich durch eine längere Aufenthaltsdauer als die Kurzzeitvermietung im engeren Sinne aus. Wie bereits erwähnt, sind dort Aufenthaltsdauern von mehreren Wochen oder

Monaten möglich.[871] Maßgeblich kommt es dabei auf die jeweilige Ausgestaltung des Betreiberkonzepts im konkreten Einzelfall auf Basis einer schwerpunktmäßigen Zuordnung an, da der hierfür typische Fall eines Boardinghouses an der Grenze zwischen Wohnnutzung und Beherbergungsbetrieb liegt.[872]

Zunächst ist zu erörtern, warum es sich bei den sonstigen Fällen der Kurzzeitvermietung um keine Ferienwohnung im Sinne des § 13a BauNVO handeln kann (aa.). Im Anschluss daran sind die relevanten Fallkonstellationen im Rahmen der sonstigen Kurzzeitvermietung daraufhin näher zu untersuchen, ob dieses Nutzungsmodell weiterhin eine Wohnnutzung oder bereits einen Beherbergungsbetrieb darstellt (bb.). Auf Basis der dabei gewonnenen Erkenntnisse ist die Frage der Genehmigungsbedürftigkeit der sonstigen Fälle der Kurzzeitvermietung einer Antwort zuzuführen (cc.). Zuletzt ist zu erörtern, wie sich der Milieuschutz des § 172 BauGB auf die sonstigen Fälle der Kurzzeitvermietung und deren Genehmigungsverfahren auswirken kann (dd.).

aa) Keine Ferienwohnung im Sinne des § 13a BauNVO

Die sonstigen Fälle der Kurzzeitvermietungen stellen keinen Grenzfall der Ferienwohnungsnutzung gem. § 13a BauNVO dar, die dagegen bei der Kurzzeitvermietung im engeren Sinne von Relevanz ist. Die Qualifikation der Räume als Ferienwohnung im Sinne des § 13a BauNVO scheidet bei den sonstigen Fällen der Kurzzeitvermietung aus zwei Gründen aus. Einerseits spricht das gängige Nutzungskonzept[873] der sonstigen Fälle der Kurzzeitvermietung vor allem Berufstätige an, die für eine gewisse Dauer beruflich übernachten müssen. Dies ist inkompatibel mit dem Begriff

---

871 Siehe Kapitel 3, B. I. 2.

872 BayVGH, Beschl. v. 13.08.2020 – 15 CS 20.1512 = BeckRS 2020, 20551 Rn. 37; VGH BW, Beschl. v. 17.01.2017 – 8 S 1641/16 = BeckRS 2017, 103499 Rn. 17 f.; BayVGH, Beschl. v. 09.12.2016 – 15 CS 16.1417 = BeckRS 2016, 110061 Rn. 14 m. w. N.; OVG Bln-Bbg, Beschl. v. 06.07.2006 – 2 S 2/06 = LKV 2007, 39 (39); *Hornmann*, in: Spannowsky u. a., BeckOK BauNVO, § 4 Rn. 116.5 (Stand: Jan. 2022); *Finger*, in: Brügelmann, § 13a BauNVO Rn. 19 (108. EL/Okt. 2018); *Stock*, in: Ernst u. a., § 4 BauNVO Rn. 113a (124. EL/Feb. 2017); *Vietmeier*, in: Bönker/Bischopink, § 3 Rn. 28; *Bauer*, in: Jäde u. a., Art. 46 Rn. 30 (59. EL/Mai 2014); *Pommer*, UPR 2017, 490 (491) m. w. N.; *Luther*, NJW-Spezial 2017, 364 (365); vertiefend hierzu *Lippert/Kindler*, ZfBR 2016, 219 (219 ff.).

873 Siehe Kapitel 3, B. I. 2.

der Ferienwohnung im Sinne des § 13a BauNVO, da der Aufenthalt dort überwiegend zu Freizeit-, Urlaubs- und Erholungszwecken erfolgt[874] und vor allem der Freizeitzweck zugleich einen eben nicht beruflichen Aufenthalt erfordert.[875] Einzelne Vermietungen zu beruflichen Zwecken sind für die Einordnung als Ferienwohnung gleichwohl unschädlich; entscheidend ist der bezwecke Schwerpunkt im Rahmen des verfolgten Nutzungskonzepts.[876] Zugleich wird dies durch den Begriff der Ferienwohnung, also der Wohnung für die Ferien, deutlich. Ferien gehen mit Urlaubszeiten einher und der Urlaub setzt wiederum das Fehlen einer Berufs- und damit Erwerbstätigkeit voraus (vgl. § 8 BUrlG). Andererseits setzt § 13a S. 1 BauNVO bereits im Wortlaut einen ständig wechselnden Kreis von Gästen mit einem jeweils nur vorübergehenden Aufenthalt voraus. Dies zielt auf eine bezweckte Übernachtungsdauer von wenigen Tagen bis wenigen Wochen und damit auf die Fälle der Kurzzeitvermietung im engeren Sinne ab.[877] Die sonstige Kurzzeitvermietung weist dagegen aufgrund ihres Nutzungskonzept längere Aufenthaltsdauern auf und scheitert damit auch an diesem Tatbestandsmerkmal des § 13a S. 1 BauNVO.[878]

bb) Wohnnutzung oder Beherbergungsbetrieb?

Es kommt also entscheidend darauf an, ob mit dem Nutzungskonzept dieser Umnutzungsarten der „längeren" Kurzzeitvermietungen der baurechtliche Begriff des Wohnens[879] erfüllt ist. Maßgeblich dafür ist die

874 So die Begründung zum Gesetzentwurf, BT-Drs. 18/10942, S. 57.

875 Ebenso VGH BW, Beschl. v. 17.01.2017 – 8 S 1641/16 = BeckRS 2017, 103499 Rn. 20 f.; OVG Bln-Bbg, Beschl. v. 30.05.2016 – OVG 10 S 34/15 = NVwZ-RR 2016, 650 (651); *Hornmann*, in: Spannowsky u. a., BeckOK BauNVO, § 13a Rn. 31 (Stand: Jan. 2022); *Bischopink*, in: Bönker/Bischopink, § 13a Rn. 2; *Stock*, in: König u. a., § 13a Rn. 13; *Blechschmidt*, in: Ernst u. a., § 13a BauNVO Rn. 24 (126. EL/Aug. 2017); *Ludwigs*, NVwZ 2017, 1646 (1652); *Schink*, UPR 2017, 292 (293 f.); so wohl auch BayVGH, Beschl. v. 04.09.2013 – 14 ZB 13.6, Rn. 16 (juris); a. A. *Finger*, in: Brügelmann, § 13a BauNVO Rn. 19 (108. EL/Okt. 2018); *Pommer*, UPR 2017, 490 (492).

876 So auch *Stock*, in: König u. a., § 13a Rn. 13; *Blechschmidt*, in: Ernst u. a., § 13a BauNVO Rn. 24 (126. EL/Aug. 2017).

877 So auch *Blechschmidt*, in: Ernst u. a., § 13a BauNVO Rn. 24 (126. EL/Aug. 2017); *Hornmann*, in: Spannowsky u. a., BeckOK BauNVO, § 13a Rn. 31 (Stand: Jan. 2022).

878 Ebenso *Finger*, in: Brügelmann, § 13a BauNVO Rn. 19 (108. EL/Okt. 2018).

879 Siehe Kapitel 3, A. III. 1.

objektive Zweckbestimmung in Verbindung mit der baulich-räumlichen Ausgestaltung und Ausstattung der baulichen Anlage.[880] Demnach kommt es auf die mit dem Nutzungskonzept bezweckte Aufenthaltsdauer in den Räumen samt den Abrechnungsmodalitäten (1) sowie auf die baulich-räumliche Ausgestaltung und Ausstattung an (2). Die baulich-räumliche Ausgestaltung und Ausstattung nehmen dabei eine Zwitterstellung ein. Sie stellen einerseits ein Indiz für die bezweckte Dauer auf Basis des Nutzungskonzepts dar, andererseits kann durch sie beurteilt werden, ob eine die dem Begriff des Wohnens immanente Eigengestaltung der Haushaltsführung möglich ist. Mit anderen Worten kann durch die baulich-räumliche Ausgestaltung und Ausstattung maßgeblich die objektive Zweckbestimmung hinsichtlich des verfolgten Nutzungskonzepts herausgearbeitet werden.[881]

Abschließend ist noch ein besonderer Blick auf die möglicherweise im Rahmen des Nutzungskonzepts zusätzlich angebotenen Dienstleistungen zu werfen (3). Denn in dieser problematischen Umnutzungskonstellation, insbesondere bei einem Boardinghouse, lässt die baulich-räumliche Ausgestaltung und Ausstattung in einigen Fällen keine zweifelsfreie Einordnung zu,[882] da manche Dienstleistungen nicht baulich vorgesehen sein müssen, damit sie ins Gewicht fallen können. Demnach gilt es das zusätzlich angebotene Dienstleistungspaket im Rahmen des rechtlich relevanten Nutzungskonzepts als ein weiteres Kriterium in die Untersuchung einzustellen.

---

880 BayVGH, Beschl. v. 13.08.2020 – 15 CS 20.1512 = BeckRS 2020, 20551 Rn. 42; VGH BW, Beschl. v. 17.01.2017 – 8 S 1641/16 = BeckRS 2017, 103499 Rn. 17; OVG MV, Urt. v. 19.02.2014 – 3 L 212/12, Rn. 47 (juris); OVG Bln-Bbg, Beschl. v. 06.07.2006 – 2 S 2/06 = LKV 2007, 39 (40); *Stock*, in: Ernst u. a., § 3 BauNVO Rn. 37, sowie § 4 BauNVO Rn. 113a (124. EL/Feb. 2017); *Stock*, in: König u. a., § 3 Rn. 17a; *Hornmann*, in: Spannowsky u. a., BeckOK BauNVO, § 3 Rn. 71 und 79, sowie § 4 Rn. 116.5 (Stand: Jan. 2022); *Ziegler*, in: Brügelmann, § 3 BauNVO Rn. 33 (87. EL/Aug. 2013); *Lippert/Kindler*, ZfBR 2016, 219 (222 f.); *Schink*, UPR 2017, 292 (293 f.); ähnlich BVerwG, Beschl. v. 25.03.1996 – 4 B 302/95 = NVwZ 1996, 893 (894).

881 VGH BW, Beschl. v. 17.01.2017 – 8 S 1641/16 = BeckRS 2017, 103499 Rn. 17; OVG Bln-Bbg, Beschl. v. 06.07.2006 – 2 S 2/06 = LKV 2007, 39 (40); *Lippert/Kindler*, ZfBR 2016, 219 (223).

882 *Lippert/Kindler*, ZfBR 2016, 219 (222).

(1) Das Kriterium der Dauer an sich unter Berücksichtigung der Abrechnungsmodalitäten

Für die Kurzzeitvermietung im engeren Sinne stellt eine Aufenthaltsdauer unter einem Monat, in der Regel von wenigen Tage bis zu wenigen Wochen, kein Wohnen dar. Ist das Nutzungskonzepts dagegen auf Aufenthaltsdauern von mehr als sechs Monaten ausgerichtet, so kann in aller Regel von einem Wohnen ausgegangen werden, soweit keine besonderen Umstände vorliegen, die dagegen sprechen.[883] Im Bereich von einem Monat bis sechs Monaten kommt es auf die konkrete Ausgestaltung im Einzelfall an.[884] Demnach kann der sonstigen Kurzzeitvermietung bereits aufgrund ihrer bezweckten Dauer von mehreren Wochen bis mehreren Monaten nicht per se das Charakteristikum des Wohnens im baurechtlichen Sinne abgesprochen werden.[885] Es wird deutlich, dass das Kriterium der Dauer bei den sonstigen Fälle der Kurzzeitvermietung für die rechtliche Beurteilung, ob es um Wohnen geht oder nicht, an gewisse Grenzen stößt.[886]

Zumindest lässt aber das Nutzungskonzept einen Rückschluss auf die bezweckte Dauer zu. Ist demnach die Nutzung zeitlich unbestimmt und wird monatlich abgerechnet, so spricht dies für die Dauerhaftigkeit und damit für eine Wohnnutzung. Ist dagegen die Nutzung zeitlich bestimmt mit einer Abrechnung pro Nacht, so spricht dies eher für eine Beherbergung.[887] Eine zeitliche Befristung liegt aber bei längeren beruflichen Aufenthalten fern, da in aller Regel ein genaues Ende der Nutzung bei Einzug nicht prognostiziert werden kann. Weiteren Abrechnungsmodalitäten wie der separaten Ausweisung von Nebenkosten und entsprechenden Voraus-

---

883 Siehe zum Kriterium der Dauerhaftigkeit beim Begriff des Wohnens bei einem Aufenthalt von unter einem Monat sowie über sechs Monaten Kapitel 3, A. III. 1.; zur gewöhnlichen Aufenthaltsdauer bei der Kurzzeitvermietung im engeren Sinne Kapitel 3, B. I. 1.

884 Statt vieler BayVGH, Beschl. v. 13.08.2020 – 15 CS 20.1512 = BeckRS 2020, 20551 Rn. 37 und 40; siehe zu diesem Zeitbereich im Rahmen des Begriffs des Wohnens Kapitel 3, A. III. 1.

885 Vgl. auch *Bauer*, in: Jäde u. a., Art. 46 Rn. 30 (59. EL/Mai 2014).

886 Ähnlich VGH BW, Beschl. v. 17.01.2017 – 8 S 1641/16 = BeckRS 2017, 103499 Rn. 18; *Lippert/Kindler*, ZfBR 2016, 219 (222 f.); *Stock*, in: Ernst u. a., § 3 BauNVO Rn. 39 (124. EL/Feb. 2017); *Discher/Lippert*, NVwZ 2020, 685 (686); siehe hierzu beispielsweise VG Ansbach, Urt. v. 08.10.2018 – AN 9 K 17.01594 u. a., Rn. 24 (juris); vgl. auch *Weber*, NZM 2017, 739 (741); *Zott*, Die Regulierung des Homesharing, S. 63 f.

887 Hierzu und zum Vorstehenden *Lippert/Kindler*, ZfBR 2016, 219 (222 f.).

zahlungsbeiträgen kann aber kein Gewicht zukommen,[888] da auch bei gewöhnlichen Wohnraumietverträgen nach § 556 Abs. 2 S. 1 Var. 1 BGB eine solche Nebenkostenpauschale vereinbart werden kann und sich somit ein Fixum hinsichtlich der Monatsmiete ergibt. Es bleibt der Unterschied, dass in einer Mietwohnung anders als bei einer Beherbergung üblicherweise noch ein Internetvertrag abgeschlossen wird; dem ist aber kein Gewicht für die rechtliche Qualifikation des Nutzungskonzepts beizumessen.

(2) Das Kriterium der baulich-räumlichen Ausstattung und Ausgestaltung

Diese allgemeine rechtliche Beurteilung kann durch das Kriterium der baulich-räumlichen Ausstattung und Ausgestaltung weiter konkretisiert werden. Die „noch offene“ Bandbreite derjenigen Vorhaben dieser Umnutzungskategorie, bei denen letztlich auf eine Prüfung im Einzelfall verwiesen werden müsste, kann dadurch unter zwei Gesichtspunkten weiter verkleinert werden.

Besitzen die betroffenen Räume fortan keine Küche oder Kochgelegenheit mehr, so sind – wie bereits herausgearbeitet – grundsätzlich ein Wohnen und eine Wohnung im baurechtlichen Sinne zu verneinen.[889] Dies liegt daher nicht mehr innerhalb der Variationsbreite der genehmigten Räume als Wohnung, stellt zugleich eine andere Qualität im Hinblick auf die maßgeblichen öffentlich-rechtlichen Vorschriften dar und führt bereits per se zur Genehmigungsbedürftigkeit des Umnutzungsvorhabens; dies gilt allerdings wiederum nur so lange, wie keine Gemeinschaftsküche besteht.[890] Hier kann aber aus zwei Gründen davon ausgegangen werden, dass die Räume eine Küche oder Kochgelegenheit behalten und auch keine Gemeinschaftsküchen geschaffen werden. Zum einen bestehen bereits die hierfür erforderlichen Anschlüsse in den Wohnungen. Zum anderen müsste entweder eine bestehende Wohnung in eine Gemeinschaftsküche umgenutzt werden, womit ein Vermietungsobjekt weniger angeboten werden könnte, oder sie wird in einem Teil einer bestehenden und um diese Flächen verkleinerten Wohnung geschaffen. Diese verkleinerte Wohnung

888 So aber *Lippert/Kindler*, ZfBR 2016, 219 (223).
889 Siehe Kapitel 3, A. I. 1. und A. III. 1.
890 Ebenso *Stock*, in: Ernst u. a., § 3 BauNVO Rn. 37 und § 4 BauNVO Rn. 113 (124. EL/Feb. 2017); vgl. auch *Hornmann*, in: Spannowsky u. a., BeckOK BauNVO, § 3 Rn. 72 (Stand: Jan. 2022); siehe auch OVG Bln-Bbg, Beschl. v. 06.07.2006 – 2 S 2/06 = LKV 2007, 39 (39 f.).

müsste dann günstiger vermietet werden. Somit scheiden diese Optionen aus wirtschaftlichen Gründen aus.

Ein weiteres Indiz für eine Wohnnutzung auf Basis der baulich-räumlichen Ausgestaltung ist, wenn keinerlei Serviceräume, wie beispielsweise Speise- und Aufenthaltsräume für die Nutzer und das Personal, betriebsnotwendige Nebenräume sowie Lagerräume zur Unterbringung der Servicegerätschaften und Bedarfsartikel, vorgesehen sind.[891] Aufgrund dieser objektiven Gegebenheiten kann aus der baulichen Gestaltung auf den Umfang beherbergungstypischer Dienstleistungen geschlossen werden. Dies liegt aus den gleichen Gründen wie bei der Gemeinschaftsküche und der dadurch bedingten Verkleinerung einer bestehenden Wohnung eher fern.

Es bleibt daher festzuhalten, dass dann, wenn die Räume, die für mehrere Wochen oder Monate vermietet werden, eine Küche oder Kochgelegenheiten behalten, dies ganz grundsätzlich auch weiterhin als ein Wohnen im baurechtlichen Sinne qualifiziert werden kann.[892] Dies ermöglicht nämlich die Eigengestaltung der Haushaltsführung. Es können weitere Haushaltsgeräte in der Wohnung dazukommen, die diese Möglichkeit weiter verstärken.[893] Zugleich bedingt der für die Wohnungsgerätschaften erforderliche Platz in der Regel eine größere Wohnungsfläche als in einem Beherbergungsbetrieb.[894] Dagegen können hier das Vorhandensein von Serviceräumen im Gebäude ausgeschlossen werden.

---

891 BayVGH, Beschl. v. 13.08.2020 – 15 CS 20.1512 = BeckRS 2020, 20551 Rn. 37 und 40; VGH BW, Beschl. v. 17.01.2017 – 8 S 1641/16 = BeckRS 2017, 103499 Rn. 18; BayVGH, Beschl. v. 09.12.2016 – 15 CS 16.1417 = BeckRS 2016, 110061 Rn. 14; OVG MV, Urt. v. 19.02.2014 – 3 L 212/12, Rn. 47 (juris); OVG Bln-Bbg, Beschl. v. 06.07.2006 – 2 S 2/06 = LKV 2007, 39; VG Ansbach, Urt. v. 08.10.2018 – AN 9 K 17.01594 u. a., Rn. 24 (juris); *Hornmann*, in: Spannowsky u. a., BeckOK BauNVO, § 4 Rn. 116.5 (Stand: Jan. 2022); *Schink*, UPR 2017, 292 (293 f.); *Lippert/Kindler*, ZfBR 2016, 219 (222); *Hermanns/Hönig*, BauR 2001, 1523 (1528 f.).

892 Ebenso VGH BW, Beschl. v. 17.01.2017 – 8 S 1641/16 = BeckRS 2017, 103499 Rn. 18; OVG Bln-Bbg, Beschl. v. 06.07.2006 – 2 S 2/06 = LKV 2007, 39 (40); siehe auch BayVGH, Beschl. v. 09.12.2016 – 15 CS 16.1417 = BeckRS 2016, 110061 Rn. 14 und 19; VG Ansbach, Urt. v. 08.10.2018 – AN 9 K 17.01594 u. a., Rn. 24 (juris); *Ziegler*, in: Brügelmann, § 3 BauNVO Rn. 83 (87. EL/Aug. 2013); *Bauer*, in: Jäde u. a., Art. 46 Rn. 30 (59. EL/Mai 2014); *Discher/Lippert*, NVwZ 2020, 685 (686); *Schink*, UPR 2017, 292 (293 f.); *Lippert/Kindler*, ZfBR 2016, 219 (221); *Hermanns/Hönig*, BauR 2001, 1523 (1528); vgl. auch BayVGH, Beschl. v. 09.12.2016 – 15 CS 16.1417 = BeckRS 2016, 110061 Rn. 14.

893 Siehe beispielsweise OVG Bln-Bbg, Beschl. v. 06.07.2006 – 2 S 2/06 = LKV 2007, 39 (40).

894 *Lippert/Kindler*, ZfBR 2016, 219 (221 f.).

(3) Der zu erwartende Umfang und Ausgestaltung beherbergungstypischer Dienstleistungen

Neben der baulich-räumlichen Ausstattung und Ausgestaltung kommt es bei der sonstigen Kurzzeitvermietung an der Grenze zwischen Wohnnutzung und Beherbergung zunehmend auf das mit der Nutzung der Räume verbundene Dienstleistungspaket und sein Gewicht im Rahmen des Nutzungskonzepts an.[895] Folglich können auch solche Räume, die weiterhin über eine Küche oder Kochgelegenheit verfügen, die eine unabhängige Gestaltung des häuslichen Wirkungskreises ermöglicht, als Beherbergungsbetrieb zu qualifizieren sein. Dies setzt voraus, dass daneben die für einen Beherbergungsbetrieb typischen Dienstleistungen in einem gewichtigen Umfang angeboten werden, diese Tätigkeiten durch das eigene Hauspersonal erbracht werden und im Mietpreis inbegriffen sind; dann kann sich der Schwerpunkt von der Wohnnutzung zur Beherbergung verlagern.[896]

Ob ein solches gewichtiges Dienstleistungspaket die Nutzung prägt, kann nur im Einzelfall entschieden werden, da hierfür unterschiedliche Aspekte herangezogen und nicht einheitlich gewichtet werden. Zu den für die Einordnung entscheidenden Aspekten gehören gewichtige, im Preis inkludierte Nebenleistungen durch das Hauspersonal wie beispielsweise ein Frühstücksbuffet, Wäsche- und Concergieservice, Bettwäschewechsel, Reinigungs- oder Lebensmitteldienste.[897] Im Kontext diese Untersuchung kann ein Frühstücksbuffet wegen der Möglichkeiten zur Selbstversorgung in den Räumen durch die Ausstattung mit einer Küche oder Kochgelegen-

---

895 OVG MV, Urt. v. 19.02.2014 – 3 L 212/12, Rn. 48 (juris); *Lippert/Kindler*, ZfBR 2016, 219 (222 f.); *Schröder*, GewA 2015, 392 (393); *Hermanns/Hönig*, BauR 2001, 1523 (1529).

896 Ebenso BayVGH, Beschl. v. 17.08.2018 – 1 CS 18.930 = BeckRS 2018, 19990 Rn. 16; VGH BW, Beschl. v. 17.01.2017 – 8 S 1641/16 = BeckRS 2017, 103499 Rn. 18; BayVGH, Beschl. v. 09.12.2016 – 15 CS 16.1417 = BeckRS 2016, 110061 Rn. 14; OVG MV, Urt. v. 19.02.2014 – 3 L 212/12, Rn. 47 f. (juris) m. w. N.; OVG Bln-Bbg, Beschl. v. 06.07.2006 – 2 S 2/06 = LKV 2007, 39 (39 f.); *Ludwigs*, NVwZ 2017, 1646 (1651); *Lippert/Kindler*, ZfBR 2016, 219 (222); *Windoffer*, LKV 2016, 337 (340); *Schröder*, GewA 2015, 392 (393); allgemeiner *Hornmann*, in: Spannowsky u. a., BeckOK BauNVO, § 4 Rn. 116.5 (Stand: Jan. 2022); vgl. BayVGH, Beschl. v. 13.08.2020 – 15 CS 20.1512 = BeckRS 2020, 20551 Rn. 37.

897 OVG MV, Urt. v. 19.02.2014 – 3 L 212/12, Rn. 47 (juris); OVG Bln-Bbg, Beschl. v. 06.07.2006 – 2 S 2/06 = LKV 2007, 39 (39 f.); *Lippert/Kindler*, ZfBR 2016, 219 (222); siehe auch BayVGH, Beschl. v. 17.08.2018 – 1 CS 18.930 = BeckRS 2018, 19990 Rn. 17 f., der u. a. darauf abstellt, ob der Mieter auf die Inanspruchnahme weiterer Dienstleistungen angewiesen ist und ob diese im Preis inkludiert sind.

heit und regelmäßig weiteren Haushaltsgegenständen in der Wohnung ausgeschlossen werden.[898] Für die Lebensmitteldienste besteht kein Lager im Gebäude und auch der Wäscheservice erfolgt außerhalb des Gebäudes, damit in aller Regel durch andere Dienstleister – das Waschen fremder Wäsche im Waschkeller liegt fern.[899] Allenfalls nimmt der Vermieter hier eine Vermittlerfunktion wahr und diese Dienstleistung stellt keinen eigenen Service dar.[900] Auf diese und andere Dienstleistungen wird der Nutzer der Räume auch aufgrund der Ausstattung in den angemieteten Räumen nicht angewiesen sein.[901] Sie werden demnach in aller Regel auch nicht im Mietpreis inkludiert sein.

Dagegen kennen gewisse Nutzungskonzepte im Rahmen der sonstigen Fälle der Kurzzeitvermietung einen Concergie-, Putz- oder Bettwäscheservice. Der Concergieservice wird zunehmend auch in typischen Wohngebäuden erbracht und kann demnach auch für die sonstigen Fälle der Kurzzeitvermietung kein besonderes Gewicht entfalten.[902] Genauso kann ein zusätzlicher Putzservice angeboten werden – entweder nur als Abschlussreinigung beim Auszug oder in regelmäßigeren, meist wöchentlichen Abständen. Ein Waschen der Bettwäsche im Waschkeller des Hauses durch Personal ist – je nach Umfang – denkbar und kann entweder wöchentlich oder nur beim Auszug durch das Putzpersonal erfolgen. Diese verbleibenden (Teile der) für einen Beherbergungsbetrieb typischen Dienstleistungen werden – unabhängig davon, ob sie im Preis inbegriffen sind – aber letztlich in aller Regel keinen solchen Umfang erreichen, um die Art der Nutzung maßgeblich prägen zu können.[903] Jedoch können der Putz- und

898 Siehe Kapitel 3, B. II. 2. c. bb. (2).

899 Vgl. OVG Bln-Bbg, Beschl. v. 06.07.2006 – 2 S 2/06 = LKV 2007, 39 (40).

900 OVG Bln-Bbg, Beschl. v. 06.07.2006 – 2 S 2/06 = LKV 2007, 39 (40).

901 So beispielsweise auch VGH BW, Beschl. v. 17.01.2017 – 8 S 1641/16 = BeckRS 2017, 103499 Rn. 18; VG Ansbach, Urt. v. 08.10.2018 – AN 9 K 17.01594 u. a., Rn. 24 (juris); vgl. *Hornmann*, in: Spannowsky u. a., BeckOK BauNVO, § 4 Rn. 116.5 (Stand: Jan. 2022); *Windoffer*, LKV 2016, 337 (340); vgl. *Discher/Lippert*, NVwZ 2020, 685 (686); *Schink*, UPR 2017, 292 (293 f.).

902 OVG Bln-Bbg, Beschl. v. 06.07.2006 – 2 S 2/06 = LKV 2007, 39 (40); siehe auch *Lippert/Kindler*, ZfBR 2016, 219 (223).

903 So auch für Zimmerreinigung und Wäscheservice VGH BW, Beschl. v. 17.01.2017 – 8 S 1641/16 = BeckRS 2017, 103499 Rn. 18; ebenso für Reinigung, Brötchenservice, Wäsche- und Handtuchwechsel OVG MV, Urt. v. 19.02.2014 – 3 L 212/12, Rn. 51 (juris); so auch für den Reinigungsservice mit festen Intervallen sowie den kostenpflichtigen Handtuchwechsel OVG Bln-Bbg, Beschl. v. 06.07.2006 – 2 S 2/06 = LKV 2007, 39 (40); ebenfalls für eine nur wöchentliche

Bettwäscheservice bei einem sehr hohen Durchführungsintervall (tageweise oder fast jeden Tag) durchaus zu einem gewichtigen Dienstleistungspaket, damit zur Beherbergung und folglich auch zur einer Genehmigungsbedürftigkeit einer darauf gerichteten Nutzungsänderung führen.[904]

(4) Synthese

Bei diesem Nutzungskonzept mit Aufenthaltsdauern von mehreren Wochen bis zu mehreren Monaten, wenn die Aufenthaltsdauer über einem Monat liegt, ist grundsätzlich ein Wohnen im baurechtlichen Sinne möglich. Das Kriterium der Dauer hilft hier – anders als bei der Kurzzeitvermietung im engeren Sinne – für eine rechtliche Beurteilung wenig weiter und hat daher nur eine begrenzte Aussagekraft. Die tageweise Abrechnung und eine Befristung des Aufenthalts, die bei diesem Konzept aber ausgeschlossen werden kann, können eine Beherbergung indizieren. Für einen Beherbergungsbetrieb soll es allerdings sprechen, wenn bei der Mietabrechnung die Nebenkosten nicht separat ausgewiesen und in entsprechenden Vorauszahlungen entrichtet werden. Dies vermag nicht zu überzeugen, da auch bei Wohnraummietverhältnissen Nebenkostenpauschalen vereinbart werden können und auch dort der Umfang der inkludierten Nebenkosten (beispielsweise ergänzt um einen Putzservice im Haus) divergieren kann.

Eine weitere Orientierung zur Qualifikation dieses Nutzungsmodell bietet das Kriterium der baulich-räumlichen Ausstattung und Ausgestaltung, wobei hier vom Vorhandensein einer Küche oder Kochgelegenheit in den Räumen ausgegangen werden kann. Hingegen kann das Vorhandensein von Serviceräumen, die generell eine Grundlage für die Bemessung des Umfangs des Dienstleistungspakets bieten, ausgeschlossen werden. Demnach liegen zwei weitere Indizien für einen Beherbergungsbetrieb nicht vor.

Das dritte Kriterium zur Beurteilung Wohnen oder Beherbergungsbetrieb zielt auf den Umfang der beherbergungstypischen Dienstleistungen. Dieser kann vor allem wiederum anhand der baulich-räumlichen Ausstat-

---

Grundreinigung VG Ansbach, Urt. v. 08.10.2018 – AN 9 K 17.01594 u. a., Rn. 24 (juris).

904 Vgl. für die Zimmerreinigung in größeren Intervallen und Wäscheservice BayVGH, Beschl. v. 13.08.2020 – 15 CS 20.1512 = BeckRS 2020, 20551 Rn. 25 und 44; vgl. auch *Schink*, UPR 2017, 292 (293 f.).

tung und Ausgestaltung zur Durchführung dieser Dienstleistungen beurteilt werden. Ein Großteil der Dienstleistungen kann hier durch das bereits erwähnte, fehlende bauliche Vorhandensein der hierfür erforderlichen Räume ausgeschlossen werden. Hier bleiben nur ein Concergie-, Putz- und Bettwäscheservice denkbar. Einem Concergieservice kann von vornherein kein großes Gewicht beigemessen werden, da er mittlerweile in typischen Wohnhäusern vorzufinden ist. Das Gewicht von Putz- und Bettwäscheservice hängt vom jeweiligen Intervall ab. Erfolgen sie nur beim Auszug, so ist das Dienstleistungspaket in aller Regel nicht als umfangreich zu qualifizieren. Auch im wöchentlichen Takt dürfte dies (gerade noch) der Fall sein. Demnach besteht die Wohnnutzung weiter. Zielt das Nutzungskonzept aber auf eine höhere Taktung ab oder wird tageweise abgerechnet, so ist im Einzelfall von einem Beherbergungsbetrieb auszugehen.

Zuletzt gilt es die hieraus resultierenden Auswirkungen im Kontext der Baugebiete der BauNVO näher zu beleuchten. Im Falle eines Beherbergungsbetriebs würde sich dies auf die Zulässigkeit der Nutzungsänderung – wie im Falle des § 13a S. 2 BauNVO[905] – folgendermaßen auswirken: In den Gebietstypen der §§ 4a, 6, 6a und 7 BauNVO ergeben sich grundsätzlich keine Restriktionen. Im Kleinsiedlungsgebiet wäre der Beherbergungsbetrieb nach § 2 BauNVO nicht zulässig sowie im reinen Wohngebiet nach § 3 Abs. 3 Nr. 1 BauNVO und im allgemeinen Wohngebiet nach § 4 Abs. 3 Nr. 1 BauNVO jeweils nur ausnahmsweise zulässig.

cc) Auswirkungen auf die Genehmigungsbedürftigkeit

Obwohl es letztlich bei einigen sonstigen Fällen der Kurzzeitvermietung – wie eben beschrieben – weiterhin bei einer Wohnnutzung bleibt, kann dort gleichwohl eine genehmigungsbedürftige Nutzungsänderung[906] nicht von vornherein ausgeschlossen werden. Hierfür müsste die bauliche Anlage zum einen eine (teilweise) andere Zweckbestimmung, die außerhalb der Variationsbreite der bisherigen Genehmigung liegt,[907] erhalten.[908]

---

905 Dazu so auch Kapitel 3, B. II. 2. b. cc.

906 Siehe die Definition der Nutzungsänderung in Kapitel 3, B. II. 2. b. aa.

907 *Weinmann*, in: Spannowsky/Manssen, BeckOK BayBO, Art. 57 Rn. 260 m. w. N. (Stand: Nov. 2021); *Lechner/Busse*, in: Busse u. a., Art. 57 Rn. 413 (127. EL/ Nov. 2017).

908 BayVGH, Beschl. v. 07.01.2020 – 15 ZB 19.1642, Rn. 6 (juris); BayVGH, Beschl. v. 17.08.2018 – 1 CS 18.930 = BeckRS 2018, 19990 Rn. 15; BayVGH, Beschl. v. 19.05.2016 – 15 CS 16.300, Rn. 32 (juris); BayVGH, Beschl. v. 28.05.2015 – 9 ZB

Grundsätzlich kann das neue Nutzungskonzept der sonstigen Fälle der Kurzzeitvermietung außerhalb der Variationsbreite der bisherigen Genehmigung liegen.[909] Jedoch lässt sich dies nur im Einzelfall auf Basis der konkreten Ausgestaltung des Nutzungskonzepts sowie unter Bezugnahme auf die damals erteilte Baugenehmigung für die bisherige Wohnnutzung, vor allem hinsichtlich ihres Konkretisierungsgrades, genau bestimmen.[910] Für die Konkretisierung der genehmigten Variationsbreite können auch der Bauantrag, die Bauvorlagen und alle sonstigen, damals in Bezug genommenen Unterlagen herangezogen werden.[911] Demnach kann sich aus einer genaueren Konkretisierung des Genehmigten (beispielsweise als Zweifamilienhaus)[912] ergeben, dass die der Genehmigung innewohnende Variationsbreite „leichter" oder „offensichtlicher" durch die Nutzungskonzepte der sonstigen Fälle der Kurzzeitvermietung überschritten wird.[913] Genauso kann die Genehmigung aber auch nicht derart konkretisiert sein.[914] Dann

---

15.136 = BeckRS 2015, 47098 Rn. 13; BayVGH, Urt. v. 18.05.1982 – 1.B - 179/79 = BayVBl 1983, 656 (656 f.); *Decker*, in: Busse u. a., Art. 55 Rn. 28 (144. EL/ Sept. 2021); *Lechner/Busse*, in: Busse u. a., Art. 57 Rn. 413 (127. EL/Nov. 2017); *Robl*, in: Spannowsky/Manssen, BeckOK BayBO, Art. 55 Rn. 9 (Stand: Nov. 2021); *Weinmann*, in: Spannowsky/Manssen, BeckOK BayBO, Art. 57 Rn. 260 (Stand: Nov. 2021); *Schmid*, in: Jäde u. a., Art. 57 Rn. 223 f. (76. EL/April 2020); vgl. VGH BW, Beschl. v. 09.04.2014 – 8 S 1528/13 = NVwZ-RR 2014, 752 (753).

909 Vgl. BayVGH, Beschl. v. 07.01.2020 – 15 ZB 19.1642, Rn. 9 f. (juris); BayVGH, Beschl. v. 17.08.2018 – 1 CS 18.930 = BeckRS 2018, 19990 Rn. 15 f.; BayVGH, Beschl. v. 19.05.2016 – 15 CS 16.300, Rn. 32–34 (juris); BayVGH, Beschl. v. 29.06.1999 – 1 B 95.4059, Rn. 26 (juris); BayVGH, Urt. v. 09.06.1999 – 1 B 96.4197, Rn. 39 (juris); VG München, Urt. v. 09.05.2019 – M 11 K 18.737 = BeckRS 2019, 45371 Rn. 31–33; *Weinmann*, in: Spannowsky/Manssen, BeckOK BayBO, Art. 57 Rn. 260 (Stand: Nov. 2021); vgl. auch VGH BW, Beschl. v. 09.04.2014 – 8 S 1528/13 = NVwZ-RR 2014, 752 (753 f.); Beispiele bei *Lechner/Busse*, in: Busse u. a., Art. 57 Rn. 419 und 422 (127., 131. und 142. EL/ Nov. 2017, Okt. 2018 und Mai 2021).

910 Vgl. VGH BW, Beschl. v. 09.04.2014 – 8 S 1528/13 = NVwZ-RR 2014, 752 (753); ebenso für die Nutzungsänderung im Sinne des § 29 Abs. 1 BauGB *Reidt*, in: Battis u. a., § 29 Rn. 20 f.

911 Siehe VGH BW, Beschl. v. 09.04.2014 – 8 S 1528/13 = NVwZ-RR 2014, 752 (753) m. w. N.; BayVGH, Urt. v. 18.05.1982 – 1.B - 179/79 = BayVBl 1983, 656 (657).

912 Ähnlicher Fall bei BayVGH, Beschl. v. 07.01.2020 – 15 ZB 19.1642, Rn. 9 (juris).

913 Ebenso für die Nutzungsänderung im Sinne des § 29 Abs. 1 BauGB *Reidt*, in: Battis u. a., § 29 Rn. 20 f.; vgl. hierfür zum Beispiel BayVGH, Urt. v. 18.05.1982 – 1.B - 179/79 = BayVBl 1983, 656 (656 f.).

914 Ebenso für die Nutzungsänderung im Sinne des § 29 Abs. 1 BauGB *Reidt*, in: Battis u. a., § 29 Rn. 20 f.; vgl. hierfür zum Beispiel BayVGH, Urt. v. 09.06.1999

kann sich die künftige Nutzung, auch nach der konkreten Ausgestaltung des Nutzungskonzepts der sonstigen Fälle der Kurzzeitvermietung, noch innerhalb der Variationsbreite der bisherigen Genehmigung befinden, so dass keine baurechtlich relevante Nutzungsänderung vorliegt.

Übertragen auf die sonstigen Fälle der Kurzzeitvermietung ergibt sich folgende rechtliche Bewertung. Selbst in der Konstellation der hier angenommenen baulich-räumlichen Ausgestaltung und Ausstattung, eines nicht nennenswerten Dienstleistungspakets und einer nicht tageweisen Abrechnung[915] ist in der Mehrheit der Fälle anzunehmen, dass die bisherige Genehmigung der Räume als Wohnung einen solch hohen Konkretisierungsgrad aufweisen wird, dass die sonstigen Fälle der Kurzzeitvermietung nicht mehr innerhalb ihrer Variationsbreite zu verorten sein werden.

Ferner bedarf es bei einer Nutzungsänderung der abstrakten Möglichkeit, dass der neuen Nutzung aus dem Blickwinkel der maßgeblichen öffentlich-rechtlichen Vorschriften eine andere Qualität beizumessen ist.[916] Diese Möglichkeit muss in aller Regel bei den sonstigen Fällen der Kurzzeitvermietung bejaht werden, denn letztlich kann nur durch die hier bereits vorgenommenen, zahlreichen Konkretisierungen der sonstigen Fälle[917] und nur im Ergebnis für den Nutzungstyp der BauNVO, aber nicht von vornherein festgestellt werden, dass die Kurzzeitvermietung keine andere rechtliche Qualität als die bisherige Wohnnutzung besitzt. Da die sonstigen Fälle der Kurzzeitvermietung an der Grenze zwischen Wohnnutzung und Beherbergungsbetrieb angesiedelt sind, kann eine andere Qualität nicht von vornherein ausgeschlossen werden.[918] Zudem können sich

---

– 1 B 96.4197, Rn. 39 (juris); VG München, Urt. v. 09.05.2019 – M 11 K 18.737 = BeckRS 2019, 45371 Rn. 31.

915 Siehe zu alledem Kapitel 3, B. II. 2. c. bb. (1), (2) und (3), wonach hier bestimmte Nutzungskonzepte – höhere Taktung des Services und tageweise Abrechnung – durchaus als Beherbergungsbetrieb qualifiziert werden können.

916 Siehe beispielsweise BayVGH, Beschl. v. 28.06.2016 – 15 CS 15.44 = BeckRS 2016, 48816 Rn. 18; BayVGH, Beschl. v. 19.05.2016 – 15 CS 16.300, Rn. 32 (juris); BayVGH, Beschl. v. 28.02.2014 – 15 CS 13.1893, Rn. 15 (juris); BayVGH, Urt. v. 18.05.1982 – 1.B - 179/79 = BayVBl 1983, 656 (657); *Robl*, in: Spannowsky/Manssen, BeckOK BayBO, Art. 55 Rn. 9 m. w. N. (Stand: Nov. 2021); *Weinmann*, in: Spannowsky/Manssen, BeckOK BayBO, Art. 57 Rn. 260 und 261 (Stand: Nov. 2021); *Lechner/Busse*, in: Busse u. a., Art. 57 Rn. 414 m. w. N. (127. EL/Nov. 2017); *Decker*, in: Busse u. a., Art. 55 Rn. 28 (144. EL/ Sept. 2021).

917 Siehe Kapitel 3, B. II. 2. c. bb. (2) und (3).

918 Vgl. BayVGH, Beschl. v. 17.08.2018 – 1 CS 18.930 = BeckRS 2018, 19990 Rn. 16–18.

bei den sonstigen Fällen der Kurzzeitvermietung andere Anforderungen auch aus dem Bauordnungsrecht ergeben. Zu nennen ist beispielweise Art. 81 BayBO, vor allem bei den Stellplatzanforderungen nach Art. 81 Abs. 1 Nr. 4 BayBO.[919]

Demnach stellt die Umnutzung in den sonstigen Fällen der Kurzzeitvermietung in aller Regel eine genehmigungsbedürftige Nutzungsänderung im Sinne des Art. 55 Abs. 1 Var. 3 BayBO dar.[920] Weil andere bauordnungs-[921] und bauplanungsrechtlicher Anforderungen in Betracht kommen können, wird in aller Regel auch eine Verfahrensfreiheit gem. Art. 57 Abs. 4 Nr. 1 BayBO ausscheiden.[922] Dieser stellt zwar Nutzungsänderungen von Anlagen verfahrensfrei, wenn für die künftige neue Nutzung die gleichen öffentlichen-rechtlichen Anforderungen nach Art. 60 S. 1 BayBO und Art. 62 bis 62b BayBO wie für die bisherige Nutzung in Betracht kommen, was hier aber in aller Regel nicht der Fall sein wird.

dd) Hindernisse durch den Milieuschutz?

Aufgrund der bereits deutlich gewordenen Schwierigkeit einer bauordnungsrechtlichen Nutzungsänderung ist daher in einem ersten Schritt der Nutzungsänderungsbegriff des § 172 Abs. 1 S. 1 BauGB zu untersuchen (1). In einem zweiten Schritt ist zu überprüfen, ob sich für die sonstigen

---

919 *Lippert/Kindler*, ZfBR 2016, 219 (224); vgl. auch für die Stellplätze BayVGH, Urt. v. 18.05.1982 – 1.B - 179/79 = BayVBl 1983, 656 (657); für keine anderen Anforderungen hinsichtlich des Brandschutzes OVG Bln-Bbg, Beschl. v. 06.07.2006 – 2 S 2/06 = LKV 2007, 39 (41); weiterführend *Lechner/Busse*, in: Busse u. a., Art. 57 Rn. 418 f. (127. und 131. EL/Nov. 2017 und Okt. 2018).

920 So auch im Ergebnis für den vergleichbaren Fall eines Boardinghouses, für das aber auch Änderungsarbeiten erforderlich wurden, OVG Bln-Bbg, Beschl. v. 06.07.2006 – 2 S 2/06 = LKV 2007, 39 (39 f.); ähnlicher Fall eines Boardinghouses, genehmigt in zwei Doppelhaushälften, bei VG Ansbach, Urt. v. 08.10.2018 – AN 9 K 17.01594, u. a., Rn. 3, 5 f. und 19–21 (juris).

921 Art. 45 BayBO sowie Art. 81 Abs. 1 Nr. 4 BayBO in Verbindung mit Art. 47 BayBO wurden bereits erwähnt (denkbar erscheinen auch neue Anforderungen nach Art. 27 BayBO), die Prüfungsgegenstand gem. Art. 57 Abs. 4 Nr. 1 BayBO in Verbindung mit Art. 60 BayBO sind, und für die Genehmigungsbedürftigkeit reicht es aus, wenn diese oder andere bauordnungs- und bauplanungsrechtliche Anforderungen lediglich berührt sein könnten, siehe statt vieler *Schmid*, in: Jäde u. a., Art. 57 Rn. 228 und 230 (76. EL/April 2021).

922 Vgl. auch BayVGH, Beschl. v. 07.01.2020 – 15 ZB 19.1642, Rn. 9 (juris); BayVGH, Urt. v. 18.05.1982 – 1.B - 179/79 = BayVBl 1983, 656 (657); VG München, Urt. v. 09.05.2019 – M 11 K 18.737 = BeckRS 2019, 45371 Rn. 33.

Fälle der Kurzzeitvermietung im Baugenehmigungsverfahren gem. Art. 59 S. 1 Nr. 3 BayBO in Verbindung mit § 173 Abs. 1 S. 2 BauGB hinsichtlich der Einhaltung der Belange des § 172 Abs. 4 BauGB milieuschutzrechtliche Hürden ergeben (2).

(1) Nutzungsänderung im Sinne des § 172 Abs. 1 S. 1 BauGB

Der Nutzungsänderungsbegriff des § 172 Abs. 1 S. 1 BauGB ist nicht identisch mit dem des § 29 Abs. 1 BauGB. Er stellt nach der überwiegenden Meinung in der Rechtsprechung und Literatur nicht – wie bei § 29 Abs. 1 BauGB – auf die mögliche Berührung der bodenrechtlichen Belange des § 1 Abs. 5 und Abs. 6 BauGB und damit auf eine (allgemeine) bodenrechtlichen Relevanz ab.[923] § 172 Abs. 1 S. 1 BauGB knüpft vielmehr an seine konkreten Erhaltungsziele an. Er verlangt daher, dass das Umnutzungsvorhaben grundsätzlich dazu geeignet ist, den Schutzzweck des jeweiligen Erhaltungstatbestands gem. § 172 Abs. 1 S. 1 Nr. 1 bis Nr. 3 BauGB zu beein-

---

923 Ebenso *Stock*, in: Ernst u. a., § 172 BauGB Rn. 87, 101a und 107 (115. EL/Nov. 2014); *Bank*, in: Brügelmann, § 172 BauGB Rn. 42a (80. EL/Okt. 2011); *Jankowski*, LKV 2003, 217 (218) m. w. N. (auch zur a. A.); so im Ergebnis auch VG Karlsruhe, Urt. v. 06.11.2018 – 2 K 6513/16, Rn. 29 (juris); VG München, Urt. v. 05.11.2007 – M 8 K 06.844, Rn. 30–32 (juris); wohl auch *Möller*, in: Schrödter, § 172 Rn. 40; so auch bei einer Änderung BVerwG, Beschl. v. 17.12.2004 – 4 B 85/04 = NVwZ 2005, 445 (446); BVerwG, Urt. v. 18.06.1997 – 4 C 2/97 = BVerwGE 105, 67 (70) = NVwZ 1998, 503; OVG Bln-Bbg, Urt. v. 10.06.2004 – 2 B 3.02 = ZfBR 2004, 697; BayVGH, Urt. v. 08.05.2002 – 2 B 98.2215, Rn. 19 f. (juris); BayObLG, Beschl. v. 23.11.1994 – 3 ObOWi 93/94 = BeckRS 1995, 20072 Rn. 9–12; NdsOVG, Urt. v. 10.12.1982 – A 13/82 = NVwZ 1983, 557 (558); VG München, Urt. v. 28.11.2016 – M 8 K 15.3460, Rn. 38 (juris); *Rixner/Biedermann/Charlier*, in: dies., § 172 BauGB Rn. 9–11; *Lemmel*, in: Berliner Kommentar zum BauGB, § 172 Rn. 12 (8. EL/Juli 2007); so auch bei der Errichtung OVG Bln-Bbg, Beschl. v. 20.02.2018 – 2 N 62.15, Rn. 11 (juris); a. A. (allgemein) *Mitschang*, in: Battis u. a., § 172 Rn. 43; *Hönes*, DÖV 2021, 122 (124); a. A. (konkret zum Begriff der Änderung) HessVGH, Urt. v. 24.11.1995 – 4 UE 1290/92, Rn. 48 (juris); VGH BW, Urt. v. 01.10.1993 – 8 S 901/93 = NVwZ-RR 1994, 313. Folgt man dagegen der a. A., könnten hier gleichwohl die Belange der Wohnbedürfnisse der Bevölkerung (samt der vorhandenen Infrastruktureinrichtungen), der Erhaltung sozial stabiler Bewohnerstrukturen und der künftigen Bevölkerungsentwicklung gem. § 1 Abs. 5 S. 1 und Abs. 6 Nr. 2 BauGB berührt sein; vgl. hierzu VG Schleswig, Urt. v. 19.08.2014 – 8 A 121/13, Rn. 28 (juris); *Möller*, in: Schrödter, § 172 Rn. 102; *Dirnberger*, in: Spannowsky/Uechtritz, BeckOK BauGB, § 1 Rn. 86–88 und 91 (Stand: Aug. 2021).

trächtigen.[924] Dieses unterschiedliche Verständnis hat inhaltliche Gründe. Der Bauherr könnte sonst durch die Ausgestaltung seines Bauvorhabens noch eher selbst bestimmen, ob das Vorhaben milieuschutzrechtlich einer Genehmigung unterfiele. Dies obliegt aber nicht ihm, sondern der Genehmigungsbehörde, gegebenenfalls im Einvernehmen mit der Gemeinde, vgl. § 173 Abs. 1 S. 2 BauGB.[925]

Übertragen auf die unterschiedlichen Ausgestaltungen des Umnutzungsvorhabens von der Wohnnutzung hin zu sonstigen Fällen der Kurzzeitvermietung sind diese grundsätzlich dazu geeignet, den Schutzzweck der Milieuschutzsatzung zur Erhaltung der Zusammensetzung der Wohnbevölkerung gem. § 172 Abs. 1 S. 1 Nr. 2 BauGB zu beeinträchtigen. Für ihre hier angenommene, konkrete Ausgestaltung[926] kann selbst bei fortbestehender Wohnnutzung die Eignung zur Berührung der Belange nicht ausgeschlossen werden. Liegt dies neben der bereits erwähnten Überschreitung der Variationsbreite der ursprünglichen Nutzung durch die neue Zweckbestimmung vor,[927] so handelt es sich um eine Nutzungsänderung im Sinne des § 172 Abs. 1 S. 1 BauGB. Erst recht ist dies bei solchen Nutzungskonzepten anzunehmen, die durch ihre Ausgestaltung kein Wohnen im baurechtlichen Sinne mehr ermöglichen und damit als ein Beherbergungsbetrieb zu qualifizieren sind.[928] Zugleich kann hierdurch Ausweichwohnraum für die dortige Wohnbevölkerung verloren gehen.[929]

Die Umnutzungsvorhaben sind damit milieuschutzrechtlich genehmigungsbedürftig. Ergänzend ist darauf hinzuweisen, dass die Ausstattung der Wohnung mit einer Küche oder Kochgelegenheit sowie weiteren Ein-

---

924 *Stock*, in: Ernst u. a., § 172 BauGB Rn. 101a (115. EL/Nov. 2014); *Bank*, in: Brügelmann, § 172 BauGB Rn. 42a (80. EL/Okt. 2011); *Ramsauer*, Steuerung sozialer und ethnischer Segregation durch städtebauliche Planungsinstrumente, S. 192; *Riemann*, Baurechtliche Instrumente gegen Gentrifizierung, S. 34 f.; *Beckmann*, BauR 2021, 1376 (1379 und 1382 f.); siehe beispielsweise BVerwG, Beschl. v. 17.12.2004 – 4 B 85/04 = NVwZ 2005, 445 (446); BVerwG, Urt. v. 18.06.1997 – 4 C 2/97 = BVerwGE 105, 67 (70) = NVwZ 1998, 503; BayVGH, Urt. v. 08.05.2002 – 2 B 98.2215, Rn. 19 (juris).

925 Hierzu und zum Vorstehenden BayObLG, Beschl. v. 23.11.1994 – 3 ObOWi 93/94 = BeckRS 1995, 20072 Rn. 9–12, v. a. Rn. 11; ähnlich *Jankowski*, LKV 2003, 217 (218).

926 Siehe zur Ausgestaltung Kapitel 3, B. II. 2. c. bb. (1), (2) und (3).

927 Siehe Kapitel 3, B. II. 2. c. cc.

928 Siehe zu den Ausgestaltungsmöglichkeiten Kapitel 3, B. II. 2. c. bb. (1), (2), (3) sowie B. II. 2. c. cc.

929 *Riemann*, Baurechtliche Instrumente gegen Gentrifizierung, S. 35; *Beckmann*, BauR 2021, 1376 (1383); vgl. VG Berlin, Beschl. v. 24.01.2002 – 19 A 444.01 = GE 2002, 407 (409).

richtungsgegenständen, die gegebenenfalls an den Wänden befestigt werden müssen und damit absolut geringfügige Substanzeingriffe darstellen, keine Änderung im Sinne des § 172 Abs. 1 S. 1 BauGB und damit milieuschutzrechtlich irrelevant sind.[930]

(2) Die Vereinbarkeit mit den Belangen des § 172 Abs. 4 S. 1 BauGB?

Die Nutzungsänderung hin zu den sonstigen Fällen der Kurzzeitvermietung unterfällt damit dem Genehmigungsvorbehalt des Milieuschutzes. Die Genehmigungsfähigkeit der sonstigen Fälle der Kurzzeitvermietung ist genauso wie die Kurzzeitvermietung im engeren Sinne zu beurteilen.[931] Die Genehmigung ist gem. § 172 Abs. 4 S. 1 BauGB bei den genehmigungsbedürftigen, sonstigen Fällen der Kurzzeitvermietung im konkreten Einzelfall aufgrund einer Prognoseentscheidung in aller Regel zu versagen. Denn diese Vorhaben sind dazu geeignet, durch ihre Vorbildwirkung eine Verdrängungsgefahr für die vorhandenen Bewohner zu begründen, was aus den besonderen städtebaulichen Gründen nachteilige Folgen in der Zukunft hat.[932]

Auch hier[933] ließe sich einwenden, dass die dortige Wohnbevölkerung zumindest die Räume der sonstigen Fälle der Kurzzeitvermietung wie beispielsweise ein Boardinghouse nutzen könnten, bis in dem Gebiet eine Wohnung frei wird. Damit ist ein übergangsweises Wohnen mit dem hier verfolgten Vermietungszweck auf Basis des Nutzungskonzepts zwar grundsätzlich vereinbar. Jedoch bleibt es auch hier dabei, dass aus den bereits erwähnten Gründen[934] eine höhere Miete als bei bisherigen Mietwohnungsnutzung verlangt werden wird. Dies resultiert aus der Vollmöblierung in Verbindung mit einer Küche oder Kochgelegenheit. Daher kann es auch aus wirtschaftlichen Gründen in aller Regel bei einem nur vorübergehenden Aufenthalt bleiben. Zugleich zieht dieses Nutzungsmodell einkommensstärkere Bevölkerungsschichten an, die durch ihren erhöhten Motorisierungsgrad weitere Baumaßnahmen an der Verkehrsin-

930 Ebenso *Oehmen*, in: Spannowsky/Uechtritz, BeckOK BauGB, § 172 Rn. 4 (Stand: Aug. 2021); *Stock*, in: Ernst u. a., § 172 BauGB Rn. 105 (115. EL/Nov. 2014); *Mitschang*, in: Battis u. a., § 172 Rn. 49.

931 Siehe Kapitel 3, B. II. 2. b. dd.; eine wirtschaftliche Unzumutbarkeit nach § 172 Abs. 4 S. 2 BauGB liegt eher fern.

932 Siehe zu diesen Anforderungen bereits Kapitel 3, B. II. 2. b. dd.

933 Siehe Kapitel 3, B. II. 2. b. dd.

934 Siehe hierzu Kapitel 3, B. II. 2. b. dd.

frastruktur bedingen, was ebenfalls nachteilige städtebauliche Folgen hätte.[935] Demnach kann dieses Gegenargument auch hier nicht überzeugen. Es bleibt daher auch bei den Nutzungskonzepten der sonstigen Fälle der Kurzzeitvermietung – generell wie auch in der hier angenommenen, konkreten Ausgestaltung der Räume – bei der regelmäßigen Versagung der Genehmigung durch den Milieuschutz.

Außerdem entziehen die sonstigen Fälle der Kurzzeitvermietung Wohnungen in einem bestimmten qualitativen Segment (in der Regel größere Einzimmerwohnungen oder Zwei- bis Dreizimmerwohnungen) dem städtischen Wohnungsmarkt. Sie stehen damit jungen Familien mit ihrem ersten Kind oder Senioren, die sich gegenüber ihrer bisherigen größeren Wohnfläche wegen des damit einhergehenden Hausarbeitsaufwands verkleinern möchten, nicht mehr (als bezahlbarer Wohnraum) zur Verfügung. Zugleich weisen die Adressaten dieses neuen Angebots eine andere Dynamik auf als die bisherigen Bewohner und aufgrund ihrer überschaubaren Aufenthaltsdauer integrieren sie sich schlechter in die Stadtgesellschaft. Nähme man eine Ausweitung des Trends der im Vergleich zu Mietwohnraumvermietung rentableren sonstigen Fälle der Kurzzeitvermietung an, würden zudem die bereits bestehenden sozialen Infrastruktureinrichtungen (Kindergärten, Schulen etc.) auch nicht in der Art genutzt werden, wie wenn die städtische Bevölkerung in diesem Gebiet die Räume bewohnen würde. Die Nachfrager nach den sonstigen Fällen der Kurzzeitvermietung werden diese Einrichtungen aufgrund ihres längeren, aber übergangsweisen Aufenthalts in aller Regel nicht nutzen, da die Familie des Nachfragers an dessen Hauptwohnsitz bleiben wird, den er regelmäßig aufsuchen wird. Die städtische Bevölkerung muss sich in anderen Stadtteilen anzusiedeln versuchen und die dortigen Infrastruktureinrichtungen in ihrer Gänze werden stärker nachgefragt oder frequentiert.

ee) Zwischenfazit

Die sonstigen Fälle der Kurzzeitvermietung stellen keinen Fall der Ferienwohnung nach § 13a BauNVO dar, da ihr Nutzungskonzept nicht auf Nachfrager zu Freizeit-, Urlaubs- und Erholungszwecken, sondern schwerpunktmäßig auf Aufenthalte zu beruflichen Zwecken abzielt. Zudem ist die Ferienwohnungsnutzung nicht vereinbar mit längeren Aufenthaltsdau-

---

935 BVerwG, Urt. v. 18.06.1997 – 4 C 2/97 = BVerwGE 105, 67 (69 f.) = NVwZ 1998, 503; *Möller*, in: Schrödter, § 172 Rn. 102; *Mitschang*, in: Battis u. a., § 172 Rn. 96.

ern, die die sonstigen Fälle der Kurzzeitvermietung aufweisen. Viele dieser Nutzungskonzepte sind aufgrund ihres Schwerpunkts weiterhin als Wohnnutzung zu qualifizieren. Im Einzelfall können aber bei einer tageweisen Abrechnung und einem sehr hohen Durchführungsintervall denkbarer begleitender Dienstleistungen (tageweise oder fast jeden Tag) gewisse Nutzungskonzepte als Beherbergungsbetrieb zu qualifizieren sein. Der Vergleich mit den Baugebieten der BauNVO zeigt die gleichen Erkenntnisse wie bei § 13a S. 2 BauNVO. Unabhängig von der Qualifikation als Beherbergungsbetrieb halten sich die bauplanungsrechtlichen Hindernisse für das Baugenehmigungsverfahren – wie bei der Kurzzeitvermietung im engeren Sinne – auch hier in Grenzen.

Eine gewisse Komplexität weist die Frage der Genehmigungsbedürftigkeit der sonstigen Fälle der Kurzzeitvermietung auf. In Abhängigkeit vom Konkretisierungsgrad der bisher genehmigten Wohnnutzung werden in aller Regel die sonstigen Fälle der Kurzzeitvermietung außerhalb der Variationsbreite dieser bisherigen Genehmigung liegen. Des Weiteren kann wegen der Komplexität der Nutzungskonzepte und der entscheidenden Bedeutung ihrer jeweiligen Ausgestaltung im Einzelfall nicht von vornherein der neuen Nutzung eine andere Qualität aus dem Blickwinkel der maßgeblichen öffentlich-rechtlichen Vorschriften abgesprochen werden, die somit möglich ist. Folglich stellen die sonstigen Fälle der Kurzzeitvermietung, auch wenn sie letztlich eine weiter bestehende Wohnnutzung darstellen, zunächst eine genehmigungsbedürftige Nutzungsänderung dar. Erst recht gilt dies natürlich für die als Beherbergungsbetrieb zu qualifizierenden Nutzungskonzepte.

Für das Vorliegen einer milieuschutzrechtlich genehmigungsbedürftigen Nutzungsänderung nach § 172 Abs. 1 S. 1 BauGB kommt es – neben dem Vorhandensein der gängigen und schon erörterten Voraussetzungen einer baurechtlich relevanten Nutzungsänderung – nicht auf die planungsrechtliche Relevanz, sondern auf die grundsätzliche Eignung des Vorhabens an, den Schutzzweck des Milieuschutzrechts zu beeinträchtigen. Bei den sonstigen Fällen der Kurzzeitvermietung ist dies zu bejahen. Wie bei der Kurzzeitvermietung im engeren Sinne sind auch die sonstigen Fälle der Kurzzeitvermietung mit den Belangen des § 172 Abs. 4 S. 1 BauGB in aller Regel unvereinbar, da sie durch ihre Vorbildwirkungen eine Verdrängungsgefahr und damit zumeist nachteilige städtebauliche Folgen mit sich bringen. In Gebieten, die unter Milieuschutz stehen, stellt dies ein entscheidendes Hindernis für die Verwirklichung der sonstigen Fälle der Kurzzeitvermietung dar, da die Baugenehmigung gem. Art. 59 S. 1 Nr. 3

BayBO in Verbindung mit § 173 Abs. 1 S. 2 und § 172 Abs. 4 S. 1 BauGB regelmäßig zu versagen ist.

d) Die übernachtungsfremden Nutzungsarten

Nun sind die Umnutzungskonzepte näher zu beleuchten, die eine andere Verwendung als der zur Übernachtung haben, wie beispielsweise die künftige Nutzung als Praxis oder Kanzlei und damit vergleichbare Nutzungsmodelle. In einem ersten Schritt ist auf die Genehmigungsbedürftigkeit der diesem Nutzungskonzept bedingten Aufgabe der bisherigen Nutzung der Wohnung als Mietwohnung einzugehen (aa.). In einem zweiten Schritt ist dieses Nutzungskonzept in die Nutzungsarten der BauNVO mitsamt seinen Auswirkungen auf die Baugebietstypen einzuordnen (bb.). Zuletzt ist zu erörtern, ob diesem Umnutzungsvorhaben milieuschutzrechtliche Hindernisse drohen (cc.).

aa) Genehmigungsbedürftigkeit der übernachtungsfremden Nutzungsarten

Die Umnutzung hin zu den übernachtungsfremden gewerblichen Nutzungsarten stellt eine Nutzungsänderung im Sinne des Art. 55 Abs. 1 Var. 3 BayBO dar.[936] Zugleich erfordert sie in aller Regel eine bauliche Umgestaltung, konkret die Änderung der Substanz der baulichen Anlage in Form des Umbaus, wodurch die bauliche Anlage ihre ursprüngliche Identität verliert, und damit eine Änderung im Sinne des Art. 55 Abs. 1 Var. 2 BayBO.[937] Das Vorhaben ist somit genehmigungsbedürftig. Es ist insgesamt zu betrachten und kann nicht in verfahrensfreie und genehmigungsbedürftige Teile aufgeteilt werden. Eine Verfahrensfreiheit scheidet daher aus. Insbesondere liegt kein Fall des Art. 57 Abs. 4 Nr. 1 BayBO vor,

---

936 Siehe zur Definition der Nutzungsänderung Kapitel 3, B. II. 2. b. aa.

937 Vgl. *Robl*, in: Spannowsky/Manssen, BeckOK BayBO, Art. 55 Rn. 4 (Stand: Nov. 2021); *Decker*, in: Busse u. a., Art. 55 Rn. 26 (144. EL/Sept. 2021); vertiefend zum Identitätsverlust BayVGH, Beschl. v. 20.04.2020 – 15 ZB 19.1846 = BeckRS 2020, 9535 Rn. 11; BayVGH, Beschl. v. 15.04.2019 – 1 CS 19.150 = BeckRS 2019, 7188 Rn. 8; zu den mit dem Nutzungskonzept der übernachtungsfremden Nutzungsarten einhergehende Änderungsarbeiten siehe Kapitel 3, B. I. 3.

denn durch den Wechsel weg von der bisherigen Wohnnutzung kommen nun andere öffentlich-rechtlichen Anforderungen in Betracht.

bb) Einordnung in die Nutzungsarten und deren Auswirkungen im Kontext der Baugebiete der BauNVO

Für die übernachtungsfremden Nutzungsarten kommt eine große Brandbreite von Nutzungen in Frage, zum Beispiel die Änderung in Verbindung mit der Nutzungsänderung hin zu einer Praxis, Kanzlei oder einem Büro. Die Praxis, die Kanzlei und diesen gleichgestellte Gewerbebetriebe[938] fallen unter § 13 BauNVO und sind als einzelne Räume in den Baugebietstypen der §§ 2 bis 4 BauNVO und als Gebäude in den Gebietstypen der §§ 4a bis 9 BauNVO zulässig. Daraus ergeben sich in aller Regel keine rechtlichen Erschwernisse für deren Verwirklichung.

cc) Milieuschutzrechtliche Hindernisse im Baugenehmigungsverfahren?

Das Umnutzungsvorhaben hin zu den übernachtungs- und wohnfremden Nutzungsarten stellt auch eine genehmigungsbedürfte Nutzungsänderung und Änderung im Sinne des § 172 Abs. 1 S. 1 BauGB dar.[939] Entscheidender Genehmigungstatbestand ist auch hier – mangels Einschlägigkeit der Tatbestände des § 172 Abs. 4 S. 2 und S. 3 BauGB, die einen Anspruch auf Genehmigungserteilung vermitteln würden[940] – § 172 Abs. 4 S. 1 BauGB. Das Umnutzungsvorhaben wird aufgrund einer Prognoseentscheidung im Großteil der Fälle dazu geeignet sein, durch seine Vorbildwirkung eine Verdrängungsgefahr für die vorhandenen Bewohner zu begründen, damit eine Entwicklung hin zu einer veränderten Zusammensetzung der Bevölkerung in Gang zu setzen, was in aller Regel aus den besonderen städtebaulichen Gründen nachteilige Folgen haben wird.[941] Der Wohnraum

938 Zu Begriff und möglichen Fällen siehe beispielsweise *Hornmann*, in: Spannowsky u. a., BeckOK BauNVO, § 13 Rn. 25–26.1 (Stand: Jan. 2022), sowie *Stock*, in: Ernst u. a., § 13 BauNVO Rn. 24–26 (129. EL/Mai 2018), jeweils m. w. N.

939 So auch speziell zur Nutzungsänderung VG München, Urt. v. 05.11.2007 – M 8 K 06.844, Rn. 32 (juris); siehe zu beiden Begriffen Kapitel 3, B. II. 2. c. dd. (1).

940 Siehe hierzu bereits Kapitel 3, B. II. 2. b. dd.

941 Ebenso VG München, Urt. v. 05.11.2007 – M 8 K 06.844, Rn. 41–44 (juris); *Stock*, in: Ernst u. a., § 172 BauGB Rn. 179 (115. EL/Nov. 2014); *Bank*, in: Brügelmann, § 172 BauGB Rn. 87 (92. EL/Okt. 2014); *Klinge*, in: Bunzel u. a.,

geht dabei vollständig verloren, denn in diesen Räumen ist (anders als in den Fällen der Kurzzeitvermietung) überhaupt kein Übernachten von Personen bezweckt. Folglich werden künftig auch ganz andere Nutzer der Räume adressiert, die dort ihren Beruf oder ihr Gewerbe ausüben werden. Demnach wird die Genehmigung nach § 172 Abs. 4 S. 1 und § 173 Abs. 1 S. 2 BauGB in Verbindung mit Art. 59 S. 1 Nr. 3 BayBO meist zu versagen sein.

Jedoch kann es bei diesen Umnutzungsvorhaben (und damit wiederum anders als in den Fällen der Kurzzeitvermietung) durchaus solche geben, die sich neutral oder sogar positiv auf die Erhaltungsziele auswirken und demnach keine Verdrängungsgefahr begründen.[942] Dies gilt beispielsweise für die Schaffung medizinischer Einrichtungen, die es in dem Milieuschutzgebiet nicht oder nicht ausreichend gibt. Mittlerweile gibt es in angespannten Wohnungsmärkten in einigen bereits existierenden Praxen zu viele Patienten und daher lange Wartezeiten.[943] Demnach kann im jeweiligen Milieuschutzgebiet die Umnutzung einer Wohnung in eine Arztpraxis durchaus als zielneutral oder sogar positiv zu bewerten sein. Entscheidend ist dabei aber die Situation vor Ort im konkreten Einzelfall.

dd) Zwischenfazit

Die Umnutzung hin zu den übernachtungsfremden Nutzungsarten stellt eine genehmigungsbedürftige Nutzungsänderung und durch die baulich erforderlichen tiefgreifenderen Eingriffe regelmäßig auch eine Änderung dar. Die nächstliegenden Umnutzungen der bisherigen Wohnung sind von ihrer Nutzungsart her § 13 BauNVO zuzuordnen, sodass es keine bauplanungsrechtlichen Hindernisse für ihre Verwirklichung gibt. Befindet sich das Umnutzungsvorhaben dagegen im Geltungsbereich einer Milieuschutzsatzung, so wird es meistens milieuschutzrechtlich nicht genehmigungsfähig sein. Jedoch gibt es gewisse Umnutzungen wie die in

---

Baurecht, § 172 BauGB S. 14 (136. EL/Juni 2020); *Möller*, in: Schrödter, § 172 Rn. 103; *Mitschang*, in: Battis u. a., § 172 Rn. 88; *Riemann*, Baurechtliche Instrumente gegen Gentrifizierung, S. 35 f.; *Ehrmann*, Die belebte Innenstadt als Rechtsproblem, S. 130; siehe auch *Deutscher*, GE 2013, 308 (309).

942 Siehe zu dieser Möglichkeit im Einzelfall *Stock*, in: Ernst u. a., § 172 BauGB Rn. 179 (115. EL/Nov. 2014); *Weigelt*, Die wachsende Stadt als Herausforderung für das Recht, S. 192; vgl. *Möller*, in: Schrödter, § 172 Rn. 102 f.

943 Vgl. beispielsweise für München *Kleber/Müller/Anfang*, Zahlen bestätigen: Immer weniger Ärzte in München, 2018.

medizinische Einrichtungen, die sich neutral oder sogar positiv auf die Erhaltungsziele auswirken.

3. Bewertung der Nicht- oder Umnutzungskonstellationen

Im Vergleich zeigt sich, dass nur der Fall der Nichtnutzung baurechtlich genehmigungsfrei ist. Unter Umständen kann aber die Wiederaufnahme einer Genehmigung bedürfen. Alle drei Umnutzungskonstellationen erfordern eine Genehmigung für die mit ihnen verbundene Nutzungsänderung und – bei den übernachtungsfremden Nutzungsarten – auch für eine Änderung. Die Ausstattung der Räume mit Möbeln und der Kücheneinbau stellen dagegen keine Änderung dar. Die sonstigen Fälle der Kurzzeitvermietung sind insoweit ein Grenzfall. Zum Teil kann auf Basis des Nutzungskonzepts eine Wohnnutzung weiterbestehen, jedoch wird in aller Regel die Variationsbreite der bisherigen Genehmigung die neue Nutzung nicht inkludieren. Vor allem bei Grenzkonstellationen zur Wohnnutzung kann dem Umnutzungsvorhaben eine andere Qualität für die maßgeblichen öffentlich-rechtlichen Vorschriften nicht von vornherein abgesprochen werden. Des Weiteren sind alle drei Umnutzungskonstellationen in aller Regel keine Sonderbauten gem. Art. 2 Abs. 4 BayBO. Demnach ist für sie regelmäßig das vereinfachte Baugenehmigungsverfahren nach Art. 59 BayBO mit einem geringeren Prüfumfang, in Einzelfällen auch ein Genehmigungsfreistellungsverfahren nach Art. 58 BayBO einschlägig.

Die Umnutzungskonstellationen können in die Nutzungsarten der BauNVO – je nach der konkreten Ausgestaltung im Einzelfall – dergestalt eingeordnet werden, dass die Kurzzeitvermietung im engeren Sinne in aller Regel einen Fall des § 13a S. 1 oder S. 2 BauNVO und nur ausnahmsweise einen Beherbergungsbetrieb, die sonstigen Fälle der Kurzzeitvermietung entweder eine weiterbestehende Wohnnutzung oder einen Beherbergungsbetrieb und die nächstliegenden Nutzungen im Rahmen der übernachtungsfremden Nutzungsarten einen Fall des § 13 BauNVO darstellen. Bei Letzterem ergeben sich in den Baugebieten der BauNVO grundsätzlich keine Hindernisse. Bei der Kurzzeitvermietung im engeren Sinne und den sonstigen Fällen der Kurzzeitvermietung ist dies ähnlich, selbst wenn sie anders als eine Wohnnutzung qualifiziert werden. Jedoch gibt es mit dem Kleinsiedlungsgebiet, dem reinen und dem allgemeinen Wohngebiet drei Baugebietstypen, in denen die neue Nutzungsart nur ausnahmsweise oder gar nicht zulässig ist. Die sonstigen Fälle als Grenzfall zwischen Wohnnutzung und Beherbergungsbetrieb können regelmäßig nur bei einer tageweisen Abrechnung oder einem hohen Intervall der zusätzlich angebotenen Dienstleistungen nach der baurechtlichen Schwerpunktbetrachtung als Beherbergungsbetrieb qualifiziert werden. Ist dies der Fall, dann deckt sich die bauplanungsrechtliche Zulässigkeit in den einzelnen Baugebietstypen der BauNVO mit der der Kurzzeitvermietung im engeren Sinne gem. § 13a S. 2 BauNVO. Alles in allem werden sich meistens aus dem Nutzungstyp und der Einordnung in die Baugebiete der BauNVO keine (für die übernachtungsfremden Nutzungsarten) oder regelmäßig überwindbare, nur in wenigen Fällen unüberwindbare Hürden ergeben.

Anders ist dies in allen drei Umnutzungskonstellationen, wenn sie sich im Geltungsbereich einer Milieuschutzsatzung befinden. Dort wird – mangels wirtschaftlicher Unzumutbarkeit der Fortsetzung der bisherigen Nutzung nach § 172 Abs. 4 S. 2 BauGB – in aller Regel der Ermessensgenehmigungstatbestand des § 172 Abs. 4 S. 1 BauGB zur Versagung der Baugenehmigung gem. § 173 Abs. 1 S. 2 BauGB in Verbindung mit Art. 59 S. 1 Nr. 3 BayBO führen. Denn die Umnutzungen entfalten auf Basis ihrer jeweiligen Vorbildwirkung Verdrängungswirkung und haben damit letztlich nachteilige städtebauliche Folgen. Ausnahmen ergeben sich hier aber bei den übernachtungsfremden Nutzungsarten. Dort kann im Einzelfall beispielsweise die Umnutzung hin zu einer Arztpraxis zielneutral oder sogar positiv zu bewerten sein. Demnach kann dies zur Genehmigung nach § 172 Abs. 4 S. 1 BauGB führen.

III. Zweckentfremdungsrechtliche Restriktionen

Nun gilt es zu untersuchen, wie die drei Fälle der Umnutzung der Wohnung zweckentfremdungsrechtlich zu bewerten sind, wenn sich das Umnutzungsvorhaben im Geltungsbereich einer Zweckentfremdungssatzung befindet. Wie bereits erwähnt, soll dies exemplarisch an dem bayerischen ZwEWG unter Zuhilfenahme der Münchner Zweckentfremdungssatzung (ZeS) erfolgen. Das ZwEWG bildet gem. Art. 1 S. 1 ZwEWG die Rechtsgrundlage für den Erlass der ZeS. Der Wortlaut des Art. 1 S. 1 ZwEWG und das dortige Erfordernis eines angespannten Wohnungsmarkts weisen eine deutliche Nähe zu dem Wortlaut des § 556d Abs. 2 S. 2 BGB auf: Der bayerische Gesetzgeber hat bewusst die mietrechtliche Vorschrift in das

ZwEWG übernommen.[944] Demnach können die dortigen Erkenntnisse und Kriterien zur Qualifikation eines Wohnungsmarkts als angespannt auf Art. 1 Abs. 1 S. 1 ZwEWG für die gemeindliche Festsetzung entsprechend übertragen werden.[945] Die Erteilung oder Versagung der zweckentfremdungsrechtlichen Genehmigung erfolgt unabhängig von der Baugenehmigung.[946] Die zweckentfremdungsrechtlichen Vorschriften sind – anders als die Erhaltungsvorschriften – kein Teil des Baugenehmigungsverfahrens. Zunächst ist die Genehmigungsbedürftigkeit der Umnutzungsvorhaben (1.) und im Anschluss daran deren Genehmigungsfähigkeit zu untersuchen (2.).

1. Genehmigungsbedürftigkeit

Der Begriff des Wohnraums wird im ZwEWG nicht definiert, das demnach in der Zweckentfremdungssatzung geschehen sollte. Die hier bisher als Mietwohnung genutzten Räume stellen Wohnraum im Sinne des § 3 Abs. 1 und Abs. 2 ZeS dar.[947] Insbesondere kann hier eine Wohnung für Aufsichtspflichtige eines Betriebs gem. § 3 Abs. 3 Nr. 1 ZeS ausgeschlossen werden. Nach § 4 ZeS muss für die Genehmigungsbedürftigkeit noch eine Zweckentfremdung des hier relevanten Wohnraums zu bejahen sein. Ein bewusster, länger als drei Monate andauernder Leerstand der Räume stellt nach Art. 1 S. 2 Nr. 4 ZwEWG und § 4 Abs. 1 S. 2 Nr. 4 ZeS eine Zweckentfremdung von Wohnraum dar. Der Ausnahmetatbestand des § 4 Abs. 2 Nr. 1 ZeS greift bei der hier zu Grunde gelegten Handlungsoption der bewussten Nichtnutzung nicht. Durch die bei der bewussten Nichtnutzung zu attestierende Zweckentfremdung der Wohnräume verpflichtet das Zweckentfremdungsrecht den Eigentümer zu einer Vermietung, soweit sie nicht genehmigungsfähig ist.

---

944 LT-Drs. 17/15781, S. 4 f.; zu Art. 6 § 1 MRVerbG, den Anforderungen an die Wohnungsmarktlage und zur Überprüfungspflicht des Verordnungsgebers *Schultz/Bujewski-Crawford*, NZM 1998, 385 (386 f.).

945 Zu den Anforderungen des BGB an einen angespannten Wohnungsmarkt siehe Kapitel 3, IV. 1. a.; siehe auch zu denkbaren Kriterien für die Gemeinde im ersten bayerischen Gesetzentwurf, LT-Drs. 15/8369, S. 6; vgl. auch *Dillmann*, NWVBl. 2021, 269 (274).

946 Siehe hierzu bereits Kapitel 3, B. II. 2. a.

947 Siehe zum Vergleich des Wohnraumbegriff des Zweckentfremdungsrechts mit dem des Mietrechts Kapitel 3, A. II.

Nun gilt es noch zu untersuchen, ob bei den drei Fällen der Umnutzungsvorhaben[948], zunächst bei den sonstigen Fällen der Kurzzeitvermietung (a.), dann bei der Kurzzeitvermietung im engeren Sinne und den übernachtungsfremden Nutzungsarten (b.), eine Zweckentfremdung vorliegt. Dabei sollen für alle Umnutzungskonstellationen auch mögliche Änderungsarbeiten eine kurze Berücksichtigung finden.

a) Die sonstigen Fälle der Kurzzeitvermietung – noch Wohnen oder bereits Fremdenbeherbergung?

Schwierig einzuordnen sind die sonstigen Fälle der Kurzzeitvermietung, insbesondere Boardinghäuser, die sich jeweils – im Vergleich zur Kurzzeitvermietung im engeren Sinne – durch eine längere Aufenthaltsdauer und in aller Regel eine Nutzung durch Berufstätige auszeichnen.[949] Denkbar wäre nämlich bei diesem längeren, aber doch überschaubaren Aufenthalt eine Fremdenbeherbergung nach Art. 1 S. 2 Nr. 3 ZwEWG in Verbindung mit § 4 Abs. 1 S. 2 Nr. 3 ZeS. Zunächst ist der hierfür maßgebliche rechtliche Rahmen herauszuarbeiten (aa.), um die sonstigen Fälle der Kurzzeitvermietung rechtlich beurteilen zu können (bb.).

aa) Rechtlicher Rahmen für Nutzungskonzepte mit einer Aufenthaltsdauer im Bereich von ein bis sechs Monaten

Eine Fremdenbeherbergung im Sinne des Zweckentfremdungsrechts kann nicht mit dem baurechtlichen Begriff der Beherbergungsbetriebe gleichgesetzt werden, auch wenn sich inhaltliche Parallelen oder solche auf Basis entsprechender Verweise der zweckentfremdungsrechtlichen Rechtsprechung auf die Rechtsprechung und Literatur zum Baurecht zeigen. Die Begriffe sollen generell, aber auch für die Abgrenzung zwischen

---

948 Ebenso *Schultz/Bujewski-Crawford*, Das Verbot der Zweckentfremdung von Wohnraum in Berlin und Brandenburg, S. 50 f.; siehe zu dieser Art der Umnutzung Kapitel 3, B. I.

949 Das *VG München* weist auf die fehlende höchstrichterliche Einordnung eines Boardinghouses im Zweckentfremdungsrecht und die dortigen Anforderungen an sein Nutzungskonzept hin, siehe VG München, Urt. v. 12.02.2020 – M 9 K 19.2210 = BeckRS 2020, 6776 Rn. 23, sowie Urt. v. 12.02.2020 – M 9 K 19.2402 = BeckRS 2020, 6786 Rn. 46; ebenso *Bueb*, jurisPR-MietR 12/2020 Anm. 6 (unter C.).

Wohnnutzung und Fremdenbeherbergung im Zweckentfremdungsrecht nicht an die baurechtlichen Maßstäbe angeglichen werden (hierzu sogleich mehr), um in gewissen Einzelfällen die besonderen und vom Baurecht zu unterscheidenden Wertungen des Zweckentfremdungsrechts ausreichend berücksichtigen zu können.[950] Eine zweckentfremdungsrechtliche Fremdenbeherbergung zeichnet sich durch ein vorübergehendes Unterkommen in den fraglichen Räumen aus, wenn die Nutzer ihre eigentliche Wohnung typischerweise an einem anderen Ort haben und damit ihren Lebensmittelpunkt nicht in die Räume verlegen. Demnach findet im Rahmen einer zweckentfremdungsrechtlich relevanten Fremdenbeherbergung künftig ein übergangsweises, kein alltägliches und einem begrenzten Zweck dienendes Wohnen statt; gleichwohl lassen sich aber keine alles entscheidenden Mindest- oder Höchstaufenthaltsdauern statuieren.[951]

Für die Beurteilung, ob es sich um eine Fremdenbeherbergung nach Art. 1 S. 2 Nr. 3 ZwEWG in Verbindung mit § 4 Abs. 1 S. 2 Nr. 3 ZeS handelt, kommt es in einer Umnutzungskonstellation – wie hier im Rahmen der sonstigen Fälle der Kurzzeitvermietung – maßgeblich auf

950 Vgl. beispielsweise OVG NRW, Urt. v. 19.11.2020 – 14 A 4304/19 = NJW 2021, 1255 (1257, Rn. 31 f.); BayVGH, Beschl. v. 23.03.2020 – 12 ZB 18.707 = BeckRS 2020, 6667 Rn. 32; BayVGH, Beschl. v. 26.03.2018 – 12 BV 17.1765 = BeckRS 2018, 7794 Rn. 148; OVG Bln-Bbg, Beschl. v. 06.04.2017 – OVG 5 B 14.16 = BeckRS 2017, 106491 Rn. 127; VGH BW, Beschl. v. 26.01.2017 – 5 S 1791/16 = BeckRS 2017, 101691 Rn. 20; BayVGH, Beschl. v. 07.12.2015 – 12 ZB 15.2287, Rn. 3 f. und 11; OVG Bln-Bbg, Beschl. v. 28.05.1993 – 5 S 24/93 = NVwZ 1994, 799 (799 f.); VG Berlin, Urt. v. 04.03.2020 – 6 K 420.19, Rn. 45 (juris); VG Berlin, Beschl. v. 02.10.2018 – 6 L 258.18 = BeckRS 2018, 42154 Rn. 16; VG Berlin, Urt. v. 19.09.2018 – 6 K 1.18 = BeckRS 2018, 38200 Rn. 24; VG Berlin, Beschl. v. 30.01.2018 – 6 L 784.17 = BeckRS 2018, 38199 Rn. 26; VG Berlin, Beschl. v. 23.01.2018 – 6 L 756.17 = BeckRS 2018, 5205 Rn. 22; siehe auch VG München, Urt. v. 12.02.2020 – M 9 K 19.2402 = BeckRS 2020, 6786 Rn. 47; VG München, Urt. v. 15.11.2017 – M 9 K 17.557 = BeckRS 2017, 134751 Rn. 33 f.; *Dillmann*, NWVBl. 2021, 269 (278); *Bueb*, jurisPR-MietR 12/2020 Anm. 6 (unter C.).

951 Hierzu und zum Vorstehenden LT-Drs. 17/15781 S. 5; BayVGH, Beschl. v. 05.05.2021 – 12 CS 21.564, Rn. 4 f. (juris); BayVGH, Beschl. v. 07.12.2015 – 12 ZB 15.2287, Rn. 4 f.; VG München Urt. v. 12.02.2020, M 9 K 19.2402 = BeckRS 2020, 6786 Rn. 47; VG München, Urt. v. 15.11.2017 – M 9 K 17.557 = BeckRS 2017, 134751 Rn. 33; *Bueb*, jurisPR-MietR 12/2020 Anm. 6 (unter C.); vgl. OVG NRW, Urt. v. 19.11.2020 – 14 A 4304/19 = NJW 2021, 1255 (1257, Rn. 39); VG Berlin, Beschl. v. 11.03.2020 – 6 L 441.19, Rn. 23 und 27 (juris); VG Berlin, Urt. v. 04.03.2020 – 6 K 420.19, Rn. 36 f., 39, 49, 51 f. und 55 (juris); siehe auch *Bayerisches Staatsministerium des Inneren, für Bau und Verkehr*, Arbeitshilfe, 2013, S. 4; *Dillmann*, NWVBl. 2021, 269 (278).

das Nutzungskonzept des Vermieters und sein konkretes Geschäftsmodell im Einzelfall an, wenn er keine nennenswerten fremdenbeherbergungstypischen Dienstleistungen erbringt und eine voll eingerichtete Wohnung (im Vergleich zur Kurzzeitvermietung im engeren Sinne) länger, aber ohne Verlagerung des Lebensmittelpunkts genutzt wird. Die baurechtliche Beurteilung eines Boardinghouses je nach dem Schwerpunkt seiner Nutzung in Abhängigkeit von den konkreten Verhältnissen im Einzelfall[952] (wonach es sich um Wohnen, einen Beherbergungsbetrieb oder eine Ferienwohnung handelt) kann nicht auf das Zweckentfremdungsrecht übertragen werden.[953]

Für die zweckentfremdungsrechtliche Qualifikation als Fremdenbeherbergung oder weiter bestehende Wohnnutzung können mehrere Indizien herangezogen werden. In erster Linie muss das Nutzungskonzept für eine Wohnnutzung auf eine längere Aufenthaltsdauer ausgelegt sein und diese auch gewährleisten; wird dagegen regelmäßig tage- oder wochenweise vermietet und abgerechnet oder die Umsatzsteuer im Rahmen der gewerblichen Vermietung an den Betreiber des Boardinghouses ausgewiesen, so spricht dies jeweils bereits gegen eine auf Dauer angelegte Häuslichkeit und für eine Zweckentfremdung.[954] Bei der Aufenthaltsdauer selbst

952 Beispielsweise VGH BW, Beschl. v. 17.01.2017 – 8 S 1641/16 = BeckRS 2017, 103499 Rn. 17 f.; OVG Bln-Bbg, Beschl. v. 06.07.2006 – 2 S 2/06 = LKV 2007, 39 (39 f.); siehe hierzu weiterführend Kapitel 3, B. II. 2. c., sowie zur baurechtlichen Schwerpunktermittlung Kapitel 3, B. II. 2. c. aa. und bb.

953 Hierzu und zum Vorstehenden VG München, Urt. v. 12.02.2020 – M 9 K 19.1799 = BeckRS 2020, 4053 Rn. 22; VG München, Urt. v. 12.02.2020 – M 9 K 19.2393 = BeckRS 2020, 6786 Rn. 45; VG München, Urt. v. 12.02.2020 – M 9 K 19.2394 = BeckRS 2020, 5108 Rn. 48; VG München, Urt. v. 12.02.2020 – M 9 K 19.2398 = BeckRS 2020, 7634 Rn. 50; VG München, Urt. v. 12.02.2020 – M 9 K 19.2402 = BeckRS 2020, 6786 Rn. 47; VG München, Urt. v. 15.11.2017 – M 9 K 17.557 = BeckRS 2017, 134751 Rn. 33 f.; *Dillmann*, NWVBl. 2021, 269 (278); *Bueb*, jurisPR-MietR 12/2020 Anm. 6 (unter C.); vgl. auch OVG NRW, Urt. v. 19.11.2020 – 14 A 4304/19 = NJW 2021, 1255 (1257, Rn. 31 f.); VGH BW, Beschl. v. 26.01.2017 – 5 S 1791/16 = BeckRS 2017, 101691 Rn. 20. Speziell zur Maßgeblichkeit des Nutzungskonzepts BayVGH, Beschl. v. 05.05.2021 – 12 CS 21.564, Rn. 4 (juris); BayVGH, Beschl. v. 07.12.2015 – 12 ZB 15.2287, Rn. 5; VG München, Beschl. v. 15.04.2021 – M 9 S 21.781 = BeckRS 2021, 16945 Rn. 24; VG Berlin, Beschl. v. 11.03.2020 – 6 L 441.19, Rn. 24 (juris). Allgemeiner zur Abweichungsmöglichkeit vom Baurecht im Zweckentfremdungsrecht BayVGH, Beschl. v. 23.03.2020 – 12 ZB 18.707 = BeckRS 2020, 6667 Rn. 32; BayVGH, Beschl. v. 26.03.2018 – 12 BV 17.1765 = BeckRS 2018, 7794 Rn. 148.

954 VG München, Urt. v. 12.02.2020 – M 9 K 19.2402 = BeckRS 2020, 6786 Rn. 48 f.; VG München, Urt. v. 15.11.2017 – M 9 K 17.557 = BeckRS 2017, 134751 Rn. 35 f.; vgl. zur monatsweisen Entrichtung VG Berlin, Urt. v.

kommt es aber nicht zwingend darauf an, ob die Mietverhältnisse befristet oder unbefristet sind.[955] Dies gilt freilich nicht bei kurzen Befristungen von weniger als zwei Monaten, denn dies macht bereits einen Nachweis der durchschnittlichen Vermietungszeiten entbehrlich und kann wegen der damit bezweckten Kürze des Aufenthalts schon alleine zu einer Fremdenbeherbergung führen. Wird nicht befristet vermietet, so kommt es maßgeblich auf die durchschnittlichen Vermietungszeiten an, die bei einer entsprechenden Länge sogar einzelne Indizien für eine Fremdenbeherbergung überwiegen können. Gewöhnliche Aufenthaltsdauern von drei bis acht Monaten können dabei eine Fremdenbeherbergung schon ausschließen.[956] Daneben können auch in den Verträgen vereinbarte Mindestmietdauern von Relevanz sein, die bei mehr als zwei bis zu drei vollen Monaten ein Indiz für eine fortbestehende Wohnnutzung darstellen können.[957]

Daneben gibt es weitere, zum Teil auch in ihrer Gewichtung umstrittene Indizien. Für eine Wohnnutzung sprechen der melderechtliche Hauptwohnsitz, die Ausgabe einer Wohnungsgeberbestätigung sowie die persönliche Beschriftung der Klingelschilder und Briefkästen; Indizien für eine Fremdenbeherbergung sind dagegen ein auswärtiger Lebensmittelpunkt, ein Gewerbemietvertrag zwischen dem Eigentümer und dem Betreiber der Kurzzeitvermietung, umfangreiche Ausstattungen der Räume und die

---

04.03.2020 – 6 K 420.19, Rn. 25 f. und 28 f.; VG Berlin, Beschl. v. 11.03.2020 – 6 L 441.19, Rn. 26 (juris); siehe auch *Bayerisches Staatsministerium des Inneren, für Bau und Verkehr*, Arbeitshilfe, 2013, S. 4 f.; VG München, Beschl. v. 15.04.2021 – M 9 S 21.781 = BeckRS 2021, 16945 Rn. 24. Speziell zur gewöhnlichen Aufenthaltsdauer auf Basis des Nutzungskonzepts als Indiz BayVGH, Beschl. v. 05.05.2021 – 12 CS 21.564, Rn. 8 (juris); OVG Bln-Bbg, Beschl. v. 26.04.2019 – OVG 5 S 24.18, Rn. 10 (juris); VG Berlin, Beschl. v. 11.03.2020 – 6 L 441.19, Rn. 24 und 26 (juris); VG Berlin, Urt. v. 04.03.2020 – 6 K 420.19, Rn. 39–44 und 47 (juris); *Brezina*, Raumplanung und die Macht des Schwarms, S. 223.

955 Siehe beispielsweise BayVGH, Beschl. v. 26.11.2015 – 12 CS 15.2269 = BeckRS 2015, 55607 Rn. 14.

956 BayVGH, Beschl. v. 05.05.2021 – 12 CS 21.564, Rn. 8 (juris); Erfordernis mehrerer Monate nach OVG Bln-Bbg, Beschl. v. 26.04.2019 – OVG 5 S 24.18, Rn. 10 (juris); ausreichend seien drei volle Monate laut VG Berlin, Beschl. v. 11.03.2020 – 6 L 441.19, Rn. 24 und 26 (juris); VG Berlin, Urt. v. 04.03.2020 – 6 K 420.19, Rn. 39–44, (zum Überwiegen der Dauer gegenüber Indizien der Fremdenbeherbergung) Rn. 47 sowie (alles unter drei Monate problematisch) Rn. 51 (juris); vgl. *Hinrichs*, NZM 2017, 589 (591), sowie *Hinrichs*, NZM 2014, 545 (546): unter drei Monaten problematisch, ab drei Monaten Wohnnutzung denkbar.

957 Siehe BayVGH, Beschl. v. 05.05.2021 – 12 CS 21.564, Rn. 8 (juris); VG Berlin, Beschl. v. 11.03.2020 – 6 L 441.19, Rn. 26 (juris); a. A. VG München, Beschl. v. 15.04.2021 – M 9 S 21.781 = BeckRS 2021, 16945 Rn. 30.

Miethöhe und eine pauschale Abrechnungsweise.[958] Wie im Baurecht kann aber auch im Zweckentfremdungsrecht die pauschale Abrechnungsweise kein Indiz für eine Fremdenbeherbergung sein.[959]

Zuletzt gilt es hervorzuheben, dass die bisherigen gerichtlichen Entscheidungen im Zweckentfremdungsrecht eine einheitliche Linie in diesem Bereich gänzlich vermissen lassen.[960] Gerichte gewichten die Indizien unterschiedlich oder lehnen gewisse Indizien sogar ganz ab. Zugleich ist selbst eine durchschnittliche Aufenthaltsdauer von mehr als drei Monaten nicht davor gefeilt, doch als eine Fremdenbeherbergung beurteilt zu werden.[961]

bb) Einordnung der sonstigen Fälle der Kurzzeitvermietung in diesen rechtlichen Rahmen

Für die zweckentfremdungsrechtliche Beurteilung der sonstigen Fälle der Kurzzeitvermietung im konkreten Fall[962] kommt es maßgeblich auf das Nutzungskonzept des Betreibers und die Verwirklichung seines Geschäftsmodells im Einzelfall an. Sie sind grundsätzlich anhand der Indizien im Hinblick auf eine weiter bestehende Wohnnutzung oder Fremdenbeherbergung zu bewerten. Durchschnittliche Aufenthaltsdauern von unter drei Monaten sprechen als gewichtiges Indiz für eine Fremdenbeherbergung. Würde man die beispielsweise erwähnte durchschnittliche Übernachtungszahl aller Boardinghäuser im Jahr 2017[963] als die durchschnittliche Über-

---

958 BayVGH, Beschl. v. 05.05.2021 – 12 CS 21.564, Rn. 9 f. (juris); OVG Bln-Bbg, Beschl. v. 26.04.2019 – OVG 5 S 24.18, Rn. 12 f. (Indiz gegen den Gewerbemietvertrag, aber für die Miethöhe); VG München, Beschl. v. 15.04.2021 – M 9 S 21.781 = BeckRS 2021, 16945 Rn. 25 f. und 29–31; VG Berlin, Beschl. v. 11.03.2020 – 6 L 441.19, Rn. 27 f. und (differenzierend zur Ausstattung der Räume) Rn. 29 (juris); VG Berlin, Urt. v. 04.03.2020 – 6 K 420.19, Rn. 47 und 50 (juris).

959 Siehe hierzu weiterführend und auch zum Unterschied des in einer Mietwohnung gewöhnlich noch abzuschließenden Internetvertrags Kapitel 3, B. II. 2. c. bb. (1).

960 So auch *Zott*, Die Regulierung des Homesharing, S. 64.

961 Vgl. auch *Zott*, Die Regulierung des Homesharing, S. 64; siehe hierzu sogleich Kapitel 3, B. III. 1. a. bb.

962 Siehe zu dieser Fallkonstellation als Umnutzungsvorhaben Kapitel 3, B. I. 2.; zu seiner konkreten Konzeption und Ausgestaltung siehe Kapitel 3, B. II. 2. c. bb. (1), (2) und (3).

963 Siehe Kapitel 3, B. I. 2.

nachtungszahl eines Boardinghouses annehmen, so wäre dieses wegen seiner Dauer unter drei Monaten und einer damit wohl naheliegenden tage- oder wochenweisen Abrechnung in aller Regel als Fremdenbeherbergung zu qualifizieren.[964] Aus dieser Durchschnittszahl resultiert auch, dass die Mehrheit der Boardinghäuser unter einer Mindestaufenthaltsdauer von drei Monaten liegen und demnach als Fremdenbeherbergung zu qualifizieren sind.[965]

Beträgt aber im Einzelfall auf Basis des Nutzungskonzepts und seiner Verwirklichung die Aufenthaltsdauer drei Monate oder mehr – gegebenenfalls gesichert durch eine Mindestmietdauer von drei Monaten –, so stellt dies ganz grundsätzlich ein gewichtiges Indiz[966] für eine weiter bestehende Wohnnutzung und damit gegen eine Fremdenbeherbergung dar. Jedoch kann dies durch andere Indizien entkräftet oder überkompensiert werden, so dass das Konzept als Fremdenbeherbergung zu qualifizieren sein kann.[967] Die besondere Zielsetzung des Zweckentfremdungsrechts kann auch in diesem Bereich, konkret bei der bezweckten und gewöhnlichen Nutzungsdauer, zum Tragen kommen (hierzu sogleich mehr).

Den umgekehrten Fall einer durchschnittlichen Aufenthaltsdauer von unter drei Monaten können diese übrigen Indizien aber nicht ausgleichen. Eine zu kurze durchschnittliche Aufenthaltsdauer von unter drei Monaten erlangt demnach entscheidendes, alleiniges Gewicht für eine Fremdenbeherbergung. Zwei Gründe sind für unterschiedliche rechtliche Funktionsweise der Indizien maßgeblich. Zum einen stellt die durchschnittliche Aufenthaltsdauer *den* entscheidenden Anknüpfungspunkt sowohl für den Begriff des Wohnens und die dabei geforderte, auf gewisse Dauer angelegte Häuslichkeit[968] als auch für die Fremdenbeherbergung durch ihren

964 Siehe *Bayerisches Staatsministerium des Inneren, für Bau und Verkehr*, Arbeitshilfe, 2013, S. 5; VG München, Beschl. v. 15.04.2021 – M 9 S 21.781 = BeckRS 2021, 16945 Rn. 22, 24 und 30, wonach das Nutzungskonzept von Boardinghäusern regelmäßig eine Fremdenbeherbergung darstellen wird.

965 So generell für Boardinghäuser aufgrund des häufigen Gästewechsels und der geringen Aufenthaltsdauer *Böhle*, Zweckentfremdung von Wohnraum, Rn. 91.

966 Siehe VG Berlin, Urt. v. 04.03.2020 – 6 K 420.19, Rn. 47 (juris), wonach der Dauer auch bei Vorliegen einzelner Indizien für eine Fremdenbeherbergung der Vorzug zu geben und damit die Wohnnutzung weiterbesteht.

967 Siehe VG München, Beschl. v. 15.04.2021 – M 9 S 21.781 = BeckRS 2021, 16945 Rn. 25 f. und 29–31; vgl. auch *Zott*, Die Regulierung des Homesharing, S. 63 f.

968 Siehe Kapitel 3, A. III. 1.

nur vorübergehenden Charakter und die parallele Nutzung einer anderen Wohnung am eigentlichen Lebensmittelpunkt dar.[969]

Zum anderen lässt die Rechtsprechung – wie eben bereits angerissen – auch die besondere Zwecksetzung des Zweckentfremdungsrechts als ausschlaggebenden Topos in die Abwägung der Kriterien einfließen.[970] Alle Nutzungskonzepte mit einer durchschnittlichen Aufenthaltsdauer von unter drei Monaten bieten den Wohnraum am Markt nur ganz bestimmten (zahlungskräftigen) Nachfragern an, die trotz dieses Angebots entweder weiterhin Nachfrager auf dem dortigen Wohnungsmarkt bleiben, indem sie die Wohnung beispielsweise im Boardinghouse nur übergangsweise bis zur Auswahl oder zum Freiwerden ihrer eigentlichen Mietwohnung annehmen, oder die nur berufsbedingt übergangsweise an dem Ort verweilen wollen. Demnach trägt das Raumangebot im Kontext der sonstigen Fälle der Fremdenbeherbergung nicht zur Entlastung des Wohnungsmarkts bei, vielmehr geht unmittelbar Wohnraum verloren.[971] Diese Entwicklung widerspricht der Zielsetzung des Zweckentfremdungsrechts. Dieses zielt auf die Erhaltung des Wohnraumangebots in Gebieten mit einem angespannten Wohnungsmarkt und damit einem Gebiet mit dort bereits existierendem Wohnraummangel ab (Art. 1 S. 1 ZwEWG, siehe auch § 1 Abs. 1 ZeS).[972] Der Widerspruch der sonstigen Fälle der Kurzzeit-

---

969 Hierzu und zum Vorstehenden vgl. beispielsweise VG Berlin, Urt. v. 04.03.2020 – 6 K 420.19, Rn. 48–52 (juris).

970 Vgl. OVG Bln-Bbg, Beschl. v. 28.05.1993 – 5 S 24/93 = NVwZ 1994, 799 (799 f.); VG Berlin, Urt. v. 04.03.2020 – 6 K 420.19, Rn. 45 (juris); VG Berlin, Beschl. v. 02.10.2018 – 6 L 258.18 = BeckRS 2018, 42154 Rn. 16; VG Berlin, Urt. v. 19.09.2018 – 6 K 1.18 = BeckRS 2018, 38200 Rn. 24; VG Berlin, Beschl. v. 30.01.2018 – 6 L 784.17 = BeckRS 2018, 38199 Rn. 26; VG Berlin, Beschl. v. 23.01.2018 – 6 L 756.17 = BeckRS 2018, 5205 Rn. 22.

971 Siehe hierzu und zum Vorstehenden BayVGH, Beschl. v. 24.03.2021 – 12 ZB 19.369, Rn. 27 (juris); OVG NRW, Urt. v. 19.11.2020 – 14 A 4304/19 = NJW 2021, 1255 (1257, Rn. 31 f.); VG Berlin, Urt. v. 04.03.2020 – 6 K 420.19, Rn. 45 (juris); vgl. auch OVG Bln-Bbg, Beschl. v. 28.05.1993 – 5 S 24/93 = NVwZ 1994, 799 (800); VG Berlin, Beschl. v. 30.01.2018 – 6 L 784.17 = BeckRS 2018, 38199 Rn. 28; VG Berlin, Beschl. v. 23.01.2018 – 6 L 756.17 = BeckRS 2018, 5205 Rn. 24; noch zu Art. 6 § 1 MRVerbG OVG Bln, Beschl. v. 04.12.1989 – OVG 5 S 59.89 = GE 1993, 593 (595); *Schmidt-Futterer/Blank*, Wohnraumschutzgesetze, Rn. E 44; *Böhle*, Zweckentfremdung von Wohnraum, Rn. 88.

972 LT-Drs. 17/15781, S. 1 und 4; LT-Drs. 16/14916, S. 1; LT-Drs. 15/8369, S. 6; *Bayerisches Staatsministerium des Inneren, für Bau und Verkehr*, Arbeitshilfe, 2013, S. 3; siehe auch BayVGH, Beschl. v. 24.03.2021 – 12 ZB 19.369, Rn. 33 (juris); BayVGH, Beschl. v. 20.01.2021 – 12 N 20.1706, Rn. 47–49 (juris); BayVGH,

vermietung mit der Zielsetzung des Zweckentfremdungsrechts kann auch nicht dadurch aufgelöst werden, dass sie zu einer Umnutzung eines in Zukunft entstehenden Übergewichts an Hotelzimmer in Wohnungen führen könnten, die den durch die Kurzzeitvermietung eintretenden Verlust von Wohnraum kompensiert. Einerseits ist das Eintreten dieser Umnutzung sowie die Ursächlichkeit der Kurzzeitvermietung hierfür zweifelhaft. Andererseits ist in diesem Kontext allein eine statische Betrachtung, ob sich das Wohnraumangebot unmittelbar verringert, entscheidend, was hier der Fall ist.

Im Ergebnis zielen die meisten Nutzungskonzepte der sonstigen Fälle der Kurzzeitvermietung auf eine Aufenthaltsdauer von unter drei Monaten ab oder weisen diese rein faktisch auf. Demnach sind sie zweckentfremdungsrechtlich als Fälle der Fremdenbeherbergung nach Art. 1 S. 2 Nr. 3 ZwEWG in Verbindung mit § 4 Abs. 1 S. 2 Nr. 3 ZeS zu qualifizieren. Bei den übrigen Konzepten, die durch eine durchschnittliche Aufenthaltsdauer über drei Monate geprägt sind, spricht dies zunächst für eine Wohnnutzung. Dabei lässt die Rechtsprechung aber eine einheitliche Linie bei der Anerkennung und Gewichtung einzelner Indizien vermissen. Demnach ist es in diesem Grenzbereich rechtlich besonders ungewiss, ob es sich noch um eine Wohnnutzung oder bereits eine Fremdenbeherbergung handelt.[973] Das an sich gewichtige Indiz der Dauer von über drei Monaten kann durch die Ausgestaltung und Ausstattung der sonstigen Fälle, die eine Fremdenbeherbergung indizieren, und durch die besondere Zielsetzung des Zweckentfremdungsrechts in aller Regel entkräftet werden. Demnach können also auch die übrigen Fälle dieser Art der Kurzzeitvermietung eine Fremdenbeherbergung nach Art. 1 S. 2 Nr. 3 ZwEWG in Verbindung mit § 4 Abs. 1 S. 2 Nr. 3 ZeS und damit eine Zweckentfremdung darstellen.

Beschl. v. 26.03.2018 – 12 BV 17.1765, Rn. 148 und 173 (juris); noch zu Art. 6 § 1 MRVerbG BVerfG, Beschl. v. 04.02.1975 – 2 BvL 5/74 = BVerfGE 38, 348 (353 f.); *Sodan*, Verfassungs- und andere Rechtsprobleme von Berliner Regelungen über das Verbot der Zweckentfremdung von Wohnraum, S. 57.

973 Siehe Kapitel 3, B. III. 1. a. aa.; so auch *Zott*, Die Regulierung des Homesharing, S. 64, der diese Unsicherheit aufgrund der qualitativen Kriterien im Rahmen des Wohnens betont.

b) Die übrigen beiden Umnutzungskonstellationen sowie die Auswirkung von Änderungsarbeiten im Rahmen aller drei Umnutzungsvorhaben

Einfacher zu beurteilen sind die übrigen beiden Fallkonstellationen. Die Kurzzeitvermietung im engeren Sinne sowie die übernachtungsfremden Nutzungsarten der bisherigen Wohnung stellen eine Zweckentfremdung durch den Eigentümer als Verfügungsberechtigten nach § 4 Abs. 1 S. 2 Nr. 1 und Nr. 3 ZeS dar.[974] Im Falle bei all diesen Umnutzungsvorhaben erforderlicher Änderungsarbeiten kann – je nach Ausgestaltung der Arbeiten – eine weitere Zweckentfremdung im Sinne des § 4 Abs. 1 S. 2 Nr. 2 ZeS einschlägig sein. Alle drei Umnutzungsvorhaben bedürfen daher einer zweckentfremdungsrechtlichen Genehmigung (siehe § 5 Abs. 1 ZeS).

2. Genehmigungsfähigkeit

Hinsichtlich der Genehmigungsfähigkeit gilt es zu differenzieren und zu priorisieren. Ähnlich wie im Milieuschutzrecht, wo die Genehmigungsansprüche des § 172 Abs. 4 S. 2 und S. 3 BauGB vor dem Auffanggenehmigungstatbestand des § 172 Abs. 4 S. 1 BauGB zu prüfen sind, ist im Zweckentfremdungsrecht zunächst der Anspruchstatbestand des Art. 2 Abs. 1 S. 1 Nr. 1 ZwEWG in Verbindung mit § 5 Abs. 2, § 6 ZeS zu prüfen. Ist dieser nicht einschlägig, so ist der Auffangtatbestand des Art. 2 Abs. 1 S. 1 Nr. 2 ZwEWG in Verbindung mit § 5 Abs. 3, § 7 und § 8 ZeS zu prüfen, der hier die Genehmigung aber als Ermessensentscheidung der Gemeinde qualifiziert.

Zunächst ist nun die Genehmigungsfähigkeit im Rahmen Zweckentfremdungsrechts zu untersuchen (a.). Im Anschluss daran ist auf die Möglichkeit des Ersatzwohnraums nach § 7 Abs. 2 Nr. 5 S. 3 ZeS (a. F.)[975] und dessen damit verbundene zweckentfremdungsrechtliche Neuvertragsmietenregulierung aus kompetenzrechtlicher Sicht einzugehen (b.). Dies ist für die Untersuchung der Handlungsalternativen der am Mietwohnungs-

974 So auch allgemein zur Kurzzeitvermietung im engeren Sinne *Schröder*, GewA 2015, 392 (394 f.).

975 ZeS vom 05.12.2017 (MüABl. S. 494), zuletzt geändert am 04.11.2019 (MüABl. S. 452) mit Gültigkeit bis zum 31.08.2021, abrufbar unter: https://stadt.muenchen.de/rathaus/stadtrecht/vorschrift/999/version3.html (geprüft am 12.02.2022).

markt verbleibenden Wohnung im nächsten Unterkapitel[976] deswegen von Interesse, weil es die Frage beantwortet, ob es neben der Mietpreisregulierung durch das BGB auch eine dementsprechende Neuvertragsmietenregulierung durch das Zweckentfremdungsrecht für einzelne Eigentümer zu beachten gilt.

a) Allgemeines

Im hiesigen Kontext ist der Anspruch auf eine Genehmigung, konkret aus § 6 ZeS, für die bewusste unterlassene Nutzung der Wohnräume und die Umnutzungsvorhaben der Kurzzeitvermietung in aller Regel abzulehnen. Ausnahmsweise könnte im Einzelfall die wirtschaftliche Existenz gem. § 6 Abs. 2 ZeS gefährdet sein.[977] Bei den Umnutzungsvorhaben hin zu den übernachtungsfremden Nutzungsarten können die Räume aber als medizinische Einrichtungen, beispielsweise als Arztpraxis, genutzt werden. Nach § 6 Abs. 1 ZeS ist eine soziale Einrichtung zu gesundheitlichen Zwecken oder die Versorgung mit lebenswichtigen Diensten in den Räumen, wie beispielsweise eine ärztliche Betreuung, ein vorrangiger öffentlicher Belang, der eine Zweckentfremdung legitimiert und ihre Genehmigungsfähigkeit über § 5 Abs. 2 Var. 1 ZeS herstellt.[978] Für einen Genehmigungsanspruch muss aber nach § 6 Abs. 1 ZeS ein dringender Bedarf der Gemeinde genau an dieser Stelle hinzukommen und es dürfen andere Räume hierfür aktuell nicht verfügbar sein oder nicht zeitnah geschaffen werden

---

976 Siehe Kapitel 3, B. IV. 1. b.

977 Weiterführend hierzu *Bayerisches Staatsministerium des Inneren, für Bau und Verkehr*, Arbeitshilfe, 2013, S. 6 f.; zu § 3 Abs. 4 Alt. 1 ZwVbG *Sodan*, Verfassungs- und andere Rechtsprobleme von Berliner Regelungen über das Verbot der Zweckentfremdung von Wohnraum, S. 117 f.; noch zu Art. 6 § 1 MRVerbG *Schultz/Bujewski-Crawford*, Das Verbot der Zweckentfremdung von Wohnraum in Berlin und Brandenburg, S. 71 f.; *Böhle*, Zweckentfremdung von Wohnraum, Rn. 77–80; *Schmidt-Futterer/Blank*, Wohnraumschutzgesetze, Rn. E 69 f.

978 Siehe hierzu weiterführend *Bayerisches Staatsministerium des Inneren, für Bau und Verkehr*, Arbeitshilfe, 2013, S. 6; zur Berliner Regelung des § 3 Abs. 2 ZwVbG *Sodan*, Verfassungs- und andere Rechtsprobleme von Berliner Regelungen über das Verbot der Zweckentfremdung von Wohnraum, S. 116 f.; zur Vorgängerregelung des Art. 6 § 1 MRVerbG BVerfG, Beschl. v. 04.02.1975 – 2 BvL 5/74 = BVerfGE 38, 348 (362); *Schultz/Bujewski-Crawford*, Das Verbot der Zweckentfremdung von Wohnraum in Berlin und Brandenburg, S. 71; *Schmidt-Futterer/Blank*, Wohnraumschutzgesetze, Rn. E 64 f.; *Böhle*, Zweckentfremdung von Wohnraum, Rn. 76.

können. Hier kommt es auf den konkreten Einzelfall an. Im Kontext der angespannten Wohnungsmärkte ist aber davon auszugehen, dass dann, wenn der dringende Bedarf an dieser Stelle zu bejahen ist, in aller Regel auch keine anderen Räume verfügbar sein dürfen, außer in der direkten Nähe des Vorhabens wird eine solche Einrichtung in absehbarer Zeit fertiggestellt. Demnach kann hieraus im Einzelfall ein Genehmigungsanspruch resultieren.

In den anderen Fällen sowie für die Konstellationen der Kurzzeitvermietung ist aber der Genehmigungsanspruchstatbestand nicht einschlägig. Hier kommt es auf den Auffanggenehmigungstatbestand an. Gem. § 5 Abs. 3 ZeS steht es im Ermessen der Gemeinde, ob sie bei der Schaffung von Ersatzwohnraum gem. § 7 ZeS oder bei einer Ausgleichszahlung nach § 8 ZeS die Genehmigung für die geplante Zweckentfremdung von Wohnraum erteilt. Im Kontext der Untersuchung kann ausgeschlossen werden, dass Ersatzwohnraum gem. § 7 ZeS geschaffen und angeboten wird,[979] da der Wohnungsanbieter ja seine Räume auf einem anderen Markt als dem Mietwohnungsmarkt anbieten möchte. Demnach ist ihm nicht geholfen, wenn er künftig Ersatzwohnraum schaffen muss (ein Ersatzwohnraum aus dem Bestand reicht nämlich nicht aus, vgl. § 7 Abs. 2 Nr. 3 ZeS), der zugleich nicht kleiner als der bisherige zweckentfremde Wohnraum sein darf und mindestens den gleichen Standard wie dieser aufweisen muss (vgl. § 7 Abs. 2 Nr. 4 ZeS). Zusätzlich war die Miete für diesen Ersatzwohnraum nach der alten Rechtslage bis zum 31. August 2021 gem. § 7 Abs. 2 Nr. 5 S. 3 ZeS (a. F.)[980] bis zur Höhe der ortsüblichen Vergleichsmiete gedeckelt. Damit wurde dem Eigentümer aber beim neu zu schaffenden Ersatzwohnraum die nach § 556f S. 1 BGB mietpreisbremsenfreie Neuvertragsmiete verwehrt.[981]

---

979 Weiterführend hierzu *Bayerisches Staatsministerium des Inneren, für Bau und Verkehr*, Arbeitshilfe, 2013, S. 7; noch zu Art. 6 § 1 MRVerbG BVerwG, Urt. v. 12.03.1982 – 8 C 23/80 = NJW 1982, 2269 (2269 f.); *Schultz/Bujewski-Crawford*, Das Verbot der Zweckentfremdung von Wohnraum in Berlin und Brandenburg, S. 60–70; *Böhle*, Zweckentfremdung von Wohnraum, Rn. 96–105; *Schmidt-Futterer/Blank*, Wohnraumschutzgesetze, Rn. E 69.

980 ZeS vom 05.12.2017 (MüABl. S. 494), zuletzt geändert am 04.11.2019 (MüABl. S. 452) mit Gültigkeit bis zum 31.08.2021, abrufbar unter: https://stadt.muenchen.de/rathaus/stadtrecht/vorschrift/999/version3.html (geprüft am 12.02.2022).

981 Siehe hierzu sogleich Kapitel 3, B. III. 2. b.

Auch bietet sich kein Ausweg für eine zweckentfremdungsrechtliche Genehmigung durch eine Ausgleichzahlung gem. § 8 ZeS.[982] Einerseits ist sie unter wirtschaftlichen Gesichtspunkten im Kontext der Untersuchung und der Flucht des Eigentümers aus dem wenig rentablen Mietwohnungsmarkt kaum sinnvoll, da die Ausgleichsbeiträge relativ hoch ausfallen werden (vgl. § 8 Abs. 2 ZeS). Andererseits wird die Gemeinde sich nur ganz selten und nur im Einzelfall auf diese Ausgleichsbeiträge einlassen, wie bereits der Wortlaut des § 8 Abs. 1 ZeS („im Einzelfall") nahelegt. Hinzuweisen ist zuletzt noch darauf, dass durch das Ermessen der Gemeinde bezüglich der Ausgleichsmaßnahmen (Schaffung von Ersatzwohnraum oder Ausgleichszahlung) der Eigentümer keinen Genehmigungsanspruch im Falle seiner Bereitschaft geltend machen kann. Konstellationen, die zu einer Ermessensreduktion auf null führen, sind hier nicht ersichtlich.

b) Die Neuvertragsmietenregulierung im Zweckentfremdungsrecht – kompetenzrechtliche Probleme?

Diese Neuvertragsmietenregulierung durch das Zweckentfremdungsrecht erscheint kompetenzrechtlich in zweierlei Hinsicht äußerst bedenklich.[983] Zum einen ist stark zu bezweifeln, dass das Zweckentfremdungsrecht in Form des ZwEWG eine Kompetenz zum Erlass einer Neuvertragsmietenregulierung für Neubauten durch die jeweilige Kommune statuiert.[984]

---

982 Siehe hierzu weiterführend *Bayerisches Staatsministerium des Inneren, für Bau und Verkehr*, Arbeitshilfe, 2013, S. 7 f.; zu § 3 Abs. 1 S. 2 ZwVbG *Sodan*, Verfassungs- und andere Rechtsprobleme von Berliner Regelungen über das Verbot der Zweckentfremdung von Wohnraum, S. 121–126; noch zu Art. 6 § 1 MRVerbG *Schultz/Bujewski-Crawford*, Das Verbot der Zweckentfremdung von Wohnraum in Berlin und Brandenburg, S. 73–78.

983 So auch *Schultz/Bujewski-Crawford*, Das Verbot der Zweckentfremdung von Wohnraum in Berlin und Brandenburg, S. 69 f., die die Einführung einer Mietpreisregulierung im Zweckentfremdungsrecht als rechtswidrig qualifizieren; *Schultz*, GE 1991, 65 (74 f.); a. A. *Böhle*, Zweckentfremdung von Wohnraum, Rn. 103, der sogar eine Miete unterhalb der ortsüblichen Vergleichsmiete für denkbar hält.

984 So nun auch für Bayern BayVGH, Beschl. v. 20.01.2021 – 12 N 20.1706 = BeckRS 2021, 963 Rn. 27–35, vor allem Rn. 31; für Berlin VG Berlin, Urt. v. 27.08.2019 – 6 K 452.18, Rn. 29–37 (juris); noch zu Art. 6 § 1 MRVerbG OVG Bln, Urt. v. 13.12.1990 – OVG 5 B 53.89 = GE 1991, 199 (201 und 203); OVG Bln, Beschl. v. 07.09.1990 – OVG S 55.90 = GE 1992, 49 (49 f.); differenzierend *Schmidt-Futterer/Blank*, Wohnraumschutzgesetze, Rn. E 84, die aber einräumen,

Zum anderen – sollte dies anders sein – ist dann für das ZwEWG die verfassungsrechtliche Kompetenzfrage im Hinblick auf die Neuvertragsmietenregulierung nach §§ 556d ff. BGB genauso zu beantworten wie für den gescheiterten Berliner Mietendeckel.[985] Gilt die Mietpreisbremse vor Ort, so ist ein zehnprozentiger Aufschlag gem. § 556d Abs. 1 BGB möglich, der dem Eigentümer nach § 7 Abs. 2 Nr. 5 S. 3 ZeS (a. F.)[986] aber verwehrt wird, ganz zu schweigen von der Ausnahmevorschrift des § 556f S. 1 BGB, die Neubauten bewusst aus der Neuvertragsmietenregulierung des § 556d BGB ausklammert. Der Bundesgesetzgeber hat die Kompetenz für eine Neuvertragsmietenregulierung wahrgenommen und vollständig ausgefüllt. Auch kann § 556f S. 1 BGB nicht dergestalt als Argument für die Gültigkeit von § 7 Abs. 2 Nr. 5 S. 3 ZeS (a. F.) fruchtbar gemacht werden, dass damit der BGB-Gesetzgeber bewusst eine Mietpreisregulierung von Neubauten ausgeklammert hätte und dies damit offen für eine landesgesetzliche Regelung sei. Vielmehr hat der Bundesgesetzgeber diesen Bereich negativ so geregelt, dass die Mietpreisregulierung explizit nicht für Neubauten gelten solle, um Neubauvorhaben nicht abzuschrecken. Demnach hat der Bundesgesetzgeber keinen Spielraum für eine landesrechtliche Neuvertragsmietenregulierung eröffnet.

Dieses verfassungsrechtliche Kompetenzproblem hat der Bayerische Verwaltungsgerichtshof für Bayern vorweggenommen und geklärt, dass bereits das ZwEWG keine Kompetenz der Gemeinden zu einer satzungsförmigen Mietpreisregulierung schafft.[987] Dagegen möchte die Stadt München mittels einer Popularklage vorgehen.[988] Für Berlin hat dies (wie der Bayerische Verwaltungsgerichtshof) auch in ähnlicher Weise das VG Ber-

---

dass eine Mietpreisregulierung nicht vom Zweckentfremdungsrecht gedeckt sein dürfte.

985 BVerfG, Beschl. v. 25.03.2021 – 2 BvF 1/20 u. a., Rn. 148–160 (juris) zum abschließenden Charakter der Mietpreisregulierung im BGB angesichts Art. 74 Abs. 1 Nr. 1 GG und Art. 72 Abs. 1 GG und Rn. 175–185 (juris) dazu, dass sich eine landesrechtliche Mietpreisregulierung auch nicht auf andere Kompetenztitel des GG stützen könne.

986 ZeS vom 05.12.2017 (MüABl. S. 494), zuletzt geändert am 04.11.2019 (MüABl. S. 452) mit Gültigkeit bis zum 31.08.2021, abrufbar unter: https://stadt.muenchen.de/rathaus/stadtrecht/vorschrift/999/version3.html (geprüft am 12.02.2022).

987 BayVGH, Beschl. v. 20.01.2021 – 12 N 20.1706 = BeckRS 2021, 963 Rn. 27–35, vor allem Rn. 31.

988 Siehe beispielsweise *Stadt München*, Zweckentfremdung: Sozialreferat bereitet Popularklage vor, 2021, S. 2, sowie *Krass*, München: Stadt kämpft für bezahlbare Mietwohnungen, 2021.

lin angenommen und eine ähnliche Mietpreisregulierungsvorschrift für Ersatzwohnraum gekippt.[989] Eine Entscheidung des OVG Berlin-Brandenburg hierzu steht aber noch aus, so dass sich in dem Fall, dass vom Berliner Zweckentfremdungsgesetz (ZwVbG) auch Mietpreisregulierungen gedeckt sein sollten, das gleiche verfassungsrechtliche Kompetenzproblem stellen wird. Unabhängig von der Frage der Unwirksamkeit der Mietpreisregulierung für den Ersatzwohnraum wird hier für den Eigentümer § 7 ZeS auch unter wirtschaftlichen Gesichtspunkten keine Option sein, da er regelmäßig nicht zusätzlich woanders Ersatzwohnraum schaffen werden wird, nur um für diese bereits existierenden Wohnung(en) eine zweckentfremdungsrechtliche Genehmigung zur Umnutzung zu erhalten.

Eine andere Konstellation, dass eine Zweckentfremdungssatzung gilt, die nach § 7 Abs. 2 Nr. 5 ZeS (a. F.) für den Ersatzwohnraum eine regulierte Neuvertragsmiete festlegt, aber keine Mietpreisbremse und damit die Neuvertragsmieten nicht gem. § 556d Abs. 1 BGB reguliert werden, kann kaum auftreten – denkbar ist dies allenfalls bei einem Auslaufen der Vorschriften der Mietpreisbremse vor der der Zweckentfremdungssatzung. Dann müsste aber kritisch hinterfragt und gerichtlich geklärt werden, ob die Voraussetzungen für den Erlass der Zweckentfremdungssatzung überhaupt (noch) vorliegen.

3. Zwischenfazit

Im Ergebnis sind sowohl die Kurzzeitvermietung im engeren Sinne als auch die übernachtungsfremden Nutzungsarten zweckentfremdungsrechtlich genehmigungsbedürftig. Auch ein bewusster Leerstand der Räume ist als eine Zweckentfremdung von Wohnraum zu qualifizieren.

Deutlich schwieriger zu beurteilen sind die sonstigen Fälle der Kurzzeitvermietung wegen der – im Vergleich zur Kurzzeitvermietung im engeren Sinne – längeren Aufenthaltsdauer in den Räumen. Die baurechtlichen Erkenntnisse überträgt die Rechtsprechung wegen dessen besonderer Zwecksetzung nicht auf das Zweckentfremdungsrecht, um dieses Nutzungskonzept einer Lösung zuzuführen. Demnach können sich zwischen beiden Rechtsinstituten Divergenzen ergeben. Entscheidend sind das Nut-

989 VG Berlin, Urt. v. 27.08.2019 – 6 K 452.18, Rn. 29–37 (juris) zur verfassungskonformen Auslegung des § 3 Abs. 1 des ZwVbG sowie Rn. 41–46 (juris) zu § 3 Abs. 4 ZwVbVO und der dortigen Mietpreisregulierung für Ersatzwohnraum mit einer Nettokaltmiete von maximal 7,92 €/m².

zungskonzept und das konkrete Geschäftsmodell im Einzelfall. Die Rechtsprechung hat mehrere Indizien entwickelt, um die Grenzfälle zwischen Wohnen und Fremdenbeherbergung zweckentfremdungsrechtlich zu beurteilen. Von besonderer Bedeutung ist die gewöhnliche Aufenthaltsdauer. Aufgrund der überwiegenden Aufenthaltsdauer von unter drei Monaten stellen sie in aller Regel eine Fremdenbeherbergung dar und sind folglich genehmigungsbedürftig. Die übrigen Indizien, die zum Teil innerhalb der Rechtsprechung umstritten sind und unterschiedlich gewichtet werden, können eine zu kurze Dauer nicht kompensieren. Des Weiteren entspricht – unabhängig von dem Indiz der Dauer – die Qualifikation der Nutzungskonzepte mit einer gewöhnlichen Aufenthaltsdauer von unter drei Monaten der Zielsetzung des Zweckentfremdungsrechts. Die Rechtsprechung misst der gesetzgeberischen Zwecksetzung für die Entscheidung im Einzelfall eine große Bedeutung bei. Somit sind die meisten Nutzungskonzepte der sonstigen Fälle der Kurzzeitvermietung eine genehmigungsbedürftige Fremdenbeherbergung. Dagegen können die übrigen Nutzungskonzepte innerhalb der sonstigen Fälle der Kurzzeitvermietung mit einer gewöhnlichen Aufenthaltsdauer von über drei Monaten als gewichtiges Indiz für eine Wohnnutzung durch andere Indizien, die für eine Fremdenbeherbergung sprechen, ausgeglichen werden. In aller Regel werden diese übrigen Fälle der sonstigen Fälle der Kurzzeitvermietung ebenfalls eine genehmigungsbedürftige Fremdenbeherbergung darstellen.

Im Ergebnis ist die Divergenz des Zweckentfremdungsrechts zum Baurecht und eine daraus resultierende andere Bewertung der sonstigen Fälle der Kurzzeitvermietung im Zweckentfremdungsrecht zu begrüßen. Kritisch zu beurteilen ist aber das hohe Maß an Rechtsunsicherheit, das aus der unterschiedlichen Anwendung und Gewichtung der Indizien für ein Wohnen oder Fremdenbeherbergung resultiert. Genauere und landesweit einheitliche Vorgaben, beispielsweise hinsichtlich einer Mindestaufenthaltsdauer oder dem Nachweis, den Lebensmittelpunkt in diese Stadt verlegt zu haben, wären für ein Mehr an Rechtssicherheit im bayerischen Zweckentfremdungsrecht zu begrüßen.[990]

Die unterlassene Nutzung der Räume sowie alle drei Umnutzungskonzepte werden in aller Regel nicht genehmigungsfähig sein. Einzig bei den Umnutzungsvorhaben hin zu den übernachtungsfremden Nutzungsarten kann sich für den künftigen Betrieb medizinischer Einrichtungen gem. § 6

990 Vgl. *Zott*, Die Regulierung des Homesharing, S. 62 f., wonach andere Bundesländer dies bereits konkretisiert haben; siehe beispielsweise *Behörde für Stadtentwicklung und Umwelt*, Fachanweisung, 2014, S. 2 (Ziff. 1.3).

Abs. 1 ZeS in Verbindung mit § 5 Abs. 2 ZeS ein Genehmigungsanspruch ergeben. Des Weiteren kann hier ausgeschlossen werden, dass Ersatzwohnraum geschaffen wird. Außerdem wird sich die Gemeinde in aller Regel nicht auf Ausgleichszahlungen einlassen, die der Eigentümer wohl auch nicht zu entrichten gewillt sein wird. Unabhängig von der hier angenommenen fehlenden Bereitschaft, Ersatzwohnraum zu schaffen, ergibt sich für diesen Wohnraum keine zweckentfremdungsrechtliche Mietpreisregulierung. Diese ist kompetenzrechtlich mangels Ermächtigung hierzu im ZwEWG und wegen der vollständigen Neuvertragsmietenregulierung durch den Bund im BGB unzulässig. Für Bayern hat der Bayerische Verwaltungsgerichtshof am Beispiel der Satzung der Stadt München dieser Art der öffentlich-rechtlichen Mietpreisregulierung bereits einen Riegel vorgeschoben, wenngleich noch eine Entscheidung des Bayerischen Verfassungsgerichtshofs hierzu aussteht.

IV. Handlungsoptionen des Eigentümers bei fortbestehendem Angebot der Wohnung am Mietwohnungsmarkt

Durch die vorherigen Ausführungen wurde deutlich, dass für alle drei Umnutzungsvorhaben[991] meist keine, allenfalls überwindbare Hindernisse bestehen. Anders ist dagegen die Situation in solchen Gebieten, die unter Milieuschutz stehen. Dort ist dem Eigentümer in aller Regel aus milieuschutzrechtlichen Gründen die Baugenehmigung für alle drei Umnutzungsvorhaben nach Art. 59 S. 1 Nr. 3 BayBO in Verbindung mit § 173 Abs. 1 S. 2 BauGB zu versagen. Nur bei einer Umnutzung hin zu den übernachtungsfremden Nutzungsarten ist eine Genehmigung für eine medizinische Einrichtung denkbar. Genauso verhält es sich im Zweckentfremdungsrecht. Nur die medizinische Einrichtung kann prinzipiell einen Genehmigungsanspruch haben. Demnach wird es in den allermeisten Fällen in diesen besonderen Gebieten eben keine „Flucht“ aus dem Mietwohnungsmarkt geben.

Dann ergeben sich, wenn die Wohnung aktuell leer steht,[992] zwei Handlungsalternativen. Der Eigentümer kann die Wohnung weiter am Mietwohnungsmarkt anbieten und vermieten (1.). Alternativ kann er als „Exit-Option“ den Verkauf des Hauses mit seinen Wohnungen oder auch nur den der jeweiligen Eigentumswohnung anstreben (2.). Damit wechselt

---

991 Siehe Kapitel 3, B. I. 1. bis 3.
992 Siehe Kapitel 3, B. I.

der Eigentümer mit seinem Angebot auf einen anderen Teilmarkt.[993] Für eine andere Nutzung der Räume durch den Käufer gelten dann allerdings die gleichen Genehmigungshindernisse des Bau- und Zweckentfremdungsrechts. Daher wird der Erwerber die Wohnung(en) vermieten oder selbst nutzen.

1. Mietpreisregulierung der vorhandenen und am Mietwohnungsmarkt bleibenden Wohnung

Für den Fall, dass der bisher vermietete Wohnraum[994] auch weiterhin vermietet werden soll, spielt es eine entscheidende Rolle, wenn der jeweilige regionale Wohnungsmarkt durch die Rechtsverordnung im Sinne des § 556d Abs. 1 und Abs. 2 BGB als angespannter Wohnungsmarkt qualifiziert wird.

Daher soll auf die diese Einordnung des Marktes eingegangen werden, insbesondere auf die nach dem Gesetzgeber, der Literatur und Rechtsprechung geschriebenen wie ungeschriebenen Kriterien hierfür (a.). Diese sind mit den ökonomischen Erkenntnissen der Kapitel 1 und 2 abzugleichen. Insbesondere soll der Frage nachgegangen werden, wie diese Kriterien konkreter auszugestalten sind und welche Bedeutung den einzelnen für die Qualifikation eines Wohnungsmarkts als angespannt beim Verordnungserlass zukommt.

Im Anschluss daran sind die Folgen dieser Einordnung für die auf dem Mietwohnungsmarkt bleibende Wohnung zu untersuchen (b.). Entscheidende Bedeutung haben hierfür der dann am Markt mit der Wohnung erzielbare Mietpreis und seine Grenzen durch die Mietpreisregulierung. Im Zuge dessen sind auch die möglichen Ausnahmetatbestände von der Neuvertragsmietenregulierung zu erörtern. Diesen Erkenntnissen kommt eine entscheidende Bedeutung für die Investitionsrechnung des Immobilieneigentümers zu, denn er misst darin sowohl dem Ausgangsmietpreis als auch den künftigen Spielräumen für ein Mietwachstum große Relevanz bei.[995]

---

993 Siehe Kapitel 1, A. IV. 2. c. aa. und A. IV. 2. c. bb. (2) (a).

994 Zum Begriff des Wohnraums im Mietrecht Kapitel 3, A. II. 3.; zum aktuellen Leerstand siehe Kapitel 3, B.

995 Siehe Kapitel 1, B. II. 1. und B. II. 3. b.; zu den Investitionsberechnungsmethoden Kapitel 1, B. II. 2.

a) Die Qualifikation des Wohnungsmarkts als angespannt gem. § 556d Abs. 2 S. 2 und S. 3 BGB

Der Gesetzgeber verlangt gem. § 556d Abs. 2 S. 2 BGB für den Erlass der Rechtsverordnung eine besondere Gefährdung der ausreichenden Versorgung der Bevölkerung in der jeweiligen Gemeinde mit Mietwohnungen. Hierfür kann auf die nicht abschließenden Indikatoren in § 556d Abs. 2 S. 3 BGB abgestellt werden („insbesondere"). Demnach können auch andere Faktoren eine Rolle spielen.[996] Bei der Auswahl und der Gewichtung der Kriterien für die Qualifikation des Wohnungsmarkts – sei es in Teilen oder für das gesamte Stadtgebiet – als angespannt sind die Landesregierungen frei. Dem Verordnungsgeber wird ein Beurteilungs- und Bewertungsspielraum zugestanden, der nur eingeschränkt gerichtlich überprüft werden kann.[997]

Bei den geschriebenen wie ungeschriebenen Kriterien ist die Verfügbarkeit der hierfür relevanten Daten für die jeweilige Gemeinde ein ernst zu nehmendes Hindernis,[998] das das Ziel einer sorgfältigen und umfassenden empirischen Untersuchung deutlich beeinträchtigt[999]. Ganz besonders gilt dies für die in § 556d Abs. 2 S. 2 BGB eingeräumte Möglichkeit, nur gewisse Stadtteile in die Rechtsverordnung aufzunehmen. Dies wird an validem Datenmaterial auf Ebene dieser Stadtteile scheitern. In aller Regel, und dies bestätigt sich auch in der Praxis der Verordnungen für die Mietpreisbremse, wird daher auf Basis der verfügbaren Daten das ganze Stadtgebiet

---

996 Siehe hierzu sogleich Kapitel 3, B. IV. 1. a. dd.

997 Hierzu und zum Vorstehenden BVerfG, Beschl. v. 18.07.2019 – 1 BvL 1/18 u. a. = NJW 2019, 3054 (3063 f., Rn. 113 und 115 f.); BGH, Urt. v. 25.05.2020 – VIII ZR 45/19 = NZM 2020, 551 (557 f., Rn. 81 f.); LG München I, Urt. v. 06.12.2017 – 14 S 10058/17 = NZM 2018, 83 (86, Rn. 29); *Emmerich*, in: Staudinger, § 556d Rn. 29; *Fleindl*, in: Gsell u. a., BeckOGK, § 556d BGB Rn. 28, 31 und 99 (Stand: Okt. 2021); *Lehmann-Richter*, WuM 2015, 204 (206 f.).

998 So auch die Begründung zum Gesetzentwurf, BT-Drs. 18/3121, S. 29; *Emmerich*, in: Staudinger, § 556d Rn. 34–37; *Abramenko*, in: Lützenkirchen, § 556d Rn. 40; siehe beispielsweise *Institut Wohnen und Umwelt*, Gutachten zur Identifizierung von Gebieten mit angespannten Wohnungsmärkten in Bayern, 2021, S. 73; *Institut Wohnen und Umwelt*, Gutachten zur Identifizierung von Gebieten mit angespannten Wohnungsmärkten in Bayern, 2019, S. 20 und 72 f.; siehe auch die Verordnungsbegründungen, BayMBl. 2021 Nr. 944, S. 6, und GVBl. 2019, S. 458 (472).

999 Siehe die Begründung zum Gesetzentwurf, BT-Drs. 18/3121, S. 29; *Emmerich*, in: Staudinger, § 556d Rn. 32; *Börstinghaus*, in: Schmidt-Futterer, § 556d BGB Rn. 38–41.

aufgenommen werden können.[1000] Dieses Datenproblem ist freilich nicht dem Verordnungsgeber anzulasten, jedoch hat er sich gleichwohl mit der Begrenzungsmöglichkeit auf gewisse Stadtteile zu befassen und seine Entscheidung gem. § 556d Abs. 2 S. 5 und S. 6 BGB zu begründen[1001].

Wie bereits erwähnt, ist der Verordnungsgeber in der Auswahl und der Gewichtung der Kriterien frei. Sie sind an sich sehr vage und sollen hier für die Handhabung in der Praxis konkretisiert werden. Ein anderer Weg des Verordnungsgebers bei der Anwendung der Kriterien führt aufgrund des nur eingeschränkt gerichtlich überprüfbaren Bewertungs- und Beurteilungsspielraums grundsätzlich nicht zur Nichtigkeit der Verordnung. Außerdem sind sie im Vergleich zu den übrigen Kriterien zu bewerten. In diese Untersuchung sind auch die Erkenntnisse über die aktuelle Wohnungsmarktsituation mit einzubeziehen.[1002] Zunächst ist auf die Merkmale des § 556d Abs. 2 S. 2 BGB und das Verhältnis von § 556d Abs. 2 BGB zu § 558 Abs. 3 S. 2, S. 3 und § 577a Abs. 2 BGB einzugehen (aa. und bb.), um sich im Anschluss daran den Kriterien zur Qualifikation des Wohnungsmarkts gem. § 556d Abs. 2 S. 3 BGB zuzuwenden (cc. und dd.). Dabei soll auch der Frage nachgegangen werden, ob bereits eines der Kriterien für die Qualifikation des Wohnungsmarkts ausreicht.

aa) Angespannter Wohnungsmarkt im Sinne des § 556d Abs. 2 S. 2 BGB

Die Tatbestandsmerkmale der „ausreichenden Versorgung“ mit Wohnraum und der „angemessenen Bedingungen“ zielen auf die Sicherstellung des Normalen und nicht auf einen wünschbaren Idealzustand am Wohnungsmarkt ab.[1003] Die „ausreichende Versorgung“ verlangt daher ein nur annäherndes Gleichgewicht von Angebot und Nachfrage samt einer

---

1000 So beispielsweise die Verordnungsbegründungen, BayMBl. 2021 Nr. 944, S. 4 und 37, und GVBl. 2019, S. 458 (470); *Schollmeier*, Die Gewährleistung von angemessenem und bezahlbarem Wohnraum als Verfassungsfrage, S. 315, die das Argument des zu geringen Datenmaterials kritisch sieht; siehe *Schuldt*, Mietpreisbremse, S. 193 f. und 218, wonach die Begrenzung auf einen Stadtteil aus verfassungsrechtlichen Gründen problematisch sein kann.

1001 So auch AG Pankow/Weißensee, Urt. v. 03.06.2021 – 102 C 49/21 = GE 2021, 823 (824).

1002 Siehe Kapitel 2, B. I.

1003 Vgl. BVerfG, Beschl. v. 04.02.1975 – 2 BvL 5/74 = BVerfGE 38, 348 (360), sowie BVerwG, Urt. v. 11.03.1983 – 8 C 102/81 = NJW 1983, 2893 (jeweils zum Zweckentfremdungsverbot); siehe *Börstinghaus*, in: Schmidt-Futterer, § 556d BGB Rn. 33.

ökonomisch erforderlichen Leerstandsquote, aber kein preisdrückendes Überangebot.[1004] Das Immobilienzyklen- und das Vier-Quadranten-Modell verdeutlichen, dass sich Marktgleichgewichte aufgrund der zahlreichen Besonderheiten des Wohnungsmarkts nur für eine sehr kurze Zeit sowie kaum und für die Marktbeteiligten erst verspätet wahrnehmbar einstellen.[1005] Demnach ist der Zeitraum breiter zu verstehen und nicht auf den konkreten Gleichgewichtszeitpunkt an sich zu begrenzen. Das Immobilienzyklenmodell veranschaulicht gut die annähernden Gleichgewichtsphasen. Sie sind dort vor allem an den Übergängen zur jeweils nächsten Phase zu verorten.[1006] Die „angemessenen Bedingungen" zielen vornehmlich auf die Mietbelastung der Haushalte ab. Sie verlangen keineswegs niedrige Mieten, sondern lassen Mieten in einer Höhe ausreichen, die ein Haushalt mit einem Durchschnittsverdienst auch außerhalb der angespannten Wohnungsmärkte tatsächlich aufbringen kann.[1007] Eine sinnvolle Orientierung hierfür stellt die Mietkostenbelastung im bundesdeutschen Durchschnitt dar.[1008] Das Tatbestandsmerkmal der „besonderen Gefährdung" ermöglicht eine Aufnahme einer Gemeinde in die Rechtsverordnung, wenn zwar noch kein tatsächlicher Engpass bei der Wohnraumversorgung eingetreten ist, aber diese Entwicklung ernsthaft (und nicht theoretisch) auf Basis einer seriösen Datenlage unmittelbar bevorsteht.[1009] Es reichen Störungen für kleine und irrelevante Marktsektoren, insbesondere einzelne Bevölkerungsschichten, nicht aus. Vielmehr muss eine erhebliche und akute Stö-

---

1004 *Börstinghaus*, in: Schmidt-Futterer, § 556d BGB Rn. 34; ebenso zu § 558 Abs. 3 S. 2 BGB BGH, Urt. v. 04.11.2015 – VIII ZR 217/14 = BGHZ 207, 246 (273, Rn. 71) = NJW 2016, 476 (483 f., Rn. 71); vgl. BVerfG, Beschl. v. 04.02.1975 – 2 BvL 5/74 = BVerfGE 38, 348 (360) (zum Zweckentfremdungsverbot).

1005 Siehe Kapitel 1, C. I. und II.

1006 Siehe Kapitel 1, C. II.

1007 *Börstinghaus*, in: Schmidt-Futterer, § 556d BGB Rn. 35; *Theesfeld*, in: Schach u. a., BeckOK Mietrecht, § 556d BGB Rn. 31 (Stand: Nov. 2021); ebenso zu § 558 Abs. 3 S. 2 BGB BGH, Urt. v. 04.11.2015 – VIII ZR 217/14 = BGHZ 207, 246 (273 f., Rn. 72) = NJW 2016, 476 (484, Rn. 72); vgl. BVerfG, Beschl. v. 04.02.1975 – 2 BvL 5/74 = BVerfGE 38, 348 (360), sowie BVerwG, Urt. v. 11.03.1983 – 8 C 102/81 = NJW 1983, 2893 (jeweils zum Zweckentfremdungsverbot).

1008 Siehe Kapitel 2, B. I. 2. b.

1009 *Emmerich*, in: Staudinger, § 556d Rn. 30 und 32; *Theesfeld*, in: Schach u. a., BeckOK Mietrecht, § 556d BGB Rn. 31 (Stand: Nov. 2021); *Lehmann-Richter*, WuM 2015, 204 (209).

rung vorliegen, die dazu geeignet ist, für breite Bevölkerungsschichten negative Auswirkungen hervorzurufen.[1010]

bb) Verhältnis des § 556d Abs. 2 BGB mit seiner problematischen Wohnungsmarktlage zu § 558 Abs. 3 S. 2, S. 3 BGB und § 577a Abs. 2 BGB

Neben § 556d Abs. 2 BGB knüpfen auch § 558 Abs. 3 S. 2, S. 3 und § 577a Abs. 2 BGB an eine besonders gefährdete Versorgung der Bevölkerung mit Mietwohnungen zu angemessenen Bedingungen an. Dabei kann der Kriterienkatalog des § 556d Abs. 2 S. 3 BGB auch bei den beiden übrigen Vorschriften herangezogen werden. Bei § 556d Abs. 2 BGB ergeben sich keine Unterschiede im Vergleich zu § 558 Abs. 3 S. 2 und S. 3 BGB sowie zu § 577a Abs. 2 BGB – entgegen einer Mindermeinung in der Literatur – bei der Qualifikation des Wohnungsmarkts als angespannt. Durch den nahezu identischen Wortlaut und den gleichen Sinn und Zweck kann zur Bestimmung eines angespannten Wohnungsmarkts für die reduzierte Kappungsgrenze auf den Kriterienkatalog des § 556d Abs. 2 S. 3 BGB zurückgegriffen werden.[1011] Durch den Gleichlauf der örtlichen Anwendungsbereiche der §§ 556d, 558 und 577a BGB in der bayerischen MiSchuV wird deutlich, dass auch der bayerische Landesverordnungsgeber – auch in der Verordnungsbegründung – nicht von Unterschieden zwischen den drei Normen ausgeht.[1012] Die folgende Untersuchung der Kriterien erlangt

1010 Hierzu und zum Vorstehenden *Emmerich*, in: Staudinger, § 556d Rn. 30 und 32; *Börstinghaus*, in: Schmidt-Futterer, § 556d BGB Rn. 36; so zu § 558 Abs. 3 S. 2 BGB BGH, Urt. v. 04.11.2015 – VIII ZR 217/14 = BGHZ 207, 246 (274, Rn. 73) = NJW 2016, 476 (484, Rn. 73); vgl. BVerwG, Urt. v. 11.03.1983 – 8 C 102/81 = NJW 1983, 2893 (2893 f.) zum Zweckentfremdungsverbot.

1011 Ebenso die Verordnungsbegründung von Bayern, BayMBl. 2021 Nr. 944, S. 42, und GVBl. 2019, S. 458 (513); *Emmerich*, in: Staudinger, § 558 Rn. 83; *Fleindl*, in: Gsell u. a., BeckOGK, § 558 BGB Rn. 86 (Stand: Okt. 2021); *Zehelein*, NZM 2016, 666 (668 f.); siehe auch *Emmerich*, in: Staudinger, § 556d Rn. 29, der auf den Vorbildcharakter der § 558 Abs. 3 S. 3 und § 577a Abs. 2 BGB für § 556d Abs. 2 BGB hinweist; vgl. auch die Begründung zum Gesetzentwurf, BT-Drs. 18/3121, S. 43; a. A. *Börstinghaus*, in: Schmidt-Futterer, § 558 BGB Rn. 182b; *Blank*, WuM 2014, 641 (646 f.) auf Basis des Entwurfstextes; wohl auch *Abramenko*, in: Lützenkirchen, § 556d Rn. 39.

1012 Siehe die Anlage zu § 1 der bayerischen MiSchuV; siehe die Verordnungsbegründungen von Bayern, BayMBl. 2021 Nr. 944, S. 1 f., 29, 36 f., und GVBl. 2019, S. 458 (484 f., 487, 497–500).

daher auch für § 558 Abs. 3 S. 2 und S. 3 BGB sowie § 577a Abs. 2 BGB Bedeutung.

cc) Die geschriebenen Kriterien des § 556d Abs. 2 S. 3 Nr. 1 bis Nr. 4 BGB

Zunächst sind die geschriebenen Kriterien des § 556d Abs. 2 S. 3 Nr. 1 bis Nr. 4 BGB zur Bewertung eines Wohnungsmarkts als angespannt näher zu untersuchen (1 bis 4). Im Anschluss daran kann erörtert werden, welche Anforderungen hierfür erfüllt sein müssen (5).

(1) Überdurchschnittlicher Mietpreisanstieg

In einem ersten Schritt ist auf die Nachteile und damit auf die Kritikpunkte des Kriteriums eines überdurchschnittlichen Mietpreisanstiegs einzugehen (a). Danach ist zu erörtern, aus welchen Gründen in die Mietpreisentwicklung nicht nur die Neuvertragsmieten, sondern auch die Bestandsmietenentwicklung einzufließen hat (b) und welche weiteren Anforderungen bei dem Kriterium des Mietpreisanstiegs zu erfüllen sind (c). In einem letzten Schritt ist aufgrund der Verlängerung der Mietpreisbremse um weitere fünf Jahre und einer anzunehmenden weiteren Verlängerung oder Entfristung auch speziell auf die zu berücksichtigenden Neuvertragsmieten und deren Entwicklung einzugehen (d). Dort soll auch der Frage nachgegangen werden, ob durch die Anknüpfung der Ausnahmevorschrift des § 556f S. 1 BGB und der damit allmählich eingetretenen Verzerrungen auch die Begutachtung der Mietpreisentwicklung anzupassen ist.

(a) Kritik an dem Kriterium der Mietpreisentwicklung für die Qualifikation eines Markts als angespannt

Bereits im Gesetzgebungsverfahren bezweifelte der Bundesrat die Eignung des Kriteriums des überdurchschnittlichen Mietpreisanstiegs. Insbesondere erweist sich das Kriterium des Mietpreisanstiegs dann als nicht zielführend, wenn zwar ein prozentual deutlicher Zuwachs über die Jahre festzustellen ist, die Mieten aber im Ausgangsstadium insbesondere im Vergleich zu anderen Städten äußerst günstig ausgefallen sind und auch nach der Steigerung immer noch auf einem günstigen Niveau sind, wie das beispielsweise in Berlin der Fall ist.[1013] Ein weiterer Kritikpunkt an dem Kriterium ist, dass der Mietzuwachs durch andere Ursachen, insbesondere ein dementsprechendes oder sogar höheres Einkommenswachstum verursacht und (mehr als) ausgeglichen werden kann, das Verhältnis zum Einkommen aber bei der Mietpreisentwicklung gem. § 556d Abs. 2 S. 3 Nr. 1 BGB keinen Niederschlag findet.[1014] Eine derartige Einkommensentwicklung konnte in einigen Städten in den letzten Jahren deutlich festgestellt werden.[1015] Nach alledem ist bereits die alleinige Eignung des Kriteriums des Mietanstiegs für die Qualifikation eines Marktes äußerst kritisch zu bewerten.[1016] So wird in der Literatur daher zurecht darauf hingewiesen, dass es bei dem Kriterium der überdurchschnittlichen Mietpreisentwicklung weiterer Indizien für die möglichen Ursachen des Anstiegs bedarf.[1017] Dem schließt sich der bayerische Verordnungsgeber an, indem er das Kriterium des überdurchschnittlichen Mietpreisanstiegs nicht alleine zur Qualifikation des Wohnungsmarkts als angespannt gem. § 556d Abs. 2 S. 2 BGB ausreichen lässt.[1018]

(b) Berücksichtigung auch der Bestandsmietenentwicklung bei dem Kriterium des § 556d Abs. 2 S. 3 Nr. 1 BGB

§ 556d Abs. 2 S. 3 Nr. 1 BGB grenzt nicht ein, ob man vergleichend auf die ortsübliche Vergleichsmieten-, die Bestandsmieten- oder explizit die

---

1013 Die Begründung zum Gesetzentwurf, BT-Drs. 18/3121, S. 43; *Emmerich*, in: Staudinger, § 556d Rn. 34; so beispielweise auch für einige Umlandgemeinden prosperierender Städte die Verordnungsbegründung, GVBl. 2019, S. 458 (473); zur Mietenentwicklung in Berlin siehe Kapitel 2, B. I. 2. a.

1014 Ebenso *Emmerich*, in: Staudinger, § 556d Rn. 34; ähnlich für eine verzögerte Nachholung der Preisanpassung durch die Marktakteure die Verordnungsbegründungen von Bayern, BayMBl. 2021 Nr. 944, S. 5, und GVBl. 2019, S. 458 (471 f.).

1015 Siehe Kapitel 2, B. I. 2. b. aa.

1016 Ebenso *Emmerich*, in: Staudinger, § 556d Rn. 34.

1017 *Börstinghaus*, in: Schmidt-Futterer, § 556d BGB Rn. 38; *Theesfeld*, in: Schach u. a., BeckOK Mietrecht, § 556d BGB Rn. 33 und 33b (Stand: Nov. 2021); *Emmerich*, in: Staudinger, § 556d Rn. 34; *Herlitz*, in: Herlitz/Saxinger, Handbuch sozialer Wohnungsbau und Mietrecht, Kap. 4 Rn. 226; *Lehmann-Richter*, WuM 2015, 204 (209).

1018 So auch die Verordnungsbegründungen von Bayern, BayMBl. 2021 Nr. 944, S. 5, und GVBl. 2019, S. 458 (471 f.).

Neuvertragsmietenentwicklung abstellt.[1019] Auch gibt er kein „Entweder-oder“ vor, so dass auch mehrere Kriterien nebeneinander herangezogen oder zwei Mietpreisentwicklungen in Beziehung zueinander gesetzt werden können.

Die Entwicklung der Bestandsmieten und der ortsüblichen Vergleichsmiete per se für die Bestimmung des § 556d Abs. 2 S. 3 Nr. 1 BGB mit der Begründung ausschließen zu wollen, dass die Bestandsmieterhöhung keinen erkennbaren Bezug zu der mit der Mietpreisbremse verbundenen Neuvertragsmietenregulierung aufweise,[1020] kann jedenfalls mit dieser Argumentation nicht überzeugen. Zum einen knüpft § 556d Abs. 1 BGB zur Mietpreishöhenbegrenzung an die ortsübliche Vergleichsmiete im Sinne des § 558 Abs. 2 S. 1 BGB an, die sich aus den Bestandsmietenerhöhungen und den Neuvertragsmieten zusammensetzt[1021]. Der zehnprozentige Aufschlag und damit die Preisobergrenze knüpfen hier gerade nicht an die durchschnittliche Entwicklung der Neuvertragsmieten, sondern an die der ortsüblichen Vergleichsmiete an. Zum anderen stellen die Bestandsmietenerhöhungsvorschriften zur Begründung der reduzierten Kappungsgrenze des § 558 Abs. 3 S. 2 BGB im Umkehrschluss auch nicht ausschließlich auf die Bestandsmietenentwicklung ab.[1022] Zugleich wird, wie bereits erwähnt, für die in § 558 Abs. 3 S. 2 und S. 3 BGB (sowie § 577a Abs. 2 BGB) erforderliche Qualifikation des Wohnungsmarkts als angespannt zur Bejahung der reduzierten Kappungsgrenze auf den Kriterienkatalog des § 556d Abs. 2 S. 3 BGB zurückgegriffen.[1023] Zudem wurde bereits deut-

---

1019 Ebenso *Börstinghaus*, in: Schmidt-Futterer, § 556d BGB Rn. 38; *Wichert*, in: Spielbauer/Schneider, § 556d Rn. 53; *Institut Wohnen und Umwelt*, Gutachten zur Identifizierung von Gebieten mit angespannten Wohnungsmärkten in Bayern, 2021, S. 10 f.; siehe auch die Verordnungsbegründungen, BayMBl. 2021 Nr. 944, S. 5 f., und GVBl. 2019, S. 458 (472).

1020 So *Lehmann-Richter*, WuM 2015, 204 (209); *Frank*, Die Mietpreisbremse, S. 121; ähnlich *Institut Wohnen und Umwelt*, Gutachten zur Identifizierung von Gebieten mit angespannten Wohnungsmärkten in Bayern, 2021, S. 12, sowie die Verordnungsbegründungen von Bayern, BayMBl. 2021 Nr. 944, S. 6, und GVBl. 2019, S. 458 (472).

1021 Siehe hierzu umfassend *Börstinghaus*, in: Schmidt-Futterer, § 558 BGB Rn. 100–108; die ortsübliche Vergleichsmiete hält auch der bayerischen Verordnungsgeber, BayMBl. 2021 Nr. 944, S. 5, und GVBl. 2019, S. 458 (472), für einen Indikator.

1022 Vgl. *Fleindl*, in: Gsell u. a., BeckOGK, § 558 BGB Rn. 86 (Stand: Okt. 2021); *Blank/Fervers*, in: Schmidt-Futterer, § 577a BGB Rn. 19b und 20.

1023 Siehe hierzu die Nachweise (auch zur a. A.) in Kapitel 3, B. IV. 1. a. aa.; auch der bayerischen Verordnungsgeber differenziert hier nicht, siehe die Anlage zu § 1 der bayerischen MiSchuV; siehe auch die Verordnungsbegründungen, lich, dass ein großer Anteil der privaten Eigentümer auf Mieterhöhungen im Bestandsmietverhältnis verzichtet.[1024] Gleichwohl werden sie – als Ausgleich hierfür – wohl auf eine stärkere Anhebung der Neuvertragsmiete abzielen als solche Vermieter, die bereits im Bestandsmietverhältnis die Miete erhöht haben. Auch dies führt die Beziehung der Bestands- und Neuvertragsmieten und das insoweit unterschiedliche Agieren der Marktakteure vor Augen.

Demzufolge sollte bei dem Kriterium des § 556d Abs. 2 S. 3 Nr. 1 BGB nicht ausschließlich auf die Entwicklung der Neuvertragsmieten gesetzt werden, sondern dabei auch die Entwicklung der Bestandsmieten Berücksichtigung finden,[1025] auch in Relation zur Neuvertragsmietenentwicklung[1026]. Die Bestandsmietenentwicklung muss hierbei auch deswegen berücksichtigt werden, weil den § 556d Abs. 2, § 558 Abs. 3 S. 2 und S. 3 und § 557a Abs. 2 BGB ein gleiches Verständnis der angespannten Wohnungsmärkte zu Grunde liegt und demnach die Kriterien des § 556d Abs. 2 S. 3 BGB für alle Vorschriften als Kriterium herangezogen werden können.

Daher erscheint die Handhabung des Kriteriums in der bayerischen MiSchuV inkonsistent und äußerst bedenklich. Sie entscheidet sich unter Rückgriff auf die Regelungsintention des § 556d BGB, Neuvertragsmieten zu begrenzen, im Rahmen des § 556d Abs. 2 S. 3 Nr. 1 BGB dafür, ausschließlich die Neuvertragsmietenentwicklung für die Bewertung eines Wohnungsmarkts als angespannt zugrunde zu legen.[1027] Im gleichen Zuge sollen die unter diesen Anforderungen qualifizierten angespannten Wohnungsmärkte aber auch für § 558 Abs. 3 S. 2 und S. 3 BGB (sowie für

---

BayMBl. 2021 Nr. 944, S. 1 f., 29, 36 f., und GVBl. 2019, S. 458 (484 f., 487, 497–500).

1024 Siehe Kapitel 1, B. I. 1.

1025 So dann auch *Wichert*, in: Spielbauer/Schneider, § 556d Rn. 53; *Abramenko*, in: Lützenkirchen, § 556d Rn. 41.

1026 Grundsätzlich ist es auch denkbar, dies mit der Entwicklung der ortsüblichen Vergleichsmiete abzugleichen, doch legt diese gem. § 558 Abs. 2 S. 1 BGB einen Zeitraum von sechs Jahren zugrunde und hat demnach für die ganz aktuelle Wohnungsmarktentwicklung eine nur eingeschränkte Aussagekraft; siehe sogleich zur etwa 30-prozentigen Diskrepanz der Vergleichsmiete zur Marktmiete Kapitel 3, B. IV. 1. b.

1027 *Institut Wohnen und Umwelt*, Gutachten zur Identifizierung von Gebieten mit angespannten Wohnungsmärkten in Bayern, 2021, S. 12, die freilich auch darauf hinweisen, dass die Mietenentwicklung nicht das alleinige Kriterium sein dürfe; so auch die Verordnungsbegründungen von Bayern, BayMBl. 2021 Nr. 944, S. 5 f., und GVBl. 2019, S. 458 (472).

§ 577a Abs. 2 BGB) gelten.[1028] § 558 Abs. 3 S. 2 und S. 3 BGB haben aber unzweifelhaft den Zweck, die Erhöhung der Bestandsmieten zu regulieren. Die Regelungsintention des § 558 Abs. 3 S. 2 und S. 3 BGB findet aber bei der Konkretisierung des Kriteriums des § 556d Abs. 2 S. 3 Nr. 1 BGB überhaupt keine Berücksichtigung. Die inkonsistente Handhabung des Kriteriums des überdurchschnittlichen Mietpreisanstiegs in der bayerischen MiSchuV liegt damit auf der Hand.

(c) Übrige Anforderungen des Mietanstiegskriteriums

Es wurde bereits deutlich, dass es große Diskrepanzen zwischen der Entwicklung der Bestands- und der Neuvertragsmieten gibt.[1029] Bei dem Vergleich der Mieten ist auf die Einheitlichkeit zu achten.[1030] Demnach sind beim Mietenabgleich sowohl für die Bestands- als auch die Neuvertragsmiete passende Mietstrukturen heranzuziehen – beispielsweise dem Vergleich nur die Nettomieten oder nur die Nettokaltmieten (damit inklusive der kalten und damit verbrauchsunabhängigen Nebenkosten) zugrunde zu legen. Des Weiteren kann es hierfür nur auf Daten aus der Vergangenheit ankommen.[1031] Eine Prognose der künftigen Mietenentwicklung ist äußerst schwierig und risikobehaftet. Sollten sich der ökonomische Erkenntnisstand bestätigen, dass erst ab einem bestimmten Mietwachstum in der Vergangenheit die Mietpreisbremse vor Ort überhaupt ihre Wirkungen entfalten kann, so muss dies bei der Ausweisung angespannter Wohnungsmärkte berücksichtigt werden.[1032]

1028 Siehe hierfür die Verordnungsbegründungen von Bayern, BayMBl. 2021 Nr. 944, S. 1 f., 29, 36, 42, und GVBl. 2019, S. 458 (513 sowie 484 f., 487, 497–500); siehe auch *Institut Wohnen und Umwelt*, Gutachten zur Identifizierung von Gebieten mit angespannten Wohnungsmärkten in Bayern, 2021, S. 8 f.

1029 Siehe Kapitel 2, B. I. 2. a.; zu den unterschiedlichen Auswirkungen bei Neubauten siehe sogleich Kapitel 3, B. IV. 1. bb. (4) (a).

1030 Ebenso *Börstinghaus*, in: Schmidt-Futterer, § 556d BGB Rn. 38.

1031 So wohl auch *Börstinghaus*, in: Schmidt-Futterer, § 556d BGB Rn. 38; *Blank*, WuM 2014, 641 (644); *Fleindl*, in: Gsell u. a., BeckOGK, § 556d BGB Rn. 40 (Stand: Okt. 2021); *Herlitz*, in: Herlitz/Saxinger, Handbuch sozialer Wohnungsbau und Mietrecht, Kap. 4 Rn. 225.

1032 Siehe hierzu im Kontext des Verfassungsrechts Kapitel 4, A. I. 3. a. und A. I. 5. c. aa.

(d) Zurückhaltung bei der Einbeziehung von Neuvertragsmieten in die Bewertung der Mietenentwicklung

Entscheidende Bedeutung erlangt im Sinne des § 556d Abs. 2 S. 3 Nr. 1 BGB durch die Verlängerung der Mietpreisbremse die Frage, welche Mieten zum Nachweis der Entwicklung herangezogen werden können. Insbesondere wurden über die Jahre immer mehr Neubauten[1033] fertiggestellt, die aber gem. § 556f S. 1 BGB von der Mietpreisbremse befreit bleiben. Dies gilt es im Folgenden für die zweite Geltungsdauer der Mietpreisebremse (aa) sowie darüber hinaus im Falle einer weiteren Verlängerung oder Entfristung näher zu untersuchen (bb).

(aa) Keine Berücksichtigung der nach dem 1. Oktober 2014 fertiggestellten Neubauten für die Mietenentwicklung

Bei der Mietenentwicklung muss im Kontext des Kriteriums gem. § 556d Abs. 2 S. 3 Nr. 1 BGB auch die Differenz zwischen dem Bestand und der Nachfrage sowie deren Zeitraum berücksichtigt werden. Eine den Bestand deutlich übersteigende Nachfrage für einen längeren Zeitraum wird zu verstärkten Neubauaktivitäten führen, die aber wiederum nach ihrer Fertigstellung durch die höheren Boden- und Errichtungspreise sowie durch ihren in der Regel stark überdurchschnittlichen Ausstattungsstandard[1034] mit deutlich höheren Mieten auf den Markt kommen werden.[1035] Bereits im Vier-Quadranten-Modell wurde deutlich, dass im neuen Gleichgewicht höhere Mietpreise festzustellen sind, die vor allem aus den real gestiegenen Erschließungskosten, beeinflusst durch die höheren Grundstücks- und Standortwerte, resultieren.[1036]

Demnach sollten die Mieten für Neubauten nach dem 1. Oktober 2014, die zugleich unter § 556f S. 1 BGB fallen und damit mietpreisbremsenfrei

---

1033 Siehe Kapitel 2, B. I. 1. c., vor allem in aa.

1034 Siehe zur Nachfragesteigerung Kapitel 2, B. I. 1. a. und b.; zum Anstieg der Fertigstellungen über die Jahre Kapitel 2, B. I. 1. c.; zu den gestiegenen Boden- und Errichtungspreisen Kapitel 2, B. I. 2. c.; zu den Auswirkungen des hohen Ausstattungsstandards auf die Mietpreise Kapitel 2, B. I. 2. a.

1035 So auch die Verordnungsbegründungen von Bayern, BayMBl. 2021 Nr. 944, S. 5, und GVBl. 2019, S. 458 (471); *Institut Wohnen und Umwelt*, Gutachten zur Identifizierung von Gebieten mit angespannten Wohnungsmärkten in Bayern, 2021, S. 11.

1036 Siehe Kapitel 1, C. I. 2. b.

sind, auch keinen Eingang in die Bewertung der Mietenentwicklung gem. § 556d Abs. 2 S. 3 Nr. 1 BGB finden. Die hohen Eingangsmieten und das ungebremste Mietenentwicklungspotential[1037] dieser „Neubauten" führt durch die Berücksichtigung ihrer Neubaumieten dazu, dass die „älteren" Bestandsbauten[1038] noch länger durch das Kriterium des § 556d Abs. 2 S. 3 Nr. 1 BGB und die Qualifikation des Wohnungsmarkts als angespannt der Neuvertragsmietenregulierung unterworfen werden.

Dem könnte jedoch entgegengehalten werden, dass der Wohnungsmarkt ein Bestandsmarkt ist, auf dem die jährlich hinzukommenden Neubauwohnungen nur etwas weniger als ein Prozent ausmachen und wo demnach der Effekt der Neubaumieten in Relation zum Bestand geringfügig ist.[1039] Dieser These ist in diesem Kontext aus zwei Gründen entgegenzutreten. Einerseits wird nicht der gesamte Bestand jedes Jahr neu vermietet oder werden jedes Jahr die Bestandsmieten erhöht.[1040] Schon deshalb ist der Anteil der Neuvertragsmieten des Neubausegments etwas höher zu bewerten. Andererseits wird dies noch weiter dadurch verstärkt, wenn man sich für die Bestimmung der überdurchschnittlichen Mietenentwicklung, wie beispielsweise die bayerische MiSchuV[1041], ausschließlich auf die Neuvertragsmietenentwicklung stützt, da hier – im Vergleich zu den Bestandsmieten – nur ein Teil der Mieten des Bestands Einzug hält, nämlich diejenigen Wohnungen, die gerade neu vermietet werden. Nachdem der Gesetzgeber ursprünglich von einer einmaligen Laufzeit der Mietpreisbremse ausgegangen ist, konnten die Landesregierungen in ihren Rechtsverordnungen diesen Punkt mangels großer Auswirkung damals noch ausblenden. Mittlerweile wurde aber die Geltungsdauer der Neuvertragsmietenregulierung um weitere fünf Jahre verlängert (§ 556d Abs. 2 S. 4 BGB n. F.).[1042] In der Praxis könnten bei dem Kriterium der Mieten-

---

1037 Dies ist bei § 556f S. 2 BGB anders, da dort die Miete nur einmal von der Mietpreisbremse befreit ist, siehe Kapitel 3, C. III. 1., und zudem ist diese Befreiung für Außenstehende bei der Beurteilung des Kriteriums des § 556d Abs. 2 S. 3 Nr. 1 BGB nicht ersichtlich, da die Arbeiten in bereits fertiggestellten Wohnungen stattfinden.

1038 Damit sind die vor dem 2. Oktober 2014 genutzten oder vermieteten Wohnungen gemeint.

1039 Siehe Kapitel 1, A. IV. 2. b.

1040 Die durchschnittliche Mietdauer bei der größten Anbietergruppe, die privaten Eigentümer, beträgt knapp zehn Jahre und Mieterhöhungen finden kaum statt, siehe Kapitel 1, B. I. 1.

1041 Siehe Kapitel 3, B. IV. 1. a. cc. (1) (b).

1042 Zu den Auswirkungen der geplanten Verlängerung oder einer Entfristung hierauf siehe sogleich Kapitel 3, B. IV. 1. a. cc. (1) (d) (bb).

entwicklung gem. § 556d Abs. 2 S. 3 Nr. 1 BGB die Mieten anhand des jeweiligen Fertigstellungsdatums des Gebäudes differenziert und demnach die Neubaumieten bei der Beurteilung ausgeblendet werden.

Auf Basis dieser Erkenntnisse zu den Neubaumieten hat konsequenterweise das Gleiche für die Wohnraummietverhältnisse, die einer Mietpreisbindung unterliegen, zu gelten.[1043] Daher sind auch sie bei der Bewertung des Kriteriums der Mietenentwicklung nach § 556d Abs. 2 S. 3 Nr. 1 BGB nicht zu berücksichtigen. Dies dürfte sich aber im Vergleich zu den Neubauten geringer auswirken, aber trotz der abnehmenden Zahl von Wohnungen mit einer Mietpreisbindung könnten die Ergebnisse hinsichtlich der Mietenentwicklung beeinflusst werden.

(bb) Verstärkte Verzerrung der Qualifikation des Wohnungsmarkts im Falle einer weiteren Verlängerung oder Entfristung der Neuvertragsmietenregulierung

Zudem legen die Erfahrungen der Vergangenheit, bestätigt durch die wohnungspolitische Forschungsliteratur, die Möglichkeit nahe, dass befristete Regulierungsinstrumente durchaus entfristet und damit zu Dauerrecht werden.[1044] Dies verstärkt bei der Bewertung der Wohnungsmarktlage den negativen Effekt der Berücksichtigung der Neubaumieten. Dies gilt umso mehr, wenn – wie in der bayerischen MiSchuV – nur auf Neuvertragsmieten abgestellt wird.[1045] Denn über die Zeit erhöht sich der Anteil fertiggestellter und gem. § 556f S. 1 BGB mietpreisbremsenfreier Wohnungen am Markt, die – wie soeben erwähnt[1046] – deutlich höhere Mieten und ein unbegrenztes Mietenentwicklungspotential aufweisen, und der preistreibende Effekt dieser Wohnungen auf die Neuvertragsmietenentwicklung. Es liegt nahe, dass der Gesetzgeber – sollte er eine Entfristung oder die geplante Verlängerungen umsetzen[1047] – § 556f S. 1 BGB durch ein verändertes Datum für die von der Mietpreisbremse befreiten neuen Wohnun-

---

1043 Vgl. § 558 Abs. 2 S. 2 BGB; siehe *Börstinghaus*, in: Schmidt-Futterer, § 558 BGB Rn. 111–127.

1044 Siehe Kapitel 2, A. I. 2. a. aa.

1045 Siehe dazu bereits Kapitel 3, B. IV. 1. a. cc. (1) (d) (aa); zum Abstellen der MiSchuV auf die Neuvertragsmieten Kapitel 3, B. IV. 1. a. cc. (1) (b).

1046 Siehe Kapitel 3, B. IV. 1. a. cc. (1) (d) (aa).

1047 Siehe *SPD, BÜNDNIS 90 / DIE GRÜNEN, FDP*, Mehr Fortschritt wagen, 2021, S. 91.

gen anpassen oder ganz aufheben wird.[1048] Dies würde den Verzerrungseffekt zwar abmildern, jedoch würde sich einerseits die wohnungspolitische These bestätigen, wonach eine Mietpreisregulierung eine ausschließliche Spirale zu einer verstärkten Preisregulierung in Gang setzt, andererseits wird nachträglich eine bereits getätigte Investition verändert, sodass von einer Änderung des § 556f S. 1 BGB dringend abzuraten ist.[1049]

Der richtige Weg des Gesetzgebers wäre ein deutliches Signal, dass es keiner weiteren Verlängerung der Mietpreisbremse bedarf. Ergänzend sei noch darauf hingewiesen, dass nach § 556d Abs. 2 S. 7 BGB die Landesregierungen ihre Abhilfemaßnahmen für eine Verbesserung der Wohnungsmarktsituation zu begründen haben. Die Mietpreisbremse soll ihnen die notwendige Zeit zur Verbesserung der Marktsituation auf dem Wohnungsmarkt mit seinen langen Reaktionszeiten und seiner langen Produktionsdauer geben.[1050] Durch eine Verlängerung der Mietpreisbremse mittels entsprechenden Verordnungserlasses macht eine Landesregierung aber deutlich, dass ihre Maßnahmen – zumindest teilweise – kaum oder gar nicht fruchteten und sie die Zeit der Mietpreisbremse nicht sinnvoll genutzt hat.

(e) Zwischenfazit

Allein aufgrund des Kriteriums des überdurchschnittlichen Mietpreisanstiegs nach § 556d Abs. 2 S. 3 Nr. 1 BGB kann nicht auf einen angespannten Wohnungsmarkt geschlossen werden. In positiver Hinsicht ist bei der Mietenentwicklung nicht nur die der Neuvertragsmieten, sondern auch die der Bestands- oder ortsüblichen Vergleichsmieten zu berücksichtigen. Dabei ist besonders auf die Vergleichbarkeit der Mieten zu achten. Der Einbeziehung einer Prognose der Mietenentwicklung der nächsten Jahre in dieses Kriterium ist eine Absage zu erteilen.

1048 Wegen der Spaltung des Wohnungsmarkts in preisfreie und durch die Mietpreisbremse gebundene Wohnungen fordert dies auch *Fleindl*, in: Gsell u. a., BeckOGK, § 556f BGB Rn. 18 (Stand: Okt. 2021); *Gsell*, WuM 2017, 305 (310).

1049 Siehe Kapitel 2, A. I. 2. a. bb.; ebenso gegen eine Veränderung oder Aufhebung des § 556f S. 1 BGB *Michelsen/Mense*, Evaluierung der Mietpreisbremse, 2018, S. 46; *Häublein*, ZfPW 2020, 1 (5 f.).

1050 Vgl. die Begründung zum Gesetzentwurf BT-Drs. 18/3121, S. 11, 15, 17 und 29; siehe zu den beiden Besonderheiten des Wohnungsmarkts Kapitel 1, A. IV. 1. a. und A. IV. 2. a.

In negativer Hinsicht ist aber bei der Berücksichtigung der Neuvertragsmieten zu differenzieren. Demnach sind diejenigen Neubaumieten, die unter die Ausnahmevorschrift des § 556f S. 1 BGB fallen, hier nicht zu berücksichtigen. Neubaumieten – im bindungsfreien Segment – sind stark überdurchschnittlich. Dies wird bereits durch das Vier-Quadranten-Modell deutlich. In der aktuellen Marktsituation erzwingen dies beispielsweise die stark gestiegenen Boden- und Errichtungspreise. Nichts anderes ergibt sich daraus, dass der Wohnungsmarkt ein Bestandsmarkt ist und der Anteil der Neuvertragsmieten hieran geringfügig ist. Des Weiteren verstärkt sich der Effekt der Neubaumieten durch die Verlängerung der Mietpreisbremse um fünf Jahre ohne Änderung des für § 556f S. 1 BGB maßgeblichen Datums. Dies würde sich bei einer erneuten Verlängerung oder Entfristung der §§ 556d ff. BGB weiter verstärken. Vielmehr ist auf ein Auslaufen der Mietpreisbremse vorzugswürdig.

Nach alledem können die Neubaumieten durchaus zu einer höheren Mietenentwicklung beitragen, so dass § 556d Abs. 2 S. 3 Nr. 1 BGB einfacher zu bejahen ist, obwohl die Neubaumieten mietpreisbremsenfrei sind, und verlängern die Neuvertragsmietenregulierung für die „älteren“ Bestandsbauten. Konsequenterweise sind dann genauso wenig die Neuvertragsmieten von Beständen im preisgebundenen Sektor bei § 556d Abs. 2 S. 3 Nr. 1 BGB zu berücksichtigen.

(2) Überdurchschnittliche Mietbelastung

Sinnvoll ist es, zur Qualifikation eines Marktes als angespannt an die im Vergleich zum Bundesdurchschnitt überdurchschnittliche Mietbelastung in der Gemeinde nach § 556d Abs. 2 S. 3 Nr. 2 BGB anzuknüpfen. Aber auch dieses Kriterium sollte nicht alleine zur Bejahung eines angespannten Wohnungsmarkts ausreichen, da es einerseits wiederum an die Mietenentwicklung und die dort ausgemachten Defizite anknüpft und andererseits insbesondere hier kaum eine hinreichende Datenlage auf regionaler Ebene vorhanden ist.[1051] Diese Datenlage könnte aber grundsätzlich, wenn

---

1051 Ebenso *Institut Wohnen und Umwelt*, Gutachten zur Identifizierung von Gebieten mit angespannten Wohnungsmärkten in Bayern, 2021, S. 24; die Verordnungsbegründungen von Bayern, BayMBl. 2021 Nr. 944, S. 10, und GVBl. 2019, S. 458 (476); die Datenverfügbarkeit ist bei der zu vergleichenden Bundesentwicklung der Mietbelastung durchweg besser, siehe hierzu Kapitel 2, B. I. 2. b., vor allem in aa.

auch mit einem nicht unerheblichen Aufwand, geschaffen werden. Zudem kann eine höhere Mietkostenbelastung auch bewusst mit Vorteilen für den Mieter einhergehen, beispielsweise durch kürzere Fahrtwege oder die Ersparnis eines Autos samt den damit verbundenen Kosten.[1052]

Die überdurchschnittliche Mietkostenbelastung kann seriös nur vergangenheitsbezogen bewertet werden.[1053] Die Belastung kann wieder auf Basis der Bestands- oder Neuvertragsmieten sowie hierbei wiederum jeweils aufgrund der Nettomiete oder Nettokaltmiete festgestellt werden.[1054] Des Weiteren ist bei den Haushaltseinkommen für den Vergleich mit der Miete zu beachten, ob hier an das Brutto- oder Nettoeinkommen anzuknüpfen ist. Vorzugswürdig ist Letzteres und davon ist dann der Mietanteil als Belastungsquote zu berechnen.[1055] Diesbezüglich ist – dies wird vor allem bei den unteren Einkommensgruppen relevant – aber auch im Sinne der Einheitlichkeit zu klären, ob öffentliche Transferzahlungen wie beispielsweise das Wohngeld einzuberechnen sind.[1056] Dies erscheint sachgerecht,[1057] da hieraus genauere Aussagen für die Mietkostenbelastung von Haushalten mit einem niedrigen Einkommen resultieren und neben der Neuvertragsmietenregulierung auf den dortigen angespannten Wohnungsmärkten auch die Höhe des Wohngelds in den Blick gerät.

Es wurde bereits deutlich, dass die Mietkostenbelastung über die letzten zwei Jahrzehnte hinweg nahezu konstant geblieben ist. Das ist vor allem auf die gestiegenen Haushaltseinkommen zurückzuführen. Zudem ist aber in den Städten mit mehr als 100.000 Einwohnern – entgegen dem Bundes-

---

1052 *Institut Wohnen und Umwelt*, Gutachten zur Identifizierung von Gebieten mit angespannten Wohnungsmärkten in Bayern, 2019, S. 23; die Verordnungsbegründung von Bayern, GVBl. 2019 S. 458 (476).

1053 So bereits für die Mietpreisentwicklung Kapitel 3, B. IV. 1. a. aa.; so wohl auch *Börstinghaus*, in: Schmidt-Futterer, § 556d BGB Rn. 39.

1054 So bereits für die Mietpreisentwicklung Kapitel 3, B. IV. 1. a. aa.; auf diese Differenzierungsmerkmale weist auch *Institut Wohnen und Umwelt*, Gutachten zur Identifizierung von Gebieten mit angespannten Wohnungsmärkten in Bayern, 2021, S. 20, hin.

1055 So auch *Wichert*, in: Spielbauer/Schneider, § 556d Rn. 54; *Abramenko*, in: Lützenkirchen, § 556d Rn. 46 f., der auch auf das Haushaltseinkommen abstellt; ähnlich *Börstinghaus*, in: Blank/Börstinghaus, Miete, § 556d Rn. 18; *Herlitz*, in: Herlitz/Saxinger, Handbuch sozialer Wohnungsbau und Mietrecht, Kap. 4 Rn. 227.

1056 Siehe Kapitel 2, B. I. 2. b. aa.

1057 Vgl. BVerfG, Beschl. v. 04.02.1975 – 2 BvL 5/74 = BVerfGE 38, 348 (360 f.) (zum Zweckentfremdungsverbot); *Börstinghaus*, in: Schmidt-Futterer, § 556d BGB Rn. 35.

trend – ein rückläufiger Wohnflächenkonsum zu attestieren.[1058] In der jeweiligen Gemeinde muss demnach eine wirtschaftliche Schieflage festzustellen sein, in der gleichzeitig die Mieten stärker als das Haushaltseinkommen steigen und die Arbeitslosenquote oder der Anteil von Haushalten mit nur einer unregelmäßigen oder geringfügig bezahlten Beschäftigung erhöht ist. Es wurde deutlich, dass vor allem diese Einkommensschichten naturgemäß eine höhere Mietkostenbelastung aufweisen.[1059] Die den Bundesdurchschnitt übersteigenden Mietkostenbelastung muss aber nicht ausschließlich differenziert nach sozialen Gruppen nachgewiesen werden.[1060] Denkbar ist auch eine Aufteilung in verschiedene Einkommensgruppen und deren jeweilige Mietkostenbelastungsentwicklung über die letzten Jahre hinweg.[1061]

Bei der Mietkostenbelastung an sich ist nicht empfehlenswert, allein an die in der Forschung vorzufindenden Belastungsgrenzen – wie viele Mieter wenden mindestens 30 oder 40 Prozent ihres Einkommens für die Miete auf[1062] – anzuknüpfen. Der soeben erwähnte Vergleich nach sozialen Kriterien oder nach Einkommensgruppen ist demgegenüber zu bevorzugen, da sich hieraus genauere Schlussfolgerungen auf die Belastungsquoten im Rahmen des § 556d Abs. 2 S. 3 Nr. 2 BGB ziehen und Möglichkeiten zur Verbesserung der Marktsituation herausarbeiten lassen (vgl. zu Letzterem § 556d Abs. 2 S. 7 BGB).[1063]

1058 Siehe zur Mietkostenbelastung Kapitel 2, B. I. 2. b.; zum rückläufigen Wohnflächenkonsum und seinen Ursachen Kapitel 2, B. I. 1. a. cc.; ebenso *Institut Wohnen und Umwelt*, Gutachten zur Identifizierung von Gebieten mit angespannten Wohnungsmärkten in Bayern, 2021, S. 20; darauf weist auch der bayerische Verordnungsgeber hin, siehe BayMBl. 2021 Nr. 944, S. 8, und GVBl. 2019, S. 458 (475).

1059 Siehe Kapitel 2, B. I. 2. b. cc.; anders aber *Abramenko*, in: Lützenkirchen, § 556d Rn. 48, der eine Durchschnittsbetrachtung der Mietkostenbelastung ausreichen lässt, dessen Aussagegehalt jedoch auf Basis der bisherigen Daten und der seit fast 20 Jahren unveränderten Belastung deutlich geringer ist.

1060 Dieses Erfordernis bejahen *Börstinghaus*, in: Schmidt-Futterer, § 556d BGB Rn. 39, sowie *Wichert*, in: Spielbauer/Schneider, § 556d Rn. 54; siehe zur derzeitigen Mietkostenbelastung Kapitel 2, B. I. 2. b. cc.; die Möglichkeit der Differenzierung nach sozialen Kriterien erwähnt auch *Institut Wohnen und Umwelt*, Gutachten zur Identifizierung von Gebieten mit angespannten Wohnungsmärkten in Bayern, 2019, S. 23.

1061 Siehe beispielsweise Kapitel 2, B. I. 2. b. bb.

1062 Siehe dazu Kapitel 2, B. I. 2. b. aa.

1063 Ebenso *Institut Wohnen und Umwelt*, Gutachten zur Identifizierung von Gebieten mit angespannten Wohnungsmärkten in Bayern, 2019, S. 23 f.; siehe auch die Verordnungsbegründung, GVBl. 2019, S. 458 (476 f.); zu diesen Fix-Wer-

(3) Wachstum der Wohnbevölkerung

Das Kriterium des Wachstums der Wohnbevölkerung erscheint auf Basis der ökonomischen Besonderheiten der Wohnung und des Wohnungsmarkts – insbesondere der langen Produktionsdauer, der langfristigen Investitionsentscheidung, der langen Reaktionszeiten und der Intransparenz auf dem Markt – sowie der durch das Vier-Quadranten- und des Zyklenmodells dargestellten Marktprozesse per se wenig zielführend.[1064] Menschen können innerhalb eines sehr kurzen Zeitraums zuziehen, eine Immobilie wird dagegen über mehrere Jahre hinweg gebaut. Dies konnte bereits anhand der aktuellen Wohnungsmarktsituation herausgearbeitet werden. Trotz eines starken Bevölkerungswachstums nahmen die Genehmigungszahlen erst verzögert und noch deutlich später die Fertigstellungszahlen zu.[1065] Außerdem werden genehmigte Vorhaben mitunter nicht vollendet, die sich zum Großteil bereits im Stadium des Rohbaus befinden.[1066] Des Weiteren hängt der Neubau von Wohnungen von den vorgelagerten Märkten, insbesondere der Ausweisung von Bauland, sowie den Kapazitätsgrenzen der Bauwirtschaft ab.[1067] Letzteres und sein „Ausbremsen" bei einer hohen Neubauaktivität wurden ebenfalls bereits im Vier-Quadranten-Modell deutlich.[1068] Außerdem äußert sich die Diskrepanz zwischen Nachfrage und Angebot durch den Preis und wird damit bereits

---

ten tendiert aber wohl *Fleindl*, in: Gsell u. a., BeckOGK, § 556d BGB Rn. 41 (Stand: Okt. 2021).

1064 Siehe vor allem Kapitel 1, A. IV. 1. b., h., 2. a. und d.; zu den Marktprozessen Kapitel 1, C. I. und II., speziell zur Reaktion nach einer Nachfragezunahme Kapitel 1, C. I. 2.; ähnlich *Emmerich*, in: Staudinger, § 556d Rn. 36, der zutreffend auf die Unabhängigkeit des fehlenden Wohnraums vom Umfang der Neubautätigkeit hinweist; ebenso *Wichert*, in: Spielbauer/Schneider, § 556d Rn. 55; *Abramenko*, in: Lützenkirchen, § 556d Rn. 49; ebenso die verzögerte Reaktion auf der Angebotsseite bestätigend *Institut Wohnen und Umwelt*, Gutachten zur Identifizierung von Gebieten mit angespannten Wohnungsmärkten in Bayern, 2021, S. 31.

1065 Siehe zur Bevölkerungs- und Nachfrageentwicklung Kapitel 2, B. I. 1. a. und b.; zur Entwicklung der Bautätigkeit anhand der Genehmigungs- und Fertigstellungszahlen Kapitel 2, B. I. 1. c.

1066 Siehe Kapitel 2, B. I. 1. c. aa.

1067 Siehe zur Abhängigkeit von den vorgelagerten Märkten Kapitel 1, A. IV. 2. e.; zu deren Auswirkung auf die Preise Kapitel 2, B. I. 2. c.; zum Limit der Bautätigkeit Kapitel 2, B. I. 1. c.

1068 Siehe hierfür im Vier-Quadranten-Modell Kapitel 1, C. I. 1. c. und 2. b.

durch § 556d Abs. 2 S. 3 Nr. 1 BGB abgedeckt.[1069] Des Weiteren kann das Bevölkerungswachstum teilweise durch entsprechende Umnutzungen bisher anders genutzter Räume sowie durch die bisherigen Leerstände kompensiert werden, ohne dass hierfür weiterer Neubau erforderlich wäre.[1070] Der Trend zu einer Schaffung von mehr Wohnungen im Bestand – sei es durch Umnutzung, Dachausbauten oder Aufstockungen – wurde in den letzten Jahren bereits sowohl bei den Genehmigungs- als auch bei den Fertigstellungszahlen deutlich.[1071]

Schon allein wegen der zahlreichen Besonderheiten der Wohnung und des Wohnungsmarkts müsste für die überhaupt halbwegs seriöse Qualifikation des Wohnungsmarkts als angespannt gem. § 556d Abs. 2 S. 3 Nr. 3 BGB ein deutlich längerer Zeitraum als bei den Kriterien des § 556d Abs. 2 S. 3 Nr. 1 und Nr. 2 BGB angenommen werden. § 556d Abs. 2 S. 3 Nr. 3 BGB unterstellt, dass die Marktbeteiligten das Wachstum der Bevölkerung kennen und zugleich den Beginn oder die Vollendung von Neubauvorhaben (aus welchen Gründen auch immer) unterlassen. Schon alleine wegen der Intransparenz und den langen Reaktionszeiten am Wohnungsmarkt erscheint dies äußerst unwahrscheinlich.[1072] Ein weiteres Problem stellt bei näherer Betrachtung die Heterogenität der Wohnung dar.[1073] Demnach müsste für die wachsende Wohnbevölkerung auch der für sie erforderliche Wohnraum herausgearbeitet werden, um überhaupt zu dem Ergebnis kommen zu können, ob die Neubautätigkeit diese Nachfrage nicht deckt oder gedeckt hat. Bereits in der aktuellen Wohnungsmarktsituation wurde deutlich, dass je nach der Raumanzahl und Größe der Wohnung die Bedarfsdeckungsquoten unterschiedlich hoch sind.[1074]

1069 Dies wurde vor allem in den beiden Modellen zu den Marktprozessen deutlich, siehe dazu Kapitel 1, C. I. und II.

1070 *Institut Wohnen und Umwelt*, Gutachten zur Identifizierung von Gebieten mit angespannten Wohnungsmärkten in Bayern, 2021, S. 31; die Verordnungsbegründungen von Bayern, BayMBl. 2021 Nr. 944, S. 11, und GVBl. 2019, S. 458 (478); *Abramenko*, in: Lützenkirchen, § 556d Rn. 49; *Frank*, Die Mietpreisbremse, S. 123, wonach statt auf die Neubautätigkeit vorrangig auf den Wohnraumbestand abzustellen sei.

1071 Siehe Kapitel 2, B. I. 1. c. aa.; hierauf weist *Abramenko*, in: Lützenkirchen, § 556d Rn. 51, zutreffend hin.

1072 Siehe hierzu Kapitel 1, A. IV. 2. a. und e.

1073 Siehe Kapitel 1, A. IV. 1. f.; dieses Problem stellt sich auch bei dem zu geringen Leerstand gem. § 556d Abs. 2 S. 3 Nr. 4 BGB.

1074 Siehe hierzu Kapitel 2, B. I. 1. b. und c.; ähnlich *Abramenko*, in: Lützenkirchen, § 556d Rn. 52, der aber auf die Einkommensverhältnisse der Haushalte abstellt und demnach Wohnraum zu günstigen Konditionen fordert.

Eine weitere Schwierigkeit wohnt dem Merkmal der wachsenden Wohnbevölkerung inne. Entscheidend ist nämlich in einem ersten Schritt, wie viele Haushalte in die Stadt ziehen, denn daraus resultiert die Zahl der grundsätzlich benötigten Wohnungen.[1075] Die Größe der Haushalte bestimmt dann in einem zweiten Schritt die Größe der nachgefragten Wohnung und deren Raumanzahl und ist daher qualitativer Natur. Das Bevölkerungswachstum lässt folglich nur sehr schwer Rückschlüsse auf die insoweit erforderliche Neubautätigkeit zu.[1076] Hinzukommt ein Trend zu kleineren Haushalten, die in aller Regel mehr Wohnfläche pro Haushalt konsumieren.[1077] Dadurch ändern sich auch der Bedarf und damit die Nachfrage, obwohl die Wohnbevölkerung zahlenmäßig gleichbleibt.[1078]

(4) Geringe Leerstandsquote

Im Vergleich zu § 556d Abs. 2 S. 3 Nr. 3 BGB gibt § 556d Abs. 2 S. 3 Nr. 4 BGB zwar einen, allerdings bedingten Mehrwert als ein eigenständiges Kriterium, denn er beschreibt nur die Folge des § 556d Abs. 2 S. 3 Nr. 3 BGB.[1079] Jedoch kann zumindest die Bewertung bei diesem Kriterium über einen – im Vergleich zu § 556d Abs. 2 S. 3 Nr. 3 BGB – kürzeren Zeitraum erfolgen, denn der entscheidende Anknüpfungspunkt ist hier die Leerstandsquote. Es wurde bereits deutlich, dass eine ausgeglichene Leerstandsquote essentiell dafür ist, dass Umzüge und Modernisierungen möglich sind. Ein „normales" Leerstandniveau kann aber von Markt zu Markt divergieren. Demnach wird die Leerstandsquote in einem ausgeglichenen Wohnungsmarkt zwischen 2,5 und fünf, teilweise aber auch bei

---

1075 Ebenfalls an das Verhältnis der Haushalte und der Zahl der Wohnungen anknüpfend *Institut Wohnen und Umwelt*, Gutachten zur Identifizierung von Gebieten mit angespannten Wohnungsmärkten in Bayern, 2021, S. 28.

1076 Ebenso *Börstinghaus*, in: Schmidt-Futterer, § 556d BGB Rn. 40; *Wichert*, in: Spielbauer/Schneider, § 556d Rn. 55; so wohl auch *Frank*, Die Mietpreisbremse, S. 123.

1077 Siehe Kapitel 2, B. I. 1. a. bb. und cc.

1078 So auch *Herlitz*, in: Herlitz/Saxinger, Handbuch sozialer Wohnungsbau und Mietrecht, Kap. 4 Rn. 228.

1079 Ähnlich *Institut Wohnen und Umwelt*, Gutachten zur Identifizierung von Gebieten mit angespannten Wohnungsmärkten in Bayern, 2021, S. 42, 55, 57 und 59; die Verordnungsbegründungen von Bayern, BayMBl. 2021 Nr. 944, S. 15–17, und GVBl. 2019, S. 458 (483–485).

fünf bis sieben Prozent liegen.[1080] Durch das Merkmal „besonders gefährdet" nach § 556d Abs. 2 S. 2 BGB und „gering" gem. § 556d Abs. 2 S. 3 Nr. 4 BGB wird demnach eine Leerstandsquote von unter zwei Prozent zu fordern sein.[1081] In der aktuellen Wohnungsmarktsituation weist Bayern eine Leerstandsquote von 1,3 Prozent, Berlin von 0,8 Prozent und sechs der sieben A-Städte weniger als ein Prozent auf; München und Frankfurt liegen sogar im Jahr 2020 bei nur noch 0,2 Prozent.[1082]

Dass die Leerstandsquote ein wichtiges Kriterium ist, verdeutlicht das Immobilienzyklenmodell.[1083] Auf Basis dessen ist es richtig, dass es hierbei entscheidend auf das Verhältnis des Angebots zu den nachfragenden Haushalten ankommt.[1084] Jedoch wurde hier auch im Modell deutlich, dass eine Unterschreitung der Leerstandsquote am Markt vor allem durch die damit einhergehenden Mietpreissteigerungen deutlich wird; dies unterstreicht nochmal die wichtige Signalwirkung der Mietpreise für die Marktakteure.[1085] Folglich wird die Leerstandsquote als Kriterium gem. § 556d Abs. 2 S. 3 Nr. 4 BGB von § 556d Abs. 2 S. 3 Nr. 1 BGB mindestens ebenfalls mitabgebildet und hat daher nur einen geringen Mehrwert.

1080 Siehe hierzu und zum Vorstehenden bereits Kapitel 1, C. II. 2. c.; ähnlich auch *Börstinghaus*, in: Schmidt-Futterer, § 556d BGB Rn. 41, der von einer Fluktuationsreserve von mindestens zwei bis drei Prozent ausgeht; ebenso *Fleindl*, in: Gsell u. a., BeckOGK, § 556d BGB Rn. 43 (Stand: Okt. 2021); drei bis vier Prozent nach *Emmerich*, in: Staudinger, § 556d Rn. 37; ebenso *Wichert*, in: Spielbauer/Schneider, § 556d Rn. 56.

1081 *Börstinghaus*, in: Schmidt-Futterer, § 556d BGB Rn. 41; *Wichert*, in: Spielbauer/Schneider, § 556d Rn. 56; *Herlitz*, in: Herlitz/Saxinger, Handbuch sozialer Wohnungsbau und Mietrecht, Kap. 4 Rn. 229; ähnlich *Emmerich*, in: Staudinger, § 556d Rn. 37; anders *Institut Wohnen und Umwelt*, Gutachten zur Identifizierung von Gebieten mit angespannten Wohnungsmärkten in Bayern, 2021, S. 42, wonach für die bayerische MiSchuV bereits weniger als drei Prozent für das Leerstandkriterium ausreichen sollen.

1082 Siehe Kapitel 2, B. I. 3.

1083 Dies wird auch durch das Gutachten zur bayerischen MiSchuV deutlich, wonach das Unterschreiten der Leerstandsrate eine notwendige Bedingung darstellt, siehe *Institut Wohnen und Umwelt*, Gutachten zur Identifizierung von Gebieten mit angespannten Wohnungsmärkten in Bayern, 2021, S. 59; die Verordnungsbegründungen von Bayern, BayMBl. 2021 Nr. 944, S. 15 f., und GVBl. 2019, S. 458 (485).

1084 Siehe Kapitel 1, C. II.; so auch im Ergebnis *Blank*, WuM 2014, 641 (644); *Börstinghaus*, in: Schmidt-Futterer, § 556d BGB Rn. 41; *Herlitz*, in: Herlitz/Saxinger, Handbuch sozialer Wohnungsbau und Mietrecht, Kap. 4 Rn. 229; *Frank*, Die Mietpreisbremse, S. 123.

1085 Siehe Kapitel 1, C. II. 2. c.

Die Leerstandsquote erfordert aufgrund der ökonomischen Besonderheit der Heterogenität und den sich hieraus ergebenden sachlichen Teilmärkten auf Basis qualitativ-technischer Kriterien Konkretisierungen.[1086] Das Verhältnis von Angebot zu Nachfrage differenziert nach der Anzahl der Räume einer Wohnung verdeutlichte unterschiedliche Bedarfsdeckungen in der Vergangenheit.[1087] Demnach reicht eine pauschale Leerstandsquote nicht aus. Vielmehr ist hier aufgrund der Heterogenität der Wohnung entsprechend zu differenzieren, vor allem anhand der Wohnungsgröße oder der Raumanzahl. Nur hieran ist die Unterschreitung entsprechender Leerstandsquoten zu untersuchen. Die gleichen Probleme ergeben sich für die Konkretisierung der Nachfrager bezüglich der gesuchten Wohnung, insbesondere nach Größe und Raumanzahl.[1088] Dies kann aber eine eingeschränkte Datenlage erschweren und in gewissen Gemeinden gar unmöglich machen.

(5) Vergleich der Kriterien des § 556d Abs. 2 S. 3 Nr. 1 bis Nr. 4 BGB: Anforderungen zur Qualifikation eines Marktes als angespannt

Im Vergleich der vier Kriterien untereinander ist somit dem Mietbelastungskriterium des § 556d Abs. 2 S. 3 Nr. 2 BGB die größte Aussagekraft zur Beurteilung eines Wohnungsmarkts als angespannt beizumessen. Jedoch reicht selbst dieses Kriterium alleine nicht zur Bejahung eines angespannten Wohnungsmarkts aus.[1089] In der Anwendung dieses Kriteriums ist im Rahmen der Mietbelastung auf das Nettoeinkommen abzustellen. Dabei sind öffentliche Transferzahlungen, wie beispielsweise das Wohngeld, zu berücksichtigen. Nicht zwingend ist eine Differenzierung nach sozialen Gruppen, genauso denkbar erscheint eine Aufteilung nach ver-

---

1086 Siehe zur Heterogenität Kapitel 1, A. IV. 1. f.; zum sachlichen Teilmarkt auf Basis qualitativ-technischer Kriterien Kapitel 1, A. IV. 2. c. bb. (2) (b); so wohl auch *Abramenko*, in: Lützenkirchen, § 556d Rn. 55, der aber vor allem auf die Einkommensverhältnisse und Wohnraum mit günstigen Mieten abstellt.

1087 Siehe zum Bedarf differenziert nach der Raumanzahl Kapitel 2, B. I. 1. b.; zu dessen Deckung Kapitel 2, B. I. 1. c. bb. und cc.

1088 Ebenso *Frank*, Die Mietpreisbremse, S. 123, die allgemein die Messbarkeit der Nachfrage bemängelt.

1089 A. A. *Abramenko*, in: Lützenkirchen, § 556d Rn. 39 f., der das Vorliegen eines Regelbeispiels genügen und es darüber hinaus ausreichen lässt, wenn keines der Kriterien des § 556d Abs. 2 S. 3 Nr. 1 bis Nr. 4 BGB (vollständig) erfüllt ist.

schiedenen Einkommensgruppen. Eine alleinige Anknüpfung an starre Belastungsgrenzen ist dann nicht empfehlenswert.

Die Kriterien der Mietenentwicklung und des geringen Leerstands bei großer Nachfrage (§ 556d Abs. 2 S. 3 Nr. 1 und Nr. 4 BGB) weisen zum Teil gewisse Unsicherheiten bei der Wohnungsmarktbewertung auf, können jedoch neben der Mietbelastung jeweils weitere Indizien für eine angespannte Wohnungsmarktlage darstellen. Beim Kriterium des überdurchschnittlichen Mietpreisanstiegs nach § 556d Abs. 2 S. 3 Nr. 1 BGB ist die Entwicklung der Bestands- oder der ortsüblichen Vergleichsmieten – in positiver Hinsicht – bei der Mietenentwicklung einzubeziehen. In negativer Hinsicht ist aber bei der Berücksichtigung der Neuvertragsmieten differenzierend vorzugehen. Demnach sind die (stark überdurchschnittlichen) Neubaumieten, die unter die Ausnahmevorschrift des § 556f S. 1 BGB fallen und somit mietpreisbremsenfrei sind, im Rahmen der Mietenentwicklung bei § 556d Abs. 2 S. 3 Nr. 1 BGB nicht zu berücksichtigen. Beim Kriterium der geringen Leerstandsquote nach § 556d Abs. 2 S. 3 Nr. 4 BGB ist durch die Anforderung der besonderen Gefährdung bei § 556d Abs. 2 S. 2 BGB eine Leerstandsquote von unter zwei Prozent zu fordern. Entscheidend ist hierfür das Verhältnis des Angebots zu den nachfragenden Haushalten. Des Weiteren muss im Rahmen der Leerstandsquote wegen der Heterogenität der Wohnung und der unterschiedlichen sachlichen Teilmärkte differenzierend vorgegangen werden, beispielsweise anhand der Anzahl der Räume der Wohnung oder deren Gesamtgrößen.

Das Kriterium des § 556d Abs. 2 S. 3 Nr. 3 BGB weist dagegen deutliche Schwierigkeiten in der praktischen Umsetzung auf und sein Aussagegehalt wird unmittelbar durch die Kriterien des § 556d Abs. 2 S. 3 Nr. 1 und Nr. 4 BGB abgebildet, mittelbar freilich zu einem gewissen Teil auch durch die Mietbelastungsquote nach § 556d Abs. 2 S. 3 Nr. 2 BGB, die auf die Mietenentwicklung Bezug nimmt.[1090] Demnach kann es bei der Untersuchung der Wohnungsmärkte vernachlässigt werden; wird es gleichwohl herangezogen, kann ihm nur ein sehr geringes Gewicht beigemessen werden.

1090 Ähnlich *Börstinghaus*, in: Blank/Börstinghaus, Miete, § 556d Rn. 19, der die Schwierigkeit bei der Gewinnung aussagekräftiger Daten für dieses Kriterium sieht.

dd) Weitere denkbare ungeschriebene Kriterien

Im Gesetzgebungsverfahren vor Erlass der Mietpreisbremse sowie in der Literatur und der Rechtsprechung werden weitere Kriterien diskutiert, die zur Qualifikation eines angespannten Wohnungsmarkts herangezogen werden sollen ((1) bis (7)).

(1) Existenz eines Mietspiegels in der Gemeinde

Das Vorhandensein eines (qualifizierten) Mietspiegels in der jeweiligen Gemeinde stellt einen beachtlichen Punkt dar.[1091] Dies indiziert aber keinen angespannten Wohnungsmarkt, sondern ist vielmehr als eine Vorbedingung dieser Qualifikation zu sehen.[1092] Der Mietspiegel ermöglicht nämlich überhaupt erst Aussagen über die ortsübliche Vergleichsmiete und erst mit diesen Informationen kann die Mietpreisbremse angewandt werden.[1093]

Die Forderung nach einem Mietspiegel in der Gemeinde als Vorbedingung für die Aufnahme in die Rechtsverordnung bietet zugleich mehrere Vorteile für die Kriterien des § 556d Abs. 2 S. 3 BGB zur Qualifikation des dortigen Wohnungsmarkts als angespannt. Der Mietspiegel und seine Entwicklung über die Jahre hinweg liefern wertvolle Erkenntnisse über die Marktentwicklungen. Sie finden daher Berücksichtigung bei den Kriterien des § 556d Abs. 2 S. 3 Nr. 1 und Nr. 2 BGB. Insbesondere ist auch die Entwicklung der Bestandsmieten für die Bewertung eines Woh-

---

1091 So die Begründung zum Gesetzentwurf, BT-Drs. 18/3121, S. 29; ebenso *Emmerich*, in: Staudinger, § 556d Rn. 38; *Börstinghaus*, in: Schmidt-Futterer, § 556d BGB Rn. 42; *Fleindl*, in: Gsell u. a., BeckOGK, § 556d BGB Rn. 28, 31, 57 und 58.1 (Stand: Okt. 2021); *Wichert*, in: Spielbauer/Schneider, § 556d Rn. 33 f.; siehe auch *Blank*, WuM 2014, 641 (646); zur konkreten Anwendung des Mietspiegels *Fleindl*, in: Gsell u. a., BeckOGK, § 556d BGB Rn. 67 f. (Stand: Okt. 2021).

1092 So auch *Emmerich*, in: Staudinger, § 556d Rn. 38; *Fleindl*, in: Gsell u. a., BeckOGK, § 556d BGB Rn. 28, 31, 57 und 58.1 (Stand: Okt. 2021); *Abramenko*, in: Lützenkirchen, § 556d Rn. 56; *Blank*, WuM 2014, 641 (646); wohl auch die Begründung zum Gesetzentwurf, BT-Drs. 18/3121, S. 29; *Wichert*, in: Spielbauer/Schneider, § 556d Rn. 34; ähnlich *Börstinghaus*, in: Schmidt-Futterer, § 556d BGB Rn. 71; *Schuldt*, Mietpreisbremse, S. 254.

1093 Ebenso *Emmerich*, in: Staudinger, § 556d Rn. 38; *Wichert*, in: Spielbauer/Schneider, § 556d Rn. 33 f.; *Weigelt*, Die wachsende Stadt als Herausforderung für das Recht, S. 292.

nungsmarkt als angespannt von besonderer Relevanz.[1094] Zudem wird ein vorhandener Mietspiegel die Rechtssicherheit erhöhen – sei es für das Bestandsmietverhältnis oder ein der Mietpreisbremse unterfallendes Neuvertragsverhältnis.[1095] Im Kontext des § 558 Abs. 3 S. 2 BGB wissen die Parteien auch ohne den Mietspiegel, dass sie die Bestandsmiete nur 15 anstelle von 20 Prozent erhöhen können, kennen jedoch auch dort nicht die Grenze der Bestandsmietenerhöhung bis zur ortsüblichen Vergleichsmiete gem. § 556d Abs. 1 S. 1 BGB. Sollte bei einer Einigung der Parteien über die Bestandsmietenerhöhung die neue Bestandsmiete mehr als zehn Prozent über der ortsüblichen Vergleichsmiete liegen, so mag dies im Bestandsmietverhältnis wirksam sein, jedoch ist sie dies nicht für den anschließenden Neuvertragsabschluss unter Berufung auf die vorherige Bestandsmiete gem. § 556e Abs. 1 BGB in Verbindung mit § 556g Abs. 1 S. 2 BGB.[1096] Demnach geht der Vermieter ein deutliches Rückforderungsrisiko für maximal 30 Monatsmieten hinsichtlich der zu viel verlangten Neuvertragsmiete gem. § 556g Abs. 1 S. 3 und Abs. 2 BGB ein.

Ob ein qualifizierter Mietspiegel aus verfassungsrechtlichen Gründen zwingend ist, wird unterschiedlich bewertet, das BVerfG lehnt dies jedoch ab.[1097] Die bayerische Landesregierung berücksichtigt das Vorhandensein eines Mietspiegels als notwendige Vorbedingung zur Qualifikation des Wohnungsmarkts als angespannt beim Erlass und der Änderung der MiSchuV allerdings nicht.[1098]

1094 Siehe Kapitel 3, B. IV. 1. a. cc. (1) (b).

1095 Die mit dem Fehlen eines qualifizierten Mietspiegels verbundenen praktischen Schwierigkeiten bejaht auch das BVerfG (K), Beschl. v. 18.07.2019 – 1 BvL 1/18 u. a. = NJW 2019, 3054 (3057, Rn. 58); vgl. auch *Börstinghaus*, in: Schmidt-Futterer, § 556d BGB Rn. 68–73; siehe hierzu weiterführend auch die Argumente in Kapitel 4, A. I. 5. c. bb.

1096 Hierzu und zum Vorstehenden *Fleindl*, in: Gsell u. a., BeckOGK, § 556d BGB Rn. 58.1 (Stand: Okt. 2021).

1097 BVerfG (K), Beschl. v. 18.07.2019 – 1 BvL 1/18 u. a. = NJW 2019, 3054 (3057, Rn. 58); BVerfG, Beschl. v. 23.04.1974 – 1 BvR 6/74 u. a. = BVerfGE 37, 132 (142 f.) zur Bestandsmietenbegrenzung; a. A. *Blank*, WuM 2014, 641 (646); *Börstinghaus*, in: Schmidt-Futterer, § 556d BGB Rn. 71; so wohl auch *Fleindl*, in: Gsell u. a., BeckOGK, § 556d BGB Rn. 28 (Stand: Okt. 2021); siehe hierzu auch Kapitel 4, A. I. 5. c. bb.; zu den alternativen Möglichkeiten der Bestimmung der ortsüblichen Vergleichsmiete beispielsweise weiterführend *Frank*, Die Mietpreisbremse, S. 237–240 und 247–257.

1098 Verordnungsbegründung von Bayern, BayMBl. 2021 Nr. 944, S. 37; *Fleindl*, in: Gsell u. a., BeckOGK, § 556d BGB Rn. 57 und 58.1 (Stand: Okt. 2021); bei den 200 größten Städten Deutschlands haben 30 Prozent der Städte mit

Positiv zu bewerten ist nun die mit der Bundesreform des Mietspiegelrechts eingeführte und ab dem 1. Juli 2022 geltende Pflicht für Gemeinden mit mehr als 50.000 Einwohnern, nach § 558c Abs. 4 S. 2 BGB einen Mietspiegel zu erstellen.[1099] Folglich wird diese Vorbedingung für den Großteil angespannter Wohnungsmärkte erfüllt. Für die übrigen Gemeinden unterhalb dieser Einwohnergrenze ist auch weiterhin das Vorhandensein eines dortigen Mietspiegels als Vorbedingung für die Qualifizierung deren Wohnungsmärkte als angespannt zu fordern.[1100]

(2) Gemeindliches Zweckentfremdungsverbot und Milieuschutzgebiete

Ein weiterer Indikator soll ein Zweckentfremdungsverbot in der jeweiligen Gemeinde sein.[1101] In diesem Zuge wäre es dann genauso denkbar zu berücksichtigen, welche und wie viele Teile der Stadt unter Milieuschutz gem. § 172 Abs. 1 S. 1 Nr. 2 BauGB stehen. Beides ist aber aus mehreren Gründen als ein Indikator für die Qualifikation eines Wohnungsmarktes als angespannt abzulehnen.

Der Erlass des Zweckentfremdungsverbots und der Milieuschutzsatzung muss nicht wie in § 556d Abs. 2 S. 5 bis S. 7 BGB begründet werden. Demnach kann es durchaus sein, dass sich die Gemeinde nicht so dezidiert mit der Wohnungsmarktlage vor Ort auseinandersetzt. Hinzukommt, dass am Beispiel der beiden Begründungen angespannter Wohnungsmärkte in der bayerischen MiSchuV die Landesregierungen und die Gemeinden Wohnungsmärkte unterschiedlich als angespannt qualifizieren. Hierbei wird in der Gesamtschau der beiden Begründungen deutlich, dass einige Gemeinden letztlich in der MiSchuV als angespannter Wohnungsmarkt bezeichnet werden, obwohl die Daten dies nicht hergaben. Dies wurde hauptsächlich auf die Aussage der Gemeinde über ihre örtlichen Besonderheiten gestützt,[1102] was bereits an sich schon durch die wertende, gegebenenfalls politisch beeinflusste Aussage fernab einer Datenbasis nicht ganz

---

einer eingeführten Mietpreisbremse keinen Mietspiegel, siehe *Sebastian/Memis*, gif-Mietspiegelreport 2021, 2021, S. 9.

1099 § 558c BGB geändert durch das Gesetz zur Reform des Mietspiegelrechts (Mietspiegelreformgesetz – MsRG) vom 10.08.2021, BGBl. I, S. 3515.

1100 Vgl. auch *Börstinghaus*, in: Schmidt-Futterer, § 556d BGB Rn. 71.

1101 *Börstinghaus*, in: Schmidt-Futterer, § 556d BGB Rn. 42.

1102 Siehe beispielweise JMBl. 2015, S. 118 f.; *Sieg*, DWW 2016, 204 (205).

unkritisch zu sehen ist.[1103] Demnach ist dies erst recht für den umgekehrten Fall der gemeindlichen Zweckentfremdungs- oder eine Milieuschutzsatzung als Indikator für die Mietpreisbremse abzulehnen.

(3) Hohes Mietniveau vor Ort

Als weiteres Kriterium ist das hohe Mietniveau in der Gemeinde denkbar.[1104] Es wurde bei der Mietenentwicklung nach § 556d Abs. 2 S. 3 Nr. 1 BGB bereits erwähnt, dass ein starkes Mietwachstum allein nicht zur Qualifikation eines Wohnungsmarkts als angespannt ausreicht, denn es kann auch auf eine gesteigerte Attraktivität der Gemeinde oder Nachholprozesse in ihrer wirtschaftlichen Entwicklung zurückzuführen sein; zwingend ist daher dort das Endniveau der Mieten mit anderen Städten zu vergleichen.[1105] Außerdem kommt es auf die Mietenentwicklung und nicht auf die statische Betrachtung des Mietniveaus zu einem gewissen Zeitpunkt an, denn eine Stadt kann auch in Zeiten mit Angebotsüberhängen ein hohes Mietniveau aufweisen. Daher kann ein hohes Mietniveau in der Gemeinde nicht allein einen angespannten Wohnungsmarkt begründen, sondern hat vielmehr eine wichtige ergänzende Funktion bei der Mietenentwicklung gem. § 556d Abs. 2 S. 3 Nr. 1 BGB.

(4) Überwiegender Einfluss des Vermieters auf die Mietvertragsbedingungen

Die Tatsache, dass die Mietvertragsbedingungen weitgehend von den Vermietern diktiert werden,[1106] ist aus mehreren Gründen zur Bejahung eines angespannten Wohnungsmarkts ungeeignet. Einerseits stellt sich die Frage der statistischen Erhebung und der Datenverfügbarkeit. Andererseits setzt sich die Anbieterseite aus unterschiedlichen Akteuren zusammen.[1107] In solchen Gemeinden, die einen höheren Anteil privater Eigentümer,

1103 Ebenso *Schollmeier*, Die Gewährleistung von angemessenem und bezahlbarem Wohnraum als Verfassungsfrage, S. 314.

1104 So die Begründung zum Gesetzentwurf, BT-Drs. 18/3121, S. 29; *Blank*, WuM 2014, 641 (645); *Börstinghaus*, in: Schmidt-Futterer, § 556d BGB Rn. 42.

1105 Siehe weiterführend hierzu Kapitel 3, B. IV. 1. bb. (1).

1106 *Börstinghaus*, in: Schmidt-Futterer, § 556d BGB Rn. 42; *Fleindl*, in: Gsell u. a., BeckOGK, § 556d BGB Rn. 44 (Stand: Okt. 2021).

1107 Siehe Kapitel 2, B. I.

insbesondere sog. Amateuranbieter, aufweisen, werden zugleich die Vertragsbedingungen öfter flexibel sein.[1108] Die sog. Amateuranbieter setzen auf ein konfliktarmes und kooperatives Mietvertragsverhältnis[1109] und sind daher eher dazu bereit, Vertragsbedingungen zur Disposition zu stellen. Blendet man die Anbieterstruktur in der Gemeinde aus, so stellen auch in Regionen mit ausgeglichenen Wohnungsmärkten die Vermieter den Vertrag, der in aller Regel unverändert übernommen wird. Dies belegt – unabhängig von den rechtlichen Hürden hierfür – die in der Praxis vorzufindende geringe Anzahl an Individualvereinbarungen in Mietverträgen. Dieses Kriterium ist daher abzulehnen.

(5) Staatliche oder regionale Wohnbauprogramme

Ebenso wenig geeignet ist das Kriterium der staatlichen Wohnbauprogramme für bestimmte Mietergruppen[1110], denn sie können zu einem gewissen Teil aus politischen Programmen resultieren und damit unabhängig von der Marktlage aufgesetzt werden. Allenfalls sollten unabhängig von der staatlichen Entscheidung die zugrundeliegenden Daten für die Qualifikation des Marktes als angespannt herangezogen werden. Politische Zielsetzungen und Wahlkampfprogramme vor Ort in der Gemeinde können zu einer anderen Bewertung der Daten führen.

(6) Bedarfsprognosen, Konjunkturberichte, Wanderungsbewegungen, Mobilitätsrate und Wohnflächenkonsum

Das Heranziehen behördlicher Bedarfsprognosen, der Konjunkturberichte, der Wanderungsbewegung, der Mobilitätsrate und des Mietflächenkonsums[1111] sind begrüßenswert. Diese sind dann sinnvollerweise gleich in

---

1108 Siehe zur Verschiebung der Marktanteile privater Eigentümer Kapitel 2, B. I. 1.

1109 Siehe Kapitel 2, B. I. 1. a.

1110 LG Hamburg, Urt. v. 25.07.1989 – 16 S 424/88, Rn. 5 und 17 (juris) zu § 5 WiStrG; *Börstinghaus*, in: Schmidt-Futterer, § 556d BGB Rn. 42; *Fleindl*, in: Gsell u. a., BeckOGK, § 556d BGB Rn. 44 (Stand: Okt. 2021).

1111 *Börstinghaus*, in: Schmidt-Futterer, § 556d BGB Rn. 42 m. w. N.; *Fleindl*, in: Gsell u. a., BeckOGK, § 556d BGB Rn. 44 (Stand: Okt. 2021); *Theesfeld*, in: Schach u. a., BeckOK Mietrecht, § 556d BGB Rn. 33 (Stand: Nov. 2021); *Lehmann-Richter*, WuM 2015, 204 (209); zur Abwanderung aus dem Stadtbereich BVerwG, Urt. v. 12.12.1979 – 8 C 2/79 = BVerwGE 59, 195 (198–200) =

die Bewertung der Kriterien des § 556d Abs. 2 S. 3 Nr. 1 bis Nr. 4 BGB einzustellen. Konjunkturberichte können Indizien liefern für das Haushaltseinkommen und damit die Mietbelastung; genauso lassen sie aber auch Rückschlüsse auf den künftigen Bedarf zu und können daher für die Bedarfsprognosen der Behörden auf den jeweiligen Wohnungsmärkten von Nutzen sein.[1112] Bedarfsprognosen können unmittelbar bei den Angebotskriterien des § 556d Abs. 2 S. 3 Nr. 3 und Nr. 4 BGB eine Rolle spielen, da sie die Nachfrageentwicklung aufzeigen.[1113] Hierbei ist es – soweit es die Datenlage in der Gemeinde zulässt – durchaus sinnvoll, aufgrund der Heterogenität des Bedarfs auch nach sachlich-räumlichen Kriterien aufzuschlüsseln und hiernach konkretere Bedarfsprognosen anzustellen.[1114] In den Bedarfsprognosen spielen dann die Mobilitätsrate, mögliche Abwanderungsbewegungen sowie die Entwicklung des Wohnflächenkonsums eine entscheidende Rolle.[1115]

(7) Angebots- und Nachfrageentwicklungen im preisgebundenen Segment sowie die Berücksichtigung staatlicher Transferzahlungen

Da sie nicht dem Anwendungsbereich der Mietpreisbremse gem. § 556d BGB unterfallen[1116], sind die Angebots- und Nachfrageentwicklungen im preisgebundenen Segment (zum Beispiel ein deutlicher Nachfrageüberhang nach diesen Wohnungen, ein Anstieg der Wohnungssuchenden und eine hohe Obdachlosenquote) hingegen keine tauglichen Kriterien.[1117] Zudem adressieren diese Entwicklungen einen speziellen Bereich des Wohnungsmarkts und damit beispielsweise im Rahmen der Mietbelastung eine nach sozialen Kriterien oder Haushaltseinkommen spezielle Gruppe. Ein

---

NJW 1980, 1970 (1970 f.); speziell zu den Bedarfsprognosen und den Konjunkturberichten LG Hamburg, Urt. v. 25.07.1989 – 16 S 424/88, Rn. 5–22 (juris) zu § 5 WiStrG.

1112 Vgl. hierzu Kapitel 2, B. I. 1. a., insbesondere aa. und bb.

1113 Siehe zu den Bedarfsprognosen Kapitel 2, B. I. 1. b.

1114 Siehe hierzu Kapitel 2, B. I. 1. b. und c.

1115 Siehe zur veränderten Binnenwanderung Kapitel 2, B. I. 1. a. aa.; zu den unterschiedlichen Entwicklungen des Wohnflächenkonsums Kapitel 2, B. I. 1. a. cc.

1116 Siehe *Börstinghaus*, in: Schmidt-Futterer, § 556d BGB Rn. 22; *Emmerich*, in: Staudinger, § 556d Rn. 3; siehe auch *Theesfeld*, in: Schach u. a., BeckOK Mietrecht, § 556d BGB Rn. 44 f. (Stand: Nov. 2021).

1117 So aber wohl *Börstinghaus*, in: Schmidt-Futterer, § 556d BGB Rn. 42; *Fleindl*, in: Gsell u. a., BeckOGK, § 556d BGB Rn. 44 (Stand: Okt. 2021); siehe auch *Lehmann-Richter*, WuM 2015, 204 (209).

Mangel an Wohnungen im preisgebundenen Segment muss nicht zwingend aus einem angespannten Wohnungsmarkt resultieren, sondern vor allem aus dem Auslaufen von Sozialbindungen, womit eine politische Vernachlässigung – insbesondere in den vergangenen beiden Jahrzehnten – einhergeht. Der Anteil an Sozialwohnungen blieb bestenfalls gleich, in vielen Orten nahm er deutlich ab.[1118] Des Weiteren reichen wegen des Kriteriums „besonders gefährdet“ des § 556d Abs. 2 S. 2 BGB Störungen für kleine Marktsektoren, insbesondere einzelne Bevölkerungsschichten, nicht aus.[1119] Diese Faktoren zielen aber konkret auf ganz bestimmte Schichten, beispielsweise das untere Fünftel bezüglich des Haushaltseinkommens, ab. Demnach können sie schon kein alleiniges Kriterium zur Bejahung eines angespannten Wohnungsmarkts darstellen. Diese besonders schützenswerten Bevölkerungsgruppe findet aber Berücksichtigung bei der Beurteilung der Mietbelastungsquoten „aller“ Haushalte nach § 556d Abs. 2 S. 3 Nr. 2 BGB.[1120]

Anders sieht es dagegen bei Transferzahlungen wie beispielsweise dem Wohngeld aus. Ein Haushalt kann mit einem Wohngeldzuschuss gleichwohl eine Wohnung nutzen, die der Mietpreisbremse unterfällt. Aussagen über die Anzahl der Haushalte, die Wohngeld beziehen, und zu dessen Höhe können im Vergleich zu den Nachfrage- und Angebotsentwicklungen preisgebundenen Wohnraums wertvolle Erkenntnisse liefern.[1121] Sie sind demnach bei der Bewertung der Mietenentwicklung sowie der Mietkostenbelastung gem. § 556d Abs. 2 S. 3 Nr. 1 und Nr. 2 BGB zu berücksichtigen.

(8) Zwischenfazit zu den ungeschriebenen Kriterien

Die meisten der vorgeschlagenen ungeschriebenen Kriterien sind kaum oder gar nicht zielführend. Von besonderer Bedeutung ist die Existenz eines Mietspiegels in der Gemeinde, der (mitsamt seinen Informationen) eine Vorbedingung für die Qualifikation eines Wohnungsmarktes als an-

---

1118 Siehe beispielsweise *Gordo/Grabka u. a.*, DIW Wochenbericht 2019, 468 (476); *Sagner/Stockhausen/Voigtländer*, Wohnen, 2020, S. 26 und 71–73; *Kohl/Sagner/Voigtländer*, Mangelware Wohnraum, 2019, S. 1; *Schier/Voigtländer*, Soziale Wohnraumförderung auf dem Prüfstand, 2016, S. 22 f.

1119 Siehe Kapitel 3, B. IV. 1. a. aa.

1120 Siehe hierzu bereits Kapitel 3, B. IV. 1. a. cc. (2).

1121 So wohl auch *Theesfeld*, in: Schach u. a., BeckOK Mietrecht, § 556d BGB Rn. 33 (Stand: Nov. 2021).

gespannt darstellt. Er trifft Aussagen über die Entwicklung der Bestandsmieten und der ortsüblichen Vergleichsmiete, die beispielsweise im Rahmen des § 556d Abs. 2 S. 3 Nr. 1 BGB von hoher Relevanz sind. Zudem erhöhen die Mietspiegel die Rechtssicherheit bedeutend. Durch den zum 1. Juli 2022 veränderten § 558c Abs. 4 S. 2 BGB wird dem in einem großen Teil der Gemeinden mit einem angespannten Wohnungsmarkt nachgegangen.

Ein hohes Mietniveau, die Angebots- und Nachfrageentwicklungen im preisgebundenen Segment einschließlich staatlicher Transferzahlungen sowie die Bedarfsprognosen, Konjunkturberichte, Wanderungsbewegungen, die Mobilitätsrate und der Wohnflächenkonsum sind zwar als eigenständige Kriterien abzulehnen. Jedoch sind sie in den geschriebenen Kriterien des § 556d Abs. 2 S. 3 Nr. 1 bis Nr. 4 BGB zu berücksichtigen. Ein hohes Mietniveau sollte dabei § 556d Abs. 2 S. 3 Nr. 1 BGB ergänzen. Transferzahlungen können – genauso wie die besonders schutzbedürftige Nachfrage nach Wohnungen mit Preisbindungen – bei dem Kriterium der Mietkostenbelastung Berücksichtigung finden.

In ihrer Gänze sind ein Zweckentfremdungsverbot, ein Milieuschutzgebiet, staatliche oder regionale Wohnbauprogramme und überwiegende Bestimmung von Mietvertragsbedingungen durch den Vermieter als Kriterien abzulehnen.

b) Folgen für die Mietverträge im Geltungsbereich der Mietpreisbremse

Wird eine Gemeinde in der Rechtsverordnung im Sinne des § 556d Abs. 2 S. 1 BGB aufgeführt, so gilt für die dortigen Mietverträge über Wohnraum grundsätzlich die Neuvertragsmietpreisbegrenzung des § 556d Abs. 1 BGB, die sie auf einen zehnprozentigen Aufschlag auf die ortsübliche Vergleichsmiete im Sinne des § 558 Abs. 2 S. 1 BGB begrenzt. Zuschläge auf die zulässige Miete sind aber (nur in ortsüblicher Höhe) möglich, wie beispielsweise für eine gewährte Untermieterlaubnis, die teilgewerbliche Nutzung, die mitvermietete und nicht separat im Vertrag ausgewiesene Garage, die Möblierung oder bei sonstigen geldwerten Mieterleistungen: Wie bereits deutlich wurde, ist in der Praxis ein Trend zu diesen Mietaufschlägen als eine Nebenfolge von Mietpreisregulierungen festzustellen.[1122] Die orts-

1122 Siehe hierzu umfassend, auch zu deren Berechnung im Rahmen der Mietpreisbremse, *Fleindl*, in: Gsell u. a., BeckOGK, § 556d BGB Rn. 86–89.3 und 91 (Stand: Okt. 2021); *Börstinghaus*, in: Schmidt-Futterer, § 556d BGB Rn. 77–82;

übliche Vergleichsmiete darf nicht mit der aktuellen Marktmiete verwechselt werden. Im Vergleich zu dieser fällt die ortsübliche Vergleichsmiete ungefähr 30 Prozent geringer aus.[1123] In diesem Kontext ist hervorzuheben, dass der Gesetzgeber zum 1. Januar 2020 den Zeitraum der in § 558 Abs. 2 S. 1 BGB einzubeziehenden Mieten von vier auf sechs Jahre erhöht hat. Dadurch wird diese Diskrepanz weiter zunehmen.[1124] Beispiele für eine geringe Diskrepanz und somit einen verbesserten Marktbezug der ortsüblichen Vergleichsmiete wären deren Bildung ausschließlich auf Basis von Neuvertragsmieten[1125] oder eine Verkürzung des Zeitraums des § 558 Abs. 2 S. 1 BGB zur Bildung der Vergleichsmiete.

Im Kontext der Mietpreisbremse gewinnen – neben der Möglichkeit von Zuschlägen – die Ausnahmevorschriften an Bedeutung. Bei allen Ausnahmevorschriften hat der Vermieter vor Unterschrift durch den Mieter Auskunftsobliegenheiten gem. § 556g Abs. 1a BGB zu erfüllen. Ein Verstoß dagegen führt gem. § 556g Abs. 1a S. 2 und S. 3 BGB zur Nichtanwendung der Ausnahmevorschriften. Im Falle der verspäteten Auskunft kann sich der Vermieter erst zwei Jahre ab diesem Zeitpunkt auf die Ausnahmevorschrift berufen. Gem. § 556g Abs. 2 kann der Mieter zu viel geleistete Teile seiner Mietzahlungen (vgl. § 556g Abs. 1 BGB) nachträglich zurückfordern.[1126] Rügt der Mieter den Verstoß mehr als 30 Monate nach Beginn

---

Beuermann, GE 2016, 1133 (1133 f.); *Leutner*, GE 2016, 1131 (1132); *Fleindl*, WuM 2018, 544 (545–551). Siehe zur Verstärkung dieser Zuschläge Kapitel 2, A. I. 2. a. aa.

1123 Hierzu und zum Vorstehenden *Emmerich*, in: Staudinger, § 556d Rn. 14.; siehe auch *Voigtländer*, Balance halten in der Mietpreisregulierung, 2018, S. 12 f.; *Deschermeier/Seipelt/Voigtländer*, Evaluation der Mietpreisbremse, 2017, S. 10 f. und 16–19; *Deschermeier/Haas u. a.*, International Journal of Housing Policy 16 (2016), 293 (310 f.); *BBSR*, Die Entwicklung der Angebotsmiete gegenüber der ortsüblichen Vergleichsmiete, 2016; *Beznoska/Henger u. a.*, Faktencheck Gerechtigkeit und Verteilung, 2016, S. 57 f. (auch m. w. N.); *BBSR*, Aktuelle Mietenentwicklung und ortsübliche Vergleichsmiete, 2013, S. 26–33. Siehe zur Bestimmung der ortsüblichen Vergleichsmiete umfassend beispielsweise *Emmerich*, in: Staudinger, § 556d Rn. 13–19, sowie § 558 Rn. 22–58; *Fleindl*, in: Gsell u. a., BeckOGK, § 558 BGB Rn. 14–73 (Stand: Okt. 2021).

1124 Ebenso *Voigtländer*, Balance halten in der Mietpreisregulierung, 2018, S. 12; vgl. zu deren Auswirkungen auf die ortsübliche Vergleichsmiete *Herz*, Neuer Mietspiegel, 2021.

1125 So *Kühling/Sebastian/Siegloch*, Frankfurter Allgemeine Zeitung vom 15.10.2021, 16.

1126 Für ältere Sachverhalte sind im Kontext des § 556g BGB die Übergangsvorschriften des Art. 229 § 49 und § 51 EGBGB zu beachten; zu den Anforderungen des § 556g BGB im Detail siehe weiterführend *Emmerich*, in: Staudinger, des Mietverhältnisses oder war das Mietverhältnis bei Zugang der Rüge bereits beendet, kann er nur gem. § 556g Abs. 2 S. 3 BGB die nach Zugang der Rüge fällig gewordene Miete zurückverlangen. In einem ersten Schritt ist auf die Befreiungsvorschrift des § 556f S. 1 BGB für neue Wohnungen einzugehen (aa.). Daneben kommt dem Rückgriff auf die Vormiete gem. § 556e Abs. 1 BGB in der Praxis eine große Bedeutung zu und ist ebenfalls näher zu untersuchen (bb.). Danach soll ein kurzer Blick auf die weiteren Ausnahmevorschriften des § 556e Abs. 2 und § 556f S. 2 BGB geworfen werden (cc.).

aa) Die Befreiung für nach dem 1. Oktober 2014 neu geschaffene Wohnungen – § 556f S. 1 BGB

Die Ausnahmevorschrift des § 556f S. 1 BGB gilt aber nur dann, wenn es sich um eine Wohnung handelt, die nach dem 1. Oktober 2014 erstmals genutzt oder vermietet wurde.[1127] Dann bleibt die Wohnung auf Dauer frei von der Neuvertragsmietenregulierung des § 556d Abs. 1 BGB.[1128] § 556f S. 1 BGB zielt vor allem auf den Neubau von Wohnungen ab.[1129] Hinsichtlich der erstmaligen Vermietung ist es umstritten, ob es auf den Zeitpunkt des Vertragsschlusses oder den der tatsächlichen Inbesitznahme ankommt.[1130] Zur anderweitigen Nutzung sind die unentgeltliche Nutzung durch Angehörige und Dritte sowie die Selbstnutzung des Eigentümers zu zählen: Hierbei kommt es auf den Zeitpunkt des Nutzungsbe-

---

§ 556g Rn. 6–94; *Fleindl*, in: Gsell u. a., BeckOGK, § 556g BGB Rn. 6–155 (Stand: Okt. 2021).

1127 Weiterführend *Börstinghaus*, in: Schmidt-Futterer, § 556f BGB Rn. 4–14; *Fleindl*, in: Gsell u. a., BeckOGK, § 556f BGB Rn. 5–15 (Stand: Okt. 2021); *Emmerich*, in: Staudinger, § 556f Rn. 3–11; siehe auch die Begründung Gesetzentwurf, BT-Drs. 18/3121, S. 31 f.; siehe zur Schwierigkeit der Abgrenzung der Neubauwohnung auch Kapitel 3, D. III. 1.; weiterführend zu § 556f S. 1 BGB Kapitel 3, D. III.

1128 *Fleindl*, in: Gsell u. a., BeckOGK, § 556f BGB Rn. 16 (Stand: Okt. 2021); *Börstinghaus*, in: Schmidt-Futterer, § 556f BGB Rn. 15.

1129 So die Begründung zum Gesetzentwurf, BT-Drs. 18/3121, S. 31 f.

1130 Für den Zeitpunkt des Vertragsschlusses *Emmerich*, in: Staudinger, § 556f Rn. 11, sowie *Börstinghaus*, in: Schmidt-Futterer, § 556f BGB Rn. 11 f., jeweils m. w. N.; *Beck/Blümmel*, GE 2015, 492 (499); für den Zeitpunkt der tatsächlichen Inbesitznahme *Fleindl*, in: Gsell u. a., BeckOGK, § 556f BGB Rn. 15 m. w. N. (Stand: Okt. 2021); *Frank*, Die Mietpreisbremse, S. 65 f.; *Flatow*, WuM 2015, 191 (202).

ginns an, der aber im Einzelfall schwierig festzustellen sein kann. Die unentgeltliche Nutzung Dritter und die Selbstnutzung, aber auch eine gewerbliche Nutzung der Räume vor dem 2. Oktober 2014 führen zu einer relevanten Nutzung vor dem Stichtag und verhindern die Anwendbarkeit des § 556f S. 1 BGB; für die nun als Wohnraum vermietete Wohnung bleibt es grundsätzlich bei der Höchstmiete des § 556d Abs. 1 BGB.[1131] Dies gilt aber bei der gewerblichen Nutzung nur insoweit, wie es sich hierbei um eine gewerbliche Nutzung der bereits existierenden Wohnung im mietrechtlichen Sinne[1132] handeln muss. § 556f S. 1 BGB stellt auf Basis seines Wortlauts auf die erstmalige Nutzung oder Vermietung der Wohnung nach dem 1. Oktober 2014 ab und kann auch für Bestandsgebäude zur Anwendung kommen. Wenn daher nach der gewerblichen Nutzung aber faktisch die Wohnung neu geschaffen wird, so kann § 556f S. 1 BGB – unabhängig vom Bauaufwand – durchaus einschlägig sein.[1133]

bb) Möglichkeit der Vereinbarung der Vormiete gem. § 556e Abs. 1 BGB

Dem Tatbestand des § 556e Abs. 1 BGB kommt als Ausnahmevorschrift von der Mietpreisbremse eine größere Bedeutung zu, da – wie bereits erwähnt – die Marktmiete in aller Regel 30 Prozent über der ortsüblichen Vergleichsmiete liegt.[1134] Zunächst sind seine allgemeinen Voraussetzungen zu erörtern (1). Im Anschluss daran gilt es zu untersuchen, welche

---

1131 Hierzu und zum Vorstehenden die Begründung zum Gesetzentwurf, BT-Drs. 18/3121, S. 32; *Börstinghaus*, in: Schmidt-Futterer, § 556f BGB Rn. 14; *Fleindl*, in: Gsell u. a., BeckOGK, § 556f BGB Rn. 12 und 14 (Stand: Okt. 2021); *Emmerich*, in: Staudinger, § 556f Rn. 10 f.; *Abramenko*, in: Lützenkirchen, § 556f Rn. 5a; *Herlitz*, in: Herlitz/Saxinger, Handbuch sozialer Wohnungsbau und Mietrecht, Kap. 4 Rn. 258; *Beck/Blümmel*, GE 2015, 492 (499); *Blank*, WuM 2014, 641 (653); neben § 556d Abs. 1 BGB können für diese, bereits vor dem 02.10.2014 genutzten Räume die übrigen Ausnahmevorschriften in §§ 556e f. BGB relevant werden, siehe hierzu vor allem Kapitel 3, B. IV. 1. b. bb. und cc. sowie C. III. 1. a.

1132 Siehe zum mietrechtlichen Wohnungsbegriff Kapitel 3, A. I. 2.; zum mietrechtlichen Wohnraumbegriff Kapitel 3, A. II. 3.

1133 So die Begründung zum Gesetzentwurf, BT-Drs. 18/3121, S. 32; *Börstinghaus*, in: Schmidt-Futterer, § 556f BGB Rn. 14; *Wichert*, in: Spielbauer/Schneider, § 556f Rn. 16; *Fleindl*, in: Gsell u. a., BeckOGK, § 556f BGB Rn. 9 (Stand: Okt. 2021); *Abramenko*, in: Lützenkirchen, § 556f Rn. 4 f.; *Emmerich*, in: Staudinger, § 556f Rn. 7. Siehe zur Umnutzung gewerblicher Räume und § 556f S. 1 BGB Kapitel 3, D. III. 2.

1134 Siehe Kapitel 3, B. IV. 1. b.

Auswirkungen Veränderungen – insbesondere vertraglicher oder räumlicher Natur – auf § 556e Abs. 1 S. 1 BGB haben (2). In diesem Kontext ist – wie bereits bei der 110-Prozent-Grenze des § 556d Abs. 1 BGB erwähnt – die Möglichkeit von Mietzuschlägen einzubeziehen.

(1) Allgemeines

Gem. § 556e Abs. 1 S. 1 BGB kann der Vermieter auch in einem neuen Mietverhältnis die im vorherigen Vertragsverhältnis geschuldete Miete verlangen und diese damit übertragen. Hierfür ist es aber erforderlich, dass diese Miete „rechtlich geschuldet" war, sie beispielsweise bereits ohne einen Verstoß gegen § 556d Abs. 1 BGB zulässig vereinbart wurde.[1135] Ein Leerstand vor dem neuen Mietverhältnis oder eine Selbstnutzung hindert nicht den Rückgriff des Vermieters auf § 556e Abs. 1 BGB und die letzte Miete eines dann schon länger zurückliegenden Wohnraumietvertrags.[1136] Gem. § 556e Abs. 1 S. 2 BGB bleiben dabei Minderungen und vereinbarte Erhöhungen der Vormiete innerhalb des letzten Jahres vor Beendigung des Vormietverhältnisses unberücksichtigt.[1137] Gleichwohl kann die Vormiete des § 556e Abs. 1 S. 1 BGB gem. § 557 Abs. 2 und § 557b Abs. 4 BGB indexiert werden und damit im Mietverhältnis steigen, sodass die am Ende des Mietverhältnisses damit erhöhte Miete für das nachfolgende Mietverhältnis zulässigerweise die rechtlich geschuldete Vormiete darstellt und gem. § 556e Abs. 1 S. 1 BGB fortgeführt werden kann.[1138]

1135 So die Begründung zum Gesetzentwurf, BT-Drs. 18/3121, S. 30; siehe hierzu *Fleindl*, in: Gsell u. a., BeckOGK, § 556e BGB Rn. 10 und 12–16 (Stand: Okt. 2021); *Börstinghaus*, in: Schmidt-Futterer, § 556e BGB Rn. 5; *Emmerich*, in: Staudinger, § 556e Rn. 4.

1136 LG Berlin, Urt. v. 18.10.2018 – 67 S 174/18, Rn. 21–25 (juris); *Emmerich*, in: Staudinger, § 556e Rn. 5; *Börstinghaus*, in: Schmidt-Futterer, § 556e BGB Rn. 7; a. A. wegen des durch die Selbstnutzung entfallenen Bestandsschutzes *Fleindl*, in: Gsell u. a., BeckOGK, § 556e BGB Rn. 8 (Stand: Okt. 2021). Dagegen verwehrt eine zwischenzeitliche gewerbliche Nutzung den Rückgriff auf eine frühere Wohnraummiete, siehe BGH, Urt. v. 19.08.2020 – VIII ZR 374/14 = NZM 2020, 982 (982 f., Rn. 16 ff.).

1137 Siehe hierzu, insbesondere auch zu den (un-)behebbaren Mängeln, vertiefend *Fleindl*, in: Gsell u. a., BeckOGK, § 556e BGB Rn. 17–28 (Stand: Okt. 2021); *Emmerich*, in: Staudinger, § 556e Rn. 17–28; *Börstinghaus*, in: Schmidt-Futterer, § 556e BGB Rn. 27–43.

1138 *Fleindl*, in: Gsell u. a., BeckOGK, § 556e BGB Rn. 36 (Stand: Okt. 2021); *Theesfeld*, in: Schach u. a., BeckOK Mietrecht, § 556e BGB Rn. 10 (Stand: Nov.

(2) Veränderungen der Leistungsgegenstände zwischen dem Vor- und dem Neumietverhältnis

Es ist umstritten, ob Veränderungen in räumlicher, gegenständlicher oder rechtlicher Hinsicht einen Rückgriff auf § 556e Abs. 1 S. 1 BGB verhindern. Die Ansichten in der Literatur hierzu können wie folgt systematisiert werden: ein enges und ein weites Verständnis der Vertragsidentität, Letzteres unter einer damit verbundenen Korrektur des Mietpreises, sowie eine zwischen diesen Meinungen liegende, differenzierende Betrachtungsweise. Zunächst sollen die beiden konträren Verständnisse der Vertragsidentität näher untersucht und ihre Unterschiede deutlich gemacht werden (a). Danach ist die differenzierte Betrachtungsweise näher zu erörtern sowie dabei herauszuarbeiten, in welchen veränderten Vertragskonstellationen gleichwohl ein Rückgriff auf die Vormiete gem. § 556e Abs. 1 BGB, gegebenenfalls unter Auf- oder Abschlägen, möglich ist (b).

(a) Enges und weites Verständnis der Vertragsidentität

Bei einem engen Verständnis der Vertragsidentität reicht jede nicht ganz geringfügige und deshalb zu vernachlässigende Beschränkung oder Erweiterung der Rechte des Mieters im Neuvertrag im Vergleich zum zuletzt abgeschlossenen Mietvertrag über Wohnraum bereits aus, damit eine Anwendung des § 556e Abs. 1 BGB ausscheidet.[1139] Mit anderen Worten reicht eine mehr als geringfügige, räumliche Erweiterung (etwa durch Nutzung eines Hausgartens oder der Gemeinschaftsküche) oder Verkleinerung des Mietgegenstands, des Umfangs des vertragsgemäßen Gebrauchs des Mieters oder der zusätzlich zu erbringenden Dienstleistungen des Mieters aus.[1140] Selbiges müsste nach dieser Ansicht wohl auch für den Wechsel von einer möblierten zu einer unmöblierten Vermietung und umgekehrt gelten. Als Argument werden die ansonsten schwierige und un-

---

2021); *Börstinghaus*, in: Schmidt-Futterer, § 557b BGB Rn. 55a f.; *Siegmund*, in: Gsell u. a., BeckOGK, § 557b BGB Rn. 61 f. (Stand: Okt. 2021); *Schultz*, in: Schach u. a., BeckOK Mietrecht, § 557b BGB Rn. 39 (Stand: Nov. 2021); siehe auch die Begründung zum Gesetzentwurf, BT-Drs. 18/3121, S. 35.

1139 *Emmerich*, in: Staudinger, § 556e Rn. 10; so wohl auch *Artz*, in: MüKo BGB, § 556e Rn. 7; *Abramenko*, MietRB 2015, 276 (276 f.); dies erwähnt auch *Blank*, WuM 2014, 641 (650), der sich dem aber nicht anschließt.

1140 Siehe *Emmerich*, in: Staudinger, § 556e Rn. 11–15; *Artz*, in: MüKo BGB, § 556e Rn. 6 f.

klare Grenzziehung, der Ausnahmecharakter des § 556e Abs. 1 BGB sowie der für die Auf- oder Abschläge erforderliche Berechnungsaufwand angeführt.[1141] Aber auch diese Ansicht bestätigt, dass die veränderten mietvertraglichen Pflichten – beispielsweise die Abwälzung von Schönheitsreparaturen auf den Mieter – die Vertragsidentität nicht beeinträchtigen. Dies liegt aber wohl nicht an deren Geringfügigkeit, sondern vielmehr wird diesen Regelungen die Ursächlichkeit für die Miethöhe abgesprochen.[1142] Selbiges gilt auch für die Einführung von Kleinreparaturenklauseln und die Anpassung der dort relevanten Grenzwerte.

Hubert Blank legt dagegen ein weites Verständnis der Vertragsidentität zu Grunde. Sowohl im Falle räumlicher Erweiterungen oder Verkleinerungen des vermieteten Gegenstands als auch bei der Erweiterung oder Einschränkung des Umfangs des vertragsgemäßen Gebrauchs des Mieters kann § 556e Abs. 1 S. 1 BGB demnach zur Anwendung gelangen. Der Umfang vertragsgemäßer Nutzung betrifft die Untermieterlaubnis oder die Erlaubnis zur gewerblichen Teilnutzung der Räume. Jedoch sind hier dann entsprechende Auf- oder Abschläge bei der Vormiete für das neue Mietverhältnis vorzunehmen, wenn die Leistung des Vermieters im Nachmietverhältnis gegenüber dem Vormietverhältnis zurückbleibt oder darüber hinaus geht. Dies gelingt aber immer nur dann, soweit die jeweilige Abweichung einen messbaren Geldwert besitzt.[1143] Demnach dürfte die Vormiete unter Auf- oder Abschlägen auch bei Veränderung der Möblierung oder Ausstattung der Wohnung sowie bei sonstigen Dienstleistungen, die speziell vom Vermieter übernommen werden, ebenfalls verlangt werden können.

(b) Differenzierte Betrachtungsweise bei § 556e Abs. 1 S. 1 BGB

Die Ansicht von *Hubert Blank* ist bereits mit dem Gesetzeszweck des § 556e BGB, das enge Verständnis der Vertragsidentität mit dem des § 556e BGB in Verbindung mit § 556f BGB – wie sich gleich zeigen wird – unvereinbar. Zutreffenderweise ist danach zu differenzieren, woran die Verände-

---

1141 *Emmerich*, in: Staudinger, § 556e Rn. 10; *Artz*, in: MüKo BGB, § 556e Rn. 7.

1142 Hierzu und zum Vorstehenden *Emmerich*, in: Staudinger, § 556e Rn. 16; strenger und damit a. A. *Artz*, in: MüKo BGB, § 556e Rn. 7, der auch bei der Veränderung der rechtlichen Pflichten § 556e Abs. 1 S. 1 BGB ablehnt und nicht zwischen Schönheitsreparaturen und einer Untermieterlaubnis differenziert.

1143 Zu dem Ganzen *Blank*, WuM 2014, 641 (650); kritisch hierzu *Flatow*, WuM 2015, 191 (197 f.).

rung im Vergleich zum Vormietverhältnis anknüpft, und konkret daran, ob dem Mieter in gewissen Punkten mehr oder weniger im Vergleich zur Gegenleistung für die Vormiete eingeräumt wird. Im Vergleich zu einem engen oder weiten Verständnis ist eine differenzierende Herangehensweise vorzugswürdig. Divergenzen können bei der räumlichen Erweiterung oder Verkleinerungen des vermieteten Gegenstands, der Möblierung und Ausstattung der Wohnung, der Erweiterung oder Einschränkung des Umfangs des vertragsgemäßen Gebrauchs des Mieters und bei den übrigen vertraglichen Regelungen wie beispielsweise der Schönheitsreparaturen oder der Kleinreparaturenklausel auftreten.

Zunächst ist auf die räumliche Erweiterung oder Verkleinerung der (mit-)vermieteten Räume einzugehen. Wird dem Mieter im Vergleich zum Vormietverhältnis mehr Fläche angeboten – beispielsweise eine Garagen- oder Garten(mit)nutzung, aber auch eine größere Wohnfläche[1144] – so kann der Vermieter die Vormiete gem. § 556e Abs. 1 S. 1 BGB, aber ohne einen Zuschlag verlangen.[1145] Die methodische Begründung hierfür divergiert innerhalb der Literatur (Analogie oder teleologische Reduktion[1146]). Dies ergibt sich allerdings bereits aus einer systematischen und teleologischen Auslegung. In der Tat zielt der Gesetzeszweck des § 556e Abs. 1 BGB auf den Bestandsschutz der bisherigen Mietverhältnisse ab.[1147] Jedoch ist eine Ausnahmeregelung nicht isoliert, sondern im Verhältnis zur Regel unter Berücksichtigung der Zwecke der Regel zu betrachten. Die Mietpreisbremse zielt unter Berücksichtigung der Ausnahmevorschrift des § 556e Abs. 1 S. 1 BGB nicht auf eine Mietabsenkung im folgenden Vertragsverhältnis, sondern auf die Unterbindung unangemessener Preissprünge bei Wiedervermietung ab.[1148] Einer vertraglichen Einräumung von mehr Fläche zur (Mit-)Nutzung zur gleichen monatlichen Kaltmiete – womit sich auf den Quadratmeter heruntergerecht eine reduzierte

---

1144 Siehe zur Erweiterung der Wohnfläche mittels Dachgeschossausbaus Kapitel 3, D. III. 1.

1145 Ebenso *Fleindl*, in: Gsell u. a., BeckOGK, § 556e BGB Rn. 31 (Stand: Okt. 2021); *Börstinghaus*, in: Schmidt-Futterer, § 556e BGB Rn. 16; *Wichert*, in: Spielbauer/Schneider, § 556e Rn. 10; *Flatow*, WuM 2015, 191 (197); *Börstinghaus*, NJW 2015, 1553 (1556). Freilich kann sich der Vermieter bei der veränderten Fläche auch auf § 556d Abs. 1 BGB stützen.

1146 Analogie nach *Börstinghaus*, in: Schmidt-Futterer, § 556e BGB Rn. 16, sowie nach *Flatow*, WuM 2015, 191 (197); teleologische Reduktion nach *Fleindl*, in: Gsell u. a., BeckOGK, § 556e BGB Rn. 31 (Stand: Okt. 2021).

1147 Siehe die Begründung zum Gesetzentwurf, BT-Drs. 18/3121, S. 29 f.

1148 So die Begründung zum Gesetzentwurf, BT-Drs. 18/3121, S. 29 f.

Kaltmiete pro Quadratmeter ergibt – steht § 556e Abs. 1 S. 1 BGB seiner Teleologie nach nicht entgegen.

Wird dagegen nicht mehr, sondern weniger Fläche als im Vormietverhältnis angeboten, so kann sich der Vermieter entsprechend der gesetzlichen Zwecksetzung nicht auf § 556e Abs. 1 S. 1 BGB berufen, auch nicht mit einem Abschlag für die geringere Fläche.[1149] Es gilt demnach – solange keine weiteren Ausnahmen einschlägig sind – die Grenze der 110-prozentigen ortsüblichen Vergleichsmiete auf Basis der kleineren Fläche gem. § 556d Abs. 1 BGB.

Die Erkenntnisse zur Erweiterung oder Begrenzung der vermieteten Räume gelten genauso für die erstmalige Vermietung der Wohnung als möbliert oder unmöbliert.[1150] Demnach kann der Vermieter bei erstmaliger Möblierung nur die Vormiete ohne ortsüblichen Möblierungszuschlag oder – so dann auch im umgekehrten Fall der nun teil- oder unmöblierten Wohnung – die Miete des § 556d Abs. 1 BGB mit dem Zuschlag verlangen.

Im Falle der Erweiterung oder Einschränkung des Umfangs des vertragsgemäßen Gebrauchs des Mieters ist – anders als bei der räumlichen Erweiterung oder Begrenzung – jeweils ein Rückgriff auf die Vormiete gem. § 556e Abs. 1 S. 1 BGB zulässig. Jedoch sind hier dann beim Neumietvertrag Auf- oder Abschläge vorzunehmen.[1151] Denn hierbei gibt es keine räumlichen Veränderungen und die veränderte Nutzungsgestattung stellt kein Wohnwertmerkmal im Sinne des § 558 Abs. 2 S. 1 BGB dar und wirkt sich nicht auf die ortsübliche Vergleichsmiete aus.[1152] Demnach ergeben

---

1149 Ebenso *Börstinghaus*, in: Schmidt-Futterer, § 556e BGB Rn. 16 und 18; *Fleindl*, in: Gsell u. a., BeckOGK, § 556e BGB Rn. 29 f. (Stand: Okt. 2021); *Flatow*, WuM 2015, 191 (197 f.).

1150 *Börstinghaus*, in: Schmidt-Futterer, § 556e BGB Rn. 16; a. A. *Wichert*, in: Spielbauer/Schneider, § 556e Rn. 10, wonach in beiden Fällen § 556e Abs. 1 S. 1 BGB ausscheidet; ebenso *Beuermann*, GE 2016, 1133.

1151 Hierzu und zum Vorstehenden *Börstinghaus*, in: Schmidt-Futterer, § 556e BGB Rn. 17 und 19; *Flatow*, WuM 2015, 191 (198); so wohl auch *Fleindl*, in: Gsell u. a., BeckOGK, § 556e BGB Rn. 32 (Stand: Okt. 2021); a. A. *Wichert*, in: Spielbauer/Schneider, § 556e Rn. 11, der Bedenken gegen einen Zuschlag äußert und bei Einschränkung der Rechte § 556e Abs. 1 S. 1 BGB ablehnt. Selbiges gilt auch bei sonstigen geldwerten Leistungen des Vor- oder des Neumieters, siehe *Börstinghaus*, in: Schmidt-Futterer, § 556e BGB Rn. 25.

1152 *Börstinghaus*, in: Schmidt-Futterer, § 556e BGB Rn. 17 und 19, sowie *Flatow*, WuM 2015, 191 (198), jeweils m. w. N.; siehe auch *Börstinghaus*, NJW 2015, 1553 (1556).

sich keine Unterschiede zur 110-Prozent-Grenze gem. § 556d Abs. 1 BGB und der auch dort bestehenden Möglichkeit eines Aufschlags.[1153]

Dagegen haben Veränderungen der übrigen vertraglichen Regelungen, wie beispielsweise der Schönheitsreparaturen oder der Kleinreparaturenklausel, keinerlei Auswirkungen und der Vermieter kann die Vormiete verlangen.[1154] Wie bereits deutlich wurde, bejaht selbst ein enges Verständnis der Vertragsidentität deren Unbeachtlichkeit.[1155]

cc) Weitere Ausnahmen von der Mietpreisbindung des § 556d Abs. 1 BGB

Neben der Vereinbarung der Vormiete stehen den Vermietern noch zwei weitere Ausnahmevorschriften zur Verfügung, die auf die Modernisierung des Wohnraums abzielen. Gem. § 556f S. 2 BGB kann der Vermieter nach einer umfassenden Modernisierung die Miete für die erste Vermietung des Wohnraums frei bestimmen und unterliegt dabei nicht der Neuvertragsmietpreisbindung des § 556d Abs. 1 BGB. Diese neue Miete setzt sich dann für die künftigen Mietverhältnisse als der zulässig vereinbarten Vormiete gem. § 556e Abs. 1 S. 1 BGB fort. Im Falle einer Streitigkeit zwischen den späteren Mietern und dem Vermieter wird, wie bereits erwähnt, durch das Kriterium „zuletzt geschuldet“ in § 556e Abs. 1 S. 1 BGB inzident überprüft, ob die Voraussetzungen des § 556f S. 2 BGB für eine „umfassende Modernisierung“ damals vorlagen.[1156]

Liegen sie dagegen nicht vor, so kann sich der Vermieter durch die Modernisierung auch auf § 556e Abs. 2 BGB berufen.[1157] Gem. § 556e Abs. 2 S. 2 BGB hat der Vermieter dabei von der ortsüblichen Vergleichsmiete zu Beginn des Mietverhältnisses ohne Berücksichtigung der Modernisierung auszugehen. Alternativ hierzu kann sich – je nach Umfang der Modernisierung und des jeweiligen Mietspiegels – aber eine höhere Miete bereits aus § 556d Abs. 1 BGB ergeben, denn hierdurch kann eine höhere Einordnung bei der ortsüblichen Vergleichsmiete resultieren, oder der Vermieter beruft sich auf die Vormiete in Verbindung mit der Mieterhöhung gem. § 559

1153 Siehe Kapitel 3, B. IV. 1. b.

1154 Ausführlich dazu *Börstinghaus*, in: Schmidt-Futterer, § 556e BGB Rn. 26; *Flatow*, WuM 2015, 191 (198 f.); siehe auch *Wichert*, in: Spielbauer/Schneider, § 556e Rn. 12; vgl. *Börstinghaus*, NJW 2015, 1553 (1556).

1155 Siehe Kapitel 3, B. IV. 1. b. bb. (2) (a).

1156 Siehe zum Kriterium „zuletzt schuldete“ Kapitel 3, B. IV. 1. b. bb. (1); siehe zu den Anforderungen der „umfassenden Modernisierung“ Kapitel 3, C. III. 1. a.

1157 Siehe dazu Kapitel 3, C. III. 1. b.

BGB.[1158] Folglich hat er mehrere Berechnungen anzustellen, um die für ihn bessere Option wählen zu können.

dd) Zwischenfazit und Auswirkungen auf die Handlungsoptionen der Weitervermietung

Aufgrund der Unzulässigkeit der zweckentfremdungsrechtlichen Mietpreisregulierung sind nur die Vorschriften der Mietpreisbremse von Relevanz. Auf § 556d Abs. 1 BGB sind für gewisse Leistungen Zuschläge in ortsüblicher Höhe möglich. § 556d Abs. 1 BGB knüpft an die ortsübliche Vergleichsmiete an, die ungefähr 30 Prozent unter der Marktmiete liegt. Durch die Verlängerung des Bemessungszeitraums für die ortsübliche Vergleichsmiete von vier auf sechs Jahre dürfte diese Diskrepanz noch weiter zunehmen. Für den Stichtag der Ausnahmevorschrift des § 556f S. 1 BGB ist es unerheblich und verhindert dessen Anwendung, wenn die Wohnung vor dem Stichtag selbst oder gewerblich genutzt wurde. Dagegen kann bei einer gewerblichen Nutzung in einer Nicht-Wohnung per Umnutzung durchaus § 556f S. 1 BGB zur Anwendung gelangen.

Auch bei der Vereinbarung der Vormiete nach § 556e Abs. 1 S. 1 BGB als weiterer Ausnahmevorschrift ist es unerheblich, ob die Wohnung zwischenzeitlich leer stand oder selbst genutzt wurde. Im Falle einer Veränderung (im Vergleich zum vorherigen Mietverhältnis) in räumlicher, gegenständlicher oder rechtlicher Hinsicht konnten die Literaturansichten systematisiert werden. Ein enges Verständnis der Vertragsidentität verneint bei mehr als nur geringfügigen Veränderungen (bis auf die Veränderungen bei den mietvertraglichen Pflichten) die Anwendbarkeit des § 556e Abs. 1 S. 1 BGB. Nach einer weit verstandenen Vertragsidentität ist § 556e Abs. 1 S. 1 BGB hier immer anwendbar, jedoch sind dann noch Zu- oder Abschläge auf die Vormiete vorzunehmen. Vorzugswürdig ist aber eine differenzierende Betrachtungsweise. Im Falle räumlicher Erweiterungen – ebenso bei einer Möblierung – bleibt es bei § 556e Abs. 1 S. 1 BGB ohne Zuschläge (neben § 556d Abs. 1 BGB), bei Verkleinerungen nur bei § 556d Abs. 1 BGB. Anders sieht das bei Veränderungen des vertragsgemäßen Gebrauchs aus, denn hier kann stets die Vormiete gem. § 556e Abs. 1 S. 1 BGB unter Zu- und Abschlägen verlangt werden. Keinerlei Auswirkungen auf die

---

1158 Siehe *Börstinghaus*, in: Schmidt-Futterer, § 556e BGB Rn. 62; *Emmerich*, in: Staudinger, § 556e Rn. 29 f. und 33; *Häublein*, ZfPW 2020, 1 (9); vgl. *Fleindl*, in: Gsell u. a., BeckOGK, § 556e BGB Rn. 64 (Stand: Okt. 2021).

mögliche Vereinbarung der Vormiete haben Veränderungen der übrigen vertraglichen Regelungen, wie beispielsweise der Schönheitsreparaturen oder der Kleinreparaturenklausel. Bei Modernisierungen normieren § 556f S. 2 BGB und § 556e Abs. 2 BGB weitere Ausnahmevorschriften.

Übertragen auf die hier denkbaren Konstellationen bei der Weitervermietung der Wohnung kommt es für eine Befreiung von der Neuvertragsmietenregulierung des § 556d Abs. 1 BGB bei § 556f S. 1 BGB auf den erstmaligen Vertragsschluss oder den Nutzungsbeginn an. Die allermeisten Wohnungen im Bestand werden hierbei aufgrund ihres Alters ausscheiden. Demnach ist die Möglichkeit der Vereinbarung der Vormiete nach § 556e Abs. 1 BGB von deutlicher größerer Relevanz. Modernisierungsarbeiten vor der Neuvermietung und nach Beendigung des vorherigen Mietverhältnisses führen nach § 556f S. 2 BGB – wenn sie als umfassend zu qualifizieren sind – zur einmaligen Befreiung von § 556d Abs. 1 BGB und setzen sich über § 556e Abs. 1 BGB fort. Ansonsten sind Modernisierungszuschläge nach § 556e Abs. 2 BGB möglich.

c) Mieterhöhungen im laufenden Mietverhältnis

Aufgrund der Zurückhaltung der Anbieter am Wohnungsmarkt, die Miete im laufenden Mietverhältnis zu erhöhen oder die Miete zu indexieren,[1159] ist insoweit nur ein kurzer Überblick über die Rechtslage nötig. Im laufenden Mietverhältnis kann der Vermieter gem. § 557 Abs. 1 BGB die Miete im Einvernehmen mit dem Mieter mittels Vereinbarung erhöhen. Alternativ können sie auch eine Staffel- oder eine Indexmiete von Anfang an in den Mietvertrag aufnehmen (vgl. § 557 Abs. 2, § 557a und § 557b BGB). Andernfalls steht dem Vermieter noch die Möglichkeit der Mieterhöhung bis zur ortsüblichen Vergleichsmiete gem. §§ 558 bis 558e BGB offen. Im Kontext angespannter Wohnungsmärkte ist noch auf die reduzierte Kappungsgrenze des § 558 Abs. 3 S. 2 BGB hinzuweisen, die als Grenze für die Erhöhung der Miete innerhalb von drei Jahren anstelle von 20 Prozent nun seit 2013 in angespannten Wohnungsmärkten 15 Prozent normiert.

1159 Siehe Kapitel 1, B. I. 1.

2. „Exit-Option“ durch den Verkauf der Wohnung

Kann mit den regulierten Neuvertragsmieten und damit der gebremsten Mietenentwicklung das Investitionsziel auf Basis der vor dem Kauf angestrengten Investitionsberechnungsmethoden nicht oder erst später und damit mit zunehmenden Risiko erreicht werden, so kann der Eigentümer sich über die Zeit für einen Verkauf der Wohnung(en) als „Exit-Option“ aus dem Mietwohnungsmarkt entscheiden. Neben dem Mietpreis und seiner Entwicklung hat der Verkaufspreis eine überragende Bedeutung für die Investitionsrechnung und für die Erreichung des Ziels des Investments.[1160] Andere Ursachen für einen Verkauf können die Regulierung im Mietwohnungsmarkt an sich einschließlich der Preisregulierung oder die nachvollziehbare Befürchtung, dass sich die Regulierung künftig verstärken werde,[1161] sein. Der Verkauf gewinnt auch deswegen an Bedeutung, da Umnutzungsvorhaben der bisherigen Wohnung in aller Regel mangels Genehmigung scheitern werden.[1162] Verkauft werden kann entweder das ganze Haus oder die einzelne Wohnung, wenn an ihr Wohneigentum im Sinne des § 1 Abs. 2 WEG begründet ist. Die Wohnungen werden durch den Verkauf auf dem Teilmarkt des Wohnungsbestandsmarkts bzw. des Markts für Wohneigentum angeboten.[1163]

Nun sind in einem ersten Schritt die rechtlichen Hürden für die Begründung des Wohneigentums zu erörtern (a.). Nach den ersten Erfahrungen mit der regulierten Neuvertragsmiete und damit in der Konstellation der „Exit-Option“ wird die Wohnung vermietet sein oder möglicherweise leer stehen. Demnach sind bei der Untersuchung der „Exit-Option“ beide Möglichkeiten bei der Begründung von Wohnungseigentum zu berücksichtigen. In einem zweiten Schritt – wenn der Verkauf erfolgt – sind mögliche Vorkaufsrechte und deren Auswirkungen auf den Verkauf zu erörtern (b.).

1160 Siehe zur Bedeutung des Kaufpreises Kapitel 1, B. II. 3. d.; zum Investitionsziel vor allem Kapitel 1, B. II. 3. c. und den Berechnungsmethoden an sich Kapitel 1, B. II. 2.

1161 Siehe hierzu Kapitel 2, A. I. 2. a., vor allem bb. und cc.

1162 Siehe Kapitel 3, B. II. 2.

1163 Zu diesen beiden Teilmärkten siehe Kapitel 1, A. IV. 2. c. aa. und A. IV. 2. c. bb. (2) (a); der Begriff des Markts für Wohneigentum ist nicht eng zu verstehen, denn es umfasst sowohl die Eigentumswohnung nach § 1 Abs. 2 WEG als auch das Eigentum an einem Haus (mit einer oder mehreren Wohnungen) unabhängig von der Frage, ob dort dieses Sondereigentum begründet wurde, siehe Kapitel 1, A. IV. 2. c. bb. (2) (a).

a) Vorbereitung des Verkaufs einer Wohnung – die Begründung von Wohneigentum

Aus dem Zweckentfremdungs- und dem Mietrecht ergeben sich keine Hindernisse für die Begründung von Wohneigentum. Auch aus dem Baurecht ergeben sich hier grundsätzlich keine Restriktionen, insbesondere keine Genehmigungsbedürftigkeit. Die rechtliche Begründung von Wohnungseigentum stellt keine Errichtung, Änderung oder Nutzungsänderung im Sinne des Art. 55 Abs. 1 BayBO dar.

Eine erste Ausnahme von diesem Grundsatz gilt aber in den Milieuschutzgebieten gem. § 172 Abs. 1 S. 1 Nr. 2 BauGB. Macht die Landesregierung von der Rechtsgrundlage des § 172 Abs. 1 S. 4 BauGB – wie beispielsweise in Bayern gem. § 5 DVWoR[1164] – Gebrauch, dann ist die Begründung von Wohnungseigentum in einem hier zu unterstellenden, zu Wohnzwecken dienenden Gebäude genehmigungsbedürftig. Abgesichert wird der Genehmigungsvorbehalt über § 172 Abs. 1 S. 5 und S. 6 BauGB.[1165] Mangels eines Baugenehmigungsverfahrens wird die milieuschutzrechtliche Genehmigung hierfür gem. § 173 Abs. 1 S. 1 Hs. 1 BauGB von der Gemeinde erteilt. Im Rahmen der Genehmigungsfähigkeit gem. § 172 Abs. 4 BauGB sind zunächst die Anspruchstatbestände des § 172 Abs. 4 S. 3 Nr. 2 bis Nr. 6 BauGB zu erörtern. Sind sie nicht einschlägig, so bleibt der Genehmigungsanspruch gem. § 172 Abs. 4 S. 2 BauGB wegen wirtschaftlicher Unzumutbarkeit zwar denkbar, jedoch dürfte er auch hier die Ausnahme darstellen. In aller Regel wird es daher auf den Genehmigungstatbestand des § 172 Abs. 4 S. 1 BauGB ankommen, der im Ermessen der Gemeinde steht.[1166] Hier sind die Anspruchstatbestände des § 172 Abs. 4 S. 3 Nr. 5 und Nr. 6 BauGB besonders relevant, die sich auch auf § 172 Abs. 4 S. 1 BauGB auswirken (aa.). Des Weiteren ist die Anwendbarkeit des § 172 Abs. 4 S. 3 Nr. 6 Hs. 2 und Hs. 3 BauGB auf § 577a BGB in der Konstellation des Kaufs der Wohnung durch einen Mieter, der zwar nicht in der Wohnung, aber doch im gleichen Haus wohnt, näher zu untersuchen (bb.).

1164 Verordnung zur Durchführung des Wohnungsrechts und des Besonderen Städtebaurechts (Durchführungsverordnung Wohnungsrecht – DVWoR), vom 08.05.2008, zuletzt geändert am 26.03.2019.

1165 Siehe hierzu beispielsweise weiterführend *Stock*, in: Ernst u. a., § 172 BauGB Rn. 124–127 (122. EL/Aug. 2016).

1166 Siehe hierzu Kapitel 3, B. II. 2. b. dd. sowie B. II. 2. c. dd. (2).

Eine zweite Ausnahme von dem Grundsatz gilt nun auch in angespannten Wohnungsmärkten und damit dort in- und außerhalb der Milieuschutzgebiete. Durch das Gesetz zur Mobilisierung von Bauland (Baulandmobilisierungsgesetz) vom 14. Juni 2021[1167] normiert § 250 BauGB seit dem 23. Juni 2021 ebenfalls einen Genehmigungsvorbehalt für die Begründung von Wohnungseigentum. Dies gilt es näher zu erörtern (cc.). Dabei ist auch auf den miteingeführten § 201a BauGB einzugehen, der die konkreten Anforderungen für einen angespannten Wohnungsmarkt im Sinne des BauGB normiert.

aa) Genehmigungsansprüche nach § 172 Abs. 4 S. 3 Nr. 5 und Nr. 6 BauGB

Als maßgebliche Anspruchstatbestände für eine Genehmigung kommen § 172 Abs. 4 S. 3 Nr. 5 und Nr. 6 BauGB in Betracht. § 172 Abs. 4 S. 3 Nr. 5 BauGB scheitert bereits an der tatsächlichen Nutzung zu Wohnzwecken. Stehen dagegen alle Wohnungen und damit das gesamte Gebäude leer, so kann sich ein Genehmigungsanspruch aus § 172 Abs. 4 S. 3 Nr. 5 BauGB ergeben.[1168]

Relevant bleibt daher nur § 172 Abs. 4 S. 3 Nr. 6 BauGB in Verbindung mit S. 4 und S. 5. Die damit verbundene Verpflichtungserklärung, deren Geltung von dem Außerkrafttreten der Rechtsverordnung gem. § 172 Abs. 1 S. 4 BauGB unberührt bleibt,[1169] schränkt den Eigentümer hinsichtlich der potentiellen Erwerber für die Wohnung stark ein. Nur der aktuelle und künftige Mieter[1170] der Wohnung (einschließlich des eintretenden Mieters gem. § 563 BGB) können innerhalb der sieben Jahre nach der Begründung des Wohnungseigentums die Wohnung erwerben. Mittels Auslegung ist dies auch auf alle Mieter des gesamten Hauses zu erstre-

---

1167 BGBl. I, S. 1802.

1168 Siehe hierzu BVerwG, Urt. v. 30.06.2004 – 4 C 1/03 = BVerwGE 121, 169 (177 f.) = NVwZ-RR 2005, 383 (385); *Stock*, in: Ernst u. a., § 172 BauGB Rn. 198 (126. EL/Aug. 2017); *Bank*, in: Brügelmann, § 172 BauGB Rn. 102 (80. EL/Okt. 2011); *Mitschang*, in: Battis u. a., § 172 Rn. 117; *Möller*, in: Schrödter, § 172 Rn. 111.

1169 *Stock*, in: Ernst u. a., § 172 BauGB Rn. 199c (126. EL/Aug. 2017).

1170 Ansonsten könnten aktuell leer stehende und später vermietete Wohnungen nicht an den künftigen Mieter verkauft werden, siehe *Riemann*, Baurechtliche Instrumente gegen Gentrifizierung, S. 46.

cken,[1171] zu denen auch Untermieter zu zählen sind. Handelt es sich um einen Mieter, der zwar nicht in dem relevanten Gebäude die Wohnung angemietet hat, aber eine Wohnung in dem Milieuschutzgebiet bewohnt, so fällt dies zwar nicht unter den Anspruchstatbestand des § 172 Abs. 4 S. 3 Nr. 6 BauGB. Dieser Umstand kann aber durch das Ermessen im Rahmen der Veräußerungsgenehmigung mangels einer städtebaulich relevanten Verdrängungsgefahr berücksichtigt werden.[1172] Diese Verpflichtung gilt für alle Wohnungen in einem Haus, auch wenn gerade eine davon vorübergehend leer steht. Umgehungsversuche, die Wohnungen an den potentiellen Käufer zunächst zu vermieten, um damit innerhalb des § 172 Abs. 4 S. 3 Nr. 6 BauGB zu agieren, erfüllen auf Basis des Gesetzeszwecks nicht den Tatbestand des Mieters.[1173] Der Umwandlungsgenehmigung im Sinne des § 172 Abs. 4 S. 3 Nr. 6 BauGB kann gem. S. 4 und S. 5 auch die spätere konkrete Veräußerung der Wohnung an sich in dem sieben jährigen Zeitraum der Genehmigungspflicht unterworfen werden und dies so im Grundbuch entsprechend eingetragen werden.[1174]

Gem. § 172 Abs. 4 S. 3 Nr. 6 Hs. 2 und Hs. 3 BauGB verkürzt die Umwandlungsgenehmigung auch zwei Fristen für die Kündigungsbeschränkung von Käufern, die mit dem jeweiligen Erwerb der Eigentumswohnung zu laufen beginnen: Es reduziert sich die maximal zehnjährige Kündigungsbeschränkungsfrist in angespannten Wohnungsmärkten auf fünf Jahre; liegt kein angespannter Wohnungsmarkt vor, so entfällt die dreijährige Kündigungsbeschränkung des § 577a Abs. 1 BGB vollständig. Im Falle der Verpflichtungserklärung des Eigentümers hat die Gemeinde die Mieter

---

1171 So BVerwG, Urt. v. 30.06.2004 – 4 C 1/03 = BVerwGE 121, 169 (181) = NVwZ-RR 2005, 383 (386); *Stock*, in: Ernst u. a., § 172 BauGB Rn. 199a (126. EL/Aug. 2017); *Bank*, in: Brügelmann, § 172 BauGB Rn. 104 (80. EL/Okt. 2011); *Rixner/Biedermann/Charlier*, in: dies., § 172 BauGB Rn. 70. Zu den Auswirkungen auf § 172 Abs. 4 S. 3 Nr. 6 Hs. 2 und Hs. 3 BauGB beim Kauf der Wohnung durch einen anderen Mieter im Haus, siehe sogleich Kapitel 3, B. IV. 2. a. bb.

1172 BVerwG, Urt. v. 30.06.2004 – 4 C 1/03 = BVerwGE 121, 169 (181) = NVwZ-RR 2005, 383 (386); *Stock*, in: Ernst u. a., § 172 BauGB Rn. 199a (126. EL/Aug. 2017); *Möller*, in: Schrödter, § 172 Rn. 112; *Riemann*, Baurechtliche Instrumente gegen Gentrifizierung, S. 46 f.

1173 Hierzu und zum Vorstehenden BVerwG, Urt. v. 30.06.2004 – 4 C 1/03 = BVerwGE 121, 169 (175–179) = NVwZ-RR 2005, 383 (384 f.); *Stock*, in: Ernst u. a., § 172 BauGB Rn. 199b (126. EL/Aug. 2017); *Mitschang*, in: Battis u. a., § 172 Rn. 118; *Möller*, in: Schrödter, § 172 Rn. 112; *Riemann*, Baurechtliche Instrumente gegen Gentrifizierung, S. 45 f.

1174 Weiterführend *Stock*, in: Ernst u. a., § 172 BauGB Rn. 199d f. (126. EL/Aug. 2017).

über die Erteilung der Genehmigung gem. § 173 Abs. 3 S. 3 BauGB zu informieren. Unterwirft sich der Eigentümer nicht der Verpflichtung des § 172 Abs. 4 S. 3 Nr. 6 BauGB, so wird in aller Regel der Auffangtatbestand des § 172 Abs. 4 S. 1 BauGB zu einer Ablehnung der Entscheidung führen, denn die Begründung von Wohnungseigentum ist generell dazu geeignet, die Zusammensetzung der Wohnbevölkerung zu gefährden.[1175]

Hier kommt es maßgeblich darauf an, ob der Eigentümer sich auf diese Verpflichtung einlassen möchte. Macht er das nicht, so wird in aller Regel die Genehmigung nach § 172 Abs. 4 S. 1 BauGB zu versagen sein.

bb) Anwendbarkeit des § 172 Abs. 4 S. 3 Nr. 6 Hs. 2 und Hs. 3 BauGB auf den Wohnungskauf durch einen anderen Mieter in dem Gebäude?

Diese Kündigungsbeschränkungen sind vom Gesetzeszweck her vor allem auf den Erwerb solcher Personen, die nicht Mieter sind, nach Ablauf der sieben Jahre des § 172 Abs. 4 S. 3 Nr. 6 Hs. 1 BauGB ausgerichtet. Fraglich ist aber, wie dies für den zulässigen Fall des Erwerbs der Wohnung durch den Mieter einer anderen Wohnung im gleichen Haus[1176] innerhalb der sieben Jahre gem. § 172 Abs. 4 S. 3 Nr. 6 Hs. 1 BauGB zu bewerten ist, ob er also von den Fristverkürzungen des § 172 Abs. 4 S. 3 Nr. 6 Hs. 2 und Hs. 3 BauGB bereits jetzt profitieren kann[1177]. Diese Art der „Rosinenpickerei" – einerseits Verkauf an jemand anderen als den Mieter der betroffenen Wohnung und andererseits zugleich die Erleichterungen des § 172 Abs. 4 S. 3 Hs. 2 und Hs. 3 BauGB – könnte zwar aus milieuschutzrechtlichen Gründen vertretbar sein, da „zumindest" ein Mieter in dem Haus die Wohnung erhält und ein Verkauf an ihn unter den besonderen städtebaulichen Gründen besser als ein Verkauf an einen Zuziehenden nach Ablauf der sieben Jahre zu bewerten wäre. Hat eine Person im selben

---

1175 *Stock*, in: Ernst u. a., § 172 BauGB Rn. 180 (115. EL/Nov. 2014); *Bank*, in: Brügelmann, § 172 BauGB Rn. 91 (80. EL/Okt. 2011); *Möller*, in: Schrödter, § 172 Rn. 103; *Mitschang*, in: Battis u. a., § 172 Rn. 90; *Mitschang*, in: ders., Erhaltung und Sicherung von Wohnraum, S. 51 (100); *Ramsauer*, Steuerung sozialer und ethnischer Segregation durch städtebauliche Planungsinstrumente, S. 193; *Riemann*, Baurechtliche Instrumente gegen Gentrifizierung, S. 44 f.; ausnahmsweise anders zur Begründung von Wohnungseigentum an 48 Wohnungen im Falle einer „Sozialcharta" mit umfangreichem Schutz der Mieter VG München, Urt. v. 09.05.2016 – M 8 K 14.3084, Rn. 92–124 (juris).

1176 Siehe hierzu bereits Kapitel 3, B. IV. 2. a. aa.

1177 Dies übersieht *Mitschang*, in: Battis u. a., § 172 Rn. 119.

Haus wie die von ihm bewohnte Mietwohnung eine andere Wohnung gekauft hat, so erhöht sich durch den Kauf der besagten anderen, aber noch an einen Mieter vermieteten Wohnung seine finanzielle Belastung, denn einerseits muss er seinen Wohnungskauf abbezahlen, andererseits trägt er in der noch von ihm bewohnten Wohnung die Miete. Zwar erwirtschaftet er durch die von ihm gekaufte und aktuell noch vermietete Wohnung eine Miete, die unter Umständen nicht ganz seine Miete ausgleichen kann, jedoch übernimmt er auch das Mietausfallrisiko der gekauften Wohnung. Ein Wohnungstausch scheidet aufgrund der Heterogenität der Wohnungen und wahrscheinlich auch wegen dem Mieter in der gekauften Wohnung in aller Regel aus.[1178] Demzufolge wird deutlich, dass der Wohnungskauf durch einen dort bereits ansässigen Mieter grundsätzlich nicht unnötig erschwert werden sollte und dies auch für diese Art von Käufer für eine Fristverkürzung nach § 172 Abs. 4 S. 3 Nr. 6 Hs. 2 und Hs. 3 BauGB sprechen könnte.

Jedoch erscheint dies nicht durch Systematik und den Zweck des § 172 Abs. 4 S. 3 Nr. 6 BauGB gedeckt. § 172 Abs. 4 S. 3 Nr. 6 Hs. 2 und Hs. 3 BauGB knüpfen als Spezialvorschriften an den Kauf eines Dritten erst nach Ablauf von sieben Jahren, der folglich nicht Mieter in dem Haus ist, an. Dort sollen die Zeit bei § 577a BGB angerechnet werden. Vor Ablauf der sieben Jahren kann der Verkauf nur an den Mieter erfolgen. Der Gesetzgeber hatte bei § 172 Abs. 4 S. 3 Nr. 6 Hs. 2 und Hs. 3 BauGB vor allem die Identität von Käufer und Mieter bezüglich der konkreten Wohnung im Blick, wonach für den kaufenden Mieter die Kündigungstatbestände irrelevant sind, denn er wohnt schließlich schon in der Wohnung. Erwirbt dagegen ein Mieter einer anderen Wohnung in dem Haus die Wohnung, so kann er dies schon vor Ablauf der sieben Jahre und muss nicht abwarten. Die Anrechnungsvorschriften des § 172 Abs. 4 S. 3 Nr. 6 Hs. 2 und Hs. 3 BauGB sollen den Mindestschutz des Mieters erhalten, nicht jedoch seinen Schutz, auch nicht im Milieuschutzgebiet, verringern. Dies verdeutlicht auch die mittlerweile durch den modifizierten § 172 Abs. 4 S. 3 Nr. 6 Hs. 2 BauGB verringerte Anrechenbarkeit – anstelle einer Verkürzung um sieben beinhaltet er nun nur noch eine um fünf Jahre[1179] –, wonach der Mieterschutz des § 577a Abs. 2 S. 1 BGB im Falle eines Verkaufs an einen

---

1178 Siehe hierzu bereits Kapitel 1, A. IV. 1. f.

1179 Änderung der Sieben-Jahres-Anrechnung auf fünf Jahre durch das Gesetzgebungsverfahren des Gesetzes zur Umsetzung der Richtlinie 2014/52/EU im Städtebaurecht und zur Stärkung des neuen Zusammenlebens in der Stadt vom 04.05.2017 (BGBl. I, S. 1057 (1060)).

Nichtmieter insgesamt von zehn auf zwölf Jahre verlängert wurde. § 172 Abs. 4 S. 3 Nr. 6 Hs. 2 und Hs. 3 BauGB sind daher nicht anwendbar. Für den neuen Eigentümer bleibt es ab dem Erwerbszeitpunkt bei der unverkürzten Geltungsdauer des § 577a Abs. 1 und Abs. 2 S. 1 BGB.

cc) Genehmigungspflicht der Begründung von Wohnungseigentum in- und außerhalb von Milieuschutzgebieten nach § 250 BauGB

Die aus dem Milieuschutzrecht bekannte Genehmigungspflicht für die Begründung von Wohnungseigentum bei Wohngebäuden weitet der seit dem 23. Juni 2021 geltende § 250 BauGB räumlich aus und verschärft sie inhaltlich deutlich.[1180] Voraussetzung für das Bestehen dieser Genehmigungspflicht ist, dass es sich in der Gemeinde oder einem Teil dieser nach § 250 Abs. 1 S. 1 BauGB um einen angespannten Wohnungsmarkt im Sinne des § 201a S. 3 und S. 4 BauGB handelt, der nach § 250 Abs. 1 S. 3 mittels Rechtsverordnung bis zum 31. Dezember 2025 bestimmt und nach § 250 Abs. 1 S. 4 und S. 5 BauGB auch entsprechend begründet ist. Zunächst ist auf den in § 250 Abs. 1 S. 1 BauGB erwähnten § 201a S. 3 und S. 4 BauGB einzugehen (1). Im Zuge dessen sind aber auch weitere Anforderungen des § 201a BauGB , die sich auch in § 250 BauGB wiederfinden, sowie generell das Verhältnis von § 201a BauGB zu § 556d BGB sowie zu § 250 BauGB zu erörtern. Im Anschluss daran ist § 250 BauGB, auch im Vergleich zum Genehmigungstatbestand für die Begründung von Wohnungseigentum gem. § 172 BauGB, näher zu untersuchen (2–3).

(1) Angespannte Wohnungsmärkte im Sinne des § 201a BauGB

Nach dem BGB wurden nun auch im BauGB Verordnungsermächtigungen zur Bestimmung angespannter Wohnungsmärkte eingeführt. Hierbei werden viele Parallelen des § 201a und § 250 Abs. 1 BauGB zu § 556d BGB deutlich, der hierfür als Vorbild fungierte.[1181] § 201a S. 1, S. 3 bis

---

1180 Ebenso *Bayerisches Staatsministerium für Wohnen, Bau und Verkehr*, Referentenentwurf eines Gesetzes zur Mobilisierung von Bauland, 2020, S. 6.

1181 So nun auch *Blechschmidt*, in: Ernst u. a., § 201a BauGB Rn. 2 (143. EL/Aug. 2021); *Grziwotz*, in: Ernst u. a., § 250 BauGB Rn. 13 (143. EL/Aug. 2021); *Battis/Mitschang/Reidt*, NVwZ 2021, 905 (906); *Drexler*, notar 2021, 252; *Uechtritz*, BauR 2021, 1385 (1390); *Seifert*, GE 2020, 1537 (1538); vgl. *Schink*, UPR

S. 7 BauGB fallen fast wortgleich zu § 556d Abs. 2 S. 1 bis S. 6 BGB aus, insbesondere ist der Kriterienkatalog des § 201a S. 4 BauGB mit dem des § 556d Abs. 2 S. 3 BGB identisch. Demnach können die Erkenntnisse zu § 556d Abs. 2 BGB auf § 201a und § 250 BauGB übertragen werden.[1182] Dies gilt vor allem für die bereits herausgearbeiteten Konkretisierungen der geschriebenen Kriterien des § 556d Abs. 2 S. 3 Nr. 1 bis Nr. 4 BGB sowie für die zu § 556d Abs. 2 S. 5 und S. 6 BauGB entwickelten Erkenntnisse für die Begründung der Rechtsverordnung.[1183] Aller Voraussicht nach werden die Landesregierungen aber auch im BauGB nicht einzelne Gemeindeteile, sondern vielmehr das ganze Gemeindegebiet als angespannten Wohnungsmarkt ausweisen; gleichwohl haben sie sich mit der Möglichkeit der räumlichen Begrenzung auf gewisse Gemeindeteile in der Begründung der Rechtsverordnung auseinanderzusetzen.[1184] Die Begründung im Sinne des § 201a S. 6 und S. 7 BauGB und § 250 Abs. 1 S. 4 und S. 5 BauGB muss jedoch – anders als bei der Mietpreisbremse (vgl. § 556d Abs. 2 S. 7 BGB) – keine Ausführungen dazu enthalten, welche Maßnahmen die Landesregierungen in den angespannten Wohnungsmärkten und in welchem Zeitraum ergreifen werden, um die schwierige Wohnungsmarktlage zu verbessern.

Die Rechtsverordnung gilt gem. § 201a S. 2 BauGB für alle dort genannten Normen des BauGB einheitlich. Ein solcher Hinweis wäre im

---

2020, 326 (331); *Heinemann*, NVwZ 2020, 1398 (1398 f.); *Bundesvereinigung der kommunalen Spitzenverbände*, Stellungnahme, 2020, S. 3.

1182 Durch die Verweise auf die mietrechtliche Rechtsprechung so wohl auch *Blechschmidt*, in: Ernst u. a., § 201a BauGB Rn. 2 (143. EL/Aug. 2021); *Battis/Mitschang/Reidt*, NVwZ 2021, 905 (906).

1183 Siehe zu § 556d Abs. 2 S. 3 Nr. 1 bis Nr. 4 BGB umfassend Kapitel 3, B. IV. 1. a. Siehe zur mietrechtlichen Begründungspflicht und den Fehlerfolgen im Falle einer fehlenden oder nachgeschobenen Begründung weiterführend *Fleindl*, in: Gsell u. a., BeckOGK, § 556d BGB Rn. 45–48 (Stand: Okt. 2021); *Emmerich*, in: Staudinger, § 556d Rn. 39–44; *Börstinghaus*, in: Schmidt-Futterer, § 556d BGB Rn. 43 f.; *Brüning*, BayVBl. 2018, 185 (187–189).

1184 So nun beispielsweise Hamburg nach § 1 der Verordnung über die Bestimmung der Freien und Hansestadt Hamburg als Gebiet mit einem angespannten Wohnungsmarkt nach § 201a des Baugesetzbuchs vom 13.07.2021, HmbGVBl. S. 530, unter Auseinandersetzung mit dem räumlichen Geltungsbereich in seiner Begründung als Anlage zur Verordnung (dort unter 2.1); zur Pflicht, sich mit der Begrenzung auf Gemeindeteile in der Begründung auseinandersetzen, siehe bereits Kapitel 3, B. IV. 1. a.; ähnlich *Blechschmidt*, in: Ernst u. a., § 201a BauGB Rn. 30 (143. EL/Aug. 2021); zu dem erwartbaren Ausweisen des ganzen Stadtgebiets auch bei § 250 BauGB siehe Kapitel 3, B. IV. 2. a. cc. (2) (e).

BGB wünschenswert gewesen, zumal der bayerische Verordnungsgeber zwischen den drei Normen (§ 556d, § 558 Abs. 3 S. 2 und S. 3, § 577a Abs. 2 BGB) für angespannte Wohnungsmärkte nicht differenziert und demnach die Anwendung aller drei entweder undifferenziert bejaht oder ablehnt[1185]. Letztlich gilt diese mietrechtliche Verordnungspraxis auch so im BauGB, da dem Verordnungsgeber nach der Beschlussempfehlung des Ausschusses für Bau Wohnen, Stadtentwicklung und Kommunen zu § 201a BauGB explizit keinerlei Auswahlmöglichkeiten unter den Normen des BauGB, die einen angespannten Wohnungsmarkt bedingen, zusteht und daher entweder alle Normen in dem angespannten Gebiet gelten oder keine[1186]. § 250 BauGB ist dagegen nicht in § 201a S. 2 BauGB aufgeführt. Demnach sind zwei Verordnungsermächtigungen für angespannte Wohnungsmärkte im BauGB zu verorten. Die Gemeinden können daher nur eine Verordnung nach § 201a S. 1 BauGB[1187] oder nur eine nach § 250 Abs. 1 S. 1 BauGB[1188] erlassen. Genauso ist aber auch eine Kombination beider Vorschriften in einer Rechtsverordnung grundsätzlich denkbar. Dabei ist aber auf deren unterschiedliche Geltungsdauer des § 201a S. 5 BauGB und des um ein Jahr verkürzten § 250 Abs. 1 S. 3 BauGB zu achten.

(2) Die Genehmigungspflicht zur Begründung von Wohnungseigentum nach § 250 BauGB

In einem ersten Schritt ist auf die gesetzgeberischen Motive für das Schaffen des § 250 BauGB und die Kritik einzugehen, die daran von den Ländern und den Verbänden ausgeübt wurde (a). In einem zweiten Schritt sollen die Parallelen und Unterschiede zum Milieuschutz nach § 172 Abs. 1 S. 1 Nr. 2 und Abs. 4 BauGB herausgearbeitet werden, um Anknüpfungspunkte zu identifizieren, die die Übertragung der Erkenntnisse von

---

1185 Siehe hierzu bereits Kapitel 3, B. IV. 1. a. aa.

1186 BT-Drs. 19/29396, S. 61.

1187 So zum Beispiel für Hamburg nach der Verordnung über die Bestimmung der Freien und Hansestadt Hamburg als Gebiet mit einem angespannten Wohnungsmarkt nach § 201a des Baugesetzbuchs vom 13.07.2021, HmbGVBl. S. 530.

1188 So beispielweise für Berlin, siehe BerlinABl. S. 2824, durch die Verordnung über einen Genehmigungsvorbehalt gemäß § 250 Absatz 1 Satz 1 des Baugesetzbuchs für die Begründung oder Teilung von Wohnungseigentum oder Teileigentum in Gebieten mit angespannten Wohnungsmärkten (Umwandlungsverordnung nach § 250 BauGB) vom 03.08.2021, GVBl. S. 932.

Literatur und Rechtsprechung zum Milieuschutz ermöglichen (b). Daran schließt sich die Untersuchung an, inwiefern § 250 BauGB in den Milieuschutzgebieten den dortigen § 172 BauGB überlagert und verdrängt (c). Des Weiteren soll der Anwendungsbereich des § 250 BauGB im Hinblick auf bereits bestehende Wohngebäude (d) ebenso geklärt werden wie die künftige Geltung des § 250 BauGB, ob die Landesregierungen angespannte Wohnungsmärkte per Rechtsverordnung auf Stadtteile oder nur auf die ganze Stadt ausweisen werden (e). Zuletzt bedarf es eines genaueren Blickes auf den Anspruchstatbestand für eine Genehmigung nach § 250 Abs. 3 S. 1 Nr. 3 BauGB (f).

(a) Gesetzgeberische Motive und Kritik

Mit der Schaffung des § 250 BauGB zielt der Gesetzgeber in erster Linie auf Wohnungsunternehmen und deren Umwandlungspraktiken ab.[1189] Nach seiner Ansicht reiche der bisherige Schutz der Mieter über § 172 BauGB und §§ 577 f. BGB nicht aus.[1190] Es konnte bereits verdeutlicht werden, dass § 172 BauGB einen effektiven und umfassenden Schutz bietet.[1191] Daher dürfte der Gesetzgeber vielmehr den mit dem Erlass der Milieuschutzsatzung verbundenen Aufwand und die Restriktionen für die Gemeinden adressieren, die ihnen zum einen gewisse Prüfpflichten bezüglich des Gebiets und der dortigen Bevölkerungsstruktur abverlangen und zum

---

1189 So die Beschlussempfehlung und der Bericht des Ausschusses, BT-Drs. 19/29396, S. 66; siehe auch die Begründung zum Gesetzentwurf, BT-Drs. 19/24838, S. 30.

1190 So die Begründung zum Gesetzentwurf, BT-Drs. 19/24838, S. 30; *Reicherzer/Finster*, ZfIR 2021, 149 (153); kritisch hierzu *Seifert*, GE 2020, 1537 (1539); *Bayerisches Staatsministerium für Wohnen, Bau und Verkehr*, Referentenentwurf eines Gesetzes zur Mobilisierung von Bauland, 2020, S. 7; *Deutscher Notarverein*, Entwurf eines Gesetzes zur Mobilisierung von Bauland, 2020, S. 2; *Bundesrechtsanwaltskammer*, Stellungnahme Nr. 34/2020, 2020, S. 9; *Deutscher Anwaltverein*, Stellungnahme, 2020, S. 17; *Immobilienverband IVD*, Stellungnahme, 2020, S. 4; ähnlich *Haus & Grund Deutschland*, Stellungnahme, 2020, S. 4; *GdW*, GdW Stellungnahme, 2020, S. 10; allgemeiner *ZIA*, Stellungnahme, 2020, S. 11 f. Zur Verbesserung des Vorkaufsrechts des Mieters (§ 577 BGB) siehe *Jeep*, notar 2020, 311 (312 ff.).

1191 Siehe zu den Restriktionen bei der Umnutzung Kapitel 3, B. II. 2. b. dd., B. II. 2. c. dd., B. II. 2. d. cc., bei der Begründung von Wohnungseigentum Kapitel 3, B. IV. 2. a. aa., bei den Instandhaltungs- und Modernisierungsarbeiten Kapitel 3, C. I. sowie bei der Schaffung von Wohnraum im Bestand Kapitel 3, D. I. 1. und D. I. 2. b.

anderen eine Milieuschutzsatzung für das gesamte Stadtgebiet nicht zulassen[1192]. Des Weiteren irrt der Gesetzgeber in der Annahme steigender und für die Mieter schädlicher Verkäufe umgewandelter Wohnungen. Richtig ist, dass die Zahl der Umwandlungen zugenommen haben; in den letzten Jahren blieb die Zahl der Verkäufe entweder gleich oder es wurden sogar weniger Wohnungen nach ihrer Umwandlung verkauft.[1193] Außerdem setzt ein pauschales Umwandlungsverbot mit Genehmigungsvorbehalt die falschen Anreize. Dadurch, dass die Begründung von Wohnungseigentum und der Verkauf einzelner Wohnungen erschwert werden, fördert diese Regelung vielmehr den Verkauf eines ganzen Hauses an finanzkräftige Immobilienunternehmen.[1194] Auch der Genehmigungsanspruch aus § 250 Abs. 3 S. 1 Nr. 3 BauGB bietet insoweit keinen Ausweg durch den Verkauf einzelner Wohnungen, da nahezu auszuschließen ist, dass der Eigentümer zeitgleich mindestens zwei Drittel Mieter als Kaufinteressenten in dem Wohngebäude haben wird.[1195] Zugleich verknappt und verteuert § 250 BauGB das bisherige Angebot an Eigentumswohnungen. Er erschwert den Erwerb zur Vermietung und damit zur Altersvorsorge oder den Kauf zur Selbstnutzung gravierend, wobei der Kauf zu Selbstnutzung die deutlich geringere Motivation für den Wohnungserwerb darstellt.[1196] Der überwiegende Anteil der auf den Markt kommenden Eigentumswohnungen sind – neben den Wohngebäuden mit einer Wohnungsanzahl unterhalb der Grenze des § 250 Abs. 1 S. 2 und S. 6 BauGB – Neubauten, die im Ver-

---

1192 Umfassend hierzu *Kment*, Zulässigkeit und Auswirkungen der Ausdehnung von Erhaltungssatzungen, 2021, S. 44–57 und 82 f.; siehe auch *Heintze*, Immobilien Zeitung vom 11.04.2019, 27 (27 f.), wonach darüber in München nachgedacht wird.

1193 Hierzu und zum Vorstehenden *Voigtländer*, DWW 2021, 44.

1194 *Voigtländer*, DWW 2021, 44 (46); *BFW*, Stellungnahme, 2020, S. 4; *Haus & Grund Deutschland*, Stellungnahme, 2020, S. 4; ähnlich *Immobilienverband IVD*, Stellungnahme, 2020, S. 4.

1195 Siehe hierzu sogleich Kapitel 3, B. IV. 2. a. cc. (2) (f).

1196 Hierzu und zum Vorstehenden *Bayerisches Staatsministerium für Wohnen, Bau und Verkehr*, Referentenentwurf eines Gesetzes zur Mobilisierung von Bauland, 2020, S. 6 f.; *BFW*, Stellungnahme, 2020, S. 5; *Haus & Grund Deutschland*, Stellungnahme, 2020, S. 4; *Immobilienverband IVD*, Stellungnahme, 2020, S. 5; ebenfalls kritisch hierzu *Voigtländer*, Die Folgen eines Umwandlungsverbots für den Wohnungsmarkt in Deutschland, 2020, S. 15–19; siehe auch *Voigtländer*, DWW 2021, 44 (47). Siehe zur marginalen Bedeutung der Selbstnutzung für den Erwerb von Wohnungseigentum *BBSR*, Privateigentümer von Mietwohnungen in Mehrfamilienhäusern, 2015, S. 101 f.; am Beispiel Nordrhein-Westfalens *Empirica*, Mantelgutachten zu den mietrechtlichen Verordnungen in Nordrhein-Westfalen, 2020, S. 64–73.

gleich zum Bestand in aller Regel teurer sind. Durch die Verknappung und Verteuerung werden zugleich der Anteil der sog. Amateurvermieter am Markt verringert, die viele Vorteile als Anbieter von Mietwohnungen aufweisen.[1197] Die soeben erwähnte, geringe Bedeutung der Selbstnutzung beim Kauf verringert – entgegen der Ansicht des Gesetzgebers – auch das Mietwohnungsangebot nicht und begründet keine Verdrängungsgefahr für die bisherigen Mieter, da der Käufer auch weiterhin auf die Vermietung der Wohnung setzen wird.[1198]

(b) Parallelen und Unterschiede zum Milieuschutz nach § 172 Abs. 1 S. 1 Nr. 2 BauGB

Die gedankliche Anknüpfung von § 250 BauGB an den Milieuschutz wird durch einige Parallelen deutlich.[1199] Zu nennen sind vor allem die Folgenden: § 250 Abs. 2 S. 3 BauGB verweist auf § 173 Abs. 3 BauGB. Die Genehmigungsanspruchstatbestände des § 250 Abs. 3 S. 1 Nr. 1, Nr. 2 und Nr. 5 sowie die des § 172 Abs. 4 S. 3 Nr. 2, Nr. 3 und Nr. 4 BauGB sind nahezu wortgleich. § 250 Abs. 3 S. 1 Nr. 4 BauGB deckt sich mit § 172 Abs. 4 S. 2 BauGB.[1200] § 250 Abs. 3 S. 1 Nr. 3 BauGB wiederum ähnelt § 172 Abs. 4 S. 3 Nr. 6 BauGB, normiert aber deutlich höhere Anforderungen.[1201] Auch § 250 Abs. 3 S. 2 bis S. 4 BauGB weisen eine deutliche Nähe zu § 172 Abs. 4 S. 4 und S. 5 BauGB auf, weiten aber die Veräußerungsgenehmigung nicht nur auf den § 172 Abs. 4 S. 3 Nr. 6 BauGB ähnlichen § 250 Abs. 3 S. 1 Nr. 3

1197 *Immobilienverband IVD*, Stellungnahme, 2020, S. 5; siehe auch *Voigtländer*, DWW 2021, 44 (46 f.); siehe zu den privaten Eigentümern Kapitel 1, B I. 1., und speziell zu den Amateuranbietern Kapitel 1, B I. 1. a.

1198 *Haus & Grund Deutschland*, Stellungnahme, 2020, S. 4; *Immobilienverband IVD*, Stellungnahme, 2020, S. 4; siehe auch *Voigtländer*, Die Folgen eines Umwandlungsverbots für den Wohnungsmarkt in Deutschland, 2020, S. 16–19.

1199 Diese Parallele wird aber nur vereinzelt deutlich gemacht, siehe die Begründung zum Gesetzentwurf, BT-Drs. 19/24838, S. 30 f., sowie die Beschlussempfehlung und den Bericht des Ausschusses, BT-Drs. 19/29396, S. 66.

1200 Einschränkend zu seiner Relevanz *Bundesvereinigung der kommunalen Spitzenverbände*, Stellungnahme, 2020, S. 11. Hierzu und zum Vorstehenden sowie kritisch zu den Genehmigungsansprüchen für die Begründung von Wohnungseigentum *Riemann*, Baurechtliche Instrumente gegen Gentrifizierung, S. 108 f.

1201 Weiterführend zu § 250 Abs. 3 S. 1 Nr. 3 BauGB Kapitel 3, B. IV. 2. a. cc. (2) (f); ebenfalls diese Parallele hervorhebend *Grziwotz*, in: Ernst u. a., § 250 BauGB Rn. 72 (143. EL/Aug. 2021).

BauGB, sondern auch auf die Fälle des § 250 Abs. 3 S. 1 Nr. 1 und Nr. 2 BauGB aus.

§ 250 Abs. 4 BauGB stellt – ähnlich § 172 Abs. 4 S. 1 BauGB – den Auffangtatbestand dar, wenn kein Genehmigungsanspruch aus § 250 Abs. 3 S. 1 BauGB folgt. Anders als zu § 172 Abs. 4 S. 1 BauGB macht die Begründung zum Gesetzentwurf hierzu ausdrücklich deutlich, dass das „Dürfen" ein Ermessen der Gemeinde für die Genehmigung atypischer Fälle normiert.[1202] § 250 Abs. 4 S. 2 BauGB kombiniert die Genehmigung mit einer Auflage, die im Ermessen der Gemeinde steht; bereits bei § 172 Abs. 4 S. 1 BauGB ist dies ohne einen solchen Hinweis als milderes Mittel im Vergleich zu einer Versagung möglich.[1203] Für die wortgleichen oder wenigstens ähnlichen Regelungen des § 250 BauGB können die Literatur und Rechtsprechung zu §§ 172 f. BauGB fruchtbar gemacht werden.[1204] Zuletzt überrascht die Verortung dieser neuen Vorschrift am Ende des BauGB bei den Schlussvorschriften, insbesondere auch wegen ihren deutlichen Parallelen zu § 172 BauGB – die § 250 Abs. 5 und Abs. 6 BauGB, die sich überwiegend an § 22 BauGB orientieren, einmal ausgeblendet[1205].

Anders als bei § 172 BauGB über den § 173 Abs. 1 S. 2 BauGB erfolgt für § 250 BauGB keine Einordnung in ein zeitgleich laufendes Baugenehmigungsverfahren – § 250 Abs. 2 S. 2 BauGB verweist nur auf § 173 Abs. 3 BauGB. Dieser Einordnung bedarf es bei § 250 BauGB auch nicht. Im Milieuschutz bedarf es des § 173 Abs. 1 BauGB, da § 172 BauGB nicht nur die Begründung von Wohnungseigentum, sondern auch den Rückbau, die Änderung und die Nutzungsänderung einer baulichen Anlage unter einen Genehmigungsvorbehalt stellt. Für Letztere ist in aller Regel auch ein Baugenehmigungsverfahren erforderlich, dass bei einer ausschließlichen Begründung von Wohnungseigentum nicht zu durchlaufen ist. Im Milieuschutzrecht kommt es bei der Begründung von Wohnungseigentum zur Anwendung des § 173 Abs. 1 S. 1 BauGB und damit zu einer eigenen Genehmigung.[1206] Anders als bei § 172 Abs. 1 S. 1 BauGB stellt § 250 Abs. 1

1202 BT-Drs. 19/24838, S. 31; die Beschlussempfehlung und der Bericht des Ausschusses, BT-Drs. 19/29396, S. 66.

1203 Siehe hierzu sogleich Kapitel 3, C. I. 2.; siehe auch die Begründung zum Gesetzentwurf, BT-Drs. 19/24838, S. 31; die Beschlussempfehlung und der Bericht des Ausschusses, BT-Drs. 19/29396, S. 66.

1204 Hinsichtlich § 172 Abs. 4 S. 3 BauGB so nun auch *Drexler*, notar 2021, 252 (253).

1205 Siehe die Begründung zum Gesetzentwurf, BT-Drs. 19/24838, S. 31.

1206 Hierzu und zum Vorstehenden ebenso *Stock*, in: Ernst u. a., § 173 BauGB Rn. 7 (122. EL/Aug. 2016).

S. 1 BauGB nur die Begründung von Wohnungseigentum unter Genehmigungsvorbehalt, die – wie bei § 173 Abs. 1 S. 1 BauGB – keiner Einbettung in ein Baugenehmigungsverfahren bedarf.

(c) Das Verhältnis von § 250 zu § 172 BauGB – Der von der Anzahl der Wohnungen abhängige Anwendungsbereich nach § 250 Abs. 1 S. 1 und S. 6 BauGB

Nähere Betrachtung verdient das Verhältnis des § 250 BauGB zu § 172 BauGB. Im Milieuschutzgebiet ist § 250 BauGB nach § 250 Abs. 7 BauGB vorrangig und damit vor § 172 BauGB anzuwenden. Hat das Wohngebäude dagegen Wohnungen, deren Anzahl unterhalb der Grenze des § 250 Abs. 1 S. 2 und S. 6 BauGB liegt,[1207] so entfällt – zum Schutz von Kleineigentümern unter Berücksichtigung regionaler Besonderheiten[1208] – die Genehmigungspflicht nach § 250 BauGB. Befindet sich das Gebäude aber zugleich in einem Milieuschutzgebiet, so bleibt es zumindest bei der milieuschutzrechtlichen Genehmigungspflicht. Ohne § 250 Abs. 7 BauGB würde das die Mieter im Vergleich zur bisherigen Rechtslage schlechter stellen, da dann die Umwandlung in Wohnungseigentum plötzlich genehmigungsfrei wäre.[1209] Möchte die Landesregierung von der Fünf-Wohnungs-Grenze des § 250 Abs. 1 S. 2 BauGB abweichen, so hat sie dies nach § 250 Abs. 1 S. 4 und § 201a S. 6 BauGB zu begründen.

(d) Anwendung des § 250 BauGB auf bereits bestehende Wohngebäude – Unklarheiten bei der Begriffsbestimmung und seine Auswirkungen

Das Genehmigungserfordernis des § 250 BauGB gilt nach seinem Abs. 1 S. 1 für alle am Tag des Inkrafttretens der Verordnung bereits bestehenden Wohngebäude. Im Umkehrschluss sind alle nach diesem Stichtag fertiggestellten Gebäude bei einer Aufteilung in Wohnungs- und Teileigentum

---

1207 Weiterführend zu den Problemen bei zwei Wohngebäuden auf einem Flurstück *Drexler*, notar 2021, 252 (255 f.); *Dyroff/Pfisterer/Gregor*, GE 2021, 1244 (1247).

1208 So die Beschlussempfehlung und der Bericht des Ausschusses, BT-Drs. 19/29396, S. 66.

1209 So die Beschlussempfehlung und der Bericht des Ausschusses, BT-Drs. 19/29396, S. 66.

von dem Genehmigungserfordernis des § 250 Abs. 1 S. 1 BauGB befreit.[1210] Nach der Beschlussempfehlung und des Berichts des Ausschusses soll damit vermieden werden, dass Grundstückseigentümer, um die Rechtsfolgen des § 250 BauGB zu vermeiden, sogleich bei allen Neubauten Wohnungseigentum begründen, denn das würde das Ziel der Ausweitung des Mietwohnungsangebots torpedieren.[1211]

Unter welchen Voraussetzungen ein Gebäude im Sinne des § 250 Abs. 1 S. 1 BauGB „bereits besteht“ hat der Gesetzgeber nicht geklärt.[1212] In der Praxis werden sich Streitigkeiten für solche Gebäude entwickeln, die wenige Wochen und Monate vor oder nach dem Inkrafttreten der Rechtsverordnung erstmals am Markt angeboten wurden. Der Gesetzeswortlaut macht nicht deutlich, ob bei einem „bestehenden“ Gebäude an seine Fertigstellung oder seine erstmalige Nutzung angeknüpft wird.[1213] Der Fertigstellungszeitpunkt kann durch entsprechende Arbeiten manipuliert werden. Es kann unklar sein, welche Handlungen noch Arbeitsschritte für die Fertigstellung darstellen und welche bereits Nachbesserungs- oder Mängelbeseitigungsarbeiten sind. Wegen der schwierigen tatsächlichen und rechtlichen Feststellbarkeit des Zeitpunkts der Fertigstellung knüpft beispielsweise § 556f S. 1 BGB bewusst nicht an ihn an, um neue Wohnungen von der Mietpreisbremse auszunehmen.[1214] Die erstmalige Nutzung durch Vermietung ist schon leichter feststellbar, denn der Nutzungsbeginn kann durch den Beginn des Mietverhältnisses nachgewiesen werden. Anders sieht es dagegen bei einer erstmaligen Eigennutzung oder einer unentgeltlichen Nutzung durch Dritte aus, da dort keine Vertragsdokumente Aufschluss geben können.

Daher ist es sinnvoll, nicht auf den schwer feststellbaren und veränderbaren Zeitpunkt der Fertigstellung, sondern auf den des Nutzungsbeginns

---

1210 BT-Drs. 19/24838, S. 30; *Grziwotz*, in: Ernst u. a., § 250 BauGB Rn. 41 (143. EL/Aug. 2021); weiterführend zum Problem des Inkrafttretens einer Rechtsverordnung zwischen Zugang des Antrags beim Grundbuchamt und seinem Vollzug *Drexler*, notar 2021, 252 (257).

1211 BT-Drs. 19/29396, S. 66.

1212 Dies bemängeln auch *Deutscher Notarverein*, Entwurf eines Gesetzes zur Mobilisierung von Bauland, 2020, S. 3, sowie *Grziwotz*, in: Ernst u. a., § 250 BauGB Rn. 42 (143. EL/Aug. 2021).

1213 So auch *Deutscher Notarverein*, Entwurf eines Gesetzes zur Mobilisierung von Bauland, 2020, S. 3; *Deutsches Notarinstitut*, DNotI-Report 2021, 113 (115 f.); siehe auch *Drexler*, notar 2021, 252 (256), der aus teleologischen Erwägungen als Zeitpunkt auch ein bis zwei Jahre nach Erstbezug durch Mieter für möglich erachtet.

1214 Siehe zu § 556f S. 1 BGB dessen Begründung BT-Drs. 18/3121, S. 31.

der ersten Wohnung in dem Gebäude abzustellen.[1215] Dieses Ergebnis steht auch im Einklang mit der gesetzgeberischen Zwecksetzung, da § 250 BauGB die Aufteilung bestehender und damit schon genutzter Mietshäuser verhindern soll.[1216] Beginnt die Nutzung der ersten Wohnung in dem Gebäude vor oder an dem Tag des Inkrafttretens der Rechtsverordnung im Sinne des § 250 Abs. 1 S. 1 BauGB, so handelt es sich um ein bereits bestehendes Wohngebäude, das dem Genehmigungsvorbehalt des § 250 BauGB unterfällt.

Des Weiteren überrascht es, dass der Gesetzgeber bei § 250 Abs. 1 S. 1 BauGB offenbar nur an die Privilegierung von Neubauten, nicht aber an die Schaffung neuer Wohnungen in bestehenden Gebäuden gedacht hat. Einen möglichen Anreiz zu deren Schaffung hat er verweigert. Wurde für die übrigen bereits existierenden Wohnungen im bestehenden Gebäude schon Wohnungseigentum begründet, so unterfallen nach dem Stichtag des § 250 Abs. 1 S. 1 BauGB für zusätzlich geschaffene Wohnungen in diesem Bestandsgebäude (beispielsweise durch einen Dachgeschossausbau) der Genehmigungspflicht nach § 250 BauGB, wenn an diesen neuen Wohnungen auch (noch) Wohneigentum begründet werden soll.[1217] Dass dabei ein Widerspruch zur gesetzgeberischen Zwecksetzung, das Schaffen von neuen Mietwohnraum durch § 250 BauGB nicht zu verhindern,[1218] zu Tage tritt, mag verwundern. Eine Ausnahme in § 250 BauGB für neu geschaffene Wohnungen im Bestand wäre daher sinnvoll gewesen, um dieses Ziel besser zu erreichen.

Die bei der Mietpreisbremse rechtlich durchaus schwierigen Fälle der Entkernung oder Kernsanierung von Bestandsgebäuden[1219] sind hier

---

1215 Ebenso die Fertigstellung ablehnend *Deutsches Notarinstitut*, DNotI-Report 2021, 113 (116), jedoch stellt es auf die Bezugsfertigkeit bzw. Nutzbarkeit, der sich aufgrund seiner schwierigen Nachweisbarkeit in aller Regel mit dem des Nutzungsbeginns decken wird; so auch *Dyroff/Pfisterer/Gregor*, GE 2021, 1244 (1246); a. A. *Grziwotz*, in: Ernst u. a., § 250 BauGB Rn. 44 (143. EL/Aug. 2021); *Grziwotz*, NotBZ 2021, 361 (367).

1216 So die Begründung zum Gesetzentwurf, BT-Drs. 19/24838, S. 30; siehe auch die Beschlussempfehlung und der Bericht des Ausschusses, BT-Drs. 19/29396, S. 66.

1217 Differenzierend *Dyroff/Pfisterer/Gregor*, GE 2021, 1244 (1246), die entweder eine Befreiung vom Genehmigungsvorbehalt oder eine Pflicht zur Genehmigung befürworten.

1218 So die Beschlussempfehlung und der Bericht des Ausschusses BT-Drs. 19/29396, S. 66; siehe auch Begründung zum Gesetzentwurf, BT-Drs. 19/24838, S. 30.

1219 Siehe dazu Kapitel 3, D. III. 1.

durch die Anknüpfung an das bestehende Wohngebäude einfacher zu lösen. Auf den Nutzungsbeginn nach Abschluss dieser Arbeiten kommt es hierbei nicht an, da die Gebäude auch vorher schon existierten und damit ein „bestehendes" Wohngebäude nach § 250 Abs. 1 S. 1 BauGB darstellen.

(e) Geltung der Genehmigungspflicht des § 250 BauGB im ganzen Stadtgebiet

Die Genehmigungspflicht wird letztlich für das ganze Stadtgebiet angespannter Wohnungsmärkte gelten (vgl. § 250 Abs. 1 S. 1 in Verbindung mit § 201a Abs. 1 S. 3 BauGB). Im Mietrecht wurde bisher kein angespannter Wohnungsmarkt in einzelnen Stadtteilen, zum Teil auch mangels verfügbarer Daten, bejaht.[1220] Dies wird daher auch im Rahmen des § 201a BauGB von Seiten der Landesregierungen aller Voraussicht nach nicht geschehen.[1221]

(f) Veräußerung an zwei Drittel der Mieter nach § 250 Abs. 3 S. 1 Nr. 3 BauGB

Im Unterschied zu § 172 Abs. 4 S. 3 Nr. 6 BauGB knüpft § 250 Abs. 3 S. 1 Nr. 3 BauGB nicht an eine Verpflichtung an, innerhalb eines Zeitraums von sieben Jahren das Wohnungseigentum ausschließlich an Mieter zu veräußern.[1222] Für einen Anspruch auf Genehmigung der Begründung von Wohnungseigentum benötigt der Eigentümer nun mehr zwei Drittel kaufwillige Mieter in dem Gebäude.[1223] Das Tatbestandsmerkmal des Mieters

1220 Siehe hierzu Kapitel 3, B. IV. 1. a.

1221 So beispielsweise für Berlin *Senatskanzlei Berlin*, Rechtsverordnung soll ganz Berlin als ein Gebiet mit einem angespannten Wohnungsmarkt ausweisen, 2021; siehe auch § 1 S. 1 der Umwandlungsverordnung nach § 250 BauGB für Berlin; BerlinABl. 2021 S. 2825.

1222 Diesen Unterschied übersieht *Deutscher Mieterbund*, Stellungnahme, 2020, S. 5 f.; a. A. *Grziwotz*, in: Ernst u. a., § 250 BauGB Rn. 73–75 (143. EL/ Aug. 2021), der wohl auch bei § 250 Abs. 3 S. 1 Nr. 3 BauGB eine Verpflichtungserklärung des Verkäufers ausreichen lassen will.

1223 Vgl. so auch zum Referentenentwurf *Bayerisches Staatsministerium für Wohnen, Bau und Verkehr*, Referentenentwurf eines Gesetzes zur Mobilisierung von Bauland, 2020, S. 8 f.; *Bundesvereinigung der kommunalen Spitzenverbände*, Stellungnahme, 2020, S. 11; kritisch zur Darlegung der Eigennutzung von zwei Dritteln der Mieter *GdW*, GdW Stellungnahme, 2020, S. 10.

in § 250 Abs. 3 S. 1 Nr. 3 BauGB ist weit auszulegen. Demnach gehört hierzu – wie auch bei § 172 Abs. 4 S. 3 Nr. 6 BauGB[1224] – jeder aktuelle Mieter und Untermieter in dem Haus. Der Käufer muss daher nicht zwingend Mieter der konkret zu erwerbenden Wohnung sein, sondern kann auch eine andere Wohnung in demselben Haus mieten.[1225] Diesem Verständnis könnte zwar entgegengehalten werden, dass § 250 Abs. 3 S. 1 Nr. 3 BauGB zusätzlich verlangt, dass der Erwerb des Mieters die Selbstnutzung und damit nicht die Vermietung bezweckt. Im Vergleich dazu normiert § 172 Abs. 4 S. 3 Nr. 6 BauGB nur den Verkauf an den Mieter, ohne Anforderungen an den Zweck seines Kaufs aufzustellen. Jedoch steht der Wortlaut des § 250 Abs. 3 S. 1 Nr. 3 BauGB einer Auslegung nicht entgegen, auch die künftige Eigennutzung zu erfassen. Es kann in aller Regel davon ausgegangen werden, dass ein Mieter oder Untermieter, der aktuell eine andere Wohnung in demselben Haus bewohnt, ab dem Auszug des Mieters aus seiner gekauften Eigentumswohnung zur Selbstnutzung des Wohnungseigentümers in diese Wohnung umziehen und damit sein bisheriges (Unter)-Mietverhältnis in der anderen Wohnung im gleichen Haus aufgeben wird.

Die Anforderung, an zwei Drittel der Mieter zu verkaufen, erschwert die Begründung des Wohnungseigentums im Vergleich zu § 172 Abs. 4 S. 3 Nr. 6 BauGB deutlich, obwohl in den speziellen Milieuschutzgebieten das vermeintlich höchste Schutzniveau vor Verdrängung zu vermuten wäre. Ein so hoher Anteil kaufwilliger Mieter kann zeitgleich nahezu ausgeschlossen werden.[1226] Trotz der aktuellen Niedrigzinsphase[1227], die den Kauf in gewisser Weise erleichtert, ist jedoch der deutliche Anstieg der Immobilienpreise[1228], der sich auch bei dem Kauf von Wohnungseigentum deutlich bemerkbar macht, ein großes Hindernis für dessen Erwerb durch Mieter. Die Begründung zum Gesetzentwurf hebt diesen Aspekt selbst hervor, deswegen mag es verwundern, warum der Gesetzgeber den zeitgleichen Verkauf von zwei Dritteln der Eigentumswohnungen an Mieter

---

1224 Siehe Kapitel 3, B. IV. 2. a. aa.

1225 So auch *Dyroff/Pfisterer/Gregor*, GE 2021, 1244 (1248).

1226 Hierzu und zum Vorstehenden ebenso *Bayerisches Staatsministerium für Wohnen, Bau und Verkehr*, Referentenentwurf eines Gesetzes zur Mobilisierung von Bauland, 2020, S. 8 f.; ähnlich *Drexler*, notar 2021, 252 (254).

1227 So *BFW*, Stellungnahme, 2020, S. 4.

1228 Siehe hierzu umfassend Kapitel 2, B. I. 2. c.; speziell zu den gestiegenen Erwerbsnebenkosten und deren Auswirkungen *Voigtländer*, DWW 2021, 44 (47 f.).

verlangt.[1229] Teilweise wird daher vorgeschlagen, zusätzlich den Kaufpreis für die Mieter beispielsweise auf die 20-fache Jahresmiete zu deckeln.[1230] Dies stellt eine noch weitergehende Verschärfung dar. Fraglich ist aber, wie diese Lösung rechtlich umzusetzen sein soll, da im Rahmen des Genehmigungsanspruchs des § 250 Abs. 3 S. 1 Nr. 3 BauGB beispielsweise eine Auflage nicht möglich ist.

Sollte die Zielsetzung damit darin liegen, den Verkäufer dazu zu bringen, zu einem geringen Verkaufspreis an den Mieter zu veräußern, so wird das nur in wenigen Fällen gelingen. Vielmehr wird der Verkäufer das ganze Gebäude verkaufen und zwar in aller Regel an die großen Anbieter von Mietwohnungen am Markt. So werden die kleineren Anbieter von Wohnungen, die auf angespannten Wohnungsmärkten deutliche Vorteile gegenüber anderen Anbietergruppen aufweisen,[1231] aus dem Markt gedrängt.[1232] Der Ausweg, das Gebäude vollständig zu verkaufen, ist aber in Gebieten, in denen ein gemeindlichen Vorkaufsrecht besteht, beispielsweise in den Milieuschutzgebieten, anders zu bewerten. Die dort reduzierten Anforderungen des preislimitierenden Vorkaufsrechts[1233] zwingen den Verkäufer im Falle des Gebäudeverkaufs dazu, entweder das Wohnungseigentum zu einem günstigeren Preis an den Mieter zu veräußern, zumal beim Wohnungseigentumsverkauf die gemeindlichen Vorkaufsrechte nicht greifen (vgl. § 24 Abs. 2 BauGB), oder letztlich an die Gemeinde preislimitiert zu verkaufen, wenn diese ihr Vorkaufsrecht ausgeübt hat.

(3) Die Auswirkungen von § 250 BauGB im Vergleich zu § 172 BauGB in- und außerhalb der Milieuschutzgebiete

Die Begründung von Wohnungseigentum nach § 172 BauGB war vor Inkrafttreten des Baulandmobilisierungsgesetzes nur auf Grundlage des Anspruchstatbestands des § 172 Abs. 4 S. 3 Nr. 6 BauGB im Kontext der Untersuchung generell denkbar. Nun ist für viele Milieuschutzgebiete, aber eben auch außerhalb von ihnen und regelmäßig für das ganze Stadtgebiet, die Begründung von Wohnungseigentum in solchen Gebäuden, für Ge-

1229 BT-Drs. 19/24838, S. 30 f.; ebenso *BFW*, Stellungnahme, 2020, S. 4.

1230 *Senatsverwaltung für Stadtentwicklung und Wohnen Berlin*, Stellungnahme, 2020, S. 8; *Seifert*, GE 2020, 1537 (1540).

1231 Siehe hierzu Kapitel 1, B. I. 1.

1232 Hierzu und zum Vorstehenden ebenso *Voigtländer*, DWW 2021, 44 (46).

1233 Siehe Kapitel 3, B. IV. 2. b. cc. (dort auch zu seiner Verschärfung).

bäude, die oberhalb der Wohnungsgrenze des § 250 Abs. 1 S. 2 und S. 6 BauGB liegen, in aller Regel zu versagen. Die Genehmigungsansprüche des § 250 Abs. 3 S. 1 BauGB sind in den meisten Fällen nicht einschlägig. Insbesondere weist § 250 Abs. 3 S. 1 Nr. 3 BauGB – im Vergleich zu seinem Pendant in § 172 Abs. 4 S. 3 Nr. 6 BauGB – deutlich höhere Anforderungen auf, wonach er ebenfalls in aller Regel nicht einschlägig sein wird. Nach § 250 Abs. 4 S. 1 BauGB wird daher regelmäßig die Genehmigung zu versagen sein.[1234] Eine Ermessensreduktion auf Null und damit ein Anspruch auf die Genehmigung nach § 250 Abs. 4 S. 1 BauGB[1235] kann in angespannten Wohnungsmärkten an sich, aber auch durch eine dort teilweise vorzufindende Zweckentfremdungssatzung, die beispielsweise Leerstände von Mietwohnungen reguliert,[1236] nahezu ausgeschlossen werden.[1237] In der Praxis wird sich noch zeigen, wie großzügig die Gemeinden mit einer Genehmigung auf Grundlage des § 250 Abs. 4 S. 1 BauGB unter Auflagenerteilung nach S. 2[1238] verfahren werden. In Gebieten mit einem gemeindlichen Vorkaufsrecht gemäß den §§ 24 f. BauGB, insbesondere im Milieuschutzgebiet, steht der Eigentümer vor der Entscheidung, entweder das Gebäude wegen des Vorkaufsrechts letztlich preislimitiert nach § 28 Abs. 3 S. 1 BauGB an die Gemeinde zu verkaufen oder den Mietern preislich entgegenzukommen, um die Genehmigung für die Begründung von Wohnungseigentum gem. § 250 Abs. 3 S. 1 Nr. 3 BauGB zu erhalten.

b) Beeinträchtigung des Verkaufs des Hauses oder einer Wohnung durch Vorkaufsrechte?

Auch aus dem Zweckentfremdungsrecht ergeben sich keine Restriktionen für den Verkauf des Hauses oder einer Wohnung. Veräußert der Eigentümer die Wohnung, an der nach der Überlassung an den Mieter das Wohnungseigentum begründet worden ist, so steht dem in der Wohnung lebenden Mieter grundsätzlich ein Vorkaufsrecht gem. § 577 Abs. 1 BGB zu, außer wenn das Objekt an Familien- oder Haushaltsangehörige des

---

1234 So auch *Grziwotz*, in: Ernst u. a., § 250 BauGB Rn. 61 (143. EL/Aug. 2021), mit Beispielen.

1235 So *Drexler*, notar 2021, 252 (254).

1236 Siehe Kapitel 3, B. III. 1. und B. III. 2. a.

1237 Differenzierend *Dyroff/Pfisterer/Gregor*, GE 2021, 1244 (1249).

1238 Siehe zu den Inhalten der Auflage mit einer überzeugender Differenzierung *Grziwotz*, in: Ernst u. a., § 250 BauGB Rn. 98 (143. EL/Aug. 2021).

Vermieters verkauft wird.[1239] In der Praxis stößt dieses Vorkaufsrecht bei den Kommunen auf Interesse, denn sie können entgegen § 24 Abs. 2 BauGB auch einzelne Wohnungen erwerben und mit dem Mieter eine Weiterveräußerungsvereinbarung abschließen.[1240]

Aus dem Baurecht ergeben sich grundsätzlich keine Restriktionen für den Verkauf, außer wenn das Gebäude in bestimmten Gebieten liegt, die ein gemeindliches Vorkaufsrecht gem. §§ 24 f. BauGB begründen. Von besonderem Interesse ist in der Praxis und auch hier das Vorkaufsrecht im Milieuschutzgebiet gem. § 24 Abs. 1 S. 1 Nr. 4 Alt. 2 BauGB, das die Gemeinden in den letzten Jahren verstärkt – auch nach § 27a BauGB zugunsten eines Dritten – ausüben.[1241] Dies gilt gem. § 24 Abs. 2 BauGB aber nicht für Kaufverträge über Rechte nach dem WEG.[1242]

Das Vorkaufsrecht kann vor allem erst dann wirksam ausgeübt werden, wenn zum einen der in der Praxis besonders relevante Ausschlusstatbestand des § 26 Nr. 4 BauGB zu verneinen ist, zum anderen die Ausübung durch das Wohl der Allgemeinheit gem. § 24 Abs. 3 S. 1 BauGB gerechtfertigt ist. Dies gilt es daher in einem ersten Schritt näher zu untersuchen (aa.). In einem zweiten Schritt ist zu erörtern, ob nach der Entscheidung des BVerwG der Gesetzgeber tätig werden wird und welche Bedeutung auch künftig der Abschluss von Abwendungsvereinbarungen haben wird (bb.). Ist nun die Vorkaufsrechtsausübung rechtmäßig, da der Ausschlusstatbestand des § 26 Nr. 4 BauGB nicht einschlägig und die Ausübung durch das Wohl der Allgemeinheit gerechtfertigt ist, so ist das weitere Prozedere von Interesse. Besonders relevant ist hier die Möglichkeit der Gemeinde, bei Vorkaufsrechtsausübung den Kaufpreis auf den Verkehrswert zu reduzieren. Dies ist abschließend zu untersuchen (cc.). Von besonderem Interesse sind dort die Anforderungen an die Preisreduzierung,

---

1239 Zur Verbesserung von § 577 BGB siehe *Jeep*, notar 2020, 311 (312 ff.).

1240 Siehe hierzu *Kühling/Winkler*, DVBl. 2019, 1376 (1380), dort auch zur Verhinderung der Vorkaufsrechtausübung durch differenzierende Preisabreden.

1241 Weiterführend zu dieser Entwicklung *Kühling/Winkler*, DVBl. 2019, 1376; *Weigelt*, WuM 2019, 289 (297); zur Anwendung im Milieuschutzgebiet siehe beispielsweise *Wirsing/Beathalter*, VBlBW 2019, 309 (310). Zur Praxis der Stadt München weiterführend *Riemann*, Baurechtliche Instrumente gegen Gentrifizierung, S. 67–76.

1242 Weiterführend *Grziwotz*, in: Spannowsky/Uechtritz, BeckOK BauGB, § 24 Rn. 8 (Stand: Aug. 2021); *Stock*, in: Ernst u. a., § 24 BauGB Rn. 49 (139. EL/Aug. 2020); zum Fall, dass alle Eigentumswohnungen in dem Haus verkauft werden, *Weigelt*, WuM 2019, 289 (297).

nämlich auf welcher inhaltlichen Basis und auf welchem Wege die Gemeinde den Verkehrswert zu ermitteln hat.

aa) Keine Berücksichtigung einer künftigen Beeinträchtigung der milieuschutzrechtlichen Ziele bei § 26 Nr. 4 und § 24 Abs. 3 S. 1 BauGB

§ 26 BauGB statuiert Ausschlussgründe für das gemeindliche Vorkaufsrecht, wobei in aller Regel seiner Nr. 4 größere Bedeutung zukommt. § 26 Nr. 4 BauGB schließt im Falle einer den Festsetzungen des Bebauungsplans oder den Zielen und Zwecken der städtebaulichen Maßnahmen entsprechenden Bebauung und Nutzung das Vorkaufsrecht aus. In der Praxis kommt es vor allem darauf an, ob das Grundstück entsprechend den Zielen oder Zwecken der Milieuschutzsatzung bebaut ist und genutzt wird. Ob hier neben einer gegenwärtigen Diskrepanz zwischen der Grundstücksnutzung und den Zielen und Zwecken der Milieuschutzsatzung auch künftige Beeinträchtigungen und damit Beeinträchtigungsabsichten des Erwerbers zur Nichtanwendung des § 26 Nr. 4 BauGB führen, ist umstritten.[1243] Wortlaut, Historie, Systematik und Telos der Norm sprechen gegen eine Berücksichtigung künftiger Beeinträchtigungen, so dass es für § 26 Nr. 4 BauGB nur auf eine Diskrepanz zwischen der gegenwärtigen Nutzung und den Zwecken und Zielen der Milieuschutzsatzung ankommt; gegen künftige Handlungen des Erwerbers bietet § 172 Abs. 4 BauGB – wie bereits geschildert – einen ausreichenden Schutz im Satzungsgebiet.[1244] Das BVerwG hat sich dem nun angeschlossen und der Berücksichtigung künftiger Beeinträchtigungen eine Absage erteilt.[1245] In

1243 Siehe zum Streitstand *Kühling/Winkler*, DVBl. 2019, 1376 (1377 f.); *Grziwotz*, in: Spannowsky/Uechtritz, BeckOK BauGB, § 26 Rn. 14 (Stand: Aug. 2021); *Stock*, in: Ernst u. a., § 26 BauGB Rn. 22 (140. EL/Okt. 2020). Für § 24 Abs. 3 S. 1 BauGB ebenso *Stock*, in: Ernst u. a., § 24 BauGB Rn. 73 f. (140. EL/Okt. 2020); *Reidt*, in: Battis u. a., § 24 Rn. 25; *Kronisch*, in: Brügelmann, § 24 BauGB Rn. 180–186 (107. EL/Juli 2018).

1244 Umfassend hierzu *Kühling/Winkler*, DVBl. 2019, 1376 (1377–1381); so danach auch *Augustin*, BauR 2021, 888 (899–902); *Wirsing/Beathalter*, VBlBW 2019, 309 (314); a. A. danach auch OVG Bln-Bbg, Urt. v. 22.10.2019 – OVG 10 B 9.18 = BeckRS 2019, 36274 Rn. 67–78; *Göhner*, Das gemeindliche Vorkaufsrecht, S. 56; vgl. *Riemann*, Baurechtliche Instrumente gegen Gentrifizierung, S. 51–53; zu § 172 Abs. 4 BauGB bereits Kapitel 3, B. II. 2. b. dd., B. II. 2. c. dd. sowie B. II. 2. d. cc.

1245 BVerwG, Urt. v. 09.11.2021 – 4 C 1/20 = NJW 2022, 341 (343 f., Rn. 21–28).

aller Regel wird sich die gegenwärtige Nutzung im Einklang mit den Zielen und Zwecken der Milieuschutzsatzung befinden. Das gemeindliche Vorkaufsrecht ist demnach nach § 26 Nr. 4 BauGB ausgeschlossen. Selbiges gilt dann auch für die durch das Allgemeinwohl gerechtfertigte Ausübung des Vorkaufsrechst im Sinne des § 24 Abs. 3 S. 1 BauGB.

bb) Gesetzgeberischer Handlungsbedarf nach der Entscheidung des BVerwG und die Auswirkungen der auch künftig möglichen Abwendungsvereinbarungen

Nach der Entscheidung des BVerwG zeichnet sich aber bereits die Reformierung des Vorkaufsrechts im Milieuschutzgebiet ab, um wieder eine „Handhabe" gegen den Verkauf an Investoren zu haben.[1246] Denkbar wäre beispielsweise eine Rückkehr zum ursprünglichen Rechtsverständnis des Großteils der Gemeinden mit der Änderung des § 26 Nr. 4 BauGB, sodass auch bei künftigen Beeinträchtigungsabsichten das Vorkaufsrecht nicht ausgeschlossen ist.

Unabhängig davon, wie die Gemeinden künftig ihr Vorkaufsrecht in Milieuschutzgebieten ausüben können, werden die dortigen Vorkaufsrechtsfälle durch die soeben erwähnte, geplante Modifikation wieder deutlich zunehmen. Aber auch in dieser künftigen Situation kann das Vorkaufsrecht noch abgewendet werden. Der Käufer kann eine von der Gemeinde vorgelegte Abwendungserklärung im Sinne des § 27 Abs. 1 S. 1 BauGB annehmen. Die Gemeinden hatten hierfür Musterabwendungserklärungen erstellt, deren inhaltliche Restriktionen für den Käufer aber in den letzten Jahren stark verschärft wurden.[1247] Demnach nahm die Zahl der Käufer zu, die nicht gewillt waren, diese Erklärungen zu unterzeichnen.

1246 Siehe *SPD, BÜNDNIS 90 / DIE GRÜNEN, FDP*, Mehr Fortschritt wagen, 2021, S. 89; *Anger*, Bauministerin Geywitz will kommunales Vorkaufsrecht für Wohnimmobilien neu regeln, 2022; *Krass/Preuß*, Städte fordern Vorkaufsrecht zurück, 2022; *Titarenko/Heß*, GE 2022, 29 (31).

1247 Siehe beispielsweise *Stadt München*, Neufassung der Abwendungserklärung, 2018, S. 7–14; zu den gängigen Inhalten einer Abwendungsvereinbarung *Deutscher*, GE 2013, 308 (311); speziell für Berlin *Berliner Mieterverein*, Milieuschutzgebiete, 2021; Vereinbarung eines Verzichts auf Modernisierungsmaßnahmen nach *Bunzel/Niemeyer*, ZfBR 2018, 743 (747); zur Verschärfung weiterführend *Kühling/Winkler*, DVBl. 2019, 1376; *Weigelt*, WuM 2019, 289 (297).

cc) Das kaufpreisreduzierende Vorkaufsrecht der Gemeinde

Auch im Hinblick auf die soeben erwähnte, geplante Gesetzesänderung und damit der wieder zunehmenden Zahl an Vorkaufsfällen ist ein Blick auf das weitere Vorgehen gem. § 28 BauGB nach Ausübung des Vorkaufsrechts zu werfen. Durch die Vorkaufsrechtsausübung kommt ein zivilrechtlicher Vertrag zwischen der Gemeinde und dem Verkäufer mit dem Inhalt des Erstvertrags zustande (vgl. auch § 28 Abs. 2 BauGB).[1248] Auch bei der Vorkaufsrechtsausübung zugunsten eines Dritten nach § 27a BauGB findet nach § 27a Abs. 3 S. 1 BauGB § 28 Abs. 2 bis Abs. 4 BauGB entsprechende Anwendung.

Abweichend von § 28 Abs. 2 S. 2 BauGB und dem Grundsatz des gleichen Vertragsinhalts beim Erwerb mittels Vorkaufsrechts kann die Gemeinde gem. § 28 Abs. 3 S. 1 BauGB aber auch eine Kaufpreisreduzierung bewirken. Dieses sog. kaufpreisreduzierende Vorkaufsrecht setzt – nach bisheriger Rechtslage vor dem Inkrafttreten des Baulandmobilisierungsgesetzes am 23. Juni 2021 – voraus, dass der Kaufpreis deutlich – zwischen 20 bis 30 Prozent[1249] – über dem Verkehrswert im Sinne des § 194 BauGB liegt.

Durch das Baulandmobilisierungsgesetz erfuhr das preislimitierende Vorkaufsrecht nach § 28 Abs. 3 S. 1 BauGB n. F. eine deutliche Verschärfung,[1250] denn das 20- bis 30-prozentige Überschreiten des Verkehrswerts ist nun keine Voraussetzung für die Preislimitierung mehr. Es reicht

1248 Hierzu weiterführend *Grziwotz*, in: Spannowsky/Uechtritz, BeckOK BauGB, § 28 Rn. 23–27 (Stand: Aug. 2021); *Stock*, in: Ernst u. a., § 28 BauGB Rn. 33–48 (141. EL/Feb. 2021).

1249 Umfassender Überblick bei *Stock*, in: Ernst u. a., § 28 BauGB Rn. 56 (141. EL/Feb. 2021); *Grziwotz*, in: Spannowsky/Uechtritz, BeckOK BauGB, § 28 Rn. 29 (Stand: Aug. 2021), der zugleich 30 Prozent befürwortet; ebenso *Döring*, Grundstücksverkehr und öffentlich-rechtliche Vorkaufsrechte, S. 96; *Soester*, RNotZ 2018, 1 (7); siehe auch LG Berlin, Urt. v. 26.04.2017 – O 2/15 Baul, Rn. 46 (juris), das mit 25 Prozent die Mitte wählt; so dann auch *Wirsing/Beathalter*, VBlBW 2019, 309 (316 f.). Weiterführend zur Ablehnung von Differenzbeträgen *Kronisch*, in: Brügelmann, § 28 BauGB Rn. 118 (101. EL/Jan. 2017).

1250 Siehe die Beschlussempfehlung und der Bericht des Ausschusses, BT-Drs. 19/29396, S. 19 und 64; siehe auch *Grziwotz*, NotBZ 2021, 361 (365); den Entfall des Tatbestandsmerkmals „deutlich“ forderte bereits *Riemann*, Baurechtliche Instrumente gegen Gentrifizierung, S. 111 f.; im Gesetzgebungsverfahren auch *Bundesvereinigung der kommunalen Spitzenverbände*, Stellungnahme, 2020, S. 7 f., *GdW*, GdW Stellungnahme, 2020, S. 8; *Deutscher Mieterbund*, Stellungnahme, 2020, S. 2; differenzierend hierzu *Bunzel/Niemeyer*, ZfBR 2018, 743 (748).

vielmehr jede geringfügige Überschreitung des Verkehrswerts aus. Die Gemeinde kann nun stets zum Verkehrswert kaufen. Das preislimitierende Vorkaufsrecht wird in vielen Fällen den Preis dämpfen.[1251] Denkbar ist aber, dass die bisherigen Vertragsparteien eine drohende Kaufpreisreduzierung durch ein vor Abschluss des Kaufvertrags ordnungsgemäß erstelltes Verkehrswertgutachten für deren Kaufpreis verhindern.[1252] Die Ausnahmefälle, in denen die Gemeinde nicht preislimitierend erwerben wird, zielen auf nur geringfügige über dem Verkehrswert liegende Vorkaufsfälle, um dem Verkäufer seine Rücktrittsmöglichkeit nach § 28 Abs. 3 S. 2 und S. 3 BauGB zu versperren.

Der Verkäufer hat nach Ausübung des preislimitierenden Vorkaufsrechts gem. § 28 Abs. 3 S. 2 und S. 3 BauGB ein Rücktrittsrecht, dass er binnen eines Monats nach Unanfechtbarkeit des Ausübungsbescheids gegenüber Verkäufer und ursprünglichem Käufer ausüben kann.[1253] Die Gemeinde hat im Falle des Rücktritts auch die Kosten des Vertrags auf Grundlage des Verkehrswertes gem. § 28 Abs. 3 S. 4 BauGB zu tragen. Damit werden aber nicht alle Kosten von der Gemeinde ersetzt. Für die Differenz zu den auf Grundlage des ursprünglichen Kaufvertrags berechneten und entstandenen Kosten haben die bisherigen Vertragsparteien aufzukommen – mangels vertraglicher Regelung wird dies der Verkäufer sein.[1254] Trotz der Möglichkeit des Rücktritts schränkt die abgewendete Veräußerung den Verkäufer auch zukünftig ein. Der Verkäufer wird entweder die nächste Veräußerung zu einem geringeren Verkaufspreis lancieren, der unterhalb der Schwelle für die Entstehung des preisreduzierenden Vorkaufsrechts gem. § 28 Abs. 3 S. 1 BauGB liegt, oder er wird vor allem dann, wenn er seine Investitionsziele auf Basis seiner Investitionsrechnung damit nicht erreicht,[1255] für eine gewisse Zeit vom Verkauf absehen. Durch die Verschärfung des preislimitierenden Vorkaufsrechts und der Möglichkeit der Gemeinden, jederzeit zum Verkehrswert zu erwerben, werden die soeben erwähnten negativen Nebenfolgen dieser Vor-

---

1251 So auch die Beschlussempfehlung und der Bericht des Ausschusses, BT-Drs. 19/29396, S. 64.

1252 *Battis/Mitschang/Reidt*, NVwZ 2021, 905 (908); differenzierend *Grziwotz*, NotBZ 2021, 361 (365).

1253 *Grziwotz*, in: Spannowsky/Uechtritz, BeckOK BauGB, § 28 Rn. 31 f. (Stand: Aug. 2021) (auch zu den Ansprüchen beim Rücktritt).

1254 *Grziwotz*, in: Spannowsky/Uechtritz, BeckOK BauGB, § 28 Rn. 32 (Stand: Aug. 2021); *Stock*, in: Ernst u. a., § 28 BauGB Rn. 65 (141. EL/Feb. 2021); *Göhner*, Das gemeindliche Vorkaufsrecht, S. 144; *Soester*, RNotZ 2018, 1 (8).

1255 Siehe hierzu umfassend Kapitel 1, B. II.

kaufsrechtsausübung (Verhinderung des Verkaufs und teilweise Kostentragungspflicht des Verkäufers im Falle seines Rücktritts) künftig in deutlich mehr Fällen zu Tage treten.

Tritt der Verkäufer dagegen nicht zurück, so richtet sich das weitere Vorgehen für das kaufpreisreduzierende Vorkaufsrecht nach § 28 Abs. 3 S. 5, S. 6 und S. 8 BauGB. In diesem Kontext hat der Verkäufer ausnahmsweise immer noch einen Anspruch auf den vollen Kaufpreis, den er sonst durch Verkauf an den ursprünglichen Käufer erzielt hätte, wenn die Gemeinde gem. § 28 Abs. 3 S. 7 BauGB das Grundstück nicht innerhalb einer angemessenen Frist dem beim Vorkauf angegebenen Ausübungszweck zuführt. Die Frist beginnt nicht mit dem Eintritt der Baureife, sondern im Vorkaufszeitpunkt; die Fristdauer hängt von der Planung in diesem Zeitpunkt und der planungsrechtlichen Baureife ab und fällt daher unterschiedlich aus.[1256]

Der Verkehrswert im Sinne des § 194 BauGB bestimmt sich durch die aufgrund von § 199 Abs. 1 BauGB erlassene ImmoWertV. Diese kennt drei nicht abschließende Wertermittlungsverfahren: das Vergleichs-, das Ertrags- und das Sachwertverfahren (vgl. § 8 Abs. 1 S. 1 ImmoWertV). Es gibt (anders als beispielsweise im BewG) keinen Zwang zur Wahl eines der Verfahren. Sie können mit einer unterschiedlichen Gewichtung auch kombiniert werden (vgl. § 8 Abs. 1 S. 2 ImmoWertV). Das Sachwertverfahren wird in aller Regel für die Bewertung komplexer Objekte herangezogen, die keine Erträge erwirtschaften und bei denen zugleich Vergleichsobjekte (fast) gar nicht ermittelt werden können, etwa für Sakralbauten. Aufgrund der Heterogenität von Wohnungen und Immobilien[1257] ist das Ertragswertverfahren gegenüber dem Vergleichswertverfahren zu bevorzugen – teilweise wird es aber auch mit dem Vergleichswertverfahren kombiniert und beide Werte werden unterschiedlich gewichtet, um den Endwert zu erhalten. In dem Ertragswertverfahren sind die Mieterträge von besonderer Relevanz (vgl. § 17 Abs. 2 S. 1 Nr. 2 und § 18 ImmoWertV), die grundsätzlich nach der ortsüblichen Vergleichsmiete gem. § 558 Abs. 2 BGB gebildet werden, aber bei im konkreten Fall anderen Ertragsstrukturen auch Zu- und Abschläge zulassen.[1258] Das Ertragswertverfahren kann gem. § 17

1256 Hierzu und zum Vorstehenden *Stock*, in: Ernst u. a., § 28 BauGB Rn. 74 f. (141. EL/Feb. 2021); *Grziwotz*, in: Spannowsky/Uechtritz, BeckOK BauGB, § 28 Rn. 34 (Stand: Aug. 2021).

1257 Siehe Kapitel 1, A. IV. 1. f.

1258 *Danesitz*, in: Haase/Jachmann-Michel, Beck'sches Handbuch Immobiliensteuerrecht, § 2 Rn. 49; *Jung/Hänel*, in: Brune u. a., Beck'sches IFRS-Handbuch, § 6 Rn. 82; *Bischoff*, DS 2010, 268 (273); weiterführend hierzu *Kleiber*, in:

Abs. 3 ImmoWertV auch nach den Grundsätzen der bereits geschilderten DCF-Methode durchgeführt werden.[1259]

Für die Ermittlung des Verkehrswertes innerhalb der seit dem 23. Juni 2021 geltenden dreimonatigen Ausübungsfrist[1260] ist hervorzuheben, dass es der Gemeinde freisteht, wie sie den Verkehrswert ermittelt.[1261] Sie kann ein Wertermittlungsgutachten des Gutachterausschusses gem. § 193 Abs. 1 S. 1 Nr. 2 BauGB oder ein privates Sachverständigengutachten in Auftrag geben, muss dies aber nicht. Dieses Gutachten muss innerhalb der dreimonatigen Frist erstellt und der Behörde für ihre Ermessensentscheidung über die Ausübung des preislimitierenden Vorkaufs vorliegen.[1262] Aufgrund der knappen Frist wird dies daher in aller Regel ausscheiden.[1263]

Die Gemeinde kann aber auch selbst den Verkehrswert ermitteln.[1264] Hierfür soll es ausreichen, dass sie vergleichbare Grundstücke nach einer Verkehrswertprüfung erworben hat oder durch mehrere Käufe in dem oder in ähnlichen Milieuschutzgebieten bereits Erfahrungen zu dem örtlichen Preisniveau gesammelt hat, die sie ihrer Verkehrswertermittlung zugrunde legt.[1265] Aufgrund der Heterogenität von Wohnungen und Immobilien sowie wegen der unterschiedlichen sachlichen, insbesondere qualitativ-technischen Teilmärkte sind die Objekte aber kaum vergleichbar.[1266] Zudem ist auch nach der ImmoWertV nicht ausschließlich auf das Vergleichswertverfahren abzustellen, sondern erfolgt die Bewertung mindestens in Kombination mit dem Ertragswertverfahren. Des Weiteren sind

---

Ernst u. a., § 17 ImmoWertV Rn. 24–30 und 34–41, § 18 ImmoWertV Rn. 5–11 sowie zu den Auf- und Abschlägen § 8 Rn. 121–138 (135. EL/Sept. 2019).

1259 BR-Drs. 171/10, S. 59 f.; *Zimmermann*, in: ders., ImmoWertV, § 17 Rn. 49, 51 und 86–104; zur DCF-Methode siehe Kapitel 1, B. II. 2. und 3.

1260 Diese wurde durch das Baulandmobilisierungsgesetz vom 14.06.2021 um einen Monat verlängert, siehe BGBl. I, S. 1802 (1804). Generell für diese Fristverlängerung *Kment*, ZRP 2020, 179 (181); *Shirvani*, DVBl. 2020, 172 (176); *Kronisch*, NVwZ 2019, 1471 (1475); differenzierend *Seifert*, GE 2020, 1537 (1538), der die Verlängerung als (noch) nicht ausreichend bewertet.

1261 *Kronisch*, in: Brügelmann, § 28 BauGB Rn. 113 (101. EL/Jan. 2017).

1262 Hierzu und zum Vorstehenden *Kronisch*, in: Brügelmann, § 28 BauGB Rn. 113 (101. EL/Jan. 2017); *Grziwotz*, in: Spannowsky/Uechtritz, BeckOK BauGB, § 28 Rn. 29 (Stand: Aug. 2021); *Stock*, in: Ernst u. a., § 28 BauGB Rn. 56 (141. EL/Feb. 2021); *Köster*, in: Schrödter, § 28 Rn. 32.

1263 So bereits zur damaligen Rechtslage mit einer Frist von zwei Monaten *Stock*, in: Ernst u. a., § 28 BauGB Rn. 56 (141. EL/Feb. 2021).

1264 *Kronisch*, in: Brügelmann, § 28 BauGB Rn. 113 (101. EL/Jan. 2017).

1265 *Kronisch*, in: Brügelmann, § 28 BauGB Rn. 113 (101. EL/Jan. 2017); ähnlich zur Vorgängerregelung des § 28a BBauG *Engelken*, NJW 1977, 413 (415).

1266 Siehe Kapitel 1, A. IV. 1. f. und A. IV. 2. c. bb. (2) (b).

Erfahrungswerte stets für die Gegenwart anzupassen. Daher ist im Falle eines Immobilienpreiswachstums auf dem angespannten Wohnungsmarkt der Verkehrswert auch entsprechend zu korrigieren. Die Marktentwicklungen der letzten Jahre zeigen starke Zuwächse der Immobilienpreise, so dass gewisse Preissprünge schon nach kurzen Zeitabschnitten festzustellen sind.[1267] Daher ist dieser Option mit Skepsis zu begegnen.

c) Zwischenfazit und Auswirkungen auf die Handlungsoptionen des Verkaufs

Die Begründung von Wohnungseigentum bedarf keiner bau- oder zweckentfremdungsrechtlichen Genehmigung, innerhalb des Milieuschutzgebiets ist dies aber genehmigungsbedürftig. Von den Anspruchstatbeständen für eine milieuschutzrechtliche Genehmigung ist § 172 Abs. 4 S. 3 Nr. 6 BauGB mit seiner siebenjährigen Verpflichtung, das Wohnungseigentum ausschließlich an Mieter zu veräußern, von besonderer Relevanz. Mieter sind alle jetzigen und künftigen Mieter und Untermieter in dem betroffenen Gebäude, so dass ein Mieter auch eine andere, nicht von ihm bewohnte Wohnung in dem Gebäude erwerben kann. Geht der Eigentümer die Verpflichtung des § 172 Abs. 4 S. 3 Nr. 6 BauGB nicht ein, so wird der Auffangtatbestand des § 172 Abs. 4 S. 1 BauGB zur Versagung der Genehmigung führen. Dem Mieter einer anderen Wohnung im gleichen Haus, der das Wohnungseigentum erwirbt, bleibt ein Rückgriff auf die Fristverkürzung zur Eigenbedarfskündigung nach § 172 Abs. 4 S. 3 Nr. 6 Hs. 2 und Hs. 3 BauGB verwehrt.

Durch das im Juni 2021 in Kraft getretene Baulandmobilisierungsgesetz wird nach § 250 BauGB die Begründung von Wohnungseigentum in- und außerhalb von Milieuschutzgebieten erheblich erschwert. Die Annahme des Gesetzgebers, die bisherigen Regelungen schützten die Mieter nur ungenügend vor Verdrängung, überzeugt nicht. Durch § 250 BauGB wird vielmehr der Verkauf des ganzen Objekts attraktiver. § 250 Abs. 1 S. 1 BauGB knüpft den Genehmigungsvorbehalt an bereits am Tag des Inkrafttretens der Rechtsverordnung bestehende Gebäude an, wofür das Datum der Nutzungsaufnahme und nicht bereits das der Fertigstellung entscheidend ist. Dass neue Wohnungen in bestehenden Gebäuden geschaffen werden können, berücksichtigt § 250 BauGB nicht. Dies überrascht angesichts der Zwecksetzung des § 250 BauGB.

1267 Siehe hierzu Kapitel 2, B. I. 2. c.

Besonders fällt der im Vergleich zu § 172 Abs. 4 S. 3 Nr. 6 BauGB stark abgewandelte Anspruchstatbestand des § 250 Abs. 3 S. 1 Nr. 3 BauGB auf, der erfordert, dass das Wohnungseigentum an zwei Drittel der Mieter verkauft wird, und damit deutlich höhere Anforderungen normiert. Dies überrascht, denn eigentlich sollte der höchste Schutz im Milieuschutzgebiet gewährt sein. Daneben setzt dies auch die falschen Anreize beim Verkauf. Sollte damit eine Kaufpreisreduzierung der Wohnungen bezweckt werden, so wird dies in vielen Fällen nicht eintreten. Anders kann es nur im Milieuschutzgebiet wegen des preislimitierenden Vorkaufsrechts sein. Des Weiteren ist der Mieterbegriff des § 250 Abs. 3 S. 1 Nr. 3 BauGB – wie auch bei § 172 Abs. 4 S. 3 Nr. 6 BauGB – weit auszulegen, so dass auch Untermieter und Mieter anderer Wohnungen in dem gleichen Haus als Käufer in Frage kommen. Gleichwohl wird der Eigentümer die Anforderungen des § 250 Abs. 3 S. 1 Nr. 3 BauGB in aller Regel nicht erfüllen können, so dass es auf den Auffangtatbestand des § 250 Abs. 4 S. 1 BauGB ankommt. Hiernach wird die Genehmigung für die Begründung von Wohnungseigentum in den meisten Fällen zu versagen sein. Dabei wird die künftige Praxis der zuständigen Stellen, die eine Genehmigung auch unter Auflagen erteilen können, zeigen, wie restriktiv § 250 Abs. 4 BauGB tatsächlich gehandhabt wird.

Beim Verkauf der Wohnung oder des ganzen Hauses sind die Vorkaufsrechte von besonderer Relevanz. Neben dem Vorkaufsrecht des Mieters nach § 577 Abs. 1 BGB gibt es in den Milieuschutzgebieten ein gemeindliches Vorkaufsrecht nach § 24 Abs. 1 S. 1 Nr. 4 Alt. 2 BauGB. Für den Ausschluss des Vorkaufsrechts ist in der Praxis § 26 Nr. 4 BauGB und der Abschluss von Abwendungsvereinbarung im Sinne des § 27 Abs. 1 S. 1 BauGB von besonderer Relevanz. Bei § 26 Nr. 4 BauGB kommt es nur auf eine gegenwärtige Diskrepanz von Grundstücksnutzung und der Ziele und Zwecke der Milieuschutzsatzung an. Daher wird in den überwiegenden Fällen auf Basis der aktuellen Rechtslage das Vorkaufsrecht ausgeschlossen sein. Bei der Vorkaufsrechtsausübung gilt es die Möglichkeit der Gemeinde, nach § 28 Abs. 3 BauGB preislimitierend zu erwerben, zu berücksichtigen. Durch das Baulandmobilisierungsgesetz ist diese Möglichkeit zulasten der Vertragsparteien der Immobilientransaktion deutlich verschärft worden. Zwar steht dem Verkäufer dann ein Rücktrittsrecht zu, jedoch hat die einmal ausgeübte Preislimitierung auch weitere Rechtsfolgen. In der Bemessung des Verkehrswertes sind die Gemeinden frei, was negativ zu beurteilen ist.

V. Synthese

1. Verhinderung von Bestandsveränderungen

Die Nichtnutzung einer Wohnung ist baugenehmigungsfrei und damit ohne Weiteres möglich. Dagegen bedürfen alle Umnutzungskonstellationen – die Kurzzeitvermietung im engeren Sinne, die sonstigen Fälle der Kurzzeitvermietung und die übernachtungsfremden Nutzungsarten – für die damit verbundene (Nutzungs-)Änderung der Genehmigung. Sie betreffen in aller Regel keinen Sonderbau und demnach gilt für sie regelmäßig das vereinfachte Baugenehmigungsverfahren nach Art. 59 BayBO. Hinsichtlich der Einordnung in die Nutzungsarten der BauNVO zeigen sich für die übernachtungsfremden Nutzungsarten keine und für beiden Arten der Kurzzeitvermietung nur punktuelle Hindernisse. Befindet sich das Gebäude dagegen im Geltungsbereich einer Milieuschutzsatzung, wird der Ermessensgenehmigungstatbestand des § 172 Abs. 4 S. 1 BauGB in aller Regel zur Versagung der Baugenehmigung führen. Vereinzelte Ausnahmen hiervon kann es bei den übernachtungsfremden Nutzungsarten geben.

Zweckentfremdungsrechtlich sind der Leerstand, die Kurzzeitvermietung im engeren Sinne und die übernachtungsfremden Nutzungsarten genehmigungsbedürftig. Die Mehrzahl der sonstigen Fälle der Kurzzeitvermietung stellt eine Fremdenbeherbergung dar und ist demnach genehmigungsbedürftig. Der Leerstand und alle Umnutzungskonstellationen sind aber in aller Regel nicht genehmigungsfähig. Wie auch im Milieuschutz kann sich bei den übernachtungsfremden Nutzungsarten vereinzelt ein Genehmigungsanspruch ergeben.

Damit kann die aufgeworfene Untersuchungsfrage[1268] wie folgt beantwortet werden: Der Rechtsrahmen verhindert im Geltungsbereich von Milieuschutz- und Zweckentfremdungssatzungen in den ganz überwiegenden Fällen die Nicht- und Umnutzung von Wohnungen. Damit verringert sich durch diese Art von Abgängen das Wohnungsangebot nicht. Die Einzelfälle der Umnutzungen, die verwirklicht werden können (medizinische und soziale Einrichtungen), sind dennoch zu befürworten.

1268 Siehe Kapitel 2, B. III. 1.

2. Handlungsoptionen Vermietung und Verkauf der Wohnung

Hat die Wohnung auf dem Mietwohnungsmarkt zu bleiben, sind die Handlungsoptionen der Vermietung und des Verkaufs für den Eigentümer von Interesse. Für die Weitervermietung sind die Mietpreisregulierung, insbesondere die der Neuvertragsmieten durch die Mietpreisbremse in angespannten Wohnungsmärkten, von besonderer Relevanz. Keines der vier gesetzlich vorgesehenen Kriterien reicht alleine zur Qualifikation eines Marktes als angespannt aus. Die größte Bedeutung erlangt das der Mietkostenbelastung, das wiederum mindestens zusammen mit dem Kriterium der Mietenentwicklung oder des geringen Leerstands vorliegen sollte. Den ungeschriebenen Qualifikationskriterien kommt zum Teil keine eigenständige Funktion zu. Vielmehr ergänzen sie die geschriebenen Kriterien. Ein Mietspiegel ist aufgrund seiner hohen Bedeutung nicht als Kriterium, sondern als Vorbedingung zur Qualifikation eines Markts als angespannt anzusehen. Die Neuvertragsmietenregulierung gem. §§ 556d ff. BGB in angespannten Wohnungsmärkten normiert nach § 556d Abs. 1 BGB einen zehnprozentigen Aufschlag auf die ortsübliche Vergleichsmiete. Die ortsübliche Vergleichsmiete liegt etwa 30 Prozent unter der Marktmiete. Durch die Verlängerung des Berechnungszeitraums der ortsüblichen Vergleichsmiete von vier auf sechs Jahre dürfte diese Diskrepanz noch weiter zunehmen.

Besondere Bedeutung haben die §§ 556e f. BGB als Ausnahmevorschriften zu § 556d Abs. 1 BGB. Neue Wohnungen, die nach dem 1. Oktober 2014 erstmals vermietet oder genutzt wurden, sind nach § 556f S. 1 BGB durchgehend von der Neuvertragsmietenregulierung befreit. Dies dürfte wegen der Bestandsmarktlastigkeit des Wohnungsmarkts und Neubauquoten von unter einem Prozent pro Jahr[1269] nur einen kleineren Teil der Wohnungen am Markt betreffen. Des Weiteren kann der Vermieter sich auf die über § 556d Abs. 1 BGB liegende Vormiete nach § 556e Abs. 1 BGB berufen, wenn sie rechtmäßig war. Dieser Ausnahmetatbestand dürfte daher deutlich mehr Bestandswohnungen betreffen. Werden im Vergleich zum Vormietverhältnis aber Änderungen in räumlicher, gegenständlicher oder rechtlicher Hinsicht vorgenommen, so ist zu differenzieren. Reduziert sich der Vertragsgegenstand, so bleibt es entweder bei der Vormiete oder nur der Miete des § 556d Abs. 1 BGB. Nur bei einem veränderten Umfang des vertragsgemäßen gegenständlichen Gebrauchs des Mieters sind Aufschläge auf die Vormiete des § 556e Abs. 1 BGB möglich. Zwei

---

1269 Siehe Kapitel 1, A. IV. 2. b.

weitere Ausnahmevorschriften knüpfen an Modernisierungsarbeiten an und führen entweder zu einer einmaligen Befreiung von § 556d Abs. 1 BGB (so § 556f S. 2 BGB) oder erlauben einen Mietzuschlag (§ 556e Abs. 2 BGB).

In der Situation des Verkaufs der Wohnung(en) kommt zunächst die Begründung von Wohnungseigentum in Betracht. Unterwirft sich der Eigentümer nicht der Verpflichtung nach § 172 Abs. 4 S. 3 Nr. 6 BauGB, so wird in aller Regel im Milieuschutzgebiet die Genehmigung nach § 172 Abs. 4 S. 1 BauGB zu versagen sein. Übersteigt die Zahl der Wohnung in dem Gebäude die Grenze des § 250 Abs. 1 S. 2 und S. 6 BauGB, so wird § 172 BauGB von § 250 BauGB verdrängt. In diesen Fällen wird in aller Regel die Genehmigung zur Begründung von Wohnungseigentum zu versagen sein. Die Praxis wird zeigen, in welchen Fällen die Behörden eine Genehmigung unter Auflagen nach § 250 Abs. 4 BauGB ermöglichen werden. Eine Verpflichtung im Sinne § 172 Abs. 4 S. 3 Nr. 6 BauGB begründet bei § 250 BauGB keinen Genehmigungsanspruch. In wenigen Ausnahmefällen werden zwei Drittel der Mieter kaufwillig sein. Dann kann sich der Eigentümer auf den Genehmigungsanspruch aus § 250 Abs. 3 S. 1 Nr. 3 BauGB berufen. Somit scheitert ein Verkauf der Wohnung an der Begründung von Wohnungseigentum. So bleibt nur der Verkauf des ganzen Gebäudes.

Im Falle dessen gilt es im Milieuschutzgebiet, das gemeindliche Vorkaufsrecht des § 24 Abs. 1 S. 1 Nr. 4 Alt. 2 BauGB zu berücksichtigen. Aufgrund der anzustellenden gegenwärtigen Betrachtungsweise bei § 26 Nr. 4 BauGB wird das Vorkaufsrecht in aller Regel ausgeschlossen sein. Jedoch zeichnet sich bereits eine Gesetzesänderung ab, damit die Gemeinden wieder deutlich stärker ihr Vorkaufsrecht in den Milieuschutzgebieten ausüben können. Ist das Vorkaufsrecht – im aktuellen oder künftigen Rechtsrahmen – nicht ausgeschlossen, so kann sich der Käufer zur Abwendung des Vorkaufsrechts auf die verschärften Abwendungsvereinbarungen einlassen. Demnach kann dies nur im konkreten Einzelfall entschieden werden. Ist § 26 Nr. 4 BauGB zu verneinen und lässt der Käufer sich auch nicht auf eine Abwendungsvereinbarung ein, so ist in aller Regel die Ausübung des Vorkaufsrechts gerechtfertigt. Die Gemeinde kann nun das Vorkaufsrecht jederzeit auf Basis des grundsätzlich von ihr zu bestimmenden Verkehrswerts kaufpreisreduzierend nach § 28 Abs. 3 BauGB ausüben. Dem Verkäufer steht dann zwar ein Rücktrittsrecht zu, jedoch trägt er dann einen Teil der Verkaufsnebenkosten. Nach seinem Rücktritt dürfte er vom Verkauf in naher Zukunft absehen.

Die aufgeworfene Untersuchungsfrage[1270] kann demnach wie folgt beantwortet werden: Der Rechtsrahmen schränkt den Eigentümer deutlich ein. Die Neuvertragsmietenregulierung erlaubt ihm grundsätzlich nur Mieten deutlich unter dem Marktwert. Zumindest kann die bisherige Miete auch in künftigen Mietverhältnissen verlangt werden. Folglich reduzieren die §§ 556d ff. BGB die Miete nicht. Außerhalb von Milieuschutzgebieten ist der Verkauf eine Option, um die in der Investitionsrechnung unterstellten, aber nicht realisierbaren Mietanpassungen und -entwicklungen durch einen höheren Verkaufspreis zumindest auszugleichen. Diese Option ist in den Milieuschutzgebieten deutlich eingeschränkt, da dort die Gemeinde das Objekt preislimitierend zum Verkehrswert erwerben kann und dies in Zukunft auch verstärkt tun wird, sollte der Erwerber keine Abwendungsvereinbarung nach § 27 Abs. 1 BauGB unterzeichnen. In den Milieuschutzgebieten kann der Eigentümer daher die Defizite der Mietenentwicklung nicht durch einen über dem Verkehrswert liegenden Verkaufspreis ausgleichen. In aller Regel wird er seine Investitionsziele nicht erreichen, sondern unterschreiten.[1271]

Differenziert sind die Kriterien zur Qualifikation eines Marktes als angespannt zu bewerten. Trotz der gesetzlichen Aufzählung bedürfen diese vier Kriterien jeweils in der Anwendung der Konkretisierung. So sind bei der Mietenentwicklung nach § 556d Abs. 2 S. 3 Nr. 1 BGB auch die Entwicklung der Bestandsmieten oder der ortsüblichen Vergleichsmieten einzubeziehen. Zugleich sind aber die Neubaumieten, die der Befreiungsvorschrift des § 556f S. 1 BGB unterfallen, bei diesem Kriterium auszusparen. Beim Kriterium der Mietbelastung gem. § 556d Abs. 2 S. 3 Nr. 2 BGB ist es nicht empfehlenswert, allein an starre Belastungsgrenzen anzuknüpfen. Das Wachstum der Wohnbevölkerung nach § 556d Abs. 2 S. 3 Nr. 3 BGB ist nicht oder allenfalls kaum aussagekräftig. Das Kriterium der geringen Leerstandsquote gem. § 556d Abs. 2 S. 3 Nr. 4 BGB ist etwas vorteilhafter zur Beurteilung der Wohnungsmarktlage, jedoch äußert sich geringer Leerstand durch eine entsprechende Mietpreisentwicklung und wird demnach bereits durch die ersten beiden Kriterien abgebildet. Einige ungeschriebene Kriterien sind gänzlich abzulehnen, andere ergänzen die geschriebenen Kriterien lediglich. Nicht sachgerecht ist es, dass ein Mietspiegel in der Gemeinde keine Vorbedingung zur Qualifikation eines Marktes als angespannt darstellt. Diese wird durch den zum 1. Juli 2022

1270 Siehe Kapitel 2, B. III. 1.

1271 Siehe zur generellen Zielsetzung und zur Mietenentwicklung innerhalb der Investitionsrechnung Kapitel 1, B. II. 1. und B. II. 3. b.

geltenden § 558c Abs. 4 S. 2 BGB zu einem Großteil relativiert. Zudem liefert der Mietspiegel wichtige Aussagen für die geschriebenen Kriterien und beseitigt Rechtsunsicherheiten unter den Vertragsparteien, die sich zum Teil erheblich auswirken können.

Negativ zu bewerten ist die deutlich erschwerte und nahezu verhinderte Begründung von Wohnungseigentum durch § 250 BauGB. Die sog. Amateurvermieter, deren Vermietungspraxis regelmäßig einen positiven Beitrag auf angespannten Wohnungsmärkten leistet,[1272] können entweder gar kein Wohneigentum mehr begründen oder nur sehr schwer. Erwerben können sie nur bereits begründetes Wohnungseigentum oder solches aus dem Neubausegment und zwar – aufgrund der Knappheit – zu erhöhten Preisen. Der Anteil der selbstnutzenden Käufer spielt entgegen der Ansicht des Gesetzgebers im Vergleich zur Fortsetzung der Vermietung eine stark untergeordnete Rolle.

C. Instandsetzungs- und Modernisierungsarbeiten – Erhalt des Wohnungsbestands in qualitativer Hinsicht

Eine ausgewogene Wohnungspolitik hat auch auf die richtige Erhaltung und Instandsetzung des Wohnungsbestands zu achten.[1273] Damit soll einer Verringerung des am Markt zur Verfügung gestellten Wohnungsangebots aus qualitativen Gründen, aber auch einem zeitintensiven Abriss mit anschließendem Neubau vorgebeugt werden. Folglich müssen Instandhaltungs- und Modernisierungsarbeiten rechtlich durchführbar sein und nach dem Abschluss der Arbeiten eine ökonomisch sinnvolle, mindestens kostendeckende Bewirtschaftung ermöglichen. Im Folgenden ist daher zu erörtern, ob diese Arbeiten im bau- und zweckentfremdungsrechtlichen Rahmen verwirklicht werden können oder ob sich hieraus Hindernisse ergeben können (I. und II.). Im Anschluss daran sind auch die Auswirkungen der Arbeiten auf die Mietpreisgestaltung unter Beachtung der Mietpreisregulierung näher zu untersuchen (III.). Dabei ist der Frage nachzugehen, inwiefern der Kosteneinsatz für die Arbeiten durch Aufschläge auf die Miete oder Befreiungen von der Mietpreisregulierung gedeckt werden kann. Damit können auch die hinsichtlich dieser Arbeiten bereits aufgeworfenen Untersuchungsfragen[1274] einer Antwort zugeführt werden.

1272 Siehe Kapitel 1, B. I. 1. sowie B. I. 1. a.
1273 Siehe Kapitel 2, A. I. 2. und B. II. 1. b.
1274 Siehe Kapitel 2, B. III. 1.

I. Baurechtliche Hürden

Zwei Fragen sind hier im Hinblick auf das Öffentliche Baurecht von besonderer Relevanz: Erfordern die Arbeiten im Baurecht und speziell im Milieuschutzgebiet eine Genehmigung? Sind sie jeweils genehmigungsfähig? Dem ist im Folgenden für die Instandhaltungs- (1.) und Modernisierungsarbeiten (2.) nachzugehen.

1. Instandhaltungs- und Instandsetzungsarbeiten

Instandhaltungs- und Instandsetzungsarbeiten sind grundsätzlich gem. Art. 57 Abs. 6 BayBO verfahrensfrei und bei bestandsgeschützten baulichen Anlagen materiell-rechtlich zulässig.[1275] Im Milieuschutzgebiet sind gem. § 172 Abs. 1 S. 1 Nr. 2 BauGB jegliche Arbeiten im Hinblick auf ihre Eignung, eine Verdrängungsgefahr zu begründen, genauer zu untersuchen. Instandhaltungs- sowie Instandsetzungsarbeiten sind im Milieuschutzgebiet genehmigungsfrei, soweit sie sie auf die Beseitigung von Mängeln abzielen, die auf Abnutzung, Alterung, Witterungseinflüsse oder Einwirkungen Dritter zurückzuführen sind.[1276] Dieses Erfordernis fand sich in dem mittlerweile aufgehobenen § 3 Abs. 4 ModEnG. Sowohl das Baurecht als auch das Mietrecht orientieren sich daran.[1277] Im Einzelfall

1275 Hierzu weiterführend *Lechner/Busse*, in: Busse u. a., Art. 57 Rn. 439–442 (131. und 142. EL/Okt. 2018 und Mai 2021); *Dirnberger*, in: Busse u. a., Art. 3 Rn. 74–93 (134. EL/Aug. 2019), wonach die Instandhaltung im Sinne der BayBO auch die Instandsetzung inkludiert; *Weinmann*, in: Spannowsky/Manssen, BeckOK BayBO, Art. 57 Rn. 285–288.1 (Stand: Nov. 2021); Abgrenzung zur Änderung bei *Robl*, in: Spannowsky/Manssen, BeckOK BayBO, Art. 55 Rn. 8 f. (Stand: Nov. 2021), sowie *Decker*, in: Busse u. a., Art. 55 Rn. 27 (144. EL/Sept. 2021).

1276 BVerwG, Beschl. v. 17.12.2004 – 4 B 85/04 = NVwZ 2005, 445 (446); OVG Bln-Bbg, Urt. v. 10.06.2004 – 2 B 3.02 = ZfBR 2004, 697 (697 f.); *Stock*, in: Ernst u. a., § 172 BauGB Rn. 106 und 185 (115. EL/Nov. 2014); *Oehmen*, in: Spannowsky/Uechtritz, BeckOK BauGB, § 172 Rn. 4 (Stand: Aug. 2021); *Rixner/Biedermann/Charlier*, in: dies., § 172 BauGB Rn. 56; *Riemann*, Baurechtliche Instrumente gegen Gentrifizierung, S. 35; a. A. *Möller*, in: Schrödter, § 172 Rn. 42; *Beckmann*, BauR 2016, 1090 (1096); ähnlich *Mitschang*, in: Battis u. a., § 172 Rn. 47.

1277 Hierzu und zum Vorstehenden vgl. *Schindler*, in: Gsell u. a., BeckOGK, § 559 BGB Rn. 50 (Stand: Jan. 2022), sowie *Börstinghaus*, in: Schmidt-Futterer, § 559 BGB Rn. 48 – jeweils auch zu § 28 Abs. 1 S. 1 II. BV als weitere Orientierung im Mietrecht.

kann die Abgrenzung, was noch eine Instandsetzung ist und was bereits eine Modernisierung, durchaus schwierig sein.[1278] Entscheidend ist im Milieuschutzrecht letztlich nicht die Qualifikation dieser Arbeiten, sondern ob sie eine Modernisierungsumlage im Sinne des § 559 BGB auslösen und damit zu einer höheren Miete führen. Denn nur dann eignen sie sich zur Beeinträchtigung des Schutzzwecks des § 172 Abs. 1 S. 1 Nr. 2 BauGB.[1279]

Kosten für die Instandhaltungs- und Instandsetzungsarbeiten an sich können im Mietrecht nicht auf die Mieter umgelegt werden (vgl. auch § 559 Abs. 2 in Verbindung mit § 555a Abs. 1 BGB). In einigen Fällen können diese Arbeiten aber zugleich eine Modernisierung darstellen, da sie die Mietsache nicht nur erhalten, sondern auch verbessern; diese sog. modernisierenden Instandsetzungsarbeiten stellen im rechtlichen Sinne zwar Modernisierungsarbeiten dar, sie können wegen ihres Instandhaltungsanteils aber nur teilweise auf den Mieter umgelegt werden.[1280] Demnach wird nur ein kleinerer Teil der Arbeiten eine reine Instandhaltung oder Instandsetzung darstellen,[1281] die milieuschutzrechtlich genehmigungsfrei ist. Andernfalls sind die Restriktionen für Modernisierungsarbeiten zu berücksichtigen.

2. Modernisierungsarbeiten

Bauordnungsrechtlich handelt es sich bei Modernisierungsarbeiten wegen des Eingriffs in die bauliche Substanz um eine Änderung im Sinne des

---

1278 Vgl. auch *Börstinghaus*, in: Schmidt-Futterer, § 559 BGB Rn. 49–51a; *Schindler*, in: Gsell u. a., BeckOGK, § 559 BGB Rn. 52–53 (Stand: Jan. 2022).

1279 Hierzu und zum Vorstehenden ebenso BVerwG, Beschl. v. 17.12.2004 – 4 B 85/04 = NVwZ 2005, 445 (446); OVG Bln-Bbg, Urt. v. 10.06.2004 – 2 B 3.02 = ZfBR 2004, 697 (697 f.); *Lemmel*, in: Berliner Kommentar zum BauGB, § 172 Rn. 12a (8. EL/Juli 2007); *Riemann*, Baurechtliche Instrumente gegen Gentrifizierung, S. 36; siehe zu der besonderen städtebaulichen Relevanz umfassend Kapitel 3, B. II. 2. c. dd. (1).

1280 Hierzu und zum Vorstehenden weiterführend BGH, Urt. v. 17.06.2020 – VIII ZR 81/19 = NZM 2020, 795 (797 f., Rn. 37–45); *Fleindl*, in: Gsell u. a., BeckOGK, § 556e BGB Rn. 45 f. und 57 f., sowie § 556f BGB Rn. 22 (Stand: Okt. 2021); *Schindler*, in: Gsell u. a., BeckOGK, § 559 BGB Rn. 50–53 und 72–77 (Stand: Jan. 2022); *Börstinghaus*, in: Schmidt-Futterer, § 556e BGB Rn. 47 und 57, § 556f BGB Rn. 17 und 19, § 559 BGB Rn. 47–51 und 67–73.

1281 Vgl. auch *Börstinghaus*, in: Schmidt-Futterer, § 559 BGB Rn. 49; *Schindler*, in: Gsell u. a., BeckOGK, § 559 BGB Rn. 50 (Stand: Jan. 2022).

Art. 55 Abs. 1 Var. 2 BayBO.[1282] Einige Modernisierungsarbeiten sind ebenfalls verfahrensfrei. Zu denken ist an Art. 57 Abs. 1 Nr. 2 lit. b, Nr. 11 lit. d, e und f BayBO.[1283] Treten diese in Kombination mit anderen Änderungsarbeiten auf, die nicht verfahrensfrei sind, so ist das Gesamtvorhaben genehmigungsbedürftig. Andere Modernisierungsarbeiten sind stets genehmigungsbedürftig. Aus dem Bauplanungsrecht ergeben sich mangels bodenrechtlicher Relevanz in aller Regel keine Hürden für die Modernisierungsarbeiten, außer sie verändern das äußere Erscheinungsbild der Anlage[1284]. Demnach können im Einzelfall Restriktionen nur aus dem Bauordnungsrecht resultieren, die aber in aller Regel zu lösen sind.

Liegt das Gebäude, das modernisiert werden soll, aber im Bereich einer Milieuschutzsatzung, so ergeben sich deutlich höhere Hürden. Alle Modernisierungsarbeiten stellen eine Änderung dar, die grundsätzlich dazu geeignet ist, den Schutzzweck der Milieuschutzsatzung gem. § 172 Abs. 1 S. 1 Nr. 2 BauGB zu beeinträchtigen,[1285] und demnach milieuschutzrechtlich genehmigungsbedürftig ist[1286]. Für die Genehmigungsfähigkeit sind die vorrangigen Anspruchstatbestände des § 172 Abs. 4 S. 3 Nr. 1 und Nr. 1a BauGB von besonderer Relevanz. Eine wirtschaftliche Unzumutbarkeit nach § 172 Abs. 4 S. 2 BauGB liegt auch hier eher fern.

Zielen die Modernisierungsarbeiten auf die Herstellung des zeitgemäßen Ausstattungszustands einer durchschnittlichen Wohnung unter Berücksichtigung der bauordnungsrechtlichen Mindestanforderungen ab, so besteht ein Genehmigungsanspruch gem. § 172 Abs. 4 S. 3 Nr. 1 BauGB. Dies soll eine vorsichtige Anhebung der Wohnungsqualität ermöglichen und eine Entwicklung zu einem auffällig schlechten Wohnstandard ver-

---

1282 Vgl. auch *Robl*, in: Spannowsky/Manssen, BeckOK BayBO, Art. 55 Rn. 5 (Stand: Nov. 2021); *Dirnberger*, in: Busse u. a., Art. 3 Rn. 85 (134. EL/ Aug. 2019); zum Änderungsbegriff bereits Kapitel 3, B. II. 2. c. cc.

1283 Siehe auch *Lechner/Busse*, in: Busse u. a., Art. 57 Rn. 148 und 153 (127. und 142. EL/Nov. 2017 und Mai 2021).

1284 Vgl. *Lemmel*, in: Berliner Kommentar zum BauGB, § 172 Rn. 12b (8. EL/Juli 2007).

1285 Umfassend hierzu Kapitel 3, B. II. 2. c. dd. (1).

1286 Ebenso *Stock*, in: Ernst u. a., § 172 BauGB Rn. 106 und 185 m. w. N. (115. EL/ Nov. 2014); *Mitschang*, in: Battis u. a., § 172 Rn. 47; *Oehmen*, in: Spannowsky/Uechtritz, BeckOK BauGB, § 172 Rn. 4 (Stand: Aug. 2021); *Riemann*, Baurechtliche Instrumente gegen Gentrifizierung, S. 35; *Beckmann*, BauR 2021, 1376 (1380 f.); siehe auch BVerwG, Beschl. v. 17.12.2004 – 4 B 85/04 = NVwZ 2005, 445 (446); BVerwG, Urt. v. 18.06.1997 – 4 C 2/97 = BVerwGE 105, 67 (70) = NVwZ 1998, 503 (504); BayVGH, Urt. v. 08.05.2002 – 2 B 98.2215, Rn. 19–21 (juris).

hindern.[1287] Was der zeitgemäße Ausstattungsstandard einer durchschnittlichen Wohnung ist, ergibt sich aus den Mindestanforderungen des Bauordnungsrechts auf Basis eines bundesweiten Vergleichs, soweit die Landesbauordnungen nicht divergieren. Es kommt demnach nicht auf das konkrete Ausstattungsniveau im jeweiligen Milieuschutzgebiet an.[1288] Im konkreten Einzelfall ist dann zu bewerten, ob mit der jeweiligen Modernisierung diese Mindestanforderungen geschaffen werden. Dies kann bei einigen Arbeiten freilich schwierig zu beurteilen seien, so dass gewisse Arbeiten nur dann noch unter § 172 Abs. 4 S. 3 Nr. 1 BauGB gefasst werden können, wenn sie das Milieuschutzgebiet überwiegend prägen.[1289] Für die Genehmigungsfähigkeit der Modernisierungsarbeiten kommt es daher auf den Einzelfall an.[1290]

Bezwecken die Modernisierungsarbeiten weitergehende Verbesserungen, die über den zeitgemäßen Ausstattungszustand einer durchschnittlichen Wohnung unter besonderer Berücksichtigung der bauordnungsrechtlichen Mindestanforderungen hinausgehen, so führt dies nicht generell zur Versagung der Genehmigung, sondern es kommt dann vielmehr (neben § 172 Abs. 4 S. 2 BauGB) auf den Auffangtatbestand des § 172 Abs. 4 S. 1 BauGB an.[1291] Wenn die Modernisierung zu einer mehr als nur unerheblichen Mieterhöhung führt, begründet dies bereits durch seine

---

1287 So der Bericht des Ausschusses, BT-Drs. 13/7589, S. 29 f.; BVerwG, Beschl. v. 17.12.2004 – 4 B 85/04 = NVwZ 2005, 445 (446 f.); *Stock*, in: Ernst u. a., § 172 BauGB Rn. 186 (115. EL/Nov. 2014); *Riemann*, Baurechtliche Instrumente gegen Gentrifizierung, S. 41; *Augustin*, BauR 2021, 888 (895).

1288 Hierzu und zum Vorstehenden BVerwG, Beschl. v. 17.12.2004 – 4 B 85/04 = NVwZ 2005, 445 (446 f.), wonach bei Divergenzen der Landesbauordnungen zu differenzieren ist; OVG Bln-Bbg, Urt. v. 31.05.2012 – 10 B 9.11 = LKV 2012, 465 (466 f.); OVG Bln-Bbg, Urt. v. 10.06.2004 – 2 B 3.02 = ZfBR 2004, 697 (698 f.); *Stock*, in: Ernst u. a., § 172 BauGB Rn. 187 (115. EL/Nov. 2014); *Bank*, in: Brügelmann, § 172 BauGB Rn. 95 (80. und 92. EL/Okt. 2011 und 2014); *Lemmel*, in: Berliner Kommentar zum BauGB, § 172 Rn. 34 (8. EL/Juli 2007); *Rixner/Biedermann/Charlier*, in: dies., § 172 BauGB Rn. 60; *Möller*, in: Schrödter, § 172 Rn. 107; *Riemann*, Baurechtliche Instrumente gegen Gentrifizierung, S. 42; *Augustin*, BauR 2021, 888 (894 f.); *Jankowski*, LKV 2003, 217 (219), der mindestens einen landesweiten Vergleich fordert; differenzierend *Mitschang*, in: Battis u. a., § 172 Rn. 103 f.; a. A. VG München, Urt. v. 15.06.1998 – M 8 K 97.8559, Rn. 46 (juris).

1289 Hierzu vertiefend *Stock*, in: Ernst u. a., § 172 BauGB Rn. 188 f. (115. EL/Nov. 2014); *Bank*, in: Brügelmann, § 172 BauGB Rn. 96 (92. EL/Okt. 2014); *Mitschang*, in: Battis u. a., § 172 Rn. 106 f.

1290 So auch *Riemann*, Baurechtliche Instrumente gegen Gentrifizierung, S. 42.

1291 *Stock*, in: Ernst u. a., § 172 BauGB Rn. 191 (115. EL/Nov. 2014).

Vorbildwirkung eine Verdrängungsgefahr für die dortigen Bewohner und damit nachteilige Folgen in der Zukunft.[1292] Hierbei ist es für die rechtliche Beurteilung irrelevant, ob der Eigentümer im konkreten Fall nach der Verwirklichung des Vorhabens von einer höheren Miete absehen will oder nicht. Es kommt vielmehr darauf an, ob ein objektiver Dritter nach allgemeiner Lebenserfahrung eine höhere Miete am Markt verlangen würde.[1293] In der Konstellation der weitergehenden Verbesserungen kann die Gemeinde die Genehmigung aber mit Nebenbestimmungen versehen und Informationen über die Einhaltung der Mietobergrenzen vom Eigentümer verlangen, da dies milder als eine Ablehnung ist.[1294]

Führen dagegen die Modernisierungsarbeiten dazu, dass die Wohnung erheblich über dem zeitgemäßen Ausstattungszustand einer durchschnittlichen Wohnung liegt, wobei dies nicht nur Luxusmodernisierungen betrifft, so scheidet eine Genehmigung unter einer Auflage gem. § 172 Abs. 4 S. 1 BauGB aus.[1295] Grundsätzlich kann bei Modernisierungsarbeiten an der zu erhaltenden Wohnung, auf die kein Anspruch nach § 172 Abs. 4 S. 2 und S. 3 BauGB besteht, auch an den Abschluss eines städtebaulichen

---

1292 Ebenso BVerwG, Urt. v. 18.06.1997 – 4 C 2/97 = BVerwGE 105, 65 (71 f.) = NVwZ 1998, 503 (504); HessVGH, Beschl. v. 11.05.1992 – 3 UE 174/89 = NVwZ-RR 1993, 401; VG München, Urt. v. 28.11.2016 – M 8 K 15.3460, Rn. 42 (juris); VG München, Urt. v. 15.06.1998 – M 8 K 97.8559, Rn. 46–51 (juris); *Stock*, in: Ernst u. a., § 172 BauGB Rn. 177 f. (115. EL/Nov. 2014); *Bank*, in: Brügelmann, § 172 BauGB Rn. 88; (92. EL/Okt. 2014); *Möller*, in: Schrödter, § 172 Rn. 103; *Ramsauer*, Steuerung sozialer und ethnischer Segregation durch städtebauliche Planungsinstrumente, S. 192; *Riemann*, Baurechtliche Instrumente gegen Gentrifizierung, S. 36; *Weigelt*, Die wachsende Stadt als Herausforderung für das Recht, S. 189; *Ehrmann*, Die belebte Innenstadt als Rechtsproblem, S. 130; siehe zu § 172 Abs. 4 S. 1 BauGB bereits Kapitel 3, B. II. 2. b. dd.

1293 Hierzu und zum Vorstehenden *Stock*, in: Ernst u. a., § 172 BauGB Rn. 177 m. w. N. (115. EL/Nov. 2014); *Bank*, in: Brügelmann, § 172 BauGB Rn. 88 (92. EL/Okt. 2014); *Ramsauer*, Steuerung sozialer und ethnischer Segregation durch städtebauliche Planungsinstrumente, S. 192; *Riemann*, Baurechtliche Instrumente gegen Gentrifizierung, S. 36; *Weigelt*, Die wachsende Stadt als Herausforderung für das Recht, S. 189; vgl. *Weigelt*, WuM 2019, 289 (296).

1294 *Stock*, in: Ernst u. a., § 172 BauGB Rn. 178 und 191 (115. EL/Nov. 2014); *Bank*, in: Brügelmann, § 172 BauGB Rn. 88 (92. EL/Okt. 2014); *Riemann*, Baurechtliche Instrumente gegen Gentrifizierung, S. 37 f.; *Ehrmann*, Die belebte Innenstadt als Rechtsproblem, S. 131; *Jankowski*, LKV 2003, 217 (218–220).

1295 *Jankowski*, LKV 2003, 217 (219); so auch *Riemann*, Baurechtliche Instrumente gegen Gentrifizierung, S. 39; *Ehrmann*, Die belebte Innenstadt als Rechtsproblem, S. 131; vgl. *Weigelt*, WuM 2019, 289 (296).

Vertrags gedacht werden.[1296] Neben dem Einverständnis des Eigentümers mit den dort geregelten weitergehenden Verpflichtungen muss freilich auch die Stadt mit dessen Abschluss einverstanden sein.

Bezweckt die Modernisierung dagegen eine Anpassung an die baulichen oder anlagentechnischen Mindestanforderungen des Gebäudeenergiegesetzes (GEG) oder der Energieeinsparverordnung (EnEV), so ist an den Genehmigungstatbestand des § 172 Abs. 4 S. 3 Nr. 1a BauGB zu denken. Er soll energetische Substandards vermeiden und die Schaffung eines energetischen Mindeststandards in Milieuschutzgebieten ermöglichen.[1297] Bei § 172 Abs. 4 S. 3 Nr. 1a BauGB müssen Mindestanforderungen erfüllt oder freiwillige Arbeiten nach der EnEV oder des GEG ausgeführt werden. Gehen die Arbeiten – wie bei Nr. 1 – über diesen Standard hinaus, so können sie nur gem. § 172 Abs. 4 S. 1 BauGB, gegebenenfalls in Verbindung mit einer Nebenbestimmung, genehmigt werden.[1298] Auch hier kommt es demnach für die Genehmigungsfähigkeit auf den Einzelfall an.

Ist einer der beiden Anspruchstatbestände einschlägig, kann die Gemeinde die Genehmigung nicht mit einschränkenden Nebenbestimmungen versehen, insbesondere nicht noch von der Einhaltung gebietsbezogener Höchstbelastungsmieten abhängig machen. Auch kann sie keine Äußerungen vom Eigentümer über die Kosten der Modernisierung und die hieraus resultierende Mieterhöhung verlangen.[1299]

II. Zweckentfremdungsrechtliche Hürden

Zweckentfremdungsrechtlich ergeben sich für Instandhaltungs-, Instandsetzungs- sowie Modernisierungsarbeiten keine Restriktionen. Instandsetzungs- und Instandhaltungsarbeiten können relativ zügig durchgeführt

---

1296 *Riemann*, Baurechtliche Instrumente gegen Gentrifizierung, S. 39.

1297 *Stock*, in: Ernst u. a., § 172 BauGB Rn. 193 (126. EL/Aug. 2017).

1298 Hierzu und zum Vorstehenden *Stock*, in: Ernst u. a., § 172 BauGB Rn. 194 (126. EL/Aug. 2017); *Mitschang*, in: Battis u. a., § 172 Rn. 112; *Augustin*, BauR 2021, 888 (896); siehe auch VG Berlin, Beschl. v. 13.11.2020 – 19 L 288/20, Rn. 38 (juris); a. A. siehe *Beckmann*, BauR 2016, 1090 (1094–1097), u. a. mit einem engeren Verständnis der Mindestanforderungen.

1299 Hierzu und zum Vorstehenden OVG Bln-Bbg, Urt. v. 10.06.2004 – 2 B 3.02 = ZfBR 2004, 697 (697 f.); *Stock*, in: Ernst u. a., § 172 BauGB Rn. 178a und 190 (115. EL/Nov. 2014); *Mitschang*, in: Battis u. a., § 172 Rn. 109 und 113; *Bank*, in: Brügelmann, § 172 BauGB Rn. 89 und 97 (92. EL/Okt. 2014); *Riemann*, Baurechtliche Instrumente gegen Gentrifizierung, S. 37 f.; *Ehrmann*, Die belebte Innenstadt als Rechtsproblem, S. 131; *Jankowski*, LKV 2003, 217 (219).

werden, woraus kein längerer Leerstand resultiert. Beträgt er aber mehr als drei Monate, was insbesondere bei Modernisierungsarbeiten der Fall sein kann, so ist zwar der Zweckentfremdungstatbestand des Art. 1 S. 2 Nr. 4 ZwEWG und § 4 Abs. 1 S. 2 Nr. 4 ZeS denkbar. Jedoch stellt eine nachweislich zügige Instandsetzung oder Modernisierung als Ursache des Leerstands gem. § 4 Abs. 2 Nr. 2 ZeS keine Zweckentfremdung dar.

III. Berücksichtigung der Arbeiten im Kontext der Mietpreisregulierungsvorschriften?

Die Kosten für reine Instandsetzungs- und Instandhaltungsarbeiten sind nicht auf den Mieter umlagefähig. Werden sie im Zuge von Modernisierungsarbeiten erledigt, so sind sie bei der Berechnung der umzulegenden Kosten herauszurechnen.[1300] Die Kosten der Modernisierungsarbeiten an sich können – um den Anteil der Instandhaltungsarbeiten gekürzt – umgelegt werden. Von besonderem Interesse ist dieses Erhöhungspotential für den Abschluss der Neuvertragsmieten im Kontext der Neuvertragsmietenregulierung durch die Mietpreisbremse (1.). Aufgrund der bereits dargelegten Zurückhaltung der Anbieter bei einer Bestandsmietenerhöhung[1301] ist auf diese nur in aller Kürze einzugehen (2.). Dabei wird stets von einer aktuell leer stehenden Wohnung ausgegangen, so dass die für die Durchführung der Arbeiten relevanten Duldungs- und Kündigungsvorschriften ausgeblendet werden können. Dies entspricht auch der Praxis, da in aller Regel Modernisierungsarbeiten in einer Wohnung nach Beendigung des Mietverhältnisses vorgenommen werden.

1. Auswirkungen der Modernisierungsarbeiten auf die Neuvertragsmietenregulierung

Bei der Neuvertragsmietenregulierung kommen bei der Durchführung von Modernisierungsarbeiten zwei Ausnahmevorschriften von der Mietpreisregulierung des § 556d Abs. 1 BGB in Betracht. Zunächst ist auf die umfassende Modernisierung nach § 556f S. 2 BGB einzugehen (a.). Wenn dessen Anforderungen an den Umfang der Arbeiten nicht erfüllt werden, so verändert § 556e Abs. 2 BGB die zulässige Neuvertragsmiete (b.).

1300 Siehe hierzu bereits Kapitel 3, C. I. 1.
1301 Siehe Kapitel 1, B. I.

a) Mietpreisregulierungsfreiheit der ersten Vermietung nach umfassender Modernisierung gem. § 556f S. 2 BGB

§ 556f S. 2 BGB unterwirft die erste Vermietung nach einer umfassenden Modernisierung nicht dem Anwendungsbereich der Mietpreisbremse gem. § 556d Abs. 1 BGB. Diese Ausnahmevorschrift gewinnt in rechtlicher Hinsicht nicht nur für die erste daran anschließende Vermietung an Bedeutung, sondern kann durch die weitere Ausnahmevorschrift des § 556e Abs. 1 S. 1 BGB auch in den künftigen Mietverhältnissen vereinbart werden, so dass auch dort noch Zweifel des Mieters hinsichtlich der zulässigen Miethöhe aufkommen können.[1302] Demnach kann aus einem unwirksamen oder fehlerhaften Rückgriff auf die Vormiete – freilich in den Grenzen des § 556g BGB, insbesondere seines Abs. 2 – auch höhere Rückzahlungsbeträge des Vermieters hinsichtlich der zu viel vereinnahmten Miete in der Vergangenheit folgen.[1303]

Unter einer Erstvermietung gem. § 556f S. 2 BGB ist in aller Regel die erste Vermietung nach Abschluss der Modernisierungsarbeiten zu verstehen. Aber auch eine daran anschließende erstmalige Selbstnutzung des Eigentümers schadet nicht dessen Anwendung, wonach sich der Eigentümer nach seinem Auszug auf diese Ausnahmevorschrift berufen kann. Eine zwischenzeitliche gewerbliche Vermietung dagegen „verbraucht“ auf Basis des Wortlauts die Ausnahmevorschrift.[1304] Entscheidende Bedeutung kommt aber dem Kriterium der umfassenden Modernisierung zu. Fraglich ist aber, unter welchen Voraussetzungen sie als „umfassend“ qualifiziert werden kann (aa.). Rechtsprechung und Literatur handhaben dies auf problematische Weise, so dass ein alternativer Lösungsweg aufzuzeigen ist (bb.).

1302 Ebenso *Fleindl*, in: Gsell u. a., BeckOGK, § 556f BGB Rn. 20 und 28 (Stand: Okt. 2021); *Emmerich*, in: Staudinger, § 556f Rn. 23; *Flatow*, WuM 2015, 191 (201); siehe zu § 556e Abs. 1 S. 1 BGB bereits Kapitel 3, B. IV. 1. b. bb.; zu Index- und Staffelmieten im Rahmen des § 556f S. 2 BGB umfassend *Fleindl*, in: Gsell u. a., BeckOGK, § 556f BGB Rn. 29–31 (Stand: Okt. 2021); *Börstinghaus*, in: Schmidt-Futterer, § 556f BGB Rn. 24.

1303 Siehe zu § 556g BGB bereits Kapitel 3, B. IV. 1. b.

1304 Hierzu und zum Vorstehenden *Fleindl*, in: Gsell u. a., BeckOGK, § 556f BGB Rn. 26–27 (Stand: Okt. 2021); *Emmerich*, in: Staudinger, § 556f Rn. 21 f.; *Börstinghaus*, in: Schmidt-Futterer, § 556f BGB Rn. 20a und 21 f.; *Winkler*, ZfIR 2016, 121 (122–125); *Blank*, WuM 2014, 641 (653).

aa) Voraussetzungen einer umfassenden Modernisierung

Unter Modernisierungsarbeiten sind die des § 555b BGB zu verstehen, jedoch gilt es unter Zugrundelegung der Umlagefähigkeit der Modernisierungsarbeiten § 555b Nr. 2 und Nr. 7 BGB davon auszublenden. Insbesondere kann demnach ein Dachausbau zur Schaffung neuen Wohnraums gem. § 555b Nr. 7 BGB nicht zur einmaligen Befreiung der darunter liegenden Wohnungen führen.[1305] Eine Modernisierung soll, orientiert an § 16 Abs. 1 Nr. 4 WoFG, als umfassend zu qualifizieren sein, wenn sowohl in quantitativer Hinsicht ein Bauaufwand in Höhe von rund einem Drittel der Kosten für einen Neubau anfällt als auch in qualitativer Hinsicht die Arbeiten mehrere wesentliche Bereiche verbessern.[1306]

Das qualitative Element resultiert daraus, dass es nicht nur auf den Mitteleinsatz, sondern auch auf das Resultat der Modernisierung ankommt, das sich letztlich einem neubauähnlichen Zustand nähern muss.[1307] Den gleichen Standard wie eine Neubauwohnung muss die modernisierte

---

1305 Hierzu und zum Vorstehenden die Begründung zum Gesetzentwurf, BT-Drs. 18/3121, S. 32; *Emmerich*, in: Staudinger, § 556f Rn. 15 f.; *Fleindl*, in: Gsell u. a., BeckOGK, § 556f BGB Rn. 21 (Stand: Okt. 2021); *Abramenko*, in: Lützenkirchen, § 556f Rn. 16; *Flatow*, WuM 2015, 191 (201); siehe auch BGH, Urt. v. 17.06.2020 – VIII ZR 81/19 = NZM 2020, 795 (797, Rn. 37).

1306 So die Begründung zum Gesetzentwurf, BT-Drs. 18/3121, S. 32; BGH, Urt. v. 11.11.2020 – VIII ZR 369/18, Rn. 22 (juris), wonach zusätzlich die qualitative Verbesserung eine Gleichstellung mit dem Neubau rechtfertigen müsse; BGH, Beschl. v. 27.05.2020 – VIII ZR 73/19 = NZM 2020, 792 (792 f.); LG Berlin, Urt. v. 30.10.2019 – 65 S 142/19, Rn. 30 f.; LG Berlin, Urt. v. 10.10.2019 – 65 S 107/19 = NJW 2019, 3730 (3732 f., Rn. 27); *Emmerich*, in: Staudinger, § 556f Rn. 18 m. w. N., der aber eine spürbare Verbesserung und Anpassung an heutige Wohnbedürfnisse fordert; *Fleindl*, in: Gsell u. a., BeckOGK, § 556f BGB Rn. 23–25 (Stand: Okt. 2021); *Börstinghaus*, in: Schmidt-Futterer, § 556f BGB Rn. 18–20; *Herlitz*, in: Herlitz/Saxinger, Handbuch sozialer Wohnungsbau und Mietrecht, Kap. 4 Rn. 260 f.; *Gsell/Siegmund*, NZM 2019, 489 (503); ähnlich *Frank*, Die Mietpreisbremse, S. 71 f.; siehe auch *Lehmann-Richter*, NZM 2017, 497 (500).

1307 So die Begründung zum Gesetzentwurf, BT-Drs. 18/3121, S. 32; BGH, Urt. v. 11.11.2020 – VIII ZR 369/18, Rn. 22 und 33 (juris); BGH, Beschl. v. 27.05.2020 – VIII ZR 73/19 = NZM 2020, 792 (793); *Fleindl*, in: Gsell u. a., BeckOGK, § 556f BGB Rn. 25 (Stand: Okt. 2021); *Börstinghaus*, in: Schmidt-Futterer, § 556f BGB Rn. 20; *Blank*, WuM 2014, 641 (654); kritisch hierzu *Beck/Blümmel*, GE 2015, 492 (500 f.), wonach aufgrund des Gesetzgebungsverfahrens eine Gleichstellung mit dem Neubau nicht gerechtfertigt sei. Keine Annäherung an den Neubauzustand beispielsweise im Fall des LG Berlin, Urt. v. 23.05.2019 – 65 S 25/18, Rn. 30–32 (juris).

Wohnung freilich nicht aufweisen, denn ansonsten wären Altbauwohnungen von vornherein von § 556f S. 2 BGB ausgenommen.[1308] Mehrere der wesentlichen Bereiche, insbesondere Sanitäreinrichtungen, Heizung, Fenster, Fußboden, Elektroinstallation und der energetische Zustand der Wohnung, müssen sich durch die Modernisierung tatsächlich verbessern. Keinesfalls müssen aber in allen diesen Bereichen Verbesserungen zu attestieren sein; sie können vielmehr durch andere Modernisierungen wie beispielsweise einen besseren Schallschutz oder einen Aufzugeinbau ohne Weiteres kompensiert werden.[1309] Dabei sind aber die Instandhaltungsarbeiten ausschließlich an einzelnen Bauteilen oder Einrichtungen der Wohnung auszublenden. Genauso sind auch diejenigen Modernisierungsarbeiten auszublenden, die während des Vormietverhältnisses oder davor stattgefunden haben, denn der Wortlaut stellt auf den Abschluss der Modernisierungsarbeiten vor der ersten darauffolgenden Vermietung des § 556f S. 2 BGB ab.[1310]

Für das quantitative Element müssen Baukosten in Höhe von mindestens 500 bis 700 €/m² – Tendenz steigend – angefallen sein,[1311] wobei im konkreten Fall auf die aktuellen Zahlen – beispielsweise der Statistiken des Bauhandwerks – in der jeweiligen Region oder einer nach der

---

1308 AG Berlin-Mitte, Urt. v. 08.02.2019 – 16 C 30/18, Rn. 25 und 48 (juris); *Abramenko*, in: Lützenkirchen, § 556f Rn. 18; ähnlich *Beck/Blümmel*, GE 2015, 492 (501).

1309 Hierzu und zum Vorstehenden die Begründung zum Gesetzentwurf, BT-Drs. 18/3121, S. 32; BGH, Urt. v. 11.11.2020 – VIII ZR 369/18, Rn. 33 und 36 (juris); AG Berlin-Mitte, Urt. v. 08.02.2019 – 16 C 30/18, Rn. 48 (juris); *Börstinghaus*, in: Schmidt-Futterer, § 556f BGB Rn. 20; *Abramenko*, in: Lützenkirchen, § 556f Rn. 18; siehe auch zu § 17 des II. WoBauG LG Berlin, Urt. v. 26.09.1998 – 63 S/98 = NZM 1999, 172; für eine Berechnung der mit der Modernisierung einhergehenden verlängerten Nutzungsdauer nach dem Punktesystem der Sachwertrichtlinie *Beck/Blümmel*, GE 2015, 492 (501).

1310 BGH, Urt. v. 11.11.2020 – VIII ZR 369/18, Rn. 33 und 35 (juris); *Emmerich*, in: Staudinger, § 556f Rn. 20; *Fleindl*, in: Gsell u. a., BeckOGK, § 556f BGB Rn. 25 (Stand: Okt. 2021). Dies darf aber nicht mit der Unerheblichkeit des Modernisierungszeitpunkts, insbesondere bei einem anschließenden Leerstand oder einer Selbstnutzung durch den Eigentümer, verwechselt werden, siehe hierzu Kapitel 3, C. III. 1. a., sowie weiterführend *Börstinghaus*, in: Schmidt-Futterer, § 556f BGB Rn. 20a.

1311 *Emmerich*, in: Staudinger, § 556f Rn. 18; *Börstinghaus*, in: Schmidt-Futterer, § 556f BGB Rn. 19; siehe auch LG Berlin, Urt. v. 10.10.2019 – 65 S 107/19 = NJW 2019, 3730 (3733 f., Rn. 40 f.); für 500 €/m² in Berlin und den neuen Bundesländern AG Schöneberg, Urt. v. 08.09.2017 – 17 C 148/16, Rn. 14 (juris), bestätigt durch LG Berlin, Urt. v. 23.10.2018 – 63 S 293/17, Rn. 37 (juris); zu den steigenden Baukosten siehe Kapitel 2, B. I. 2. c.

Bevölkerungsstruktur und der Wirtschaftskraft vergleichbaren Region zurückzugreifen ist[1312]. Auch bei diesem quantitativen Element gilt: Weder sind Instandhaltungsmaßnahmen zur Wiederherstellung des ehemaligen Zustands noch deren Kosten bei § 556f S. 2 BGB zu berücksichtigen.[1313] Die ausschließlichen Instandhaltungsarbeiten sind aus den Gesamtkosten herauszurechnen.

Ob aber auch bei den eigentlichen Modernisierungsarbeiten noch Abschläge hinsichtlich fiktiver Instandhaltungsanteile vorzunehmen sind, wird unterschiedlich bewertet. Konkret geht es darum, ob ein modernisierter Gegenstand vollständig in die Gesamtkostenrechnung aufgenommen werden kann oder ob auch insoweit bei ihm aufgrund seines Alters ein fiktiver Instandhaltungsanteil abzuziehen ist, denn irgendwann in der Zukunft hätte er ohnehin repariert werden müssen. Der BGH bejaht im Gegensatz zur bisher herrschenden Meinung in Literatur und Rechtsprechung einen fiktiven Abzug bei den modernisierten Bauteilen oder Einrichtungen der Wohnung und gleicht seine Auslegung des § 556f S. 2 BGB an seine bisherige Rechtsprechung zu § 559 BGB (und auch zu § 556e Abs. 2 BGB) an.[1314] Ein fiktiver Abzug ist demnach bei der Modernisierung älterer Bauteile und Einrichtungen der Wohnung vorzunehmen, wenn sie bereits mangelhaft und damit Instandsetzungsmaßnahmen fällig waren. Das Gleiche gilt für mangelfreie und demnach nicht zwingend austauschbedürftige Komponenten, die gleichwohl durch solche mit einer besseren Qualität ausgetauscht und damit modernisiert werden, wenn sie im Vergleich zu ihrer regelmäßigen Gesamtlebensdauer bereits einen

---

1312 BGH, Urt. v. 11.11.2020 – VIII ZR 369/18, Rn. 23 (juris); *Fleindl*, in: Gsell u. a., BeckOGK, § 556f BGB Rn. 23 (Stand: Okt. 2021); *Abramenko*, in: Lützenkirchen, § 556f Rn. 17.

1313 So die Begründung zum Gesetzentwurf, BT-Drs. 18/3121, S. 32; LG Berlin, Urt. v. 30.10.2019 – 65 S 142/19, Rn. 32 (juris); LG Berlin, Urt. v. 10.10.2019 – 65 S 107/19 = NJW 2019, 3730 (3732 f., Rn. 27); *Emmerich*, in: Staudinger, § 556f Rn. 16; *Fleindl*, in: Gsell u. a., BeckOGK, § 556f BGB Rn. 22 (Stand: Okt. 2021); siehe auch Kapitel 3, A. I. 1.

1314 BGH, Urt. v. 11.11.2020 – VIII ZR 369/18, Rn. 24–31 (juris); ähnlich *Abramenko*, in: Lützenkirchen, § 556f Rn. 17; a. A. LG Berlin, Urt. v. 30.10.2019 – 65 S 142/19, Rn. 32 (juris); LG Berlin, Urt. v. 23.10.2018 – 63 S 293/17, Rn. 26–31 (juris); AG Neukölln, Urt. v. 26.03.2019 – 18 C 188/18, Rn. 22 (juris); AG Berlin-Mitte, Urt. v. 08.02.2019 – 16 C 30/18, Rn. 27 f. (juris); AG Schöneberg, Urt. v. 08.09.2017 – 17 C 148/16, Rn. 15 (juris); *Emmerich*, in: Staudinger, § 556f Rn. 19; *Fleindl*, in: Gsell u. a., BeckOGK, § 556f BGB Rn. 19 (Stand: Okt. 2021); *Theesfeld*, in: Schach u. a., BeckOK Mietrecht, § 556f BGB Rn. 13 f. (Stand: Nov. 2021); *Flatow*, WuM 2015, 191 (201). Siehe zur modernisierenden Instandsetzung bei § 559 BGB bereits Kapitel 3, C. I. 1.

erheblichen Abnutzungsgrad aufweisen.[1315] Der BGH begründet seine Ansicht damit, dass ein Gleichlauf von § 556f S. 2 zu § 559 und letztlich zu § 556e Abs. 2 BGB geboten sei sowie § 556f S. 2 BGB als eng auszulegende Ausnahmevorschrift für einen Abzug fiktiver Instandhaltungskosten spreche.[1316] Der anteilige Abzug betrifft nicht nur das Austauschobjekt an sich, sondern auch den Vergütungsaufwand für den Arbeitsschritt. Im Ergebnis ist man damit bei den Grundsätzen des „Abzugs neu für alt" angelangt, die zum Beispiel bei nicht zu reparierenden Beschädigungen des Mieters zur Anwendung kommen, wenn der Vermieter den Mangel anschließend beseitigt.

bb) Kritik an der Rechtsprechung zum quantitativen Element in § 556f S. 2 BGB

Aus ökonomischen Erwägungen im Hinblick auf das Ziel, einen Entspannungsbeitrag auf angespannten Wohnungsmärkten zu leisten, ist sowohl das enge Verständnis des BGH (1) als auch das Erfordernis des quantitativen Elements bei § 556f S. 2 BGB kritisch zu hinterfragen (2). Den Vorzug verdient stattdessen eine ausschließlich qualitative Betrachtungsweise (3).

(1) Kritik am engen Verständnis des BGH im Rahmen des quantitativen Elements

Das Argument des BGH, dass die Berechnung fiktiv ersparter Instandhaltungskostenbeiträge für den Vermieter kein nennenswertes Hindernis im Prozess darstelle,[1317] trifft so nicht zu. Einerseits erweitern ein weiteres[1318] Sachverständigengutachten und seine Kosten den Prozess hinsichtlich der Gesamtnutzungsdauer der instandgesetzten Gegenstände unnötig, falls das Gericht die notwendige Sachkunde nicht besitzt. Andererseits obliegt dem

---

1315 Hierzu und zum Vorstehenden BGH, Urt. v. 11.11.2020 – VIII ZR 369/18, Rn. 26 und 29 (juris); *Fleindl*, in: Gsell u. a., BeckOGK, § 556f BGB Rn. 22 (Stand: Okt. 2021).

1316 BGH, Urt. v. 11.11.2020 – VIII ZR 369/18, Rn. 29 f. (juris).

1317 Vgl. BGH, Urt. v. 11.11.2020 – VIII ZR 369/18, Rn. 29 und 31 (juris); BGH, Urt. v. 17.06.2020 – VIII ZR 81/19 = NZM 2020, 795 (798, Rn. 45); BGH, Urt. v. 17.12.2014 – VIII ZR 88/13 = NZM 2015, 198 (200, Rn. 30).

1318 Vgl. das Gutachtererfordernis für die Neubaukosten zur Bestimmung des erforderlichen Drittels *Abramenko*, in: Lützenkirchen, § 556f Rn. 17.

Vermieter dann, wenn der Mieter sie – wie häufig – bestreitet, zusätzlich der Nachweis, wann die nun ausgebauten und modernisierten Gegenstände in der Vergangenheit eingebaut worden waren, um deren Abnutzungsgrad genau festzustellen und damit den Abzug zu berechnen.[1319] Der Nachweis des Einbaudatums kann für den Eigentümer durchaus schwierig sein. Die Arbeiten dürften vor allem bei Altbauten schon länger zurückliegen. Eine Rechnung wird der Eigentümer außerhalb der gewöhnlichen Aufbewahrungsfristen nicht mehr parat haben. Eventuell hat sogar noch ein früherer Eigentümer die Arbeiten durchgeführt. Folglich erschweren das quantitative Kriterium und seine Handhabung eine praktikable Anwendung des § 556f S. 2 BGB deutlich.

Zudem besteht, je älter die Wohnungsbestände und damit die Bauteile oder Einrichtungen der Wohnung sind, ein geringerer Anreiz für den Eigentümer, den qualitativen Standard der Wohnung durch Modernisierungen deutlich zu heben. Dies betrifft wiederum vor allem die Altbauten, denn dort fällt der Abzug des fiktiven Instandhaltungsanteils für modernisierte Bauteile oder Einrichtungen der Wohnung am größten aus. Dort wird es faktisch unmöglich, die Wertgrenze des quantitativen Elements zu erreichen, um von der Neuvertragsmietenregulierung nach § 556f S. 2 BGB befreit zu werden.[1320] Modernisierungen werden daher seltener durchgeführt.

Das quantitative Element setzt bei älteren Gebäuden wegen des Instandhaltungsabschlags vielmehr einen Anreiz zum Abriss und Neubau, der gem. § 556f S. 1 BGB vollständig von der Neuvertragsmietenregulierung befreit ist. Der Abriss und Neubau führen aber wegen der langen Produktionszeit, der deutlich stärkeren Abhängigkeit vom Baumarkt durch den größeren Umfang der Arbeiten im Vergleich zu einer Modernisierung und des mit dem Neubau verbundenen hohen Kapitaleinsatzes dazu, dass aktuell benötigter, zu vermietender Wohnraum erst deutlich später wieder am Wohnungsmarkt angeboten wird.[1321] Vorhandener und bezahl-

---

1319 Vgl. hierzu und zum Vorstehenden *Schindler*, in: Gsell u. a., BeckOGK, § 559 BGB Rn. 74 f. (Stand: Jan. 2022). Den enormen Aufwand im Zivilprozess betont auch *Häublein*, ZfPW 2020, 1 (7); ähnlich *Gsell/Siegmund*, NZM 2019, 489 (503).

1320 So auch hierzu und zum Vorstehenden *Fleindl*, in: Gsell u. a., BeckOGK, § 556f BGB Rn. 19 (Stand: Okt. 2021); *Lehmann-Richter*, NZM 2017, 497 (500); zum auch für Altbauten hohen Instandhaltungskostenanteil LG Berlin, Urt. v. 23.10.2018 – 63 S 293/17, Rn. 29 (juris).

1321 Siehe Kapitel 1, A. IV. 1. a. und h. sowie A. IV. 2. e.

barer Wohnraum geht damit verloren.[1322] Ein Abriss und ein Neubau werden in aller Regel auch deutlich teurer als die Modernisierung des Bestands sein. Zugleich ist das Neubauangebot an andere, wohlhabendere Nachfragegruppen adressiert. Dass dies der Gesetzgeber mit dem für die Bestandsbauten maßgeblichen § 556f S. 2 BGB im Kontext der angespannten Wohnungsmärkte mit einem zu geringen Angebot, insbesondere im günstigeren Segment, alles so gewollt haben soll, kann stark bezweifelt werden.[1323] In dieser Konstellation hilft auch ein Rückgriff auf § 556e Abs. 2 BGB wegen der dort nur begrenzten Umlagefähigkeit der Modernisierungskosten nicht weiter.[1324]

Ein unterschiedliches Verständnis der umfassenden Modernisierung im Sinne des § 556f S. 2 BGB und der Modernisierung für den Neuvertragsmietenzuschlag gem. § 556e Abs. 2 und der Bestandsmietenerhöhung nach § 559 BGB ist auch nicht systemwidrig, denn die Vorschriften haben unterschiedliche Rechtsfolgen und damit divergierenden Regelungscharakter.[1325] Bei § 556e Abs. 2 und § 559 BGB resultiert aus den berücksichtigungsfähigen Kosten unter Abzug der Erhaltungsmaßnahmen sowie des fiktiven Instandhaltungsanteils bei Modernisierungsarbeiten der konkrete Aufschlag auf die Bestandsmiete oder auf die 110-Prozent-Grenze der Neuvertragsmiete gem. § 556d Abs. 1 BGB. Je höher die Modernisierungskosten dort ausfallen, desto höher ist der Mietzuschlag – die neue Kappungsgrenze des § 559 Abs. 3a BGB einmal ausgeblendet. Ihre Berechnung und die dortigen Abzüge sind damit einheitlich zu handhaben. Schließlich kann es bei § 556e Abs. 2 und § 559 BGB letztlich keinen Unterschied machen, ob der Vermieter die in den letzten drei Jahren abgeschlossenen Arbeiten entweder gleich über eine Erhöhung der Bestandsmiete oder später nur bei der Neuvertragsmiete berücksichtigen kann. Dies gebietet bei diesen beiden Vorschriften eine gleiche Berechnungsmethode. Anders

---

1322 Ebenso *Lehmann-Richter*, NZM 2017, 497 (500); siehe hierzu bereits Kapitel 2, B. II. 1. b.

1323 So auch *Fleindl*, in: Gsell u. a., BeckOGK, § 556f BGB Rn. 19 (Stand: Okt. 2021); vgl. LG Berlin, Urt. v. 23.10.2018 – 63 S 293/17, Rn. 29 (juris). Siehe auch die Äußerung des Bundesrats zu § 556f S. 1 BGB, BR-Drs. 447/1/14, S. 8 f., der Anreize zum Komplettabriss und Neubau ebenso kritisch sieht.

1324 Siehe sogleich Kapitel 3, C. III. 1. b.

1325 Dies erkennt der BGH im Grunde auch an, siehe BGH, Urt. v. 11.11.2020 – VIII ZR 369/18, Rn. 28 (juris). Nach BT-Drs. 18/3121, S. 32, betont die Begründung zum Gesetzentwurf die unterschiedlichen Rechtsfolgen, wonach der Vermieter durch § 556f S. 2 BGB von der genauen Berechnung der höchstzulässigen Mieten befreit werden soll.

ist es aber bei § 556f S. 2 BGB. Dieser begründet durch die nicht normale, sondern umfassende Modernisierung keinen Aufschlag, sondern befreit vollständig von der Mietpreisbremse. Demnach sind die Gesamtkosten der Modernisierungsarbeiten dort nicht für die Berechnung der künftig zwischen den Parteien verbindlichen Mieten von Relevanz. Dort ist der Vermieter frei in seiner Mietkalkulation.

Im Ergebnis ist demnach eine andere Handhabe von § 556f S. 2 BGB im Vergleich zu § 556e Abs. 2 und § 559 BGB möglich und zu befürworten, zumal der Abzug des fiktiven Instandhaltungskostenanteils zum einen im Prozess ein weiteres Sachverständigenkosten und den schwierigen Nachweis des Einbaudatums erfordert, zum anderen die Modernisierung bei älteren Gebäuden unattraktiver macht und Anreize zum Abriss samt vollständigen Neubau von Gebäuden setzt.

(2) Vollständige Ablehnung des quantitativen Elements bei § 556f S. 2 BGB

Das quantitative Element ist zur Qualifikation einer umfassenden Modernisierung aus mehreren Gründen allerdings in Gänze nicht sachgerecht.[1326] Entscheidend kommt es nämlich auf das Ergebnis der Modernisierung und nicht auf den Mitteleinsatz an. Das quantitative Element erleichtert letztlich die rechtliche Beurteilung. Denn einerseits muss der Vermieter die Grundlage für die Berechnung durch seine Darlegungs- und Beweisangebote schaffen. Andererseits kann bei Unterschreitung der Wertgrenze des quantitativen Elements eine umfassende Modernisierung abgelehnt werden. Dadurch erübrigt sich die wertende, weniger objektive und zugegebenermaßen anspruchsvolle Entscheidung über das Vorliegen des qualitativen Elements. Demnach klärt sich durch das quantitative Element nur eine Vorfrage, aber nicht die zentrale Fragestellung selbst.[1327]

Des Weiteren wollte der Gesetzgeber auf angespannten Wohnungsmärkten keine Grenzen hinsichtlich des Kostenaufwands aufstellen. Damit

---

1326 Ebenso *Lehmann-Richter*, NZM 2017, 497 (500); *Eisenschmid*, ZRP 2015, 27 (28); vgl. zu § 556f S. 1 BGB und dem auch dort relevanten umfangreichen Bauaufwand *Frank*, Die Mietpreisbremse, S. 68 f., die gewisse Kritikpunkte teilt, Alternativen letztlich jedoch wegen ihrer Unverhältnismäßigkeit ablehnt.

1327 A. A. *Abramenko*, in: Lützenkirchen, § 556f Rn. 18, der dem qualitativen Kriterium nur eine ergänzende Funktion beimisst; dem ist aber der BGH, Urt. v. 11.11.2020 – VIII ZR 369/18, Rn. 34 (juris), entgegengetreten, wonach dem qualitativen Kriterium mindestens das gleiche Gewicht beizumessen ist.

würde nur der Anreiz dafür gesetzt, dass der Vermieter weitere Modernisierungen vorsorglich in Auftrag gibt, die zum Auftragszeitpunkt noch nicht notwendig sind und die er erst deutlich später oder auch gar nicht vorgenommen hätte. Er gibt sie – bei entsprechender Rechtskenntnis seinerseits – aber schon jetzt in Auftrag, um auf jeden Fall die quantitative Grenze des § 556f S. 2 BGB und damit die Befreiung von der Neuvertragsmietenregulierung zu erreichen. Des Weiteren macht die Rechtsprechung des BGH diese „Mitmodernisierung" attraktiver, denn der fiktive Instandhaltungsabschlag ist bei diesen nicht mangelhaften oder noch nicht so alten Komponenten regelmäßig kleiner und damit für das Erreichen der Wertgrenze des quantitativen Elements vorteilhafter. Folglich wird diese Zunahme der Modernisierungskosten bei einem wirtschaftlich agierenden Vermieter die Neuvertragsmieten der umfassend modernisierten Wohnung im Rahmen des § 556f S. 2 BGB deutlicher erhöhen als ohne eine Wertgrenze durch das quantitative Element. Besonders drastisch wirkt sich das quantitative Element in den Milieuschutzgebieten und dort bei § 172 Abs. 4 S. 3 Nr. 1 und Nr. 1a BauGB aus, die zu deutlichen Problemen für den Eigentümer und den Zustand des Gebäudes führen.[1328]

Dagegen sollte vielmehr der Anreiz gestärkt werden, bei einem gewissen qualitativen Modernisierungsfortschritt den Vermieter von der Neuvertragsmietenregulierung unabhängig von seinem Mitteleinsatz zu befreien.[1329] Dies hat den Vorteil, dass der Vermieter einerseits darum bestrebt ist, die Arbeiten so günstig wie möglich durchzuführen, um den angestrebten Modernisierungsstandard zu erreichen, er andererseits unwirtschaftliche Modernisierungen verschiebt oder ganz unterlässt. Aus beidem resultiert damit eine in aller Regel günstigere, mietpreisbremsenfreie Miete im Sinne des § 556f S. 2 BGB. Außerdem wird bei gerichtlichen Streitigkeiten über die einzustellenden Kosten das ansonsten in aller Regel erforderliche Sachverständigengutachten entbehrlich. Wie bereits deutlich wurde, kann ein Streit über die Befreiung von der Mietpreisregulierung gem. § 556f S. 2 BGB nicht nur in dem ersten Mietverhältnis, sondern über § 556e Abs. 1 S. 1 BGB auch in künftigen Mietverhältnissen entstehen, so dass auch durchaus zu einem späteren Zeitpunkt festgestellt werden kann, dass die damalige Modernisierung nicht als umfassend zu qualifizieren

1328 Siehe zu diesem Zusammenspiel ausführlich Kapitel 3, C. IV.
1329 Dazu tendiert auch *Lehmann-Richter*, NZM 2017, 497 (500); ähnlich *Eisenschmid*, ZRP 2015, 27 (28).

war.[1330] Zuletzt ist auch eine umfassende Bezugnahme im Rahmen des § 556f S. 2 BGB auf § 16 Abs. 1 Nr. 4 WoFG keinesfalls zwingend, da dieser keinen Niederschlag im Wortlaut der § 556f S. 2 BGB gefunden hat und daher andere Interpretationen – auch nach der Begründung zum Gesetzentwurf – durchaus möglich sind.[1331] Demnach widerspricht ein vollständiger Verzicht auf das quantitative Element weder dem Wortlaut der Norm noch ihrer Zwecksetzung auf Basis der Begründung zum Gesetzentwurf.

Im Ergebnis ist die Qualifikation einer Modernisierung als umfassend ohne ein quantitatives Element praktikabler als mit ihm. Zudem erleichtert dies die Gewährleistung eines ausreichenden und qualitativen Wohnungsbestands mit bezahlbaren Mieten in angespannten Wohnungsmärkten.[1332] Folglich ist das quantitative Element bei § 556f S. 2 BGB in Gänze abzulehnen.

Stellt man allein auf das qualitative Element ab, bleibt es bei den obigen Maßstäben hierfür. Insbesondere müssen nicht alle wesentlichen Bereiche verbessert werden.[1333] Entscheidend ist dabei nicht ein schematisches Erreichen einer Mindestzahl modernisierter wesentlicher Bereiche, sondern vielmehr eine Beurteilung im Einzelfall.[1334] Dabei gilt auch hier, dass mehr Verbesserungen in einem Bereich auch Defizite in anderen Bereichen kompensieren können,[1335] was wiederum nur im Einzelfall sinnvoll berücksichtigt werden kann. Beispielweise kann es schon ausreichen, dass die Wohnung danach in eine andere Kategorie eingeordnet werden kann.[1336]

1330 Siehe Kapitel 3, C. III. 1. a.; umfassend zu § 556e Abs. 1 BGB Kapitel 3, B. IV. 1. b. bb.

1331 BT-Drs. 18/3121, S. 32; *Hinz*, ZMR 2014, 593 (598); so auch *Aufderhaar/Jaeger*, ZfIR 2014, 541 (547). Auch für neue Wohnungen im Bestand muss im Rahmen des § 556f S. 1 BGB nicht auf § 16 Abs. 1 WoFG zurückgegriffen werden, siehe hierzu Kapitel 3, D. III. 1.

1332 So im Ergebnis auch *Lehmann-Richter*, NZM 2017, 497 (500); ähnlich *Eisenschmid*, ZRP 2015, 27 (28); siehe auch *Hinz*, ZMR 2014, 593 (598), der einer anderen Interpretation der umfassend modernisierten Wohnung offen gegenübersteht; so auch *Aufderhaar/Jaeger*, ZfIR 2014, 541 (547). Zu den wohnungspolitischen Zielen Kapitel 2, A. I. 2. und B. II. 1. b.

1333 Hierzu und zum Vorstehenden siehe Kapitel 3, C. III. 1. a. aa.

1334 *Lehmann-Richter*, NZM 2017, 497 (500).

1335 So bereits BGH, Urt. v. 11.11.2020 – VIII ZR 369/18, Rn. 36 (juris).

1336 So *Hinz*, ZMR 2014, 593 (598).

b) Weitere Mietanpassungsmöglichkeiten nach einer Modernisierung

Will oder kann der Vermieter nicht die Anforderungen des § 556f S. 2 BGB erfüllen, so stehen ihm noch drei weitere Möglichkeiten offen, die Mieten nach einer Modernisierung anzupassen. Durch die Modernisierung an sich kann – je nach deren Art – die Wohnung bei der ortsüblichen Vergleichsmiete gem. § 558 Abs. 2 S. 1 BGB höher eingeordnet werden und sich mit dem zehnprozentigen Aufschlag gem. § 556d Abs. 1 BGB eine neue maximale Neuvertragsmiete ergeben. Alternativ hierzu kann der Vermieter die Neuvertragsmiete des § 556e Abs. 2 BGB in Verbindung mit §§ 559 f. BGB oder, wenn die Wohnung aktuell vermietet ist, die Bestandsmiete gem. §§ 559 ff. BGB erhöhen.[1337] Auf die Neuvertragsmietenerhöhung des § 556e Abs. 2 BGB ist im Folgenden näher einzugehen.

Hierfür sind wie auch bei § 556f S. 2 BGB die Modernisierungsmaßnahmen des § 555b Nr. 1, 3, 4, 5 und 6 BGB einschlägig.[1338] Dazu gehören ebenfalls nicht diejenigen Erhaltungsmaßnahmen, deren Kosten gem. § 559 Abs. 2 BGB keine Berücksichtigung finden.[1339] Bei § 556e Abs. 2 BGB hat es keine Relevanz, ob die Wohnung – wie bei § 556f S. 2 BGB – vorher vermietet war, leer stand oder durch den Eigentümer selbst genutzt wurde; anders als bei § 556f S. 2 BGB bleibt bei § 556e Abs. 2 BGB aber eine vorherige gewerbliche Vermietung folgenlos. Genauso ist es unerheblich, ob der Vermieter die Modernisierungskosten im Vormietverhältnis umgelegt hat oder nicht, denn es kommt nur auf die Berechtigung zu dieser Mieterhöhung an.[1340] Entscheidend ist es, dass für den Zuschlag gem. § 556e Abs. 2 BGB die Modernisierungsarbeiten drei Jahre vor der Inbesitznahme durch

---

1337 Hierzu und zum Vorstehenden ebenso *Emmerich*, in: Staudinger, § 556e Rn. 33; *Fleindl*, in: Gsell u. a., BeckOGK, § 556e BGB Rn. 65.1 (Stand: Okt. 2021); *Börstinghaus*, in: Schmidt-Futterer, § 556e BGB Rn. 62; siehe auch die Begründung zum Gesetzentwurf, BT-Drs. 18/3121, S. 30. Zur Bestandsmietenerhöhung im Falle der Modernisierung siehe sogleich Kapitel 3, C. III. 2.

1338 *Fleindl*, in: Gsell u. a., BeckOGK, § 556e BGB Rn. 38 und 55 und weiterführend zum Begriff der Modernisierungsmaßnahme Rn. 41–44 (Stand: Okt. 2021); *Emmerich*, in: Staudinger, § 556e Rn. 35; *Flatow*, WuM 2015, 191 (200 f.).

1339 Weiterführend hierzu *Fleindl*, in: Gsell u. a., BeckOGK, § 556e BGB Rn. 46 f. und 53 (Stand: Okt. 2021); *Emmerich*, in: Staudinger, § 556e Rn. 37.

1340 Hierzu und zum Vorstehenden die Begründung zum Gesetzentwurf, BT-Drs. 18/3121, S. 30; *Börstinghaus*, in: Schmidt-Futterer, § 556e BGB Rn. 48a–50a; *Emmerich*, in: Staudinger, § 556e Rn. 31, 36 und 42; *Fleindl*, in: Gsell u. a., BeckOGK, § 556e BGB Rn. 39 f. und 52 (Stand: Okt. 2021); *Blank*, WuM 2014, 641 (651 f.) siehe zu § 556f S. 2 BGB Kapitel 3, C. III. 1. a.

den Neumieter abgeschlossen wurden. Mehrere Modernisierungsmaßnahmen können auch mehrere bauliche Maßnahmen darstellen und damit auch mehrere Fertigstellungszeitpunkte aufweisen.[1341]

Durch den Verweis in § 556e Abs. 2 S. 1 BGB gilt ein Großteil der Modernisierungsvorschriften für das bereits laufende Mietverhältnis auch für die gem. § 556e Abs. 2 BGB berücksichtigungsfähigen Kosten[1342] und die Bildung des Mietzuschlags. Bei der sog. modernisierenden Instandsetzung, wonach in der konkreten baulichen Veränderung Erhaltungs- und Modernisierungsmaßnahmen zusammenkommen, sind die fiktiven Instandhaltungskosten bei der jeweiligen Modernisierungsmaßnahme abzuziehen.[1343] Bei wohnungsübergreifenden Modernisierungsarbeiten darf der Vermieter gem. § 559 Abs. 3 BGB die Kosten aufteilen. Die berücksichtigungsfähigen und für die Wohnung konkreten Modernisierungskosten konnten in der Vergangenheit mit elf, seit dem 1. Januar 2019 nur noch mit acht Prozent pro Jahr auf die Miete umgelegt werden, jedoch darf sich – im Falle der Vermietung der Wohnung während der Durchführung der baulichen Maßnahmen – gem. § 559 Abs. 3a BGB die Miete wiederum nicht um mehr als zwei bis drei €/m² an Mieterhöhung innerhalb der letzten sechs Jahre erhöhen.[1344] Bei dieser Kappungsgrenze bleiben die Mieterhöhung auf Basis der ortsüblichen Vergleichsmiete gem. § 558 BGB und Mietanpassungen aufgrund veränderter Betriebskosten nach § 560 BGB unberücksichtigt. Etwaige Drittmittel sind entsprechend § 559a BGB in Abzug zu bringen. Der sich daraus ergebende Mietzuschlag wird mit der bisherigen, gem. § 556d Abs. 1 BGB um zehn Prozent erhöhten ortsüblichen Vergleichsmiete addiert. Als bisherige ortsübliche Vergleichsmiete

---

1341 Hierzu und zum Vorstehenden weiterführend *Fleindl*, in: Gsell u. a., BeckOGK, § 556e BGB Rn. 51–53 (Stand: Okt. 2021); *Emmerich*, in: Staudinger, § 556e Rn. 39 f.; *Börstinghaus*, in: Schmidt-Futterer, § 556e BGB Rn. 53–55 und 58; *Flatow*, WuM 2015, 191 (200 f.); *Blank*, WuM 2014, 641 (652); siehe zu den trennbaren Maßnahmen BGH, Urt. v. 17.12.2014 – VIII ZR 86/13, Rn. 42 (juris) = ZMR 2015, 216 (219).

1342 Weiterführend hierzu *Fleindl*, in: Gsell u. a., BeckOGK, § 556e BGB Rn. 56–59 (Stand: Okt. 2021).

1343 BGH, Urt. v. 17.06.2020 – VIII ZR 81/19 = NZM 2020, 795 (797 f., Rn. 37–45); *Emmerich*, in: Staudinger, § 559 Rn. 37.

1344 Hierzu und zum Vorstehenden weiterführend *Fleindl*, in: Gsell u. a., BeckOGK, § 556e BGB Rn. 54 und 60–62 (Stand: Okt. 2021); *Emmerich*, in: Staudinger, § 556e Rn. 58a; *Emmerich*, in: Staudinger, § 556e Rn. 44 f.; für ältere Falle gilt die Übergangsvorschrift des Art. 229 § 49 EGBGB, siehe hierzu weiterführend *Emmerich*, in: Staudinger, § 556e Rn. 41, sowie *Fleindl*, in: Gsell u. a., BeckOGK, § 556e BGB Rn. 52 f. (Stand: Okt. 2021).

ist aber die Miete heranzuziehen, die sich gem. § 556e Abs. 2 S. 2 BGB ohne die Berücksichtigung der Modernisierung ergeben würde.[1345]

2. Auswirkungen der Modernisierungsarbeiten auf das laufende Mietverhältnis

Die Bestandsmiete kann gem. § 559 BGB nach der Modernisierung erhöht werden, wenn dies gem. § 555c BGB angekündigt wurde. Zu beachten ist dabei aber, dass im Bestandsmietverhältnis – anders als bei § 556e Abs. 2 BGB – der Mieter den Härtefalleinwand gem. § 559 Abs. 4 und Abs. 5 BGB erheben kann und sich demnach die Mieterhöhung in manchen Fällen erst im nächsten Mietverhältnis nach § 556e Abs. 2 BGB auswirken kann. Wenn der Modernisierungsaufwand für die Wohnung nicht mehr als 10.000 € (brutto[1346]) beträgt, dann kann der Vermieter die Miete auch mittels eines vereinfachten Verfahrens gem. § 559c BGB erhöhen. Monatlich kann sich die Miete durch dieses Verfahren, den dreißigprozentigen Pauschalabzug der Erhaltungsmaßnahmen und die Acht-Prozent-Grenze des § 559 Abs. 1 BGB um bis zu 46,67 € erhöhen.

IV. Synthese

1. Zwischenergebnis

Baurechtlich sind Instandhaltungs- und Instandsetzungsarbeiten grundsätzlich verfahrensfrei. Im Milieuschutzgebiet gilt dies aber nur für eine Mangelbeseitigung und nicht für eine „versteckte“ Modernisierung, da diese umlagefähig ist und demnach zu einer milieuschutzrechtlich genehmigungsbedürftigen Mieterhöhung führt. Die meisten Arbeiten werden hier über eine reine Mangelbeseitigung hinausgehen und demnach mindestens eine modernisierende Instandhaltung darstellen, die wiederum als Modernisierung zu qualifizieren ist.

1345 So auch hierzu und zum Vorstehenden *Emmerich*, in: Staudinger, § 556e Rn. 29, 34 und 44; *Fleindl*, in: Gsell u. a., BeckOGK, § 556e BGB Rn. 64–65.1 (Stand: Okt. 2021); *Flatow*, WuM 2015, 191 (199 f.); siehe auch die Begründung zum Gesetzentwurf, BT-Drs. 18/3121, S. 31.

1346 *Emmerich*, in: Staudinger, § 559c Rn. 6 und 17.

Modernisierungsarbeiten stellen bauordnungsrechtlich eine Änderung dar und sind teilweise verfahrensfrei, teilweise zwar genehmigungsbedürftig, aber in aller Regel auch genehmigungsfähig. Im Milieuschutzgebiet stellen Modernisierungsarbeiten immer eine genehmigungsbedürftige Änderung dar. Für ihre Genehmigungsfähigkeit kommt es auf die Anspruchstatbestände des § 172 Abs. 4 S. 3 Nr. 1 und Nr. 1a BauGB an. § 172 Abs. 4 S. 3 Nr. 1 BauGB ist dann erfüllt, wenn im landesweiten Vergleich die bauordnungsrechtlichen Mindestanforderungen geschaffen werden. Bei geringfügigen Überschreitungen dieser Standards ist eine Genehmigung unter Auflagen nach § 172 Abs. 4 S. 1 BauGB denkbar. Liegt das Ergebnis der Arbeiten deutlich über dem zeitgemäßen Ausstattungszustand einer durchschnittlichen Wohnung, so wird eine Genehmigung ausscheiden. § 172 Abs. 4 S. 3 Nr. 1a BauGB ist dann einschlägig, wenn die Mindestanforderungen oder die freiwilligen Anforderungen nach der EnEV oder dem GEG erfüllt werden. Wird dieser Standard wiederum überschritten, kommt auch hier eine Genehmigung unter Auflagen oder eine Ablehnung in Betracht. Bei beiden Anspruchstatbeständen und auch bei der Auffangnorm des § 172 Abs. 4 S. 1 BauGB kommt es stets auf die konkret bezweckte Maßnahme an und kann demnach die abschließende rechtliche Beurteilung nur im Einzelfall erfolgen. Im Zweckentfremdungsrecht ergeben sich für Instandhaltungs-, Instandsetzungs- und Modernisierungsarbeiten keine Restriktionen, soweit sie nachweislich zügig durchgeführt werden.

Mietrechtliche wirken sich reine Instandhaltungs- und Instandsetzungsmaßnahmen mangels Umlagefähigkeit nicht aus. Anders ist dies bei den Modernisierungsarbeiten nach § 555b Nr. 1 und Nr. 3 bis Nr. 6 BGB für die Neuvertrags- und Bestandsmieten. Im Rahmen der Neuvertragsmietenregulierung befreit § 556f S. 2 BGB einmalig von § 556d Abs. 1 BGB und kann nach § 556e Abs. 1 S. 1 BGB auch in den künftigen Mietverhältnissen vereinbart werden. Rechtsprechung und Literatur knüpfen zur Beurteilung einer Modernisierung als umfassend im Sinne des § 556f S. 2 BGB an § 16 Abs. 1 Nr. 4 WoFG an und verlangen kumulativ ein quantitatives (Bauaufwand von etwa 500 bis 700 €/m² – Tendenz steigend) und ein qualitatives Kriterium. Beim quantitativen Element ist nun nach der Rechtsprechung des BGH der fiktive Instandhaltungsanteil (Material- wie Personalkosten) abzuziehen, wenn das modernisierte Bauteil entweder mangelhaft und demnach die Reparatur fällig war oder, wenn sie noch nicht fällig war, der Gegenstand bereits erheblich abgenutzt war. Diese Rechtsprechung überzeugt insbesondere im Kontext angespannter Wohnungsmärkte nicht. Aber auch das quantitative Element an sich ist bei

§ 556f S. 2 BGB abzulehnen. Ohne dieses können die Ziele im Kontext angespannter Wohnungsmärkte besser erreicht werden. Vielmehr kommt es auf eine ausschließlich qualitative Betrachtungsweise an, die eine tatsächliche Verbesserung in mehreren wesentlichen, aber nicht in allen Bereichen erfordert.

Erreichen dagegen die Modernisierungsarbeiten nicht die Anforderungen des § 556f S. 2 BGB, so kann zumindest nach § 556e Abs. 2 S. 1 BGB die bisherige Mietobergrenze des § 556d Abs. 1 BGB etwas angehoben werden. Anders als bei § 556f S. 2 BGB lässt § 556e Abs. 2 S. 1 BGB keine Mietfreiheit, sondern nur einen Zuschlag zu, der sich nach den tatsächlich entstandenen Kosten bemisst. Auch hier sind die (fiktiven) Instandsetzungskosten abzuziehen. Die Umlagefähigkeit wird durch die Begrenzungen des § 559 Abs. 1 und Abs. 3a BGB weiter eingeschränkt. Für die Mieterhöhung im laufenden Mietverhältnis gelten – um den Härtefalleinwand des Mieters ergänzt – dieselben Anforderungen.

2. Beantwortung der Untersuchungsfragen

Die aufgeworfenen Untersuchungsfragen[1347] können demnach wie folgt beantwortet werden: Für Instandhaltungs- und Instandsetzungsarbeiten bestehen keine Genehmigungshindernisse, jedoch können die Kosten dafür im laufenden Mietverhältnis nicht mittels einer Mieterhöhung berücksichtigt werden und erhöhen auch bei der Neuvertragsmietenregulierung nicht die zulässige Miete. Die rechtliche Umsetzung ist positiv zu bewerten und gewährleistet eine ausreichende Bewirtschaftung, denn durch die erwirtschafteten Mieten können in aller Regel die damit abgegoltene Abnutzung sowie die Instandhaltungs- und Instandsetzungsarbeiten finanziert werden.

Für die Modernisierungsarbeiten ergeben sich keine unüberwindlichen bau- und zweckentfremdungsrechtlichen Restriktionen. Im Milieuschutzgebiet hingegen gibt es nur dann einen Genehmigungsanspruch, wenn die bauordnungsrechtlichen Mindestanforderungen oder die Anforderungen nach der EnEV oder dem GEG nach § 172 Abs. 4 S. 3 Nr. 1 und Nr. 1a BauGB erfüllt werden. Liegt das Ergebnis der Arbeiten etwas darüber, so ist eine Genehmigung unter Auflagen denkbar. Demnach ist der Spielraum für Modernisierungsarbeiten dort schon relativ eng. Zumindest kön-

1347 Siehe Kapitel 2, B. III. 1.

nen hiernach im Milieuschutzgebiet Mindeststandards verwirklicht werden, was positiv zu bewerten ist.

Anders fällt dieses Fazit aber aus, wenn man dies um die wirtschaftlichen Gesichtspunkte im Hinblick auf die Auswirkungen auf die Mietpreisregulierung erweitert. Bei einem geplanten Modernisierungsvorhaben ist das Zusammenspiel der milieuschutzrechtlichen Genehmigungsansprüche mit der Befreiung von der Neuvertragsmietenregulierung nach § 556f S. 2 BGB von besonderem Interesse. Im Milieuschutzgebiet muss der Eigentümer, um einen Anspruch auf eine Genehmigung sowie die einmalige Befreiung von der Neuvertragsmietenregulierung nach § 556f S. 2 BGB zu haben, nach der herrschenden Meinung in der Literatur unter Berücksichtigung der Rechtsprechung des BGH die folgenden Voraussetzungen kumulativ erfüllen: die bauordnungsrechtlichen Mindestanforderungen oder die energierechtlichen Anforderungen (1.), einen Bauaufwand in Höhe von mindestens 500 bis 700 €/m² unter Abzug von Instandsetzungsarbeiten und eines fiktiven Instandsetzungsanteils (2.) sowie eine tatsächliche Verbesserung in mehreren, aber nicht in allen wesentlichen Bereichen (3.) wie Sanitäreinrichtung, Heizung, Fenster, Fußboden, Elektroinstallation und der energetischen Sanierung der Wohnung. Da für den Eigentümer bei seiner Entscheidung über die Finanzierung der Modernisierungsarbeiten vor allem die Befreiung von der Neuvertragsmietenregulierung des § 556d Abs. 1 BGB durch § 556f S. 2 BGB zur Finanzierung der Modernisierungsarbeiten wichtig sind, werden – um die Wertgrenze des quantitativen Elements unter Abzug (fiktiver) Instandsetzungskosten zu erreichen – seine Arbeiten in vielen Fällen über den bauordnungsrechtlichen Mindestanforderungen liegen. Demnach wird er hierfür keine Baugenehmigung im Milieuschutzgebiet erhalten – durch den regelmäßig mehr als nur etwas über den bauordnungsrechtlichen Mindeststandards liegenden künftigen Ausstattungsstandard auch nicht mittels Auflage.

Kommt es dem Eigentümer hingegen vor allem auf die Genehmigung seiner Arbeiten im Milieuschutzgebiet an, so wird er in aller Regel an den Anforderungen des § 556f S. 2 BGB scheitern. Das Modernisierungsziel für die Genehmigung seiner Arbeiten ist dort limitiert auf die bauordnungsrechtlichen Mindestanforderungen oder die energierechtlichen Anforderungen. Folglich muss das Gebäude bisher einen Zustand aufweisen, der deutlich unter diesem Standard liegt, denn nur so kann er den für § 556f S. 2 BGB notwendigen quantitativen Aufwand der Arbeiten überhaupt erst erreichen. Jedoch haben die Gebäude in einem solchen baulichen Zustand meist zugleich ein hohes Alter, so dass wiederum – nach der Rechtsprechung des BGH – bei allen Arbeiten die reinen Instandsetzungskosten und bei den Modernisierungsarbeiten der für die alten Gebäude typische, relativ hohe Anteil fiktiver Instandsetzungskosten abzuziehen sind. Durch diese hohen Abzugsposten werden diese Modernisierungsvorhaben in vielen Fällen dann nicht mehr die Grenze des quantitativen Elements des § 556f S. 2 BGB erreichen können. Handelt es sich dagegen um ein neueres Gebäude, so wird der Eigentümer – neben dem quantitativen – auch am qualitativen Element scheitern, da hiernach mehrere wesentliche Bereiche des neueren Gebäudes tatsächlich verbessert werden müssen und dieses Gebäude in seinem modernisierten Zustand regelmäßig über den Anforderungen für den Genehmigungsanspruch im Milieuschutzgebiet liegen wird.

Damit steht dem Eigentümer letztlich für die Finanzierung der Modernisierungsarbeiten im Milieuschutzgebiet mit der Miete – neben der Neueinordnung in der ortsüblichen Vergleichsmiete im modernisierten Zustand bei § 556d Abs. 1 BGB – nur der Weg über § 556e Abs. 2 BGB offen. Wegen der beschränkten Mietsteigerungsmöglichkeiten nach § 556d Abs. 1 BGB sowie § 556e Abs. 2 BGB und der starken Begrenzungen nach § 559 Abs. 1 und Abs. 3a BGB kann der Eigentümer im Milieuschutzgebiet aus wirtschaftlichen Gründen nur auf kleinere Modernisierungsarbeiten setzen. Dies ist hinnehmbar, solange es sich um Arbeiten an noch relativ gut erhaltenen Gebäuden handelt. Ist das Gebäude aber in einem (sehr) schlechten Zustand, so wird es durch die nur relativ geringfügigen Modernisierungsarbeiten dem bauordnungs- oder energierechtlichen Mindeststandard im Milieuschutzgebiet immer mit gewissem Abstand hinterherhinken – soweit der Eigentümer in diesem Rechtsrahmen überhaupt gewillt ist, solche Gebäude zu modernisieren, und nicht primär auf Instandhaltungs- und Instandsetzungsarbeiten setzt.

Diese Kumulation der Mietpreisregulierung und der Genehmigungsanforderungen im Milieuschutzgebiet und damit der Rechtsrahmen im Milieuschutzgebiet sind kritisch zu sehen, denn entweder scheitert ein Modernisierungsvorhaben dort an der Genehmigung oder an der Rentabilität. Demnach werden die relevanten Gebäude im Milieuschutzgebiet ihren qualitativen Zustand behalten oder nur leicht verbessern können. Zugleich gehen damit keine oder nur geringfügige Mietpreissteigerungen in den Gebieten einher. Es bleibt folglich – und das soll der Milieuschutz auch bezwecken – bezahlbarer Wohnraum erhalten, jedoch auf Kosten der Qualität der Wohnungen. Modernisierungen werden aufgrund der durch die Mietpreisregulierung deutlich eingeschränkten Rentabilität nämlich gar nicht oder nur in geringem Maße durchgeführt, wonach sich in den Milieuschutzgebieten – entgegen der Zwecksetzung des § 172 Abs. 4 S. 3

Nr. 1 und Nr. 1a BauGB – Substandards der Wohnungen verfestigen können, die die Situation auf angespannten Wohnungsmärkten zumindest nicht verbessern. In dieser Situation bietet regelmäßig auch der Anspruchstatbestand für eine Genehmigung aufgrund wirtschaftlicher Unzumutbarkeit nach § 172 Abs. 4 S. 2 BauGB keinen Ausweg. Denn dieser stellt rein objektsbezogen auf den gegenwärtigen Erhaltungszustand des Objekts ab und setzt die Kosten für Bewirtschaftung und Erhaltung in Relation zu der mit dem Objekt zu erwirtschaftenden langfristigen Rendite.[1348]

Außerhalb von Milieuschutzgebieten reichen für Modernisierungsarbeiten kleineren Umfangs die Erhöhung der Neuvertragsmiete nach § 556e Abs. 2 BGB oder der wegen dem modernisierten Zustand bedingten neuen Einordnung in § 556d Abs. 1 BGB und die der Bestandsmiete nach § 559 BGB wirtschaftlich gerade noch, aber für Modernisierungsarbeiten mittleren Umfangs regelmäßig nicht mehr aus. Bei Modernisierungsvorhaben mittleren Umfangs erhöht dies den Druck für den Eigentümer, bisher nicht vorgesehene und daher nicht zwingend notwendige Arbeiten zusätzlich in Auftrag zu geben, um die Grenze des § 556f S. 2 BGB erreichen zu können.[1349]

Aufgrund der beschriebenen Situation im Milieuschutzgebiet, aber auch wegen der zahlreichen Kritikpunkte und der – außerhalb des Milieuschutzgebiets – geschaffenen Anreize dafür, unnötige Arbeiten in die Modernisierungsarbeiten zu inkludieren und ältere Gebäude vollständig abzureißen, ist das quantitative Element des § 556f S. 2 BGB nicht zielführend, ja sogar hinderlich. Ein deutlich höheres Potential zur Verbesserung der Lage auf angespannten Wohnungsmärkten – innerhalb und außerhalb von Milieuschutzgebieten – hat eine ausschließlich qualitative Betrachtungsweise bei § 556f S. 2 BGB. Insbesondere ermöglicht dies, dass ältere Gebäude im Milieuschutzgebiet mittels eines Genehmigungsanspruchs qualitativ auf den Standard des § 172 Abs. 4 S. 3 Nr. 1 und Nr. 1a BauGB gehoben werden können, wirtschaftliche Anreize zum Modernisieren mittels § 556f S. 2 BGB durch das Erreichen seiner qualitativen Anforderungen bestehen und sich Substandards in diesen Gebieten nicht verfestigen. Des Weiteren gewährleistet der Verzicht auf das quantitative Kriterium einerseits dem Vermieter eine ausreichende Bewirtschaftung der modernisierten Objekte. Andererseits profitieren die Mieter in aller Regel von günstigeren Neuver-

---

1348 Weiterführend hierzu *Stock*, in: Ernst u. a., § 173 BauGB Rn. 35–37 (122. EL/Aug. 2016); *Mitschang*, in: Battis u. a., § 172 Rn. 97 f.; *Bank*, in: Brügelmann, § 172 BauGB Rn. 92 (80. EL/Okt. 2011).

1349 Vgl. auch *Michelsen/Mense*, Evaluierung der Mietpreisbremse, 2018, S. 31.

tragsmieten, da der Vermieter nicht zur gegenwärtigen Vornahme erst später notwendiger oder sogar überflüssiger Modernisierungsarbeiten gedrängt wird.

D. Angebotserweiterung in quantitativer Hinsicht – Schaffung neuen Wohnraums im Bestand

Die Wohnraumschaffung im Bestand leistet einen weiteren wichtigen Beitrag zur Entspannung angespannter Wohnungsmärkte durch Erweiterung des Angebots und bietet einige Vorteile gegenüber dem Neubau.[1350] Für den Bestand kommen als Erweiterungsmaßnahmen vor allem Umnutzungen ehemals gewerblich genutzter Räume und Dachgeschossausbauten in Betracht. Es stellt sich die Frage, wie sie im bau- (I.) und zweckentfremdungsrechtlichen Rahmen (II.) verwirklicht werden können und wie ihre wirtschaftliche Attraktivität in der späteren Bewirtschaftung der Räume im Kontext der Regulierung der Neuvertragsmieten für die Bestandsbauten zu beurteilen ist (III.).

I. Baurechtliche Hürden

Bei der baurechtlichen Beurteilung von Umnutzungen und Dachausbauten (1. und 2.) soll zum einen ihrer Genehmigungsbedürftigkeit nachgegangen und zum anderen erörtert werden, in welchen Baugebietstypen der §§ 2 ff. BauNVO diese Umnutzung von der gewerblichen Nutzung hin zu der als Wohnung möglich ist. Zudem ist zu klären, ob sich diese Vorhaben auch in den Milieuschutzgebieten verwirklichen lassen.

1. Umnutzung ehemals gewerblich genutzter Flächen

Die Umnutzung ehemals gewerblich genutzter Flächen stellt eine genehmigungsbedürftige Änderung sowie Nutzungsänderung gem. Art. 55 Abs. 1 Var. 2 und Var. 3 BayBO dar.[1351] Eine Verfahrensfreiheit gem. Art. 57 BayBO scheidet aus. Die Umnutzung kann – freilich auch in Abhängigkeit von der konkreten bisherigen gewerblichen Nutzung – in

1350 Siehe Kapitel 2, B. II. 2.
1351 Siehe zu deren Definitionen Kapitel 3, B. II. 2. b. aa. und B. II. 2. c. cc.

den meisten Baugebietstypen der BauNVO verwirklicht werden. Im Kerngebiet gem. § 7 BauNVO ist eine Wohnung nach § 7 Abs. 3 Nr. 2 BauNVO allerdings nur ausnahmsweise zulässig. Die größten Hindernisse für die Verwirklichung der Wohnnutzung durch Umnutzung gibt es in den Gewerbe- und Industriegebieten gem. § 8 und § 9 BauNVO, denn dort lässt sie sich in aller Regel nicht verwirklichen. Im konkreten Einzelfall kann im unbeplanten Innenbereich § 34 Abs. 3a S. 1 Nr. 1 lit. c und S. 3 BauGB vom Erfordernis des Einfügens befreien.[1352] Bauordnungsrechtlich ist zudem bei dem Umnutzungsvorhaben beispielsweise an die Anforderungen des Art. 46 für Wohnungen, des Art. 48 für barrierefreies Bauen und des Art. 81 Abs. 1 BayBO aus örtlichen Bauvorschriften zu denken, die in aller Regel erfüllt werden können. Zudem hat der Gesetzgeber durch Art. 46 Abs. 5 BayBO die Umnutzung weiter erleichtert. Dieser erweitert für die bestehenden Bauteile den Bestandsschutz und entbindet von der Einhaltung gewisser Anforderungen des Bauordnungsrechts im Falle der Nutzungsänderung von Aufenthaltsräumen (beispielsweise von Laden- und Büroeinheiten) hin zu Wohnräumen.[1353]

Im Milieuschutzgebiet führt die Schaffung von Wohnraum durch Umnutzung ehemals gewerblicher Flächen nicht zu einer genehmigungsbedürftigen Änderung und Nutzungsänderung. Dabei ist nämlich bereits die grundsätzliche Eignung dazu, den Schutzzweck der Milieuschutzsatzung gem. § 172 Abs. 1 S. 1 Nr. 2 BauGB zu beeinträchtigen, in den meisten Fällen zu verneinen.[1354] Mangels einer Änderung und Nutzungsänderung im Sinne des § 172 Abs. 1 S. 1 BauGB stellt sich daher die Frage der Genehmigungsfähigkeit hierfür schon nicht. Wenn aber neben der Umnutzung der ehemals gewerblich genutzten Räume zugleich Änderungen an bereits bestehenden Wohnungen erforderlich werden, liegt eine milieuschutzrechtlich genehmigungsbedürftige Änderung vor. Mangels der Eignung dazu,

---

1352 Siehe hierzu weiterführend *Söfker*, in: Ernst u. a., § 34 BauGB Rn. 87–88g (140. und 143. EL/Okt. 2020 und Aug. 2021). Zu S. 3 siehe die Begründung zum Gesetzentwurf, BT-Drs. 19/24838, S. 26; weiterführend hierzu *Scheidler*, BauR 2021, 171 (178–180); *Scheidler*, VR 2021, 181 (182 f.); *Scheidler*, WiVerw 2021, 45 (49–51).

1353 LT-Drs. 18/8547, S. 17 f.; *Voigt*, in: Spannowsky/Manssen, BeckOK BayBO, Art. 46 Rn. 18–20 (Stand: Nov. 2021).

1354 Vgl. auch SchlHOVG, Beschl. v. 25.06.2020 – 1 MB 31/19, Rn. 27 (juris); VG Berlin, Urt. v. 12.06.2020 – 19 K 403.17, Rn. 50 (juris); *Augustin*, BauR 2021, 888 (897 f.); Siehe zu den Vorhabenbegriffen des § 172 Abs. 1 S. 1 BauGB umfassend Kapitel 3, B. II. 2. c. dd. (1).

eine Verdrängungsgefahr im Sinne des § 172 Abs. 4 S. 1 BauGB zu begründen, ist hierfür die Genehmigung zu erteilen.[1355]

2. Dachgeschossausbau

In einem ersten Schritt ist die Genehmigungsbedürftigkeit des Dachgeschossausbaus zu untersuchen (a.). Daran anschließend sind die Hindernisse für den Dachgeschossausbau in einem Milieuschutzgebiet näher zu beleuchten (b.).

a) Genehmigungsbedürftigkeit eines Dachgeschossausbaus?

Die im Dachgeschoss neu bezweckte Wohnnutzung kann – je nach der bisher genehmigten Situation – eine Nutzungsänderung gem. Art. 55 Abs. 1 Var. 3 BayBO darstellen. Durch die baulichen Eingriffe in die Substanz ist zugleich eine Änderung gem. Art. 55 Abs. 1 Var. 2 BayBO zu attestieren. Grundsätzlich ist beides genehmigungsbedürftig. Jedoch kann der Dachgeschossausbau nach Art. 57 Abs. 1 Nr. 11 lit. c BayBO verfahrensfrei sein (aa.). Erfüllt das konkrete Ausbauvorhaben nicht dessen Voraussetzungen und ist damit nicht verfahrensfrei, so kommt das Genehmigungsfreistellungsverfahren nach Art. 58 Abs. 2 BayBO in Betracht (bb.).

aa) Verfahrensfreiheit nach Art. 57 Abs. 1 Nr. 11 lit. c BayBO

Art. 57 Abs. 1 Nr. 11 lit. c BayBO ermöglicht die verfahrensfreie Errichtung und Änderung tragender und nichttragender Bauteile[1356] zur Schaffung einzelner Aufenthaltsräume zur Wohnnutzung im Dachgeschoss von Gebäuden, die selbst überwiegend zu Wohnzwecken genutzt werden. Dies gilt aber nur, wenn sowohl die Dachkonstruktion als auch die äußere

1355 So auch *Deutscher*, GE 2013, 308 (309); vgl. VG Berlin, Urt. v. 31.10.2019 – 13 K 19.16, Rn. 26–36 (juris); *Augustin*, BauR 2021, 888 (897); zu § 172 Abs. 4 S. 1 BauGB umfassend Kapitel 3, B. II. 2. b. dd.

1356 *Lechner/Busse*, in: Busse u. a., Art. 57 Rn. 282 f. (142. EL/Mai 2021); *Weinmann*, in: Spannowsky/Manssen, BeckOK BayBO, Art. 57 Rn. 154 und 156 (Stand: Nov. 2021).

Gestalt des Gebäudes dadurch nicht in genehmigungspflichtiger Weise verändert werden. Art. 57 Abs. 1 Nr. 11 lit. c BayBO ermöglicht nur die Errichtung von Aufenthaltsräumen im bereits bestehenden Dachgeschoss, nicht aber die Errichtung eines Dachgeschosses an sich und auch nicht Arbeiten außerhalb des umschlossenen Dachraums. Neben der Errichtung sind auch die Änderung bereits bestehender Aufenthaltsräume sowie die Nutzungsänderung umfasst.[1357]

Im Einklang mit dem Erfordernis der Schaffung einzelner Aufenthaltsräume zur ausschließlichen Wohnnutzung[1358] können auch mehrere Aufenthaltsräume im Sinne des Art. 2 Abs. 5 BayBO erstellt werden, beispielsweise bei spitzeren Dächern über mehrere Dachgeschossebenen. Entscheidend ist jedoch, dass weder durch die geschaffenen Räume eine neue, selbstständige Wohnung erstellt noch zusammen mit einem anderen bereits existierenden Raum erstmals eine Wohnung begründet wird; der geschaffene Aufenthaltsraum im Dachgeschoss muss daher zu einer bereits existierenden Wohnung gehören.[1359] Folglich können durch Art. 57 Abs. 1 Nr. 11 lit. c BayBO nur bereits existierende Wohnungen verfahrensfrei um diese Dachgeschossaufenthaltsräume erweitert werden. Des Weiteren muss sich der Dachgeschossaufenthaltsraum in einem Haus mit einer Wohnnutzung auf mehr als 50 Prozent seiner Gesamtnutzfläche befinden.[1360] Zuletzt dürfen die Dachkonstruktion und die äußere Gestalt nicht in genehmigungsbedürftiger Weise verändert werden. Umgekehrt formuliert heißt dies, dass Veränderungen hieran möglich sind, wenn auch sie verfahrensfrei sind wie beispielsweise der Einbau von Dachfenstern.[1361]

1357 Hierzu und zum Vorstehenden *Lechner/Busse*, in: Busse u. a., Art. 57 Rn. 286 (142. EL/Mai 2021); für die Nutzungsänderung könnte ansonsten auf Art. 57 Abs. 4 BayBO zurückgegriffen werden.

1358 A. A. *Molodovsky*, in: Molodovsky u. a., Art. 57 Rn. 130 (141. EL/Mai 2021), wonach auch eine Nutzung zu beruflichen Zwecken im Sinne des § 13 BauNVO möglich ist.

1359 Hierzu und zum Vorstehenden *Weinmann*, in: Spannowsky/Manssen, BeckOK BayBO, Art. 57 Rn. 157 f. (Stand: Nov. 2021); *Lechner/Busse*, in: Busse u. a., Art. 57 Rn. 282 und 287 (142. EL/Mai 2021), sowie *Schmid*, in: Jäde u. a., Art. 57 Rn. 121 und 124 (76. EL/April 2021), die aber weitergehend auch das Schaffen von anderen als Aufenthaltsräumen wie WC, Dusche und Bad von Art. 57 Abs. 1 Nr. 11 lit. c BayBO erfasst sehen (hierzu wiederum a. A. *Weinmann*, aaO, der dies nur über Art. 57 Abs. 1 Nr. 11 lit. a, b und c BayBO für zulässig hält).

1360 *Weinmann*, in: Spannowsky/Manssen, BeckOK BayBO, Art. 57 Rn. 160 (Stand: Nov. 2021); *Lechner/Busse*, in: Busse u. a., Art. 57 Rn. 288 (142. EL/Mai 2021).

1361 Hierzu vertiefend *Lechner/Busse*, in: Busse u. a., Art. 57 Rn. 289 f. (142. EL/Mai 2021); *Molodovsky*, in: Molodovsky u. a., Art. 57 Rn. 131 f. (141. EL/Mai

Auch wenn ein so verwirklichter Dachausbau nach Art. 57 Abs. 1 Nr. 11 lit. c BayBO verfahrensfrei ist, sind gem. Art. 55 Abs. 2 BayBO gleichwohl die materiellen öffentlich-rechtlichen Vorschriften einzuhalten. Dies können im Geltungsbereich eines Bebauungsplans nach § 30 BauGB und im Innenbereich gem. § 34 BauGB beispielsweise die Vorgaben für das Maß der baulichen Nutzung sein. Bebauungspläne und örtliche Bauvorschriften gem. Art. 81 BayBO können den Einbau von Dachflächenfenster und Dachgauben verbieten oder reglementieren. Des Weiteren können sich Hindernisse aus den Anforderungen an Aufenthaltsräume nach Art. 45 und Art. 31 BayBO im Hinblick auf Raumhöhe und Rettungswege, aus der Stellplatzpflicht gem. Art. 47 Abs. 1 S. 2 BayBO mit der Erleichterung in S. 3 und aus der Standsicherheit gem. Art. 10 BayBO ergeben. Folglich kann auch eine isolierte Befreiung nach § 31 Abs. 2 und Abs. 3 BauGB oder Abweichung gem. Art. 63 Abs. 2 S. 2 BauGB erforderlich sein.[1362] Grundsätzlich können diese Hindernisse aber in aller Regel überwunden werden.

bb) Genehmigungsfreistellungsverfahren für Dachgeschosse nach Art. 58 Abs. 2 BayBO

Im Freistellungsverfahren zum Ausbau eines bereits vorhandenen Dachgeschosses[1363] durch eine Änderung und ggf. auch eine Nutzungsänderung bietet Art. 58 Abs. 2 S. 1 BayBO im unbeplanten Innenbereich gem. § 34 Abs. 1 S. 1 BauGB gewisse Vorteile gegenüber Art. 57 Abs. 1 Nr. 11 lit. c BayBO. Art. 58 Abs. 2 BayBO kann auch im Geltungsbereich eines einfachen Bebauungsplans gem. § 30 Abs. 3 BauGB und von Innenbereichssatzungen nach § 34 Abs. 4 S. 1 Nr. 2 und Nr. 3 BauGB Anwendung fin-

---

2021); *Weinmann*, in: Spannowsky/Manssen, BeckOK BayBO, Art. 57 Rn. 161 f. (Stand: Nov. 2021).

1362 Zu dem Ganzen (auch mit vertiefenden Ausführungen) *Lechner/Busse*, in: Busse u. a., Art. 57 Rn. 283–285 (142. EL/Mai 2021); *Molodovsky*, in: Molodovsky u. a., Art. 57 Rn. 133 (141. EL/Mai 2021); *Weinmann*, in: Spannowsky/Manssen, BeckOK BayBO, Art. 57 Rn. 155 (Stand: Nov. 2021); vertiefend zum Maß der baulichen Nutzung beim Dachgeschossausbau BVerwG, Beschl. v. 30.01.1997 – 4 B 172/96 = NVwZ-RR 1997, 519 (520); *Stüer*, Handbuch des Bau- und Fachplanungsrechts, Rn. 2758 f.; *Söfker*, in: Ernst u. a., § 34 BauGB Rn. 44 (140. EL/Okt. 2020). Zu § 31 Abs. 3 BauGB siehe die Begründung zum Gesetzentwurf, BT-Drs. 19/24838, S. 25 f.

1363 *Robl*, in: Spannowsky/Manssen, BeckOK BayBO, Art. 58 Rn. 32c und 32e (Stand: Nov. 2021), wonach auch eine vollständige Erneuerung oder Ersetzung ausscheidet.

den.[1364] Wie auch nach Art. 57 Abs. 1 Nr. 11 lit. c BayBO dürfen gem. Art. 58 Abs. 2 S. 1 BayBO die Dachgeschosse ausschließlich zu Wohnzwecken genutzt werden und darf das Dachgeschosses in seiner Substanz nicht vollständig erneuert und damit ersetzt werden.[1365] Für Art. 58 Abs. 2 S. 1 BayBO spielt die Nutzung der übrigen Räume des Gebäudes dagegen keine Rolle. Der größte Vorteil gegenüber Art. 57 Abs. 1 Nr. 11 lit. c BayBO liegt aber darin, dass durch Art. 58 Abs. 2 S. 1 BayBO auch selbstständige Wohnungen ohne Baugenehmigungspflicht geschaffen werden können.[1366] Im Übrigen müssen dafür nach Art. 58 Abs. 2 S. 2 BayBO nur noch gem. Art. 58 Abs. 1 S. 1 Nr. 3 BayBO die Erschließung gesichert sein, was im bebauten Innenbereich regelmäßig der Fall ist,[1367] und nach Art. 58 Abs. 1 S. 1 Nr. 5 BayBO eine anderweitige Erklärung der Gemeinde innerhalb eines Monats ausbleiben. Demnach sind diese Erweiterungsvorhaben auch so grundsätzlich umsetzbar.

b) Hindernisse für den Dachgeschossausbau im Milieuschutzgebiet?

Für die milieuschutzrechtliche Beurteilung gilt es zwischen dem Dachausbau und der damit zusammenhängenden Vergrößerung einer bereits bestehenden Wohnung einerseits und dem eine oder mehrere, selbstständige neue Wohnungen schaffenden Dachausbau andererseits wie folgt zu differenzieren. Wird eine neue selbstständige Wohnung im Rahmen des Dachausbaus geschaffen, so ist bereits eine milieuschutzrechtlich relevante Änderung und gegebenenfalls zugleich vorliegenden Nutzungsänderung zu verneinen. Die Schaffung einer neuen Wohnung ist nicht dazu geeignet, den Schutzzweck der Milieuschutzsatzung gem. § 172 Abs. 1 S. 1 Nr. 2 BauGB zu beeinträchtigen.[1368] Dieses Ergebnis deckt sich mit der

---

1364 *Robl*, in: Spannowsky/Manssen, BeckOK BayBO, Art. 58 Rn. 32b (Stand: Nov. 2021); a. A. *Taft*, in: Busse u. a., Art. 58 Rn. 16d (141. EL/März 2021), wonach Art. 58 Abs. 2 BayBO im Geltungsbereich einfacher Bebauungspläne nicht zur Anwendung gelangt.

1365 *Taft*, in: Busse u. a., Art. 58 Rn. 16a (141. EL/März 2021); *Robl*, in: Spannowsky/Manssen, BeckOK BayBO, Art. 58 Rn. 32e f. (Stand: Nov. 2021).

1366 Hierzu und zum Vorstehenden *Robl*, in: Spannowsky/Manssen, BeckOK BayBO, Art. 58 Rn. 32i (Stand: Nov. 2021); *Taft*, in: Busse u. a., Art. 58 Rn. 16b (141. EL/März 2021).

1367 LT-Drs. 18/8547, S. 19.

1368 VG Berlin, Urt. v. 12.06.2020 – 19 K 403.17, Rn. 50 (juris); vgl. auch VG Berlin, Urt. v. 31.10.2019 – 13 K 19.16, Rn. 34 und 36 (juris); *Rixner/Biedermann/Charlier*, in: dies., § 172 BauGB Rn. 56; *Augustin*, BauR 2021, 888 (898);

Zwecksetzung des § 172 BauGB. Die Schaffung einer neuen Wohneinheit weist eine inhaltliche Nähe zum Errichtungstatbestand des § 172 Abs. 1 S. 2 BauGB auf, der aber bewusst nicht für die Milieuschutzsatzung gem. § 172 Abs. 1 S. 1 Nr. 2 BauGB gilt. Milieuschutzsatzungen sollen die bestehenden Bauten in einem gewissen Zustand (also hinsichtlich Wohnungsanzahl, Wohnungsgröße, qualitativer Ausstattung und nach § 172 Abs. 1 S. 4 BauGB auch hinsichtlich rechtlicher Gegebenheiten) und damit letztlich die Zusammensetzung der Wohnbevölkerung schützen.[1369] Wird eine weitere eigenständige Einheit – sei es ein Neubau auf einem bisher unbebauten Grundstück im Milieuschutzgebiet oder neue Wohnungen durch Dachausbauten, Anbauten oder Aufstockungen – geschaffen, so gibt es dagegen ganz grundsätzlich keine milieuschutzrechtlichen Einwände.[1370] Das Schaffung neuer Wohnungen durch Dachausbauten bedarf daher keiner milieuschutzrechtlichen Genehmigung.[1371] Verändern der Dachausbau und die Schaffung einer oder mehrerer neuer Wohnungen die darunter liegenden Wohnungen – beispielsweise durch die Vergrößerung des Treppenaufgangs für das Dachgeschoss – und ändert sich dadurch gegebenenfalls geringfügig der Grundriss, so stellt dies zwar eine Änderung der

dies im Falle des Einbaus auch eines Aufzugs offengelassen von VG München, Urt. v. 05.03.2018 – M 8 K 16.2803, Rn. 57 (juris); vgl. auch *Riemann*, Baurechtliche Instrumente gegen Gentrifizierung, S. 104, die zwar Neuerrichtungen nicht von der Genehmigungspflicht des § 172 Abs. 1 S. 1 BauGB erfasst sieht, Neubauten aber ein mögliches Berühren der Erhaltungszwecke zuspricht; a. A. im Ausgangspunkt *Weigelt*, Die wachsende Stadt als Herausforderung für das Recht, S. 192. Siehe zum vergleichbaren Fall der umgenutzten Gewerbeflächen Kapitel 3, D. I. 1.

1369 BVerfG (K), Beschl. v. 26.01.1987 – 1 BvR 969/83 = NVwZ 1987, 879; BVerwG, Urt. v. 18.06.1997 – 4 C 2.97 = BVerwGE 105, 67 (69) = NVwZ 1998, 503; siehe zu Änderung und Nutzungsänderung bei § 172 Abs. 1 S. 1 BauGB Kapitel 3, B. II. 2. c. dd. (1).

1370 Anders *Deutscher*, GE 2013, 308 (309), und *Weigelt*, Die wachsende Stadt als Herausforderung für das Recht, S. 192, die diese Arbeiten als genehmigungsbedürftig qualifizieren, aber gebietsentsprechende Dachgeschossausbauten zur Schaffung von Wohnraum auf Basis des Telos des Milieuschutzes für genehmigungsfähig halten.

1371 SchlHOVG, Beschl. v. 25.06.2020 – 1 MB 31/19, Rn. 27 (juris); VG Berlin, Urt. v. 12.06.2020 – 19 K 403.17, Rn. 50 (juris); *Rixner/Biedermann/Charlier*, in: dies., § 172 BauGB Rn. 56; *Augustin*, BauR 2021, 888 (898); vgl. auch VG Berlin, Urt. v. 31.10.2019 – 13 K 19.16, Rn. 34 und 36 (juris).

bestehenden Wohnungen im Sinne des § 172 Abs. 1 S. 1 BauGB dar, die aber in aller Regel nach § 172 Abs. 4 S. 1 BauGB zu genehmigen ist.[1372]

Bei der Verbindung des Dachausbaus mit einer bereits existierenden Wohnung werden dagegen in aller Regel Änderungsarbeiten – beispielsweise wegen des Deckendurchbruchs und Treppeneinbaus – vorzunehmen sein. Zugleich erweitert sich die Wohnfläche der bereits existierenden Wohnung. Diese Erweiterungsmaßnahmen sind wegen den Veränderungen an einer bestehenden Wohnung dazu geeignet, den Schutzzweck der Milieuschutzsatzung zu beeinträchtigen.[1373] Demnach liegt – unabhängig von der konkreten Ausgestaltung des Dachausbaus – eine milieuschutzrechtlich relevante Änderung vor und das Vorhaben ist milieuschutzrechtlich genehmigungsbedürftig.[1374]

Dabei ist keiner der Tatbestände einschlägig, die einen Genehmigungsanspruch vermitteln – § 172 Abs. 4 S. 2 und S. 3 Nr. 1 BauGB scheidet für dieses Erweiterungsvorhaben aus.[1375] Maßgeblich ist daher § 172 Abs. 4 S. 1 BauGB. Unabhängig von seiner Ausgestaltung vergrößert der Dachgeschossausbau die Fläche. Ein wirtschaftlich denkender Vermieter wird diese zusätzliche Fläche mit einem entsprechenden Quadratmeterpreis in die bereits bestehende Miete einpreisen.[1376] Demnach resultieren hieraus immer mehr als nur geringfügige Mietpreissteigerungen. Außerdem geht durch diese Verbindung eine Wohnung mit einer gewissen Größe und Raumzahl verloren, die in diesem Gebiet besonders rar oder im Hinblick auf die Zusammensetzung der Wohnbevölkerung schützenswert sein

---

1372 VG Berlin, Urt. v. 31.10.2019 – 13 K 19.16, Rn. 20, 28–33 und 35 f. (juris); *Augustin*, BauR 2021, 888 (897 f.).

1373 Siehe dazu umfassend Kapitel 3, B. II. 2. c. dd. (1).

1374 So auch VG Berlin, Urt. v. 12.06.2020 – 19 K 403.17, Rn. 50 (juris); VG Berlin, Urt. v. 31.10.2019 – 13 K 19.16, Rn. 20 (juris); VG München, Urt. v. 28.11.2016 – M 8 K 15.3460, Rn. 38 (juris); ebenso für den Ausbau und die Erweiterung *Stock*, in: Ernst u. a., § 172 BauGB Rn. 105 (115. EL/Nov. 2014); *Bank*, in: Brügelmann, § 172 BauGB Rn. 88 (92. EL/Okt. 2014); *Mitschang*, in: Battis u. a., § 172 Rn. 47; *Möller*, in: Schrödter, § 172 Rn. 42. Gegebenenfalls ist der Dachgeschossausbau auch eine Nutzungsänderung.

1375 VG Berlin, Urt. v. 31.10.2019 – 13 K 19.16, Rn. 23–25 (juris); zum Einbau einer Galerie und einer Dachterrasse im Rahmen des Dachausbaus VG München, Urt. v. 28.11.2016 – M 8 K 15.3460, Rn. 40 (juris).

1376 Vgl. *Stock*, in: Ernst u. a., § 172 BauGB Rn. 177 (115. EL/Nov. 2014).

kann.[1377] Folglich ist nach § 172 Abs. 4 S. 1 BauGB die Genehmigung für diese Erweiterungsmaßnahme in der Regel zu versagen.[1378]

II. Zweckentfremdungsrechtliche Hürden

Zweckentfremdungsrechtlich ergeben sich für die Umnutzung zu Wohnraum und der Schaffung einer neuen oder die Erweiterung einer bestehenden Wohnung durch Dachausbauten keine Hindernisse. Die umzunutzenden, bisher gewerblichen Räume stellen aufgrund ihrer objektiven Eignung oder ihrer subjektiven Bestimmung keinen Wohnraum im Sinne des Zweckentfremdungsrechts nach Art. 1 S. 1 ZwEWG und § 3 ZeS dar.[1379] Diese Konstellationen sind daher nicht vom Anwendungsbereich des Zweckentfremdungsrechts erfasst. Selbiges gilt in aller Regel auch für die Dachausbauten in Form der Erweiterung einer bestehenden Wohnung durch den Dachausbau oder der Schaffung einer selbstständigen Wohnung im Dachgeschoss. In den wenigen Ausnahmefällen oder bei Veränderungen der bereits bestehenden Wohnungen kann zwar Wohnraum im Sinne des Art. 1 S. 1 ZwEWG, § 3 ZeS vorliegen, aber keine Zweckentfremdung der Räume nach § 4 Abs. 2 Nr. 2 und Nr. 4 ZeS. Damit ist die Genehmigungsbedürftigkeit zu verneinen.

III. Einordnung der Erweiterungsmaßnahmen im Kontext der Mietpreisregulierung

Im Hinblick auf die erwähnten Erweiterungsmaßnahmen ist nun die Möglichkeit der ordnungsgemäßen Bewirtschaftung von Bedeutung. Demnach stellt sich die Frage, ob die Wohnung grundsätzlich der Mietpreisbegrenzung des § 556d Abs. 1 BGB unterfällt oder durch § 556f S. 1 BGB von der Neuvertragsmietenregulierung für eine Wohnung, die nach dem 1. Oktober 2014 erstmals genutzt oder vermietet wird,[1380] befreit werden

---

1377 Vgl. VG Berlin, Urt. v. 31.10.2019 – 13 K 19.16, Rn. 34 (juris); *Augustin*, BauR 2021, 888 (897).

1378 Vgl. *Bank*, in: Brügelmann, § 172 BauGB Rn. 88 (92. EL/Okt. 2014); *Stock*, in: Ernst u. a., § 172 BauGB Rn. 177 (115. EL/Nov. 2014); *Möller*, in: Schrödter, § 172 Rn. 103; siehe auch BVerwG, Urt. v. 18.06.1997 – 4 C 2.97 = BVerwGE 105, 67 (71 f.) = NVwZ 1998, 503 (504).

1379 Siehe dazu Kapitel 3, A. II. 2.

1380 Siehe hierzu auch Kapitel 3, B. IV. 1. b. aa.

kann. Indem § 556f S. 1 BGB auf die einzelne Wohnung und nicht die ganze Immobilie abstellt, kann die Norm auch bei bereits existierenden Immobilien zum Tragen kommen.[1381] Für die Abgrenzung bei neuen Wohnungen im Bestand lässt die Begründung zum Gesetzentwurf „zur Abgrenzung im Einzelfall" einen Rückgriff auf § 16 Abs. 1 Nr. 1 bis Nr. 3 WoFG zu.[1382] Hierin gilt es beide Erweiterungsmaßnahmen nun einzuordnen (1. und 2.). In diesem Kontext wird von einem aktuellen Leerstand der Wohnung ausgegangen. Das entspricht auch der Praxis. Die hierfür andernfalls relevanten Duldungs- und Kündigungsvorschriften sind daher auszublenden.

1. Erweiterung oder Schaffung von Wohnungen durch Dachausbau

Es werden verschiedene Ansichten in der Literatur dazu vertreten, ob und unter welchen Voraussetzungen die durch den Dachausbau erweiterten oder neu geschaffenen Wohnungen der Neuvertragsmietenregulierung des § 556d Abs. 1 BGB unterfällt oder hiervon befreit sind. Hieraus lässt sich sowohl zur Erweiterung der bestehenden als auch zur Schaffung einer neuen Wohnung ein eigenständiger Ansatz entwickeln (a. und b.).

a) Erweiterung einer bestehenden Wohnung durch Dachausbau

Hinsichtlich der Erweiterung der bereits existierenden Wohnung durch den Dachausbau divergieren die Meinungen in der Literatur. Eine Ansicht bejaht § 556f S. 1 BGB, soweit die Wohnung um bisher nicht als Wohnraum genutzte Räume, beispielsweise im Dachgeschoss, erweitert wird. *Andrik Abramenko* stellt hierbei auf § 556f S. 1 BGB in Verbindung mit § 16 Abs. 1 Nr. 3 WoFG mit der Folge ab, dass im Rahmen dieser Erweiterungsmaßnahme Kosten von mindestens einem Drittel derjenigen für einen vergleichbaren Neubau anfallen müssen. *Arnold Lehmann-Richter* lehnt dieses Kostenkriterium wegen des Normzwecks ab, schränkt diese Erweiterungs-

1381 *Wichert*, in: Spielbauer/Schneider, § 556f Rn. 7; *Artz*, in: MüKo BGB, § 556f Rn. 2; *Theesfeld*, in: Schach u. a., BeckOK Mietrecht, § 556f BGB Rn. 1 (Stand: Nov. 2021); *Börstinghaus*, in: Schmidt-Futterer, § 556f BGB Rn. 1 und 4; *Beck/Blümmel*, GE 2015, 492 (499); *Blank*, WuM 2014, 641 (652).

1382 BT-Drs. 18/3121, S. 32; generell kritisch zu dem Rückgriff auf § 16 Abs. 1 Nr. 1 bis Nr. 3 WoFG *Lehmann-Richter*, NZM 2017, 497 (498); *Eisenschmid*, ZRP 2015, 27 (28); *Aufderhaar/Jaeger*, ZfIR 2014, 541 (547).

fälle aber insoweit ein, dass die Wohnung nicht um unwesentliche Räume (zum Beispiel einen Balkon, ein zusätzliches Bad oder ein kleines Nebenzimmer) erweitert werden darf.[1383] Die überwiegende Meinung lehnt in dieser Erweiterungskonstellation – teils ohne Begründung, teils unter ausschließlichem Verweis auf die Begründung zum Gesetzentwurf – die Anwendung des § 556f S. 1 BGB aber ab.[1384] Dann kann die neue Miete nach § 556d Abs. 1 BGB nur auf Basis der vergrößerten Wohnfläche berechnet werden. Genauso kann vor allem dann, wenn die Wohnungsfläche nicht besonders stark vergrößert wird, der Vermieter trotz einer Veränderung des Vertragsgegenstands auch die Vormiete gem. § 556e Abs. 1 BGB, aber ohne einen Zuschlag, wirksam vereinbaren.[1385]

Der herrschenden Meinung in der Literatur ist beizupflichten, so dass § 556f S. 1 BGB hierauf nicht anwendbar ist.[1386] Dies lässt sich direkt aus § 556f S. 1 BGB ableiten. Sein Wortlaut stellt auf die erstmalige Nutzung der Wohnung ab. Dieses Verständnis entspricht auch der gesetzgeberischen Zwecksetzung, wonach neue Wohnungen ermöglicht werden sollen und frei bestimmbare Mietpreise als Anreize hierfür bestehen bleiben müssen.[1387] Bei der Erweiterung bleibt es bei dieser einen Wohnung. Es ändert sich nur deren Größe und Ausgestaltung. Sie ermöglicht auch weiterhin „nur" den Einzug eines (nun größeren) Haushalts. Außerdem setzt zwar § 16 Abs. 1 Nr. 3 WoFG grundsätzlich an eine Vermehrung des Wohnraums und nicht der Wohnungen an,[1388] so dass er anwendbar erscheint. Die Begründung zum Gesetzentwurf macht aber explizit deutlich, dass die Erweiterung einer Wohnung, ihre Aufteilung oder das Zusammenlegen

---

1383 Zu dem Ganzen *Abramenko*, in: Lützenkirchen, § 556f Rn. 4; *Lehmann-Richter*, NZM 2017, 497 (498).

1384 BT-Drs. 18/3121, S. 32; *Börstinghaus*, in: Schmidt-Futterer, § 556f BGB Rn. 8; *Hinz*, in: Dauner-Lieb/Langen, BGB – Schuldrecht, § 556f Rn. 7; *Emmerich*, in: Staudinger, § 556f Rn. 5; *Wichert*, in: Spielbauer/Schneider, § 556f Rn. 8; *Frank*, Die Mietpreisbremse, S. 64; *Beck/Blümmel*, GE 2015, 492 (500); *Börstinghaus*, NJW 2015, 1553 (1554); ebenso *Fleindl*, in: Gsell u. a., BeckOGK, § 556f BGB Rn. 11 (Stand: Okt. 2021), der diesen Fall dann aber über § 556f S. 2 BGB löst.

1385 Siehe hierzu umfassend Kapitel 3, B. IV. 1. b. bb. (2), dort insbesondere unter (b).

1386 A. A. *Lehmann-Richter*, NZM 2017, 497 (498).

1387 BT-Drs. 18/3121, S. 21 f. und 31 f.; *Emmerich*, in: Staudinger, § 556f Rn. 4; *Börstinghaus*, in: Schmidt-Futterer, § 556f BGB Rn. 3; *Fleindl*, in: Gsell u. a., BeckOGK, § 556f BGB Rn. 7 (Stand: Okt. 2021); *Hinz*, in: Dauner-Lieb/Langen, BGB – Schuldrecht, § 556f Rn. 2.

1388 Siehe zu den Unterschieden von Wohnung und Wohnraum Kapitel 3, A. I. und II.

mehrerer Wohnungen nicht dazu führt, dass dies als neuer Wohnraum im Sinne des § 16 Abs. 1 Nr. 3 WoFG zu qualifizieren wäre.[1389]

Dieses Verständnis ermöglicht auch eine Abgrenzung von § 556f S. 1 BGB von seinem S. 2. In § 556f S. 1 BGB führen die Arbeiten zu einer neuen selbstständigen Wohnung; § 556f S. 2 BGB adressiert dagegen Maßnahmen in bereits vorhandenen Wohnungen, wodurch sich auch die Wohnungsgröße und der Zuschnitt verändern.[1390] Demnach ist es beispielsweise auch konsequent, im Falle einer Kernsanierung diese Arbeiten über § 556f S. 2 BGB rechtlich einer Lösung im Konstrukt der Neuvertragsmietenregulierung zuzuführen.[1391] Die Entkernung gilt es davon zu unterscheiden, da dabei nur noch die Außenmauern erhalten werden, dazwischen aber alles neu errichtet wird; dies unterfällt folglich § 556f S. 1 BGB.[1392] Übertragen auf die Erweiterung einer Wohnung durch den Dachausbau gelangt hier § 556f S. 1 BGB nicht zur Anwendung.

b) Schaffung einer neuen Wohnung durch Dachausbau

Bei der Schaffung einer neuen Wohnung durch den Dachausbau sind sich alle in der Literatur einig, dass dies ein Fall des § 556f S. 1 BGB ist. Es besteht lediglich keine Einigkeit darüber, ob es neben der Schaffung einer vorher noch nicht vorhandenen Wohnung weitergehender Anforderungen bedarf.[1393] Einige Autoren subsumieren die Schaffung einer Wohnung

---

1389 BT-Drs. 18/3121, S. 32.

1390 So auch *Fleindl*, in: Gsell u. a., BeckOGK, § 556f BGB Rn. 7 (Stand: Okt. 2021).

1391 So auch *Artz*, in: MüKo BGB, § 556f Rn. 3; *Lehmann-Richter*, NZM 2017, 497 (498); wohl auch *Fleindl*, in: Gsell u. a., BeckOGK, § 556f BGB Rn. 11 (Stand: Okt. 2021). Zum nicht einheitlichen Begriff der Kernsanierung siehe beispielsweise OLG Düsseldorf, Beschl. v. 17.11.2016 – 24 U 48/16 = BeckRS 2016, Rn. 10; *Grziwotz*, IMR 2017, 292 (292); *Baunetz_Wissen*, Kernsanierung, 2021; *Wohnen und Bauen*, Ratgeber Kernsanierung, 2019.

1392 Siehe zu Beispielen der Entkernung OLG Düsseldorf, Beschl. v. 17.11.2016 – 24 U 48/16 = BeckRS 2016, Rn. 10; *Grziwotz*, IMR 2017, 292 (292). § 556f S. 1 BGB bejahen ebenso *Börstinghaus*, in: Schmidt-Futterer, § 556f BGB Rn. 8 (als Fall des § 16 Abs. 1 Nr. 3 WoFG); *Hinz*, in: Dauner-Lieb/Langen, BGB – Schuldrecht, § 556f Rn. 7; *Theesfeld*, in: Schach u. a., BeckOK Mietrecht, § 556f BGB Rn. 8 (Stand: Nov. 2021); *Frank*, Die Mietpreisbremse, S. 63; so wohl auch *Emmerich*, in: Staudinger, § 556f Rn. 7.

1393 Pauschal für eine Anwendung des § 556f S. 1 BGB *Theesfeld*, in: Schach u. a., BeckOK Mietrecht, § 556f BGB Rn. 1 und 8 (Stand: Nov. 2021); *Beck/Blümmel*, GE 2015, 492 (500); *Blank*, WuM 2014, 641 (651).

im Dachgeschoss unter § 16 Abs. 1 Nr. 3 WoFG. Demnach müsste der Eigentümer wieder zusätzlich einen wesentlichen Bauaufwand in Höhe von mindestens einem Drittel der Kosten eines Neubaus nachweisen.[1394]

Jedoch ist für die neu geschaffene Wohnung im Dachgeschoss kein Kostenaufwand zu verlangen, so dass die neue Wohnung – unabhängig von den Dachgeschossausbaukosten – auf Basis des § 16 Abs. 1 Nr. 1 WoFG gem. § 556f S. 1 BGB von der Neuvertragsmietenregulierung befreit ist. Das maßgebliche Kriterium im Rahmen des § 556f S. 1 ist die Schaffung neuer Wohnungen und die Aufrechterhaltung der Anreize hierfür.[1395] Dies wird auch durch den Wortlaut des § 556f S. 1 BGB und die erstmalige Nutzung der Wohnung nach dem Stichtag deutlich. Damit kommt es entscheidend darauf an, ob die Wohnung vorher schon vorhanden war. Dies lässt sich in der neu geschaffenen Wohnung im Rahmen des Dachausbaus unzweifelhaft verneinen. Die in der Literatur herrschende Meinung versucht diese Konstellation durch den in der Begründung zum Gesetzentwurf erwähnten § 16 Abs. 1 Nr. 1 bis Nr. 3 WoFG rechtlich einzuordnen. Da § 16 Abs. 1 Nr. 1 WoFG auf ein neues selbstständiges Gebäude abzielt, sieht sich diese Ansicht im Umkehrschluss dazu gezwungen, die Neuschaffung unter § 16 Abs. 1 Nr. 3 WoFG zu subsumieren. Dies erfordert das Postulat eines wesentlichen Bauaufwandes. Dieses Ergebnis erscheint auf Basis der Regelungsstruktur des § 16 Abs. 1 Nr. 3 WoFG zwingend.

Damit entfernt man sich aber zu weit von dem Wortlaut und der Zwecksetzung des § 556f S. 1 BGB und versucht gezwungenermaßen diese Sachverhaltskonstellation durch eine Zuordnung im Rahmen der § 16 Abs. 1 Nr. 1 bis Nr. 3 WoFG einer Lösung zuzuführen. Dies lässt dabei zudem außer Acht, dass der Gesetzgeber selbst dem Rechtsanwender einen Rückgriff auf § 16 Abs. 1 Nr. 1 bis Nr. 3 WoFG zur Abgrenzung im Einzelfall an die Hand geben wollte. Dies wird auch durch die Formulierung „kann“ unterstrichen.[1396] Dies verdeutlicht in Verbindung mit dem Einzel-

---

1394 *Emmerich*, in: Staudinger, § 556f Rn. 4 und 7; *Fleindl*, in: Gsell u. a., BeckOGK, § 556f BGB Rn. 9 f. (Stand: Okt. 2021); *Wichert*, in: Spielbauer/Schneider, § 556f Rn. 9 und 11; *Abramenko*, in: Lützenkirchen, § 556f Rn. 4; ähnlich *Hinz*, in: Dauner-Lieb/Langen, BGB – Schuldrecht, § 556f Rn. 7 (§ 16 Abs. 1 Nr. 2 oder Nr. 3 WoFG); so wohl auch *Börstinghaus*, in: Schmidt-Futterer, § 556f BGB Rn. 6 und 8., wenngleich er den Dachgeschossausbau hierbei als Beispiel anführt.

1395 Siehe Kapitel 3, D. III. 1.; so auch *Blank*, WuM 2014, 641 (652).

1396 Hierzu und zum Vorstehenden siehe BT- Drs. 18/3121, S. 32; kein zwingender Rückgriff auf § 16 Abs. 1 Nr. 1 bis Nr. 3 WoFG nach *Aufderhaar/Jaeger*, ZfIR 2014, 541 (547); ähnlich *Lehmann-Richter*, NZM 2017, 497 (498); lediglich als fallbezug, dass bei Schwierigkeiten der Qualifikation der Wohnung als neue Wohnung ein Rückgriff auf § 16 Abs. 1 Nr. 1 bis Nr. 3 WoFG für eine genaue Zuordnung sachdienlich sein kann.[1397] Dies gilt aber nicht in denjenigen Fällen, die sich unzweifelhaft bereits auf Basis des Wortlauts und der Zwecksetzung im Einklang mit § 556f S. 1 BGB befinden – dies wird auch durch die Einhelligkeit in der Literatur deutlich. Es bedarf daher keines Rückgriffs auf § 16 Abs. 1 Nr. 1 bis Nr. 3 WoFG. § 556f S. 1 BGB knüpft an die einzelne Wohnung und nicht an das Gebäude an. Demnach sollte bewusst nicht nur der reine Neubau erfasst werden, sondern auch die Schaffung neuer Wohnungen in bestehenden Gebäuden.[1398] Dies soll die vollständige Befreiung von der Neuvertragsmietenregulierung auch unterstützen. Somit kommt es hierbei nicht auf den Kostenaufwand für die Schaffung der neuen Wohnung an.

Des Weiteren ist aus ökonomischen Gründen die Wertgrenze von einem Drittel der Neubaukosten bei der Schaffung einer neuen Wohnung nicht zielführend, ja im Kontext angespannter Wohnungsmärkte sogar kontraproduktiv. Das Erfordernis eines wesentlichen Bauaufwands setzt – wie auch bei § 556f S. 2 BGB – bei der Schaffung neuer Wohnungen im Bestand die falschen Anreize.[1399] § 556f S. 1 BGB bezweckt die Ausweitung des Wohnungsangebots. Bei Dachausbauten, die der Eigentümer mit einem Bauaufwand unterhalb des besagten Drittels verwirklichen kann, muss er – je nach Abweichung von dieser Kostengrenze – entweder höherwertige Materialien einbauen und diese Zusatzkosten folglich durch eine höhere Miete im Rahmen des § 556f S. 1 BGB erwirtschaften oder er unterlässt den Ausbau ganz. Kurzum: Es entsteht durch den zwingenden Bauaufwand entweder schon gar keine Wohnung oder allenfalls eine zu höheren Mietpreisen. Zugleich verringert diese Mindestgrenze an Bauaufwand die Rechts- und Investitionssicherheit für den Eigentümer, so dass

---

Auslegungshilfe nach *Blank*, WuM 2014, 641 (653); vgl. auch *Hinz*, ZMR 2014, 593 (598).

1397 So auch *Blank*, WuM 2014, 641 (653).

1398 Hierzu und zum Vorstehenden *Wichert*, in: Spielbauer/Schneider, § 556f Rn. 7; *Artz*, in: MüKo BGB, § 556f Rn. 2; *Theesfeld*, in: Schach u. a., BeckOK Mietrecht, § 556f BGB Rn. 1 (Stand: Nov. 2021); *Börstinghaus*, in: Schmidt-Futterer, § 556f BGB Rn. 1 und 4; *Beck/Blümmel*, GE 2015, 492 (499); *Blank*, WuM 2014, 641 (652).

1399 Ähnliche Argumentation bei der umfassenden Modernisierung nach § 556f S. 2 BGB in Kapitel 3, C. III. 1. a. bb. (1) und (2), sowie in Kombination mit dem Milieuschutz Kapitel 3, C. IV.

gewisse Eigentümer von Bestandserweiterungen absehen werden.[1400] Das dies gesetzgeberisch gewollt sein soll, ist stark zu bezweifeln.

Vielmehr kommt nur das Ergebnis, also die Erweiterung des Wohnungsangebots, an. Denn nur das kann zur Entspannung der Wohnungsmärkte beitragen. Dieser Wertgrenze bedarf es auch nicht zur Abgrenzung von anderen Ausnahmevorschriften – beispielsweise § 556f S. 2 BGB –, denn dafür reicht schon der Umstand aus, ob die Wohnung zuvor schon bestand oder neu geschaffen wird.[1401] Anhand der früheren objektiven Gegebenheiten der Räume und vergangener Baugenehmigungen kann dies unzweifelhaft ermittelt werden.

Einschränkend ist in allen Fällen der Schaffung neuer Wohnungen aber die gesetzgeberische Zwecksetzung zu berücksichtigen, dass die eigenständige Wohnung nicht durch Aufteilung einer bestehenden Wohnung entstanden sein darf.[1402] Keine Relevanz hat es aber, wenn zuvor das Dachgeschoss als Stauraum für die Wohnungsmieter des ganzen Hauses gedient hat, denn auch dann wäre es nicht als „Wohnraum" zu qualifizieren gewesen, da er nicht zum Wohnen bestimmt war.[1403] Negativ formuliert darf daher das Dachgeschoss zuvor keine Wohnung und kein Teil einer Wohnung und damit Wohnraum gewesen sein. Wird es nach dem Stichtag des § 556f S. 1 BGB erstmals genutzt oder vermietet[1404], so unterfällt es nicht der Neuvertragsmietenregulierung des § 556d BGB.

2. Umnutzung ehemals gewerblich genutzter Flächen

Die Umnutzung ehemals gewerblicher Flächen ist nach der fast einhelligen Meinung in der Literatur unter § 16 Abs. 1 Nr. 3 WoFG zu subsumieren. Hinzukommen muss aber ein wesentlicher Bauaufwand in Höhe eines Drittels des für eine Neubauwohnung erforderlichen Aufwands.[1405]

1400 *Aufderhaar/Jaeger*, ZfIR 2014, 541 (547).

1401 Siehe hierzu auch Kapitel 3, D. III. 1.

1402 Siehe zu dieser Einschränkung BT-Drs. 18/3121, S. 32.

1403 Siehe zur Wohnraumdefinition im Mietrecht Kapitel 3, A. II. 3.

1404 Zu den Anforderungen an die erstmalige Nutzung oder Vermietung im Rahmen des § 556f S. 1 BGB Kapitel 3, B. IV. 1. b. aa.

1405 Zum dem Ganzen *Abramenko*, in: Lützenkirchen, § 556f Rn. 4 f.; *Börstinghaus*, in: Schmidt-Futterer, § 556f BGB Rn. 7 f.; *Fleindl*, in: Gsell u. a., BeckOGK, § 556f BGB Rn. 9 f. (Stand: Okt. 2021); *Wichert*, in: Spielbauer/Schneider, § 556f Rn. 10 f. und 16; allgemeiner *Theesfeld*, in: Schach u. a., BeckOK Mietrecht, § 556f BGB Rn. 8 (Stand: Nov. 2021); *Börstinghaus*, NJW 2015,

Nur dann sind die Wohnungen nach § 556f S. 1 BGB mietpreisbremsenfrei. Das gilt auch für die bereits erwähnte Entkernung ehemals gewerblich genutzter Gebäude und der Schaffung von Wohnungen in ihnen.[1406]

Wie bei Schaffung einer Wohnung im Dachgeschoss bedarf es hingegen auch hier nicht eines fakultativen Rückgriffs auf § 16 Abs. 1 Nr. 1 bis Nr. 3 WoFG und damit auch keines Mindestaufwands,[1407] um nach § 556f S. 1 BGB von der Neuvertragsmietenregulierung befreit zu sein. Dies gilt aber nur dann, wenn diese Räume in der Vergangenheit nicht als Wohnung(en) zu qualifizieren waren. § 556f S. 1 BGB soll maßgeblich einen Anreiz für neue Wohnungen schaffen. Die Umnutzung ehemaliger Gewerbeflächen für die Begründung einer oder mehrerer Wohnungen bereitet auf Basis des Wortlauts der Ausnahmevorschrift keine Schwierigkeiten und eröffnet damit auch keinen Raum für eine Abgrenzung unter Zuhilfenahme der § 16 Abs. 1 Nr. 1 bis Nr. 3 WoFG. Entscheidend ist es daher nur, dass diese Flächen nach dem 1. Oktober 2014 erstmals als Wohnung genutzt werden.

Überdies begegnet der geforderte Kostenaufwand den gleichen Kritikpunkten wie im Falle der umfassenden Modernisierung oder bei der Schaffung einer selbstständigen Wohnung im Dachgeschoss.[1408] Kann ein Eigentümer gewerbliche Flächen günstiger und damit unterhalb der Aufwandsgrenze des § 16 Abs. 1 Nr. 2 und Nr. 3 WoFG (mindestens ein Drittel der Neubaukosten) umnutzen, so ergeben sich bei einem geforderten Mindestaufwand die gleichen wirtschaftlichen Bedenken. Entweder muss der Eigentümer hierfür höherwertige Materialien verbauen und diesen Zusatzaufwand durch eine höhere Miete im Rahmen des § 556f S. 1 BGB erwirtschaften oder er unterlässt den Umbau ganz. Im Vergleich zum Dachausbau kann sich diese Befürchtung bei der Umnutzung deutlich schneller bewahrheiten, denn mit einer gewerblichen Nutzung sind deutlich höhere Mieten zu erwirtschaften und der Eigentümer spart sich die Umbaukosten hin zu einer Wohnung. Für den Eigentümer sprechen folglich die deutlich besseren, wirtschaftlichen Gründe für die Beibehaltung der gewerblichen Nutzung. Folglich wird er auch gewisse Leerstandszeiten in Kauf nehmen.

1553 (1554); *Aufderhaar/Jaeger*, ZfIR 2014, 541 (546 f.); a. A. *Emmerich*, in: Staudinger, § 556f Rn. 7; vgl. *Lehmann-Richter*, NZM 2017, 497 (498).

1406 Siehe hierzu Kapitel 3, D. III. 1.

1407 Siehe dazu Kapitel 3, D. III. 1. b.

1408 Siehe Kapitel 3, D. III. 1.; zur umfassenden Modernisierung nach § 556f S. 2 BGB Kapitel 3, C. III. 1. a. bb. (1) und (2) sowie in Kombination mit dem Milieuschutz Kapitel 3, C. IV.

Daher sollte die Umnutzung hin zu einer Wohnung grundsätzlich nicht erschwert werden.

Einschränkend gilt es aber bei der Umnutzung der ehemals gewerblich genutzten Flächen – wie bereits kurz angerissen – zu beachten, dass auf ihnen auf Basis der miet- und baurechtlichen Anforderungen an eine Wohnung in der Vergangenheit keine eigenständige Haushaltsführung zum Wohnen möglich gewesen sein darf. Hierfür müssen eine Küche oder Kochgelegenheit, die erforderlichen Anschlüsse für Wasser, Abwasser und Strom und ein Bad mit WC in den Räumen vorzufinden sein.[1409] Dass es sich zuvor nicht bereits um Wohnungen handelt, kann beispielsweise auf Basis der nun erforderlichen sowie der in einem überschaubaren Zeitraum in der Vergangenheit erteilten Baugenehmigungen unter Berücksichtigung der Bauanträge objektiv überprüft werden. Weitere Erkenntnisquellen können Schenkungs- und Erbschaftssteuerbescheide sowie weitere behördliche Dokumente sein, die Rückschlüsse auf die Qualifikation des Hauses oder der Räume zulassen. Keinesfalls sollte ein lückenloser Nachweis der Baugenehmigungen über einen langen Zeitraum gefordert werden, der bei Altbauten in aller Regel gar nicht mehr möglich ist. Daher sind Umnutzungen ehemals gewerblicher Flächen, wenn sie in der Vergangenheit nicht als Wohnung zu qualifizieren waren, mit erstmaliger Nutzung nach dem Stichtag des § 556f S. 1 BGB von der Neuvertragsmietenregulierung befreit.

IV. Synthese

1. Zwischenergebnis

Die Umnutzung gewerblich genutzter Flächen ist baugenehmigungsbedürftig. In den meisten Baugebieten der BauNVO kann die Umnutzung hin zur Wohnnutzung verwirklicht werden. Bauordnungsrechtlich stellt sich eine Vielzahl in aller Regel erfüllbarer Anforderungen. Im Milieuschutzgebiet stellt diese Umnutzung in aller Regel keine milieuschutzrechtlich relevante, zu genehmigende Änderung oder Nutzungsänderung dar.

Der Dachgeschossausbau ist grundsätzlich baugenehmigungsbedürftig, jedoch ist hier auch eine Verfahrensfreiheit nach Art. 57 Abs. 1 Nr. 11 lit. c BayBO oder ein Genehmigungsfreistellungsverfahren nach Art. 58

1409 Siehe hierzu und zum Vorstehenden Kapitel 3, A. I. 1. und 2.

Abs. 2 BayBO möglich. Anders als Art. 57 Abs. 1 Nr. 11 lit. c BayBO privilegiert Art. 58 Abs. 2 BayBO die Schaffung selbstständiger Wohnungen auch unabhängig davon, ob das Haus überwiegend zu Wohnzwecken genutzt wird. Die übrigen Anforderungen dieser Norm sind erfüllbar. Im Milieuschutzgebiet stellt die Schaffung einer selbstständigen Wohnung bereits keine milieuschutzrechtlich relevante Änderung oder Nutzungsänderung dar. Mögliche Veränderungen bestehender Wohnungen stellen eine milieuschutzrechtlich relevante Änderung dar, die in aller Regel aber nach § 172 Abs. 4 S. 1 BauGB zu genehmigen ist. Wird dagegen eine bereits existierende Wohnung durch den Dachgeschossausbau erweitert, so stellt dies eine in aller Regel nicht genehmigungsfähige Änderung und Nutzungsänderung dar. Zweckentfremdungsrechtlich ergeben sich für die Umnutzung sowie für beide Konstellationen des Dachgeschossausbaus keine Restriktionen.

Im Mietrecht stellt sich die Frage, ob diese neu geschaffenen Flächen von der Neuvertragsmietenregulierung nach § 556d Abs. 1 BGB über § 556f S. 1 BGB befreit und unter welchen Anforderungen sie vermietet werden können. Wird mittels Dachgeschossausbaus eine Wohnung nur erweitert, so ist nach der in der Literatur herrschenden Meinung § 556f S. 1 BGB nicht anwendbar. Dem ist zuzustimmen. Die vergrößerte Wohnung unterfällt auch weiterhin der Neuvertragsmietenregulierung des § 556d Abs. 1 BGB, freilich auf Basis ihrer vergrößerten Fläche.

Wird durch den Dachgeschossausbau dagegen eine selbstständige Wohnung geschaffen, so stellt dies einen Fall des § 556f S. 1 BGB dar. Differenzen ergeben sich nur bei den daran zu stellenden Anforderungen. So wird auf Basis des § 16 Abs. 1 Nr. 3 WoFG zugleich ein wesentlichen Bauaufwand in Höhe eines Drittels der Neubaukosten gefordert. Allerdings bestehen tatsächlich keine weiteren Anforderungen. Die Annahme, zwingend auf § 16 Abs. 1 Nr. 1 bis Nr. 3 WoFG zurückgreifen und die Konstellationen dort einordnen zu müssen, geht fehl. Einschränkend ist auf Basis der Begründung zum Gesetzentwurf aber zu berücksichtigen, dass die neugeschaffene Wohnung nicht durch die Aufteilung einer bestehenden Wohnung entstanden sein darf. Die neugeschaffene, selbstständige Wohnung ist nach § 556f S. 1 BGB – unabhängig vom Bauaufwand – von der Neuvertragsmietenregulierung befreit.

Die Umnutzung ehemals gewerblich genutzter Flächen – auch im Falle ihrer Entkernung – stellt nach der fast einhelligen Meinung in der Literatur einen Fall des § 556f S. 1 BGB in Verbindung mit § 16 Abs. 1 Nr. WoFG dar. Wie auch bei der Schaffung einer neuen Wohnung ist das hier ebenfalls vorgeschlagene zusätzliche Erfordernis eines wesentlichen Bauaufwands abzulehnen. Erforderlich ist aber, dass auf den davor gewerblich genutzten Flächen keine Wohnung und demnach nicht für das Wohnen übliche Ausstattungen vorhanden waren. Dies kann mittels Baugenehmigung oder anderer Dokumente nachgewiesen werden.

2. Beantwortung der Untersuchungsfragen

Die aufgeworfenen Untersuchungsfragen[1410] können demnach wie folgt beantwortet werden: Positiv zu bewerten sind die Vereinfachungen des Dachgeschossausbaus durch die Verfahrensfreiheit und das Genehmigungsfreistellungsverfahren. Im Milieuschutzgebiet ist nur die Schaffung einer selbständigen Wohnung im Dachgeschoss sinnvoll. Wohnraum kann hier nicht durch Erweiterung bestehender Wohnungen geschaffen werden, was durchaus überzeugt, da hierdurch die Miete sich deutlich und auch die Nachfragergruppe für die vergrößerte Wohnung verändert. Folglich gefährdet dies die Zusammensetzung der Wohnbevölkerung. Auch die Umnutzung ehemals gewerblich genutzter Flächen hin zu Wohnungen kann in aller Regel, auch in den Milieuschutzgebieten, verwirklicht werden. Damit bleibt positiv festzuhalten, dass das Bau- und Zweckentfremdungsrecht innerhalb und außerhalb der Milieuschutzgebiete die Schaffung neuer Wohnungen gewährleistet.

Auch für neugeschaffene Wohnungen mittels Dachgeschossausbaus oder durch Umnutzung ehemals gewerblich genutzter Flächen eine Mindestgrenze an Bauaufwand bei § 556f S. 1 BGB unter Rückgriff auf § 16 Abs. 1 Nr. 3 WoFG zu verlangen, überzeugt nicht. Im Kontext angespannter Wohnungsmärkte führt dies dazu, dass entweder keine neuen Wohnungen im Bestand geschaffen werden, da mit dieser Wertgrenze eine deutliche Rechts- und Investitionsunsicherheit einhergeht, der Dachgeschossausbau höhere Investitionskosten erfordert und eine Fortsetzung der gewerblichen Nutzung attraktiver erscheinen lässt oder dass die Mieten steigen. Letzteres resultiert daraus, dass der Vermieter den Dachgeschossausbau teurer verwirklichen muss, als er es vielleicht sonst getan hätte, denn er wird ihn wegen des damit verbundenen Kostenaufwands nur im Falle einer Befreiung von der Mietpreisregulierung nach § 556f S. 1 BGB aus wirtschaftlichen Gesichtspunkten erwägen und durchführen. Wertgrenzen verhindern somit eine Verbesserung der angespannten Marktsituation. Durch den Verzicht auf ein quantitatives Element in Form eines

1410 Siehe Kapitel 2, B. III. 1.

Mindestbauaufwands bei § 556f S. 1 BGB wird eine wirtschaftliche Bewirtschaftung dieser neu am Wohnungsmarkt angebotenen Wohnungen im Bestand ermöglicht. Zugleich entstehen Anreize für die Eigentümer dazu, neue Wohnungen im Bestand zu schaffen, die deutlich schneller als im Neubau fertiggestellt werden können und somit früher dem Wohnungsmarkt zur Verfügung stehen.

E. Fazit zu den Untersuchungsfragen

Der Rechtsrahmen leistet einen positiven Beitrag zum Ziel des quantitativen Erhalts der Wohnungen am Markt. Vor allem das Milieuschutz- und Zweckentfremdungsrecht reglementieren Umwandlungen, aber auch Nichtnutzungen bestehender Wohnungen sinnvoll. Die Situation für die dadurch am Wohnungsmarkt gehaltenen Wohnungen ist dagegen differenziert zu bewerten. Die geschriebenen Kriterien zur Qualifikation des Wohnungsmarkts als angespannt sollten bei der Erstellung der Rechtsverordnungen in geschärfter und konkretisierter Form angewandt werden, um eine inflationäre Ausweisung angespannter Wohnungsmärkte zu verhindern. Zudem reicht keines der geschriebenen Kriterien alleine zur Qualifikation des Marktes als angespannt aus. Problematisch ist, dass die Mietpreisregulierung an die ortsübliche Vergleichsmiete anknüpft, die wiederum deutlich unter dem Marktwert liegt. Bei der Neuvertragsmietenregulierung ist aber positiv zu bewerten, dass auch weiterhin die Vormiete verlangt werden kann. Verlustgeschäfte werden daher nicht eintreten, wenngleich Investoren durch die stark abgeschwächte Mietenentwicklung unter Umständen ihre Investitionsziele nicht erreichen. Ein höherer Verkaufspreis, der über dem Verkehrswert liegt, zum Ausgleich der Defizite bei den Mieteinnahmen kann in Milieuschutzgebieten wegen des preislimitierenden gemeindlichen Vorkaufsrechts nur sehr eingeschränkt erwirtschaftet werden. Auch wenn nach der Entscheidung des BVerwG das Vorkaufsrecht in den meisten Fällen gem. § 26 Nr. 4 BauGB ausgeschlossen sein wird, ist die Änderung der Gesetzeslage bereits angekündigt. Daher wird künftig die Zahl der Verkaufsfälle wieder zunehmen, die dem preislimitierenden Vorkaufsrecht unterfallen werden. Negativ zu bewerten ist die starke Regulierung der Begründung von Wohnungseigentum auch außerhalb von Milieuschutzgebieten, die vor allem den Kleinvermietern am Markt schadet.

Der Rechtsrahmen für den qualitativen Erhalt des Wohnungsbestands ist differenziert zu bewerten. Positiv fallen die Regelungen zur Instandhaltung und -setzung auf. Für Modernisierungsarbeiten ergeben sich aus dem Bau- und Zweckentfremdungsrecht grundsätzlich keine unüberwindlichen Hürden. Anders ist dies dagegen im Milieuschutzgebiet. Die Genehmigungsansprüche des § 172 Abs. 4 S. 3 Nr. 1 und Nr. 1a BauGB sind zu begrüßen. In Kombination dieser Genehmigungsansprüche mit der Neuvertragsmietenregulierung treten aber gewichtige Probleme zu Tage, denn entweder scheitert das Modernisierungsvorhaben im Milieuschutzgebiet an der fehlenden Genehmigung oder an der Rentabilität wegen der Unterschreitung der verbreitet postulierten quantitativen Anforderungen des § 556f S. 2 BGB und damit an der Neuvertragsmietenregulierung gem. § 556d Abs. 1 BGB. Außerhalb der Milieuschutzgebiete können nur kleinere Modernisierungsvorhaben im Kontext der Mietpreisregulierung ausreichend refinanziert werden. Schon bei mittleren Modernisierungsvorhaben besteht der falsche Anreiz, andere Modernisierungsarbeiten vorzuziehen oder nicht notwendige Arbeiten zugleich durchzuführen, um die Bauaufwandsgrenze des § 556f S. 2 BGB zu erreichen und damit von der Neuvertragsmietenregulierung befreit zu werden. Wegen des bei § 556f S. 2 BGB geforderten quantitativen Elements gewinnt ein Abriss mit anschließendem Neubau auf Basis § 556f S. 1 BGB an Bedeutung, was einen völlig falschen Anreiz im Kontext angespannter Wohnungsmärkte setzt. Daher ist das quantitative Element bei § 556f S. 2 BGB abzulehnen, zumal § 556f S. 2 BGB es nicht normiert. Vielmehr kommt es nur auf die qualitativen Verbesserungen des Objekts an. Dies sichert dem Vermieter eine ausreichende Bewirtschaftung und zugleich dem Mieter in aller Regel günstigere Mieten.

Im Rahmen der Angebotserweiterung sind die baurechtlichen Erleichterungen des Dachgeschossausbaus positiv zu bewerten – sei es für die damit verbundene Erweiterung einer bestehenden Wohnung oder für die Schaffung einer neuen Wohnung. In Milieuschutzgebieten lässt sich aber nur Letzteres verwirklichen. Die Umnutzung ehemals gewerblich genutzter Flächen lässt das Öffentliche Baurecht in aller Regel zu, was ebenfalls positiv zu bewerten ist. Für die neu geschaffene Dachgeschosswohnung oder die Wohnung auf den ehemals gewerblich genutzten Flächen verlangt die in der Literatur herrschende Meinung bei § 556f S. 1 BGB – wie bereits bei der umfassenden Modernisierung – quantitativ einen wesentlichen Bauaufwand, um die neu geschaffene Wohnung von der Neuvertragsmietenregulierung des § 556d Abs. 1 BGB nach § 556f S. 2 BGB zu befreien. Dies ist hier wie dort abzulehnen. Denn weder ist diese Wertgrenze von Gesetzes wegen zwingend noch verbessert sie die Wohnungsmarktsituation.

Kapitel 4: Verfassungsrechtliche Bewertung der Regulierung des Wohnungsbestands

A. *Verfassungsrechtliche Prüfung der Begrenzung von Neuvertragsmieten durch die Mietpreisbremse*

Die Untersuchungen des Kapitels 3 zeigen, dass von der Mietpreisbremse bei allen drei Zielen für eine Verbesserung der Marktlage entscheidende Einschränkungen ausgehen. Es ist durchaus fraglich, ob die Mietpreisbremse gem. den §§ 556d ff. BGB zu einem dauerhaften Verlustgeschäft auf der Anbieterseite führen kann. Sie ist daher hinsichtlich ihrer Vereinbarkeit mit den Grundrechten des Grundgesetzes vertieft zu untersuchen. Hierbei ist der Fokus auf die Eigentumsfreiheit nach Art. 14 GG (I.), auf weitere Freiheitsgrundrechte (II.) und auf den allgemeinen Gleichheitssatz des Art. 3 Abs. 1 GG zu legen (III.). Der Schwerpunkt der folgenden Untersuchungen stellt die Prüfung der Verhältnismäßigkeit zur Rechtfertigung des Grundrechtseingriffs dar.

I. Vereinbarkeit mit Art. 14 GG

Die Mietpreisbremse greift als Inhalts- und Schrankenbestimmung gem. Art. 14 Abs. 1 S. 2 GG in das Eigentum ein, konkret in dessen wirtschaftliche Verwertung durch den vermietenden Eigentümer und damit in seine vertragliche Dispositionsbefugnis[1411].[1412] Im Folgenden werden die

---

1411 Siehe zu ihr *Papier/Shirvani*, in: Dürig u. a., Art. 14 Rn. 362 (83. EL/ April 2018); *Axer*, in: Epping/Hillgruber, BeckOK GG, Art. 14 Rn. 28 (Stand: Aug. 2021); *Depenheuer/Froese*, in: v. Mangoldt u. a., Art. 14 Rn. 103 und 375–377.

1412 Ebenso *Gustorff*, Mietpreisbremse und Bestellerprinzip, S. 222; *Schuldt*, Mietpreisbremse, S. 177 und 216; *Kreuter-Kirchhof*, DÖV 2021, 103 (104); *Lange*, DVBl. 2015, 1551 (1554); *Blankenagel/Schröder/Spoerr*, NZM 2015, 1 (12); *Leuschner*, NJW 2014, 1929 (1932); *Wissenschaftlicher Dienst des Deutschen Bundestages*, Verfassungsrechtlicher Rahmen für die Einführung einer sog. Mietpreisbremse, 2014, S. 5; allgemeiner *Schollmeier*, Die Gewährleistung von angemessenem und bezahlbarem Wohnraum als Verfassungsfrage, S. 278; *Frank*, Die Mietpreisbremse, S. 21 f.; vgl. auch BVerfG, Beschl. v. 22.11.1994 – 1 BvR

§§ 556d ff. BGB gemeinsam geprüft, da sie in einem engen Regel-und-Ausnahme-Verhältnis zueinanderstehen und sich so die vollständige Belastung durch die Mietpreisbremse feststellen lässt. Einzubeziehen sind auch die ortsübliche Vergleichsmiete, an die die Begrenzung der Neuvertragsmieten nach § 556d Abs. 1 BGB anknüpft, und die für sie maßgeblichen Faktoren. Zunächst gilt es, den Gestaltungsspielraum des Gesetzgebers näher zu beleuchten (1.), um herauszuarbeiten, wie weit dieser im Kontext der Mietpreisbremse reicht. Im Anschluss daran ist zu klären, ob der Eingriff durch die §§ 556d ff. BGB gerechtfertigt ist. Dies ist er letztlich dann, wenn er verhältnismäßig ist, die Mietpreisbremse also einen legitimen Zweck verfolgt (2.), sie zu dessen Förderung geeignet (3.), erforderlich (4.) und angemessen ist (5.).

1. Reichweite des Gestaltungsspielraums des Gesetzgebers

Im Folgenden gilt es zunächst zu klären, welche soziale Funktion die Mietwohnung für den Mieter und welche personale Funktion sie für den vermietenden Eigentümer hat (a.). Aus diesen Erkenntnissen ergibt sich die Weite der Gestaltungsbefugnis des Gesetzgebers beim Erlass der Mietpreisbremse.[1413] Oft findet sich im Kontext des Mietrechts die pauschale These eines weiten oder sehr weiten Gestaltungspielraums des Gesetzgebers.[1414] Sie gilt es zu konkretisieren und kritisch zu hinterfragen. Anschließend sind die aktuellen Verhältnisse am Wohnungsmarkt zu erörtern (b.),

351/91 = BVerfGE 91, 294 (310); BVerfG, Urt. v. 14.02.1989 – 1 BvR 308/88 u. a. = BVerfGE 79, 292 (304); BVerfG, Beschl. v. 04.12.1985 – 1 BvL 23/84 = BVerfGE 71, 230 (246 f.); BVerfG, Beschl. v. 12.03.1980 – 1 BvR 759/77 = BVerfGE 53, 352 (357). Ebenso als Inhalts- und Schrankenbestimmung befürwortend BVerfG (K), Beschl. v. 18.06.2019 – 1 BvL 1/18 u. a. = NJW 2019, 3054 (3057, Rn. 54 f.); siehe auch die Begründung zum Gesetzentwurf zur Mietpreisbremse, BT-Drs. 18/3121, S. 18.

1413 Siehe BVerfG (K), Beschl. v. 18.06.2019 – 1 BvL 1/18 u. a. = NJW 2019, 3054 (3059, Rn. 74); vgl. BVerfG, Urt. v. 06.12.2016 – 1 BvR 2821/11 u. a. = BVerfGE 143, 246 (341, Rn. 268).

1414 Beispielsweise BVerfG (K), Beschl. v. 18.06.2019 – 1 BvL 1/18 u. a. = NJW 2019, 3054 (3058, Rn. 67); *Schollmeier*, Die Gewährleistung von angemessenem und bezahlbarem Wohnraum als Verfassungsfrage, S. 279 und 282 f.; dies zu Recht kritisierend *Bickenbach*, Die Einschätzungsprärogative des Gesetzgebers, S. 318 f.; ähnlich *Kühling*, NZM 2020, 521 (526 f.).

denn diese können die Weite des Gestaltungsbefugnis verändern[1415]. Die Erkenntnisse hieraus wirken sich auf die Prüfungsschritte der Eignung und Erforderlichkeit, vor allem aber auf die Prüfung der Angemessenheit aus.[1416]

a) Der soziale und personale Bezug einer Mietwohnung

Für den zu ermittelnden sozialen und personalen Bezug muss zwischen der Bedeutung der Mietwohnung für die Nachfrager, die diese nutzen oder dies beabsichtigen (aa.), und für die vermietenden Eigentümer (bb.) differenziert werden.

aa) Die Bedeutung der Mietwohnung für die Nutzungsnachfrager

Die Gestaltungsbefugnis des Gesetzgebers nimmt zu, je stärker das Eigentumsobjekt einen sozialen Bezug aufweist.[1417] Der soziale Bezug des Regelungsobjekts Wohnung resultiert zum einen aus ihrer Eigenart. Wohnraum kann vielerorts ein knappes Gut sein und hängt wiederum ab von dem zur Verfügung stehenden, aber ebenfalls limitierten Grund und Boden.[1418] Zum anderen prägt ganz besonders die subjektive Komponente, nämlich die Bewohner der Mietwohnungen, den sozialen Bezug. Der

1415 BVerfG (K), Beschl. v. 18.06.2019 – 1 BvL 1/18 u. a. = NJW 2019, 3054 (3059, Rn. 74); BVerfG, Urt. v. 06.12.2016 – 1 BvR 2821/11 u. a. = BVerfGE 143, 246 (341, Rn. 268) m. w. N.; BVerfG, Beschl. v. 15.10.1996 – 1 BvL 44/92 u. a. = BVerfGE 95, 64 (84); BVerfG, Beschl. v. 22.11.1994 – 1 BvR 351/91 = BVerfGE 91, 294 (310).

1416 *Kingreen/Poscher*, Grundrechte Staatsrecht II, Rn. 1160–1164; *Kingreen*, JURA 2016, 390 (402 f.); vgl. hierzu beispielsweise BVerfG (K), Beschl. v. 18.07.2019 – 1 BvL 1/18 u. a. = NJW 2019, 3054 (3058 f., Rn. 70–72); BVerfG, Urt. v. 06.12.2016 – 1 BvR 2821/11 u. a. = BVerfGE 143, 246 (349–355, Rn. 292, 294, 296, 299 und 301–305).

1417 BVerfG (K), Beschl. v. 18.06.2019 – 1 BvL 1/18 u. a. = NJW 2019, 3054 (3058 f., Rn. 71 f.); BVerfG, Urt. v. 06.12.2016 – 1 BvR 2821/11 u. a. = BVerfGE 143, 246 (341, Rn. 268); BVerfG, Beschl. v. 15.10.1996 – 1 BvL 48/92 u. a. = BVerfGE 95, 64 (84); *Kingreen/Poscher*, Grundrechte Staatsrecht II, Rn. 1163 f.; *Jarass*, in: Jarass/Pieroth, Art. 14 Rn. 42; *Kingreen*, JURA 2016, 390 (403).

1418 Hierzu und zum Vorstehenden BVerfG (K), Beschl. v. 18.06.2019 – 1 BvL 1/18 u. a. = NJW 2019, 3054 (3058 f., Rn. 71); BVerfG, Beschl. v. 15.10.1996 – 1 BvL 44/92 u. a. = BVerfGE 95, 64 (85); BVerfG, Beschl. v. 12.01.1967 – 1 BvR 169/63 = BVerfGE 21, 73 (82 f.); *Kingreen/Poscher*, Grundrechte Staatsrecht II, durch die §§ 556d ff. BGB regulierte Mietwohnraum hat eine bedeutsame soziale Funktion und erfordert daher ein hohes Schutzniveau. Daraus ergibt sich grundsätzlich eine weite Gestaltungsbefugnis des Gesetzgebers.[1419] Das notwendige hohe Schutzniveau betont auch die ökonomische Forschungsliteratur, zumal in Deutschland mehr als die Hälfte der Bürgerinnen und Bürger zur Miete wohnt und deswegen auf Mietwohnungen besonders angewiesen ist.[1420]

Jedoch zielt die Mietpreisbremse nicht auf Bestandsmieter, sondern auf Mietinteressenten ab, die beispielsweise aus einem anderen Stadtteil oder aus einer anderen Stadt in eine durch die Mietpreisbremse geschützte Wohnung ziehen wollen. Sie können sich nicht auf das gem. Art. 14 Abs. 1 GG geschützte Besitzrecht berufen, denn Mietinteressenten sind keine Besitzer der Wohnung.[1421] Anders ist dies freilich bei der Bestandsmietenregulierung[1422], denn sie adressiert den bereits in der Wohnung

---

Rn. 1161 f.; *Weigelt*, Die wachsende Stadt als Herausforderung für das Recht, S. 64 f.; *Gsell*, WuM 2017, 305 (306).

1419 Hierzu und zum Vorstehenden BVerfG (K), Beschl. v. 18.06.2019 – 1 BvL 1/18 u. a. = NJW 2019, 3054 (3058 f., Rn. 71 f. und 82); BVerfG, Beschl. v. 15.10.1996 – 1 BvL 48/92 u. a. = BVerfGE 95, 64 (84 f.); BVerfG, Beschl. v. 04.02.1975 – 2 BvL 5/74 = BVerfGE 38, 348 (370 f.); BVerfG, Beschl. v. 26.05.1993 – 1 BvR 208/93 = BVerfGE 89, 1 (6); BVerfG, Beschl. v. 23.04.1974 – 1 BvR 6/74 u. a. = BVerfGE 37, 132 (141 f.); *Weigelt*, Die wachsende Stadt als Herausforderung für das Recht, S. 64–66 und 70 f.; *Kreuter-Kirchhof*, DÖV 2021, 103 (106); ähnlich *Gustorff*, Mietpreisbremse und Bestellerprinzip, S. 338–341; *Kühling*, NZM 2020, 521 (525); vgl. auch *Jarass*, in: Jarass/Pieroth, Art. 14 Rn. 41 f.; *Schuldt*, Mietpreisbremse, S. 153 f. und 193 f.; *Frank*, Die Mietpreisbremse, S. 27; *Lange*, DVBl. 2015, 1551 (1555). Ein ebenfalls hohes Schutzniveau mit einem weiten Gestaltungsspielraum wird beim unvermehrbaren und unentbehrlichen Grund und Boden attestiert, siehe BVerfG (K), Beschl. v. 18.06.2019 – 1 BvL 1/18 u. a. = NJW 2019, 3054 (3058 f., Rn. 71); BVerfG, Beschl. v. 15.10.1996 – 1 BvL 48/92 u. a. = BVerfGE 95, 64 (85); BVerfG, Beschl. v. 12.06.1979 – 1 BvL 19/76 = BVerfGE 52, 1 (32 f.); BVerfG, Beschl. v. 12.01.1967 – 1 BvR 169/63 = BVerfGE 21, 73 (82 f.); *Kingreen/Poscher*, Grundrechte Staatsrecht II, Rn. 1162; *Gsell*, WuM 2017, 305 (306).

1420 Siehe die Erkenntnisse der ökonomischen Forschungsliteratur hierzu in Kapitel 1, A. I. 2. sowie A. IV. 1. e.; zum Anteil der Mieter in Deutschland Kapitel 1, A. V. 1.

1421 So auch BVerfG (K), Beschl. v. 18.06.2019 – 1 BvL 1/18 u. a. = NJW 2019, 3054 (3058 f., Rn. 71 f.); *Gustorff*, Mietpreisbremse und Bestellerprinzip, S. 226–228; *Schollmeier*, Die Gewährleistung von angemessenem und bezahlbarem Wohnraum als Verfassungsfrage, S. 153 und 282; *Schuldt*, Mietpreisbremse, S. 190 f.; *Frank*, Die Mietpreisbremse, S. 28 f.; *Kreuter-Kirchhof*, DÖV 2021, 103 (104 f.); *Blankenagel/Schröder/Spoerr*, NZM 2015, 1 (18).

1422 Siehe hierzu Kapitel 3, B. IV. 1. c.

lebenden Mieter und damit Besitzer.[1423] Dessen Besitzrecht gem. Art. 14 Abs. 1 GG ist bei der Mietpreisbremse aber nicht relevant. Die Bestandsmieter profitieren weder von dem geringen Wachstum der ortsüblichen Vergleichsmiete aufgrund der begrenzten Neuvertragsmieten (siehe § 558 Abs. 2 S. 1 BGB) bei der Bestandsmietenregulierung noch sind Bestandsmieter künftige Mietinteressenten.[1424] Das grundrechtliche Besitzrecht des Mieters beschränkt sich auf die konkrete Wohnung und erstreckt sich nicht auf den Umzug in eine andere Wohnung.

Genauso wenig können sich die Wohnungsinteressenten auf die Vertragsfreiheit gem. Art. 2 Abs. 1 GG berufen. Insbesondere besteht kein fundamentales und strukturelles Ungleichgewicht mit einem für die Wohnungsinteressenten offensichtlichen unangemessenen Vertragsinhalt, denn die Anforderungen hieran sind restriktiv zu handhaben.[1425] Hier wird weder die finanzielle Leistungsfähigkeit der Wohnungsinteressenten erheblich überschritten noch treten weitere Umstände für ein unerträgliches Ungleichgewicht hinzu. Einerseits bieten die § 138 und § 242 BGB sowie der speziell für die Miete geltende § 5 WiStG einen, wenn auch eingeschränkten Schutz, andererseits bleiben seit vielen Jahren die Mietbelastungsquoten relativ konstant; insbesondere bei den Haushalten mit niedrigem Einkommen hat sich die Mietbelastung sogar verringert.[1426] Zudem ist die hiesige Situation nicht mit den vom BVerfG entschiedenen

---

1423 Ähnlich BVerfG (K), Beschl. v. 18.06.2019 – 1 BvL 1/18 u. a. = NJW 2019, 3054 (3059, Rn. 72).

1424 Hierzu und zum Vorstehenden widersprüchlich BVerfG (K), Beschl. v. 18.06.2019 – 1 BvL 1/18 u. a. = NJW 2019, 3054 (3058 f., Rn. 71 f. und 74), siehe auch die Begründung zum Gesetzentwurf, BT-Drs. 18/3121, S. 21; vgl. auch *Gustorff*, Mietpreisbremse und Bestellerprinzip, S. 315, der die Wirkung aus der Entwicklung der ortsüblichen Vergleichsmiete als reinen Nebeneffekt qualifiziert.

1425 So aber *Schollmeier*, Die Gewährleistung von angemessenem und bezahlbarem Wohnraum als Verfassungsfrage, S. 282 f.; siehe zum fundamentalen und strukturellen Ungleichgewicht BVerfG, Urt. v. 26.07.2005 – 1 BvR 782/94 u. a. = BVerfGE 114, 1 (34 f.); BVerfG, Urt. v. 06.02.2001 – 1 BvR 12/92 = BVerfGE 103, 89 (100 f.); BVerfG (K), Beschl. v. 02.05.1996 – 1 BvR 696/96 = NJW 1996, 2021; BVerfG, Beschl. v. 19.10.1993 – 1 BvR 567/89 u. a. = BVerfGE 89, 214 (232); weiterführend dazu *Jarass*, in: Jarass/Pieroth, Art. 2 Rn. 23, sowie *Dreier*, in: ders., Art. 2 Rn. 63, und *Di Fabio*, in: Dürig u. a., Art. 2 Rn. 107–115 (39. und 40. EL/Juli 2001 und 2002), jeweils m. w. N.

1426 Siehe Kapitel 2, B. I. 2. b.; diese Entwicklung übersieht *Schollmeier*, Die Gewährleistung von angemessenem und bezahlbarem Wohnraum als Verfassungsfrage, S. 283.

Fällen der Bürgschaften und Unterhaltsverpflichtungen, um einen Schutz vor Fremdbestimmung zu begründen, vergleichbar.

Nach alledem ergeben sich keine grundrechtlichen Positionen der Mietinteressenten.[1427] Als Anknüpfungspunkt bleibt als Gemeinwohlbelang nur das Sozialstaatsprinzip gem. Art. 20 Abs. 1 GG und Art. 14 Abs. 2 GG, sodass Mietinteressenten weniger schutzbedürftig als Mieter sind, deren Besitz an der von ihnen bewohnten Mietwohnung grundrechtlich geschützt ist.[1428] Für den Schutz vor Gentrifizierung und damit die Bewahrung einer durchmischten Wohnbevölkerung als gesellschaftspolitisches Interesse[1429] gilt das Gleiche[1430].

bb) Die Bedeutung der Mietwohnung für die vermietenden Eigentümer

Nimmt man nun die andere Seite in den Blick, also die Bedeutung des vermögenswerten Guts für den vermietenden Eigentümer, so kann die personale Funktion des Eigentums die Gestaltungsbefugnis des Gesetzgebers verringern. Mit anderen Worten gewinnt der Eigentumsschutz damit deutlich an Gewicht.[1431] Die Gestaltungsbefugnis verringert sich umso

---

1427 So insbesondere auch nicht aus Art. 11 Abs. 1, Art. 13 Abs. 1 GG und aus dem allgemeinen Persönlichkeitsrecht gem. Art. 2 Abs. 1 i. V. m. Art. 1 Abs. 1 GG, siehe hierzu weiterführend *Gustorff*, Mietpreisbremse und Bestellerprinzip, S. 228–234.

1428 So auch *Schuldt*, Mietpreisbremse, S. 191; *Frank*, Die Mietpreisbremse, S. 28 f.; *Kreuter-Kirchhof*, DÖV 2021, 103 (104–106); *Blankenagel/Schröder/Spoerr*, NZM 2015, 1 (18 f.); a. A. wohl BVerfG (K), Beschl. v. 18.06.2019 – 1 BvL 1/18 u. a. = NJW 2019, 3054 (3058 f., Rn. 71 f. und 74), die auf gegenüberstehende grundrechtlich geschützte Positionen abstellen; siehe zum Recht auf Wohnen im GG beispielsweise *Schollmeier*, Die Gewährleistung von angemessenem und bezahlbarem Wohnraum als Verfassungsfrage, S. 174 f. und 491.

1429 BVerfG (K), Beschl. v. 18.06.2019 – 1 BvL 1/18 u. a. = NJW 2019, 3054 (3059, Rn. 72).

1430 Ebenso *Kreuter-Kirchhof*, DÖV 2021, 103 (105 f.); siehe hierzu auch *Weigelt*, Die wachsende Stadt als Herausforderung für das Recht, S. 57–63 und 82 f.; allgemein zur Heterogenität als Regulierungsziel *Kühling*, NZM 2020, 521 (522 f.); zum Recht auf Heimat als Schutz vor Gentrifizierung nach Art. 14 Abs. 1 GG BVerfG, Urt. v. 17.12.2013 – 1 BvR 3139/08 u. a. = BVerfGE 134, 242 (328 f. und 331 f., Rn. 263–265 und 270); a. A. *Baer*, NVwZ 1997, 27 (27 ff.) m. w. N., die dies auf Art. 11 GG stützt. Zum geringeren Gewicht nicht grundrechtlicher Prinzipien siehe *Klatt/Meister*, JuS 2014, 193 (197).

1431 Hierzu und zum Vorstehenden BVerfG (K), Beschl. v. 18.06.2019 – 1 BvL 1/18 u. a. = NJW 2019, 3054 (3057 f., Rn. 53 und 70); BVerfG, Beschl. v.

mehr, je stärker das Eigentum die persönliche Freiheit sichert und als finanzielle Grundlage der eigenen Lebensgestaltung dient.[1432] Die größte Gruppe der vermietenden Eigentümer stellen die privaten Eigentümer dar, die ein Durchschnittsalter von fast 60 Jahren aufweisen. Sie sind zu einem großen Teil Ruheständler und ihre Mieteinnahmen liegen überwiegend unter 1.000 bis 1.250 Euro pro Monat; ein Drittel der privaten Vermieter gehört sogar zu den weniger einkommensstarken Haushalten.[1433] Sie sind in besonderem Maße auf ihre Mieteinnahmen angewiesen. Die Anlagemotivation eines Großteils der privaten Eigentümer zielt mit den Mieteinnahmen auf eine Selbstversorgung, eine inflationssichere Altersvorsorge und Alterssicherung ab.[1434] Die Mieteinahmen sichern somit für einen Großteil der wiederum größten Anbietergruppe am Mietwohnungsmarkt deren persönliche Freiheit, insbesondere im Alter, und stellen die finanzielle Grundlage der eigenen Lebensgestaltung dar.[1435] Dies schränkt die soeben erwähnte, weite Gestaltungsbefugnis des Gesetzgebers ein.[1436]

14.07.1999 – 1 BvR 995 u. a. = BVerfGE 101, 54 (75 f.); BVerfG, Beschl. v. 02.03.1999 – 1 BvL 7/91 = BVerfGE 100, 226 (241) m. w. N.; BVerfG, Beschl. v. 15.10.1996 – 1 BvL 44/92 u. a. = BVerfGE 95, 64 (84); *Kingreen/Poscher*, Grundrechte Staatsrecht II, Rn. 1163 f.; *Jarass*, in: Jarass/Pieroth, Art. 14 Rn. 43; *Heusch*, NZM 2020, 357 (358 f.); *Kingreen*, JURA 2016, 390 (403).

1432 BVerfG (K), Beschl. v. 18.06.2019 – 1 BvL 1/18 u. a. = NJW 2019, 3054 (3057 f. und 3062, Rn. 53, 70 und 101) m. w. N.; BVerfG, Urt. v. 06.12.2016 – 1 BvR 2821/11 u. a. = BVerfGE 143, 246 (341, Rn. 268); BVerfG, Beschl. v. 14.07.1999 – 1 BvR 995 u. a. = BVerfGE 101, 54 (74–76) m. w. N.; BVerfG, Beschl. v. 02.03.1999 – 1 BvL 7/91 = BVerfGE 100, 226 (241) m. w. N.; BVerfG, Beschl. v. 15.10.1996 – 1 BvL 44/92 u. a. = BVerfGE 95, 64 (84); *Kingreen/Poscher*, Grundrechte Staatsrecht II, Rn. 1164; *Jarass*, in: Jarass/Pieroth, Art. 14 Rn. 43; *Kreuter-Kirchhof*, DÖV 2021, 103 (104 und 106); *Kingreen*, JURA 2016, 390 (403); weiterführend *Depenheuer/Froese*, in: v. Mangoldt u. a., Art. 14 Rn. 12–16; ähnlich *Weigelt*, Die wachsende Stadt als Herausforderung für das Recht, S. 63 f.

1433 Hierzu und zum Vorstehenden Kapitel 1, B. I. 1.

1434 Siehe Kapitel 1, B. I. 1. a. und b.

1435 Ebenso BVerfG (K), Beschl. v. 18.06.2019 – 1 BvL 1/18 u. a. = NJW 2019, 3054 (3058, Rn. 70); *Schollmeier*, Die Gewährleistung von angemessenem und bezahlbarem Wohnraum als Verfassungsfrage, S. 282; *Papier*, DRiZ 2021, 456 (458); *Kreuter-Kirchhof*, DÖV 2021, 103 (104), auch m. w. N.

1436 So wohl auch *Papier*, DRiZ 2021, 456 (458); a. A. wohl BVerfG (K), Beschl. v. 18.06.2019 – 1 BvL 1/18 u. a. = NJW 2019, 3054 (3059, Rn. 74), das weiterhin von einem weiten Gestaltungsspielraum ausgeht; *Schollmeier*, Die Gewährleistung von angemessenem und bezahlbarem Wohnraum als Verfassungsfrage, S. 282 f.

An der Gestaltungsbefugnis des Gesetzgebers ändert sich auch dadurch nichts, dass die Wohnungsunternehmen als weitere Anbieter am Markt auftreten. Einerseits stellen sie auf den regionalen Märkten in aller Regel nach den privaten Eigentümern nur die zweitgrößte Anbietergruppe dar,[1437] andererseits gelten die §§ 556d ff. BGB unterschiedslos für private und andere Vermieter[1438]. Bei der Verhältnismäßigkeitsprüfung sind erst recht die Anforderungen für die schutzwürdigste Gruppe der Grundrechtsberechtigten zu wahren. Es wird kein Mittelwert an Schutz gewährleistet.

b) Deutliche Veränderungen der gesellschaftlichen und wirtschaftlichen Verhältnisse?

Nun stellt sich die Frage, ob veränderte gesellschaftliche und wirtschaftliche Verhältnisse auf dem Wohnungsmarkt den gesetzgeberischen Gestaltungsspielraum wieder vergrößern. Sie prägen diese und sind für die Frage der Angemessenheit von Relevanz.[1439] Dabei darf sich aber der Blick nicht ausschließlich auf die Mieterseite und die Auswirkungen auf sie – beispielsweise die Zunahme an nachfragenden Haushalten bei zu geringem Wohnungsangebot, Mietsteigerungen und Mietkostenbelastung für die Haushalte[1440] – fokussieren.[1441] Neben der Vermieterseite sind vor allem die Marktprozesse auf dem Wohnungsmarkt, die durch zahlreiche ökonomische Besonderheiten geprägt werden, sowie die aktuellen Entwicklungen samt ihrer Ursachen zu berücksichtigen.[1442] Es mag über-

---

1437 Siehe Kapitel 1, B. I. 1. und 2.

1438 Dies betont auch das BVerfG (K), Beschl. v. 18.06.2019 – 1 BvL 1/18 u. a. = NJW 2019, 3054 (3058 und 3062, Rn. 70 und 101).

1439 BVerfG (K), Beschl. v. 18.06.2019 – 1 BvL 1/18 u. a. = NJW 2019, 3054 (3059, Rn. 74); BVerfG, Urt. v. 06.12.2016 – 1 BvR 2821/11 u. a. = BVerfGE 143, 246 (341, Rn. 268) m. w. N.; BVerfG, Beschl. v. 15.10.1996 – 1 BvL 44/92 u. a. = BVerfGE 95, 64 (84); BVerfG, Beschl. v. 22.11.1994 – 1 BvR 351/91 = BVerfGE 91, 294 (310).

1440 Hierzu umfassend Kapitel 3, B. I. 1. a. (zur Entwicklung der Nachfrage) sowie Kapitel 3, B. I. 2. a. und b. (zur Entwicklung der Mietpreise und der Mietkostenbelastung).

1441 So aber *Gustorff*, Mietpreisbremse und Bestellerprinzip, S. 342 f., der die einseitige Bevorzugung der Mieter aus diesen veränderten Verhältnissen herleitet.

1442 Hierzu umfassend Kapitel 1, A. IV. (zu den Besonderheiten der Wohnung und des Wohnungsmarkts), Kapitel 1, B. (zur Vermieterseite und ihrem Investitionsverhalten), Kapitel 1, C. (zu den typischen Marktprozessen) sowie Kapitel 3, B. I. 2. c. (zur Entwicklung der Wohnimmobilienpreise und den Ursaraschen, dass das BVerfG zu alledem in seinem Mietpreisbremsenbeschluss fast nichts ausführt, insbesondere weder bei der Prüfung der Vereinbarkeit der §§ 556d ff. BGB mit Art. 14 GG noch trotz des expliziten Hinweises[1443] zur zusätzlichen Berücksichtigungsfähigkeit der Vermietersituation und der Wohnungsmarktlage.[1444]

Der Marktprozess auf dem Wohnungsmarkt zeichnet sich durch zwei in diesem Kontext besonders erwähnenswerte Punkte aus. Zum einen sind die Marktbewegungen durchgehend auf einen gleichgewichtsähnlichen Zustand ausgerichtet. Dies und die Abhängigkeit des Wohnungsmarkts von anderen Märkten wurden durch das Vier-Quadranten-Modell deutlich.[1445] Zum anderen verdeutlicht eine Betrachtung des Marktverlaufs über die Zeit hinweg sich stetig wiederholende und ähnliche Marktzyklen, die aus den zahlreichen Besonderheiten der Wohnung und des Wohnungsmarkts resultieren.[1446] Die Phase mit einem mehr und mehr angespannten Wohnungsmarkt (die Projektentwicklungsphase) ist zugleich die deutlich längste Phase im Immobilienzyklus.[1447] Folglich stellen Anspan-

---

chen hierfür). Die Berücksichtigung der Umstände des Wohnungsmarkts hebt auch das BVerfG hervor, siehe BVerfG (K), Beschl. v. 18.06.2019 – 1 BvL 1/18 u. a. = NJW 2019, 3054 (3059, Rn. 74), sowie BVerfG, Beschl. v. 22.11.1994 – 1 BvR 351/91 = BVerfGE 91, 294 (310); so auch *Schuldt*, Mietpreisbremse, S. 192 f.; alle dies Faktoren übersieht allerdings *Gustorff*, Mietpreisbremse und Bestellerprinzip, S. 342 f.

1443 BVerfG (K), Beschl. v. 18.06.2019 – 1 BvL 1/18 u. a. = NJW 2019, 3054 (3058 f., Rn. 69 und 74).

1444 Im Kontext von Art. 14 GG äußert sich BVerfG (K), Beschl. v. 18.06.2019 – 1 BvL 1/18 u. a. = NJW 2019, 3054 (3059 und 3061, Rn. 76 und 87), an zwei Stellen zur Situation der Vermieter am Markt: Es erkennt an, dass Investitionskosten kreditfinanziert sind und sich die Rentabilität über einen langen Zeitraum ergibt (hierzu ausführlich Kapitel 1, A. IV. 1. h.) sowie dass der Vermieter mit den Mieteinnahmen seinen Lebensunterhalt erwirtschaftet (hierzu ausführlich Kapitel 1, B. I. 1.); im Übrigen hebt BVerfG (K), aaO (3060 f., Rn. 83 und 89), die angemessene und nicht nachteilige Bewirtschaftungsmöglichkeit für Vermieter bei bestehender Mietpreisbremse hervor.

1445 Hierzu und zum Vorstehenden Kapitel 1, C. I., sowie C. II. und C. II. 1.; siehe zur Abhängigkeit von anderen Märkten Kapitel 1, A. IV. 2. e.

1446 Siehe Kapitel 1, C. II.; zu nennende Besonderheiten der Wohnung sind vor allem die lange Produktionsdauer, die Standortbindung, die Heterogenität, die langfristige Investitionsentscheidung mit hohen Ausgaben und periodisch geringen Kapitalrückflüssen (siehe Kapitel 1, A. IV. 1. b., c., f., und h.); hier zu erwähnende Besonderheiten des Wohnungsmarkts sind seine langen Reaktionszeiten, Intransparenz und Abhängigkeit von den vorgelagerten Märkten (Kapitel 1, A. IV. 2. a., d. und e.).

1447 Dazu Kapitel 1, C. II. 2. c.

nungen am Wohnungsmarkt und deren Wiederholungen im Zeitverlauf ein als normal zu akzeptierendes Marktcharakteristikum dar. Demnach ist ein Ankämpfen gegen die Zyklizität kein vernünftiges Ziel einer Wohnungspolitik. Die Zyklizität gilt es vielmehr zu akzeptieren.[1448]

Atypisch ist aber die ungewöhnlich lange Dauer der aktuellen angespannten Wohnungsmarktphase.[1449] Zwei wesentliche Gründe hierfür sind die Zunahme der nachfragenden Mieter in den Städten[1450] und die seit Jahren bestehende Niedrigzinsphase. Die Niedrigzinsphase erhöht deutlich die Nachfrage nach Immobilien als Investitionsobjekt und lässt die Immobilienpreise stärker als die Mietpreise anwachsen.[1451] Anzumerken ist aber, dass sich diese atypisch lange angespannte Marktlage erst neuerdings herauskristallisiert. Mit anderen Worten war diese Atypik während des Gesetzgebungsverfahrens der Mietpreisbremse 2014/2015 noch nicht absehbar und konnte damit auch kein Argument im Gesetzgebungsverfahren für deren Einführung gewesen sein.

Zudem relativiert ein Blick auf die für die Bewertung der Wohnungsmarktlage bedeutende[1452] und nahezu konstante Mietkostenbelastung zwischen 2003 und 2018 die Bedeutung dieser Atypik; teilweise ist die Belastung sogar zurückgegangen. Ein wesentlicher Grund hierfür sind die im gleichen Zeitraum gestiegenen Haushaltseinkommen, aber auch ein teils geringerer Wohnflächenkonsum der Haushalte.[1453] Auch die Diskrepanz zwischen Bestands- und Neuvertragsmietern bei der Mietkostenbelastung nahm nur geringfügig zu – sei es deutschlandweit oder in den Großstädten mit mehr als 500.000 Einwohnern.[1454]

Wegen dieser Entwicklung der Mietkostenbelastung ist die vom Gesetzgeber angeführte Gentrifizierungsproblematik[1455] keinesfalls zwingend,

1448 Hierzu und zum Vorstehenden Kapitel 2, A. I. 2.

1449 Zur Einordnung der aktuellen Marktlage in die Zyklusphasen Kapitel 2, B. I. 3.

1450 Siehe Kapitel 2, B. I. 1. a. und b.

1451 Siehe Kapitel 2, B. I. 2. a., c. und d.

1452 Sie ist zielführender als die Mietenentwicklung, siehe Kapitel 3, B. IV. 1. a. cc. (2) und (5), wenngleich sich die Begründung zum Gesetzentwurf zur Mietpreisbremse vornehmlich auf diese stützt, siehe BT-Drs. 18/3121, S. 12–14; ebenso bei der Verlängerung der Mietpreisbremse, siehe BT-Drs. 19/15824, S. 9–11.

1453 Hierzu und zum Vorstehenden Kapitel 2, B. I. 2. b. aa. und B. I. 2. d.

1454 Dazu Kapitel 2, B. I. 2. b. bb.; differenziert nach sozialen Gruppen Kapitel 2, B. I. 2. b. cc.

1455 Siehe beispielsweise die Begründung zum Gesetzentwurf, BT-Drs. 18/3121, S. 1, 11, 15 f. und 18 f.

sondern vielmehr erläuterungs- und nachweisbedürftig. Den Gesetzgebungsmaterialien – sowohl beim Erlass 2014/2015 als auch bei der Verlängerung der Mietpreisbremse 2019/2020 – sind aber keine Daten zu einer möglichen Verdrängungsproblematik zu entnehmen. Das der Verlängerung der Mietpreisbremse zugrunde gelegte Gutachten des DIW Berlin hielt es für unklar, inwiefern die Mietpreisbremse die Verdrängungsproblematik entschärfe.[1456] Zugespitzt formuliert stellt sich die Frage, ob die Gentrifizierung in allen angespannten Wohnungsmärkten tatsächlich stattfindet oder nur eine „gefühlte" Problematik darstellt. Die bis jetzt betrachteten gesellschaftlichen und wirtschaftlichen Verhältnisse erweitern vor diesem Hintergrund die Gestaltungsbefugnis des Gesetzgebers nicht.

c) Zwischenfazit

Im Ergebnis lässt sich festhalten, dass bei Mietwohnungen die grundsätzlich weite Gestaltungsbefugnis unter Berücksichtigung der Vermieterperspektive einschließlich der Bedeutung des Eigentums für diese eingeschränkt ist.[1457] Des Weiteren sind die die Gestaltungsbefugnis prägenden gesellschaftlichen und wirtschaftlichen Verhältnisse und auch die Marktseite zu berücksichtigen. Daten zur Gentrifizierungsproblematik lassen sich den Gesetzgebungsmaterialien nicht entnehmen. Die Marktprozesse begründen trotz der atypisch längeren Zyklenphase der Projektentwicklung und angesichts der nahezu unveränderten Mietkostenbelastung aktuell keine signifikante Veränderung der gesellschaftlichen und wirtschaftlichen Verhältnisse und damit keine Erweiterung der Gestaltungsbefugnis des Gesetzgebers.

1456 *Michelsen/Mense*, Evaluierung der Mietpreisbremse, 2018, S. 41; hierauf nimmt die Begründung zum Gesetzentwurf für die Verlängerung der Mietpreisbremse Bezug, siehe BT-Drs. 19/15824, S. 1, 9 und 11.

1457 A. A. BVerfG (K), Beschl. v. 18.06.2019 – 1 BvL 1/18 u. a. = NJW 2019, 3054 (3059, Rn. 74), das im Ergebnis von einer weiten Gestaltungsbefugnis des Gesetzgebers ausgeht.

2. Legitimer Zweck

Zunächst ist zu untersuchen, welchen Zweck der Gesetzgeber mit den §§ 556d ff. BGB verfolgt; gegebenenfalls können es mehrere Zwecke sein. Im Anschluss daran ist dessen oder deren Legitimität zu erörtern.

Mit der Begrenzung der Neuvertragsmieten durch die Mietpreisbremse bezweckt der Gesetzgeber, einer direkten oder indirekten Verdrängung wirtschaftlich weniger leistungsfähiger Bevölkerungsgruppen (vor allem einkommensschwächerer Haushalte und Durchschnittsverdiener) aus stark nachgefragten Wohnquartieren entgegenzuwirken. So sollen sozial stabile Mieterstrukturen mit ausgeglichenen wirtschaftlichen, sozialen und kulturellen Verhältnissen erhalten oder erreicht werden.[1458] Konkret soll diesen die Möglichkeit zum Umzug in leichter bezahlbaren Wohnraum (also ohne die Mietpreisbremse) innerhalb der Stadt erhalten und sollen Anreize zur Verdrängung reduziert werden.[1459] Kurzum ist der Zweck der Mietpreisbremse, der Verdrängungs- und Gentrifizierungsproblematik für die genannten Haushalte entgegenzuwirken.[1460]

Dagegen ist die Mietbegrenzung oder -reduzierung das Mittel und der regulatorische Anknüpfungspunkt der Zielerreichung, aber nicht das mit

1458 Hierzu und zum Vorstehenden die Begründung zum Gesetzentwurf, BT-Drs. 18/3121, S. 1, 15 f. und 18 f.; so auch BVerfG (K), Beschl. v. 18.06.2019 – 1 BvL 1/18 u. a. = NJW 2019, 3054 (3057, Rn. 60).

1459 So die Begründung zum Gesetzentwurf, BT-Drs. 18/3121, S. 1, 15 f. und 19.

1460 Diesen Zweck des Gesetzgebers bejahen ebenso BGH, Urt. v. 04.11.2015 – VIII ZR 217/14 = NJW 2016, 476 (482 f., Rn. 56); LG Berlin, Urt. v. 20.06.2018 – 64 S 199/17 = WuM 2018, 502 (504); LG Berlin, Beschl. v. 07.12.2017 – 67 S 218/17 = NZM 2018, 118 (121, Rn. 42); LG Berlin, Beschl. v. 14.09.2017 – 67 S 149/17 = NZM 2017, 766 (768, Rn. 20); LG Berlin, Urt. v. 29.03.2017 – 65 S 424/16 = NZM 2017, 332 (335, Rn. 35 a. E.); AG Frankfurt a. M., Urt. v. 20.09.2017 – 33 C 3490/16 (98), Rn. 22 (juris) = WuM 2017, 593 (594); AG Berlin-Schöneberg, Urt. v. 20.09.2017 – 7 C 118/17 = BeckRS 2017, 148102 Rn. 21; AG Berlin-Neukölln, Urt. v. 08.09.2016 – 11 C 414/15 = NZM 2017, 31 (32 f.); *Gustorff*, Mietpreisbremse und Bestellerprinzip, S. 305; *Schollmeier*, Die Gewährleistung von angemessenem und bezahlbarem Wohnraum als Verfassungsfrage, S. 279; *Schuldt*, Mietpreisbremse, S. 179; *Frank*, Die Mietpreisbremse, S. 23; *Kreuter-Kirchhof*, DÖV 2021, 103 (105); *Lange*, DVBl. 2015, 1551 (1554 f.); *Blankenagel/Schröder/Spoerr*, NZM 2015, 1 (16); a. A. *Leuschner*, NJW 2014, 1929 (1932); *Wissenschaftlicher Dienst des Deutschen Bundestages*, Verfassungsrechtlicher Rahmen für die Einführung einer sog. Mietpreisbremse, 2014, S. 6 f., der auf andere Zwecke abstellt.

der Mietpreisbremse verfolgte Ziel selbst.[1461] Würde man dies anders sehen und die Mietbegrenzung oder -reduzierung und damit das Schaffung bezahlbaren Wohnraums als selbstständigen weiteren Zweck der Mietpreisbremse ansehen[1462], so würde die Rechtsfolge der Mietpreisbremse nach § 556d Abs. 1 BGB zugleich zu deren Gesetzeszweck erklärt.[1463] Damit wäre bereits für dieses Ziel – außer es ergäben sich Regelungsdefizite – die Zweckerreichung möglich.[1464] Denn § 556d Abs. 1 BGB wird durch seine Rechtsfolge zwangsläufig die Neuvertragsmieten reduzieren. Da bereits die mögliche Erreichung eines von mehreren Zwecken ausreicht, wäre damit die Eignung der Mietpreisbremse in Gänze ohne Weiteres zu bejahen, die dann als eigenständiger Prüfungspunkt und damit verfassungsrechtlicher Filter obsolet wäre. Daran ändert sich für die Mietpreisbremse auch dann nichts, wenn man die Rechtsfolge des § 556d Abs. 1 BGB mit einer bestimmten schutzwürdigen Mietergruppe verbindet und zum gesetzgeberischen Zweck erklärt, beispielsweise dass der Wohnraum somit für einkommensschwächere Haushalte und solche mit einem durchschnittlichen Einkommen bezahlbar bleibt[1465]. Denn die Mietpreisbremse knüpft an alle Mietwohnungen an und unterscheidet nicht nach dem üblicherweise nachfragenden Haushaltstyp.

Etwas anderes könnte dann aber gelten, wenn die Mietpreisbremse den Zugang zu einer Mietwohnung für diese schutzwürdigen Haushalte er-

---

1461 Ebenso *Lange*, DVBl. 2015, 1551 (1555); so wohl auch die Begründung zum Gesetzentwurf, BT-Drs. 18/3121, S. 15 und 19; *Gustorff*, Mietpreisbremse und Bestellerprinzip, S. 307 f., aber mit anderer Begründung; so auch im Ergebnis LG Berlin, Beschl. v. 07.12.2017 – 67 S 218/17 = NZM 2018, 118 (121, Rn. 42); LG Berlin, Beschl. v. 14.09.2017 – 67 S 149/17 = NZM 2017, 766 (768, Rn. 20); vgl. auch BGH, Urt. v. 04.11.2015 – VIII ZR 217/14 = NJW 2016, 476 (482 f., Rn. 56).

1462 So beispielsweise LG Berlin, Urt. v. 29.03.2017 – 65 S 424/16 = NZM 2017, 332 (335, Rn. 34); *Schuldt*, Mietpreisbremse, S. 179; wohl ähnlich *Wissenschaftlicher Dienst des Deutschen Bundestages*, Verfassungsrechtlicher Rahmen für die Einführung einer sog. Mietpreisbremse, 2014, S. 6 f.

1463 Vgl. auch *Lee*, Umweltrechtlicher Instrumentenmix und kumulative Grundrechtseinwirkungen, S. 147 f.

1464 Ähnlich, aber mit anderer Begründung *Schollmeier*, Die Gewährleistung von angemessenem und bezahlbarem Wohnraum als Verfassungsfrage, S. 280, wonach die Eignung nicht von der Rechtstreue der Mietpreisbremsenadressaten abhängen dürfe.

1465 Siehe *Schuldt*, Mietpreisbremse, S. 179; wohl auch *Wissenschaftlicher Dienst des Deutschen Bundestages*, Verfassungsrechtlicher Rahmen für die Einführung einer sog. Mietpreisbremse, 2014, S. 6 f.

leichtern soll und dies der gesetzgeberische Zweck wäre.[1466] Damit wird lediglich die Reduzierung oder Verhinderung der Gentrifizierung umschrieben, der bereits erwähnte und eigentliche Gesetzeszweck. Denn wenn diese Haushalte keine Mietwohnung in der Stadt bekommen, so werden sie verdrängt oder, wenn sie umgekehrt leichter eine Mietwohnung finden, so kann die Mietpreisbremse die Gentrifizierung abschwächen.[1467]

Das mit der Mietpreisbremse verfolgte Ziel ist somit allein die mietpreisbedingte Reduzierung oder Verhinderung von Verdrängungseffekten und Gentrifizierung.[1468] Darüber hinaus muss dieses Ziel legitim sein. Legitim ist jeder Zweck, der im öffentlichen Interesse steht und verfassungsrechtlich nicht ausgeschlossen ist.[1469] Eine Durchmischung und Heterogenität der Stadtbevölkerung ist sozial und wirtschaftlich sinnvoll,[1470] denn die für eine Stadt und ihre Bürger notwendigen Dienstleistungen oder Arbeitstätigkeiten sind mannigfaltig und lassen sich keinesfalls auf Tätigkeiten von Akademikern begrenzen. Alle Menschen sollen in einer Stadt wohnen können. Wird Geringverdienern oder Haushalten mit einem durchschnittlichen Einkommen das Wohnen in der Stadt erschwert oder müssen sie wegen einer Wohnung außerhalb der Stadt lange Pendelzeiten auf sich nehmen, so ergeben sich neben sozialen auch wirtschaftliche nachteilige Folgen: Entweder ziehen diese weg und werden ihre für die Stadt wichtige Dienst- oder Arbeitsleistung nicht mehr erbringen oder sie verlangen ein höheres Gehalt zum Ausgleich der Pendelei. Soweit der Arbeit- oder Auftraggeber gewillt ist, ihnen mehr zu zahlen, so wird er diese zusätzlichen

---

1466 So beispielsweise *Gustorff*, Mietpreisbremse und Bestellerprinzip, S. 304 f.; *Blankenagel/Schröder/Spoerr*, NZM 2015, 1 (15); *Leuschner*, NJW 2014, 1929 (1932).

1467 Ähnlich *Schollmeier*, Die Gewährleistung von angemessenem und bezahlbarem Wohnraum als Verfassungsfrage, S. 281, wonach das Ziel eines leichteren Zugangs die Konkurrenzsituation und Verdrängungsproblematik fortbestehen lasse; siehe auch *Frank*, Die Mietpreisbremse, S. 23 f.

1468 Ebenso BVerfG (K), Beschl. v. 18.06.2019 – 1 BvL 1/18 u. a. = NJW 2019, 3054 (3057, Rn. 60); BGH, Urt. v. 04.11.2015 – VIII ZR 217/14 = NJW 2016, 476 (482 f., Rn. 56); LG Berlin, Beschl. v. 07.12.2017 – 67 S 218/17 = NZM 2018, 118 (121, Rn. 42); LG Berlin, Beschl. v. 14.09.2017 – 67 S 149/17 = NZM 2017, 766 (768, Rn. 20); AG Frankfurt a. M., Urt. v. 20.09.2017 – 33 C 3490/16 (98), Rn. 22 (juris) = WuM 2017, 593 (594); *Frank*, Die Mietpreisbremse, S. 23; *Kreuter-Kirchhof*, DÖV 2021, 103 (105); *Lange*, DVBl. 2015, 1551 (1555).

1469 Statt vieler BVerfG, Beschl. v. 04.11.2009 – 1 BvR 2150/08 = BVerfGE 124, 300 (331); *Manssen*, Staatsrecht II, Rn. 215; *Jarass*, in: Jarass/Pieroth, Art. 20 Rn. 117 m. w. N.; *Papier/Shirvani*, in: Dürig u. a., Art. 14 Rn. 436 (83. EL/April 2018).

1470 Ebenso, aber ohne Ausführungen hierzu, die Begründung zum Gesetzentwurf, BT-Drs. 18/3121, S. 18 f.

Kosten auf seine Produkte oder Dienstleistungen umlegen. So werden die Lebenshaltungskosten der Stadtbewohner keinesfalls abnehmen. Des Weiteren zeigt ein Blick nach Frankreich, dass bei einer fehlenden Durchmischung Problemviertel mit vielen Nachteilen für die dort Wohnenden, aber auch die übrige Stadtbevölkerung entstehen können. Nach alledem ist das öffentliche Interesse zu bejahen.[1471] Damit wird zudem offensichtlich nicht der verfassungs- und unionsrechtlich geschützte Zuzug verhindert.[1472] Das mit der Mietpreisbremse verfolgte Ziel ist legitim.[1473]

3. Eignung

Der Grundrechtseingriff ist dann geeignet, wenn er den legitimen Zweck fördern kann oder dessen Erreichen möglich ist. Die Regelung darf daher nicht von vornherein objektiv untauglich sein.[1474] Somit muss die Begrenzung der Neuvertragsmietenentwicklung die Verdrängung wirtschaftlich weniger leistungsfähiger Bevölkerungsgruppen aus stark nachgefragten Wohnungsmärkten verhindern können. Zunächst sind demnach die Auswirkungen der Mietpreisbremse auf die Mietenentwicklung zu untersuchen (a.). Nach Ansicht des Gesetzgebers erhöht eine veränderte Mie-

---

1471 So auch im Ergebnis, aber ohne Begründung, BVerfG (K), Beschl. v. 18.06.2019 – 1 BvL 1/18 u. a. = NJW 2019, 3054 (3057, Rn. 60); kritisch zur pauschalen These des BVerfG, dass dieses Ziel unzweifelhaft im öffentlichen Interesse liege, *Kühling*, NZM 2020, 521 (525).

1472 Siehe hierzu Kapitel 1, A. V. 2., und Kapitel 4, A. I. 5. a.

1473 Ebenso für dieses Ziel, aber ohne Begründung *Gustorff*, Mietpreisbremse und Bestellerprinzip, S. 305; *Schollmeier*, Die Gewährleistung von angemessenem und bezahlbarem Wohnraum als Verfassungsfrage, S. 279; *Schuldt*, Mietpreisbremse, S. 180; *Frank*, Die Mietpreisbremse, S. 23; *Kreuter-Kirchhof*, DÖV 2021, 103 (105); *Lange*, DVBl. 2015, 1551 (1555); vgl. *Tietzsch/Raabe*, WuM 2017, 688 (690); a. A. mit überhöhten, nicht überzeugenden Anforderungen an den Zweck (er müsse von Verfassungsrang sein) *Blankenagel/Schröder/Spoerr*, NZM 2015, 1 (16); weiterführend zu legitimen und illegitimen Zwecken *Merten*, in: Merten/Papier, Handbuch der Grundrechte III, § 68 Rn. 54–62.

1474 Hierzu und zum Vorstehenden BVerfG (K), Beschl. v. 18.06.2019 – 1 BvL 1/18 u. a. = NJW 2019, 3054 (3057, Rn. 61) m. w. N.; BVerfG, Beschl. v. 23.05.2018 – 1 BvR 97/14 u. a. = BVerfGE 149, 86 (118, Rn. 90) m. w. N.; BVerfG, Urt. v. 06.12.2016 – 1 BvR 2821/11 u. a. = BVerfGE 143, 246 (348, Rn. 285) m. w. N.; *Manssen*, Staatsrecht II, Rn. 218; *Kingreen/Poscher*, Grundrechte Staatsrecht II, Rn. 400; *Jarass*, in: Jarass/Pieroth, Art. 14 Rn. 37, und Art. 20 Rn. 118; *Papier/Shirvani*, in: Dürig u. a., Art. 14 Rn. 436 (83. EL/April 2018).

tenentwicklung den Grad an Gentrifizierung und verursacht eine Verdrängung aus dem Gebiet.[1475] Die Erkenntnisse hierzu bieten die Grundlage für die rechtliche Bewertung der Eignung der Mietpreisbremse (b.).

a) Dämpfungseffekt der Mietpreisbremse

Überwiegend[1476] bestätigt es sich, dass die Mietpreisbremse im Vergleich zu den unregulierten Marktsegmenten und damit Marktmieten das Wachstum der regulierten Neuvertragsmieten im niedrigen einstelligen Prozentbereich verlangsamt[1477]. Jedoch wird diese Aussage insoweit eingeschränkt, dass das Ausmaß der Verlangsamung in den regionalen Wohnungsmärkten stark divergiert, sodass sich mancherorts überhaupt keine Auswirkungen der Mietpreisbremse nachweisen lassen.[1478] Des Weiteren

---

1475 Vgl. die Begründung zum Gesetzentwurf, BT-Drs. 18/3121, S. 1, 15 und 18.

1476 Vor allem in neueren Studien der ökonomischen Forschungsliteratur; siehe die älteren Studien und damit zur a. A. *Kholodilin/Mense/Michelsen*, DIW Wochenbericht 2016, 492 (496–499), die keine Auswirkungen, eher sogar einen beschleunigten Preisanstieg feststellen; für Berlin nach einjähriger Geltung der Mietpreisbremse *Thomschke*, Empirical Evidence on Tent Dynamics in Germany, S. 65–71; ähnlich *Bodelschwingh/Dettmann/Schlichting*, Wiedervermietungsmieten und Mietpreisbremse in Berlin, 2016, S. 15; siehe auch *Hein/Thomschke*, Mietpreisbremse: Fahrkarte geschossen?, 2016, S. 1–3; allgemeiner *Weber/Lee*, International Journal of Housing Markets and Analysis 13 (2020), 635 (646–655); *Wissenschaftlicher Beirat beim Bundesministerium für Wirtschaft und Energie*, Soziale Wohnungspolitik, 2018, S. 8 f.; siehe ebenfalls die Kritik zur Mietpreispolitik per se in Kapitel 2, A. I. 2.

1477 Ähnlich BVerfG (K), Beschl. v. 18.06.2019 – 1 BvL 1/18 u. a. = NJW 2019, 3054 (3057 f., Rn. 63), das aber hierfür keine ökonomischen Erkenntnisse rezipiert; *Kreuter-Kirchhof*, DÖV 2021, 103 (105); *Tietzsch/Raabe*, WuM 2017, 688 (690); *Lange*, DVBl. 2015, 1551 (1555); zur Entwicklung der ortsüblichen Vergleichsmiete Kapitel 4, A. I. 5. b.

1478 Hierzu und zum Vorstehenden siehe den Überblick über die bis 2020 vorliegenden Studien und Bewertung bei *Simons/Tielkes u. a.*, Mantelgutachten zu den mietrechtlichen Verordnungen in Nordrhein-Westfalen, 2020, S. 42–44 sowie zur bisher wirkungslosen Mietpreisbremse in NRW S. 48 und 74 f.; *Thomschke*, ZIÖ 2019, 21 (31–33); *Michelsen/Mense*, Evaluierung der Mietpreisbremse, 2018, S. 20–24. Einen moderat dämpfenden Effekt bejahend *Thomschke*, German Economic Review 2019, 892 (901–911): Dämpfung um 2,8 bis 5,3 Prozent in Berlin, Hamburg und München, in Köln und Düsseldorf keine Dämpfung; *Breidenbach/Eilers/Fries*, Rent control and rental prices: High expectations, high effectiveness?, 2019, S. 14–22: durchschnittliche Dämpfung nur um 2,5 Prozent; *Kholodilin/Mense/Michelsen*, DIW Wochenbericht 2018, 107 (112 und 115–117); zu Berlin *Deschermeier/Seipelt/Voigtländer*, Evaluation deuten die Erkenntnisse der ökonomischen Forschungsliteratur darauf hin, dass die Wirkung der Mietpreisbremse vor allem vom bisherigen Wachstum der Neuvertragsmieten in der jeweiligen Stadt abhängt: Betrug es in den Jahren vor ihrer Einführung weniger als 3,9 Prozent jährlich, so dämpft und verlangsamt die Mietpreisbremse nicht die Mietpreisentwicklung. Bei einer darüber liegenden Mietenentwicklung verändert sich entweder die Entwicklung der Mietpreise oder – bei einem besonders hohen Wachstum – sinken die Neuvertragsmieten sogar einmalig ab, um dann langsamer anzuwachsen.[1479]

b) Verringerte Gentrifizierung schützenswerter Haushalte?

Nun gilt es zu untersuchen, ob der Dämpfungseffekt auch diejenigen Haushalte erreicht, deren Verdrängung die Mietpreisbremse explizit verhindern soll – nämlich die einkommensschwächeren Haushalte und die Durchschnittsverdiener[1480].

Eine ganz grundsätzliche Kritik an der Mietpreisbremse geht davon aus, dass sich ein Mieter mit einem unterdurchschnittlichen oder durchschnittlichen Einkommen aufgrund der Mietpreisdämpfung nun eher eine bestimmte Wohnung leisten und demnach sein Interesse an der Wohnung bekunden kann.[1481] Wenn der Vermieter bei seiner Mieterauswahl nicht über den Mietpreis differenzieren kann, dann anhand des Ausfallrisikos für die regulierte Miete. Seine Wahl wird daher in aller Regel auf einen Interessenten mit hoher Bonität fallen; der Mieter, der sich die Wohnung nun zwar eher (oder gerade noch) leisten kann, wird sie regelmäßig nicht

---

der Mietpreisbremse, 2017, S. 3, 15 f. und 19 f.; *Vaché/Malottki u. a.*, Wirksamkeit der in 2015 eingeführten Regelungen zur sogenannten Mietpreisbremse in Regionen mit angespannten Wohnungsmärkten, 2017, S. 44–94 und 109; den dämpfenden Effekt betont auch die Begründung zum Gesetzentwurf, BT-Drs. 18/3121, S. 21.

1479 Hierzu und zum Vorstehenden *Kholodilin/Mense/Michelsen*, DIW Wochenbericht 2018, 107 (112 und 115–117); allgemeiner *Simons/Tielkes u. a.*, Mantelgutachten zu den mietrechtlichen Verordnungen in Nordrhein-Westfalen, 2020, S. 44, 48 und 74 f.

1480 So die Begründung zum Gesetzentwurf, BT-Drs. 18/3121, S. 1, 15 f. und 18 f.

1481 Ähnlich BVerfG (K), Beschl. v. 18.06.2019 – 1 BvL 1/18 u. a. = NJW 2019, 3054 (3057, Rn. 62); *Leuschner*, NJW 2014, 1929 (1930); siehe auch *Gustorff*, Mietpreisbremse und Bestellerprinzip, S. 311 f.; *Frank*, Die Mietpreisbremse, S. 24; *Kreuter-Kirchhof*, DÖV 2021, 103 (105); *Lange*, DVBl. 2015, 1551 (1555).

bekommen.[1482] Es kann aber auch Ausnahmesituationen geben, in denen der einkommensschwächere Haushalt den Zuschlag erhält.[1483] Daneben können die gedämpften Preise den Wohnflächenkonsum einkommensstärkerer Haushalte erhöhen, sodass Wohnraum öfter fehlalloziert wird.[1484] Außerdem werden die Wohnungen mit ihren gedämpften Preisen attraktiver für einkommensstärkere Haushalte aus anderen Regionen, sodass sich die Wohnungsnachfrage erhöht.[1485] Zugleich kann die Mietpreisbremse das Mietwohnungsangebot verringern.[1486]

Diese grundsätzliche Kritik zieht die Eignung der Mietpreisbremse in Zweifel. Jedoch bedürfen diese Annahmen, auch wenn auch sie sehr naheliegen, auch der empirischen Bestätigung. In der ökonomischen Forschungsliteratur finden sich Analysen zu den erwartbaren Nebenwirkungen von Mietpreisregulierungen auf dem Markt,[1487] jedoch gibt es noch sehr wenige empirische Erkenntnisse zur Kausalität zwischen Mietpreisregulierungen und Marktergebnissen, speziell einer verbesserten Marktsitua-

---

1482 Hierzu und zum Vorstehenden Kapitel 2, A. I. 2. a. aa.; ebenso BVerfG (K), Beschl. v. 18.06.2019 – 1 BvL 1/18 u. a. = NJW 2019, 3054 (3057 f., Rn. 62 und 64); *Gustorff*, Mietpreisbremse und Bestellerprinzip, S. 310 f.; *Schuldt*, Mietpreisbremse, S. 181 f.; *Leuschner*, NJW 2014, 1929 (1930); vgl. auch *Papier*, DRiZ 2021, 456 (458 f.).

1483 *Schuldt*, Mietpreisbremse, S. 183; *Leuschner*, NJW 2014, 1929 (1930); ähnlich BVerfG (K), Beschl. v. 18.06.2019 – 1 BvL 1/18 u. a. = NJW 2019, 3054 (3058, Rn. 64), das diesen Fall nicht ausschließt; AG Berlin-Neukölln, Urt. v. 08.09.2016 – 11 C 414/15 = NZM 2017, 31 (32); ähnlich *Frank*, Die Mietpreisbremse, S. 24; *Gustorff*, Mietpreisbremse und Bestellerprinzip, S. 311 f., dem aber bereits die Bewerbung und damit die Möglichkeit des Zuschlags ausreicht.

1484 Siehe Kapitel 2, A. I. 2. a. aa.; ebenso *Schuldt*, Mietpreisbremse, S. 72; *Frank*, Die Mietpreisbremse, S. 24; a. A. *Schollmeier*, Die Gewährleistung von angemessenem und bezahlbarem Wohnraum als Verfassungsfrage, S. 280 f., die diese These ablehnt, dabei aber übersieht, dass einkommensschwächere Haushalte auch Familien mit Kindern sein können, die auf die Vierzimmerwohnung stärker angewiesen sein dürften als das ein Zweipersonenhaushalt.

1485 Siehe Kapitel 2, A. I. 2. a. aa.; so auch BVerfG (K), Beschl. v. 18.06.2019 – 1 BvL 1/18 u. a. = NJW 2019, 3054 (3057, Rn. 62); *Gustorff*, Mietpreisbremse und Bestellerprinzip, S. 310; *Schuldt*, Mietpreisbremse, S. 72 und 181; dieses Argument teilweise relativierend *Frank*, Die Mietpreisbremse, S. 24 f., wonach diese Wohnquartiere für einkommensschwächere Haushalte nicht in den attraktiven Stadtteilen lägen.

1486 Siehe Kapitel 2, A. I. 2. a. aa.; ebenso BVerfG (K), Beschl. v. 18.06.2019 – 1 BvL 1/18 u. a. = NJW 2019, 3054 (3057, Rn. 62); *Schuldt*, Mietpreisbremse, S. 72 und 181–183.

1487 Siehe hierzu umfassend bereits Kapitel 2, A. I. 2.

tion der Nachfrager. Insbesondere zur Mietpreisbremse ist der Erkenntnisstand noch äußerst gering; teilweise beschränken sich die Ergebnisse auf eine einzige Stadt.[1488] Die bisherigen Erkenntnisse zeigen aber, dass sich für die einkommensschwächeren Haushalte die Situation nur unwesentlich und teilweise gar nicht verbessert: In einigen Wohnungsmärkten profitieren von der Dämpfung ausschließlich die Mieter von Wohnungen im oberen Preissegment und damit Haushalte mit einem überdurchschnittlichen Einkommen; in anderen Märkten verbessert sich die Marktsituation der Haushalte mit einem zumindest durchschnittlichen Einkommen. Mit der Zeit nehmen die Dämpfungseffekte für alle Haushalte ab und verpuffen dann ganz.[1489]

c) Zwischenfazit

Nach alledem kann aber nicht ausgeschlossen werden, dass der Zweck der Mietpreisbremse, nämlich die Verdrängung wirtschaftlich weniger leistungsfähiger Bevölkerungsgruppen aus stark nachgefragten Wohnungsmärkten zu verhindern, erreicht werden kann. Die Mietpreisbremse kann damit nicht von vornherein als objektiv untauglich qualifiziert werden. Sie ist also geeignet, wenngleich ihr nur eine begrenzte Wirksamkeit zugesprochen wird.[1490] Es besteht die Möglichkeit, dass sich ein einkommensschwä-

---

1488 Hierzu und zum Vorstehenden *Michelsen/Mense*, Evaluierung der Mietpreisbremse, 2018, S. 35 f. und 41.

1489 Hierzu und zum Vorstehenden *Breidenbach/Eilers/Fries*, Rent control and rental prices: High expectations, high effectiveness?, 2019, S. 14–22; *Holm/Junker/Neitzel*, Wem nutzen wohnungspolitische Maßnahmen?, 2018, S. 64–69; *Möbert*, Deutsche Wohnungspolitik, 2017, S. 3; zu Berlin *Thomschke*, Empirical Evidence on Tent Dynamics in Germany, S. 65–71; *Deschermeier/Seipelt/Voigtländer*, Evaluation der Mietpreisbremse, 2017, S. 3 und 18–20; zu den begrenzten empirischen Erkenntnissen der internationalen Forschungsliteratur siehe *Michelsen/Mense*, Evaluierung der Mietpreisbremse, 2018, S. 36–38 m. w. N., die vor allem bei Bestandsmietverhältnissen zu dem Ergebnis kommen, dass Mietpreisregulierungen ganz überwiegend Umzüge verhindern und damit die Fehlbelegung von Wohnungen erhöhen; ebenso mit einem Überblick für die Forschungsliteratur *Sturtevant*, The Impacts of Rent Control, 2018, S. 10–12 und 15–17; vgl. auch *Deschermeier/Seipelt/Voigtländer*, Evaluation der Mietpreisbremse, 2017, S. 20.

1490 Hierzu und zum Vorstehenden im Ergebnis ebenso BVerfG (K), Beschl. v. 18.06.2019 – 1 BvL 1/18 u. a. = NJW 2019, 3054 (3057 f., Rn. 62–64); LG Berlin, Urt. v. 29.03.2017 – 65 S 424/16 = NZM 2017, 332 (335, Rn. 37 und 39–43); AG Berlin-Schöneberg, Urt. v. 20.09.2017 – 7 C 118/17 = BeckRS 2017, cherer Haushalt wegen der Dämpfung eine Mietwohnung noch leisten kann, sein Interesse bekundet und den Zuschlag erhält, auch wenn das die Ausnahme sein wird.

Zudem zeigt die ökonomische Forschung einen bisher geringen dämpfenden Effekt bei den Marktmieten, der sich zumindest noch bei den Durchschnittsverdienern und ihrer Mietsituation, aber offenbar nicht mehr bei den einkommensschwächeren Haushalten auswirkt. Die hier erörterten Erkenntnisse der ökonomischen Forschungsliteratur gilt es in der Angemessenheitsprüfung und der dortigen Abwägung zu berücksichtigen.[1491]

4. Erforderlichkeit

In den Worten des BVerfG ist ein Grundrechtseingriff erst dann nicht erforderlich, „wenn ein sachlich gleichwertiges, zweifelsfrei gleich wirksames, die Grundrechtsberechtigten weniger beeinträchtigendes Mittel zur Verfügung steht, um den mit dem Gesetz verfolgten Zweck zu erreichen". Wegen des dem Gesetzgebers zustehenden Beurteilungs- und Prognosespielraums prüft das Gericht aber nicht, ob er die bestmögliche Lösung zur Bewältigung des hinter dem Gesetz stehenden Problems gewählt hat.[1492] Besonders zu erwägen als Alternativen zur Förderung des Zwecks der Mietpreisbremse sind das Wohngeld und der sozialen Wohnungsbau (a.),

148102 Rn. 21 f.; AG Berlin-Neukölln, Urt. v. 08.09.2016 – 11 C 414/15 = NZM 2017, 31 (32); *Gustorff*, Mietpreisbremse und Bestellerprinzip, S. 313; *Schollmeier*, Die Gewährleistung von angemessenem und bezahlbarem Wohnraum als Verfassungsfrage, S. 281; *Schuldt*, Mietpreisbremse, S. 183; *Frank*, Die Mietpreisbremse, S. 25; *Kreuter-Kirchhof*, DÖV 2021, 103 (105); *Kühling*, NZM 2020, 521 (525 f.); *Lange*, DVBl. 2015, 1551 (1555); die Eignung bezweifelnd *Leuschner*, NJW 2014, 1929 (1932); *Schultz*, ZRP 2014, 37 (41). A. A. *Blankenagel/Schröder/Spoerr*, NZM 2015, 1 (17).

1491 Siehe sogleich Kapitel 4, A. I. 5., dort vor allem 5. c.; ebenso *Kühling*, Gentrifizierung als Rechtsproblem – Wohnungspolitik ohne ökonomische und rechtsstaatliche Leitplanken?, S. 31–33; *Schollmeier*, Die Gewährleistung von angemessenem und bezahlbarem Wohnraum als Verfassungsfrage, S. 284; *Kühling*, NZM 2020, 521 (526 f.).

1492 Hierzu und zum Vorstehenden BVerfG (K), Beschl. v. 18.06.2019 – 1 BvL 1/18 u. a. = NJW 2019, 3054 (3058, Rn. 66); BVerfG, Beschl. v. 23.05.2018 – 1 BvR 97/14 u. a. = BVerfGE 149, 86 (120, Rn. 94) m. w. N.; *Manssen*, Staatsrecht II, Rn. 220; *Kingreen/Poscher*, Grundrechte Staatsrecht II, Rn. 402 und 404; *Jarass*, in: Jarass/Pieroth, Art. 14 Rn. 38 und Art. 20 Rn. 119.

ein Anknüpfen der Mietpreisbremse an die Marktmiete als Alternative zur ortsüblichen Vergleichsmiete (b.), ein Tauschrecht der Mieter für Mietwohnungen (c.) und eine Modifikation des Milieuschutzes im BauGB dar (d.). Zuletzt ist auf sonstige Lösungsoptionen einzugehen (e.).

a) Wohngeld und sozialer Wohnungsbau?

Alternativen zur Mietpreisbremse könnten staatliche Leistungen sein. Denkbar wären eine Erhöhung des Wohngeldes und die Ausdehnung der Empfangsberechtigung des Wohngelds auf andere Haushaltsgruppen, damit davon nicht nur ein Teil der schutzwürdigen Haushalte profitiert.[1493] Eine Alternative hierzu wäre der verstärkte Ausbau des sozialen Wohnungsbaus. Beim Wohngeld besteht die Gefahr, dass es durch Mietpreissteigerungen abgeschöpft wird und damit verpufft.[1494] Beim sozialen Wohnungsbau ist aber kritisch zu hinterfragen, ob er mindestens ebenso geeignet ist wie eine Neuvertragsmietenregulierung, da beispielsweise ein einmal berechtigter Haushalt bei deutlicher Verbesserung seines Haushaltseinkommens nicht aus dieser Sozialwohnung wieder ausziehen muss. Außerdem müssten diese Sozialwohnungen erst gebaut werden[1495] und stehen daher nicht als kurz- bis mittelfristige Lösung mit ihren günstigen Mieten zur Verfügung.[1496] Des Weiteren wäre es keinesfalls sicher, dass die Stärkung des sozialen Wohnungsbaus eine dämpfende Wirkung auf die Mietpreise hat, sodass sie auch den einkommensschwächeren Haushalten, die keinen Zugang zu einer Sozialwohnung haben, die Anmietung

---

1493 Ebenso *Gustorff*, Mietpreisbremse und Bestellerprinzip, S. 324.

1494 Hierzu weiterführend *Schuldt*, Mietpreisbremse, S. 187 f. (auch m. w. N.); *Wissenschaftlicher Dienst des Deutschen Bundestages*, Verfassungsrechtlicher Rahmen für die Einführung einer sog. Mietpreisbremse, 2014, S. 8; ebenso *Gustorff*, Mietpreisbremse und Bestellerprinzip, S. 324; *Schollmeier*, Die Gewährleistung von angemessenem und bezahlbarem Wohnraum als Verfassungsfrage, S. 281; *Kühling/Sebastian/Siegloch*, Frankfurter Allgemeine Zeitung vom 15.10.2021, 16 (16); ähnlich *Kühling*, NZM 2020, 521 (526); *Lange*, DVBl. 2015, 1551 (1555).

1495 Siehe zu den langen Prozessen bis zur Fertigstellung und ihren Ursachen Kapitel 1, A. IV. 1. b. und h. sowie A. IV. 2. a. und d.

1496 Ebenso BVerfG (K), Beschl. v. 18.06.2019 – 1 BvL 1/18 u. a. = NJW 2019, 3054 (3058, Rn. 67); *Gustorff*, Mietpreisbremse und Bestellerprinzip, S. 323; *Schollmeier*, Die Gewährleistung von angemessenem und bezahlbarem Wohnraum als Verfassungsfrage, S. 281; dies räumt auch *Schuldt*, Mietpreisbremse, S. 185, ein.

einer Wohnung erleichtern würde.[1497] Denn die wenigen freien Grundstücke in angespannten Wohnungsmärkten würden so oder so bebaut. Die Investoren wären auf die Förderungen des sozialen Wohnungsbaus nicht angewiesen, denn beispielsweise kann beim Wohnungsbau aufgrund der aktuellen Niedrigzinsphase leichter auf Fremdkapital zurückgegriffen werden[1498]. Daneben gilt es zu berücksichtigen, dass der Investor – bei einer aktuellen kommunalen Quote von 30 bis zuweilen 40 Prozent an Sozialwohnungen in einem neu gebauten Haus – bei den (übrigen) 60 bis 70 Prozent der Wohnungen im Haus, die keine Sozialwohnung sind, zur Erreichung seiner Investitionsziele Mietaufschläge vornehmen wird, um die Mieteinbußen durch die Sozialwohnungsquote auszugleichen. Ergänzend sei noch angemerkt, dass die Mieten des sozialen Wohnungsbaus gem. § 558 Abs. 2 S. 2 BGB nicht die Bildung der künftigen ortsüblichen Vergleichsmiete beeinflussen, dagegen aber die übrigen und bindungsfreien Mietwohnungen im Haus mit ihren um Mietaufschläge erhöhten Mieten.

Aus den genannten Gründen weisen beide Lösungsoptionen nicht die gleiche Eignung wie die Neuvertragsmietenregulierung auf. Die Mietpreisbremse ist damit im Vergleich mit ihnen erforderlich.[1499] Außerdem bedingen beide Optionen eine nicht unerhebliche, finanzielle Belastung des Staates und stellen daher auch aufgrund des haushaltspolitischen Spielraums des Gesetzgebers keine gleich geeigneten Maßnahmen dar.[1500]

1497 So aber *Schuldt*, Mietpreisbremse, S. 185; *Gustorff*, Mietpreisbremse und Bestellerprinzip, S. 323; *Wissenschaftlicher Dienst des Deutschen Bundestages*, Verfassungsrechtlicher Rahmen für die Einführung einer sog. Mietpreisbremse, 2014, S. 8.

1498 Siehe Kapitel 2, B. I. 2. c.

1499 So im Ergebnis auch *Gustorff*, Mietpreisbremse und Bestellerprinzip, S. 323 und 325; *Schuldt*, Mietpreisbremse, S. 185–188; a. A. *Blankenagel/Schröder/Spoerr*, NZM 2015, 1 (17).

1500 Vgl. BVerfG, Urt. v. 02.03.2010 – 1 BvR 256/08 u. a. = BVerfGE 125, 260 (360); BVerfG, Beschl. v. 27.02.2007 – 1 BvL 10/00 = BVerfGE 117, 272 (298 f.); BVerfG, Beschl. v. 13.06.2006 – 1 BvL 9/04 u. a. = BVerfGE 116, 96 (127 f.); BVerfG, Beschl. v. 18.11.2003 – 1 BvR 30/96 = BVerfGE 109, 64 (86); BVerfG, Beschl. v. 14.11.1989 – 1 BvL 14/85 u. a. = BVerfGE 81, 70 (91 f.); BVerfG, Beschl. v. 06.10.1987 – 1 BvR 1086/82 u. a. = BVerfGE 77, 84 (110 f.); siehe *Jarass*, in: Jarass/Pieroth, Art. 20 Rn. 119; *Schulze-Fielitz*, in: Dreier, Art. 20 Rn. 183; *Sachs*, in: ders., Art. 20 Rn. 152; *Bickenbach*, Die Einschätzungsprärogative des Gesetzgebers, S. 328 f.; so wohl auch BVerfG (K), Beschl. v. 18.06.2019 – 1 BvL 1/18 u. a. = NJW 2019, 3054 (3058, Rn. 67); ebenso *Kühling*, NZM 2020, 521 (526), sowie *Kühling*, Gentrifizierung als Rechtsproblem – Wohnungspolitik ohne ökonomische und rechtsstaatliche Leitplanken?, S. 30, der in diesem haushaltspolitischen Kontext auch auf die

b) Mietpreisbremse auf Basis von Marktmieten oder Neuvertragsmieten?

Eine gangbare Alternative zur Mietpreisbremse könnte eine andere Art der Mietpreisregulierung darstellen. Denkbar wäre es, bei § 556d Abs. 1 BGB – als Alternative zur ortsüblichen Vergleichsmiete – an die durchschnittlichen Marktmieten anzuknüpfen oder bei der Bildung der ortsüblichen Vergleichsmiete ausschließlich nur die Neuvertragsmieten einzubeziehen[1501] und hierbei somit die Mieterhöhungen im Bestandsmietverhältnis auszublenden. Die ortsübliche Vergleichsmiete weist zwar einen Marktbezug auf, jedoch lag sie bereits in der Vergangenheit 30 Prozent unter der Marktmiete[1502]. Knüpft die Mietpreisbremse an die durchschnittliche Marktmiete an, würde dies die größer werdende Diskrepanz der Vergleichsmiete zur Marktmiete auflösen. Stützt man dagegen die ortsübliche Vergleichsmiete nur auf die Neuvertragsmieten, würde dies – im Vergleich zur bisherigen Bildung der Vergleichsmiete gem. § 558 Abs. 2 S. 1 BGB – den Marktbezug dieser Vergleichsmiete zumindest verbessern.

Mit Anknüpfen an die durchschnittliche Marktmiete würde sich aber zum einen nur ein wesentlich geringerer Dämpfungseffekt einstellen als derjenige, der sich sonst bei der ortsüblichen Vergleichsmiete ergibt. Zum anderen ergäbe sich ein gewisser „Spread“ zwischen der regulierten Bestandsmiete[1503] und der regulierten Neuvertragsmiete auf Basis der durchschnittlichen Marktmiete, sodass umziehende Haushalte einen deutlichen Mietpreisaufschlag bezahlen müssten. Dies würde das Ziel der Verhinderung von Verdrängungseffekten konterkarieren, soweit nicht auch die Vorgaben für eine Bestandsmieterhöhung gem. § 558 BGB verändert werden. Die zweite Option, bei der ortsüblichen Vergleichsmiete ausschließlich auf die Neuvertragsmieten abzustellen, würde das Anwachsen der ortsüblichen Vergleichsmieten ebenfalls weniger stark als die jetzige Mietpreisbremse abschwächen, da die Neuvertragsmieten größtenteils über den

---

ausbleibenden steuerpflichtigen Mietmehreinnahmen wegen der Neuvertragsmietenbegrenzung durch die Mietpreisbremse hinweist; ähnlich LG Berlin, Urt. v. 20.06.2018 – 64 S 199/17 = WuM 2018, 502 (504); *Gustorff*, Mietpreisbremse und Bestellerprinzip, S. 324 f.; siehe zum bestehenden eingeschränkten Gestaltungsspielraum Kapitel 4, A. I. 1.

1501 So *Kühling/Sebastian/Siegloch*, Frankfurter Allgemeine Zeitung vom 15.10.2021, 16.

1502 Siehe Kapitel 3, B. IV. 1. b.

1503 Siehe Kapitel 3, B. IV. 1. c.

Bestandsmieterhöhungen liegen[1504]. Diese beiden Regelungsalternativen wären zwar für die Vermieter insgesamt mildere Eingriffe, jedoch sind sie zur Zweckerreichung nicht gleich geeignet.[1505]

c) Tauschrechte von Mietwohnungen?

Denkbar wäre auch ein Tauschrecht für umzugswillige Mieter von Wohnungen mit einer Duldungspflicht des Vermieters. So könnten beide Tauschpartner den durch die Bestandsmietenregulierung geschützten Mietvertrag übernehmen und die größtenteils günstigeren Bestandsmieten fortführen. Folglich bedürfte es keiner Neuvertragsmietenregulierung, es reicht die der Bestandsmieten[1506] aus. Ein weiterer Vorteil ergibt sich für die übrigen Mieter bei der künftigen Bildung der ortsüblichen Vergleichsmiete. Durch den fortgeführten Bestandsmietvertrag fließen nur die dortigen Erhöhungen bis zur Grenze des § 558 Abs. 1 S. 1 BGB in die Bemessung der ortsüblichen Vergleichsmiete ein (siehe § 558 Abs. 2 S. 1 BGB). Im Falle der Mietpreisbremse findet dagegen der neue Mietvertrag mit dem zehnprozentigen Aufschlag nach § 556d Abs. 1 BGB Eingang in die Bemessung der künftigen ortsüblichen Vergleichsmiete. Somit werden auch die Steigerungsraten der ortsüblichen Vergleichsmiete in den künftigen Jahren gedämpft. Das Tauschmodell könnte aber den Vermieter dazu veranlassen, die Wohnungen nicht mehr regelmäßig instandzuhalten, wie er das sonst nach Ende des Mietverhältnisses getan hätte,[1507] und somit eine qualitative Abwärtsspirale der hiervon betroffenen Wohnungen in Gang zu setzen. Es ist aber denkbar, dieses Risiko mit einer dementsprechenden Zusatzregelung zu dem Tauschrecht teilweise oder sogar ganz abzufedern.

Wohnungen zeichnen sich aber durch ihre Heterogenität aus,[1508] so dass ein Tausch nicht besonders wahrscheinlich sein dürfte. Außerdem käme diese Lösung aufgrund der Standortbindung der Wohnung[1509] bei aus

---

1504 Siehe zur stärkeren Entwicklung der Neuvertrags- als der der Bestandsmieten Kapitel 2, B. I. 2. a.

1505 So im Ergebnis auch *Gustorff*, Mietpreisbremse und Bestellerprinzip, S. 317.

1506 Siehe hierzu Kapitel 3, B. IV. 1. c.

1507 Beispielsweise bewirkt die wirksame Vereinbarung einer Schönheitsreparaturklausel im künftigen Mietverhältnis das Überlassen einer renovierten Wohnung an den Mieter.

1508 Siehe Kapitel 1, A. IV. 1. f.

1509 Siehe hierzu Kapitel 1, A. IV. 1. c.

der Stadt wegziehenden Haushalten nicht zum Tragen. Der Vermieter entginge damit zwar der Neuvertragsmietenregulierung. Er wird aber beim Tauschrecht das ihm entgangene Mietsteigerungspotential zur Erreichung seiner Investitionsziele[1510] beim Neuabschluss nachholen und die Miete damit stärker anheben, wenn er die Möglichkeit dazu hat, und dabei in Kenntnis des ihn in der Zukunft möglicherweise treffenden Tauschrechts handeln. Dies relativiert auch den soeben beschriebenen, positiven Effekt auf die künftige Bildung der ortsüblichen Vergleichsmiete gem. § 558 Abs. 2 S. 1 BGB. Zudem nimmt das Tauschrecht des Mieters dem Vermieter das Recht, seinen Vertragspartner selbst auszusuchen, und gegebenenfalls erhält er so einen Mieter mit einem höheren Mietausfallrisiko. Diesen Nachteil für den Vermieter könnte man durch das Erfordernis der Zustimmung des Vermieters kompensieren. Jedoch ginge damit – je nach Ausgestaltung des Tauschrechts – eine deutlich geringere Wahrscheinlichkeit für einen Tausch einher. Des Weiteren kann auch das Tauschrecht nicht garantieren, dass hiervon die besonders schutzwürdigen Haushalte profitieren. Zwar ist der Anbieter der Mietwohnung am Markt mittels Tauschs dann ein Mieter, jedoch wird auch er verstärkt auf die Bonität des Tauschpartners achten müssen, sollte das Tauschrecht so ausgestaltet werden, dass der Vermieter dem Tausch zustimmen muss.

Demnach könnte zwar ein Tauschrecht – je nach seiner konkreten Ausgestaltung – ein milderes Mittel als die Mietpreisbremse darstellen. Jedoch ist es zur Zweckerreichung ebenfalls nicht gleich geeignet.

d) Baurechtlicher Milieuschutz für das gesamte Stadtgebiet angespannter Wohnungsmärkte

Eine weitere Option wäre die rechtliche Erweiterung des bestehenden baurechtlichen Milieuschutzes nach § 172 Abs. 1 S. 1 Nr. 2, S. 4 und Abs. 4 BauGB zum Erhalt der Zusammensetzung der Wohnbevölkerung, sodass er für das gesamte Stadtgebiet gelten kann.[1511] Der Milieuschutz verhindert aber nur die mietpreiserhöhende Modernisierung (vor allem die in § 556f S. 2 BGB zugelassene), die Umnutzung von Wohnraum und die verdrängungsproblematische Begründung von Wohnungseigentum.[1512]

1510 Siehe umfassend hierzu Kapitel 1, B. II.
1511 Dies ist aktuell nicht möglich, siehe Kapitel 3, B. IV. 2. a. cc. (2) (a).
1512 Siehe zur Verhinderung von Umnutzungen Kapitel 3, B. II. 2. b. dd., B. II. 2. c. dd. und B. II. 2. d. cc.; zur Regulierung der Begründung von Woh-

Dagegen sollen umfassende Modernisierungen mit der Mietpreisbremse gem. § 556f S. 2 BGB gerade weiterhin möglich sein.[1513] Dies lässt es bereits fraglich erscheinen, ob diese Option ebenso zur Zielerreichung geeignet ist wie die Mietpreisbremse. Des Weiteren sind im Milieuschutzgebiet die Neuvertragsmieten frei, sodass hier mietpreisbedingte Verdrängungseffekte ebenfalls nicht ausgeräumt werden, die die Mietpreisbremse verhindern soll.[1514] Die Mietpreisbremse deckt damit einen Bereich ab, den der Milieuschutz nach § 172 BauGB nicht reguliert. So ist dieser Option die gleiche Eignung zur Zweckerreichung abzusprechen.

e) Sonstige Lösungswege

Die verbesserte Verfügbarkeit von Bauland, die steuerliche Förderung der privaten Wohnungsbautätigkeit oder die Deregulierung baurechtlicher Anforderungen stellen keine milderen, gleich geeigneten Mittel zur Mietpreisbremse dar. Die Maßnahmen können alle nicht kurz- bis mittelfristig wirken.[1515] Steuererleichterungen für Vermieter, staatliche Mietbürgschaften[1516] oder der Kauf von Belegungsrechten, die die Staatskasse belasten, sind aufgrund des haushaltspolitischen Gestaltungsspielraums des Gesetzgebers als nicht gleich geeignet anzusehen.[1517]

---

nungseigentum Kapitel 3, B. IV. 2. a. und B. IV. 2. a. aa.; zur Verhinderung umfassender Modernisierungen Kapitel 3, C. I. 2., und im Zusammenspiel mit der Ausnahmevorschrift des § 556f S. 2 BGB Kapitel 3, C. IV. 2.

1513 Siehe zu den Anforderungen des § 556f S. 2 BGB Kapitel 3, C. III. 1. a.

1514 Siehe zum legitimen Zweck der Mietpreisbremse Kapitel 4, A. I. 2.

1515 Hierzu und zum Vorstehenden ebenso der Begründung zum Gesetzentwurf, BT-Drs. 18/3121, S. 15 und 19; *Lange*, DVBl. 2015, 1551 (1555); weiterführend *Schuldt*, Mietpreisbremse, S. 189; für die Förderung des Wohnungsneubaus ebenso *Frank*, Die Mietpreisbremse, S. 25; *Gustorff*, Mietpreisbremse und Bestellerprinzip, S. 323; ähnlich AG Berlin-Neukölln, Urt. v. 08.09.2016 – 11 C 414/15 = NZM 2017, 31 (32).

1516 Erwähnt bei *Leuschner*, NJW 2014, 1929 (1932).

1517 Siehe Kapitel 4, A. I. 4. a., und zum eingeschränkten Gestaltungsspielraum Kapitel 4, A. I. 1.; weiterführend hierzu *Gustorff*, Mietpreisbremse und Bestellerprinzip, S. 325 f.

f) Zwischenfazit

Andere im Vergleich zur Mietpreisbremse gleich geeignete und mildere Mittel zur Verhinderung der mietpreisbedingten Verdrängung schutzwürdiger Bevölkerungsgruppen stehen nicht zur Verfügung. Die Mietpreisbremse ist erforderlich.[1518]

5. Angemessenheit

Ein Grundrechtsangriff ist dann angemessen, wenn die nun anzustellende „Gesamtabwägung zwischen der Schwere des Eingriffs einerseits und dem Gewicht und der Dringlichkeit der ihn rechtfertigenden Gründe andererseits" die Grenze der Zumutbarkeit wahrt, insbesondere die vermietenden Eigentümer nicht übermäßig von der Mietpreisbremse belastet werden.[1519] Dabei sind wegen der Sozialpflichtigkeit des Eigentums nach Art. 14 Abs. 2 GG die Eigentumsfreiheit und die Sozialbindung in einen gerechten Ausgleich zu bringen.[1520] In der Gesamtabwägung sind die Belange

---

1518 So im Ergebnis auch BVerfG (K), Beschl. v. 18.06.2019 – 1 BvL 1/18 u. a. = NJW 2019, 3054 (3058, Rn. 67); AG Berlin-Schöneberg, Urt. v. 20.09.2017 – 7 C 118/17 = BeckRS 2017, 148102 Rn. 23; AG Berlin-Neukölln, Urt. v. 08.09.2016 – 11 C 414/15 = NZM 2017, 31 (32); *Gustorff*, Mietpreisbremse und Bestellerprinzip, S. 316–326; *Schollmeier*, Die Gewährleistung von angemessenem und bezahlbarem Wohnraum als Verfassungsfrage, S. 281 f.; *Schuldt*, Mietpreisbremse, S. 185–189; *Frank*, Die Mietpreisbremse, S. 25; *Kühling*, NZM 2020, 521 (526); *Lange*, DVBl. 2015, 1551 (1555); *Wissenschaftlicher Dienst des Deutschen Bundestages*, Verfassungsrechtlicher Rahmen für die Einführung einer sog. Mietpreisbremse, 2014, S. 8; a. A. *Blankenagel/Schröder/Spoerr*, NZM 2015, 1 (18).

1519 BVerfG (K), Beschl. v. 18.06.2019 – 1 BvL 1/18 u. a. = NJW 2019, 3054 (3058, Rn. 68); BVerfG, Beschl. v. 23.05.2018 – 1 BvR 97/14 u. a. = BVerfGE 149, 86 (121, Rn. 95); BVerfG, Beschl. v. 08.06.2010 – 1 BvR 2011/07 u. a. = BVerfGE 126, 112 (152 f.); BVerfG, Beschl. v. 17.10.1990 – 1 BvR 283/85 = BVerfGE 83, 1 (19) m. w. N.; *Kingreen/Poscher*, Grundrechte Staatsrecht II, Rn. 406 und 414; *Manssen*, Staatsrecht II, Rn. 223; *Jarass*, in: Jarass/Pieroth, Art. 14 Rn. 39 und Art. 20 Rn. 120; *Sommermann*, in: v. Mangoldt u. a., Art. 20 Rn. 314.

1520 BVerfG (K), Beschl. v. 18.06.2019 – 1 BvL 1/18 u. a. = NJW 2019, 3054 (3057, Rn. 53 und 55); BVerfG, Urt. v. 06.12.2016 – 1 BvR 2821/11 u. a. = BVerfGE 143, 246 (341, Rn. 268); BVerfG, Beschl. v. 07.12.2004 – 1 BvR 1804/03 = BVerfGE 112, 93 (109); BVerfG, Urt. v. 23.11.1999 = BVerfGE 101, 239 (259); *Kingreen/Poscher*, Grundrechte Staatsrecht II, Rn. 1160; *Wendt*, in: Sachs, Art. 14 Rn. 70–73; *Bryde/Wallrabenstein*, in: v. Münch u. a., Art. 14

von Mietern und Vermietern wie auch das Marktgeschehen am Mietwohnungsmarkt zu berücksichtigen.[1521] Wenn die Neuvertragsmietenregulierung bei voller Ausschöpfung der Mieterhöhungsmöglichkeiten dauerhaft Verluste für die Vermieter generiert oder die Substanz der Mietsache gefährdet, ist unabhängig vom Ausgleich der Verluste durch ein bestehendes Privatvermögen[1522] von der Unangemessenheit der Mietpreisbremse auszugehen.[1523]

Zunächst sind die Bedeutung des staatlichen Zwecks (a.) sowie die Intensität des Grundrechtseingriffs für die vermietenden Eigentümer zu untersuchen (b.). Dabei ist auch zu klären, ob die Neuvertragsmietenregulierung zu dauerhaften Verlusten führt. Stehen die Bedeutung des staatlichen Zwecks und die Intensität des Grundrechtseingriffs fest und ergeben sich keine dauerhaften Verluste, so können die Abwägung vorgenommen und die Frage nach der Angemessenheit der §§ 556d ff. BGB beantwortet werden (c.).

Rn. 108; *Depenheuer/Froese*, in: v. Mangoldt u. a., Art. 14 Rn. 231, sowie *Jarass*, in: Jarass/Pieroth, Art. 14 Rn. 39, jeweils m. w. N.

1521 So grundsätzlich auch BVerfG (K), Beschl. v. 18.06.2019 – 1 BvL 1/18 u. a. = NJW 2019, 3054 (3058 f., Rn. 69 und 74); siehe Kapitel 4, A. I. 1. b., wonach dies im Mietpreisbremsenbeschluss des BVerfG nur teilweise erfolgt.

1522 Vgl. BVerfG, Beschl. v. 16.02.2000 – 1 BvR 242/91 u. a. = BVerfGE 102, 1 (23); *Wendt*, in: Sachs, Art. 14 Rn. 86a; *Jarass*, in: Jarass/Pieroth, Art. 14 Rn. 39.

1523 BVerfG (K), Beschl. v. 18.06.2019 – 1 BvL 1/18 u. a. = NJW 2019, 3054 (3058 und 3061, Rn. 69 und 88 f.); BVerfG, Beschl. v. 22.11.1994 – 1 BvR 351/91 = BVerfGE 91, 294 (310); BVerfG (K), Beschl. v. 03.04.1990 – 1 BvR 268/90 u. a. = NJW 1992, 1377 (1378); BVerfG, Beschl. v. 04.12.1985 – 1 BvL 23/84 u. a. = BVerfGE 71, 230 (250); BGH, Urt. v. 08.06.2011 – VIII ZR 226/09 = NJW-RR 2011, 1517 (1518, Rn. 16); BGH, Urt. v. 28.04.2004 – VIII ZR 178/03 = NZM 2004, 545 (547); *Jarass*, in: Jarass/Pieroth, Art. 14 Rn. 71; *Wendt*, in: Sachs, Art. 14 Rn. 137; *Bryde/Wallrabenstein*, in: v. Münch u. a., Art. 14 Rn. 114; *Depenheuer/Froese*, in: v. Mangoldt u. a., Art. 14 Rn. 381; *Papier/Shirvani*, in: Dürig u. a., Art. 14 Rn. 433 (83. EL/April 2018); siehe auch *Fleindl*, in: Gsell u. a., BeckOGK, § 556d BGB Rn. 10 (Stand: Okt. 2021); *Gustorff*, Mietpreisbremse und Bestellerprinzip, S. 327; *Kreuter-Kirchhof*, DÖV 2021, 103 (106); *Grzeszick*, ZRP 2020, 37 (39); *Heusch*, NZM 2020, 357 (360); *Wissenschaftlicher Dienst des Deutschen Bundestages*, Verfassungsrechtlicher Rahmen für die Einführung einer sog. Mietpreisbremse, 2014, S. 9.

a) Bedeutung des Gesetzeszwecks

Der mit der Mietpreisbremse vom Gesetzgeber verfolgte Zweck, die Verhinderung der Gentrifikation,[1524] stellt zwar ein gesellschaftspolitisches Interesse dar, dem Gewicht beizumessen ist,[1525] jedoch nicht in überragendem Maße[1526]. Dafür ist nicht nur, wie bereits herausgearbeitet, keine grundrechtliche Position anzuführen,[1527] sondern es wird aus der Begründung zum Gesetzentwurf nicht deutlich, warum dieses Ziel im öffentlichen oder politischen Interesse liegt. Der Annahme einer Legitimität des Zwecks kann durchaus gefolgt werden, aber der Weg des Gesetzgebers zu dieser Bewertung bleibt unklar. So bleibt offen, welche gesellschaftspolitischen und ökonomischen Vorteile ein durchmischtes Wohnungsviertel hat, warum Viertel mit einer bereits existierenden homogenen Bevölkerungsstruktur mit Besserverdienenden geschützt bleiben, warum es aber ein Viertel mit einem zunehmenden Anteil einkommensstärkerer Haushalte zu verhindern gilt und ob das Wohnen in angespannten Wohnungsmärkten ein Exklusivrecht sein soll, das Auswärtige von den dort gelegenen Wohnungen ausschließen darf.[1528]

Ein weiteres Argument gegen ein überragendes Gewicht des gesetzgeberischen Zwecks resultiert aus dessen Kehrseite. Zugleich wird mit der Abwehr von Gentrifizierung Wegzug verhindert und die Wohnungen bleiben von den dort bereits lebenden, wegzugsunwilligen Bewohnern auch weiter bewohnt. Da dort Wohnraum aber knapp ist, wird damit ein Zuzug von Haushalten aus anderen Regionen erschwert, wenn nicht verhindert –

1524 Siehe zum Zweck Kapitel 4, A. I. 2.

1525 So BVerfG (K), Beschl. v. 18.06.2019 – 1 BvL 1/18 u. a. = NJW 2019, 3054 (3059, Rn. 72); für ein starkes Gewicht dieses Belangs und sogar eine Pflicht des Gesetzgebers, auf heterogene Bevölkerungsstrukturen abzuzielen *Weigelt*, Die wachsende Stadt als Herausforderung für das Recht, S. 69 f. und 82 f.

1526 In diese Richtung ebenfalls tendierend *Kühling*, Gentrifizierung als Rechtsproblem – Wohnungspolitik ohne ökonomische und rechtsstaatliche Leitplanken?, S. 13–15 und 26 f.; *Kühling*, NZM 2020, 521 (522 f. und 525); *Blankenagel/Schröder/Spoerr*, NZM 2015, 1 (16); strenger *Schuldt*, Mietpreisbremse, S. 195 f., der der Verhinderung der Gentrifizierung nur ein geringes Gewicht beimisst; a. A. als dieser *Schollmeier*, Die Gewährleistung von angemessenem und bezahlbarem Wohnraum als Verfassungsfrage, S. 283 f.

1527 Siehe Kapitel 4, A. I. 1. a. aa.

1528 Weiterführend *Kühling*, Gentrifizierung als Rechtsproblem – Wohnungspolitik ohne ökonomische und rechtsstaatliche Leitplanken?, S. 13–15 und 26 f.; *Kühling*, NZM 2020, 521 (522 f. und 525); zur begründungspflichtigen Gentrifikation Kapitel 4, A. I. 1. b.

diese können so nur auf die sonst frei gewordenen Wohnungen verwiesen werden.[1529] Eine Regulierung mit dem primären Ziel der Verhinderung von Zuzug ist aus unions- und verfassungsrechtlichen Gründen nicht unproblematisch (siehe Art. 11 GG[1530] und Art. 21 AEUV[1531]).[1532] Zu ergänzen ist, dass die Zuzugsmöglichkeit aus anderen Regionen grundrechtlich geschützt ist, was für die Verhinderung von Gentrifikation nicht gilt. Nach alledem müssen die Verhinderung von Gentrifikation, also der Schutz der Wegzugsunwilligen, und das Ermöglichen des Zuzugs aus anderen Orten in ein ausgewogenes Verhältnis zueinander gebracht werden. Keines der beiden Ziele hat dabei ein überragendes Gewicht. Somit kann es keinen ausschließlichen Fokus auf die Verhinderung von Gentrifikation durch die Verhinderung von Zuzug geben und das Gewicht des mit der Mietpreisbremse verfolgten Ziels ist zu relativieren.[1533]

b) Intensität des Grundrechtseingriffs

Im vorhergehenden Kapitel wurde bereits die Grundlage dafür geschaffen, um die Intensität des Grundrechtseingriffs bewerten zu können. In seiner Kammerentscheidung zur Mietpreisbremse betont das BVerfG negativ formuliert, dass es kein von der Eigentumsfreiheit geschütztes Vertrauen der

---

1529 Hierzu und zum Vorstehenden ähnlich *Blankenagel/Schröder/Spoerr*, NZM 2015, 1 (16); vgl. *Kühling*, Gentrifizierung als Rechtsproblem – Wohnungspolitik ohne ökonomische und rechtsstaatliche Leitplanken?, S. 13–15 und 26 f.; *Schuldt*, Mietpreisbremse, S. 195.

1530 Siehe hierzu BayVGH, Urt. v. 11.04.1990 – 1 B 85 A. 1480 = NVwZ 1990, 979 (981); *Pagenkopf*, in: Sachs, Art. 11 Rn. 22; zur Gewährleistung des freien Zuzugs *Kunig/Graf von Kielmansegg*, in: v. Münch u. a., Art. 11 Rn. 27; *Gusy*, in: v. Mangoldt u. a., Art. 11 Rn. 26–29.

1531 Dazu und insbesondere zur Wohnsitzannahme und dem Recht auf Anmieten einer Wohnung *Magiera*, in: Streinz, EUV/AEUV, Art. 21 AEUV Rn. 14–17; *Heselhaus*, in: Pechstein u. a., Frankfurter Kommentar zu EUV, GRC und AEUV, Art. 21 AEUV Rn. 16 f.; siehe auch *Wollenschläger*, in: Dreier, Art. 11 Rn. 35.

1532 Dazu Kapitel 1, A. V. 2.; ebenso *Kühling*, Gentrifizierung als Rechtsproblem – Wohnungspolitik ohne ökonomische und rechtsstaatliche Leitplanken?, S. 14; ähnlich *Schuldt*, Mietpreisbremse, S. 195.

1533 Vgl. auch *Kühling*, Gentrifizierung als Rechtsproblem – Wohnungspolitik ohne ökonomische und rechtsstaatliche Leitplanken?, S. 13–15 und 26 f.; *Schuldt*, Mietpreisbremse, S. 195.

vermietenden Eigentümer auf höchstmögliche Mieteinnahmen gebe.[1534] Dem ist zuzustimmen. Positiv formuliert soll die Mietpreisbremse lediglich Preisspitzen abschneiden. § 556d Abs. 1 BGB nimmt Bezug auf die ortsübliche Vergleichsmiete und lässt einen zehnprozentigen Aufschlag zu, um einen marktorientierten Zins und damit eine ordentliche Bewirtschaftung für die vermietenden Eigentümer abzusichern; § 556d Abs. 1 BGB entkopple somit diese Mieten nicht von der Marktmiete.[1535] Diese „positive" Aussage des BVerfG ist kritisch zu hinterfragen. Zunächst sind die Auswirkungen der beiden Neuvertragsmietenregulierungsvorschriften des § 556d Abs. 1 BGB (aa.) und der Vormiete gem. § 556e Abs. 1 S. 1 BGB (bb.) zu untersuchen. Im Anschluss gilt es die Ausnahmevorschriften des § 556f S. 1 (cc.) sowie des § 556e Abs. 2 und des § 556f S. 2 BGB (dd.) in den Blick zu nehmen, um zu klären, ob sie – neben ihren Auswirkungen auf den Neubau und die Modernisierung – die aus § 556d Abs. 1 und § 556e Abs. 1 S. 1 BGB resultierende Intensität der Grundrechtseingriffe abschwächen können. Zuletzt sollen die Auswirkungen der verlängerten Befristung der Mietpreisbremse untersucht werden (ee.). Dabei sind stets Auswirkungen dieser Normen auf die Entwicklung der ortsüblichen Vergleichsmiete und der Diskrepanz zur Marktmiete zu berücksichtigen und die ökonomischen Forschungserkenntnisse zum Dämpfungseffekt der Mietpreisbremse der letzten Jahre einzubeziehen.[1536]

1534 BVerfG (K), Beschl. v. 18.06.2019 – 1 BvL 1/18 u. a. = NJW 2019, 3054 (3059 und 3061, Rn. 76 und 88); BVerfG, Beschl. v. 22.11.1994 – 1 BvR 351/91 = BVerfGE 91, 294 (310); BVerfG, Beschl. v. 04.12.1985 – 1 BvL 23/84 u. a. = BVerfGE 71, 230 (250); BVerfG, Beschl. v. 23.04.1974 – 1 BvR 6/74 u. a. = BVerfGE 37, 132 (142); *Schollmeier*, Die Gewährleistung von angemessenem und bezahlbarem Wohnraum als Verfassungsfrage, S. 282; *Wissenschaftlicher Dienst des Deutschen Bundestages*, Verfassungsrechtlicher Rahmen für die Einführung einer sog. Mietpreisbremse, 2014, S. 8; ähnlich *Lange*, DVBl. 2015, 1551 (1556).

1535 Hierzu und zum Vorstehenden BVerfG (K), Beschl. v. 18.06.2019 – 1 BvL 1/18 u. a. = NJW 2019, 3054 (3057 f. und 3060 f., Rn. 63, 83 und 87); BVerfG, Beschl. v. 23.04.1974 – 1 BvR 6/74 u. a. = BVerfGE 37, 132 (142); *Schollmeier*, Die Gewährleistung von angemessenem und bezahlbarem Wohnraum als Verfassungsfrage, S. 282; ähnlich *Weigelt*, Die wachsende Stadt als Herausforderung für das Recht, S. 72; *Lange*, DVBl. 2015, 1551 (1556).

1536 Siehe Kapitel 4, A. I. 3. a.

aa) Die Auswirkungen der 110-Prozent-Grenze des § 556d Abs. 1 BGB

Grundsätzlich begrenzt § 556d Abs. 1 BGB die Neuvertragsmieten auf zehn Prozent über der ortsüblichen Vergleichsmiete, wenngleich Zusatzleistungen Zuschläge auf diese Grenze – aber nur in ortsüblicher Höhe – ermöglichen[1537]. Diese Grenze ist aber nicht für alle Zeit starr, denn grundsätzlich kann die ortsübliche Vergleichsmiete steigen und sich mittels des zehnprozentigen Aufschlags gem. § 556d Abs. 1 BGB bei der Neuvertragsmietenregulierung auswirken – hier ergibt sich grundsätzlich kein Mietenstopp über Jahre hinweg. Allerdings verliert die ortsübliche Vergleichsmiete zunehmend ihren Marktbezug. Bei dem in der Vergangenheit geltenden vierjährigen Betrachtungszeitraum des § 558 Abs. 2 S. 1 BGB a. F. lag sie bereits 30 Prozent unterhalb der Marktmiete.[1538] Es gilt nun zu erörtern, welche Auswirkungen die Mietpreisbremse und andere Regulierungen in diesem Bereich auf die Entwicklung der ortsüblichen Vergleichsmiete und deren Marktbezug haben.

In die ortsübliche Vergleichsmiete gem. § 558 Abs. 2 S. 1 BGB fließen zwei Mietarten ein: die vereinbarten Neuvertragsmieten und die geänderten Bestandsmieten.[1539] Ergänzt wird dies durch den Betrachtungszeitraum für die Bildung der künftigen ortsüblichen Vergleichsmiete als Zeitelement. Mieterhöhungen im Bestandsmietverhältnis[1540] werden bis zur ortsüblichen Vergleichsmiete gem. § 558 BGB, die alle 15 Monate möglich ist, und in angespannten Wohnungsmärkten durch die seit Mai 2013 geltende fünfzehnprozentige Kappungsgrenze für drei Jahre nach § 558 Abs. 3 S. 2 BGB limitiert.[1541] Zuvor lag die Grenze deutschlandweit einheitlich bei 20 Prozent. Es ist geplant, diese Kappungsgrenze künftig auf elf Prozent weiter abzusenken.[1542] Des Weiteren reduziert sich bei den Mieterhöhungen nach Modernisierungsmaßnahmen seit Januar 2019 gem. § 559 Abs. 1 BGB die jährliche Umlagefähigkeit auf die Miete von elf auf acht Prozent. Maximal dürfen es aber gem. § 559 Abs. 3a BGB nicht mehr als 2 oder 3 €/m² sein. Andere Gesetzesänderungen, die zu einer höheren Steigerung der Bestandsmiete führen könnten, gab es nicht. Daher verrin-

1537 Siehe zu § 556d Abs. 1 BGB Kapitel 3, B. IV. 1. b.
1538 Siehe Kapitel 3, B. IV. 1. b.
1539 Weiterführend hierzu *Börstinghaus*, in: Schmidt-Futterer, § 558 BGB Rn. 100–108; *Fleindl*, in: Gsell u. a., BeckOGK, § 558 BGB Rn. 48–50 (Stand: Okt. 2021).
1540 Zu den Arten der Mieterhöhung im Bestandsmietverhältnis siehe Kapitel 3, B. IV. 1. c., sowie speziell bei Modernisierungen Kapitel 3, C. III. 2.
1541 Zu dessen Auswirkungen *Blankenagel/Schröder/Spoerr*, NZM 2015, 1 (13).
1542 *SPD, BÜNDNIS 90 / DIE GRÜNEN, FDP*, Mehr Fortschritt wagen, 2021, S. 91.

gern beide Änderungen die Mieterhöhungen im Bestand und dämpfen somit die ortsübliche Vergleichsmiete.[1543]

Diese gedämpften Bestandsmieterhöhungen konnten vor Geltung der Mietpreisbremse zumindest durch die unregulierten Neuvertragsmieten und damit Marktmieten ausgeglichen werden. Nun teilen sich die Neuvertragsmieten in mittels der Mietpreisbremse regulierte und in unregulierte Mieten auf. Letztere resultieren dabei aus den Ausnahmevorschriften des § 556f S. 1 und S. 2 BGB. Seit Geltung der Mietpreisbremse im Jahr 2015 finden ganz überwiegend[1544] regulierte Neuvertragsmieten Eingang in die Berechnung der künftigen ortsüblichen Vergleichsmieten. Diese regulierten Neuvertragsmieten, die nach der ökonomischen Forschungsliteratur auf bestimmten Wohnungsmärkten bereits im niedrigen einstelligen Prozentbereich geringer ausfallen als die unregulierten Neuvertrags- und damit Marktmieten[1545], dämpfen die Entwicklung der ortsüblichen Vergleichsmiete und erhöhen die Diskrepanz zur Marktmiete noch weiter.[1546]

Die Entwicklung der ortsüblichen Vergleichsmiete und ihres Marktbezugs verschärft sich deutlich durch die 2020 vorgenommene Verlängerung des Betrachtungszeitraums zur Bildung der ortsüblichen Vergleichsmiete auf sechs Jahre (siehe § 558 Abs. 2 S. 1 BGB). Nach der Begründung des Gesetzentwurfs sowie den ersten Prognosen der ökonomischen Forschungsli-

---

1543 Die Ökonomie bestätigt die geringeren Mieterhöhungen im Bestandsmietverhältnis durch die fünfzehnprozentige Kappung und ein späteres Erreichen der ortsüblichen Vergleichsmiete, siehe *Simons/Tielkes u. a.*, Mantelgutachten zu den mietrechtlichen Verordnungen in Nordrhein-Westfalen, 2020, S. 59 f.; diesen limitierenden Effekt betont auch das BVerfG (K), Beschl. v. 18.06.2019 – 1 BvL 1/18 u. a. = NJW 2019, 3054 (3060, Rn. 84); *Blankenagel/Schröder/Spoerr*, NZM 2015, 1 (13); so auch *Emmerich*, NZM 2001, 777 (779); *Schultz*, ZRP 2014, 37 (40); so auch die Gegenäußerung der Bundesregierung zur Stellungnahme des Bundesrats, der eine Absenkung von 30 auf 15 Prozent befürwortete, BT-Drs. 12/3254, S. 42; ähnlich *Leuschner*, NJW 2014, 1929 (1933); *Gustorff*, Mietpreisbremse und Bestellerprinzip, S. 297 f.

1544 Siehe hierzu sogleich Kapitel 4, A. I. 5. b. cc. und dd.

1545 Siehe Kapitel 4, A. I. 3. a.

1546 Hierzu und zum Vorstehenden die Begründung zum Gesetzentwurf, BT-Drs. 18/3121, S. 21, freilich noch ohne Berücksichtigung des Sechs-Jahres-Zeitraums des § 558 Abs. 2 S. 1 BGB; BVerfG (K), Beschl. v. 18.06.2019 – 1 BvL 1/18 u. a. = NJW 2019, 3054 (3060, Rn. 84 f.); LG Berlin, Urt. v. 20.06.2018 – 64 S 199/17 = WuM 2018, 502 (504); *Schuldt*, Mietpreisbremse, S. 69 f., 192 und 221; *Lange*, DVBl. 2015, 1551 (1556); ähnlich *Gustorff*, Mietpreisbremse und Bestellerprinzip, S. 298 f. und 328; *Blankenagel/Schröder/Spoerr*, NZM 2015, 1 (20 f.); *Schultz*, ZRP 2014, 37 (40); *Leuschner*, NJW 2014, 1929 (1931 und 1933); a. A. *Frank*, Die Mietpreisbremse, S. 28.

teratur werden sich dadurch einerseits die ortsüblichen Vergleichsmieten in Zukunft deutlich abgeschwächt entwickeln, andererseits wird bei der ersten Bildung der ortsüblichen Vergleichsmiete diese nicht abgeschwächt zunehmen, sondern sogar zurückgehen – in manchen Wohnungskategorien bis zu 14 Prozent. Durch den einmaligen Rückgang der Vergleichsmiete wird sich automatisch auch die maximal zulässige Miethöhe der Mietpreisbremse gem. § 556d Abs. 1 BGB (teilweise deutlich) reduzieren.[1547] Dieser Effekt wird sich noch weiter vertiefen, da eine weitere Verlängerung des Betrachtungszeitraums des § 558 Abs. 2 S. 1 BGB um ein weiteres Jahr auf insgesamt sieben Jahre geplant ist.[1548] Der Rückgang der Vergleichsmiete kann im Zuge dieses regulierungsbedingt stark gedämpften Anwachsens der ortsüblichen Vergleichsmiete erst in einigen Jahren ausgeglichen werden. Erst danach wird der Stand der Vergleichsmiete vor der Verlängerung des Betrachtungszeitraums überschritten und es findet wieder ein Wachstum statt. Ergänzend sei noch erwähnt, dass sich trotz des Rückgangs der Vergleichsmiete nicht auch die Miete beim vermietenden Eigentümer reduzieren wird, da dieser mittels § 556e Abs. 1 S. 1 BGB die bisherige Miete fortführen kann. Unter diesen Umständen kann eine gem. § 557 Abs. 2 und § 557b BGB indexierte Neuvertragsmiete zu einem (höheren) Mietwachstum führen.[1549]

Festzustellen sind daher ein stark gedämpfter Anstieg der ortsüblichen Vergleichsmiete bis hin zu regionalen Mietenstopps und eine weiter zunehmende Diskrepanz zur Marktmiete.[1550] In allen drei Elementen, die

---

1547 Hierzu und zum Vorstehenden die Begründung zum Gesetzentwurf für einen verlängerten Betrachtungszeitraum, BT-Drs. 19/14245, S. 10 f. und 16–25 (dort werden aber nur die Auswirkungen der vier- und des sechsjährigen Zeitraums auf die Höhe des zehnprozentigen Aufschlags des § 556d Abs. 1 BGB miteinander verglichen – somit wird übersehen, dass aus dem sechsjährigen Zeitraum bereits eine niedrigere Vergleichsmiete resultiert, sodass auch dieses „Weniger“ dem Gesamtdefizit hinzuzurechnen ist); ebenso zur absenkenden Wirkung am Beispiel Berlins *Sagner/Voigtländer*, Zur Reform des Mietspiegels, 2019, S. 3, 11 f., 20 f. und 31; siehe auch *Börstinghaus*, ZRP 2021, 194 (195), m. w. N. für eine absenkende Wirkung; allgemeiner *Michelsen/Mense*, Evaluierung der Mietpreisbremse, 2018, S. 44; *Gustorff*, Mietpreisbremse und Bestellerprinzip, S. 299 f.; siehe auch *Fleindl*, in: Gsell u. a., BeckOGK, § 558 BGB Rn. 46 f. (Stand: Okt. 2021); *Theesfeld*, in: Schach u. a., BeckOK Mietrecht, § 558 BGB Rn. 14.1 (Stand: Nov. 2021).

1548 *SPD, BÜNDNIS 90 / DIE GRÜNEN, FDP*, Mehr Fortschritt wagen, 2021, S. 91.

1549 Siehe zur Indexierung Kapitel 3, B. IV. 1. b. bb. (1), und sogleich Kapitel 4, A. I. 5. b. bb.

1550 Ebenso *Sagner/Voigtländer*, Zur Reform des Mietspiegels, 2019, S. 3, 14, 20 und 31.

für die Bildung ortsüblicher Vergleichsmieten maßgeblich sind, gab es in den letzten Jahren teils deutliche regulatorische Verschärfungen. Sie schwächen jeweils die Entwicklung der ortsüblichen Vergleichsmiete ab oder verringern diese sogar. Die dreißigprozentige Diskrepanz zwischen Marktmiete und ortsüblicher Vergleichsmiete wird somit weiter zunehmen. Die Vergleichsmiete wird ihren Marktbezug immer mehr verlieren, insbesondere durch die geplanten Verschärfungen des Mietrechts durch die Ampel-Koalition, und irgendwann wird ihr dieser Bezug gänzlich fehlen.[1551] Aufgrund des abnehmenden Wachstums der Vergleichsmiete kann die Indexierung der Miete damit zur Option für die vermietenden Eigentümer werden. Außerdem wurde in den vorangegangenen Ausführungen deutlich, dass die ökonomische Forschungsliteratur zumindest geringere Bestandsmieterhöhungen und Neuvertragsmieten bestätigt. Hinsichtlich des verlängerten Betrachtungszeitraums prognostiziert sie eine Reduktion der ortsüblichen Vergleichsmiete mit einem anschließend deutlich gedämpften Wachstum.

bb) Die Auswirkungen der Vormiete gem. § 556e Abs. 1 S. 1 BGB

Alternativ zu § 556d Abs. 1 BGB kann der vermietende Eigentümer aber auch die zuletzt geschuldete, rechtmäßig vereinbarte Miete aus dem Vormietverhältnis mittels § 556e Abs. 1 S. 1 BGB im neuen Mietverhältnis wirksam vereinbaren, sofern diese Vormiete höher als die Miete des § 556d Abs. 1 BGB sein sollte. Durch die Diskrepanz der ortsüblichen Vergleichsmiete gegenüber der Marktmiete dürfte § 556e Abs. 1 S. 1 BGB ab Geltung der Mietpreisbremse in vielen Mietverhältnissen zum Tragen gekommen sein und aufgrund der regulierungsbedingt, deutlich gedämpften Entwick-

1551 Hierzu und zum Vorstehenden ebenso *Schuldt*, Mietpreisbremse, S. 192 und 221 f.; *Kühling*, Gentrifizierung als Rechtsproblem – Wohnungspolitik ohne ökonomische und rechtsstaatliche Leitplanken?, S. 33; ähnlich *Sagner/Voigtländer*, Zur Reform des Mietspiegels, 2019, S. 3, 14, 20 f. und 31; *Leuschner*, NJW 2014, 1929 (1933); *Schultz*, ZRP 2014, 37 (40); *Emmerich*, NZM 2001, 777 (779); siehe auch BT-Drs. 12/3254, S. 42; dies erkennt auch *Gustorff*, Mietpreisbremse und Bestellerprinzip, S. 297 und 299, an, der aber auch künftig einen Marktbezug erwartet; a. A. wohl BVerfG (K), Beschl. v. 18.06.2019 – 1 BvL 1/18 u. a. = NJW 2019, 3054 (3062, Rn. 97), wonach der Marktbezug nicht verloren gehe; *Lange*, DVBl. 2015, 1551 (1556), die zwar einen eingeschränkten Marktbezug bejaht, zugleich aber einen Verlust des Marktbezugs verneint; ähnlich *Weigelt*, Die wachsende Stadt als Herausforderung für das Recht, S. 292.

lung und der zu erwartenden einmaligen Reduzierung der ortsüblichen Vergleichsmiete auch weiterhin von hoher Relevanz sein.[1552] § 556e Abs. 1 S. 1 BGB verhindert im Gesamtkonstrukt der Mietpreisbremse die Herabsetzung der Miete.[1553] Dies mildert damit nicht unwesentlich die Schwere des Eingriffs durch die 110-Prozent-Grenze des § 556d Abs. 1 BGB, die von der reduzierten und in ihrem Anwachsen gedämpften ortsüblichen Vergleichsmiete[1554] maßgeblich bestimmt wird.

Zu berücksichtigen ist dabei, dass es sich bei der Mietbegrenzung des § 556e Abs. 1 S. 1 BGB in aller Regel um einen Mietenstopp handelt, solange die Vormiete über der ortsüblichen Vergleichsmiete zuzüglich des Zuschlags von zehn Prozent liegt (§ 556d Abs. 1 BGB). Mittels Indexierung der Vormiete gem. § 557 Abs. 2 und § 557b BGB ist zumindest ein inflationsausgleichendes Mietwachstum möglich.[1555] Jedoch hat die Indexierung gewisse Nachteile, denn unter anderem schließt sie die Mieterhöhung bis zur ortsüblichen Vergleichsmiete nach § 558 BGB vollständig und die modernisierungsbedingte Erhöhung nach § 559 BGB größtenteils aus (siehe § 557b Abs. 2 S. 2 und S. 3 BGB); außerdem besteht die Gefahr, dass sich die Entwicklung des Preisindex und der Mieten künftig auseinanderentwickeln, sodass die Miete sich auch reduzieren kann. In der Regel dürften für viele Anbieter die Nachteile der Indexierung überwiegen.[1556] Die Aversion gegenüber der Indexierung bestätigt sich auch bei der größten Anbietergruppe am Mietwohnungsmarkt, den privaten Eigentümern.[1557]

Es ist zwar richtig, dass die über der Begrenzung des § 556d Abs. 1 BGB liegenden Vormieten in die Bildung der künftigen ortsüblichen Vergleichsmiete einfließen und diese höhere Miete näher an der Marktmiete liegt.[1558] Die Vormieten finden stetig aber in unveränderter Höhe Berücksichtigung, solange sie oberhalb der Grenze des § 556d Abs. 1 BGB liegen und nicht indexiert sind. Mit anderen Worten fließen über einen bestimm-

---

1552 Siehe hierzu (und zu § 556e BGB generell) Kapitel 3, B. IV. 1. b. bb. und dd.

1553 Siehe Kapitel 3, B. V. 2.; ebenso *Schuldt*, Mietpreisbremse, S. 220 f.; vgl. auch *Schollmeier*, Die Gewährleistung von angemessenem und bezahlbarem Wohnraum als Verfassungsfrage, S. 286.

1554 Siehe hierzu soeben Kapitel 4, A. I. 5. b. aa.

1555 Siehe zur Indexierung Kapitel 3, B. IV. 1. b. bb. (1); siehe auch *Sagner/Voigtländer*, Zur Reform des Mietspiegels, 2019, S. 21.

1556 Hierzu und zum Vorstehenden weiterführend *Siegmund*, in: Gsell u. a., BeckOGK, § 557b BGB Rn. 12–15 (Stand: Okt. 2021); *Börstinghaus*, in: Schmidt-Futterer, § 557b BGB Rn. 8.

1557 Siehe Kapitel 1, B. I. 1., dort vor allem unter a. und b.

1558 BVerfG (K), Beschl. v. 18.06.2019 – 1 BvL 1/18 u. a. = NJW 2019, 3054 (3060, Rn. 86).

ten Zeitraum hinweg zwar über der ortsüblichen Vergleichsmiete liegende, aber „veraltete" Marktmieten in die Bildung ortsüblicher Vergleichsmieten ein.[1559] Dass die fortgeführten Vormieten niedriger als aktuelle Marktmieten ausfallen, dürfte auf der Hand liegen.

Festzuhalten bleibt daher, dass ebenfalls die erneut vereinbarten Vormieten durch ihre Diskrepanz zur aktuellen Marktmiete die Entwicklung der ortsüblichen Vergleichsmieten abschwächen. Sie können auch im Falle einer indexierten Miete die Diskrepanz der ortsüblichen Vergleichsmiete zur Marktmiete nicht verringern. § 556e Abs. 1 S. 1 BGB kompensiert aber teilweise die erhebliche Schwere des Grundrechtseingriffs durch § 556d Abs. 1 BGB, da die Mieten aufgrund der fortgeführten Vormieten nicht reduziert werden und die über der Vergleichsmiete liegende Vormiete Eingang in die Bildung der Vergleichsmiete findet.[1560]

cc) Abschwächung der Eingriffsintensität der Neuvertragsmietenregulierung durch § 556f S. 1 BGB?

Es stellt sich nun die Frage, inwiefern die Ausnahmeregelung des § 556f S. 1 BGB die Eingriffsintensität aus dem Zusammenspiel des § 556d Abs. 1 und § 556e Abs. 1 S. 1 BGB abschwächt. Nach § 556f S. 1 BGB sind solche Wohnungen, die nach dem 1. Oktober 2014 erstmals genutzt oder vermietet werden, befreit.[1561] Diese Ausnahmevorschrift ist sehr wichtig und daher zu begrüßen.[1562] Sie belässt dem Neubausegment, auch im Kontext gestiegener Preise am Immobilien-, Boden- und Baumarkt,[1563] grundsätzlich die Anreize für ein ordnungsgemäßes Wirtschaften, für die Erweiterung des Wohnungsangebots und für einen Beitrag zur mittel- bis langfristigen Entspannung des Wohnungsmarkts.[1564] Handhabt man diese Vorschrift

---

1559 Ähnlich *Gustorff*, Mietpreisbremse und Bestellerprinzip, S. 299; *Blankenagel/Schröder/Spoerr*, NZM 2015, 1 (15).

1560 Ähnlich BVerfG (K), Beschl. v. 18.06.2019 – 1 BvL 1/18 u. a. = NJW 2019, 3054 (3060, Rn. 86).

1561 Siehe zu § 556f S. 1 BGB Kapitel 3, B. IV. 1. b. aa. und D. III.

1562 Ähnlich *Schollmeier*, Die Gewährleistung von angemessenem und bezahlbarem Wohnraum als Verfassungsfrage, S. 285 f.

1563 Siehe zu den Preisentwicklungen dort Kapitel 2, B. I. 2. c.

1564 Siehe zur verstärkten Schaffung neuer Wohnungen trotz geltender Mietpreisbremse die Baugenehmigungs- und Baufertigstellungszahlen in Kapitel 2, B. I. 1. c.; siehe auch *Michelsen/Mense*, Evaluierung der Mietpreisbremse, 2018, S. 29 f.

aber so wie die überwiegende Meinung in der Literatur, vermindert sie die Anreize zur Schaffung neuer Wohnungen im Bestand.[1565] Trotz Befreiung von der Mietpreisbremse können die regulierungsfreien Mieten für neue Wohnungen aber einen Risikoaufschlag enthalten. Dieser resultiert daraus, dass die Vermieter antizipieren, dass die bisher mietpreisbremsenfreien Wohnungen später doch erfasst werden.[1566] Demnach kann sich die Mietpreisbremse auch auf die regulierungsfreien Wohnungssegmente auswirken.

Durch die Einordnung der Bedeutung der Ausnahmevorschrift und damit des Segments der neuen Wohnungen in den gesamten Wohnungsmarkt lässt sich feststellen, wie hoch der Anteil der der Neuvertragsmietenregulierung unterfallenden Wohnungen und der mietpreisbremsenfreien Wohnungen am Wohnungsmarkt ist. Dieser ist ein Bestandsmarkt und die auf den Markt kommenden neuen Wohnungen machen jährlich nur zwischen einem halben und einem Prozent aus.[1567] So ergeben sich geschätzt bis Ende 2021 deutschlandweit mietpreisbremsenfreie Wohnungen im einstelligen Prozentbereich. In den angespannten Wohnungsmärkten kann von einer ähnlichen Entwicklung ausgegangen werden. Demnach wird ein sehr großer Teil – wohl über 90 Prozent der Wohnungen – von der Neuvertragsmietenregulierung nicht gem. § 556f S. 1 BGB befreit.[1568] Die Neuvertragsmieten in diesen Wohnungen sind daher grundsätzlich mietpreisreguliert gem. § 556d Abs. 1 und § 556e Abs. 1 S. 1 BGB.[1569] Zu beachten ist aber, dass die herrschende Meinung in der Literatur und Rechtsprechung für § 556f S. 1 BGB hohe Anforderungen im Bestandsbausegment aufstellt, sodass sogar ein Teil der neugeschaffenen Wohnungen

---

1565 Hierzu und zum Vorstehenden die differenzierte Bewertung der Vorschrift in Kapitel 3, D. IV., auch zu den Problemen durch die überwiegende Auffassung in der Literatur bei der Schaffung neuer Wohnungen im Bestand; allgemeiner zum Anreizeffekt auch die Begründung zum Gesetzentwurf, BT-Drs. 18/3121, S. 21.

1566 Hierzu und zum Vorstehenden Kapitel 1, B. II. 3. c.; speziell zu § 556f. S. 1 BGB ebenso *Sagner/Voigtländer*, Zur Reform des Mietspiegels, 2019, S. 21. Siehe auch *Häublein*, ZfPW 2020, 1 (5 f.), mit beachtlichen Argumenten gegen eine Modifikation des § 556f S. 1 BGB.

1567 Siehe Kapitel 1, A. IV. 2. b.

1568 Ebenso *Kühling*, NZM 2020, 521 (527).

1569 Siehe auch Kapitel 3, B. IV. 1. b. aa. und bb. sowie Kapitel 3, B. V. 2.; ein Teil dieser Wohnungen kann freilich leer stehen oder selbst genutzt werden, so dass die Wohnungen nicht (mehr) am Mietwohnungsmarkt angeboten werden, siehe zu den hier relevanten Teilmärkten Kapitel 1, B. IV. 2. c. bb. (2) (a).

der Mietpreisbremse unterfällt.[1570] Da im Bestand aber nicht regelmäßig die Mieten neu vereinbart oder in laufenden Mietverhältnissen erhöht werden[1571] und nach § 558 Abs. 2 S. 1 BGB nur die Mietabschlüsse und Mietänderungen der letzten sechs Jahre berücksichtigt werden, erhöht sich etwas der Anteil der gem. § 556f S. 1 BGB mietpreisbremsenfreien Wohnungen bei der Bildung der ortsüblichen Vergleichsmiete.

Zusammengefasst ist daher nur ein kleiner Teil der Mietwohnungen nach § 556f S. 1 BGB mietpreisbremsenfrei – der ganz überwiegende Anteil unterfällt der Neuvertragsmietenregulierung. Positiv ist aber hervorzuheben, dass die Ausnahmevorschrift Anreize für die Schaffung neuer Wohnungen im Neubau und teilweise auch im Bestand setzt und damit das Potential zur Verbesserung der Wohnungsmarktlage aufweist. Daneben fliesen so Marktmieten in die Bildung der ortsüblichen Vergleichsmiete ein. Diese höheren Neubaumieten fördern den Anstieg der ortsüblichen Vergleichsmiete und schwächen insoweit die Schwere des Grundrechtseingriffs durch die 110-Prozent-Grenze des § 556d Abs. 1 BGB, angeknüpft an diese Vergleichsmiete, etwas ab.[1572] Die Ausnahmevorschrift des § 556f S. 1 BGB kann aber die Auswirkungen der Mietpreisbremse auf die ortsübliche Vergleichsmiete wegen des geringen Anteils der Wohnungen, die ihr unterfallen, keineswegs ausgleichen. Die mietpreisbremsenfreien Mieten gem. § 556f S. 1 BGB können daher nur die zunehmende Diskrepanz zwischen der Markt- und der ortsüblichen Vergleichsmiete etwas abschwächen.

dd) Erleichterungen in Folge durchgeführter Modernisierungen

Zwei weitere Ausnahmevorschriften von der Neuvertragsmietenregulierung des § 556d Abs. 1 und § 556e Abs. 1 S. 1 BGB, nämlich § 556f S. 2 und § 556e Abs. 2 BGB, knüpfen an vorherige Modernisierungen an. Handelt es sich um eine umfassende Modernisierung, ist die Wohnung gem. § 556f S. 2 BGB einmalig mietpreisbremsenfrei; diese Miete kann in den künftigen Mietverhältnissen wegen § 556e Abs. 1 S. 1 BGB grundsätzlich in

---

1570 Siehe Kapitel 3, D. III. und IV., wonach es dieses quantitativen Zusatzerfordernisses nicht bedarf.

1571 Die durchschnittliche Mietdauer bei der größten Anbietergruppe, die privaten Eigentümer, beträgt knapp zehn Jahre und Mieterhöhungen finden kaum statt, siehe Kapitel 1, B. I. 1.

1572 Hierzu und zum Vorstehenden ähnlich BVerfG (K), Beschl. v. 18.06.2019 – 1 BvL 1/18 u. a. = NJW 2019, 3054 (3060, Rn. 86).

unveränderter Höhe fortgeführt werden.[1573] Bei der Bemessung der einmal mietpreisbremsenfreien Miete muss der Vermieter miteinkalkulieren, dass die Modernisierungskosten, aber auch das fehlende Mietpreiswachstum in den späteren Mietverhältnissen erwirtschaftet werden.[1574]

Es ist zu begrüßen, dass diese Ausnahmevorschrift zur Modernisierung des Wohnungsbestands beiträgt und damit einer qualitativen Angebotsverringerung entgegentritt[1575]. Jedoch ist sie – wie § 556f S. 1 BGB – in der Praxis nur beschränkt anwendbar. Umfassende Modernisierungsarbeiten sind in Milieuschutzgebieten nach dem Verständnis der herrschenden Meinung in aller Regel nicht zu genehmigen und daher hat § 556f S. 2 BGB dort kaum oder sogar keine Relevanz.[1576] Durch die Zunahme der Milieuschutzgebiete betrifft dies eine zunehmende Anzahl an Mietwohnungen in modernisierungsbedürftigen Gebäuden.[1577] Aber auch außerhalb von Milieuschutzgebieten erschwert die überwiegende Meinung in der Literatur und Rechtsprechung durch das quantitative Kriterium und den Abzug eines fiktiven Instandhaltungsanteils die Handhabung des § 556f S. 2 BGB.[1578] Die dadurch erhöhte Rechts- und Investitionsunsicherheit verstärkt zugleich Anreize für den Komplettabriss und Neubau, bei dem sich die Eigentümer später auf § 556f S. 1 BGB berufen können.[1579] Preisgünstigere Wohnungen gehen so verloren und zugleich reduziert sich während der langwierigen Abriss- und Neubauarbeiten temporär das Wohnungsangebot.[1580]

Erfüllen die Arbeiten nicht die Voraussetzungen einer umfassenden Modernisierung, so kann die Neuvertragsmiete entweder auf § 556d Abs. 1 BGB oder auf § 556e Abs. 2 S. 1 BGB gestützt werden.[1581] Die grundsätzlich positive Wirkung des § 556e Abs. 2 S. 1 BGB ist aber auch hier zu rela-

---

1573 Siehe hierzu Kapitel 3, C. III. 1. a. und C. III. 1. a. aa.; zur Indexierung Kapitel 3, B. IV. 1. b. bb. (1), sowie Kapitel 4, A. I. 5. b. bb.

1574 Hierzu und zu den weiteren Schwierigkeiten des Vermieters bei seiner Modernisierungsentscheidung weiterführend *Sagner/Voigtländer*, Zur Reform des Mietspiegels, 2019, S. 22.

1575 Dazu Kapitel 2, B. II. 1. b.

1576 Siehe Kapitel 3, C. IV. 2. und C. III. 1. a.

1577 Siehe zur Bedeutung der Milieuschutzgebiete Kapitel 3, B. II. 2. a.

1578 Siehe Kapitel 3, C. III. 1. a., sowie Kapitel 3, C. IV. 2., wonach es dieses quantitativen Zusatzerfordernisses nicht bedarf.

1579 Dazu Kapitel 3, C. IV. 2; a. A. ohne Differenzierung die Begründung zum Gesetzentwurf, BT-Drs. 18/3121, S. 21.

1580 Siehe Kapitel 1, A. IV. 1. b., sowie Kapitel 2, B. II. 1. b.; siehe zu den Preistreibern im Neubausegment Kapitel 2, B. I. 2. c.

1581 Siehe zu der neuen Miethöhe weiterführend Kapitel 3, C. III. 1. b.

tiveren. Hier wirken sich die Begrenzungen des § 559 Abs. 1 und Abs. 3a BGB aus, indem nur noch acht Prozent der Kosten jährlich umgelegt werden können, aber nicht mehr als 2 oder 3 €/m². Daraus resultieren nur geringfügige Mietaufschläge bei weiterhin bestehender Neuvertragsmietenregulierung, zumal auch hier ein fiktiver Instandhaltungsanteil abzuziehen ist.[1582] Modernisierungsarbeiten kleineren Umfangs können so wirtschaftlich umgesetzt werden. Auf Basis dieser Mietbegrenzungen ist bei Arbeiten mittleren Umfangs dagegen regelmäßig keine ordnungsgemäße Bewirtschaftung möglich.[1583] Hier wird der Anreiz gesetzt, bisher nicht vorgesehene und aktuell eigentlich nicht erforderliche Arbeiten mittleren Umfangs bereits jetzt mit in Auftrag zu geben,[1584] um die Anforderungen des § 556f S. 2 BGB zu erfüllen.

Zusammengefasst erschweren beide Ausnahmevorschriften die umfassende Modernisierung. Teilweise verhindern sie diese Arbeiten, insbesondere in Milieuschutzgebieten. Folglich werden diese Arbeiten nur in einem kleineren Teil der Gebäude und Wohnungen durchgeführt, sodass sich die geringe Anzahl der mietpreisbremsenfreien Wohnungen[1585] etwas erhöhen wird. Bei einem Teil der von der Mietpreisbremse erfassten Wohnungen können durch die Modernisierung zumindest geringe Mietaufschläge gem. § 556e Abs. 2 S. 1 BGB erhoben werden. Beide Vorschriften dämpfen die erhebliche Schwere des Grundrechtseingriffs insoweit, als sich § 556d Abs. 1 BGB auf die ortsübliche Vergleichsmiete auswirkt.[1586] Aufgrund der geringen Anzahl der Modernisierungsarbeiten ist dieser Effekt aber gering. Außerdem können Instandhaltungs- und Instandsetzungsmaßnahmen nicht umgelegt werden, sind immer vom vermietenden Eigentümer zu tragen und dürften im Kontext der Mietpreisregulierung gegebenenfalls daher seltener durchgeführt werden.[1587]

1582 Hierzu und zum Vorstehenden Kapitel 3, C. III. 1. b.

1583 Hierzu und zum Vorstehenden Kapitel 3, C. IV. 2.; a. A. ohne Differenzierung die Begründung zum Gesetzentwurf, BT-Drs. 18/3121, S. 21.

1584 Vgl. auch *Michelsen/Mense*, Evaluierung der Mietpreisbremse, 2018, S. 31.

1585 Siehe bereits Kapitel 4, A. I. 5. b. aa. bis cc.

1586 Ähnlich BVerfG (K), Beschl. v. 18.06.2019 – 1 BvL 1/18 u. a. = NJW 2019, 3054 (3060, Rn. 86).

1587 Siehe zur fehlenden Umlagefähigkeit dieser Arbeiten Kapitel 3, C. III. und C. III. 1. a. aa.; zur Verringerung der Instandhaltung Kapitel 2, A. I. 2. a. aa. und cc.; siehe auch *Sagner/Voigtländer*, Zur Reform des Mietspiegels, 2019, S. 3 und 22–24; *Michelsen/Mense*, Evaluierung der Mietpreisbremse, 2018, S. 31.

ee) Befristete Geltung der Mietpreisbremse

Die Landesrechtsverordnungen zur Bestimmung der angespannten Wohnungsmärkte und damit die Mietpreisbremse sollten gem. § 556d Abs. 2 S. 1 und S. 4 BGB a. F. ursprünglich nur einmal für maximal fünf Jahre regional gelten. Zudem hätten die Rechtsverordnungen spätestens am 31. Dezember 2020 in Kraft treten müssen. Diese Rechtslage wurde 2020 geändert. Nach § 556d Abs. 2 S. 1 und S. 4 BGB n. F. können nun Rechtsverordnungen für die Mietpreisbremse beliebig oft mit einer maximalen Geltungsdauer von fünf Jahren erlassen werden, jedoch haben sie spätestens zum 31. Dezember 2025 außer Kraft zu treten. Demnach ermöglicht diese Modifikation grundsätzlich einen regionalen Geltungszeitraum der Mietpreisbremse von etwas mehr als zehn Jahren und acht Monaten.[1588] Freilich bedarf es – nach dem Inkrafttreten des § 556d Abs. 2 BGB – noch des Erlasses der Landesrechtsverordnung, sodass der realistische Zeitraum etwas kürzer ausfällt.

Um die Befristung an sich und die verlängerte Geltung der Mietpreisbremse zu bewerten, sind zunächst die Auswirkungen der verlängerten Mietpreisbremse auf die ortsübliche Vergleichsmiete bis zum Außerkrafttreten der Landesrechtsverordnungen Ende 2025, aber auch in den folgenden Jahren zu untersuchen (1). Im Anschluss daran sind ihre Auswirkungen auf die Investitionsberechnung des vermietenden Eigentümers zu erörtern (2).

(1) Auswirkungen der verlängerten Mietpreisbremse auf die ortsübliche Vergleichsmiete bis Ende 2025 und in den Folgejahren

Nun können aber Verordnungen gem. § 556d Abs. 2 S. 1 BGB auch mehrmals für jeweils maximal fünf Jahre erlassen werden und müssen nach § 556d Abs. 2 S. 4 BGB Ende 2025 außer Kraft treten. Diese zweite Befristung mildert die Schwere des Grundrechtseingriffs – ein späteres Da-

---

1588 Vgl. die Begründung zum Gesetzentwurf BT-Drs. 19/15824, S. 16; siehe zum Inkrafttreten des § 556d Abs. 2 BGB Art. 4 des Mietrechtsnovellierungsgesetzes v. 21.04.2015, BGBl. I, S. 610 (612), und seiner Verlängerung vor Ablauf der fünf Jahre Art. 3 des Gesetzes zur Verlängerung und Verbesserung der Regelungen über die zulässige Miethöhe bei Mietbeginn v. 19.03.2020, BGBl. I, S. 540.

tum oder eine unbefristete Geltung wäre eingriffsintensiver.[1589] Jedoch schwächt die nun bis Ende 2025 verlängerte Geltungsdauer die Eingriffsschwere nicht ebenso wie die erste Befristung ab, die das BVerfG in seiner Entscheidung im Jahr 2019[1590] zu Grunde gelegt hat.[1591] Noch geringer ist die abschwächende Wirkung der geplanten Verlängerung der Geltungsdauer der Mietpreisbremse bis zum Jahr 2029.[1592] Denn je länger die Mietpreisbremse gilt, desto stärker werden ihre Auswirkungen. Die vorherigen Untersuchungen verdeutlichen eine über die Zeit zunehmende Abwärtsspirale für das Wachstum der ortsüblichen Vergleichsmiete durch die Mietpreisbremse; die Vergleichsmiete beeinflusst in der Zukunft wiederum die übrigen Mietpreisregulierungsvorschriften des § 558, § 556d Abs. 1 und des § 556e Abs. 1 S. 1 BGB, die dann wieder die Entwicklung der Vergleichsmiete bestimmen.[1593] Die Mietpreisregulierung beeinflusst damit zeitlich versetzt mehr und mehr die ortsübliche Vergleichsmiete; deren Marktbezug nimmt weiter ab. Je länger die Mietpreisbremse gelten kann, desto mehr nimmt die Intensität des damit verbundenen Grundrechtseingriffs zu.[1594]

Auch wenn in Zukunft die Neuvertragsmietenregulierung gem. § 556d Abs. 2 S. 4 BGB ausläuft, wirkt die Mietpreisbremse in zweierlei Hinsicht nach. Einerseits überdauern die unter der Geltung der Mietpreisbremse abgeschlossenen Neuvertragsmieten deren Ende und erlöschen erst mit Beendigung des Mietverhältnisses. Je nach ihrer Miethöhe kann es in Abhängigkeit vom Wachstum der ortsüblichen Vergleichsmiete allmählich zu Mieterhöhungen im laufenden Mietverhältnis gem. § 558 BGB kommen.[1595]

1589 So auch *Gustorff*, Mietpreisbremse und Bestellerprinzip, S. 334; *Kreuter-Kirchhof*, DÖV 2021, 103 (107).

1590 BVerfG (K), Beschl. v. 18.06.2019 – 1 BvL 1/18 u. a. = NJW 2019, 3054 (3061, Rn. 87).

1591 Ebenso *Kreuter-Kirchhof*, DÖV 2021, 103 (107); *Schollmeier*, Die Gewährleistung von angemessenem und bezahlbarem Wohnraum als Verfassungsfrage, S. 304; dies erkennt auch *Gustorff*, Mietpreisbremse und Bestellerprinzip, S. 279, an.

1592 *SPD, BÜNDNIS 90 / DIE GRÜNEN, FDP*, Mehr Fortschritt wagen, 2021, S. 91.

1593 Siehe Kapitel 4, A. I. 5. b. aa. bis dd.

1594 Hierzu und zum Vorstehenden ähnlich *Schuldt*, Mietpreisbremse, S. 69 f. und 222 f.; *Schollmeier*, Die Gewährleistung von angemessenem und bezahlbarem Wohnraum als Verfassungsfrage, S. 286 f.; *Kühling*, NZM 2020, 521 (528); die zeitlich versetzte Veränderung der ortsüblichen Vergleichsmiete mit zunehmenden Auswirkungen bestätigt auch das BVerfG (K), Beschl. v. 18.06.2019 – 1 BvL 1/18 u. a. = NJW 2019, 3054 (3060, Rn. 84 f.).

1595 Hierzu und zum Vorstehenden *Gustorff*, Mietpreisbremse und Bestellerprinzip, S. 335.

Andererseits beeinflussen die mittels der Mietpreisbremse regulierten und gedämpften Neuvertragsmieten in abnehmendem Maße auch weiterhin die Bildung der ortsüblichen Vergleichsmieten und damit die künftigen Bestandsmieterhöhungen gem. § 558 BGB.[1596] Gem. § 558 Abs. 2 S. 1 BGB fließen die Neuvertragsmieten der zurückliegenden sechs Jahre[1597] in die Bestimmung der ortsüblichen Vergleichsmiete ein – freilich mit einem unterschiedlichen Anteil regulierter Mieten in Abhängigkeit vom maßgeblichen Bildungsturnus. Beispielsweise findet so bei der Bildung der ortsüblichen Vergleichsmiete im Zeitraum 2025 bis 2030 zumindest noch das der Mietpreisbremse unterfallende Jahr 2025 Berücksichtigung.

(2) Auswirkungen der Befristung und ihrer Verlängerung auf die Investitionsberechnungen mit der Folge eines dauerhaften Verlustgeschäfts?

Weitere Schlussfolgerungen für die Beeinträchtigungsintensität ergeben sich daraus, wenn man die bisherige und die neue Geltungsdauer ins Verhältnis zu den gängigen Betrachtungszeiträumen einer Investitionsrechnung setzt. Deren Zeiträume von zehn bis 15, maximal 20 Jahren liegen in der Nähe der durchschnittlichen Haltedauer von Häusern bei der größten Anbietergruppe am Markt, den privaten Eigentümern.[1598] Durch die Untersuchung, inwiefern die Mietpreisbremse die Investitionsrechnung abändert, kann auch geklärt werden, ob sich hieraus ein dauerhaftes Verlustgeschäft[1599] ergeben kann.

Die Einführung der Mietpreisbremse wirkt sich unterschiedlich auf die Mietverhältnisse aus, da sie entweder die Neuvertragsmietenbegrenzung des § 556d Abs. 1 BGB oder die des § 556e Abs. 1 S. 1 BGB trifft. Dies hängt maßgeblich von der bisherigen Vertragsmiete und deren Verhältnis zur ortsüblichen Vergleichsmiete ab und wirkt sich unterschiedlich auf das Mietwachstum und den späteren Verkaufspreis aus: Liegen die Wohnungsmieten deutlich über der ortsüblichen Vergleichsmiete, so führt der Eigentümer die Vormiete gem. § 556e Abs. 1 S. 1 BGB fort. Es kommt nun zu keinen oder mittels Indexierung nur zu inflationsbereinigten Mietstei-

1596 Ebenso *Gustorff*, Mietpreisbremse und Bestellerprinzip, S. 335.

1597 Künftig sollen es sogar sieben Jahre sein, siehe *SPD, BÜNDNIS 90 / DIE GRÜNEN, FDP*, Mehr Fortschritt wagen, 2021, S. 91.

1598 Siehe Kapitel 1, B. I. 1.

1599 Siehe hierzu auch m. w. N. Kapitel 4, A. I. 5.

gerungen.[1600] Selbiges gilt für die Mietverhältnisse in einigen Wohnungssegmenten, die wegen der Senkung der Miete auf die Vergleichsmiete und des geänderten Betrachtungszeitraums (§ 558 Abs. 2 S. 1 BGB) nunmehr über der neuen Vergleichsmiete liegen. Auch diese Vermieter werden die Miete auf § 556e Abs. 1 S. 1 BGB stützen.[1601]

Liegen die Mieten dagegen in der Nähe oder unterhalb der ortsüblichen Vergleichsmiete, bestimmen sich die Miethöhe und damit auch sein Spielraum zum Mietwachstum durch die 110-Prozent-Grenze des § 556d Abs. 1 BGB. Sobald diese Grenze erreicht ist, wird das für § 556d Abs. 1 BGB maßgebliche Wachstum der ortsüblichen Vergleichsmiete regelmäßig geringer sein als das der vermietende Eigentümer seiner Investitionsrechnung zugrunde gelegt hat. Zudem wird es regulierungsbedingt stetig mehr und mehr abnehmen und die Diskrepanz zu dem vom Vermieter angenommenen Mietwachstum wird größer.[1602] Bei einer indexierten Miete ist aber mindestens von einem Inflationsausgleich auszugehen.[1603] In allen Konstellationen wirkt sich das veränderte und damit geringere Mietwachstum auf den (unterstellten) Verkaufspreis am Ende des Betrachtungszeitraums aus. Für ihn, aber auch für die entgangenen Mietsteigerungen ist die Geltungsdauer der Mietpreisbremse entscheidend ((a) und (b)).

(a) Auswirkungen der fünfjährigen Mietpreisbremse auf die Investitionsrechnung

In ihrer ursprünglichen Fassung hätte die Mietpreisbremse diese fünf Jahre des üblichen Betrachtungszeitraums der Investitionsrechnung (nachträglich) abgeändert.[1604] Nach diesen fünf Jahren wären in der Investitionsrechnung (wieder) höhere Mietsteigerungen möglich gewesen. Zugleich beeinflussen die unregulierten Neuvertragsmieten auf Marktniveau die

---

1600 Hierzu und auch zu den Nachteilen der Indexierung Kapitel 4, A. I. 5. b. bb.

1601 Hierzu und zum Vorstehenden siehe Kapitel 4, A. I. 5. b. aa. und bb.; vgl. auch *Schuldt*, Mietpreisbremse, S. 220 f.

1602 Hierzu und zum Vorstehenden Kapitel 4, A. I. 5. b. aa. und A. I. 5. b. ee. (1); ebenso *Gustorff*, Mietpreisbremse und Bestellerprinzip, S. 328.

1603 Ebenso die Indexierung in diesem Kontext erwähnend *Schuldt*, Mietpreisbremse, S. 220; *Gustorff*, Mietpreisbremse und Bestellerprinzip, S. 330.

1604 Zur Länge des Betrachtungszeitraums siehe Kapitel 1, B. II. 2.; zur Zielsetzung der Eigentümer bei der Investitionsrechnung, der Kalkulation von Mietsteigerungen und den Auswirkungen von Mietsteigerungen auf den Verkaufspreis Kapitel 1, B. II. 1. sowie B. II. 3. b. und d. sowie Kapitel 3, B. IV. 2. b. cc.

Bildung künftiger ortsüblicher Vergleichsmieten und verstärken somit wieder das Wachstum der Vergleichsmieten im Vergleich zur Berücksichtigung regulierter Neuvertragsmieten. Es bestand durchaus die Möglichkeit, die fünf „Mietpreisbremsenjahre“ später auszugleichen, um das Investitionsziel innerhalb des Betrachtungszeitraums noch zu erreichen.

(b) Auswirkungen der verlängerten Mietpreisbremse auf die Investitionsrechnung

Die im Jahr 2020 verlängerte Geltungsdauer der Mietpreisbremse verändert die Investitionsrechnung hingegen deutlicher. Nun werden etwas mehr als zehneinhalb Jahre der zehn- bis fünfzehnjährigen Investitionsrechnung (nachträglich) verändert.[1605] Die geplante Verlängerung der Mietpreisbremse bis 2029[1606] verändert dann den ganzen Betrachtungszeitraum der Investitionsrechnung. Beide Verlängerungen konnte der vermietende Eigentümer auf Basis der anfangs eindeutigen Aussage des Gesetzgebers keinesfalls erwarten.[1607] Dem vermietenden Eigentümer entgeht über maximal etwa zehneinhalb Jahre (bald über knapp fünfzehn Jahre) nicht nur ein Großteil der regelmäßigen Mietsteigerungen in marktüblicher Höhe, sondern auch der sonst höhere Verkaufspreis zum Ende des Investitionszeitraums; dieser Verkaufspreis wird maßgeblich von den bis zum Verkaufszeitpunkt gesteigerten Mieten bestimmt.[1608]

1605 Siehe auch *Kühling*, NZM 2020, 521 (528).

1606 *SPD, BÜNDNIS 90 / DIE GRÜNEN, FDP*, Mehr Fortschritt wagen, 2021, S. 91.

1607 Die Begründung zum Gesetzentwurf in BT-Drs. 18/3121, S. 28, ist insoweit eindeutig: „nach Ablauf dieser Frist kommt eine erneute Ausweisung oder Verlängerung nicht mehr in Betracht“; ebenso *Kreuter-Kirchhof*, DÖV 2021, 103 (107); a. A., aber ohne Differenzierung zwischen Kenntnis der Geltung der Mietpreisbremse und der Geltung ihrer Verlängerung, *Gustorff*, Mietpreisbremse und Bestellerprinzip, S. 329 f.; zu den Auswirkungen auf die Risikofaktoren der Investitionsrechnung siehe Kapitel 1, B. II. 3. c. und B. II. 4.

1608 Siehe zu den Auswirkungen der (gesteigerten) Mieten auf den Verkaufspreis Kapitel 1, B. II. 3. d.; diese Auswirkungen übersieht *Schuldt*, Mietpreisbremse, S. 221; ähnlich *Schollmeier*, Die Gewährleistung von angemessenem und bezahlbarem Wohnraum als Verfassungsfrage, S. 286, die nur die Fortführung der bisherigen Miete, aber nicht die vom Eigentümer geplanten künftigen Mietsteigerungen als schutzbedürftig ansieht; siehe auch *Gustorff*, Mietpreisbremse und Bestellerprinzip, S. 336 f., der Mietsteigerungen als weniger schutzbedürftig ansieht (soweit sie nicht auf die Leistung des Eigentümers zurückzuführen sind).

Einige Erwerber von Immobilien müssen somit ihre Investitionsstrategie nachträglich überdenken, nachdem sie das Objekt zu dem auf der bisherigen Investitionsrechnung kalkulierten und wohl zu hohen Kaufpreis erworben haben. In diesem Kontext gilt es zu berücksichtigen, dass vor allem in den ersten Jahren einer Investition gegebenenfalls die Zins- und Tilgungsleistungen samt laufender Aufwendungen die bisherigen Mieten übersteigen und zu jährlichen Anfangsverlusten führen können. Dabei sollten diese Verluste ursprünglich durch Mietsteigerungen oder durch mittel- bis langfristige Wertsteigerungen beim Verkaufspreis ausgeglichen werden.[1609] Die Mietpreisbremse verhindert diese Steigerungen aber größtenteils. Daher können die Auswirkung der Mietpreisbremse auf das Mietwachstum[1610] und ihre längere Geltungsdauer diese Verlustphase verlängern und die Lage bei einem Teil der vermietenden Eigentümer deutlich verschärfen.[1611] Die Verringerung der Mieten und des Verkaufspreises sowie die Anfangsverluste können nicht mehr innerhalb des Betrachtungszeitraums der Investitionsrechnung ausgeglichen werden, denn dieser wird (nahezu) vollständig von der Mietpreisbremse erfasst. Der vermietende Eigentümer muss den Zeitpunkt der Kostendeckung und das Erreichen der Gewinnzone hinausschieben sowie das Objekt gegebenenfalls länger halten als ursprünglich geplant. Dies alles erhöht das Marktrisiko für das Investment deutlich; beispielsweise kann die Zinsbindung auslaufen und es entsteht das Zinsänderungsrisiko oder Arbeiten am Objekt können notwendig werden.[1612]

Gleichwohl werden die durch die Mietpreisregulierung entgangenen Einnahmen unter Ausschöpfung aller Mieterhöhungsmöglichkeiten und damit auch der mit Nachteilen verbundenen Indexierung regelmäßig „nur“ dazu führen, dass das Investitionsziel in dem angenommenen Betrachtungszeitraum nicht erreicht wird. Geht man beispielsweise davon aus, dass ein Objekt erworben wurde, dessen Mieten deutlich über der ortsüblichen Vergleichsmiete liegen, so muss der vermietende Eigentümer,

---

1609 Hierzu und zum Vorstehenden Kapitel 1, B. II. 1.; ähnlich *Gustorff*, Mietpreisbremse und Bestellerprinzip, S. 81 f. und 329; *Schuldt*, Mietpreisbremse, S. 197, der den Ausgleich von Kostensteigerungen betont, aber andere Anfangsverluste übersieht; siehe auch *Blankenagel/Schröder/Spoerr*, NZM 2015, 1 (20).

1610 Siehe zur Wirkung auf die ortsübliche Vergleichsmiete Kapitel 4, A. I. 5. b. aa. bis dd.

1611 Siehe auch Kapitel 1, B. II. 3. b. und B. II. 4.; ähnlich *Schuldt*, Mietpreisbremse, S. 222; vgl. auch *Kühling*, Gentrifizierung als Rechtsproblem – Wohnungspolitik ohne ökonomische und rechtsstaatliche Leitplanken?, S. 33.

1612 Hierzu und zum Vorstehenden siehe Kapitel 1, B. II. 1. und B. II. 3. c.

wie bereits geschildert, seine Mieten eine lange Zeit in Abhängigkeit von der stark gedämpften Entwicklung der ortsüblichen Vergleichsmiete[1613] auf § 556e Abs. 1 S. 1 BGB stützen. Außer der Indexierung bleibt es bei einem Mietenstopp. Muss sich zum Beispiel der vermietende Eigentümer über den ganzen Betrachtungszeitraum auf die Vormiete des § 556e Abs. 1 S. 1 BGB stützen, dann verringern sich dessen Einnahmen auf Basis der Investitionsrechnung nach der DCF-Methode im niedrigen einstelligen Prozentbereich. Dies liegt unter anderem an der Abzinsung künftiger Einnahmen bei der DCF-Methode; je weiter die Einnahmen in der Zukunft liegen, desto geringer ist ihr Wert in der Investitionsrechnung.[1614]

Die geringeren Einnahmen fallen somit relativ klein aus und können in den Folgejahren ohne die Mietpreisbremse in aller Regel ausgeglichen werden. Auch wenn das Investitionsziel verfehlt wird, so ist ein dauerhaftes Verlustgeschäft derzeit äußerst unwahrscheinlich. Die Mietpreisbremse führt daher nicht zu einem dauerhaften Verlustgeschäft.[1615] Trotzdem verdeutlichen die zahlreichen Auswirkungen der verlängerten Mietpreisbremse auf bereits getroffene Investitionsentscheidungen insbesondere dann, wenn man die Dauer der Mietpreisbremse ins Verhältnis zum gängigen Betrachtungszeitraum der Investitionsrechnung setzt, eine hohe Intensität des Grundrechtseingriffs.[1616] Sie ist in der nun anzustellenden Abwägung zu berücksichtigen.

1613 Siehe hierzu Kapitel 4, A. I. 5. b. aa. bis dd. sowie A. I. 5. b. ee. (1).

1614 Siehe zur Abzinsung der Mieteinnahmen und des am Ende des Betrachtungszeitraums unterstellten Verkaufspreises Kapitel 2, B. II. 2. und B. II. 3. c.

1615 Hierzu und zum Vorstehenden im Ergebnis ebenso BVerfG (K), Beschl. v. 18.06.2019 – 1 BvL 1/18 u. a. = NJW 2019, 3054 (3061, Rn. 88 f.); LG Berlin, Urt. v. 29.03.2017 – 65 S 424/16 = NZM 2017, 332 (334 f., Rn. 29 und 45); AG Berlin-Schöneberg, Urt. v. 20.09.2017 – 7 C 118/17 = BeckRS 2017, 148102 Rn. 19; *Schuldt*, Mietpreisbremse, S. 219–223; *Gustorff*, Mietpreisbremse und Bestellerprinzip, S. 327–332; *Lange*, DVBl. 2015, 1551 (1556); *Wissenschaftlicher Dienst des Deutschen Bundestages*, Verfassungsrechtlicher Rahmen für die Einführung einer sog. Mietpreisbremse, 2014, S. 9; so wohl auch *Schollmeier*, Die Gewährleistung von angemessenem und bezahlbarem Wohnraum als Verfassungsfrage, S. 287; siehe auch Kapitel 3, E.; a. A. *Blankenagel/Schröder/Spoerr*, NZM 2015, 1 (19 f.).

1616 Ähnlich *Kühling*, Gentrifizierung als Rechtsproblem – Wohnungspolitik ohne ökonomische und rechtsstaatliche Leitplanken?, S. 33; *Börstinghaus*, in: Schmidt-Futterer, § 556d BGB Rn. 16; *Kreuter-Kirchhof*, DÖV 2021, 103 (107); allgemeiner *Schuldt*, Mietpreisbremse, S. 192; differenzierend *Schollmeier*, Die Gewährleistung von angemessenem und bezahlbarem Wohnraum als Verfassungsfrage, S. 282 f.; siehe zur Schwere der Verlängerung auch Kapitel 4, A. I. 5. b. ee. (1); a. A. *Gustorff*, Mietpreisbremse und Bestellerprinzip, S. 329 f.,

(3) Zwischenfazit

Zusammengefasst erschwert die längere Geltung der Mietpreisbremse den Grundrechtseingriff deutlich. Nach ihrem Außerkrafttreten wirkt die Neuvertragsmietenregulierung in zweierlei Hinsicht einige Jahre nach und beeinflusst künftige Bestandsmieterhöhungen gem. § 558 BGB. Außerdem sind die Auswirkungen auf die früheren Investitionsrechnungen erheblich, da (fast) deren ganzer Zeitraum durch die Mietpreisbremse abgeändert wird. Diese Folgen können bei einem Teil der vermietenden Eigentümer die Möglichkeit zur ordnungsgemäßen Bewirtschaftung in Frage stellen. Gleichwohl liegen die verringerten Einnahmen wegen der Mietpreisbremse im niedrigen einstelligen Prozentbereich. Durch die Verlängerung wird das Investitionsziel in dem angenommenen Betrachtungszeitraum zwar nicht erreicht, es wird aber regelmäßig nicht zu einem dauerhaften Verlustgeschäft und einer bereits daraus resultierenden Unangemessenheit kommen.

Eine weitere Zunahme der Intensität des bereits schweren Grundrechtseingriffs verhindert die zweite Befristung der Mietpreisbremse bis zum Jahr 2025 gem. § 556d Abs. 2 S. 1 und S. 4 BGB.[1617] Diese abmildernde Wirkung ist aber mit deutlicher Zurückhaltung in der Abwägung zu berücksichtigen, da sie wohl nicht endgültig sein wird und von einem geringeren Gewicht ist als die ursprünglich fünfjährige Geltung.[1618]

---

der vielmehr die Investitionsberechnungen in Zweifel zieht, sodass risikobehaftete Erwerbsvorgänge nicht gesetzlich abzusichern seien; *Fleindl*, in: Gsell u. a., BeckOGK, § 556d BGB Rn. 11 (Stand: Okt. 2021), der die Verlängerung als verfassungsrechtlich unbedenklich ansieht.

1617 Zur ersten Befristung ähnlich BVerfG (K), Beschl. v. 18.06.2019 – 1 BvL 1/18 u. a. = NJW 2019, 3054 (3061, Rn. 87), wonach diese grundsätzlich die Schwere des Grundrechtseingriffs vermindert; ähnlich *Lange*, DVBl. 2015, 1551 (1556); vgl. *Schollmeier*, Die Gewährleistung von angemessenem und bezahlbarem Wohnraum als Verfassungsfrage, S. 286 f.

1618 Diesem Ergebnis steht auch nicht die Entscheidung des BVerfG entgegen, wonach „Entsprechendes" für die Befristung zu gelten habe und sich dies auf die grundsätzliche Verminderung der Auswirkungen bezieht, siehe BVerfG (K), Beschl. v. 18.06.2019 – 1 BvL 1/18 u. a. = NJW 2019, 3054 (3060 f., Rn. 86 a. E. und 87).

ff) Zwischenfazit und Synthese

Die Intensität des Grundrechtseingriffs durch die Mietpreisbremse ist erheblich. Ausgehend davon ist zu erörtern, welche Vorschriften auf welche Weise diese Intensität abschwächen (1) und ob für diesen prägenden Faktor bereits ökonomische Erkenntnisse vorliegen (2). Des Weiteren ist von Relevanz, wie sich die verlängerte Mietpreisbremse auf eine bereits getätigte Investitionsrechnung auswirkt (3) und ob nicht die begrenzte Reichweite der Mietpreisbremse die Bewertung des Grundrechtseingriffs relativiert (4).

(1) Faktoren zur Bewertung der Eingriffsintensität

Die zweite Befristung mit Außerkrafttreten der Landesrechtsverordnungen Ende 2025 gem. § 556d Abs. 2 S. 4 BGB und die geplante dritte Befristung bis zum Jahre 2029 schwächen den Grundrechtseingriff etwas ab. Der zweiten und der dritten Befristung kommt dabei aber ein im Vergleich zur ursprünglichen Befristung geringeres Gewicht zu. Die Befreiung neuer Wohnungen nach dem 1. Oktober 2014 von der Mietpreisbremse sowie bereits existierende, aber umfassend modernisierte Wohnungen gem. § 556f S. 1 und S. 2 BGB vermindern ebenfalls die Intensität des Grundrechtseingriffs. Jedoch betreffen diese Befreiungen – ebenso wie der Mietaufschlag gem. § 556e Abs. 2 BGB bei kleineren Modernisierungsarbeiten – nur einen kleineren Teil der Mietverhältnisse. Somit sind ihre Auswirkungen auf die Entwicklung der ortsüblichen Vergleichsmiete äußerst begrenzt. Etwas stärker schwächt die Fortführung der Vormiete gem. § 556e Abs. 1 S. 1 BGB die Eingriffsintensität ab. Außerdem fließen über der 110-Prozent-Grenze des § 556d Abs. 1 BGB liegende Vertragsmieten in die Bildung der künftigen ortsüblichen Vergleichsmiete ein und wirken sich so wiederum auf § 556d Abs. 1 BGB aus. Jedoch ist die fortgeführte Miete – im Vergleich zu § 556d Abs. 1 BGB – starr und wächst grundsätzlich nicht weiter. Eine Indexierung ermöglicht zumindest einen Inflationsausgleich, jedoch gehen mit ihr ebenfalls gewichtige Nachteile einher.

Im Umkehrschluss resultiert die hohe Intensität des Grundrechtseingriffs maßgeblich aus der 110-Prozent-Grenze des § 556d Abs. 1 BGB. Die Grenze des § 556d Abs. 1 BGB und ihre Anhebung wird aber wiederum maßgeblich von der gegenwärtigen und künftigen ortsüblichen Vergleichsmiete beeinflusst. Alle drei Faktoren für die Bildung der Vergleichsmiete nach § 558 Abs. 2 S. 1 BGB wurden in der Vergangenheit regulatorisch so verändert, dass sie die Entwicklung der Vergleichsmiete dämpfen oder sogar reduzieren. Zudem sind bereits weitere Verschärfungen aller drei Faktoren im Koalitionsvertrag geplant,[1619] die diese Wirkung weiter verstärken werden.

Die ortsübliche Vergleichsmiete und ihre künftige Entwicklung sind entscheidend für die Frage der Angemessenheit der Mietpreisbremse. Dies soll für drei Fallkonstellationen mit einer unterschiedlichen Entwicklung der Vergleichsmiete verdeutlicht werden:

Weist die ortsübliche Vergleichsmiete einen deutlichen jährlichen Zuwachs auf, so ergeben sich für die nach § 556d Abs. 1 BGB begrenzten Mietverhältnisse marktübliche Steigerungsraten und die Eingriffsintensität der Mietpreisbremse nimmt deutlich ab. Dies gilt für Mietverhältnisse, deren Miete der ortsüblichen Vergleichsmiete entsprachen oder darunter lagen. Die übrigen Mieten, die auf § 556e Abs. 1 S. 1 BGB fußen, steigen zunächst nicht (außer aufgrund einer Indexierung, soweit sie vereinbart ist). Im Falle deutlicher jährlicher Zuwächse der Vergleichsmiete werden sie relativ zügig einge- und überholt. Auch in diesen Mietverhältnissen wird künftig die Neuvertragsmiete auf § 556d Abs. 1 BGB gestützt; sie partizipieren somit verzögert von den Mietsteigerungen.

Im umgekehrten Fall eines niedrigen und damit marktunüblichen jährlichen Zuwachses der ortsüblichen Vergleichsmiete erfüllen bereits die Mietverhältnisse mit Mieten nahe der Vergleichsmiete wegen § 556d Abs. 1 BGB nicht die Steigerungserwartungen der Investitionsrechnung. Sie erwirtschaften weniger Miete und später einen niedrigeren Verkaufspreis.[1620] Zugleich verlängert sich in den Mietverhältnissen mit fortgeführten Vormieten gem. § 556e Abs. 1 S. 1 BGB der (indexierte) Mietenstopp deutlich. Bei den Bestandsmietverhältnissen, deren Miete nahe der ortsüblichen Vergleichsmiete liegt, wird die stark gedämpfte Entwicklung der Vergleichsmiete die Anzahl der Mieterhöhungen gem. § 558 BGB verringern. Denn entweder liegen die Bestandsmieten bereits auf Höhe der ortsüblichen Vergleichsmiete oder das Wachstum der ortsüblichen Vergleichsmiete ist zu gering für den Aufwand einer Mieterhöhung nach § 558 BGB.

1619 Siehe *SPD, BÜNDNIS 90 / DIE GRÜNEN, FDP*, Mehr Fortschritt wagen, 2021, S. 91; siehe zu den geplanten Verschärfungen (Kappungsgrenze des § 558 Abs. 3 S. 2 BGB auf elf Prozent, Betrachtungszeitraum des § 558 Abs. 2 S. 1 BGB um ein Jahr verlängert und erneute Verlängerung der Mietpreisbremse bis 2029) Kapitel 4, A. I. 5. b. aa., A. I. 5. b. ee. (1) und A. I. 5. b. ee. (2) (b).

1620 Zu den Auswirkungen der Mieten auf den Verkaufspreis siehe Kapitel 1, B. II. 3. d.

Für den dritten Fall eine Reduzierung der ortsüblichen Vergleichsmiete mit einem daran anschließenden niedrigen und damit marktunüblichen Wachstum der ortsüblichen Vergleichsmiete gilt nahezu dasselbe. Jedoch erhöht sich hierdurch der Anteil der Mietverhältnisse, deren Mieten sich aufgrund dessen auf § 556e Abs. 1 S. 1 BGB stützen müssen. Für die übrigen Mietverhältnisse mit fortgeführter Vormiete verlängert sich der Zeitraum, bis die Neuvertragsmiete auf Basis des § 556d Abs. 1 BGB ihre fortgeführte Vormiete eingeholt hat. Der (indexierte) Mietenstopp verlängert sich deutlich. Die Anzahl der Bestandsmieterhöhungen gem. § 558 BGB hingegen verringert sich, denn in den nunmehr über der neuen Vergleichsmiete liegenden Mietverhältnissen können nun diese Bestandsmieterhöhungen nicht mehr durchgeführt werden. Demnach werden bei der künftigen ortsüblichen Vergleichsmiete gem. § 558 Abs. 2 S. 1 BGB weniger Bestandsmieterhöhungen und dabei nur noch solche mit geringeren Bestandsmieten berücksichtigt.

(2) Erkenntnisstand der Ökonomie zur Entwicklung der ortsüblichen Vergleichsmiete

Nun stellt sich die Frage, welche ökonomischen Erkenntnisse zur ortsüblichen Vergleichsmiete und ihrer Entwicklung seit Geltung der Mietpreisbremse vorliegen. Dabei zeigt sich, dass sich – allerdings noch in geringem Maße – das Anwachsen der Neuvertragsmieten wegen der Mietpreisbremse abschwächt. Die reduzierte Kappungsgrenze des § 558 Abs. 3 S. 2 BGB führt zu geringeren Bestandsmieterhöhungen als vorher. Beides beeinflusst mittelbar auch die Bildung künftiger ortsüblicher Vergleichsmieten.[1621]

Dagegen liegen noch keine ökonomischen Untersuchungen direkt zur Entwicklung der ortsüblichen Vergleichsmiete im Sinne des § 558 Abs. 2 S. 1 BGB nach Inkrafttreten der Mietpreisbremse vor. Insbesondere ist unbekannt, wie die unterschiedlich verschärften Regulierungsinstrumente sich darauf tatsächlich ausgewirkt haben. Für den verlängerten Betrachtungszeitraum des § 558 Abs. 2 S. 1 BGB wird in einigen Mietwohnungssegmenten eine Reduzierung der ortsüblichen Vergleichsmiete prognostiziert.[1622] Jedoch liegt dessen Einführung noch nicht lange genug zurück, um hierfür aussagekräftige Untersuchungen vorlegen zu können. Außerdem wird die ortsübliche Vergleichsmiete nicht jährlich gebildet, sondern

1621 Zu dem Ganzen siehe Kapitel 4, A. I. 3. a. und A. I. 5. b. aa.
1622 Dazu Kapitel 4, A. I. 5. b. aa.

nach vier und nun nach sechs Jahren gem. § 558 Abs. 2 S. 1 BGB. Hieraus ergeben sich zeitliche Verzögerungen sowie ein noch mehrdeutiges Bild, da so im Betrachtungszeitraum Jahre ohne und Jahre mit diese(n) neuen Regulierungen liegen.

(3) Auswirkungen der verlängerten Mietpreisbremse auf die Investitionsrechnung

Es ergeben sich erhebliche Auswirkungen der verlängerten Mietpreisbremse und der veränderten Entwicklung der ortsüblichen Vergleichsmiete auf bereits umgesetzte Investitionsrechnungen. Die Mietpreisbremse begrenzt das Mietwachstum nachträglich über (fast) den ganzen Betrachtungszeitraum. Es werden darin nun geringere Mieten und ein niedrigerer Verkaufspreis erwirtschaftet. Bestehende Anfangsverluste werden größer und können erst später ausgeglichen werden. Das Investitionsziel wird in dem angenommenen Betrachtungszeitraum verfehlt. Zu einem dauerhaften Verlustgeschäft, das bereits die Unangemessenheit begründen würde, wird es aber regelmäßig nicht kommen.

Gleichwohl sind die künftige Entwicklung der sich abschwächenden ortsüblichen Vergleichsmiete und des Wohnungsmarkts und die ökonomische Forschungsliteratur hierzu im Auge zu behalten. So könnten sich durch die zunehmende Diskrepanz von ortüblicher Vergleichsmiete und Marktmiete nicht nur Anfangsverluste, sondern auch regelmäßige Verluste ergeben.[1623]

(4) Gegenthese: Relativierung der Eingriffsintensität für Mietverhältnisse mit niedrigen Mieten?

Der hier untersuchten Intensität der Mietpreisregulierung mit ihrer Bezugnahme auf die ortsübliche Vergleichsmiete könnte man entgegenhalten, dass nicht in allen Mietverhältnissen so hohe Mieten verlangt werden und die Bestands- und Neuvertragsmietenregulierung diese Mietverhältnisse somit in deutlich geringerem Maße als die höherpreisigen Mietverhältnisse einschränkt. Freilich gelten die Ausführungen zur Intensität der Mietpreisbremse zunächst vor allem für diejenigen Mietverhältnisse, deren Mieten aktuell der jeweiligen ortsüblichen Vergleichsmiete entsprechen

---

1623 Hierzu und zum Vorstehenden *Schuldt*, Mietpreisbremse, S. 197 und 222 f.

oder darüber liegen.[1624] Der verlängerte Betrachtungszeitraum reduziert in gewissen Segmenten die ortsübliche Vergleichsmiete teils erheblich. Somit gelten die Ausführungen zur Intensität ebenfalls für die Vertragsverhältnisse mit geringeren Mieten, konkret also Mieten in der Nähe der neuen, reduzierten ortsüblichen Vergleichsmiete.

Im Umkehrschluss bleibt innerhalb derjenigen Mietverhältnisse, die nicht in der Nähe der aktuellen oder später reduzierten Vergleichsmiete liegen, grundsätzlich ein ordentlicher Spielraum zur Anhebung der Bestands- oder Neuvertragsmieten.[1625] Jedoch wird der vermietende Eigentümer auch dort in Kenntnis der ihn in Zukunft treffenden Mietbegrenzung durch die Mietpreisbremse – soweit am Markt möglich – Mietsteigerungen vorziehen, um die künftig stark gedämpfte Mietenentwicklung oder einen Mietenstopp auf Basis der Vormiete bei einer Reduzierung der künftigen ortsüblichen Vergleichsmiete wegen § 558 Abs. 2 S. 1 BGB schon früher ausgleichen zu können.[1626] So lassen sich die künftigen Zeiträume mit Mietbegrenzungen abfedern. Daneben wird sich, wie bereits aufgezeigt, der Abstand zur Vergleichsmiete allmählich verringern, sodass auch einen Teil dieser Mietverhältnisse die Auswirkungen der Mietpreisregulierung zeitlich versetzt treffen werden.[1627]

c) Abwägung

Nun sind das Gewicht und die Dringlichkeit des staatlichen Zwecks und die Schwere des Eingriffs gegeneinander abzuwägen.[1628] Hierfür gilt es sich zum einen die Besonderheiten des Wohnungsmarkts und seines Marktverhaltens, zum anderen die Anbieterstruktur, deren Investitionsmotivation und die Auswirkungen einer zunehmenden Regulierung nochmals vor Augen zu führen.

Zahlreiche Besonderheiten prägen das Marktverhalten auf dem Wohnungsmarkt: Dazu gehören vor allem seine Tendenz zu einem Gleichgewichtszustand und seine nicht veränderbare Zyklizität mit der Folge

---

1624 Siehe hierzu Kapitel 4, A. I. 5. b. ee. (2) und A. I. 5. b. ff. (1).

1625 Siehe Kapitel 4, A. I. 5. b. ff. (1).

1626 Vgl. zum gleichen Verhalten bei Mietaufschlägen in Kenntnis der noch nicht limitierenden Mietpreisbremse Kapitel 1, B. II. 3. c.

1627 Siehe Kapitel 4, A. I. 5. b. aa. und A. I. 5. b. ff. (1); ähnlich *Schuldt*, Mietpreisbremse, S. 192.

1628 Siehe Kapitel 4, A. I. 5.

sich wiederholender Phasen angespannter Wohnungsmärkte.[1629] Des Weiteren zeichnet sich der Wohnungsmarkt durch eine heterogene Anbieterstruktur aus. Keineswegs sind dies überwiegend Wohnungsunternehmen, geschweige denn besitzen diese den größten Marktanteil.[1630] Die Anbietergruppe mit dem größten Marktanteil sind vielmehr die privaten Eigentümer mit meist kleineren Wohnungsbeständen, überwiegend geringen monatlichen Mieteinnahmen, die vornehmlich zur Altersvorsorge verwendet werden, und mit durchschnittlichen oder sogar unterdurchschnittlichen Mieten. Fast ein Drittel dieser Haushalte gehört zu den weniger einkommensstarken Haushalten.[1631] Zudem konnte die These, dass am Markt das Handeln aller Akteure ausschließlich gewinnorientiert sei, widerlegt werden.[1632] Eine zunehmende und verstärkte Regulierung des Mietwohnungsmarkts bereitet vor allem der größten Untergruppe der privaten Eigentümer, den sog. Amateuranbietern, größere Schwierigkeiten, sodass diese sich eher aus dem Markt zurückziehen oder ihr Handeln an professionelle Verwalter mit daraus resultierenden Aufschlägen auf die Miete delegieren.[1633] Das Bestehen dieser wegen ihrer positiven Auswirkungen auf konfliktfreie Mietverhältnisse mit einer angemessenen Mietstruktur an sich wünschenswerten Anbietergruppe erschwert die verstärkte Regulierung zunehmend. Dies kann daraus resultieren, dass der Gesetzgeber den kleinen Anteil „schwarzer Schafe“ auf dem Markt im Blick hat, um unerwünschtes Handeln am Mietwohnungsmarkt zu unterbinden, oder sich von der Miet(erhöhungs)praxis größerer Anbieter leiten lässt.

Unter Berücksichtigung der Bedeutung des staatlichen Zwecks, dem kein überragendes Gewicht zukommt,[1634] der hohen Eingriffsintensität der Mietpreisbremse[1635] und des eingeschränkten Gestaltungsspielraums des Gesetzgebers[1636] ist die Grundlage für das Eintreten in die Abwägungsentscheidung gelegt (aa. und bb.).

1629 Dazu Kapitel 4, A. I. 1. b.; speziell zur Einordnung der aktuellen Marktlage in die Zyklusphasen siehe Kapitel 2, B. I. 3.; zu den Gleichgewichtszuständen Kapitel 1, C. I., sowie C. II. und C. II. 1.; zur Zyklizität Kapitel 1, C. II.; zu den zahlreichen ökonomischen Besonderheiten von Wohnung und Wohnungsmarkt Kapitel 1, A. IV.

1630 Siehe Kapitel 1, B. I. 2. und B. I. 2. b. sowie B. I. 4.

1631 Hierzu und zum Vorstehenden Kapitel 1, B. I. 1., sowie Kapitel 4, A. I. 1. a. bb.

1632 Siehe Kapitel 1, B. I. 4.

1633 Dazu Kapitel 1, B. I. 1. a.

1634 Siehe Kapitel 4, A. I. 5. a.

1635 Zu dem Ganzen Kapitel 4, A. I. 5. b., dort vor allem A. I. 5. b. ff. (1) bis (3).

1636 Siehe Kapitel 4, A. I. 1.

aa) Eine grundsätzlich (noch) angemessene Mietpreisbremse

Besonders zu betonen ist der Umstand, dass die Mietpreisbremse Gentrifizierung nicht besonders wirkungsvoll verhindert, denn größtenteils profitieren die einkommensstärkeren Haushalte hiervon und die gedämpften Mietpreise erhöhen die Nachfrage Zuzugswilliger. Die ökonomischen Untersuchungen bestätigen dies.[1637] Zumindest können in einigen Wohnungsmärkten auch noch die von der Mietpreisbremse adressierten Haushalte mit einem durchschnittlichen Haushaltseinkommen von der Regulierung profitieren, auch wenn die Verbesserung mit der Zeit für alle Haushalte abnimmt und dann ganz verpufft. Diesen Erkenntnissen ist aber nur begrenztes Gewicht beizumessen, da es bisher nur sehr wenige ökonomische Untersuchungen gibt.[1638] Zudem liegen – soweit ersichtlich – bis auf Prognosen noch keine ökonomischen Untersuchungen zu der veränderten Entwicklung der ortsüblichen Vergleichsmiete der letzten Jahre vor, die nicht rein deskriptiver Natur sind.[1639] Demnach lassen sich letztlich auch nicht die aber äußerst wahrscheinlichen, zahlreichen negativen Folgen[1640] der Mietpreisregulierung und damit die Intensität des § 556d Abs. 1 BGB untermauern.[1641]

Somit bleiben die Annahmen und regulatorischen Auswirkungen im Prognosebereich. Demnach ist dem weiten, aber nicht uneingeschränkten Gestaltungsspielraum des Gesetzgebers[1642] (noch) der Vorzug zu geben.[1643] Trotz der deutlichen Eingriffsintensität, ist aktuell der Mietpreisbremse

1637 Hierzu und zum Vorstehenden Kapitel 4, A. I. 3. b.; für die Berücksichtigungsfähigkeit der geringen Eignung in der Angemessenheitsprüfung Kapitel 4, A. I. 3. c.

1638 Hierzu und zum Vorstehenden Kapitel 4, A. I. 3. b.

1639 Siehe Kapitel 4, A. I. 5. b. ff. (2).

1640 Zu den Auswirkungen der Mietpreisregulierung auf die ortsübliche Vergleichsmiete Kapitel 4, A. I. 5. b.

1641 Hierzu und zum Vorstehenden Kapitel 4, A. I. 5. b. ff. (1) und (2).

1642 Dazu Kapitel 4, A. I. 1.

1643 Vgl. auch die größere Zurückhaltung der Unangemessenheit u. a. wegen der Bedenken hinsichtlich richterlicher Subjektivierung und Ersatzgesetzgebung statt vieler *Hillgruber*, JZ 2011, 861 (862 f.); *Bickenbach*, Die Einschätzungsprärogative des Gesetzgebers, S. 331; *Kingreen/Poscher*, Grundrechte Staatsrecht II, Rn. 414 f.; *Schulze-Fielitz*, in: Dreier, Art. 20 Rn. 186; siehe auch weiterführend zu gesetzgeberischen Prognoseentscheidungen und zu ihrer gerichtlichen Überprüfbarkeit *Drechsler*, Die Unionsgrundrechte unter dem Einfluss des Prozessrechts, S. 202–204 und 207 f.

größtenteils noch eine Angemessenheit zu attestieren.[1644] Aufgrund der geplanten Verschärfungen im Mietrecht durch die Verlängerung der Mietpreisbremse, eine reduzierte Kappungsgrenze für die Bestandsmieterhöhung und einen längeren Betrachtungszeitraum für die Bildung der ortsüblichen Vergleichsmiete[1645] wird sich die verfassungsrechtliche Beurteilung aber keinesfalls entschärfen. Generell, aber auch wegen dieser geplanten Verschärfungen ist die ökonomische Forschung zur Mietpreisbremse und der ortsüblichen Vergleichsmiete zu intensivieren und deren Erkenntnisse in künftige verfassungsrechtliche Überprüfungen einzustellen.[1646]

Sollte sich in diesem Zuge die ökonomische These erhärten, dass die Mietpreisbremse nur auf gewissen Märkten mit vorherigem Mietwachstum in bestimmter Mindesthöhe überhaupt wirken kann,[1647] so ist auch dies künftig bei der Ausweisung angespannter Wohnungsmärkte zu berücksichtigen. Eine Qualifikation eines Wohnungsmarkts als angespannt, auf den die Mietpreisbremse nachweislich keinen dämpfenden Effekt hat, stellt einen unangemessenen und damit nicht verhältnismäßigen Eingriff dar. Dies führt aber nicht zur Verfassungswidrigkeit der Mietpreisbremse. Denn mittels verfassungskonformer Auslegung[1648] des Kriteriums des Mietwachstums gem. § 556d Abs. 2 S. 3 Nr. 1 BGB kann dem Rechnung

---

1644 Die Angemessenheit in Gänze bejahend BVerfG (K), Beschl. v. 18.06.2019 – 1 BvL 1/18 u. a. = NJW 2019, 3054 (3058–3061, Rn. 68 und 73–87); LG Hamburg, Urt. v. 14.06.2018 – 333 S 28/17 = NZM 2018, 745 (745 f., Rn. 36); LG München I, Urt. v. 06.12.2017 – 14 S 10058/17 = NJW 2018, 407 (411, Rn. 30); LG Berlin, Urt. v. 29.03.2017 – 65 S 424/16 = NZM 2017, 332 (335, Rn. 44–46); AG Berlin-Schöneberg, Urt. v. 20.09.2017 – 7 C 118/17 = BeckRS 2017, 148102 Rn. 24; AG Berlin-Neukölln, Urt. v. 08.09.2016 – 11 C 414/15 = NZM 2017, 31 (32 f.); *Gustorff*, Mietpreisbremse und Bestellerprinzip, S. 345 f.; *Schollmeier*, Die Gewährleistung von angemessenem und bezahlbarem Wohnraum als Verfassungsfrage, S. 287; *Frank*, Die Mietpreisbremse, S. 29 f.; *Wissenschaftlicher Dienst des Deutschen Bundestages*, Verfassungsrechtlicher Rahmen für die Einführung einer sog. Mietpreisbremse, 2014, S. 9; allgemeiner *Weigelt*, Die wachsende Stadt als Herausforderung für das Recht, S. 72; differenzierend zwischen zwei legitimen Zielen und für die Verhinderung der Gentrifizierung die Unangemessenheit attestierend *Schuldt*, Mietpreisbremse, S. 192–196; a. A. *Blankenagel/Schröder/Spoerr*, NZM 2015, 1 (19).

1645 *SPD, BÜNDNIS 90 / DIE GRÜNEN, FDP*, Mehr Fortschritt wagen, 2021, S. 91.

1646 Siehe auch Kapitel 4, A. I. 5. b. ff. (2) und (3).

1647 Siehe Kapitel 4, A. I. 3. a., wonach bis dato nur eine Wirkung in Wohnungsmärkten mit einem jährlichen Mietwachstum vor der Mietpreisbremse ab 3,9 Prozent festzustellen ist.

1648 Zum Vorrang der verfassungskonformen Auslegung siehe beispielsweise m. w. N. *Schlaich/Korioth*, Das Bundesverfassungsgericht, Rn. 440 ff.; *Starck*, in: v. Mangoldt u. a., Art. 1 Rn. 327–329; *Jarass*, in: Jarass/Pieroth, Art. 20 Rn. 67 f.;

getragen werden. Die ökonomische Erkenntnis eines Mindestmietwachstums würde damit zur Vorbedingung für die Qualifikation eines Wohnungsmarkts als angespannt werden. Wäre diese ökonomische Erkenntnis dann in einer Landesrechtsverordnung nicht beachtet und wären somit dort auch Wohnungsmärkte mit einer niedrigen Mietenentwicklung als angespannte Wohnungsmärkte aufgeführt, so wäre diese Rechtsverordnung insoweit teilnichtig. Dem kann auch nicht der Beurteilungsspielraum des Verordnungsgebers entgegengehalten werden, denn mit einem Verstoß gegen diese ökonomisch eindeutige Erkenntnis (wenn sie sich denn erhärtet) wäre dieser Spielraum unzweifelhaft überschritten. Diese Teilnichtigkeit gilt dann auch unabhängig vom Aussagegehalt der übrigen (ungeschriebenen) Kriterien des § 556d Abs. 2 S. 3 BGB. Denn die Frage, ob die Mietpreisbremse dort überhaupt wirken kann, muss wegen der Eingriffsintensität des Instruments und des nicht übermäßigen Gewichts des damit verfolgten staatlichen Zwecks den absoluten Vorrang vor anderen Entwicklungen am Markt haben, die aus § 556d Abs. 2 S. 3 Nr. 2 bis Nr. 4 BGB oder den ungeschriebenen Kriterien resultieren[1649]. Nur wenn das ökonomisch erforderliche Mindestwachstum der Miete in den vorherigen Jahren bei § 556d Abs. 2 S. 3 Nr. 1 BGB festgestellt wird, können die übrigen Kriterien des § 556d Abs. 2 S. 3 BGB für die Qualifikation des Wohnungsmarkts als angespannt überhaupt zur Anwendung kommen. Keines der geschriebenen Kriterien reicht alleine aus.[1650]

An § 556d Abs. 2 S. 2 BGB wird moniert, dass es nicht ausreiche, dass die Wohnungsknappheit nur in einem Stadtteil bestehe, sondern dies im ganzen Stadtgebiet so sein müsse, da eine schützenswerte persönliche Präferenz für einen Stadtteil nicht schützenswert sei.[1651] Diese aufgrund der hohen Eingriffsintensität im Kern durchaus nachvollziehbare verfassungsrechtliche Kritik wirkt sich aktuell nicht aus. Bereits die Datenlage für die Qualifikation der gesamten Stadt als angespannt fällt teilweise äußerst dürftig aus. Für einzelne Stadtteile ist die Datenlage noch deutlich schlechter, sodass keine validen Aussagen zur Wohnungsmarktlage in dem

---

Schulze-Fielitz, in: Dreier, Art. 20 Rn. 87; *Manssen*, Staatsrecht II, Rn. 72–76; *Kingreen/Poscher*, Grundrechte Staatsrecht II, Rn. 9–11.

1649 Siehe zu den Kriterien Kapitel 3, B. IV. 1. a. cc. und dd.

1650 Siehe auch Kapitel 3, B. IV. 1. a. cc. (5).

1651 *Schuldt*, Mietpreisbremse, S. 193 f. und 218; dies ohne überzeugende Argumentation ablehnend BVerfG (K), Beschl. v. 18.06.2019 – 1 BvL 1/18 u. a. = NJW 2019, 3054 (3060, Rn. 82); *Schollmeier*, Die Gewährleistung von angemessenem und bezahlbarem Wohnraum als Verfassungsfrage, S. 284 f.

Stadtteil getroffen werden können.[1652] Demnach können aktuell Stadtteile in aller Regel nicht als angespannt qualifiziert werden. Unabhängig von der Datenlage ist die Begrenzung auf einen Teil der Stadt im Sinne der Erforderlichkeit ein notwendiges Kriterium, um die Eingriffsintensität räumlich zu begrenzen. Damit hat sich die Begründung zur Landesrechtsverordnung nach § 556d Abs. 2 S. 5 und S. 6 BGB auseinanderzusetzen.[1653] Die Begrenzung auf Stadtteile nach § 556d Abs. 2 S. 2 BGB führt daher nicht zur Teilnichtigkeit der Landesrechtsverordnung.

Eine weitere Verlängerung oder sogar Entfristung der Mietpreisbremse erscheint wegen der künftig zu erwartenden und in ihrer Intensität zunehmenden Auswirkung auf die Entwicklung der ortsüblichen Vergleichsmiete, insbesondere ohne eine Verbesserung ihres Marktbezugs, und der daraus resultierenden Auswirkungen der Vergleichsmiete auf die Mietpreisbremse verfassungsrechtlich äußerst bedenklich.[1654] Dennoch ist neben weiteren Verschärfungen bei der Mietpreisregulierung auch die Verlängerung der Mietpreisbremse bis zum Jahr 2029 geplant.[1655] Der verfassungsrechtliche Konfliktfall ist vorprogrammiert und die Mietpreisbremse wird somit ein weiteres Mal auf den Prüfstand des BVerfG zu stellen sein.

1652 Hierzu und zum Vorstehenden Kapitel 3, A. IV. 1. a.

1653 Hierzu und zum Vorstehenden Kapitel 3, A. IV. 1. a.; siehe auch *Schollmeier*, Die Gewährleistung von angemessenem und bezahlbarem Wohnraum als Verfassungsfrage, S. 284 f., die vornehmlich auch die Schwierigkeit der räumlichen Abgrenzung hervorhebt.

1654 Zweifel an der Verfassungsmäßigkeit einer Geltungsdauer über das Jahr 2025 hinaus *Kühling*, NZM 2020, 521 (529 f.); *Horst*, MDR 2020, 445 (447); *Heusch*, NZM 2020, 357 (363); dagegen offen für eine Verlängerung oder Entfristung der Mietpreisbremse bei entsprechender Wohnungsmarktlage *Schollmeier*, Die Gewährleistung von angemessenem und bezahlbarem Wohnraum als Verfassungsfrage, S. 304; *Gustorff*, Mietpreisbremse und Bestellerprinzip, S. 279 f.; vgl. auch *Schuldt*, Mietpreisbremse, S. 222 f.

1655 *SPD, BÜNDNIS 90 / DIE GRÜNEN, FDP*, Mehr Fortschritt wagen, 2021, S. 91, wonach die Kappungsgrenze bei § 558 Abs. 3 S. 2 BGB auf elf Prozent reduziert und der Betrachtungszeitraum des § 558 Abs. 2 S. 1 BGB von sechs auf sieben Jahre verlängert werden soll; siehe auch Kapitel 4, A. I. 5. b. aa. und A. I. 5. b. ee. (2) (b).

bb) Unangemessenheit der Mietpreisbremse bei fehlendem Mietspiegel in der Gemeinde

Deutliche verfassungsrechtliche Bedenken ergeben sich aber dort, wo Landesrechtsverordnungen nach § 556d Abs. 2 S. 1 BGB Gebiete ohne Mietspiegel als angespannten Wohnungsmarkt ausweisen.[1656] Die Intransparenz am Wohnungsmarkt ist eine seiner nachteiligen Besonderheiten, wobei der Staat diese Situation durchaus partiell verbessern kann, beispielsweise durch Mietspiegel.[1657] Positiv zu bewerten sind die Verbesserungen des Gesetzgebers in diesem Bereich (siehe § 558c und § 558d BGB n. F. mit Geltung ab dem 18. August 2021 und dem 1. Juli 2022).[1658] Von ganz besonderer Relevanz sind die Mietspiegel (neben der Bestandsmieterhöhung nach § 558 BGB) für die tatsächliche und transparente Durchführbarkeit des § 556d Abs. 1 BGB.[1659] Das BVerfG hat bereits damals zur Bestandsmieterhöhung festgestellt, dass die Adressaten der Mietpreisregulierung die Rechtslage erkennen und ihr Verhalten danach ausrichten, insbesondere sie in erträglicher Weise das Vorliegen der tatsächlichen Voraussetzungen für die Rechtsfolge der Mietpreisregulierung feststellen können. Sowohl dem Vermieter als auch dem Mieter muss es daher in zumutbarer Weise möglich sein, die höchstzulässige Miete zu errechnen.[1660]

Für den vermietenden Eigentümer in einer in der Landesrechtsverordnung des § 556d Abs. 2 S. 1 BGB aufgenommenen Gemeinde, die keinen Mietspiegel besitzt,[1661] bestehen große Hindernisse beim Nachweis der

---

1656 So auch *Blank*, WuM 2014, 641 (646); *Börstinghaus*, in: Schmidt-Futterer, § 556d BGB Rn. 16, 71 und 73; *Börstinghaus*, NJW 2015, 1553 (1556); ähnlich *Fleindl*, in: Gsell u. a., BeckOGK, § 556d BGB Rn. 72 (Stand: Okt. 2021); *Blankenagel/Schröder/Spoerr*, NZM 2015, 1 (21).

1657 Hierzu und zum Vorstehenden Kapitel 1, A. IV. 2. d.

1658 Dazu Mietspiegelreformgesetz v. 10.08.2021, BGBl. I, S. 3515; hierzu weiterführend *Sebastian/Kauermann u. a.*, Stellungnahme zum Gesetzentwurf der Bundesregierung, 2021, S. 1 ff., sowie *Sebastian/Haupt u. a.*, Stellungnahme der gif-Mietspiegelkommission, 2020, S. 1 ff.

1659 Siehe Kapitel 3, B. IV. 1. a. dd. (1).

1660 Hierzu und zum Vorstehenden BVerfG, Beschl. v. 23.04.1974 – 1 BvR 6/74 u. a. = BVerfGE 37, 132 (142); siehe auch BVerfG (K), Beschl. v. 18.06.2019 – 1 BvL 1/18 u. a. = NJW 2019, 3054 (3057, Rn. 58); *Börstinghaus*, in: Schmidt-Futterer, § 556d BGB Rn. 16; *Schuldt*, Mietpreisbremse, S. 252.

1661 Dies betrifft einen nicht unerheblichen Teil der Gemeinden, siehe beispielsweise *Sebastian/Memis*, gif-Mietspiegelreport 2021, 2021, S. 9, wonach 30 Prozent der untersuchten Gemeinden mit Mietpreisbremse keinen Mietspiegel erstellt haben; die Begründung zum Gesetzentwurf bezweifelte dies noch, siehe BT-Drs. 18/3121, S. 29.

ortsüblichen Vergleichsmiete: Er kann sein Mietverlangen für den Neu- oder Bestandsmietvertrag – soweit vorhanden – dann nur gem. § 558a Abs. 4 S. 2 BGB auf einen veralteten Mietspiegel oder den einer Nachbargemeinde stützen; die übrigen Nachweisinstrumente des § 558a Abs. 2 BGB helfen ebenfalls nicht weiter. Ansonsten ist ein aufwändiges Sachverständigengutachten im Gerichtsverfahren für die jeweilige oder eine vergleichbare Wohnung notwendig.[1662] Ohne einen Mietspiegel stehen so auch nicht die wertvollen Erkenntnisse zum Mietwachstumskriterium des § 556d Abs. 2 S. 3 Nr. 1 BGB zur Verfügung.[1663]

Somit tritt zur bereits existierenden hohen Intensität des Grundrechtseingriffs für die vermietenden Eigentümer zum einen die Rechtsunsicherheit über die Höhe der ortsüblichen Vergleichsmiete[1664], zum anderen ein Gerichtsprozess samt kostspieligem Sachverständigengutachten hinzu[1665]; es besteht zudem ein durchaus hohes Rückforderungsrisiko[1666] im Falle einer unbewusst zu viel verlangten Miete (siehe § 556g Abs. 2 BGB). Dagegen haben Fehler im Falle der Bestandsmieterhöhungen deutlich geringe negative Auswirkungen für den Vermieter.[1667] Mittels § 556e Abs. 1 S. 1 BGB kann diese falsche Miete im nächsten Mietverhältnis fortgeführt wer-

---

1662 Hierzu und zum Vorstehenden weiterführend *Fleindl*, in: Gsell u. a., BeckOGK, § 556d BGB Rn. 57 und 73–75 (Stand: Okt. 2021); *Börstinghaus*, in: Schmidt-Futterer, § 556d BGB Rn. 71–73; siehe auch *Schuldt*, Mietpreisbremse, S. 252 f.; zu den alternativen Möglichkeiten der Bestimmung der ortsüblichen Vergleichsmiete beispielsweise *Frank*, Die Mietpreisbremse, S. 237–240 und 247–257; siehe auch *Weigelt*, Die wachsende Stadt als Herausforderung für das Recht, S. 292. So auch in allgemeiner Form zu den Schwierigkeiten, wenn kein Mietspiegel erstellt wurde, die Begründung zum Gesetzentwurf, BT-Drs. 18/3121, S. 29; ebenfalls BVerfG (K), Beschl. v. 18.06.2019 – 1 BvL 1/18 u. a. = NJW 2019, 3054 (3057, Rn. 58); *Gustorff*, Mietpreisbremse und Bestellerprinzip, S. 293; *Kreuter-Kirchhof*, DÖV 2021, 103 (106); *Lange*, DVBl. 2015, 1551 (1556 und 1559); *Blankenagel/Schröder/Spoerr*, NZM 2015, 1 (21). A. A. die Verordnungsbegründung von Bayern, BayMBl. 2021 Nr. 944, S. 37, wonach ohne (qualifizierten) Mietspiegel die ortsübliche Vergleichsmiete mit vertretbarem Aufwand im Hinblick auf die übrigen Instrumente des § 558a Abs. 2 BGB zu ermitteln wäre.

1663 Siehe hierzu Kapitel 3, B. IV. 1. a. cc. (1) (b).

1664 Ebenso *Fleindl*, in: Gsell u. a., BeckOGK, § 556d BGB Rn. 57 (Stand: Okt. 2021).

1665 So auch *Hinz*, ZMR 2014, 593 (595); *Börstinghaus*, in: Schmidt-Futterer, § 556d BGB Rn. 16; *Fleindl*, in: Gsell u. a., BeckOGK, § 556d BGB Rn. 57 (Stand: Okt. 2021).

1666 Dazu Kapitel 3, B. IV. 1. b.

1667 Hierzu und zum Vorstehenden *Börstinghaus*, in: Schmidt-Futterer, § 556d BGB Rn. 16; *Gustorff*, Mietpreisbremse und Bestellerprinzip, S. 295.

den und sich auch dort nachteilig auswirken. Bei vor Geltung der Mietpreisbremse vereinbarten Neuvertragsmieten weiß der Vermieter mangels Mietspiegels nicht, ob die fortgeführte und damit unveränderte Miete die Grenze des § 556d Abs. 1 BGB einhält oder ob sie darüber liegt. Liegt sie darüber, müsste der vermietende Eigentümer seiner Auskunftsverpflichtung nach § 556g Abs. 1a S. 1 Nr. 1 BGB im Mietvertrag nachkommen. Tut er das nicht, so treffen ihn die nicht unerheblichen Folgen des § 556g Abs. 1a S. 2 bis S. 4 in Verbindung mit Abs. 2 BGB. Dies alles kann vor allem der größten Anbietergruppe der Kleinvermieter deutliche Schwierigkeiten bereiten.[1668]

Des Weiteren passen die Vermieter ihre Mieten wegen dieser Unsicherheiten sehr zurückhaltend an die aktuelle Situation an, um nicht über der unbekannten ortsüblichen Vergleichsmiete zu liegen. Diese sehr schwierige Situation resultiert im Vergleich zu anderen Rückforderungssituationen aber nicht daraus, dass eine vor Ort ermittelte ortsübliche Vergleichsmiete fahrlässig oder sogar vorsätzlich außer Acht gelassen worden wäre. Denn hier ist dem vermietenden Eigentümer die ortsübliche Vergleichsmiete nicht bekannt; auch kann ihm nicht vorgeworfen werden, deren Höhe kennen zu müssen.[1669] Erschwerend tritt hinzu, dass die ortsübliche Vergleichsmiete von der Marktmiete erheblich abweicht[1670] und sie der vermietende Eigentümer daher auch nicht auf andere Weise abschätzen oder sogar genau ermitteln kann. Auch geht das nicht über typische Onlineportale wie Immobilienscout 24. Denn die dort aufgeführten Wohnungen sind aufgrund der Heterogenität[1671] mit seiner Mietwohnung nur bedingt vergleichbar. Zudem ist auf diesen Portalen für ihn nicht oder nur schwer ersichtlich, wann diese Wohnungen erstmals geschaffen wurden oder sonst einer Ausnahmevorschrift der §§ 556e f. BGB unterfallen könnten. Unabhängig davon erschwert das Fehlen eines Mietspiegels aber auch die Situation des Mieters, denn auch ihm ist die ortsübliche Vergleichsmiete unbekannt und auch er kann seine vereinbarte Miete nicht außergerichtlich ohne wesentlichen Aufwand überprüfen.[1672] Daher verkennt das Argument des bayerischen Verordnungsgebers, Mieter in Gemeinden ohne einen Mietspiegel seien nicht weniger schutzwürdiger als Mieter in

---

1668 *Schuldt*, Mietpreisbremse, S. 252, auch m. w. N.; siehe auch Kapitel 1, B. I. 1. a.

1669 So auch *Börstinghaus*, in: Schmidt-Futterer, § 556d BGB Rn. 16; *Schuldt*, Mietpreisbremse, S. 254.

1670 Siehe Kapitel 3, B. IV. 1. b.

1671 Dazu Kapitel 1, A. IV. 1. f.

1672 So auch die Begründung zum Gesetzentwurf, BT-Drs. 18/3121, S. 29; ähnlich *Schuldt*, Mietpreisbremse, S. 253.

Gemeinden mit einem Mietspiegel und somit sei das Vorhandensein eines Mietspiegel bei der Ausweisung angespannter Wohnungsmärkte unrelevant,[1673] nicht nur die Lage der Vermieter, sondern auch die der Mieter.

Nach alledem ist die Qualifikation eines Wohnungsmarkts gem. § 556d Abs. 2 S. 2 und S. 3 BGB als angespannt, ohne dass es einen lokalen Mietspiegel gibt, unangemessen und damit unverhältnismäßig.[1674] Bereits existierende Landesrechtsverordnungen nach § 556d Abs. 2 S. 1 BGB, die Gemeinden ohne gültigen oder erst vor Kurzem ausgelaufenen Mietspiegel beinhalten, sind damit als teilnichtig zu qualifizieren. Die Mietpreisbremse gem. §§ 556d ff. BGB gilt in diesen Städten somit nicht. Zukünftig wird sich dieses verfassungsrechtliche Problem teilweise relativieren, da ab 1. Juli 2022 gem. § 558c Abs. 4 S. 2 BGB für alle Gemeinden mit mehr als 50.000 Einwohnern eine Pflicht zur Erstellung von (einfachen oder qualifizierten) Mietspiegeln gilt. Begrüßenswert ist auch die geplante Pflicht zur Erstellung „qualifizierter" Mietspiegel für Gemeinden mit mehr als 100.000 Einwohnern.[1675] Für Gemeinden unter 50.000 Einwohnern bleibt es bei dem hier herausgearbeiteten Ergebnis: Erstellt die Gemeinde einen Mietspiegel, ist ihre Ausweisung in der Landesrechtsverordnung angemessen. Spart sie sich die zugegebenermaßen aufwändige Erstellung des Mietspiegels[1676], gilt aber aufgrund der Unverhältnismäßigkeit und Teilnichtigkeit der Landesrechtsverordnung folgerichtig auch dort die Mietpreisbremse gem. §§ 556d ff. BGB nicht.

cc) Zwischenfazit

Die Mietpreisbremse ist aktuell noch angemessen. Ökonomische Untersuchungen zeigen ihre negativen Auswirkungen auf die Bestands- und Neuvertragsmietenentwicklung. Für den verlängerten Betrachtungszeitraum zur Bildung der ortsüblichen Vergleichsmiete gibt es nur ökonomische Prognosen, die einen Rückgang der ortsüblichen Vergleichsmiete vorher-

---

1673 So die Verordnungsbegründung von Bayern, BayMBl. 2021 Nr. 944, S. 37.

1674 Vgl. *Schuldt*, Mietpreisbremse, S. 254–257, der dies durch eine verfassungskonforme Auslegung des Begriffs der „Gemeinde" in § 556d Abs. 2 S. 2 BGB ausgleichen möchte; a. A., aber ohne Begründung BVerfG (K), Beschl. v. 18.06.2019 – 1 BvL 1/18 u. a. = NJW 2019, 3054 (3057, Rn. 58); Verordnungsbegründung von Bayern, BayMBl. 2021 Nr. 944, S. 37.

1675 Siehe *SPD, BÜNDNIS 90 / DIE GRÜNEN, FDP*, Mehr Fortschritt wagen, 2021, S. 91.

1676 *Hinz*, ZMR 2014, 593 (595).

sagen. Entscheidend für die künftige Bewertung nach der weiteren Verlängerung dieses Zeitraums werden ökonomische Untersuchungen zur ortsüblichen Vergleichsmiete und ihrer regulierungsbedingt veränderten Entwicklung sein. Aktuell fehlt noch die ökonomisch fundierte Grundlage zur Bejahung einer Unangemessenheit, sollte die prognostizierte Entwicklung der ortsüblichen Vergleichsmiete tatsächlich eintreten. Eine weitere Verlängerung oder sogar Entfristung der Mietpreisbremse könnte zu Verlusten bei den vermietenden Eigentümern führen.

Für die Landesrechtsverordnungen des § 556d Abs. 2 S. 1 BGB zur Ausweisung angespannter Wohnungsmärkte ergeben sich zwei Einschränkungen für die Bewertung als noch angemessen: Sollten sich die ökonomischen Erkenntnisse erhärten, dass die Mietpreisbremse nur in Gemeinden mit einem früheren Mietwachstum in einer bestimmten Höhe wirken kann, so wird dies beim Kriterium des § 556d Abs. 2 S. 3 Nr. 1 BGB zur Vorbedingung zur Qualifikation angespannter Wohnungsmärkte. Ein Verstoß dagegen würde dann künftig zur Teilnichtigkeit der Landesrechtsverordnungen führen. Des Weiteren sind bereits gegenwärtig diejenigen Landesrechtsverordnungen teilnichtig, die solche Gemeinden als angespannte Wohnungsmärkte qualifizieren, die keinen Mietspiegel vorweisen können. Dieses Problem wird sich in Zukunft durch den ab 1. Juli 2022 geltenden § 558c Abs. 4 S. 2 BGB zumindest teilweise relativieren. Für Gemeinden unterhalb der dortigen Einwohnergrenze wird es weiterhin bei der Teilnichtigkeit der Landesrechtsverordnung bleiben. Folglich stellen diese Gemeinden dann auch keine angespannten Wohnungsmärkte mehr dar und die Neuvertragsmietenregulierung gem. §§ 556d ff. BGB gilt dort nicht.

II. Weitere Freiheitsgrundrechte

Des Weiteren könnte die Mietpreisbremse durch die von ihr regulierte Miethöhe und damit einem der wesentlichen Bestandteile des Mietvertrags in die Vertragsfreiheit des Art. 2 Abs. 1 GG eingreifen. Der Abschluss eines Vertrags über die Nutzung des Eigentums ist von der Eigentumsfreiheit erfasst und verdrängt insoweit die von Art. 2 Abs. 1 GG geschützte Vertragsfreiheit.[1677] Art. 2 Abs. 1 GG kann daher nur zur Anwendung gelangen,

1677 BVerfG, Urt. v. 14.02.1989 – 1 BvR 308 u. a. = BVerfGE 79, 292 (304); *Depenheuer/Froese*, in: v. Mangoldt u. a., Art. 14 Rn. 79 und 103, sowie *Papier/Shirvani*, in: Dürig u. a., Art. 14 Rn. 354 und 362 (83. EL/April 2018), jeweils m. w. N.; *Axer*, in: Epping/Hillgruber, BeckOK GG, Art. 14 Rn. 28

soweit der Vermieter kein Eigentümer der Objekts ist.[1678] Im Vergleich zu Art. 14 Abs. 1 GG weist deren Vertragsfreiheit aber keine höheren Rechtfertigungsanforderungen und keine höhere Intensität des Eingriffs auf, sodass sich auch bei den vermietenden Nichteigentümern keine andere verfassungsrechtliche Beurteilung ergibt und der Eingriff in die Vertragsfreiheit der vermietenden Nichteigentümer gerechtfertigt ist.[1679]

Des Weiteren wurde bereits deutlich, dass auch gewerbliche Anbieter am Wohnungsmarkt tätig sein können.[1680] Demnach könnte die Mietpreisbremse in die sie schützende Berufsfreiheit eingreifen. Deren Überprüfung anhand von Art. 12 Abs. 1 GG scheidet aber aus, da dessen Schutzbereich mangels eines unmittelbaren Bezugs auf eine berufliche Tätigkeit und damit einer berufsregelnden Tendenz[1681] der §§ 556d ff. BGB nicht eröffnet ist.[1682]

(Stand: Aug. 2021); *Schuldt*, Mietpreisbremse, S. 201; *Gustorff*, Mietpreisbremse und Bestellerprinzip, S. 240 f.; ähnlich *Jarass*, in: Jarass/Pieroth, Art. 14 Rn. 4 und 16; *Weigelt*, Die wachsende Stadt als Herausforderung für das Recht, S. 72; *Lange*, DVBl. 2015, 1551 (1554, Fn. 43); so wohl auch BVerfG (K), Beschl. v. 18.06.2019 – 1 BvL 1/18 u. a. = NJW 2019, 3054 (3061, Rn. 90); a. A. *Wieland*, in: Dreier, Art. 14 Rn. 200; *Blankenagel/Schröder/Spoerr*, NZM 2015, 1 (23 f.); ähnlich *Bryde/Wallrabenstein*, in: v. Münch u. a., Art. 14 Rn. 154.

1678 *Depenheuer/Froese*, in: v. Mangoldt u. a., Art. 14 Rn. 103.

1679 So auch die Begründung zum Gesetzentwurf, BT-Drs. 18/3121, S. 18; ebenso BVerfG (K), Beschl. v. 18.06.2019 – 1 BvL 1/18 u. a. = NJW 2019, 3054 (3061, Rn. 90); *Frank*, Die Mietpreisbremse, S. 33; im Ergebnis auch so LG Berlin, Urt. v. 29.03.2017 – 65 S 424/16 = NZM 2017, 332 (335, Rn. 48); AG Berlin-Neukölln, Urt. v. 08.09.2016 – 11 C 414/15 = NZM 2017, 31 (33); *Schollmeier*, Die Gewährleistung von angemessenem und bezahlbarem Wohnraum als Verfassungsfrage, S. 288; a. A. *Blankenagel/Schröder/Spoerr*, NZM 2015, 1 (24 f.).

1680 Siehe Kapitel 4, A. I. 1. a. bb., sowie Kapitel 1, B. I. 2. und 3.

1681 Siehe die nicht ganz einheitliche Rechtsprechung des BVerfG, die diese Einschränkung hier für erforderlich hält, beispielsweise BVerfG, Beschl. v. 12.10.2011 – 2 BvR 236/08 u. a. = BVerfGE 129, 208 (266 f.), sowie BVerfG, Urt. v. 24.11.2010 – 1 BvF 2/05 = BVerfGE 128, 1 (58 und 82 f.) jeweils m. w. N. Für eine berufsregelnde Tendenz beispielsweise jeweils m. w. N. *Mann*, in: Sachs, Art. 12 Rn. 95 und 98; *Kämmerer*, in: v. Münch u. a., Art. 12 Rn. 91 f.; *Jarass*, in: Jarass/Pieroth, Art. 12 Rn. 15; siehe auch *Kingreen/Poscher*, Grundrechte Staatsrecht II, S. 1032; a. A. *Manssen*, in: v. Mangoldt u. a., Art. 12 Rn. 75–77 auch m. w. N.; *Ruffert*, in: Epping/Hillgruber, BeckOK GG, Art. 12 Rn. 57 (Stand: Aug. 2021); *Manssen*, Staatsrecht II, Rn. 667–669; *Cremer*, DÖV 2003, 921 (928).

1682 *Schuldt*, Mietpreisbremse, S. 198 f.; *Schollmeier*, Die Gewährleistung von angemessenem und bezahlbarem Wohnraum als Verfassungsfrage, S. 287 f.; *Gustorff*, Mietpreisbremse und Bestellerprinzip, S. 224 f. und 241.

III. Vereinbarkeit mit Art. 3 Abs. 1 GG

Der Gesetzgeber hat „wesentlich Gleiches gleich und wesentlich Ungleiches ungleich zu behandeln". Verstößt er dagegen, so bedarf dies einer verfassungsrechtlichen Rechtfertigung.[1683] Der Frage der gerechtfertigten Gleich- oder Ungleichbehandlung durch die regional unterschiedlichen Neuvertragsmietenbegrenzung gem. § 556d Abs. 1 BGB (1.), die gleiche Geltung der Mietpreisbremse für private und gewerbliche Vermieter (2.), die Befreiungsvorschrift für neuere oder modernisierte Wohnungen nach § 556f BGB (3.) und die Vereinbarung der Vormiete gem. § 556e Abs. 1 S. 1 BGB (4.) gilt es im Folgenden näher zu untersuchen.

Für die Rechtfertigung möglicher Gleich- oder Ungleichbehandlungen gilt grundsätzlich „ein stufenloser am Grundsatz der Verhältnismäßigkeit orientierter verfassungsrechtlicher Prüfungsmaßstab", wobei je nach Strenge der Prüfung in Abhängigkeit vom Sach- und Regelungsbereich dabei bereits die Existenz eines sachlichen Grunds ausreichen kann.[1684] Neuvertragsmietenregulierungen greifen zugleich unmittelbar in Art. 14 GG sowie in die Vertragsfreiheit von Vermieter und Mieter gem. Art. 2 Abs. 1 GG ein. Demnach reicht nur bei der Stichtagsfrage des § 556f S. 1 BGB eine reine Willkürprüfung aus, im Übrigen ist eine strenge Verhältnismäßigkeitsprüfung vorzunehmen.[1685]

1683 Hierzu und zum Vorstehenden BVerfG, Beschl. v. 19.11.2019 – 2 BvL 22/14 u. a. = BVerfGE 152, 274 (311, Rn. 95); BVerfG (K), Beschl. v. 18.06.2019 – 1 BvL 1/18 u. a. = NJW 2019, 3054 (3061, Rn. 92); BVerfG, Urt. v. 18.07.2018 – 1 BvR 1675/16 u. a. = BVerfGE 149, 222 (253, Rn. 64); BVerfG, Urt. v. 10.04.2018 – 1 BvL 11/14 u. a. = BVerfGE 148, 147 (183, Rn. 94); *Wollenschläger*, in: v. Mangoldt u. a., Art. 3 Rn. 77–83; *Jarass*, in: Jarass/Pieroth, Art. 3 Rn. 10–12.

1684 Siehe beispielsweise BVerfG, Beschl. v. 19.11.2019 – 2 BvL 22/14 u. a. = BVerfGE 152, 274 (312 f., Rn. 96–98); BVerfG (K), Beschl. v. 18.06.2019 – 1 BvL 1/18 u. a. = NJW 2019, 3054 (3061, Rn. 94); BVerfG, Urt. v. 18.07.2018 – 1 BvR 1675/16 u. a. = BVerfGE 149, 222 (253 f., Rn. 64); BVerfG, Urt. v. 10.04.2018 – 1 BvL 11/14 u. a. = BVerfGE 148, 147 (183 f., Rn. 94 f.); weiterführend *Nußberger*, in: Sachs, Art. 3 Rn. 8–37; *Wollenschläger*, in: v. Mangoldt u. a., Art. 3 Rn. 89 f. und 93–98; *Jarass*, in: Jarass/Pieroth, Art. 3 Rn. 20–23; *Manssen*, Staatsrecht II, Rn. 918–930.

1685 BVerfG (K), Beschl. v. 18.06.2019 – 1 BvL 1/18 u. a. = NJW 2019, 3054 (3061–3063, Rn. 94, 103 und 105–107); ähnlich *Schollmeier*, Die Gewährleistung von angemessenem und bezahlbarem Wohnraum als Verfassungsfrage, S. 289.

1. Regional unterschiedlich hohe 110-Prozent-Grenzen nach § 556d Abs. 1 BGB

Die Neuvertragsmietenregulierung des § 556d Abs. 1 BGB knüpft an die ortsübliche Vergleichsmiete an, die sich von Stadt zu Stadt unterscheidet. Folglich ergeben sich unterschiedlich hohe Begrenzungen der Neuvertragsmiete gem. § 556d Abs. 1 BGB.[1686] Dies wirft die rechtfertigungsbedürftige Frage auf, warum beispielsweise für Vermieter in Berlin bereits bei einer im Verhältnis zu München deutlich niedrigeren Miete die Begrenzung des § 556d Abs. 1 BGB greift und damit eine höhere Miete verhindert wird, wenngleich in beiden Städten die einkommensschwächeren Haushalte oder Durchschnittsverdiener vor Verdrängung unterschiedslos geschützt werden sollen.[1687]

Hier ist aber bereits eine Ungleichbehandlung von wesentlich Gleichem zu verneinen.[1688] Mittels der ortsüblichen Vergleichsmiete soll die Marktmiete gedämpft werden. Diese Marktmiete ist von Wohnungsmarkt zu Wohnungsmarkt unterschiedlich, folglich auch die ortsübliche Vergleichsmiete.[1689] Des Weiteren zeichnen sich Wohnungsmärkte durch eine Vielzahl nicht vergleichbarer Teilmärkte ab, nämlich durch die Heterogenität von Wohnungen in qualitativ-technischer Art, aber auch in räumlicher

---

1686 Hierzu und zum Vorstehenden BVerfG (K), Beschl. v. 18.06.2019 – 1 BvL 1/18 u. a. = NJW 2019, 3054 (3061, Rn. 93); LG Berlin, Beschl. v. 07.12.2017 – 67 S 218/17 = NZM 2018, 118 (120 f., Rn. 37–39 und 41); *Schollmeier*, Die Gewährleistung von angemessenem und bezahlbarem Wohnraum als Verfassungsfrage, S. 291; *Gustorff*, Mietpreisbremse und Bestellerprinzip, S. 300 f.; teilweise wird die Ungleichbehandlung nicht auf das Ergebnis unterschiedlicher ortsüblicher Vergleichsmieten, sondern auf eine uneinheitliche Mietspiegelerstellung gestützt, siehe *Blankenagel/Schröder/Spoerr*, NZM 2015, 1 (25 f.), jedoch gelten hierfür die folgenden Argumente sinngemäß, sodass kein Gleichheitsverstoß festzustellen ist (siehe *Schuldt*, Mietpreisbremse, S. 234 f.).

1687 So LG Berlin, Beschl. v. 07.12.2017 – 67 S 218/17 = NZM 2018, 118 (121 f., Rn. 42 und 44).

1688 So wohl auch *Schuldt*, Mietpreisbremse, S. 235; siehe auch AG Berlin-Neukölln, Urt. v. 11.10.2017 – 20 C 19/17 = WuM 2017, 714 (715); vgl. BVerfG (K), Beschl. v. 18.06.2019 – 1 BvL 1/18 u. a. = NJW 2019, 3054 (3061, Rn. 93 und 96), das das Vorliegen gleicher Sachverhalte zumindest bezweifelt; angeschnitten bei *Gustorff*, Mietpreisbremse und Bestellerprinzip, S. 301; a. A. LG Berlin, Beschl. v. 12.04.2018 – 67 S 328/17, Rn. 26 f. (juris); LG Berlin, Beschl. v. 07.12.2017 – 67 S 218/17 = NZM 2018, 118 (120 f., Rn. 38 f. und 41).

1689 Hierzu und zum Vorstehenden *Gustorff*, Mietpreisbremse und Bestellerprinzip, S. 301; siehe auch LG Berlin, Urt. v. 25.04.2018 – 65 S 238/17 = WuM 2018, 418 (422).

Hinsicht aufgrund ihrer Standortbindung. Für die Nachfrager ist die Lage der Wohnungen von großer und preisbildender Bedeutung.[1690] Räumlich unterschiedliche Wohnungsmärkte können damit nicht miteinander verglichen werden. Der Wohnungsmarkt in Berlin und München sind hinsichtlich der Mietpreise nicht miteinander vergleichbar.[1691]

Selbst wenn man eine Ungleichbehandlung bejahen würde, so wäre sie verhältnismäßig und damit gerechtfertigt.[1692] Die unterschiedlichen ortsüblichen Vergleichsmieten mit ihrem partiellen Marktbezug stellen die konkrete Bewirtschaftung in diesen heterogenen räumlichen Märkten sicher. Ein sachlicher Grund für die Ungleichbehandlung liegt damit vor.[1693] Des Weiteren hat zum einen die lokale Mietenentwicklung den früheren Kaufpreis[1694], zum anderen die lokale wirtschaftliche Lage die Baupreise beeinflusst: Es wäre widersprüchlich, wenn die regionalen Kauf- oder Baupreise durch überregionale einheitliche und damit Neuvertragsmieten mit anderem Bezugspunkt erwirtschaftet werden sollten. Eine überregional einheitliche Mietobergrenze weist zudem keinen Bezug zur regionalen wirtschaftlichen Leistungsfähigkeit und der dortigen Mieter

---

1690 Hierzu und zum Vorstehenden ähnlich *Schollmeier*, Die Gewährleistung von angemessenem und bezahlbarem Wohnraum als Verfassungsfrage, S. 291; vgl. *Schuldt*, Mietpreisbremse, S. 235; *Kreuter-Kirchhof*, DÖV 2021, 103 (108); a. A. LG Berlin, Beschl. v. 12.04.2018 – 67 S 328/17, Rn. 27 f. (juris). Siehe auch vor allem zu den Besonderheiten der Wohnung und des Wohnungsmarkts Kapitel 1, A. IV. 1. c. und f., sowie A. IV. 2. c. bb. (1) und A. IV. 2. c. bb. (2) (b).

1691 Hierzu und zum Vorstehenden vgl. BVerfG (K), Beschl. v. 18.06.2019 – 1 BvL 1/18 u. a. = NJW 2019, 3054 (3061, Rn. 93 und 96); LG Berlin, Urt. v. 25.04.2018 – 65 S 238/17 = WuM 2018, 418 (422); *Schuldt*, Mietpreisbremse, S. 235; *Tietzsch/Raabe*, WuM 2017, 688 (688 f.); a. A. LG Berlin, Beschl. v. 12.04.2018 – 67 S 328/17, Rn. 27 f. (juris); LG Berlin, Beschl. v. 07.12.2017 – 67 S 218/17 = NZM 2018, 118 (120 f., Rn. 38 f. und 41).

1692 Ebenso BVerfG (K), Beschl. v. 18.06.2019 – 1 BvL 1/18 u. a. = NJW 2019, 3054 (3061 f., Rn. 93, 97 und 99); *Gustorff*, Mietpreisbremse und Bestellerprinzip, S. 301–303; weiterführend *Schollmeier*, Die Gewährleistung von angemessenem und bezahlbarem Wohnraum als Verfassungsfrage, S. 291–293 auch m. w. N.; *Tietzsch/Raabe*, WuM 2017, 688 (689 f.); a. A. LG Berlin, Beschl. v. 12.04.2018 – 67 S 328/17, Rn. 29 (juris); LG Berlin, Beschl. v. 07.12.2017 – 67 S 218/17, Rn. 45–49 (juris).

1693 Hierzu und zum Vorstehenden BVerfG (K), Beschl. v. 18.06.2019 – 1 BvL 1/18 u. a. = NJW 2019, 3054 (3061, Rn. 96); vgl. auch *Gustorff*, Mietpreisbremse und Bestellerprinzip, S. 302.

1694 Zur Beeinflussung von Kauf- und Verkaufspreis durch die Mieten siehe Kapitel 1, B. II. 3. b. und d.

auf.[1695] Demnach können der Ungleichbehandlung nicht die Eignung, Erforderlichkeit und Angemessenheit abgesprochen werden.

2. Fehlende Differenzierung zwischen privaten und gewerblichen Vermietern?

Es könnte jedoch eine sachliche Differenzierung zwischen privaten und gewerblichen Vermietern und damit eine unterschiedliche Regulierung angebracht sein.[1696] Private Vermieter, von denen ein Drittel zu den einkommensschwächeren Haushalten gehört, vermieten für ihren Lebensunterhalt sowie ihre Altersvorsorge und -sicherung und sichern damit ihre persönliche Freiheit und die Grundlage ihrer eigenen Lebensgestaltung.[1697] Die Gleichbehandlung privater und gewerblicher Vermieter im Rahmen der Mietpreisbremse ist aber gerechtfertigt.[1698] Dafür ist das mit der Mietpreisbremse verfolgte legitime Ziel anzuführen, nämlich die Verdrängung schutzwürdiger Haushalte aus nachgefragten Wohnungsmärkten zu verhindern.[1699] So kann keine der beiden Anbietergruppen mittels einer Befreiung von der Mietpreisbremse die Wohnungsknappheit ausnutzen.[1700] Es sind keine Anhaltspunkte dafür ersichtlich, die Eignung und Erforderlichkeit der unterschiedslosen Geltung für beide Anbietergruppen in Zweifel zu ziehen.[1701] Es wurde bereits deutlich, dass trotz der Mietpreisbremse aktuell auch die besonders schutzwürdigen, privaten Vermie-

---

1695 Hierzu und zum Vorstehenden ähnlich BVerfG (K), Beschl. v. 18.06.2019 – 1 BvL 1/18 u. a. = NJW 2019, 3054 (3062, Rn. 99); *Schollmeier*, Die Gewährleistung von angemessenem und bezahlbarem Wohnraum als Verfassungsfrage, S. 291; *Gustorff*, Mietpreisbremse und Bestellerprinzip, S. 301.

1696 BVerfG (K), Beschl. v. 18.06.2019 – 1 BvL 1/18 u. a. = NJW 2019, 3054 (3062, Rn. 100); *Blankenagel/Schröder/Spoerr*, NZM 2015, 1 (19 und 25, dort in Fn. 229); *Schuldt*, Mietpreisbremse, S. 235; *Schollmeier*, Die Gewährleistung von angemessenem und bezahlbarem Wohnraum als Verfassungsfrage, S. 293.

1697 Siehe Kapitel 4, A. I. 1. a. bb.; zu den Charakteristika dieser Anbieter Kapitel 1, B. I. 1.

1698 BVerfG (K), Beschl. v. 18.06.2019 – 1 BvL 1/18 u. a. = NJW 2019, 3054 (3062, Rn. 100 f.).

1699 Ähnlich BVerfG (K), Beschl. v. 18.06.2019 – 1 BvL 1/18 u. a. = NJW 2019, 3054 (3062, Rn. 101); siehe zum legitimen Zweck ebenfalls Kapitel 4, A. I. 2.

1700 *Schuldt*, Mietpreisbremse, S. 236.

1701 BVerfG (K), Beschl. v. 18.06.2019 – 1 BvL 1/18 u. a. = NJW 2019, 3054 (3062, Rn. 101).

ter noch ihren Lebensunterhalt erwirtschaften können.[1702] Des Weiteren wurde im Vergleich der privaten Eigentümer und der freien Wohnungsunternehmen deutlich, dass die Grenze zwischen den professionellen privaten Anbietern und den Wohnungsunternehmen fließend sein kann. Sie unterscheiden sich letztlich nur anhand ihrer Gesellschaftsform.[1703] Nach alledem ist die Gleichbehandlung privater und gewerblicher Vermieter auch angemessen und damit gerechtfertigt.[1704]

3. Neue oder modernisierte mietpreisbremsenfreie Wohnungen nach § 556f BGB

Im Fokus bei der Untersuchung der Befreiungsvorschriften des § 556f BGB stehen die Befreiung mittels § 556f BGB zu den nach § 556d Abs. 1 und § 556e Abs. 1 S. 1 BGB regulierten Mietverhältnissen (a.) sowie die Stichtagsregelungen des § 556f S. 1 BGB („nach dem 1. Oktober 2014") innerhalb des Sektors der neugeschaffenen Wohnungen, wonach diese Wohnungen teilweise von der Mietpreisbremse befreit sind und teilweise eben nicht (b.).

a) Befreiung neuer oder umfassend modernisierter Wohnungen von der Mietpreisbremse

Die Ausnahmevorschrift des § 556f BGB erlaubt eine von der Mietpreisbremse befreite Neuvertragsmiete – im Falle des § 556f S. 2 Befreiung nur einmal unter künftiger Fortführung nach § 556e Abs. 1 S. 1 BGB. Somit befreit die Mietpreisbremse gewisse Wohnungen, wenn sie auch nur einen kleinen Marktanteil aufweisen[1705]. Dies stellt eine Ungleichbehandlung von wesentlich Gleichem dar. Dem könnte jedoch – wie bereits bei der regional unterschiedlichen 110-Prozent-Grenze – das Argument der sach-

---

1702 BVerfG (K), Beschl. v. 18.06.2019 – 1 BvL 1/18 u. a. = NJW 2019, 3054 (3062, Rn. 101); siehe Kapitel 4, A. I. 5. b., vor allem A. I. 5. b. ee. (2); vgl. *Schollmeier*, Die Gewährleistung von angemessenem und bezahlbarem Wohnraum als Verfassungsfrage, S. 293.

1703 Hierzu und zum Vorstehenden Kapitel 1, B. I. 1. c. und B. I. 2. b.

1704 So auch BVerfG (K), Beschl. v. 18.06.2019 – 1 BvL 1/18 u. a. = NJW 2019, 3054 (3062, Rn. 101); ähnlich *Schollmeier*, Die Gewährleistung von angemessenem und bezahlbarem Wohnraum als Verfassungsfrage, S. 293.

1705 Siehe Kapitel 4, A. I. 5. b. cc. und dd.

lichen qualitativ-technischen Teilmärkte entgegengehalten werden,[1706] sodass mangels eines verbindenden Oberbegriffs der unterschiedlichen Wohnungen bereits eine Ungleichbehandlung zu verneinen wäre. Dies vermag hier aber nicht zu überzeugen. Die jeweilige ortsübliche Vergleichsmiete weist nicht einen einzigen maßgeblichen Mietwert für alle Wohnungen in der Gemeinde aus, sondern differenziert anhand des unterschiedlichen qualitativ-technischen Standards. So ergeben sich unterschiedlich hohe ortsübliche Vergleichsmieten in den Mietspiegeln. Es bleibt daher bei einer Ungleichbehandlung.

Diese Ungleichbehandlung durch § 556f S. 1 und S. 2 BGB ist aber insbesondere angemessen und damit gerechtfertigt.[1707] Am Wohnungsmarkt müssen Anreize durch Regelungen gesetzt werden, um einerseits das Wohnungsangebot zu erweitern – nur das löst mittel- bis langfristig das Problem angespannter Wohnungsmärkte.[1708] Andererseits bedarf das Wohnungsangebot aufgrund seiner Langlebigkeit und Bestandslastigkeit umfassender Modernisierungsarbeiten an den älteren Wohnungsbeständen, damit er sich nicht qualitativ verschlechtert und sich so verringert.[1709] In beiden Fällen sichert die (einmalige) Befreiung von der Mietpreisbremse eine künftig ordnungsgemäße Bewirtschaftung und setzt somit Anreize für die Marktbeteiligten zur Durchführung der Arbeiten.[1710]

1706 Siehe Kapitel 4, A. III. 1.; zu dieser Art von Teilmarkt Kapitel 1, A. IV. 2. c. bb. (2) (b).

1707 So im Ergebnis auch LG Berlin, Urt. v. 29.03.2017 – 65 S 424/16 = NZM 2017, 332 (335 f., Rn. 47); AG Berlin-Neukölln, Urt. v. 08.09.2016 – 11 C 414/15 = NZM 2017, 31 (33); *Schollmeier*, Die Gewährleistung von angemessenem und bezahlbarem Wohnraum als Verfassungsfrage, S. 289 f.; *Lange*, DVBl. 2015, 1551 (1558); so auch im Ergebnis zu § 556f S. 1 BGB *Gustorff*, Mietpreisbremse und Bestellerprinzip, S. 353 f., a. A. aber zu § 556f S. 2 BGB aaO, S. 355–360.

1708 Siehe als Ziel zur Verbesserung der Wohnungsmarktlage Kapitel 2, B. II. 2.; so auch *Lange*, DVBl. 2015, 1551 (1558); ähnlich AG Berlin-Neukölln, Urt. v. 08.09.2016 – 11 C 414/15 = NZM 2017, 31 (33); *Schollmeier*, Die Gewährleistung von angemessenem und bezahlbarem Wohnraum als Verfassungsfrage, S. 290; *Gsell*, WuM 2017, 305 (309); die Begründung zum Gesetzentwurf betont die volle Investitionssicherheit, siehe BT-Drs. 18/3121, S. 31; vgl. BVerfG (K), Beschl. v. 18.06.2019 – 1 BvL 1/18 u. a. = NJW 2019, 3054 (3063, Rn. 106); *Schuldt*, Mietpreisbremse, S. 232 f.; *Häublein*, ZfPW 2020, 1 (5 f.).

1709 Siehe als Ziel Kapitel 2, B. II. 1. b.; ähnlich *Lange*, DVBl. 2015, 1551 (1558).

1710 Ähnlich AG Berlin-Neukölln, Urt. v. 08.09.2016 – 11 C 414/15 = NZM 2017, 31 (33); *Schollmeier*, Die Gewährleistung von angemessenem und bezahlbarem Wohnraum als Verfassungsfrage, S. 289; *Gsell*, WuM 2017, 305 (309) so wohl auch *Gustorff*, Mietpreisbremse und Bestellerprinzip, S. 353; vgl. BVerfG (K), Beschl. v. 18.06.2019 – 1 BvL 1/18 u. a. = NJW 2019, 3054 (3063, Rn. 106).

Speziell für die umfassenden Modernsierungen gem. § 556f S. 2 BGB ergibt sich auch keine ungerechtfertigte Ungleichbehandlung aus deren Verhältnis zu den kleineren Modernisierungsarbeiten nach § 556e Abs. 2 BGB.[1711] Hier kann ebenfalls das Argument der Sicherung einer ordnungsgemäßen Bewirtschaftung angeführt werden, denn bereits für Modernisierungsarbeiten mittleren Umfangs ist wegen der stark begrenzten Umlagefähigkeit nach § 559 Abs. 1 und Abs. 3a BGB keine ordnungsgemäße Bewirtschaftung durch § 556e Abs. 2 BGB gewährleistet.[1712] Bei größeren Modernisierungsvorhaben wäre dies erst recht der Fall, sodass die Befreiung des § 556f S. 1 BGB vielmehr einen Anreiz für einen Komplettabriss mit anschließendem Neubau setzen würde, gäbe es § 556f S. 2 BGB nicht. Zudem wäre dieser Anreiz auf angespannten Wohnungsmärkten äußerst kontraproduktiv, insbesondere ginge so im Vergleich zum Neubau bezahlbarer Wohnraum im Bestand verloren.[1713]

b) Unterschiedliche Handhabung der Befreiungsvorschrift aufgrund des Stichtags in § 556f S. 1 BGB

Außerdem könnte sich eine Ungleichbehandlung daraus ergeben, dass § 556f S. 1 BGB neuere Wohnungen anhand des gewählten Stichtags behandelt und damit nur teilweise von der Mietpreisbremse befreit.[1714] Die Einführung des Stichtags ist notwendig, um Investitionsanreize für neue Wohnungen und damit die Erweiterung des Wohnungsangebots zu setzen.[1715] Der als Stichtag gewählte Zeitpunkt bei § 556f S. 1 BGB ist zudem vertretbar, da er sich mit dem Datum des Regierungsentwurfs zum Mietrechtsnovellierungsgesetz deckt, wenngleich aufgrund der längeren Produktionsdauer von Immobilien der Baubeginn durchaus deutlich wei-

---

1711 So aber *Gustorff*, Mietpreisbremse und Bestellerprinzip, S. 355–360.

1712 Siehe Kapitel 3, C. III. 2. und C. IV. 2.

1713 Zur Differenzierung anhand des Umfangs der Modernisierungsarbeiten zwischen § 556e Abs. 2 und § 556f S. 2 BGB Kapitel 3, C. IV. 2. und E.

1714 Zu den rechtlichen Anforderungen an die Nutzungs- oder Vermietungsaufnahme siehe Kapitel 3, B. IV. 1. b. aa.

1715 Hierzu und zum Vorstehenden BVerfG (K), Beschl. v. 18.06.2019 – 1 BvL 1/18 u. a. = NJW 2019, 3054 (3063, Rn. 105 f.), auch m. w. N.; *Schuldt*, Mietpreisbremse, S. 231 f.; *Schollmeier*, Die Gewährleistung von angemessenem und bezahlbarem Wohnraum als Verfassungsfrage, S. 289 f.; *Gustorff*, Mietpreisbremse und Bestellerprinzip, S. 353 f.; *Lange*, DVBl. 2015, 1551 (1558, Fn. 81); siehe auch Kapitel 4, A. III. 3. a.

ter zurückliegt als dieses Datum.[1716] Diese Ungleichbehandlung ist damit ebenfalls gerechtfertigt.

4. Höhere und fortgeführte Mieten nach § 556e Abs. 1 S. 1 BGB

Ein Teil der Vermieter stützt seine regulierte Neuvertragsmiete auf die in der Vergangenheit darüber liegende Vormiete und führt sie so gem. § 556e Abs. 1 S. 1 BGB zulässigerweise fort, ein anderer Teil kann nur die faktisch darunter liegende Miete des § 556d Abs. 1 BGB verlangen. Damit gelten unterschiedliche Neuvertragsmieten, sodass dies eine Ungleichbehandlung der Vermieter darstellen könnte.[1717] Konkret erfährt derjenige Vermieter Nachteile durch eine niedrigere Neuvertragsmiete, der in der Vergangenheit seine Neuvertragsmieten maßvoll gesteigert und nicht deutlich oberhalb der ortsüblichen Vergleichsmiete vermietet hat. Dass diese höhere Miete in einigen Fällen nicht vorzuwerfen ist, resultiert auch aus der bereits existierenden Diskrepanz[1718] von Vergleichs- und Marktmiete.[1719] Zwar begründen die unterschiedlich regulierten Neuvertragsmieten eine Ungleichbehandlung von wesentlich Gleichem,[1720] doch ist sie verhältnismäßig und damit gerechtfertigt[1721].

1716 BVerfG (K), Beschl. v. 18.06.2019 – 1 BvL 1/18 u. a. = NJW 2019, 3054 (3063, Rn. 107); *Schollmeier*, Die Gewährleistung von angemessenem und bezahlbarem Wohnraum als Verfassungsfrage, S. 290; *Gustorff*, Mietpreisbremse und Bestellerprinzip, S. 353 f.; weiterführend *Schuldt*, Mietpreisbremse, S. 233 f.; zur langen Produktionsdauer siehe Kapitel 1, A. IV. 1. b.

1717 Hierzu und zum Vorstehenden LG Berlin, Beschl. v. 07.12.2017 – 67 S 218/17 = NZM 2018, 118 (122 f., Rn. 48); *Schuldt*, Mietpreisbremse, S. 229; *Blankenagel/Schröder/Spoerr*, NZM 2015, 1 (27); *Lange*, DVBl. 2015, 1551 (1558); ähnlich *Schollmeier*, Die Gewährleistung von angemessenem und bezahlbarem Wohnraum als Verfassungsfrage, S. 288 f.; *Gustorff*, Mietpreisbremse und Bestellerprinzip, S. 346.

1718 Siehe zur Diskrepanz vor Einführung der Mietpreisbremse Kapitel 3, B. IV. 1. b.

1719 Hierzu und zum Vorstehenden *Lange*, DVBl. 2015, 1551 (1558); *Blankenagel/Schröder/Spoerr*, NZM 2015, 1 (27).

1720 Ebenso *Schuldt*, Mietpreisbremse, S. 229; *Gustorff*, Mietpreisbremse und Bestellerprinzip, S. 346.

1721 So auch BVerfG (K), Beschl. v. 18.06.2019 – 1 BvL 1/18 u. a. = NJW 2019, 3054 (3062, Rn. 102); LG Berlin, Urt. v. 25.04.2018 – 65 S 238/17 = WuM 2018, 418 (422); AG Berlin-Neukölln, Urt. v. 11.10.2017 – 20 C 19/17 = WuM 2017, 714 (715); AG Berlin-Neukölln, Urt. v. 08.09.2016 – 11 C 414/15 = NZM 2017, 31 (33); *Schuldt*, Mietpreisbremse, S. 230 f.; *Lange*, DVBl. 2015, 1551 (1558);

Die Bestandsschutzerwägungen zur Verhinderung einer Absenkung der Miete im Kontext einer Preissprünge verhindernden Mietpreisbremse[1722] stellen einen sachlichen Grund ihrer Ungleichbehandlung dar.[1723] Bedenken hinsichtlich der Eignung und Erforderlichkeit bestehen nicht. Schließlich ist die Ungleichbehandlung auch angemessen. Die Fortführung der Vormiete sichert die Investition, verhindert eine Mietenreduktion und damit einen möglichen Mietverlust, wenn die bisherigen laufenden Ausgaben (beispielsweise Zins, Tilgung und Bewirtschaftung) ohne § 556e Abs. 1 S. 1 BGB über den laufenden Mieteinnahmen lägen.[1724] Immobilieninvestitionen sind langfristig angelegt, bedingen hohe Kapitalausgaben (größtenteils mit einem nicht unerheblichen Fremdkapitalanteil) und führen im Verhältnis zu den Ausgaben zu sehr geringen Kapitalrückflüssen. Eine verlässliche Entwicklung der Mieten, insbesondere innerhalb des Betrachtungszeitraums der Investitionsberechnung, ist daher für sie von hoher Relevanz.[1725] Wenn der Investor in seine Investitionsberechnung sogar ein Mietwachstum einstellt, so inkludiert er mindestens die Fortführung der

---

allgemeiner *Kreuter-Kirchhof*, DÖV 2021, 103 (108); a. A. LG Berlin, Beschl. v. 12.04.2018 – 67 S 328/17, Rn. 30 f. (juris); LG Berlin, Beschl. v. 07.12.2017 – 67 S 218/17 = NZM 2018, 118 (122 f., Rn. 48 f.); *Gustorff*, Mietpreisbremse und Bestellerprinzip, S. 347; *Tietzsch/Raabe*, WuM 2017, 688 (691); *Blankenagel/Schröder/Spoerr*, NZM 2015, 1 (27); wohl dazu tendierend LG Berlin, Urt. v. 13.08.2018 – 66 S 18/18 = WuM 2018, 575 (583).

1722 Siehe die Begründung zum Gesetzentwurf, BT-Drs. 18/3121, S. 29 f.

1723 BVerfG (K), Beschl. v. 18.06.2019 – 1 BvL 1/18 u. a. = NJW 2019, 3054 (3062, Rn. 103 f.); *Lange*, DVBl. 2015, 1551 (1558); a. A. LG Berlin, Beschl. v. 12.04.2018 – 67 S 328/17, Rn. 31 (juris); *Gustorff*, Mietpreisbremse und Bestellerprinzip, S. 348 f.; ähnlich LG Berlin, Urt. v. 13.08.2018 – 66 S 18/18 = WuM 2018, 575 (583).

1724 Siehe Kapitel 4, A. I. 5. b. bb. sowie Kapitel 3, B. V. 2.; ähnlich BVerfG (K), Beschl. v. 18.06.2019 – 1 BvL 1/18 u. a. = NJW 2019, 3054 (3062, Rn. 103); LG Berlin, Urt. v. 25.04.2018 – 65 S 238/17 = WuM 2018, 418 (422); AG Berlin-Neukölln, Urt. v. 08.09.2016 – 11 C 414/15 = NZM 2017, 31 (33); *Lange*, DVBl. 2015, 1551 (1558); ähnlich *Häublein*, ZfPW 2020, 1 (8 f.).

1725 Hierzu und zum Vorstehenden ebenso *Schuldt*, Mietpreisbremse, S. 230; siehe zur langfristigen Investitionsentscheidung mit seinen Begleiterscheinungen Kapitel 1, A. IV. 1. h.; zum Fremdkapital- und dem Regulierungsrisiko sowie zur Bedeutung der Miete Kapitel 1, B. II. 3. b.; zum Betrachtungszeitraum der Investitionsrechnung Kapitel 1, B. II. 2.; zur wohnungspolitischen Verlässlichkeit des Rechtsrahmens Kapitel 2, A. I. 1.; a. A. LG Berlin, Beschl. v. 12.04.2018 – 67 S 328/17, Rn. 31 (juris); *Gustorff*, Mietpreisbremse und Bestellerprinzip, S. 350.

bisherigen Miete und erst recht die Verhinderung einer Mietreduktion.[1726] Eine in der Rechtsprechung vertretene andere Ansicht übersieht, dass eine gleich bleibende oder sogar steigende Miete immer in die Investitionsberechnung eingestellt wird, aber – wie auch jede andere Einnahme – mit einem Risikofaktor über den gewählten Diskontierungszins versehen wird. So erhalten Mieteinnahmen, die weiter in der Zukunft liegen, letztlich einen höheren Wertabschlag in der Investitionsberechnung als bald zu erwirtschaftende Einnahmen.[1727] Des Weiteren hätte die Mietenreduktion Auswirkungen auf den künftigen Verkaufspreis[1728].

Aus alldem kann nicht nur folgen, dass das Investitionsziel innerhalb des gewählten Betrachtungszeitraums nicht erreicht wird, sondern auch ein dauerhaftes Verlustgeschäft. Die Vereinbarung der Vormiete verhindert diesen Eingriff maßgeblich.[1729] Weitet man nun den Blick auf die Mieterseite, so weisen nur Mietsteigerungen ein Potential zur Verdrängung schützenswerter Haushalte auf, nicht aber die Beibehaltung der bisherigen Miete mittels § 556e Abs. 1 S. 1 BGB. Bereits hieraus ergibt sich ein gerechter Ausgleich zwischen Vermietern und Mietern.[1730]

Außerdem kann keinesfalls allen Vermietern mit einer Miete über der ortsüblichen Vergleichsmiete pauschal ein sozial zu missbilligendes Verhalten und eine Verantwortlichkeit für eine Anspannung am Wohnungsmarkt nachgesagt werden.[1731] Ein derart verengter Vorwurf ließe außer Acht, dass die Miethöhen maßgeblich aus wirtschaftlich nachvollziehbaren Erwägungen oder aus bereits entstandenen Kosten, beispielsweise aus vor

---

1726 Siehe zur Relevanz von Mietsteigerungen Kapitel 1, B. II. 1. und vor allem B. II. 3. b.; a. A. LG Berlin, Beschl. v. 12.04.2018 – 67 S 328/17, Rn. 31 (juris).

1727 Hierzu und zum Vorstehenden Kapitel 1, B. II. 2. und B. II. 3. c.

1728 Siehe zu den Auswirkungen der Mietsteigerung auf den Verkaufspreis Kapitel 1, B. II. 3. d.

1729 Hierzu und zum Vorstehenden Kapitel 4, A. I. 5. und A. I. 5. b. ee. (2); ähnlich BVerfG (K), Beschl. v. 18.06.2019 – 1 BvL 1/18 u. a. = NJW 2019, 3054 (3062, Rn. 103); *Schuldt*, Mietpreisbremse, S. 230 f.; vgl. auch *Schollmeier*, Die Gewährleistung von angemessenem und bezahlbarem Wohnraum als Verfassungsfrage, S. 289; dies übersehen *Tietzsch/Raabe*, WuM 2017, 688 (691).

1730 Hierzu und zum Vorstehenden BVerfG (K), Beschl. v. 18.06.2019 – 1 BvL 1/18 u. a. = NJW 2019, 3054 (3062, Rn. 103); ähnlich *Schollmeier*, Die Gewährleistung von angemessenem und bezahlbarem Wohnraum als Verfassungsfrage, S. 289.

1731 BVerfG (K), Beschl. v. 18.06.2019 – 1 BvL 1/18 u. a. = NJW 2019, 3054 (3062 f., Rn. 104); ähnlich *Schuldt*, Mietpreisbremse, S. 230; a. A. LG Berlin, Beschl. v. 07.12.2017 – 67 S 218/17 = NZM 2018, 118 (123, Rn. 51); *Tietzsch/Raabe*, WuM 2017, 688 (691); *Blankenagel/Schröder/Spoerr*, NZM 2015, 1 (27); *Abramenko*, ZRP 2018, 34 (35).

kurzem gezahlten Kauf- oder Gestehungskosten, und Risikofaktoren resultieren.[1732] Zudem bedingen nicht die (zunehmenden) Miethöhen eine Anspannung des Wohnungsmarkts,[1733] sondern sie resultieren aus einem zu geringen Angebot bei erhöhter Nachfrage; nur ein verändertes Angebot oder eine geänderte Nachfrage verbessern die Wohnungsmarktlage.[1734] Daneben profitieren auch die übrigen Vermieter, die ihr Mietverlangen auf § 556d Abs. 1 BGB stützen, über einen bestimmten Zeitraum hinweg von den fortgeführten höheren Vormieten gem. § 556e Abs. 1 S. 1 BGB. Diese lassen in Zukunft die künftigen ortsüblichen Vergleichsmieten gem. § 558 Abs. 2 S. 1 BGB stärker anwachsen als die im Vergleich dazu niedrigeren Neuvertragsmieten gem. § 556d Abs. 1 BGB.[1735]

Schließlich ist in diesem Kontext auch die Situation der umfassenden Modernisierung gem. § 556f S. 2 BGB einzubeziehen. Dort ist die Fortführung der einmal von der Mietpreisbremse befreiten Neuvertragsmiete essentiell für die wirtschaftliche Durchführbarkeit umfassender Neuvertragsmieten.[1736] Bestünde diese Möglichkeit nicht, so müsste der Vermieter, der die Mietdauer des ersten Mieters nach umfassender Modernisierung nur schwer beeinflussen kann, eine Mietreduktion auf die 110-Prozent-Grenze des § 556d Abs. 1 BGB hinnehmen. Einerseits würde das Fehlen des § 556e Abs. 1 S. 1 BGB die damit verbundenen Anreize für die Modernisierung des Wohnungsbestands und damit das Ziel einer ordnungsgemäßen Bewirtschaftungsmöglichkeit konterkarieren.[1737] Andererseits müsste der Vermieter für diese erste Vermietung nach umfassender Modernisierung einen maximal möglichen beiderseitigen Ausschluss der ordentlichen Kündigung und eine höchstmögliche Miete vereinbaren, um bis zum Auszug des Mieters so viel wie möglich seiner Modernisierungskosten erwirtschaftet zu haben. Dieser Mieter müsste daher eine deutlich höhere Miete zahlen als der nach ihm einziehende Mieter, für den ohne § 556e Abs. 1

1732 Siehe Kapitel 1, B. II. 1. sowie B. II. 3. a. bis d.; dies übersehen aber *Tietzsch/Raabe*, WuM 2017, 688 (691), sowie *Blankenagel/Schröder/Spoerr*, NZM 2015, 1 (27).

1733 So aber wohl *Blankenagel/Schröder/Spoerr*, NZM 2015, 1 (27).

1734 Siehe zu den Marktentwicklungen eines angespannten Wohnungsmarkts Kapitel 1, C. I. 1. a. und C. I. 2. sowie C. II.; zur aktuellen Wohnungsmarktsituation auf der Nachfrage- und Angebotsseite Kapitel 2, B. I. 1., sowie zu den Auswirkungen auf die Mietenentwicklung Kapitel 2, B. I. 2. a.; vgl. auch BVerfG (K), Beschl. v. 18.06.2019 – 1 BvL 1/18 u. a. = NJW 2019, 3054 (3063, Rn. 106).

1735 Siehe Kapitel 4, A. I. 5. b. bb. und A. I. 5. b. ee. (1).

1736 Dazu Kapitel 4, A. III. 3. a.

1737 Siehe Kapitel 4, A. III. 3. a.

S. 1 BGB dann § 556d Abs. 1 BGB mit einer im Vergleich zum Vormietverhältnis niedrigeren Neuvertragsmiete gelten würde. Wegen der Kosten der umfassenden Modernisierung ist es aber sehr wahrscheinlich, dass der Vermieter gänzlich von der umfassenden Modernisierung absehen wird.

IV. Zwischenergebnis

Der Eingriff durch die Mietpreisbremse in die Eigentumsfreiheit gem. Art. 14 Abs. 1 GG ist verhältnismäßig und gerechtfertigt. *Ein* legitimer Zweck wird verfolgt, dessen Eignung – trotz einer geringen Zielerreichungsqualität – und Erforderlichkeit zu bejahen ist.

Die Mietpreisbremse ist aktuell noch angemessen. Dem vom Gesetzgeber verfolgten Zweck kommt allerdings kein überragendes Gewicht zu. Zudem ergibt sich trotz gewisser abschwächender Effekte eine hohe Eingriffsintensität der Mietpreisbremse, wenngleich es nicht zu dauerhaften Verlustgeschäften kommt. Die Intensität wird maßgeblich durch die Anknüpfung des § 556 Abs. 1 BGB an die Entwicklung der ortsüblichen Vergleichsmiete beeinflusst. Eine ausreichende ökonomische Erkenntnisgrundlage besteht insoweit, als dass auch künftig die Bestandsmieterhöhungen und die Neuvertragsmieten geringer sein werden als vor der Mietpreisbremse und den sonstigen Verschärfungen, beispielsweise die durch die Kappungsgrenze gedämpfte Bestandsmieterhöhung gem. § 558 BGB und den verlängerten Betrachtungszeitraum des § 558 Abs. 2 S. 1 BGB. Es ist daher besonders wahrscheinlich, dass sich das künftige Anwachsen der ortsüblichen Vergleichsmiete wegen der zahlreichen umgesetzten wie geplanten Verschärfungen der Mietpreisregulierung deutlich abschwächen und sich in gewissen Segmenten sogar einmalig verringern wird. Bis auf Prognosen liegen keine ökonomischen Untersuchungen zur regulierungsbedingt veränderten Entwicklung der ortsüblichen Vergleichsmiete in der Vergangenheit vor. Obwohl die grundsätzlich weite Gestaltungsbefugnis des Gesetzgebers eingeschränkt ist, bleibt seine Entscheidung für die Mietpreisbremse (noch) im Prognosebereich.

Dennoch ergeben sich für die Landesrechtsverordnungen zwei Einschränkungen der Beurteilung als noch angemessen. Sollten künftige ökonomische Untersuchungen die bisherige Erkenntnislage weiter verdichten, dass die Mietpreisbremse ihre dämpfende Wirkung erst ab einem bestimmten früheren Mietwachstum entfalten kann, so wäre dies zwingend bei der Qualifikation angespannter Wohnungsmärkte in den Landesrechtsverordnungen gem. § 556d Abs. 2 S. 1 bis S. 3 BGB zu berücksichtigen. Ein

Verstoß dagegen würde zur Teilnichtigkeit der Landesrechtsverordnung führen. Unabhängig davon sind die Landesrechtsverordnungen, die Wohnungsmärkte als angespannt ausweisen, aber keinen Mietspiegel vorweisen, unangemessen und damit teilnichtig.

Ein Eingriff der Mietpreisbremse in die Vertragsfreiheit scheidet für die vermietenden Eigentümer aus, da Art. 2 Abs. 1 von Art. 14 Abs. 1 GG verdrängt wird. Für die übrigen Vermieter, die keine Eigentümer sind, greift die Mietpreisbremse in Art. 2 Abs. 1 GG in gerechtfertigter Weise ein. Des Weiteren greift sie auch nicht die Berufsfreiheit des Art. 12 Abs. 1 GG ein, da die Mietpreisbremse keine berufsregelnde Tendenz aufweist und somit der Schutzbereich von Art. 12 Abs. 1 GG nicht eröffnet ist.

Schließlich verstößt die Mietpreisbremse nicht gegen Art. 3 Abs. 1 GG. Regional unterschiedlich hohe 110-Prozent-Grenzen nach § 556d Abs. 1 BGB stellen schon keine Ungleichbehandlung dar, wären aber ohnehin gerechtfertigt. Dies gilt auch für die Gleichbehandlung privater und gewerblicher Vermieter. Rechtfertigen lassen sich auch die Ungleichbehandlungen regulierter und mittels § 556f BGB mietpreisbremsenfreier Mietverhältnisse – sowohl für die Befreiung an sich als auch für den gewählten Stichtag – ebenso wie die Mieten nach § 556d Abs. 1 BGB und der höheren Neuvertragsmieten nach § 556e Abs. 1 S. 1 BGB.

B. Verfassungsrechtliche Prüfung eines additiven Grundrechtseingriffs in Art. 14 Abs. 1 GG

Nachdem diese Neuvertragsmietenregulierung im BGB überprüft wurde, gilt es nun die anderen Regulierungsinstrumente auf angespannten Wohnungsmärkten in die verfassungsrechtliche Prüfung und damit die der Vereinbarkeit mit Art. 14 Abs. 1 GG einzubeziehen. Denn sie ist nicht allein dadurch abgeschlossen, dass einzelne nacheinander erlassene und nicht direkt in Verbindung stehende Regulierungsinstrumente gerechtfertigt sind. Auch im Zusammenwirken mit anderen Regulierungsmaßnahmen können sich für die vermietenden Eigentümer verfassungswidrige Zustände am Maßstab des Art. 14 Abs. 1 GG ergeben[1738].

1738 Die Vermieter, die nicht zugleich Eigentümer der Wohnung sind, werden im Folgenden aufgrund ihres äußerst geringen Marktanteils ausgeblendet; vgl. zur Vielzahl von Eingriffen auf angespannten Wohnungsmärkten auch *Blechschmidt*, in: Ernst u. a., § 201a BauGB Rn. 30 (143. EL/Aug. 2021).

Mittels des Instituts des additiven Grundrechtseingriffs kann das Zusammenwirken verschiedener Regulierungsinstrumente – hier des Zweckentfremdungsrechts, des Milieuschutzes mit seinem Vorkaufsrecht, des § 250 BauGB und der Neuvertragsmietenregulierung – verfassungsrechtlich überprüft werden. Auch wenn seine Terminologie variiert – beispielsweise werden auch die Begriffe des kumulativen oder kulminierenden Grundrechtseingriffs verwendet[1739] – und wenige seine Daseinsberechtigung (noch) in Zweifel ziehen, so ist er ein in ständiger Rechtsprechung des BVerfG und von der überwiegenden Meinung in der Literatur anerkannter Überprüfungsansatz[1740]. Zunächst gilt es seine Anforderungen zu klären, ob also die erwähnten Regulierungsinstrumente außerhalb des BGB mit der Mietpreisbremse gemeinsam verfassungsrechtlich geprüft werden können (I.). Danach ist zu untersuchen, ob der additive Grundrechtseingriff verhältnismäßig und damit der dadurch bewirkte Eingriff in Art. 14 Abs. 1 GG gerechtfertigt ist (II.).

I. Voraussetzungen des additiven Grundrechtseingriffs

Zunächst zu klären, welche Anforderungen zu erfüllen sind, um unterschiedliche Gesetze in einen additiven Grundrechtseingriff zusammenzuführen und somit gemeinsam verfassungsrechtlich zu überprüfen. Jede der denkbaren Voraussetzungen des additiven Grundrechtseingriffs ist in

---

1739 Weiterführend *Brade*, Additive Grundrechtseingriffe, S. 136–144 m. w. N.; *Klement*, AöR 134 (2009), 35 (41 ff.); siehe auch *Rixen*, in: Huster/Kingreen, Handbuch Infektionsschutzrecht, S. 171 (192, Rn. 72); *Kromrey*, Belastungskumulation, S. 9–14; *Heu*, Kulminierende Grundrechtseingriffe, S. 193–197; *Lee*, Umweltrechtlicher Instrumentenmix und kumulative Grundrechtseinwirkungen, S. 94 f.; *Bronkars*, Kumulative Eigentumseingriffe, S. 27–33; *Kirchhof*, Grundrechte und Wirklichkeit, S. 27; *Bernsdorff*, SGb 2011, 121 (122); *Kirchhof*, NJW 2006, 732.

1740 So beispielsweise BVerfG, Beschl. v. 19.11.2021 – 1 BvR 781/21 u. a. = BeckRS 2021, 36514 Rn. 290, sowie BVerfG, Beschl. v. 27.03.2012 – 2 BvR 2258/09 = BVerfGE 130, 372 (392), jeweils m. w. N.; BVerfG Urt. v. 12.04.2005 – 2 BvR 581/01 = BVerfGE 112, 304 (319 f.). Siehe zum Meinungsstand *Brade*, Additive Grundrechtseingriffe, S. 145–152, sowie *Ruschemeier*, Der additive Grundrechtseingriff, S. 105–109 m. w. N.; *Kromrey*, Belastungskumulation, S. 70–77; ebenso *Bronkars*, Kumulative Eigentumseingriffe, S. 27–33 m. w. N.; den additiven Grundrechteingriff ablehnend *Klement*, AöR 134 (2009), 35 (63–66). Zum Verbot einer übermäßigen Gesamtbelastung, dem Verfassungsrang zukommt, siehe *Lücke*, DVBl. 2001, 1469 (1477).

der Literatur umstritten; ein einheitliches Bild, welche Kriterien zwingend sind, gibt es bisher nicht.[1741] Daher sollen im Folgenden die am weitesten verbreiteten Kriterien daraufhin untersucht werden, ob sie beim hiesigen Regulierungsmix einschlägig sind. Sollten einzelne Kriterien nicht erfüllt sein, so schließt sich die Erörterung an, ob das jeweilige Kriterium als Voraussetzung eines additiven Grundrechtseingriffs überhaupt überzeugen kann.

1. Die umstrittenen Kriterien im Kontext des hiesigen Regulierungsmixes

Im Folgenden ist auf die Kriterien der Adressaten-, Zweck- und Grundrechtsidentität, des Sach- und Wirkungszusammenhangs, der Eingriffsqualität und der gleichzeitigen Belastung einzugehen (a. bis d.).

a) Adressatenidentität

Zunächst wird die Adressatenidentität[1742] als Kriterium eines additiven Grundrechtseingriffs genannt. Der Milieuschutz gem. § 172 und § 24 Abs. 1 S. 1 Nr. 4 BauGB, die erschwerte Begründung von Wohnungseigentum gem. § 250 BauGB, das Zweckentfremdungsrecht und die Mietpreisbremse betreffen im Rahmen ihres zunehmenden[1743] regionalen Geltungsbereichs zumindest auch vermietende Eigentümer und haben damit dieselben Adressaten. Damit ist das Kriterium der Adressatenidentität hier erfüllt.

1741 Weiterführend der Überblick bei *Brade*, Additive Grundrechtseingriffe, S. 160–186 (auch zur nicht eindeutigen Linie der Rechtsprechung); siehe auch *Winkler*, JA 2014, 881 (884).

1742 Siehe hierzu weiterführend der Überblick bei *Brade*, Additive Grundrechtseingriffe, S. 161–163 m. w. N. auch zur unklaren Linie der Rechtsprechung, der auf S. 188–190 dies als Kriterium bejaht; ebenso bejahen dies *Ruschemeier*, Der additive Grundrechtseingriff, S. 140 f. und 173; *Peine*, in: Merten/Papier, Handbuch der Grundrechte III, § 57 Rn. 53; *Kaltenstein*, SGb 2015, 365 (369); *Kirchhof*, NJW 2006, 732 (734); *Lücke*, DVBl. 2001, 1469 (1470); siehe auch *Kreuter-Kirchhof*, NVwZ 2019, 1791 (1793).

1743 Siehe zur inflationären Ausweisung angespannter Wohnungsmärkte für die Mietpreisbremse Kapitel 3, B. IV. 1. a.; zu deren Auswirkungen auf den Erlass von Zweckentfremdungssatzungen Kapitel 3, B. III.; zur zunehmenden Zahl von Milieuschutzgebieten in angespannten Wohnungsmärkten Kapitel 3, B. II. 2. a.

b) Zweckidentität

Eine weitere Voraussetzung soll die Zweckidentität darstellen, dass also die Regulierungsinstrumente den gleichen oder den im Wesentlichen gleichen Zweck verfolgen, den der Gesetzgeber bestimmt.[1744] Die Mietpreisbremse bezweckt die Verhinderung der Verdrängung schutzwürdiger Haushalte und somit die Sicherung des Status quo.[1745] Der Milieuschutz zielt gem. § 172 Abs. 1 S. 1 Nr. 2 und Abs. 4 BauGB ebenso – positiv formuliert – auf die Erhaltung der Zusammensetzung der Wohnbevölkerung ab.[1746] Das Vorkaufsrecht des § 24 Abs. 1 S. 1 Nr. 4 BauGB soll dieses Erhaltungsziel absichern.[1747] Es steht daher in direktem Zusammenhang mit § 172 BauGB. Auch der Genehmigungsvorbehalt des § 250 BauGB zur Begründung von Wohnungseigentum soll ein ausreichendes Angebot an Mietwohnungen erhalten und der Verdrängungsgefahr begegnen.[1748] Das Zweckentfremdungsrecht zielt auf die generelle Erhaltung der Mietwohnungen zu angemessenen Bedingungen auf angespannten Wohnungsmärkten ab.[1749] Dass das Zweckentfremdungsrecht die Wohnungen für alle Haushalte erhalten und Umnutzungen verhindern soll, inkludiert ebenfalls die mittels Mietpreisbremse, Milieuschutz und § 250 BauGB vor Verdrängung geschützten Haushalte. Außerdem können die einkommensstärkeren Haushalte die Reduzierung des Wohnungsangebots auf angespannten Wohnungsmärkten bewältigen, denn sie können die höheren und weiter steigenden Mieten leichter bezahlen als ärmere Haushalte. So-

---

1744 Weiterführend der Überblick bei *Brade*, Additive Grundrechtseingriffe, S. 163–168 m. w. N. auch zur unklaren Linie der Rechtsprechung; dies befürwortend *Lee*, Umweltrechtlicher Instrumentenmix und kumulative Grundrechtseinwirkungen, S. 99; *Peine*, in: Merten/Papier, Handbuch der Grundrechte III, § 57 Rn. 53; *Lücke*, DVBl. 2001, 1469 (1470); *Kaltenstein*, SGb 2015, 365 (369 f.); kritisch hierzu *Winkler*, JA 2014, 881 (884); dieses Kriterium ablehnend *Ruschemeier*, Der additive Grundrechtseingriff, S. 141–146; *Kromrey*, Belastungskumulation, S. 117–122; *Bronkars*, Kumulative Eigentumseingriffe, S. 95 f.; *Bernsdorff*, SGb 2011, 121 (122).

1745 Siehe Kapitel 4, A. I. 2.

1746 Siehe hierzu beispielsweise *Stock*, in: Ernst u. a., § 172 BauGB Rn. 1 f. sowie Rn. 40 und 42–51 (115. und 122. EL/Nov. 2014 und Aug. 2016), sowie *Mitschang*, in: Battis u. a., § 172 Rn. 11, jeweils m. w. N.

1747 Siehe statt vieler *Stock*, in: Ernst u. a., § 24 BauGB Rn. 1, 1b und 30 (139. EL/Aug. 2020); *Reidt*, in: Battis u. a., § 24 Rn. 11 f.

1748 Siehe die Begründung zum Gesetzentwurf, BT-Drs. 19/24838, S. 18.

1749 Siehe Art. 1 S. 1 ZwEWG; dazu auch die Begründungen zu den Gesetzentwürfen, LT-Drs. 15/8369, S. 1; LT-Drs. 16/14916, S. 1; LT-Drs. 17/15781, S. 1.

mit verstärkt die Verringerung des Wohnungsangebots den Verdrängungseffekt für die einkommensschwächeren Haushalte. Soweit daher in der Literatur die Zweckidentität als notwendiges Kriterium eines additiven Grundrechtseingriffs verlangt wird, so ist sie hier zu bejahen: Die bisherige, vor allem die besonders schutzwürdige Wohnbevölkerung soll nicht (durch welche Maßnahme auch immer) verdrängt werden.

c) Die Grundrechtsidentität oder zumindest ein Sach- oder Wirkungszusammenhang und die Eingriffsqualität

Weiterhin wird die Grundrechtsidentität als Kriterium diskutiert oder zumindest – falls die Maßnahmen unterschiedliche Grundrechte betreffen – der sog. Sach- oder Wirkungszusammenhang im Hinblick auf die Gesamtwirkung der Eingriffe, wonach sie gleiche Lebensbereiche oder vergleichbare Gegenstände betreffen.[1750] Der Milieuschutz nach § 172 und § 24 Abs. 1 S. 1 Nr. 4 BauGB – auch in Verbindung mit dem preislimitierenden Vorkaufsrecht gem. § 28 Abs. 3 BauGB[1751] – sowie § 250 BauGB greifen in das Eigentumsgrundrecht der vermietenden Eigentümer aus Art. 14 Abs. 1 GG ein, insbesondere in ihre geschützte Verfügungsbefugnis; überdies stellen diese Eingriffe jeweils für sich gesehen einen gerechtfertigten und damit verfassungsgemäßen Eingriff in die Eigentumsfreiheit dar.[1752] Eben-

---

1750 *Kaltenstein*, SGb 2015, 365 (369 f.); dies beispielsweise offenlassend BVerfG, Beschl. v. 19.11.2021 – 1 BvR 781/21 u. a. = BeckRS 2021, 36514 Rn. 290; BVerfG, Beschl. v. 27.03.2012 – 2 BvR 2258/09 = BVerfGE 130, 372 (392). Weiterführend der Überblick bei *Brade*, Additive Grundrechtseingriffe, S. 168–176 auch zur unklaren Linie der Rechtsprechung, der auf S. 200 f. und S. 204 f. die Grundrechtsidentität als Kriterium bejaht; ebenso bejahend *Ruschemeier*, Der additive Grundrechtseingriff, S. 136–139; *Lee*, Umweltrechtlicher Instrumentenmix und kumulative Grundrechtseinwirkungen, S. 99; *Bronkars*, Kumulative Eigentumseingriffe, S. 89 f.; *Peine*, in: Merten/Papier, Handbuch der Grundrechte III, § 57 Rn. 53; *Lücke*, DVBl. 2001, 1469 (1470); dafür (aus konkurrenzrechtlichen Erwägungen) *Reßing*, Die Grundrechtskonkurrenz, S. 196; generell gegen die Grundrechtsidentität *Winkler*, JA 2014, 881 (884); *Bernsdorff*, SGb 2011, 121 (122); ausschließlich auf vergleichbare Gegenstände abstellend *Kirchhof*, NJW 2006, 732 (734); *Heu*, Kulminierende Grundrechtseingriffe, S. 201 f. und 207–214; ähnlich *Kromrey*, Belastungskumulation, S. 130–133.

1751 Dazu Kapitel 3, B. IV. 2. b. cc.

1752 Siehe auch zu § 24 BauGB: *Stock*, in: Ernst u. a., § 24 BauGB Rn. 83 f. (139. EL/Aug. 2020); *Kronisch*, in: Brügelmann, § 24 BauGB Rn. 12 (107. EL/Juli 2018); *Köster*, in: Schrödter, § 24 Rn. 6. Zu § 172 BauGB: BVerwG, Urt. v. 30.06.2004 – 4 C 1/03 = NVwZ-RR 2005, 383 (385 f.); HmbOVG, Urt. v. 12.12.2007 – 2 so greift das Zweckentfremdungsrecht durch den Genehmigungsvorbehalt für Abriss, Nichtnutzung und Umnutzungsarbeiten in Art. 14 Abs. 1 GG gegenüber dem vermietenden Eigentümer ein; auch dieser Eingriff ist verhältnismäßig und damit gerechtfertigt.[1753] Auch die Mietpreisbremse der §§ 556d ff. BGB greift gerechtfertigt in Art. 14 Abs. 1 GG ein.[1754] Folglich ist bei diesem Regulierungsmix bereits die Grundrechtsidentität zu bejahen. Überdies ist hier der gleiche Gegenstand, nämlich die Mietwohnung, erfasst und damit auch der Sach- und Wirkungszusammenhangs zu bejahen. Außerdem betreffen, wie soeben deutlich wurde, die Regulierungsinstrumente nicht nur dasselbe Grundrecht oder vergleichbare Gegenstände. Sie stellen auch jeweils einen Eingriff in das Grundrecht dar, sodass zugleich das diskutierte Kriterium der Eingriffsqualität erfüllt ist.[1755]

d) Eine gleichzeitige Belastung

Außerdem wird gefordert, dass die Regulierungsinstrumente die vermietenden Eigentümer gleichzeitig treffen. Sie dürfen nicht abgeschlossen

---

Bf 10/02 = ZfBR 2008, 383 (385); *Stock*, in: Ernst u. a., § 172 BauGB Rn. 207–211 (122. EL/Aug. 2016); *Bank*, in: Brügelmann, § 172 BauGB Rn. 15 f., auch m. w. N. (80. EL/Okt. 2011); *Möller*, in: Schrödter, § 172 Rn. 4; vgl. zur Vorgängerregelung des § 39h BBauG BVerfG (K), Beschl. v. 26.01.1987 – 1 BvR 969/83 = NVwZ 1987, 879. Zu § 250 BauGB *Couzinet*, in: Spannowsky/Uechtritz, BeckOK BauGB, § 250 Rn. 6–6.3 (Stand: Aug. 2021); *Kment/Fimpel*, ZfBR 2021, 129 (130 f.).

1753 Siehe hierzu *Sodan*, Verfassungs- und andere Rechtsprobleme von Berliner Regelungen über das Verbot der Zweckentfremdung von Wohnraum, S. 31 m. w. N.; *Ludwigs*, NVwZ 2017, 1646 (1652 f.); *Spitzlei*, JA 2020, 333 (336 f.); vgl. zur Vorgängerregelung des Art. 6 § 1 MRVerbG BVerfG, Beschl. v. 04.02.1975 – 2 BvL 5/74 = BVerfGE 38, 348 (370); vgl. auch *Wendt*, in: Sachs, Art. 14 Rn. 137.

1754 Siehe Kapitel 4, A. I. – nur auf Ebene der Rechtsverordnungen konnten eine Unangemessenheit und eine Teilnichtigkeit etwaiger Landesrechtsverordnungen festgestellt werden.

1755 Für diese Anforderung wohl BVerfG, Beschl. v. 19.11.2021 – 1 BvR 781/21 u. a. = BeckRS 2021, 36514 Rn. 290; BVerfG, Beschl. v. 27.03.2012 – 2 BvR 2258/09 = BVerfGE 130, 372 (392); BVerfG, Beschl. v. 13.09.2005 – 2 BvF 2/03 = BVerfGE 114, 196 (247). Siehe zu diesem Kriterium der Überblick bei *Brade*, Additive Grundrechtseingriffe, S. 181–184; dies als Kriterium bejahend *Ruschemeier*, Der additive Grundrechtseingriff, S. 135 f.; wohl auch *Lücke*, DVBl. 2001, 1469 (1470); *Kaltenstein*, SGb 2015, 365 (369).

oder zukünftig sein.[1756] In angespannten Wohnungsmärkten gelten die Mietpreisbremse und der Genehmigungsvorbehalt des § 250 BauGB mit Ausweisung der jeweiligen Gemeinde in einer Landesrechtsverordnung nach § 556d Abs. 2 S. 1 bis S. 3 BGB und § 250 Abs. 1 S. 3 BauGB, das Zweckentfremdungsrecht und der Milieuschutz mit Erlass einer Satzung der Gemeinde gem. Art. 1 S. 1 ZwEWG und § 172 Abs. 1 S. 2 BauGB[1757]. In den Gemeinden, die beide Satzungen erlassen haben und zeitgleich in den Landesrechtsverordnungen als angespannte Wohnungsmärkte aufgeführt sind, tritt zur gleichen Zeit eine Belastung durch alle Regulierungsinstrumente ein. Da bei der Mietpreisbremse angespannte Wohnungsmärkte geradezu inflationär ausgewiesen wurden[1758], was sich mit dem Inhalt künftiger Landesrechtsverordnungen gem. § 250 Abs. 1 S. 3 BauGB decken dürfte, und wegen der zunehmenden Zahl von Milieuschutz- und Zweckentfremdungssatzungen gilt dieser Befund für eine große und weiter zunehmende Zahl von Gemeinden und damit vermietender Eigentümer.[1759] Dass es sich bei diesem Regulierungsmix um Maßnahmen verschiedener Gewalten handelt, ist aber für den additiven Grundrechtseingriff nicht von Belang.[1760]

1756 Hierzu und zum Vorstehenden *Lücke*, DVBl. 2001, 1469 (1470 f.); *Ruschemeier*, Der additive Grundrechtseingriff, S. 148–150; *Kromrey*, Belastungskumulation, S. 111–115; *Lee*, Umweltrechtlicher Instrumentenmix und kumulative Grundrechtseinwirkungen, S. 99; *Bronkars*, Kumulative Eigentumseingriffe, S. 90; *Peine*, in: Merten/Papier, Handbuch der Grundrechte III, § 57 Rn. 53; *Kreuter-Kirchhof*, NVwZ 2019, 1791 (1793); *Kaltenstein*, SGb 2015, 365 (369); *Kirchhof*, NJW 2006, 732 (734); siehe auch den Überblick bei *Brade*, Additive Grundrechtseingriffe, S. 176–181 auch zur unklaren Linie der Rechtsprechung, der aaO S. 193–200 dies als Kriterium bejaht und teilweise Zukünftiges mitberücksichtigen will.

1757 Für die von § 250 BauGB größtenteils überformte Genehmigungsbedürftigkeit der Begründung von Wohnungseigentum gem. § 172 Abs. 1 S. 4 BauGB ist eine Landesverordnung notwendig, die in Bayern gem. § 5 DVWoR erlassen wurde und bis zum 28.02.2024 gilt.

1758 Siehe beispielsweise die Ende 2021 um mehr als 40 Gemeinden erweiterte und mehr als 200 Gemeinden umfassende MiSchuV vom 14.12.2021, GVBl. 2021, S. 674–686.

1759 Siehe zur Parallele von § 556d BGB, § 201a und § 250 BauGB Kapitel 3, B. IV. 2. a. cc. (1) und (2); zur zunehmenden Zahl von Milieuschutzsatzungen Kapitel 3, B. II. 2. a.

1760 Weiterführend *Kromrey*, Belastungskumulation, S. 88–103; siehe auch *Ruschemeier*, Der additive Grundrechtseingriff, S. 146–148 und 164–172, sowie *Brade*, Additive Grundrechtseingriffe, S. 184 f. und 212 f., jeweils m. w. N.; *Heu*, Kulminierende Grundrechtseingriffe, S. 205–207; *Bronkars*, Kumulative Eigentumseingriffe, S. 90–95; *Peine*, in: Merten/Papier, Handbuch der Grundrechte

2. Zwischenfazit

Alle Kriterien für den additiven Grundrechtseingriff sind äußerst umstritten – hinsichtlich ihrer Daseinsberechtigung und teilweise in puncto ihrer Ausgestaltung. Nachdem aber hier alle Kriterien vorliegen, ist nach allen Meinungen ein additiver Grundrechtseingriff zu bejahen, sodass diese Diskussion vorliegend keiner Vertiefung bedarf.

Im Ergebnis erfüllt der Regulierungsmix aus der Mietpreisbremse, dem Zweckentfremdungsrecht, dem Milieuschutz des § 172 BauGB mit dem gemeindlichen Vorkaufsrecht sowie dem Genehmigungsvorbehalt des § 250 BauGB alle in der Literatur erörterten, relevanten Kriterien. Außerdem ist jedes Instrument für sich verfassungsgemäß. Die Regulierungsmaßnahmen können somit im Rahmen eines additiven Grundrechtseingriffs verfassungsrechtlich auf ihre „Gesamtverhältnismäßigkeit“ hin überprüft werden.

II. Verhältnismäßigkeit des additiven Grundrechtseingriffs

Nachdem die Mietpreisbremse, das Zweckentfremdungsrecht, der Genehmigungsvorbehalt für die Begründung von Wohnungseigentum gem. § 250 BauGB und der Milieuschutz samt dem dazugehörigen Vorkaufsrecht einen additiven Eingriff in das Grundrecht der vermietenden Eigentümer aus Art. 14 Abs. 1 GG darstellen, stellt sich nun die Frage, ob dabei der Grundsatz der Verhältnismäßigkeit gewahrt ist und dieser additive Grundrechtseingriff somit gerechtfertigt ist. Er muss einen legitimen Zweck verfolgen und die Belastungskumulation muss zu seiner Erreichung geeignet sein (1.). Außerdem muss der Gesamteingriff erforderlich (2.), vor allem aber angemessen sein (3.).

1. Legitimer Zweck und Eignung

Der additive Grundrechtseingriff verfolgt den gemeinsamen Zweck, dass die bisherige, besonders schutzwürdige Wohnbevölkerung nicht verdrängt

---

III, § 57 Rn. 53; wohl ebenso ablehnend *Lücke*, DVBl. 2001, 1469 (1470); siehe auch *Kreuter-Kirchhof*, NVwZ 2019, 1791 (1793).

wird. Dies ist legitim.[1761] Des Weiteren ist die Belastungskumulation geeignet, da der Regulierungsmix die Möglichkeit der Zielerreichung verbessert und sich auch nicht die Wirkungen der einzelnen Eingriffe teilweise aufheben.[1762] Dies gilt auch dann, wenn in den Milieuschutzgebieten der Ausnahmetatbestand des § 556f S. 2 BGB nicht zum Tragen kommt.[1763] Denn dies beeinträchtigt die Zielerreichungsqualität nicht, sondern schließt nur eine Befreiungsvorschrift aus, die von anderen Erwägungen als der grundsätzlichen Zielrichtung der Mietpreisbremse geprägt wird. Auch die Wirkungen des § 172 und des § 250 BauGB heben sich nicht gegenseitig auf, vielmehr dehnt § 250 BauGB einerseits den Genehmigungsvorbehalt für die Begründung von Wohnungseigentum räumlich aus, andererseits verschärft er – innerhalb von Milieuschutzgebieten und oberhalb der Wohnungsgrenze des § 250 Abs. 1 S. 2 und S. 6 BauGB – aufgrund seines Vorrangs vor § 172 BauGB die inhaltlichen Anforderungen.[1764]

2. Erforderlichkeit der Belastungskumulation

Die Erforderlichkeit der Belastungskumulation wäre zu verneinen, wenn eine der Maßnahmen oder weniger umfangreiches oder anders zusammengesetztes Maßnahmenbündel im Vergleich zum jetzigen Instrumentenmix bei einer geringeren Belastungswirkung gleich wirksam ist.[1765] Soweit es die Nutzungsänderung betrifft, könnte der Zweck weniger eingriffsintensiv, aber in gleicher Weise gefördert werden, wenn entweder der Milieuschutz gem. § 172 Abs. 1 S. 1 BauGB oder das Zweckentfremdungsrecht

1761 Hierzu und zum Vorstehenden siehe Kapitel 4, B. I. 1. b., sowie Kapitel 4, A. I. 2.; dazu beim additiven Grundrechtseingriff weiterführend *Lee*, Umweltrechtlicher Instrumentenmix und kumulative Grundrechtseinwirkungen, S. 147 f.; *Kaltenstein*, SGb 2015, 365 (370).

1762 Zu den generellen Anforderungen der Eignung Kapitel 4, A. I. 3.; vgl. *Klement*, AöR 134 (2009), 35 (65 f.); *Lee*, Umweltrechtlicher Instrumentenmix und kumulative Grundrechtseinwirkungen, S. 148; *Kaltenstein*, SGb 2015, 365 (370); *Kreuter-Kirchhof*, NVwZ 2019, 1791 (1793); siehe auch den Überblick bei *Brade*, Additive Grundrechtseingriffe, S. 270 f.

1763 Siehe Kapitel 3, C. IV. 2.

1764 Dazu Kapitel 3, B. IV. 2. a. cc. (2).

1765 *Kaltenstein*, SGb 2015, 365 (370); *Klement*, AöR 134 (2009), 35 (65 und 67 f.); *Kreuter-Kirchhof*, NVwZ 2019, 1791 (1793); siehe auch *Lee*, Umweltrechtlicher Instrumentenmix und kumulative Grundrechtseinwirkungen, S. 148 f.; siehe auch *Brade*, Additive Grundrechtseingriffe, S. 271 f. und 335 f.; zu den generellen Anforderungen an die Erforderlichkeit siehe Kapitel 4, A. I. 4.

gem. Art. 1 S. 2 ZwEWG und § 4 ZeS aus dem hiesigen Regulierungsmix ausgeblendet wird. Beide Regulierungsinstrumente wirken nämlich nebeneinander und verhindern auf ihre Art die Nutzungsänderung von Wohnraum.[1766]

Trotz gewisser Ähnlichkeiten sind inhaltliche Unterschiede beider Regulierungsinstrumente festzustellen. Genehmigungsbedürftig sind Nutzungsänderungen im Milieuschutzgebiet nach § 172 Abs. 1 S. 1 BauGB, die zur Begründung einer Verdrängungsgefahr geeignet sind[1767]. Das Zweckentfremdungsrecht gilt nur für Wohnraum gem. § 3 ZeS, der nach Art. 1 ZwEWG und § 4 ZeS auch zweckentfremdet werden muss[1768]. Gewisse Umnutzungsvorhaben können bereits zweckentfremdungsrechtlich, aber mangels einer Nutzungsänderung oder einer Eignung zur Begründung einer Verdrängungsgefahr nicht milieuschutzrechtlich genehmigungsbedürftig sein; wiederum andere Vorhaben können wegen den Ausnahmevorschriften des § 3 Abs. 3 und des § 4 Abs. 2 ZeS zweckentfremdungsrechtlich genehmigungsfrei sein, können sich aber wiederum im Milieuschutzgebiet auswirken und dort genehmigungsbedürftig sein. Ein Beispiel hierfür ist das „Homesharing“ mit seinen beiden Nutzungsmodellen,[1769] dessen Ausprägungen milieuschutzrechtlich genehmigungsfrei sein können, aber teilweise eine Zweckentfremdung darstellen können und somit einer zweckentfremdungsrechtlichen Genehmigung bedürfen. Bei der Frage der Genehmigungsfähigkeit der Nutzungsänderung im Milieuschutzgebiet ist nur § 172 Abs. 4 S. 1 BauGB relevant. Dagegen bestehen im Zweckentfremdungsrecht mehrere Möglichkeiten zur Genehmigung des zweckentfremdeten Wohnraums (vgl. § 5 Abs. 2 und Abs. 3 sowie §§ 6 bis 8 ZeS).

Soweit sich also beide Regulierungsinstrumente inhaltlich decken, verändert ein Verzicht auf eines der beiden nicht wesentlich die Belastungswirkung. Dies würde dem Eigentümer nur das Durchlaufen eines zweiten Genehmigungsverfahrens mit den gleichen inhaltlichen Anforderungen bei der Nutzungsänderung ersparen. Soweit inhaltliche Unterschiede bestehen, also konkret beide Regelungsinstrumente gewisse Umnutzungskonzepte in unterschiedlicher Weise der Genehmigungsbedürftigkeit und der -fähigkeit unterstellen, wäre der Verzicht auf eines der beiden zur Zielerreichung bereits nicht gleich geeignet. Demnach kann dem additi-

---

1766 Siehe dazu Kapitel 3, B. II. 2. b. dd., B. II. 2. c. dd., B. II. 2. d. cc. sowie B. III.
1767 Dazu Kapitel 3, B. II. 2. b. dd. sowie B. II. 2. c. dd.
1768 Dazu Kapitel 3, A. II. 2. und B. III. 1.
1769 Siehe Kapitel 3, B. I. 1.

ven Grundrechtseingriff in seiner Ausgestaltung nicht die Erforderlichkeit abgesprochen werden.

3. Angemessenheit des additiven Grundrechtseingriffs

Auch bei der Angemessenheitsprüfung des additiven Grundrechtseingriffs ist eine Gesamtabwägung der Schwere des Eingriffs für die Grundrechtsträger und mit dem Gewicht der ihn rechtfertigenden Gründe vorzunehmen.[1770] Die Schwere des Eingriffs ergibt sich aus der Belastungskumulation und der Wertigkeit des hierdurch beeinträchtigten Schutzguts.[1771] Das Gewicht der den Eingriff rechtfertigenden Gründe resultiert aus dem Gewicht des Gemeinwohlinteresses[1772] und den Grundrechten Dritter.[1773] Demnach gilt es nun zunächst die Bedeutung des staatlichen Zwecks (a.) und die Intensität des Grundrechtseingriffs durch die Belastungskumulation zu erörtern (b.). Daran schließt sich die Gesamtabwägung an (c.).

1770 Siehe *Lee*, Umweltrechtlicher Instrumentenmix und kumulative Grundrechtseinwirkungen, S. 150; *Kreuter-Kirchhof*, NVwZ 2019, 1791 (1793); *Kaltenstein*, SGb 2015, 365 (370); *Klement*, AöR 134 (2009), 35 (70); *Lücke*, DVBl. 2001, 1469 (1476 f.); vgl. *Kromrey*, Belastungskumulation, S. 158. Überwiegend bis ausschließlich liegt beim additiven Grundrechtseingriff der Schwerpunkt auf der Angemessenheitsprüfung, siehe *Brade*, Additive Grundrechtseingriffe, S. 274 m. w. N.; vgl. auch BVerfG, Beschl. v. 19.11.2021 – 1 BvR 781/21 u. a. = BeckRS 2021, 36514 Rn. 290 f. und 298 f. Dazu auch Kapitel 4, A. I. 5.

1771 *Kreuter-Kirchhof*, NVwZ 2019, 1791 (1793); *Kaltenstein*, SGb 2015, 365 (370); siehe auch *Kromrey*, Belastungskumulation, S. 158; weiterführend *Lee*, Umweltrechtlicher Instrumentenmix und kumulative Grundrechtseinwirkungen, S. 153; vgl. auch BVerfG, Beschl. v. 19.11.2021 – 1 BvR 781/21 u. a. = BeckRS 2021, 36514 Rn. 292 und 294 f.

1772 Wird das Kriterium der Zweckidentität abgelehnt (siehe Kapitel 4, B. I. 1. b.), dann können es auch mehrere Interessen sein und somit ist hier auch ihr Zusammenspiel von Relevanz, vgl. *Kreuter-Kirchhof*, NVwZ 2019, 1791 (1793).

1773 *Kreuter-Kirchhof*, NVwZ 2019, 1791 (1793); *Klement*, AöR 134 (2009), 35 (70–72); ähnlich *Kaltenstein*, SGb 2015, 365 (370); siehe auch *Kromrey*, Belastungskumulation, S. 157 f.; weiterführend *Brade*, Additive Grundrechtseingriffe, S. 275–277; *Lee*, Umweltrechtlicher Instrumentenmix und kumulative Grundrechtseinwirkungen, S. 151 f.; vgl. auch BVerfG, Beschl. v. 19.11.2021 – 1 BvR 781/21 u. a. = BeckRS 2021, 36514 Rn. 298.

a) Bedeutung des Gesetzeszwecks

Der gemeinsame Zweck der Instrumente ist die Verhinderung der Verdrängung der bisherigen, besonders schutzwürdigen Wohnbevölkerung.[1774] Für seine Bedeutung ist auf die Ausführungen zur Mietpreisbremse zu verweisen: Diesem Zweck ist ein gesellschaftspolitisches Interesse von Gewicht, aber nicht in überragendem Maße beizumessen.[1775] Jedoch muss beim additiven Grundrechtseingriff das Argument relativiert werden, dass für den Gesetzeszweck keine grundrechtlich geschützten Positionen stritten. So verhindern das Zweckentfremdungsrecht und § 172 Abs. 1 S. 1 BauGB Umnutzungen von Wohnungen. Diese finden nach Beendigung des Mietverhältnisses statt und somit sollen die hiervon betroffenen Mietinteressenten vor der Verdrängung geschützt werden – ebenso bei der Mietpreisbremse.

Anders stellt sich dies bei § 250 BauGB und den übrigen unter den Genehmigungsvorbehalt gestellten Handlungsformen des § 172 Abs. 1 S. 1 BauGB dar. Änderungsarbeiten in Form von Modernisierungen können zu Mieterhöhungen in Bestandsmietverhältnissen führen. Der Genehmigungsvorbehalt des § 172 Abs. 1 S. 1 BauGB kann diese Arbeiten und die damit verbundenen Mietsteigerungen teilweise verhindern, wenngleich Genehmigungsansprüche in § 172 Abs. 4 S. 3 Nr. 1 und Nr. 1a BauGB statuiert werden.[1776] Wird Wohnungseigentum begründet, was gem. § 172 Abs. 1 S. 4 und § 250 BauGB genehmigungsbedürftig und nach unterschiedlich strengen Anforderungen beider Normen auch teilweise genehmigungsfähig ist,[1777] können hieraus – trotz etwaiger Fristbeschränkungen nach § 557a BGB – Gründe zur Kündigung eines Mietverhältnisses gem. § 573 Abs. 2 Nr. 2 und Nr. 3 BGB resultieren. Die Änderungsarbeiten und die Begründung von Wohnungseigentum wirken sich daher nicht nur auf die Mietinteressenten, sondern auch auf die Mieter aus, deren Besitzrecht Art. 14 Abs. 1 GG schützt[1778]. Somit sind beim additiven Grundrechtseingriff auch deren grundrechtliche Positionen zu berücksichtigen.

1774 Dazu Kapitel 4, B. I. 1. b. und B. II. 1.

1775 Siehe Kapitel 4, A. I. 5. a.; vgl. im Gegensatz dazu auch BVerfG, Beschl. v. 19.11.2021 – 1 BvR 781/21 u. a. = BeckRS 2021, 36514 Rn. 298.

1776 Hierzu und zum Vorstehenden Kapitel 3, C. I. 2. und C. III. 2.

1777 Siehe Kapitel 3, B. IV. 2. a., vor allem aa. und cc. (2) (f).

1778 Dazu Kapitel 4, A. I. 1. a. aa.

b) Die Intensität des Grundrechtseingriffs

Das vermögenswerte Schutzgut der vermietenden Eigentümer, das durch den additiven Grundrechtseingriff beeinträchtigt wird, weist eine hohe Wertigkeit auf. Auch hierfür ist auf die Ausführungen zur Mietpreisbremse zu verweisen: Die freie Verfügung der Eigentümer über die Mietwohnung sichert deren persönliche Freiheit ab, vor allem im Alter, und dient in besonderem Maße als finanzielle Grundlage der eigenen Lebensgestaltung.[1779]

Des Weiteren wurde das Zusammenwirken des Instrumentenmixes vor allem in Kapitel 3 ausführlich dargelegt: Die vermietenden Eigentümer können ihre Mietwohnungen in angespannten Wohnungsmärkten nicht umnutzen. Das Zweckentfremdungsrecht verhindert dies für das ganze Gebiet der Gemeinde und in den Milieuschutzgebieten innerhalb der Gemeinde kommt der nahezu identische Verhinderungstatbestand des § 172 BauGB hinzu; die jeweiligen Genehmigungsanspruchstatbestände erlauben nur sehr wenige Ausnahmen hiervon.[1780] Das Zweckentfremdungsrecht geht aber noch weiter. So wird nicht nur die Umnutzung, sondern auch das Unterlassen der Vermietung und damit ein Leerstand der Wohnung verhindert.[1781] Dann bestehen für den Vermieter zwei Optionen: Entweder er vermietet und akzeptiert die Regulierungsdichte oder er verkauft (sog. „Exit-Option“).

Wird der vermietende Eigentümer zu einem Verbleib auf dem Mietwohnungsmarkt und zur Vermietung „gezwungen“, so ist er in aller Regel keinesfalls in der Preisgestaltung der Neumietverträge frei. Neben der Regulierung der Mieterhöhungen im laufenden Mietverhältnis deckelt die Mietpreisbremse gem. § 556d Abs. 1 oder § 556e Abs. 1 S. 1 BGB auch sein Mietverlangen bei den Neuverträgen.[1782] Die ortsübliche Vergleichsmiete beeinflusst in entscheidender Weise diese beiden Mietobergrenzen und ihr Anwachsen. Das Wachstum der ortsüblichen Vergleichsmiete wird sich stetig abschwächen; teilweise kann diese Vergleichsmiete sogar zurückge-

---

1779 Hierzu und zum Vorstehenden Kapitel 4, A. I. 1. a. bb.

1780 Siehe zum Milieuschutz Kapitel 3, B. II. 2. b. dd., B. II. 2. c. dd. sowie B. II. 2. d. cc.; zum Zweckentfremdungsrecht Kapitel 3, B. III.

1781 Dazu Kapitel 3, B. III. 1. und B. III. 2. a.; zu den Auswirkungen der unterlassenen Nutzung auf die Baugenehmigung Kapitel 3, B. II. 1.

1782 Dazu Kapitel 3, B. IV. 1. b. und B. IV. 1. b. bb.; zu den Ausnahmevorschriften von der Neuvertragsmietenregulierung siehe Kapitel 3, B. IV. 1. b. aa. und cc., sowie C. III. 1.; zur Bestandsmietenregulierung Kapitel 3, B. IV. 1. c. und C. III. 2.

hen, so dass sich die Neuvertragsmiete auf § 556e Abs. 1 S. 1 BGB stützen wird.[1783] Die Untersuchung der Ausnahmen von der Mietpreisbremse verdeutlichte in besonders schwerwiegender Weise, dass der Ausnahmetatbestand bei umfassenden Modernisierungsarbeiten gem. § 556f S. 2 BGB in den Milieuschutzgebieten nicht zur Anwendung gelangen kann. Denn dort können solche Arbeiten in aller Regel nicht genehmigt werden.[1784] Des Weiteren sind dort Modernisierungen geringeren Umfangs teilweise und die Vergrößerung bestehender Wohnungen regelmäßig nicht genehmigungsfähig.[1785]

In der „Exit-Option" scheitert bereits der Verkauf einzelner Wohnungen, soweit an ihnen noch kein Wohnungseigentum begründet ist, an der fehlenden Genehmigung seiner Begründung. § 250 BauGB statuiert für das ganze Stadtgebiet eines angespannten Wohnungsmarkts wegen der sehr restriktiven Ausgestaltung des § 250 Abs. 3 S. 1 Nr. 3 BauGB keinen Anspruch hierauf.[1786] Wie großzügig die Gemeinden bei ihrer Ermessenentscheidung nach § 250 Abs. 4 BauGB (gegebenenfalls unter Auflagenerteilung) verfahren werden, wird sich noch zeigen müssen.[1787] Der Genehmigungstatbestand des § 172 Abs. 1 S. 4 und Abs. 4 BauGB speziell im Milieuschutzgebiet erlaubt in der Verkaufssituation mit § 172 Abs. 4 S. 3 Nr. 6 BauGB schon mehr, da er eine siebenjährige Verpflichtung für einen ausschließlichen Verkauf an Mieter statuiert, jedoch gelangt er wegen § 250 Abs. 7 S. 1 BauGB nur bei wenigen Objekten zur Anwendung.[1788]

Soll dagegen das ganze Gebäude verkauft werden, so wird der Verkauf im Milieuschutzgebiet dadurch reguliert, dass dort den Gemeinden das Vorkaufsrecht gem. § 24 Abs. 1 S. 1 Nr. 4 BauGB zusteht. Bei Interesse der Gemeinde an dem Objekt ist der Verkäufer maßgeblich vom Käufer und seiner Bereitschaft zur Unterzeichnung einer Abwendungsvereinbarung abhängig.[1789] Liegt zudem der Verkaufspreis nur geringfügig über dem Verkehrswert, so kann die Gemeinde bei der Vorkaufsrechtsausübung den Verkaufspreis sogar auf den Verkehrswert gem. § 28 Abs. 3 BauGB reduzie-

---

1783 Hierzu und zum Vorstehenden Kapitel 4, A. I. 5. b. aa., bb., ee. und ff.

1784 Dazu Kapitel 3, C. IV. 2.

1785 Siehe Kapitel 3, C. I. 2., sowie D. I. 2. b.

1786 Dazu Kapitel 3, B. IV. 2. a. cc.; zu § 250 Abs. 3 S. 1 Nr. 3 BauGB Kapitel 3, B. IV. 2. a. cc. (2) (f).

1787 Siehe Kapitel 3, B. IV. 2. a. cc. (3).

1788 Siehe Kapitel 3, B. IV. 2. a.; zu § 172 Abs. 4 S. 3 Nr. 6 BauGB Kapitel 3, B. IV. 2. a. aa.

1789 Hierzu und zum Vorstehenden Kapitel 3, B. IV. 2. b. aa. und bb.

ren.[1790] Der Verkäufer akzeptiert dann entweder diesen Verkaufspreis oder übt sein Rücktrittsrecht aus und wird somit einen Teil der Vertragskosten tragen müssen. Außerdem wird der Eigentümer zunächst von einem Verkauf absehen, denn nun weiß er von dem Interesse der Gemeinde an seinem Objekt und deren Bereitschaft zur Preisreduzierung.[1791] Das Urteil des BVerwG schwächt diese Problematik und die daraus resultierende Eingriffsintensität aber gegenwärtig insoweit ab, als dass in vielen Fällen im Milieuschutzgebiet das gemeindliche Vorkaufsrechts nach § 26 Nr. 4 BauGB nun ausgeschlossen sein wird und so das preislimitierende Vorkaufsrecht gem. § 28 Abs. 3 BauGB nicht ausgeübt werden kann.[1792] Jedoch ist bereits eine Änderung des dortigen Rechtsrahmens angekündigt. Folglich ist in der Zukunft wieder mit einer verstärkten Ausübung des (preislimitierenden) Vorkaufsrechts durch die Gemeinde zu rechnen.[1793]

Es überrascht, dass dieser Regulierungsmix für die vermietenden Eigentümer keine den Eingriff ausgleichenden Regelungen bereithält. Zudem sind die zeitlichen Befristungen der jeweiligen Rechtsverordnungen und Satzungen[1794] äußerst zurückhaltend zu bewerten. Einzig bei den Milieuschutzsatzungen des § 172 Abs. 1 S. 1 Nr. 2 BauGB besteht keine gesetzliche Verpflichtung der Gemeinden zur Befristung.[1795] Aufgrund der zunehmenden und teils auch überraschenden Verlängerungspraxis der Gesetz-, Verordnungs- und Satzungsgeber kann der Endlichkeit einer Befristung kein bedeutendes Gewicht zukommen.[1796] Folglich ist es zwar grundsätzlich denkbar, dass die Regulierungsbeeinträchtigungen nach Auslaufen der Gesetze, Verordnungen und Satzungen nachträglich ausgeglichen werden,

---

1790 Dazu Kapitel 3, B. IV. 2. b. cc.

1791 Hierzu und zum Vorstehenden Kapitel 3, B. IV. 2. b. cc.

1792 Siehe Kapitel 3, B. IV. 2. b. aa.

1793 Dazu Kapitel 3, B. IV. 2. b. bb.

1794 Siehe § 556d Abs. 2 S. 1 und S. 4 BGB (siehe auch zum Auslaufen der Mietpreisbremse Kapitel 4, A. I. 5. b. ee.), Art. 1 S. 1 ZwEWG und für die Genehmigungspflicht für die Begründung von Wohnungseigentum gem. § 172 Abs. 1 S. 4 BauGB – jeweils höchstens fünf Jahre; § 250 BauGB – Außerkrafttreten bis spätestens zum 31. Dezember 2025.

1795 Weiterführend *Mitschang*, in: Battis u. a., § 172 Rn. 39; *Möller*, in: Schrödter, § 172 Rn. 53; *Mitschang*, in: ders., Erhaltung und Sicherung von Wohnraum, S. 51 (74).

1796 Siehe hierzu auch Kapitel 4, A. I. 5. b. ee.; vgl. auch die These einer zunehmenden Verlängerung oder Entfristung wohnungspolitischer Regulierungsmaßnahmen Kapitel 2, A. I. 2. a. aa.

aber aufgrund dieser Verlängerungspraxis und der unterschiedlichen Akteure (Bund, Land und Gemeinde) äußerst unwahrscheinlich.[1797]

Zuletzt zwingt die Immobilität der Mietwohnung(en)[1798] den vermietenden Eigentümer dazu, diese additive Wirkung des Instrumentenmixes zu akzeptieren. Er kann sich ihr daher nicht entziehen, es sei denn er verkauft die Mietwohnung, was wiederum in den Milieuschutzgebieten nicht unerheblich eingeschränkt ist. Aus alledem ergibt sich eine hohe Intensität des Grundrechtseingriffs.

c) Abwägung

Zunächst ist die Abwägung für den hiesigen additiven Grundrechtseingriff generell vorzunehmen (aa.). Daran anschließend ist zu untersuchen, ob ein bereits getätigtes Investment in eine wirtschaftliche Schieflage geraten kann (bb.). Hierbei ist speziell die Situation der Mietpreisbremse, die nach ihrem Inkrafttreten durch einen Milieuschutz ergänzt wird, in den Blick zu nehmen.

aa) Grundsätzliche Angemessenheit des additiven Grundrechtseingriffs

Im Vergleich zur isolierten verfassungsrechtlichen Prüfung der Mietpreisbremse zeigt sich bei diesem Regulierungsmix eine noch höhere Eingriffsintensität. Weitere Regulierungsinstrumente umschließen die Mietpreisbremse und ergänzen ihre Regulierung, mit zwei Folgen: Zum einen wird eine Flucht aus dem stark regulierten Mietwohnungsmarkt weitgehend verhindert, zum anderen zwingt das Zweckentfremdungsrecht den Eigentümer zur Vermietung[1799]. Aufgrund der Immobilität der Wohnung kann der Eigentümer sie nicht auf einen weniger regulierten und anderen regionalen Wohnungsmarkt „transferieren“ und dort anbieten.

Nachdem die Wohnung auf dem Mietwohnungsmarkt verbleibt, resultiert auch beim additiven Grundrechtseingriff die Eingriffsintensität vor allem aus der aufgezwungenen Vermietung und damit aus der hierfür geltenden Mietpreisbegrenzung. Demnach gelten hier dieselben Erwägun-

---

1797 Vgl. zur Kompensation im Kontext einer befristeten Regelung BVerfG, Beschl. v. 19.11.2021 – 1 BvR 781/21 u. a. = BeckRS 2021, 36514 Rn. 293 und 297.

1798 Siehe Kapitel 1, A. IV. 1. c.

1799 Die Selbstnutzung durch den Eigentümer ist eher die Ausnahme.

gen wie bei der Mietpreisbremse: Wenngleich erste ökonomische Untersuchungen eine geringe Zielerreichungsqualität und die sehr wahrscheinlichen negativen Auswirkungen auf die Entwicklung der ortsüblichen Vergleichsmiete bereits zu bestätigen scheinen oder wenigstens vorhersagen und sich hieraus eine erhebliche Eingriffsintensität der Mietpreisbremse ergibt, ist die aktuelle ökonomische Erkenntnislage hierzu noch zu gering. Die Annahmen und regulatorischen Auswirkungen bleiben somit im Prognosebereich.[1800] Unter Berücksichtigung der Bedeutung des staatlichen Zwecks und des auch beim additiven Grundrechtseingriff bestehenden Gestaltungsspielraums[1801] ist diesem Regulierungsmix daher (noch) keine Unangemessenheit zu attestieren.

bb) Wirtschaftliche Schieflage des Investments durch Mietpreisbremse und Milieuschutz in angespannten Wohnungsmärkten?

Bei diesem additiven Grundrechtseingriff ist aber auch ein Blick darauf zu richten, ob er zu dauerhaften Verlusten führt oder die Substanz der Mietsache gefährdet.[1802] Von besonderer Relevanz sind hier die Mietpreisbremse und ihre Beeinflussung durch den Milieuschutz: Einerseits durch das gemeindliche Vorkaufsrecht mit der Möglichkeit zur Herabsetzung des Verkaufspreises (1), andererseits durch § 172 BauGB hinsichtlich der bereits vor dem Milieuschutz geplanten Modernisierungsarbeiten (2 und 3).

(1) Auswirkungen regulierter Miet- und Verkaufspreise im Milieuschutzgebiet

Es wurde bereits deutlich, dass die Mietpreisbremse Mietbegrenzungen aufstellt und die künftigen Mietsteigerungen reduziert oder sogar ganz verhindert. Dies verringert ebenfalls den künftigen Verkaufspreis gegenüber der Annahme in der Investitionsrechnung.[1803] Gleichwohl ist es dann dem Verhandlungsgeschick des verkaufenden Eigentümers überlassen, welchen Preis er am Markt auf Basis der wegen der Mietpreisbremse niedrigeren

---

1800 Hierzu und zum Vorstehenden Kapitel 4, A. I. 5. c. aa.

1801 So BVerfG, Beschl. v. 19.11.2021 – 1 BvR 781/21 u. a. = BeckRS 2021, 36514 Rn. 290; generell zum Gestaltungsspielraum siehe Kapitel 4, A. I. 1.

1802 Dazu Kapitel 4, A. I. 5.

1803 Hierzu und zum Vorstehenden Kapitel 4, A. I. 5. b. aa., bb., ee. und ff.

Mieten erzielen kann. Gegebenenfalls kann er so am Ende seines Investments – trotz der Mietpreisbremse – einen höheren Verkaufspreis erwirtschaften als in seiner Investitionsrechnung unter Berücksichtigung der Mietpreisbremse angenommen. Somit können durch das Verhandlungsgeschick des verkaufenden Eigentümers die wegen der Mietpreisbremse bedingten geringeren Einnahmen zumindest etwas kompensiert werden.

Tritt nach dem Kauf der Immobilie zur Mietpreisbremse der Milieuschutz hinzu, so wird ebenfalls der dahin noch „freie" Verkaufspreis reguliert. Bei der Vorkaufsrechtsausübung gem. § 24 Abs. 1 S. 1 Nr. 4 BauGB kann die Gemeinde den Preis der Immobilie gem. § 28 Abs. 3 S. 1 BauGB reduzieren, sobald er über dem Verkehrswert liegt.[1804] Demnach kann der Eigentümer im Milieuschutzgebiet keinen Verkaufspreis erwirtschaften, der über dem Verkehrswert liegt, sobald die Gemeinde einmal Interesse an seinem Verkaufsobjekt gezeigt hat. Folglich kann er die mietpreisbremsenbedingt entgangenen Einnahmen nicht mehr durch Verkauf zumindest teilweise ausgleichen. Jedoch ist anzumerken, dass nach der Entscheidung des BVerwG in den meisten Verkaufsfällen – jedenfalls noch im aktuellen Rechtsrahmen – das (preislimitierende) Vorkaufsrecht nach § 26 Nr. 4 BauGB ausgeschlossen sein wird. Jedoch zeichnet sich bereits eine Änderung des dortigen Rechtsrahmens ab, damit die Gemeinden wieder verstärkt ihr (preislimitierendes) Vorkaufsrecht ausüben können.[1805] Die Umgehung des preislimitierenden Vorkaufsrechts durch den Verkauf einzelner Wohnungen, die gem. § 24 Abs. 2 BauGB nicht dem gemeindlichen Vorkaufsrecht unterfallen, kann nur insoweit zur Option werden, als bereits Wohnungseigentum an den Wohnungen begründet worden ist. Ist dies aber nicht der Fall, so scheitert der Verkauf an der fehlenden Genehmigung für diese Begründung nach § 250 Abs. 3 und Abs. 4 BauGB; beim hierzu subsidiären § 172 Abs. 4 BauGB ist das schon etwas leichter möglich.[1806]

Die Einschränkung durch § 28 Abs. 3 S. 1 BauGB reduziert die Ertragschancen im Verkaufszeitpunkt. Die Differenz zwischen dem Verkehrswert und dem durch das Verhandlungsgeschick des Eigentümers ausgehandelten Verkaufspreis wird aber in aller Regel nicht so groß sein, dass diese preislimitierende Vorkaufsrechtsausübung das Investment insgesamt in ein dauerhaftes Verlustgeschäft verwandeln wird. Wie bereits bei der Mietpreisbremse führen zudem die durch den additiven Grundrechtsein-

1804 Siehe Kapitel 3, B. IV. 2. b. cc.
1805 Hierzu und zum Vorstehenden Kapitel 3, B. IV. 2. b. aa. und bb.
1806 Siehe Kapitel 4, B. II. 3. b.

griff verringerten Einnahmen zwar dazu, dass das Investitionsziel im angestrengten Betrachtungszeitraum der Investitionsrechnung noch weiter verfehlt wird. Der Eigentümer kann aber auch hier in aller Regel diese regulierungsbedingten geringeren Einnahmen durch weitere Mieteinnahmen und die den Verkehrswert beeinflussenden Mietsteigerungen durch eine längere Haltedauer des Objekts ausgleichen[1807], wenngleich sich hierdurch das Marktrisiko für das Investment deutlich erhöht.[1808] Im Ergebnis wird sich auch bei dem additiven Grundrechtseingriff – soweit zum Kaufzeitpunkt keine umfassenden Modernisierungsarbeiten am später unter Milieuschutz gestellten Objekt geplant waren (hierzu sogleich mehr) – regelmäßig kein dauerhaftes Verlustgeschäft ergeben.

(2) Geplante Modernisierungsarbeiten in einem noch nicht festgesetzten Milieuschutzgebiet

Des Weiteren wurde bereits deutlich, dass die Ausnahmeregelung des § 556f S. 2 BGB bei umfassenden Modernisierungsarbeiten im Milieuschutzgebiet nicht zur Anwendung gelangen kann.[1809] Von rechtlicher Bedeutung ist hierbei die Situation, dass der Investor eine in die Jahre gekommene Immobilie erwerben möchte, um sie mit dem Investitionsziel deutlicher Mietsteigerungen umfassend im Sinne des § 556f S. 2 BGB – auf Basis des Rechtsverständnisses der überwiegenden Meinung in der Literatur und Rechtsprechung – zu modernisieren.[1810] Dieses Mietwachstum beeinflusst den späteren Verkaufspreis.[1811] Typischerweise werden die Modernisierungsarbeiten nicht sofort nach dem Erwerb durchgeführt, denn teilweise sind die Wohnungen noch bewohnt und teilweise können hierfür steuerliche Erwägungen leitend sein[1812].

1807 Dazu Kapitel 3, B. IV. 2. b. cc.

1808 Hierzu und zum Vorstehenden Kapitel 4, A. I. 5. b. ee. (2) (b).

1809 Dazu Kapitel 3, C. IV. 2.

1810 Siehe zu den Mietsteigerungen in der Investitionsrechnung Kapitel 1, B. II. 1. und B. II. 3. b.; zum Rechtsverständnis der herrschenden Meinung für eine umfassende Modernisierung gem. § 556f S. 2 BGB, die kumulativ ein quantitatives und ein qualitatives Element verlangt, Kapitel 3, C. III. 1. a.

1811 Dazu Kapitel 1, B. II. 3. d.

1812 Ein Abwarten, um anschaffungsnahe Herstellungskosten gem. § 6 Abs. 1 Nr. 1a EStG zu vermeiden und die Modernisierungskosten sofort abzuschreiben, wird nicht erfolgreich sein, denn durch die Modernisierungsarbeiten wird es in aller Regel (vor allem durch die qualitativen Anforderungen des § 556f S. 2 BGB, siehe Kapitel 3, C. III. 1. a.) zu einem sog. Standardsprung

Die ursprünglich in den ersten Jahren nach dem Erwerb geplante und in der Investitionsrechnung angelegte umfassende Modernisierung kann aber durch eine nach dem Erwerb erlassene Milieuschutzsatzung mangels Genehmigungsfähigkeit gemäß § 172 Abs. 4 BauGB verhindert werden.[1813] Folglich entgehen dem Investor die eingeplanten Mietsteigerungen nach der Modernisierung und ein dadurch beeinflusster höherer Verkaufspreis. Mangels einschlägiger Ausnahmevorschriften sind weiterhin die Mietobergrenzen des § 556d Abs. 1 und § 556e Abs. 1 S. 1 BGB mit ihrem nur geringen Mietwachstum[1814] zu beachten.

Vergleicht man beide Situationen – also die ursprünglich geplante Modernisierung und die unmodernisierte Vermietung mit fortgeführten und noch leicht steigenden Mieten – anhand Investitionsberechnungen nach der DCF-Methode[1815], so können sich durch den Erlass der Milieuschutzsatzung die Einnahmen zwischen fünf bis sogar 30 Prozent verringern. Diese Verringerung ergibt sich trotz der ersparten Modernisierungskosten und trotz eines bereits vorgenommenen „Risikoabschlags“. Dieser Abschlag resultiert aus den Risikofaktoren, die in der Investitionsrechnung die Höhe des Diskontierungszinssatzes und dadurch wiederum das Abzinsung der Einnahmen in der Zukunft auf den Zeitpunkt der Investitionsentscheidung beeinflussen.[1816] Da durch die hinzugekommenen Regulierungsmaßnahmen deutlich weniger Einnahmen erwirtschaftet werden, kann in dieser Situation diese Differenz auch nicht durch eine längere Haltedauer des Objekts ausgeglichen werden.

Wird daher eine Investitionsrechnung umgesetzt, die auf der Ausnahmevorschrift des § 556f S. 2 BGB fußt, und wird das Objekt danach unter Milieuschutz gestellt, so kann es zu einem dauerhaften Verlustgeschäft kommen. Ein möglicher Ausgleich des Verlusts durch Vermögen hat keine rechtliche Relevanz.[1817] In dieser Situation ergibt sich ein unangemessener und damit nicht gerechtfertigter additiver Grundrechtseingriff. Diesem

---

kommen und die Arbeiten stellen dann Herstellungskosten dar, die über viele Jahre abzuschreiben sind: siehe hierzu beispielsweise BMF, Schreiben v. 18.07.2003 – IV C 3 – S 2211 – 94/03 = BStBl. I, S. 386 = DStR 2003, 1345 (1345–1348); *v. Sanden*, DStR 2020, 958 (963–967); *Golombek*, in: Alber u. a., Beck'sches Steuer- und Bilanzrechtslexikon, Erhaltungsaufwand Rn. 2–6 und 10 (Stand: Jan. 2021).

1813 Siehe Kapitel 3, C. IV. 2.

1814 Siehe Kapitel 4, A. I. 5. b. aa. und bb.

1815 Dazu Kapitel 1, B. II. 2. und 3.

1816 Siehe Kapitel 1, B. II. 2. und B. II. 3. c.

1817 Dazu Kapitel 4, A. I. 5.

verfassungsrechtlichen Problem kann aber mittels einer verfassungskonformen Auslegung abgeholfen werden. Nach der überwiegenden Meinung in Rechtsprechung und Literatur besteht für die Gemeinde bei § 172 Abs. 4 S. 1 BauGB ein Ermessenspielraum für atypische Fälle.[1818] Die Unverhältnismäßigkeit reduziert in derartigen Situationen bei § 172 Abs. 4 S. 1 BauGB das Ermessen auf null und führt damit zu einem Genehmigungsanspruch im Milieuschutzgebiet. Dagegen hilft der Genehmigungsanspruchstatbestand des § 172 Abs. 4 S. 2 BauGB in dieser Situation nicht weiter, da er auf den wirtschaftlich nicht mehr zumutbaren Erhalt des Objekts abzielt und somit objektbezogen ist. Außerdem ist hier die Verlustsituation nicht auf die Diskrepanz der Bewirtschaftungskosten zu den (im Vergleich dazu niedrigeren) Erträgen zurückzuführen.[1819]

(3) Anforderungen an den Genehmigungsanspruch aus § 172 Abs. 4 S. 1 BauGB

Für den Genehmigungsanspruch gem. § 172 Abs. 4 S. 1 BauGB gilt es aber gewisse Einschränkungen zu berücksichtigen. Bestand beispielsweise schon beim Erwerb der Milieuschutz oder war das Aufstellungsverfahren[1820] zur Milieuschutzsatzung bereits im Gange und hätte der damalige Kaufinteressent und nunmehrige Eigentümer davon Kenntnis erlangen können, dann können hieraus freilich keine Unangemessenheit und damit keine Ermessensreduktion auf null resultieren. Ist beides beim Erwerb aber nicht der Fall, so muss der jetzige Eigentümer gegenüber der Genehmigungsbehörde nachweisen, dass bereits sein damaliger Investitionsplan auf eine umfassende Modernisierung zur Befreiung von der Mietpreisbremse gem. § 556f S. 2 BGB mit anschließender Mietsteigerung abzielte,

---

1818 Siehe Kapitel 3, B. II. 2. b. dd.

1819 Hierzu und zum Vorstehenden siehe *Mitschang*, in: Battis u. a., § 172 Rn. 98; *Möller*, in: Schrödter, § 172 Rn. 105; *Oehmen*, in: Spannowsky/Uechtritz, BeckOK BauGB, § 172 Rn. 38 (Stand: Aug. 2021); *Rixner/Biedermann/Charlier*, in: dies., § 172 BauGB Rn. 57; *Stock*, in: Ernst u. a., § 172 BauGB Rn. 181, und § 173 Rn. 35 (115. und 122. EL/Nov. 2014 und Aug. 2016); *Weigelt*, Die wachsende Stadt als Herausforderung für das Recht, S. 195 f.; *Riemann*, Baurechtliche Instrumente gegen Gentrifizierung, S. 40; vgl. HmbOVG, Urt. v. 12.12.2007 – 2 Bf 10/02 = ZfBR 2008, 383 (383 und 385); dazu auch Kapitel 3, C. IV. 2.

1820 Weiterführend *Mitschang*, in: ders., Erhaltung und Sicherung von Wohnraum, S. 51 (67 f.); *Weigelt*, Die wachsende Stadt als Herausforderung für das Recht, S. 182 f.

die der Milieuschutz nun verhindert. Hierfür hat er diesen Plan mitsamt aller unterstellter Einnahmen samt Nachweis über den gezahlten Kaufpreis im Genehmigungsverfahren vorzulegen. Die geplanten Mietsteigerungen nach der Modernisierung müssen auf dem konkreten Wohnungsmarkt realistisch sein.

Sind diese Anforderungen erfüllt, dann ist die jetzige wirtschaftliche Schieflage aufgrund der eigentlich nicht zu genehmigenden Modernisierung nachgewiesen. Dies reicht aber noch nicht aus. Die Modernisierungsarbeiten müssen insbesondere rechtlich und tatsächlich durchführbar sein und die Anforderungen des § 556f S. 2 BGB erfüllen. Es sind daher konkretere Angaben zur durchzuführenden Modernisierung aus der Zeit vor Beginn des Aufstellungsverfahrens der Milieuschutzsatzung vorzulegen. Sind beispielweise manche Wohnungen zum Erwerbszeitpunkt noch vermietet, dann sind auch mögliche Kündigungsgründe zu berücksichtigen. Der beabsichtigte Umfang der Arbeiten ermöglicht die Beurteilung, ob die damaligen Pläne die Anforderungen an eine umfassende Modernisierung des § 556f S. 2 BGB überhaupt hätten erfüllen können[1821]. Können sie es nicht, dann können sich ebenfalls keine Unangemessenheit mit einer Ermessensreduktion auf null und damit kein Genehmigungsanspruch aus § 172 Abs. 4 S. 1 BauGB ergeben.

C. *Fazit zu den Untersuchungsfragen*

Die nun herausgearbeiteten Erkenntnisse bieten die Grundlage einer Antwort auf die aufgeworfenen Untersuchungsfragen im Hinblick auf die verfassungsrechtlichen Maßstäbe. Konkret galt es zu klären, ob bereits die Mietpreisbremse allein oder eine Kombination der Instrumente in Form des additiven Grundrechtseingriffs ein verfassungswidriger Eingriff ist.[1822]

Die Mietpreisbremse greift in die Freiheitsgrundrechte des Art. 14 Abs. 1 GG als Inhalts- und Schrankenbestimmung ein, jedoch ist der Eingriff größtenteils verhältnismäßig und gerechtfertigt. Die §§ 556d ff. BGB an sich sind verhältnismäßig, jedoch ergeben sich zwei Einschränkungen für die Landesrechtsverordnungen zur Mietpreisbremse nach § 556d Abs. 2 S. 1 bis S. 3 BGB. Sollte sich die ökonomische These weiter erhärten, dass die Mietpreisbremse nur ab einem gewissen vergangenen Mietwachstum wirken kann, so wäre dies zwingend beim Kriterium des § 556d Abs. 2

1821 Dazu Kapitel 3, C. III. 1. a.
1822 Siehe Kapitel 2, B. III. 2.

S. 3 Nr. 1 BGB zu beachten. Ein Verstoß dagegen bei der Ausweisung angespannter Wohnungsmärkte würde dann die Teilnichtigkeit der Verordnung begründen. Des Weiteren sind bereits jetzt die Landesrechtsverordnungen, die auch solche Wohnungsmärkte als angespannt im Sinne des § 556d Abs. 2 S. 2 und S. 3 BGB ausweisen, die keinen Mietspiegel haben, unangemessen und teilnichtig.

Ein Eingriff in die Vertragsfreiheit des Art. 2 Abs. 1 GG liegt nur für die Vermieter vor, die keine Eigentümer sind. Dieser Eingriff ist aber ebenfalls gerechtfertigt. In Art. 12 Abs. 1 GG greift die Mietpreisbremse mangels einer berufsregelnden Tendenz nicht ein. Außerdem verstößt sie nicht gegen den allgemeinen Gleichheitssatz des Art. 3 Abs. 1 GG. Teilweise liegt schon keine Ungleichbehandlung vor, im Übrigen sind die Gleich- und Ungleichbehandlungen gerechtfertigt.

Die Mietpreisbremse begründet zusammen mit dem Zweckentfremdungsrecht, dem Milieuschutz des § 172 BauGB samt dem zugehörigen Vorkaufsrecht nach § 24 Abs. 1 S. 1 Nr. 4 BauGB sowie dem Genehmigungstatbestand für die Begründung von Wohnungseigentum nach § 250 BauGB einen additiven Grundrechtseingriff in Art. 14 Abs. 1 GG. Alle der erörterten, wenn auch höchst umstrittenen Kriterien für eine Zusammenführung dieses Regulierungsmixes in einem additiven Grundrechtseingriff liegen hier vor. Dieser verfolgt einen legitimen Zweck, ist geeignet und erforderlich. Im Rahmen der Angemessenheit hat der staatliche Zweck hierbei ein etwas größeres Gewicht als bei der Mietpreisbremse allein. Des Weiteren zwingt das Zusammenspiel der unterschiedlichen Regulierungsinstrumente zu einer Vermietung der Wohnung. Die „Exit-Option" durch den Verkauf der Wohnung oder des ganzen Hauses wird durch die Regulierung teilweise verhindert, teilweise ist sie wirtschaftlich unattraktiv. Daraus resultiert eine hohe Intensität des Grundrechtseingriffs, die es in der Abwägung ebenfalls zu berücksichtigen gilt.

Auch wenn der additive Grundrechtseingriff durch den Regulierungsmix generell noch nicht unangemessen und daher verhältnismäßig ist, so fallen zwei verfassungsrechtlich problematische Fallkonstellationen auf: Der Regulierungsmix wirkt sich im Milieuschutzgebiet nicht nur auf die Mieten aus, sondern deckelt auch die Höhe der Verkaufspreise. Aktuell kann hieraus aber kein dauerhaftes Verlustgeschäft resultieren. Anders sieht dies aber in der zweiten Fallvariante aus, in der – in Kenntnis der Mietpreisbremse – ein Investment mit dem Ziel umfassender Modernisierungsarbeiten gem. § 556f S. 2 BGB und damit einer Ausnahme von der Mietpreisbremse getätigt wird. Durch eine nach dem Kauf erlassene Milieuschutzsatzung kann die Modernisierung nicht genehmigt werden. Das

Investment gerät damit in eine deutliche Schieflage, kann zu einem dauerhaften Verlustgeschäft führen und ist daher unangemessen. Der daraus resultierenden Unverhältnismäßigkeit kann aber mittels verfassungskonformer Auslegung des Ermessensgenehmigungstatbestands des § 172 Abs. 4 S. 1 BauGB abgeholfen werden. Für eine Ermessensreduktion auf null und damit eine Genehmigungsfähigkeit der umfassenden Modernisierung im Milieuschutzgebiet muss der vermietende Eigentümer im Genehmigungsverfahren einerseits seine Schutzwürdigkeit in der wirtschaftlichen Schieflage, andererseits die rechtliche und tatsächliche Durchführbarkeit der Modernisierungsarbeiten unter Erfüllung der Anforderungen des § 556f S. 2 BGB nachweisen.

Zusammenfassung, Potential des Forschungsansatzes und Einordnung der Untersuchung

A. Zusammenfassung der wesentlichen Erkenntnisse

Während die einzelnen Zwischenergebnisse einen detaillierten Überblick über die Erkenntnisse dieser Untersuchung vermitteln, sollen im Folgenden die wesentlichen Erkenntnisse des Forschungsvorhabens abstrahiert und zusammengefasst werden. Dies bietet auch die Grundlage für weiterführende Gedanken und einen rechtspolitischen Ausblick (B.).

I. Kapitel 1 – Der Wohnungsmarkt im Lichte der Ökonomie

Das erste Kapitel zielt vor allem auf die Untersuchung der ökonomischen Besonderheiten der Wohnung und des Wohnungsmarkts (A., S. 38 ff.) sowie der unterschiedlichen Anbieter am Markt einschließlich ihres Investitionsverhaltens und die dafür relevanten Berechnungsmethoden ab (B., S. 90 ff.). Daneben sind die typischen Marktprozesse auf den Wohnungsmärkten näher zu erörtern, um dort insbesondere der Frage nach Gleichgewichtszuständen und Zyklen nachgehen zu können (C., S. 125 ff.).

In der Ökonomie wird die Wohnung als Wirtschafts- und Sozialgut qualifiziert (A. I. 2., S. 43 ff.). Die Wohnung und der Wohnungsmarkt weisen zahlreiche Besonderheiten auf, die sie von anderen Objekten, Märkten und deren Verhalten deutlich unterscheiden. Bei der Wohnung sind vor allem ihre Langlebigkeit, eine lange Produktionsdauer, die Standortbindung, das Wohnen als Grundbedürfnis und seine fehlende Substitutionsmöglichkeit, die Heterogenität und die Langfristigkeit der Investitionsentscheidung mit hohen Anfangsinvestitionen und periodischen, aber geringen Kapitalrückflüssen zu nennen. Beim Wohnungsmarkt fallen seine langen Reaktionszeiten, Bestandslastigkeit, zahlreichen zu unterscheidenden Teilmärkte, Intransparenz sowie seine Abhängigkeit vom Bodenmarkt und weiteren vorgelagerten Märkten auf (A. IV., S. 51 ff.). Damit kann der Untersuchungsgegenstand des Forschungsvorhabens herausgearbeitet werden: die Angebotsseite des Bestandssegments von Mietwohnungsmärkten in angespannten Wohnungsmärkten (A. V., S. 85 ff.).

Bei der Systematisierung der Anbieterseite und deren Charakteristika wird deutlich, dass ein Großteil der Anbieter nicht ausschließlich gewinnorientiert agiert und private Eigentümer und nicht Wohnungsunternehmen die Mehrheit der Wohnungen am Markt anbieten (B. I., S. 91 ff.). Private vermieten zu marktunterdurchschnittlichen Mieten, verzichten überwiegend auf Bestandsmieterhöhungen und ihre Investition zielt zum Großteil auf eine Selbstversorgung, eine inflationssichere Altersvorsorge und eine Vermögensanlage ab. Bei fast drei Vierteln der privaten Eigentümer belaufen sich die Mieteinnahmen auf weniger als 1.000 Euro pro Monat und nur bei vier Prozent von ihnen liegen sie über 5.000 Euro pro Monat (B. I. 1. und 1. a., S. 91 ff.).

Die Anbieter wollen mit ihrer Investition einen Gewinn erwirtschaften. Hierfür können die verschiedenen Einnahmepositionen (Miete und Verkauf) in der Investition unterschiedlich gewichtet sein. Teilweise können auch Anfangsverluste akzeptiert werden, solange sie in der Zukunft ausgeglichen werden. Unvorhersehbare Regulierungen mit Auswirkungen auf die Miet- und Verkaufspreise können hier große Probleme bereiten und die Berechnungsgrundlagen kippen (B. II. 1., S. 107 ff.). Bei der Investitionsberechnung wird größtenteils auf die dynamischen Berechnungsverfahren zurückgegriffen, dort vor allem auf die Discounted-Cashflow-Methode mit ihrem gängigen Betrachtungszeitraum von fünf bis 15, maximal 20 Jahren, der sich mit den durchschnittlichen Haltedauern von Wohnungen in der Praxis deckt (B. II. 2. und 4., S. 109 ff. und 121 ff.). Die Investitionsberechnung unterstellt auch die Steigerung der Mieteinnahmen (B. II. 3. b., S. 115 f.). Der Diskontierungszinssatz kann von Anbieter zu Anbieter divergieren, wobei die privaten Eigentümer sich überwiegend mit einem geringeren Zinssatz als andere Anbietergruppen begnügen (B. II. 3. c., S. 116 ff.). Der Wiederverkaufswert mittels der Direct-Cap-Methode wird maßgeblich durch die bis dato gesteigerten Mieten sowie den Kapitalisierungszinssatz beeinflusst (B. II. 3. d., S. 120 f.).

Das Vier-Quadranten-Modell verdeutlicht die Tendenz des Markts hin zu sehr kurzen Gleichgewichtszuständen und das Zusammenspiel des Mietwohnungsmarkts und anderer Märkte (C. I., S. 126 ff.). Die Tendenz zu einem Marktgleichgewicht bestätigt das Phasenmodell der Immobilienzyklen (C. II., S. 144 ff.). Die These, dass das Marktverhalten nicht zu Gleichgewichtszuständen in der Lage sei, ist als Grundlage weiterer Regulierungsmaßnahmen damit widerlegt (C. III., S. 154 ff.). Außerdem bestätigen beide Modelle die wichtige Signalwirkung unregulierter Mietpreise zur Steuerung des Marktgeschehens in Richtung eines Gleichgewichtszustands (C. II. 3. und III., S. 153 ff.). Das Phasenmodell zeigt außerdem, dass sich der Wohnungsmarkt überwiegend im Ungleichgewicht befindet, und charakterisiert das Marktgeschehen durch sich wiederholende, nur in ihrer Ausprägung divergierende Phasen von Immobilienzyklen. Somit sind beispielsweise auch wiederholte Anspannungen der Wohnungsmarktlage markttypisch und können nicht verhindert werden. Sie sind – im Hinblick auf bestehende, aber auch künftige Regulierung – zu akzeptieren (C. II., S. 144 ff.). Angespannte Marktphasen dauern deutlich länger als die anderen drei Phasen des Immobilienzyklus (C. II. 2. c., C. II. 3. und C. III., S. 150 ff. und 153 ff.).

II. Kapitel 2 – Ziele und Instrumente für eine Verbesserung der Wohnungsmarktsituation

Im zweiten Kapitel sind zunächst die wohnungspolitischen Ziele und Instrumente zu identifizieren (A., S. 157 ff.). Anschließend ist die aktuelle Wohnungsmarktsituation näher zu beleuchten (B. I., S. 182 ff.). Mit diesen Erkenntnissen können der hier relevante Rechtsrahmen, die dort zu erreichenden Ziele für eine Verbesserung des Mietwohnungsmarkts und die Untersuchungsfragen herausgearbeitet werden (B. II. und III., S. 217 ff. und 221 ff.).

Wohnungspolitik sollte auf eine ordnungsgemäße Erhaltung und mindestens kostendeckende Bewirtschaftung des Wohnungsbestands sowie auf die Nutzung des Erweiterungspotentials im Bestand abzielen, nicht aber auf die Verhinderung der Marktzyklen. In angespannten Marktphasen muss sie deren negative Folgen für sozial Schwache ausgleichen. Wie weit der Schutz zu gehen hat, ist umstritten. Insbesondere herrscht bei einer Mietpreispolitik kein wohnungspolitscher Konsens (A. I. 2., S. 160 ff.). Ihr wird entgegengehalten, dass von ihr vor allem die wohlhabenden Haushalte profitieren würden, sie für die sozial Schwachen schädlich sei, die Gentrifizierungsproblematik verstärke und eine Einbahnstraße hin zu einer zunehmenden Regulierungsdichte markiere. Eine Deregulierung könne nahezu ausgeschlossen werden (A. I. 2. a., S. 162 ff.). Die wohnungspolitischen Ziele können vor allem mit den Instrumenten des Bau-, Miet- und Zweckentfremdungsrechts erreicht werden (A. II. 1., S. 178 f.).

Die zunehmende Zahl von Einpersonenhaushalten, der wachsende Wohnflächenverbrauch und das Bevölkerungswachstum führen in gewissen Regionen zu einer stark wachsenden Wohnungsnachfrage (B. I. 1. a. und b., S. 183 ff. und 191 ff.). Hingegen nimmt seit Jahren der Wegzug aus den kreisfreien Großstädten zu, vor allem in das dortige Umland

(B. I. 1. a. aa., S. 183 ff.). Der Wohnungsbedarf wird mittlerweile zwar annähernd durch die Baugenehmigungs-, aber nicht durch die Fertigstellungszahlen gedeckt, wenngleich die regionalen Kapazitätsgrenzen der Bauwirtschaft nahezu erreicht sind. Dabei kann weder ein Vorbeibauen am Bedarf noch eine deutlich gesteigerte Bodenspekulation in Verbindung mit einer Baurechtszuführung bestätigt werden. Indem mancherorts selbst bis zum Jahre 2030 die kräftig gestiegenen Fertigstellungszahlen nicht den dortigen Bedarf decken können, werden diese Wohnungsmärkte noch länger angespannt sein (B. I. 1. c., S. 193 ff.). Die Diskrepanz zwischen Angebot und Nachfrage steigert Neuvertragsmieten deutlich und noch deutlich stärker die Immobilienpreise (B. I. 2. a. und c., S. 203 ff. und 210 ff.). Trotzdem blieb die durchschnittliche Mietkostenbelastung der Haushalte deutschlandweit und in den sieben A-Städten seit nahezu zwei Jahrzehnten relativ konstant. In einigen sozialen Gruppen oder Einkommensgruppen reduzierte sich diese Belastung sogar (B. I. 2. b., S. 207 ff.). Das stärkere Immobilienpreiswachstum ist auf deutlich gestiegene Boden- und Errichtungspreise zurückführen (B. I. 2. c., S. 210 ff.).

Die aktuelle Wohnungsmarktsituation konnte in die angespannte Phase des Immobilienzyklus eingeordnet werden (B. I. 3., S. 213 f.). Auf Basis der Erkenntnisse der wohnungspolitischen Forschungsliteratur und der aktuellen Wohnungsmarktlage lassen sich die drei Ziele für eine Verbesserung des Mietwohnungsmarkts auf der Angebotsseite im Bestandsbereich im aktuellen Zyklus herausarbeiten: Quantitativer und qualitativer Erhalt des Wohnungsangebots sowie die Ermöglichung neuer Wohnflächen im Bestand. Sie prägen die weiteren Untersuchungen (B. II., S. 217 ff.).

III. Kapitel 3 – Potentiale und Risiken beim Wohnungsangebot im Rahmen von Bestandsbauten

In Kapitel 3 erfolgt zunächst die Untersuchung der Begriffe der Wohnung, des Wohnraums und des Wohnens (A., S. 225 ff.). So kann geklärt werden, an welche Begriffe die unterschiedlichen Regulierungsinstrumente anknüpfen, welche Unterschiede zwischen diesen bestehen und wie groß damit die Schnittmenge der von dem gesamten Regulierungsspektrum erfassten und hier zu untersuchenden Mietwohnung ist. Im Anschluss daran ist das einfache Gesetzesrecht zu analysieren, ob sich die soeben erwähnten, in Kapitel 2 herausgearbeiteten Ziele im Untersuchungsgegenstand anhand des gesetzlichen Rahmens, exemplarisch an dem bayerischen Rechtsrahmen, verwirklichen lassen (B. bis D., S. 242 ff.).

Die Regulierung durch das Bau-, Miet- und Zweckentfremdungsrecht knüpft an die Wohnung, den Wohnraum oder beides an (A., S. 225 ff.). Die Wohnungsbegriffe des Bau- und des Mietrechts divergieren inhaltlich kaum; das Zweckentfremdungsrecht knüpft hingegen nicht an die Wohnung an (A. I. 2., S. 228 ff.). Unter den Wohnraumbegriffen des Bau-, Miet- und Zweckentfremdungsrechts weist der zweckentfremdungsrechtliche Begriff die höchsten Anforderungen auf (A. II. 4., S. 233 f.). Im Vergleich der Wohnungs- und Wohnraumbegriffe sind die Divergenzen überwindbar. Die hier im Fokus stehende Mietwohnung erfüllt alle Wohnungs- und Wohnraumbegriffe, sodass sie grundsätzlich Anknüpfungsobjekt der Regulierung des Bau-, Miet- und Zweckentfremdungsrechts sein kann (A. II. 5., S. 234 f.). Der Begriff des Wohnens prägt maßgeblich die Begriffe der Wohnung und des Wohnraums. Die bau- und der zweckentfremdungsrechtlichen Begriffe weisen hohe Anforderungen auf. Im Vergleich zueinander ist das zweckentfremdungsrechtliche Verständnis von „Wohnen" noch etwas enger (A. III. 1. und 3., S. 236 ff. und 239 f.).

1. Verhinderung von Bestandsveränderungen in quantitativer Hinsicht

Für den Erhalt des Angebots an Mietwohnungen in quantitativer Hinsicht gilt es, deren Nicht- und die besonders relevante Umnutzung zu regulieren (B., S. 242 ff.). Aus dem Baurecht ergeben sich für die Nichtnutzung in aller Regel keine Hindernisse (B. II. 1., S. 247). Dagegen ist sie im Zweckentfremdungsrecht genehmigungsbedürftig und regelmäßig nicht genehmigungsfähig (B. III. 1. und B. III. 2. a., S. 287 ff. und 297 ff.).

Bei den Umnutzungen sind die übernachtungsfremden Nutzungsarten von der Beibehaltung der Übernachtung in den Räumen abzugrenzen. Letzteres kann wiederum anhand der gewöhnlichen Aufenthaltsdauer zwischen der Kurzzeitvermietung im engeren Sinne (wenige Tage bis wenige Wochen) und den sonstigen Fällen der Kurzzeitvermietung (mehrere Wochen bis mehrere Monate) unterschieden werden (B. I., S. 243 ff.). Von der Kurzzeitvermietung im engeren Sinne ist das „Homesharing" abzugrenzen, das hier keine Rolle spielt (B. I. 1., S. 244 f.).

Umnutzungskonstellation 1 – Die Kurzzeitvermietung im engeren Sinne:
Die Umnutzung der Wohnung zur Kurzzeitvermietung im engeren Sinne ist eine baugenehmigungsbedürftige Nutzungsänderung (B. II. 2. b. aa., S. 250 ff.). Überwiegend ergeben sich keine Hindernisse in den einzelnen Baugebieten der BauNVO (B. II. 2. b. bb. und cc., S. 252 ff. und 256 f.).

Im Geltungsbereich einer Milieuschutzsatzung ist diese Kurzzeitvermietung in aller Regel nicht genehmigungsfähig (B. II. 2. b. dd., S. 258 ff.), ebenso im Zweckentfremdungsrecht (B. III. 1. b. und B. III. 2. a., S. 296 und 297 ff.).

Umnutzungskonstellation 2 – Die sonstigen Fälle der Kurzzeitvermietung: Der Wechsel zur Nutzung für die sonstigen Fälle der Kurzzeitvermietung kann – im Vergleich zur Kurzzeitvermietung im engeren Sinne – nicht unter § 13a BauNVO subsumiert werden (B. II. 2. c. aa., S. 264 f.). Die sonstigen Fälle der Kurzzeitvermietung stellen hinsichtlich ihrer Dauer einen Grenzfall dar, sodass dort das Kriterium der Aufenthaltsdauer nur eine stark begrenzte Aussagekraft für die Einordnung Wohnnutzung oder Beherbergungsbetrieb hat (B. II. 2. c. bb. (1) und (4), S. 267 f. und 272 f.). Es kommt damit auf weitere Indizien an, jedoch kann auch bei dieser Kurzzeitvermietung in einigen Fällen weiterhin eine Wohnnutzung zu attestieren sein (B. II. 2. c. bb. (2) bis (4), S. 268 ff.). Selbst die Annahme eines Beherbergungsbetriebs würde im Kontext der Baugebiete der BauNVO nur wenige Hindernisse bereiten (B. II. 2. c. bb. (4), S. 272 f.). Im Milieuschutzgebiet ist die Nutzungsänderung genehmigungsbedürftig (B. II. 2. c. dd. (1), S. 277 ff.), aber nicht genehmigungsfähig, insbesondere nicht nach § 172 Abs. 4 S. 1 BauGB (B. II. 2. c. dd. (2), S. 279 f.).

Im Zweckentfremdungsrecht sind für die Beurteilung, ob es sich um Wohnen oder Fremdenbeherbergung handelt, das Nutzungskonzept und das konkrete Geschäftsmodell entscheidend. Die Rechtsprechung hat hierfür mehrere Indizien entwickelt: Liegt die gewöhnliche Aufenthaltsdauer unter drei Monaten, so stellt dies eine genehmigungsbedürftige Fremdenbeherbergung dar, die durch andere Indizien nicht ausgeglichen werden kann (B. III. 1. a. aa. und bb., S. 288 ff.). Eine gewöhnliche Aufenthaltsdauer von über drei Monaten stellt zunächst ein gewichtiges Indiz für eine Wohnnutzung dar, kann aber durch andere Indizien sowie den besonders zu berücksichtigenden Telos des Zweckentfremdungsrechts als Fremdenbeherbergung zu qualifizieren zu sein (B. III. 1. a. aa. und bb., S. 288 ff.). Der ganz überwiegende Teil der Nutzungskonzepte der sonstigen Fälle der Kurzzeitvermietung wird eine Fremdenbeherbergung darstellen (B. III. 1. a. bb., S. 292 ff.), die in aller Regel nicht genehmigungsfähig sind (B. III. 2. a., S. 297 ff.). Eine einheitliche Linie der Rechtsprechung bei der Anerkennung und Gewichtung der Indizien sowie bei den Grenzen des Telos des Zweckentfremdungsrechts ist nicht zu erkennen, was für die Praxis große Rechtsunsicherheit bedeutet (B. III. 1. a. bb., S. 292 ff.).

Genauere und landesweit einheitliche Vorgaben wären im bayerischen Zweckentfremdungsrecht daher zu begrüßen (B. III. 3., S. 301 ff.).

Umnutzungskonstellation 3 – Die übernachtungsfremden Nutzungsarten:
Der Wechsel zu den übernachtungsfremden Nutzungsarten stellt eine genehmigungsbedürftige Nutzungsänderung und Änderung dar (B. II. 2. d. aa., S. 282 f.). Sie fallen unter § 13 BauNVO, sodass aus den Baugebieten der BauNVO keine Hindernisse für sie resultieren (B. II. 2. d. bb., S. 283). Im Milieuschutzgebiet und im Zweckentfremdungsrecht sind diese Vorhaben in aller Regel nicht genehmigungsfähig. Dagegen wirken sich Umnutzungen zu medizinischen Einrichtungen nicht oder sogar positiv auf die Erhaltungsziele aus und können somit genehmigt werden (B. II. 2. d. cc., B. III. 1. b. und B. III. 2. a., S. 283 f. und 296 ff.).

Beantwortung der Untersuchungsfrage:
Der Rechtsrahmen verhindert in den ganz überwiegenden Fällen die Nichtnutzung von Wohnungen oder ihre Umnutzung in den untersuchten Konstellationen. Das Wohnungsangebot reduziert sich daher im Geltungsbereich von Milieuschutz- und Zweckentfremdungssatzungen nicht durch Abgänge der Mietwohnungen vom Wohnungsmarkt (B. V. 1., S. 375).

2. Handlungsoptionen des Eigentümers mit seiner fortbestehenden Wohnung am Markt

Im Geltungsbereich einer Zweckentfremdungs- oder Milieuschutzsatzung kann der Eigentümer seine auf dem Wohnungsmarkt verbleibende und aktuell leerstehende Wohnung nur vermieten oder veräußern (B. IV., S. 303 ff.).

Die Qualifikation eines Wohnungsmarkts als angespannt:
Bei der Vermietung ist die Mietpreisbremse zu beachten, soweit der Wohnungsmarkt nach § 556d Abs. 1 und Abs. 2 S. 1 bis S. 3 BGB angespannt ist (B. IV. 1. a., S. 305 ff.). Der Kriterienkatalog des § 556d Abs. 2 S. 3 BGB gelangt daher auch bei der Qualifikation eines Wohnungsmarkts nach § 558 Abs. 3 S. 2 und S. 3 und § 577a Abs. 2 BGB zur Anwendung (B. IV. 1. a. bb., S. 308 f.).

§ 556d Abs. 2 S. 3 BGB führt vier nicht abschließende Kriterien zur Qualifikation eines Wohnungsmarkts als angespannt auf: der überdurchschnittliche Mietpreisanstieg, die überdurchschnittliche Mietbelastung, das Wachstum der Wohnbevölkerung und eine geringe Leerstandsquote. Das Vorliegen nur eines von ihnen reicht alleine aber nicht zur Bejahung eines Marktes als angespannt aus (B. IV. 1. a. cc. (5), S. 325 f.). Bei dem Kriterium des überdurchschnittlichen Mietpreisanstiegs gem. § 556d Abs. 2 S. 3 Nr. 1 BGB ist nicht nur die Entwicklung der Neuvertragsmieten, sondern auch die der Bestandsmieten und der ortsüblichen Vergleichsmieten zu berücksichtigen (B. IV. 1. a. cc. (1) (b) und (c), S. 310 ff.). Bei den Neuvertragsmieten sind aber die Mieten neu geschaffener Wohnungen auszuklammern, die sich auf § 556f S. 1 BGB stützen (B. IV. 1. a. cc. (1) (d), S. 314 ff.). Der überdurchschnittlichen Mietbelastung kommt die größte Aussagekraft aller vier Kriterien zu (B. IV. 1. a. cc. (2) und (5), S. 318 ff. und 325 f.). Das Wachstum der Wohnbevölkerung nach § 556d Abs. 2 S. 3 Nr. 3 BGB ist hingegen kaum aussagekräftig und daher von geringem Gewicht (B. IV. 1. a. cc. (3) und (5), S. 321 ff. und 325 f.). Eine geringe Leerstandsquote gem. § 556d Abs. 2 S. 3 Nr. 4 BGB ist unter zwei Prozent zu verorten. Außerdem sind die Leerstandsquoten der Wohnung differenziert zu betrachten, beispielsweise nach der Raumanzahl oder der Wohnungsgröße (B. IV. 1. a. cc. (4), S. 323 ff.).

Die meisten der ungeschriebenen Kriterien sind als selbstständiges Kriterium kaum oder gar nicht zielführend. Ein Teil von ihnen kann zumindest in den geschriebenen Kriterien Berücksichtigung finden (B. IV. 1. a. dd. (8), S. 333 f.). Die Ausnahme stellt das ungeschriebene Kriterium der Existenz eines Mietspiegels in der Gemeinde dar. Der dort vorhandene Mietspiegel ist nicht nur ein selbstständiges Kriterium, sondern vielmehr ist seine dortige Existenz eine Vorbedingung für die Qualifikation eines Marktes als angespannt (B. IV. 1. a. dd. (1), S. 327 ff.).

Folgen für die Mietverträge im Geltungsbereich der Mietpreisbremse:
Die Mietpreisbremse begrenzt die Neuvertragsmieten grundsätzlich auf die 110-prozentige ortsübliche Vergleichsmiete gem. § 556d Abs. 1 BGB (B. IV. 1. b., S. 334 ff.). Eine die Mietpreisbremse überlagernde Begrenzung auf die 100-prozentige Vergleichsmiete nach dem Zweckentfremdungsrecht für Ersatzwohnraum ist dagegen kompetenzrechtlich mangels einer Ermächtigung hierzu im ZwEWG sowie wegen der vollständigen Neuvertragsmietenregulierung durch den Bund im BGB rechtswidrig (B. III. 2. b., S. 299 ff.). § 556d Abs. 1 BGB knüpft an die ortsübliche Vergleichsmiete an, die nicht mit der aktuellen Marktmiete gleichgesetzt werden darf, sondern 30 Prozent darunter liegt. Diese Diskrepanz wird aber noch weiter zunehmen (B. IV. 1. b., S. 334 ff.). Vor diesem Hintergrund ist die Fortfüh-

rung der bisherigen Miete gem. § 556e Abs. 1 BGB von großer Bedeutung. Veränderungen des Leistungsgegenstands und mögliche Zu- und Abschläge bei § 556e Abs. 1 BGB sind von hoher praktischer Relevanz. Eine differenzierende Betrachtungsweise der Vertragsidentität ist vorzugswürdig (B. IV. 1. b. bb. (2), S. 339 ff.), sodass bei räumlichen Erweiterungen die bisherige Miete gem. § 556e Abs. 1 BGB ohne Zuschläge fortgeführt werden kann. Bei räumlichen Verkleinerungen kommt nur § 556d Abs. 1 BGB sowie bei Veränderungen des vertragsgemäßen Gebrauchs § 556e Abs. 1 BGB mit der Möglichkeit von Zu- und Abschlägen zur Anwendung (B. IV. 1. b. bb. (2) (b), S. 340 ff.).

„Exit-Option" durch den Verkauf der Wohnung:
Die Begründung von Wohnungseigentum ist – nach entsprechendem Rechtsverordnungserlass der Landesregierungen – gem. § 172 Abs. 1 S. 4 BauGB in den Milieuschutzgebieten genehmigungsbedürftig (B. IV. 2. a., S. 347 ff.). Besondere Relevanz kommt dem Genehmigungsanspruch nach § 172 Abs. 4 S. 3 Nr. 6 BauGB zu. Der dortige Begriff der Mieter umfasst aktuelle und künftige Mieter sowie Untermieter nicht nur dieser Wohnung, sondern im ganzen Haus (B. IV. 2. a. aa., S. 348 ff.). Erwirbt ein Mieter in dem Haus nicht seine, sondern eine andere Wohnung, so gilt für ihn nicht die Fristverkürzung zur Eigenbedarfskündigung nach § 172 Abs. 4 S. 3 Nr. 6 Hs. 2 und Hs. 3 BauGB (B. IV. 2. a. bb., S. 350 ff.). Ist der Eigentümer zur Abgabe der Verpflichtungserklärung des § 172 Abs. 4 S. 3 Nr. 6 BauGB nicht bereit, so ist die Begründung von Wohnungseigentum in aller Regel auch nicht nach § 172 Abs. 4 S. 1 BauGB zu genehmigen (B. IV. 2. a. aa., S. 348 ff.).

Die Erkenntnisse zu § 556d Abs. 2 BGB, insbesondere zu den vier Kriterien des § 556d Abs. 2 S. 3 Nr. 1 bis Nr. 4 BGB, gelten auch für die Ausweisung angespannter Wohnungsmärkte im BauGB nach § 201a und § 250 BauGB (B. IV. 2. a. cc. (1) und cc. (2) (e), S. 352 ff. und 362). Die Annahmen des Gesetzgebers für die Einführung des § 250 BauGB – der bisherige Schutz der Mieter über § 172 BauGB und §§ 577 f. BGB reiche nicht aus sowie steigende für die Mieter schädliche Verkäufe umgewandelter Wohnungen – treffen nicht zu. Außerdem setzt § 250 BauGB falsche Marktanreize (B. IV. 2. a. cc. (2) (a) und (f), S. 355 ff. und 362 ff., sowie B. V. 2., S. 376 ff.). Ein bereits bestehendes Gebäude nach § 250 Abs. 1 S. 1 BauGB, das dem Genehmigungsvorbehalt des § 250 BauGB unterfällt, liegt dann vor, wenn am Tag des Inkrafttretens bereits die Nutzung einer der Wohnungen aufgenommen wurde. Die Fertigstellung des Gebäudes zu diesem Zeitpunkt reicht dagegen nicht aus. Entgegen der Zwecksetzung des § 250 BauGB fehlen Privilegierungen neuer Wohnungen im Bestand (B. IV. 2. a. cc. (2) (d), S. 359 ff.).

Der Genehmigungsanspruch nach § 250 Abs. 3 S. 1 Nr. 3 BauGB ermöglicht zwar allen Mietern und Untermietern in dem Haus den Wohnungskauf, jedoch wird der Eigentümer in aller Regel nicht mit zwei Dritteln kaufwilliger Mieter aufwarten können (B. IV. 2. a. cc. (2) (f), S. 362 ff.). Auch nach dem Auffangtatbestand des § 250 Abs. 4 S. 1 BauGB ist die Genehmigung in aller Regel zu versagen. Die Praxis wird zeigen, wie großzügig die Gemeinden mit Genehmigungen unter Auflagen gem. § 250 Abs. 4 BauGB verfahren werden (B. IV. 2. a. cc. (3), S. 364 f.).

Der Verkauf des ganzen Hauses kann in Milieuschutzgebieten durch das Vorkaufsrecht nach § 24 Abs. 1 S. 1 Nr. 4 BauGB erschwert oder sogar verhindert werden (B. IV. 2. b., S. 365 ff.). Nach § 26 Nr. 4 BauGB ist dieses gemeindliche Vorkaufsrecht im gegenwärtigen Rechtsrahmen in aller Regel ausgeschlossen (B. IV. 2. b. aa., S. 367 f.). Soweit es im Einzelfall aber vorliegt oder nach Umsetzung der bereits angekündigten Änderung des Rechtsrahmens, kann die Gemeinde nach § 28 Abs. 3 S. 1 BauGB den Kaufpreis auf den Verkehrswert reduzieren und das Haus zu diesem geringeren Preis erwerben (B. IV. 2. b. bb. und cc., S. 368 ff.).

Beantwortung der Untersuchungsfrage:
Der Rechtsrahmen für die fortbestehende Wohnung schränkt den Eigentümer deutlich bei ihrer Vermietung und ihrem Verkauf ein. Die Mietpreisbremse führt grundsätzlich zu Vermietungen unter Marktwert. Außerhalb von Milieuschutzgebieten wird der Verkauf einer Wohnung oder des Hauses zur Option. Innerhalb von Milieuschutzgebieten werden die Investitionsziele durch das Zusammenspiel von Mietpreisregulierung und Vorkaufsrecht verfehlt. Die Kriterien zur Qualifikation eines Wohnungsmarkts bedürfen in ihrer Anwendung weiterer Konkretisierungen. Negativ zu bewerten ist die deutlich erschwerte Begründung von Wohnungseigentum durch § 250 BauGB. Am Markt kann so nur knappes und teureres Wohnungseigentum erworben werden (B. V. 2., S. 376 ff.).

3. Erhalt des Wohnungsbestands in qualitativer Hinsicht durch Instandsetzungs- und Modernisierungsarbeiten

Für Instandhaltungs- und Instandsetzungsarbeiten bestehen keine bau- und zweckentfremdungsrechtlichen Hindernisse (C. I. 1. und C. II., S. 380 f. und 385 f.), aber auch keine Möglichkeit der Umlage oder des

Mietaufschlags bei der Mietpreisbremse (C. III. 1. und C. IV. 2., S. 386 ff. und 401 ff.). Ein Großteil der Arbeiten stellt aber eine modernisierende Instandhaltung dar (C. I. 1., S. 386 f.). Für diese und reine Modernisierungsarbeiten ergeben sich keine unüberwindlichen bau- und zweckentfremdungsrechtlichen Restriktionen (C. I. 2. und C. II., S. 381 ff.). Im Milieuschutzgebiet ergeben sich Hindernisse, jedoch bestehen zumindest Genehmigungsansprüche, wenn bauordnungsrechtliche Mindestanforderungen erfüllt oder Energie eingespart werden soll. Darüber hinausgehende Arbeiten können unter Auflagen genehmigt werden. Im Übrigen sind die Arbeiten nicht genehmigungsfähig (C. I. 2. und C. IV. 2., S. 381 ff. und 401 ff.).

Modernisierende Instandhaltung und Modernisierungsarbeiten beeinflussen die Mietobergrenzen der Mietpreisbremse (C. III. 1., S. 386 ff.). Für eine umfassende Modernisierung gem. § 556f S. 2 BGB kommt es dagegen nicht auf ein quantitatives Element hinsichtlich eines Mindestbauaufwands unter Abzug eines fiktiven Instandhaltungsanteils an. Entscheidend ist alleine das Vorliegen des qualitativen Elements (C. III. 1. a. aa. und bb., S. 388 ff.).

Besonders wirkt sich das quantitative Element im Milieuschutzgebiet aus. Dort kann eine umfassende Modernisierung gem. § 556f S. 2 BGB nicht genehmigt werden. Wird dagegen auf die Genehmigungsfähigkeit des Modernisierungsvorhabens abgezielt, überschreiten die Modernisierungsarbeiten, die die Anspruchstatbestände des § 172 Abs. 4 S. 3 Nr. 1 und Nr. 1a BauGB erfüllen und damit in der Regel an älteren Gebäuden vorgenommen werden, nicht die Grenze des quantitativen Elements des § 556f S. 2 BGB. Die Modernisierungsarbeiten können durch die Neuvertragsmiete nur durch den Zuschlag nach § 556e Abs. 2 BGB oder eine nun für die modernisierte Wohnung höhere ortsübliche Vergleichsmiete gem. § 556d Abs. 1 BGB finanziert werden. In beiden Fällen steigt die Miete überschaubar an, sodass nur die Umsetzung kleinerer Modernisierungsarbeiten wirtschaftlich sinnvoll ist. Bei älteren Gebäuden mit einem (sehr) schlechten Zustand werden diese im Milieuschutzgebiet dem bauordnungs- und energierechtlichen (Mindest-)Standard hinterherhinken und sich Substandards verfestigen (C. IV. 2., S. 401 ff.).

Beantwortung der Untersuchungsfragen:
Positiv zu bewerten sind die bau- und zweckentfremdungsrechtlichen Regelungen, die allen Arbeiten allenfalls überwindbare Genehmigungshindernisse bereiten. Nur innerhalb des Milieuschutzgebiets wird das Maß der Verbesserung im Rahmen der Modernisierungsarbeiten auf Mindest-

standards begrenzt. Deutliche Hürden, die eine ausreichende Bewirtschaftung verhindern, resultieren hier aus der Mietpreisregulierung. Größere Modernisierungsvorhaben sind im Milieuschutzgebiet nicht wirtschaftlich sinnvoll umsetzbar. Außerhalb des Milieuschutzgebiets wird bei Arbeiten mittleren Umfangs der Anreiz gesetzt, entweder den Umfang der Arbeiten auf das quantitative Maß des § 556f S. 2 BGB zu erweitern oder das Gebäude neuzubauen, um gem. § 556f S. 1 BGB mietpreisbremsenfrei zu sein. Die ausschließlich qualitative Betrachtungsweise bei § 556f S. 2 BGB schwächt die genannten Nachteile teilweise ab, teilweise entfallen sie sogar vollständig. Zudem profitiert der Mieter durch regelmäßig günstigere Neuvertragsmieten (C. IV. 2., S. 401 ff.).

4. Angebotserweiterung in quantitativer Hinsicht – Schaffung von Wohnraum im Bestand

Baurechtlich ist die Umnutzung gewerblich genutzter Flächen genehmigungsbedürftig und regelmäßig genehmigungsfähig (D. I. 1., S. 405 ff.). Der Dachgeschossausbau ist ebenfalls teilweise genehmigungsbedürftig, im Übrigen ist eine Verfahrensfreiheit oder ein Genehmigungsfreistellungsverfahren möglich (D. I. 2. a. und D. IV. 2., S. 407 ff. und 423 f.). Milieuschutzrechtlich sind die Umnutzung und die Schaffung einer selbstständigen Wohnung mittels Dachgeschossausbaus nicht genehmigungsbedürftig (D. I. 1. und D. I. 2. b., S. 405 ff. und 410 ff.). Dagegen ist die Erweiterung einer Wohnung durch den Dachgeschossausbau genehmigungsbedürftig und nicht genehmigungsfähig (D. I. 2. b. und D. IV. 2., S. 410 ff. und 423 f.). Zweckentfremdungsrechtlich ergeben sich für die genannten Angebotserweiterungen keine Hürden (D. II., S. 413).

Durch den Dachgeschossausbau lediglich vergrößerte Wohnungen sind nicht gem. § 556f S. 1 BGB mietpreisbremsenfrei (D. III. 1. a., S. 414 ff.). Mittels Dachgeschossausbau oder mittels Umnutzung geschaffene Wohnungen sind dagegen mietpreisbremsenfrei. Hierfür bedarf es – mit zwei Einschränkungen – auch bei § 556f S. 1 BGB nicht eines wesentlichen Bauaufwands unter Rückgriff auf § 16 Abs. 1 Nr. 3 WoFG (D. III. 1. b., D. III. 2. und D. IV. 2., S. 416 ff. und 423 f.).

Beantwortung der Untersuchungsfragen:
Das Bau- und Zweckentfremdungsrecht ermöglicht die Schaffung von Wohnungen und erleichtert sie teilweise sogar deutlich. Differenziert zu bewerten ist die wirtschaftliche Perspektive im Kontext der Mietpreisbrem-

se. Wertgrenzen erschweren eine Verbesserung der angespannten Marktsituation. Mit dem Verzicht auf einen wesentlichen Bauaufwand beim Schaffen neuer Wohnungen im Bestand entfallen die Nachteile (D. IV. 2., S. 423 f.).

IV. Kapitel 4 – Verfassungsrechtliche Bewertung der Regulierung des Wohnungsbestands

Unabhängig von der Zielerreichungsqualität im Rechtsrahmen ist aber auch ein vertiefter Blick auf das Wahren der Grundrechte der Anbieter zu werfen, dem in Kapitel 4 nachgegangen wird. In einem ersten Schritt gilt es Mietpreisbremse (A., S. 426 ff.), in einem zweiten Schritt das Zusammenspiel der unterschiedlichen Regulierungsinstrumente auf angespannten Wohnungsmärkten in Form eines additiven Grundrechtseingriffs (B., S. 503 ff.) – jeweils hinsichtlich ihrer Vereinbarkeit mit den Grundrechten des Grundgesetzes – zu untersuchen.

1. Verfassungsrechtliche Prüfung der Begrenzung von Neuvertragsmieten durch die Mietpreisbremse

Der grundsätzlich weite und für die Prüfung der Verhältnismäßigkeit relevante Gestaltungsspielraum des Gesetzgebers ist unter Einbeziehung der Vermieterperspektive eingeschränkt (A. I. 1. a., S. 428 ff.). Die gesellschaftlichen und wirtschaftlichen Verhältnisse sowie die Marktseite beeinflussen seine Weite, jedoch nicht signifikant (A. I. 1. b., S. 433 ff.). Die Mietpreisbremse verfolgt mit der Verhinderung der Gentrifizierung (nur) *einen* legitimen Zweck. Weitere Zwecke, die sich mit der Rechtsfolge des § 556d Abs. 1 BGB decken, scheiden aus (A. I. 2., S. 437 ff.). Die Mietpreisbremse ist dazu geeignet, den legitimen Zweck zu fördern, auch wenn teilweise die einkommensstärkeren Haushalte von ihr profitieren (A. I. 3., S. 440 ff.) und mangels gleich geeigneter Regelungsalternativen erforderlich (A. I. 4., S. 445 ff.)

Der Gesetzeszweck hat kein überragendes Gewicht (A. I. 5. a., S. 454 f.). Demgegenüber ist die Eingriffsintensität der Mietpreisbremse trotz punktuell abschwächender Effekte hoch, begründet aber kein dauerhaftes Verlustgeschäft (A. I. 5. b., S. 455 ff.). Diese Intensität resultiert maßgeblich aus der Anknüpfung des § 556d Abs. 1 BGB an die ortsübliche Vergleichsmiete gem. § 558 Abs. 2 S. 1 BGB. Alle drei Faktoren zur Bildung dieser

Vergleichsmiete – die Neuvertragsmieten, die Bestandsmieterhöhungen und der maßgebliche Betrachtungszeitraum – wurden regulatorisch stark verändert, sodass sich das künftige Wachstum der Vergleichsmiete weiter abschwächen wird (A. I. 5. b. aa. und A. I. 5. b. ff. (1), S. 457 ff. und 475 ff.). In immer mehr Mietverhältnissen müssen die Mieten länger oder – im Falle einer Reduktion der Vergleichsmiete – erstmals auf § 556e Abs. 2 S. 1 BGB gestützt werden, was ebenfalls die Entwicklung der Vergleichsmieten abschwächen wird (A. I. 5. b. bb. und A. I. 5. b. ff. (1), S. 460 ff. und 475 ff.).

Die längere Geltung der Mietpreisbremse verschärft ihre Intensität deutlich (A. I. 5. b. ee., S. 467 ff.). Die Mietpreisbremse wirkt nach ihrem Außerkrafttreten in zweierlei Hinsicht nach und beeinflusst somit auch die Bildung künftiger ortsüblicher Vergleichsmieten. Zum einen überdauert ein Teil der durch die Mietpreisbremse regulierten Neuvertragsmieten das Auslaufen der Mietpreisbremse, soweit das Vertragsverhältnis erst danach beendet wird. Zum anderen erfasst der längere Betrachtungszeitraum des § 558 Abs. 2 S. 1 BGB für die Bildung künftiger Vergleichsmieten noch mehrere Jahre nach dem Außerkrafttreten der Mietpreisbremse regulierte Neuvertragsmieten (A. I. 5. b. ee. (1), S. 467 ff.). Des Weiteren entgeht dem Eigentümer durch die längere Geltungsdauer über einen größeren Zeitraum, der den Betrachtungszeitraum einer Investitionsrechnung sogar überdauern kann, nicht nur ein Großteil der regelmäßigen Mietsteigerungen in marktüblicher Höhe, sondern auch ein höherer Verkaufspreis, der wiederum maßgeblich von den bis zum Verkaufszeitpunkt gesteigerten Mieten bestimmt wird. Die Investitionsziele werden verfehlt. In aller Regel kommt es aber zu keinem dauerhaften Verlustgeschäft (A. I. 5. b. ee. (2), S. 469 ff.). Diese Beurteilung kann sich aber in Zukunft bei einer abschwächenden Entwicklung der Vergleichsmiete ändern (A. I. 5. b. ff. (3), S. 478).

Aufgrund der noch fehlenden ökonomisch fundierten Grundlage ist unter Berücksichtigung des Gestaltungsspielraums des Gesetzgebers die Mietpreisbremse aktuell noch als angemessen zu qualifizieren. Weitere Verlängerungen der Mietpreisbremse sind – ohne einen verbesserten Marktbezug der ortsüblichen Vergleichsmiete – verfassungsrechtlich äußerst bedenklich (A. I. 5. c. bb., S. 485 ff.).

Für die Landesrechtsverordnungen zur Mietpreisbremse ergeben sich aber zwei Einschränkungen: Zum einen sind die derzeitigen Landesrechtsverordnungen insoweit teilnichtig, wie sie Gemeinden ohne einen Mietspiegel als angespannte Wohnungsmärkte qualifizieren. Folglich gilt dort die Mietpreisbremse nicht. Das Ausmaß dieser Teilnichtigkeit wird sich durch den ab dem 1. Juli 2022 geltenden § 558c Abs. 4 S. 2 BGB mit einer Mietspiegelpflicht für Gemeinden mit über 50.000 Einwohnern relativieren. Jedoch weist die bayerische MiSchuV zu einem nicht unerheblichen Teil auch Gemeinden unterhalb dieser Einwohnergrenze als angespannte Wohnungsmärkte aus, sodass bei einem dort fehlenden Mietspiegel die Landesverordnungen auch weiterhin teilnichtig sind (A. I. 5. c. bb., S. 485 ff.).

Sollte sich zum anderen die ökonomische These erhärten, dass die Mietpreisbremse nur auf gewissen Märkten mit einem vorherigen Mietwachstum in bestimmter Mindesthöhe überhaupt wirken kann, so wäre dies zwingend im Wege verfassungskonformer Auslegung bei dem Kriterium des Mietwachstums gem. § 556d Abs. 2 S. 3 Nr. 1 BGB als eine Vorbedingung zu berücksichtigen. Verstößt eine Landesrechtsverordnung dagegen, so wäre sie insoweit teilnichtig. Sollte dagegen eine Landesrechtsverordnung nur einen Stadtteil gem. § 556d Abs. 2 S. 2 BGB als angespannten Wohnungsmarkt qualifizieren, so resultiert hieraus keine Teilnichtigkeit (A. I. 5. c. aa., S. 481 ff.).

Die Mietpreisbremse verstößt nicht gegen Art. 3 Abs. 1 GG (A. III., S. 491 ff.). Regional unterschiedlich hohe 110-Prozent-Grenzen des § 556d Abs. 1 BGB stellen schon keine Ungleichbehandlung dar, wären aber ohnehin gerechtfertigt (A. III. 1., S. 492 ff.). Die Gleichbehandlung privater und gewerblicher Vermieter, die Ungleichbehandlungen regulierter und mittels § 556f BGB mietpreisbremsenfreier Mietverhältnisse – sowohl für deren Befreiung von der Mietpreisbremse als auch für den gewählten Stichtag – sowie die Ungleichbehandlung aufgrund der Mieten nach § 556d Abs. 1 BGB und der höheren Neuvertragsmieten gestützt auf § 556e Abs. 1 S. 1 BGB sind jeweils gerechtfertigt (A. III. 2. bis 4., S. 494 ff.).

2. Verfassungsrechtliche Prüfung eines additiven Grundrechtseingriffs in Art. 14 Abs. 1 GG

Die Mietpreisbremse, das Zweckentfremdungsrecht, der Milieuschutz des § 172 BauGB samt dem dazugehörigen Vorkaufsrecht nach § 24 Abs. 1 S. 1 Nr. 4 BauGB und der Genehmigungstatbestand für die Begründung von Wohnungseigentum gem. § 250 BauGB begründen einen additiven Grundrechtseingriff (B. I., S. 504 ff.). Der additive Grundrechtseingriff verfolgt einen legitimen Zweck, ist geeignet und erforderlich (B. II. 1. und 2., S. 510 ff.). In der Abwägung stehen sich ein staatlicher Zweck von etwas höherem Gewicht als bei der Mietpreisbremse und eine hohe Intensität des Grundrechtseingriffs gegenüber (B. II. 3. a. und b., S. 514 ff.). Hierdurch wird zwar aktuell die Investition noch nicht wirtschaftlich unrentabel, jedoch könnte dies in der Zukunft ein dauerhaftes Verlustgeschäft begründen (B. II. 3. c. bb. (1), S. 519 ff.).

Überwiegend ist der additive Grundrechtseingriff noch nicht unangemessen und damit verhältnismäßig (B. II. 3. c. aa., S. 518 f.). Anders ist das aber, wenn in Kenntnis der Mietpreisbremse in eine Immobilie investiert wird und dabei auf eine umfassende Modernisierung gem. § 556f S. 2 BGB und daran anschließende Mietsteigerungen abgezielt wird, um die Kosten für den Kauf und die Modernisierung sowie einen etwaigen Gewinn im Verhältnis zum eingesetzten Kapital zu erwirtschaften, aber nach dem Kauf das Haus unter Milieuschutz gestellt wird. Nun kann diese Modernisierung milieuschutzrechtlich nicht mehr genehmigt werden. Die Investition gerät somit in eine deutliche Schieflage, kann zu einem dauerhaften Verlustgeschäft führen und daher ist der additive Eingriff unangemessen. Dem kann aber mittels verfassungskonformer Auslegung im Ermessensgenehmigungstatbestand des § 172 Abs. 4 S. 1 BauGB abgeholfen werden (B. II. 3. c. bb. (2), S. 521 ff.). Jedoch muss der Eigentümer für die Genehmigungsfähigkeit sowohl seine Schutzwürdigkeit in der wirtschaftlichen Schieflage als auch die rechtliche und tatsächliche Durchführbarkeit der Modernisierungsarbeiten unter Erfüllung der Anforderungen des § 556f S. 2 BGB nachweisen (B. II. 3. c. bb. (3), S. 523 f.).

Beantwortung der Untersuchungsfragen:
Bei der Mietpreisbremse ergeben sich überwiegend (noch) keine verfassungswidrigen Eingriffe. Jedoch ist die Ausweisung angespannter Wohnungsmärkte in den Landesrechtsverordnungen ohne Mietspiegel teilnichtig. Der additive Grundrechtseingriff ist überwiegend (noch) nicht verfassungswidrig. Im Falle einer Investition, die auf eine umfassende Modernisierung im Sinne des § 556f S. 2 BGB abzielt, wobei das Gebäude nach dem Erwerb unter Milieuschutz gestellt wird, kann sich ein dauerhaftes Verlustgeschäft und damit eine Unverhältnismäßigkeit ergeben (C., S. 524 ff.).

B. Potential eines intra- und interdisziplinären Forschungsansatzes und Einordnung der Untersuchung

Die Erkenntnisse des hier verfolgten inter- und intradisziplinären Forschungsansatzes zeigen für künftige Forschungsvorhaben drei grundlegende Einsichten auf: Einige Sachverhalte lassen sich nur schwer auf ein Regulierungsregime wie beispielsweise das Mietrecht begrenzen, wenn ihre Bewältigung praxisnah sein soll. Vielmehr sind dort das Zusammenspiel der für das Themengebiet relevanten Normen und ihre Auswirkungen aufeinander von hoher Relevanz (I.). Über die einfachgesetzliche Analyse der Auswirkungen der unterschiedlichen Regulierungsinstrumente zueinander ist aber hinauszugehen. Denn die durch den Regulierungsmix betroffenen Grundrechtspositionen des Regulierungsadressaten dürfen nicht außer Acht bleiben. Bei einem Sachverhalt, der von mehreren Regulierungsregimen erfasst wird, ist daher zwingend auch der Frage nachzugehen, ob der Regulierungsmix einen gerechtfertigten additiven Eingriff in seine Grundrechte darstellt (II.). Des Weiteren kann bei der einfachgesetzlichen und verfassungsrechtlichen Untersuchung von Sachverhalten, die von mehreren Regulierungsregimen erfasst werden, aber auch bei solchen Fragestellungen, die innerhalb eines Regulierungsregimes zu verorten sind, die Berücksichtigung ökonomischer Erkenntnisse in der rechtlichen Analyse grundsätzlich den Erkenntnisgewinn deutlich steigern (III.). Zuletzt ist ein Ausblick mit einer Einordnung des Forschungsvorhabens in den Gesamtkontext angespannter Wohnungsmärkte vorzunehmen (IV.).

I. Potenzial von intradisziplinären einfachgesetzlichen Untersuchungen

Gewisse Problemlagen wie die angespannten Wohnungsmärkte lassen sich nur schwer auf ein Regulierungsregime begrenzen. Vielmehr sind dort unterschiedliche Regulierungsinstrumente von Relevanz – beispielsweise neben dem Baurecht auch das Mietrecht und das Zweckentfremdungsrecht. Deren umfassende einfachgesetzliche Analyse ist aus mehreren Gründen vorteilhaft. Neben den rechtlichen Hindernissen, die aus konkreten Regulierungsinstrumenten resultieren, können so auch die Wechselwirkungen der unterschiedlichen Regulierungsinstrumente näher beleuchtet werden. Dadurch können weitere tatsächliche und rechtliche Probleme aufgedeckt werden, die es zur adäquaten Problemlösung zu untersuchen gilt. Beispielsweise kommt einer bedeutenden Ausnahmevorschrift eines Regulierungsinstruments eine andere Bedeutung zu, wenn sie in einem Gebiet eingreifen soll, der zugleich von einem anderen Regulierungsinstrument erfasst wird, das die tatsächliche oder rechtliche Durchführbarkeit der Ausnahmevorschrift erschwert oder sogar verhindert.[1823]

1823 Siehe hierzu zum Beispiel Kapitel 3, C. IV. 2.

Durch die Vielzahl der unterschiedlichen Regulierungsinstrumente unterliegt die Analyse mehrerer und bei einem Sachverhalt ineinandergreifender Regulierungsregime mit ihren Erkenntnissen aber auch einem starken Wandel. Denn sobald einzelne Instrumente abgeändert oder aufgehoben werden oder neue Regulierungen hinzutreten, so können sich die rechtliche Beurteilung des einfachgesetzlichen Ineinandergreifens sowie die damit einhergehende Eingriffsintensität verändern.

II. Die zunehmende Bedeutung der verfassungsrechtlichen Überprüfung von Belastungskumulationen

Der Erkenntnisgewinn dieses intradisziplinären Ansatzes ist aber nicht auf das Ineinandergreifen der unterschiedlichen Regulierungsinstrumente begrenzt. Im Vergleich zur Bewertung des jeweiligen Instruments für sich bietet der intradisziplinäre Forschungsansatz einen weiteren Vorteil. Durch das Zusammenspiel des Regulierungsmixes für gewisse Gebiete oder Rechtsbereiche kann eine im Vergleich zur Einzelprüfung andere Eingriffsintensität in grundrechtlich geschützte Positionen identifiziert werden, deren Rechtfertigung in Gestalt eines additiven Grundrechtseingriffs überprüft werden kann. Im Verhältnis zur für jedes Instrument gesonderten verfassungsrechtlichen Prüfung ist dieses Vorgehen regelmäßig realitätsnäher und erlaubt einen vollständigen Blick, denn selten wird in einem Themenbereich die Belastung der Grundrechtsträger aus einem Regulierungsinstrument allein resultieren. Vielmehr wird ihn eine Belastungskumulation adressieren. Aufgrund der in vielen Lebensbereichen zunehmenden Regulierungsdichte wird die verfassungsrechtliche Überprüfung additiver Grundrechtseingriffe immer größere Bedeutung gewinnen.

Die Überprüfung erweitert den Erkenntnisgewinn der einfachgesetzlichen Analyse um verfassungsrechtliche Aspekte und bietet so einen wertvollen Mehrwert. Denn die einfachrechtliche Analyse kann nur Aussagen beispielsweise über den Zielerreichungsgrad oder gesetzgeberische Widersprüchlichkeiten treffen. Eine verfassungsrechtliche Beurteilung der Eingriffswirkung des Regulierungsmixes in die Grundrechte der betroffenen Marktakteure bleibt aber durch sie aus. Hier setzt die Prüfung des additiven Grundrechtseingriffs an. Die Schwierigkeit dieser Analyse besteht aber darin, zu identifizieren, welche Instrumente mit welchem Gewicht hier in die Betrachtung einbezogen werden müssen. Hierfür ist die einfachgesetzliche Analyse des Ineinandergreifens der relevanten und unterschiedlichen Regulierungsinstrumente in dem zu untersuchenden Lebensbereich entscheidend, die mit anderen Worten eine Art „Filter“ für die Prüfung des additiven Grundrechtseingriffs darstellt.

III. Mehrwert ökonomischer Erkenntnisse in der rechtlichen Analyse

Die Berücksichtigung ökonomischer Erkenntnisse in der rechtlichen einfachgesetzlichen wie verfassungsrechtlichen Analyse bringt einen nicht zu unterschätzenden Mehrwert. Dies gilt umso mehr, je größer die Bedeutung wirtschaftlicher Prozesse in dem zu betrachtenden Lebensbereich ist. Beispielsweise knüpft das Mietrecht an die Qualifikation eines Wohnungsmarkts als angespannt an. Hier kann die Ökonomie entscheidend zur Fokussierung und praxisgerechten Handhabung rechtlicher Anforderungen für diese Qualifikation beitragen.[1824]

Des Weiteren liefert die Ökonomie wertvolle Erkenntnisse zu den Marktakteuren, die zugleich (Eingriffs-)Adressaten oder Schutzsubjekte der Regulierung sind, zu den typischen Marktentwicklungen und den Besonderheiten des zu untersuchenden regulierten Marktobjekts. So können rechtliche Argumentationen, beispielsweise bei Auslegungsfragen im Hinblick auf den Gesetzeszweck, um wirtschaftliche Erkenntnisse ergänzt werden und sich so entscheidend auf die Ausgestaltung des Rechtsrahmens auswirken. Neben der einfachgesetzlichen Analyse liefert die Ökonomie aber speziell für verfassungsrechtliche Untersuchungen wertvolle Aussagen, vor allem über die Adressaten des Eingriffs und damit den Umfang des Gestaltungsspielraums, über die Eignung zur Förderung des Eingriffszwecks, über die Angemessenheit des Grundrechtseingriffs und dort speziell über die für die Abwägung relevante Eingriffsintensität.[1825] Bei der Eingriffsintensität ermöglichen die ökonomischen Erkenntnisse, speziell zu den Investitionsberechnungsmethoden, eine konkrete und quantifizierbare Analyse, um die Wirkungen einzelner Regulierungsinstrumente oder des Regulierungsmixes etwa daraufhin überprüfen zu können, ob sie ein dauerhaftes Verlustgeschäft begründen.

1824 Siehe Kapitel 3, B. IV. 1. a., dort vor allem cc. und dd., sowie Kapitel 4, A. I. 5. c. aa.

1825 Siehe Kapitel 4, A. I. 1. a. (dort zu den Adressaten unter bb.); Kapitel 4, A. I. 3.; Kapitel 4, A. I. 5. (dort zur Eingriffsintensität unter b.).

IV. Einordnung des Forschungsvorhabens in den Gesamtkontext angespannter Wohnungsmärkte

Angespannte Marktphasen stellen keine historische Besonderheit dar. Sie wird es auch künftig geben. Sie werden aufgrund der zahlreichen Besonderheiten der Wohnung und des Wohnungsmarkts jeweils länger andauern als angespannte Phasen bei anderen Gütern auf anderen Märkten.[1826] Angespannte Wohnungsmärkte können regulatorisch nicht verhindert werden. Des Weiteren werden einzelne angespannte Wohnungsmärkte auch künftig mit ihrer Atypik herausstechen. Als Beispiel sei München genannt. Dort ist es seit mehreren Jahrzehnten schwer, eine halbwegs bezahlbare Wohnung zu finden. Ein wesentlicher Grund hierfür dürfte sein, dass München für seine Größe Besonderheiten wie etwa die Begrenzung der Gebäudehöhe auf die der Frauenkirche beibehält.[1827]

Das Phänomen angespannter Wohnungsmärkte ist vielschichtig und eine Wissenschaftsdisziplin alleine gelangt in Bezug auf diese an ihre analytische Grenze. Der Fokus des vorliegenden Forschungsvorhabens auf die Anbieterseite im Bestandssegment angespannter Mietwohnungsmärkte[1828] zielt zwar aufgrund der Bestandslastigkeit des Wohnungsmarkts[1829] auf den größten Teil der Wohnungen ab. Ihm kommt daher eine ganz besondere, aber keine ausschließliche Bedeutung bei der Bewältigung angespannter Wohnungsmärkte zu. Denn daneben bestehen zwei weitere wichtige Bereiche für die Problemlösung: der Neubaubereich und die Nachfrageseite.

Im Neubaubereich stellen sich viele Fragen, zum Beispiel: Wie kann das Bereitstellen existierender Bauflächen gesteigert werden? Direkte Bereitstellungsmöglichkeiten rechtlicher Natur könnten zum Beispiel städtebauliche Entwicklungsmaßnahmen gem. §§ 165 ff. BauGB, Vorkaufsrechte für unbebaute Flächen (vgl. § 24 Abs. 1 S. 1 Nr. 6, § 25 Abs. 1 S. 1 Nr. 1 und Nr. 3 BauGB) oder als ultima ratio auch Enteignungen sein. Indirekte Bereitstellungsmöglichkeiten, um das Halten von unbebauten Bauflächen unrentabel zu machen, könnte eine Besteuerung des Bodens oder seiner Wertzuwächse sein[1830]. Wie können neue Bauflächen geschaffen werden? Wie kann im Innenbereich sinnvoll nachverdichtet werden (vgl. auch § 6a

1826 Dazu Kapitel 1, A. IV. sowie C. II. 2. c. und C. II. 3.
1827 Siehe hierzu beispielsweise *Baur*, München kratzt an den Wolken, 2022.
1828 Dazu Kapitel 1, A. V.
1829 Siehe Kapitel 1, A. IV. 2. b. sowie A. V. 3.
1830 Siehe beispielsweise *Eekhoff*, Wohnungs- und Bodenmarkt, S. 227–248.

BauNVO)? Wie kann ein günstigeres Bauen im Neubausegment ermöglicht werden? Welche Höhebegrenzungen für den Neubau sind vor Ort nicht mehr zeitgemäß? Die Fragen zeigen, dass der Rechtswissenschaft hier aufgrund ordnungs-, aber vor allem leistungspolitischer Instrumente[1831] eine eher nachgelagerte Rolle zukommt. Entscheidend ist das Setzen zielführender Anreize. Hierfür bedarf es in einem ersten Schritt schwerpunktmäßig der Erkenntnisse anderer Wissenschaftsdisziplinen (beispielsweise der Ökonomie oder der Bauingenieurwissenschaft, dort insbesondere zum Städtebau und zur Städteplanung). Deren Erkenntnisse können dann in einem zweiten Schritt mit neuen rechtlichen Instrumenten oder der Abänderung bestehender Gesetze umgesetzt werden.

Auf der Nachfrageseite können beispielsweise die folgenden Fragen aufgeworfen werden: Was sind die Ursachen der hohen Nachfrage? Wie lässt sie sich systematisieren? Was sind die Gründe für den fortbestehenden Zuzug der unterschiedlichen Gruppen an Nachfragern in den angespannten Wohnungsmarkt? Welche Maßnahmen bestehen, um die dortige Nachfrage zu senken oder zu lenken? Auf welchem Wege kann die Mietbelastung für einen größeren Teil der Haushalte reduziert werden? Reichen hierfür die bestehenden Steuereinnahmen durch die Mieten aus oder bedarf es einer gesonderten Steuer[1832]? Welche Maßnahmen bestehen für ein Umlenken des Zuzugs in den angespannten Wohnungsmarkt in die Umlandgemeinden oder in andere Städte? Welche infrastrukturellen Anforderungen müssen die Umlandgemeinden hierfür erfüllen?

Es wird deutlich, dass sich auf der Angebots- *und* der Nachfrageseite viele, durchaus komplexe und auch teilweise noch zu untersuchende Fragen stellen. Sie werden in ihrer Umsetzung den Gesetzgeber und die politischen Entscheidungsträger vor zum Teil große Herausforderungen stellen – sowohl bei der Bewältigung gegenwärtiger, aber auch künftiger angespannter Marktphasen. Hierfür bedarf es eines „langen politischen Atems“. Insbesondere ist dabei politischen „Schnellschüssen“ zu widerstehen, die lediglich kurzfristig die negativen Auswirkungen abschwächen sollen, nicht aber die Ursachen des Problems angespannter Marktphasen ökonomisch informiert und mit Weitblick angehen.

1831 Dazu Kapitel 2, A. II. 1. und 2.; zur größeren Bedeutung leistungspolitischer Instrumente im Neubaubereich im Vergleich zum Bestand *Maennig*, in: Schulte u. a., Immobilienökonomie IV, S. 532 (534 f.).

1832 Siehe *Kühling/Sebastian/Siegloch*, Frankfurter Allgemeine Zeitung vom 15.10.2021, 16; ein etwas anderes Besteuerungsmodell der Mieten auf angespannten Wohnungsmärkten vertreten *Bach/Michelsen/Schmandt*, Eine Mietensteuer in Berlin könnte 100 000 Wohnungen bezahlbar machen, 2021, S. 1 ff.

Literaturverzeichnis

Abramenko, Andrik, Die Mietpreisbremse – Ausnahmen und Privilegierungen gem. §§ 556e, 556f BGB, MietRB 2015, S. 276–283.

Abramenko, Andrik, Mietpreisbremse – Ein Lehrstück für Gesetz- und Verordnungsgeber, ZRP 2018, S. 34–36.

Alber, Matthias/Arendt, Hendrik/Faber, Charlotte/Faber, Stephan/Frey, Achim/Golombek, André/Haug, Thilo/Hottmann, Jürgen/Illing, Sebastian/Kremer, Thomas/Lahme, Stefan/Leicht, Edgar/Maier, Walter/Melchior, Jürgen/Nürnberg, Philip/Rauh, Wolfgang/Scheel, Thomas/Vogl, Elmar/Wirfler, Norbert (Hrsg.), Beck'sches Steuer- und Bilanzrechtslexikon, 57. Aufl., München 2021.

Amt für Statistik Berlin-Brandenburg (Hrsg.), Baufertigstellungen, Region und Jahr nach Art der Bautätigkeit und Datenbasis – Zählen: Anzahl Baufertigstellungen, Anzahl Wohnungen, 2020, https://www.statistik-berlin-brandenburg.de/webapi/jsf/tableView/tableView.xhtml (geprüft am 12.02.2022).

— (Hrsg.), Baugenehmigungen, Region nach Jahr, Art der Bautätigkeit, Datenbasis und Art des Gebäudes – Zählen: Anzahl Baugenehmigungen, Anzahl Wohnungen, 2020, https://www.statistik-berlin-brandenburg.de/webapi/jsf/tableView/tab leView.xhtml (geprüft am 12.02.2022).

Anger, Heike, Bauministerin Geywitz will kommunales Vorkaufsrecht für Wohnimmobilien neu regeln, 2022, https://www.handelsblatt.com/politik/deutschland/h aus-und-grundstuecksverkaeufe-bauministerin-geywitz-will-kommunales-vorkau fsrecht-fuer-wohnimmobilien-neu-regeln/28015810.html?ticket=ST-4122382-hoz RUCkieVrzO6bHR6MC-ap1 (geprüft am 12.02.2022).

Arens, Jenny, Unterscheidung nach Immobilienarten, in: Schulte, Karl-Werner u. a. (Hrsg.), Immobilienökonomie I, Betriebswirtschaftliche Grundlagen, 5. Aufl., Berlin u.a. 2016, S. 83–108.

Aufderhaar, Henning/Jaeger, Gerold M., Die Mietpreisbremse – Eine kritische Analyse des Referentenentwurfs des Bundesministeriums der Justiz und für Verbraucherschutz vom 18.3.2014, ZfIR 2014, S. 541–551.

Augustin, Julian, Entwicklungen in der aktuellen Rechtsprechung zu sozialen Erhaltungsgebieten, BauR 2021, S. 888–902.

Bach, Stefan/Bartholmai, Bernd, Aktuelle steuerliche Rahmenbedingungen für den privaten Mietwohnungsbau – Wirkungen und Alternativen, Berlin 2000.

Bach, Stefan/Michelsen, Claus/Schmandt, Marco, Eine Mietensteuer in Berlin könnte 100 000 Wohnungen bezahlbar machen, DIW aktuell. 75, 2021, https://www.d iw.de/documents/publikationen/73/diw_01.c.828273.de/diw_aktuell_75.pdf (geprüft am 12.02.2022).

Baer, Susanne, Zum "Recht auf Heimat" - Art. 11 GG und Umsiedlungen zugunsten des Braunkohletagebaus, NVwZ 1997, S. 27–33.

Bahrdt, Hans Paul, Humaner Städtebau, Überlegungen zur Wohnungspolitik und Stadtplanung für eine nahe Zukunft, 5. Aufl., München 1972.

Baldenius, Till/Kohl, Sebastian/Schularick, Moritz, Die neue Wohnungsfrage, Gewinner und Verlierer des deutschen Immobilienbooms, 2019, http://www.macrohistory.net/wp-content/uploads/2019/06/Die-neue-Wohnungsfrage-.pdf (geprüft am 12.02.2022).

Battis, Ulrich/Krautzberger, Michael/Löhr, Rolf-Peter/Mitschang, Stephan/Reidt, Olaf (Hrsg.), Baugesetzbuch, Kommentar, 15. Aufl., München 2022.

Battis, Ulrich/Mitschang, Stephan/Reidt, Olaf, Baulandmobilisierungsgesetz 2021 in Kraft getreten, NVwZ 2021, S. 905–912.

Baunetz_Wissen (Hrsg.), Kernsanierung, 2021, https://www.baunetzwissen.de/glossar/k/kernsanierung-2300525 (geprüft am 12.02.2022).

Baur, Dominik, München kratzt an den Wolken, In der Landeshauptstadt ist ein neuer Hochhausstreit entflammt – jetzt soll das Volk über ein Projekt an der Paketposthalle entscheiden, 2022, https://www.bayerische-staatszeitung.de/staatszeitung/leben-in-bayern/detailansicht-leben-in-bayern/artikel/muenchen-kratzt-an-den-wolken.html#topPosition (geprüft am 12.02.2022).

Bayerisches Landesamt für Statistik (Hrsg.), Baufertigstellungen in Bayern 2019, 2020, https://www.statistik.bayern.de/statistik/bauen_wohnen/bautaetigkeit/index.html#link_3 (geprüft am 12.02.2022).

— (Hrsg.), Baugenehmigungen in Bayern 2019, 2020, https://www.statistik.bayern.de/statistik/bauen_wohnen/bautaetigkeit/index.html (geprüft am 12.02.2022).

Bayerisches Staatsministerium des Inneren, für Bau und Verkehr, Arbeitshilfe, zum Gesetz über das Verbot der Zweckentfremdung von Wohnraum (ZwEWG) vom 10.12.2007, zuletzt geändert durch Gesetz vom 22.03.2013, 2013, http://www.verkehr.bayern.de/assets/stmi/wohnen/arbeitshilfe_zweckentfremdung_wohnraum.pdf (geprüft am 12.02.2022).

Bayerisches Staatsministerium für Wohnen, Bau und Verkehr, Referentenentwurf eines Gesetzes zur Mobilisierung von Bauland, 2020, https://www.bmi.bund.de/SharedDocs/gesetzgebungsverfahren/DE/Downloads/stellungnahmen/baulandmobilisierungsgesetz/stellungnahmen-laender/bayern.pdf;jsessionid=9CBA5E7060E7F911E618C22C38958353.2_cid373?__blob=publicationFile&v=3 (geprüft am 12.02.2022).

BBSR, Bundesinstitut für Bau-, Stadt- und Raumforschung, Aktuelle Mietenentwicklung und ortsübliche Vergleichsmiete, Liegen die erzielbaren Mietpreise mittlerweile deutlich über dem örtlichen Bestandsmietenniveau?, Hintergrundpapier, 2013, https://www.bbsr.bund.de/BBSR/DE/forschung/fachbeitraege/wohnen-immobilien/immobilienmarkt-beobachtung/Mietsteigerungen/01_Mietsteigerungen.html?nn=2544882&pos=1 (geprüft am 12.02.2022).

BBSR, Bundesinstitut für Bau-, Stadt- und Raumforschung, Privateigentümer von Mietwohnungen in Mehrfamilienhäusern, BBSR-Online-Publikation, Nr. 02/2015, 2015, https://www.bbsr.bund.de/BBSR/DE/Veroeffentlichungen/BBSROnline/2015/DL_ON022015.pdf%3F__blob%3DpublicationFile%26v%3D5 (geprüft am 12.02.2022).

BBSR, Bundesinstitut für Bau-, Stadt- und Raumforschung, Wohnungsmarktprognose 2030, BBSR-Analysen kompakt, 2015, https://www.bbsr.bund.de/BBSR/DE/veroeffentlichungen/analysen-kompakt/2015/DL_07_2015.pdf?__blob=publicationFile&v=1 (geprüft am 12.02.2022).

BBSR, Bundesinstitut für Bau-, Stadt- und Raumforschung, Die Entwicklung der Angebotsmiete gegenüber der ortsüblichen Vergleichsmiete, 2016, https://www.reguvis.de/xaver/wertermittlerportal/start.xav?start=%2F%2F*%5B%40attr_id%3D%27wertermittlerportal_12510660875%27%5D#__wertermittlerportal__%2F%2F*%5B%40attr_id%3D%27wertermittlerportal_12510660875%27%5D__1636726140293 (geprüft am 12.02.2022).

BBSR, Bundesinstitut für Bau-, Stadt- und Raumforschung, Wohnungs- und Immobilienmärkte in Deutschland 2016, Bonn 2016.

BBSR, Bundesinstitut für Bau-, Stadt- und Raumforschung, Umwandlung von Nichtwohngebäuden in Wohnimmobilien, BBSR-Online-Publikation. 22, 2017, https://www.bbsr.bund.de/BBSR/DE/veroeffentlichungen/bbsr-online/2017/bbsr-online-22-2017.html (geprüft am 12.02.2022).

BBSR, Bundesinstitut für Bau-, Stadt- und Raumforschung, Immobilienpreisentwicklungen, Übertreibungen oder Normalität?, BBSR-Online-Publikation. 16/2020, 2020, https://www.bbsr.bund.de/BBSR/DE/veroeffentlichungen/bbsr-online/2020/bbsr-online-16-2020.html (geprüft am 12.02.2022).

BBSR, Bundesinstitut für Bau-, Stadt- und Raumforschung, Anstieg der Angebotsmieten verlangsamt sich, Pressemitteilung, 2020, https://www.bbsr.bund.de/BBSR/DE/presse/pressemitteilungen/2020/2020-wohnungsmieten2019.html (geprüft am 12.02.2022).

BBSR, Bundesinstitut für Bau-, Stadt- und Raumforschung, Künftige Wohnungsleerstände in Deutschland, Regionale Besonderheiten und Auswirkungen, 2020, https://www.bbsr.bund.de/BBSR/DE/veroeffentlichungen/sonderveroeffentlichungen/2020/wohnungsleerstand-dl.pdf?__blob=publicationFile&v=4 (geprüft am 12.02.2022).

Beck, Hans-Joachim/Blümmel, Dieter, Das Mietrechtsnovellierungsgesetz und die Rechtsfolgen: So wirkt sich die Mietpreisbremse beim Abschluss von Mietverträgen auf die Miete aus, GE 2015, S. 492–501.

Becker, Wolfgang/Huchler, Uwe, Erhaltungssatzungen nach § 172 Abs. 1 Satz 1 Nr. 2 BauGB: Städtebauliche Voraussetzungen, kommunale Anwendungspraxis und wohnungsmarktpolitische Implikationen, WuM 1999, S. 139–143.

Beckmann, Jörg, Energetische Sanierung von Gebäuden in sozialen Erhaltungsgebieten nach § 172 Abs. 1 Satz 1 Nr. 2 BauGB, BauR 2016, S. 1090–1097.

Beckmann, Jörg, Genehmigungspflicht von Modellen des "Wohnens auf Zeit" in Gebieten einer Satzung nach § 172 Abs. 1 Satz 1 Nr. 2 BauGB, BauR 2021, S. 1376–1384.

Behnke, Dieter/Dammann, Glenn, Der wundersame Aufstieg des § 24 BauGB, Milieuschutz in Berlin und die Ausübung der Vorkaufsrechte nach Baugesetzbuch, GE 2019, S. 431–435.

Behörde für Stadtentwicklung und Umwelt, Fachanweisung, der Behörde für Stadtentwicklung und Umwelt zur Durchführung des Hamburgischen Wohnraumschutzgesetzes (HmbWoSchG) gemäß § 45 Abs. 2 und 3 Bezirksverwaltungsgesetz, 2014, https://www.hamburg.de/contentblob/4325148/3a7b4e1aaed5d52af4aacc248a12393d/data/d-fachanweisung-wohnraumschutz.pdf (geprüft am 12.02.2022).

Bentzien, Verena, Erschwinglichkeit von Wohneigentum in Deutschland, Wiesbaden 2016 (zugl. Diss. Oestrich-Winkel 2012).

Berliner Kommentar zum BauGB, hrsg. v. *Schlichter, Otto/Stich, Rudolf/Driehaus, Hans-Joachim* u. a., Köln u. a. Stand: 54. EL/Jan. 2022.

Berliner Mieterverein, Milieuschutzgebiete, Was Mieter wissen sollten, Info. 68, 2021, https://www.berliner-mieterverein.de/recht/infoblaetter/info-68-milieuschutzgebiete-was-mieter-wissen-sollten.htm (geprüft am 12.02.2022).

Bernsdorff, Norbert, Einschnitte in das Rentenniveau – Der "additive" Grundrechtseingriff und das Bundesverfassungsgericht, SGb 2011, S. 121–125.

Bertelsmann Stiftung (Hrsg.), Trend Reurbanisierung?, Analyse der Binnenwanderung in Deutschland 2006 bis 2015, 2018, https://www.bertelsmann-stiftung.de/de/publikationen/publikation/did/trend-reurbanisierung (geprüft am 12.02.2022).

Beuermann, Rudolf, Freie Vertragsgestaltung ohne Mieterschutz?, GE 2016, S. 1133–1134.

Beuermann, Rudolf, Freie Vertragsgestaltung ohne Mieterschutz?, Vermietung von möbliertem Wohnraum, GE 2016, S. 1133–1134.

Beznoska, Martin/Henger, Ralph/Hentze, Tobias/Lesch, Hagen/Pimpertz, Jochen/Plünnecke, Axel/Schäfer, Holger/Schmidt, Jörg/Schröder, Christoph/Voigtländer, Michael/Werner, Dirk, Faktencheck Gerechtigkeit und Verteilung, eine empirische Überprüfung wichtiger Stereotype, IW-Report. 29, 2016, https://www.iwkoeln.de/studien/martin-beznoska-ralph-henger-tobias-hentze-hagen-lesch-jochen-pimpertz-axel-pluennecke-holger-schaefer-joerg-schmidt-christoph-schroeder-michael-voigtlaender-dirk-werner-faktencheck-gerechtigkeit-und-verteilung.html (geprüft am 12.02.2022).

BFW, Stellungnahme, Referentenentwurf eines Gesetzes zur Mobilisierung von Bauland, 2020, https://www.bmi.bund.de/SharedDocs/gesetzgebungsverfahren/DE/Downloads/stellungnahmen/baulandmobilisierungsgesetz/bundesverband-freier-immobilienunternehmen.pdf;jsessionid=9CBA5E7060E7F911E618C22C38958353.2_cid373?__blob=publicationFile&v=1 (geprüft am 12.02.2022).

Bickenbach, Christian, Die Einschätzungsprärogative des Gesetzgebers, Analyse einer Argumentationsfigur in der (Grundrechts-)Rechtsprechung des Bundesverfassungsgerichts, Tübingen 2014 (zugl. Habil. Mainz 2013).

Bischoff, Bernhard, Neues Wertermittlungsrecht in Deutschland – Teil II, Die neue Immobilienwertermittlungsverordnung – ImmoWertV, DS 2010, S. 268–276.

Bison, Jutta, Die Regulierung des Mietwohnungsmarktes in der Bundesrepublik Deutschland, Eine positive ökonomische Analyse, Frankfurt am Main u. a. 1996 (zugl. Diss. Münster 1996).

Blank, Hubert, Die Regelungen zur Mietpreisbremse im Entwurf zum Mietrechtsnovellierungsgesetz, WuM 2014, S. 641–660.

Blank, Hubert/Börstinghaus, Ulf P. (Hrsg.), Miete, Das gesamte BGB-Mietrecht, Kommentar, 6. Aufl., München 2020.

Blankenagel, Alexander/Schröder, Rainer/Spoerr, Wolfgang, Verfassungsmäßigkeit des Instituts und der Ausgestaltung der sog. Mietpreisbremse auf Grundlage des MietNovGE, Gutachten im Auftrag von Haus & Grund Deutschland (Stand: 12. November 2014), NZM 2015, S. 1–28.

Blumenroth, Ulrich, Deutsche Wohnungspolitik seit der Reichsgründung, Darstellung und kritische Würdigung, Münster 1975.

Bodelschwingh, Arnt von/*Dettmann, Marleen/Schlichting, Hendrik*, Wiedervermietungsmieten und Mietpreisbremse in Berlin, Kurzanalyse für den Berliner Mieterverein e.V., 2016, https://www.berliner-mieterverein.de/uploads/2016/05/pm1616-Anl1-RegioKontext-Kurzanalyse-Mietpreisbremse.pdf (geprüft am 12.02.2022).

Böhle, Thomas, Zweckentfremdung von Wohnraum, Kommentar zu Art. 6 Mietrechtsverbesserungsgesetz und zu den entsprechenden Verordnungen und Verwaltungsvorschriften der Länder, Stuttgart 1994.

Bone-Winkel, Stephan/Focke, Christian/Schulte, Karl-Werner, Begriff und Besonderheiten der Immobilie als Wirtschaftsgut, in: Schulte, Karl-Werner u. a. (Hrsg.), Immobilienökonomie I, Betriebswirtschaftliche Grundlagen, 5. Aufl., Berlin u.a. 2016, S. 3–24.

Bönker, Christian/Bischopink, Olaf (Hrsg.), Baunutzungsverordnung – Mit Immissionsschutzrecht, PlanZV, ergänzende Vorschriften, Kommentar, 2. Aufl., Baden-Baden 2018.

Börstinghaus, Ulf P., Die Begrenzung der Wiedervermietungsmiete für Wohnraum, NJW 2015, S. 1553–1559.

Börstinghaus, Ulf P., Mietpreisregulierung in der 19. Wahlperiode, ZRP 2021, S. 194–197.

Bracke, Philippe, How long do housing cycles last? A duration analysis for 19 OECD countries, Journal of Housing Economics 22 (2013), S. 213–230.

Brade, Alexander, Additive Grundrechtseingriffe, Ein Beitrag zur Grundrechtsdogmatik, Baden-Baden 2020 (zugl. Diss. Leipzig 2019).

Brauer, Kerry-U., Renditeberechnung bei Immobilieninvestitionen, in: ders. (Hrsg.), Grundlagen der Immobilienwirtschaft, Recht - Steuern - Marketing - Finanzierung - Bestandsmanagement - Projektentwicklung, 10. Aufl., Wiesbaden 2019, S. 393–414.

Brauers, Maximilian, Funktionsweisen des deutschen Immobilienmarkts, in: Arnold, Daniel u. a. (Hrsg.), Wohnimmobilien, Lebenszyklus, Strategie, Transaktion, Wiesbaden 2017, S. 161–184.

Braun, Reiner, Wohnungsmarktprognose 2021/22, Regionalisierte Prognose in drei Varianten mit Ausblick bis 2030, empirica-Paper Nr. 256, 2020, www.empirica-institut.de/fileadmin/Redaktion/Publikationen_Referenzen/PDFs/empi256rb.pdf (geprüft am 12.02.2022).

Braun, Reiner/Schlatterer, Michael, CBRE-empirica-Leerstandsindex 2009–2019, Ergebnisse und Methodik, 2020, https://www.empirica-institut.de/nc/nachrichten/details/nachricht/cbre-empirica-leerstandsindex-2020/ (geprüft am 12.02.2022).

Breidenbach, Philipp/Eilers, Lea/Fries, Jan Ludwig, Rent control and rental prices: High expectations, high effectiveness?, Working Paper, 2019, https://www.econstor.eu/handle/10419/196170 (geprüft am 12.02.2022).

Brezina, Vilim, Raumplanung und die Macht des Schwarms, Kommunale Ansätze zur Steuerung von Kurzzeitvermietungen, Baden-Baden 2021 (zugl. Diss. Dortmund 2021).

Bronkars, Caroline, Kumulative Eigentumseingriffe, Hamburg 2007 (zugl. Diss. Köln 2007).

Brune, Jens/Driesch, Dirk/Schulz-Danso, Martin/Senger, Thomas (Hrsg.), Beck'sches IFRS-Handbuch, Kommentierung der IFRS/IAS, 6. Aufl., München 2020.

Brügelmann, Baugesetzbuch, Kommentar, bearb. v. *Bank, Wilfried J./Blessing, Matthias/Bliese, Horst* u. a., Stuttgart Stand: 120. EL/Okt. 2021.

Brüning, Christoph, Funktion und Wirkung des Begründungserfordernisses bei Erlass einer Mietpreisbremsenverordnung, BayVBl. 2018, S. 185–189.

Buch, Rolf, Wohnungswirtschaft, in: Schäfer, Jürgen/Conzen, Georg (Hrsg.), Praxishandbuch Immobilien-Investitionen, 4. Aufl., München 2020, S. 363–380.

Bueb, Simone, Untersagung der Nutzung von Wohnraum als Boardinghouse bei Verstoß gegen vorherige Vereinbarung zwischen Behörde und Eigentümer, Anmerkung zu VG München, Urt. v. 12.02.2020 - M 9 K 19.2393, jurisPR-MietR 12/2020.

Bühren, Katja, Bauland ist der größte Preistreiber, Immobilien Zeitung vom 07.02.2019, S. 8.

Bulwiengesa, RIWIS Online, Über die Daten: Definitionen & Metainformationen – Allgemeine Definitionen, 2022, https://www.riwis.de/online_test/info.php3?cityid=&info_topic=allg (geprüft am 12.02.2022).

Bundesministerium für Wirtschaft und Energie (Hrsg.), Sharing Economy im Wirtschaftsraum Deutschland, Analyse des Stellenwerts im Allgemeinen sowie Untersuchung der Handlungsoptionen im Einzelsegment 'Vermittlungsdienste für Privatunterkünfte – Studie des Instituts der deutschen Wirtschaft Köln in Zusammenarbeit mit DICE Consult, 2018, https://www.bmwi.de/Redaktion/DE/Publikationen/Studien/sharing-economy-im-wirtschaftsraum-deutschland.html (geprüft am 12.02.2022).

Bundesrechtsanwaltskammer, Stellungnahme Nr. 34/2020, Referentenentwurf eines Gesetzes zur Mobilisierung von Bauland (Baulandmobilisierungsgesetz), 2020, https://www.bmi.bund.de/SharedDocs/gesetzgebungsverfahren/DE/Downloads/stellungnahmen/baulandmobilisierungsgesetz/bundesrechtsanwaltskammer.pdf;jsessionid=9CBA5E7060E7F911E618C22C38958353.2_cid373?__blob=publicationFile&v=2 (geprüft am 12.02.2022).

Bundesvereinigung der kommunalen Spitzenverbände, Stellungnahme, Entwurf eines Gesetzes zur Mobilisierung von Bauland (Baulandmobilisierungsgesetz), 2020, https://www.bmi.bund.de/SharedDocs/gesetzgebungsverfahren/DE/Downloads/stellungnahmen/baulandmobilisierungsgesetz/kommunale-spitzenverbaende.pdf;jsessionid=9CBA5E7060E7F911E618C22C38958353.2_cid373?__blob=publicationFile&v=1 (geprüft am 12.02.2022).

Bundeszentrale für politische Bildung (Hrsg.), Einkommensverteilung, 2018, https://www.bpb.de/nachschlagen/datenreport-2018/private-haushalte-einkommen-konsum-wohnen/278252/einkommensverteilung (geprüft am 12.02.2022).

Bünger, Reinhart, „An den Haaren herbeigezogen", Milieuschutz, 2021, https://www.tagesspiegel.de/wirtschaft/immobilien/milieuschutz-an-den-haaren-herbeigezogen/27079820.html (geprüft am 12.02.2022).

Bunzel, Arno/Finkeldei, Jörg/Engel, Thomas/Bleicher, Ralf/Klingel, Werner/Wecker, Lucia (Hrsg.), Baurecht, Bauplanungsrecht: BauGB - Baunutzungsverordnung, Kommentar, Kronach Stand: 142. EL/Jan. 2022.

Bunzel, Arno/Niemeyer, Eva Maria, Baulandentwicklung – Der Gesetzgeber ist beim Bodenrecht gefordert, ZfBR 2018, S. 743–752.

Busch, Christoph/Demary, Vera/Engels, Barbara/Haucap, Justus/Kehder, Christiane/Loebert, Ina/Rusche, Christian, Sharing Economy in Deutschland, Stellenwert und Regulierungsoptionen für Beherbergungsdienstleistungen, Baden-Baden 2019.

Busse/Kraus, BayBO, Kommentar, hrsg. v. *Kraus, Stefan*, München Stand: 144. EL/Sept. 2021 (zit. Busse u. a.).

Cieleback, Marcus, Einführendes Immobilienmarktmodell, in: Schulte, Karl-Werner u. a. (Hrsg.), Immobilienökonomie IV, Volkswirtschaftliche Grundlagen, München 2008, S. 136–146.

Cremer, Wolfram, Gewinnstreben als öffentliche Unternehmen legitimierender Zweck: Die Antwort des Grundgesetzes, DÖV 2003, S. 921–932.

Cromm, Jürgen/Koch, Uwe, Mietspiegel in Deutschland, Entwicklung der Mietpreispolitik, Einstellungen und Umsetzungen der Städte und Amtsgerichte unter besonderer Berücksichtigung des qualifizierten Mietspiegels; eine empirische Studie, München u. a. 2006.

Cuerpo, Carlos/Kalantaryan, Sona/Pontuch, Peter, Rental market regulation in the European Union, European economy Economic papers, 2014, https://ec.europa.eu/economy_finance/publications/economic_paper/2014/ecp515_en.htm (geprüft am 12.02.2022).

Dauner-Lieb, Barbara/Langen, Werner (Hrsg.), BGB – Schuldrecht, Band 2: §§ 241–853, Kommentar, 4. Aufl., Baden-Baden 2021.

Degner, Joachim, Wohnungspolitik, I: Wohnungsbau, in: Albers, Willi (Hrsg.), Handwörterbuch der Wirtschaftswissenschaften, zugleich Neuauflage des Handwörterbuchs der Sozialwissenschaften, Bd. 9, Stuttgart 1982, S. 502–516.

Degner, Joachim, Wohnungspolitik, II: Wohnungsversorgung, in: Albers, Willi (Hrsg.), Handwörterbuch der Wirtschaftswissenschaften, zugleich Neuauflage des Handwörterbuchs der Sozialwissenschaften, Bd. 9, Stuttgart 1982, S. 516–533.

Deiters-Schwedt, Annamaria/Baba, Ludger, Airbnb im Kontext zentraler quantitativer Einflussfaktoren auf regionale Wohnungsmärkte, 2019, https://www.empirica-institut.de/thema/wohnungsmaerkte-und-wohnungspolitik/0819-studie-airbnb-im-kontext-regionaler-wohnungsmaerkte/ (geprüft am 12.02.2022).

Derleder, Peter, Der verschlungene Sozialstaat, in: Merle, Werner (Hrsg.), Entwicklungstendenzen im Wohnungseigentumsrecht und im Mietrecht, Festschrift für Hanns Seuß zum 80. Geburtstag, Berlin 2007, S. 353–370.

Deschermeier, Philipp/Haas, Heide/Hude, Marcel/Voigtländer, Michael, A first analysis of the new German rent regulation, International Journal of Housing Policy 16 (2016), S. 293–325.

Deschermeier, Philipp/Henger, Ralph, Die Bedeutung des zukünftigen Kohorteneffekts auf den Wohnflächenkonsum, IW-Trends. 3/2015, 2015, https://www.iwkoeln.de/studien/iw-trends/beitrag/philipp-deschermeier-ralph-henger-die-bedeutung-des-zukuenftigen-kohorteneffekts-auf-den-wohnflaechenkonsum-233983.html (geprüft am 12.02.2022).

Deschermeier, Philipp/Seipelt, Björn/Voigtländer, Michael, Evaluation der Mietpreisbremse, IW policy paper. 5, 2017, https://www.iwkoeln.de/studien/michael-voigtlaender-evaluation-der-mietpreisbremse.html (geprüft am 12.02.2022).

Deutscher, Jörg, Milieuschutz, Vorkaufsrechte, Umwandlungs- und Zweckentfremdungsverbote in Berlin, GE 2013, S. 308–312.

Deutscher Anwaltverein, Stellungnahme, Referentenentwurf eines Gesetzes zur Mobilisierung von Bauland (Baulandmobilisierungsgesetz), 2020, https://www.bmi.bund.de/SharedDocs/gesetzgebungsverfahren/DE/Downloads/stellungnahmen/baulandmobilisierungsgesetz/deutscher-anwaltverein.pdf;jsessionid=9CBA5E7060E7F911E618C22C38958353.2_cid373?__blob=publicationFile&v=3 (geprüft am 12.02.2022).

Deutscher Mieterbund, Stellungnahme, Referentenentwurf des Bundesministeriums des Innern, für Bau und Heimat für ein Gesetz zur Mobilisierung von Bauland (Baulandmobilisierungsgesetz), 2020, https://www.bmi.bund.de/SharedDocs/gesetzgebungsverfahren/DE/Downloads/stellungnahmen/baulandmobilisierungsgesetz/deutscher-mieterbund.pdf;jsessionid=9CBA5E7060E7F911E618C22C38958353.2_cid373?__blob=publicationFile&v=2 (geprüft am 12.02.2022).

Deutscher Notarverein, Entwurf eines Gesetzes zur Mobilisierung von Bauland, Gesetzentwurf der Bundesregierung vom 4.11.2020 (Kabinettsfassung), 2020, http://www.dnotv.de/wp-content/uploads/StN_DNotV_Baulandmobilisierungsgesetz_RegE_FINAL.pdf (geprüft am 12.02.2022).

Deutsches Notarinstitut, Baulandmobilisierungsgesetz; Übersicht; Inkrafttreten des Umwandlungsverbots; maßgeblicher Zeitpunkt; Begriff der bereits bestehenden Wohngebäude; Nachweis gegenüber dem Grundbuchamt, DNotI-Report 2021, S. 113–117.

Diamond, Rebecca/McQuade, Tim/Qian, Franklin, The Effects of Rent Control Expansion on Tenants, Landlords, and Inequality: Evidence from San Francisco, American Economic Review 109 (2019), S. 3365–3394.

Dillmann, Franz, Chamäleon Wohnraumzweckentfremdung, NWVBl. 2021, S. 269–283.

DiPasquale, Denise/Wheaton, William C., The Markets for Real Estate Assets and Space, A Conceptual Framework, Journal of the American Real Estate and Urban Economics Association 1992, S. 181–197.

DiPasquale, Denise/Wheaton, William C., Urban Economics and Real Estate Markets, Upper Saddle River, New Jersey 1996.

Discher, Konrad H. J./Lippert, André, Zur Bauplanungs- und zweckentfremdungsrechtlichen Zulässigkeit flexibler Wohnkonzepte, NVwZ 2020, S. 685–686.

Dopfer, Thomas, Der westdeutsche Wohnungsmarkt, Ein dynamisches Teilmarktmodell; Theorie und empirische Überprüfung 1971 - 1997, München 2000 (zugl. Diss. Freiburg 2000).

Döring, Beatrice, Grundstücksverkehr und öffentlich-rechtliche Vorkaufsrechte, Probleme der Kaufvertragsabwicklung bei Bestehen und Ausübung eines öffentlich-rechtlichen Vorkaufsrechts, schwerpunktmäßig dargestellt am Beispiel der gemeindlichen Vorkaufsrechte gemäß 24, 25 BauGB, Baden-Baden 2020 (zugl. Diss. Regensburg 2019).

Drechsler, Stefan, Die Unionsgrundrechte unter dem Einfluss des Prozessrechts, Bestandsaufnahme und Perspektiven im Europäischen Grundrechtsverbund am Beispiel der EU-Wirtschaftsgrundrechte, Baden-Baden 2019 (zugl. Diss. Regensburg 2019).

Dreier, Horst (Hrsg.), Grundgesetz-Kommentar, Band 1, 3. Aufl., Tübingen 2013.

— (Hrsg.), Grundgesetz-Kommentar, Band 2, 3. Aufl., Tübingen 2015.

Drettmann, Fritz, Kapitel I, Die Miete, in: Bub, Wolf-Rüdiger/Treier, Gerhard (Hrsg.), Handbuch der Geschäfts- und Wohnraummiete, 5. Aufl., München 2019.

Drexler, Florian, Baulandmobilisierungsgesetz - Das Genehmigungserfordernis des § 250 BauGB aus notarieller Sicht, notar 2021, S. 252–258.

Drieschner, Frank, Koste es, was es wolle, Wohnungsbau in Großstädten, 2021, https://www.zeit.de/hamburg/2021-03/wohnungsbau-grossstaedte-hamburg-stadtentwicklung-wohnraum-klimawandel (geprüft am 12.02.2022).

Dürig/Herzog/Scholz, Grundgesetz, Kommentar, hrsg. v. *Scholz, Rupert/Herdegen, Matthias/Klein, Hans H.*, München Stand: 95. EL/Juli 2021 (zit. Dürig u. a.).

Dyroff, Axel/Pfisterer, Cornelius/Gregor, Marina, § 250 BauGB: Wie funktioniert das neue Umwandlungsverbot in Recht und Praxis?, Baulandmobilisierungsgesetz macht vieles – nur seinem Namen keine Ehre, GE 2021, S. 1244–1250.

Eekhoff, Johann, Wohnungspolitik, 2. Aufl., Tübingen 2002.

Eekhoff, Johann, Wohnungs- und Bodenmarkt, 2. Aufl., Tübingen 2006.

Egner, Björn/Grabietz, Katharina J., In search of determinants for quoted housing rents: Empirical evidence from major German cities, Urban Research & Practice 11 (2018), S. 460–477.

Egner, Ute, Verbraucherpreisstatistik auf neuer Basis 2015, WISTA 2019, S. 86–106, https://www.destatis.de/DE/Methoden/WISTA-Wirtschaft-und-Statistik/2019/05/wista-052019.pdf?__blob=publicationFile (geprüft am 12.02.2022).

Ehrmann, Jens, Die belebte Innenstadt als Rechtsproblem, Zum rechtlichen Instrumentarium zur Erhaltung funktionsfähiger städtischer Zentren, Stuttgart u. a. 2007 (zugl. Diss. Freiburg 2006).

Eichhorn, Angelika, Zieladäquanz wohnungspolitischer Instrumente der öffentlichen Hand, in: Jenkis, Helmut W. (Hrsg.), Kompendium der Wohnungswirtschaft, 4. Aufl., München 2001, S. 159–183.

Eisenschmid, Norbert, Die Mietpreisbremse kommt, ZRP 2015, S. 27–28.

Emmerich, Volker, Dissonante Begleitmusik zum In-Kraft-Treten des "neuen Mietrechts", NZM 2001, S. 777–783.

Empirica, Möblierte Wohnungen in den Top 7-Städten, 2016, https://www.empirica-institut.de/nc/nachrichten/details/nachricht/moeblierte-wohnungen-in-den-top-7-staedten/ (geprüft am 12.02.2022).

Empirica, Mantelgutachten zu den mietrechtlichen Verordnungen in Nordrhein-Westfalen, Endbericht, 2020, https://www.mhkbg.nrw/sites/default/files/media/document/file/empirica_Mantelgutachten_zu_den_mietrechtlichen_Verordnungen_in_NRW.pdf (geprüft am 12.02.2022).

Empirica, Immobilienpreisindex 4/2020, empirica-Preisdatenbank, 2021, https://www.empirica-institut.de/thema/regionaldatenbank/empirica-immobilienpreisindex/ (geprüft am 12.02.2022).

Engelken, Klaas, Die Preislimitierung bei den Vorkaufsrechten der Gemeinde, Zur Auslegung des neuen § 28a BBauG, NJW 1977, S. 413–418.

Epping, Volker/Hillgruber, Christian (Hrsg.), BeckOK GG, Kommentar, München Stand: 49. Edition/Nov. 2021.

Ernst/Zinkahn/Bielenberg/Krautzberger, Baugesetzbuch, Kommentar, bearb. v. *Blechschmidt, Rolf/Burmeister, Thomas/Fieseler, Hans-Georg* u. a., München Stand: 143. EL/Aug. 2021 (zit. Ernst u. a.).

Ewer, Wolfgang, Bauplanungsrechtliche Einordnung des Temporären Wohnens, in: Gregorius, Anett/Niemeyer, Matthias (Hrsg.), Kompendium des Temporären Wohnens, Serviced Apartments, studentisches Wohnen und Mikroapartments, Ferienwohnungen, Wohnen im Alter, Wiesbaden 2017, S. 27–36.

Expertenkommission Wohnungspolitik, Wohnungspolitik auf dem Prüfstand, Tübingen 1995.

Fabricius, Michael, So tricksen Vermieter bei der Miethöhe, 2019, https://www.welt.de/print/die_welt/finanzen/article204618250/So-tricksen-Vermieter-bei-der-Miethoehe.html (geprüft am 12.02.2022).

Feigl, Patricia, Zielgruppenbestimmung von Mietern, Eine Analyse der Wohnbedürfnisse auf Basis von Nutzenerwartungen, Wiesbaden 2015 (zugl. Diss. Oestrich-Winkel 2007).

Fichtel, Lorenz, Wohnungspolitik in der sozialen Marktwirtschaft, Darstellung und Analyse des Systems der Wohnungspolitik in der Bundesrepublik Deutschland, Augsburg 1980 (zugl. Diss. Augsburg 1980).

Flatow, Beate, Die höchst zulässige Miete, WuM 2015, S. 191–203.

Fleindl, Hubert, Gilt die Mietpreisbremse auch für möblierten Wohnraum?, Die Beurteilung von Stichtags–, Gewerbe- und Möblierungszuschlägen bei der Ermittlung der ortsüblichen Vergleichsmiete, WuM 2018, S. 544–551.

Frank, Alexandra, Die Mietpreisbremse, Eine Analyse der Rechtsvorschriften zur Begrenzung der Neu- und Wiedervertragsmiete auf 110% der ortsüblichen Vergleichsmiete, Marburg 2016 (zugl. Diss. Marburg 2016).

Füllenkemper, Horst, Wirkungsanalyse der Wohnungspolitik in der Bundesrepublik Deutschland, Münster 1982 (zugl. Diss. Münster 1982).

Galonska, Jürgen/Kühne-Büning, Lidwina, Wohnungsunternehmen zwischen Versorgungsauftrag und Marktorientierung: Die ehemals gemeinnützigen Wohnungsunternehmen, in: Kühne-Büning, Lidwina u. a. (Hrsg.), Grundlagen der Wohnungs- und Immobilienwirtschaft, 4. Aufl., Frankfurt am Main 2005, S. 112–127.

Gans, Paul, Struktur der deutschen Immobilienmärkte, in: Rottke, Nico B./Voigtländer, Michael (Hrsg.), Immobilienwirtschaftslehre – Ökonomie, Wiesbaden 2012, S. 115–142.

GdW, Bundesverband deutscher Wohnungs- und Immobilienunternehmen, Wohnungswirtschaftliche Daten und Trends 2018/2019, Zahlen und Analysen aus der Jahresstatistik des GdW, Freiburg 2018.

GdW, Bundesverband deutscher Wohnungs- und Immobilienunternehmen, Wohnungswirtschaftliche Daten und Trends 2019/2020, Zahlen und Analysen aus der Jahresstatistik des GdW, Freiburg 2019.

GdW, Bundesverband deutscher Wohnungs- und Immobilienunternehmen, GdW Stellungnahme, Referentenentwurf eines Gesetzes zur Mobilisierung von Bauland (Baulandmobilisierungsgesetz), 2020, https://www.bmi.bund.de/SharedDocs/gesetzgebungsverfahren/DE/Downloads/stellungnahmen/baulandmobilisierungsgesetz/die-wohnungswirtschaft.pdf;jsessionid=9CBA5E7060E7F911E618C22C38958353.2_cid373?__blob=publicationFile&v=1 (geprüft am 12.02.2022).

Geltner, David/Miller, Norman G./Clayton, Jim/Eichholtz, Piet, Commercial Real Estate, Analysis and Investments, 3. Aufl., Mason 2014.

Göckes, Robin, Die Enteignung wird zur Option, Immobilienzeitung vom 17.01.2019, S. 1 und 4.

Göhner, Torsten, Das gemeindliche Vorkaufsrecht, Hamburg 2006 (zugl. Diss. Bielefeld 2005).

Gondring, Hanspeter, Immobilienwirtschaft, Handbuch für Studium und Praxis, 3. Aufl., München 2013.

Gordo, Laura Romeu/Grabka, Markus M./Alcántara, Alberto Lozano/Engstler, Heribert/Vogel, Claudia, Immer mehr ältere Haushalte sind von steigenden Wohnkosten schwer belastet, DIW Wochenbericht 2019, S. 468–476, https://www.diw.de/documents/publikationen/73/diw_01.c.635080.de/19-27-1.pdf (geprüft am 12.02.2022).

Grabitz/Hilf/Nettesheim, Das Recht der Europäischen Union – EUV/AEUV, Kommentar, hrsg. v. *Nettesheim, Martin*, München Stand: 74. EL/Sept. 2021 (zit. Grabitz u. a.).

Gregorius, Anett, Der Markt für Serviced Apartments, in: Gregorius, Anett/Niemeyer, Matthias (Hrsg.), Kompendium des Temporären Wohnens, Serviced Apartments, studentisches Wohnen und Mikroapartments, Ferienwohnungen, Wohnen im Alter, Wiesbaden 2017, S. 107–120.

Gregorius, Anett, Temporäres Wohnen - Überblick und Systematik, in: Gregorius, Anett/Niemeyer, Matthias (Hrsg.), Kompendium des Temporären Wohnens, Serviced Apartments, studentisches Wohnen und Mikroapartments, Ferienwohnungen, Wohnen im Alter, Wiesbaden 2017, S. 19–26.

Greiner, Martin, Immobilienbewertung, in: Arnold, Daniel u. a. (Hrsg.), Wohnimmobilien, Lebenszyklus, Strategie, Transaktion, Wiesbaden 2017, S. 747–774.

Grosskopf, Werner/König, Petra, Der Wohnungsmarkt - Grundstrukturen und Funktionsweise, in: Gondring, Hanspeter (Hrsg.), Handbuch Immobilienwirtschaft, Wiesbaden 2001, S. 75–94.

Grosskopf, Werner/König, Petra, Die Wohnungspolitik in der Bundesrepublik Deutschland, in: Gondring, Hanspeter (Hrsg.), Handbuch Immobilienwirtschaft, Wiesbaden 2001, S. 165–184.

Grüneberg, Bürgerliches Gesetzbuch mit Nebengesetzen, Kommentar, bearb. v. *Ellenberger, Jürgen/Götz, Isabell/Grüneberg, Christian* u. a., 81. Aufl., München 2022.

Grzeszick, Bernd, Strategien der Mietenbegrenzung aus grundrechtlicher Sicht, Überlegungen am Beispiel des Berliner Mietendeckels, ZRP 2020, S. 37–41.

Grziwotz, Herbert, Was bedeutet Kernsanierung?, IMR 2017, S. 292.

Grziwotz, Herbert, Baulandmobilisierungsgesetz und Grundstücksverkehr, NotBZ 2021, S. 361–368.

Gsell, Beate, Die gerechte Miete, WuM 2017, S. 305–312.

Gsell, Beate/Krüger, Wolfgang/Lorenz, Stephan/Reymann, Christoph (Hrsg.), BeckOGK, beck-online.Grosskommentar zum Zivilrecht, München 2022.

Gsell, Beate/Siegmund, Astrid, Mietrecht in Zeiten des Wohnungsmangels, Modernisierungsmieterhöhung und Abwehrrechte des Mieters, NZM 2019, S. 489–506.

Guhling, Hartmut/Günter, Peter (Hrsg.), Gewerberaummiete, BGB, BetrKV, HeizKV, WärmeLV, WEG, InsO, ZVG, BBodSchG, PreisklG, UStG, KStG, GewStG, EStG, GrEStG, ErbStG, Mit systematischer Darstellung des Prozessrechts einschließlich Formularen, 2. Aufl., München 2019.

Gustorff, Niklas, Mietpreisbremse und Bestellerprinzip, Hintergründe, Regulierungsfunktion, Verfassungsmäßigkeit, Baden-Baden 2021 (zugl. Diss. Münster 2020).

Haase, Florian/Jachmann-Michel, Monika (Hrsg.), Beck'sches Handbuch Immobiliensteuerrecht, Erwerb, Nutzung, Veräußerung, 2. Aufl., München 2020.

Hagemeier, Irene, Der Einsatz staatlicher Instrumente in der Wohnungs- und Bodenpolitik des 20. Jahrhunderts, Deutschland, Spanien, Schweden und die USA im Vergleich, Köln 2003 (zugl. Diss. Oestrich-Winkel 2002).

Hahn, Henry, Zur bauplanungsrechtlichen Zulässigkeit von Ferienwohnungen nach Maßgabe der Neuregelung des § 13a BauNVO, DÖV 2018, S. 396–405.

Hamm, Hartwig, Der ordnungspolitische Rahmen für die Wohnungswirtschaft, in: Jenkis, Helmut W. (Hrsg.), Kompendium der Wohnungswirtschaft, 4. Aufl., München 2001, S. 144–158.

Hämmerlein, Hans, Einführung in die Wohnungswirtschaft, Ein Leitfaden in Thesen und Übersichten, Baden-Baden 1996.

Hampe, Asta, Zur Theorie der Marktmiete, in: Seraphim, Hans-Jürgen (Hrsg.), Deutsche Siedlungs- und Wohnungspolitik, Gegenwartsproblematik und Zukunftsaspekte, Festschrift zum 25jährigen Bestehen des Instituts für Siedlungs- und Wohnungswesen der Westfälischen Wilhelms-Universität Münster i.W., Köln-Braunsfeld 1956, S. 95–106.

Hampe, Asta, Die freie Mietpreisbildung, Ein Beitrag zur Theorie der "Marktmiete", Stuttgart 1958.

Hannemann, Thomas/Wiegner, Michael (Hrsg.), Münchener Anwaltshandbuch Mietrecht, 5. Aufl., München 2019 (zit. MAH Mietrecht).

Häublein, Martin, "Mietpreisbremse" und "Mietendeckel" – ein kritischer Überblick aus aktuellem Anlass, ZfPW 2020, S. 1–19.

Haus & Grund Deutschland, Zahlen und Fakten, Wohnungsmarkt, https://www.hausundgrund.de/zahlen-und-fakten-wohnungsmarkt (geprüft am 12.02.2022).

Haus & Grund Deutschland, Vermieterbefragung, Ergebnisse 2019 – Deutschland, 2019, https://www.hausundgrund.de/sites/default/files/downloads/vermieterbefragungdeutschland2019.pdf (geprüft am 12.02.2022).

Haus & Grund Deutschland, Stellungnahme, Referentenentwurf des Bundesministeriums des Inneren, für Bau und Heimat – Entwurf eines Gesetzes zur Mobilisierung von Bauland (Baulandmobilisierungsgesetz), 2020, https://www.bmi.bund.de/SharedDocs/gesetzgebungsverfahren/DE/Downloads/stellungnahmen/baulandmobilisierungsgesetz/haus-und-grund.pdf;jsessionid=9CBA5E7060E7F911E618C22C38958353.2_cid373?__blob=publicationFile&v=1 (geprüft am 12.02.2022).

Hein, Sebastian/Thomschke, Lorenz, Mietpreisbremse: Fahrkarte geschossen?, Effekte der Mietpreisbremse in ausgewählten Städten, empirica paper. 232, 2016, https://www.empirica-institut.de/nc/nachrichten/details/nachricht/mietpreisbremse-fahrkarte-geschossen/ (geprüft am 12.02.2022).

Heinemann, Patrick, Die Verfassungswidrigkeit der Zweckentfremdungsverbotsgesetze der Länder, NVwZ 2019, S. 1070–1076.

Heinemann, Patrick, Geplantes Umwandlungsverbot im BauGB formell verfassungswidrig?, NVwZ 2020, S. 1398–1401.

Heintze, Alexander, "Ich will kein Gegeneinander", Immobilien Zeitung vom 11.04.2019, S. 27–28.

Henger, Ralph, Mehr Wohnungsbau erfordert schnelles Handeln auf allen Ebenen, aber keinen Aktionismus, Wirtschaftsdienst 2019, S. 603–608, https://www.wirtschaftsdienst.eu/inhalt/jahr/2019/heft/9/beitrag/wohnen-in-der-stadt-wege-zur-loesung-eines-knappheitsproblems.html (geprüft am 12.02.2022).

Henger, Ralph/Oberst, Christian, Immer mehr Menschen verlassen die Großstädte wegen Wohnungsknappheit, IW-Kurzbericht. 20/2019, 2019, https://www.iwkoeln.de/studien/iw-kurzberichte/beitrag/ralph-henger-christian-oberst-immer-mehr-menschen-verlassen-die-grossstaedte-wegen-wohnungsknappheit-419693.html (geprüft am 12.02.2022).

Henger, Ralph/Sagner, Pekka/Voigtländer, Michael, Milieuschutz in Berlin, Gutachten im Auftrag des Vereins zur Förderung von Wohneigentum in Berlin e.V., IW-Gutachten, 2019, https://www.iwkoeln.de/studien/ralph-henger-pekka-sagner-michael-voigtlaender-milieuschutz-in-berlin.html (geprüft am 12.02.2022).

Henger, Ralph/Voigtländer, Michael, Ist der Wohnungsbau auf dem richtigen Weg?, Aktuelle Ergebnisse des IW-Wohnungsbedarfsmodells, IW-Report. 28/2019, 2019, https://www.iwkoeln.de/studien/iw-reports/beitrag/ralph-henger-michael-voigtlaender-ist-der-wohnungsbau-auf-dem-richtigen-weg.html (geprüft am 12.02.2022).

Henger, Ralph/Voigtländer, Michael, IW-Wohnungsbedarfsmodell, Weiterhin hohe Wohnungsbedarfe – vor allem in den Großstädten, Gutachten im Auftrag der Deutsche Reihenhaus AG IW-Gutachten, 2021, https://www.iwkoeln.de/studien/ralph-henger-michael-voigtlaender-weiterhin-hohe-wohnungsbedarfe-vor-allem-in-den-grossstaedten.html (geprüft am 12.02.2022).

Hentschel, Armin, Einflüsse von Telearbeit und Neuen Technologien auf das Wohnen, Anmerkungen zu einem Trend, WuM 2000, S. 638–650.

Herlitz, Carsten, Kapitel 4 Mietrecht, in: Herlitz, Carsten/Saxinger, Andreas (Hrsg.), Handbuch sozialer Wohnungsbau und Mietrecht, Köln 2019, Kap. 4.

Hermanns, Caspar David/Hönig, Dietmar, Das "Boardinghouse" – Wohnnutzung im Sinne des Bauplanungsrechts, BauR 2001, S. 1523–1530.

Herz, Carsten, Neuer Mietspiegel, Das ändert sich für Deutschlands Mieter und Vermieter, 2021, https://www.handelsblatt.com/finanzen/immobilien/immobilie-neuer-mietspiegel-das-aendert-sich-fuer-deutschlands-mieter-und-vermieter/27548704.html?ticket=ST-1920930-hKWLydwC0pRR3n6gF2Qb-ap1 (geprüft am 12.02.2022).

Hessisches Statistisches Landesamt (Hrsg.), Baufertigstellungen in Hessen im Jahr 2019, 2020, https://statistik.hessen.de/zahlen-fakten/verarbeitendes-gewerbe-bau-handwerk/bau/statistische-berichte (geprüft am 12.02.2022).

— (Hrsg.), Baugenehmigungen in Hessen im Jahr 2019, 2020, https://statistik.hessen.de/zahlen-fakten/verarbeitendes-gewerbe-bau-handwerk/bau/statistische-berichte (geprüft am 12.02.2022).

Heu, Johannes Christoph, Kulminierende Grundrechtseingriffe, Vom Umgang mit Belastungskumulation am Beispiel des beendeten Bestandsmarktaufrufes, Berlin 2018 (zugl. Diss. Speyer 2017).

Heuer, Jürgen H. B., Wohnungswirtschaft, in: Beckerath, Erwin v. u. a. (Hrsg.), Handwörterbuch der Sozialwissenschaften, zugleich Neuauflage des Handwörterbuchs der Staatswissenschaften, Bd. 12, Stuttgart u.a. 1965, S. 810–823.

Heuer, Jürgen H. B., Lehrbuch der Wohnungswirtschaft, 2. Aufl., Frankfurt am Main 1985.

Heuer, Jürgen H. B./Nordalm, Volker, Die Wohnungsmärkte im gesamtwirtschaftlichen Gefüge, in: Jenkis, Helmut W. (Hrsg.), Kompendium der Wohnungswirtschaft, 4. Aufl., München 2001, S. 23–41.

Heumann, Fabian, Angespannte Wohnungsmärkte, Eine kritische Betrachtung der Bestimmung angespannter Wohnungsmärkte im Rahmen der Mietpreisbremse, Standort 43 (2019), S. 278–287, https://link.springer.com/article/10.1007/s00548-019-00618-w (geprüft am 12.02.2022).

Heusch, Andreas, Mietpreisbegrenzungen und Eigentumsgarantie, NZM 2020, S. 357–365.

Hillgruber, Christian, Ohne rechtes Maß? Eine Kritik der Rechtsprechung des Bundesverfassungsgerichts nach 60 Jahren, JZ 2011, S. 861–871.

Hinrichs, Frank, Ferienwohnung und Zweckentfremdung - Hamburgs neue Fachanweisung zum Wohnraumschutzgesetz, NZM 2014, S. 545–548.

Hinrichs, Frank, Nebenwohnungen und Zweckentfremdungsverbot in Hamburg, NZM 2017, S. 589–593.

Hinz, Werner, Die "Mietpreisbremse" – erste Überlegungen aus dem Blickwinkel der gerichtlichen Praxis, ZMR 2014, S. 593–601.

Hofacker, Thomas M., Preisvorschriften für sogenannten preisfreien Wohnraum, Eine juristische sowie preis- und allokationstheoretische Untersuchung, Frankfurt am Main u. a. 2000 (zugl. Diss. Frankfurt am Main 1999).

Holm, Andrej/Junker, Stephan/Neitzel, Kevin, Wem nutzen wohnungspolitische Maßnahmen?, Mengeneffekte und soziale Reichweite beim Wohngeld, der Wohnraumförderung und der Mietpreisbremse in 77 deutschen Großstädten, Working Paper Forschungsförderung. 93, 2018, https://www.boeckler.de/de/faust-detail.htm?sync_id=HBS-06978 (geprüft am 12.02.2022).

Holzmann, Christoph, Konjunkturprognose auf Immobilienmärkten, Köln 2007 (zugl. Diss. Oestrich-Winkel 2007).

Hönes, Ernst-Rainer, Was bringt die Erhaltungssatzung (§§ 172 bis 174 BauGB)=, DÖV 2021, S. 122–129.

Horst, Hans Reinold, Mietpreisbremse 3.0, Verlängerung der Umsetzungsermächtigung der Bundesländer und verschärfte Regelungen über die zulässige Miethöhe bei Mietbeginn, MDR 2020, S. 445–451.

Ibel, Andreas, Wohnimmobilien im politischen Kontext, in: Arnold, Daniel u. a. (Hrsg.), Wohnimmobilien, Lebenszyklus, Strategie, Transaktion, Wiesbaden 2017, S. 119–142.

Immobilienverband IVD, Stellungnahme, Entwurf eines Gesetzes zur Mobilisierung von Bauland, 2020, https://www.bmi.bund.de/SharedDocs/gesetzgebungsverfahren/DE/Downloads/stellungnahmen/baulandmobilisierungsgesetz/immobilienverband.pdf;jsessionid=9CBA5E7060E7F911E618C22C38958353.2_cid373?__blob=publicationFile&v=2 (geprüft am 12.02.2022).

Ingold, Albert, Die „Sharing Economy“ der kurzzeitigen Unterkunftsvermietung als Herausforderung für das Gewerbe-, Bau- und Ordnungsrecht, DÖV 2016, S. 595–603.

Initiative Deutsche Wohnen & Co enteignen, Warum enteignen?, 2022, https://www.dwenteignen.de/warum-enteignen/ (geprüft am 12.02.2022).

Institut Wohnen und Umwelt, Gutachten zur Identifizierung von Gebieten mit angespannten Wohnungsmärkten in Bayern, 2019, https://www.justiz.bayern.de/media/pdf/gesetze/gutachten_zur_identifizierung_von_gebieten_mit_angespannten_wohnungsmaerkten_in_bayern_des_instituts_wohnen_und_umwelt__stand_18022019.pdf (geprüft am 12.02.2022).

Institut Wohnen und Umwelt, Gutachten zur Identifizierung von Gebieten mit angespannten Wohnungsmärkten in Bayern, Fortschreibung 2021, 2021, https://www.justiz.bayern.de/media/pdf/gesetze/fortschreibung_gutachten_final_vom_15.05.2021.pdf (geprüft am 12.02.2022).

Jäde, Henning/Dirnberger, Franz/Bauer, Karl/Weiß, Josef (Hrsg.), Die neue Bayerische Bauordnung, Kommentar mit Durchführungsvorschriften und Materialien, Stuttgart u. a. Stand: 77. EL/Okt. 2021.

Jaedicke, Wolfgang, Wirkungen wohnungspolitischer Instrumente, in: Jenkis, Helmut W. (Hrsg.), Kompendium der Wohnungswirtschaft, 4. Aufl., München 2001, S. 184–212.

Jankowski, Klaus, Mietobergrenzen in Erhaltungsgebieten nach § 172 BauGB - ein geeignetes Instrument zur Sicherung der Innenstadtstrukturen in den neuen Bundesländern?, LKV 2003, S. 217–220.

Jarass, Hans D./Pieroth, Bodo (Hrsg.), Grundgesetz für die Bundesrepublik Deutschland, Kommentar, 16. Aufl., München 2020.

Jeep, Jens, Das Mietervorkaufsrecht - Risiken de lege lata und Chance de lege ferenda, Plädoyer für eine Neuregelung des § 577 BGB, notar 2020, S. 311–316.

Jenkins, Blair, Rent Control: Do Economists Agree?, Econ Journal Watch 2009, S. 73–112.

Jenkis, Helmut W., Das soziale Mietrecht – ein Investitionshemmnis?, in: ders. (Hrsg.), Kompendium der Wohnungswirtschaft, 4. Aufl., München 2001, S. 818–854.

Jenkis, Helmut W., Die Wohnung: Ein Wirtschafts- oder Sozialgut?, in: ders. (Hrsg.), Kompendium der Wohnungswirtschaft, 4. Aufl., München 2001, S. 213–251.

Jenkis, Helmut W., Einführung in die Wohnungswirtschaftspolitik, in: ders. (Hrsg.), Kompendium der Wohnungswirtschaft, 4. Aufl., München 2001, S. 65–122.

Junius, Karsten, Risikostreuung von Immobilien, in: Rottke, Nico B./Voigtländer, Michael (Hrsg.), Immobilienwirtschaftslehre – Ökonomie, Wiesbaden 2012, S. 643–674.

Just, Tobias, Wohnimmobilien, in: Schulte, Karl-Werner u. a. (Hrsg.), Immobilienökonomie IV, Volkswirtschaftliche Grundlagen, München 2008, S. 472–495.

Just, Tobias, Immobilienmarktprognosen für Einzelmärkte, in: Rottke, Nico B./Voigtländer, Michael (Hrsg.), Immobilienwirtschaftslehre – Ökonomie, Wiesbaden 2012, S. 903–938.

Just, Tobias/Voigtländer, Michael/Eisfeld, Rupert/Henger, Ralph/Hesse, Markus/Toschka, Alexandra, Wirtschaftsfaktor Immobilien 2017, Beiträge zur Immobilienwirtschaft. Heft 19, https://www.uni-regensburg.de/forschung/immobilien/forschung/beitraege-zur-immobilienwirtschaft/index.html (geprüft am 12.02.2022).

Kähler, Lorenz, Mietrechtsprechung zwischen Kontinuität und Legalität, Zum Faszinosum Rechtssprechungsänderung in der Wohnraummiete, NZM 2020, S. 95–102.

Kaltenstein, Jens, Kernfragen des „additiven" Grundrechtseingriffs unter besonderer Berücksichtigung des Sozialrechts, SGb 2015, S. 365–372.

Kholodilin, Konstantin A./Mense, Andreas/Michelsen, Claus, Die Mietpreisbremse wirkt bisher nicht, DIW Wochenbericht 2016, S. 492–499, https://www.diw.de/de/diw_01.c.535255.de/publikationen/wochenberichte/2016_22_1/die_mietpreisbremse_wirkt_bisher_nicht.html (geprüft am 12.02.2022).

Kholodilin, Konstantin A./Mense, Andreas/Michelsen, Claus, Mietpreisbremse ist besser als ihr Ruf, aber nicht die Lösung des Wohnungsmarktproblems, DIW Wochenbericht 2018, S. 107–117, https://www.diw.de/de/diw_01.c.578099.de/publikationen/wochenberichte/2018_07_1/mietpreisbremse_ist_besser_als_ihr_ruf__aber_nicht_die_loesung_des_wohnungsmarktproblems.html (geprüft am 12.02.2022).

Kholodilin, Konstantin A./Ulbricht, Dirk, Mietpreisbremse: Wohnungsmarktregulierung bringt mehr Schaden als Nutzen, DIW Wochenbericht 2014, S. 319–327, https://www.diw.de/documents/publikationen/73/diw_01.c.442364.de/14-15.pdf (geprüft am 12.02.2022).

Kingreen, Thorsten, Die Eigentumsgarantie (Art. 14 GG), JURA 2016, S. 390–405.

Kingreen, Thorsten/Poscher, Ralf, Grundrechte Staatsrecht II, 37. Aufl., Heidelberg 2021.

Kirchhof, Gregor, Kumulative Belastung durch unterschiedliche staatliche Maßnahmen, NJW 2006, S. 732–736.

Kirchhof, Gregor, Grundrechte und Wirklichkeit, Freiheit und Gleichheit aus der Realität begreifen - ein Beitrag zur Grundrechtsdogmatik, Heidelberg 2007.

Kivelip, Falk, Freie Wohnungsunternehmen, in: Kühne-Büning, Lidwina u. a. (Hrsg.), Grundlagen der Wohnungs- und Immobilienwirtschaft, 4. Aufl., Frankfurt am Main 2005, S. 127–131.

Klatt, Matthias/Meister, Moritz, Der Grundsatz der Verhältnismäßigkeit, Ein Strukturelement des globalen Konstitutionalismus, JuS 2014, S. 193–199.

Kleber, Irene/Müller, Felix/Anfang, Sophie, Zahlen bestätigen: Immer weniger Ärzte in München, 2018, https://www.abendzeitung-muenchen.de/muenchen/zahlen-bestaetigen-immer-weniger-aerzte-in-muenchen-art-436562 (geprüft am 12.02.2022).

Klement, Jan Henrik, Die Kumulation von Grundrechtseingriffen im Umweltrecht, AöR 134 (2009), S. 35–82.

Kletečka, Andreas, Mietrecht zwischen Sozialschutz und Marktregulierung, AcP 220 (2020), S. 674–692.

Kment, Martin, Auf dem Weg zum Baulandmobilisierungsgesetz, ZRP 2020, S. 179–182.

Kment, Martin, Zulässigkeit und Auswirkungen der Ausdehnung von Erhaltungssatzungen, 2021, https://www.bfwbayern.de/download/33851/ (geprüft am 12.02.2022).

Kment, Martin/Fimpel, Stefan, Die geplante Neuregelung zu Wohnungseigentum und Teileigentum in Gebieten mit angespannten Wohnungsmärkten (§ 250 BauGB-Entwurf) – verfassungs- und europarechtswidrig?, ZfBR 2021, S. 129–133.

Kofner, Stefan, Wohnungsmarkt und Wohnungswirtschaft, München 2004.

Kohl, Sebastian/Sagner, Pekka/Voigtländer, Michael, Mangelware Wohnraum, Ökonomische Folgen des Mietpreisbooms in deutschen Großstädten, FGW Studie. Integrierende Stadtentwicklung 18, 2019, https://www.iwkoeln.de/fileadmin/user_upload/Studien/Gutachten/PDF/2019/iw-gutachten-mangelware-wohnraum-2019.pdf (geprüft am 12.02.2022).

König, Helmut/Roeser, Thomas/Stock, Jürgen (Hrsg.), Baunutzungsverordnung, Kommentar, 4. Aufl., München 2019.

Krass, Sebastian, München: Stadt kämpft für bezahlbare Mietwohnungen, 2021, https://www.sueddeutsche.de/muenchen/muenchen-zweckentfremdungssatzung-klage-1.5299403 (geprüft am 12.02.2022).

Krass, Sebastian/Preuß, Roland, Städte fordern Vorkaufsrecht zurück, 2022, https://www.sueddeutsche.de/politik/bezahlbare-mieten-staedte-vorkaufsrecht-1.5516045 (geprüft am 12.02.2022).

Krause, Ralf, Betriebswirtschaftliche Führung eines klassischen Apartmenthauses, in: Gregorius, Anett/Niemeyer, Matthias (Hrsg.), Kompendium des Temporären Wohnens, Serviced Apartments, studentisches Wohnen und Mikroapartments, Ferienwohnungen, Wohnen im Alter, Wiesbaden 2017, S. 231–238.

Kreuter-Kirchhof, Charlotte, Kumulative Grundrechtseingriffe in das Grundeigentum, Verfassungsrechtliche Schranken kumulativer Inhalts- und Schrankenbestimmungen, NVwZ 2019, S. 1791–1797.

Kreuter-Kirchhof, Charlotte, Verfassungsmäßigkeit von Mietpreisbremse und Mietendeckel?, Der Schutz von Mietern, Vermietern und Wohnungssuchenden, DÖV 2021, S. 103–110.

Kromrey, Ilka, Belastungskumulation, Ein Beitrag zur Erweiterung des grundrechtlichen Eingriffsbegriffs, Tübingen 2018 (zugl. Diss. Greifswald 2016/2017).

Kronisch, Joachim, Zur Rolle der gemeindlichen Vorkaufsrechte bei der Sicherung bezahlbaren Wohnens, NVwZ 2019, S. 1471–1475.

Krüper, Julian, Kollektive Wohnformen in der Bauplanungsrechtsdogmatik, Zu Rationalitätskriterien verwaltungsrechtlicher Begriffsbildung, DÖV 2016, S. 793–801.

Kühl, Carsten, Wohnungspolitik zwischen Ideologie und Pragmatismus, Wirtschaftsdienst 2019, S. 612–616, https://www.wirtschaftsdienst.eu/inhalt/jahr/2019/heft/9/beitrag/wohnen-in-der-stadt-wege-zur-loesung-eines-knappheitsproblems.html (geprüft am 12.02.2022).

Kühling, Jürgen, Sektorspezifische Regulierung in den Netzwirtschaften, Typologie, Wirtschaftsverwaltungsrecht, Wirtschaftsverfassungsrecht, München 2004 (zugl. Habil. Bonn 2002/2003).

Kühling, Jürgen, Gentrifizierung als Rechtsproblem: Wohnungspolitik ohne rechtsstaatliche Leitplanken?, NZM 2020, S. 521–531.

Kühling, Jürgen, Gentrifizierung als Rechtsproblem – Wohnungspolitik ohne ökonomische und rechtsstaatliche Leitplanken?, Aktualisierte und erweiterte Fassung des am 12. Februar 2020 vor der Juristischen Gesellschaft zu Berlin gehaltenen Vortrages, Berlin u. a. 2021.

Kühling, Jürgen/Sebastian, Steffen/Siegloch, Sebastian, Neue Wege für die Wohnungspolitik, Ein Vorschlag wie sich die Knappheiten sozial, ökologisch und marktwirtschaftlich überwinden lassen, Frankfurter Allgemeine Zeitung vom 15.10.2021, S. 16.

Kühling, Jürgen/Winkler, Leopold, "Wir kaufen die Stadt zurück" – die Ausübung des gemeindlichen Vorkaufsrechts im Erhaltungsgebiet zum Zwecke des Milieuschutzes, DVBl. 2019, S. 1376–1383.

Kühne-Büning, Lidwina, Wohnungswirtschaft und Konjunktur, in: Jenkis, Helmut W. (Hrsg.), Kompendium der Wohnungswirtschaft, 4. Aufl., München 2001, S. 252–266.

Kühne-Büning, Lidwina, Anbieter und Anbieterverhalten, in: Kühne-Büning, Lidwina u. a. (Hrsg.), Grundlagen der Wohnungs- und Immobilienwirtschaft, 4. Aufl., Frankfurt am Main 2005, S. 99–131.

Kühne-Büning, Lidwina, Besonderheiten des Wirtschaftsgutes Wohnung und seiner Nutzungsleistungen, in: Kühne-Büning, Lidwina u. a. (Hrsg.), Grundlagen der Wohnungs- und Immobilienwirtschaft, 4. Aufl., Frankfurt am Main 2005, S. 7–17.

Kühne-Büning, Lidwina, Besonderheiten des Wohnungsmarktes und soziale Marktwirtschaft, in: Kühne-Büning, Lidwina u. a. (Hrsg.), Grundlagen der Wohnungs- und Immobilienwirtschaft, 4. Aufl., Frankfurt am Main 2005, S. 69–89.

Kühne-Büning, Lidwina, Interdependenz wohnungswirtschaftlicher Teilmärkte - theoretische Ansätze zur Erklärung prozessualer Abläufe, in: Kühne-Büning, Lidwina u. a. (Hrsg.), Grundlagen der Wohnungs- und Immobilienwirtschaft, 4. Aufl., Frankfurt am Main 2005, S. 177–190.

Kühne-Büning, Lidwina, Nachfrage, Nachfrager und Nachfrageverhalten an Wohnungsmärkten, in: Kühne-Büning, Lidwina u. a. (Hrsg.), Grundlagen der Wohnungs- und Immobilienwirtschaft, 4. Aufl., Frankfurt am Main 2005, S. 132–176.

Kühne-Büning, Lidwina, Überlegungen zur marktwirtschaftlichen Ordnung und zum Gleichgewichtspreis, in: Kühne-Büning, Lidwina u. a. (Hrsg.), Grundlagen der Wohnungs- und Immobilienwirtschaft, 4. Aufl., Frankfurt am Main 2005, S. 18–27.

Kühne-Büning, Lidwina, Vorbemerkung, in: Kühne-Büning, Lidwina u. a. (Hrsg.), Grundlagen der Wohnungs- und Immobilienwirtschaft, 4. Aufl., Frankfurt am Main 2005, S. 4–6.

Kühne-Büning, Lidwina, Wohnungspolitik, in: Kühne-Büning, Lidwina u. a. (Hrsg.), Grundlagen der Wohnungs- und Immobilienwirtschaft, 4. Aufl., Frankfurt am Main 2005, S. 234–316.

Kühne-Büning, Lidwina/Steveling, Lieselotte, Mietensysteme in ihrer ordnungspolitischen Funktion, in: Kühne-Büning, Lidwina u. a. (Hrsg.), Grundlagen der Wohnungs- und Immobilienwirtschaft, 4. Aufl., Frankfurt am Main 2005, S. 262–267.

Lang, Wolfgang J.M., Zweckentfremdungserwägungen bei der Nutzung des Wohnungseigentums zur Kurzzeitvermietung, Zugleich Besprechung von BGH v. 12.04.2019 - V ZR 112/18, ZfIR 2019, 760 - in diesem Heft, ZfIR 2019, S. 746–754.

Lange, Pia, Die "Mietpreisbremse" auf dem verfassungsrechtlichen Prüfstand, DVBl. 2015, S. 1551–1559.

Lauerbach, Teresa, Wachstum deutscher Großstädte und innerstädtische Entwicklungen, in: BBSR, Bundesinstitut für Bau-, Stadt-und Raumforschung (Hrsg.), Das neue Wachstum der Städte, Ist Schrumpfung jetzt abgesagt? – Dezembertagung des DGD-Arbeitskreises „Städte und Regionen“ in Kooperation mit dem BBSR Bonn am 6. und 7. Dezember 2018 in Berlin, Bonn 2020, S. 15–24.

Lee, Eun-Kyung, Umweltrechtlicher Instrumentenmix und kumulative Grundrechtseinwirkungen, Überlegungen am Beispiel des Energierechts, Tübingen 2013 (zugl. Diss. Berlin 2012).

Lee, Gabriel S., Wohnimmobilienmärkte, in: Schulte, Karl-Werner u. a. (Hrsg.), Immobilienökonomie IV, Volkswirtschaftliche Grundlagen, München 2008, S. 288–303.

Lehmann-Richter, Arnold, Voraussetzungen und Kontrolle einer Gebietsverordnung zur Mietpreisbremse, WuM 2015, S. 204–212.

Lehmann-Richter, Arnold, Mietpreisbremse: Die Ausnahmen "Neubau" und "umfassende Modernisierung", NZM 2017, S. 497–500.

Lembke, Judith, Mieten wird erschwinglicher, 2020, https://www.faz.net/aktuell/wirtschaft/wohnen/wohnungsmarkt-in-deutschland-mieten-wird-erschwinglicher-16586701.html (geprüft am 12.02.2022).

Leonhardt, Katrin, Wohnungspolitik in der Sozialen Marktwirtschaft, Bern u. a. 1996 (zugl. Diss. Leipzig 1996).

Leopoldsberger, Gerrit/Thomas, Matthias/Naubereit, Philip, Immobilienbewertung, in: Schulte, Karl-Werner u. a. (Hrsg.), Immobilienökonomie I, Betriebswirtschaftliche Grundlagen, 5. Aufl., Berlin u.a. 2016, S. 425–480.

Leuschner, Lars, Die "Mietpreisbremse" – Unzweckmäßig und verfassungsrechtlich höchst bedenklich, NJW 2014, S. 1929–1933.

Leutner, Bernd, Möblierte Wohnungen: Zahlreich, teuer und unberührt von der Mietpreisbremse, GE 2016, S. 1131–1132.

Lippert, André/Kindler, Lars, Boardinghouses, Serviced Apartments, Aparthotels – moderne Wohn- und Beherbergungsformen im Lichte des Baurechts, ZfBR 2016, S. 219–224.

Löhr, Julia, Nichts geht mehr: Die Städte sind voll, 2020, https://www.faz.net/aktuel l/wirtschaft/wie-es-um-den-wohnungsmarkt-in-deutschland-steht-17111641.html #void (geprüft am 12.02.2022).

Löwenstein, Felix zu, Wohnungspolitik, Mannheim 1965.

Lowinski, Leonhard, Grundlagen, Zielsetzungen und Methoden der Wohnungspolitik in der Sozialen Marktwirtschaft, Köln-Braunsfeld 1964.

Lücke, Jörg, Der additive Grundrechtseingriff sowie das Verbot der übermäßigen Gesamtbelastung des Bürgers, DVBl. 2001, S. 1469–1478.

Ludwigs, Markus, Rechtsfragen der Sharing Economy am Beispiel der Modelle Uber und Airbnb, NVwZ 2017, S. 1646–1653.

Lütge, Friedrich, Wohnungswirtschaft, Eine systematische Darstellung unter besonderer Berücksichtigung der deutschen Wohnungswirtschaft, 2. Aufl., Stuttgart 1949.

Luther, Katharina, Ferienwohnung und Boardinghouse im Lichte der BauNVO, NJW-Spezial 2017, S. 364–365.

Lützenkirchen, Klaus (Hrsg.), Mietrecht, Kommentar, 3. Aufl., Köln 2021.

Maennig, Wolfgang, Wohnungspolitik, in: Schulte, Karl-Werner u. a. (Hrsg.), Immobilienökonomie IV, Volkswirtschaftliche Grundlagen, München 2008, S. 532–565.

Manssen, Gerrit, Staatsrecht II, Grundrechte, 18. Aufl., München 2021.

Mayer, Annette, Theorie und Politik des Wohnungsmarktes, eine Analyse der Wohnungspolitik in Deutschland unter besonderer Berücksichtigung der ökonomischen Theorie der Politik, Berlin 1998 (zugl. Diss. Cottbus 1997).

Mecke, Ingo/Piekenbrock, Dirk/Sauerland, Dirk, Markt, Definition: Was ist "Markt"?, 2022, https://wirtschaftslexikon.gabler.de/definition/markt-40513/version-263 894 (geprüft am 12.02.2022).

Mehring, Hubertus, Wohnungsmarkt und Wohnungspolitik, Theoretische Analyse und empirische Überprüfung für die Bundesrepublik Deutschland 1980 - 1989, Münster 1992 (zugl. Diss. Münster 1992).

Meinhold, Helmut, Preis, (III) Preispolitik, in: Beckerath, Erwin v. u. a. (Hrsg.), Handwörterbuch der Sozialwissenschaften, zugleich Neuauflage des Handwörterbuchs der Staatswissenschaften, Bd. 8, Stuttgart u.a. 1965, S. 499–511.

Mense, Andreas/Michelsen, Claus/Kholodilin, Konstantin A., Rent Control, Market Segmentation, and Misallocation, Causal Evidence from a Large-Scale Policy Intervention, Discussion Papers. 1832, 2019, https://www.diw.de/de/diw_01.c.69 8619.de/publikationen/diskussionspapiere/2019_1832/rent_control__market_se gmentation__and_misallocation__causal_evidence_from_a_large-scale_policy_i ntervention.html (geprüft am 12.02.2022).

Merten, Detlef/Papier, Hans-Jürgen (Hrsg.), Handbuch der Grundrechte III, Grundrechte in Deutschland: Allgemeine Lehren, Heidelberg u. a. 2009.

Meyer, Dirk, Staatsversagen im Wohnungsmarkt?, Eine Analyse der Wirkungen staatlicher Eingriffe, Archiv für Kommunalwissenschaften 1986, S. 200–218.

Michelsen, Claus/Mense, Andreas, Evaluierung der Mietpreisbremse, Untersuchung der Wirksamkeit der in 2015 eingeführten Regelungen zur Dämpfung des Mietanstiegs auf angespannten Wohnungsmärkten (Mietpreisbremse) - Studie im Auftrag des Bundesministerium der Justiz und für Verbraucherschutz (BMJV), 2018, https://www.bmjv.de/SharedDocs/Downloads/DE/Ministerium/ForschungUndWissenschaft/MPB_Gutachten_DIW.pdf;jsessionid=EB3189A3B667BBF0D0C85CDDD7D2A4A0.2_cid334?__blob=publicationFile&v=2 (geprüft am 12.02.2022).

Mises, Ludwig, Kritik des Interventionismus, Untersuchungen zur Wirtschaftspolitik und Wirtschaftsideologie der Gegenwart, Jena 1929.

Mitschang, Stephan, Satzungen nach § 172 BauGB, in: ders. (Hrsg.), Erhaltung und Sicherung von Wohnraum, Fach- und Rechtsfragen der Planungs- und Genehmigungspraxis, Baden-Baden 2017, S. 51–118.

Möbert, Jochen, Deutsche Wohnungspolitik, Falsche Weichenstellungen korrigieren, Deutsche Bank Research, 2017, https://www.dbresearch.de/servlet/reweb2.ReWEB?ColumnView=0&ColumnViewRwd=0&ColumnViewRwdFree=AT%2CDU2%2CTI%2CDA%2CT3%2CT1%2CT2%2CPE%2CNR%2CTE%2CDU1&ColumnViewRwdStyle=gmlist4&DocumentLayout=%24%2BSTFI%2C-SHEO%2CMEKL%2CMPEK&ElementCount=180&ElementFrom=80&ElementKey=PROD0000000000449677&ExcludeIssue=PROD0000000000449677&Hits=12&LayoutTypeResult=rpsResultPage&LayoutTypeResult2=rpsResultAndFilter&NoStandardPage=OFF&OrderDirection=Desc&OrderTerm=Date&PageTitle=jAzy8ymahmMTsUdzg6QJmopnoevQLx1sFxyjvcDfaWUQU7w6LkIDf0EcGIdJg5I64786PuCnu2ZKLRFiFutu4bT0xf3ddfvrmGMZ57kTymE%3D&Periodical=PROD0000000000435628%2CPROD0000000000435643%2CPROD0000000000435644%2CPROD0000000000495416&ProdCollection=+&Property=5&ResultType=SearchNextPage&SearchFlags=DEF%2CSTDO&dateColumnFormat=7&prodAttributes=0&rfAjaxResult=false&rfAjaxUserFiltersView=TI%2CT3%2CT1%2CT2%2CPE&rfDisciplineSnippetItems=T3%2CT1%2CT2%2CPE&rfDocumentType=DOCU&rfTitleIndexName=PROD0000000000435628_DE&rwdspl=0&rwnode=RPS_DE-PROD$PROD0000000000435628&rwobj=ReFIND.ReFindSearch.class&rwsite=RPS_DE-PROD (geprüft am 12.02.2022).

Möbert, Jochen, Renditen im Wohnungsmarkt, Rot und Orange dominieren, Deutsche Bank Research, 2020, https://www.dbresearch.de/servlet/reweb2.ReWEB?rwnode=RPS_DE-PROD$HIDDEN_GLOBAL_SEARCH&rwsite=RPS_DE-PROD&rwobj=ReDisplay.Start.class&document=PROD0000000000514981# (geprüft am 12.02.2022).

Molodovsky, Paul/Famers, Gabriele/Waldmann, Timm (Hrsg.), Bayerische Bauordnung, Kommentar mit einer Sammlung baurechtlicher Vorschriften, Heidelberg Stand: 143. EL/Okt. 2021.

Mueller, Glenn R., Understanding Real Estate's Physical and Financial Market Cycles, Real Estate Finance 1995, S. 47–52.

Mueller, Glenn R., Real Estate Rental Growth Rates at Different Points in the Physical Market Cycle, Journal of Real Estate Research 1999, S. 131–150.

Mueller, Glenn R., What will the next Real Estate Cycle look like?, Journal of Real Estate Portfolio Management 2002, S. 115–125.

Mueller, Glenn R., Real Estate Cycles, Präsentationsfolien, 2017, https://www4.fsa.ulaval.ca/wp-content/uploads/2015/08/Part1-Real-estate-cycles-Glenn-Mueller_optimized.pdf (geprüft am 12.02.2022).

Münchener Kommentar zum Bürgerlichen Gesetzbuch, Band 4: Schuldrecht - Besonderer Teil II, hrsg. v. *Säcker, Franz Jürgen/Rixecker, Roland/Oetker, Hartmut* u. a., 8. Aufl., München 2020 (zit. MüKo BGB).

Nachtkamp, Hans-Heinrich, Grundlagen der Theorie der Wohnungsmarktwirtschaft, Ein Modell der Volkswirtschaft mit expliziter Formulierung des Baubodenmarktes, des Bauleistungsmarktes, des Wohnimmobilienmarktes und des Mietmarktes, in: Kühne-Büning, Lidwina u. a. (Hrsg.), Grundlagen der Wohnungs- und Immobilienwirtschaft, 4. Aufl., Frankfurt am Main 2005, S. 27–68.

Nolte, Roland/Voß, Oliver/Michels, Winfried, Nachfrage- und Angebotswirkungen des Wohngeldes, Theoretische Analyse und empirische Überprüfung, Münster 1997.

Oberhuber, Nadine, Miethaie gesucht, 2016, https://www.zeit.de/wirtschaft/2016-05/immobiliengeschaeft-mietpreise-mietpreisbremse-vermieter-profit (geprüft am 12.02.2022).

Oertel, Cay, Quantitatives Risikomanagement in der Immobilienwirtschaft, Bisherige Entwicklungen, Best Practices und Ableitung einer Evolutionsmatrix, Wiesbaden 2019.

Oertel, Christopher Yvo, Risikomanagement bei Wohnimmobilien, in: Arnold, Daniel u. a. (Hrsg.), Wohnimmobilien, Lebenszyklus, Strategie, Transaktion, Wiesbaden 2017, S. 883–902.

Oettle, Karl, Öffentliche Betriebe, in: Grochla, Erwin/Wittmann, Waldemar (Hrsg.), Handwörterbuch der Betriebswirtschaft, 4. Aufl., Stuttgart 1975, Sp. 2792–2806.

Oettle, Karl, Die Wohnung als wirtschaftliches Gut, in: Engelhardt, Werner/Thiemeyer, Theo (Hrsg.), Gesellschaft, Wirtschaft, Wohnungswirtschaft, Festschrift für Helmut Jenkis, Berlin 1987, S. 235–260.

Oettle, Karl, Die Wohnung als wirtschaftliches Gut, in: Engelhardt, Werner/Thiemeyer, Theo (Hrsg.), Gesellschaft, Wirtschaft, Wohnungswirtschaft, Festschrift für Helmut Jenkis, Berlin 1987, S. 235–260.

Ott, Alfred Eugen, Marktformen, in: Albers, Willi (Hrsg.), Handwörterbuch der Wirtschaftswissenschaft, zugleich Neuauflage des Handwörterbuchs der Sozialwissenschaften, Bd. 5, Stuttgart 1980, S. 104–113.

Palinkas, Peter, Die Wohnungsbauinvestitionen in der BRD, Eine theoretische und empirische Analyse, Hamburg 1976 (zugl. Diss. Hamburg 1976).

Papier, Hans-Jürgen, Bundesweiter Mietendeckel unter verfassungsrechtlicher Betrachtung, DRiZ 2021, S. 456–459.

Pätzold, Ricarda, Wohnungsmarktbeobachtung als kommunale Aufgabe, Einordnung vor dem Hintergrund aktueller wohnungspolitischer Entwicklungen, in: Gans, Paul/Westerheide, Peter (Hrsg.), Steuerungs- und Beobachtungsinstrumente zur städtischen Wohnungsmarkt- und Quartiersentwicklung, Mannheim 2016, S. 17–30.

Pechstein, Matthias/Nowak, Carsten/Häde, Ulrich (Hrsg.), Frankfurter Kommentar zu EUV, GRC und AEUV, Tübingen 2017.

Pelzl, Wolfgang, Tagesaktuell: Auswirkungen der Steuerreform auf den Wohnungsmarkt, NZM 1998, S. 985–986.

Pommer, Sophia, Zur bauplanungsrechtlichen Zulässigkeit von Ferienwohnungen und zur Sicherung von Gebieten mit Fremdenverkehrsfunktionen nach der BauGB-Novelle, UPR 2017, S. 490–493.

Prütting, Hanns/Wegen, Gerhard/Weinreich, Gerd (Hrsg.), BGB, Bürgerliches Gesetzbuch, Kommentar, 16. Aufl., Hürth 2021.

Pulletz, Werner, Objektfinanzierung, in: Murfeld, Egon (Hrsg.), Spezielle Betriebswirtschaftslehre der Immobilienwirtschaft, 8. Aufl., München 2018, S. 589–725.

Pulletz, Werner, Unternehmenssteuerung, Unternehmenskontrolle, Unternehmensfinanzierung, in: Murfeld, Egon (Hrsg.), Spezielle Betriebswirtschaftslehre der Immobilienwirtschaft, 8. Aufl., München 2018, S. 171–258.

Pyhrr, Stephan A./Roulac, Stephen E./Born, Waldo L., Real Estate Cycles and their strategic Implications for Investors and Portfolio Managers in the Global Economy, Journal of Real Estate Research 1999, S. 7–68.

Ramsauer, Stefanie, Steuerung sozialer und ethnischer Segregation durch städtebauliche Planungsinstrumente, Berlin 2018 (zugl. Diss. Hamburg 2017).

Rebitzer, Dieter, Anlageformen, generelle Aspekte der Immobilieninvestition sowie Immobilieninvestoren, in: Schäfer, Jürgen/Conzen, Georg (Hrsg.), Praxishandbuch Immobilien-Investitionen, 4. Aufl., München 2020, S. 1–58.

Reicherzer, Max/Finster, Cornelia, Baulandmobilisierung durch Gesetz? Was bringt die BauGB-Novelle?, ZfIR 2021, S. 149–153.

Reidt, Olaf/v. Landwüst, Stefanie, Die bauplanungsrechtliche Behandlung von Ferienwohnungen, UPR 2015, S. 12–16.

Reßing, Maximilian, Die Grundrechtskonkurrenz, Kohärenz im freiheitrechtlichen System des Grundgesetzes, Baden-Baden 2016 (zugl. Diss. Kiel 2015).

Riemann, Charlotte Sophie, Baurechtliche Instrumente gegen Gentrifizierung, Wiesbaden 2016 (zugl. Diss. München 2016).

Rink, Dieter/Wolff, Manuel, Wohnungsleerstand in Deutschland. Zur Konzeptualisierung der Leerstandsquote als Schlüsselindikator der Wohnungsmarktbeobachtung anhand der GWZ 2011, Raumforschung und Raumordnung 73 (2015), S. 311–325, https://content.sciendo.com/downloadpdf/journals/rara/73/5/article-p311.xml (geprüft am 12.02.2022).

Rixen, Stephan, Kapitel 5 – Impfschutzrecht, in: Huster, Stefan/Kingreen, Thorsten (Hrsg.), Handbuch Infektionsschutzrecht, München 2021, S. 171–202.

Rixner, Florian/Biedermann, Robert/Charlier, Jaqueline (Hrsg.), Systematischer Praxiskommentar BauGB/BauNVO, 3. Aufl., Köln 2018.

Rohland, Fabian, Bezahlbarer Wohnraum – Die Herausforderungen für Politik und Wohnungswirtschaft, in: Gans, Paul/Westerheide, Peter (Hrsg.), Wohnungspolitik angesichts angespannter städtischer Wohnungsmärkte, Mannheim 2017, S. 31–54.

Rottke, Nico B., Immobilienzyklen, in: Schulte, Karl-Werner u. a. (Hrsg.), Immobilienökonomie IV, Volkswirtschaftliche Grundlagen, München 2008, S. 172–198.

Rottke, Nico B., Besonderheiten von Immobilien und deren Märkten, in: Rottke, Nico B./Voigtländer, Michael (Hrsg.), Immobilienwirtschaftslehre – Ökonomie, Wiesbaden 2012, S. 83–100.

Rottke, Nico B., Immobilienzyklen und spekulative Blasen, in: Rottke, Nico B./ Voigtländer, Michael (Hrsg.), Immobilienwirtschaftslehre – Ökonomie, Wiesbaden 2012, S. 249–298.

Rottke, Nico B./Krautz, Sebastian, Investition in Wohnimmobilien, in: Arnold, Daniel u. a. (Hrsg.), Wohnimmobilien, Lebenszyklus, Strategie, Transaktion, Wiesbaden 2017, S. 775–832.

Rünstler, Gerhard/Vlekke, Marente, Business, housing, and credit cycles, Journal of Applied Econometrics 33 (2018), S. 212–226.

Ruschemeier, Hannah, Der additive Grundrechtseingriff, Berlin 2019 (zugl. Diss. Düsseldorf 2018).

Sachs, Michael (Hrsg.), Grundgesetz: GG, Kommentar, 9. Aufl., München 2021.

Sagner, Pekka/Stockhausen, Maximilian/Voigtländer, Michael, Wohnen, die neue soziale Frage?, IW-Analysen. 136, 2020, https://www.iwkoeln.de/studien/iw-analysen/beitrag/pekka-sagner-maximilian-stockhausen-michael-voigtlaender-wohnen-die-neue-soziale-frage.html (geprüft am 12.02.2022).

Sagner, Pekka/Voigtländer, Michael, Die Erschwinglichkeit von Wohnraum, Analyse für alle deutschen Kreise, IW-Gutachten, 2018, https://www.iwkoeln.de/studien/gutachten/beitrag/pekka-sagner-michael-voigtlaender-die-erschwinglichkeit-von-wohnraum.html (geprüft am 12.02.2022).

Sagner, Pekka/Voigtländer, Michael, Zur Reform des Mietspiegels, IW-Gutachten, 2019, https://www.iwkoeln.de/studien/pekka-sagner-michael-voigtlaender-deutschland-steht-an-einem-scheideweg.html (geprüft am 12.02.2022).

Sailer, Erwin, Grundlagen - Unternehmen und Märkte der Immobilienwirtschaft, in: Murfeld, Egon (Hrsg.), Spezielle Betriebswirtschaftslehre der Immobilienwirtschaft, 8. Aufl., München 2018, S. 3–143.

Schach, Klaus/Schultz, Michael/Schüller, Peter (Hrsg.), BeckOK Mietrecht, Kommentar, München Stand: 26. Edition/Nov. 2021.

Schäfer, Jürgen/Conzen, Georg, Wirtschaftlichkeitsberechnungen, in: dies. (Hrsg.), Praxishandbuch Immobilien-Investitionen, 4. Aufl., München 2020, S. 637–652.

Schäfers, Wolfgang/Ecke, Christian/Högner, Johannes/Dietzel, Marian, Öffentliches Immobilienmanagement, in: Schulte, Karl-Werner u. a. (Hrsg.), Immobilienökonomie I, Betriebswirtschaftliche Grundlagen, 5. Aufl., Berlin u.a. 2016, S. 837–870.

Scheidler, Alfred, Baulandmobilisierung durch Änderung bauplanungsrechtlicher Zulassungstatbestände, WiVerw 2021, S. 45–53.

Scheidler, Alfred, Baulandmobilisierung im Innenbereich – Die anstehende Änderung des § 34 Abs. 3a BauGB, VR 2021, S. 181–184.

Scheidler, Alfred, Das bauplanungsrechtliche Gebot des Einfügens in die Eigenart der näheren Umgebung, Die Vorgaben des § 34 BauGB in der Fassung des kommunale Baulandmobilisierungsgesetzes, BauR 2021, S. 171–180.

Schier, Michael/Voigtländer, Michael, Soziale Wohnraumförderung auf dem Prüfstand, IW-Trends. 1/2016, 2016, https://www.iwkoeln.de/studien/iw-trends/beitrag/michael-schier-michael-voigtlaender-soziale-wohnraumfoerderung-auf-dem-pruefstand-266056.html (geprüft am 12.02.2022).

Schink, Alexander, Planerische Steuerung von Ferienwohnungen, UPR 2017, S. 292–297.

Schink, Alexander, Entwurf eines Gesetzes zur Mobilisierung von Bauland, UPR 2020, S. 326–333.

Schlaich, Klaus/Korioth, Stefan, Das Bundesverfassungsgericht, Stellung, Verfahren, Entscheidung, 12. Aufl., München 2021.

Schmid, Michael J./Harz, Annegret (Hrsg.), Mietrecht, Kommentar, 5. Aufl., Köln 2017.

Schmidt, Katrin, Wohnung, Ausführliche Definition, 2022, https://wirtschaftslexikon.gabler.de/definition/wohnung-48736/version-271985 (geprüft am 12.02.2022).

Schmidt-Futterer, Wolfgang/Blank, Hubert, Wohnraumschutzgesetze, Kündigung, Mieterhöhung, Mietwucher, Zweckentfremdung; Kommentar, 6. Aufl., München 1988.

Schmidt-Futterer, Mietrecht, Großkommentar des Wohn- und Gewerberaummietrechts, hrsg. v. *Börstinghaus, Ulf P.*, 15. Aufl., München 2021.

Schmoll, Fritz genannt Eisenwerth, Immobilienwirtschaft - eine Einführung, in: ders. (Hrsg.), Basiswissen Immobilienwirtschaft, Vermietung und Verwaltung, Marketing und Maklerrecht, Grundstück und Grundstückskauf, Wertermittlung, Immobilieninvestition, Immobilienfinanzierung, Immobilienbesteuerung, Planungs- und Baurecht, Grundlagen der Bautechnik, Projektentwicklung, Staat und Markt, 2. Aufl., Berlin-Schöneberg 2007, S. 3–25.

Schmoll, Fritz genannt Eisenwerth, Staat und Markt - die volkswirtschaftliche Perspektive, in: ders. (Hrsg.), Basiswissen Immobilienwirtschaft, Vermietung und Verwaltung, Marketing und Maklerrecht, Grundstück und Grundstückskauf, Wertermittlung, Immobilieninvestition, Immobilienfinanzierung, Immobilienbesteuerung, Planungs- und Baurecht, Grundlagen der Bautechnik, Projektentwicklung, Staat und Markt, 2. Aufl., Berlin-Schöneberg 2007, S. 1243–1350.

Schnapp, M., Investitionsrechnung zur Vorbereitung von Investitionsentscheidungen, in: Kühne-Büning, Lidwina u. a. (Hrsg.), Grundlagen der Wohnungs- und Immobilienwirtschaft, 4. Aufl., Frankfurt am Main 2005, S. 618–626.

Schneider, Hans K./Deichmann, Werner, Der Weg zur sozialen Wohnungsmarktwirtschaft, Melle 1984.

Schollmeier, Jana, Die Gewährleistung von angemessenem und bezahlbarem Wohnraum als Verfassungsfrage, Baden-Baden 2020 (zugl. Diss. Trier 2020).

Schröder, Meinhard, Bau- und ordnungsrechtliche Fragen der kurzzeitigen Wohnraumvermietung über Internetportale im Rahmen der Sharing Economy, GewA 2015, S. 392–398.

Schrödter, Baugesetzbuch, Kommentar, hrsg. v. *Schrödter, Wolfgang*, 9. Aufl., Baden-Baden 2019.

Schubert, Reinhard, Die "Einliegerwohnungen" im 2. Wohnraumkündigungsschutzgesetz, WuM 1975, S. 1–5.

Schuldt, Johann-Frederik, Mietpreisbremse, Eine juristische und ökonomische Untersuchung der Preisregulierung für preisfreien Wohnraum, Baden-Baden 2017 (zugl. Diss. Potsdam 2016).

Schulte, Karl-Werner/Sotelo, Ramon/Allendorf, Georg J./Ropeter-Ahlers, Sven-Eric/Lang, Stephan, Immobilieninvestition, in: Schulte, Karl-Werner u. a. (Hrsg.), Immobilienökonomie I, Betriebswirtschaftliche Grundlagen, 5. Aufl., Berlin u.a. 2016, S. 579–649.

Schultz, Michael, Aktuelle Probleme der Zweckentfremdung, GE 1991, S. 65–75.

Schultz, Michael, Irrtum Mietpreisbremse, ZRP 2014, S. 37–41.

Schultz, Michael/Bujewski-Crawford, Utemaria, Das Verbot der Zweckentfremdung von Wohnraum in Berlin und Brandenburg, Erläuterungen zu den Zweckentfremdungsverbot-Verordnungen von Berlin und Brandenburg, Berlin-Reinickendorf 1997.

Schultz, Michael/Bujewski-Crawford, Utemaria, Das Verbot der Zweckentfremdung von Wohnraum - Grundlage und Anwendbarkeit der Zweckentfremdungsvorschriften, NZM 1998, S. 385–389.

Schürt, Alexander, Strukturen und Entwicklungen der deutschen Wohnimmobilienmärkte, in: Arnold, Daniel u. a. (Hrsg.), Wohnimmobilien, Lebenszyklus, Strategie, Transaktion, Wiesbaden 2017, S. 73–98.

Schwarzer, Herbert/König, Helmut, Bayerische Bauordnung, Kommentar, 4. Aufl., München 2012.

Sebastian, Steffen/Haupt, Harry/Kauermann, Göran/Kühling, Jürgen/Lerbs, Oliver/Malottki, Christian von/*Promann, Johannes/Schmid, Christoph/Schmidt, Bernhard/Stelter, Manfred/Vaché, Martin/Voigtländer, Michael*, Stellungnahme der gif-Mietspiegelkommission, Referentenentwürfen vom 27.02.2020 zum Entwurf eines Gesetzes zur Reform des Mietspiegelrecht (Mietspiegelreformgesetz – MsRG) und zum Entwurf einer Verordnung über den Inhalt und das Verfahren zur Erstellung und zur Anpassung von Mietspiegeln sowie zur Konkretisierung der Grundsätze für qualifizierte Mietspiegel (Mietspiegelverordnung – MsV), 2020, https://gif-ev.de/onlineshop/download/direct,530 (geprüft am 12.02.2022).

Sebastian, Steffen/Kauermann, Göran/Kühling, Jürgen/Lerbs, Oliver/Malottki, Christian von/*Promann, Johannes/Schmid, Christoph/Schmidt, Bernhard/Vaché, Martin/Voigtländer, Michael*, Stellungnahme zum Gesetzentwurf der Bundesregierung, Entwurf eines Gesetzes zur Reform des Mietspiegelrechts (Mietspiegelreformgesetz – MsRG) vom 24.02.2021 (BT- Drucksache 19/26918), 2021, https://gif-ev.de/_doc/file/view,31985 (geprüft am 12.02.2022).

Sebastian, Steffen/Memis, Halil I., gif-Mietspiegelreport 2021, Auswertung der Mietspiegel der zweihundert größten Städte Deutschlands, 2021, https://gif-ev.de/onlineshop/detail/535 (geprüft am 12.02.2022).

Seifert, Frank-Florian, (K)Ein "Meilenstein der Wohnungspolitik"?, Chancen und Risiken des Baulandmobilisierungsgesetz, GE 2020, S. 1537–1542.

Senatskanzlei Berlin, Rechtsverordnung soll ganz Berlin als ein Gebiet mit einem angespannten Wohnungsmarkt ausweisen, Pressemitteilung vom 20.07.2021, 2021, https://www.berlin.de/rbmskzl/aktuelles/pressemitteilungen/2021/pressemitteilung.1107779.php (geprüft am 12.02.2022).

Senatsverwaltung für Stadtentwicklung und Wohnen Berlin, Stellungnahme, Referentenentwurf des Bundesministeriums des Innern, für Bau und Heimat (Stand 09.06.2020): Entwurf eines Gesetzes zur Mobilisierung von Bauland (Baulandmobilisierungsgesetz), 2020, https://www.bmi.bund.de/SharedDocs/gesetzgebungsverfahren/DE/Downloads/stellungnahmen/baulandmobilisierungsgesetz/stellungnahmen-laender/berlin.pdf;jsessionid=6280410C337754AE15D09009C5033AE5.2_cid364?__blob=publicationFile&v=3 (geprüft am 12.02.2022).

Shirvani, Foroud, Wohnraummangel und Bodenordnung, Rechtliche Maßnahmen zur Behebung des Wohnraummangels im Fokus der Eigentumsverfassung, DVBl. 2020, S. 172–179.

Sieg, Raimund, Die Mietpreisbremse in Bayern, Überprüfung der rechtmäßigen Umsetzung der bundesgesetzlichen Ermächtigungsgrundlage, DWW 2016, S. 204–208.

Simons, Harald/Schmandt, Marco, Frühjahresgutachten Wohnimmobilien 2020, in: ZIA, Zentraler Immobilien Ausschuss (Hrsg.), Frühjahresgutachten Immobilienwirtschaft 2020, des Rates der Immobilienweisen, Berlin 2020, S. 159–192.

Simons, Harald/Schmandt, Marco, Wohnimmobilien in den A-Städten, in: ZIA, Zentraler Immobilien Ausschuss (Hrsg.), Immobilienwirtschaft in und nach der Corona-Krise, Herbstgutachten des Rates der Immobilienweisen, Berlin 2020, S. 52–63.

Simons, Harald/Tielkes, Constantin/Schmandt, Marco/Thomschke, Lorenz, Mantelgutachten zu den mietrechtlichen Verordnungen in Nordrhein-Westfalen, Endbericht, 2020, https://www.mhkbg.nrw/sites/default/files/media/document/file/empirica_Mantelgutachten_zu_den_mietrechtlichen_Verordnungen_in_NRW.pdf (geprüft am 12.02.2022).

Simons, Harald/Wieden, Lucas, Schwarmstädte in Deutschland, Ursachen und Nachhaltigkeit der neuen Wanderungsmuster, GdW Studie, 2015, https://www.gdw.de/uploads/pdf/publikationen/GdW_Schwarmstaedte_web.pdf (geprüft am 12.02.2022).

Smith, Lawrence B./Rosen, Kenneth T./Fallis, George, Recent Developments in Economic Models of Housing Markets, Journal of Economic Literature 1988, S. 29–64.

Sodan, Helge, Verfassungs- und andere Rechtsprobleme von Berliner Regelungen über das Verbot der Zweckentfremdung von Wohnraum, Berlin 2015.

Soester, Thiemo, Öffentlich-rechtliche Vorkaufsrechte aus notarieller Perspektive, RNotZ 2018, S. 1–22.

Sonnenschein, Jürgen, Die erleichterte Kündigung von Einliegerwohnraum, NZM 2000, S. 1–9.

Sotelo, Ramon, Ökonomische Grundlagen der Wohnungspolitik, Köln 2001 (zugl. Diss. Oestrich-Winkel 2001).

Spannowsky, Willy/Hornmann, Gerhard/Kämper, Norbert (Hrsg.), BeckOK BauNVO, Kommentar, München Stand: 28. Edition/Jan. 2022.

Spannowsky, Willy/Manssen, Gerrit (Hrsg.), BeckOK BayBO, Kommentar, München Stand: 20. Edition/Nov. 2021.

Spannowsky, Willy/Uechtritz, Michael (Hrsg.), BeckOK BauGB, Kommentar, München Stand: 53. Edition/Aug. 2021.

SPD, BÜNDNIS 90 / DIE GRÜNEN, FDP, Mehr Fortschritt wagen, Bündnis für Freiheit, Gerechtigkeit und Nachhaltigkeit – Koalitionsvertrag 2021–2025, 2021, https://dynamic.faz.net/download/2021/Koalitionsvertrag2021-2025.pdf (geprüft am 12.02.2022).

Spiegel, Erika, Wohnen und Wohnung als soziologische Kategorie, in: Jenkis, Helmut W. (Hrsg.), Kompendium der Wohnungswirtschaft, 4. Aufl., München 2001, S. 42–64.

Spielbauer, Thomas/Schneider, Jochen (Hrsg.), Mietrecht, Kommentar, 2. Aufl., Berlin 2018.

Spitzlei, Thomas, Baurechtliche Instrumentarien gegen die Zweckentfremdung von Wohnraum, JA 2020, S. 333–345.

Stadt München, Neufassung der Abwendungserklärung, Sitzungsvorlage Nr. 40-20 / V 11734 – Vorkaufsrecht in Erhaltungsgebieten, 2018, https://www.ris-muenchen.de/RII/RII/DOK/SITZUNGSVORLAGE/4965014.pdf (geprüft am 12.02.2022).

Stadt München, Milieuschutz für Münchner Stadtviertel, 2021, https://www.muenchen.de/rathaus/Serviceangebote/wohnen-bauen/erhaltungssatzungen.html (geprüft am 12.02.2022).

Stadt München, Zweckentfremdung: Sozialreferat bereitet Popularklage vor, Rathaus Umschau. 95, 2021, https://ru.muenchen.de/2021/95 (geprüft am 12.02.2022).

Statistisches Amt für Hamburg und Schleswig-Holstein (Hrsg.), Hochbautätigkeit und Wohnungsbestand in Hamburg 2019, 2020, https://www.statistik-nord.de/zahlen-fakten/bautaetigkeit-wohnen/baugenehmigungen-und-bautaetigkeit/dokumentenansicht/hochbautaetigkeit-und-wohnungsbestand-in-hamburg-2019-62141 (geprüft am 12.02.2022).

Statistisches Bundesamt (Hrsg.), Bestand an Wohnungen, 31. Dezember 2009 – Bauen und Wohnen, Fachserie 5 Reihe 3, 2010, https://www.destatis.de/GPStatistik/receive/DEHeft_heft_00005284 (geprüft am 12.02.2022).

— (Hrsg.), Bevölkerung und Erwerbstätigkeit, Wanderungen, Fachserie 1 Reihe 1.2, 2018, https://www.statistischebibliothek.de/mir/receive/DEHeft_mods_00083823 (geprüft am 12.02.2022).

— (Hrsg.), Wirtschaftsrechnungen, Einkommens- und Verbrauchsstichprobe Wohnverhältnisse privater Haushalte, Fachserie 15 Sonderheft 1, 2018, https://www.destatis.de/DE/Themen/Gesellschaft-Umwelt/Wohnen/Publikationen/Downloads-Wohnen/evs-wohnverhaeltnis-haushalte-2152591189004.pdf?__blob=publicationFile (geprüft am 12.02.2022).

— (Hrsg.), Baufertigstellungen von Wohn- und Nichtwohngebäuden u. a. nach Bauherren, Bauen und Wohnen, Lange Reihen z. T. ab 1980, 2019, https://www.destatis.de/DE/Themen/Branchen-Unternehmen/Bauen/Publikationen/Downloads-Bautaetigkeit/baufertigstellungen-bauherren-pdf-5311201.pdf?__blob=publicationFile (geprüft am 12.02.2022).

— (Hrsg.), Bestand an Wohnungen, 31. Dezember 2018 – Bautätigkeit und Wohnungen, Fachserie 5 Reihe 3, 2019, https://www.destatis.de/DE/Themen/Gesellschaft-Umwelt/Wohnen/Publikationen/Downloads-Wohnen/bestand-wohnungen-2050300187004.pdf?__blob=publicationFile (geprüft am 12.02.2022).

— (Hrsg.), Bevölkerung und Erwerbstätigkeit, Wanderungen, Fachserie 1 Reihe 1.2, 2019, https://www.statistischebibliothek.de/mir/receive/DEHeft_mods_00096718 (geprüft am 12.02.2022).

— (Hrsg.), Mikrozensus – Haushalte und Familien, Haushalte nach RegioStar-Gebietsgliederung – Mikrozensus 2017, 2019, https://www.destatis.de/DE/Themen/Gesellschaft-Umwelt/Bevoelkerung/Haushalte-Familien/Tabellen/sonderauswertung-haushalte-regiostar.xlsx?__blob=publicationFile (geprüft am 12.02.2022).

— (Hrsg.), Wohnen 2018, Mieten und Mietbelastung in Metropolen besonders hoch – Pressemitteilung Nr. N 001 vom 01.10.2019, 2019, https://www.destatis.de/DE/Presse/Pressemitteilungen/2019/10/PD19_N001_129.html (geprüft am 12.02.2022).

— (Hrsg.), Baugenehmigungen/Baufertigstellungen u. a. nach Gebäudeart, Bauen und Wohnen, 2020, https://www.destatis.de/DE/Themen/Branchen-Unternehmen/Bauen/Publikationen/Downloads-Bautaetigkeit/baugenehmigungen-gebaeudeart-pdf-5311102.pdf?__blob=publicationFile (geprüft am 12.02.2022).

— (Hrsg.), Bautätigkeit und Wohnungen, Bautätigkeit, Fachserie 5 Reihe 1, 2020, https://www.destatis.de/DE/Themen/Branchen-Unternehmen/Bauen/Publikationen/Downloads-Bautaetigkeit/bautaetigkeit-2050100197004.pdf?__blob=publicationFile (geprüft am 12.02.2022).

— (Hrsg.), Bevölkerung nach Gebietsstand (ab 1950), Bevölkerungsstand, 2020, https://www.destatis.de/DE/Themen/Gesellschaft-Umwelt/Bevoelkerung/Bevoelkerungsstand/Tabellen/liste-gebietstand.html (geprüft am 12.02.2022).

— (Hrsg.), Bevölkerung und Erwerbstätigkeit, Wanderungen, Fachserie 1 Reihe 1.2, 2020, https://www.statistischebibliothek.de/mir/receive/DEHeft_mods_00128336 (geprüft am 12.02.2022).

— (Hrsg.), Ergebnisse der 14. koordinierten Bevölkerungsvorausberechnung, Bevölkerungsvorausberechnung, 2020, https://www.destatis.de/DE/Themen/Gesellschaft-Umwelt/Bevoelkerung/Bevoelkerungsvorausberechnung/Tabellen/variante-1-2-3-altersgruppen.html (geprüft am 12.02.2022).

— (Hrsg.), Haushalte und Haushaltsmitglieder für Deutschland, das frühere Bundesgebiet und die Neuen Länder einschließlich Berlin, Haushalte und Familien, 2020, https://www.destatis.de/DE/Themen/Gesellschaft-Umwelt/Bevoelkerung/Haushalte-Familien/Tabellen/1-1-privathaushalte-haushaltsmitglieder.html (geprüft am 12.02.2022).

— (Hrsg.), Privathaushalte nach Haushaltsgröße im Zeitvergleich, Haushalte nach Haushaltsgröße. Lange Reihen mit Jahresergebnisse ab 1961, 2020, https://www.destatis.de/DE/Themen/Gesellschaft-Umwelt/Bevoelkerung/Haushalte-Familien/Tabellen/lrbev05.html (geprüft am 12.02.2022).

— (Hrsg.), Wanderungen von nichtdeutschen Staatsangehörigen zwischen Deutschland und dem Ausland, Wanderungen, 2020, https://www.destatis.de/DE/Themen/Gesellschaft-Umwelt/Bevoelkerung/Wanderungen/Tabellen/wanderungen-auslaender.html (geprüft am 12.02.2022).

— (Hrsg.), Wanderungen zwischen Deutschland und dem Ausland, Zugezogene, Fortgezogene und Saldo, Zuzüge insgesamt, Fortzüge insgesamt und Zuzüge von Asylsuchenden, 2020, https://www.destatis.de/DE/Themen/Gesellschaft-Umwelt/Bevoelkerung/Wanderungen/Tabellen/wanderungen-alle.html (geprüft am 12.02.2022).

— (Hrsg.), Äquivalenzeinkommen, Einkommen, Konsum und Lebensbedingungen, 2021, https://www.destatis.de/DE/Themen/Gesellschaft-Umwelt/Einkommen-Konsum-Lebensbedingungen/Glossar/aequivalenzeinkommen.html (geprüft am 12.02.2022).

— (Hrsg.), Baumaterialien im Jahr 2021 stark verteuert, Pressemitteilung Nr. N 006 vom 10. Februar 2022, 2022, https://www.destatis.de/DE/Presse/Pressemitteilungen/2022/02/PD22_N006_61.html (geprüft am 12.02.2022).

Statistisches Landesamt Baden-Württemberg (Hrsg.), Bautätigkeit in Baden-Württemberg 2019, 2020, https://www.statistik-bw.de/HandwBauwirtsch/Bautaetigkeit/ (geprüft am 12.02.2022).

Statistisches Landesamt NRW (Hrsg.), Baufertigstellungen und Bauabgänge in Nordrhein-Westfalen, 2019, 2020, https://www.it.nrw/statistik/wirtschaft-und-umwelt/handwerk-und-bau/bautaetigkeit (geprüft am 12.02.2022).

— (Hrsg.), Baugenehmigungen in Nordrhein-Westfalen, 2019, 2020, https://www.it.nrw/statistik/wirtschaft-und-umwelt/handwerk-und-bau/bautaetigkeit (geprüft am 12.02.2022).

Staudinger, Buch 2: §§ 535-556g BGB (Mietrecht 1 - Allgemeine Vorschriften; Wohnraummiete), Kommentar, Berlin Neubearbeitung 2021.

Staudinger, Buch 2: §§ 557-580a BGB; Anhang: AGG (Mietrecht 2 - Miethöhe und Beendigung des Mietverhältnisses), Kommentar, Berlin Neubearbeitung 2021.

Sternel, Friedemann, Ist der duale Kündigungsschutz nach §§ 573, 574 BGB noch zeitgemäß?, NZM 2018, S. 473–482.

Streinz, Rudolf (Hrsg.), EUV/AEUV, Vertrag über die Europäische Union, Vertrag über die Arbeitsweise der Europäischen Union, Charta der Grundrechte der Europäischen Union, Kommentar, 3. Aufl., München 2018.

Stüer, Bernhard, Handbuch des Bau- und Fachplanungsrechts, Planung - Genehmigung - Rechtsschutz, 5. Aufl., München 2015.

Sturtevant, Lisa, The Impacts of Rent Control, A Research Review and Synthesis, 2018, https://www.nmhc.org/research-insight/research-report/the-impacts-of-rent-control-a-research-review-and-synthesis/ (geprüft am 12.02.2022).

Suarez, Javier/Ceron, Jose A., Hot and Cold Housing Markets: International Evidence, CEMFI Working Paper 0603, 2006, ftp://cemfi-server.cemfi.es/wp/06/0603.pdf (geprüft am 12.02.2022).

Thomschke, Lorenz, Empirical Evidence on Tent Dynamics in Germany, Münster 2019 (zugl. Diss. Münster 2019).

Thomschke, Lorenz, Regional Impact of the German Rent Brake, German Economic Review 2019, S. 892–912, https://www.degruyter.com/document/doi/10.1111/geer.12195/html (geprüft am 12.02.2022).

Thomschke, Lorenz, Über die Evaluierung der Mietpreisbremse, ZIÖ 2019, S. 21–36.

Tichelmann, Karsten Ulrich/Blome, Dieter/Ringwald, Tanja/Günther, Matthias/Groß, Katrin, Wohnraumpotentiale in urbanen Lagen, Aufstockung und Umnutzung von Nichtwohngebäuden, Deutschlandstudie 2019, 2019, https://www.twe.architektur.tu-darmstadt.de/twe/publika_twe/publikationen.de.jsp (geprüft am 12.02.2022).

Tichelmann, Karsten Ulrich/Groß, Katrin/Günther, Matthias, Wohnraumpotentiale durch Aufstockungen, Deutschland-Studie 2015, 2016, https://www.twe.architektur.tu-darmstadt.de/twe/publika_twe/publikationen.de.jsp (geprüft am 12.02.2022).

Tietzsch, Rainer/Raabe, Benjamin, Mietpreisbremse verfassungswidrig?, WuM 2017, S. 688–692.

Titarenko, Olga/Heß, Vanessa, Das Grundsatzurteil des Bundesverwaltungsgerichts und seine Konsequenzen für das Vorkaufsrecht, Nach Schlappe vor Gericht: Berlin will § 26 BauGB ändern, GE 2022, S. 29–32.

Uechtritz, Michael, Das Baulandmobilisierungsgesetz – Anmerkungen zu den Neuregelungen (Teil 2), BauR 2021, S. 1385–1398.

Ulbrich, Rudi, Die Bauherren als Anbieter, in: Jenkis, Helmut W. (Hrsg.), Kompendium der Wohnungswirtschaft, 4. Aufl., München 2001, S. 327–360.

v. Sanden, Philipp, Erhaltungsaufwand oder Herstellungskosten?, Abgrenzungsfragen bei der Instandsetzung und Modernisierung von Gebäuden, DStR 2020, S. 958–967.

v. Mangoldt/Klein/Starck, Grundgesetz, Kommentar, hrsg. v. *Huber, Peter M./Voßkuhle, Andreas*, 7. Aufl., München 2018 (zit. v. Mangoldt u. a.).

v. Münch/Kunig, Grundgesetz-Kommentar: GG, hrsg. v. *Kämmerer, Jörn-Axel/Kotzur, Markus*, 7. Aufl., München 2021 (zit. v. Münch u. a.).

Vaché, Martin/Malottki, Christian von/*Rodenfels, Markus/Clar, Michael*, Wirksamkeit der in 2015 eingeführten Regelungen zur sogenannten Mietpreisbremse in Regionen mit angespannten Wohnungsmärkten, 2017, http://docplayer.org/66010762-F-b-forschung-und-beratung-fuer-wohnen-immobilien-und-umwelt-gmbh-dr-michael-clar-adenauerallee-hamburg.html (geprüft am 12.02.2022).

Veser, Jürgern/Jaedicke, Wolfgang, Analyse der Auswirkungen des Mietrechts und Bewertung des Änderungsbedarfs, WuM 1997, S. 197–202.

Voigtländer, Michael, Balance halten in der Mietpreisregulierung, Stellungnahme zum Mietrechtsanpassungsgesetz (Drucksache 19/4672) sowie zu weiteren Anträgen zur Mietpreisregulierung (Drucksachen 19/2976, 19/4829, 19/4885), IW-Report. 43/18, 2018, https://www.iwkoeln.de/studien/michael-voigtlaender-balance-halten-in-der-mietpreisregulierung.html (geprüft am 12.02.2022).

Voigtländer, Michael, Die Folgen eines Umwandlungsverbots für den Wohnungsmarkt in Deutschland, Gutachten, 2020, https://www.iwkoeln.de/studien/gutachten/beitrag/michael-voigtlaender-die-folgen-eines-umwandlungsverbots-fuer-den-wohnungsmarkt-in-deutschland.html (geprüft am 12.02.2022).

Voigtländer, Michael, Sieben Fakten zur geplanten Einführung des § 250 BauGB, DWW 2021, S. 44–48.

Voigtländer, Michael/Deschermeier, Philipp/Henger, Ralph/Seipelt, Björn, Zuwanderung, Wohnungsnachfrage und Baubedarfe in Deutschland, in: Mitschang, Stephan (Hrsg.), Erhaltung und Sicherung von Wohnraum, Fach- und Rechtsfragen der Planungs- und Genehmigungspraxis, Baden-Baden 2017, S. 9–36.

Voigtländer, Michael/Sagner, Pekka, Accentro Wohnkostenreport 2020, Eine Analyse von Mieten und Wohnnutzerkosten für 401 Kreise, Institut der deutschen Wirtschaft - Gutachten, https://www.accentro.ag/publikationen/wohnkostenreport/ (geprüft am 12.02.2022).

Voigtländer, Michael/Sagner, Pekka, Mieten, Modernisierungen und Mieterstruktur, Vermietergruppen in Großstädten im Vergleich – Eine Analyse auf Basis des Sozio-oekonomischen Panels, 2019, https://www.iwkoeln.de/studien/iw-reports/beitrag/michael-voigtlaender-pekka-sagner-vermietergruppen-in-grossstaedten-im-vergleich.html (geprüft am 12.02.2022).

Voigtländer, Michael/Seipelt, Björn, Perspektiven für private Kleinvermieter, Gutachten für den Kölner Haus- und Grundbesitzerverein von 1888 und Haus und Grund Düsseldorf und Umgebung, 2017, https://www.iwkoeln.de/studien/gutachten/beitrag/michael-voigtlaender-bjoern-seipelt-perspektiven-fuer-private-kleinvermieter-361123.html (geprüft am 12.02.2022).

Walberg, Dietmar/Gniechwitz, Timo/Halstenberg, Michael, Kostentreiber für den Wohnungsbau, Untersuchung und Betrachtung der wichtigsten Einflussfaktoren auf die Gestehungskosten und auf die aktuelle Kostenentwicklung von Wohnraum in Deutschland, 2015, https://web.gdw.de/uploads/pdf/Pressemeldungen/Kostentreiber_fuer_den_Wohnungsbau_Endfassung_2015-04-08.pdf (geprüft am 12.02.2022).

Walzel, Barbara, Unterscheidung nach Immobilienarten, in: Schulte, Karl-Werner (Hrsg.), Immobilienökonomie, Band I - Betriebswirtschaftliche Grundlagen, 4. Aufl., München 2008, S. 117–140.

Wandzik, Carolin, Vielschichtige Aufgaben für die Wohnungspolitik, Wirtschaftsdienst 2019, S. 616–620 (geprüft am 12.02.2022).

Weber, Ines, Entwicklung des individuellen Wohnflächenkonsums zwischen 1978 und 2013: Determinanten und Transformationspotenzial, Raumforschung und Raumordnung 78 (2020), S. 267–287.

Weber, Jan Philip/Lee, Gabriel, A new measure of private rental market regulation index and its effects on housing rents, International Journal of Housing Markets and Analysis 13 (2020), S. 635–659.

Weber, Peter, BayVerfGH, 16.08.2017 - Vf. 8-VI-16: Abwehr von „Medizintouristen" in Mietwohnungen über das Zweckentfremdungsrecht: Der Fall München (m. Anm. Weber), NZM 2017, S. 739–741.

Weigelt, Thomas, Die wachsende Stadt als Herausforderung für das Recht, Rechtliche Instrumente zum Erhalt und zur Schaffung heterogener Bevölkerungsstrukturen in der Innenstadt, Tübingen 2016 (zugl. Diss. Hamburg 2015).

Weigelt, Thomas, Wege aus der Wohnraumkrise!?, Vortrag auf dem Deutschen Mietgerichtstag 2019, WuM 2019, S. 289–299.

Wernecke, Martin, Büroimmobilienzyklen, Eine Analyse der Ursachen, der Ausprägungen in Deutschland und der Bedeutung für Investitionsentscheidungen, Köln 2004 (zugl. Diss. Oestrich-Winkel 2004).

Westermeier, Christian/Grabka, Markus M., Zunehmende Polarisierung der Immobilienpreise in Deutschland bis 2030, DIW Wochenbericht 2017, S. 451–459, https://www.diw.de/de/diw_01.c.559728.de/publikationen/wochenberichte/2017_23_1/zunehmende_polarisierung_der_immobilienpreise_in_deutschland_bis_2030.html (geprüft am 12.02.2022).

Wheaton, William C., Real Estate "Cycles": Some Fundamentals 1999, S. 209–230.

Windoffer, Alexander, Wider die Zweckentfremdung – Ordnungsrechtliche Grenzen der "Sharing Economy" bei kurzfristigen Vermietungen, LKV 2016, S. 337–343.

Winkler, Daniela, Der „additive Grundrechtseingriff": Eine adäquate Beschreibung kumulierender Belastungen?, JA 2014, S. 881–887.

Winkler, Sylko, Keine Anwendung der Mietpreisbremse bei der erstmaligen Vermietung einer umfassend sanierten, bislang eigengenutzten Immobilie, ZfIR 2016, S. 121–125.

Wirsing, Helena Sophia/Beathalter, Enzo, Gemeindliche Vorkaufsrechte nach dem BauGB, VBlBW 2019, S. 309–317.

Wissenschaftlicher Beirat beim Bundesministerium für Wirtschaft und Energie, Soziale Wohnungspolitik, Gutachten des Wissenschaftlichen Beirats beim Bundesministerium für Wirtschaft und Energie, 2018, https://www.bmwi.de/Redaktion/DE/Publikationen/Ministerium/Veroeffentlichung-Wissenschaftlicher-Beirat/gutachten-wissenschaftlicher-beirat-soziale-wohnungspolitik.html (geprüft am 12.02.2022).

Wissenschaftlicher Dienst des Deutschen Bundestages, Verfassungsrechtlicher Rahmen für die Einführung einer sog. Mietpreisbremse, Ausarbeitung WD 3 - 3000 - 076/14, 2014, https://www.bundestag.de/resource/blob/412076/85d7c5dd836936f178d9b5a29cd9bc0b/WD-3-076-14-pdf-data.pdf (geprüft am 12.02.2022).

Wohnen und Bauen (Hrsg.), Ratgeber Kernsanierung, Das erwartet Sie, 2019, https://www.wohnen-und-bauen.de/ratgeber-kernsanierung/ (geprüft am 12.02.2022).

Wolf, Stephan, Bayerische Bauordnung, BayBO Kurzkommentar, 4. Aufl., Köln 2010.

Woll, Artur, Preise III: Preisregulierung, staatliche, in: Albers, Willi (Hrsg.), Handwörterbuch der Wirtschaftswissenschaft, zugleich Neuauflage des Handwörterbuchs der Sozialwissenschaften, Bd. 6, Stuttgart 1980, S. 202–207.

Wölling, Angelika, Zur Frage von Ziel- und Situationsadäquanz wohnungspolitischer Instrumente der öffentlichen Hand in der Bundesrepublik Deutschland, München 1987 (zugl. Diss. München 1986).

Zehelein, Kai, Keine Mitwirkung der Prozessparteien bei der Überprüfung landesgesetzlicher Mietpreisverordnungen durch die Instanzgerichte, Zugleich zu BVerfG, NZM 2016, 578 (Berliner Kappungsgrenzen-Verordnung 2013), NZM 2016, S. 666–669.

ZIA, Zentraler Immobilien Ausschuss, Stellungnahme, Entwurf eines Gesetzes zur Mobilisierung von Bauland (Baulandmobilisierungsgesetz), 2020, https://www.bmi.bund.de/SharedDocs/gesetzgebungsverfahren/DE/Downloads/stellungnahmen/baulandmobilisierungsgesetz/zia-immobilienwirtschaft.pdf;jsessionid=9CBA5E7060E7F911E618C22C38958353.2_cid373?__blob=publicationFile&v=1 (geprüft am 12.02.2022).

Zimmermann, Peter (Hrsg.), ImmoWertV, Immobilienwertermittlungsverordnung, Kommentar, 2. Aufl., München 2019.

Zott, Thomas, Die Regulierung des Homesharing, Eine rechtsvergleichende und rechtsökonomische Untersuchung des Geschäftsmodells der Kurzzeitvermietung privaten Wohnraums über Online-Plattformen, Berlin 2020 (zugl. Diss. Augsburg 2019).

FSC
www.fsc.org
MIX
Papier | Fördert gute Waldnutzung
FSC® C083411

Kolibri 360 GmbH
Ferdinand-Jühlke-Straße 7
99095 Erfurt, Deutschland
produktsicherheit@kolibri360.de